中国道统论

蔡晓 著

中国社会科学出版社

图书在版编目（CIP）数据

中国道统论：全 2 册 / 蔡晓著 . —北京：中国社会科学出版社，2021.9
ISBN 978 – 7 – 5203 – 8071 – 3

Ⅰ.①中… Ⅱ.①蔡… Ⅲ.①道统—研究—中国 Ⅳ.①B222.05

中国版本图书馆 CIP 数据核字（2021）第 041817 号

出 版 人	赵剑英
责任编辑	孙 萍 赵 威
责任校对	王佳玉
责任印制	王 超

出 版	中国社会科学出版社
社 址	北京鼓楼西大街甲 158 号
邮 编	100720
网 址	http://www.csspw.cn
发 行 部	010 – 84083685
门 市 部	010 – 84029450
经 销	新华书店及其他书店

印 刷	北京君升印刷有限公司
装 订	廊坊市广阳区广增装订厂
版 次	2021 年 9 月第 1 版
印 次	2021 年 9 月第 1 次印刷

开 本	710×1000 1/16
印 张	62.25
字 数	809 千字
定 价	298.00 元（全 2 册）

凡购买中国社会科学出版社图书，如有质量问题请与本社营销中心联系调换
电话：010 – 84083683
版权所有 侵权必究

总 目 录

序言　中国道统历久弥新 ································· (1)

第一卷　中国学术思想的古代遗产

第一章　从远古到西周时期的天道思想 ················ (29)
第二章　西周以来"民本思想"的发轫 ················ (51)
第三章　阴阳五行和天干地支 ·························· (70)
第四章　周公政治遗产和周人的理想 ··················· (78)

第二卷　三足鼎立的中国道统

第五章　孔子和孔学 ····································· (97)
第六章　墨子和墨学 ···································· (139)
第七章　老子和道家 ···································· (182)

第三卷　纵横捭阖的诸子百家

第八章　商君和商学派 …………………………………………（231）
第九章　法家韩非 ………………………………………………（259）
第十章　名辩思潮下的名家 ……………………………………（272）
第十一章　重建价值的庄子 ……………………………………（292）
第十二章　理想主义者孟子 ……………………………………（314）
第十三章　现实主义者荀子 ……………………………………（344）
第十四章　天下一统和纵横家 …………………………………（363）
第十五章　阴阳家与医家、星占家 ……………………………（390）
第十六章　黄老之学与《吕氏春秋》 …………………………（407）

第四卷　两汉经学和魏晋玄学

第十七章　董仲舒新儒学 ………………………………………（435）
第十八章　两汉经学之流变 ……………………………………（476）
第十九章　魏晋玄学 ……………………………………………（487）

第五卷　佛陀和清虚的世界

第二十章　僧肇、慧远、竺道生 ………………………………（519）
第二十一章　华严宗、禅宗 ……………………………………（540）

第二十二章　道教的发生发展 …………………………………（561）

第六卷　宋明道学

第二十三章　道学产生的历史背景 ……………………………（607）
第二十四章　王安石变法和新学 ………………………………（617）
第二十五章　道学的发端和初步形成 …………………………（648）
第二十六章　朱熹的集大成 ……………………………………（687）
第二十七章　王守仁心学 ………………………………………（715）

第七卷　晚明和晚清变局下的中国道统

第二十八章　晚明和晚清的中国社会 …………………………（755）
第二十九章　明末清初的思想遗产 ……………………………（770）
第三十章　晚清大变局中的两条主线 …………………………（817）
第三十一章　近代社会革命 ……………………………………（828）
第三十二章　近代社会改良 ……………………………………（851）
第三十三章　康有为 ……………………………………………（896）
第三十四章　孙中山 ……………………………………………（919）

结束语 ……………………………………………………………（956）
参考文献 …………………………………………………………（960）
后　记 ……………………………………………………………（972）

目　　录

（上　册）

序言　中国道统历久弥新 ……………………………………（1）
 一　问题的提出 ……………………………………………（1）
 二　现代新儒家的"道统"和本书的"中国道统" …………（3）
 三　中国道统的发生发展 …………………………………（13）
 四　本书的基本框架 ………………………………………（22）

第一卷　中国学术思想的古代遗产

第一章　从远古到西周时期的天道思想 ……………………（29）
 一　从原始巫术中产生的"神灵之天"天道观 ……………（29）
 二　"道德之天"天道观的形成 ……………………………（35）
 三　"自然之天"天道观的形成 ……………………………（41）
 四　天人思想的内涵 ………………………………………（48）

第二章　西周以来"民本思想"的发轫 ……………………（51）
 一　民和人的含义 …………………………………………（52）
 二　民权的基本内容 ………………………………………（56）
 三　民与神、君的关系 ……………………………………（59）
 四　人和人性 ………………………………………………（65）

第三章 阴阳五行和天干地支 (70)
一 阴阳五行之来历 (71)
二 天干地支 (75)

第四章 周公政治遗产和周人的理想 (78)
一 周公的政治遗产 (79)
二 周人的理想 (88)

第二卷 三足鼎立的中国道统

第五章 孔子和孔学 (97)
一 孔学思想的基本脉络 (98)
二 孔学的价值和局限 (107)
三 孔学所描绘的理想国 (115)
四 孔学与《中庸》《易传》 (124)

第六章 墨子和墨学 (139)
一 墨学思想的基本脉络 (140)
二 从"约伯之问"看墨子鬼神思想 (154)
三 墨学思想的演变 (162)

第七章 老子和道家 (182)
一 老子思想的基本脉络 (183)
二 老子的自然思想 (196)
三 老子的本体思想 (203)
四 早期道家杨朱、列子和宋尹 (209)

第三卷 纵横捭阖的诸子百家

第八章 商君和商学派 …………………………………… （231）
  一 商君治国思想 ………………………………………… （232）
  二 商君法治实践的价值和局限 ………………………… （247）

第九章 法家韩非 ………………………………………… （259）
  一 韩非的天道观 ………………………………………… （260）
  二 韩非的理想国 ………………………………………… （264）
  三 充满矛盾的思想体 …………………………………… （268）

第十章 名辩思潮下的名家 ……………………………… （272）
  一 塔斯马尼亚效应 ……………………………………… （273）
  二 惠施的"合同异" …………………………………… （274）
  三 公孙龙的"离坚白" ………………………………… （280）

第十一章 重建价值的庄子 ……………………………… （292）
  一 庄子思想的基本倾向 ………………………………… （293）
  二 庄子的天道观 ………………………………………… （303）
  三 读书人的悲哀 ………………………………………… （308）

第十二章 理想主义者孟子 ……………………………… （314）
  一 孟子思想的基本脉络 ………………………………… （315）
  二 仁政思想 ……………………………………………… （323）
  三 孟子与庄子思想之比较 ……………………………… （328）

四　孟子思想的再回顾 …………………………………………（340）

第十三章　现实主义者荀子 ……………………………………（344）
一　荀子思想的基本脉络 ……………………………………（345）
二　荀子的天道观、人性论 …………………………………（350）
三　荀子与儒、法、墨、道的关系 …………………………（357）

第十四章　天下一统和纵横家 …………………………………（363）
一　天下观 ……………………………………………………（363）
二　邦国外交 …………………………………………………（372）
三　纵横家的乐园 ……………………………………………（378）

第十五章　阴阳家与医家、星占家 ……………………………（390）
一　阴阳家邹衍 ………………………………………………（391）
二　医家《黄帝内经》 ………………………………………（394）
三　星占家、堪舆家 …………………………………………（399）

第十六章　黄老之学与《吕氏春秋》 …………………………（407）
一　黄老之学 …………………………………………………（408）
二　《吕氏春秋》 ……………………………………………（417）

第四卷　两汉经学和魏晋玄学

第十七章　董仲舒新儒学 ………………………………………（435）
一　汉初七十年面临的问题 …………………………………（435）
二　天人关系和大一统 ………………………………………（438）

三　董仲舒思想的主要内容 …………………………………… (445)

第十八章　两汉经学之流变 …………………………………… (476)
一　探寻"天意"成为学术发展的内在动力 …………………… (476)
二　烦琐化、形式化窒息经学的活力 …………………………… (480)
三　经学与庞大的士族利益集团 ………………………………… (482)
四　清议思想的兴起 ……………………………………………… (484)

第十九章　魏晋玄学 …………………………………………… (487)
一　正始玄学 ……………………………………………………… (488)
二　玄学中的异端 ………………………………………………… (496)
三　玄学的发展 …………………………………………………… (506)

序　言
中国道统历久弥新

> 子夏曰："仕而优则学，学而优则仕。"（《论语·子张》）可世人都只记住后面一句话。我虽未必能仕而优，然有志于学。
> 　　　　　　　　　　　　　　　　　　　　——作者题记

一　问题的提出

道统问题历来是一个争议颇多的真问题。唐代韩愈忧愤于佛老对社会的"荼毒"，认为以"仁义"为本位的"道"，从尧传舜，舜再传禹，继而传汤、文、武、周公，直到孔子、孟子为止，就开始失传了，导致"子焉而不父其父，臣焉而不君其君，民焉而不事其事"，解决此问题的办法就是"人其人，火其书，庐其居。明先王之道以道之，鳏寡孤独废疾者有养也"。（韩愈《原道》）要让和尚道士还俗，烧掉佛经道书，把佛寺道观变成住宅，让先王之道发扬光大并以此道来治理天下，使穷困之人都能得到照顾。这在中国历史上首次提出了何为道、如何传道的问题，提出了儒家道统谱系。北宋张载"为天地立心，为生民立命，为往圣继绝学，为万世开太平"，提出了读书人超越自我、继往开来的志向。南宋朱熹开始将"道"与

"统"合一,提出"道统"论,认为周敦颐和程氏兄弟直接上接孟子,自己又继承了道统的正宗。① 然而,首次提出传道谱系的韩愈却被朱熹一笔勾去,踢出儒家道统。于是,朱熹道统论以及道统的谱系就成为后世儒家的正统,遂定于一尊而不可撼动。直到近代以来西学东渐,中国古老社会结构逐渐解体,儒家道统论淡出主流社会。但是文化的传承并不会就此而终止。坚信儒学可以与西方文化相互协调、并行不悖的现代新儒家们,依然以承接这一儒家道统谱系自居。由唐君毅执笔,牟宗三、徐复观、张君劢联署于1958年在香港发表的《为中国文化敬告世界人士宣言》,提出儒家道统在当代中国如何发展的问题,引起社会各方面的关注和讨论。目前,现代儒家俨然已成为一股重要的社会思潮。梁启超曾说:"凡思非皆能成潮,能成潮者,则其思必有相当之价值,而又适合于其时代要求者也。"② 因此,道统在中国历史上,包括近代,乃至于当今,依然是一个绕不开、躲不掉的真问题。自儒家道统论甫出,就受到各方面的批评和挑战。既有学理政见不同的君子之争,也有正统非正统的名利之争。朱熹以天理为道,开出理学一脉;陆九渊、王阳明以心论道,开出心学一脉;张载以气论道,对黄宗羲和王夫之产生重要影响。毋庸置疑,道统的提出确实是中国历史上的一件大事。陈寅恪在《论韩愈》中认为,唐代之史可分前后两期,前期结束南北朝相承之旧局面,后期开启赵宋以降之新局面,韩愈则是文化学术上承先启后、转旧为新的关键人物,他一生做了六件事情,其首要的便是"建立道统,证明传授之渊源"。道统思想对于传承中华文化,塑造中华民族的主体精神,凝

---

① 朱熹:《书濂溪光风霁月亭》:"惟先生承天畀,系道统,所以建端垂绪,启佑于我后之人者";《中庸章句序》:"夫尧、舜、禹,天下之大圣也。以天下相传,天下之大事也。……既皆以此而接夫道统之传,若吾夫子,则虽不得其位,而所以继往圣,开来学,其功反有贤于尧舜者。"

② 梁启超:《清代学术概论》,东方出版社2012年版,第1页。

聚中华民族的族群意识，抵抗外族文化的侵略都做出了重要贡献。这一点确凿无疑。

　　道统问题之真实、之价值，揭示着研究道统、传承道统依然是当今读书人责无旁贷的使命。近代以来，西方以绝对优势碾压着其他文明，中国的"国学"成了"国故"，变成纸篓里几张发黄的纸片，了无生气，民族自信心降到了最低点。新文化运动以来，儒家道统受到来自各方面的全面打压和批判。既有来自自由主义知识分子的批判，也有来自马克思主义的批判。即便是以继承儒家道统衣钵的现代新儒家内部，对道统的具体内容和形式也有不同看法。作为现代新儒家开山人物之一的熊十力就认为，宋儒论道不广，应从广义角度把道统视为一国学术的中心思想。冯友兰既承认儒家圣贤一脉相通的道统，又提出广义的道统观，将社会居支配地位的哲学纳入其中。早年他把汲取了西方哲学而开创出的新理学作为接续中国道统的新形态。钱穆则认为宋明儒说的道统更多是一种主观的道统，与中国历史事实不符，主张以中国历史文化的大传统为道统，不能只讲宋明道统。深受熊十力影响的牟宗三提出从内圣心性之学的道统中开出学统、政统，从德性主体中转出知性主体、政治主体，以发展中国传统所缺乏的科学和民主，从而将单一的道统转化为道统、学统、政统三统说。

二　现代新儒家的"道统"和本书的"中国道统"

　　本书以"中国道统论"为题，试图对有文字记载以来中华文明的主要学术思想进行梳理，讲述各家各派思想的发展脉络，梳理古代学术思想与近现代中国主流思想的传承关系，挖掘纵贯三千年的绵延不绝的思想观点、思维模式。弄清楚当代中国主流思想、思维方式到底从何而来，治国理念和治国模式到底从哪传承，所追求的社会理想和价值观又是如何形成。此道统已非彼道统，故用中国道统替代儒家道统。这里通过分析唐君毅执笔的《为中国文化敬告世界人士宣言》①（以下简称"唐文"）入手，结合近十多年来大陆的学术思潮，分析中国道统与儒家道统的异同。

"唐文"主要有七方面内容：

第一，回顾了历史上世界人士研究中国学术文化的三种动机。一是耶稣会士，只是为了传教而研究中国文化，他们对宋明儒只讲性理而不言上帝和神极为不满。宋明儒思想进入欧洲后只被无神论、唯物主义引为同调。二是鸦片战争、八国联军致使中国门户洞开，西方人士研究中国文化之动机在于中国文物，就如感兴趣于已死亡的埃及文明、小亚细亚文明和波斯文明，并不是注目中国这个活的民族之文化生命、文化精神。三是最近一二十年（20世纪四五十年代）的兴趣集中在中国近代史，则是因抗日战争及共产党在大陆取得政权引起的。研究中国历史不免存在由今溯古、由流溯源、由果推因之观点。由于此诸主观动机使研究者只取一片面观点去研究中国学术文化，产生不少误解。因此，恳求中国与世界人士要承认中国文化之活的生命之存在，要把过去历史文化当作客观的人类之精神生命之表现，不能用一种纯客观的态度而是要保持一些同情和敬意。对一切人间的事物，若是根本没有同情和敬意，便根本无真实的了解。敬意向前伸展增加一分，智慧的运用亦随之增加一分，了解亦随之增加一分。

第二，提出了中国文化精神生命之核心就在中国人思想或哲学之中的判断。认为只有从这下手，才能照明中国文化历史之精神生命。中国历史文化中道统之说，源于中国文化之一本性。其一本性，一脉相传、一以贯之，构成中国文化最大特色。中国政治上有分有合，版图有大有小，从未影响到文化学术思想的大归趋，即所谓道统之相

---

① 张君劢：《新儒家思想史》，中国人民大学出版社2006年版，附录。

传。由于西方文化有多个来源，既有希伯来的宗教，也有希腊科学哲学和罗马法律，还有现代西方民族如日耳曼人固有传统，很难有一文化之统。单就哲学而言，西方哲学自希腊以来，即属少数哲学家作遗世独立之思辨之事，至于表现其思想于生活行事之中者，实寥寥可数。而中国哲学思想与文化生活、政治生活等各方面存在密切的联系，是树和枝叶的关系，正是这种特殊性，使中国哲学思想的地位及对社会的影响，不同于西方哲人及哲学在西方文化中所处之地位。

第三，试图澄清对中国文化的一种普遍流行的看法，即中国文化是注重人与人之间伦理道德，而不重人对神之宗教信仰。认为中国伦理道德思想不只有规范人与人的关系、维持现实社会政治秩序的功效，更有对精神生活的宗教性之超越。中国人不仅注重伦理道德的功利性，更注重超越纯功利目的，如由古至今中国思想家所重视之天人合德、天人合一、天人同体；仁义价值超越个人生命价值，舍生取义、杀身成仁、从容就义都是中国儒家倡导的最高理想。"唐文"还反问，西方人对于殉道者，无不承认其对于道有一宗教性之超越信仰，则中国儒者之此类之教及气节之士之心志与行为，又岂无一宗教性之信仰之存在？使人可置死生于度外，是来自此心所安之道，而不必是上帝的意旨。"唐文"希望世界人士研究中国文化，勿以中国人只知重视现实的人与人行为之外表规范，以维持社会政治之秩序，而须注意其中天人合一之思想，从事道德实践时对道之宗教性的信仰。中国伦理道德表面上在于人与人关系之调整，维持政治社会之秩序，而其目标实在于人之道德人格之真正完成。

第四，心性之学是为世之研究中国之学术文化者所忽略所误解的，而心性之学，正为中国学术思想之核心。这是"唐文"重要观点。心性之学古已有之，到了宋明后大盛，成为中国思想第二最高阶段之发展。宋儒深信尧舜禹十六字心法，是相信中国学术文化当以心性之学为其本源。"唐文"分析了清代三百年学术、"五四"运动后的思想界、基督教、共产主义甚至佛学都反对宋明心性之学的原因，也分析了心性之学被当作西方心理学、哲学之理性的灵魂论或者认识论而造成的各种误解。之所以产生种种误解皆因方法论和最终目标不同。西方近代所谓科学的心理学，乃把人之自然的行为当作一经验科学研究的对象看；传统哲学之理性的灵魂论，乃将人心视作一实体；西方认识论，乃研究纯粹理智的认识心如何认识外界对象，而使理智的知识成为可能。西方一般之形上学，乃先以求了解此客观宇宙之究极的实在与一般的构造组织为目标。由孔孟至宋明儒之心性学，则是人之道德实践的基础，同时是随人之道德实践生活之深度，而加深此学之深度。没有道德实践，或只是服从一社会的道德戒律或神的命令，都不能真有亲切的了解。其路径是，依觉悟而生实践，依实践而更生觉悟；实践如差一步，则觉悟与真实之了解即差一步；人之实践的行为，固为对外面之人物等，但此觉悟则纯粹是内在于人自己；人的实践可以及于家庭到国家到天下宇宙，及于历史到一切吉凶祸福，内在觉悟中亦涵摄了此中之一切。心性觉悟的无限量依从于道德实践的无限量；对外在世界的道德实践，又来自心性自身的要求；觉悟越高实践越广，实践越广觉悟更高，最终达到天德、天理、天心，使人与天地合德，或与天地参。

第五，中国历史文化之所以长久的理由，是因中国学术思想中原有种种自觉的人生观念，以使此民族文化之生命能绵延于长久而不坠。归纳"唐文"的观点，主要有：中国古代宗教思想就有"天命靡常"的思想，天之降命于谁，要视其德定，由此产生求久和如何长久的思想；中国人重视多子多孙，来自超越单纯男女夫妇之爱与自生子女之爱的孝思，由此孝思而虑父母祖宗之无人祭祀而重子孙，以求生命之继续，上通千古下通万世；古代儒家以灭他人之国、灭他人之宗祀为不义，保存民族与文化之思想不是种族主义，而是文化传统；依据中国文化核心的心性之学，凡为人之心性所认可的文化学术，即为吾人心性之所涵容摄取，而不加排斥，成就中国文化博大的性格，博大亦是悠久的根源。"唐文"认为，看任何文化，如果真能视之为人类之客观的精神生命之表现，则我们首当注目而加以承认的，应当是其原来理想所具备的正面价值的方面。我们须知，理想之不足，是在理想伸展为更高更大之理想时，才反照出来。那么，不足的是什么呢？一般的想法，总是最好把其他文化之理想，亦包括于中国文化的理想之中。但是这种想法只是想由加添法来扩大中国文化之理想，而没有注意到此文化之本身要求向什么方向伸展其理想的问题。中国文化依其本身之要求，应当伸展出文化理想，是要使中国人不仅由其心性之学自觉为一道德实践的主体，同时为一政治的主体，自然界认识的主体及实用技术的活动之主体。概括"唐文"的观点，中国文化之理想的伸展方向，除了心性学的道德实践为目标的道统，还有以客观自然界为研究对象建立科学理论体系为目标的学统，以民主建国为目标的政统。其主要办法就是，此道德主体须暂忘其道德的主体，暂归于此认识主体，待完成认识之任务后再从事道德之实践；从儒家天下为公、人格平等之思想发展为民主建国之思想。

第六，分析了中国共产党在大陆取得政权的原因，是凭借中国人民之民族意识及民主要求。作为政治上比较敌视共产党的现代新儒家，"唐文"认为马列主义不能长久成为中国文化政治之最高指导原则。

第七，提出西方学习东方的五个方面。第一点，当下即是之精神与一切放下之襟抱；第二点，一种圆而神的智慧；第三点，一种温润而恒恻或悲悯之情；第四点，如何使文化悠久的智慧；第五点，天下一家亲之情怀。

之所以要花些篇幅来复述"唐文"的内容，是因为作为现代新儒家标志性的宣言无法回避，作为一种带共性的文化现象，所阐述的思想和观点值得认真对待。对此，笔者引出以下几点看法。

1. 现代新儒家提出儒家道统的社会背景与韩愈、朱熹等古代新儒家提出道统的社会背景既有相似之处，也有不同之处。所谓相似之处，是指中国儒家文化都遭遇到空前的挑战和危机。东晋南北朝直至隋唐，一流思想人才几乎都集中于佛学，在清净寂灭中了此一生；道教得到李唐王朝的特殊关照，也在求仙炼丹中大肆扩张地盘。这与近代西方文化攻城拔寨所带来的危机有几多相像。不同之处在于，古代新儒家面对佛老的挑战可以说自信满满，其文化优越感溢于言表；现代新儒家可没有这份自信，他们似乎显得极为孤独，只是在默认西方民主科学之价值的同时，力求证明儒学与之不仅不矛盾，还能从儒学的内圣中开出民主、科学之外王。其茕茕孑立、形影相吊之惶惑令人唏嘘！但这种社会背景在"唐文"发表 60 年后，已经有了很大改观。失落一百多年的文化自信随着中国国力的强大慢慢恢复。新生代的一些大陆学者开始用一套有别于西方的话语体系来表达自己对民主、自由、法治的看法。已经不再急着去证明中华文化与现代性不矛盾，更不会焦虑于中华文化如何攀上西方文明这班快车，而是在考虑中华文化之所以是中华文化的特质，中华民族之所以是中华民族的特征。不仅中国有能力发展高科技，受儒家影响的日本、韩国、新加坡，其科技水平也能处于世界前列，再去论证中华文明与科学不相背似乎成为伪命题；中国没有西方话语体系下的民主、自由、法治，不仅不是一件羞愧的事情，而是自信中华文明定义下的民主、自由、法治具有超越西方的价值。在这样的时代背景下讨论"道统"，自然会有别于 20 世纪 20 年代以来现代新儒家的窘境。在东升西降这一百年未有之大变局下，东西方力量的再平衡开始成为全球性的现象。卢旺达发行量最大的英文日报《新时代报》（*The New Times*）2018 年 12 月 24 日报道，卢旺达总统卡加梅（Paul Kagame）接受法国《世界报》（*Le Monde*）采访时，记者问："很明显，您在指责西方把自己的民主标准强加于人。"卡加梅说："欧洲人的伪善令人震惊（The

hypocrisy of Europeans is stunning）。他们在宣扬自己没有实践的东西。为什么欧洲今天如此失败？是不是因为'民主'？如果'民主'就意味着失败，那么欧洲人的'民主'不是我应该去实践的东西。"

2. 现代新儒家寄希望于世界人士改变对中国文化的态度，恳求抛却过去的三种动机，能给予一些同情和敬意，这只能是一厢情愿的呻吟。有传教士基因的西方文明，除了对已经死亡的文明会表示"同情和敬意"，对活着的文明或者可能与自己利益相违的文明，从来是欲赶尽杀绝而后快。华夏文明那种"兴灭国、继绝世、举逸民"的情怀，在西方文化中找不到任何影子。话说回来，儒家虽讲"推己及人"，但在华夏文明强盛期，历史上又有多少儒学大师能用同情和敬意去研究蛮夷的文化？期望别人做自己也做不到、不愿意做的事情，也有违儒家恕道。文明和文化的冲突历来是个真问题，无法用善意化解。当"白莲圣母"的光辉褪色，恐怕再也不会有人天真地期盼于世界人士的同情和敬意来恢复中华文化的荣光。研究、传承、开创中华文化的只能依赖具有高度文化自觉的中国人自身。在东西方文明严重失衡得到矫正的时刻，美国共和党人纽特·金里奇（Newt Gingrich）说过这样一番话："如果不想让子孙们说中文并向北京叩首，那么我们最好在对华问题上达成全国性的共识。"①

3. "唐文"提出中国文化之精神生命的核心，就在中国人的思想或哲学之中，而中国学术思想的核心又在宋儒的心性之学。这种核心之核心的观点，虽不能代表全部现代新儒家但也能代表很大部分。这就带来两个问题。一个问题是心性之学能否代表儒家全部。另一个问题是儒家能否代表中华文化全部。先说第一个问题。汉代扬雄曾言："舍五经而济乎道者，末矣。"（扬雄《法言》）离开经学何来的圣人之道？明末费密同样认为："圣人之道，惟经存之，舍经无所谓

---

① 《这是中国对美总统绝妙的嘲讽》，原载德国《明镜》周刊2020年第19期。

圣人之道。""程朱谓道统绝于孟子,续于明道(程颢),亦属偏陂之说。"(费密《道脉谱论》)程朱的道统剪切掉汉唐一千多年历史,直接上承孟子,此种说法不偏颇?费密还认为:"欲正道统,非合帝王公卿以事为要、以言为辅不可。"(费密《统典论》)如果道统只是由程朱直接上承孟子,则汉唐帝王事功就被抹杀,这段历史就沦为空白。儒学存在从经入手还是从心性入手,也就是所谓汉学和宋学的争论。被宋明儒踢出儒家道统的公羊学大师董仲舒,又在近代康有为的托古改制、微言大义中得以复活,其春秋公羊学俨然成为当代大陆新儒家的理论基础。关于儒家能不能代表中华文化的全部,当代大陆学者大多给予否定回答。2016年10月召开的"道统思想与中国哲学"国际学术研讨会上,作为当代儒学的重要人物,冯友兰弟子兼助手陈来总结说:"在中华民族伟大复兴的时代,我们所理解的道统就是中华文明的主流价值传承。"因此,采用一种新的叙事方式,从更广的视角研究问题,用中国道统代替儒家道统则更为适宜。

4. "唐文"用很大篇幅来证明中国伦理道德具有超越个人功利性,具有超越现实目标的宗教性信仰,以反驳世界人士对中国人和中国文化的"误解"。具有讽刺意味的是,近现代中国真正能够超越现实物质利益,为信仰敢于抛头颅洒热血,前仆后继、从容就义的群体恰恰是"唐文"抱有敌意的中国共产党人。"砍头不要紧,只要主义真"是对共产党人超越个人功利、超越现实利益束缚,为实现"道"而"杀身成仁"的真实写照。借用韩愈的话,此道非吾所道、此仁非吾所仁。只能在书斋里谈论中国文化的超越性、讨论觉悟与实践的关系,终究还是浅薄的。研究中国道统的传承,不能不研究中国共产党领袖毛泽东的思想、不能不研究中国共产党的政治纲领、不能不研究中国共产党领导下的新中国。中国共产党从建党伊始就以中华民族优秀传统的继承人自任,《党章》开篇就明示:"中国共产党是中国工人阶级的先锋队,同时是中国人民和中华民族的先锋队。"中国共产党的历史生动诠释了如何从现实出发,又超越现实,走向更高理想的历史。抓住群众关注的现实利益,又设定更宏伟的远大目标,注重实践二字,在不断改造客观世界的同时不断改造主观世界,在物质财富极大丰富的同时实现人的全面发展。这是标准的马克思主义的表述,但其思维方式和逻辑结构与儒家的成圣之路又有融通之处!只是新儒家不讲"现实利益"和"物质财富",单强调人的觉悟、实践,再觉悟、再实践,实践的结果是"成物之事",觉悟的结果是"成己之事",成物与成己相辅相成、相互统一,这就是心性之道的最高境界了。

这里,我们触及研究道统的基本方法,即从思维方式入手,研究中国道统特有的思维逻辑。区别不同文明和不同族群的重要标志之一就是其特有的思维模式。中国道统体现着中国人的主流价值,这种价值观与一定的思想方法、思维模式紧密相连。弄清楚中国道统,须研究五千年来主宰中国人的思维模式、对宇宙人生的态度、所追求的终极价值等。我们首先要自己搞清楚这些基本事实,而不是急于请求世界人士消除对中国文化的"误解"。这些事实是中国人之所以为中国人的原因,是中华文化之所以为中华文化的原因。好也罢坏也罢,我们都得接受,除非我们下决心改变!思维模式限定了思维的范围,思维范围框定了文化的格局,而文化格局决定着一个民族的未来。

5. "唐文"分析民国以来民主建国屡屡失败的原因时说:"中国一向唯以知识分子作为社会之中心,而此知识分子又素未与工商界结合,亦无社会之组织,则民国初年之议会,必只成为社会浮游无根之知识分子结合,而终于不能制裁袁世凯之称帝,亦不能抵制曹锟之贿选,亦不足怪。"这些知识分子"无社会之客观力量以为其基础,亦不能真正代表社会某一组织某一阶层利益"。这些分析甚为中肯,但总有一种"后人哀之而不鉴之,亦使后人而复哀后人也"的感觉。"唐文"能哀之,却无法鉴之,徒使后人哀其不幸。毛泽东早就意识到这个问题，提出知识分子须与工农相结合，并身体力行加以实践。这就带来一个问题，我们到底是追求书卷里的"主观道统"，还是扎根于中华沃土和现实中的"客观道统"。纯主观的、书斋式的、想象中的道统，与客观的、具体的、现实的道统是不一样的，后者才真正存活在你我的血脉中，存活在你我的喜怒哀乐中，存活在你我每分每秒的思想中。这种客观的道统有吗？当然有！两千多年前老子仰望星空吟唱"祸福相依""安危相依"，孟子大声疾呼"生于忧患，死于安乐"，现在的国歌依然是"中华民族到了最危险的时候"，中国共产党的领导人依然反复告诫全党"于安思危、于治忧乱""安而不忘危、存而不忘亡、治而不忘乱"；孔子说"君子有三畏：畏天命、畏大人、畏圣人言"，现在则要求党员领导干部心存敬畏，"敬畏人民、敬畏组织、敬畏法纪"；朱熹在"汤之盘铭曰：苟日新、日日新、又日新"注曰"汤以人之洗濯其心以去恶，如沐浴其身以去垢，故铭其盘"（朱熹《大学章句》），一千多年后中国共产党人用更通俗的"洗洗澡、治治病"要求党员干部清除自身的不良作风；《司马法》云"好战必亡，忘战必危"，现在的提法是：做好军事斗争准备，实现军力与国力相匹配。以上，可看到贯穿其中的思维模式的一致性。这些绝对不是简单的比附，而是实实在在的中国道统横穿历史、一脉相承的明证。

基辛格在《论中国》一书中写道："1962年10月，中国革命领袖毛泽东召集一批高级军政领导人到北京开会……毛泽东告诉手下的军政领导人，历史上中国与印度打过'一次半仗'，北京可以从中汲取经验……在座的人中没有一人质疑过距今久远的历史先例与中国当前战略需求是否相干……难以想象，除了中国还有哪一个国家的现代领导人会借用千年之前战役的战略方针做出一项牵动全国的决定。同样难以想象，他确信他的同事能够领悟他借鉴历史事件的深意。然而中国是独一无二的，没有哪个国家享有如此悠久的连绵不断的文明，抑或与其古老的战略和政治韬略的历史及传统如此一脉相承。"① 这也说明，中国道统的传承绝不是书斋的、主观的、想象的，而是客观存在的事实。从现实中国人的所思所想所为中寻找客观的道统，寻找我们曾经的思想、曾经的思维方式，这是本书的基本态度。

研究中国道统问题，意味着我们是在21世纪东西方力量更加平衡的情况下，有高度文化自觉的中国人用自信、尊崇的态度审视历代圣贤，追寻中华文化的历史起点、逻辑起点，从蓬勃昂扬的中华民族共同体之历史长河中发现不断奋斗着的思想足迹。绵延五千多年的中华文化，在历经西方文化的冲击，五四新文化运动和马克思主义的洗礼，改天换地的社会主义革命、建设和改革开放的锻造，将历久弥新，顽强生长于民族共同体之中。蓦然回首，中国人之所以是中国人的基本特征依旧存在，我们的思维方式、生活态度、人伦关系、道德意识、社会理想都可以在历史传承中找到源头。这个道统与现代新儒家所称的道统不同，它是以中华民族共同创造的思想文化为对象，是至今仍留在民族集体记忆之中影响着你我他的思维、意识、态度和价值观。这就是中国道统。

三 中国道统的发生发展

华夏族群的形成是中国道统的历史起点，华夏文明的诞生是中国道统的逻辑起点，华夏始终是中国道统的主干。"天垂象，见吉凶，圣人象之；河出图，洛出书，圣人则之。"（《易·系辞上》）这段话意蕴丰富，是我们寻找华夏族历史起点、文化起点的重要依据。华夏族的远古圣人依据天所显现的征兆判断吉凶、决定人们的行为，依据

---

① ［美］基辛格：《论中国》，胡利平等译，中信出版社2015年版，第XII页。

天所呈现出来的旨意制定人类社会的规则、处理人类社会的事务。伏羲氏仰则观象于天、俯则观法于地，始作八卦，开启了华夏文明，成为华夏族历史的开端、华夏族文化的起点。这一不同寻常的历史开端，赋予了华夏文明的重要特征：天、地是我们学习、模仿的对象，人从天地运行中参悟出万事万物的道理；社会要按照天道规则来运行，社会规则必须与天道规则相统一；人有能力参透天的玄机，与天地和谐共生（参天地、赞化育）；天会爱护、庇佑苍生，赋予人高贵的品格（天有好生之德；天地间，人为贵）；圣人（君主）的作用是用天道来教化万民，给百姓树立崇高的道德榜样（立君牧民，为之轨则）。我们可以看到，这些最初的特征就决定了华夏文明将走上一条与众不同的路子，对"天"的认识、对"天人关系"的探讨所形成的天道观，成为中国道统的核心。解释天人关系的天道观，包含对宇宙、社会、人生的基本看法。这种天道观在中国历史上并不是一成不变，其内容和形式是不断变化的。某一历史时期出现的一种天道观，使中国道统获得一种新的表达方式；当这种天道观被另一种天道观替代时，又产生新的表达方式。

以天道观为核心标志的中国道统，其生生不息的传承中赋予中华文化以特质。

第一，中华文化的起源，来自上天的启示。"河出图，洛出书，圣人则之"历来被视为华夏文明的源头。我们可能完全找不到考古方面的依据，但是当一个民族几千年来一直确信这个传说时，本身就是重要的文化现象，并且对这个民族的历史产生影响。我们信任这样一种说法：人文始祖伏羲受龙马背负的"河图"启发而始作八卦，绽放出华夏文明第一缕曙光；先祖黄帝巡视黄河经过洛水时，"受龙图于河，龟书于洛"（徐广《史记音义》），肇始出绵延不绝之华夏文明；大禹因上天垂青获赐"洛书"，便有了"洪范九畴"（《尚书·洪范》），不仅治水成功，还是夏朝的开创者。我们确信这种传说的可靠性，正如西方人确信奠定西方文明基石的"摩西十诫"一样。他们相信：是先知摩西而不是其他人带领以色列人逃离埃及法老的奴役统治，在西奈山一片燃烧的荆棘丛中直接从上帝获得十条启示。一位被称作美国当代保守主义运动思想导师的作家曾激动地写道："借着久已作古的摩西，人类的生存获得意义。我们现代人的道德秩序——至少就所谓的西方来说——可溯源到何烈山上那片燃烧的荆棘。"他继续写道："如果没有以色列留下的道德遗产，便没有美国的道德秩序。""以色列对现代社会秩序的重要贡献：所有真正的法律都来自上帝，而且上帝是秩序和正义之源。"① 不过，中华文明来自天启与西方文明源自上帝的含义却有本质的区别。

西方文明的"上帝"是独立于宇宙之外的最高实体，创造世间一切、主宰人类和万物。中华文明的"天"并非是独立的某一实体，更没有超然宇宙之外，而是在宇宙之内与万物包括人类本身同为一体，它是一个不断演化发展的体系。西方文明中的"上帝"，人类必须绝对信仰、无条件单向服从、不可妄自窥测。而中华文明的"天"可以敬畏也可以咒骂，可以观察、可以研究，也可以改造，人们要服从天命，但是天命自身又是服从民意，民意就是天意、民心就是天心②。西方文明的上帝是人类一切道德、秩序、理性和公平正义的根源，因此，上帝和人类属于两类不同的实体，人类只有寻求上帝的庇护才能获得秩序和力量，人只有信仰上帝才能获得救赎。中华文明的"天"可以代表最高的天道、天理，仁义礼智信皆为天，但是，如孟子所云"万物皆备于我"，人的本心就包括了万物之道，天与人本来就是一致的。因此，人类的秩序来自人自身，人类的道德力量来自人自身，人类的善良来自人自身，人性是人类社会秩序、道德的基础和

---

① ［美］拉塞尔·柯克：《美国秩序的根基》，张大军译，江苏凤凰文艺出版社2018年版，第18、21页。
② 《尚书·泰誓》："天视自我民视、天听自我民听。"

保证。这些区别，无疑有着重要意义。

第二，中华文化的思维逻辑，基本建立在人与天互通、主体和客体同一的思维框架之中。从这一思维逻辑出发，中华历代先贤始终相信，人与天地万物同源、同根。因此，人能够感悟天道，做到自强不息；也能够如大地般容纳万物，厚德载物；还能够如日月般光明正大，天下为公；可以依据四季规律安排生活，休养生息。孟子云："尽其心者，知其性也。知其性，则知天矣。"朱熹注曰："心者，人之神明，所以具众理而应万事者也。"（朱熹《孟子集注·尽心章句上》）人心就包括各种道理，世界万物的道理都可以在内心获得感悟（心具众理，万理具于一心）。王阳明坚信"圣人与天地民物同体，儒佛老庄皆吾之用，是之谓大道"[①]。在这种信念的支配下，意味着圣人从天启或格物中获得的知识，只要经过内心信念的进一步确认，就可以断定是真的，是确凿无误的，根本无须假借实验或实践去验证。甚至只要出于本心就可以获取合乎于道的知识。王阳明认为，良知便是天理，内心早就具备，只要通过内省等方式认识这个良知，便获得事事物物之理。建立在这一思维逻辑上的知识体系，难免留下浓厚的先验论和独断论的烙印。

比较西方文明对知识的态度，我们看到，由于人类主体和宇宙客体的分隔，人类如何能够获得客观世界的真实知识，如何保证所获知识的确定性，一直困扰着从希腊到现代西方的学者。柏拉图的解决方案是宣称现实世界（现象世界）只不过是理念世界的投影，但通过人类理性可以理解这个理念世界从而获得确定的、没有错误的知识。亚里士多德则认为现实世界是真实而完美的，可以通过形式逻辑推导出确定的知识。欧几里得以确定的公理体系为前提，通过推衍、判断、论证而建立起庞大的几何体系。《几何原本》这部巨著给西方的

---

① 钱德洪：《阳明先生年谱》中卷，明嘉靖四十三年刻本（复印本）。

知识形态带来极为深刻的影响,它鼓励人们从坚实可靠、不容置疑的命题出发,用最少量的假定建立起可靠的知识大厦。近代以来,英国的弗朗西斯·培根和意大利的伽利略开创了具有划时代意义的科学实验,试图通过实验来获取确凿无疑的知识。20世纪具有世界影响力的英国学者罗素,一生追求着知识的确定性。但是,代表他晚年思想的著作《人类的知识》最后一页,却不无沮丧地写道:"人类的全部知识都是不确定的、不准确的和片面性的。对于这个看法,我们还没有发现任何一种限制。"① 奥地利学者卡尔·波普尔则直接宣称,科学理论不能通过有限的实验得以证实,区分科学与非科学的界限就在于能否被证伪,凡是科学理论都能被证伪。从某种意义上说,西方文明的全部历史就是如何获得确定性的知识,在求真上下功夫。比较中西文明之间的差异,我们会有这样一些看法。

西方文明中对于人类知识可靠性的惶恐和追问,在中华文化的历史源流中是不多见的,偶尔有些浪花但很快被湮没。主体和客体的割裂,必然带来主体为什么能够认识客体,何以证明对客体的认识为真等问题。由于"天人合一"的思维模式,中国从孔子开始到近代的先贤们,对于自身学问的真理性是如此坚信不疑,自然没有迫切的需求去建立一套自洽的逻辑体系或通过严格的实验去求证现有知识的可靠性。圣人与天地合德,因此,圣人观察天象所获得的知识,其确定性将不容置疑。"道之大原出于天,天不变,道亦不变。"(《汉书·董仲舒传》)当然,从汉代王充到宋代张载、明末王夫之一脉,也曾强调对知识的"效验",但这种效验还是具有主观性的验证,不同于纯客观的验证和实验。受这种思维框架制约,容易产生"独断"的倾向,容易形成将主观想象的"道"强加给万事万物的倾向,也容易造成自己掌握"宇宙真理"的过度自信的

---

① [英]罗素:《人类的知识》,张金言译,商务印书馆1988年版,第606页。

倾向。庄子两千多年前就看到这个问题，《天下篇》开头就说："天下之治方术者多矣，皆以其有为不可加矣。"天下研究学术的人很多，都认为掌握了真理而达到无以复加的境界。尽管庄子意识到这个问题，但依然自以为"可谓调适而上遂者矣"。意思是我庄周对于道的探讨宜于万物而达到最高的境界。对于任何未经实践或实验检验的知识，或者即便是经过检验的知识，对其可靠性始终保持必要的谦逊，正是传统中国道统所欠缺的。

建立在不同思维逻辑上的知识，其知识形态和内容存在较大的差异性。清代章学诚说："宇宙名物有切己者，虽锱铢不遗；不切己者，虽泰山不顾。"（章学诚《文史通义·内篇》）他的本意是想说明为学的态度：人生知之有限，故人对事物掌握当有详有略，择其所需而详，择其不需而略。却很好地概括了中华文明知识特征。凡是道德名教的知识（切己者），往往比较发达，呈现出知识伦理化的特征，学问依附于对道的追求；而对于自然知识（不切己者），或者与功名利禄无关的、不符合自身兴趣的知识，哪怕如泰山般横卧在面前也会视而不见、弃置不顾。尽管宋明儒同时讲"尊德性"和"道问学"，强调"理在事中，道不离器"，注重日用之事，但是对于研究完全与人类活动无关的客观世界运行规律，几乎鲜有所闻。知识结构严重制约于是否"切己"，是否与"德性"有关。所谓的真知，最多只是可意会不可言传的玄理。牟宗三希望从德性主体中转出知性主体，其理由也在于此。但回顾近代以来的历史，根本无须牟宗三那般玄妙。当中国人真正意识到科学技术并非奇技淫巧，而是一种最为"切己"的学问时，就可以做到"锱铢不遗"；当意识到过度伦理化的心性之学"不切己"时，则"虽泰山不顾"。

与西方文明对人类认识能力自始抱持怀疑相比，中华文明由于强调主体和客体的同一，强调天人合一，始终对人类主观能动性和认识能力有过度自信。尽管孔子把人分为：生而知之、学而知之、困而学之、困而不学四类,但对人类整体认识世界的能力充满信心。孟子说"人皆可以为尧舜",更是对人的道德能力、学习能力和行动能力的充分肯定。荀子认为:"凡以知,人之性也;可以知,物之理。"(《荀子·解蔽》)有认识能力,是人之所以为人的本性;能够被人所认识,则是万物之所以为万物的本性。丝毫不担心人的认识能力。韩非子则把人的认识能力概括为"天明""天聪""天智"①,那是上天赋予人的禀赋。这种乐观、自信的态度一直影响后世。王夫之把人的主观能动性推到古代思想的高峰,提出人不仅能相天、裁天、胜天,甚至要以人造天,与天争权。在近代西方文化的冲击下,思维和存在、主体和客体存在对立的观念随之引进,但是对人的认识能力保持谦卑的不可知论,却始终受到排斥和被妖魔化。对人认识能力的乐观态度,可以成为在科学技术等方面实现追赶的精神动力,其消极方面,也带来了把科学权威化、教条化的倾向。任何科学结论其实都不应是终极真理,正因为科学不是终极真理才被视为科学。当科学变成迷信而不再谦逊,或者成为一切事物的标杆之后,科学精神行将枯萎,科学就不复存在。

第三,中华学术思想尽管各派百家争鸣、多姿多彩,其最初来源却是单一。"唐文"将一本性,一脉相传、一以贯之作为中国文化最大特色。庄子曾说"古之所谓道术"是"圣有所生,王有所成,皆原于一",直到"天下大乱、圣贤不明、道德不一"的春秋战国,学术散落于天下,每个人都获得其中的一鳞半爪,致使"道术将为天下裂"(《庄子·天下篇》)。司马谈在《论六家要旨》中对阴阳家、儒家、墨家、名家、法家和道家各做了对比分析,其开篇就借用《易·系辞》的一句话"天下一致而百虑,同归而殊途",说明六家学派皆源于一,殊途而同归。这种"一本性"与西方文明不同。古

---

① 《韩非子·解老》:"人也者,乘于天明以视,寄于天聪以听,托于天智以思虑。"

希腊作为海上民族，以爱琴海为内湖四处劫掠，其爱奥尼亚的米利都成为融合古巴比伦、古埃及、古波斯甚至古印度思想的平台。中世纪欧洲，其学术思想又是由古希腊罗马、源于犹太教的基督教、日耳曼民族传统等组成。比较起来，中华文化的"一本性"特征明显。但在其几千年的历史中，中华文化始终处于兼容并蓄，不断融合外来思想文化的过程之中发展起来。春秋以来，与中原文化相对应，还存在楚文化、吴越文化、游牧文化以及岭南文化，正是在互融互促中推动华夏文明共同体的形成。汉初成为汉帝国官方思想的董仲舒学说，实际是以春秋公羊学为基础，吸收阴阳五行、名家、墨家和道家、法家思想综合而成，与原始儒学有很大不同。司马谈所推崇的黄老之学，也是对原始道家改造并吸收各家思想而形成的。魏晋以后佛法东来，不仅改变了中国人的深层思想，形成中国化的佛学——净土宗、华严宗、禅宗等。之后，产生了中外文化交融思想成果——道学（理学）。它以儒家思孟学派的心性学为基础，融合佛、道两家而形成。始于隆庆开关的西学东渐，经过1840年鸦片战争直至今日，不仅改变了中华文明的走向，也形成了与中国实际结合的中国化马克思主义——毛泽东思想。

与代代相传的道统相对应，还有代代相传的治统（君统），道统和治统的矛盾关系，构成了中华文化独特的历史现象。《尚书·泰誓》云："天佑下民，作之君，作之师。"在西周之前，君、师合一，从尧舜禹直至周公，既是君也是师，故称圣王。但从孔子开始，君、师分离（公羊家仍坚持孔子是君师合一），道统与治统分开，两者构成中国政治发展的基本矛盾。与西方学者相比，中国历史上的学者始终居于社会的中心地位，对社会生活、政治活动持续产生着巨大的影响力。这也是"唐文"一再强调的"中国之哲人及哲学在中国文化中所处之地位"。孔子在居无定所、列国漂泊、四处碰壁的处境下，依然极为自信地说："文王既没，文不在兹乎？天之将丧斯文也，后死者不得与于斯文也；天之未丧斯文也，匡人其如予何！"（《论语·子罕》）孔子自言掌握着文王的道统，这种精神对后世影响极大。读书人怀抱道统的尊严和高贵，保持着内心自由的确信，"天子不得而臣，诸侯不得而友"（刘向《新序·节士》），对权贵甚至皇权保持着人格的独立。到了宋明时期，读书人更以成圣、传承道统为人生最高目标，认为有道统才能有治统，治统的合法性有赖于能否传承道统。所谓"治统得道统而盛，道统赖治统而荣"。学术与政治构成千丝万缕的联系，事实上也造成了君权与文官集团之间的内在紧张关系，产生了以道统制衡治统的思想。读书人试图通过传承一种学术思想来影响政治活动、制衡君主的权力，这在中外历史上绝无仅有。但这一思想在清朝统治二百多年间被彻底扼杀，康熙帝为《性理大全》作序称："朕惟古昔圣王所以继天立极而君师万民者，不徒在乎法治之明备，而在乎心法道法之精微也。"① 可见，一个清朝的皇帝深谙道统和治统的玄机，宣称自己独任道统、治统于一身，反手用治统将道统牢牢控制起来，道统成为治统的奴才。治统和道统的合一，使绝对的统治权和绝对的话语权结合，造就出中国历史上最黑暗的专制王朝。

从孔子开始，历孟子、董仲舒、朱熹、王阳明，直到近代的康有为，都在采用一种不同的"叙事方式"来讲述尧舜禹以来的中国历史。近现代以来，曾经一个时期，盛行用西方中心主义，用唯心主义、唯物主义和阶级斗争，用实证主义等视角来讲述中国历史。而当今，我们需要一种新的叙事方式诠释中国道统。应首先注意一个基本事实：不同历史时期面临不同的问题，不同历史时期的学术思想都是对不同问题的思考。这些学术思想之间有继承又有创新，而贯穿其中的一根红线便是天道观。以天人关系为核心的天道思想是中华文化有

---

① 转引自潘志和《国家认同：康熙皇帝刊行、整理〈性理大全〉的政治指向》，《中央社会主义学院学报》2013年第3期。

别于其他文明重要元素。西周时期,根据对"天"的不同理解,华夏文明就已经形成了鬼神之天天道观、道德之天天道观和自然之天天道观,这三种不同的天道观下形成不同学术流派。大体来讲,墨子秉持鬼神天道观,孔子秉持道德天道观,老子秉持自然天道观。不同的天道观代表着不同的世界观、历史观、价值观,在以后的发展过程中它们之间相互渗透、相互影响,成为中国道统传承发展的内在动因。

四 本书的基本框架

根据中国道统传承发展的特点,划分为七个时期。第一期是远古到春秋之际。以周公为代表,周人留下了完整丰富的"古代思想遗产",包括天人关系、民本思想、阴阳五行和天干地支符号系统等,成为中国学术思想的原始素材。第二期是春秋到秦汉交替。孔子、墨子、老子和诸子百家登场。孔子建立以仁为本位的天道思想,墨子建立以鬼神为本位的天道思想,老子建立以自然为本位的天道思想,诸子百家纵横捭阖、各展其长。这是中国原创性学术思想大爆发的时期。第三期是两汉和魏晋时期。董仲舒完成了学术思想大综合,他借用墨家鬼神本位的"天道观",运用阴阳五行的思维框架,以儒家仁义思想为核心,以天人感应为外表,形成支配两汉近四百年的官方思想。魏晋玄学以庄解老,是中国最后一个纯本土化的思想形态。第四期是从魏晋到隋唐。佛教进入中土是中国历史上第一次外来文化的大规模进入。佛学以其精致、细密的思维方式深刻影响着中华文化。与佛教同时崛起的还有中国本土宗教——道教。第五期是宋明道学昌盛期。以程、朱、陆、王为代表,不仅再次完成了中国学术思想大综合,也成为古代中国最后一个官方思想形态。这次综合的不同寻常之处是将外来的佛学融入中国道统之中。第六期是从明末隆庆开关

（1567年）到20世纪初辛亥革命。中国历史上迎来了第二次外来文化大规模进入，这次的主角是远比佛教文化强大的以基督教为主体的西方文化。这一至今仍在进行中的千年变局，前后分两个历史时期，第一历史时期是明末隆庆开关到20世纪初的三百多年。这一历史时期分两个阶段，第一阶段是伴随地理大发现的葡萄牙、西班牙、荷兰和耶稣会教士来华，第二阶段是鸦片战争后以英法为代表的西方列强的大肆入侵。前后产生了以王夫之、顾炎武、黄宗羲等为代表的社会批判思想家，以及20世纪末以康有为、孙中山为代表的社会改良和社会革命思想家。第七期是从五四新文化运动至今，是西方文化大规模进入中国的第二历史时期。俄国十月革命给中国送来马克思列宁主义，在革命实践中形成了中国社会新的指导思想——毛泽东思想，产生了中华民族复兴的领导力量——中国共产党，完成了中国社会"改天换地"的大变革——社会主义革命。本书重点介绍前六个时期的学术思想，最后一个时期的内容将在另一部书中详述。

第一卷
中国学术思想的古代遗产

根据古文献记载和华夏先民文化记忆，中华文化的源头可追溯到伏羲。"古者包羲氏之王天下也，仰则观象于天，俯则观法于地，观鸟兽之文与地之宜，近取诸身，远取诸物，于是始作八卦，以通神明之德，以类万物之情。"这段来自《易·系辞下》的表述象征着华夏文明的开端。东汉许慎在《说文解字·序》中也把它列为中国文字起源的开篇。"天垂象，圣人则之"象征着中华文明开启的方式。五四新文化运动以来，疑古成为学术时尚，学者纷纷怀疑伏羲和黄帝、炎帝乃至尧、舜、禹的存在，甚至对夏、商历史也予以否定，质疑古文献的真实性。这种疑古风与"全盘西化"形影相随。我们不能否定其批判精神的科学价值，但过犹不及，过度的矫正往往走向其反面，甚至堕入历史虚无主义。正如西方学者无法拿出确凿的物证以证明世界上的确存在摩西这么一位先知，但是丝毫不影响摩西在现代西方文明的源头价值。伏羲这位中国道统源头的第一圣人，我们确实不能通过文物来考证，不清楚其详细背景，他的父母亲是谁，有几个兄弟姐妹，还有几个孩子，妻子的名字叫什么，他说过什么话等，但依然不影响其在华夏文明中的源头价值。因为我们内心确信：华夏族先祖最初就是通过对天地观察获得启示，与神灵交通、万物相宜，从而创立了原初文明。伏羲开始摆脱纯粹物质利益的束缚，不满足于吃喝生孩子，而是仰望星空、俯察大地，思考生命的价值，描画理想的社会。从人类学角度看，这恰恰是人类脱离动物而产生文明的开端。天是什么，天与人有什么关系，天给了我们什么样的启示，什么是完美的社会和人生，人怎么才能过有意义的生活，对这些问题的持续追问是华夏文明不断发展的内在动力，是灿若群星的学术思想背后的原初动力，也是华夏文明区别于其他文明的显著标志。中国古代历史上从来就缺乏一个强大的先知、祭司、僧侣集团以垄断人与神、人与上帝的沟通权，因而对天的观察与解释不再是某个人或某些人的专利。那么，对天的理解必然会产生分化，对人自身、对社稷的看法也必然带来分化。依靠华夏先民共同努力，华夏文明就在这种背景下孕育成长。我们首先需要弄清楚，从伏羲到孔子诞生之前的古代中国留下了什么样的思想遗产。这笔古代遗产是产生孔子、墨子、老子以及其后的诸子百家的文化基础，梳理这笔遗产对于理解中国道统的发展脉络，乃至于理解当今中国社会都具有独特的价值。这是因为：

一个国家、一个民族不能没有灵魂。① 悠悠五千祀，我华夏之魂起于遥远的草昧之际，回望曾经的路，感佩之情积于胸而不能自已，唯有内心深深致敬！

---

① 2019年3月4日习近平参加全国政协十三届二次会议文化艺术界、社会科学界委员联组会上讲话的标题。参见《习近平谈治国理政》第三卷，外文出版社2020年版，第321页。

第一章
从远古到西周时期的天道思想

如何看待天地以及人在其中位置的天道观，是中国道统最具有特色的思想。离开天道观的分析，就不可能理解中国学术思想，因此，研究观念中的"天"及其变化当成为基本的切入点。简言之，在孔子之前，华夏文明就形成了"神灵之天""道德之天"和"自然之天"并立的天道思想。

一 从原始巫术中产生的"神灵之天"天道观

万物有灵和自然崇拜是每个民族、每个文明发展中必然会经历的过程。人类在与自然的抗争中，通过对天地万物的观察和模仿，发展自己的文明。这一现象已经为当今人类学研究所证实。华夏文明的发展也不例外，每个氏族、每个部落、每个部落联盟都有自己的图腾和神灵。传说黄帝部落的图腾为熊，炎帝部落的图腾为牛，蚩尤部落的图腾已不可考，从其属于东夷部落来看，图腾应是鸟类，到了夏后氏，其部落的图腾为"蛇身人面、牛首虎鼻"的神灵。

古文献记载，中国远古历史上发生两次重大的原始宗教改革。传说第一次发生在颛顼时。据《国语·楚语下》记载，帝颛顼提出远古时期民众与神灵不能擅自混杂、互为交通，实现了"民以物享，灾祸不至，求用不匮"，但九黎族乱德，使民众与神灵杂糅在一起，使神灵没有一点威严，于是以此为理由，命令南正重专门负责与"天"有关的神事，火正黎专门负责与"地"有关的民事，以恢复古老秩序，相互之间不能侵扰。这就是所谓华夏文明史上有名的"绝地天通"。《尚书·吕刑》也对这一次"绝地天通"作过描述，"乃命重黎，绝地天通，罔有降格"，当然，所记载的主角是黄帝。第二次传说发生在帝尧时，由于苗民不敬重神灵，故而出兵征讨三苗，用来遏绝苗民、以威报虐，于是再一次强调"绝地天通"。命令羲、和世代掌管天地四时，使天、地、人各得其所。① 拨开传说的迷雾，可以看到，随着部落联盟首领权力的不断扩张，部落间必然会发生统一思想观念的问题，而人与神灵的关系恰恰是古代先民最重要的事务。"国之大事，在祀与戎。"（《左传》成公十三年）部落首领要保持权威，须垄断与神灵沟通的权力，禁止民众私自向神灵祈福或崇拜别的神灵。如果发展到人人能享受神灵的恩泽，家家能成为巫史，整个部落的秩序就难以保障。与其说使神灵有威严，不如说使部落首领更有威严。"绝地天通"的结果，觋巫集团的祭祀权（神权）依附部落首领（王权），多神崇拜逐渐发展到主神（上帝）崇拜，对天的领悟解释权逐渐为统治集团所专有，特别为圣王（圣人和君王合一）所专有，并用以教化万民。实际上，这一历史过程是渐进完成的。对此，孔子称赞道：伟大呀，作为君王的尧！以天为最大，唯有尧能效法天道，民众不知该如何称颂其圣德！② 圣王效法天道、遵循自然，恶人

---

① 《尚书孔氏传》曰："尧命羲、和世掌天地四时之官，使人神不扰，各得其序，是谓绝地天通。"对于这一历史事件，王夫之按照他的理解，认为："古之圣人，绝地天通以立经世大法，而后儒称天称鬼以疑天下。"见《读通鉴论·平帝》。

② 《论语·泰伯》："大哉，尧之为君也！巍巍乎唯天为大，唯尧则之，荡荡乎民无能名焉！"皇侃《疏》引王弼说："圣人有则天之德。"

得以惩罚、善人得以表彰,有功业却不归于自己、有刑罚而不任意自为,百姓日用而不知,又有什么办法来知晓而称颂呢?这件事情,成为后世儒家不断称颂圣德的依据。

我们已经无从考据尧舜至夏以来华夏先民天道观清晰的演变路径,据《礼记·表记》所云,"夏道尊命,事鬼敬神而远之,近人而忠焉。殷人尊神,率民以事神,先鬼而后礼。周人尊礼尚施,事鬼敬神而远之,近人而忠焉。"因此,可以推测:殷商时期对神灵崇拜达到华夏文明的顶峰。他们认为天、地、人无一不是被神灵控制,神灵可以给包括天子在内的万民带来福祉或灾难,人生的重要工作是祭祀神灵。一种以神灵为本位,王权由神灵授予和支持的神灵之天天道观在殷商时期形成。目前中国考古发掘的三大古文明区,有位于中原地区的仰韶文化,位于东北方向的红山文化,位于东南方向的良渚文化,其中红山文化与良渚文化皆为神权为主的神权古国①;比较而言,仰韶文化的神权政治明显较弱,属于军权、王权相结合的王权古国②。近代以来主流学者认为,周人与夏人有密切渊源关系。③ 夏商周断代工程结合考古材料推断,源出黄帝的姬周族和源出炎帝的姜姓族,均与出自大禹的姒夏族关系密切,属于承继仰韶文化的龙山文化一脉,其神权思想较弱。④ 而殷人起源于东方的部族或者是东夷化的华夏部族⑤,受神权政治影响较大。考古发现可以与《礼记》关于

---

① 李伯谦:《红山文化为神权古国的再次证明》,《黄河黄土黄种人》2017年第3期;宋建:《良渚——神权主导的复合型古国》,《东南论坛》2017年第1期。
② 李伯谦:《中国古代文明演进的两种模式》,《文物》2009年第3期。
③ 李山:《先秦文化史讲义》,中华书局2008年版。该书第一讲和第二讲做了较详细的考证。
④ 江林昌:《由姜与夏的关系看姜嫄族的起源与变迁》,《华夏考古》2000年第3期。
⑤ 《诗·商颂·玄鸟》:"天命玄鸟,降而生商",东夷部族一般将鸟作为图腾。按《世本·秦嘉谟辑补本》卷一帝系篇,殷人先祖契和周人先祖后稷皆为帝喾所生,属于同父异母兄弟。殷人为东夷化的华夏部族的可能性更大。

夏、周皆"事鬼敬神而远之",殷人"率民以事神"的说法相互佐证。

受神权政治的影响,加上氏族制度对先祖的崇拜,殷商时期远古祖宗神与主神(上帝)逐渐合为一体,成为庇护殷商族子孙的神灵。郭沫若在《先秦天道观之进展》里有段表述应该是正确的。"殷时代是已经有至上神的观念的,起初称为'帝',后来称为'上帝',大约在殷周之际的时候又称为'天'。……由卜辞看来,殷人的至上神是有意志的一种人格神,上帝能够命令,上帝有好恶的……这殷人的神同时又是殷民族的祖宗神,至上神是殷民族自己的祖先。"① 在殷墟甲骨片上,我们可以找到殷商时期对上帝的崇拜与对祖宗神崇拜合一的确凿证据。上帝操纵着上天的事务,保佑地上商王治理天下。人格化的上帝降福、降命于商王,有意识、有意志地直接监督地上的一切事务。梁启超把这一过程称为"神意政治"进为"天意政治",并命名为"天治主义",从而形成中国特有的天道思想。② 其实,殷商时期,人们对天的理解主要指向"神灵",占卜、祭祀仍是商王最重要的国事,设有专门的官员来处理。作为日常生活组成部分,商王每隔十天就要占吉凶,每有大事必然用龟占卜问吉凶。由于商族祖宗神与上帝同一并操控天命,庇佑着商族子孙,使商王对神灵决定的天命非常自信。商汤王在讨伐夏桀的誓师大会上宣称:夏氏有罪,天命要亡它;我畏惧上帝,不敢不去讨伐③。商纣王面对周人剿灭黎国并步步进逼之时,依然诘问,难道我生来不是有天命护佑吗?④ 殷商时期可没有"天命靡常,唯德是辅"那一套观念,殷人固执地认为天命会永远降福于自己,祖宗神(上帝)只能庇护本族,只要取悦了神

---

① 郭鼎堂:《先秦天道观之进展》,商务印书馆1936年版,第14、15页。
② 梁启超:《先秦政治思想史》,东方出版社2012年版,第29页。
③ 《尚书·汤誓》:"有夏多罪,天命殛之;予畏上帝,不敢不正。"
④ 《尚书·西伯戡黎》:"我生不有命在天?"

灵，人间力量就奈何不了我。神灵的庇佑才是政权稳如磐石的基础，为此可以不惜一切代价，包括实施残忍的用活人做牺牲祭献上帝，用活人殉葬。后世所掩盖的真相，已被现代考古所揭开。

在这种神灵之天的天道观支配下，普通人或外族人的地位极其卑微。甲骨片中记载着殷商族群的残暴，那些随处可见的"仆"字，就是倒霉的活人祭品，很普通的"用"字，说明将活人做牺牲就如同用一顿饭那么寻常。考古进一步确证殷商时期普遍实行着用活人祭神、殉葬的人祭、人殉制度。20世纪70年代胡厚宣做过统计，能找到尸首骨头的"商代人殉人祭有确数的共三六八四人，若再加上几个复原和不能确定的一些数字，那就将近四千人"。从当时能搜集到的甲骨中，"找出有关人祭的甲骨共有一三五〇片，卜辞一九九二条。就时代而论，甲骨文里有关人祭的卜辞，以殷武丁时为最多，计有甲骨六七三片，卜辞一〇〇六条，祭用九〇二一人，另有五三一条未记人数。一次用人最多的是五百个奴仆"①。处于商朝昌盛期的武丁是常被后世美化、称颂的明君，"武丁修政行德，天下咸欢，殷道复兴"，他任用刑徒出身的傅说，使"殷商大治"（《史记·殷本纪》）。武丁改革祭祀制度，使王权借着神权得到强化，成为使用人牲最多的时期，其中一次就用多达500个活人作祭祀，触目惊心。有学者考证，人祭卜辞中有商人一次使用人牲高达千人的记录；人祭时有11类杀死人牲的方法，如焚烧、烹煮、曝干等。② 从安阳殷墟妇好墓穴中挖掘出的青铜甗，正是装着一颗煮熟的人头。③ 相对于人

---

① 胡厚宣：《中国奴隶社会的人殉和人祭》上、下篇，《文物》1974年第6、第7期。

② 参见王平《甲骨文与殷商人祭》，大象出版社2007年版，第19、80页。

③ 该墓穴还发现有16具人殉，4个男性，其中1个为青年；2个为女性；2个小孩；其余性别、年龄不明。（[美]张光直：《商代文明》，毛小雨译，北京工艺美术出版社1999年版，第72页。）

祭，殷商王公直至有地位的平民死后以人殉葬更是相当普遍。根据胡厚宣的考证，人殉现场残忍血腥，采取活埋、成排跪下后砍杀等方式，许多是儿童，"有的连天灵盖都还没有长"。1976年安阳西北郊发掘的一中型墓，其四周密布着人祭坑，共有1400余人。在河南安阳武官村殷王陵区发现一个祭祀场，找到1178具遗骸，周围十几座大墓中被生殉、杀殉的达5000多人。殷商强盛时期，周作为西北方向的小国，命运是悲惨的，因为其主要职责就是为商王的祭祀抓捕、提供"人牲"。文王姬昌就是一个例子，他的父亲季历被文丁所杀，成了人牲，长子伯邑考被帝辛所杀，做成了肉酱，还被逼分食。殷商文化的残忍性不见史载，如没有考古学做证据，后人难以想象神权政治的残酷性，也难以领会商周之际的革命性变革有多么伟大！殷商盛行人祭的动因在于祈福免灾和巩固政权合法性，因为商人所信奉的祖宗神就喜欢"人牲"，人牲的地位越高（比如异族的首领）神灵越高兴，而只有通过持续性的活人祭祀才能使殷王天命永固。① 到了帝辛（纣王）人牲数量减少，每次为一二十人。② 这也预示着商王朝国力的衰竭。毫无疑问，假如沿着殷商文化的路子继续发展下去，华夏文明的前途堪忧。这一切之所以能彻底改变，可归因于周代商。殷商的神灵之天的天道观，在墨子和汉代又有复活，但这已经是经过民本主义改造过的"鬼神"。

如果说武王伐纣建立周朝，还只是一次朝代的更迭③，随着武王离世周公摄政，开始迎来中国历史上划时代的伟大革命。周公所确立

---

① 对殷商祭祀的政治文化意义过去研究不多，有美国学者David Keightley认为："对商王祖先的崇拜可以为商王的政治统治提供强有力的心理上和思想上的支持。"作者以为这些看法是正确的。（[美]张光直：《商代文明》，毛小雨译，北京工艺美术出版社1999年版，第185页。）
② 王平：《甲骨文与殷商人祭》，大象出版社2007年版，第211页。
③ 《牧誓》是武王伐纣的誓言，把"惟妇言是用"（只听妇人之言）列为纣王的首要罪状，并没有后来的失德于天等罪行。

的西周礼乐文化，洋溢着人文气息，通过"改天换地"，重新规划出一条华夏文明发展道路。所谓"改天"，是指逐渐由"道德之天"替代殷商所信奉的"神灵之天"，天子的职责是"敬天保民"，要做到"顺乎天而应乎人"，君权不是绝对的神授，不能只祈求神灵的庇佑，君主能否给民众造福才是关键；所谓换地，是建立以礼乐为核心的，建立宗法制度下的分封制，明德慎罚，从制度上废除了人殉、人祭制度，严厉禁止商人酗酒的恶习。考古学已经证实，周人故地的墓穴中极少有人殉的事件。随着周代商，一种新的观念开始形成，比如，天地间人为贵，侍奉神灵、不如安天下万民；天命无常，唯有君王德性才是可靠的保证；万民皆为天的子孙，上天所看到就来自百姓所看到，上天所听到就来自百姓所听到。这些观念的产生，带来的影响极为深远，保证华夏文明走向了一条正确的道路。连孔子这位殷商贵族的后裔都由衷赞叹"郁郁乎文哉，吾从周"，发出"始作俑者，其无后乎"（《孟子·梁惠王上》）的诅咒。似乎孔子并不知道殷商有人殉制度，因而对用陶俑陪葬都觉得难以容忍。王国维在《殷周制度论》中写道："殷周间之大变革，其自表言之，不过一姓一家之兴亡与都邑之转移；自其里言之，则旧制度废而新制度兴，旧文化废而新文化兴。"还认为，周公设计的制度文物"乃出于万世治安之大术"①。历史学家陈启云评论说："中华物质文化的基础虽然奠基于殷商，但富有人文主义的精神文化传统则肇始于西周。"②

二 "道德之天"天道观的形成

周的始祖是从小被遗弃的孤儿，故名叫"弃"，他出生于稷山

---

① 王国维：《观堂集林》上卷10，中华书局1959年版。
② 陈启云：《周公研究》序一，人民出版社2012年版。

（今山西省稷山县），因善于农耕而成为一代农神，称后稷。周部落以农耕为本，在岐周故地逐渐繁衍成长。《诗·鲁颂·閟宫》言："居岐之阳，实始翦商"，说明周太王时期就开始准备灭商。经过四代人的接续准备，公元前1044年2月武王发动牧野之战，经过一天战斗便攻破殷商国都。武王灭商后，依然采取殷商"人牲"祭神等旧制，将殷商俘虏集体断手断足献祭上帝，用纣王的首级和两个妃子进行燎祭（即焚烧法杀人牲）。[①] 孟子对这段历史表示怀疑，他说："仁人无敌于天下，以至仁伐不至仁，而何其血之流杵也。"（《孟子·尽心下》）这种"血流漂杵"的做法太不符合武王作为圣王的形象，所以他不信。但历史就是如此。灭商后的第二年武王去世，在纣王之子武庚的唆使下，负责监视殷地的文王之子管叔、蔡叔、霍叔发生叛乱，史称"三监之乱"，周王朝面临严峻的形势。周公受命东征，不仅平定了这次叛乱而且深入原殷商旧地徐、奄、薄姑等方国，大大扩展了周的势力范围。经过这一事件，周人意识到，要实现长治久安，必须建立一套新的官方的"意识形态"来解决周代商的合法性等问题。

周人首先要做的事情就是重新定义"天"。殷人的"天"是由"祖宗神"和"上帝神"合一的神灵所支配，专门庇佑商王及其万代子孙，如果不改变对"天"的认识，周人的统治就是违背天的意志，没有了"合法性"。因此，周人要降低神灵的地位，转而用道德——人的德性高低作为获得天认可或者被抛弃的根本依据。郭沫若说："敬德这的确是周人所独有的思想。……在卜辞和殷人的彝铭中没有德字，而在周代的彝铭中都明白地有德字表现着。"[②] 周人还创造一

[①] 《逸周书·世俘解》："武王乃废于纣矢恶臣人百人，伐右厥甲小子鼎大师。""古朕闻文考修商人典，以斩纣身，告于天于稷。"《尚书·武成》："乃反商政，政由旧。"

[②] 郭鼎堂：《先秦天道观之进展》，商务印书馆1936年版，第15页。

个观念，天下万民都是天的子孙——天民，所谓"天生万民"。《尚书·召诰》中明确表示，周代殷是因为"皇天上帝，改厥元子"。所谓"元子"就是长子的意思，就是说皇天上帝已经把"长子"的地位转由文王来承担，成为管理万民的新的天子。周人的"天"已经成为"道德之天"，已经不是能够庇护殷商的"神灵之天"，它将根据人的德性高低来决定"天命"归属，商纣王因为残暴而辜负天的期望，最终被剥夺"天命"。

周公东征期间给殷商遗民和诸侯的几篇诰示中多次强调，纣王因失德而被天命抛弃，文王则因德性承受了天命，灭商不仅不是犯上作乱，而是履行上天交给的使命。由此产生中国道统中"替天行道"的思想。周公在《多方》《多士》篇反复对殷地的百姓说：不是我周人要灭你，实在是你们最后一位商王纣违背天命，上天降下灾殃，正如商汤当年按照天命诛灭夏桀一样。周公的理论解决了周代商的"合法性"问题，但也带来了新的问题，即"天命靡常"。今天得到了天命，明天还能保持吗？让周人感到惶恐的是：我们周人有幸得到天命，但天命无情，怎能保证不会失去？于是，周公进一步提出：文王、武王遵照天道的要求，"以德配天"而获得了天命垂青，后世子孙要永保福禄，只有如先祖文、武一样，完善自己的德性，战战兢兢实现上天的使命。要以天下万民为念，不贪图安逸、不骄奢淫逸、不胡作非为，做到敬德保民。

相传灭商后的第二年，武王与商朝旧臣箕子有一段对话，探讨治国理政的道理。箕子说，听说从前上帝把治水失败的鲧流放后，赐给禹洪范九种大法，于是治理国家的法理就确定了。分别为：一安排好五行；二敬用五件事；三处理八种政务；四运用五类记时办法；五建立君王的规则；六展示三种德行；七用占卜决定疑事；八注意上天征兆；九用五福六极治理百姓。这段记载在《尚书·洪范》的对话中，对中华文化的影响极大。据李学勤考证确认,《洪范》确为西周作品。① 因此,箕子的意见既可看作殷商后人的历史教训总结,也可以看作西周时期的治国思想。但后一种可能性更大。解读这篇文献,可以得出以下几个观点。一是人间事务要大于对神灵祭祀。"洪范"通篇不提如何祭祀、如何取悦神以获得天命降福,而是如何尽人事,如何安民利民,说明"民心"比"天命"更重要。皇天六亲不认,惟有德行才可配天;民心反复无常,惟有惠民才是根本。② 随着周初礼乐制度完成和神权统治结束,西周社会开始从"神本主义"向"民本主义"过渡,华夏文明在一个关键的十字路口,与神权本位的神权社会分道扬镳。二是提出了王道和君仪、君德的思想。其中"王道荡荡""王道平平""王道正直""天子作民父母,以为天下王"更是为后人所反复提及。提出要有"正直""刚强""亲柔"三种品德。三是提出认识天命的办法。周翦商创造以弱胜强战争奇迹的同时,也带来如何顺应天命、不负天命的困惑。从"天命有常"到"天命靡常",是一个重大的转折。围绕天命可以把握还是不能把握的争论,成为中国道统自始至终的一个重大问题。能把握也好、不能把握也罢,总是绕不开如何认识天命这个问题。"洪范"提出了认识天命的两个办法。第一个办法,通过占卜的龟壳、蓍草显现天命的迹象;第二个办法,从天象的变化、君王的言行中显现天命的征兆。这两种办法在以后三千年中国社会同时存在。随着理性思维的增强,秦汉以后统治阶层不再采用占卜的方式议决国事,但这种习气向民间蔓延,成为长期占据中国百姓的下意识。而从各种征兆中读出天命,直到清末一直为统治阶层所信奉。据说武王伐纣时,有火焰降到武王屋顶后化作一只鸟;刘邦做皇帝时,五大行星一字排列出现在天空;明

---

① 参见李学勤《帛书〈五行〉与〈尚书·洪范〉》,《简帛佚籍与学术史》,江西教育出版社2001年版。

② 《尚书·蔡仲之命》:"皇天无亲,惟德是辅;民心无常,惟惠之怀。"

永乐十二年（1414），外邦送来长颈鹿为贡品，翰林院编修沈度竟激动地写下颂词，"臣闻圣人有仁德，通乎幽明，则麒麟出"，原来是把长颈鹿当作麒麟；《清史稿》更是祥瑞迭出，雍正三年（1725）、乾隆二十六年（1761）、嘉庆四年（1799）、道光元年（1821）四次出现五星连珠；袁世凯复辟帝制，有江西官员电告称"有了祥瑞，石龙现身"，北京周边闹蝗灾，却有官员称蝗虫头上有"王"字。[①]祥瑞成为历代政权合法性、政权稳固的象征。四是提出治理百姓的两大法宝——赏、罚二柄。用长寿、富足、康宁、崇德、善终这五福鼓励，同时用凶险、疾病、忧愁、贫穷、恶行、羸弱这六极警戒。实际就是人类历史上屡试不爽的"胡萝卜加大棒"。《洪范》的形成，预示着指引中国三千多年的治国理政核心思想开始初创定型，也反映了周人天道观已经形成。这种"道德之天"的天道思想，主要有以下两方面内容。

第一，在人和神的关系上，主张人更重要，神只是为人服务。周人对鬼神采取"敬而远之"，或"敬而不用"，或"敬而不重"的态度，以及"用时再敬"的实用主义态度。随国是西周镇守南方的重要邦国，有"神农之后，随之大贤"之称的大夫季梁，提出"夫民，神之主也。是以圣王先成民而后致力于神"（《左传》桓公六年），民众才是神的主人，所以圣王首先考虑民众利益，再去考虑神。由周文王弟弟建立的虢国，其国君曾向神献祭，求神赏赐土地，东周内史就评论说，虢国国君一味听命于神，因此"虢必灭亡矣"（《左传》庄公三十二年）。郑国是春秋初年的强国，子产针对一场是否通过祭神来避免火灾的争论中明确提出"天道远、人道迩"（《左传》昭公十八年），坚持天人相分，不主张祭神。

第二，周人创造出新的历史观，开始用人的德性高低评价与叙述

---

① 叶克非：《中国历史上的祥瑞》，《读者欣赏》2014年第12期。

历史人物和历史事件，开始用以德配天、受命于天来叙述历代先王的事迹。殷商时期，"文""武""王"等字没有"道德"含义，但在西周以后被打上"道德"的烙印，开始具有崇高德性。"王"与"圣"连用成为"圣王"，专门指历史上那些以天下苍生为念，能克制个人私念、勤勉为民的首领。对百姓，强调用"德教"化育，圣王以自己的德性成为万民的表率，要别人做到的自己先做，要别人不做的自己先不做，并以此化育万民，使民风醇厚，有礼、有耻、有格。天道与人道相通，天意就是民意，符合民意就符合天意，天命只降落在有这种德性的圣王头上，否则就会降下灾殃，重新选择能承继这一使命的圣人。这些思想成为主宰古代中国的政治理想。西周后期由于厉王、幽王的统治不得人心，社会风气也随之变化，一股怨天、尤人的"变雅""变风"思潮在《诗经》中出现，人们开始诅咒昊天不公，体现出对人事的不满和对天的不满结合在一起。殷商被彻底征服后，周公特别强调用殷人的风俗治理殷商遗民，作为殷商后裔的宋国依然保留人殉、人祭的野蛮风俗。被后世称赞有仁者风范的宋襄公，其实并不仁义，他把不愿参加盟会的鄫国国君杀了祭天。① 作为殷人后裔的秦国，在秦穆公死后竟杀了177人殉葬，很多是秦国的栋梁之材，其中有屡立战功的子舆氏三兄弟。② 一首《黄鸟》道尽秦人千古哀怨③，但哀之又不鉴之，始皇帝又继承殷人的遗风，死后大规模杀殉。这三起事件的结果，宋襄公春秋霸主的美梦破灭，秦国在秦穆公后一度衰落，幸而有商君改革焕发生机，但始皇帝的残忍却终究难逃秋后算账。不过，在强大的西周王朝管治下，"神灵之天"作为一种思想遗产虽根深蒂固，但已经退到非主流之位，殷人所信奉的能

---

① 《左传》僖公十九年："宋公使邾文公用鄫子于次睢之社。"
② 《史记·秦本纪》："从死者百七十七人，秦之良臣子舆氏三人名曰奄息、仲行、针虎，亦在从死之中。"
③ 《毛诗序》云："《黄鸟》，哀三良也。国人刺穆公以人从死，而作是诗也。"

主宰风雨、收成、战争、凶吉的祖宗神和上帝神,失去了往日的地位。

三 "自然之天"天道观的形成

华夏先民天道观的形成中,还有另一条路径不能忽视,那就是在与自然搏斗的"地平天成"中,在仰观天象、俯察大地的经验中,逐渐产生的以"自然"的眼光看待天、看待人的"自然之天"天道观。中国古代天文学的发展对这一天道观的深刻影响,是绝对不能忽视的。

1975 年开始考古发掘的位于山西临汾距今约 4700 年的陶寺遗址,出土了大量的陶龙盘、陶鼓、玉器、彩绘木器以及各类石制工具、乐器等文物。这一都城遗址不仅可以基本确认就是古文献记载的尧都,而且也发现了人类最早的观象台。这个观象台由 13 根夯土柱子按半圆形排列,形成 12 条缝隙,半径 10.5 米,弧长 19.5 米。对复原模型实测后发现,第 1 条狭缝看到日出为冬至日,第 7 条狭缝看到日出为春分日和秋分日,第 12 条狭缝看到日出为夏至日。按照太阳运行的周期,12 条狭缝一年一个来回,大致对应 24 个节气。这一遗址与《尚书·尧典》记载尧帝命羲和测算日月星辰的规律,给民众确定历法、节气等记载可以相互印证。根据《中国古代天体测量学及天文仪器》作者综合各家观点后的看法,认为《尧典》中用来确定节气的四颗星宿分别为星宿一(长蛇座α)、心宿二(天蝎座α)、虚宿一(宝瓶座β)、昴宿一(金牛座 17),当它们于黄昏时分分别出现在正南方向时,对应春分、夏至、秋分、冬至。殷墟甲骨文中多次出现过鸟、火星的名称,对应于星宿一(长蛇座α)、心宿二(天蝎座α)。根据测算,殷商时期这两颗星宿日落时分出现在南方天空时，对应着春分和夏至日。如果没有持续的、长时间的实地观察，是不可能凭空臆想就能留下这种记录的。根据《隋书·天文志上》记述，位于今登封市告成镇的观象台，古称阳城，为周公使用圭表测景处。法国天文学家拉普拉斯在其著作中说："周公约在公元前1100年，于洛阳立8尺之表，测日中之景，得夏至景长1尺半，冬至景长1丈3尺。"并认为与他用现代方法测量的结果相差极微。[①] 从考古资料与古文献相互印证梳理中国古天文学发展历史，我们可以看到，"天垂象，圣人则之"有翔实的史实依据，同时对人们的思想观念产生着重大的影响。人生活在天、地之间，要求得生存，必须解决生活中面临的一系列问题，而在解决问题的过程中人自身的思想意识也发生变化。这就是"人在改造客观世界的同时改造主观世界"在历史上的真实反映。

对于生活在石器时代的人们来说，辨别方位是一件迫切需要解决的问题。最容易引起人们注意的是太阳每天有规律的运动，人们以太阳升起的方位为东、落下的方位为西，随之南、北方位也因此确定。到了晚上怎么办呢？由于地球自西向东自转，华夏先民夜晚仰望星空时发现，月亮和绝大部分星辰也是有规律地自东向西在天幕中划过，其中最独特的是北极星，它似乎永不落幕，永远高悬在正北方向，纹丝不动。旁边的北斗七星围着它做旋转运动，但北斗斗柄的方位似乎与地面的气候有某种关联。于是，依靠日、月、北极星，无论白天、黑夜，东南西北的方位都可以确定。阴天或下雨天怎么办？就只能靠平时的记忆或地上预制的一些标识了。可以想象，日月星辰如此有规律地运转、从不失信、从不以人的意志为转移，以及天地之间似乎有某种神秘的关联性，这两方面肯定同时给华夏先民们留下难以磨灭的

[①] 转引自吴守贤、全和钧《中国古代天体测量学及天文仪器》，中国科学技术出版社2013年版，第482页。

印象。

　　第二件是辨别和预知季节的变换。这对于搞好农业生产，安排好生活实在太重要了。大地上寒来暑往，循环往复而从不失信。通过长期观察，发现气候的变化与太阳的运行和位置有莫大关系，同时还发现北斗斗柄黄昏时的方位居然也与四季有关联。正如《鹖冠子·环流》云："斗柄东指天下皆春，斗柄南指天下皆夏，斗柄西指天下皆秋，斗柄北指天下皆冬。"通过对其他恒星的观察，进一步发现一些星宿在黄昏时刻的方位，与春分、夏至、秋分、冬至等节气也有绝对的关联。掌握了四季变化，尤其是各节气的变化，对于半农业、半渔猎生活的先民来说意义非凡。仰韶遗址发现，距今 7000 年前，在西起陇山、东至泰山、北到长城沿线河套地区、南达鄂西北的广大地区，华夏先民开始采用刀耕火种从事农业生产。根据现代天文学，我们知道恒星日与太阳日每天相差 3 分 56 秒，每年正好差 1 天，如果完全按照北斗斗柄的指向（恒星日）来确定季节会产生较大的累积误差，每 30 年就会有 1 个月的误差。这种误差对农业生产不利。实际需要促进了天象观察的精细化，于是古人以北极星为圆心，以北斗斗柄为指针，等分划出十二个区域，分别用子丑寅卯等来标识，以每年太阳在冬至日斗柄所指方向为子，作为标准刻度，再依序为丑、寅、卯直到亥，划分出十二个节气，再在十二个节气中分别插入十二个中气，构成了二十四节气。这种用太阳历确定的二十四节气，配合以朔望月加闰月的阴阳历，构成了人类文明史上特有的一项杰出创造。① 在年岁交替中，天象与物候是如此完美地结合在一起，产生一种天地人浑然一体，万物相互关联的思想观念就是一件很自然的事。这种关联性思维模式反过来又对古天文学的走向产生重大影响，在相互作用中，一种独特的宇宙观、天道观渐渐形成。这种天道观既包括

---

① 《淮南子·天文训》对此做了非常准确的描述，可参看。

天地相应和天人合一的萌芽，也包括天人相分、天地同道但异理的萌芽。由于观察天象都是由"圣王"或者在"圣王"的直接指挥下进行，天文学对古代中国学术思想的影响，对政治的影响就远远大于古希腊等文明体。

解决气候预测的同时，第三件非常重要的事情就是对时间进行正确的划分。殷商甲骨文资料显示，当时就有了大月30天，小月29天的安排。根据董作宾《殷历谱》的研究，殷商时期已经确定一个朔望月为29.53天。[①] 根据对太阳进一步观察，中国在公元前6世纪就已经将太阳回归年测定为365.25天。[②] 在确定朔望月和太阳回归年的天数后，人们发现一年12个朔望月的天数为354.36天（古人称年），与太阳回归年（古人称岁）差了将近11天，于是就有了置闰月来解决两者之间差异的办法。最晚公元前5世纪的春秋时期，中国就已经掌握19年7闰的规律，形成了中国特有的阴阳历法。[③] 这种通过观察而发现规律，通过置闰月来协调年、岁差的经验，似乎暗示天道是自然运转，天道可以为人所用。

随着所观察恒星数的不断增加，天象资料的不断丰富，古代天文学要做的第四件重要事情就是对天空的星辰进行分类管理。宋景公三十七年（前480），发生"荧惑守心"的天象，景公为将有灾祸降临而忧心忡忡，问太史兼司星官子韦怎么办。子韦说：可以将灾祸移给宰相。景公说：宰相是我股肱大臣。子韦说：或者移给百姓。景公说：百姓是君之本。子韦说：可移给年岁。景公说：年岁不好，百姓遭殃。子韦说：上天洞察世间的一切，有这三句君德之言，荧惑定会

[①] 转引自吴守贤、全和钧《中国古代天体测量学及天文仪器》，中国科学技术出版社2013年版，第285页。

[②] 转引自吴守贤、全和钧《中国古代天体测量学及天文仪器》，中国科学技术出版社2013年版，第286页。

[③] 陈遵妫：《中国天文学史》，上海科学技术出版社1984年版，第1381页。

移走。随后,荧惑果然离开,宋景公还因三句善言而延寿 21 年。①这个故事至少表达了几层意思。最晚春秋末年,就已经在星空划分出不同的星宿,还有了星宿与地上某区域相互对应的所谓"分野"概念。② 这里的"心"是指现代天文学天蝎座中的红色一等亮星,古代为心宿二,其分野为豫州地区,也就是当时的宋国。火星古称荧惑,运行到心宿二位置,古人认为不利于君主,尤其不利于宋国君主。而宋景公居然因自己的仁德,不仅让荧惑移走,还因此延寿 21 年。这种德配天地、天人感应的思想,至迟在春秋之前就已经流行。根据现代学者研究,远古华夏先民最初把恒星分别想象为龙和虎的图形,并合称为两象,最迟在殷商后期开始用四象来划分,即流传至今的东方苍龙、北方玄武、西方白虎、南方朱雀,进而又在四象中将一些靠得比较近的恒星命名为星官(类似于现代天文学的星座),最终在四象中分别划定七个星宿,也就是七个星官。最迟于西周时期,中国古天文学就已经产生了流传至今的二十八星宿,到春秋时期进一步完善。这二十八宿分别为,东方苍龙七宿:角、亢、氐、房、心、尾、箕;北方玄武七宿:斗、牛、女、虚、危、室、壁;西方白虎七宿:奎、娄、胃、昂、毕、觜、参;南方朱雀七宿:井、鬼、柳、星、张、翼、轸。③ 所谓宿,是指日月居住地。二十八星宿分别与某一区域对应,比如,翼、轸二宿对应于楚,房、心二宿对应于宋,虚、危二宿对应于齐,井、鬼二宿对应于秦,等等(不同时期,表述上有些微差异)。居二十八宿中间的就是代表天帝的紫微星(北极星),并将附近的一片星空称为紫薇垣,里面几乎包括了地上君王所拥有的一切,太子、后宫、大臣、将军、城墙等。紫薇

---

① 《淮南子·道应训》《史记·宋微子世家》有相关记载。
② 转引自卢央《中国古代星占学》,中国科学技术出版社 2008 年版,第 212 页。中国天文学家陈遵妫认为这种分野观念,起源于原始时代。
③ 战国时期曾侯乙墓出土的一件漆木衣箱盖上有完整的二十八星宿名称。

垣之下的东南方向就是天市垣，代表了天上的集市，是平民百姓居住的地方。随着地上国家政权形式的变化，以后又逐渐在天空星区专门辟出一个太微垣，代表中央政府所在地，有廷尉、御史等官职，位居紫薇垣之下的东北方。① 这种最初因方位和分类上的需要，继而发展出四象、二十八宿和三垣的过程，反映了天人合一思想对天文学发展的反作用，是地上事务和王权发展在天上的投射。宋代的朱熹还坚信，日月星是地上阴阳精气在天上凝集的结果。② 当这种投射一旦完成，又将虚幻的投影确认为真实以后，反过来再对地上王权产生新的作用。比如，以紫薇星虚静为理由，提出地上君王应垂拱而治、无为而无不为的思想。当然，这个相互强化的过程肯定不是短时间内就能完成的，任何一种原创思想的形成和发展都会有较长的酝酿期。

在由恒星组成的星空图确定后，中国古天文学做的第五件事，就是对五大行星水星（辰星）、金星（太白）、火星（荧惑）、木星（岁星）、土星（填星）的观察。古代天文学有两大功能：观象以授人时，确定节气时间；观象以见吉凶，实现避祸趋福。③ 对五大行星的观察，两大功能得到比较好的实现。古人自西向东划出 12 个等分的星空区域，依次命名为：星纪、玄枵、娵訾、降娄、大梁、实沉、鹑首、鹑火、鹑尾、寿星、大火、析木，天文学叫"十二次"。木星到达星纪，这一年纪为"岁在星纪"，到玄枵，纪为"岁在玄枵"，一直到"岁在析木"，12 年一个周期。武王伐纣就是"岁在鹑火"那一年。这种以木星来纪年的方法，也叫岁星纪年，到汉武帝时才改

---

① 首见于辑录《石氏星经》的《开元占经》，《晋书·天文志》、隋朝末年《步天歌》完整表述三垣二十八宿系统。
② 《朱子全书·理气二·天文》："问星辰有形质否？曰：无，只是气之精英凝聚者。或云如灯花否？曰：然。"
③ 陈美东：《中国古代天文学思想》，中国科学技术出版社 2008 年版，第 1、6 页。

成了干支纪年。① 用天象预测吉凶的思想，"至迟可以追溯到殷商时期"，到了春秋以后，因战乱频仍，观象知吉凶的愿望越趋强烈，渐渐形成完整的占星术思想理论体系。② 木星历来属于福星，凡岁星所居之国必将有福。火星，因呈红色且颜色忽明忽暗，运行变化多端，所以称荧惑，被认为是凶星。土星，古称为镇星或填星，主德，主纪纲，因土星28年为运行周期，每年居一个星宿而得名。最有意思的是金星，又称启明星，是亮度仅次于日月的最亮的一颗星，古希腊认为是象征美丽和智慧的维纳斯女神，但在古代中国星占家看来，却是丧乱不祥之兆，主兵、主杀、主刑，辰星（水星）则是它的助手。太白昼见（白天看到金星）和太白犯心宿，犹如荧惑守心，都属于大凶。古人之所以视金星为凶心，其原因主要还是轨迹、光色变化多端，难以把握。这里可以看出华夏先民的一种思想态度：凡是无法用理性预知、解释的事情，倾向于理解为非凶即祸。星占术作为反映天人关系的一个方面，开始用异常天象解释人事祸福的办法介入人们的生活，影响古代学术思想。星占术下的天人关系有双重含义：一方面人的命运由天安排，天命控制着人事；另一方面人也可以影响天、感动天，甚至控制天，天人之间能相互感应。这双重含义，为日后中国学术思想的分化提供原初的基础。③

从日月星辰有规律的运转，到一年四季周而复始，万物依时生长、恒定有序，由此形成一种天地依据道（规则）来运行，道法自然的天道观念并不觉得奇怪。这种"自然之天"天道观与"神灵之天""道德之天"天道观并立，构成古代思想遗产的重要内容。华夏

---

① 何幼琪：《"岁在"纪年辨伪》，《西北大学学报》（哲学社会科学版）1990年第3期。

② 陈美东：《中国古代天文学思想》，中国科学技术出版社2008年版，第7页。

③ 比如，墨子不承认天命，但认为天人之间存在感应；而汉代王充在《论衡》中激烈反对天人感应说，但是相信星占，相信天命。

文明在进入战国之前，先于孔子、墨子、老子之前，就已经形成神灵之天、道德之天、自然之天并存的独特的天道观，三者之间既相对独立，又相互渗透、相互影响。中国道统传承过程中，道德之天总体上压过神灵之天，与自然之天时而并驾齐驱、时而交替前行，难分伯仲，但神灵之天又像个幽灵死死拽着不松手，苟延残喘，时而还满血复活。

四　天人思想的内涵

　　天道观的核心内容是诠释天人关系。无论是神灵之天、道德之天还是自然之天天道观，在天人关系上，其共同之处是认为天与人之间存在密切关联的关系。殷人祭祀神灵的过程，本身就是人与神进行交流的过程，通过仪式表达对神灵的礼敬，获得神灵的庇佑；周人所称的以德配天，是希望通过人有意识的自觉行为获得天的认可，继而获得神秘的天命；在天象观察和日常经验中，更是感受到日月星辰、四时气候变化对人类生活的影响。

　　人与天地万物之间存在一种关联。这种观点本身会使人摆脱孤独，有了温馨、和谐的感觉！我们不妨在万籁寂静的月夜，闭上双眼冥想，想象一下人世间的俗事能够与上天完美的星空相对应，天象与人事能够有一种神秘相通的意念，对于我们人类来说，会是一种多么有力的慰藉！这能给杂乱无章的人生带来意义！这种感觉我们能体会到，我们祖先能体会到，其他不同种族的人都能体会到。美国现代物理学家、《思维简史——从丛林到宇宙》的作者伦纳德·蒙洛迪诺，写到自己老父亲年轻时曾饱受纳粹恐怖行径摧残，在不久于人世之前告诉儿子说，希望物理法则是真的，因为不管人类有多糟糕，和天上那些完美、浪漫的星星都有可能是由同样的物质构成，这种可能性让他深感安慰。作者听到父亲这番话后感到大吃一惊。作者在回顾两河流域文明到近代西方 17 世纪初期的开普勒时代后,写道:"开普勒依然确信是上帝让宇宙遵循'几何美感'的原则,行星的运动很有可能是行星的大脑在判断它的角度,计算它的轨道之后产生的结果。"他引用了历史学家埃德加·齐尔塞耳的话:"人类似乎非常想以人类社会的形式去解释自然。"并继续写道:"我们试图描述自然法则的尝试出自想要理解自己存在的天然意愿……我们通过大脑创造故事来描绘我们的生活,我们把自己学到的和经历过的东西拼凑在一起,最后形成我们是谁以及我们在宇宙中的位置的世界观。"①

从这位现代美国人的言辞中,我们能体会到:人类总是不由自主地把社会的生活与自然界的活动对应起来看,把自然规则与人类社会规则相互比较和借鉴。这种做法至少带来几个好处:一是确立人在天地之间的位置;二是给人类生活带来某种确定感;三是寻找到人类生活的意义;四是获得解释社会生活之所以发生变化的原因。华夏先民所形成的独特的天人思想,解决了人和社会的若干大问题。第一个问题,解决人与天地之间的关系。西周以来形成的主流观点是"天地间人最贵",这与古埃及、古希伯来和古希腊文明关于人的看法完全不同。神权统治下的社会,人只是神的奴仆,人生的意义就在于获得神的恩宠。第二个问题,解决了政治活动是主动还是主静的问题。从北斗星位置恒定不变,北斗七星乃至满天星辰围绕北极星旋转这一现象,不难想象出人间政治秩序的模样,君主施政应当静虚无为、垂拱而治。它成为中华文化主流意识之一。当然,也可以从"天行健"中得出"君子自强不息"的观点。这同样是中华文化主流思想的一部分。关键就看如何解读天象。不管是主动还是主静,政治须围绕一

---

① [美]伦纳德·蒙洛迪诺:《思维简史——从丛林到宇宙》,龚瑞译,中信出版社 2018 年版,第 72 页。

个中心，几乎成了恒定的观念。① 第三个问题，解决了人类社会运行的规律。从天象的循环往复联想到人类社会、人类事务也是这样一个过程，是一件再正常不过的事情。社会是一个周而复始的循环过程，曾长期主宰着人们的头脑。后来出现的邹衍"五德终始"说，就不会是个人随意杜撰的产物。第四个问题，解释了人类社会变化的动因。西周以后逐渐形成的主流看法是：天地人都是由阴阳之气构成，所有的一切都可以用阴阳来解释。比如，地震是阴阳失衡，刮风下雨是阴阳交错，就是人体生老病死也是阴阳失调。阴阳变化成了解释一切事物发生的原因。第五个问题，解决了人间祸福发生的原因。天人关系是如此密切，观察天象就可以预知人间祸福。日月变化，尤其是五大行星的变动，成为人世间灾祸和福禄的根据。

古代思想遗产中相当复杂的天人关系，为日后各种天人学说提供最初的素材。一般来说，"神灵之天"天道观倾向于更密切的天人关系，天与人之间似乎有一种神秘的关联通道，以至于发展出"天人感应"的思想；"道德之天"天道观倾向于天人同道，天之道与人之道尽管有差异，但本质相同；"自然之天"天道观更倾向于天人同体但异道，天有天遵循的自然法则，人有人遵循的社会法则，发展出"天人相分"的思想。天人感应、天人同道、天人相分，以及天人同体、天人合一、天人相通等，总体上都是讲天与人之间有密切关联，但在具体内涵上又有明显差异，这形成了中华文化一大特色。在整个学术思想传承中，这些思想相互影响、相互渗透，呈现出更加复杂的状态。

---

① 《论语·为政》："子曰：为政以德，譬如北辰，居其所而众星共之。"

第二章
西周以来"民本思想"的发轫

　　与天道观同样重要而不能忽视的是古代学术思想中的"民本思想"。这种民本思想伴随商周之际的革命而产生，与西周富有人文气息的礼乐文化密切相关。首先，以民为本位是相对于以神为本位来说的①，把民众而不是神灵作为国家的根本。其次，是相对于以君为本位而言的，是民众而不是君主为国家的根本。再次，还涉及民众能否参与国政、有什么样的权力以及个体在社会中的地位等问题。作为民本思想的经典表述就是孟子的"民为贵，社稷次之，君为轻"，而孟子的这一思想有着深刻的历史文化渊源，绝不会凭空产生。《尚书·五子之歌》记载，夏后启的长子太康因耽于田猎、不理政事，被有穷氏首领后羿夺取国政，史称"太康失国"。他的五个弟弟带着母亲仓皇出逃到洛水北岸，作歌述怨。第一首就说，"皇祖（大禹）有训：民可近，不可下。民惟邦本，本固邦宁。予视天下愚夫愚妇，一能胜予。一人三失，怨岂在明，不见是图。予临兆民，懍乎若朽索之驭六马。为人上者，奈何不敬？"《五子之歌》多数学者认为是伪作，毫无疑问，太康时期的诗歌能记载下来，确实匪夷所思。但是该作品

---

① 现代一些学者以中国是民本而非西方的民主，以否定民本思想的价值，实在是不清楚民本首先是相对于神本位而言，正如西方人本主义是对基督教神本位的反动。

属于西周以后,代表着周人的观念,却是可信的。这种思想的要义是,"民众为国家根本,国君须敬畏民众"。保守地讲,较系统的古代民本思想发端于西周之后。

一 民和人的含义

西周属于什么社会形态,近代以来一直有激烈的争论。在西方中心主义思想的影响下,为了论证中国商周时期存在类似于古希腊、古罗马的奴隶制,郭沫若认为,"民"从甲骨文的字形看,是刺瞎双眼的奴隶。① 因此,商周都属于奴隶制社会。这种看法显然是有纰漏的,尤其不符合西周以来的历史史实。如果"民"真的是专指奴隶,那么创作于周宣王时期的"天生烝民,有物有则。民之秉彝,好是懿德"(《诗·大雅·烝民》),就会理解成"天生一堆奴隶,拥有万物法则;奴隶天然禀赋,喜欢美好德行"。这岂不是笑话!值得注意的是,孟子正是用这四句诗作为人性本善的依据,又引孔子的话"为此诗者,其知道乎!故有物必有则,民之秉彝也,故好是懿德"(《孟子·告子上》)。朱熹注云:"聪明之德,慈孝之心,是民所秉执之常性。"(《四书章句集注·告子章句上》)看来,他们都没有把"民"当作奴隶。许慎《说文解字》将"民"解为"众萌也",又将"萌"解为"草芽也"。因此,"民"就像在大地上生长的草芽,后人往往也用"草民"自称。因此,将"民"指称为芸芸众生,国家的基本力量,比较符合本义,也符合西周时期的实际。② 民字从

---

① 参见郭沫若《十批判书·古代研究的自我批判》,东方出版社1996年版,第36页。
② 从《尚书·盘庚》记载盘庚对不愿意迁徙的殷民做说服工作,可以看到"民"的地位。

"尸"、从"氏",也可以理解为"定居的部族众庶"。当代学者考证,殷商时期用于人牲名称的,有人、仆、执、女、母、妾、妻等字,就是没有民字。① 因此,将民视为奴隶的纯属主观想象。与"民"相对的则是"人"。甲骨文、金文中"人"的字形是弯腰祭拜或施礼的样子,是一个懂得自谦、有教养、有礼仪的形象。"人"的地位比较高。有学者考据,周时所谓"人"主要指下述四类:氏族先王;王者;氏族贵族(君子);在位的官员。② 这个看法是有依据的。中国道统中关于"民"和"人"的观点及学术思想,就是从这个本义开始发轫。

与主张殷周为奴隶社会相反的另一类学者,却坚决主张中国历史上没有奴隶社会。③ 这两种极端对立的观点都不符合中国历史原貌。如果套用古希腊、古罗马关于奴隶的标准,则不符合;如果用是否存在某一个族群对另一个族群的奴役,则存在。神权统治下的殷人,祭祀构成日常生活的主要内容,通过战争获取俘虏并作为人牲、人殉,以此作为取悦神灵上帝、凝聚殷商民心的手段,是商王朝最黑暗的一面。周灭商以后,采取了一套新的治国策略,其中重要手段是将氏族血缘关系转变为政治纽带,创立宗法制度。一方面,将大量姬姓子弟分封到各地以为屏障,同时禁止同姓婚姻,迫使姬姓贵族与异姓贵族联姻。通过广泛的婚姻关系,在周天子及天下各诸侯之间形成血亲、姻亲,甚至拟制血亲的关系④。周王分封诸侯,既授疆土又授民。接受分封的诸侯,带着自己的族人以及部分殷遗民,迁居受封的疆土筑

---

① 王平:《甲骨文与殷商人祭》,大象出版社2007年版,第17页。
② 侯外庐:《中国思想通史》,人民出版社1956年版,第34页。
③ 黄现璠:《中国历史没有奴隶社会》,广西师范大学教材科1981年油印。
④ 结合《史记·楚世家》记载的"鬻熊子事文王",以及1977年出土于陕西岐山县甲骨文记载的"曰今秋,楚子来告父后哉",可以确认楚国先祖鬻熊曾是文王的干儿子并开始发迹。由此推断,拟制血亲也是西周宗法制度的组成部分。

城。西周分封制对于文明融合、形成大一统的华夏族群，自有重要的历史意义。① 这套制度一开始，事实上形成了国与野、都与鄙对立的格局。史称国野制，即对"国人"与"野人"采取不同的管理方式，由"国人"统治"野人"，算是古代意义上的"城乡对立"。孟子说："无君子莫治野人，无野人莫养君子。"（《孟子·滕文公上》）是对国人（君子）和野人关系的真实写照。"国"也称乡，是周王及其族人居住地，"都"则是诸侯及其族人居住地，统称"国人"，他们是征服者或者统治者，与之相对的野也称遂、鄙，是原住民或土著的居住地，统称"野人"，属于被征服者或者被统治者。最早的"民"就是指"国人"中有别于公室贵族的士农工商各阶层，他们是周王和各诸侯能够依靠的军事力量、政治力量和经济力量。比如，由姬姓贵族带着附属平民和殷商遗民去鲁、卫等地封建时，周贵族与平民和殷人之间是上下统治关系，但从原住民看来，又都是外来者、征服者。正是这种关系，使贵族与"民"之间结成利益共同体，"民"在邦国事务中有重要影响。②

周人思想观念中的"民"是什么？《尚书·高宗肜日》有"王司敬民，罔非天胤"，说的是高宗（武丁）祭祀时有只野鸡飞过来捣乱，武丁害怕，祖己就宽慰武丁说，先王敬民，无非把他们看作天的后代，祭品用不着丰厚。这段话显然是经过周人修饰过的。《尚书·召诰》把周代殷解释为"皇天上帝，改厥元子"，意思是，皇天上帝把长子身份从殷王改为周王。梁启超据此分析说，人人共以天为父，而王（天子）只是众子之长也。③ 说明"民"是自"天"降生的众子，天子只是元子（长子）而已。这样的看法有依据吗？元子，也

---

① 李山《先秦文化史讲义》、梁启超《先秦政治思想史》均从不同角度对西周封建制度带来的结果有阐述。
② 张揖《广雅》中将民与氓相对。
③ 参见梁启超《先秦政治思想史》，东方出版社2012年版，第42页。

叫首子。郑玄注:"言首子者,凡人皆云天之子,天子为之首尔。"①周宣王委派仲山甫去齐地筑城时,尹吉甫写了一首诗送给他,第一句就是"天生烝民,有物有则",说明"民"自天降生是不言自明的常识。楚国大夫范无宇回答楚灵王派人问话时说:"地有高下,天有晦明,民有君臣,国有都鄙,古之制也。"其本意是想说明地方实力强而"尾大不掉"的害处,但是,将民分为君、臣,与地有高、低,天有阴、晴,国有都城、乡村一起看作古代制度,说明君、臣从民的群体中分化出来是一件天经地义的事情。当楚灵王认为范无宇只知天、不知民,"尾大不掉"的话很荒诞时,侍从右尹子革说:"民,天之生也。知天,心知民矣。"(《国语·楚语上》)言下之意,民是天降生下来的,范无宇既然知道天,哪有不知道民的道理?就在孔子出生前八年,也就是公元前559年,《左传》记载了一件事:卫献公因荒淫无度而被卫国人赶走了。晋悼公愤愤不平地对师旷说,卫国人赶跑自己的国君,太过分了!师旷回答说,恐怕是卫国国君过分吧。他进一步说,上天降生民众,并为他们立下国君,是为了不失去天性。天是如此爱民,岂能允许一个人在民众头上肆意妄为,放纵其邪恶而失去天地的本性?一定不会这样的。② 这些不同的古文献,印证一个共同的观点,即,"民"与"君"都是天的孩子,长子做了"天子",其余做了庶民。这种"民"与"君"都是自天降生,都属于"天民"的观念,是华夏"民本思想"的原始来源。以后孟子、董仲舒以及朱熹、王夫之都是这一思想的继承者、光大者。王夫之最终从"民自天降""天人合一""天视自我民视"发展出"人之所同然"便是"天"的思想,即人心就是天。

---

① 转引自金兆梓《尚书诠释》,中华书局2010年版,第252页。
② 《左传》襄公十四年:"晋侯曰:卫人出其君,不亦甚乎?对曰:或者其君实甚。"

二　民权的基本内容

"民权"这一概念是近代西学东渐后才产生的，但从民有什么样的权利这一本质上讲，古已有之。那么，西周社会中的"民"有什么样的权利？春秋之前，古代社会的原始民主习俗还是比较浓郁的。《周礼·小司寇》下列举了三大权利，即"三询权"。一是国家有危难时，须问询于万民；二是国都迁徙时，须问询于万民；三是拟立新君时，须问询于万民。①《周礼》的话不能全信。据梁启超考证，这种权利在西周、春秋时期确实有事实根据，反而到了战国以后这种权利再也没有听说过。有的学者从另一个角度证实"被收买"的国人有左右舆论、影响外交事务和册立国君的能力，说明"民"在国家事务中的影响力。②

言论权和议政权也是"民"的一项权利。史载周厉王因奢侈专横而受到国人的议论，于是派卫巫进行监视，凡妄议朝政的一律格杀勿论。国人果然不敢说话，路上见面只敢目视，连招呼都不敢打。周厉王为此扬扬得意，说：我能制止流言蜚语！于是，召公说了一句名垂青史的话："防民之口，甚于防川。"（《国语·周语上》）他说，河道一旦淤塞而决堤，势必死伤无数，民众更是如此，因此，治理河道依靠疏导，国家治理也要让民众说话，宣泄怨气。除了讲这番道理，召公还讲了从古以来天子听政的一些做法。比如，要求从公卿到

---

① 《周礼·小司寇》："掌外朝之政，以致万民而询焉。一曰询国危，二曰询国迁，三曰询立君。"
② 李山：《先秦文化史讲义》第六讲《国人的历史品格》，从"恨铁不成钢"的角度考证国人成为收买者的帮凶，参与国政，最终却没能形成如西方社会的对王权构成制衡的力量。

第二章　西周以来"民本思想"的发轫

士人献诗，乐官献曲，史官献书，少师规劝，盲人诵赋，百官劝谏，庶人传话，近臣、近亲审察天子的过失，乐官、史官给予教诲，德高望重老臣从旁协助，最后才由君王斟酌后慎重做出决策。说明任何一项国政都不能是君主一个独断。但周厉王不以为然，三年后的前841年，国人发生暴动，赶走了周厉王。① 由周厉王少子建立的郑国是春秋初年的强国，一直保留着庶民议政的传统。《左传》有子产（？—前522）不毁乡校的记载。郑国人聚集在乡校议论时政的好坏，大夫然明对子产说，废除乡校如何？子产反问道：为什么？大家工作之余在乡校彼此相聚，议论时政之得失有何不可。接着是一句足以让现代中国人还在感慨的话："其所善者，吾则行之；其所恶者，吾则改之。是吾师也，若之何毁之？"（《左传》襄公三十一年）孔子评价说：仅凭这件事，有人说子产不仁，我是绝对不相信！听闻子产去世后，孔子流泪道："古之遗爱也。"（《左传》昭公二十年）一个"古"字，道出子产所为乃出自西周前期遗风。

除此之外，"民"还有什么样的经济、社会权利？《礼记·王制》主要内容虽成于战国中期，被认为是对周王朝治理天下的规章制度的追记。② 其中关于教育、选士、养老、特殊群体的救济等，反映了西周至春秋时期的一些史实。比如：第一，任用庶民中的才俊，须进行考察、答辩然后使用，任用后可以授爵、给予俸禄。说明周代的贵族制并没有杜绝庶民的上升通道。第二，周天子、诸侯、大夫狩猎的区域，也对百姓开放，但须依据尊卑确定先后的次序。与后世圈定皇家禁地有云泥之别。第三，设立对乡民的各项教化制度，用六礼、七教、八政使社会风气醇厚，使乡民摒淫邪、尊孝道、恤孤独、重贤德。对反复教化仍不思悔改的，驱逐到远方。通过自上而下、上下结

---

① 《国语·周语上》记载有"召公谏厉王止谤"。
② 参见王鄂《清代〈王制〉研究及其成篇年代考》，《古籍整理研究学刊》2006年第1期。

合的方式，保证人的社会化过程符合礼制需要。第四，对无父的孤儿、无子的老人、无妻的鳏夫、无夫的寡妇，这四类穷困无助的天民（民都是上天降生，故称天民），都要有经常性的救济；各类残障人士、侏儒，由官府给予供养。（以上见《礼记·王制》）这类制度在西周到底实行得怎样，现在已经无从考据，但是，既然是战国时期的追述，不可能完全捕风捉影。这说明三千年前就有对弱势群体的人文关怀和社会救济，在一定程度上显示出中国古代的民本思想所具有的"现代性"。

西周初年，"民"专指"国人"中的普通众庶，周宣王之后，"国野制"逐渐瓦解，形成把"野人"包括在内的趋势。它由三方面的因素集合而成：随着同姓不婚制度的贯彻执行，"国人"与"野人"形成紧密的婚姻关系；推行"怀德惟宁，宗子惟城"，强调以德教化等，国人与野人没有如印度高低种姓、希腊贵族平民之间不可逾越的鸿沟；战争规模的扩大，野人开始服兵役，成为战士的重要来源，服兵役权就意味着有参政权几乎是所有古代文明的铁律[①]，由此国野制趋于淡化。周宣王后期采取的改革政策使社会组织的血缘关系向地域关系转变，王权突破族权的限制而延伸到个体，国野制度逐渐终结。"野人"中的上层，由于经济、知识、军功等因素，开始进入"君子"行列，地位甚至比一些国人还高。孔子慨叹的"礼失而求诸野"就是对这一社会现实的一种反映。"民"的范围逐渐扩大，到春秋末期，已经是泛指一国中所有普通民众。"以民为本"的观念留存下来，但随着民的范围的不断扩大，民的权利在缩小却也是不争的事实。群体的数量与个体的权利常常是相悖的，这可看作政治活动的一项铁律。

---

① 2020年5月因美国黑人弗洛伊德被杀而引发大骚乱，但美国军队采取相对中立的立场，不愿参与镇压示威，这与军队有大量黑人占据各要职有较大关系。可作为一个现代社会的注脚。

三 民与神、君的关系

"民本思想"或"民本主义"是近代创造、用来解释中国传统思想中民众与神灵、君主、国家的关系，以及民在社会关系中的地位。可以说，西周至春秋时期就已经为日后的"民本主义"留下丰富的思想文化遗产。

从民与神的关系看，世界上几乎所有文明都是以神为本位的。无论是希伯来、希腊罗马到欧洲各国的文明发展路径，还是已经死亡的古巴比伦、古埃及和古印度文明，神至高无上、无与伦比，人的最大荣耀就是成为神的奴仆。人类观念中诞生的创造物，最终变成了自身的主宰。强调以民为本位，认为人能与神分庭抗礼的，唯独华夏文明。欧洲直到文艺复兴之后，人的地位才逐渐得到提高。周人对民与神的认识，首先不否定神的存在，其次，认为治理国家中，民比神更重要，解决好民的问题优先于侍奉神。有学者就《国语》一书存在神民并举的现象做过分析后认为，《国语》中大量出现神民并举的叙述方式，体现了"事神保民"的思想，"保民""和民"是前提，如果"非德""民不和"，哪怕最丰盛的祭祀神也不会享用，更不会降福。① 神开始变成道德的化身，一切以民的是非为是非、以民的愿望为愿望。周幽王时期，郑桓公提出周是否会衰败的问题时，史伯不仅给出了肯定回答，还借用《泰誓》的"民之所欲、天必从之"作为衡量周幽王施政好坏的标准。（见《国语·郑语》记载）鲁襄公建造了楚国式的豪华宫殿，穆叔还是引用"民之所欲、天必从之"这句

---

① 张永路：《〈国语〉中的神与民》，《兰州大学学报》（社会科学版）2011年第39卷第5期。

话，认为鲁襄公不顾民意，肯定会死在这座宫殿里。这年的六月二十八日，鲁襄公果然死在"楚宫"。（见《左传》鲁襄公三十一年记载）姬姓的随国随侯夸耀自己祭祀用的牲口毛色好且肥壮，黍稷也很丰盛，肯定会取悦神灵保佑。季梁反驳道："夫民神之主也，是以圣王先成民而后致力于神。"他还警告说，靠国君个人祭祀丰富没有任何用处！（见《左传》桓公六年记载）同样为姬姓的虢公向神祭祀请求赐予土地，史嚚却说：虢国要灭亡了，理由是"国将兴，听于民；将亡，听于神"（见《左传》庄公三十二年记载）。类似记载还有不少，比较客观地反映了周人的民、神观。

从民和君的关系看。这个问题相对复杂一些。前面说过，天民思想，即民、君皆为天之子的思想很早就已经产生，在整个西周时期是一种常识性的观点。君是以长子身份立为王，而获取长子身份的合法性依据便是自身的德性足以配天地。君既然是肩负天命的长子，自然是君权天授，当然有代天统率其他众子——民的权利，所谓"皇天付中国民越厥土于先王"①。既然民与君同为天民，当然可以理解为民、君是平等的，至少在人格尊严、政治起点上是平等的。这种观点贯穿中国道统整个历史，但随着君权日隆、专制日盛，终究未能成为中国历史的主流思想，但作为异端一直存在着。在民、君同为天民的前提下，派生出另一种观点，即君、民不再是长子与次子的兄弟关系，而是父子关系。《尚书·洪范》云："天子作民父母以为天下王"，君主为万民父母，民众侍奉君主自然如同儿子侍奉父亲。君臣之间的关系，借助父子之间的人伦关系得以强化，获得合法性，政治关系与人伦关系就这么搅和在一起。这种观点成为贯穿中国历史的主流思想。即便在今天，仍有很大一股势力以"爱民如子""当好父母

---

① 语出《尚书·梓材》，出土的周康王时代"大盂鼎"载有"我其遹省先王，受民受疆土"，可以相互印证。

官"来自讪或互夸。倘若君、民是父子关系，再讲君、民同为天之子在逻辑上难以自圆其说，"天子"成了君主的专称。在维护君君臣臣、父父子子秩序的前提下，后来发展出双方地位不平等但对等的观点。所谓的对等是说君、民的地位不平等，但在人格尊严上平等，绝不是主人与奴仆的关系，所谓君臣义、父子亲。其经典的表述就是后来孔子总结的"君使臣以礼，臣事君以忠"（《论语·八佾》）。或如孟子所云："君之视臣如手足，则臣视君如腹心；君之视臣如犬马，则臣视君如国人；君之视臣如土芥，则臣视君如寇仇。"（《孟子·离娄下》）言下之意是，君不仁，就别怪我臣不义。① 君、臣之间这种不平等的关系，在明、清达到顶峰。在春秋前后，还有一种观点是"民以君为心，君以民为体"，讲的是民与君同心、同体。"心好之，身必安之；君好之，民必欲之。心以体全，亦以体伤；君以民存，亦以民亡。"（《礼记·缁衣》）君主所希望的，自然是民众所乐意追求的；有了民众才有君主，没有民众何来君主？"君民同体、共克时艰"，常常成为日后中国历史上有为君主念念难忘的鼓励属下的话，也成为晚清张之洞《劝学篇》的理论依据，用以反对君主立宪和排满革命。君民同体，可以是利益共同体，也可以是生命共同体，或者兼而有之。如果是利益共同体，说明双方的关系是有前提的，在一定条件下可以分离，甚至是对抗。经典的是水与舟的比喻，"君者，舟也；庶人者，水也。水所以载舟，亦所以覆舟"（《孔子家语·五议解》）。这句话成为李世民成就贞观之治的法宝。所谓生命共同体则意味着两者之间无法切割，无心之体，无体之心，都是不可想象的。血与肉的比喻成为这一关系的经典表述。在民与君关系的认识上，有重大突破的是后来孟子提出的"民贵君轻"，君既不是长兄，更不是父亲，而是没有民众、社稷那般重要。这种思想是沿着西周以来，以

---

① 《皇疏》曰："君若无礼，则臣亦不忠也"，表达出同样的意思。

民为本观点不断发展的必然逻辑。现实社会中君位可以大家坐,"是故得乎丘民而为天子,得乎天子为诸侯"。孟子的思想从宋以后成为主流,一直为历代读书人所念兹在兹,但也只能念兹而已。近现代以来,能与之相类似的表述恐怕就是主人与公仆的比喻。不过,民与君的关系上,从来没有产生过合同关系、契约关系的观点。事实上,弱者与强者之间永远不可能订立一个公平的合同,弱者的噩梦便是与强者订合同。西周以来形成的民、君关系的复杂性,预示着这对关系几乎是中国历史上的一个"死结"。梁启超在谈到中国传统民本思想时伤感地写道:"要而论之,我先民极知民意之当尊重,惟民意如何而始能实现,则始终未尝当作一问题以从事研究。故执政若违反民意,除却到恶贯满盈群起革命外,在平时更无相当的制裁之法。此吾国政治思想中之最大缺点也。"① 这就是说,理论上的君民关系是一回事,操作性的制度又是另一回事。我们缺的是技术层面的制度而不是思想理念,非得等到事情无法挽回而群起革命。梁启超一语中的。

如果说西周时期的民本思想没有制度化,也不尽然。其一,将礼、法合一,用以规制各种社会关系。周公制礼作乐,将国和家、君和民、政治和伦理整合在以血缘为基础的宗法体制内,礼与法同一,礼与刑合一,兵与刑不分。"天惟时求民主。"(《尚书·多方》)上天是要寻找为民做主的圣王,因此民为国之本,但非国之主。民是受教化的对象,而非有为的主体。国家犹如一个大家庭,周天子是主事的家长,天下百姓如幼弱的孩子般接受家长的抚育、教导。民众享受圣君"保姆式"服务,如文王般"视民如伤"②,算是民本思想的理想境界,这种理念自西周以来,一直根植于民族心理而无法抹去。在这种宗法体制下,如果说只有贵族独享礼,把民排除在礼的规制之

---

① 梁启超:《先秦政治思想史》,东方出版社2012年版,第45页。
② 《孟子·离娄下》:"文王视民如伤,望道而未之见。"

外，显然是不可思议的。《礼记·曲礼上》云"刑不上大夫，礼不下庶人"，后人将"上、下"皆训为"及"，变成"刑不及于大夫，礼不及于庶人"，认为西周时大夫拥有特权不受刑法，平民没有资格受礼遇。这种看法是错误的！仔细分析相关古文献，训读为："刑不尊大夫，礼不卑庶人"更为恰当，意思是刑法不会更尊崇大夫，礼数也不会鄙视庶人。这种解释是有古文献和史实作支撑。《礼记·曲礼上》云："夫礼者，自卑而尊人，虽负贩者，必有尊也，而况富贵乎？"所谓礼就是对己自谦，对人尊重，连贩夫走卒也要给予尊重。其中还有一段，"贫者不以货财为礼，老者不以筋力为礼"（《礼记·曲礼上》），穷人不必用财物来表达礼数，老人无须用出力来表达礼数。不可难为穷人和老人，以他们力所不及的事情去表达礼数。《孔子家语·五刑解》云："所谓礼不下庶人者，以庶人遽其事而不能充礼，故不责之以备礼也。"孔子这句话把礼不下庶人的意思说得非常清楚，是因庶人突然遇到事情又无法表达礼数而不强求他备礼。《曲礼》和《孔子家语》用不同的话表达了同样的含义。西周时采取国野制，国人中的平民享有受教育的权利，如再认为礼不及平民，显然站不住脚。后世认为大夫不受刑制，百姓不能用礼制，是受了荀子的影响。① 礼源出于祭祀神灵的仪式②，周初将祭神之礼扩充到全部人伦关系，其基本精神在"敬"。这是礼的内在特征，离开敬则无礼可言。③ 其二，礼的精神还在于"对己自谦"和"对人尊重"，就如

---

① 从目前可考的文献看，荀子"隆礼重法"，《荀子·富国篇》提出："由士以上，则必以礼乐节之。众庶百姓，则必以法数制之。"礼适用君子，法适用庶民。后世多受此影响。郑玄、孔颖达注释《礼记》时，皆顺着荀子的思想进行解释。笔者认为，与最初本意不符。古代汉语的"上""下"作"尊""卑"解，更准确。若礼不及庶民，孔子的德礼政刑思想就没有了基础。

② 《说文》："礼，履也。所以事神致福也。"

③ 孔子感叹说："礼云礼云，玉帛云乎哉？"难道礼就是些玉石、金帛吗？见《论语·阳货》。

《礼记·曲礼上》所云"夫礼者,自卑而尊人",也是孔子所说的"君子贵人而贱己,先人而后己"(《礼记·孔子闲居》)。没有了自谦和尊人,不可谓之礼。其三,礼是对等和相互的,而非不对等或单方面的。"礼尚往来。往而不来,非礼也;来而不往,非礼也。"(《礼记·曲礼上》)如果只有下对上行礼,卑对尊行礼,而无相互行礼,何礼之有?后来,孔、孟对君臣、父子关系的解释往往以此作为前提。其四,礼用亲亲、尊尊,把个人、家庭乃至整个国家、天下联系成一体。"夫礼者所以定亲疏、决嫌疑、别同异、明是非也。""君臣上下父子兄弟,非礼不定。"(《礼记·曲礼上》)区别尊卑贵贱并不是礼的主要目的。《礼记·大传》作了解释:"亲亲故尊祖,尊祖故敬宗,敬宗故收族,收族故宗庙严,宗庙严故重社稷,重社稷故爱百姓,爱百姓故刑罚中,刑罚中故庶民安。"最终功能还是落在治国安民。其五,礼的功用还在于规范日常生活起居。所谓"将上堂,声必扬。户外有二屦,言闻则入,言不闻则不入。将入户,视必下"(《礼记·曲礼上》)。回家到堂前的时候,需要喊一声"我回来了",以使全家周知;看到门外有两双鞋,就不可随便推门进去;到了别人家做客,不要一进门就四处张望,而是视线略低一些,以表示对主人的尊重。若真参透周礼的精神,抛开形式化的繁文缛节,只怕大多会如孔子般由衷赞叹"郁郁乎文哉",并以克己复礼为己任。

西周礼制作为古代思想遗产,深刻影响着后世。丧礼作为极重要的礼制,发挥着慎终追远、凝聚民心的作用。庶民与贵族一样,都有权祭祀先祖,但祭祀地点、规格有所不同;而父死居三年丧,从周天子到庶民都遵循同一标准。[①] 说明在孝思精神和祖宗庇佑子孙方面,庶民与贵族的精神人格是同等的,但又处处刻下等级的烙印。同样

[①] 《礼记·中庸》:"三年之丧,达乎天子;父母之丧,无贵贱一也。"说的就是这个道理。

的死，天子必须叫"崩"、诸侯必须叫"薨"、大夫必须叫"卒"、士人必须叫"不禄"，而庶人只能叫"死"了。看天子时的目光，上不能超过衣领的交叠处，下不能超过腰带；看国君时的目光，要稍微低于面部即可；看大夫时的目光要平视；看士人时的目光，可以五步左右内游动。（《礼记·曲礼下》）一直为今人所诟病并视为落后象征的"等级森严"的周礼，如果对照处于21世纪的英国，可能会有新的理解。2018年8月8日，英国有位近60岁的女首相，在周围绅士们善意的注视下，对着20多岁的王子和王妃行屈膝礼，膝盖为此还受到损伤，其怪异的模样赢得了英王臣民的赞扬，英国舆论为此郑重其事、连篇累牍地为其注解。① 若按照周礼，国君须向年长者主动行礼，向参见国君的大夫行礼，而居宰执之位的股肱之臣要向君主的孙子辈行屈膝礼，却是闻所未闻。② 对照三千年前的周代礼制应当作何感想？

四　人和人性

如前所述，殷商时期"人"的身份要比"民"高，造这个字的目的是专指有教养的贵族或君子。如同"民"的外延在西周之后不断扩大，"人"的外延也在扩张。周公劝诫成王的《无逸》中，出现"小人"的表述，至少说明两个问题，一是"人"也可以用于指代品德低劣者；二是至少西周初年，"人"这个字可以泛指。"国人"与"野

---

① 2018年8月8日，英国首相特蕾莎·梅同威廉王子一同出席在法国亚眠大教堂举行的纪念第一次世界大战关键转折点的活动，特蕾莎·梅向英国女王的孙子威廉及王妃行了非常低的屈膝大礼，几乎就要下跪了。

② 《史记·周本纪》："诸侯毕拜武王，武王乃揖诸侯""商人皆再拜稽首，武王亦答拜"。武王甚至对被征服的商部族答拜。

人"之分，说明"人"不再专指贵族，而是泛指有别于禽兽的人种。但殷商以来"人"是高贵的、懂礼仪的、有教养的观念却留存了下来。比如："人者，其天地之德，阴阳之交，鬼神之会，五行之秀气也。""人者，天地之心也，五行之端也。""人以纵生，贵于横生。""惟人为天地之心，故天地之生此为极贵。"（《礼记·礼运》）人是天地之德、天地之心，这地位已经到了无以复加的地步①。这种高扬人类高贵、人类价值的意识，与其他文明相比，可谓鹤立鸡群。它是与以民为本的民本思想相对应的，以人为本位的人本思想的原初表达。不过，人为天地之心的人本思想，经过思孟学派的转换，却在以后的宋明道学中变成心性之学的理论基础，而人类价值的外在表现形式却不见了。也就是如何通过外在的、形式化的制度展现人类高贵的路子被堵住了。

西周礼制作用，除社会功能，还成为区别人之所以为人的标准，规定了人之所以为人的本性。《礼记·礼运》云："礼之于人也，犹酒之有糵（酒曲）。"正如没有酒曲无法酿酒，没有礼也不成其为人。《礼记·曲礼上》云："鹦鹉能言，不离飞鸟；猩猩能言，不离禽兽。今人而无礼，虽能言，不亦禽兽之心乎？"如果人没有"礼"，虽能说话，但不知进退，缺乏节制，不懂谦和，不也是禽兽吗？礼成为区别人与禽兽的标志，即便是具有人的一切特征，如没有礼，也不能认定为人，只能叫禽兽。礼的精神，体现着人的本性。后人多对孔子"温良恭俭让"的人格境界给予赞美，却不知其背后的历史文化因素。这种理想人格的形成，正是把敬、对己自谦、对人尊重，以及相互和对等这一礼的精神内化于心、外化于行的结果②。事实上，西周

---

① 曹操《度关山》云："天地间，人为贵。立君牧民，为之轨则。"便是这种传统思想的一种经典表达。1930年中央苏区编订的小学语文教析开篇即为"天地间，人最灵"，更是这种传统思想的现代注解。

② 历代儒学大家皆对孔子"温良恭俭让"有诠释，但大多就字面含义作泛泛理解，没有发掘背后的文化意蕴，殊为可惜。

礼制精神对中国士人的影响，对华夏民族性格的塑造都有着重要影响。亚里士多德把人称为两足而无毛的动物，提出求知是人的本性，人是具有理性的动物，人天生是一种政治动物。与周礼把"礼"作为人的本质规定相比，有着明显的缺陷，那就是德性的缺失。亚氏自己也意识到单纯讲智慧、理性的缺陷，他在《政治学》中写道："一旦他毫无德性，他就会成为最邪恶残暴的动物，就会充满淫欲和贪婪。"① 事实也的确是这样。按照亚里士多德的定义，有两足、有智慧、有理性、懂政治但极端自私、残暴的动物，依然还得承认为人，还是文明人，而依照周礼则被视为禽兽，人人得而诛之。智慧和理性既是人成为高等动物的标志，也是使人变成最残暴、最邪恶魔鬼的工具。古希腊罗马以来的西方文明，除了被来自东方的基督教严厉管治时期，从来将殖民、抢劫、屠城、没有同情心视作勇敢、高贵的品格。② 正是基督带来的怜悯和爱，中和了西方民族的野蛮性，基督的慈爱给西方世界带来了真正的文明。③ 如果人只有求知、理性、政治三大特性，而缺乏对人类的悲悯、仁慈之心，它们只能成为冷酷的实力、无情的理性和尔虞我诈的政治。周礼带给古代中国社会的不仅是等级和秩序，也造就了谦谦君子的人格和以天下苍生为念的圣贤品格。但是，周礼也有其缺陷，它框定了人活动的方式，圈定了人的思想边界，锁死了向外界积极探索的愿望，同时更为可怕的是产生欺世盗名的伪君子、伪圣人。这在早于孔子一百多年出生，喜欢搞人祭，

---

① ［古希腊］亚里士多德：《政治学》，姚仁权编译，北京出版社2012年版，第4页。

② 尼采《反基督》一书掀起的反基督教思潮，就来源于对西方历史的反思，他指责基督的同情心毁灭了古希腊罗马的良好传统，认为基督教虚弱、萎靡的道德束缚了欧洲人的"天性"，他热情讴歌超道德的超人。尼采对同情心大加讨伐，代表了欧洲人对自身文化源头的寻根。

③ 仔细分析《旧约》与《新约》，可以发现与《旧约》中上帝任性、恐吓、滥施惩罚形象不同，圣子基督却是如此良善、隐忍、仁爱。

被毛泽东称为"蠢猪式仁义"的宋襄公身上展现得淋漓尽致。因泓水之战而被世人耻笑的宋襄公,《春秋公羊传》却是这样评价的:"君子大其不鼓不成列,临大事而不忘大礼,有君而无臣,以为虽文王之战,亦不过此也。"(《公羊传》僖公二十二年)连周文王也不过如此,给宋襄公的评价有多高!司马迁也说:"宋襄之有礼让也。"(《史记·宋微子世家》)实际上,宋襄公却是极其虚伪的伪君子,他明知废嫡立庶违反礼制,却假意让庶出的哥哥目夷来做国君,结果既坐实了储君的位置又赚取让国美名,简直是圣人伯夷、叔齐再世。他不忍心战场上再伤害受伤的敌人、俘虏头发斑白的老人,却心安理得地将鄫国国君砍头祭祀。1600多年后的苏轼气愤地写了篇《宋襄公论》:"襄公能忍于鄫子,而不忍于重伤、二毛,此岂可谓其情也哉?"苏轼认为,不过是"以不仁之资,盗仁者之名尔"。他还说:"苟《春秋》不为正之,则世之为仁者,相率而为伪也。""自古失道之君,如是者多矣,死而论定,未有如宋襄公之欺于后世者也。"意思是"春秋公羊"不能正确评价宋襄公,只是给后来的欺世盗名的伪君子立了坏榜样。当代一些学者又开始重新评价宋襄公,赞赏他的仁义道德,赞赏他有诚信、遵守规则。① 与其说是在赞赏宋襄公,莫不如说是对现实中不遵守规则而获利之徒的不满。宋襄公的"不鼓不成列",正如苏轼所分析的,"襄公以诸侯为可以名得",以为赚取一个好名声就可以称霸。宋襄公式的愚蠢和虚伪在于此。殊不知,礼的对等性在于,礼是用于同样具有"礼的精神"的君子,无礼之人则不可以礼待之,对于不守规则而获利的最佳手段不是倡导宋襄公的办法,而是不以礼待之、而以法待之。礼本质上还是强者自我约束的规则,体现强者对弱者的悲悯心,当屡弱的近代中国面对西方列强,

---

① 周兴:《重评宋襄公》,《辽宁师范大学学报》(社会科学版)1992年第4期;中国新闻网:《"曹刿论战"的实质是不守规则与破坏道德》,《深圳晚报》2014年7月21日转载。

还期望以礼事之，犹如宋襄公般贻笑大方。

西周时期，对于后世争论的人性是"善"还是"恶"，这个时候并没有明确的意见。大致是既有善，也有恶，善恶集于人性一身。① 人和民最初是两个独立的字，将两者连用始于《诗经·大雅·抑》"质尔人民，谨尔侯度，用戒不虞"，该诗的写作年代当是西周后期。到了战国以后，"人民"一词使用已经普遍，如《管子·七法》"人民鸟兽草木之生物"；《孟子·尽心下》"诸侯之宝三：土地、人民、政事"；《韩非子·五蠹》"上古之时，人民少而禽兽众"。但此时的"人民"仍是"人"和"民"并用而已，正如"禽兽"代表飞鸟和走兽，"人"和"民"连用并没有形成新的概念。直到近代孙中山开始，到毛泽东给"人民"这一古老词语注入全新含义，放于至高地位，人民成为国家权力主体，而"全心全意为人民服务"始成为中国共产党的根本宗旨，人民的意愿是评判一切的终极价值。这个问题，将在本书最后一章讨论，现在还是将目光注视到春秋末年。

春秋末年还有一些重要的思想观念，如阴阳五行、天干地支等，对战国百家学说，对秦汉至清末的整个历史都产生很大的影响，几乎贯穿中国人生活的各个层面。

---

① 可参见杨兆贵《周公心性论甄微》，《南部学坛》（人文社会科学学报）2016年第36卷第1期。

第三章
阴阳五行和天干地支

阴阳、五行在中国道统的传承中，是一股非常有势力的思想。不了解阴阳、五行就很难理解整个古代中国的学术思想。针对阴阳、五行思想的起源，胡适曾说："阴阳五行之说都来自民间，阴阳出于民间迷信，五行出于民间常识。那些半迷信半常识的占星、看相、卜筮、医药等，自然是阴阳五行说最初征服的区域。从这些区域里流传出来，阴阳五行说渐渐影响到上层社会的思想学术。这种思想到了学者的手里，经过他们的思索修改，装点起来，贯串起来，遂成了一种时髦的学说了。"① 现在看来，胡适的说法并不准确，纯属主观猜测，只是因贬斥所谓反科学的阴阳、五行迷信思想的需要，而做出的一番不完全符合史实的说法。梁启超也认为："阴阳五行说，为二千年来迷信之大本营。直至今日，在社会上犹有莫大之势力。"② 经过考据，他认为："商周以前所谓阴阳者，不过自然界中一种粗浅微末之现象，绝不含有何等深邃之意义。"③ 关于五行，最初出现于《尚书·

---

① 胡适：《中国中古思想史长编》，漓江出版社2013年版，第26、27页。
② 梁启超：《饮冰室文集点校·阴阳五行说之来历》，云南教育出版社2001年版，第3277页。
③ 梁启超：《饮冰室文集点校·阴阳五行说之来历》，云南教育出版社2001年版，第3279页。

甘誓》和《尚书·洪范》，他反问说："此不过将物质区分为五类，言其功用及性质耳，何尝有丝毫哲学的或术数的意味？"① 梁启超认为阴阳、五行思想最初来自日常经验的积累，这一看法是正确的。但是梁氏把阴阳五行视为惑世诬民的邪说，并归罪于邹衍、董仲舒等人，却有割裂历史、以今责古的感觉。阴阳五行思想产生于春秋之前，以后逐渐脱离自然物质属性，成为一种基本的思维方式。阴阳五行最初作为理性思维的产物，应与后世的迷信区别开来。

一　阴阳五行之来历

《汉书·艺文志·诸子略》说："阴阳家者流，盖出于羲和之官。敬顺昊天，历象日月星辰，敬授民时，此其所长也。及拘者为之，则牵于禁忌。泥于小数，舍人事而任鬼神。"阴阳思想首先来自主管天象观察的官员——羲氏、和氏，在日月星辰的长期观察中形成最初的阴阳思想，待到后世为一些人所借用，才成为舍弃人事、任用鬼神的术数。这道出了影响整个古代中国的阴阳思想的大致发展脉络。《淮南子·览冥训》记载了当时流传的传说，黄帝"治日月之行，治阴阳之气，节四时之度，正律历之数，别男女，异雌雄，明上下"。这就把阴阳与日月、四季、音律、历法和男女、雌雄、上下相互联系起来，看到阴阳现象的普遍性。颂扬周部落杰出首领公刘的诗歌中，有"相其阴阳，观其流泉"（《诗·大雅·公刘》），公刘根据农业生产的经验发现阳坡、阴坡对作物生长的不同影响。

随着时间的推移，阴阳思想形成一种"思维模式"进一步得到

---

① 梁启超：《饮冰室文集点校·阴阳五行说之来历》，云南教育出版社2001年版，第3280页。

扩展，开始用于解释自然和社会变化，比如将地震的发生归结于阴阳的失序，进而与社会相关联。周幽王二年（前780），关中地区发生地震，大臣伯阳甫说，周要亡了！天地之气不能乱了秩序，如越过一定界限，民众就会大乱。阳气潜伏不能出，阴气受压不能泄，阳失去镇阴的作用就会有地震。如此，河流源头就会淤塞，而源头堵塞，国家必亡。水土功能正常，民众可以利用；水土功能丧失，民众赖以生存的财源就会匮乏，国家怎能不亡！① 这件事，体现了华夏先民用理性而不是用神意来解释自然和社会现象，排除了上帝意志或某位大神翻身导致地震的可能性。但也预示着阴阳思想从最初的生活体验，逐渐向两个方向发展。一个方向是用阴阳来解释万物乃至宇宙的演化，用阴阳两种对立的力量解释事物变化的原因，客观地研究否与泰、祸与福、安与危、治与乱、君与民、君子与小人等诸多对偶或矛盾关系，继而将阴阳上升为主宰天地的最高规律——道，就如《易经·系辞上》说的"一阴一阳之谓道"。阴阳思想开始大量运用于医学、兵法、天象观察等，成为中国人特有的观察问题、处理问题的思维方法。另一个方向则把阴阳关系神秘化，用来比附人世间一切关系，成为解释一切"疑难杂症"的法宝，随着阴阳与五行、堪舆（风水），以及鬼神、八字算命等各种神秘思想相互结合，遂成为长期禁锢中国人心灵的精神枷锁。欲了解中国学术思想和中国社会，须熟悉阴阳思想；欲了解当代中国社会、中国人的思想包括中医，同样须明白阴阳思想。

同样主宰中国人几千年的还有五行思想。《尚书·洪范》记载，"五行：一曰水，二曰火，三曰木，四曰金，五曰土。"关于其最初的来源，有两种观点。接受现代思想的学者大多认为，正是在"治水平土"的斗争中，在与滔天洪水的搏斗中，华夏先民开始总结出

---

① 《国语·周语》："幽王二年，西周三川皆震……水土无所演，民乏财用，不亡何待？"

原始的五行思想。他们认为，总结鲧与禹这两位父子正反两方面的治水经验教训，看到正确利用水、火、木、金、土特点规律的重要性。因此，五行思想的产生，有其深刻的历史根源。另一种古老的观点是，五行思想来自对天象的观察，尤其是来自金、木、水、火、土五大行星的相互对应。司马迁在《史记·天官》中有一段解释，意思是说：自从有生民以来，世间君主何尝不推步日月星辰的运行以定历法？直到五帝和三代时期，才把这件事继承而发扬光大了：内为冠带，外为夷狄，使内外有别。把中国划分为十二州，仰则观察天上的星象，俯则模仿地面上的事物，然后知天上有日月，地上有阴阳；天上有五星，地上有五行；天上有列宿，地上则有州郡，一一相对应。天上的日月星三光，是地上的阴阳二气凝聚而成，三光之气是以地为本原的，所以圣人得以一统天地而加以治理。这段话把阴阳、五行如何与天地观察到的结果相互对应说得很清楚。关于五行思想来源的两种观点，应该说都是正确的。

五行来自现实生活的经验，如大禹治水实践的总结，对天象的观察等。传说夏启还用"有扈氏威侮五行"（《尚书·甘誓》）这一罪名进行讨伐，这时候，五行已经脱离相互对应的具体物质，抽象为宇宙万物的固定理念。五行思想逐渐登顶到不可动摇的神圣地位。"五"似乎具有了涵盖一切的灵性。如五帝（黄帝、颛顼、帝喾、唐尧、虞舜）、五神（句芒、祝融、后土、蓐收、玄冥）、五德（仁、义、礼、智、信）、五方（东、西、南、北、中）、五谷（黍、稷、稻、麦、菽）、五味（酸、苦、咸、辛、甘）、五色（青、赤、黄、白、黑）、五音（宫、商、角、徵、羽）、五畜（马、牛、羊、犬、彘）、五虫（毛、介、鳞、羽、蠃）、五官（鼻、眼、唇、舌、耳）、五脏（心、肝、肺、脾、肾）等。《吕氏春秋·月令》详细地罗列了五帝、五神、五色等与五行的一一对应关系，还与味觉相互关联，比如酸属于木，苦属于火，甘（甜）属于土等。由于一年四季只有春木、夏火、秋金、冬水，与五行不符，于是在夏秋之间硬挤进去一个"季夏"，属"土"。（见《管子·四时篇》）因此，梁启超愤懑地写道："如是将宇宙间无量无数之物象事理，皆硬分为五类，而一纳诸所谓五行者之中。此种诡异之组织，遂两千年蟠据全国人之心理，且支配全国人之行事。"他还调侃道"就是与吾辈生死攸关的医药，吾辈最爱的中华民国国旗（指民国初年象征五族共和的'五色旗'）"，也都是这种观念的产物。① 从最初出于人们经验的五行，演变成宇宙万物由五种元素构成的思想苗头。② 但可以肯定的是，五行并没有成为中国人观念中的万物本原，或者认为宇宙由五种元素组成，也没有如同古希腊思想家那样，从某些基本元素出发朝着研究自然哲学的方向发展。

有一点可以肯定的是，正如梁启超所言，阴阳五行在孔子、老子书中极为罕见，因此春秋末年之前，并没有系统的阴阳五行思想。在战国中期以后，阴阳五行才逐渐成为解释万事万物的基本逻辑。用阴阳之气说明世界本原几乎成为贯穿古代中国学术史的通说。但"气"的概念不是从"五行"演变而来，而是从阴阳思想中产生。阴阳作为一种存在着的理念，总要附着于带实体性的事物才能具体存在、才能发挥作用，这种实体性事物就是气，气既是无形的又是有形的，就在于阴阳变化、聚散之中。这种原始的思想萌芽，成为后来的中国哲学思想的主要源头。古希腊自然哲学家们，有的把水、火、土、气作为世界的本原，有的把"数"作为世界本原，或者如德谟克利特那样把不可分的原子作为世界本原。宇宙的本原究竟是什么，激励了多

---

① 梁启超：《饮冰室文集点校》，云南教育出版社2001年版，第3281页。
② 肖萐父、李锦全主编《中国哲学史》引用《国语·郑语》记载的史伯与郑桓公对话，认为有将五种元素作为世界本原的倾向；卢央在《中国古代星占学》中也认为，五行一般有两重意义，一重意义是将五行视为构成世界和人生所必需之五种元素，另一重意义则是视五行为天地万物间一切事物的基本原理。

少先哲的好奇心！春秋以后，华夏先民的原始五行思想逐渐与日常经验相分离，开始与阴阳思想结合，变成阴阳五行，向两条路径发展。一是用来解释政治制度、朝代更迭、天地空间等宏大问题，专注于社会历史地理，形成五行相生相克、五德终始说等，在秦汉时期产生极大影响。二是运用于医学以及与风水、婚配、迷信等结合，牢牢支配着中国人的生活和普通民众的思想。

二 天干地支

文字是人类创造出的用于表达意义的符号体系，数学符号是用于表达数的关系的符号体系，天干地支则是一种极具中华特色的符号体系，用于标记时间和方位等。《春秋穀梁传》云："天干，犹木之干，强而为阳；支，犹木之枝，弱而为阴。"所谓天干为阳，象征天，如同树的主干，依序用甲、乙、丙、丁、戊、己、庚、辛、壬、癸标记。所谓地支为阴，象征地，犹如树的枝杈，依序用子、丑、寅、卯、辰、巳、午、未、申、酉、戌、亥标记。干支符号体系在殷商时期就比较成熟，用于记日期和殷王世系，在已发掘的殷墟甲骨片的一卜辞中发现了完整的干支表。

关于干支的起源，现代学者倾向于认为由神话传说演变而来，帝俊的妻子羲和生十日，另一个妻子常羲生十二月。[1] 按照古文献的记载，轩辕黄帝时，由大挠根据五行法则、北斗斗柄的指向，创建了甲子体系。[2] 从将干支与日月星辰运动相互关联，与大地的节气和万物

---

[1] 参见郑文光《中国天文学源流》，科学出版社1979年版。
[2] 《世本·孙冯翼集本》云："容成作历，大挠作甲子。"注云：容成、大挠"皆黄帝史官"。《尚书正义》解释说："二人皆黄帝之臣，盖自黄帝以来，始用甲子记日，每六十日而甲子一周。"

的变化相互对应来看，古文献记载大挠根据阴阳、五行和北斗七星运行而创制干支的说法有其根据。① 华夏先民从仰观天象、俯察大地建立起来干支体系，用于计序数，标记时间和空间方位，确定节气，便于指导生产生活。商王世系表中，可以看到用甲、乙、丙、丁等十天干来标记历代商王这一事实，可以推断在商以前干支系统就有了雏形。因此，有学者推定四千多年前的夏代，可能已有干支产生。② 将天干与地支按照阴阳搭配的方式进行组合，就形成所谓的干支表或甲子表。比如，将属于阳的甲与属于阴的子搭配，组成甲子，属于阴的乙与属于阳的丑搭配，组成乙丑，将属于阳的丙与属于阴的寅搭配，组成丙寅，将属于阴的丁与属于阳的卯搭配，组成丁卯，等等，依此产生60对组合。殷商时期开始用这套干支体系来记日期，并以60天为一周期，循环标记。从干支表的形成，可以推断，抽象的阴、阳思想在殷商就形成并得到应用。③ 最晚是春秋时期，开始用地支记月，每年12个月；用十二地支记时，将一天划为12个时辰，每一时辰相当于今天2小时。古人沿赤道从东到西将周天划出12个部分用子丑寅卯等来标识，子对应大雪、冬至，丑对应小寒、大寒，寅对应立春、雨水，卯对应惊蛰、春分等二十四节气。干支纪年则从汉章帝元和二年（85）正式推行一直沿用到民国初年才彻底废除。

干支系统作为一种符号，逐渐成为带有强烈华夏文明特征的标记。随着干支系统与古天文学、阴阳五行、易学相互融合，尤其是与星占以及民间迷信结合，组成极为复杂而庞大的体系，不仅是代表标记符号，更是一种思维模式、对宇宙万物和个体生命的态度。在学术思想上开始朝着两个方面发展。一是干支系统经过阴阳、五行神秘化

---

① 《淮南子·天文训》《史记·律书》《汉书·律历志》对天干地支与气候、星辰、万物变化对应关系都有非常详细的记载。
② 参见陈遵妫《中国天文学史》，上海人民出版社2006年版。
③ 如果没有阴阳配的观念，十天干与十二地支按照自然组合，应该有120对组合。

以后获得所谓的灵性，通过推衍并与人世间的事务相互比附，试图寻找"天地大数"①。实际上是希望借助这套体系去发现天地之命，发现富贵穷困的原因，找到支配人世间的规律。二是从上层知识阶层下移到民间，成为半知识阶层替人算命、看风水、测婚配等的重要工具。这两个方面实质又是相互连通，前者侧重发现"天地之大数"（规律），后者侧重于对生活各项事务的预测（应用）。有点类似于科学和技术在现代社会中的各自定位。但就是这套东西害惨了中国人，锁死了中国人的思维。②

从阴阳五行和天干地支的起源演化，我们可以发现一个现象，在春秋之际，已经存在将天地人，万事万物，时间空间编织在一个统一体系中的思想倾向，这是一种"整体性"的思维方式。宇宙的各个部分都相互关联、相互影响，各个部分之间休戚与共、命运相连，谁都不能独立存活。

---

① 东汉荀悦《申鉴》中说："此天地之数也，非吉凶所从生也。"卢央在《中国古代星占学》中对干支也有比较系统的论述。

② 《三命通会》是明代进士万民英为发现"命理"而撰写的皇皇巨著，对天干地支、阴阳五行、天象八卦、天理人事有系统阐述，其《叙》言："吾知命虽圣人所罕言，而为君子者，又不可不知也。"《四库全书》收录此书并给予高度评价。

第四章
周公政治遗产和周人的理想

　　清初学者章学诚曾言:"贤智学于圣人,圣人学于百姓,集大成者,为周公而非孔子""孔子之大,学周礼一言可以蔽其全体""孔子学而尽周公之道"(《文史通义·原道》)。康有为对此表现出强烈的愤慨,认为"愚横狂悖"至极。[①] 但从中华文化发生发展的真实历史看,章学诚的观点无疑有可取之处。周公为华夏古文明集大成者,确立了华夏文明的千年走向。如果没有西周积累的文化典籍,何来孔、墨、老及诸子百家?周公留给后人的遗产是多方面的,包括以德配天的天道观,敬德保民的民本思想等,周公作为一位杰出政治家,其政治遗产同样重要。以周公为代表的周人对理想政治和理想社会的设计和追求,更给春秋以后的孔、墨、老及诸子留下思想创造空间。

　　《尚书·多士》篇云:"惟尔知,惟殷先人,有典有册,殷革夏命。"说明记载殷王世系、重大事件、文告等,在周初是比较丰富的。周代商,不仅占有了原殷商的土地、子民,还继承了殷人的珍贵典籍。《尚书》记录虞夏商周历代帝王的言行,是研究华夏先民思想

[①] "章学诚直以集大成为周公,非孔子。唐贞观时,以周公为先圣,而黜孔子为先师,乃谓特识,而不知为愚横狂悖矣。"(康有为:《孔子改制考》,中华书局2012年版,第164—165页。)

的重要依据。但《尚书》命运多舛，历经磨难，散失严重，汉代就存在古今文之争和真伪之辨，其真实性更是被近代一些疑古派学者一股脑推翻。随着近年来考古新发现，以及对非理性疑古思想的再反思，逐渐在《尚书》真伪上有了新的共识。《虞书》《夏书》有一定史实依据，但为虞、夏时期作品的可能性极小，大多为周人所记并代表着周人的观点。① 商书应该是"有典有册"的殷人留下的文献，尤其是盘庚诸篇有可信度，但经过周人编纂，已掺杂进周人的思想观念。周书则大多比较可靠，是西周真实史料，尤其是八篇诰更是可靠，代表着周公的政治思想。②

一 周公的政治遗产

周公，姬姓，名旦，周文王第四子，因其采邑在周、爵为上公，故称周公。主要事迹可概括为："一年救乱，二年克殷，三年践奄，四年建侯卫，五年营成周，六年制礼乐，七年致政成王。"（《尚书大传》卷三）周公是中国历史上可考证的古圣人，称其为元圣，应属当之无愧。司马迁这样记载周公自我评价："我文王之子，武王之弟，成王之叔父，我于天下亦不贱矣。然我一沐三捉发，一饭三吐哺，起以待士，恐犹失天下之贤人。"（《史记·鲁周公世家》）后称周公吐哺、天下归心。

---

① 李学勤从出土的西周中期"遂公盨"发现"天命禹敷土，随山浚川"等文字，认为《禹贡》有依据，包括《尧典》《皋陶谟》也是有根据的。见李学勤《夏商周文明研究》，商务印书馆 2017 年版。

② 按照最慎重的原则，选取《尚书》中比较可靠的《大诰》《康诰》《梓材》《酒诰》《召诰》等篇，结合《诗经》《逸周书》以及《国语》中的相关内容，整理周公的主要思想脉络。谨慎选择能代表西周和春秋之前思想的篇目，如《尧典》《舜典》《皋陶谟》《禹贡》等，梳理周人对理想政治和理想社会的看法。

周公在政治上的建树，首先是设计了与道德之天天道观相适应的政治架构，这个架构把天、君、民三者联在一起。周公对即将去卫国赴任的康叔说："敬哉！天畏棐忱，民情大可见。"（《康诰》）他要康叔谨记，可畏的天命是扶持诚实的人，从民心中就可以看出来。周公对成王说："不敬厥德，乃早坠厥命。"（《召诰》）意思是夏、殷丧失天命就是因为失德造成。事实上，周公提出了一个三角政治关系，即：民众由君主治理，但君主要敬天、保民，因为天体现着民意，民意又左右着天意；天意难以捉摸，但从民情（民心）中可以发现天意，而天意决定着君主能否获得天命。这是一个极具智慧的政治设计，提出了原创意义的权力授受关系：君主的治权来源于上天的授命（政权的合法性），上天的授命是根据民心（政权的基础），民众须接受有天命的君主管理（政权的对象）。从这个三角政治关系中得出的一句结论——得民心者得天下，成为三千年来中国政治永不失效的经典。以后我们会看到，中国历代政治思想家们基本围绕这个三角关系来演绎，比如，受命之君管理民众的方式方法，是封建还是郡县，是乾纲独断还是与人共治；天意和天命的表达方式，是通过祥瑞灾异还是四海升平百姓安居乐业，是通过天象还是人事；民心和民意的主体，是士大夫、乡绅的要求，还是底层百姓的呼声等。由于其中包含着太多的可变因素，随着历史的发展，越是往后越有把这个最初产生在西周初年的三角政治架构搞得极其复杂。但是，不管如何，君主须以德配天，以德行获得天命，失德便失位的思想却从来没有在历史上消失过。这种思想作为一以贯之的道统，成了制衡历代君主治统的武器。

周公的政治思想还体现在以下方面[1]。

---

[1] 考虑到《尚书》等古文献的佶屈聱牙，除了个别引文之外，为阅读顺畅，在将相关文字译成现代汉语时，只标注出自哪篇文献，不引出原文。

1. 从历史正反两方面中吸取治国的经验教训。《召诰》指出，昔日上天还没有终止殷、夏之命的时候，殷、夏的先王们确实勤勉尽职，可是后来置民众痛苦于不顾，导致孤儿寡母只能悲哀地向上天呼号，上天顾念百姓才剥夺了殷、夏之命。现在周邦的小子（指周成王）接受这一天命，能不向人请教，考求先王的德政吗？周公还向各方保证，我们周邦绝不会不借鉴夏、殷的教训。《康诰》中周公对康叔说，民众已经遭受极大的伤痛，你要认真记住文王总结殷商盛衰的言论，学习殷商贤明君王治理民众的事迹，多听邦内贤人的肺腑之言，用心体会，要特别求问古代贤明君主保境安民的措施，德行像天一般宏大，才不会辜负期望。《酒诰》中针对殷商贵族酗酒淫乱的教训，发布禁酒令，认为酒是丧德、亡国的重要原因。周公告诫，不许经常饮酒，只有在祭祀时可以喝点，但不得喝醉，或者在父母庆典的时候也可以喝点。周公认为，我们周人就是遵从文王的教诲，不沉湎于酒宴，所以从殷邦手里接过天命，最后一位殷王纵情于酒色，使民怨和酒腥直达上天，不是上天要虐杀殷人，而是自作自受。在如何治理殷商故地时，在多篇诰示中反复提及要援用殷人的习俗来治理。《洛诰》中周公与成王商量，经营新都洛邑的首要措施是按照殷礼举办隆重的祭祀大典，以安定人心。若用这种方法去治理殷地，就如同火苗，开始只有一点微光，继而燃烧，最后会成燎原之势，不会熄灭。这种殷礼被周公改造为周礼，保留敬这一礼的核心。

2. 怀揣使命意识和忧患意识，肩负对天下苍生的责任。《皋陶谟》云"天工，人其代之"，天子是在代替天完成任务。周人的使命意识来自上天，天下达的任务是"天工"、天下达的命令是"天命"，如果完成不好，天随时会收回。① 这种焦虑或忧患意识，来自天命难

---

① 范蠡曾对前来求和的吴国使者说："昔者上天降祸于越，委制于吴，而吴不受。今将反此义而报此祸，吾王敢无听于天之命，而听君王之命乎。"见《国语·越语下》，是周人这种思想的一个注脚。

违、难测的惶恐。《逸周书·度邑解》描写武王克殷后非但没有志满意得，反而忧心忡忡睡不着觉，与周公彻夜长谈。武王说："我未定天保，何寝能欲。"因此需要彻夜操劳。周公在《召诰》中说，上天改命元子，让周王接受使命，既是无上荣光，也是无穷忧患；夏能为天命服务多久，我不知道；殷能为天命服务多久，我也不知道；但夏、殷如今被剥夺了天命，这点确凿无疑；我周邦如今接受这一使命，只有时时刻刻想着夏、殷之鉴，努力履职。周公还说：上天赋予周王（指成王）究竟是愚还是智，凶还是吉，长还是短，不得而知，全凭自己努力了，要用德来祈求上天延长使命，不过度使用民力，不用杀戮来治理民众。周公在《君奭》中对召公说：我不敢断言周人能永享这份福分，也不敢断言能永保这个大位，光靠我不行，还要靠大家；单凭天命靠不住，需要用文王德政。周公历数前辈贤臣良相的事迹后说：今天轮到我小子旦如临深渊、战战兢兢；你我肩负着武王的重托，要做民众的核心，共辅周室；你我重任在肩，但需要选拔更多的人才，方可成就我周邦的盛世。《梓材》中告诫康叔说：上天既然把中国民众和疆土托付给先王，你就要用德行去感化迷途的人们，使之心悦诚服，完成上天的使命。周公所表现出来的舍我其谁、以天下苍生为念的使命意识，深刻影响着后世。

3. 用体恤的态度关心鳏寡孤独的弱势群体，树立民本情怀。《康诰》开篇，周公就教诲康叔：你我彰显于人世的文王父亲，明德慎罚，从不敢欺负、轻视那些失去妻子的男人、失去丈夫的女人，该用的任用，该敬的敬重，该罚的处罚；要把民众的病痛当成自己的病痛，单凭天命是不够的，而最现实的就是重视民情；不可结怨于民众，不能败坏我们的信誉，你让百姓得到实惠，百姓自然不会与你分开。《梓材》进一步强调：不得让东土的人们相互残杀、相互凌虐，即便鳏夫、寡妇和临产的孕妇都要和睦相处，如同一家人一般；要责成各级官员，让每个人都能有所养、有所安。由此可见，传于后世的

《礼运·大同篇》所称"鳏寡孤独废疾者皆有所养，男有分，女有归"的大同思想，发端于此。《康诰》用前人的话"怨不在大，亦不在小；惠不惠，懋不懋"告诫康叔，民怨不在于大小，关键是能否使不顺心的人顺心、让不努力的人努力。言下之意，民怨很小，但如果不做顺民心的事，终究不行；民怨很大，但如果努力去做顺民心的事，最终也能化解。周公写给成王的《无逸》中提出"先知稼穑之艰难，乃逸"，历数古代圣王勤勉为民的事迹，比如殷人"祖甲"长期过着庶民生活，咱们的文王也是穿着粗劣的衣服、做着辛劳的工作，亲自开垦土地、修建房子，品行良善而心怀小民，惠泽孤苦之人，从而要求成王了解农耕的艰辛、知道庶民的困苦、懂得安逸的害处。要求今后继承王位，不得沉湎于美色、安逸、游嬉、田猎之中，要以万民福祉为念。周公还指出，文王和历代贤王，当民众怨恨而咒骂他们时，他们就更加注意自己的德行修养，并说：有过失，应该都是我的过错。

4. 深入民众之中，并把民意当作镜子，修正自己的治国行为。周公在《酒诰》里使用一句今人很容易理解的话，"古人有言曰，人无于水监，当于民监"。这里"监"当"鉴"理解，意思是，古人讲了，不要用水来照看自己的相貌，而要到民众那里看看自己到底是什么形象、什么做派。统治者的形象、统治者的政绩怎么样，不是自己说了算，应当到民众当中去了解，用民意来修正自己的施政行为，用民意来检验为政者的绩效。能提出这一观点，是周公对中华政治文明的又一大贡献。这一见解比后来荀子提出的，唐太宗君臣相互告诫的"水能载舟亦能覆舟"说教更深切、更能摆脱统治者的功利性。今天看来，周公的民本思想要比之后历代思想家的民本思想更具有"现代性"。时下流传的这句话："金杯银杯，不如百姓的口碑；千好万好，不如群众说你好。"与周公"当于民监"一语有异曲同工之妙。

5. 重视全社会道德教化，强调明德慎罚的德治。《康诰》交代康叔到殷地后的任务，"汝惟小子，乃服惟弘。王应保殷民，亦惟助王宅天命，作新民"。意思是：年轻人啊，你的责任重大！周王既统领天下，就要保护殷地民众，你要辅助周王敬奉天命，担负起革新殷民旧习、发愤图新的重担。首次提出"作新民"的问题，这是中国历史上的一个大事件，标志着"化育万民"思想的形成。华夏文明有着强烈的道德教化意识，把教化万民视为圣君的神圣职责。国泰民安，除了让百姓生活有保障，还要有精神的追求。朱熹将《大学》首句中的"在亲民"修改为"作新民"，从中国道统的传承看，是极有道理的。《史记·鲁伯禽世家》记载："鲁公伯禽之初受封鲁，三年而后报政。周公曰：'何迟也？'伯禽曰：'变其俗，革其礼，三年然后除之。'"足见周公长子伯禽曾致力于移风易俗，用周人文化改变殷民。在同时代其他文明无一例外地将被征服部族变成奴隶或者肆意屠杀的背景下，周公提出对殷人从思想行为等方面进行改造，适应新社会的需要，比如，改变酗酒陋习，推行农耕，废除人殉人祭制度，加强德性修养等。从中可以看到，周公留下的德政在人类历史上有多么了不起！在世界大多数地区还处于茹毛饮血的蒙昧时期，以杀戮、毁灭、奴役为常态的时代，周公提出慎杀、少杀、不杀的"德治"主义，其功德胜过任何言语！《康诰》提出"如保赤子"，并用病人和小孩来比喻对民众的教化工作。其潜在的含义是：对待病人除了药物，更多要依靠自身的免疫功能以实现自愈；当小孩有了必要的照料，就会自然地健康长大。《康诰》折射出一个重要观点：人的思想观念上的改造和自新最重要。周公对康叔说：即便是犯下极大罪行，只要是初犯且能够真诚悔过自新，就不要杀他们；对于屡教屡犯的，即便是小小的罪行但怙恶不悛，也要严惩；这样做的话，那些被砍头的、被处以肉刑的，就不是康叔你或其他官员的责任，而是咎由自取。这种以教化为先的做法，为孔子以后提出"不教而诛谓之虐"

提供了理论和实践基础。与重视道德教育相契合，周王室自上而下建立完整的官学体系。在国和都设立国学，在郊外设立乡学，周王的王城还分设小学和大学两个等级。这套官学体制对保存古代中国的文化遗产发挥重要作用，直到春秋末年官学衰落、孔子首倡"私学"，但秦汉以后，官学重新恢复。

6. 提出自上而下率先垂范、以身作则思想，榜样要从天子、诸侯依序开始。《召诰》提出"其惟王位在德元"。"德元"的"元"有首要、最初的含义，意思是德之首，要求成王在德行方面成为全天下的楷模。周王要率先垂范以德作表率，在这样的前提下，"小民乃惟刑用于天下"，小民才会以此为榜样，效仿于天下。这种将君主与小民并列，要求君主率先垂范、小民紧随跟上的思想，在人类文明史上实属罕见。作于西周中期的《诗·小雅·角弓》有云："尔之远矣，民胥然矣；尔之教矣，民胥效矣。"意思是：你王室父兄疏远，民众会跟着学；王室之言传身教，民众也会效仿。与以身作则相应的是，如果一个国家、一个部族出现问题，责任就主要由首领承担。武王对殷商遗民训话说："胥告商之百无罪，其维一夫。"（《逸周书·商誓解》）表达了所有过错全在纣王一人，殷民无过错的观点。这种观点与周公在《康诰》中表达的惩治首恶，以及"父子兄弟，罪不相及"的思想一致①。孔子对此称赞说："周有大赉，善人是富。虽有周亲，不如仁人。百姓有过，在予一人。"（《论语·尧曰》）盛行中国古代两千多年的"连坐法"应始于春秋，尤其是在商鞅变法之后。孟子以"罪人不孥"的原则，对"连坐法"和株连亲属做法持批评态度。针对殷人喜欢酗酒的陋习，周公发布了人类历史上第一部非宗教原因的禁酒令——《酒诰》，对聚众饮酒作乐者严惩不贷。同时指出，过去殷邦历代贤明的先王能够时刻自省、自励，从而带动臣

---

① 见《左传》昭公二十年中引用《康诰》的话。

属继而带动诸侯及各级官员都无暇喝酒，其言下之意就是实施禁酒令的关键还在于各级官员带头。我们同样很有兴致地发现，这条以身作则的治国原则依然适用当今中国社会。

7. 重视农耕，体恤稼穑的艰辛。周人有致力于农耕的悠久传统。《诗经·大雅·生民》记载了周人先祖后稷，教民种植、发展农耕的事迹，与殷人善于经商形成对照。《洛诰》中周公在嘱托成王举行祭祀，紧盯诸侯所献礼品等事项后说：自己要把主要精力放在农政方面，以作为安定民众、治理殷地的措施。在面向殷商遗民发布的多篇诰示中，都要求殷人服从天命，接受周王的统领，平整好自己的土地，专心种植黍稷，以此祭祀先祖、奉养家人，完成这些任务后才可以牵着牛车外出经商。《无逸》中周公反复告诫即将亲政的成王"知稼穑之艰难；无淫于观，于逸，于游，于田"。用了一句比较直白却含义深刻的话"无皇曰：今日耽乐"，意思是"不要说今日痛快玩一次的话"。

周公发布的诰示中，存在一些对后世有影响的思想萌芽。这里略举几例。《多方》篇里有一句话叫"惟圣罔念作狂，惟狂克念作圣"，意思说：圣、狂只在一念之间，只要圣者心生妄念就会成狂者，而狂者只要心生善念也会成圣者。成圣、成狂只在一念之间，心念正则成、心念歪则废。这种以"心念"正、邪作为个人修养依据的"心法"模式，传承至今。人人皆可为圣，人人皆可为尧，人人皆可为佛，与上述思想同出一辙。新儒家只注意到从思孟学派中寻找心性之学的源头，从《大禹谟》中抬出尧、舜、禹的十六字传世心法为道统，而没有注意到周公的这些思想萌芽。《大诰》中，面对外有武庚和管、蔡叛乱，内有王室不稳的内忧外患艰难局面，周公把自己比喻成一个儿子，必须依据父亲规划好的蓝图打地基盖房子，在父亲开垦好的土地播种收获，又把自己比作一个农夫，在分配给他的田地里，不敢不把杂草清除干净。在写给召公的《君奭》中，周公把自己比喻成在大江大河游泳的人，尽管没有什么把握，依然奋勇前行。这种"知其不可为而为之"精神成为贯穿孔子一生的信念。"天命靡常，惟德是辅"是周人灭殷后深思熟虑的理性总结，从这原点出发，"天命思想"与不同的天道观结合，可以朝若干方面展开。第一，天命无常，一切都在变动之中，没有永恒不变的东西。在天命无常下会带来三种处世态度：或者完全顺从它的摆布，顺天安命；或者对天命保持敬畏，做到尽人事、顺民意，知其不可而为之；或者相信人的力量可以影响天命、改变天命，甚至于制天、裁天、胜天。第二，对天命的存在表示怀疑，不相信有天命，但相信人与天（鬼神）之间存在神秘的感应关系，天（鬼神）有扬善罚恶的功能。第三，天命无亲，对于任何人来说都是一个常量，对谁都是公平的，顺从天命就是人人遵从统一的法则，实现制天命而用之（利用天命的法则）。第四，从天命的变化中引申出变易的思想，从而理性、客观研究祸福、存亡、安危、奇正等关系等。战国时期各家各派大多沿着这些不同的路径展开。

以上是对周公思想的简要概括。对于这些观点，即便从现代人的角度看，不仅不会有时空相距遥远带来的陌生感，还会由衷感佩三千年前的周公已经具有如此精深的思想、博大的情怀！由此可体会当年孔子整理古文献时的心情，其"述而不作"的想法就不难理解。圣王之道是如此的完备，还有什么可说的，跟着学、跟着做就是了。当孔子年老体衰，面对春秋乱世，感叹已经很长时间没有梦见周公了。读到这一段，笔者禁不住潸然泪下，体会到孔子对周公的敬仰是由衷的，体会到道统传承之不易。《论语·为政》记载孔子与子张的一段对话。子张问，能知道十世之后的事情吗？孔子说，殷继夏的礼制，所增加、删减的可以知道；周继殷的礼制，所增加、删减的也可以知道；而继周的，虽然过了百世，还可以知道。① 如果以三十年为一世，百世就是三千年。孔子确实言中了三千年后的中国人还在讨论周公思想的事实。②

唯有理想高远才能跨越历史的时空。

二 周人的理想

与周公思想相互关联的是周人所描绘出的一幅"理想国"长卷。他们对理想社会的向往凝结在《尧典》《皋陶谟》《舜典》《禹贡》《大禹谟》等典籍之中，讲述了一个先王治理下的理想社会，讲述了一段用周人思想改造过的华夏历史。这样一个"理想国"图景深刻影响着华夏文明，后来孔子、孟子又做了新的改造，直到现在，我们依然还在编织这个伟大的"理想国"梦想。

《尧典》记载，昔日尧帝在世的时候，能够洞察秋毫且富有崇高品德，先亲近族人，族人和睦了，再治理百姓，百姓明理懂礼了，再促使万邦和谐。③ 他命人遵循天道，确定一年为 366 天，明确了春分、夏至、秋分、冬至的时间，治理了水患。尧帝在位 70 年而逐渐衰老时，准备选贤任能物色接班人了。有人举荐尧帝的儿子丹朱，可未获认可。尧帝认为丹朱说话虚妄，不靠谱。接着尧帝询问四方诸侯的意见，可四方诸侯都认为自己德行比较薄，不配取代帝位。最后众

---

① 《论语·为政》："子张问：'十世可知也？'子曰：'殷因于夏礼，所损益可知也；周因于殷礼，所损益可知也；其或继周者，虽百世可知也。'"

② 康有为对此有不同解释，认为"继周者，即孔子也"，百世可知乃是百世后知儒家教主孔子之道（《孔子改制考》，第210页）。朱熹的解释具有保守性，把三纲五常视为百世不变的道统（《四书章句集注·论语集注》）。

③ 《尧典》："克明俊德，以亲九族。九族既睦，平章百姓。百姓昭明，协和万邦。"

第四章 周公政治遗产和周人的理想

人举荐穷困的虞舜,说此人孝悌敦厚,尽管其父心术不正、其母谎话连篇、其弟桀骜不驯,但舜居然能用自己的美德感化了他们。尧帝于是把两个女儿嫁给了舜,进行实地考察。经过三年考核,舜终于登上帝位。他观察北斗七星,领悟了人间需要完成的七项政务,同时接受四方诸侯朝见,每五年到各地巡视一次,三年考察一次政绩。舜划定了十二州疆界,疏浚了河道,统一了音律和度、量、衡。在舜执政期间,尧帝逝世了。全国百姓听说后都异常悲痛,如丧考妣,三年里,四海都听不到任何娱乐活动的声音。舜在帝位50年后,在巡狩南方时去世了。舜选择了禹继承大统。

根据《大禹谟》记载,舜在位时与禹、伯益、皋陶等大臣还经常性开展相互批评、相互提醒。禹说:"君主能遵守为君之道,臣下能履行为臣职责,政事就能治理。"舜说:"说得好!善言无所隐匿,贤人不被遗弃,万民就安宁了。"伯益说:"尧德广远,这样圣明、神武,所以广有四海,为天下君主。"禹说:"顺从善就吉,顺从恶就凶。"伯益又说:"要谨慎呀!不要放弃法度,不要沉湎安逸、耽于安乐。任贤不要二心,祛邪不要犹豫。不要沽名钓誉获得百姓的称赞,不要背弃百姓满足自己的私心。"禹又说:"舜帝要深思啊!德之存惟在善政之中,政之要惟在养护万民。整治好水、火、金、木、土、谷六要事,做到正人德行、物尽所用、厚植民生而各得其宜。有序做好这九件事后,要用歌咏的方式传诵。对百姓,要用休养来安抚、用威严来监督、用九歌来鼓励。"舜说:"说得好!做到地平天成,完成六要事三大事,真是万世的功德啊。"据说在这次谈话中,舜帝还给禹传授了十六字心诀大法,这就是著名的"人心惟危,道心惟微,惟精惟一,允执厥中",这让宋儒念兹在兹,从而影响中国后一千年的历史。

《皋陶谟》记载,禹接受天子位以后,也与皋陶等促膝谈心、开展批评、切磋政事。在查考往事古迹后,皋陶说:"君能践行其德行，大政方针明了，大臣就会紧紧跟进。"禹说："是啊！可怎么做到呢？"皋陶说："要谨慎修身，思虑深远。要亲近九族，贤明的人就来辅助，从近及远，道理就在其中。"禹拜谢这番精辟的言论，说："对呀！"皋陶说："为政之要在识人，在安民。"禹说："做到这样，连帝舜也难啊。识人就能明智，就能善任。安民就是慈爱，百姓会怀念。明智而又慈爱，何必担心驩兜？何必强制迁徙三苗？何必畏惧巧言令色之人呢？"皋陶继续说："人有九种德。要说某人有德，就要把他做的事具体列出来对比。"禹问："九德是什么？"皋陶说："宽宏而又坚定，柔顺而又卓立，谨慎而又恭正，有才而又谦虚，柔顺而又刚毅，正直而又温和，简单而又清廉，刚正而又笃实，坚强而又正义。要表彰具有九德的人！每天践行三种德，卿大夫就能治理好他的家；每天践行六种德，诸侯就能保有他的邦国。九德普遍推行，德才兼备的人就出来当官做事。百官臣僚相互学习，按时完成职责，天子就像北极星得到众星的拱卫一般，各种事情都会成功。"皋陶又说："治理国家的人千万不要贪图安逸，要兢兢业业，因为情况天天在变化。不要让百官旷工，上天命定的事，必须由人来完成。天叙有典，告诫人们要父义、母慈、兄友、弟恭、子孝，让五伦醇厚起来。天秩有礼，让天子、诸侯、卿大夫、士和庶人各行其礼，做到恭敬和谐。天命有德，用天子、诸侯、卿、大夫、士五种礼服来表彰。天讨有罪，用墨、劓、剕、宫、大辟五种刑罚惩处。处理政务除了努力还是努力。"接着，皋陶说了一句传世千年的经典名句："天聪明，自我民聪明；天明畏，自我民明威。达于上下，敬哉有土。"你看，上天听到和看到的，就来自民众所看到和听到的；上天明白而可畏的，就来自民众的明了和威严。天意和民意相通，有土地的君王要谨慎啊！皋陶最后问道："我的话可行吗？"禹说："当然！你的话不仅可行并且能成功。"皋陶谦虚地说："我没有别的学识，只想天天辅佐您并对您有所帮助。"从周人编写的这些对话看，君臣之间的相互批判、提醒，遵循着"团结—批评—团结"的良性循环模式，抱着君臣同心的目的相互批评，抱着天下为公的初衷相互批评，最终实现更加紧密的团结。

事实上，人非圣贤孰能无过？周人也明白这个道理。尤其在"公天下"被大禹的儿子启篡夺为"家天下"以后，圣王的后代也会出现一些败家子。怎么办呢？有两种办法解决，一种是规劝，即采用改良的办法，二是暴力，即采取革命的方式。前一种办法有两个典型的例子。一个是启的儿子太康因沉湎于酒色、狩猎而失去国家，后来相的儿子少康励精图治、赢得百姓信任终于恢复了失去的大位。另一个是商汤的嫡长孙太甲，继位不久便任意发号施令，贪图享乐、暴虐百姓，结果被伊尹放逐到老祖宗墓地旁边，要求其洗心革面、改过自新。三年后，经过教育的太甲诚心悔过，最终被伊尹接回去。太甲从此循规蹈矩、听从善言良策，把天下治理得井然有序。后一种方式也有两个典型例子，这就是人所共知的汤武革命。因为夏桀实在荒淫无耻、不可救药，最终被商汤斩杀；商纣也是违背天命、一条道走到黑，被武王推翻。这两次革命不仅不违反礼制，而是"天命"的合法转移。因此，经过周公"改天换地"的变革，周人逐渐接受了这样的观点：天下需要由尧、舜、禹、汤、文武这样的圣王统治，实在没有这样的圣王也可以退而求其次。但是，这些平庸的天子，需要有贤明的人来辅佐，而且能够做到有错必改、悔过自新。假如依然不守规矩，继续与民众为敌、对抗天命的，民众就有权革命，可以推翻他。公元前841年，西周历史还真出现过"国人暴动"赶走周厉王的史实，这一年也成为中国历史有确切纪年的开始，但是，这种"革命"模式在中国后三千年历史上是唯一的一次。因为到了汉代以后，"汤武革命"就成为绝对的思想禁区。虽然"汤武革命"不能成为公开讨论的话题，但改朝换代成为中国历史的常态。

现实与理想总是那么不协调，西周终于在周幽王的烽火戏诸侯中落下帷幕。带着周人的哀怨，也带着周人的政治理想连同思想遗产，历史车轮进入华夏文明大放异彩的春秋战国时期。孔子、墨子、老子开始担负起传承中国道统的重任。

第二卷
三足鼎立的中国道统

自平王东迁、周室式微，权力出现真空，中国历史进入了齐桓公、晋文公、宋襄公、秦穆公、楚庄王相继称霸天下的春秋时代。春秋初年大小诸侯国一百七十多个，到春秋末年很多已经灭国，古老的氏族相继被消灭，子嗣、血统散失。诸侯国内的宗室、私门势力兴起，开始替代公室。史称"弑君三十六，亡国五十二，诸侯奔走不得保其社稷者不可胜数。"（《史记·太史公自序》）这是一个礼崩乐坏的时代，也是一个怨天尤人的时代。依靠天命、礼乐建立起来的社会秩序，随着对上天神圣性的怀疑开始逐渐瓦解。一首讽刺周幽王的诗比较好地反映了这个时期的变化。

> 浩浩昊天，不骏其德。
> 降丧饥馑，斩伐四国。
> 旻天疾威，弗虑弗图。
> 舍彼有罪，既伏其辜。
> 若此无罪，沦胥以铺。
> ……
> 如何昊天，辟言不信。
> 如彼行迈，则靡所臻。
> 凡百君子，各敬尔身。
> 胡不相畏，不畏于天。
>
> 戎成不退，饥成不遂。

> 曾我馽御，僭僭日瘁。
> 凡百君子，莫肯用讯。
> 听言则答，谮言则退。
> ……（《诗·小雅·雨无正》）

萧公权曾言："周代学术之大兴，不在西周盛世，而在东迁以后之春秋末叶与战国时代。"① 任何学术思想都是特定时代的产物，不会凭空产生。面对春秋时期的混乱局势，如何实现天下太平、万邦安宁，成为时代的课题。孔子、墨子、老子分别写出了不同的答案。如果说古代思想遗产还是一堆比较散乱的观点，经过孔、墨、老从不同角度的系统阐发，变得更加熠熠生辉而泽被后世。他们是继周公之后中国道统传承中的三位圣人，在天道观这一根本问题上有明显区别。孔子继承了周公的道德之天天道观，用仁这一核心思想对这一天道观进行创造性阐发，同时在孔子及后学中明显受到自然之天天道观的影响。墨子继承了殷人的鬼神之天天道观，但墨子的鬼神已经与殷商时期所崇拜的神灵不同，是经过道德改造过的伦理化的鬼神。老子则继承了古代思想遗产中的自然之天天道观，这种古老的天道思想源于仰韶文化至龙山文化这一脉，与古天文学发展有密切关系，但老子所讲的自然之道并不是与人无关的大自然，显然也受到周人道德思想的改造。在春秋和战国初期，在周文化和宗法政治的笼罩下，道德天道观占据主流，就不难理解孔子创立的以"仁"为核心的儒学会成为社会主流。在殷商故地，殷人的鬼神尽管在政治上处于从属地位但依然有比较强大的势力，经过墨子改造的鬼神与周文化主流思想融合而成为当时的显学。与孔子、墨子身后弟子众多不同，老子独来独往，其

---

① 萧公权：《中国政治思想史》上卷，商务印书馆2016年版，第10页。

身世扑朔迷离，简直是神龙见尾不见首。① 这说明老子的思想偏于哲人之学，其抽象的玄理在上层和下层并没有太多的受众。但是，自然之天作为极古老的天道观，有深厚的历史底蕴，持有这种天道观的人逐渐形成松散的道家谱系，之后与现实政治结合产生新的学派（如黄老之学、韩非的道法家等），占据社会主流。② 后人将老子和庄子合称老庄道家，是因为有相同的天道观，其实他们之间并没有师承关系。

---

① 《史记·老子韩非列传》记载孔子对老子的评价："至于龙吾不能知，其乘风云而上天。吾今日见老子，其犹龙邪！"

② 萧公权在《中国政治思想史》的"先秦政治思想之流派"中认为"儒家从周尚文"，"墨家背周尚质，似承殷之余绪"，这个结论是正确的。但认为"道家之流或亦竟与儒墨同属殷文化之系统"，则是借用胡适的观点，从道家具有自然之天的天道观看，这个观点显然不正确。

第五章
孔子和孔学

孔子（前551—前479）出生于鲁国陬邑，今山东曲阜，先祖是宋国公室，属子姓，孔氏，名丘，字仲尼，为商纣王兄微仲的后裔。鲁国是周公后裔，地位崇高，保存着最完备的礼乐文化和西周典籍，因此孔子是流淌着殷人的血脉、浸润着周人的文化，仿佛上天佑我中华而天造地设出的一位千古圣人，遗泽后世。孔子家世情况很清楚，几乎没有什么争议，其生前屡屡碰壁，甚至被视为丧家狗，但死后成了万世师表、至圣先师。近代虽历经劫难，成了中国贫穷落后的替罪羊，但到了当代又成为中国文化的标志性人物。孔子对自己一生的评价很简单，就两个字"好学"。"其为人也，发愤忘食、乐而忘忧，不知老之将至云尔。"（《论语·述而》）好学精神贯穿其一生，这是孔子最精准的自画像。两千多年来阐述孔子思想的文字，或者假托孔子语言的，汗牛充栋，如过江之鲫，想要梳理孔子本人真实的思想反而不易。这里所讲的孔学主要是孔子本人及其弟子的学术思想，至于再传弟子则全部划入儒家诸子后学。本书选取的资料主要为《论语》《孔子家语》等，以及其他学派对儒学的诘难、对孔子言论的引用，同时参考近代以来学者研究孔子的成果。[①]

[①] 由于《论语》《孔子家语》最后编定时间比较晚，窜入了其他人的思想，本书予以注意。

一 孔学思想的基本脉络

孔子接受过系统的教育,熟悉《诗》《书》和周礼,对《书》中阐发的周公思想、尧舜禹汤文武的圣德甚为钦佩,向往"郁郁乎文哉"的西周盛世。通过学习、思考周人遗留下的文化遗产,孔子得出一个结论:先王之道是如此的完备、如此的完美,还需要我们创作什么呢?效法先王之道,回到尧舜时期"天下为公"的大同社会该是多么美好,即便回到文武和周公时期的小康社会也不错。[①] 这就是孔子"述而不作"的原因,这就是孔子的人生目标。可面对春秋末年衰败的景象,如何寻一条出路?找出问题的原因是解决问题的前提。孔子认为,产生这一切问题的根源就在于人与人之间缺乏相亲相爱的感情,人与人之间无法进行心灵沟通,或者说人不把别人当人看。于是孔子把"仁"这一殷商时期就有的古字进行彻底改造,注入周礼的精神以及自创的新义,变成他全部思想的核心,仁与礼互为表里关系。[②] "仁"的本意是两个人在一起,相互亲近。郑玄将"仁"解释为"相人偶"[③]。所谓"人偶"就是人与人之间亲密的意思,独则无偶,偶则相亲。梁启超说:"仁者何?以最粗浅之今语释

[①] 《礼记·中庸》:"仲尼祖述尧舜,宪章文武。"
[②] 萧公权将仁之来源推断为"殷商以前之古学",并且引用《商书·微子》证明"古有殷政策宽大之传说",用宋襄公坚持"君子不重伤,不禽二毛"证明"亡殷之遗风"。参见《中国政治思想史》上卷,商务印书馆2016年版,第68页。这种看法是错误的,周人确实很少用仁字,但仁的核心是体现周文化之礼、之德。
[③] 《礼记·中庸》:"仁者人也,亲亲为大;义者宜也,尊贤为大。"郑玄注:"人也,读如'相人偶'之人。"孔颖达疏:"仁谓仁爱相亲偶。言行人之法在于亲偶,先亲己亲,然后比亲及疏。故云亲亲为大。"

第五章 孔子和孔学

之,则同情心而已。"① 儒家一切学问,专以"研究人之所以为人者"为其范围。仁的基本含义就是爱,就是把别人也当作人一样去爱。"仁者爱人"是对仁的本质性解释。② 孔子的"仁者爱人"是建立在"亲亲"基础之上的。人世间没有无缘无故的爱,也没有无缘无故的恨,儒家认为人之爱本源于血缘亲情,但又不能仅仅限于血亲,而是要推而广之,实现"人不独亲其亲,不独子其子"和"老吾老以及人之老,幼吾幼以及人之幼"的理想。③ 孔子强调"为仁由己",是发自内心的对他人的感情,这种感情、这种仁爱之心,岂能是由他人决定、由他人强迫、由他律能够解决的?当代的许多人在唱"让世界充满爱",最符合孔子的思想,如果人与人之间充满爱,还有什么问题是不能解决的!这就是孔子的逻辑,这就是孔学的思想起点、逻辑起点,接着就开始把个人、家庭、社会、国家、天下编织在一个统一的思想体系之中。

怎么实现仁?就从实现"人之所以为人"开始,从强调修身、修己开始,"自天子以至庶人,一是皆以修身为本"(《大学》),从而实现修身齐家治国平天下。而修身的方法是外用礼仪来节制行为,内用礼的精神熏陶心性。"小大由之,有所不行,知和而和,不以礼节之,亦不可行也。"(《论语·学而》)实现"礼之用,和为贵"的功能。为准确理解孔学这一思路,我们可以把"修身"与现代社会学的"社会化"做些比较。所谓社会化是把社会主流价值观、社会规则通过外在的教育也通过个体内在的感悟,将生物意义上的人塑造成适应社会需要的社会人。本质上讲,修身也是把一套合乎道德理想的规范内化于心,最终外化于行。孔子发出的信息是:让每个人都重

---

① 梁启超:《先秦政治思想史》,东方出版社2012年版,第91页。
② 《孔子家语·王言解》曰:"仁者莫大乎爱人,智者莫大乎知贤。"
③ 儒、墨在爱问题上的根本区别在于,儒家认为墨家一开始就讲兼爱(博爱),不仅使爱成为无源之水,也会丧失基本的人伦亲情。

视修身，使自己成为有德的君子，才有资格成为仁者，有资格成为"大同社会"的成员。① 孔学的修身更多强调内省，正其心、诚其意，看到别人的善举，想一想怎么能努力赶上；看到有贤德的人，想一想怎么能向他看齐；看到别人的恶行，就像手触碰滚烫的开水；看到没有贤德的人，就反省自己是否这样。② 孔子对人性充满乐观，总是用积极的态度对待人生。有一种"人能弘道"的大气魄，有一种"任重道远"的使命感，有一种"知其不可而为之"的悲壮感，更有一种"见危致命"的牺牲精神。③ 以后孟子在这条路上走得更远，高举人性善的大旗，试图挖掘和光耀人性的光辉。不过，孔、孟似乎高估了人的内省、自觉能力，事实上除了极少部分人，绝大部分人还是需要他律甚至惩戒来达到修身的目的。法家正是发现人性的这一缺陷而提出另一套与之相对的理论。

修身是个人的，也是与他人相关联的过程。孔子从人世间最基本的五对"人伦"关系入手，研究如何实现"仁"。这组基本的人伦关系分别为：君臣关系（也可以理解为上下关系）；父子关系；夫妇关系；兄弟关系；朋友关系。这就是所谓"五伦"。五伦是基础社会关系，五伦和谐了，社会失序问题就能解决，百姓就可以安居乐业。这五组人伦关系是任何人都不能回避、不能摆脱的，除非你成为避世的隐士，或者西方话语中的鲁滨逊。君臣既是上下关

---

① 《论语·宪问》：子曰："君子而不仁者有矣夫，未有小人而仁者也。"过去学者有多重解释，总有点为圣人讳的意思。其实孔子的意思很清楚，只有努力修身成为有德的君子才有可能成为仁者，但有德的君子不能都成为仁者，更何况没有德性的小人呢？要成为仁者，教育、修身不可或缺。

② 《论语·季氏》："见善如不及，见不善如探汤"；《论语·里仁》："见贤思齐焉，见不贤而内自省也。"

③ 《论语·卫灵公》："人能弘道，非道弘人。"《论语·泰伯》："曾子曰：士不可以不弘毅，任重而道远。"《论语·宪问》："晨门曰：奚自？子路曰：自孔氏。曰：是知其不可而为之者与？"《论语·子张》："士见危致命，见得思义。"

系，也是对等关系。所谓对等，在孔子看来，只有君像个君，臣才能像个臣，君仁和臣忠是对等的。到了孟子那里就说得更加直白了。"君之视臣如手足，则臣视君如腹心；君之视臣如犬马，则臣视君如国人；君之视臣如土芥，则臣视君如寇仇。"（《孟子·离娄下》）这种思想，在孔子那里是一贯的。正因为君臣之间是一个利益共同体，相互之间要有仁爱、要同心协力就是一件再正常不过的事情了。如果君不能做到仁，为臣的怎么办？孔子的办法很简单，就两个字"走人"①。等到为君的发现自己孤家寡人，自然体会到待臣仁爱的重要性。

父子是血缘关系，来自血缘的亲情最自然、最真切，但总有一些例外来破坏这种关系。过去我们宣扬父爱如山、慈母如海，但没有人认真研究过父母与子女之间的真实关系。今天有了互联网，我们才发现一个有意思的现象，当有人抱怨小时候受到恶父、恶母的虐待，会引来一大波跟帖，诉说自己同样的经历。最终形成两种意见：其一，毕竟是自己的父母，将来我还会照顾他们的；其二，虽不会以其人之道还治其人之身，但也不会真心待之。两千多年前的孔子就意识到类似的人伦困境，提出父慈、子孝这种对等关系。按照孔子的思路，如果做到父慈，子孝自然是一件很正常的事，不需要特别关注。儒家特别关注两个问题：一是父慈子顽，父母含辛茹苦却培养一个不孝子，毫无疑问，这正是要谴责的。现代人也会谴责。二是父不慈，怎么办？如果父母从小虐待、仇视孩子，孩子长大后依然毫无怨言侍奉父母，从而感化了恶父、恶母，这体现了极为崇高的"孝思"。儒家追捧的舜帝就是这样做的典型。② 周人的先祖后稷生下来就被生母抛

---

① 李泽厚在《论语今读》中说："事君，谏不行则当去；导友，善不纳当止……君臣朋友皆以义合，故其事同也。"（李泽厚：《论语今读》，生活·读书·新知三联书店2008年版，第144页。）

② 《尚书·尧典》记载舜自小就遭到其父瞽叟、后母、后母之子象的迫害，但依然不改对父母的孝心，对弟弟的友爱，赢得百姓的称赞。

弃，最后成为有大功于社会的人。这也不是一般的孝所能涵盖的，在儒家看来，这是圣人才能做得到的事情！父顽，子该孝还是不孝，这是伦理上的一大困境。根据现存文献判断，孔子解决这一问题的办法就是由自己做决定，前提在于你心安还是不安。如果你忍心让曾经虐待你的父母落入困境，你可以不管，如果你不忍心，于心不安，你就去帮助他们。①

夫妇是婚姻关系，也是一切社会关系的基础。这种对等关系《礼记·礼运》概括为夫义、妇听，应符合孔子的思想。夫有义，妇才能听，如果夫无义，妇怎么办？理论上，妇可以不听，但是在传统农耕社会，体力不占优势的妇女很难逃离家庭、独自生存。实际结果可能出现几种情况：夫无义，妇听，妻子长期受丈夫在精神或肉体上虐待，或了此一生，或终究反抗、鱼死网破；夫无义，妇不听，家庭长期不和睦，或解体，或凑合一辈子；夫有义，妇不听，专以控制夫为能事，民间叫"妻管严"，文人叫"河东狮吼"；夫有义，妇听，实现夫唱妇随、琴瑟和鸣、情笃意浓。最后一种是孔子希望实现的，前提是夫、妇要相互敬重。② 儒家讲夫妇相敬如宾，夫妇一辈子客客气气、从不红脸、从不吵架。这是人伦中的最高境界，也是后儒倡导以周公之礼来行男女之事的根本原因。许多人对此不以为然，待到经历了太多的波折，才发现"相敬如宾"才是婚姻的真谛。

兄弟关系不单指同胞兄弟，反映了"先生"与"后生"、"老"

---

① 《论语·阳货》记载了孔子与宰我的对话。宰我说，三年丧期太久了，三年不为礼、乐，全都荒废了。孔子说，父母死了，还是吃好的穿好的，你心安吗？宰我说，心安啊！孔子说，你如果心安，就去做吧。由此，我们看到，心安否，也就是后儒的"良知"，它是指引个体行为的价值准则。从儒家的思想实质看，行为的对等性也是评判是非的前提。但是，当孝转化为一种由国家强制力推行的道德要求后，就变成另一个性质的问题。

② 《孔子家语》卷一"大婚解"记载了孔子与鲁哀公专门就男女婚姻进行过深入的讨论。

与"幼"的关系,这种长、幼关系也是所有人不可能回避的。兄良、弟悌是解决这一对关系的原则。长者有长者的风范,少者自然给予敬重。尊老的前提是老人须自尊。孔子往往把悌与孝并称为孝悌,行悌与行孝的规则是一样的。[①] 他说:"幼而不孙悌,长而无述焉,老而不死,是为贼。"(《论语·宪问》)意思是:年幼的时候不知道敬重长辈,年长的时候不能给他人以帮助,这样的人老了还活着,简直就是个贼!由此,我们可以对兄良、弟悌的含义有更深的理解。为老不尊,活着就是个贼!可见孔子的愤怒。

朋友关系是司空见惯的人伦关系,这种对等关系要用"信"来维持。孔子说"与朋友交,言而有信",曾子每天反省自己"与朋友交而不信乎?"没有了"信",也就没有朋友关系。朋友关系的真谛就在于相互有"信",言必信、行必果。朋友之间有了信,相互间都有了信用,还用担心社会失序、百姓不得安宁?

在讨论完五种最基本的人伦关系之后,我们到达了孔子思想的第二个层面,即,把"仁者爱人",把"让世界充满爱"这种抽象的东西具体化为孝、悌、信、忠等内容。泛泛谈大家相亲相爱,确实无从下手,也无法实施,那么就从"五伦"入手,使"仁爱"得以实现。孔子讲:"孝,德之始也;悌,德之序也;信,德之厚也;忠,德之正也。"(《孔子家语·弟子行》)于是仁者爱人就转化为:仁者讲孝、讲悌、讲信、讲忠。"仁爱"的内涵有了第一次的扩充。

社会毕竟复杂,也不单单这五种关系那么简单,比如,国与国之间,陌生人与陌生人之间,穷人与富人之间,地位高贵与卑贱之间,等等。怎么处理?按照孔子的思路,有两种办法。第一种办法,从积极的角度说,就是由近到远、推而广之,做到"推己及人"。尊重自

[①] 《论语》共出现三次孝悌并列。《学而》:"其为人也孝悌而好犯上作乱者,鲜矣";《学而》:"弟子入则孝,出则悌";《子路》:"宗族称孝焉,乡党称悌焉。"

己的老人，能不能推而广之也尊重一下别人的老人？关心自己的孩子，能不能推而广之也关心一下别人的孩子？孔子就是这么考虑问题的。孔子说："夫仁者，己欲立而立人，己欲达而达人。"第二种办法，从消极的角度说，那就是"己所不欲，勿施于人"。你不想干的事，也不要让别人干；你不希望穷，也不能让别人穷。美国建国元勋潘恩也说过类似的话："一个人，如果极力宣扬他自己都不相信的东西，那他就是做好了干任何坏事的准备。"让别人做你自己都不相信的事情，违背了孔子所说的"恕道"。子贡问孔子，有什么话可以一辈子实行的。孔子说，就是恕，就是"己所不欲，勿施于人"。（《论语·卫灵公》）这里还是有一个疑问，人为什么要遵循"忠恕之道"？我富贵了，很享受，凭什么也要带动你富贵？我的老人、孩子照顾得好好的，凭什么也要照顾你的老人、孩子？这就是人伦关系的困境。面对这个困境，古今中外无数思想家、政治家为此殚精竭虑，提出各种解决办法。孔子的办法很简单，就是前面讲过用"安心"来指引人的行为。你富贵了，别人还在挨饿，你安心吗？你发达了，别人还在穷困潦倒，你安心吗？如果不安心，就能去实行"忠恕"之道了。孔子的思考也就到这为止。如果有个富贵之人面对别人的潦倒而真的无动于衷，很是"安心"，甚至看到别人受苦受难，心里还挺享受，孔子就没好办法了。后来，从孟子开始到朱熹、王阳明，一直沿着这条线路思考，创出"心性之学"的一番大天地。[①] 归根结底还是怎样成为有同情心的人。

通过把五伦关系由近到远推行，我们达到孔子思想的第三个层面：天下归仁。即，世界充满了仁爱，人与人之间有爱又有礼，礼的精神回到人世间。

[①] 宋明道学试图用提升个人道德修养的办法解决困境，其实效果也非常有限。历史上有采用暴力的方式杀富济贫，也有现代的累进税、遗产税等方式以富济贫。

"天下归仁"是不是孔子的最高境界？过去我们认为孔子的理想是"克己复礼"，要回到周公那里去。证据之一，是颜渊问什么是仁，回答说："克己复礼为仁。一日克己复礼，天下归仁焉。"（《论语·颜渊》）以为西周初年是孔子的理想，其实是错误的认识。综合分析孔子的思想，"仁"依然是一种手段，也就是前面所说的，孔子想通过"仁"做到人与人之间的关系不再"麻木不仁"，从而去实现一个更为宏大的社会愿景。这是天下为公的大同世界，而非家天下的小康社会。子贡说，如果能够为天下百姓谋利，怎么样？孔子回答，哪里只是仁，这就是圣！连尧、舜都难做到。① 在回答子路的问题时，孔子说，修养自己以安定天下百姓，连尧舜都难做到。② 感念天下苍生、为万民谋福祉，是圣的境界，这才是仁学的归依。没有这种胸襟、情怀，确实难以理解孔学的精髓。"仁"适用于所有人，哪怕贩夫走卒，只要有心即可为仁，所谓"为仁由己"或者说"为人由己"。能不能成为仁者，能不能做个堂堂正正的人，凭自己的选择。"古之学者为己，今之学者为人"。这是孔学的真谛，孟子、朱熹、王阳明也看到了这一点，将其从某一方面推而广之。当今一些学者出于某种原因，将"仁"看作为政者的德行，"克己"也只是为政者克服私欲，则是回避了普通士人的责任。③ 梁启超早就把这个问题说得非常透彻："儒家深信非有健全之人民，则不能有健全之政治。"④

---

① 《论语·雍也》："子贡曰：'如有博施于民而能济众，何如？可谓仁乎？'子曰：'何事于仁，必也圣乎！尧舜其犹病诸！'"
② 《论语·宪问》："修己以安百姓，尧舜其犹病诸！"
③ 有学者证明孔子的最高理想是克己复礼，意思是指为政者克服个人私欲，以实现天下归心这样一种政治境界。参见李山《先秦文化史讲义·建构"仁"的原则》。
④ 梁启超在《先秦政治思想史》之"儒家思想三"中有深入分析，他认为儒家不是依靠圣君贤相的人治主义，而是通过教化实现"化民成俗"，使民"自得"，以"自得"之民组织社会，将政治植基于全民之上，人人皆厚而不偷以共趋向于仁，则天下国家之治平，举而措之而已。

孔子生活在"溥天之下，莫非王土；率土之滨，莫非王臣"（《诗·小雅·谷风之什北山》）的环境中，深知讲修身、讲五伦、讲忠恕、讲博施于民之困难，需要有地位的人出来带着干。这符合周公的率先垂范、以身作则的思想。"上敬老则下益孝，上尊齿则下益弟，上乐施则下益宽，上亲贤则下择友，上好德则下不隐，上恶贪则下耻争，上廉让则下耻节，此之谓七教。七教者治民之本，治国之道。"（《孔子家语·王言解》）"君子之德风，小人之德草"，风吹过去，草就会倒下。"政者正也。子帅以正，孰敢不正？"这成为两千多年来教导为政者的基本信条。孔子从55岁开始带着学生，用了13年时间周游列国，游说诸侯，宣传自己主张，是寄希望于有权势的人带头。子路曾好奇地问孔子，如果卫国国君让你去治理国政，首先做什么？孔子说，必先"正名"。子路认为太迂腐，闹得孔子很不高兴地说，自己不懂的事最好保持沉默！孔子将"正名"作为施政的起点，提出"君君、臣臣、父父、子子"，近代以来也屡遭责难。其实现代社会的政治体系，依然是先规定总统、总理、部长、省长的职责权限，如果部长不像个部长、总理不像个总理，国政岂不乱套！犹如孔子批评的："君不君，臣不臣，觚不觚。"（《论语·雍也》）对于孔子的13年游历，多数人认为失败了，其实不然。孔子用自己的坚韧意志，在列国的土地上播下了孔学的种子，将仁爱精神博施于众，最终长成儒学这棵参天大树。

以上基本梳理出孔子的思想脉络，从春秋末年礼崩乐坏的现实问题出发，提出"仁"这一解决问题之道，其基本路径是先修身，处理好五种人伦关系，从亲到疏、由近及远，将仁爱洒向整个社会和全天下，最终到达天下万民幸福这样的大同社会。曾子在《大学》中把这一路径概括为：格物致知、诚意正心、修身齐家治国平天下。很符合孔子的本意。从"君子之德如风，小人之德如草"出发，要求领导带头，群众跟上，正名责实，名实相符，天下归仁，天下为公。

正统儒学的治国思想，基本沿着这一路线。

这一思想的价值和局限在哪呢？

二 孔学的价值和局限

孔学的核心——仁学，研究人与人之间如何实现心意相通、感情相通，最终使天下百姓休戚与共、命运相连。只要有人类的地方，有互动的社会，需照应的群体，仁的精神就不绝、不死、不灭。"对己自谦，对人尊重""己所不欲，勿施于人""推己及人"之"仁者爱人"的孔学精神就具有永恒的价值。这就是孔学能穿越两千多年依然扎根在中华大地的原因，也是能远播海外、走向未来的原因。

孔子是个博学之人，继承了西周以来的全部文化遗产而加以损益。在天道观上，继承了周公"道德之天"的天道观，有上天依据人的行为降祸福于人的思想，又吸收天道自然的思想。孔子敬鬼神而远之，所谓"子不语怪、力、乱、神"，又采取"祭神如神在"的实用态度，如现代人希望"菩萨保佑"而获得的心理暗示。有一次与齐景公谈起周王室宗庙发生火灾，孔子判断是釐王庙着火了。一问果然是。景公非常惊讶。孔子说，《诗》云："皇皇上天，其命不忒，天之以善，必报其德。"灾祸也是这样，釐王改变了文王、武王的制度，宫室高耸、车马奢侈，真是无可救药，上天该降灾于他的庙。景公问，为什么不直接惩罚他而降祸于庙呢？孔子说，降灾于他，文王和武王不就绝后了？所以降灾他的庙以彰显他个人的过失。（见《孔子家语·六本》）孔子敬畏天命，认为大道能不能实行，最终决定于天命。[①] 但是，人不能认命，不能消极等待。孔子强调人事的重要

[①] 《论语·宪问》："道之将行也与，命也；道之将废也与，命也。"

性，强调德性的重要性，坚信人的德性能感化上苍，因为他信仰周公关于德配天地的观点。即便遇到挫折、遇到困厄，依然初心不改，有不屈不挠、明知不可为而为之的独行于世的悲壮感。一次鲁哀公问，国家之存亡祸福，真是天命决定，人力无法左右吗？孔子说："存亡祸福，皆己而已；天灾地妖，不能加也。"他还举了历史上两个例子证明自己的观点。殷纣王时期有只麻雀生了只大鸟，占卜说："凡以小生大，则国家必王而名益昌。"纣王听信了这套话，不修国政终于逆天而亡。而殷王太戊时期树木生长出现反常，占卜说："桑谷、野木而不合生朝，意者国亡乎？"太戊惊恐而勤于修身，"思先王之政、明养民之道"，结果却是逆天而转祸为福（见《孔子家语·五仪解》）。孔子对道德之天是如此坚信，同时也受天道自然的影响。他对子贡说："天何言哉？四时行焉，百物生焉，天何言哉？"（《论语·阳货》）在对待"民"的态度上，孔子继承了原初的民本思想而加以损益。他首开私学、首倡"有教无类"，践行民本思想。有学者评价说："故就荡平阶级之功言，孔子不啻陈涉吴广之发难。"① 在君子、小人基础上，又细分为庸人、士人、君子、贤人、圣人五类（《孔子家语·五仪解》），按照人的认识能力分为"生而知之""学而知之""困而学之""困而不学"四类。生而知之的圣人，困而不学的惰民都是极少数，绝大多数是学而知之、困而学之的贤人、君子、士人，孔子认为自己就属于其中。这种对人性的洞察以及分类，尤其合乎理性的价值。孔子没有对人性善或人性恶的绝对区别，既有为善的潜能，也有为恶的可能②。孔子思想是复杂的多面的，是属于核心思想突出的多样性。切不可因古文献记载孔子东一言西一句的话

---

① 萧公权：《中国政治思想史》上卷，商务印书馆2016年版，第60页。
② 孟子之前的儒家文献都找不出人性善的说法，《中庸》《大学》与郭店简《性自命出》中的"性"，是作为人的天赋之性，包括善恶和喜怒哀惧爱恶欲等内容，但"性"表现出来则从"心"，是"心"可以控制的。

而混淆了孔学的主旨。孔学思想的多样性也为以后儒分八派，脱离儒学而另起炉灶的墨学埋下伏笔。

孔子思想广博，有包容性，但又是比较脆弱的。这种脆弱体现在缺乏理论上的周延、逻辑上的严密、思想体系的完整；也体现在实践上的可行性有多大。但恰恰是这种包容性和脆弱性给后人留下很大的思想空间，很大的修正余地。

孔子在天道观、人性等方面没有做过多的思考。主要的贡献是提出"仁学"这一解决时弊的方案。那么，仁与天道是什么关系？人为什么有"爱人"之心，与天地是什么关系？鬼神与仁有没有关系？天的阴阳之道、自然之道与仁怎么整合？等等，都没有解决。如果不解决，"仁"作为一切行为的核心就失去本原上的支撑。因为，别人完全可以把礼崩乐坏的现象归因于天下不同"义"，各说各的，意见不一致，墨子就是这么看的；也可以归因为仁义兴而大盗不止，老子、庄子就是这么想的，灭仁义才能救天下；也可以归因于失去"法"，君主、民众失去做事的准则，后来的法家就是这么认为的；还可以归因为名实不符，说的和做的不一致，名家就是这么分析的。要解决仁与人性的关系，让人们相信仁来自人性；要解决仁与宇宙自然秩序的关系，让人们相信仁体现自然之道；要解决仁与社会秩序的关系，让人们相信仁是社会存在的根基，是天地万物的根本。这样仁学的理论基础才算巩固。孟子完整地提出"人性善"，解决了仁学的理论基础。因此，程朱等人认为孟子"有功于圣人之门"①。孟子、董仲舒、朱熹、王阳明的重要工作之一就是把孔学的理论基础搞得更扎实、更稳固一些，承受得起道学、佛学的冲击。当这些工作完成之后，孔子的"仁爱"就成了凝聚人心的秩序之源。

在有神论的世界里，人类秩序、道德来自神的意志。基督徒人人

---

① 朱熹：《四书章句集注·孟子集注》卷5。

相爱是因为上帝的命令，佛教徒对他人的慈悲是成佛的需要，原来如一盘散沙的阿拉伯人，也在真主的召唤下团结在一起，而一个缺乏宗教意识、世俗化的华夏族居然能够凝聚在一起、形成大一统且永世不分离，简直是人类世界的奇迹！西方一位学者对古希腊城邦林立却从来没有形成过有秩序的整体痛心不已，他写道："古希腊人没有做到这一点，他们从未学会如何在一起过上和平正义的生活。……这些文人有点过分地将希腊（尤其是雅典）吹捧成自由的发源地、善与美的庇护所、理性的源头、甜美与光明的故乡。……不管希腊人在思想领域取得的成就多大，公平有力的政治秩序都不在其列。……尽管他们确实四处游历，希腊人从未形成他们所谓的那种世界观。"① 古希腊人的世界里只有他们自己的城邦。在谈到美国的时候，这位作者就很自豪地写道："美国从一开始便是一个多元社会，认同不能设立国教的原则，想必这会让希腊人感到震惊，这么一个未尊奉诸神的民族国家能够持续存在十年以上。"② 那么，中国能持续存在几千年而依然屹立不倒，岂不更应该感到震惊！大一统的社会，秦始皇的武力是一方面，根基却是源于统一的文化道统、高扬的仁爱大旗，人心相通、天人相通、天地人相通。孔学的价值令后人敬仰。因孔子，我们三千年后还能看到周公的著作，看到缠绵悱恻的诗歌。近代以来，中国一些学者却痛惜中国人缺乏宗教而要硬造一个宗教出来，总让人觉得怪怪的！③

孔学的局限性，来自对人的自觉性的过度推崇，来自对其他族群

---

① ［美］拉塞尔·柯克：《美国秩序的根基》，张大军译，江苏凤凰文艺出版社2018年版，第52、54、55页。

② ［美］拉塞尔·柯克：《美国秩序的根基》，张大军译，江苏凤凰文艺出版社2018年版，第95页。

③ 如蔡元培的以美育代宗教、冯友兰的以哲学代宗教、胡适的以科学代宗教、梁漱溟的以道德代宗教等。参见童世骏主编《西学在中国》，生活·读书·新知三联书店2010年版，第163、164页。

文化传统了解的局限性。面对宰我对三年丧期太长的抱怨，孔子是用心安不安来回答。如果真有一些昧着良心的人，甚至干了坏事还很安心。从理论上讲，孔学确实就没辙了，或者说没有立竿见影的办法。对人性的信赖，必然因恶而随风飘落。有些人，行恶于心不安，故放弃为恶；有些人，不行恶于心不甘，故为恶，直到有强力迫使他放弃为恶。孔学的方案是教化，经过长期的耳濡目染，华夏文明造就出与众不同的华夏族群、与众不同的中华文化。当这样的族群遇到另一个族群，这样的文化遇到另一种文化又当如何？一位西方学者回顾伯罗奔尼撒战争时写道："修昔底德说，民主的雅典嗜战如狂。这是因为古时的战争有利可图，抢劫比务农所得更多，在生存线上勉强过活的穷人能从战争中得到好处，虽然也许没有富人得到的好处大。这也是后来罗马人打仗的一个重要原因。修昔底德认为，民主政体普遍具有侵略性。"① 西方的传统是把战争当成一笔买卖，只有赚钱了心才安。从《蒙古秘史》中我们看到古游牧民族的传统，把掠人钱财、睡人妻女、杀人性命、毁人田园为乐事，只有这样心才安、人生才有意义。在"五胡乱华"时期我们没有意识到，金兵南下掳掠"二帝"还没有意识到，直到清朝入关颁布"薙发令"、实施"屠城"，才有了王夫之、顾炎武等人开始在学理上的悲凉反思。"人不自畛以绝物，则天维裂矣；华夏不自畛以绝夷，则地维裂矣。"（王夫之《黄书·原极第一》）至今依稀可见湘西草堂的船山先生、徘徊于孝陵的亭林先生、躺卧在棕床上的梨洲先生。你可以对同样有仁爱精神的族群讲心安、讲良知，岂可推而广之？孔子作《春秋》，据说是为了让乱臣贼子惧。《春秋》隐公二年经云："无骇帅师入极。"《左传》的解说是：鲁司空无骇带兵进入极国，费庈父取胜。《公羊传》则解说

---

① ［英］阿兰·瑞安：《论政治》上卷，林华译，中信出版社2016年版，第42—43页。

为，无骇是谁，就是展无骇，展为氏，为什么去掉展而单说无骇，是表示贬，为什么要贬，是因为他做了坏事，灭了人家的国。这就是孔子笔削《春秋》，让乱臣贼子惧的手法！同一文化圈、同一族群玩的游戏规则——"孔子作《春秋》，乱臣贼子俱"，面对另一个文化族群就变成了最大的冷笑话！近代以来中西方文化冲击下的类似"冷笑话"显现出传统中国道统的"天真"。

与同时期其他文化对比，可以看到孔学独特的平等观和正义观。梁启超言："尊祖观念与敬天观念相结合，推论之结果，可以认全人类为一大家族。""我国人四海一家万人平等的理想，发达甚早。"① 其实，孔子的平等观用"对等观"来表述最为妥切。孔子是从"家为国、国为家"的家族本位看待人的位置，不同于古代希腊罗马从原子、从个体本位看待人的位置。② 孔子是从人的一生、家族的整体来讲人与人之间的平等。人的一生中总是在为君（上）、为臣（下）、为父、为子、为兄（长）、为弟（幼）、为朋、为友的角色之中转换，今天你对上忠似乎不公平，明天你也有为上的时候，今天你为父母尽孝，终有一天，你也会成为父母。夫、妇之道，在于丈夫对妻子要敬重，妻子对丈夫顺从，一敬、一顺构成对等。孔子的"三恕"是对这种对等观的绝好解释。孔子说：对上不愿忠诚，却要下级伺候自己，非恕；对父母不孝顺，却要子女报答自己，非恕；对长者不尊重，却要小辈顺从自己，非恕。③ 笔者的母亲就说过，我现在辛苦抚育你们，是在还上一辈的债；等到你长大成人了，抚养孩子也是在还

---

① 梁启超：《先秦政治思想史》，东方出版社2012年版，第54、58页。
② 古希腊、古罗马发展历史有惊人相似处，都是外来人群通过虐杀土著居民的方式发展起来。这些外来人之间并没有同族或血缘上的关系，大多是通过合伙等方式拼凑在一起，杀掉土著居民中的成年男性，占有土著居民的妇女，继而繁殖开来。不同的历史造就不同的文化、不同的传统。
③ 《孔子家语·三恕》："君子有三恕。有君不能事，有臣而求其使，非恕也；有亲不能孝，有子而求其报，非恕也；有兄不能敬，有弟而求其顺，非恕也。"

债。人生就像一串链条，族群就像川流不息的大河，绝不能算计某一时刻是否平等了、公平了。但是，人生终究有失败者，有可能一辈子都处于卑贱状态的失意者。怎么办？孔子提出，"鳏寡孤独废疾者皆有所养"——由社会还你一个公道。对弱势群体的补救成为孔子"对等观"的重要环节。相反，从个体出发的平等观，某一时刻的平等观，最终换来的是：平等地出卖劳动力、平等地罢工、平等地抗议、平等地打官司。形式的平等终究难以掩盖事实上的极度不平等。

一次孔子闲来无事，子夏问：何谓"三无私"？孔子说："天无私覆、地无私载、日月无私照。"以此三者来治理天下，就是"三无私"（《礼记·孔子闲居》）。很好地诠释了孔子的正义观。柏拉图《理想国》实际上讲了一个关于正义的故事，也叙述了一个教育的故事——如何让人的灵魂适应有正义的社会。只要有人类的地方，正义就是一个永恒的话题。有人会批评，"正义"是外来词，中国从古至今就没有正义这个概念，只有公平、公正一说，何来孔子的正义观？我们无须先忙着名词上的争论，看看柏拉图的正义是什么意思。希腊语 Δικη（狄克）是指正义女神，手持棒槌时刻监视着人间，代表公正、公平，现代英语 justice（正义）是从罗马神话正义女神 justitia（朱斯提提亚）演变而来，她蒙着双眼、左手持天平、右手持剑。无论是古希腊、古罗马，正义都代表公平、公正。柏拉图基本否定古希腊传统对正义的理解，比如正义是欠债还钱；正义是做人诚实、不伤害人；正义是帮助朋友、伤害敌人等，从而提出了适合理想国的所谓"正义"。这里借用英国、美国的两位当代学者的话，看一看柏拉图的正义是指什么。"答案是，正义是统管一切的最高美德。当社会中人人各得其所、各司其职的时候，正义就得到了实现。"[①] 这是牛津

---

① ［英］阿兰·瑞安：《论政治》上卷，林华译，中信出版社2016年版，第100页。

大学政治学教授阿兰·瑞安写的。"正义的本质是什么？嗨，正义就是各得其所。也就是说，每个人都应该履行自己的职责，并获得符合其本性的报偿。"① 这是美国政治理论家拉塞尔·柯克的表述。英国哲学家罗素也有同样的表述。② 其实，柏拉图的"各得其所、各司其职"是有条件的，那就是统治者（哲人王）灵魂里有黄金、守护者（战士）灵魂里有白银、老百姓（工人）灵魂里只有黄铜，柏拉图承认这可能是一个谎言，但这是一个"高贵的谎言"。在这个高贵谎言的欺骗下，人人各尽自己的本分，但千万别动歪脑筋，比如试图从工人变成战士甚至成为哲人王，那是痴心妄想！因此，柏拉图的正义是静态的、固化的，如果要变，那也是"哲人王"有一天想堕落，追求"荣誉"，甚至追求财富，那就是理想国"正义"坍塌的开始。而孔子的正义是动态的、变化的，不同于柏拉图阶级固化的正义观，孔子接受古代思想遗产中的"和实生物、同则不继"，承认社会的秩序在于"和"，而"和"的实质是：有差别但又能各得其宜、各得其所。孔子接受的观点是：追求整齐划一，做到所谓"同"，结果是"不继"。孔子曾经担任过中都邑的邑宰，按照长、幼吃不同量的食物，根据能力让人们承担不同的工作，实现了路不拾遗、夜不闭户，两年后升任司空，又能做到物尽其用，各种作物、生物都在适宜的环境里生长，最后担任了大司寇（见《孔子家语·相鲁》）。各得其所、各司其职的思想在《论语》《孔子家语》《易·系辞》及后儒（如二程）论著中都有体现，是一个自然而然、不证自明的常识。但是，

---

① ［美］拉塞尔·柯克：《美国秩序的根基》，张大军译，江苏凤凰出版社2018年版，第83、84页。

② 罗素写道："他（柏拉图）告诉我们说，正义就在于人人都做自己的工作而不要做一个多管闲事的人；当商人、辅助者和卫国者各做自己的工作而不干涉别的阶级的工作时，整个城邦就是正义的。"（《罗素文集》第7卷，商务印书馆2012年版，第184页。）

人与人的分工并不是固定的、绝对的。孔子曾言"惟上智与下愚不移",朱熹引程子曰:"所谓下愚有二焉:自暴、自弃也。人苟以善自治,则无不可移。"(朱熹《论语集注》卷八)这是符合孔学精神的解释。脱离儒家另立宗派的墨子说"官无常贵、民无终贱"(《墨子·尚贤》),只要你德行高超、有为民之心,就可以从平民居高位,甚至受天命居天子之位。这些都是中国道统的主流思想。在这样的世界里,孔子进一步希望圣人治理国家要像天、地、日、月一样公平对待万物、苍生,不能有偏私。不因为你是君主,太阳就给你多照一点,也不因为你是平民,大地就不给你承载了,更不会因为你权势熏人能凌驾于天之上。孔子的正义观,来源于现实社会,是对传统价值的继承,不是哲人虚构出的乌托邦。这与柏拉图构成另一个区别。孔子的正义是建立在统治者与被统治者的人性是一样的基础之上的,所谓性相近、习相远;也是动态的,上下之间可以流动,有德者必居上位;还是多姿多彩的,除了物质生活还有丰富的礼乐文化,以敦厚民风。这些观点确实与柏拉图大异其趣。

孔学事实上为后人勾勒了一幅中国道统下的理想国。

三 孔学所描绘的理想国

英国哲学家怀特海曾说:全部西方哲学史不过是对柏拉图的注解。从某种意义上我们也可以认为,全部中国道统不过是对孔子的注解。两者的区别是:柏拉图脱离开希腊的传统文化、雅典人的道德标准,建构起属于个人的理想国;孔子则是从华夏族的文化遗产、道德原则出发,构建起人们憧憬的理想国。柏拉图对雅典的民主政体,毫不掩饰地抱有敌意。他痛恨希腊传统,诸神本来应该是英明睿智、无所不知,但在荷马等诗人的笔下,诸神却通奸、谋杀、自大、无恶不作、毫无宽恕之心。他写出了《理想国》，导致西方世界近代以来各类乌托邦和反乌托邦作品不断出现。孔子没有写过理想国，但是他有理想中的"王道"。孔子敬仰周公，也祖述尧舜、宪章文武。孔子的"理想国"是从《诗》《书》《礼》所记载的圣王事迹，有所损益而形成的，是在已有"器"的基础上抽象出来的"道"，其道不离器、道器相符。孔子继承了周人对理想社会的向往而有所创造。

孔学关于理想国的故事是从这里开始的。上天降下一群人，他们都是天的孩子，故叫"天民"。上天并没有事先规定谁是长子（元子），可以统率这群"天民"。天民缺乏谋生的技能，更不知道如何分工协作，既穷困潦倒、彼此还争夺不休。他们不懂自谦，也不会对人恭敬，欺凌弱小、凌辱孤儿寡母成为生存法则。这时，有一个人勇敢地站了出来，他聪明、睿智、技能超群，又有仁爱之心。他仰观天象、俯察大地，思考宇宙的空间和时间，明白四季运行的规律，不仅教会大家使用火、建造房舍、制造舟车；还教会大家播种五谷、饲养畜禽、纺线织布，亲自品尝百草，救治病人；当附近的蛮夷抢夺他们的畜产、杀害他们的妻儿，他带领大家击退侵略者；当洪水肆虐、荼毒生灵，又带领大家疏浚河道、划分天下九州。① 他用仁德感化麻木的心灵，用善行打动桀骜的性情，用礼制来规范人们的行为，使每个人都能各得其所、各司其职，人类如野马脱缰般的欲望终于安定下来。"小德川流、大德敦化。"② 百姓敬仰于他的德行和恩情，称颂他

---

① 《周礼·考工记》云："知者创物，巧者述之守之，世谓之百工。百工之事，皆圣人之作也。"看似日常的器皿，皆是历代圣人的亲力亲为。《世本·孙冯翼集本》云："箫舜所造；逢蒙作射；杼作甲；黄帝作冕旒。"

② 出自《中庸》，《礼记》郑玄注："小德川流，浸润萌芽，喻诸侯也；大德敦化，厚生万物，喻天子也。"

为圣人,拥戴他为圣王①。圣人虽有自己的家庭和妻儿,但以天下为公,其财产也只是维持个人正常的开销,没有余财。他相信:"与其有聚敛之臣,宁有盗臣。"② 仁者以财发身,岂能以身发财?③ 为自己聚敛财产,实在是平生最大的耻辱。他公平、公正地对待每一个人,犹如天、地、日、月一样,毫无怨言地付出、贡献自己的一切,又不偏私于任何人。大家称颂圣人"大公无私"的美德,以天下为公,而不以天下为家。所有人形成了共同的信念:天下乃天下人之天下,非一人一姓之天下,有德者才能居之。④ 圣人无常心,以百姓之心为心⑤;民众有愿望,一定认真去实现;民众所追求,一定努力践行⑥。在圣王的治理下,社会实现了大同。大家拥戴既有德又有才的人,讲求诚信、和睦相处。人不会只偏爱自己的家人,更不会只照顾自己的孩子,所有老人都有依靠,壮年人尽自己的本职,无依无靠的弱势群体都得到照料,男人有正当的职业、女人有良好的归宿。财产得到珍惜而不浪费,但不需要藏自己家里;才智技能充分展示,但不是为了自己考虑。奸诈害人的伎俩都消失了,强盗窃贼也没了,真是夜不闭

---

① 据2019年2月22日中央人民广播电台报道,中国工程院院士朱有勇在澜沧县带着农民种植冬季马铃薯、种植三七,帮助农民致富从而赢得当地农民的爱戴。一个人,只要将自己的知识贡献给社会,给百姓带来福祉,他的精神总是会留存在百姓的心里。包括成功培植杂交水稻,进行大面积推广,为中国人民摆脱饥饿做出重大贡献的袁隆平院士,都将永远铭刻在中国人的心里。古今同理。

② 《礼记·大学》郑玄注:"国家利义不利财。盗臣,损财耳,聚敛之臣乃损义。"

③ 《大学章句》朱熹注:"仁者散财以得民,不仁者亡身以殖货。"

④ 《六韬·武韬·发启》云:"利天下者,天下启之;害天下者,天下闭之。天下者,非一人之天下,乃天下人之天下也。"借用姜尚说出来的这段话,反映了春秋战国时期的民本思想。

⑤ 出自《道德经》第四十九章,此句虽载于道家文献,实际是对西周以来民本思想的总结,体现了儒学的思想。习近平在2007年《之江新语:主仆关系不容颠倒》中引用了此句,又引《晏子春秋·内篇问下》"德莫高于爱民,行莫贱于害民"。这一观点代表了中国道统一以贯之的思想。

⑥ 《书·泰誓》:"民之所欲,天必从之","天视自我民视,天听自我民听"。

户、道不拾遗（《礼运·大同篇》）。

再好的社会也会有无良之人。圣人制作了"五刑""五罚""五过"来治理社会，一定要启用良善之人来执行法律。对于有轻微过失的，先用"五过"来处理，主要是批评教育，或者红红脸、出出汗，使人闻过则改。大部分人知错、悔错、改错。还是有些人不知悔改，那就用"五罚"来处理，主要是罚款、降低生活标准或者关几天禁闭。于是又有一些人改过自新。可是，总有极个别怙恶不悛的坏人，只好动用"五刑"，这时候就不需要讲什么仁德了。仁德只能用于有仁爱之心的人，不能用于坏人。① 圣人制作的这套惩戒体系，本意是为了避免更多的人犯错，把"五过"挺在前面，就是为了避免"不教而诛"这种暴虐行为②，先有所警示、知错就改，避免出现今天还是好好的一个人、明天突然走上断头台。如果一开始就采用行政的高压，用严刑峻法来惩治，那么百姓只求免于刑罚而无廉耻之心；如果先用道德感化，用自谦和尊重他人的礼制精神教育，百姓就会有羞耻之心且自重。③

圣人总有一天会老去，在衰老之前就开始物色接班人。有人劝说，何必不让自己的孩子接班呢？圣人认为自己的孩子无德无能，不配为君。圣人可不是依靠血统遗传，而是自我修身、自我觉悟得来的。周公早就说过，为圣、为狂全在于自身的一念之间（见《尚书·多方》）。终于，从民间找到一位德行远播的人物，经过三年时间的考察，圣人终于在自己还没有老糊涂的时候，把大位禅让于这位后起的圣人，践行了天下为公、大公无私的信念。这位后起的圣人又

---

① 《尚书·吕刑》讲述了刑罚的指导思想，上述这段文字就是根据书中的记载编译过来的。
② 《论语·尧曰》："不教而诛谓之虐。"
③ 《论语·为政》："道之以政，齐之以刑，民免而无耻；道之以德，齐之以礼，有耻且格。"

选拔一些贤能的人来辅佐自己。你可以按照中国的传统叫"圣君贤相",也可以按照现代人的概念叫"统治者"或"执政团队",也可以像柏拉图的说法叫哲学家王。不管怎么称呼,这是一个时刻为民、虚怀若谷、有情怀、有梦想、有激情的优秀团队。这里摘录一段《尚书·益稷》记录的舜帝与伯益、皋陶之间的对话,可以窥探孔学的理想国中的执政团队是如何讨论国政的。①

舜帝说:"禹啊,你说说你的情况吧。"禹拜谢:"我没什么可说的,我只想着每天努力工作。"在皋陶等的劝说下,禹讲了自己治水的过程,但把伯益和后稷的功劳摆在前面,同时请舜帝注意安民。禹说:"舜帝,要特别慎选在位的大臣,如果使用正直的人辅佐,天下会响应。"舜帝说:"对啊,大臣是我的股肱。你们听清楚了,如果我有过失,一定要提出来。不要当面顺从、背后议论。我会谨慎对待身边的人,凡是愚蠢且喜欢搬弄是非、恶意中伤的,一定受惩戒。为官的,要虚心采纳下面的意见,做得好的表扬,正确的意见及时采纳。否则要给予惩治。"禹说:"舜帝,你说得好!天下的百姓、贤人,都是你的臣子。你善于举用他们,采纳他们的建议,赏罚分明,天下谁不敢听你的?但舜帝你也有好坏不分、劳而无功的时候。"禹继续对舜帝批评说:"可不要像丹朱那样傲慢,又懒惰贪玩。另外,'三苗'的事你还要多花点心思。"这时候,乐官敲打起玉磬、摇晃搏拊、弹起琴瑟、唱起歌来,要求各位大臣一起舞乐。舜帝亲自作歌:"敕天之命,惟时惟几""股肱喜哉,元首起哉,百工熙哉"。皋陶拜身说:"要念念不忘我们的事业;要谨慎对待我们的法度;要认真考察大家的成就;要认真啊!"舜帝说:"君王无大志,大臣不勤勉,万事皆荒废,我们一起加油干吧!"

---

① 《尚书·益稷》属于战国初年的作品,基本反映了孔子和早期儒家的观点,可以视作孔学对政治人物的态度。

说完这个理想国的故事,我们再来看看柏拉图《理想国》是怎么生活的。哲人王(统治者)是高贵的、有理性的沉思者,没有家庭生活、没有个人财产,他们的孩子是整个阶级的孩子,除了智慧就是智慧,这就是他们的美德。在他们统治下的老百姓,简直就是一帮傻吃、傻乐、傻干的低能儿,他们的美德就是服从有金子般灵魂的人,最大的贡献就是生产理想国需要的食物及其他必需品。谁让他们的灵魂是用黄铜而不是金子做的呢?与苏格拉底对话的格拉孔抗议说:"这样的社会,人的日子猪狗不如。"但苏格拉底对此嗤之以鼻。[①] 西方世界很有影响的小说《美丽新世界》(*Brave New World*)基本克隆了柏拉图"理想国"的构思,用反讽的方式来反对西方社会的乌托邦思潮。其中的第一种姓α(阿尔法)和第二种姓β(贝塔)是"新世界"的主人,控制着这里的一切,他们出生前的胚胎就经过特殊的保护,第三种姓γ(伽马)是普通人,而第四种姓δ(戴尔塔)和第五种姓ε(厄普西隆)出生之前智力就用科技手段扼杀,成为完全听命于高种姓的劳动者。这些低种姓的人们,非常满足于自己的地位,因为那些如此复杂的超出他们能力极限的智力活动就像神一般的存在,他们庆幸有高等级种姓们去完成,自己只要在流水线上安心干活就行了。在这个美丽新世界,女人存在的意义就是取悦男人超乎寻常的性需求,但她们深感骄傲和自豪。[②]

我们再来看看孔学"理想国"的普通老百姓是怎么生活的。柏拉图恐怕无法想象,同时期的东方还会有这样的对"理想国"的描绘。

"礼仪三百,威仪三千",你以为"礼仪"和"威仪"是给圣人

---

① 引自[英]阿兰·瑞安《论政治》上卷,林华译,中信出版社 2016 年版,第 93 页。

② 《美丽新世界》,系由英国作家阿道司·赫胥黎(Aldous Leonard Huxley)创作于 1931 年的一部长篇小说,在西方世界影响巨大。上海译文出版社 2017 年版。

准备的，不是！哪怕普通老百姓也有"礼仪"和"威仪"，每个人都有尊严、人格，不可侵犯。① 所谓"三军可夺帅，匹夫不可夺志"（《论语·子罕》）。天下百姓在这方面是同等的，所谓"性相近、习相远"，在孔子理解的世界里，从天子以至于庶民，其人性都是接近的，没有大的区别，但是不同的教育却导致不同的结果。所以后天的教育最关键，贵族教育和平民教育必须平等（有教无类）。这种教育必须以"作新民"为宗旨，即通过教育使每个人能有资格生活在"理想国"里②。一个没有意志、没有抱负的人，在孔子所憧憬的社会里没有存在的空间。人类之间除了男女性别不能互换，其他都是可以变动的，没有人生来就是奴隶，没有人生来就是主人。那是家天下的规则，大同社会没有这种规矩。礼制"对人尊重、对己自谦"的精神得到充分体现，变得更加熠熠生辉；人的尊贵和价值得到充分肯定，由亲到疏、由近及远惠及天下所有族群③。孔子的理想国因礼的精神而成为一个温馨、丰满、忙碌而富有人情的社会。

婴儿的降生是一件隆重的喜事，对生命的尊重就从呱呱坠地开始。出生三日就有礼节，送红色的鸡蛋给婴儿祝福；三十天，要置办满月酒；满百天，聚会庆贺。孩子长到8岁，统一进入小学学习，15岁进入大学，学习内容包括：礼、乐、射、御、书、数等功课。礼、乐为核心，所谓"礼所以修外、乐所以安内"，文武兼备为教学目标。到了20岁，举办隆重的冠礼——成年礼，预示着从今往后将承担起社会的重任，敢担当、有作为。举办了成年礼才有资格娶妻生

---

① 《左传》襄公三十一年记载了卫国君臣访问楚国后，就"威仪"问题有一番讨论，大夫北宫文子说："君臣、上下、父子、兄弟、内外、大小皆有威仪也。"
② 《大学》反复阐述苟日新，日日新，又日新以及作新民的观点。
③ "对他人尊重"成了现代西方后现代主义思潮的"唯一可能的伦理律令"。王治河：《后现代交锋丛书·汉译前言》，《库恩与科学战》，北京大学出版社2005年版，第23页。王治河在前言中还写到，事实上，"设身处地"和"换位思考"一直是所有后现代思想家所推崇的原则。

子。孔子说，婚姻是一件结两姓之好又和合民众的大事，岂能儿戏！男人要用最敬重的心情迎娶新娘，三代圣王必定是敬重他们妻子的楷模（见《孔子家语·大婚解》）。整个婚姻须采用纳采、问名、纳吉、纳征、请期、迎亲这六礼。《诗》云："桃之夭夭，灼灼其华，之子于归，宜其家室。"桃花般美丽的姑娘啊，终于出嫁了，要承担起和美家室的责任。有了家室的男人则要挑起"慎终追远"的担子，祭祀祖宗、缅怀先人，不忘圣人的恩德，教育子女饮水思源，让美好的品德代代相传。还要举行名目繁多的乡饮酒礼、乡射礼、燕礼等，以和睦四邻、结谊四方①。这是一种以"生活"为目的、多姿多彩的社会。"独乐乐、不如众乐乐。"那种"以别人的痛苦衬托自己幸福"的思想，以为"人生就该自私自利""人生丰富多彩但不完美"的宿命观点，在孔子所设想的社会里没有存在的空间。为和睦乡邻，需要经常性举办乡饮酒礼。首先大家要选出当地贤德之人为主宾，贤士为副，确定宾客。乡大夫为主人，早早迎宾于庠门（学校大门）之外，宾主三揖三让而进门，然后盥洗、入座，接着起乐、唱歌、吃饭、喝酒。经常性的程序还有赋诗言志、酒后观德。饮酒过量是一种失德，因此乡饮酒礼正是考验一个人品行绝佳时机。最后，奏起乐曲，礼送宾客，典礼结束。这样的生活只有发自内心对礼制尊崇的自我约束，而没有权力对人性的肆意践踏。人在这种平和、富足的日子里生活，但总会有老去的一天。正如人的降生是一件隆重的事情，人的老去更是一件隆重的事情，意味着一个人完成在人世间任务后安然离世。人岂能像草木一样任其荣枯？人要有尊严地生活，更要有尊严地死去，这样他的音容笑貌将长存于后人的孝思之中。人有很多种死法，但不能做了坏事在他人的唾骂声中死去，也不能遭刑杀而死，更不能受

---

① 据2019年2月12日中央电视台报道，海南儋州六罗村村民自发组织春节联欢晚会，坚持34年了。村民自娱自乐的活动最终使民风醇厚，家家和睦，用村民的话来说：大家就像亲戚一样，和和美美的。这是通过乡谊活动使民风醇厚的现代版例子。

辱、受迫而死，即死于"非命"；而是因年老身体机能逐渐衰竭死去，即死于"正命"，这样的人生才是圆满的。对死于"正命"的人都要举行"葬礼"，以寄托亲朋好友的哀思。对此，两千多年后毛泽东有一段著名的话可作为这种理想的现实注解。"今后我们的队伍里，不管死了谁，不管是炊事员，是战士，只要他是做过一些有益的工作的，我们都要给他送葬，开追悼会。这要成为一个制度。……村上的人死了，开个追悼会。用这样的方法，寄托我们的哀思，使整个人民团结起来。"① 这是对"慎终追远，民德归厚"理想的最好的现代诠释。

孔子"理想国"里的圣人并不是完美无缺，施政也会有失误的地方。孔子对"子产不毁乡校"的赞美，隐含着一种理想。民众可以聚在一个地方议论时政、针砭时弊，也有权利对官员的行政进行批评。柏拉图《理想国》中把"服从"当劳动者美德的观点，在孔子的理想国里也没有存在的空间。解决国家生计问题，根本的道理就在于：生产财富的人越多越好，靠食利为活的人越少越好，大家都努力工作，财源才能亨通。② 幸福是靠辛勤劳动换来的。

孔学的"理想国"不是一个超越世俗，在绝对理念或彼岸世界或遥远的未来构筑的"乌托邦"，而是建立在你我他生活的现实世界里，是如此温馨、绚丽、丰满，看似遥不可及，却是那么贴近实际。这个理想国显现出人性的光辉、人类的温情使人感动而追思。与建立在历史传统和现实生活基础之上的孔学"理想国"相比较，柏拉图《理想国》是脱离于希腊历史传统的个人构想，而从柏拉图"理想国"开启的西方"乌托邦"传统，从来就游离于世俗社会之外，遭

---

① 毛泽东：《为人民服务》，《毛泽东选集》第3卷，人民出版社1991年版，第1005页。
② 《大学》："生财有大道，生之者众，食之者寡，为之者疾，用之者舒，则财恒足矣。"

到当权者的镇压。中国道统的主流价值观则是，一直期望实现由周人开启、孔子继承、历代先贤不断完善的"理想国"梦想。因为，这是一个没有强迫、没有压榨，公平、正义而富足，天下一家、充满人情的温暖社会。但是，孔子的"理想国"与柏拉图的"理想国"有一个共同的缺陷，那就是最高统治者（天子、哲学王）腐败了、堕落了怎么办？孔子没有明确的答案。柏拉图的答案是任由理想国坍塌。到了孟子才给出一个确定的回答："民众有革命的权利。"孟子继承周人的社会理想，盛赞"汤武革命"，认为诛灭残害民众的桀、纣，犹如杀一个独夫民贼。孟子给孔学的理想国弥补了这一缺陷，其大丈夫的浩然正气给中国道统增添绚丽夺目的光彩，其伟岸的人格力量光耀后世，其高扬的民本情怀和精神永远不死。但是，革命之后呢？革命之后又怎样，这个问题儒家从来就没有很好的回答。

看来，孔学"理想国"的实现需要有一个重要的前提条件：那就是要有一支公而忘私、大公无私、全心全意为人民服务的团队。这正如围绕尧、舜、禹周围的都是一群贤人，他们心系天下、公正无私、才华卓著，这是将中国道统之理想付诸现实的首要前提。可是，千百年来苦苦寻觅的这样一支团队，又怎么能凭空产生？这是从孔学理想国引申出来的真问题，也是近代以来中国社会要解决的真问题。

四 孔学与《中庸》《易传》

《中庸》是孔子的孙子、曾子的弟子子思所撰，宋儒将其与《大学》《论语》《孟子》合称为四书，对后世影响巨大。自孔子赞《易》，汉初将《易》列为群经之首，《易》的思想渗透到中国各阶层。故厘清孔学与《中庸》《易传》的关系，对于疏浚道统的源流至为关键。

(一) 孔学与《中庸》

宋儒把《大学》和《中庸》从《礼记》中单独抽出,眼光犀利而独到。孔学的脆弱性和局限性,根本的还是缺乏逻辑严密的理论做支撑,而《中庸》做了弥补的首次尝试,使孔学更具有思辨性。一种思想富有生命力,必须要有更为深刻的对宇宙和人类状态的思考。若从这个角度理解,朱熹说"子思子忧道学之失其传而作"(朱熹《中庸章句序》)是有道理的。中庸是孔学内在思想逻辑的必然产物,初步提供了孔学的世界观、方法论,确定了孔学在"思想王国"中的地位。如果说西方人的存在方式可以用上帝、理性来规定,中国人的存在方式可以用中庸来规定。

《中庸》的第一个命题:人性来自天命,遵循人的本性就是道,修身以符合道就是教①。从古代思想遗产的人自天降的观念中,抽象出人性本原于天赋的信念,组成"天—性—道—教"思想体系。意味着每个人出生时就被赋予了成就自我、实现自我的天性,人生的使命是将这种天性绽放出来。但应然、可然和已然之间毕竟存在差距,就需要通过教育、教养将可能性变成现实性,实现成己。这里有一条基本信仰:所有人的天性都是相同的,是上天命定给你的。返回来检视孔子的仁,所谓仁是源于人自身,来自人性,既然人性来自天命,仁就有了天的权威,行仁就是行天道;但个体之间存在很大差异性,圣人凤毛麟角,绝大部分人需要通过后天的教育才能实现仁。仁与天同一,以后的新儒学就按照这条路子来展开。比如,人性来自天性,而天是善的,那么人性就是善的,只要发挥人的善念,再假之以教化,就可以实现仁义,孟子就沿着这条线索思考。人性就是天地之

---

① 《礼记·中庸》:"天命之谓性,率性之谓道,修道之谓教。"

性，可惜受到后天的污染，有堕落的可能，因此，要用天理来克制人欲，二程和朱熹坚持这样的观点。人性就是天性，人天生就有良知良能，人一切遵从天生的良知而无须假借外力，就可以成圣，两千年后的王阳明就是这么想的。天是自然之天，不为桀亡，也不为尧存，无善无不善，人与天不同，因为人性有恶，受自然天道观影响的荀子走了另一条路子。天道自然，无善无不善，无仁无不仁，人性就是自然之性，率性而为就是任自然之性而为，到了魏晋玄学，引道释儒，就产生这种想法。不管后来如何变化，人性来自天命的观念牢牢占据中国人的思想，成为论证天人合一的理论基础。

《中庸》的第二个命题：万事万物处于应然状态是"中"，实现各得其所的已然状态就是"和"，中与和的统一是天下的根本准则。① 中庸之道提出观察、处理现实问题的方法，也给孔学提供了现代术语所讲的"方法论"，其义隐而微②。"中"是一个含义极为丰富的概念，基本含义是：不偏不倚，既不能过也不能不及，所谓过犹不及。从功用上讲，有执两端而用中，指在两个极端中选取中道路线。现代统计学表明事物发生的概率一般呈正态分布。但把"中"仅仅当中道解，并不完整，当中与时组成"时中"这个概念时，才真正触及中庸的真义，所谓"君子之中庸也，君子而时中"。在某一时势下的不偏不倚，在另一场合可能完全不合适，甚至变成"里外不是人"，说明中庸之中乃是一个动态的过程。由于事物都具有两种不同的倾向，比如同样的"愤怒"，对敌人、对朋友效果完全相反，因此

---

① "喜怒哀乐之未发，谓之中；发而皆中节，谓之和；中也者，天下之大本也；和也者，天下之达道也"。该命题是对《中庸》所说这段话的理解。

② 1939年2月毛泽东写给陈伯达、张闻天的两封信中分别谈了他对中庸的理解，归纳起来有几层含义：(1) 从左、右两条路线斗争中取正确的路线；(2) 保持事物的量而不发生质的变化；(3) 任何一定质的事物都有两面性，把握这种两面性不要发生偏差。参见《毛泽东文集》第2卷，人民出版社1993年版，第157、158、161、162页。

"中"可理解为因地制宜、因事而变。从事物都有保持自身不变的特性看,"中"还可以理解成事物为保证质的稳定性而维持一定的量。所谓和,其基本含义是事物成为已然状态,各方面都能有序相处,彼此协调。《中庸》认为,当万事万物都能实现中与和的统一,就能使天地有序、万物生长,所谓"致中和,天地位焉,万物育焉"。

孔子认为实现"中庸之道"是一件极其困难的事情。怎么困难?就是公平治理天下、把爵禄让给别人、脚踩白晃晃的刀刃,都比这容易![①] 为什么?估计原因有三。(1)看问题角度不同带来的。比如,子路问什么是强?孔子回答:有宽以待人、以德报怨为强;有金戈铁马、死而后已为强;有不随大流、自强独立为强;有中立而不偏不倚为强;世道清明实现抱负,世道黑暗坚贞不渝,这也是一种强。[②] 看来价值观不同,立足点不同,对什么是中看法也不同。(2)人总不甘于默默无闻。治理国家、辞让爵位、上刀山下火海都是人人看得见的行为,为了名利自然会有人去做。但是遵循中庸之道像天地那样化育万物而从不言语、从不表功,得有多难!所以孔子说:"君子依乎中庸,遁世而不见知,而不悔。唯圣者能之。"(《礼记·中庸》)为万民谋福祉却甘于不为人所知,只有圣者能为!(3)中庸之道广博而精微,普通人虽能略知一二,也能实行一二,但要达到全部知晓、完全实行连圣人都不能。但是,中庸之道并不是不可实行,因为道"造端于夫妇,及其至也,察乎天地"。真正的道很简单,从来没有离开人,所谓"道不远人。人之为道而远人,不可以为道"(《礼记·中庸》)。这里揭示了儒家一条基本信仰:价值的终极基础在人类自身。它与基督教文明的价值的终极基础来自上帝有本质区别。《中庸》告诉你践行中庸之道就从身边的人开始。首先是遵循"忠

---

① 《礼记·中庸》:"天下可均也,爵禄可辞也,白刃可蹈也,中庸不可能也。"
② 以上根据《礼记·中庸》"子路问强"一章编写。

恕"的原则①，处理好"父子、君臣、兄弟、朋友"四种关系。比如你希望儿子怎么做，你就用这样的标准去对待父亲；你希望朋友怎么待你，你就用这样的标准对待朋友。做到"言顾行、行顾言"，言行一致。其次，要做与自己地位相称的事情，做到上不怨天，下不尤人。在上位时不欺凌下面的人，在下位时不逢迎上面的人，不管结果如何，首先从自身找原因。就如射箭一般，射不中，只怪技艺不精，而不怨别人水平高。正所谓"失诸正鹄，反求诸其身"②。做到了这些，"居易以俟命"，又何须关注天命会不会降临？要相信"大德者必受命"。最后，从"善继人志，善述人之事"开始实行孝道，从"亲亲为大"开始实行仁，从"尊贤为大"开始实行义，作为贯彻中庸之道的办法。《中庸》提出继承先人遗志谓之孝，亲睦宗族谓之仁，尊重贤者谓之义，将此作为行孝、行仁、行义的开端，接着扩而充之，行于"五达道"（即君臣、父子、夫妇、昆弟、朋友），做到"三达德"（即好学、力行、知耻），实行"九经"（即修身、尊贤、亲亲、敬大臣、体群臣、子庶民、来百工、柔远人、怀诸侯），就能做到"治国其如示诸掌"，则中庸之道自在其中了。《中庸》提出了儒家思想基本框架：成己（成就自己）、成人（成就他人）、成物（化育万物）、与天地参（人与天地并立）。这不仅为孟子系统提出"仁民爱物"提供基础，也为宋明道学提供方法。中、和是被宋明儒反复讨论的大问题，但此时已偏向于个体性命修炼，通过静坐体会未发时的中——静态的心灵，接触事物中认识已发时的和——动态的各

---

① 关于忠恕的含义，朱熹《中庸章句》注："尽己之心为忠，推己及人为恕。"

② 研究中国问题的专家、哈佛大学教授史华兹（1916—1999）却是以如此含混和莫名其妙的方式理解"中庸"的含义："在射箭比赛这样明显引导竞争和超过别人的场合下，为礼仪所约束的君子仍能保持君子风度。即使是在射箭的时候，也只有道德上的胜利才是值得称赞的。"（［美］本杰明·史华兹：《古代中国的思想世界》，程钢译，江苏人民出版社2008年版，第114页。）

第五章 孔子和孔学

得其宜的性情。已经与原始儒学的本义相左。

《中庸》的第三个命题：诚是事物的本体，不诚则无物，天之道为诚，人之道实践诚。① 所谓诚，本初的含义就是真实无妄。"诚"与"中"是什么关系？是同一事物的两个方面。"诚"代表事物真实存在，"中"代表事物原初的应然状态，有诚就有中，有诚就可使万物处于中的状态。人若能做到真实无妄（诚），便可"不勉而中，不思而得"。但是，人要实现诚很不容易，同样存在可能性和现实性的差距。因此，实现诚，做到真实无妄，是人之道，就是人要做的事情。那么，人如何完成这一过程呢？《中庸》提出："自诚明，谓之性；自明诚，谓之教。诚则明矣，明则诚矣。"所谓"自诚明，谓之性"是说：诚是事物的本体，也是人的本性（天性），要用内省的方式把握内心的诚，做到真实无妄终至明白事理。所谓"自明诚"是说：自明白事理开始，通过教育的作用，内外兼修，最后达到诚。所谓"诚则明矣，明则诚矣"是说：由诚到明，由明到诚，是一个不断进行的过程。后来宋儒从诚则明，强调"尊德性"；从明则诚，强调"道问学"。最终各执一词，不可调和。其实"尊德性"和"道问学"在《中庸》里是一致的，各偏一方本身就是反中庸。"诚者非自成己而已也，所以成物也。成己，仁也；成物，知也。"（《礼记·中庸》）通过诚这一本体，把孔学的一些重要概念整合在一起，形成条理清晰的思想体系。君子"致广大而尽精微，极高明而道中庸"，叩击两端，既研究极端的案例又能不陷于其中，这才是中庸的真谛。岂能是"和稀泥""走中间路线"所概括的？一味的中庸本身就是反中庸。

冯友兰在 1947 年用英文出版的 *A Short History of Chinese Philosophy*（《中国哲学小史》）② 对《中庸》关于诚和明的关系写道："人只有

---

① 《礼记·中庸》："诚者，天之道也；诚之者，人之道也。"
② 中文版出版后改名为《中国哲学简史》。

在自己的实践中，才能懂得这些普通、寻常事的真正意义；也只有真正懂得了它们的意义，才能做得完美。"他继续写道："一个人如果力求完善自己，他就会看到，为此也必须同时完善他人。一个人如果不关心别人的完善，自己便不可能完善。"①

《中庸》在结语部分告诉世人，中庸之道似乎暗淡无光，平淡简约，不如别的说法那么惊世骇俗，但终究会日渐彰显、光彩熠熠。很多事情就是这样，"莫显乎微，莫见乎隐，莫彰乎暗"，这就是中国的辩证法思想。

（二）孔学与《易传》

史称《易》有《连山易》《归藏易》《周易》三家，前两家已亡佚，目前仅存《周易》，是中国道统的源头之一。春秋末年"道术为天下裂"，《周易》遂为各派所共同尊奉的元典。《周易》分经、传两部分，孔子赞《易》，并为弟子讲解蕴含其中的义理，现存的《易传》十翼，与孔学关系最密切的当为《系辞传》《文言传》《象传》等，体现了孔子及其弟子的思想。这样的看法，是经历了一个反复的过程。最初人们对孔子赞《易》确信无疑，甚至认为《易传》全部为孔子所撰，宋代以后开始怀疑这种说法，近代考证认为确有其事，但十翼全为孔子一人所为显然不正确。中国学术界走过了一个否定之否定的过程，这个过程与《易》要表达的辩证思维形成有趣的对比。

《易》最早用于卜筮，指明吉凶。但是从卦象、爻象中分析吉凶或者意义，需要按照一定的"思维模式"来阐发。这里的"思维模式"恰恰代表了一种文明最基本的逻辑。我们发现，同样的天象，不同的文明有不同的解释，如水星，古代中国称为辰星，而古希腊认

---

① 冯友兰：《中国哲学简史》，赵复三译，北京联合出版公司2017年版，第114、115页。

为是太阳神阿波罗,又是赫耳墨斯——众神使者;金星,古代中国称为太白,黎明时叫启明,黄昏时叫长庚,被星占家认为是丧乱不祥之兆,而在古希腊、古罗马却成了美丽和智慧的维纳斯女神;火星,古代中国称荧惑,也是丧乱之星,而古希腊曾作为农耕之神,古罗马却作为战争之神。这种区别根源于不同文明之间不同的"思维模式"。把潜藏在《易》之中的"思维模式"用语言表达出来,就成为易学的方向之一,《易》的价值就从占卜之书变成阐述哲理之书。孔子说:"书不尽言,言不尽意。"(《易·系辞上》)既道出了语言的局限性,也说明了《易》的卦象、爻象,可以给阐发者极大的想象空间,甚至踢开卦爻阐发一套新的思想观点。① 同样一部《易》,从儒家的观点去解释,看到其中的道德文章;从道家的观点去解释,看到其中的自然变易;从象数家的观点解释,又会看到另一番景象。这就是《易》的"一致而百虑",从"一"可派生出上百种思想。《易》对于孔学的意义就在于,提供了一套孔学所需的思维方法,提供了阐发孔学思想的载体,完善了孔学的天道观(世界观或本体论)。如果没有《易》的滋养,孔学确实有可能沦落为黑格尔所认为的"一种常识道德""道德的教训"。②

《易》的思维方式不仅深入儒学体系,也渗入中国人的骨髓。这种极具中国道统特色的思维方式,是中国的,同时也是人类的。《易》中蕴藏着几条思维法则。

第一条思维法则:简就是易、易就是简,简易是宇宙最根本的原理。《系辞上》云"易简,而天下之理得;天下之理得,而成位乎其

---

① 王弼深谙此理,在《周易略例·明象》中云:"义苟在健,何必马乎?类苟在顺,何必牛乎?"一种本来没有的"意义"通过语言唤起,一种崭新的意义就由表达者自己创造出来。这就是"王弼扫象"对易学研究的启示。

② 黑格尔:《哲学史讲演录》第一卷,贺麟、王太庆等译,商务印书馆1959年版,第130页。

中"，所谓"大道至简，衍化至繁"，"一阴一阳之为道"。世界的本源归于一，归于阴阳。一阴一阳演化出万物，演化出大千世界。体现了简易为本，简易为真的观点。这种观点不独中国所有，哥白尼攻击托勒密天文学主张日心学的主要理由，就是托勒密天文学过于复杂，这是不合理的①，简易是上帝创世的规则；莱布尼兹与牛顿在微积分上的争论，后世最终采用莱布尼兹的方法，是因为谁都讨厌复杂，而莱氏微积分简易；现代西方物理科学与数学科学在判定某一定律、某一数学公式是否科学合理的重要标准，就是看它是否简易，因为科学也喜欢简易；现代量子物理学要寻找终极的构成宇宙的某种粒子，正是受到简易思维的支配。爱因斯坦明确地说："逻辑上简单的东西，当然不一定就是物理上真实的东西。但是，物理上真实的东西一定是逻辑上简单的东西。"② 不同的在于，西方传统的简易为本、为真，是一种信念，而中国道统的简易则归结为一阴一阳、一阖一辟的思维，当这种信念与这种思维相互结合，就发展出二进制，继而为计算机、现代信息技术准备了基础。现代计算机的发展，反过来也证明任何看起来繁花似锦的景象都是从最简单开始。复杂现象都遵循一些简单规则③。这是一条最具有人类智慧的黄金思维法则。

第二条思维法则：阴阳本是一体，所谓否与泰、祸与福、安与危、治与乱、堵与疏也都是一体。其思维模式，就是阴中有阳，阳中有阴，不存在一阴、一阳完全分开的两个不同实体；阴、阳来源于

---

① 哥白尼写道："相较于假设出大量必须以地球为中心的天体从而将问题复杂化来说，我认为更容易相信太阳是宇宙的中心。"转引自［美］伦纳德·蒙洛迪诺《思维简史——从丛林到宇宙》，龚瑞译，中信出版社2018年版，第130页。

② ［美］爱因斯坦：《爱因斯坦文集》第1卷，商务印书馆2013年版，第522页。

③ ［英］杰弗里·韦斯特《规模——复杂世界的简单法则》一书揭示了我们这个丰富多彩的复杂世界背后遵循普适的简单规律，该书构建了一种可以量化、可以预测的结构来了解世界。其中蕴含的哲学意义值得深思。有兴趣的读者可以参考。中信出版集团2018年版。

一，本是同根，看似对立其实受同一种原理支配；阴、阳看似不同，其实又相互依存，相互转化。从《象》《文言》对乾卦的解释，很清楚地看到这种思维方式。同一个卦象中，既有"潜龙勿用"，也有"见龙在田"，"或跃在渊"，到最后"亢龙有悔"。意思是：在看似毫无希望的时候，其实在养精蓄锐、等待时机；接着如喷薄的太阳出现在天际，万丈光芒普照大地，这时候仍须保持谦逊、诚信、谨慎的品德；发展到一定阶段，可能面临各种转机，或如龙腾跃于天，或如龙深潜于渊，就如孔子说的"上下无常""进退无恒"，不要以为任何事情都一帆风顺；当到了事业的极致，犹如龙飞到天的极限，失败可能接踵而至、灾祸可能伴随而来，如孔子所批评的"知进而不知退，知存而不知亡，知得而不知丧"。居安而思危的忧患意识，渗透进卦爻之中。危和安与阴和阳一样本来就相伴相随，谁也离不开谁。消灭敌人的同时，也就把自己消灭了，这种古老的智慧，给孔子念兹在兹的"兴灭国、继绝世、举逸民"（《论语·尧曰》）作了很好的注释。中国道统绝对排除"灭人子嗣、杀其遗民"的屠城做法，也与这种思维有关。顺便说一句，宋儒臆想出天理与人欲的绝对对立，岂不知，天理和人欲本来就是共生、共存甚至共荣的关系。周敦颐《太极图说》云："一动一静，互为其根。"王阳明说："真阴之精，即真阳之气之母；真阳之气，即真阴之精之父；阴根阳、阳根阴，亦非有二也。"① 就是对这一思维法则的解释。对立面相互对立又互为一体，同时又可互相转化的辩证观点就蕴含在阴阳变易之中。

第三条思维法则：万物的产生、发展，来自内部阴阳两种力量的演化。这一思维法则决定了从事物自身寻找发生、发展的原因，"神灵创造世界"的观点不会成为中国道统的主流，也注定不会产生

---

① 王阳明撰：《传习录译注》中卷，王晓昕译注，中华书局2018年版，第154页。

"第一推动力"这样的问题①。这一思维法则蕴含几层意思。第一层意思:"无中生有",世界是从"无"中创造出来的。所谓"易有太极,太极生两仪,两仪生四象……"(《周易·系辞上》)。太极是虚无的气还是无体的道,就成了中国道统一直孜孜以求、常说常新的课题。孔学最初并没有这样的思想,但因孔子赞《易》而将《易》列为儒家经典之首,道家对《易》的解释,对"无"的推崇便印记在易学之中,成为后世儒家不能回避的一个大问题。世界本原于"无",涉及本体论问题,是道家探讨的大问题。第二层意思:不仅"无中生有",世界还依靠内部的力量不断发展。孔学包括这种思想的端倪。孔子在与子贡讨论"天何言哉"的问题,其实已经表露出四季运行、百物生长靠着自身力量自然运行的观点。孔学中反复强调"反求诸己","为己之学"和"自得",就是这种思维方式下的具体表现。从自身找原因,强调内因也是易学的本来之义。第三层意思:世界不仅因内部力量而发展,也终究逃脱不了此消彼长的循环或轮回的宿命。这种思想在孔子那里表现得不明显,他强调"克己复礼",想回到曾经有过的辉煌。《系辞下》也只是强调:"穷则变、变则通、通则久。"但久了怎么办?按照《易》第二条思维法则,盛极必衰,"久则又穷"必然会出现。后来形成了循环或轮回的历史观,出现了邹衍的"五德终始说"、董仲舒的"三统说"等思想,就是这一思维的必然产物。这种循环观,如果与基督教文化中的"进步观"相结合,俨然就是螺旋式上升的思维。

第四条思维法则:万物关联,生生不息。《易》的六十四卦认为代表了天地万物的全部,都是从八卦演变而来,而八卦又从乾卦和坤卦演变而来,乾、坤其实来源于一,另外,每一卦象之间,每一爻象

---

① 牛顿在研究天体变化规律的时候,认为最初切线方向的力就是由上帝赋予。大爆炸的奇点按照牛顿第一定律也将保持静止或匀速直线运动,没有超自然的"第一推动力",大爆炸也不会发生。这种思维是与万物变化在于自身完全相反的。

之间既相互区别又相互关联。在这个万物互联而生生不息的世界里，产生了中国道统独特的整体性思维、关联性思维。孔子的"仁学"不是从准确定义"仁"并将"仁"作为一个自在的精神实体或物质实体开始，而是从不同关联体，不同背景下去讲。对颜回说"克己复礼为仁"、对子张说"能行五者于天下为仁"、对樊迟说"爱人"为仁，对仲弓、对司法牛又有不同的说法。原因就在于，孔子是用关联性、整体性思维来回答和解决问题，由于每个人所处的状况不一样、面临的境遇也不一样，答案自然不同。"具体问题具体分析"就是这一思维规则派生出的方法。按照这样的思维规则，考虑任何问题都必须研究可能带来的各种影响。① 与"万物关联"密切相关的就是万物的生生不息，所谓"天地之大德曰生"，"生生之谓易"。这种生生不息的意识，从长历史的角度，保证了中国道统永不停息、永不止步的品格。但是，这种关联性、整体性思维有其缺陷，尤其前科学时代，使人们丧失了孤立地研究某一独立变量发生发展的可能性。科学需要关联思维，但科学更需要分析性思维。

第五条思维法则：天人合一，三才印心。所谓三才，指天地人。天人合一是一个含义模糊的概念。古代遗产中的天人思想，既来源于以德配天、天降命于大德之人的信念，也来源于天象与人事之间存在关联性的经验，信念与经验彼此影响、相互渗透，使天与人有一种对应关系的思想得到进一步强化。如果说孔子的天人思想还比较模糊，到了子思、孟子以后就逐渐清晰起来。天道和人道统一于"诚"，"万物皆备于我"，一切道理都在人心里装着，因此"尽其心者，知其性也；知其性，则知天也"（《孟子·尽心上》）。弄清楚人性就等于理解了天。儒家坚信："人者，天地之心。"（《礼记·礼运》）因此讲三才印心，此心应为人之心。隋唐时期佛学中国化，搞出个

---

① 分析这种思维法则与现代系统论思维的异同，是一件极有意义的工作。

"宇宙之心",启发了宋明道学,不能不说与"人为天地之心"没有传承关系。墨学、道家都承认天人合一,但是角度不同。墨子讲天志,人要上同于天志;道家讲道法自然,依照"人法地、地法天、天法道、道法自然"(《道德经》第二十五章),天地人统一于自然;法家讲法是天道规则,人需要遵从。天人思想与天道观一起,成为区别不同学术思想的重要标志。同样的儒学大师,荀子讲天人相分,孟子讲天人同一,因此在重大问题上有近乎对立的看法。

体现在易学中的思维法则为孔学发展提供内在动力,此外,《易》的卦爻成为阐发孔学思想的重要载体。比如,乾卦九三爻辞曰:"君子终日乾乾,夕惕若,厉,无咎。"《文言》引孔子的话作解释:"君子进德修业……是故居上位而不骄,在下位而不忧。故乾乾因其时而惕,虽危无咎矣。"阐发了时刻保持清醒头脑、戒骄戒躁、保持忧患而最终无患的道理。开启用儒学观点解释《周易》的先河,成为易学义理派的鼻祖。孔子在解释自己"好《易》"的原因时说,我只是寻求其中的德,我与史巫是同途而殊归①。这里选择若干卦象做一梳理,可以看到脱离卦象解释义理的风格。

乾卦是《周易》的首卦,代表天。《象》曰:"天行健,君子以自强不息",寄托了孔子"知其不可为而为之"的理想人格。坤卦是《周易》的第二卦,代表地。《象》曰:"地势坤,君子以厚德载物",体现了孔子针对"德薄而位尊,知小而谋大,力少而任重"的焦虑。"厚德"之德,应该理解为德性、智慧、能力的综合而非单指道德之德。蒙卦是第四卦,象征蒙昧。《象》曰:"君子以果行有

---

① 根据马王堆出土帛书《周易》中有《易之义》《要》《缪和》等篇,其中《要》记载子贡对孔子好《易》不以为然,认为:"德行亡者,神灵之趋;知者谋远者,卜筮之繁。"孔子回答:"《易》,我后其卜祝矣,我观其德义耳。"还说:"后世之士疑丘者,或以《易》乎?吾求其德而已,吾与史巫同途而殊归者也。"转引自邓球柏《帛书周易校释》,湖南人民出版社1987年版。

德",居然从中发掘出君子要以果敢行动去培育德的道理。师卦是第七卦,《象》曰:"君子以容民畜众",从象征军队中引申出容纳百姓、畜养百姓的民本思想。小畜卦是第九卦,象征亨通顺利。《象》曰:"君子以懿文德",要求君子完善自己的道德文章。离卦是第三十卦,象征依附。《象》曰:"大人以继明照于四方",要求用绵绵不绝的太阳光芒普照四方。咸卦是第三十一卦,象征感应。《象》曰:"君子以虚受人",提出君子以虚怀若谷的心胸接纳并感化他人。大壮卦是第三十四卦,象征强盛。《象》曰:"君子以非礼弗履",要求君子效法此卦,不做不合礼仪的事。损卦是第四十一卦,象征减损。《象》曰:"君子以惩忿窒欲",提出君子当抑制狂暴、杜绝贪欲。益卦是第四十二卦,象征增益。《象》曰:"君子以见善则迁,有过则改",从狂风和惊雷的卦象中居然体会到"见贤思齐、见不贤而内自省"的道理,确实有些匪夷所思。未济卦是第六十四卦,也是最后一卦,象征事业未完成。《象》曰:"火在水上,未济。君子以慎辨物居方",从未竟事业想到要慎重分辨事物,居住在合适的地方。《周易》这本占卜书,经过孔子赞《易》,成为阐发儒家思想的经典。这似乎符合《系辞上》所说的,"仁者见之谓之仁,知者见之谓之知"。

《易》的另一项重要功能就是,从另一条路径为孔学今后的发展提供哲学上的本体论,丰富、完善了儒家的天道观,既为以后儒学本体论的形成提供思想素材,也为今后不同儒学本体论的发展提供路径。

《中庸》提出了"诚"为世界的本原,"不诚无物"的命题。《周易》又提出几种不同的表述。一是"一阴一阳之谓道",提出阴阳乃世界本原的判断,这是阴阳思想借助《周易》表达的观点,也是阴阳思想开始向各学术领域全面渗透的开始。从目前掌握的文献看,孔子言论中基本没有涉及阴阳问题。直到邹衍将阴阳、五行相互结合,提出五德终始说,产生极大影响之后,关于世界和阴阳的关系成为后世儒学必须面对的重大课题。把阴阳、五行与儒家思想结合就成为理论家的使命。二是"太极生两仪，两仪生四象"，这是《系辞上》提出的重要命题。这一命题与之后道家"无中生有"思想结合，又带来新的思想难题。太极是什么？太极是否就是那个"无"？"无"又是什么？原来不起眼的一句话，后来竟然做成了一篇大文章，开出了宋明道学的一片新天地。由于后面还要讨论，这里只是简要地讲。太极可以认为是弥漫于宇宙之间的"气"，而气又具有阴阳两性；太极也可以看作无体的"道"，又隐且微。太极可以认为是"无"，但这里的"无"并不是代表"没有"，而是"非有"（和后来佛学的"幻有"有区别）。用现代术语来解释，比如原子是由中子、质子、电子组成的，但原子这个"有"其物理特性与中子、质子、电子完全不同，原子实际上就是从不具有原子特性的"非有"即"无"（中子、质子、电子）中产生。其实，万物哪个不是这样呢？要注意的是，中国道统中的"无中生有"与西方传统的上帝凭空产生世界的思维是完全不同的，它是"有中生有"，前者之有与后者之有含义不同；也与佛教的"缘起性空"说不一样。再说一句，中国道统中"无中生有"的逆向思维就是"有中寻无"，直到找到那个真正的"无"——其具有的特性与宇宙中物质特性完全不同——真正的"非有"，恐怕就找到了宇宙的本原和起因。三是"形而上者谓之道，形而下者谓之器"。孔子说："君子不器"，本意是指君子不应该成为器皿，不能成为只会做某件事的工具。可不曾想，道、器成为日后一直争论不休的大课题。什么是道、什么是器？世界是道还是器？道、器之间是什么关系？道、器问题竟然也成为带有本体论意义的大问题。

  以上是《中庸》《周易》中与孔学直接相关联的内容，有的是孔子本人的，也有的是其弟子甚至再传弟子（如子思）的思想，都汇集在孔学的旗帜下，成为后世继承的儒学思想遗产。历代儒家的任务是将儒学思想系统化，这是儒学作为学术思想发展的必然逻辑。

第六章
墨子和墨学

墨子（约前476—前420），名翟，出生在小邾国，今山东省枣庄市山亭区，是宋国贵族子鱼（宋襄公庶兄目夷）的后裔，属子姓。① 小邾国是西周宣王时邾国国君夷父颜庶子友父受封建立的小方国，自西周以来邾国一直为鲁国的附庸，深受鲁文化的影响，小邾国也不例外。因此，墨子也是流淌着殷人血脉、又受教于周人的文化，同时还糅合东夷人传统的一位千古圣人。按照司马迁的说法，墨子还做过宋国大夫②。战国时期的墨子是一位声名远播的人物，到西汉初年就默默无闻，逐渐湮没于历史的喧嚣之中，连司马迁都没给他单独列传。多亏道教的道友将《墨子》一书收录于《道藏》，得以传世。③

---

① 关于墨子的身世有多种说法，有说楚国人、宋国人、鲁国人、邹国人，也有力主东夷人的说法。综合各方面观点，并根据考古的发现，笔者做出墨子出生在小邾国这样的判断。邾国国君曹姓，为颛顼帝后裔，属于东夷人，其后裔中一支，大禹赐其曹姓。周灭商后，曹侠建立邾国，但一直没有赐爵，不能位列诸侯，属于鲁国的附庸。周宣王时期，邾国国君夷父颜因有功于周室，其庶子友父在原殷商目夷国的废墟上建立郳国，后称小邾国。由于这一渊源，宋襄公时期小邾国曾成为宋国的附庸，宋襄公庶兄目夷后代中的一支迁居小邾国，到墨子出生时早就沦落为庶民。战国中期（前325年前后），小邾国和邾国被楚国所灭。正因为这种复杂的关系，墨子才有楚人、鲁人、宋人、邾人、东夷人的说法。

② 《史记·孟荀列传》："盖墨翟，宋之大夫，善守御，为节用。"

③ 《墨子》一书长期无人问津，错脱较多，清乾隆年间毕沅第一个根据道藏本整理《墨子全书》，晚清孙怡让《墨子间诂》、民国吴毓江《墨子校注》皆受学术界推崇。

没想到两千多年后的近代，墨子突然峰回路转，成为众多人物崇拜的对象，还因为科学和逻辑上的成就一度被人怀疑为印度人或回教徒①。墨子还是中国历史上第一位走向太空的圣人②。墨子接受过正统的儒学教育，是儒门弟子③，但终因不满意孔学的观点而分道扬镳，聚徒讲学、自立门户，创立墨学这一战国时期的显学。理解墨学，也须从其所处时代面临的课题，学术思想演变的内在逻辑两个方面来进行。

一 墨学思想的基本脉络

从现存《墨子》一书研究墨学的思想，可以发现墨子对所处时代存在问题的认识与孔子是一样的。他推崇孔子，对孔子祖述尧舜宪章文武很是赞赏，对孔子提出的社会理想基本认同，对孔子的仁爱精神也是赞成，对西周以来的民本思想更是积极践行。但是，他认为孔子解决问题的药方开错了。错在哪？主要有四点：不信鬼神（以天为不明，以鬼为不神）；厚葬居丧（厚葬久丧，重为棺椁）；喜欢乐舞（弦歌鼓舞，习为声乐）；相信命定（以命为有，贫富夭寿）。除此之外，还反对娶妻身迎、循而不作、胜不逐奔、君子若钟等儒家的做派。④ 其中关键，是认为儒家不相信鬼神，不相信鬼神具有惩恶扬善的作用，会使解决社会问题的一切办法都流于空谈。这是理解墨子思想的关键点，也是理解墨学发展的逻辑起点，更是解开墨学思想的

---

① 方授楚：《墨学源流》，中华书局1937年版。该书曾对墨子为印度佛教徒、婆罗门教徒、回教徒的说法进行有力辩驳。
② 2016年8月16日，全球首颗量子科学实验卫星——"墨子号"在酒泉升空。
③ 《淮南子·要略》："墨子学儒者之业，受孔子之术。"《韩非子·五蠹》："儒、墨俱道尧舜而取舍不同。"
④ 《墨子·非儒》上篇佚失、下篇后半部分属伪书，《公孟》篇基本反映了墨子反对儒家的主要理由。

钥匙。墨子身处殷商故地的下层社会，鬼神思想有很大势力。他将古代思想遗产中的神灵之天的天道观加以改造，成为统率其他思想的总纲。

墨子构思了一套有别于孔子的解决战国初年社会问题的方案，其实用性应是后来上升为显学的主因。

针对春秋以降"天下失义、诸侯力征"的各种乱象，孔子归因于人与人之间缺乏"仁爱"，墨子基本赞成。但是，他又不满意。一是对亲亲基础上的仁爱不满意，它会导致各爱各的家、各爱各的国，爱家人胜过爱他人，爱乡邻胜过爱国人，天下纷争皆从此出，所以墨子提出人人相爱的"兼相爱"主张。二是对疑虑鬼神不满意。他分析说，倘若天下之人，都相信鬼神，都确信鬼神"能赏贤而罚暴"，天下还能乱吗？一切的根源就在于大家失去对鬼神的信仰。因此，墨子呼吁：天下王公大人、士君子要兴天下之利、除天下之害，就必须认真对待鬼神有没有这个大问题。墨子对这两个问题进行了系统论证。

墨子说，知道混乱的原因是治理天下的前提，就如同给病人治病。何以起乱？就在于人与人不相爱。父子、兄弟、君臣都从自己出发，相互损害，不爱对方，怎能不乱。近代西方自由主义者论证从个体自爱出发，最终实现他爱的思维逻辑在墨子那里是不可思议的，这与法家的思想倒是接近，法家认为如果人人都是圣人、都利他，天下反而不好治理了。顺着墨子的逻辑，强盗也是因只爱自己、只爱自己的家，才会去偷窃别人，如果能够爱别人如同爱自己、爱别人的家如同爱自己的家，还能为盗吗？大夫、诸侯也因各爱自己的家族、各爱自己的邦国，才会相互攻伐。结论就是："天下兼相爱则治，交相恶则乱。"（《墨子·兼爱上》）而西方直到18世纪启蒙运动才提出"博爱"的口号，认为是包治百病的良药之一。我们在亚里士多德这位柏拉图的反对者中看不到任何人人相爱的痕迹，倒是力图证明奴隶制多么合乎自然法则，希腊人应该奴役非希腊人，因为非希腊人本性就适合做奴隶。① 后来的西方文明基本按照亚氏的思路处理问题：黑人可以为奴隶，白人不行；非基督徒可以为奴隶，基督徒不行；东方人可以受奴役，西方人不行。墨子认为，邦国与邦国相互攻伐，家族与家族相互侵夺，人与人相互残害，强大欺侮弱小、富贵欺凌贫贱，狡猾欺骗愚笨，就是"别相恶"，就是天下之害；人人爱别人就如爱自己，爱别人的国家就如爱自己的国家，爱别人的家族就如爱自己的家族，人人相亲相爱、相互提供利益，就是"兼相爱、交相利"，就是天下之大利！20世纪80年代初，清华大学学生提出："我为人人、人人为我"② 的口号，其实就是墨子思想的翻版。针对"兼爱固然好，但难以实行"的观点，墨子在《兼爱》上中下三篇中进行了详细批驳。首先是因为没认识到其中的好处。如果能够认识到：你爱别人、别人也会爱你；你憎恨别人、别人也憎恨你，那么实行人人相爱有什么困难的？其次是居上位的执政者不去实行。当年晋文公喜欢衣着朴素，结果大臣都粗衣烂衫；楚灵王喜欢细腰，结果大臣都饿得东倒西歪；越王喜欢勇猛战士，结果将士肯蹈火而亡。如果居上位的人肯用，兼相爱并不难。墨子举出圣王大禹治水，周文王治理西土的故事，就是兼爱天下。周武王灭商成功后对天祷告：纣王有至亲，不如我身边有仁人，天下所有人的罪责，我一人承担。③ "兼相爱、交相利"，就是圣王之法，治理天下的正道。墨子反复论证不加区别地爱所有人的好处，反复说明有区别地爱人的坏处，其思辨水平明显高出同时期的其他诸子。墨子设问若干问题来回答。比如，这世界上谁不

---

① 转引自［英］阿兰·瑞安《论政治》上卷《亚里士多德：政治非哲学·奴隶制》，林华译，中信出版社2016年版。

② 针对这一观点，曾引起各方热烈讨论，终因该口号落到"人人为我"上，遭到非议，最终不了了之。这是墨子思想在当代的回响，谁又能说墨学绝灭了？

③ 《尚书·泰誓》："虽有周亲，不若仁人。万方有罪，维予一人。"

喜欢"兼相爱"的人？谁不讨厌"别相恶"的人？如果你披挂出征、生死未卜，如果你出使遥远国度、前途凶险，你会把家人托付给兼相爱还是别相恶的人？如果你可以自由选择领导人（国君），你会选择有兼相爱品德的领导还是相反？你是希望爱他人的父母然后所有人都爱你的父母，还是憎恨别人的父母让别人都来憎恨自己的父母？这里的答案不言自明。墨子又摘录古代文献中的大量事例，论证自己主张的正确性。如"万方有罪，即当朕身；朕身有罪，无及万方"（《尚书·汤誓》），"文王若日若月乍照，光于四方"（《尚书·泰誓》），"王道荡荡，不偏不党；王道平平，不党不偏"（《周诗》），"投我以桃，报之以李"（《诗·大雅·抑》）等。可见，墨子试图从古代思想遗产中证明自身主张的合理，其用心之密、用力之多、用情之切甚至超过孔子。当孔子说出一个主张时，往往不加论证。

但是，墨子深知人的趋利性，尽管人人都喜欢"兼爱"者，但自己不一定会实行。这种"搭便车"的心理，在现代社会依然很普遍。当大多数人都遵守规矩，少数不守规矩的就会得到红利。人人都痛恨贪官污吏，但自己手握重权的时候，往往会忘记原来的痛恨。墨子比孔子高明之处，就是搬出一个独立于人类的鬼神，它具有赏贤罚暴的功能，让所有人都不敢打自己的小算盘。于是，墨子提出第二条主张：明鬼神，任务就是证明这世界上存在鬼神。

墨子用他的"三表法"论证鬼神有无。他提出，你可以先到乡里问问广大的老百姓，肯定有大量看到鬼、听到鬼的人来作证。接着，再看看史书上有没有记载，《春秋》果然记载了周宣王冤杀杜伯，三年后杜伯穿着红衣、乘坐白马素车，拿着红弓、红箭射杀周宣王的故事。史官可不会说谎。然后，还看看历史上有没有鬼魂的事发生，还确实有。比如从前秦穆公大白天在庙堂里遇到句芒这一神灵，被多赐了19年阳寿。当然，还有燕简公、宋文君、齐庄君之臣等发生的故事皆与鬼神有关。这些故事墨子写得活灵活现，令人悚然。为了彻底驳倒怀疑鬼神的人，墨子还搬出尧、舜、禹、汤、文、武依据鬼神治国的事迹，比如，在祖庙行赏，以告知祖先我行赏的公允性；在社庙行罚，以告知上天我断狱的公平性。墨子认为古圣王治天下必先鬼神然后再说人的事。圣王们害怕后世子孙忘记鬼神、不侍奉鬼神，先在竹帛上书写，又专门在盘盂、金石上镂刻下来，反反复复，用心何其良苦！而今天居然还有人说"鬼神者，固无有"，那就是反圣王的非君子之道。墨子认为：如果鬼神能赏贤罚暴，作为施政于国家、万民的手段，实在是一件利国、利民的大好事。当官府官吏不廉洁，男女没有分别，鬼神看到了；当盗寇淫贼肆虐，杀人放火四起，鬼神看到了，那么，这些坏人还敢如此嚣张！人们畏惧上天的诛罚，天下就可以大治。这就是墨子的基本结论。《易·观》曰："观天之神道，而四时不忒，圣人以神道设教，而天下服矣。"其"神道设教"与墨学观点一致。

墨子的鬼神论是和天道观连在一起的，也可以称为"天鬼"或"天神"。鬼神的法力无边，鬼神之神明，不为幽林密谷所遮蔽，鬼神之惩罚，不是世间力量能抵抗的。墨子又举出夏桀、商纣的故事，其结局和儒家说的一样，但是原因却不同。儒家认为是桀、纣失德导致天命转移，而墨子认为是侮辱鬼神、残害万民，结果鬼神借助汤王和武王，分别用九辆和一百辆战车就给灭了。这就是鬼神有"积善得福，不嫌微贱；积恶灭宗，不避高贵"（《墨子·明鬼》）的能力。因此，相信鬼神有百利而无一害。

从《墨子》一书对古代文献信手拈来、旁征博引来看，墨子对《诗》《书》《礼》《春秋》的推崇不亚于孔子，博学程度不亚于孔子，因此，对历史、对国家、对社会、对人性必有深刻的洞察力。在提出用兼相爱来解决天下混乱的问题，用鬼神使人畏惧从而解决有人不愿实行的问题之后，必然会出现第三个问题，即一人一义，二人二义，十人十义，人越多其义也越多，每人都认为自己正确而攻击对方，天下就出现大乱，这可怎么办？按照墨子的思想逻辑，可以提出用鬼神去赏善罚恶的建议。可是，人人都这样，鬼神也难以责众，更何况一人一义，其义不同，难以有绝对的善恶之分。于是，墨子提出第三条思想主张——尚同。

墨子的尚同建立在社会起源论基础上。人类社会最初的时候没有政府，每人有每人的主张，结果就是相互怨恨、相互残害，如同禽兽一般。这是不是有点像霍布斯社会契约论的开头？猜对了开始，结果却不一样。墨子的主张不是让大家签订一份让渡权利的合同，而是推举天下最贤能的人做天子。立完天子，大家觉得光靠天子还不行，需要推举最贤能的人担任三公。可是天下实在太大了，对遥远土地上人们的是非利弊不可能了解很清楚，所以划出很多邦国，按照同样的办法推举出国君、长官。有了政府，天子开始发布政令：你们听到善与不善的，都要向上报告；上面认为正确的，必须看作正确，上面认为错误，必须看作错误；上面有过失，就应该进谏，下面有善举，就应该举荐；与上面保持一致，而不在下面相互勾连。做到了就给予奖赏，反之，给予处罚。按照这样的方法，里长把一里内百姓的主张全部统一起来，听从乡长的主张；乡长把一乡百姓的主张全部统一起来，听从国君的主张；国君把一国百姓的主张又全部统一起来，听从天子的主张。天子统一了天下的主张，天下就可治理了。话说到这，大家会认为墨子是个极权主义者，甚至会庆幸墨学早就灭绝。但是，墨子的思想没有停留于此。墨子认为：百姓只知道与天子保持一致是不行的，关键是与"天"保持一致。否则，天就会降下各种灾难。天有意志，叫"天志"，属于有人格意志的神灵。天子和百姓最终要与"天志"保持一致。天志是什么？天志就是天下老百姓的心愿！①

---

① 墨子熟读《诗》《书》，真诚信仰《泰誓》关于"民之所欲，天必从之"的观点。

墨子反复证明：天爱天下之百姓，天之爱民厚也。① 兜了一圈，原来百姓最终是和百姓的心愿保持一致。用现代的话来说，每个群众要和最广大人民群众的根本利益、长远利益保持一致。这才是墨子鼓吹"尚同"和"天志"的真实目的。这个政治架构与周公的三角政治关系密切相关。后来董仲舒借用了墨子的思路，提出"屈君以伸天，屈民以伸君"的命题。墨子认为，古代圣王知道鬼神喜欢什么，因此审理狱讼公正，分配财物公平；但现在的居上位者，却不是这样。意思是说，现在的居上位者只贪图自己享乐，要求下面和自己保持一致，却不与天保持一致。比如，同样的"五刑"，古圣王用来善治天下，而"苗民"用来荼毒百姓；同样一张"嘴"，可以传好事，也可能引发战争。墨子以此想说明：天子、诸侯和各级官吏都是治理天下的工具。这些工具用得好天下得治，用得不好反遭其害。推举天子、诸侯不是让他们骄奢淫逸，设置官长也不是为了增加他们俸禄、过富贵生活，而是为民兴利除害，使贫者富、危者安、乱者治，这才是墨子设计天帝、鬼神的真实用意。现在的王公大人宠幸弄臣、优待亲友故旧，个个高官厚禄，结果就会上行下效，百姓绝不会与上面保持一致。若上、下主张不同，居上位的长官所要奖赏的人、所要处罚的人却不符合众人的意见，这种奖惩的效果就会适得其反。古圣王谨慎统一主张，做到上下同心，上有疏忽遗忘的，下面提醒弥补，下有怨害蓄积，上面帮助疏导。这样一来，那些为善者连周围人还不清楚时，天子就发现并给予奖赏；那些为恶者周围人尚未识别时，天子就发现并给予惩罚。先王曾说，这不是我有多神，这是众人在帮我视、听。有了大家的共同帮助，什么事都能办成功。墨子引用了一句古语："一目之视，不若二目之视；一耳之听，不若二耳之听；一手之操，不若二手之强。"墨子总结说，爱护百姓，真诚对待他们，引导他们

---

① 以上关于"天志"内容见《墨子·天志》上、中、下。

富贵，再用惩罚督促于后，想让百姓与我不一致都难。①

墨子的上述观点，与他一贯主张的"官无常贵而民无终贱。有能则举之，无能则下之"（《墨子·尚贤上》）的尚贤思想紧密相连。他试图建立起来的理想家园，与亚里士多德《政治学》中所描绘的理想国形成鲜明的对比。亚里士多德认为，要保证公民有从事自由的政治活动的闲暇时间，必须有奴隶替他们从事繁重的体力劳动，主人和奴隶在智力上要拉开差距。对于天性属于奴隶的人，奴隶制就是符合自然法则的正义。原来为世人所津津乐道的公民政治，自由的政治活动，其奥秘是必须有成群的奴隶在为主人拼死干活。② 近代以来西方主导下的国际秩序，不正是亚里士多德政治学主张的放大版？亚里士多德的教育目标是把年轻人培养成为绅士，小心翼翼地维护社会等级，使"灵魂高尚"的人始终处于好的社会地位。墨子却要让底层的有能者上，这在亚里士多德看来简直是大逆不道和匪夷所思的。在墨子的世界里从来就没有压榨别人以自肥的想法，只是想着人人皆必须以劳动获得生存的权利，这在古希腊、古罗马人的价值观里是难以理解的。具有"现代性"思想的劳动神圣、不劳者不得食，直到近代西方才逐渐产生。

墨子尚贤任能，孔子也讲选贤与能，毕竟墨学脱胎于孔学，但两者是有区别的。墨子的"贤"更偏重于"技能"，儒家的"贤"更偏重于"德性"。墨子举例说，王公大人有一只羊不会杀，有件衣服不会做，肯定会去找好的屠夫、好的裁缝，而不会去找没有能力的骨肉之亲、无功受禄者、颜值高的人。有匹马病了、有张弓坏了，也懂得找好的兽医、好的工匠。道理很明显，非能之人，只会给自己徒增损失。可一到治国怎么就忘了呢，只顾及那些亲属、近臣而不去找贤

---

① 以上内容根据《墨子·尚同》上、中、下编译。
② 参见［英］阿兰·瑞安《论政治》上卷《亚里士多德：政治非哲学》，林华译，中信出版社2016年版。

能之人呢？实在是知道小道理、忘了大道理。墨子又举了历山耕田、河滨制陶、雷泽捕鱼的虞舜，平土治水、胫毛掉落、三过家门而不入的大禹，教人耕种、使民致富的后稷，还有其他古代历史上的名臣伊尹、傅说等，他们的才能得以发挥，上利于天、中利于鬼、下利于民。① 墨子尚贤是尚实际能力而非抽象德性，他更多注重先贤的行为，学习他们亲力亲为的态度；孔子尚贤更多注重先贤的精神，学习他们爱民的品格。所以，当樊迟问孔子如何种庄稼，孔子背后骂樊迟是小人，扶不上墙的烂泥。孔子是想说，读书人应以知识回馈天下，所谓劳心者治人，劳力者治于人，满腹经纶却去种地，岂不可惜。其实也代表了许多现代人内心的小九九。墨子则是摩顶放踵利天下，以苦为乐，认为耕种、捕鱼、担土等粗活恰恰是圣人所为，既然连种庄稼这种粗活圣人都干过，而且是贤能的体现，那么任何工作就只有分工不同、没有高低贵贱之分了。"百工之事，皆圣人所作。"（《周礼·考工记》）只要能用自己一技之长贡献于社会的，都是好样的，这就是义。人人各尽所能，按能力大小分工，所有工作没有高低贵贱之分。② 这种观点符合当代世界的主流思想，也符合中国共产党领袖毛泽东提倡的只有分工不同而无贵贱之分的价值观。墨子主张"非乐"，反对享乐，认为只要能吃苦为社会服务，才是禹之道，才可称为"墨"。墨学后人继承这一核心信念，为了他人的利益、为了天下百姓的利益，不辞辛劳，奔波于战国时期各诸侯国，就可以理解了。墨子认为，做任何事要讲求为天下之利，除天下之害，并以此作为最高准则。墨子说，我不是不知道音乐之悦耳，雕饰之悦目，肉食之美味，高屋之舒适，可上不符合圣王的教诲，下不利于民众的心愿，怎

---

① 以上引自《墨子·尚贤》上、中、下。
② 《墨子·耕柱》云："譬若筑墙然，能筑者筑，能实壤者实壤，能欣者欣（掀），然后墙成。为义者犹是也。能谈辩者谈辩，能说书者说书，能从事者从事，然后义事成也。"

么能去做呢？他呼吁王公大人们不要沉湎于此，尤其是滥用治事干活的劳动力，甚至掠夺民众的衣食财物只为博取赏心悦目的技艺，更是不可取。人只有搞好物质生产、处理好政务才能生存（参见《墨子·非乐上》）。对此，许多人不理解。程繁（当时一位兼治墨儒的学者）反驳说，过去诸侯听政累了听听音乐，农夫一年四季劳作，也会在击缶中得到休息，而今夫子提倡"非乐"，不就像马套上车就不松开，弓张开后不松弛吗？墨子做了一番解释，核心是"有乐但要少"（参见《墨子·三辩》）。另外，庄子不理解，认为这种吃苦受累的活太难了，恐怕不是圣人之道，违反天下人之心，墨子自己能做到，天下人能做到吗？① 近代梁启超也不理解，认为庄子的评论实在公平透彻，墨子的观点就是反天下之心、让天下不堪。② 墨子舍己为天下人的思想，在整个人类文明史上极为罕见，确实为中国道统所独有。唯其如此，墨子是我华夏之圣人，也是世界之圣人③。墨子重视技能，是后来墨学弟子钻研实用科技，大多是能工巧匠的重要原因。

至此，墨子通过兼爱、明鬼、尚同、天志、尚贤、非乐等初步建立起一套思路清晰、逻辑严密、系统完整的学说与孔学抗衡。在这基础上，提出非命、节用、节葬、非攻等主张完善自己的学术主张。这些主张中有些是针对孔学，有些却是批驳其他流派的观点而形成。

墨子反对命定论，是反对由命决定人的生死、荣辱，国家兴衰、强弱的观点，似乎更像是针对自然无为的老子思想，而不是畏"天命"但依旧"知其不可而为之"的孔学。天命论与命定论有区别，

---

① 庄子《天下篇》云："恐其不可以为圣人之道，反天下之心，天下不堪。墨子独能任，奈天下何？"
② 梁启超：《先秦政治思想史》，东方出版社2012年版，第171页。
③ 梁启超在《先秦政治思想史》中不禁赞叹说："古今中外哲人中，同情心之厚，义务观念之强，牺牲精神之富，基督而外，墨子而已。"其实庄子也佩服："墨子真天下之好也，将求之不得也，虽枯槁不舍也，才士也夫。"参见《庄子·天下篇》。

周公主张天命是可以转移的，人因德行就能受命于天。而命定论（宿命论）主张：命里富贵则富贵，命里贫穷就贫穷，命里混乱就混乱，命里长寿就长寿，虽然用力争取，又有何益？墨子用"三表法"进行批驳。古时候，桀、纣乱国，商汤、武王接手后把国家治理得很好，谁都没看到过、听到过"命"的外形和声音；书上从来没有这样的观点，说祸福不是人为造成，而恭敬和残暴一个样；命定论者是颠覆了天下道义，毁灭天下的人。有道义的人在上位，天下大治、百姓得利，谁都想投奔他。那些主张命定的人却说，得到奖赏，是命里注定，不是自己的贤良；受到处罚，是命里注定，不是自己的残暴。这是坏人的歪理邪说，一切祸害之源。有些人懒惰贪婪而饥寒交迫，不愿意承认自己不劳动，而是说我命中注定贫穷。暴君们被推翻，不说自己管理不善，而是说我命里注定要亡国。因此，命定论是天下之大害，不能不反对。墨子说，现在王公大人早上朝、晚退朝，从不敢倦怠，是因为相信努力就能治理国家，不努力就会导致混乱；卿大夫殚精竭虑工作，不敢松懈，是因为相信努力就能升迁，不努力就会受辱；农夫们早出晚归，勉力于耕种、多打粮食，也是相信努力必富裕，不努力就会饥贫。如相信命定，谁都不去努力，上不能祀奉天鬼、下不能养育百姓，亡国的教训就在这里。墨子认为，命定论是由残暴之君捏造、穷困之人传播的邪恶思想。① 墨子对命定论的反击是如此有力，即便在当代依然振聋发聩。他所列举的古文献和古代圣王的事迹由于篇幅关系，不能一一复述。这一思想与墨子的鬼神天道观紧密相连，懂是非、明善恶、有意志的天，与能赏善罚暴的鬼神相统一。只要努力工作必然就有好报，命定论自然没有了存在的空间。

墨子是个实用主义者或功利主义者，一切以是否产生实际效益作为评判的标准。针对节用、节葬和非乐，梁启超曾用讥讽的口吻说墨

---

① 以上内容自《墨子·非命》上、中、下编译。

子是"效率主义者"或"能率主义",根本不了解人生之为何。① 其实是梁启超有成见。针对节用等问题,墨子首先设定了三条原则:是不是有利于让贫者变富;是不是有利于人丁兴旺;是不是有利于国家善治。② 有了这三条衡量是非的标准,事情就清楚了。比如,厚葬和服丧,如果能让贫者变富、人丁兴旺、国家善治,就是仁义之举,否则就是不仁不义。墨子认为,天子诸侯厚葬使国库、府库为之一空,甚至杀人殉葬,少则几人、多则数百人,而普通百姓厚葬也会耗尽家产。服丧之人眼泪低垂,强忍着不吃饭而搞得面黄肌瘦,连路都走不动,要人搀扶才显得孝顺。这样服丧三年,谁去治理国政、谁去耕种纺织、谁去养育孩子。因此,墨子说,古代圣王规定棺木三寸、寿衣三件,掘地到泉水处即可。死者既已下葬,不宜久哭,要赶快开始工作,各尽所能、交相得利。从前尧舜禹就是这样,死在哪就葬在哪。而现在的王公大人在厚葬上竞相攀比,实在是荒废百姓的事务、耗费百姓的资财,实在是不仁不义。既然这样,为什么中原之地的君子们还如此热衷?墨子认为是安于习惯、顺于风俗。从前越国东部有个輆沭国,生下第一个孩子就肢解吃了,还叫"宜弟";祖父死了,就背上祖母扔掉,说不能与鬼妻同住。这种风俗行而不止,是仁义吗?楚国南面有个啖人国,双亲死了,须把肉剐掉再埋葬,才属于孝子。秦国西边有个义渠国,双亲死了放在柴堆上烧掉,说是升天。按这些风俗行事怎么能称仁义(见《墨子·节葬下》)。行文至此,实施"移风易俗"就是墨子思想发展的必然结果。墨子的节用是以满足物品的功能为第一要务。比如,衣服冬天用来御寒、夏天用来避暑;房子是用来遮风挡雨,防止盗贼;车、船是用来使陆地、河流的交通便

---

① 梁启超:《先秦政治思想史》,东方出版社 2012 年版,第 167、171 页。
② 《墨子·节葬下》:"虽仁者为天下度,亦犹此也。曰:天下贫,则从事乎富之;人民寡,则从事乎众之;众而乱,则从事乎治之。"后文墨子皆以此三者为判断得失的标准,符合此三者,皆可,不符合,则弃之。

利，如果附加别的功能就没有必要了。古代圣王规定，天下百工，如造车船的、制皮革的、烧陶器的、铸金属的、盖房子的，只要保证百姓使用，就够了。古代圣王饮食上规定，食物是用以延续生命，能够强筋健骨、耳聪目明就行了，不讲五味调和、色香俱全，也不吃外地的珍馐野味，从来不讲究吃饭的排场。古代圣王着衣上规定，冬天穿天青色的衣服，轻便又暖和，夏天穿细或粗的葛布衣服，轻便又凉爽。只要增加费用，不利于民众的，圣王一律不做。① 墨子是想借古代圣王的言行来表达自己的理想，至于这些故事是不是真实并不重要。墨子节用的观点似乎与当代的消费主义、奢侈主义背道而驰，但也与当代的另一种思潮——简约主义、环保主义完全符合。

　　墨子的非攻，反对战争，是其思想体系的必然产物。两千五百多年来，墨子提出的"认知悖论"一直困扰着人类。偷盗他人财物，残害他人性命，谁都认为是犯罪；而发动战争，造成生灵涂炭，却被世人夸为英雄。② 这种"认知悖论"一直拷问着人类的良知。奥古斯丁也曾引用过亚历山大大帝与被俘海盗的一段对话。亚历山大问他为什么要做海盗，海盗回答说，为的是和亚历山大一样的目的。他说他不服气，仅仅因为亚历山大有许多战船而他只有一艘，就被当作海盗谴责，而亚历山大却被颂扬为英雄。③ 奥古斯丁引用这段对话的目的是想说明，尘世国家本来就是一大群成功的强盗。奥古斯丁有上帝之城作为信念，才不会为尘世间的是非错乱而困惑。但墨子不同，他本质上是一位入世的和平主义者，深深为这种颠倒黑白感到困惑。他力求证明反对战争（非攻）的合理性和可行性，但是与其他议题相比，

---

① 据《墨子·节用》上、下内容编译。
② 《墨子·非攻上》："杀一人，谓之不义，必有一死矣"；"今至大为不义攻国，则弗知非，从而誉之，谓之义"。
③ 引自［英］阿兰·瑞安《论政治》上卷，林华译，中信出版社2016年版，第249页。

这一问题上的证明就逊色多了。墨子制止不了战争,人类迄今为止也制止不了战争。墨子是这样论证反对战争的合理性。首先他算了一笔账。假如军队出征,冬季、夏季行军因严寒和酷暑,困难大、不可行,春季、秋季出征又妨碍播种和收获,人误地一时、地误人一年,会发生饥荒。军队所需弓箭、铠甲、盾牌、刀剑等耗费巨大,战士阵亡无数,百姓为运输粮草死伤无数。发动战争,攻占一个地方,死伤更多,得不偿失。有人辩解说,南方的楚国和吴国,北方的齐国和晋国,受封时不过百里,通过兼并使土地数千里,人口数百万,这不就是战争的好处吗?墨子说,假如有医生开药给一万人吃,仅四五个吃了管用,能说这种药管用吗?谁都不敢吃。无数个邦国的灭亡才成就了楚、吴、齐、晋现在的疆土。墨子的这个比喻有点匪夷所思。因为战争本来就是强者的权利,通过战争获取土地、人口,对他们来说就是一笔合算的买卖。弱者自然不希望战争,更不敢觊觎强国。其实用"国虽大,好战必亡;天下虽安,忘战必危"(《司马法·仁本》),岂不更有说服力。墨子还就反对战争的可行性也做了分析。墨子从道义的高度去制止战争。战争是不义的行为,上不符合天的利益,中不符合鬼神的利益,下不符合百姓的利益。先王就是反对攻伐,才赢得上天的赏赐、鬼神的降福、百姓的赞誉,从而获得天下。战争不仅败坏道义,还损失大量人口、财产,国家会因此衰败。有人辩解说,你认为战争不义,当年大禹征讨三苗,商汤征伐夏桀,武王讨伐商纣,怎么算,他们可都成了圣王。至此,墨子有些强词夺理地说,他们不叫"攻"(战争),而是"诛"(剿灭)。这有点像现在的打仗和剿匪的区别。墨子活灵活现地描述神灵如何帮助禹、汤、武王,天地如何对三苗、桀、纣表达愤怒,最后坏人被诛,万民被救,天志得以实现。其实墨子还是没有解决一开始的"认知悖论"。春秋无义战,而现代人喜欢用正义和非正义来区别战争,可是又由谁来判断正义与非正义?伯罗奔尼撒战争双方雅典与斯巴达都认为自己是正义的,相互屠城都是为了正义;古罗马的每次战争都是正义满满,哪怕彻底毁灭迦太基古城,屠杀全城居民也是正义的;大英帝国当年的鸦片战争更是充满正义,因为清政府不遵守商业惯例;当今的美国还是站在人类道德制高点,说是要用导弹、战舰让独裁者瑟瑟发抖。

不过,墨学还是用当时能达到的思辨深度,比较系统的可行举措,撼动人心的道义力量,迅速成为战国时期的显学,其风头一时盖过孔学。孟子曾不无酸楚地说,"天下之言,不归于杨,即归于墨"(《孟子·滕文公》)。但是,墨学不如孔学具有开放性、兼容性,其核心的天道观有着致命的缺陷,故从学派角度看,最终昙花一现是必然的。但是墨子的主要思想观点却融入中国道统之中得以流传下来。墨学作为学派在秦汉以后逐渐消亡了,但是墨学的精神已融入中华民族精神之中——永远不死、不灭、不绝。

二 从"约伯之问"看墨子鬼神思想

墨子的鬼神论在诸子之中很引人注目,简单地批评或者否定,没有任何思想上的价值。有些学者故意不谈墨子的鬼神论,大有为贤者讳的味道,其实大可不必。我们从《圣经》阐发的上帝信仰与墨子鬼神信仰的比较中,可以看出墨子以鬼神为核心的天道观的局限,继而探讨其思想发展的必然归宿。

《圣经·旧约·约伯记》中记载了关于义人约伯信仰上帝的心路历程,称为"约伯之问"。乌斯地有个人叫约伯,生活得很幸福,是一个义人,蒙神的喜悦,有七个儿子、三个女儿,七千只羊、三千头骆驼、五百头牛、五百只驴,还有很多仆婢。耶和华认为地上再没有像他那么正直,敬畏神,远离恶事的人。撒旦却说,约伯敬畏神是有所图的,因为他拥有的都是蒙你赐予,如果毁掉他的一切,肯定弃你而去。上帝就与撒旦打赌，看约伯的信仰是否带功利，是否有所求。于是灾难降临到约伯头上，瞬间，牲畜、仆婢、子女全部死了。约伯撕裂外袍、剃了头伏在地上说，我赤身于母胎，也必赤身回归，耶和华赏赐给我，也有权收回。看来遭受人生重大变故后，约伯依然信仰纯正。接着，耶和华命撒旦让约伯从头到脚生了毒疮，痛苦不已。妻子说，你还是放弃神吧。约伯说，我们从神那里得福，不也应受祸吗？约伯继续保持了对神的信仰不动摇。这段文字的神学意义在于，约伯之所以信仰依然坚定，是因为对自身的重大变故有理性的解释：神给你，神也可以收回，是合理的。凡合理的就不会疑虑，这也是信仰者基本的素养。这时候约伯的三个朋友从外地过来看望他，看到约伯的惨状都极其悲伤地大哭不止，怀疑约伯有罪才导致这样的结局。约伯开始诅咒自己，希望自己不曾出生，与他的朋友对话中，相互问了一连串问题，讨论神与人的关系。患难愁苦之人，为什么当初要赐予生命和光；人为什么生下来要受苦，既然生了，为什么要受苦；我若有罪，于你何妨，为什么选中我当箭靶子；神为何不赦免我的过失；我无罪孽、无罪过，神为什么拿我当仇敌；恶人为什么存活，还能享有高寿，势力强盛呢；为什么看不见神定期惩恶呢；等等。而这些问题是约伯无法用理性回答的，所以感到困惑。约伯的三个朋友囿于道德报应论的观点，非但不能安慰他，反而让他更觉得自己无辜。别人认为约伯是有罪而遭受苦难，但约伯认为自己有义，而神有些不义，他要与神争辩。最后耶和华在旋风中与约伯对话，但没有直接回答约伯的问题，而是讲了一大堆世界上的一切不可思议的事都是神所为，而渺小的人根本无法理解。神没有指控约伯犯什么罪而受苦，也不责备约伯自认为正直，但是责难他怀疑神的正义来为自己辩护。实际上，上帝的喜怒与人类美德并没有固定的关系，做好人没有值得夸耀的，更不能因此要求神只给你赐福而不受灾祸。约伯原来的委屈不仅全部消失，而且"在尘土和炉灰中懊悔"，更加顺服神。约伯之问在基督教的信仰当中具有极其重要的象征意义、神学意义，试图回答不同思维能力的人的所有疑问，使信教者坚定信仰。

　　神有人不可全知的权能和智慧，也给人不可全知的宇宙秩序，及人不可全知的目的和意义，所有的创造和毁灭无需理由，人只要信，只要顺服，神的恩典就够用了。神的正义和绝对的善丝毫不容怀疑，人不能与神辩论，不能怀疑神的动机，更不能责难神的任何行为。相信神的绝对公正，但不是体现在一时一事，神可以让恶人得意、善人遭殃，可以让自以为是的人中计，也可以让断绝一切念头的受苦人看到生机，神为什么要这么做？不要问，不能想，只要你坚信正义永存，有神如慈父般在天上看着你，关照着世间的一切就够了。上帝的宇宙秩序与人类能理解的道德秩序并不相同。但末日的审判终将会来临，一定会来临，那时蒙神喜悦的人一定会居大位，恶人会遭惩罚，造物主的永远不可窥测的目的就会实现。那么，人面对苦难的正确思维和态度是什么？就是耶稣基督说的："不要怕，只要信。"（《马可福音》5：36）圣保罗说的："凡事包容，凡事相信，凡事盼望，凡事忍耐。"（《哥林多前书》13：7）这样神的恩典就够你用了。这一来自东方民族的宗教，与古希腊理性思想结合，竟成为左右西方世界两千年的话语体系。

　　墨子与他的弟子跌鼻也有一段类似的对话，可以叫"跌鼻之问"。有一天，墨子生病了。跌鼻进来问他，先生认为鬼神能通明一切，能带来祸、福，从事善事就奖赏，做了恶事就惩罚。先生作为圣人，为什么还得病呢？或许先生的言论有什么不够到位的，或许鬼神也非通明的。面对弟子的疑问，墨子说，怎么能因此怀疑鬼神之明呢？人得病的原因很多，有因寒暑，有因辛劳，就像房屋有一百扇门，只关上一扇，盗贼走其他任一扇门都可以进来。同时，还有一个跟随墨子学习多年的弟子也提出疑问，先生说鬼神通明，能给人带来祸福，善人富贵、恶人祸患，我侍奉先生这么久了，怎么还没有得福，或许先生的话不对，或许鬼神有问题。墨子说，怎能因你没有得福就怀疑我说的不对？墨子问：听说过隐匿之罪吗？那人说没有。墨子问：如果有个人比你强十倍，你能赞誉别人十次，只称赞自己一次吗？如果有人比你强百倍，你能终身称赞他，而从不夸耀自己吗？那人回答说，不能。墨子说，隐匿一个就有罪，你故意隐匿别人那么多的善行，就是重罪，还求什么福？①

从神学的角度看，墨子的回答有很多漏洞，不能让弟子完全信服，而这些漏洞就是他神灵之天天道观的缺陷。

墨子的鬼神与殷商时期的鬼神不同，不是与地上皇权结合能预知一切、控制一切的上帝，也不是与祖宗神合二为一，专门庇佑自己的族人，而是唯百姓意志为意志的伦理化的神灵。墨子的鬼神与以色列人的耶和华不同，既不是宇宙的唯一创造者，也不是全能的、不受人意志影响的神。墨子鬼神的权威性会受到很大的怀疑。从历史上各宗教竞争看，一神教有巨大的优势。墨子的鬼神赐予人类祸福时，是直接的而且是单向的。善就赐福，恶就降祸，善人得福后就永享福禄，恶人得祸后就永遭诅咒，这种直截了当的、单向赏善罚暴的思路很容易被现实中复杂的关系所揭穿。更何况一旦追求可复制、可检验的善福恶祸关系，任何宗教都得破产。现实中，我们经常看到善人遭祸、恶人善终，好人短命、恶人长寿，做了好事飞来横祸、做了坏事飞黄腾达的现象。这些困惑，约伯凭个人信仰就能合理解释，如神给你、也可以收回，不能凭行善就蒙受神的喜悦；绝对不允许妄测神的意志，人的理性永远理解不了神的正义和至善，善人遭祸正是考验信仰是否纯正的象征。但在墨子那里得不到合理的解释。我们无从知道跌鼻对墨子的回答是否满意，估计疑问很多，比如，人的祸福不全是鬼神给的，有些可能是命中注定，有些可能纯属偶然，有些甚至因假仁

---

① 以上两段对话转译自《墨子·公孟》。

假义获益。按照墨子的观点,那些遭受灾祸的人是咎由自取的恶人,那么哪天墨子不小心遭了灾,完全有理由对墨子的人格、行为产生疑问。这种疑问在告子那里就有。有弟子告诉墨子,告子说墨子满口仁义但行为却很坏。① 言下之意,就是墨子虚伪。而在约伯之问中告诉你,在神的面前,人所谓的正直、善行都不值一提,做好人并没有值得夸耀的,更不能因善行而希望蒙受神的喜悦。这里善福恶祸的链条很长、也很复杂,神既能赐福也能随时收回。既能降祸也能随时收回的观点,就可以回避或解释现实世界的悖论。由此可见以色列人神学思维的精妙。至于约伯的其他问题,比如神造物的目的——人类存在的意义,正义如何最终得以实现等,墨子的鬼神思想更是难以解释。从神学的角度看,墨子回答另一弟子的问题尚有可取之处,那就是你不够善,你有罪,还求什么福?但这种善是难以达到的,最终也会失去信徒。

有人会说,用《圣经》中的约伯之问与《墨子》中的跌鼻之问做比较,是不公平的。这其实就是作者想表达的意思。因为,墨子的本意绝非创立一个宗教,他的主要兴趣并不在这。近代以来的学者,大多把墨子看作是宗教领袖。比如,冯友兰在比较孔子与墨子时说:"孔子是一位文雅有修养的君子,墨子则是一位充满战斗精神的布道者。"② 他把墨子看作如圣保罗一般的宗教家,其实是在用"君子可欺以其方"去蒙骗西方人罢了。梁启超也认为墨子非哲学家,非政治家,而是宗教家也。③ 这些仅皮相之见。墨家是一个严密又带有神秘性的团体,但从来不是、也不可能发展成宗教性团体,因为它的鬼

---

① 《墨子·公孟》:"告子曰:言仁义行甚恶。请弃之。"
② 冯友兰:《中国哲学简史》,赵复三译,北京联合出版公司2017年版,第34页。
③ 梁启超:《先秦政治思想史》,东方出版社2012年版,第177页。

神思想太简陋、太不严密。① 墨子搬出鬼神，不是为了鬼神而鬼神，是为他的其他观点服务的。他认为，只有相信鬼神赏善罚暴的功能才能制约王公大人们的为非作歹，使居上位的认真听治，居下位的努力干活，各尽其能、各取所需、各得其所，最终实现天下大治。他的思想依然是以人为本位，鬼神最终是为人服务，绝不是宗教家的以神为本位。上帝创造出的宇宙万物，并不是围绕人类及他们的利益、兴趣和偏好而存在，人只是神在尘世间的工具，人类永远无法用理性知晓神创造人的目的和意义。墨子的观点后来被董仲舒借用过去并加以改造，变成天人感应、灾异谴告，出了三百多年的风头。但在道教崛起，佛从西来之后，就彻底被湮没了。不理人间事务、逍遥自在的神仙于人更有吸引力；思辨精微、细密的佛学，更容易吸引智力活动者穷其一生去探究。一旦墨学的神灵之天的天道观崩塌，依附于这一核心的其他思想观点也将分崩离析。墨学从创立到完全式微经历六百多年的历史。

这里，与孔子遇到困厄时的"子路之问"做一对比，还是很有趣的。孔子受楚昭王的邀请准备赶赴楚国，结果在陈蔡之地受到围困，断粮七天，跟随他的人都相继病倒。孔子依然在讲授学问、用琴瑟伴唱。子路满脸怨气地说，从前听老师讲，做善事的人上天会降福，做坏事的人上天会降祸，如今老师您积累德性推行仁义，已经很久了，处境怎么还如此穷困潦倒？孔子说，你不懂，我来告诉你。如果有仁德就一定被人相信，伯夷、叔齐就不会饿死在首阳山上；如果有智慧就一定会被任用，比干就不会被剖心了；如果忠心就一定有好报，关龙逢就不会被杀了；如果忠言劝谏一定会被采纳，伍子胥就不会被迫自杀。学识渊博、深谋远虑但时运不济的人很多，何止是我！

---

① 神道设教思想可谓源远流长，到了清朝更是达到登峰造极地步。比如，清廷将关羽进一步神化，成为盖过孔子的武圣，作为钳制汉族人民的有力工具。参见朱维铮《重读近代史》"篇之戊神和圣"，中西书局2017年版。

但芝兰长在密林深处，不会因无人欣赏而不芳香；君子修身敬德，不会因穷困而改变节操。子路听完后走开了。孔子叫来子贡，问他怎么看。子贡说，老师，您的道太博大，天下容不下您，何不降低一些。孔子说，好的农夫善于耕种，不一定善于收获；好的工匠善做精巧的东西，不一定顺每个人的心意；君子培养道德学问，创立政治主张，别人不一定采纳。不努力提高自身的道德学问却只求被人采纳，说明你志向不远大、思想不深远啊。孔子又问颜回，颜回说，老师的道广博，天下容不下，尽管如此，您依然竭力推行。世人不用，那是他们的耻辱。老师您又何必忧虑！不被采纳才显出您是君子。孔子听了高兴地说，颜家的儿子，将来你有钱了，我给你当管家！①

  从这段对话中，我们可以看出孔子才是真正的"布道者"。当年圣保罗在希腊传教的时候，希腊人鄙夷地问：这个小丑从哪来的。可就是这个小丑，其思想支配了包括希腊在内的基督教世界两千年。孔子在如此困厄的境地依然保持顽强的信念，体现了与宗教性信仰相对的世俗性信仰的崇高。孔子任何时候都是乐观的，子路问："君子亦有忧乎？"孔子答："无也。君子之修行也，其未得之，则乐其意，既得之，又乐其治，是以有终身之乐，无一日之忧。"（《孔子家语·在厄》）这种始终怀抱"道"而不坠的态度，是中国道统上下五千年依然不绝、不死，不断焕发活力的奥秘所在。无产阶级革命导师、坚定的无神论者马克思在《青年在选择职业时的考虑》中写道："如果我们选择了最能为人类而工作的职业，那么，重担就不能把我们压倒，因为这是为大家做出的牺牲；那时我们所享受的就不是可怜的、有限的、自私的乐趣，我们的幸福将属于千百万人，我们的事业将悄然无声地存在下去，但是它会永远发挥作用，而面对我们的骨灰，高尚的人们将洒下热泪。"② 这种与有神论信仰相对的无神论信仰，更

---

① 译自《孔子家语·在厄》。
② 《马克思恩格斯全集》第1卷，人民出版社1995年版，第459—460页。

加纯粹、更加无私、更加高贵。因为有神论者的信仰最终还是建立在个人功利心满足的基础之上。与约伯最终获得神的喜悦，重新获得更多财富，过着人上人的生活不同，无神论者的信仰，超越了个人功利，收获的只是同样高贵的人们的热泪而已。英国哲学家朱利安认为无神论者比有神论更有道德，他写道："道德的普通无神论者事实上比道德的普通宗教信徒更具有道德优势。原因是宗教总是包含惩罚的威胁和报偿的希望，这是一种非道德的刺激；这一点在无神论中不存在。"① 孔子的信仰也是非宗教性的、世俗化的，他只是坚信上天不会灭绝我华夏文明，如果不会灭绝，你们又能奈我何？君子只要做好自己的事情，修身敬德，等待时机，任何困厄都改变不了自己的节操，犹如芝兰一样，将永远芳香！君子不会出卖善而获取利益，也不会因自身善得不到善终而愤愤不平。一个人有仁德，并不值得炫耀，更不因此祈求奖赏。这是何等高贵的信仰！美国加州大学洛杉矶分校教授安东尼·帕戈登（Anthony Pagden）新著《两个世界的战争》②讲述西方与东方两千五百年来的冲突，开篇写道："不准备隐藏我对启蒙的、自由的世俗社会的偏爱，而且也不打算掩盖我认为一神教（实际上是所有宗教）造成的持久伤害比其他任何单一信仰都要大的看法。"他认为，宗教给社会带来秩序的同时，给人类带来的灾难是如此巨大。其实，一个世俗化的、一个无神的社会（没有宗教的社会）才是值得追求的。

真要为中国道统的非宗教性、世俗性感到庆幸和自豪！③

---

① ［英］朱利安·巴吉尼：《无神论》，付满译，译林出版社2018年版，第40页。
② ［美］安东尼·帕尔登：《两个世界的战争》，方宇译，民主与建设出版社2018年版，第10页。
③ 根据《纽约邮报》2021年5月28日报道，美国总统拜登在弗吉尼亚一处美军基地对士兵们宣称："全世界所有国家中，我们是唯一一个基于一种理念而组织起来的国家。你们不是从政府那里获得你们的权利，你们获得权利，仅仅因为你们是上帝的孩子。"

三　墨学思想的演变

墨子是个什么样的人，其创立墨学的归宿，成了20世纪初学界的热门话题，至今仍不绝。我们已经否定了墨子传道者或宗教家的身份。但还有学者称墨子"对古代文明持批判态度"①；有的甚至认为墨子是保守分子，"因为孔子的立场顺乎时代的潮流，同情人民解放，而墨子则和他相反"②。这种看法很是奇怪。巫马子指责墨子舍弃活着的人去赞誉古代圣王就是在赞誉枯骨，墨子反驳说我们之所以能生存、发展就是蒙恩于先王之道的教诲。③ 墨子和孔子一样博学，都是古代思想遗产的继承者，只是从不同角度为我所用，为了适应自己的观点都对古代遗产进行过剪接、修饰、创新，都有心系天下致力于解决当时社会问题的情怀。④ 当然，从学术思想自身发展逻辑观察，要比单纯依据一两篇文献的记载可能更可靠一些。墨子"非儒"既是对当时某些儒家后学的批判，更有学派生存、发展的需要。如果仅凭《非儒》篇记载，不仅难以真正分辨孔墨两者之间的差异，还会产生孔子是"乱党""革命党"，墨子是"保皇党"这样匪夷所思的结论。⑤

（一）墨学思想的扩散

任何学术流派都有相互吸收、相互借鉴的一面。之前已经讨论过

---

① 冯友兰：《中国哲学简史》，赵复三译，北京联合出版公司2017年版，第35页。
② 郭沫若：《十批判书》，东方出版社1996年版，第77页。
③ 《墨子·耕柱》："巫马子谓子墨子曰：舍今之人而誉先王，是誉槁骨也"；"子墨子曰：天下之所以生者，以先王之道教也"。
④ 韩非在《外储说左上》借用田鸠的话："墨子之说，传先王之道，论圣人之言，以宣告人。"
⑤ 参见郭沫若《十批判书·孔墨的批判》，东方出版社1996年版。

墨子的"天志"和鬼神思想将在董仲舒那里得以复活。墨子的其他思想也有不断扩散，被其他流派所吸收、发扬光大的现象。

墨学的"兼爱"似乎是专门针对孔学亲亲基础上的"仁爱"而来的，最终却是殊途同归。儒家希望通过亲亲最终实现"人不独亲其亲，不独子其子"，先爱自己的父母、子女，最终实现爱别人的父母和子女的目的。孟子还讲"穷则独善其身，达则兼济天下"（《孟子·尽心上》），这个"兼"可不是兼职的兼，而是兼爱的兼。墨学作为学派消失了，但"兼爱"这种关爱天下百姓的理想最终在儒学中得以保存和发展。有人会认为，墨子兼爱是无差别地爱别人，爱别人就如爱自己，和孔子的仁爱不一样，但这只是理论上的分析。按照墨子的尚贤理论以及后期对兼爱责难者的辩护意见，墨子要求对居高位贤者的爱要多于一般人，其无差别的爱在理论上就露出破绽。孔学的仁爱强调由近及远，与墨子强调先爱人然后人人爱我，在操作层面上易于为人接受。孔学的仁爱强调内省的工夫，从曾子的"每日三省吾身"到王阳明的"良知"，甚至要涤尽内心一丝一毫的私心，强调发掘主体的道德意识，与墨子倡导从功利出发、害怕外在鬼神的惩罚有明显不同。

墨子的"非攻"似乎主要针对战国时期的兼并战，但其和平主义的理想却成为后世儒家的坚定信条。汉武帝雄才大略，开疆扩土，为中国大一统的版图奠定了基础，却始终不为历代儒学代表人物所喜爱，成为穷兵黩武、劳民伤财、好大喜功的坏典型。这不能不说是受墨子非攻思想的影响。墨子以当下有利或无利的功利主义为出发点，批评攻伐既给被攻国带来损害，也给进攻国带来损害，所以要反对。现代人批评儒家迂腐，可儒家是秉持天下主义的思维去评论战争，与墨子的思想类似，而不是民族本位的现代国家思维。墨子"非攻"思想所带来的"认知悖论"，仍是当代国际关系的哥德巴赫猜想——无解。

墨子的非命，在荀子那里找到了知音。荀子按照天人相分的观点，走得更远，发展出"人能制天""人定胜天"的观点。其节葬观点，作为非主流，也一直回响在中国人的生活中，其"厚养薄葬"，即生前尽孝、死后节俭的观点成为当今社会要倡导的主流意识。其"节用"思想与孔学的"节用而爱人，使民以时"（《论语·学而》）没有本质区别，更是在李商隐"成由勤俭败由奢"的咏史中得以传唱千年，直到工商业发达的明朝末年开始有学者论证"奢"的价值。"尚贤"则一直被视为统治者的美德，直到在中国共产党的"任人唯贤"干部路线中得到最大限度的继承和创新。墨子的尚同观点，则在中国历史上一而再、再而三的统一思想运动中得以复活，墨子关于"一人一义、百人百义而导致天下大乱"的担忧，也始终是历代统治者的梦魇。墨学的思辨性，对名实关系的探究，加上面临其他学派的批判而展开的辩护，逐渐促成了"名家"这一流派的形成。并不是说名家惠施、公孙龙脱胎于墨学，而是在墨家辩学的基础上，又兼收道家、儒家关于名实的观点逐渐发育成长。[①]

（二）墨学流派的自我发展

墨学是由一个组织严密的团体来传承的，既不是宗教性团体，也不可能发展为纯粹的政治性团体、学术团体，而是兼有生产生活、游说诸侯、参与战争，同时钻研学问、为自身理想而奋斗的生活共同体，他们有共同的价值观、相同的生活方式。这决定了自墨子以后，内部再鲜有学术思想史上产生重要影响的人物出现。这是墨学的悲哀。

《墨子·耕柱》记载这样一个故事，墨子推荐有位叫耕柱的弟子

[①] 晋代鲁胜是近代之前最后一位替《墨子》作注的，其书已亡。但《墨辩注·原叙》保存于《晋书·隐逸传》，曰："惠施、公孙龙祖述其学，以正刑（形）名显于世。"

去楚国做官，其他弟子去楚国看望他，结果招待不怎么好，回来和墨子说，看来耕柱在楚国做官的收入不高啊。墨子说，未必。没多久，耕柱给墨子送来十镒金子，并说，弟子不敢因财而死，这十金就送给夫子使用。墨子说，果然未必。通过这则故事以及其他史料，可以发现弟子有责任把所获财物全部贡献给墨家钜子。正如庄子所评论的，墨子自己能身体力行，吃苦受累为天下，但是后来的钜子却未必都能有这么高尚的品格和严格的自律。"尚同"思想在一个封闭的团体彻底贯彻，必然会出现事事处处唯钜子马首是瞻。百姓尚同于天子，天子尚同于天，天体现百姓的意愿，最终天下按照百姓意愿治理，这只是墨子一厢情愿的理论设计罢了。天子掌握着对天的意志或民意的解释权，任何时候都可以天或百姓的名义发布命令。一旦最高统治者掌握着天意、民意的解释权，然后让全社会一统于最高统治者的意志，其社会必然趋于黑暗。董仲舒深谙此道，试图由他或儒生集团掌握天意的解释权，制约皇权。朱熹也明白其中的奥妙，力图由儒士掌握天道、天理的解释权，制约皇权。历代读书人都自认为掌握着道统，而希望用道统制衡君主的治统。究竟成效如何，后面还将讨论。墨子去世后墨分为三，这种分离更多是因利益或某些具体观点上的不同带来的。思想发展动力一旦停滞，也意味着这样的学派终将走到尽头。

  墨子对义的理解与儒家（主要与孟子）有很大的不同，是以利为义，凡是有利的就是义，没利的就非义。墨子赞成分工，认为人人按照分工各尽所能完成工作，就是义。人必须劳动，只有劳动才能生存。[1] 墨子的人性论是偏向于性恶[2]，因此需要外在的力量钳制人们作恶的可能。当然，墨子讲利是讲天下之利，曾提出衡量是非的三条原则：是不是有利于让贫者变富；是不是有利于人丁兴旺；是不是有

---

  [1] 梁启超在《先秦政治思想史·墨家思想（其二）》中有详细论述，可作为参考。
  [2] 侯外庐认为：墨子学说从"人之欲富贵而恶贫贱"的自然属性出发，主张损欲与恶而益仁与义。见《中国思想通史》第1卷，人民出版社1956年版，第487—489页。

利于国家善治。墨学逐渐发展成绝对功利与绝对利他的奇怪混合体。墨子的立意的确崇高。有次在与巫马子的争论中,巫马子说,您兼爱天下,没有好的效果;我不爱天下,也没有坏的结果,凭什么说您的对、我的错。墨子回答,譬如发生火灾,我去提水想灭火,而你却拿柴想火烧得更旺,尽管双方的结果都没达到,你说谁对谁错?巫马子承认墨子说得对(《墨子·耕柱》)。当年墨家弟子奔走各国希望制止战争,手段就是让双方算计利益得失。对此,孟子表示反对。一次宋牼去楚国劝说秦楚罢兵,在石丘这个地方遇到孟子。孟子问,先生怎么去劝说呢?宋牼说,告诉他们交战是不利的。孟子说,先生动机良好,但说法不行,用利害关系去劝说,最终会让利害关系进入君臣、父子、兄弟之间,先生应该用仁义去劝说(《孟子·告子下》)。我们现在明白,这两套理论都没有能够制止兼并战争,最终由秦王嬴政横扫六国,一统寰宇。相信秦国人喜欢墨子的理论,古罗马人也喜欢墨子的理论,美国人更认为墨子说得有道理,因为墨子是按照利害得失在算计战争,而强者在战争中肯定获益。我们知道墨子是和平主义者,殊不知墨子的逻辑也可以成为强者的逻辑,强者更喜欢用利益算计来衡量战争。一些人埋怨孟子迂腐,其实孟子并不迂腐,他是站在弱者的角度看问题,弱者的逻辑是吁请道义的力量来制止战争,这是没有办法的办法。后期墨学尤其强调利益算计,"利"就是"爱"和"义"①,结果在利益面前,原则会让位,道德会被践踏,人类的尊严、性命就显得微不足道。墨学作为学术团体在秦汉后消失了,但唯利是义的观念却深植于中国道统之中。墨学的弟子几乎没有个人的生活空间,一切都以钜子认为的利益为利益。人只是一个抽象的概念,只有整体才是有价值的。后期墨家更是把人的行为准则概括为:"利之中取大,害之中取小。"这实际上是两千年来一直为人遵循又不敢

---

① 《墨子·经上》:"义,利也";"孝,利亲也";"利,所得而喜也"。

明说的"潜规则"。过去我们曾批评言义不言利的儒家传统，认为是导致不尊重个人利益，不尊重人性的祸根；可是没想到，极端的言利，同样会泯灭人性，侵犯人的权利和尊严。① 古罗马的战争机器之所以高速运转，是因为能够在大部分战争中获取高额利益，战争成了致富的主要手段。一旦帝国扩展到极限，战争成为巨大的负担，不能带来利益，就成为罗马覆灭的主要原因。16 世纪以来，西班牙、荷兰、英国和美国相继按这样的路子一路走来，在利益算计中发动战争，又在利益算计中停止战争。墨子希望以"利害"来制止战争，如同孟子只用"仁义"去制止战争，同样不靠谱。但留给后人的思考却是永恒的。实现利和义的平衡，不能以利为义，也不能弃利崇义，这个"义利悖论"对人类社会同样是永恒的。

墨学的一切以利来衡量的倾向，缺乏对人性自我完善能力的关注，导致其思想中道德主体意识的欠缺，不关注个体意识的觉醒。这两个缺陷将由孟子和庄子来弥补。墨子思想内在的矛盾还表现在"尚贤悖论"。要做到尚贤，必然要"不党父兄，不偏富贵，不嬖颜色"，而且要让能人、贤人"富而贵之，以为官长"，否则，爵位不高老百姓就不敬重，俸禄不厚则老百姓不相信。② 如果让能人、贤人富贵了，就会产生厚爱，不就与兼爱的理想产生冲突？所谓的贤者，

---

① 近年来，随着二套住宅贷款政策的变化，当代中国大地上普遍盛行起假结婚的现象，出现丈母娘与女婿结婚的离奇事。2015 年 7 月 28 日房天下资讯报道某地婚姻登记处一男一女要求结婚，从户口资料判断是丈母娘与女婿。银行人员以 50 万元贷款 20 年分析，若利息优惠则会减少 16 万元成本。这 16 万元利益足以构成乱伦的理由。极端的例子甚至有父亲与女儿、母亲与儿子结婚的。2014 年 7 月 17 日《南京日报》报道，2014 年 2 月成都发生亲生父女领证的闹剧，同年 7 月 9 日南京一对母子隐瞒真实身份企图登记结婚。因利益至上而泯灭基本人性。

② 转引自《尚贤中》，同时说："何谓三本？曰：爵位不高则民不敬也，蓄禄不厚则民不信也，政令不断则民不畏"；"古者圣王唯毋得贤人而使之，般爵以贵之，裂地以封之，终身不厌"。

必须是有兼爱理想、高尚情怀的人,让其居高位、享厚禄,岂不是与贤者之名相悖?这就是"尚贤悖论"。后期墨家弟子针对这类疑问做了大量辩护、论证工作,比如,厚爱大禹,让其富而贵,并不是为了大禹个人利益,而是对大禹爱天下行为的肯定,有利于天下;厚爱尊者、上者,是为了让天下百姓得利;等等。① 尚贤的根本是为了天下人的利益,而为了天下人的利益,又必须让一部分能人、贤人先富贵起来,尚贤意义的双重性是一个难解的悖论。提出尚贤的出发点是让一部分人先富贵起来,继而带动天下百姓都富贵,但能否实现则又是横穿中国道统两千五百多年历史的大课题。

墨学在思想领域里的创造力、想象力逐渐枯萎和凋零是一个内部学术思想发展的必然结果,但是,却在另外一些技术领域放出很大的光彩,尤其是在知识论、逻辑学和科技方面,更是熠熠生辉,照亮了古代中国的天空。某些方面受到压制的时候,在另一些领域却会有意外的收获,算是易学辩证法在现实中的体现吧。

(三)墨学的知识论、逻辑和科技思想②

知识是什么,知识为何可能?这是任何一个成熟的文明都会发出的疑问。柏拉图在《泰阿泰德篇》中首次提出知识的定义:必须确

---

① 《墨子·大取》:"为天下厚爱禹,乃为禹之爱人也。"

② 近代孙诒让于1894年写成《墨子间诂》,开创近代墨学研究先河,梁启超、冯友兰、胡适、方授楚、谭戒甫、钱临照、吴毓江以及当代学者曹胜强等都做过深入研究,英国学者李约瑟从科学技术史的角度进行深入的比较研究。但在《墨经》六篇一些表述的理解上存在极大的差异。中国学者们的共同观点是:墨学中蕴含着丰富的逻辑、科技思想,可惜成为绝学;墨学是诸子中的另类,却是当代崇尚民主、科学所必需的;研究墨学的逻辑、科技思想,使中国科技有本土传统。这样,讨论中难免有人为拔高的倾向。人类文明史上还不存在一种既无源,也无流的思想,凭空产生、凭空消失。墨学的知识论、逻辑和科技思想同样如此,它是中国道统的重要一环,需要从内在的学术思想发展逻辑中去把握。

认是真的，而且必须被相信是真的。主观和客观，精神和物质，人与世界是两分的、对立的，西方学术思想的重大课题是如何保证获得的知识是真，有客观实在性，能反映认识对象的本质。悲观者认为，人永远不能得到完全真实的知识，因为客观世界的本质是无法认识的。如英国的休谟、德国的康德就是这种观点。乐观者说，人感觉到的真实就是存在的真实，理性可以理解世界背后的规律，抓住它、运用它。如英国的培根、德国的黑格尔。马克思试图用"实践"来解决主观、客观之间的对立，当主观认识在实践中与客观实在相一致，就能保证知识是"真"的。但是，罗素认为这一看法是不完全的①。事实说明罗素的观点是站得住脚的。比如，西方主流学者认为，现代西方文明是古希腊文明的继承者；和平主义者认为，核武器会毁灭地球。这类知识性的陈述永远无法通过实践给予检验，只能通过纯思辨的论证，其真假就无从做出判断。这里涉及知识的类型问题。按照柏拉图的定义，只有能够证实为真并被确信的才能叫知识，那么大量的智力活动就会被排除在外。因东欧剧变、苏联解体而声名鹊起的哈耶克（F. A. Hayek），在论证社会主义计划经济不可能时，其重要的论据就是计划部门不可能掌握全部知识，因为企业家等经济活动参与者如此重要的经验、感受、直觉等知识，将永远无法梳理为有条理的知识而被他人掌握。② 经验、直觉、信仰等也应包括在知识的范畴之内。这里展开上述讨论的目的只是想说明：知识论是如此重要，又是如此含混。人类的文明史实质是一个不断获取知识、质疑知识、运用知识的过程。那么，墨学是在什么样的背景下讨论"知"——知识、智慧问题？又是从什么样的角度对人类文明做出贡献的？爱因斯坦曾

---

① 参见［英］罗素《人类的知识》，张金言译，商务印书馆1983年版，第503页。
② 参见［英］哈耶克《通往奴役之路》，王明毅等译，中国社会科学出版社1997年版。

惊讶:"这个世界最不可理解的就是,人可以理解这个世界。"① 但这种惊讶在中国道统里却看不到,它消融在精神与物质同一、人与世界同一这种天人合一的观念里。墨学不同在于,脱胎于儒学,与儒学思想的激烈交锋中,在辩论和反思中发展了关于"知"的认识。

墨子和墨学弟子集中讨论了以下几个问题。

1. 关于知识的可靠性(不同于"真实")问题。墨子提出"言必立仪"的主张,认为没有标准,任何表述就缺乏是非依据。有两层含义。一是讨论某一观点前要确立前提,前提不同就会自说自话。比如,前面就提到,讨论节用好坏时,墨子首先设定了三条是不是有利于的原则。在讨论义的问题时,墨子同样设定了是否有利于天、鬼、神,是否合乎尧舜禹汤文武之道这样的标准(见《墨子·贵义》)。这实际上暗示:任何陈述性的知识,其可靠性须建立在某一前提(公设)基础上。二是论证某一观点时,须运用"三表法"来证明。即,能否上溯到古圣王;能否切合百姓听到的、看到的;能否给国家百姓人民带来利益。② 符合"三表"的知识才是可靠的。

墨家弟子在此基础上做了发展,将"三表法"进行改造。墨学把知识按照不同来源分为三类:从个人直接经验而来的,从权威而来的,从推论而来的。认为可靠的知识是从亲身经验获取(亲知),从他人处学习(闻知),用推理得到(说知)。《墨经》认为:亲知是一切知识的基础。③ 关于亲知,有两种形式:一是通过身体五官的感

---

① 转引自[苏]库滋涅佐夫《爱因斯坦——生、死、不朽》,商务印书馆 1988 年版,第 398 页。

② 《墨子·非命上》:"何谓三表?子墨子曰:有本之者,有原之者,有用之者。于何本之?上本之于古者圣王之事。于何原之?下原察百姓耳目之实。于何用之?废(发)以为刑政,观其中国家百姓人民之利。"

③ 参见侯外庐《中国思想通史》第 1 卷第 511—513 页的论证。

觉而产生的知觉，获得某事物的表象①。这一表象以及形成的表象思维（形象思维）是人类知识的重要形式，代表了非逻辑性、直观性、想象性的思维。二是不能单纯通过身体五官而获得的知识②。比如，通过路途的远近，时间的先后，经过长期的经验，获得关于空间和时间的知觉。当对时空作进一步的抽象思考，才可以获取时空有限还是无限这类超出经验的知识③。这是一种抽象思维（逻辑思维）面貌出现的知识。为了区分这两类不同的知识，墨家弟子专门创造了一个字——"恕"，当获取这类知识才达到认识事物本质——"明"，以区别于认识事物表象——"见"④。

关于闻知，也有直接听到（亲闻）和间接听到（传闻）这两种方式。⑤假如可以穿越到两千五百年前，直接聆听墨子讲学，知道了关于兼爱的知识；或者坐在现代化的教室，看书或听教授讲《墨子》而知道关于兼爱的知识。前者亲闻、后者传闻，两种方式所获得知识的可靠性、丰富性有较大不同。亲闻不仅更可靠，当直接听墨子讲授兼爱，还可以从墨子的言辞、表情、动作中获得更多的体验、启发。这种个体化的、体验性的知识是人类知识的重要基础⑥。根据闻知的内容，《墨经》还进一步作了区分。比如，你不知道房间里的颜色，别人告诉你说："和你看到的花的颜色

---

① 《墨子·经上》："知，接也。"《经说上》："知也者，以其知过物而能貌之，若见。"
② 《墨子·经下》："知而不以五路。说在久。"
③ 《墨子·经上》："久，弥异时也；宇，弥异所也。"《经说上》："久，合古今旦莫（暮）；宇，蒙东西南北。"
④ 《墨子·经上》："恕，明也。"《墨子·经说上》："恕也者，以其知论物而其知之也著，若明。"
⑤ 《墨子·经上》："闻，传，亲。"《墨子·经说上》："闻，或告之，传也；身观焉，亲也。"
⑥ 参考罗素《人类的知识》中"个人的知识与社会的知识"这一章。

一样。"你就可以通过推断得出粉红色的结论①。这种启发式的闻知，孔子也极为重视，强调要闻一知十、举一反三、告诸往而知来者。而直接告诉结论的方式最不可取，导致知其然而不知其所以然。不管是通过传闻还是亲闻获得的知识，如果能够调动自己已有的知识，在经过对比分析推断等思维而获得新的知识，正是《墨经》作者所推崇的。

关于说知——用推理获取知识，有七种方式，即或然（或）、假言（假）、前提（效）、引申（辟）、附比（侔）、类比（援）、类推（推）。② 这七种推理的方式，日常用得很多。对于不能穷尽的，采用或然的方式，比如，生病的原因很多，或者吃了腐烂食物，或者受凉了，或者太累了等。对于还没有实现的，可以用假言判断，比如，假如墨子受凉会生病；如果人类发展核武器会导致地球毁灭。某一前提下才能成立的知识，需要事前确定标准，比如，墨学把"义"定义为"利"，那么"所有获利的行为都是为义"以及"有利于天下的行为就是为义"，这样的判断就可以成立了。通过举例可以更加清晰理解的，可以采用引申，孟子就借用这一方法，认为："人性向善，犹水就下。"是性善论的千古名句。两组相同判断命题，可以附比，比如，白马就是马，骑白马就是骑马，同样成立。在相同的前提下，就可以借用另一方的观点进行类比，比如，墨子是人，必须实行兼爱，我也是人，也必须实行兼爱，只要是人都必须实行兼爱。美国人要过上富裕的生活，中国人也要过上富裕的生活，人人都要过上富裕的生活。类比是产生新的判断、新的知识的重要方法。通过已知的事情，

---

① 《经下》："闻所不知若所知，则两知之。说在告。"经说下："闻，在外者，所知也……室中，说知也。"

② 七种方式见《墨子·小取》第二段。这段表述，学者们的理解差异极大，作者反复比对研究，把它看作"说知"的方式可能更加合理。"以名举实、以辞抒意"，以及"以类取，以类予"都不能用这段话来解释，唯独与"以说出故"关联最大。

符合一定条件后,推断出未知的事情,可以采用类推的方式。① 两千五百多年后的英国哲学家罗素认真研究通过类推获取可靠知识的方法,"我知道我说'我渴了'的时候,通常是因为我感到渴了。当我不渴的时候听到'我渴了'这句话时,就会假定别人感到渴了"②。

通过推理获取可靠知识,存在较大风险,尤其当不能准确运用引申(辟)、附比(侔)、类比(援)、类推(推)这四种方式,可能导致错误的结论。比如,火车是内燃机驱动的交通工具,坐火车就是坐内燃机驱动的交通工具。这样附比显然是不周延的。墨家弟子认为需要采取更为谨慎的态度。这就涉及需要讨论的其他问题。

2. 关于概念(名)以及概念(名)与客观现实(实)的关系问题。概念既是思维的基础也是知识的载体。墨子首先采取"取实予名"的方式,先把概念(名)的实际意义搞清楚。比如,墨子从"兴天下之利,除天下之害"为仁人的追求为出发点,认为"兼"是利所以兴的原因,"别"则是害的根源,故而将"仁"定义为兼爱。墨子所讲的"义"是有力气就帮助别人,有钱财就分给别人。"忠"则是:上面有过则谏诤、有好的想法就向上报告、匡正邪恶而尚同。③ 要搞清楚概念(名)的准确含义,必须同客观现实(实)相互关联。墨子进一步讨论说,同样的黑、白之名,盲人也会说黑、白这两个字,但他永远搞不清楚黑、白的真实含义,原因就在于他的概念不是从经验中产生。墨子认为,天下士君子都在说仁,不是不知道"仁"这个名称,而是不知道在客观实际中的含义。由此带来的一个问题,概念(名)虽来源于客观实在(实),但是概念(名)一旦

---

① 《墨子·经下》:"闻所不知若所知,则两知之,说在告。"
② [英]罗素:《人类的知识》,张金言译,商务印书馆1983年版,第578页。
③ 《墨子·鲁问》:"子墨子曰:'子所谓义者,亦有力以劳人,有财以分人乎?'""上有过则微之以谏,己有善,则访之上,而无敢告外;匡其邪而入其善,尚同而无下比,是以美善在上而怨雠在下,安乐在上而忧戚在臣。此翟之谓忠臣者也。"

形成，被人广泛使用后，又具有独立性，会与客观实际相分离。石头具有"坚"和"白"两种属性，这两种属性是否可以独立存在？墨家弟子花了大量精力研究名、实关系问题。名家则从中吸取思想养分，揭露名实分离或者名独立于实的思维特点，独辟蹊径，达到了古代中国最高的思维水平。墨家则更多关注名来源于实、名实一致（耦合）问题，提出"取实予名、以名举实"的命题，即以经验事实赋予名的意义，又从名的含义列举现实事例。比如，我们从各种具体的马中抽象出"马"这个概念（名），又从"马"这个概念列举出具体的白马、黑马等。概念（名）必须有明确的意义，使人一听就明白其中的含义，知道在现实中指向。① 名只是一个称谓，而实才有意义。事物（实）通过概念（名）表达出来，而思想则通过概念（名）之间的不同关联而表达出来；当概念（名）能表达着客观事物（实），把各种概念关联在一起而表达出的思想才有意义。20世纪初德国哲学家维特根斯坦意识到一切哲学问题都是语义问题，对一些毫无意义或无法确切表达的，保持沉默。

在概念（名）的分类上，有达名、类名、私名三类。具有普遍意义的称为达名，如"物"是指所有存在的事物，相当于现代的普遍概念。指称某一分类的称为类名，如"马"是指各种类型的马，类似于现代的类概念。专指某一对象的称为私名，比如"臧"是某人的名字，相当于现代的单独概念。讨论问题前，先界定概念的内涵，对后世有很大影响。比如韩愈的《原道》，开篇就界定其所论的道乃是传承于孔子之道，而非佛老之道。

由于墨学对概念给予清晰的界定，由此揭露出思维活动中的矛盾和悖论，体现出逻辑的力量。比如，巫马子说，我只会杀他人而利于自己，而不会杀自己而利于他人。墨子说，你敢不敢把这种主张公布

---

① 《经上》："刑（形）与知处而生。"《大取》："立辞而不明其所生，妄也。"

出去，如果有人相信你的主张，都会杀你而利于自己，十人相信你的主张就会十人杀你而利于自己，全天下的人都相信你的主张都会杀你而利于自己，反之，如果有人反对你的主张，会认为你散布不祥之言而杀你。① 针对"好"与"恶"的区别，墨子对骆滑氂说，听说你好勇？骆滑氂说，对，只要听说哪个地方有勇士，我一定要跟随并杀掉他。墨子说，天下莫不是兴其所好，废其所恶；你只要听说有勇士必定跟随而杀之，怎么能说是好勇，是恶勇。事实上墨子利用了双方对"好勇"含义的不同理解，进行批驳。后期墨学继承并发扬思辨的传统，比如针对"一切言论都是悖谬"的判断句，反驳说：既然一切言论是悖谬，那么这句话本身也是错误的。② 揭示自己提出的立论就把自己给推翻的悖论。作为比较，20世纪初罗素也曾提出了"只给不给自己理发的人理发"的著名悖论，揭示集合论内在矛盾，震撼了逻辑数学界，从而推动现代集合论的发展。墨学的思维具有形式逻辑的倾向，比如任何一种观点，或者为是，或者为非，不存在既为是，又为非的情况。③ 这是中国道统中罕有的思维方式，庄子和邓析对这种观点予以否定④。

与名实关系有关的，则是言与行或知与行的关系问题。这是中国道统长久不衰的问题。墨子首先进行研究，提出了言语须在实践（行动）中接受检验的观点。如何检验？是看言语能否付诸行动，不能付诸行动的言语，再怎么华丽也是空言妄语。⑤ 但是，用实践检验

---

① 《墨子·耕柱》："巫马子谓子墨子曰：我与子异，我不能兼爱……若无所利而言，是荡口也。"
② 《墨子·经下》："以言尽为悖，悖。说在其言。"
③ 《墨子·经说下》："辩也者，或谓之是，或谓之非，常（当）者胜也。"
④ "邓析操两可之说，庄子齐物有俱是俱非之论。"吴毓江：《墨子校注》，中华书局2006年版，第567页。
⑤ 《墨子·贵义》："言足以迁行者，常之，不足以迁行者，勿常，不足以迁行而常之，是荡口也。"

言语，只推崇能付诸行动的言语，也存在风险。因此，墨子同时又提出不能因行义不能胜任就归罪于整套学说的观点，不能因为结果不理想而怀疑这套主张。后期墨家弟子强调动机效果相统一（合志功而观），更是意识到动机、效果不一致的问题①。他们提出解决这一问题的办法就是：理论、手段、结果三者相统一。拿画圆做例子，首先，要有关于圆的理论；其次，要有画圆的工具（手段）；最后，要有圆的图形。② 这种解决知行问题的思路，甚至比后来王阳明的知行理论有更高的思维水平，即便在当代也依然显示其独特魅力。

3. 关于因果、分类和归纳、演绎问题。对事物发生的原因或条件——"故"的研究，墨子做出开创性的贡献③。墨子对"故"进行改造，训为"因"，并从几个层面上使用。一是仅当作因果关系之因来理解。兼爱不能实行的原因，墨子认为是上面不以此作为施政的措施，而士人也不去实行。④ 二是作为事物分类依据之因来使用。在解释父亲不慈爱子女，兄长不疼爱弟妹，君臣互相自爱这些问题时，墨子认为原因都在于不相爱。表现各异的现象，由于原因相同可以归为同类问题。⑤ 三是把因是否充足作为所下判断是否合理的标准。当墨子问儒者为什么要"乐"，回答说：以乐为乐。墨子认为理由不充分，是不合理的，就如问为什么需要房子，回答说为房子而房子。⑥ 研究"故"的同时，墨子对事物分类——"类"也进行开创性的研

---

① 《墨子·大取》："志功不相从也。"
② 《墨子·经上》："法，所若而然也。"《墨子·经说上》："法，意、规、员（圆），三者俱，可以为法。"
③ 参见侯外庐《中国思想通史》第一卷"故概念的发现及其运用"。
④ 《墨子·兼爱中》："子墨子曰：天下之士君子，特不识其利，辨其故也……特上不以为政，士不以为行，故也。"
⑤ 《墨子·兼爱上》："当察乱何自起……皆起不相爱。"
⑥ 《墨子·公孟》："子墨子问于儒者曰：何故为乐……室以为室也。"

究。墨子采用原因归类、性质归类、意义归类的方法，把同一原因产生的不同现象归为一类，性质或意义相近的不同事物分别归为一类，给明是非、审治乱、别异同提供强有力的思维工具。提出某一观点而不明白属于哪一类问题，必然使人困惑。① 比如，把对天下有利的事物归为一类，就可以同有害于天下的事物相区别，从而为提出自己的主张提供依据。

墨家弟子发展了墨子的上述观点。将故区分为小故和大故。所谓小故，是指有了该因素，事物不一定会发生变化，缺少该因素，事物一定不会发生变化，即必要条件；所谓大故，是指有了该因素，事物就必定会发生变化，即充分条件。② 在因果律上，墨学既发现了单因果关系，也发现多因果关系。大故既可以是单因果关系的原因，也可以是多因果关系的诸多原因的集合；小故则是多因果关系中的某一原因。同时，还发现同因同果，同果不同因，同因不同果的现象。③ 由于讨论小故和大故时暗含时间先后的关系，可以认为墨经能正确区分因果关系与相关关系的不同，排除了偶然巧合、比附关系，而正确掌握因果律是开启科学世界的一把钥匙。

在类的问题上，墨学发展出归纳（以类取）、演绎（以类予）这两种思维方式。比如，墨子分析各类人员（王公大人、农夫、妇人、百工等）的行为后发现，强必贵、必富，不强必贱、必贫的道理，最终得出人人依靠其力生存的结论（赖其力者生，不赖其力者不生），进而提出"尚力"的主张，推出"官无常贵，民无终贱"的结论。墨学分析各种为义的行为，无一不是为了天下得利这一事实，得出义即利的结论。这种归纳（以类取）思维的反向就是演绎（以类

---

① 《墨子·大取》："立辞而不明于其类，困也。"
② 《墨子·经上》："故，所得而后成也。"《墨子·经说上》："小故，有之不必然，无之必不然。体也，若尺有端。大故，有之必然，无之必不然。若见之成见也。"
③ 《墨子·小取》："夫物有以同而不率遂同……其所以取之不必同。"

予)。比如，爱人是指爱所有的人，由此可以推演出：只要不爱一个人，就不能叫爱人。骑马是指骑在一匹马上代步，由此可以推断：不需要骑遍所有的马才能叫骑马，或者不能说骑白马不叫骑马。① 当然，墨学的这种以类取、以类予的思维方式，尽管可以称之为归纳和演绎，但还是萌芽状态。由于没有总结出一套正确的归纳方法和演绎方法，有时就会出现明显的推论错误。比如，强盗是人，是否推论：爱强盗是爱人。如果爱强盗不是爱人，是否推论：不爱强盗不是不爱人，或杀强盗不是杀人。

4. 关于同、异问题的研究。研究概念同、异问题不仅使思维进入更高抽象水平，也是正确归纳的基础。《墨经》研究了四种同。一是重同，有两个名称，但指向的事物都相同。比如义、利，实质是一样的，就属于重同。二是体同，局部相同，处于交叉关系。比如牛、羊、猪有蹄且为双数，可以归于偶蹄目。而马的蹄为单数，归于奇蹄目。三是合同，居住在同一个地方。比如常年居住在鲁国的，可以归类为鲁国人，常年居住在楚国的，可以归类为楚国人。四是类同，同一种类但形状、颜色不同。比如，白马、黑马，统称为马。与同相反的，就是异。② 研究同、异的目的，就在于通过对事物同、异的对比分析，准确把握事物的特点规律③。

《墨经》没有讨论完全相同的情形，因为世界上不存在完全相同的两种事物。不仅与"和实生物、同则不继"古代思想遗产保持内在的一致性，从中可以对墨学倡导的"尚同"之"同"有更准确的理解。可以基本断定：墨子尚同之同的含义，并不是完全相同之同，而是允许存在差异性的同。通过对同异关系的研究，墨学得出"异

---

① 《墨子·小取》："爱人，待周爱人，而后爱人……因为乘马焉。"
② 《墨子·经上》："同：重、体、合、类。"《墨子·经说上》："同，二名一实，重同业；不外于兼，体同也；俱处于室，合同也；有以同，类同也。"
③ 《墨子·经上》："同异交得放有无。"

类不比"的结论。比如,木头和黑夜不能比长短,智慧与粟米不能比多少,因为它们不同类①。有学者据此认为是对孟子"人性之善,犹水就下"的批评,因为孟子违反了同类不比的规则。这实在是皮相之见,孟子并不是对善与水进行数量比较,而是采用引申的办法,使人对人性之善有一个更加直观的理解。

《墨经》对四类同异问题的研究,解决了部分问题,但留下了更多的疑问。针对惠施提出的"天与地卑,山与泽平",只是简单地用"平,同高也"来反驳,实际上没有解决比较同异的标准问题。如果从无限大(至大)的角度看,天与地、高山与河流之间的差距可完全忽略。由此涉及从绝对真假到相对真假的思维模式的转换问题。墨学里面几乎看不到相对主义的思想,从而给名家和庄子思想的发展留下空间。

事实上,同异问题最复杂,也最接近事物真相。物质世界性质千差万别,这就是相异,但可以说都是相同,因为都是由质子、中子、电子构成;微观世界和宏观世界都是由物质构成,都是相同,但遵循着完全不同的物理规律,它们之间又是相异;仓鼠、狮子、大象以及所有哺乳动物无论从体型、寿命、生活方式都有很大差异,但现代研究表明,它们一生中的心跳次数都达到大约 15 亿次②。生活在春秋战国时期的墨家弟子,当然没有现代人那么幸运,可以运用最新的技术研究同、异问题,从而揭示事物的本质,见识宇宙的底层逻辑。毋庸置疑,他们的探索极其可贵而有意义。除了研究上述四类同异关系,还提出:是之同,即正确之同;然之同,即发生变化之同;同根之同,即原因条件相同之同,等等。这种探索预示着:任何事物之间都可以找出相同点和不同点,每一次找到了相同点——比如遥远星空

---

① 《墨子·经下》:"异类不比,说在量。"
② 参见[英]杰弗里·韦斯特《规模——复杂世界的简单法则》,张培译,中信出版社 2018 年版,第 7 页。

发出的光居然与家里白炽灯发出的光的性质完全相同，或者找到不同点——星空中同样发光的星体其实区分为行星和恒星——都可以使人类对世界的探索更进一步。这种信念我们可以在即将讨论的老子思想中得到强化。

5. 关于墨学所涉猎知识的分类问题。按照冯友兰早期的观点，分为对"名"的知识，对"实"的知识，实与名"对应"的知识，以及"行动"的知识四类。[①] 这一看法是大胆的，其他学者可能并不赞同，但也不是毫无根据。事实上，从墨家弟子的成果看，这四类知识都有一定程度涉及。第一类是研究概念（名）问题，如思维规律、逻辑学等。第二类是研究客观实在（实）问题，如力学、光学等。第三类是研究概念与客观实在之间的关系，名与实的统一、分离等，类似于哲学、心理学等。第四类是研究完成某类事务的知识，如制作防守器械等。令近代学者困惑的是：《墨经》中几乎完全不同于儒学的思想究竟从何而来，又去往何方？墨学成为绝学后，其中的逻辑学和科技知识是否都失传了？需要指出的是，墨学的这些成就绝不是空穴来风，而是继承古代文化遗产基础上的创新，也是对同时代文化成就的借鉴和创新。墨学作为一个学派逐渐消失，但其大多数主张，比如摩顶放踵而利他的精神都融入中国道统之中得以留传。但墨学的另一些思想成就，如对同异的研究，湮没在故纸堆里近乎无人问津。但是，无须过多惋惜近代中国学者最为珍视的墨子科技思想之中断，按照英国人李约瑟的说法，对中国科技贡献最大的恰恰是道家。这个观点是正确的。比如，墨家非乐，不会对琴弦的长短、粗细与音调的关系进行规律性研究；墨学缺乏天道自然的观点，感兴趣于利益得失的衡量，对于深藏宇宙之中的规律缺乏兴趣；墨学意识到自然语言的局限性，语言表达事物犹如画虎，可以把外形画得很逼真，但始终难以

[①] 冯友兰：《中国哲学简史》，赵复三译，北京联合出版公司2012年版，第79页。

精确表达；墨学孜孜以求于名实相符，但绝对想象不到，能用一套独立的、逻辑严密的符号体系去精确描述事物。这套符号体系就是数学，数学之于科技如同语言之于思想。没有数学的科技就像没有语言的思想一样，绝对不可思议。我们不是在苛求古圣人，而是指出中国道统中的弱点，非常需要融合其他文明的优势。对中国人来讲，古希腊文明中最令人羡慕的绝对不是柏拉图，也不是亚里士多德，而是长期生活在北非亚历山大城的欧几里得，那位写出《几何原本》这一辉煌巨著的数学家欧几里得。不过，接下来要讲述的老子学说将给予我们极大的自信心。因为，老子告诉我们，这个世界受自然法则统治，受制于规律，这些规律不会反复无常、亲亲疏疏。在自然的世界里，既没有神灵的立足之地，也没有先王以德配天的故事，自然就是神、神就是自然。

第七章
老子和道家

老子（约前571—前471）是陈国相人，今河南鹿邑县，姓李氏，名耳，字聃。① 如老子真姓李，应是皋陶的后裔②。陈国为虞舜后裔所建，孔子说："无为而治者，其舜也与。夫何为哉，恭己正南面而已矣。"（《论语·卫灵公》）作为虞舜后裔故地，保存虞舜无为而治思想传统是可以预见的，而老子生活在这样的文化氛围中，自然会受到影响。老子曾任周王室的"守藏室史"，即管理周王室图书馆（国家图书馆）的史官，有机会接触当时留存的所有古文献，当时的史官又有观察天象的职责。华夏族丰富的典籍，周王室跌宕起伏的历史，天象观察的经验，造就了传承中国道统的又一位圣人。与孔子和墨子皆祖述尧舜，以继承历代圣王遗志，致力于拯救天下不同，老子主张"绝圣弃智"，抛弃人为的干扰或努力，让一切按照自然法则生长。人们要抛弃天地间人为贵的幻觉，在自然面前人并没有那么重要，犹如一只刍狗，一颗石子或一缕轻风，人怎么可能是天地之心？不如离开人的立场去观察宇宙。在中国道统中，老子的思想承担着这样一种功

---

① 老子去世之前，楚惠王于公元前478年举兵杀死陈湣公，灭掉陈国后置苦县，因此《史记》说老子是楚国苦县人。《后汉书·郡国志》载："苦，春秋时曰相，有赖乡。"

② 李姓为皋陶后裔，是参考了唐代李延寿《北史·序传》和清代陈廷炜的《姓氏考略》的说法。

能:犹如一帖清凉剂,祛除虚火让头脑冷静;犹如一剂解毒药,抑制毒素让人体自愈。庆幸有这样一位圣人,在中国道统中注入了一种自我修复、自我反思的文化基因;塑造了正言若反的逆向思维能力;赋予了破除权威和成见,对抗人人都相信的常识的勇气;留下了个性解放和超越平凡的思想空间。司马迁记载了孔子向老子问道后老子说的一番话:"子所言者,其人与骨皆朽矣,独其言在耳。且君子得其时则驾,不得其时则蓬累而行。吾闻之,良贾深藏若虚,君子盛德容貌若愚。去子之骄气与多欲,态色与淫志,是皆无益于子之身。吾所以告子,若是而已。"(《史记·老子韩非列传》)老子要求孔子去掉身上的骄气和太多的欲念,改变扬扬自得、自以为是的模样。我们不知道孔子这位"知其不可为而为之"的弘道者,听了老子的告诫后是什么感觉。老子继承了古代思想文化中另一份珍贵的遗产,接受"自然之天"天道观而形成了一套独特的思想体系。[①] 老子思想的恢宏、包容及所带来的全方位影响,丝毫不亚于孔学。如论历史上的"政治地位",老子高于孔子,唐高宗乾封元年(666)老子被封为太上玄元皇帝,而孔子不过是宋、元两朝皇帝所封的大成至圣文宣王。一位是皇帝,另一位是王,差距很大,不过把王理解为圣王之王,又是另一回事了。

一 老子思想的基本脉络

老子生活在春秋末年,同样能听到古老社会结构瓦解的叹息,能

[①] 侯外庐认为老子思想是孔、墨显学的批判和发展,"如果没有孔、墨的天道思想在前,老子不会忽然来一个道法自然"。参见《中国思想通史》卷1,人民出版社1956年版,第259页。这个观点显然是错误的。不了解古代思想文化遗产中另一重要部分,即从古天文学中发展出来的自然之天的天道观。老子思想有极深厚的中国上古时期的文化传统。

感受到战争给百姓带来的深重灾难,能看得到《诗经》中怨天尤人的变风变雅。但是,对于问题原因的探究,老子的结论与孔、墨完全不同。老子出身于史官①,又是周王室图书管理员,能比任何人看到更多的文献资料,熟悉古今成败得失、存亡祸福的道理,更了解现象背后的"真相"。"金玉满堂,莫之能守;富贵而骄,自遗其咎。"(《道德经》第九章)历史上有多少豪庭巨宅沦为荒茔枯冢,有多少富贵之人含恨而亡,春秋末年的故事其实在历史上已经反复上演,有多少人能吸取教训?多少人能领悟其中的玄机?总想好上加好,总想富而又富,总想治而又治,最终都逃脱不了同样的结局——"其人与骨皆朽矣"。孔、墨开创私学的先河,老子对此并不认可。熟读诗书又有何用?四处奔波宣讲自己的主张又有何用?学习先王的事迹又有何用?孔子认为问题出在人与人之间缺乏仁爱,墨子进一步提出兼爱,甚至用鬼神来逼人为善。老子一概否定。"大道废,有仁义;智慧出,有大伪"(《道德经》第十八章),之所以讲仁义,就是天道被废弃的结果,仁义越多、离大道就越远。孔子心向往之的"礼",老子直接斥之为"乱之首"②。春秋末年同样的乱象,有不同的解释,有不同的归因,有不同的药方。同样的现象,归因不同,就会有不同的思路。老子认为:春秋末年出现乱象是必然的,祸福本来就是相依相随,有福就必然有祸,谁说只能享福、不能受祸?因此,唯一出路就在于遵循天道自然法则,向自然学习,人法地、地法天、天法道、道法自然。自然最完美,因为连"道"也是遵循自然的法则,自然体现最高的道、最高的秩序、最高的真实、最高的完美。人可以在与

---

① 《汉书·艺文志》言:"道家者流,盖出于史官。历记古今之道,然后秉要执本,清虚以自守,卑弱以自持,此君人南面之术也,合于尧之克让,《易》之谦谦,一谦而四益,此其所长也。及放者为之,则欲绝去礼学,兼弃仁义,曰:独任清虚以为治。"

② 《道德经》第三十八章:"夫礼者,忠信之薄,而乱之首。"

第七章 老子和道家

自然融洽相处中，在清净无为而无不为中找到人生的意义。这就是老子思想的基本出发点。

老子有着鲜明的自然之天的天道观。这一天道观的主要特征是用自然的发生发展解释宇宙和人类社会的过程，自然是神、神就是自然。犹如17世纪荷兰人斯宾诺莎的自然神论一样，实际上反对神创造自然、取消了神存在的地位。"斯宾诺莎的上帝"对爱因斯坦等一批杰出科学家产生重要影响，主宰了他们的世界观。[①] 自然和神合一的思想深刻影响着中国道统[②]。具有讽刺意味的是，老子的天道观彻底排除了超自然的人格神，但老子本人后来竟然成了道教的三大主神之一。说明自然天道观有两条分叉的发展路径。在天人关系上，这一天道观下同样有不同的看法，比如人在自然面前只有顺从而毫无作为——如庄子，或者可以利用自然法则有所作为——如韩非子[③]，从而产生不同的思想流派。老子的重要贡献之一是真正开创了中国道统对本体论的思考，比《中庸》将"诚"作为事物本体的思维水平要高。他认为，万物之有，本原于"无"（非有），从"无"中产生"有"之后，就按照自然演化，一生二、二生三、三生万物（其意义将在后面详细讨论）。万物包括人与社会都逃脱不了自然演化这张"天网"。遵循自然天道是人类不能逃避的宿命。"自然"是老子思想的核心，犹如"仁义"是孔学思想的核心，"鬼神"是墨学思想的核心。

自然天道是什么？看不见、摸不着，也不会说话。老子教了我们一个办法：观察自然、体悟意义。他首先注意"水"这一自然之

---

① 爱因斯坦说："我信仰斯宾诺莎的那个在存在事物的有秩序的和谐中显示出来的上帝，而不信仰那个同人类的命运和行为有牵累的上帝。"（《爱因斯坦文集》第1卷，许良英等译，商务印书馆2017年版，第365页。）

② 如《周易》以及朱熹理学基础的《太极图说》，无不渗透着自然神论思想。

③ 笔者认为司马迁在《史记》中的分类是正确的，因为韩非与老子在天道观上相同。

物——"上善若水",这世界上几乎所有的美德全部集中在"水"的身上,简直就是"道"的化身。水滋润万物却从来不去争斗,待在人最不喜欢的低处;水性绵绵至柔,微则无声、巨则汹涌;水能滴水穿石,涤尽一切污垢,却又淡泊如镜、静如处子。从"水"中悟道,就知道人该如何做事了。老子还观察到骤雨似乎都不长,狂风虽猛却不如微风那么悠然长久,于是总结出"飘风不终朝,骤雨不终日","刚强易折、柔弱至坚"的道理。后来的文人志士模仿这套方法,好像也从竹子中看到气节,从磐石中领悟坚韧,从玉石的温润中感受君子的品德,从腊梅中发现芳香当从苦寒来,从青松中获得革命意志。老子塑造出了中国道统千年来的共同思维方式。老子运用玄览(或直觉、静观)发现,上天什么也没有特意为之,就这么自然演化着,居然成就了如此一个大世界,这便是"无为而无不为"的最高境界了。老子从中受到启发,认为弃绝人类所有的刻意创造出的知识,不听、不想、不看,就不会有贪念、妄念、淫念,使人复归于婴儿,怀抱赤子(婴儿)之心,就真正接近自然天道。与《论语》《墨子》开口一个先王、闭口一个先王绝然不同,《道德经》没有一句提及先王事迹,而仁义礼智简直是万恶之源。这种把知识看成罪恶,彻底反传统、抛弃一切文化遗产的思想居然产生于"图书馆馆长"的头脑之中,似乎难以理解,是否体现了另一种意义上的辩证法?庄子后来又狠狠补了一刀:"圣人不死、大盗不止",连老子喜欢提及的圣人最好也死掉算了。老子自我解嘲地说:"下士闻道,大笑之,不笑不足以为道。"(《道德经》第四十一章)如果大家都那么容易明白,还用得着去悟道、为道?!

依据这样的天道观,老子提出了特色鲜明的设定人生意义、解决社会问题的若干主张。他说:"信言不美,美言不信。"好话不中听,中听没好话,实与中庸之道暗淡无光、平淡简约的儒家自我解释有思维上的相通。那么,针对春秋时代的课题,老子开出了哪些不中听的药方？

第一，圣人治国清净无为，当以百姓之心为心。

老子作为古代思想遗产的继承者，在最基本的问题上与孔学、墨学相同，都坚信：天道倾向于善人，做了坏事都不能逃脱上天的惩罚。① 以百姓作为治国起点的民本思想同样贯穿在老子的思想中。可是，老子认为：世界外物、芸芸众生，最终要回复到本原，本原是什么，那就是静。知道这个亘古不变的道理，心里才是真亮堂。② 老子还发现，万物在天地那里没有特别的，就像刍狗（草狗）一样，一视同仁。圣人也把百姓看作"草狗"，并不滥施所谓的仁爱。③ 而历史上那些所谓的有为君主，人为设定了很多哪些能做、哪些不能做的条条框框，以为是在治理国家，其实违反自然法则的有为，结果却是：禁忌越多，百姓则越穷；武器越多，国家越黑暗；心眼越多，怪事越滋生；法令越密，盗贼则四起。相反，如果我不乱作为，百姓就会自我化育；我不瞎折腾，百姓就会自然富足；我没有贪欲，百姓就会自然纯朴。④ 老子受够了那些君子们的恶行，他们的宫室很堂皇，却让田地荒芜、仓库空虚，穿着华丽服饰、佩戴锋利宝剑、自家财物绰绰有余。这简直就是一帮强盗！⑤ 因此，"治大国若烹小鲜"，不折腾百姓、百姓也不自找麻烦，遵循清净无为的自然法则，连鬼神和圣

---

① 《道德经》第四十九章："圣人常无心，以百姓心为心"；七十三章："天网恢恢，疏而不失"；第七十九章："天道无亲，常与善人。"

② 《道德经》第十六章："夫物芸芸，各复归其根，归根曰静，静曰复命。复命曰常，知常曰明。"

③ 《道德经》第五章："天地不仁，以万物为刍狗；圣人不仁，以百姓为刍狗。天地之间，其犹橐籥乎？虚而不屈，动而愈出，多闻数穷，不若守于中。"

④ 《道德经》第五十七章："天下多忌讳，而民弥贫；人多利器，国家滋昏；人多伎巧，奇物滋生；法令滋彰，盗贼多有。我无为而民自化，我好静而民自正，我无事而民自富，我无欲而民自朴。"

⑤ 《道德经》第五十三章："朝甚除，田甚芜，仓甚虚，服文采，带利剑，厌饮食，财货有余，是谓盗竽。"

人都不能伤害百姓,这不是最好的办法吗?王弼作注时说:"其国弥大,其主弥静。"① 看来船大掉头难的道理各个时代的人都懂,万一倾覆,损失岂不更大。任何事物都是相对的,重用贤人,看似好事,但所有人都会你争我夺;看重奇珍异宝,只会激起更多的贪念;推行慈孝,恰恰是人间没有慈孝的原因。老子认为:假如圣人没有为己的私心,又保持谦卑的态度,一切以百姓的心愿为心愿,对于善者和不善者、守信者和不守信者都能各因其用,断绝用小聪明占小便宜、投机取巧获利的念头,使百姓心思归于朴实,犹如孩子般天真纯朴,那是一种多么美好的境界。②

熟悉古代思想遗产之后,就不应奇怪为什么会有清净无为的思想,而是奇怪为什么对后世会产生那么大的影响。从以后发展看,这种清净无为的思想,实际上给了向四种完全不同方向发展的可能性。第一种是庄子的思路,发展到自由放任的无政府状态,最后发展成魏晋玄学这棵大树。第二种是韩非的君主"秉要执本",这种清虚以自守更像是一种巩固君主绝对权威的策略和权术。第三种是黄老道家思想,为汉初治国理政的准则,既不是韩非露骨的绝对君权,也不是庄子的自由放任,而是一种臣有为、君无为的虚君思想。第四种就是被后世的儒家吸收,变成儒学思想的一部分,比如朱熹理学以静虚为本。比较老子与儒家、墨家治国思想,可以看出其中的差异。孔子强调:"子率以正孰敢不正;上好礼则民莫敢不敬;君子笃于亲则民兴于仁。"要求执政者有为、敢为、先为,这种"敢为天下先"的精神恰恰是老子所反对的,把"不敢为天下先"视为自然法则,视为保存自身的一种策略。至于墨子的兼爱、尚贤、兴天下利除天下害,按

---

① 楼宇烈校释:《王弼集校释》,中华书局1980年版,第158页。
② 《道德经》第四十九章:"善者吾善之,不善者吾亦善之,德善。信者吾信之,不信者吾亦信之,德信。圣人皆孩之。"这里采信王弼"各因其用,则善不失"的注解。

照道家后学的观点，更是导致天下混乱的祸害，简直是违反人的自然之性。

老子坚信自己观点的正确，用现代术语来说，还是有一些心理学基础的。人都有滥施仁爱，并从中获得自我满足的心理倾向；过度的帮助，往往会助长他人的懒惰；以善良之心办事，结果往往把事情搞得一团糟。庄子用混沌的故事解释了老子的思想，说是南海之帝和北海之帝为了报答中央之帝混沌的善待，为其凿七窍，一天凿一窍，到了第七天混沌就死了。看来"有为"之政害死人，同样会给人间带来灾难、给百姓带来祸害。

第二，勾勒了鸡犬相闻、老死不相往来的理想社会。

老子的理想国与孔子、柏拉图大异其趣，成为中国历代文人"采菊东篱下，悠然见南山"的精神皈依。这一理想社会建立在自然天道观下，有古代思想做依据。万物自然生长，是谁在拥有？谁在主宰？谁在利用？好像都没有，"生而不有，为而不恃，长而不宰"（《道德经》第五十一章），这才是至高的德行。老子认为，这种道理说出来，是那么平淡无味，既不如动听的音乐让人止步，也不如美味的饮食让人垂涎，平淡得尝不出滋味、渺茫得视而不见、悠远得听而不闻，可是使用起来会永不枯竭。[①] 按照老子的看法，理想社会尽管有领导人，可是百姓却感觉不到他的存在；总在你需要的时候出现，不需要的时候他离开；总在你困难的时候得到帮助，你快乐的时候他离开。犹如一年四季般自然运转，春天大地回暖、夏天酷暑难忍、秋天凉风习习、冬天白雪皑皑，百姓都不会去想谁在拥有、主宰。这是老子最理想的社会，最理想的领导人。稍次一等的领导人，百姓会亲近并赞誉他的德行，再次一等，百姓畏惧这样的领导，最次一等，百

---

① 《道德经》第三十五章："乐与饵，过客止。道之出口，淡乎其味，视之不足见，听之不足闻，用之不足既。"

姓会起来反抗。① 因此，知止，知道自己该什么时候出现、什么时候隐退，是领导人的最高境界。时刻保持谦逊，就如江海之于河谷，永远接纳源源不断的水流，终成汹涌浩瀚的大海。② 老子的理想社会是一个神话吗？不是！它有着深刻的社会依据。其实，从某种意义上说，现代社会治理的最高境界何尝不是如此？百姓们吃穿住行都是那么顺利地进行，既看不到今天的道路被破开了，也看不到明天因食盐短缺引起抢购，拧开水龙头，清水哗哗的；摁上开关，灯泡亮亮的；打开燃气灶，火苗旺旺的，百姓以为一切都那么自然、那么理所当然，从来不会去关注背后有多少默默的付出。百姓们"岁月静好"，却不知有多少人为此负重前行、默默奉献。老子把这种境界称为："太上，不知有之。"百姓生活中好像感觉不到有管理者的存在。

在这样的社会里，百姓只专注于做好自己的事情，再也不需要劳心费力地与他人周旋，讨得别人的欢心以求自己有立足之地。就如后来庄子所讲的"与其相濡以沫，不如相忘于江湖"，大家都能从劳神的人际关系中获得解脱，求得解放。国家很小，百姓也不多，满足于自己吃饭、穿衣、睡觉，陶醉在自己的习俗之中。虽然有船、有车，也有武器，似乎没有派上大用场。在这样的社会里，一派祥和气氛，既没有战争、没有奴役、没有嫉恨，也没有钩心斗角、相互使坏，完全是一派世外桃源。这种世外桃源成了中国道统中寻求身体解脱、思想放飞的精神象征。③

---

① 《道德经》第十七章："太上，不知有之；其次，亲而誉之；其次，畏之；其次，侮之。信不足焉，有不信焉。悠兮，其贵言。功成事遂，百姓皆谓我自然。"
② 《道德经》第三十二章："侯王若能守之（道），万物将自宾。天地相合，以降甘露，民莫之令而自均。始制有名，名亦既有，夫亦将知止，知止可以不殆。譬道之在天下，犹川谷之于江海。"
③ 《道德经》第八十章："小国寡民，使有什伯之器而不用；虽有舟舆，无所乘之；虽有甲兵，无所陈之。甘其食，美其服，安其居，乐其俗。邻国相望，鸡犬之声相闻，民至老死不相往来。"

第七章 老子和道家

第三，消除一切产生不必要欲望的因素，使人类社会恢复平衡。

按照认知心理学的观点，人的焦虑、不安和困惑来自认知不平衡。比如说，一位先生挣了一千万，别人认为很多了，可本人坚持认为按照自己的能力应该挣得更多。这种认知不平衡，就产生矛盾和冲突。而使人内心平和，产生幸福感的重要手段是消除认知不平衡。比如说，让前面那位先生改变认知，真真切切感受到一千万是很大的成功，很不容易，他就会有成就感和满足感。老子在两千五百年之前，就采用直观的方式思考这些问题，认为："罪莫大于可欲，祸莫大于不知足，咎莫大于欲得。"人的欲壑难填，什么时候会有个满足？如果不满足，各种罪恶、祸害、灾难就会降临。这个时候让人们彼此讲究仁爱，彼此谦让，恐怕有些对牛弹琴的味道。人在富贵的时候，往往忘掉贫穷时的窘迫；人在春风得意的时候，会忘掉失意时的落寞；人在步步高升的时候，往往不屑于别人的帮助。这就是人性的弱点。老子看得非常清楚。纷扰的色彩使人眼花；和畅的音乐使人耳乱；驰骋打猎，让人心花怒放；贵重货物，让人驻足停留。怎么办？老子觉得圣人只求饱腹即可。① 殊不知，当代中国共产党人还在反反复复地教育领导干部，一次只能在一张床上睡觉，一次只能吃一餐饭。老子这种消除内心的认知不平衡，达到心平气和、心安理得、高高兴兴的心理状态的思想，既是消除贪念的好办法，也是阿Q精神胜利法的心理基础。老子的这些观点是好是坏，就看你从哪个角度观察了。

基于对人性的洞悉，老子提出了一套消除矛盾、消弭纷争、解决冲突的办法——从平息内心的骚动开始。老子就想创造这样一种社会环境：让圣人不去鼓励贤人，贤人没有空间，大家也就不去争抢；不去重视稀罕的宝物，百姓也不会去盗窃；不要让贪欲得逞，民心就不

---

① 《道德经》第十二章："五色令人目盲；五音令人耳聋；五味令人口爽；驰骋畋猎，令人心发狂；难得之货，令人行妨。是以圣人为腹不为目，故去彼取此。"

会动摇。按照王弼的注解,量才录用、唯才是用,并没有值得夸耀和显摆的;贤人也是人而已,特意崇尚贤人,就荣过其实了。这一观点是不是有点眼熟?约伯之问要传递的思想也是:信仰和善良没有什么值得夸耀的,更不能成为上帝赐福于你的理由。任何深刻的思想最后都会相互交合在一起。真正好的社会,无善无恶、平平淡淡,百姓不能有太多心机,不能有太强好胜心,依据自然本性、诚实而质朴就最好。① 老子反对以智谋来治理国家,认为:"以智治国,国之贼;不以智治国,国之福。"(《道德经》第六十五章)当一切以"摆平"为能事去对付"刁民"的时候,你觉得会造成一届什么样的群众?在管理禽兽的时候,可以得意于人类的智力卓越,满足于人类对牲畜的"高贵",或者陶醉于人类对动物的"爱心"。可是在管理有同样智力的百姓时,你的技巧、爱心、残暴、阴险等很容易被识破,当醉心于我是卓越领导人的感觉的时候,其实危险就在脚下。因此,"绝圣弃智,绝仁弃义,绝巧弃利"就必然成为老子的政策选项。② 我自己做到了规规矩矩,老百姓自然会淳朴了(我自无欲、民自朴)。领导人实实在在、大家都跟着实实在在,领导人夸夸其谈、大家也跟着夸夸其谈。法家继承了这一观点,我们可以在《商君书》中看到大量的鄙视《诗》《书》的观点,就不足为奇了。

但是,最不可思议的是,老子主张"绝智弃辩""绝伪弃诈"③,

---

① 《道德经》第三章:"上不贤,使民不争;不贵难得之货,使民不为盗;不见可欲,使民不乱。是以圣人之治也,虚其心,实其腹,弱其志,强其骨,恒使民无知、无欲也(守其真也)。使夫知不敢,弗为而已,则无不治矣。"王弼注:"惟能是任,尚也曷为?惟用是施,贵之何为?尚贤显名,荣过其任;贵货过用,贪者竞趣。"(楼宇烈校释:《王弼集校释》,中华书局1980年版,第8页。)

② 《道德经》第十九章:"绝圣弃智,民利百倍;绝仁弃义,民复孝慈;绝巧弃利,盗贼无有。"

③ 郭店简本《老子》中,今本的"绝圣弃智""绝仁弃义"两句写为"绝智弃辩""绝伪弃诈"。

可《老子》一书成了后来一切谋略的祖源，守时待势的谋划、故意示弱的权谋、正言若反的权变、祸福转化的计谋、以弱胜强的策略都可以从中找到依据。以谋略著称于世的鬼谷子将道家的这一脉发扬光大，继而成为战国纵横家的鼻祖，以纵横捭阖之术旋转乾坤，把各色人等玩弄于股掌之间。反智谋的老子，却有着最善于谋略的后学，看来这也符合"反者道之动"的规律。当有人号称最不喜欢权谋的时候，一定要格外当心此人了。生活中无处不有辩证法，但用到极致处，也往往会无所适从。

第四，把握"反者道之动"，"弱者道之用"，作为治理社会的准则。

通过对大量自然现象、社会现象、生命现象的观察，老子认为：世间一切似乎都遵循"反者道之动"——反其道而行之的规律，正言若反，反言若正。同时也从中看到柔弱的大用处。这成为贯穿《道德经》的主线。

老子列举了有与无、难与易、长与短、高与下、白与黑、美与恶、善与不善、损与益，以及祸与福、雄与雌、强与弱、废与兴、取与予等，发现它们之间都存在相互依存、相互转化的关系。由此可见世界上的万物都存在对立面，简单地讨论祸好还是福好，善好还是恶好，白好还是黑好，似乎没有多少意义。老子说：恭敬与怠慢，能相差多少？美善与丑恶，又有多少区别？[1] 认为：不固执己见才能明察秋毫，不自以为是才能明白是非，不自我夸耀才能建立功勋，不故作矜持才能长久。[2] 这些意见对于儒、墨显学确实是一帖清凉剂，可以让发热的头脑冷静下来。后来庄子沿着这一"相对主义"的思想路线走下去，推向"齐物论"的极端，死和生没有什么区别，人和动

---

[1] 《道德经》第二十章："唯之与阿，相去几何？美之与恶，相去若何？"
[2] 《道德经》第二十二章："不自见，故明；不自是，故彰；不自伐，故有功；不自矜，故长。"

物,哪怕是人与一块土疙瘩都没有什么区别。

"祸福相依"的思维模式如此强大,以至于两千多年来一直主宰着中国人的头脑。一种思维方式几千年不变,对其他文明而言是一件不可能的事情,但对于中国道统的传承却极为平常。我们在安定的时候,总会想到危险是否会降临;当混乱的时候,总会认为乱到极致就是大治的开端;发现事情变得容易的时候,总会疑虑困难是否在前面等着。这种居安思危、慎终如始的态度不仅体现在《老子》中,也横贯儒、墨,成为中国道统的鲜明特色。当然,相互之间也有细微的区别,当老子用这种态度看待春秋末年的混乱,给出解决问题的办法是:"将欲弱之,必固强之;将欲废之,必固兴之;将欲取之,必欲与之。"(《道德经》第三十六章)就是说什么事情都得反着来,明明想削弱它、取代它、废弃它,却摆出一副叫好、交好、卖好的姿态。后人所谓"笑里藏刀、绵里藏针",就是这种思想的实用化。

孔子讲究温良恭俭让的君子美德,老子更是把柔弱胜刚强的思维推向极端,两方发力塑造出一个民族的性格。老子觉得,天下最柔软的是水,但没有任何事物能战胜水,那么柔弱胜刚强就是天下至理。从中可以引申一个道理:能承受全国所有屈辱的人,才能成为社稷之主;能担当全国所有灾祸的人,才能成为天下之王。① 老子提供了有普遍意义的思维方式——正言若反、反言若正的思维。按照老子的思维,会造成两种不同的传统。一种是真诚相信圣贤能为天下人承担罪责。比如,后人称赞的商汤,当国家发生大旱的时候,他独自到桑林向上帝鬼神祈祷:所有的罪责都由我一人承担,别祸及百姓。② 根据这样的思维,当国家发生重大灾难时,汉唐宋明四朝皇帝都要下

---

① 《道德经》第七十八章:"天下莫柔弱于水……受国之垢,是谓社稷主;受国不祥,是为天下王。"

② 《吕氏春秋·顺民篇》:"余一人有罪,无及万夫,万夫有罪,在余一人。"

"罪己诏",愿意承担所有罪责。另一种是作为权谋和策略,所谓吃得苦中苦、方为人上人,吃苦的最终目的是成为人上人。这就是作为潜规则的"厚黑学"了。老子嘲讽那些博者、智者、辩者不知道"反者道之动"的道理,一味向前而不知进退。须不知,当他说众乐乐而自己独闷闷的时候①,那种自以为高明、自以为脱俗的态度,也堕落到了他所批评对象的境地。当他把柔弱绝对化,绝对胜刚强的时候,恰恰陷入反者道之动,绝对胜刚强的反面就是绝对败于刚强。

针对春秋末年的问题,老子提出一套完全不同于孔、墨的解决方案。但老子是"隐君子",其学术传承关系难考证,且"其学以自隐无名为务"(《史记·老子韩非列传》),秦汉之后才将归本于自然的学者以道家统称。战国时期并没有"道家"这样的说法。孔子也讲道,"朝闻道、夕死可矣";"人能弘道,非道弘人"。以孔孟正统自居的宋明儒,也以"道学"著称于世。但是,此道非彼道。弄清彼此之间的差异,是理解中国道统的关键。老子所称的"道"是一种外在于人的自然状态,不随人的意志而动、人很难认识,道能自生、自灭、自化,一旦有人为的加诸其上,则可能会歪曲、失真以至于引起混乱。孔子所称的"道"可以称为社会得以发展的"道理",是自在的、超然于万事万物,但又蕴含于万事万物之中,尤其是内在于人性之中,形而上之谓道,形而下之谓器,但道不离器、道在器中。"道"不会自我显现,需要借助人去认识它、理解它、践行它,这样"道"才会大显于天地。这些区别可以从以后的庄子与孟子那里看得更清楚。孟子作为理想主义者,极度扩张人性的力量,背负天地之道,以天下为己任,负重前行;庄子作为避世主义者,极度扩张自然的力量,不相信人为的俗规、礼教,要颠倒人世间一切已有价值,摆

---

① 《道德经》第二十章:"俗人昭昭,我独昏昏;俗人察察,我独闷闷;众人皆有以,而我独顽且鄙。"

脱一切束缚，归依自然之中，物我相忘。当然，老子的思想绝不是只朝庄子一个方向发展，有多重的发展方向。"自然"真像一个任人打扮的小姑娘，人们都可以"自然的名义""道的名义"发表见解，古今中外概莫能外。以清净虚无为旨意的道家，和以干涉法治为旨意的法家，两者关系反而最为密切，因为他们之间有相同的自然天道观。梁启超曾把这看作"研究古代学术最重要且最有趣问题"。对于老子思想的多面性，多重发展的可能性，以及演变的脉络，下文将详述。

二 老子的自然思想

从人的本性来说，需要有一套理论来解释世界万物，不管这套理论是否正确，必须能自圆其说，否则就会陷入惶恐不安。自然必须要以一种人类可以理解的方式存在。比如现代人已经习惯于自然受因果律支配，当某些现象无法用因果关系解释时会感到茫然，不知所措。理解自然并为我所用是人的天性。与老子生活时代相仿，在世界另一头居住的一些思想家也提出了后来称为"自然哲学"的观点。他们生活在空气纯净的爱琴海域，一个名叫爱奥尼亚的地方。这是古希腊文明的中心，今在土耳其境内。每一本西方哲学史教科书都会告诉读者，哲学始于一个叫泰勒斯的人，认为万物是由水做成的，因为"水是最好的"①他试图用自然而不是超自然的方式解释世界。对于地震，同时代的希腊人认为是海神波塞冬发怒，而泰勒斯坚持用水流涌动来解释，就如西周末年的伯阳甫坚持用阴阳变动来解释地震。泰勒斯的世界里，自然是有序的，按照自身的规律运行。后来的毕达哥

---

① 参见［英］罗素《西方哲学史》，《罗素文集》第7卷，何兆武、李约瑟译，商务印书馆2012年版，第57页。

拉斯，不仅继承了这些观点，还进一步断言，自然世界遵循着数学法则。毕达哥拉斯的猜测，证明一个颠扑不破的观点：提出恰当的问题要比解决问题更加重要。现代数学与宇宙万物毫无理由的一致性，证实毕达哥拉斯的猜想是多么富有远见！亚里士多德推崇自然哲学，但对几何和数学可以解释世界的看法嗤之以鼻。事实上，近代欧洲科学是在推翻亚里士多德权威解释的基础上成长起来，现在我们可以很自豪地说：所有自然规律包括天体运动、电磁运动、量子运动等都可以用简洁的数学公式表达。这说明，我们在同样讲自然法则，同样讲世界按照自然运行的时候，其实不同文化下对自然的解释存在极大的差异性。老子的自然哲学确实与古希腊的自然哲学有很大差异性。

我们先看看亚里士多德所谓的自然法则的具体内容，然后再看看老子说了些什么。

亚里士多德用观察和直觉来理解自然法则，他相信万物由土、气、火、水四种基本物质根据不同的组合构成。所有物体都会从空中掉下来，那是因为大地和海洋是物体的自然归宿，遵循着自然法则，就如一片羽毛和一块石头落地，下降是无须解释的自然过程。木头燃烧，鸟儿飞翔，人体衰老，就如苹果落地一样，都是内在自然潜能的实现。亚里士多德的自然是由"目的论"而不是"因果律"支配的世界。宇宙中到处弥漫着由"目的论"所支配的秩序：下雨是因为植物生长需要水分；为什么要有植物，那是给一些动物提供食物；鸡蛋孵出小鸡，那是因为变成小鸡的目的已经自然地存在于鸡蛋之中。亚里士多德分析自然的方法——寻找目的，深刻影响了中世纪的欧洲。但在近两千年的时间里却阻碍了科学的进步，因为它和今天指导我们的科学定律完全不能兼容。[①] 我们没有意识到，亚里士多德的物

---

① 参见［美］伦纳德·蒙洛迪诺《思维简史——从丛林到宇宙》，龚瑞译，中信出版社2018年版，第97页。

理学恰恰是现代科学发展的重大障碍。亚里士多德满足于用"常识"解释自然，比如物体运动，那是因为外力推动的结果，因为日常观察到的运动都是因为外力持续作用的结果。可事实上，科学规律恰恰是破斥这类常识，科学反对自以为是的常识。牛顿的第一定律表明，物体运动不是因为外力，恰恰是没有外力将永远保持已有的运动状态。我们常常赞扬"知其然还要知其所以然"的探索精神，但科学首先是满足于对可观察现象的解释，而不是埋头探索事物背后的本质。比如在研究"引力"问题上，如果先去分析产生引力的原因，证明是一条死胡同。牛顿的万有引力、爱因斯坦的广义相对论，都是对引力现象的描述而不是对引力本质的说明。牛顿力学体系无法理解引力为什么瞬时发生作用，爱因斯坦用大质量物体附近时空扭曲来描述引力但无法解释扭曲的原因或本质是什么，但并不因为科学理论的"不知其所以然"而限制其广泛应用。光速恒定是爱因斯坦物理体系的前提但无法解释背后的原因，普朗克常数是量子力学的基础但至今无法解释背后的原因。相反，毕达哥拉斯试图用数学描绘自然现象的努力，柏拉图通过理解现象世界去把握绝对理念的努力，却在现代自然科学中找到了知音。近代以来的科学家们将背后的原因和本质归结为上帝——斯宾诺莎的上帝——自然，同时将这个原因和本质加上括弧，人仅仅满足于解释现象而暂不去考虑括弧内的东西，这才是自然哲学送给现代科学的最好礼物。

老子通过观察和玄览的方式理解自然法则，但是他并没有继承古代遗产中的"五行"来解释自然万物。他相信自然法则，相信自然法则统治着天、地、人，但是他对人的兴趣要远远大于对天、地、万物的兴趣，因此这种自然法则必然与人有千丝万缕的纠缠。老子观察自然天道，最终还是要为人服务的。因此，老子对于木头为什么会燃烧，鸡蛋为什么能孵小鸡，石头为什么掉落地上，而且重的肯定要比轻的落得更快等，丝毫没有兴趣。这好像算不上是自然规律。他的兴趣点与亚里士多德完全不同。他只对那些似乎能悟出点玄妙道理的自然现象感兴趣。比如，植物生长时期的枝条是柔软的，枯死之后就变脆硬了；水滴能够把岩石穿透；坚硬的牙齿先于柔软的舌头掉落。这类自然现象让老子最感兴趣。难道不是"自然"向人类显示柔弱生、坚强死的道理吗？这就是老子的思维模式：从自然中获得对人、对社会的启示。从细微处看玄道是中国道统的命门，既是优势也是缺陷。下面来看看老子讲了哪些自然法则，略举几条。

"天之道损有余而补不足；人之道则不然，损不足以奉有余。"（《道德经》第七十七章）据此，"木秀于林，风必摧之；行高于人，众必非之"[①] 就符合天之道了。一句话，低调、内敛、深藏不露是遵循自然的首要法则，也成了中国人行为处事的黄金法则。当然，这条法则是后人从老子的思想中总结、引申出来的。《道德经》一书的本意可能不是这样的，只是坚持认为真正得道的人都是将自己有余的奉献给天下人。"圣人为而不恃，功成而不处，其不欲见贤。"（《道德经》第七十七章）功成而身退是符合自然天道的美德，这样解释更符合老子的原意。确实，历史上真能做到功成身退的，都得以善终。

我们经常说天长地久。老子就在想：天地为什么能长久存在呢？原因是天地并不是为了自己而生存，所以能长生。能给世界万物带来好处的天地，谁不愿意它长生？王弼对此进一步解释说："自生则与物争，不自生则物归也。"[②] 只求自身生就会与万物相争，不为自己生万物就会归附。人能"长久"的奥妙在哪？就是：圣人遇到好事就要退让，遇到利益就要置身度外，就是靠着这种无私才能成其长久之私。老子说："天地之所以能长且久者，以其不自生也，故能长生。是以圣人后其身而身先，外其身而身存，非以其无私邪？故能成

---

① 引自三国李康《运命论》。
② 楼宇烈校释：《王弼集校注》，中华书局1980年版，第19页。

其私。"(《道德经》第七章)无私者,不刻意考虑自己,却能领先和保护自己,所以能成其私。这里藏有心机,因为"无私"的最终结果是"能成其私",后人过度解读,将"私"等同于私欲,好像用"无私"这一表象最终是成全个人的私欲,一下就把老子的思想推向了"厚黑学"。但老子真正的意思是:如圣人能无私利人,而得长久之私,这种私就是真正的大公。能无私而利人的人,谁都希望他长寿,而他真的长寿了,才能够更好地为他人谋利。这种长寿之私,不就是大公吗?

老子是否考察过江海,现在无从考证,但是他肯定注意到江海之浩瀚,而江海的浩瀚就源于其低海拔。老子从中又悟出了与天地长久相类似的道理:圣人要领导百姓就必须保持谦卑的态度。一位只给百姓带来利益,却从不与百姓争夺好处的领导人,谁又能不乐于推举,天下还有谁敢跟他竞争?这就是老子从天道自然中悟出的又一个结论。[1] 这种不争之争,被视为东方思维的大智慧。

与老子喜欢观察自然一样,亚里士多德观察过葡萄种子长成葡萄藤的过程,他得出的结论是:种子里的潜能变成了现实[2]。对于这一同样的自然现象,老子观察后却得出意趣完全不同的结论:"合抱之木,生于毫末;九层之台,起于累土;千里之行,始于足下。"(《道德经》第六十四章)通过其他的观察,老子还想说明:做任何事都要谨慎又谨慎,慎终如始;局面安定时就要想着如何保持,比出现混乱再去纠偏要容易;事情出现端倪之初就发现并加以解决,要比闹大了容易处理。[3] 良医治未病,良相治未乱,就是这个道理。看来,同

---

[1] 《道德经》第六十六章:"江海之所以能为百谷王者,以其善下之……故天下莫能与之争。"
[2] 转引自[美]伦纳德·蒙洛迪诺《思维简史——从丛林到宇宙》,龚瑞译,中信出版社2018年版,第97页。
[3] 《道德经》第六十四章:"其安易持,其未兆易谋。为之于未有,治之于未乱。"

样的自然现象用不同的视角观察,其得出的"自然法则"的区别竟然如此之大。人类社会的无限可能性绝非虚言。

当然,亚里士多德绝不是只对葡萄种子转化为葡萄藤这一纯自然现象感兴趣,也对研究自然法则与人类法则的关系感兴趣。亚里士多德从物质的组成中,居然看到统治元素和非统治元素之间的差异。他写道:"这种二元性存在于生物当中,但不限于生物,它来源于宇宙的构成。"[1] 正是这种二元性,亚里士多德声称人才会被划分为自由人,以及本质就是奴隶的人。原来奴隶制度天然地存在于自然法则之中。老子却从自然观察中看到另一番光景:自然法则是让万事万物都得到好处,而不伤害它们;所以圣人公平对待任何人,做什么事都不跟别人争夺;圣人不积攒私产,把它们用在最需要的人身上,反而使自己更加富有。[2] 与老子一样,孔子从"天无私覆、地无私载、日月无私照"中看到了天下为公,墨子从天道中看到"鬼神"赏善罚暴,继而提出了人人兼相爱。说明,不同的文化传统在看待同一种自然现象,会得出完全不同的"自然法则"。在前科学时代,所有的"自然法则"不过是某一社会现实和价值观在自然界中的投影罢了。善人看见的都是善,恶人看见的都是恶。佛陀说"相由心生",此言不虚。只有摆脱人类文化偏见,建立在数学和实验基础上的法则,才可称为自然法则。

分析老子的自然天道思维,会产生一种强烈的看法:如果能够忘却人的问题而真正关心自然之道,可能会开辟出更加广阔的思想天地。可惜老子未能这样。老子的兴趣并不在纯粹的自然,而是把

---

[1] 转引自〔美〕伦纳德·蒙洛迪诺《思维简史——从丛林到宇宙》,龚瑞译,中信出版社2018年版,第94页。
[2] 《道德经》第八十一章:"圣人不积,既以为人,己愈有;既以与人,己愈多。天之道,利而不害;圣人之道,为而不争。"

"自然"当作说事的工具。正如墨子提倡鬼神并不是为了鬼神而只是当作工具一样,老子那里,"自然"同样也是寄托个人思绪、个人理想的一种工具。既然是工具,合则用、不合则弃。老子赞扬"水德",后人也可以按照这样的思维方式找出一大堆理由去赞扬"火德""土德"。庄子以至魏晋王弼、郭象等赋予了自然之天不同的含义。荀子批评"庄子蔽于天而不知人"(《荀子·解蔽》),其实恰恰相反,应是"蔽于人而不知天"。老子以及后继者庄子的自然之道,并不是理解自然的好方法,恰恰窒息了理解自然的兴趣、窒息了对客观自然的探索,就如亚里士多德的自然哲学阻碍着近代科学思想的产生。老子的自然哲学阻碍了对真正的客观自然的研究,妨碍我们用超越个人偏好的理性目光看待自然现象。当我们感受到徐徐清风时,只会与惬意的人生相比拟,永远也不会想到清风的拂动与潺水的流动都遵循同样的法则——流体力学。其实,真正崇尚自然并不是只把自然当作寄托个人情思的载体,而应该看作和人一点关系也没有,但依然关心它、研究它、分析它、理解它。当伽利略抛弃亚里士多德的重物降落快、轻物降落慢的成见时,绝对没有想过会与人类社会有什么关联;当牛顿研究作用力与反作用力相等时,更不会联想到人类社会还有阶级压迫越大、反抗越大的道理;当爱因斯坦分析水星近日点进动提出时空弯曲理论时,也不会考虑对人类社会关系的影响。忘掉人吧,而专注于自然的语言。这恐怕是传承中国道统的后人应该谨记的。通过历史经验,笔者确实很悲伤地意识到,单靠中国道统自身的思想资源很难打破这一困局,很难改造这种思维模式。正如本书"序言"中所说的:唯有用科学精神重新诠释"自然之天",才能唤醒人与自然关系的千年迷思。——那是20世纪的主题了。

三　老子的本体思想

老子的道，在两重含义下使用，一是自然之道，或者说自然法则，上一小节已经做了讨论。道法自然，自然就是道。二是本体之道，是把道作为万物的本原、本性来理解。道处于有、无之中，有、无统一的状态就是道。对作为本体的道，老子说得比较含混，《道德经》一书便有多种解释。一种解释："有物混成，先天地生；寂兮寥兮，独立而不改，周行而不殆，可以为天下母；吾不知其名，强字之曰：道，强为之名曰：大。"（《道德经》第二十五章）还有一种解释："是谓无状之状，无物之象，是谓恍惚；迎之不见其首，随之不见其后，执古之道以御今之有，能知古始，是谓道纪。"（《道德经》第十四章）另外有一种解释："道，冲而用之或不盈，渊兮似万物之宗。"（《道德经》第四章）尽管老子的"道"不可言说，但总有那么几个明显的特征：它看不见、听不到、摸不着，无法感知，说是无，可是又明确存在着；没有上下左右之分，更无固定形状，说是有，又显得虚无；它无处不在，无所不入，弥漫在整个宇宙之中。中国历史上，基于各个时代的知识和认知水平，对"道"都有不同理解。基本上形成了两大阵营，第一阵营：援道入儒的，试图把道解释为"气"，即气本论，或者把道解释为"理"，即理本论，从宋儒的张载和程朱那里分别得到阐释；第二阵营：固守老子关于道的正统或援儒入道的，往往把道解释为自然、虚空，形成"贵有"派、"贵无"派，庄子、王弼、郭象是这一阵营的代表。复述这些学术思想似乎不是本章的任务。既然对任何古人思想的阐释都是用阐释者所处时代的语言来完成，笔者试图从当代人类对宇宙的理解出发，尽量贴近老子思想的原意，对老子本体意义上的"道"做出诠释。

爱因斯坦因提出相对论而赢得巨大声誉，也因"我深信上帝不是在掷骰子"① 一句话而引来热议，但许多人并不清楚他曾经为古罗马卢克莱修的《物性论》② 德译本作序。爱因斯坦写道："我们将会知道，一个有思想而又关心自然科学的人——又完全不知道现代自然科学成就的人，是怎样想象世界的。"还继续写道："他认为原子只有几何的、机械的特征，不但完全相信有可能以遵循一定规律的不变的原子运动为基础来说明世界上一切变化着的东西，而且还认为可以为这一论点提出根据。生命现象也好，感官所感觉到的热、冷、色、香、味也好，全部被归结为原子运动。他把灵魂和理智都说成是由特别轻的原子构成的；他有时更彻底，竟把一定的心情同物质的各种特性相提并论。"③ 这就是西方历史上最早的唯物主义本体论观点。卢克莱修反对神创论，认为世界一切都由不可分的原子组成，一切现象都可以通过原子的运动得到解释。意味着"有"只能从同样性质的"有"产生，不可能从"无"中形成，"有"永远是"有"，不会变成"无"。同样排除神创思想的老子，却提出了"天下万物生于有，有生于无"（《道德经》第四十章），认为"有"可以从"无"中产生，"有"可以产生新的"有"，"有"也可以归于"无"。老子与卢克莱修在宇宙的本原上有着完全对立的观点。如果我们给老子扣上一顶"唯心主义"的帽子，倒是很省心，但实际情况并没有那么简单。中国古代哲学思想是很难用源于西方的唯心、唯物简单区分的，区别在于两种不同文明的宇宙观。

---

① 1926 年 12 月 4 日给玻恩的信，载《爱因斯坦文集》第 1 卷，许良英等译，商务印书馆 2017 年版，第 326 页。

② 卢克莱修是伊壁鸠鲁原子论的推崇者，而伊壁鸠鲁发展了德谟克利特的原子论，因无神论思想而成为中世纪基督教的敌人，但对近代欧洲思想产生重要影响。卢克莱修认为："无物能由无中生，无物能归于无。"（《物性论》，译林出版社 2014 年版。）

③ 参见《爱因斯坦文集》第 1 卷，许良英等译，商务印书馆 2017 年版，第 297、298 页。

卢克莱修体现了西方文明的一贯思路——宇宙可能由不可分的"实体"所组成，这个实体具有几何的、机械的特征，完全可以观察、可以测量。这个看法在20世纪初之前都没有遇到任何困难，直到现代量子力学产生为止。老子云："道生一，一生二，二生三，三生万物。万物负阴而抱阳，冲气以为和。"（《道德经》第四十二章）意味着宇宙本原的道有着最极简的特征，但是这个最极简易的道不是"实体"，它不可分割、不可观察、不可分析。双方在极简易和不可分上意见相同，但在宇宙本原是否为"实体"上则存在根本的对立。宇宙本原的道是"无状无象、无声无响"的混沌状态。举现代数学和计算机为例。数学作为纯粹的人类思维的产物，却是高度无理由地、完美地与整个宇宙契合，甚至可以与人类行为和思维相互契合。难怪爱因斯坦惊叹："数学，这个独立于人类经验存在的人类思维产物，怎么会如此完美地与物理现实中的物质相一致？"[1] 近代以来人类的进步表明：人们试图领会和理解宇宙奥秘的努力，最终却带领我们发现越来越精细复杂的数学领域，而这些领域正是宇宙，甚至人类行为、思维活动的基础。数学这一无声无响无体的"非实体"，是否是体现着宇宙的本原？以二进位制为基础的计算机，随着功能的日益强大，最终创造出与人类社会相仿、与人脑相仿甚至更高级别的"虚拟"世界。纷乱复杂、智慧出众的人工智能其最基本逻辑居然只是一闭一开的一个开关，确实让人惊讶。宇宙最终由"实体"组成的思想，在现代遇到很大的困难。纽约大学教授莫德林（Tim Maudlin）写道："世界不是由一组分置的、定域的、只通过空间和时间外在建立联系的实体组成的。世界是由一些更深层次、更神秘的东西编织出来的。"[2]

---

[1] 转引自［美］李维《数学沉思录》，黄征译，人民邮电出版社2010年版，第1页。
[2] 转引自［美］乔治·马瑟《幽灵般的超距作用》，人民邮电出版社2017年版，第11页。

卢克莱修描绘了一幅机械宇宙的图景——近代笛卡尔做了进一步强化——不仅是宇宙星辰的运动，就是人类的行为、感情和社会的变化都可以从原子的初始状态推导出来。就如爱因斯坦说的："他有时更彻底，竟把一定的心情同物质的各种特性相提并论。"① 这种机械宇宙观需要有外在的力量推动才能很好运转，因得到牛顿力学体系的支持，曾经占据着欧洲人的大脑。与此相反，老子描绘的是一幅有机宇宙的图景，宇宙可以自我生长、自我发展，遵循非线性、非机械的规则。有机宇宙的思想在《周易》中体现得更为明显，天地万物是在阴阳变易中自我发展起来，它循环往复、生生不息。这种宇宙观还有一个特点就是不承认确定性，从粒子的初始状态完全推导不出现在的宇宙，任何偶然而微小的干扰都会导致不同的结果，最终的结果如何只有在尘埃落定后才能知晓——犹如薛定谔的猫，在没有揭开谜底之前，你永远无法准确判定这只猫是死的还是活的。爱因斯坦尽管发展出不同于牛顿的物理体系，但他本质上还是机械宇宙论的信仰者，因为他所信仰的斯宾诺莎的上帝从来不掷骰子。比如，由于量子世界缺乏连续的因果链条——非确定性，他认为"量子力学固然是堂皇的，可是有一种内在的声音告诉我，它还不是那真实的东西"②。老子的相对主义所描绘出的有机宇宙存在着多种可能性。宇宙本体很可能只是一个过程、一种状态，而不是指某一自在的实体，乖乖地等待着人类去发现。

在卢克莱修看来，有和无是绝对分开的两件事，有就是有、无就是无，这种形式逻辑的思维一直是欧洲思想的主流，除了全能的上帝可以凭空创造万物以外，谁都不行。实体性质的物质只能由具有最小单位的同样性质的实体组成。但在中国道统的思维中却不是这样的。易学中阴阳互根、共生和互相转化的思想，表现在有和无上，就不是

---

① 《爱因斯坦文集》第1卷，许良英等译，商务印书馆2017年版，第298页。
② 《爱因斯坦文集》第1卷，许良英等译，商务印书馆2017年版，第326页。

绝对分开的两件事了。有和无的含义，不能用日常语义的满和空来理解。目前我们能找到的篆书、隶书中，无和無并存，但字源不同，含义也有差异。"無"最初代表人舞蹈的象形，篆书中用来表示祭奠亡灵的舞蹈，有"消失、没有、空的"的含义。"无"字则从"二"、从"人"，根据《易》对爻排列赋予阴阳特性看，"二"的底下"一"横为阳，上面"一"横为阴，那么"无"就有人突破显性阳，到达隐性阴的含义。"无"本义是指虚无、隐微的状态，看不见、摸不着，但不是没有、真空。马王堆《老子》帛书本中，"无"和"無"字都有，但以"无"为多，说明两者的含义确有不同。"无"作为"虚无、隐微"的存在状态，与"有"作为"实在、显现"的存在状态，符合互根、共生和互相转化的法则。"无"不是没有，而是一种与"有"性质不同的存在。按照这样的"有、无"观所描绘的宇宙图景，宇宙是一个从出生到成长最后又趋于死亡的进程，顺向的进程为无中生有，逆向的进程为有归于无，在这个顺向和逆向的进程中，还同时存在无数的有、无互相转化。这里，我们不妨试着用现代物理学揭示的现象来诠释。"天下万物生于有，有生于无"，如果以天下万物代表宏观世界，"有"是微观的量子世界，"无"则是不具有一般物质属性的黑洞世界——密度无限大、尺度无限小的一个奇点。在这个普朗克尺度内的奇点里，人类所能理解的物质、时间和空间都不存在。宇宙从一个奇点（无）开始，瞬间产生了可以为我们所理解的基本粒子以及时空（有），这些微观尺度上的粒子首先衍化出氢这样的轻元素，首批主要由氢组成的恒星通过核聚变产生更重的元素，大质量的超星星爆发则产生了更重的元素，如铁、黄金、钻石等。从无机物的"有"衍化出有机物的"有"，最后衍化出万物，包括人类。这是宇宙的顺向进程，但必然有与此相对的逆向进程——宇宙最终又会坍缩到一个奇点。我们还发现在宇宙顺向进程中，无时无刻地存在有、无的互相转化，即宇宙各处的顺向、逆向并存的情况。

当人们担心宇宙的熵值（无序性）不断增加时，却发现宇宙的实际熵值远低于按照热力学第二定律计算的熵值，这说明，宇宙并不是如之前认为的那样是线性的、单方向的发展，而是存在可逆性。比如，过去一直认为黑洞是一个只会吞噬物质的"无底洞"，但按照海森堡不确定性原理，黑洞视界外会瞬间产生一对正负虚粒子，当负能量的虚粒子进入黑洞，正能量的虚粒子会迅速逃逸变成实粒子。这就是"霍金辐射"，黑洞不断"蒸发"——不断向外辐射粒子。当巨大的恒星将物质形态由轻元素转化为重元素，不料黑洞却承担了逆向的功能，不断吞噬重物质，又重新释放粒子，粒子又开始了组成轻元素最终转变成重元素的过程。有和无组成了不断循环、相互转化的过程。霍金的黑洞辐射理论已经包含这种可能性。如此生生不息、循环往复，使整个宇宙具有了自我净化、自我修复的功能。

"有"和"无"这两种互根、共生、相互转化的存在状态，具有普遍哲学意义，代表着宇宙的本原。整个宇宙是由正反两股力量作用的产物：宇宙有以一种结构性方式存在的物质必然有以一种虚无方式存在的能量，有可以直接观测的物质必然有无法直接观测的暗物质，有可以直接观测的正向的能量必然有无法直接观测的负向的暗能量，有正物质必然有反物质，有实粒子必然有虚粒子，有正能量的虚粒子必然有负能量的虚粒子，有引力必然会有与之抗衡的张力，按照这样的思维，看到黑洞吞噬物质必然会有黑洞喷射物质的理论假设，而目前已经证明这一理论假设的正确性。宇宙的最底层逻辑可能就是极简单的有、无——道。用老子的眼光看宇宙：宇宙按照极简易原则编织而成，但不是由不可分的单一实体组成；宇宙不是一个可以分割为不同区域的机械装置，而是一个能自我发展、自我修复的生命体；宇宙会有一个从出生到终结的过程，但是在这个过程中绝对不是如岩石风化、铁器生锈、高温向低温传导那样不可逆地朝着单一方向。除了在本体论上讨论有、无问题，老子还在日常事物中分析有、无的关系。

他说："三十辐共一毂，当其无，有车之用。埏埴以为器，当其无，有器之用。凿户牖以为室，当无用，有室之用。故有之以为利，无之以为用。"（《道德经》第十一章）无用之用，无有之有，看似无用、实质有用，在庄子那里得到进一步的发展，滑入相对主义的泥淖之中。第三卷将会详细讨论。

老子给了我们太多的想象力和思想空间，其永恒的价值就在这里。

四 早期道家杨朱、列子和宋尹

早期道家学说的传承不同于儒家和墨家。儒家以孔子为祖，其弟子和再传弟子有明确的脉络；墨家以墨子为宗，结成紧密的团体，不仅有思想也有领袖（钜子）地位的传承；道家则不同，是由一群观点相近的人物组成的一股社会思潮，这股社会思潮的代表人物我们称为道家学者。他们有一个共同的特征，都接受了古代遗产中自然之天的天道思想，循静虚无为的自然之道，其家学渊源可能相同，也可能不相同。属于多点散开，连成一片。这也符合道家思想的真谛，不愿意接受世俗的约束，不愿意接受人为规则的束缚，自由往来于天地之间、游走于人与人之间，合则聚、离则散，相忘于江湖。与孔孟之道的称谓名实相符不同，尽管后人并称老庄思想，可庄子并不认同自己师承老子，只是欣赏关尹、老聃为"古之博大真人"（《庄子·天下篇》）。因此，要搞清楚老子的后学以及传承关系是比较困难的[①]。这里按照天道观来划分，凡是持自然天道思想的学派都可列

---

① 王葆玹《黄老与老庄》一书中就"《老子》之初传"做一番考据，认为庄子通过范蠡、关尹、列子等不同途径与老子思想产生联系。可作为一种说法。中国人民大学出版社2012年版。

入战国道家思潮，这是一个比较庞大的道家谱系。大致划分为几派：一是杨朱派①；二是列子②、庄子一派；三是宋尹以及稷下学宫一派，汉初的黄老之学与这一派关系密切；四是鬼谷子以及战国纵横家一派，从《老子》一书中发掘出谋略思想，但由于后人已经将其单列为纵横家，因此可不再列入道家；五是申不害、韩非一派，但后人将其称为法家，也不再列入道家。按照《国语·越语下》记载，范蠡言行应属于道家谱系，在辅佐勾践灭吴中采取的策略思想，与后两派的形成有密切关系。③ 这里只介绍前三派道家思潮，庄子等人单独介绍。

（一）杨朱思想

杨朱思想的意义在于给了我们不同于孔、墨、老的观察问题、解决问题的思路，保留在《吕氏春秋》的《贵生》《本生》诸篇之中。有一个流传甚广的故事：一位在海边度假的富翁，看到渔夫懒洋洋地晒太阳，就教导他要勤奋捕鱼。渔夫不解地问为什么，富翁告诉他这样可以多赚钱，多赚钱就可以像他那样，悠闲地在海边度假。渔夫说，我不也和你一样在海边晒太阳吗？杨朱就有类似的想法。当然，他的想法是从追问更深层次的人生意义开始的。不管是孔子的仁爱、墨子的兼爱、老子的无为，归根结底是想解决时代提出的问题，重新建立

---

① 冯友兰将杨朱视为道家第一阶段，属于比老子更早的早期道家和隐者。(《中国哲学简史》，赵复三译，北京联合出版公司2017年版，第41页。)

② 杨朱其人其思想的确凿性，已经为现代大多数学者所认可，但列子其人，特别是其书的真伪争论较大。如果是为某一人物作传记，近代以来的古史真伪之辨，确实有很大意义，但从学术思想的研究看，意义并不大。我们只要知道，存在这样一本书、存在这样一种思想观点，而且对后世确实产生过重要影响，就足够了。至于是不是叫"列子"，这本书是不是他写的并不重要，重要的是其中有价值的思想以及对后世的影响。

③ 范蠡提出国家大事要有天、地、人三者同时配合，"死生因天地之刑，天因人，圣人因天"；抱持雌节取胜，"尽其阳节，盈吾阴节而夺之"。伐吴成功后立即隐退，避免祸及自身。范蠡深得老子思想之精髓。

起一个新的秩序，在这个新的秩序中人人都能各得其所，百姓安居乐业、生命得以保全。这些学术思想的终极意义都在于人，而不是神；不是为了君主的福祉，而是为了天下的福祉。杨朱看到生命对人的意义，看到孔、墨、老方案的缺陷，何不独辟蹊径，反其道而行之，将别人思想的归宿作为自己思想的出发点，开辟一条实现贵己、重生的路子。在天道观上，杨朱接受天道自然的观点，顺从自然法则，实现贵己、重生。如果人人的生命得到保全，人人的个人利益得到尊重，人人把自己的利益维护好了，社会不就治理好了吗？① 看来，杨朱的想法也不无道理，若再加上"无君"——不相信政府，其做派倒有几分近代无政府主义的色彩。其实杨朱应是中国最早的无政府主义思想的代表。

既然各门各派的最终目的都是让人的生活过得更好一点，那就别绕那么多弯子，直接讨论什么样的情况下最有利于自己、有利于生命。就如富翁和渔夫的目的都是在海滩上晒太阳，就不妨先研究怎么把太阳晒舒服了，又不会把皮肤灼伤。就此，杨朱一派形成一些关于贵己重生的观点，他们认为：生命最重要，圣人对此早有很深的思考。耳目鼻口是为生命服务的，可不能反客为主，如果满足耳欲、目欲、鼻欲、口欲，纵情声色有害于生命，就必须赶紧停止。② 人有贪欲是天生就注定的，但是欲有情、情有节，圣人提倡修身有节度，用节度控制欲望，所以其行为不会放纵自己。从贵生出发，就可以控制情绪和欲望；不从贵生出发，就可能放纵自己，这是两者最大的区别，是生死存亡的根本。③ 如果有一串声音在回荡，悦耳则听，刺耳

---

① 《列子·杨朱》："古之人，损一毫利天下不与也。悉天下奉一身不取也。人人不损一毫，人人不利天下，天下治矣。"
② 《吕氏春秋·贵生》："圣人深虑天下，莫贵于生。夫耳目鼻口，生之役也……此贵生之术也。"
③ 《吕氏春秋·情欲》："天生人而使有贪有欲。欲有情，情有节……由贵生动，则得其情矣；不由贵生动，则失其情矣。此二者，生死存亡之本也。"

则不听；有一幅景色在展示，赏心则看，刺眼则不看；有一盘食物在跟前，鲜美则食，难吃则罢。因此，圣人认为声色滋味利于人性则取，有害则拒绝。① 从这样的原则出发，确立起另一种判断行为的价值标准——是否有利于生命和人性之健全。这就像渔夫与富翁达成如何晒太阳的标准：有利于身体健康则晒，不利于健康则不晒。但是，渔夫回避了晒太阳的资格如何获取问题，也回避了晒太阳的过程中富翁与渔夫的心理体验和感受是否有区别的问题。如果哪天渔获很差，渔夫只能饿着肚皮晒太阳了，而富翁依然可以悠闲地吹着口哨。同样，杨朱也回避了实现贵己、重生的路径。

杨朱派认为，天下治理得不好的根本原因还在于人们没想明白一个道理，即，生命与外物哪个贵重。只有弄清楚这个问题的人才有资格去治国理政，只有弄清楚这个问题天下的所有纷争才可以消除。他举例子，让你左手攫取一块土地，但卸掉左手，右手攫取一块土地，要切掉右手，这样一来，你就可以拥有天下，你干不干？有理性的人肯定不愿意。于是杨朱派就得出一个结论：两只胳膊重于天下，身体又重于两只胳膊，天下实在没有身体珍贵。想明白这个道理，国君拼命厮杀夺取土地又有何益？杨朱提出："拔一毛利天下而不为。"这才是值得赞扬的，因为身体贵于天下。《道德经》就掺杂了杨朱派的思想。"故贵以身为天下，若可寄天下；爱以身为天下，若可以托天下。"（《道德经》第十三章）只有把自己的身体看得比天下还重要的人才能把天下托付给他，只有爱自己更爱天下的人，才可以把天下交给他治理。这就好比说，只有把信用看得很重的人，借钱给他比较放心；只有把利益看得很轻的人，托付他经营办事才不会借机渔利。老子说，只要消除个人的欲望，才能达到定纷止争的目的。杨朱看来，

---

① 《吕氏春秋·本生》："今有声于此，耳听之必谦……利于性则取之，害于性则舍之，此全性之道也。"

第七章 老子和道家

欲望真实存在，但节制为上；节制欲望最好的办法是珍惜生命、爱护自己；只有明白生命和外物哪个贵重的人，才可以去治理天下。天下只有交到这样的人手上，才能让天下安心。这是一套与墨学完全相反的理论，由于其平实、易懂，说到很多人的心坎上，受到了时人的热烈追捧。害得孟子大骂这两人是无父无君的禽兽①。但孟子不可能预见到，18世纪的英国叫亚当·斯密的人会论证纯粹的利己可以造福于社会；孟子更没想到的是，21世纪的华夏大地，"钱财乃身外之物，生命比什么都重要"成为告诫贪财之人的箴言。孟子认为无君就是禽兽，其实还是不了解动物习性，现代研究表明狮子和狼等群居动物都有一个头领。其实杨朱所希望的君主应该是一位重生、轻物，不能只顾自己享乐的圣人。看看杨朱派是怎么形容那帮以满足感官需求为目的的家伙。出则坐车，入则轿子，一切以安逸为目的，可以称为"招蹶之机"（蹷当蹶，指招惹骡马尥蹶子）；满口肥肉醇酒，又自命不凡，可以称为"烂肠之食"；明眸皓齿，靡靡之音，又乐在其中，可以称为"伐性（生）之斧"②。

杨朱对生命意义的理解很独特。他虽看重生命的价值，但是，如果受迫而生，不如死亡更好。杨朱派分析了四种生命的情形：一是全生，各方面欲望都能得到合理满足，当然最好；二是生命有缺憾，不能完全得到合理满足，当然次之；三是死亡，生命不能保存，又次之；四是受到压迫却依然活着，毫无疑问是最糟糕的。结论就是："迫生不若死"。很有不自由、毋宁死的意思。重己贵生的杨朱派居然反对"好死不如赖活"的活命哲学，足见其对崇高人性，对生命意义的追求③。那位不吃嗟来之食最终饿死的齐人应是杨朱派的范

---

① 《孟子·滕文公下》："杨氏为我，是无君也；墨氏兼爱，是无父也。无父无君，是禽兽也。"
② 《吕氏春秋·本生》："出则以车，入则以辇，务以自佚……命之曰伐性之斧。"
③ 《吕氏春秋·贵生》："全生为上，亏生次之，死次之，迫生为下……故曰迫生不若死。"

例，比较中国近代以来有奶便是娘、有钱便带路、为活着可以出卖一切的卑劣人格，再比较被历代呵斥为个人主义、利己主义的杨朱派，越加显现出杨朱派是对有尊严人生的孜孜追求。梦想着光辉的人性，对利己主义者的"高尚"愤慨，其要么是无知，要么是虚伪，要么是对他人的道德绑架。"为人（仁）由己"，这是孔学的信条，意味着人首先要自己对自己负责，这与杨朱派没有本质区别。贵己重生发展到后来的道家养生术和房中术之流，则不是杨朱本人意志所能左右的。

（二）列子思想

列子的思想是老子思想发展的另一个重要方向，是向庄子思想演变的重要一环。庄子称"列子御风而行"，颇有仙风道骨的风范。后期创立的道教，将列子尊称为四大真人之一的冲虚真人，可以看出列子思想对道教发展的影响。列子以及后来的庄子，对历代文人学士持续不断的影响看，不仅不是如一般人所说的，是中国道统中的异端或另类，而是正儿八经的正统。① 理解列子以及后面要讨论的庄子思想对于准确把握中国道统的脉络极为重要。可以从思想发展的内在逻辑和如何解决人生问题这两个方面来分析。

被罗素誉为"天才人物最完美范例"的维特根斯坦思想走过了从"解构"到"重构"的两个不同阶段。最初他用科学和逻辑来分析语言、分析哲学、追问意义，认为哲学无非是把问题说清楚，对于说不清楚的就要保持沉默。到最后，哲学也仅剩下冷冰冰的逻辑和分析。在他晚年，终于醒悟到经过逻辑分析后留下的人工语言的局限性，转而重视日常语言。事实上，哲学需要"胡思乱想"，甚至"胡言乱语"，奇幻给人类带来的刺激和想象，远远不是科学和逻辑所能

---

① 可参阅侯外庐《中国思想通史》第1卷《庄子言行里的身世消息》一节。

胜任的。列子的思想首先是从背后的一系列追问引发的，并从价值"解构"中实现价值"重构"——而最终的完成体现在庄子那里。我们记得孔、墨、老以及杨朱，对现实生活中的问题各自提出了不同的归因，也提出不同的解决办法。列子这派可能就会不断追问：为什么大家都对社会现实不满意呢？答案可能是现实让他们感到不舒服。不舒服是什么，是主观感受还是客观存在？如果是主观感受，我这几天老吃肉看到肉就烦，等过了好几天没吃饭，连吃块窝头都感到香。说明主观感受是会变的！如果说客观存在，同样的"朱门酒肉臭，路有冻死骨"，很多人会为此愤慨，也有人会说那是大户人家顺应天道、积德行善的结果，你有手有脚居然被冻死，不是自己造孽吗？比如，面对同样的社会现实，墨子高举"兼爱""尚贤"，杨朱表示反对，提出"全性保真"的办法，结果孟子又不满意了。① 每个人都振振有词，究竟谁对谁错呢？在列子一派看来，连这个问题都问得有毛病。谁又能搞清楚什么是对，什么又是不对？连是非问题都有点模糊，就更不好判断了。杨朱把是非判断最后都归结到个人主观感受，对个体生命是有益还是有害上。但列子看来，依然是有问题的，生命是什么？个人感觉体验又是什么？比如，住宿的客栈老板有两个老婆，一个长得丑、另一个长得美，按道理美的肯定得宠，结果却是丑妻得宠。② 世界之大无奇不有，四海八荒之内有西南方的古莽国、四海中央的中国、东北方的阜落国，大家风俗完全不同却都生活得不错。怎么评判哪个好哪个不好。因此，你所看到的与实际情况完全不同。如果一定用你的观点去评判，岂非可笑？列子讲了一个故事，有三兄弟一起去齐国和鲁国学习仁义之道，学成后父亲问他们有什么收获。老大说，我明白了生命比名誉重要；老二说，我明白为了名誉可

---

① 《淮南子·泛论训》："兼爱尚贤，右鬼非命……而孟子非之。"
② 《列子·黄帝》："逆旅人有妾二人，其一人美，其一人恶，恶者贵而美者贱。"

以舍弃生命；老三说，我明白了生命和名誉要两全其美。兄弟仁的答案都来自儒家，谁都对，似乎谁又都不对。①

列子以及后来的庄子，首先对现实社会的一切价值进行"解构"，试图消融现有的是非观、价值观之间的差异，然后再在这个基础上开始价值重建。这一派在中国道统中是有大气派、大气度的人物，其意出尘外、怪生笔端的思绪，汪洋恣意、纵横寰宇的文风，给人瑰丽奇幻、思绪无穷的感觉。这是思想自我发展的必然结果。维特根斯坦是用科学和逻辑实现对哲学的解构，尼采用意志和生命解构西方传统，列子则用自然和虚无实现对古代思想的"解构"，并通过"解构"提出新的价值体系、新的社会问题解决方案。中国道统中没有西方传统意义上出世的修道士，哪怕后来的道教之人依然难以割舍滚滚红尘，关心世事变迁。同样的解构，但归宿点大异其趣。列子的行文风格与庄子相似，都穿插有大量的关于孔子以及古代名人的故事、寓言。体现了用讲故事来讲哲学的风格。

1. 万事万物都各有用途，没有绝对的好、绝对的坏，生死也是这样。万物从生到死，又从死到生，出生是死亡的开始，死亡又意味着新的出生，这就是生死往复的规律。一次，孔子在泰山游览的时候，看到荣启期破衣烂衫漫步在郊外，一边弹琴一边唱歌。孔子觉得奇怪。荣启期说，我快乐啊，死亡是人的归宿，安心处于这样的自然状态，有什么可忧愁！孔子去卫国的路上，看到林类一百多岁了，穿着粗皮衣服，在田里边捡遗留的谷穗边唱歌。孔子让子贡过去问话，长寿是人人所期待的，死亡人人厌恶，你却把死亡当成快乐，为什么？林类说，死亡与出生，不过是一去一回，在这里死去，意味着在别的地方出生，生与死有什么不同？子贡对学习很厌倦，问孔子什么时候能休息。孔子说，人生没有休息，等到死亡那一天，就可以休息

---

① 见《列子·说符》之歧路亡羊。

了。子贡感慨地说，死亡真伟大啊！

看淡生死以后，列子给人生的建议就是把握好当下，处理好人力所能及的事情。说杞国有个人整天担心天会掉下来，有人告诉他，天和日月星辰都是由气集聚，不会掉下来，即便掉下来也没事。长庐子听说后笑了，说，这些由气凝聚起来的有形物为什么就不会毁坏？如果毁坏了怎么能不担忧呢？列子听说后也笑了，说毁坏或不毁坏都是荒谬的，因为我们并不知道，只不过可能而已。就如出生不知道死亡，死亡不知道出生，何必要去挂念不知道的事情？事实上，列子的这种见解在变幻莫测的世界里，重新给了人以判断价值的标准。办好你能够知道的事情；对于不知道的事情，则顺从自然而然，不必挂念，更不必强求。通过舜与烝的对话，齐国的国氏和宋国的向氏的故事，列子告诉我们：每个人的身体都是大自然的一部分，是你从天地那里"偷盗"来的，暂时属于你自己；能从天地那里"偷盗"——如捕鱼、种植并致富是允许的，但"偷盗"别人的财物以自肥则是真"偷盗"。所谓"公公私私，天地之德"（《列子·天瑞》）。

2. 抛弃表面的是非、利害，发现自然的本性。这里也用了大量的故事与寓言。列子拜老商氏为师，三年内不敢计较是非，然后两年内敢于和人争论是非，然后两年内觉得没有什么是非，最后两年放纵心灵去计较是非，却搞不清到底是自己的是非还是别人的是非，也搞不清老商氏是不是其老师。身内身外，是非恩怨全没有了，似乎与外界完全浑然一体，到最后搞不清到底是风乘我还是我御风了。① 当看不到是非，看不到物我之间区别时，自身与外界浑然一体，就达到了至人无我的境界，才可以御风而行。周朝有个姓尹的人，天天压榨仆人。有个老仆役每天累得倒头就睡，奇怪的是每天做梦自己当国君，快乐无比。而那个姓尹的由于白天老琢磨怎样赚钱，天天晚上做噩

---

① 《列子·黄帝》："列子师老商氏……竟不知风乘我邪？我乘风乎？"

梦,当成奴仆被人打骂。有人告诉他,快乐和痛苦是相对的。姓尹的听了劝告,放松了对仆人的压榨,结果双方的痛苦都减轻。① 当放弃日常人们认知的表面利害时,最终会使双方获益。列子还假借"力量"与"命运"之间的对话,告诉人们:自然是超越是非、善恶的;自然界的生息变幻,人世间的寿夭福祸,不是人有所期待而成、而灭的。管仲、鲍叔牙和小白之间的故事,并不是因为小白圣明而不计前嫌任用管仲,也不是因为鲍叔牙识贤让贤,只是形势使然而不得不然(见《列子·力命》)。就如上战场不用好刀,难道还用烂刀不成。

  现存的《列子》书中,我们可以看到儒家思想对列子的影响。与《老子》不同,《列子》用了大量关于孔子与其弟子的对话和故事,与后来庄子的行文风格相同。把中庸以诚为本位的思想借用过去,突出心诚则是遵循自然的重要办法。太行、王屋两座山的北面住着一位叫愚公的人,苦于大山阻隔,虽年近九十依然与全家商议要把山挖走,使道路通畅。河曲智叟嘲笑他们愚蠢。可愚公说,即便我死了,还有儿子在,子子孙孙无穷尽,而山不会增高,为什么担心挖不平呢。此事感动了天帝,命令夸娥氏的两个儿子把山给背走了。这个故事因毛泽东而家喻户晓,成为中华民族坚强不屈的精神象征。还有一个故事,有个叫夸父的,不自量力去追赶太阳,最后渴死在路上。但是他扔掉的拐杖受夸父血肉的滋润居然长成一片树林,叫邓林,方圆达数千里。②

  在大禹和夏革的对话中,大禹认为世间的一切只有圣人才能明白其中的道理,可夏革却认为自然之事,并不是圣人所能明白的。孔子到东方游览的时候,看到两个小孩在争论。一个说早晨太阳距离我们近,因为早晨太阳看上去大,另一个说中午太阳距离我们近,因为中

---

① 《列子·周穆王》:"周之尹氏大治产……减己思虑之事,疾并少间。"
② 《列子·汤问》:"太形、王屋二山……邓林弥广数千里焉。"

午太阳热。结果孔子没办法裁决。真能参透自然法则还确实不易，而小人物却往往能直达事物的本性。伯乐是远近闻名的相马大家，但年龄大了，秦穆公希望他推荐一位新人。伯乐推荐一位挑担卖柴草的伙伴叫九方皋。三个月后，九方皋报告说在沙丘那边寻找到一匹良马。秦穆公问是什么马，九方皋回答：母马，黄色的。等秦穆公派人把马取回来一看，却是一匹公马，纯黑色的。穆公极为不满意。伯乐叹息说，九方皋相马的水平竟然到了如此境界！九方皋看到了马的天机和本性，而忘掉了马的外表。后来一试，果然是一匹天下罕有的好马（《列子·说符》）。

3. 描绘了一幅循自然之道的理想国——神仙国度。如果说孔子和老子的理想国还是基于现实的考量，列子所描述的理想国则是一派神仙气度。在列姑射山上住着神人，呼吸空气，饮用露水，不吃五谷，貌似少女。渤海东边有个叫归墟的地方，有五座山，楼台宫殿用金银珠玉建成，飞禽走兽是白色的，那里的人既不会老，也不会死亡。北部有个叫终北的国家，没有风雨露霜，也没有鸟兽草木，国土中央有座山叫壶领，流出的水甘美胜过甜酒，滋润着全国的土地。这里的人们心地善良、顺柔自然，没有国君也没有大臣，没有悲哀痛苦，整天歌声不断。周穆王曾北游此地，三年不归，回去后依然念念不忘。管仲听说后就想拉上齐桓公一起去，结果被人劝阻。

这个神仙国度并不远离尘世，与人毫不相干。相反，人甚至可以巧夺天工，达到与造物主同等的水平。一个叫偃师的人给周穆王展示会唱歌跳舞的小人，后来发现居然是用皮革、木料、胶水、油漆等制成的。周穆王赞叹说，人的技巧竟然可以与创造万物的天帝具有同样的能力。用这类思想建立起来的中国道教，必然与世界上其他一神教有很大差异。从某种意义上说，道教还不能称为宗教。因为，道教相信人的力量可以与天地齐高，甚至超越天地的力量。本来是齐生死，视死如归，认为任何有形物终究要损坏的列子、庄子一派，最后却演变为以追求长生不老为归宿的道教，不能不说是极大的背反。列子本来是追求回归自然的质朴生活，最后却给世人描绘了一座用金银玉石修葺的神仙宫殿。如秦嬴政这般雄才大略的人物，最终也被神仙家吸引并被害惨了。

人类需要胡思乱想，以刺激和放飞麻木的生命和灵魂；人类也需要倾覆乾坤，以改变根深蒂固的成见和习以为常。但不可以己之矛击己之盾。列子本来是以大彻大悟，不偏执于世间的价值为出发，最终却执着于自己的成见。因为，没有是非也是一种是非，没有利害本身就是利害。相对主义之盾终究承受不了相对主义之矛的刺杀。

（三）宋钘、尹文思想

宋钘、尹文思想，简称宋尹思想，是稷下学派的重要人物，也是老子思想向黄老思想发展的重要一环。① 稷下学宫是战国百家争鸣的学术中心，黄老之学是其中的主流，宋钘、尹文又是其中的重要人物。受稷下学派影响的人物如张良、曹参成了汉初的开国元勋，使黄老思想作为汉初治国理政的国家指导思想，在中国道统中占有极为重要的地位。其中的"老"指老子应属无疑，但"黄"指什么一直不清楚，因为借用黄帝名义的著作很多。直到1973年12月马王堆成功发掘，通过对早已佚失的《黄老》帛书的研究才最终搞清楚老子思想的两条重要发展方向。一条是列子、庄子；另一条是南北文化交融的稷下学派的重要人物，他们直面现实社会，抛开善恶、是非的道德说教，专注于研究"君人南面之术"，以及政治、战争、社会的战略

---

① 郭沫若将《管子》一书的《心术上》《心术下》《内业》《白心》四篇单列出来，作为宋尹思想，见《十批判书》之"稷下黄老学派的批判"。笔者认为是可取的。山阴仲长氏云：尹文子者"齐宣王时居稷下，与宋钘、彭蒙、田骈同学于公孙龙"，见《诸子集成》六《尹文子》。可作一说。

策略问题。① 宋钘、尹文思想恰好是介于老子和黄老思想之间，起着承上启下的作用。② 孔、墨、老是古代思想遗产继承者、创新者，在这之后，学术思想的分裂、融合更是一种常态，呈现你中有我、我中有你的态势。这种情况，在宋尹学派身上体现得比较明显。由于其"为人太多，为己太少""不忘天下，日夜不休"的精神，以及"禁攻寝兵"的主张与墨学接近，以至于被认为是"墨家之流裔"③。从强调道德仁义来看，似乎又接受儒家思想的影响。但是，从宋尹学派思想渊源看，归入道家思潮更为合适。他们秉持"自然之天"天道观，对道家思想有重要的理论贡献。他们开了对各派思想进行综合的风气，对后来学术思想发展贡献很大。宋尹作为生活在战国时期的士人，依然不能脱离当时的社会问题，他们思考、奔走、著述的目的还是企图解答时代提出的卷子。

宋尹学派的理论贡献体现在以下几个方面。

1. 从"本体论"角度，把万物本原归为"气"。老子关于万物产生的思路是："无生有，有生万物"；"道生一，一生二，二生三，三生万物"。开始把"无""有""道"作为万物的本原，但"道"究竟是什么东西，老子并没有说清楚。从宋尹开始，明确把"道"认定为"虚而无形的气"④。"气"充塞天地之间，万物因"气"而生、因"气"而成。天上的日月星辰、地上的五谷都是由"气"凝聚而成。这是一种原创性的思想，要理解它也很容易。你可以把"气"看作德谟克利特的"原子"，或者近代唯物主义的"物质"，

---

① 参见金春峰《汉代思想史·黄老帛书的思想和时代》，中国社会科学出版社1987年版。
② 侯外庐在《中国思想史》第1卷写道："著者认为，此派思想在学术史上的承转价值实高于其思想本身的价值。"（侯外庐：《中国思想通史》第1卷，人民出版社1956年版，第351页。）
③ 梁启超：《先秦政治思想史》，东方出版社2012年版，第179页。
④ 侯外庐：《中国思想通史》第1卷，人民出版社1956年版，第354—355页。

万物、包括精神都是由原子或物质组成。两者的区别就是之前说的，原子是有确定几何图形的实体，而气是无形无状的虚无。不理解气，就难以理解中国古代学术思想，气"其大无外、其小无内"。所谓其大无外，是指气无所不在，充斥整个宇宙；所谓其小无内，是指气无影无踪，根本看不到。这种虚无之气还可以产生意识、产生智慧，因为思想和认知活动本身就是气的运动。圣人就是因为胸中藏有"精气"而成为圣人①。

"气论"的思想发端于有自然天道观的宋尹学派，却一直占据着中国道统的正统地位。宋尹学派首创之"气论"，被同属道家思潮的庄子所接收，把世界上的一切变化解释为"气聚""气散"，同时也很快为儒家所承认，后来还成了新儒学的正统。"气论"的发展有两条路径。第一条路径，把"气"看作有阴阳属性的自然之气，与社会伦理、是非善恶无关。如王充、张载、王夫之等，把这种带有自然属性的"气"视为宇宙本体。第二条路径，把"气"看作不为利益诱惑、没有疑惧之心、有仁爱精神、可以自得其乐的"灵气"②。这是一股有伦理味道的灵气，开了把"自然之天"伦理化的先河，古代遗产中"道德之天"与"自然之天"开始融合。孟子嗅到其中的价值，发掘出"浩然正气"。程朱理学继续沿着这条路子，他们借用了道家的"道"，把孔孟的仁义视为"道"——最高的自然法则，从而援道入儒，开启儒家道学（理学）思想。

2. 阐述了"道"与"德"之间的关系。"道"作为万物的本原，"虚而无形"，这就需要通过具体事物的"德"体现出来，因此，道

---

① 《管子·内业篇》："道在天地之间也，其大无外，其小无内。""气，物之精，比则为生。下生五谷、上为列星；流于天地之间，谓之鬼神；藏于胸中，谓之圣人。"

② 《管子·内业篇》："见利不诱，见害不惧，宽舒而仁，独乐其身，是谓灵气，意行似天。"

与德是须臾不可分离的。① 转换成现代术语，可以借用一般与个别的关系，统一性与多样性的关系，形式与内容、必然性与偶然性的关系来理解"道"与"德"的关系。一般寓于个别、统一性寓于多样性、内容通过形式存在、必然性寓于偶然性之中，一般通过个别表现、统一性通过多样性表现、必然性通过偶然性表现。没有偶然的必然，会导致神秘主义；没有个别，无从认识一般；没有多样性，统一性就没有意义；没有"德"，就无从理解"道"。"虚无形谓之道，化育万物谓之德"（《管子·心术上》），我们要从化育万物之"德"中，从有形的万事万物中体会"道"的存在。这里的"德"与"得"相通，所谓"故德者得也"，"道"通过化育而使"万物"呈现出来，能让人看到了、摸到了，不就是"得"（德）吗？"德"也可以理解为一个个具体的事物，"道"就寄居在这些具体的事物之中。道家讲"德"，与现代人从伦理角度所理解的"德"完全不同。宋尹所说的道与德的关系，犹如儒家讲道与器的关系。

从道与德的关系出发，宋尹学派引出理、义、礼和法的关系。理产生于道，作用是明确人们之间的名分职守；义产生于理，作用是根据名分职守使每个人各得其宜，适当相处；礼产生于义，作用是根据义的要求明确亲疏、贵贱的礼节；法则用杀戮、禁止来实现行为的统一。事事以法来规制，法是根据权衡得失而制定，权衡得失则以道为依据。这说明，礼、法和理、义皆出于道。对道的这种理解模式，后来一直占据传统中国道统的正统地位。

3. 提出"治心"（心术）的目的和方式。儒家讲心，道家也讲心，由于其天道观的不同，两者有较大区别。儒家的"心"能容天地万物，宋尹派理解的"心"只是统率人体各个感觉器官的"最重要器官"，就像统领百官的君主。如果"心"充满各种欲念，就不能

---

① 《管子·心术上》："道之与德无间。德者，道之舍，物得以生生。"

全面、客观地认识外界，就会有偏颇、有取舍。他们提出"接万物以别宥为始"（《庄子·天下篇》），即破除成见（宥同囿），才能客观、全面地认识事物。当一个人带着固有的成见去看待事物时，我们会认为，他肯定会受这种成见的影响而不能准确判断。德国社会学家韦伯提出"价值中立"，是想让研究者一开始就要抛弃价值判断带来的成见，用一种纯客观的态度对待研究对象。宋尹学派告诉我们的就是这类道理。为能正确认识外界，首先要治心，使心灵虚、静、专一。所谓"虚"就是排除主观成见，如果不"虚心"而把成见带进去，会因刚愎自用而用主观成见歪曲事物。所谓"静"就是不要在事物发生变化前就急着去得出结论，而是要冷静观察。所谓"专一"，就是要专心致志，不会因其他事务干扰做出正确的认识或判断。① 通过"虚心"，使人抛弃原来的看法，保持一种"纯客观"的态度对待万事万物。荀子对此有过一番精彩的评论："心未尝不藏也，然而有所虚""不以所已藏害所将受，谓之虚"（《荀子·解蔽》）。并不是心里事先没有看法，而是要让已有的看法不妨碍获得新知识，这就是所谓"虚"。中国人总讲"虚心使人进步"，虚心一词就源出于此。现代认知心理学已经证明：人认识事物之前如不存有某一思维框架，就绝对不可能产生认识。说明绝对虚空的心灵不能接应万物，也说明绝对的价值中立是一个伪命题。人们总是用幼儿时期开始发展起来的思维框架去认识世界，同时要尽量避免固有的思维框架去妨碍对新事物的接受。这是宋尹、荀子思想在这个问题上留给我们的一点启示。

宋尹学派又从"治心"引申到"治国"，所谓"心安国安，心治国治"。如何算是达到心安、心治的目标？就要像天一样，无私覆，

---

① 《管子·心术上》："虚者，无藏也"；"毋先物动，以观其则"；"物至则应，过则舍矣"。《管子·内业》："血气既静，一意专心，虽远若近。"

就像地一样，无私载。私心是天下混乱的祸端。① 这样又回到了孔子的"三无私"的路子上来。没有"私心"才能治理好天下。《天下篇》记载宋尹派"愿天下之安宁以活民命"的主张，与圣人没有私心的观点一致。看来，这是儒、道治国思想的共同观点，也反映出儒道都源于同一思想遗产这一事实。

4. 形成"君道无为但无不为"的思想。既然虚、静是如此重要，所以天就是虚，地就是静，才不会有任何差错。② 宋尹派认为，作为君主就必须立于阴位，阴就意味着静；阴能制衡阳，静能制衡动，静可以自得。很自然地，可以从中引申出黄老之术的"君道"——君人南面之术。君主无为而驾驭臣下有为，君主以静制动、以阴制阳；让马自己跑，而不要代替马去跑，让鸟自己去飞，而不要代替鸟去飞；产生过失往往是因为自以为是，罪责也往往是在变动中发生，君主以静虚、无为为本，就不会有任何过失。"是以圣人之治也，静身以待之，物至而名自治之。"（《管子·白心》）从无为中实现无不为，从"寡欲"中实现内心的目标，这就是道家从"自然之天"天道观中获得的治国之术。

根据庄子、孟子等的记载，宋尹派还有"见侮不辱"主张，"言利不言义"等主张。这是从宋尹派人性论思想中很自然就引出的观点。"人之可杀，以其恶死也；其可不利，以其好利也"（《管子·心术上》）。人之所以可以用杀戮来镇压，是因为大家都怕死；人之所以可以用不利来劝说，是因为他们都贪利。从中就可以得出这样一些主张。如果君子经过"治心"实现超然于"生死""好恶"之上，就能够不为外界所诱惑，应对就可以超越常人之外③。别人受到侮辱

---

① 《管子·心术下》："是故圣人若天然，无私覆也；若地然，无私载也。私者，乱天下者也。"
② 《管子·心术上》："天曰虚，地曰静，乃不忒。"
③ 《管子·心术上》："是以君子不怵乎好，不迫乎恶，恬愉无为，去智与故。"

而感到耻辱，可是我却看成是激励前行的动力。历史上韩信是"见侮不辱"终于成就大事的最好案例。卧薪尝胆、忍辱负重、空乏其身、吃得苦中苦，皆可看作受这一思想影响的不同表述。①

老子思想的复杂性在于自身的多面性，所谓仁者见仁、智者见智，不同的思想前提，产生不同的政治主张，不同的人性假说，会有不同的治理模式。孔、墨、老之后，历史进入战国诸子百家的时代。

---

① "匹夫见辱，拔剑而起，挺身而斗，此不足为勇也。天下有大勇者，卒然临之而不惊，无故加之而不怒。此其所挟持者甚大，而其志甚远。"这是苏东坡在《留侯论》中对"见侮不辱"的又一种解释。

第三卷

纵横捭阖的诸子百家

战国时期是一个大动荡、大变革的时代，也是一个社会经济快速发展的时代，更是一个中国历史上罕有的思想文化繁荣兴盛的时代。周公当初建立起来的国家政权和宗法制度合一的西周体制，在战国时代已经瓦解。随着教育、文化、手工业、商业等从周室和各诸侯掌握逐渐向民间扩散，社会活力得到释放，私人财富得以集聚。这是一个美好的时代，也是一个糟糕的时代，就看从哪个角度评价了。社会的多元，带来思想的多元，学术的多元，时代之问已经不是孔子、老子时期那么简单。大多数人心里都清楚，再也回不到西周初期那个社会了，先王之道只是一个愿景罢了，解决不了太多现实问题。周室衰微就任其衰微吧，兼并战争既然已经不可避免，还是研究如何开始战争，或者躲避以保存自己，或者站在道德制高点上使自己的战争行为变得更加高尚一些。一场对中国历史带来深远影响的变法运动开始席卷各诸侯国，其中成效卓著的是秦国的商鞅变法，由此也诞生了后来称为法家的商学派。中国道统从春秋末年的三足鼎立，其学术思想开始向多个方向扩展，诸子百家指点江山、各领风骚，形成战国时期纵横捭阖之势。孟子在与万章谈古论今时说："尚论古之人，颂其诗、读其书，不知其人，可乎？是以论其世也。"（《孟子·万章下》）因此，讨论战国时期诸子先要论及其生活的时代，故在此摘录顾炎武《日知录·周末风俗》中一段比较战国与春秋两个不同时代的话，作为对这个时代的注解：

"春秋时代犹尊礼重信，而七国则绝不言礼与信矣。春秋时犹宗周王，而七国则绝不言（周）王矣。春秋时犹严祭祀、重聘享，而七国则无其事矣。春秋时犹论宗姓氏族，而七国则无一言及之矣。春秋时犹宴会赋诗，而七国则不闻矣。春秋时犹有赴告策书，而七国则无有矣。邦无定交，士无定主。"

这是一个没有朋友、只有利益的时代，一个大争、大合的时代。

第八章
商君和商学派

商鞅（约前395—前338），卫国人，姬姓，公孙氏，为周文王嫡九子康叔后裔，后因获封于商地而称商君。《史记·商君列传》详细记载了商君变法的经过，但对商君学术渊源记载极为简单，只说喜好刑名之学。综观商君一生的实践和商学派著作《商君书》，可得出结论：商君思想主要继承了古代务实派政治家、思想家如子产、范宣子、李悝等的遗产，吸收孔、墨的某些观点，其厌恶《诗》《书》，不喜欢用权谋治国的态度以及天道思想则更接近于老子。近代学者认为"商君思想精义较少，欲考法家思想须重《管》《韩》二书"，"'一民于农战'一语，足以尽之"[1]，表现出很不屑的态度。这实在是个极大的错误！商君思想与诸子百家思想的最大区别，是除兵家之外唯一有实践基础并被证明为可行的治国思想，正因如此才更加凸显其历史价值。商君思想内涵之丰富、思维之精妙，是需要深入领悟才能获得的。

---

[1] 参见吕思勉《先秦学术概论》，中国人民大学出版社2011年版，第83、90页。

一　商君治国思想

《商君书》是商君治国思想的重要载体①。欲准确理解商君治国思想，还需要从问题入手。《史记》记载商君与秦孝公四次会谈，先用帝道、王道不听，后用霸道才使双方相谈数日而不厌，到第四次确立了"强国"这一治国目标。结束"诸侯卑秦""丑莫大焉"的局面、实现富国强兵，是秦孝公的当务之急，而发展农业、训练新军则成为优先发展方向。即发展农业和发展军事双管齐下。秦国的地理位置，决定了农业几乎是积累财富的唯一手段。不像同时期的希腊、迦太基可以靠抢劫和经商致富，而只能像罗马共和初期那样以培养朴实的农民和英勇的战士为根本。通过强制的手段把精力集中在农业上，又通过强制手段把财富集中用于军事准备，使整个国家机器为农战服务。商君最终要造就出这样一个社会：百姓一听说打仗就像饿狼看到肉②。就这点来看，与古罗马人闻战则喜的好战心理完全一致，认为只有战争才能给个人和国家带来财富和荣誉。

---

① 秦汉以来，一直认为《商君书》是商鞅本人著述无误，自南宋黄震开始怀疑该书是后人伪托。见黄震《黄氏日钞》卷五五。近代疑古之风渐盛，如胡适、郭沫若等人因部分篇目所述历史事件乃商鞅死后才发生，故而否决全书的可靠性。见胡适《中国哲学史大纲》、郭沫若《十批判书》。目前，经《商君书》专门研究者如朱师辙、容肇祖、陈启天、高亨和郑树良等人的不断考证，可以基本确认：该书的部分章节应该是商鞅本人著述或经他本人修改的，部分由商学派成员记述商鞅的思想而成的，部分是后人学习商学派思想写成而托附上去的。参见朱师辙《商君书解诂》、容肇祖《商君书考证》、陈启天《商君书校释》、高亨《商君书注译》和郑树良《商鞅评传》。郑树良认为，最晚的《定分篇》当成于秦始皇二十六年统一天下至三十三年郡县成定制。因此，《商君书》反映了秦孝公至秦始皇之间秦国治国理政的思想当属无疑。

② 《商君书·画策第十八》："民之见战也，如饿狼之见肉，则民用也。能使民乐战者，王。"

国家治理目标、优先方向的正确判定，保证了改革有一良好的开端，而能否取得成功的关键，一是要找到好的变法切入口，二是要有一套系统、配套的法律措施作保证。商君首先发布"垦草令"（开垦荒地的法令）作为整个变法运动的序幕。"垦草令"的核心：以减免租税等优惠条件动员本国百姓，吸纳三晋百姓来秦国开垦荒地。这项措施可以看出商君受李悝"尽地力"思想的影响：向土地要财富，努力将自然资源转化为财富。20世纪初期孙中山所著的《建国方略》，其物质建设的中心仍然是如何开发中国丰富的矿物资源、水利资源、土地资源等，使之转化为国民财富。商君为保证法令有效施行，设计了二十条环环相扣、相互协调的手段。其思维之缜密、措施之切实、思虑之深刻，令人叹为观止。第一条，治理有私欲和拖延政务的官吏；第二条，建立统一、公平的税收；第三条，一律不得凭借农战之外的理由封官晋爵；第四条，根据士大夫贵族豢养食客的人数收取赋税并从重役使；第五条，商人不得卖粮食，农民不得买粮食；第六条，不允许淫秽的音乐和奇装异服在各郡县流行；第七条，不允许士大夫贵族雇佣工人修建其庭院，其成年子弟不得靠父母生活；第八条，取缔旅馆，游手好闲之徒不四处周游；第九条，统一管理山林、湖泊；第十条，提高酒肉等奢侈品价格，重其赋税；第十一条，对"褊急之民，很刚之民，怠惰之民，费资之民，巧谀、恶心之民"五类人采用重刑和连坐；第十二条，不允许民众随意迁徙；第十三条，颁布统一的士大夫贵族嫡长子以外的子弟负担徭役赋税的法令；第十四条，诸大臣大夫不得从事与农战无关的学问，更不能到郡县游居，传播此类学问；第十五条，军需市场不准有女子，更不能私自买卖和运送粮食；第十六条，统一郡县政令，使离任、升迁的官吏无须粉饰，接任的官吏不敢擅自更制，因过失而罢免的官吏不能隐匿错误，实现官无邪人、官属精干；第十七条，加重关隘和市场的税率；第十八条，按照商家人口数摊派徭役，实现商劳而农逸；第十九条，农民送粮食无须自己去雇佣车辆（由官府提供服务），车辆承载货物量须与注册登记时的一致（既不少载，也不超载）；第二十条，不得向小吏求情，给罪人送好吃好喝的。① 可概括为整顿吏治、统一税收、打击贵族奢侈性消费、建立军功授爵制、控制国内游民等措施。商君抛却宗法礼制约束，不以传统是非为是非，凡不利于强国目标的事项予以限制或取缔，一切施政行为皆围绕治国目标，心无旁骛、意志坚定。如商君继续沿袭亲亲仁爱以迎合贵族利益——亲睦九族、平章百姓，必将导致变法失败。从另一个角度看，这给商君个人悲剧埋下祸根。

垦草令取得初步成效后，在秦孝公支持下，商君前后进行了两次大规模的变法，其变法实践所折射出的治国思想具有传世的价值。

（一）人性和国家治理

商君没有对人性恶或人性善下结论，只是认为"人生而有好恶，故民可治也"（《商君书·错法第九》）。如果人没有欲念，反而不好治理了。事实上，现代人与古代人相比，其趋利避害、好逸恶劳的特性依然没有改变。商君确定农战立国，除了积累财富、集中国力，还有培养朴实农民和英勇战士的目的。当然，艰苦劳作能使百姓淳朴的观点不独《商君书》所有②。

基于对贫穷状态下和富裕状态下人性的洞察，商君提出，如能让贫穷的变富裕，让富裕的不那么富裕，国家就能强大，就能王天下。③ 老百姓太穷、太富都不行。"民贫，则国弱"，如果太富裕了，

---

① 上述内容见《商君书·垦令第二》。
② 《国语·鲁语》记公父文伯之母言："夫民劳则思，思则善心生；逸则淫，淫则忘善，忘善则恶心生。沃土之民不材，淫也。瘠土之民莫不向义，劳也。"
③ 《商君书·去强第四》："治国能令贫者富，富者贫，则国多力，多力者王。"

那么富则逸、逸则淫、淫则毒害，也不好。商君提出：要迫使贫穷的农民用全力于农业获取财富，又让富裕的农民将粮食贡献给国家换取爵位而变穷。前人对此多有批评，认为是将农民紧紧束缚在土地上变成国家奴役的工具。客观上看，这一批评不无道理。但是，从更广的视角审视这一思想，我们会发现，如何让穷人变富裕，让富人不能太富，甚至合法地剥夺富人的财富，依然是现代社会的重要课题，只不过手段更加文明、更加精致、更加隐蔽罢了，如累进税率、遗产税、慈善捐献等。一个不能让穷人变富，又让富人受到限制的国家，最终将瓦解。

基于对人性洞察，商君提出：能够培养国家实力但不能运用这种实力，国家必然虚弱；能够培养国家实力又能有效运用这种实力，国家必然强大。① 后人很少注意到这一观点的价值。它的理论依据是什么呢？商君认为，实力是国家强大的标志，当国家强大、百姓富裕的时候，如果不能将这种实力转化为对外战争的能力，而是任其在国内自我消耗、讲究起礼乐，甚至变成穷奢极欲的资本，国家就会削弱，如果合理运用好这种实力，毒输于外，国家就会更加强大。② 如何既能培养国家实力又能有效运用国家实力的思想在今天看来依然是真知灼见，依然是现代国家治理中的重大课题。商君还提出，一个国家实现富裕之后，只有继续把自己看作穷国，居安思危，将财富持续投放到促使国强民富的领域，而不是纵情恣肆、声色犬马，才能达到"重强""重富"乃至"王天下"的境界。③

基于对人性洞察，商君还提出一个异乎常人思维观点：放弃把百

---

① 《商君书·去强第四》："能生不能杀，曰自攻之国，必削；能生能杀，曰攻敌之国，必强。"

② 《商君书·去强第五》："国强而不战，毒输于内，礼乐虱官生，必削；国遂战，毒输于敌，国无礼乐虱官，必强。"

③ 《商君书·去强第五》："国富而贫治，曰重富，重富者强。"

姓所乐于做的事情作为施政方向，选择百姓难以做的事情作为施政目标。这种"弃易行难"政策，是先让百姓做厌恶的事，最后满足百姓欲望。① 治理百姓要以百姓所讨厌的开始，最终实现所喜好的；如以其所喜好的开始，将最终败于所讨厌的。② 这与儒家倡导"民之所好好之；民之所恶恶之"（《礼记·大学》）完全相悖，似乎有些与民为敌的感觉。但仔细分析其中的思想，其反其道而行之的治国理念体现了务实、理性甚至冷酷的行政作风。商君认为，农战是百姓所困难和畏惧的，但恰恰是国家强大的根基，富贵是百姓所向往的，直到盖上棺材板那一刻才会罢休（共阖棺而后止），但富贵不会从天而降，只能从最艰辛的农战中获取。儒家提出"民之所好好之"，难道圣人真能随意创造并施舍财富？以满足百姓喜好为施政出发点，其实是一种小恩小惠式利益，不仅最终无法保障，最后还会养成懒散、不愿自己对自己负责的人格。③ 比较同一时期的罗马，二者在农战问题上的观点惊人一致。直到帝国时期，罗马法律依然规定元老院的贵族不得从事商业牟利，由农民组成的重装步兵依然是帝国最精锐的主力军团。因此，我们切不可将商君这一思想视为与民为敌的独夫，或者残虐百姓的刻薄寡恩。用大历史观审视，只要是走在正确道路上的国家，都会调动资源去支持那些必须艰苦努力才能完成的工作，那些人们最不愿意从事的工作。三千年过去了，农业和军事依然是现代国家补贴最多、用力最大的领域。我们常说"由俭入奢易，由奢入俭难"，俭是困难的事情，所以需要推动，而奢却是很容易的事情，还需要去鼓励吗？

---

① 《商君书·说民第五》："使民必先行其所恶，然后致其所欲。"
② 《商君书·开塞第七》："正民者以其所恶，必终其所好；以其所好，必败其所恶。"
③ 本书第一卷讨论过，文王"视民如伤"的理念，隐含着让民众享受圣君"保姆式"服务的思想。

（二）法权与君权

商君描绘了实行法治后的一个美好愿景：君主躺在舒适的床上、听着管弦乐曲，天下得到大治。① 实质体现了商学派的"虚君思想"。而这种虚君思想与道家的"我无为而民自正"关系密切。法权与君权的关系是所有法学家们绕不开的大问题，也是商君和商学派的法家们必须面对的大问题。与西方学者编织的法治主义神话故事相反（即法治和自由是西方的传统，专制和奴役是东方的传统），从商君治秦十八年而秦孝公默默无闻中，可以看到"治不听君"这一"虚君思想"的生动实践。商君认为，治国之要务在于普通百姓依法办事，交给百姓去决断则王天下，交给官员去决断则国强，由君主来决断则国必弱。因此，有道之国，治理无须听从君主，百姓也无须听从官吏。② 它不仅与儒家"君君臣臣"的思想大异，也与集法家之大成者韩非的绝对君权思想相悖。但商学派的思想和实践，在历史上确实明明白白摆在那里。如果说孔、墨、老思想还是学者的个人观点，商君思想就绝不是文字上的游戏，而是成为一种实践着的国策。商君认为，推行法治的根本在于"刑赏断于民心"，君主和官吏都不能"背法任私"，百姓都能依据法律办事，就没必要让官吏和君主决定。如果本区域内马上能够办理的事非要由上级决定，则国家必然削弱。③ 这个问题，依然是困扰现代许多国家，包括现代中国的难题之一。

按照商君的设计，所有法令皆以国君名义颁布，但其不负责解释和实施，所谓"秉权而立，垂法而治"。国君只负责按照法律的规定给予官员赏赐或惩戒。法律保存、解释、监督等职责，由中央政府设

---

① 《商君书·画策第十八》："是以人主处匡床之上，听丝竹之声，而天下治。"
② 《商君书·说民第五》："治国贵下断，断家王，断官强，断君弱。故有道之国，治不听君，民不从官。"
③ 《商君书·说民第五》："以十里断者弱，以五里断者强，曰治者王。"

置的3名法官，各郡县设置的法官及吏属来专司，但也不负责具体行政管理。其他任何人包括官吏和百姓只能向他们学习法律，法律解释以法官的为准，其他任何人都不得私释法律。如果法官对官吏和百姓所咨询的法律不解释，或者解释错了，将来官吏和百姓触犯法律被治罪，法官也须以同样的罪名被问责。设置法官及吏属，目的是让百姓不会陷入违法的危险境地。① 法律要简单明白，不能用百姓听不懂的术语书写法律。智者才能听懂的东西，不可为法；贤者才能理解的东西，不可为法；法律必须是愚夫、智者都能通晓。② 百姓通晓法律，官吏就不敢非法对待他们，百姓也不敢干涉法官。③ 如此晓畅的文字，易懂的道理，至今依然是对为政者难得的箴言。

商君与秦孝公虚君思想的实践，也给后来黄老之学讲的"君人南面之术"提供了依据。君无为、臣有为，则无为而无不为。

（三）法的价值

法家以"法"为宗，与其他各家的核心分歧也在于对"法的价值"的认识。有儒家情结的司马迁认为"法令者治之具，而非制治清浊之源也"（《史记·酷吏列传》），他把法律看作治国的工具，而非正本清源的活水。董仲舒说："法出而奸生，令下而诈起，如汤止沸，抱薪救火。"（《汉书·董仲舒传》）彻底否定法律在治国中的价值。到了梁启超还依然认为，法家将人视为机械。因此，他极为欣赏孔子"人能弘道，非道弘人"的主张，认为最是博大精深。④ 两千多

---

① 《商君书·定分第二十六》："为置法官，置主法之吏，以为天下师，令万民无陷于险危。"
② 《商君书·更法第一》："知者而后能知之，不可以为法，民不尽知；贤者而后知之，不可以为法，民不尽贤；圣人为法必使之明白易知，愚知遍能知之。"
③ 《商君书·定分第二十六》："吏明知民知法令也，故吏不敢以非法遇民，民不敢犯法以干法官也。"
④ 梁启超：《先秦政治思想史》，东方出版社2012年版，第211页。

年来，否定"法的价值"的传统在中国根深蒂固。而《商君书》充分肯定法的价值，认为"昔周公旦杀管叔、流霍叔，曰：犯禁者也"，结果"明刑之犹至于无刑"，实现天下无刑的理想境界（《商君书·赏刑第十七》）。法的价值最终体现在没有法律，当人人遵守法律犹如日用，就如同没有法律。这就是商君对法的功效的理解。

商君接受天道自然的思想，天道自然运行，没有是非善恶，不以尧存，不以桀亡，"法"从天道出，"法"必然是无善无恶、不讲仁义道德。商学派认为，儒家依靠贤君圣人教化百姓的方式根本行不通，因为仁者固然可以施仁于他人，但不能使他人也施仁于人；义者固然可以施爱于他人，但也不能让他人施爱于人，因此仁义不足以治天下，而是要"赏随功，罚随罪"（《商君书·画策第十八》）。他们断定，如果让老百姓相信这点如日月般可信，则天下无敌。关于法的价值——借用现代术语，体现在法律的终极价值和工具价值。

"法"有终极价值，在于"法"的公正无私和最高价值尺度。"法"有定纷止争的功能，有"法"盗跖也不敢为非，无"法"尧、舜、伯夷、叔齐这样的贤人也会干坏事；"法"可以保证庸才、庸主也能治理好国家。故商君说："不以法论知能贤不肖者唯尧，而世不尽为尧，是故先王知自议誉私之不可任也。故立法明分，中程者赏之，毁公者诛之。"（《商君书·修权第十四》）"法"犹如一根准绳，成为判断是非的标准。"法"的工具价值，集中体现以刑去刑、以杀去杀、以战去战和以治去治、以赏去赏等方面①。子产曾说："夫火烈，民望而畏之，故鲜死焉。水懦弱，民狎而玩之，则多死焉。"（《左传》昭公二十年）其子大叔为政，不忍猛而宽，郑国多盗。后来发兵围捕，悉数捕杀，盗贼消失。都属于以刑去刑的思想。百姓知

---

① 近代章太炎对商鞅之法给予高度赞扬，认为："刑七百人，盖所以止刑也。""商鞅行法而秦日富。"（《訄书·商鞅第三十五》）

道触犯刑律必受严厉惩罚，就不敢去违犯，不违犯就没有处罚，没处罚就等于没有刑罚了。普天之下都能这样，则最高尚的道德就会确立。① 因此，特别强调"刑去事成"，而不能"刑致而事生"。如果做不到这点，只能说明刑罚太轻，不足以起到震慑作用。关于以赏去赏，认为通过赏赐鼓励农战，取得天下的百姓和财货，等于用天下之货以赏天下之人，是以赏去赏等于没有赏赐。反之，如果以刑致刑，治而复治，赏而再赏，有法却越治越乱，这种治理方式就有问题了。在"尚贤"还是"尚法"上，商君主张不尚贤，理由是：那些贤人能人会揣摩、迎合君主的好恶，讨得君主的欢心。② 因为贤还是不贤还不是根据君主的判断？而"尚法"则可以不考虑君主的喜好。③ 法治的工具价值就体现在这些方面。商学派反复强调，法无恶无善无情无等级，"有功于前，有败于后，不为损刑；有善于前，有过于后，不为亏法"（《商君书·赏刑第十七》）。功是功、过是过，有功便赏、有过就罚，功过不相抵。这是商君希望实现的法治效果。

（四）信用与法的实施

法治社会同时是一个信用社会，法的实施不仅靠国家信用做后盾，也需要有社会信用提高法的实施效果；没有信用就没有法的有效实施。这些观点，2300多年前的商君不仅洞若观火，而且已经实施。商君通过徙木立信让秦国的百姓相信，法令如同日月般不可动摇，凡是法律鼓励的一律兑现，凡是法律禁止的一律严惩。据司马迁记载："秦民初言令不便者有来言令便者，卫鞅曰此皆乱化之民，尽迁之於

---

① 《商君书·开塞第七》："天下行之，至德复立。"
② 《商君书·农战第三》："今上论材能知慧而任之，则知慧之人，希主好恶，使官制物以适主心。"
③ 《慎子·轶文》云："君人者舍法而以身治，则诛赏予夺从君心出。"可以相互印证。

边城。"(《史记·商君列传》)法令不得妄加议论,哪怕想拍马屁都不成,看来商君是有点冷酷。① 正是这种一切唯法是从的风格,保证了法律的绝对权威,在"法出必随"之中建立起国家信用。

除了国家信用,还需要有社会信用和个人信用。在人类社会草创时期,如何提高社会和个人信用,确实是一件颇费斟酌的事情。信用,是基于人与人之间的信任关系,它以破坏这种关系而遭受处罚为后盾。现代社会,人们通过财产抵押来提高信用等级,或者通过以往的良好记录来提高信用等级,或者通过自身的名誉地位获得较高信用,或者借助他人的担保而获得信用。商君当然没有现代社会的技术手段,他通过建立自上而下的什伍连保和责任体制在秦国社会建立起广泛的信用。第一次变法中,商君将秦国百姓重编户籍,实行什伍连坐并相互监督。② 睡虎地秦简"秦律杂抄"规定,保举曾被撤职永不叙用的人为吏,罚两甲。"法律答问"中提到,同伍的人相控告但不实的,要以同样的罪名处理控告人;贼入甲室,甲呼号而四邻皆不出来,如四邻不在家可以免责,但里典、伍老等责任人任何时候都不能免责;大道上伤人,在百步内的旁人不施加援手,罚二甲。通过这种方式编织起来的民民和官民监督网,无须借助君主的力量,整个社会就可有效运转。"什伍连坐"历来受人诟病,但《商君书》说得很明白,"省刑,要保"。采取连保的目的在于提高信用、减少刑罚。连保制度下,可加大违法代价,降低法律实施成本。它的工具价值在于:提高个人信用,降低社会风险。古代社会强制实施的连保,到现代社会演变为公民和法人的互助担保。如债务担保、信用担保以及推荐人对被推荐人个人品行、能力的保证等。可以说,离开连保所带来的信用提高、风险分摊等制约,就不可能有现代社会的良好运转。

---

① 可以和《韩非子·外储说右下》记载的故事相互印证。秦昭王生病,百姓为秦昭王祈祷、求其病愈,但受到秦昭王责罚,担心百姓逾越法律爱戴君王也会破坏法律。

② 《史记·商君列传》:"令,民为什伍,而相牧、司、连坐。"

（五）监督与法的实施

商学派关于监督思想的实践在世界法治史上具有独特价值。商君在秦国建立起一张庞大而有效的社会监督网，对照出土秦简的记载，可以大致做一勾勒。整个农村主要是由分户令而产生的自耕农组成，通过什伍连坐而结合在一起，这些农民同时是秦国锐士的主力；土地属于国家所有但使用权可以转让，手工业、制造业由政府管理，工人由各种罪犯或官奴组成（城旦、隶臣妾等）；公共工程由各级政府组织，由罪犯、官奴和服徭役的农民完成；各关口有人值守，凡没有政府批文一律不得通过，想四处旅行、流浪基本不可能；从朝廷到各郡县都有一批忠于法律的刀笔吏。

商君对于用设官置吏的方式加强监督持强烈的怀疑态度，因为官与官之间利益一致，不可能相互监督。[1] 他认为，有效的监督产生于利益的不同；有效的法律实施也建立在不同利益基础之上的相互监督。商君设计了三对监督关系。

第一对：国君与官吏因利益不同的监督。[2] 国君颁布法令，但其不负责解释和实施工作。法官保存并解释法令，但不负责实施。其他官员负责法令实施但无权颁布和解释法令。这三者之间利益各不相同，可以相互制约，保证法令的有效实施。可以从睡虎地出土秦简的"法律问答"中一窥秦法的实施，古文献与考古材料可相互印证。

第二对：官吏与百姓因利益不同的监督。商君认为，百姓最感到劳苦的无非是耕田和打仗，这两件事，就是孝子、忠臣也不愿意为父母和国君效力。怎么让百姓做到这点呢？除非用刑罚胁迫、用

---

[1] 《商君书·禁使第二十四》："吏虽众，事同体一也。夫事同体一者，相监不可。"
[2] 《商君书·禁使第二十四》："上与吏也，事合而利异者也。"

奖赏驱使。① 但是，刑罚和奖赏由官吏来执行，必然会有徇私枉法的可能。百姓努力耕作、努力作战却得不到依法享有的利益，怎么办？需要用法律作保障。如百姓不清楚法律，可以问法官，法官将详细告知，百姓即以法官之言正告官吏，官吏就不敢为非作歹。② 从维护自身最基本的法定权益出发，实现百姓对官吏的监督，确实是人类文明史上的绝妙构思。这种做法是不是史实，有待于更多出土秦简的佐证。但是，百姓通晓法律就能维护自身权益的观念不是没有历史依据的。郑国子产"铸刑书"时，晋国叔向反对的理由之一就是"民知有辟则不忌于上"，百姓知道有法律规范就不会忌讳统治者。罗马十二铜表法的公布，作用之一是制约贵族随意解释法律，维护平民利益。商君提出"为置法官，以为天下师"，则根本否定了"刑不可知，则威不可测"的秘密统治法。

第三对：百姓与百姓之间利益分化的相互监督。一般来说，邻里守望相助，同乡百姓之间的利益是共同的。由于采用"连坐"和"告奸"，使相互之间的利益产生分化，从而实现相互监督。如同博弈论中的"囚徒困境"，假如揭发邻里的过错，可以获得奖励，但会遭到邻里的嫉恨甚至报复；假如不揭发，一旦邻里有过错被人揭发，自己会受到牵连；如果协助邻里隐匿过错，可能会相安无事，但一旦暴露，又会承受更大的惩罚。"连保"这种社会管理方式，普遍被古代不同的文明所采用，也被现代人所诟病。但是，我们不应忽视其背后的工具价值。通过利益分化而实现相互监督，可以保持社会关系的均衡。比如，现代社会在医疗机构和患者之间再增加一个医疗保险机构，两个机构的利益是不一致的。患者选择保险机构并交保险，保险

---

① 《商君书·慎法第二十五》："使民之所苦者无耕，危者无战。二者，孝子难以为其亲，忠臣难以为其君……臣以为非劫以刑而驱以赏莫可。"

② 《商君书·定分第二十六》："遇民不修法，则问法官，法官即以法之罪告之，民即以法官之言正告之吏。吏知其如此，故吏不敢以非法遇民。"

机构对诊疗行为进行监督，患者可以从两个机构的相互制约中获益；消费者协会与供应商利益是不同的，消费者可以从两者制衡中受益，等等。如果利益相同，反而难以有效运转。假如保险机构与诊疗机构，消协与商家相互勾结，患者和消费者就倒霉了。利益分化和不同利益的监督共同促进着社会的良好运行。另外，通过相互揭发，可增强管理有效性，降低行政成本。正如《商君书》指出的，所谓循名责实——君主通过查验而发现问题，给予奖惩的观点根本是行不通的。因为官吏在千里之外决断事务，一年一上报，即使有所怀疑也难以判定。通过不同利益者的相互揭发，使错误得以暴露和纠正，就会可靠得多。比如，举报依然是现代社会管理的手段；不同政党之间的相互"扒粪"可以保障政治活动的相对公正；不同利益团体的竞争，可以增进公益事业等。两千多年前的商君，却能有如此敏锐的思想实在让人叹为观止。

（六）赏、罚与法的实施

法律实施既需要依靠信用、监督，也需要赏、罚两种手段。《史记·陈涉世家》曾给我们描述过秦法的残暴，说陈胜、吴广在大泽乡遇暴雨，道不通估计已经失期，而失期，按秦律全部处死，于是就有了后来的起义。而睡虎地出土秦简明明白白的记载，说明司马迁极有可能是编造，因为沉睡两千多年的简牍绝无可能造假。《秦律十八种·徭律》规定，为朝廷征发徭役，如耽搁不加征发，罚两甲；迟到三天到五天，斥责；六天到十天，罚一盾；超过十天，罚一甲。[①]何来失期皆斩？同时还规定，所筑工程不满一年而损坏的，主持工程的司空和其他负责人有罪。这种为政问责的做法其实很值得提倡。商君确实主张轻罪重罚，认为对轻微的过失也采取重刑，可以做到轻罪

---

① 《睡虎地秦墓竹简》，文物出版社1978年版，第79页。

不生，重罪更无从发生的效果。

在人类文明早期，刑罚的野蛮带有普遍性。同期的罗马《十二铜表法》规定："家属终身在家长权的支配下。家长得监察之、殴打之、使作苦役，甚至出卖之或杀死之。"即便在19世纪英、法、美等国，还有强迫流浪汉劳动、偷面包判重刑、杀死黑奴无须承担刑事责任的法律规定。①《商君书》所倡导的重刑是以"刑去事成"为界限，如果刑罚有足够的威力，就不要再加重。"先王之禁，刺杀、断人之足，黥人之面，非求伤民，以禁奸止过也。"（《商君书·赏刑第十七》）如果参照秦简所记载的秦法，再对照《商君书》所倡导的刑罚理念，我们很难得出秦法是以酷刑、惩办为目的的重刑主义这一结论。最多可以说，商鞅是一个以刑罚是否实现治国功效为标准的重刑主义者，他只是不相信"一家仁，一国兴仁；一家让，一国兴让"的儒家观点。"仁者能仁于人，不能使人仁；义者能爱于人，而不能使人爱。是以知仁义之不足以治天下也。"（《商君书·画策第十八》）我们崇信榜样，但榜样的力量并非无穷，社会上存在大量"搭便车"的人，总希望别人仁、别人义，自己可以不仁不义而获得最大利益。这是单纯讲仁义、讲以身作则必然带来的副作用。商君希望用"天下不得不信之法"造成这样一个社会：一是"为人臣忠，为人子孝，少长有礼，男女有别"，这点与儒家的说法一致；二是"饿不苟食，死不苟生"②，这就与重己贵生的杨朱派"迫生不若死"的观点相同了。

由于徙木立信的故事，会认为商君提倡重赏，奇怪的是，《商君书》反复出现的却是坚持赏少的观点。认为真正能王天下的国家是

---

① 尤其让人触目惊心的是，在21世纪的美国依然还有主要针对有色人种的"游荡罪"。一名黑人在不该出现的街区滞留就会遭逮捕。参见［美］亚历山德拉·纳塔波夫《无罪之罚——美国司法的不公正》，郭航译，上海人民出版社2020年版。

② 《商君书·去强第四》："王者刑九赏一，强国刑七赏三。"

九分刑罚、一分赏赐；而虚弱的国家，赏赐最多（《商君书·画策第十八》）。于是，有学者认为，这不代表商君的思想，而是商学派某一支系的观点①，此说有待商榷。纵观人类历史，凡是治理比较成功的国家，国家赏赐的范围和能够给予赏赐的行为，要远远小于国家刑罚的范围和应给予刑罚的行为。同样，治理比较成功的国家，对于符合国家发展目标、国家优先方向的行为，则绝对给予重奖。而最糟糕的是，滥施恩惠，尤其是君主凭个人喜好，对阿谀奉承之徒随意赏赐。这正是商君所坚决反对的，认为凭个人的良善就给予奖赏，犹如奖赏不偷盗的人一样荒唐。② 司马迁说商君天资刻薄，确实有道理，他不会法外开恩，更不懂锦上添花。

刑与赏是法治有效实施的两个轮子。按照《商君书》的观点，刑是为了禁奸止过，只是将百姓集中于农战的手段；赏是为了给农战有功之人以官爵，鼓励更多的人参与农战。刑与罚都是为"农战"这一国策服务。我们从人类历史上，可以看到如出一辙的施政理念。比如，当将财产所有权视为国家自由繁荣之本时，刑罚主要指向如何维护所有权；当恐怖主义为最大威胁时，则可以降低人权标准使用酷刑；当认为工商业、科技发明是社会发展最重要推动力的时候，法律会用专利、特许、知识产权保护甚至补贴等方式给予保护；当意识到思想和结社自由是社会进步主要动力时，法律就会对此做出特别的保障，但很少有只因某人的善良、忠厚、孝廉、道德高尚而给予奖励的史实。又回到约伯之问的启示：善不是获取神喜悦的资本而是人的本分。但汉以后的中国历史走上一条专门奖赏"善人"的道路，凭孝廉而不是凭贡献取得社会地位，是否走到错误的道路上了？回味商君的"善治者，刑不善而不赏善，故不刑而民善"（《商君书·画策第

---

① 参见郑树良《商鞅评传》，南京大学出版社1998年版。
② 《商君书·画策第十八》："赏善之不可也，犹赏不盗。"

十八》），痛惜于真理光芒被陈腐之见掩盖太久了。

二 商君法治实践的价值和局限

商君在历史上的形象一直以刻薄寡恩、残酷冷血示人，因为"诉说秦法酷烈"已经成为秦汉以来中国式政治正确。倘若不说几句秦法残忍就不足以慰藉"学者良心"。其中很重要的一个"罪证"，就是秦法抛弃"亲亲相隐"的儒家传统，鼓励亲属"告奸"，结果造出灭人情而害公义、卖亲求荣破坏人伦的残暴之徒。现代一些学者依然认为秦始皇父子宣扬"大义灭亲"是缺乏不忍之心，丧失廉耻。[①]据《云梦秦简·法律答问》："子告父母，臣妾告主，非公室告，勿听。而行告，告者罪。"[②] 尽管如此，在当代一些学者眼里，商君依然是可疑的。由于商君被裂杀，吴起被射杀，韩非被冤杀，就有了法家是"带血的思想"这种危言耸听的说法，认为秦法使百家争鸣归于失败。在西方法治主义神话的笼罩下，商君在中国法学界的评价也不高，认为他不仅不配称法治，而且是以法律之名行专制主义之实。这就需要用更为宏大的视角对商君思想做一分析。与商君前后差不多同时代的东西方两端都发生过几起著名的变法运动，一是公元前594年雅典梭伦改革；二是公元前536年郑国子产铸刑鼎；三是公元前449年罗马十人委员会制定十二表法；四是公元前351年申不害相韩。通过比较，可以看到商君法治实践的价值和局限性。

梭伦改革之所以赫赫有名，据说是西方法治主义的开端，揭开了

---

① 参见吴龙灿《天命、正义与伦理》，人民出版社2013年版，第310页；郭齐勇主编《儒家伦理争鸣集：以"亲亲互隐"为中心》，河北教育出版社2004年版。
② 《睡虎地秦墓竹简》，文物出版社1978年版，第196页。

西方宪政的历史序幕。① 这种把希腊政体、罗马法律理想化、偶像化、神圣化的倾向根深蒂固，根源于西方学者对自身历史连续性的神话，也来源于近代以来中国学人自信心的丧失。② 一位美国人写道："如果没有梭伦，也许美国照旧会有一部宪法，不过这部宪法的下述色彩会淡得多：制约与平衡，不同利益群体和阶层的妥协，以及混合政府。在梭伦之后的漫长岁月里，这些原则被柏拉图、亚里士多德、波里比乌斯、西塞罗和其他古典政论作家重新阐述，它们逐渐成为整个西欧地区以及新世界宪政理论和实践的一部分。"③ 梭伦改革产生于特定的社会结构，古希腊古罗马的社会结构与古代中国完全不同，它由贵族与平民、自由民与奴隶、公民与非公民组成，相互之间等级森严、不可逾越。平民和贵族分属两个共同体，有各自的生活区域，有各自的制度和各自的宗教。贵族由本地区的原住民或征服者组成，而平民由该地区新来的移民、手工业者、商人、门客组成。④ "平民和贵族不得通婚"是古希腊古罗马的一条铁律，绝对不能逾越（见《十二表法》第十一表）。随着时间推移，一部分平民的财富、影响力超过贵族，由此带来的矛盾和冲突成为主宰古希腊古罗马社会的主要问题。由于雅典特殊的地理区位，使平民通过经商与航海致富的机会更多，更容易超越传统土地贵族的实力。雅典梭伦改革，以及罗马

---

① 学界类似的表述很多，如何勤华《关于西方宪法史研究的几点思考》，《北方法学》2007年第1期；朱景文主编《对西方法律传统的挑战》，广西师范大学出版社2004年版，第2页。

② 作为旁证，2020年年初全球暴发的新冠肺炎疫情也成为续写西方神话故事的素材，因为据说病毒也会在民主和非民主国家之间选择，如果是西方民主国家，感染概率、死亡概率都要小很多。最后大家看到，这只不过是另一个童话故事而已。

③ ［美］拉塞尔·柯克：《美国秩序的根基》，张大军译，江苏凤凰文艺出版社2018年版，第61—62页。

④ ［意］朱塞佩·格罗索：《罗马法史》，黄风译，中国政法大学出版社1994年版，第64、65页。

人考察雅典后的成果——罗马十二表法，核心都是协调贵族与平民的利益，不至于社会分裂。历史上，古罗马平民与贵族斗争的常用武器就是分家——不与贵族来往，从而迫使贵族妥协。为西方历史学家津津乐道的英国大宪章，同样是国王与贵族分权制衡的产物。而古代中国社会完全不是这样。西周采用分封制度，与周王同姓或异姓的诸侯带着族人和民众去某地筑城、武装殖民，推行国野和都鄙制。如果当初周公禁止国野之间或都鄙之间通婚，很有可能中国古代社会将产生与古希腊古罗马类似的社会结构——贵族与平民这两个共同体独立发展、有不同的生活方式和风俗。但是，周公采取的是一项同姓不婚的政策，只要是姬姓，哪怕隔十代也不允许通婚。西周以来，尤其是春秋以来，城市和农村，征服者与被征服者逐渐融为一体，不存在古希腊古罗马式的贵族与平民之间的对立。中国道统几千年来一直鼓励的是融合，让所有生活在同一片蓝天和土地上的人们血肉相连。而西方社会从古至今强调的是分割，贵族与平民，自由人与奴隶，本国公民与外国人，国王、贵族、僧侣和第三等级，基督教与非基督教，新教与天主教，白人与有色人，分得清清楚楚，当相互之间利益发生冲突之后，首先考虑的是能不能压制对方，压制不了就彼此妥协，但是从来没想过彼此融合的问题。① 任何法律只能产生于特定社会，并适用于特定社会。商君的变法只能基于当时秦国的实际，如果也要搞出一部平衡秦国贵族与普通百姓权利的法律，搞出一部贵族不得侵犯平民利益的法律，那才是关公战秦琼、堂吉诃德战风车了。

子产处于春秋时期的郑国，夹在晋楚两个大国之间，内有七穆之乱。当时面临的主要问题是对外平衡好与晋、楚两国的关系，对内平

---

① 这是种族问题在西方尤其是美国社会难以解决的根本原因。特朗普作为美国总统居然在推特上连篇累牍地发布黑人暴虐白人的图片资料，试图通过进一步恶化白、黑两个种族的关系以谋取肮脏的政治利益，这种行为是有历史文化原因。

衡好同宗公室兄弟之间的利益，历任国君基本是七穆兄弟的傀儡。子产执政前发生过西宫之难、伯有之乱等，公族兄弟之间相互残杀。公元前543年，子产在势力最大的罕虎家族支持下当政，第一项措施是采取田制改革（作田洫），实质是从劳役地租转变为实物地租。由于生产效率得到提高，原本以为利益受损的公族因得到实惠转而支持子产。第二项措施是让原本不服兵役的农村地区原住民（野人）承担军事任务（作丘赋），其实质是打破都鄙的分界，扩大兵源。第三项措施最著名，于公元前536年铸刑鼎，被认为是中国历史上公布成文法的元年。通过清华竹简，我们了解到刑书的一些内容。如借鉴夏、商、周时期的法令，分别制作适合于国都和农村的法令，借鉴《禹刑》《汤刑》《九刑》，分别制定适合国都和农村的刑律。用引导、教化的方式使民众遵守，体现宽猛相济。[①] 将子产与梭伦相互比较，其共同点是：都给后世留下好名声。按照当时的标准，两人在品行和私德方面都无可挑剔；都试图平衡各方利益，只不过一方是公室兄弟之间，另一方是贵族和平民；梭伦解放了因债务卖为奴的人，子产让土地分配更加合理。不同点是：子产善始善终，而梭伦在世时就看着自己的法令遭到毁坏，庇西特拉图父子成为雅典的僭主；子产用包容的方式解决上下之间的矛盾，容忍庶人干政、议政，梭伦则用财产多寡的方式划分社会各阶层，有财富的居高位，没钱的靠边站。但最后的结果似乎都不尽如人意：双方都没能实现可持续发展、创造出持久的秩序，梭伦的改革造就了获得民众支持的僭主，子产的改革维护了七穆把持国政的局面，之后的雅典和郑国仍然内斗不已，最终的命运——雅典被斯巴达征服，郑国被韩国吞并。

---

① 《新出竹简材料系统反映子产思想》："乃肂三邦之令，以为郑令、野令，导之以教，乃迹天地、逆顺、强（刚）柔，以咸全备；肂三邦之刑，以为郑刑、野刑，行以尊令裕议，以释亡教不辜。"中国社会科学网，http：//ex.cssn.cn/zx/bwyc/201810/t20181015_4703775.shtml，2018年10月15日。

看来任何法律思想、法律实践只能产生于某一特定的社会，很难离开特定的历史和文化做纯个人的主观构思。要对两者进行比较，一是看效果，效果好就好，效果不好就不好。二是看法律精神中体现出对人生命的尊重等。以此衡量，商君之法确实没有太多可指责之处。章太炎的《五朝法律索隐》考证魏、晋、宋、齐、梁五朝法律遗文，表达两个主要观点。一是法律须与社会情形相互结合。二是五朝法律"重生命、恤无告、平吏民、抑富人"方面值得称赞。比如，"走马城市杀人者，不得以过失杀人论"，能骑马的，非富即贵，如闹市中骑马撞死人了，必须以故意杀人治罪。"如果官吏有违法之处，则可依刑律对之进行杖责"，官吏违法与平民一样受刑罚。法律与社会实际相适应，是商君法治思想的价值之所在。

子产铸刑鼎后的二十三年（公元前513年），晋国开始将范宣子刑书铸在鼎上，由于晋国是大国、强国，其影响更大。意味着"刑不可知，威不可测"的统治术被彻底抛弃。从此，三晋大地也成了法家思想酝酿、发展、实践的地区。三晋分家后的魏国、赵国相继采取各自的变法措施，成为战国初年的强国。三晋之一的韩国，国力最为弱小。公元前351年申不害相韩，开启了与商君同时期的变法活动。申不害属于"术家"，其执政后给韩昭侯出的第一个主意就是整顿吏治，用循名责实的方式，使国君操生杀大权，加强对官吏的考核，削弱危及国君利益的三大家族。申不害的措施在韩国取得不错的成效，但是，他在"术治"方面走得太远了。韩非评价申不害说："韩者，晋之别国也。晋之故法未息，而韩之新法又生；先君之令未收，而后君之令又下。申不害不擅其法，不一其宪令则奸多。故利在故法前令则道之，利在新法后令则道之，利在故新相反，前后相悖，则申不害虽十使昭侯用术，而奸臣犹有所谲其辞矣。"（《韩非子·定法》）旧法不停止又颁布新法，之前的政令没有收回又发布新的政令，前后矛盾，给人留下钻空子的机会。韩非这一评论是比较中肯的。失去了统一这一法治的基本前提，所有努力都将前功尽弃。申不害的个人品行也很有问题。他的所谓吏治，更多的是让韩昭侯采取"阴术"来驾驭群臣，用阴谋诡计那一套。这种帝王之术犹如毒素注入中国道统之中，实在是贻害千秋。将"术治"首倡者申不害纳入法家，确实搞臭了法家的名声！术有何用？韩非说："君无术则蔽于上，臣无法则乱于下，此不可一无，皆帝王之具。"（《韩非子·定法》）如果把"法"定义为帝王统治的工具，韩非的话自然有道理，因为帝王还需要有"权术"来驾驭群臣，用"势"——权势凌驾于万人之上，否则只有"法"——不讲究差别、不区分贵贱的统一规则会伤害到帝王的自身利益。从有利于帝王的角度看，韩非将法、术、势合在一起是有道理的，但是从商君和商学派的角度看，法并不是"帝王之具"。先看看韩非是如何评论商君的："故其国富而兵强；然而无术以知奸，则以其富强也资人臣而已矣。"（《韩非子·定法》）韩非认可商君变法措施有效，但由于不掌握"术"，变法的好处大多落到做臣子的头上了。他举了几个例子。孝公和商君死后惠王即位，先有张仪出卖秦国的利益给韩国、魏国；武王即位，甘茂坑了秦国而把私利给了周室；昭襄王即位，又有魏冉（秦宣太后之弟，昭襄王之舅）为扩充陶邑自己的封地而越过韩、魏攻打齐国，秦国一点好处也没捞着；范雎为了汝南自己的封地，使秦国进攻韩国八年劳而无功。因此，这些都是商君没有"术"而反被大臣利用的结果。韩非的这段评论切中了一个要害，即商君讲法、不讲术。《商君书》通篇不提"术"，因为术治与法治是两种对立的治国理念：术治讲阴谋，法治讲信用；术治讲为君，法治讲为国。所以商君提出诚实取信于人，以成效赢得民心，以严格执法树立法的权威，落实到治国上，则以最实在的两件事——农、战——换来秦国的强大，以严格监督保证法的实施，而不是用帝王之术控制人臣。韩非这段评论也暴露出韩非之法与商君之法的本质区别。韩非以国君利益得失作为评判标准，说明韩非之法为君王钳制天下之法而非商君的治理天下之法。与韩非时时刻刻担心人主丢失权柄相比，商君反复强调"治不听君"的法治精神。商君说："尧舜之位天下也，非私天下之利也，为天下位天下也。论贤举能而传焉，非疏父子亲越人也，明于治乱之道也。"（《商君书·修权第十四》）尧舜莅临天下是为了天下利益而非个人私利，依靠法治则能去除个人私利（是故明主任法去私），解决"公私之交，存亡之本"这个大问题。法律是治国之公器，而非帝王之工具，是商君法治思想的重要原则。可知，商君之法非君主专制之工具。

当时还有一位长期在稷下学宫讲学的慎到倡导"势"，韩非将其糅合入自己的学术之中，形成"势治"理论。这种势治与儒家梦想的贤治相对，认为一定要等待尧舜那样的人治理天下既不可行也不足取；韩非提出"抱法处势"，让中等水平的君主紧握权势，才能让法有效实行。这一观点，在实践中不无道理。商君也说："国之所以治者三：一曰法，二曰信，三曰权。"并认为法由"君臣共操"，信由"君臣共立"，权由"君独制"（《商君书·修权第十四》）。仔细分析，两者之间却有着本质区别。萧公权认为："有势治之说，不问君主之行为如何而责臣民以无条件之服从。于是君主本身遂成为政治上最后之目的，惟一之标准，而势治亦成为君主专制最合逻辑之理论。"① 此点中要害，韩非讲势是为了达到君主既推行法治又不丢失权柄的目的。但君主并非是商君的目的和标准。商君也讲势，但根本目的是用"君独制"的权势创造一个适合法律实施的环境②。《商君书》对于官吏抱有极大的不信任，比如在主官下又设丞又设监，以为可以禁止官吏谋私利，殊不知这些丞、监，也会想方设法谋取私

---

① 萧公权：《中国政治思想史》上卷，商务印书馆2016年版，第229页。
② 《史记》记载的"徙木立信"可作为一个旁证。

利，因此单靠官吏推行法治是不行的。① 商君提出一个"别其势、难其道"的办法，营造一种使各类违法行为难以藏匿的形势（势），在这样的环境下，连春秋时期的盗跖也不敢胡作非为了。这就是讲势的目的。② 这就好比有随地吐痰恶习的人来到富丽堂皇的大厅，也会禁不住收敛自己的劣行；而一位有洁癖的人士，常年生活在缺水缺电缺粮的地方，也会入乡随俗而变得邋遢。商君讲权势与韩非讲权势不同，用现代术语来说，商君是借助权势营造一个有利于施行法律的文化环境、舆论环境、思想环境，在这样的"势"下，想不执行法律都难。

商君是如何在秦国创造出有利于法律实施的形势？一是建立完整的法律学习、解释、适用制度。从中央到郡县建立法官体系，兼任法律宣传与释法者的工作。百姓有法律疑问，法官必须详细解释，还须将解释用副本的形式封存起来，如果将来百姓按照法官的解释去行事而被处罚，则用同样的罪名处罚该法官。③ 二是加强监督保证法律正确实施，国君与官吏、法官之间的监督，官吏与百姓之间的监督，百姓相互之间的监督。监督的有效性建立在双方利害关系的不同，建立在责任连保的基础。推行"告奸"（举报）制度，使各种违法行为处于各层面的监督之下，使各种犯罪的企图不能实现，达到减少刑罚、降低社会管理成本的目的。三是强调法律的可操作性、实用性。从睡虎地出土的秦简可以一窥秦法之细密，如《秦律十八种·司空中》规定：私用官有牛车不修缮的，主管人员和借用者有罪；官吏每月的口粮可以使用官车运输；修缮一辆大车用胶一两，用脂三分之二

---

① 《商君书·禁使第二十四》："夫置丞立监者，且以禁人之为利也。而丞、监亦欲为利，则何以相禁？故恃丞、监而治者，仅存之治也。"
② 《商君书·禁使第二十四》："其势难匿者，虽跖不为非焉。故先王贵势。"
③ 《商君书·定分第二十六》对这套制度有详细的介绍，因原文太长而不引。

两；一家有两人以上服劳役抵债而无人看护家室的，可放一人回家。① 即便在当今，许多法律制度还达不到如此细密、规范的地步。四是强化国家信用、提高社会信用，增强法律的权威性，上一节已做过介绍。

由此可见，商君之法治与传统上所理解的法家有较大不同。一般议论者把韩非的法、术、势相互结合，视为法家集大成者的核心思想，而不去甄别其中的区别。法治、术治、势治是三种不同的治国方式，韩非把三者结合起来，奉行君权绝对至上，作为一种理论可以成立，但在实践上并不可行。这是他始终不为韩王所用的原因，也是不容于世而被迫自杀的原因——后一章将专门介绍。商君理论体系似乎没有韩非完备，却是被实践检验为可行的理论。正如西方推崇梭伦改革，但真正成功的法治却在罗马。

与梭伦改革相比，作为古希腊学生的"罗马十二表法"被认为是人类历史上法治主义的成功范例。成功的奥秘在哪？一般的说法是由于罗马立法者没有采纳雅典过分偏向平民的做法，使贵族保留较大权力，从而保证了社会政治秩序的稳定。② 还有其他理由，如罗马在接纳外来人，赋予非罗马人以罗马公民权上比雅典更为开放，保证了罗马城邦稳固扩大。后一种说法有一定道理，但较前一种说法，有点事后诸葛亮的味道。事实真相是，古罗马平民的力量和财富没有古希腊的那么大。这是由当时的地理环境、财富来源的不同造成的。古罗马贵族一直把持着罗马的政治，直到共和国末期，才被军阀势力逐渐侵蚀。罗马法律制度，从十二表法开始发展演变，直到公元476年西罗马覆灭后被彻底废弃，前后历经920多年。在故纸堆里足足沉睡了600多年的罗马法，被中世纪末期的西方法学家如获至宝地重新发掘

---

① 参见《睡虎地秦墓竹简》，文物出版社1978年版，第82、83、87页。
② ［日］盐野七生：《罗马人的故事》（Ⅰ），中信出版社2011年版。

出来。罗马法果真是西方学者和中国学者所称的，代表现代宪政、开启了西方现代法治主义序幕？其实不然。罗马法体现的国家至上、绝对君权的思想迎合了中世纪末期世俗君主对抗教皇神权的需要，学者们无视罗马法里的等级森严、平等主体缺失、个人权利不受重视等事实，给予了不切实际的美化、神话。德国人韦伯（Max Weber）曾写道：罗马法的承袭，从皇帝，特别是腓特烈一世及其后的诸侯都协力参与其中即可想见，基本是由君主的主权地位所激发而导致的。韦伯对于因商品经济发展需要罗马法的说法表示怀疑。① 这就是说，恰恰是罗马法中君主绝对权力的思想才引起中世纪末欧洲的兴趣。只是再过了600年，欧洲从绝对君权的奴役中觉醒，才有了代表现代意识的"法的精神"。同时期的罗马法，其君主不受法律制约的思想更甚于商君之法。② 这段历史告诉我们，与其泛泛指责商君之法，不如拿出研究罗马法的干劲，仔细研究具体的社会历史文化，研究秦简所载的秦律，发掘其中的法律精神。

商君的人生悲剧具有象征意义。我们不知道司马迁为商君最后设计的逃跑、被店家拒绝、聚徒反抗，最后兵败车裂的故事情节是否真实。如果属实，只能说明商君的公正和秦法的胜利。商君在当国期间没有积蓄起个人的权势，被店家拒绝则证明了秦法的公正而非"作法自缚"，聚众反抗则给了嬴驷车裂商君的法律依据。商学派意识到君主枉法任私的危险，故提出"虚君"思想，但最终难以摆脱君主独断的历史结局。对最高权力的有效监督，是中国古代社会一个解不开的死结。相对来说，儒家似乎更有效一些，从董仲舒用"天谴""灾异""屈君以申天"来制约皇帝，唐太宗君臣"水能载舟也能覆

---

① 转引自罗洪洋《重新思考古罗马与近现代西方法治的关系》，《环球法律评论》2015年第6期。

② 根据《罗马法史》，"罗马帝国君主谕令等同于法律，君主不受法律约束"。（中国政法大学出版社1994年版，第348页。）

舟"的冷酷现实,到朱熹倡导"天理"来格正皇帝的贪欲之心等,毕竟是有一个外在的不能由最高统治者左右的东西进行监督。而法家却寄希望于君主制定的法律来约束君主自身,让一个自己可以左右的玩偶来监督自己,岂不是用猫作诱饵引老鼠上钩吗?① 梁启超在评论法家政治思想时认为,最大的缺点在"立法权不能正本清源",立法、废法皆出自一人。② 商学派接受墨家"壹同天下之义",强调"壹同",如壹赏,就是所有利禄官爵皆出于战功;壹刑,就是刑罚面前上至士大夫下至庶民不分等级;壹教,就是让百姓明白除了战功,任何读书学问修身齐家之类的东西都不可能富贵、不可能逃避刑罚(《商君书·赏刑第十七》)。这种整齐划一的法治主义,随着秦国大规模扩张,遇到极大的困难。睡虎地秦简"语书"清楚记录了这一历史事实,其中云:"今法律令已具矣,而吏民莫用,乡俗、淫失之民不止。"③ 责备令、丞过分迁就当地百姓的恶俗、乡俗,不愿或不敢严格执法。这篇文书是秦王政二十年(公元前227)南郡的郡守腾发给下属县、道啬夫的,说明秦法在秦国故地之外的地区所遭到的强烈抵制。六年后,秦王政灭六国,之后在琅琊台刻石,踌躇满志地说:"是维皇帝,匡饬异俗,陵水经地,忧恤黔首,朝夕不懈。除疑定法,咸知所辟,方伯分职,诸治经易,举措必当,莫不如画。"(《史记·秦始皇本纪》)你看,一切按照法律,治理国家犹如画画那样简单、清楚。秦统一六国之初,还采取比较宽容的态度,允许有逐渐适应的过渡期,但之后采取一元化统治的严格法治主义。④ 完成统一大业后秦法更被视为万古不变之法,不容他人"入则心非、出则

---

① 《商君书·农战第三》:"如以猫饵鼠尔,必不冀矣。"
② 梁启超:《先秦政治思想史》,东方出版社2012年版,第204页。
③ 《睡虎地秦墓竹简》,文物出版社1978年版,第15页。
④ 参见[日]工藤元男《睡虎地秦简所见秦代国家与社会》,上海古籍出版社2018年版,第366页。

巷议"（《史记·李斯列传》）。商君变法之初曾在秦孝公面前，与甘龙、杜挚等人论战，认为法须因时而定、因势而变。看来，任何良法、善治都需要不断因时、因势而变，在坚守法治稳定的同时，更要赋予这个社会和法律足够的弹性。当法律一旦固化，尤其是与现实的民情、习俗发生极大冲突的时候，只凭借国家机器强力推动，离危险就不远了。

第九章
法家韩非

韩非（约前280—前233）为韩国公子（韩王庶子），曾多次上书韩王，终不为所用。一般认为，韩非是法家的集大成者，认为他把法、术、势统一起来了。"慎到明势，申不害言术，而公孙鞅为法。韩非综合三家，以君势为体，以法术为用，复参以黄老之无为，遂创成法家思想最完备之系统。"① 商君在秦国变法实践证明，不依靠术、不依靠势，依然可以保证法律的有效实施，而且实施得比任何一个诸侯国更有效、更成功。实践已经戳穿法、术、势相统一的法家价值，从理论上讲，法讲公开，术讲隐藏；法讲平等，势讲尊卑，将本质上不相容的三者整合在一起，只能造就韩非式的法家，造就为君主专制服务的法家。司马迁把韩非同老子、庄子、申不害放在一个列传，足见史公比后来的学者更深刻地看到他们在天道观上的共同之处。韩非思想来源非常复杂，接受自然天道思想，又有儒家的学统，熟悉历史典故、传说。韩非的贡献体现在对老子思想的发展，体现在对社会治理上的冷峻探索，体现在对战国时期政治黑暗的揭露。有点类似马基雅维利，把只能藏于密室的阴谋诡计、人性卑劣如此坦然地公之于众，让道学家们脸红心跳。当韩非漫步思考的时候，是一位极深邃但

---

① 萧公权：《中国政治思想史》上卷，商务印书馆2016年版，第226页。

又充满矛盾的思想家；在秉持自身信念的时候，是一位理想主义者；在愤世嫉俗的时候，又是一位偏激、不得志的愤青。他极端热爱韩国公室，却一生郁郁不得志。

一 韩非的天道观

不会想到，一个崇尚力量、努力作为的韩非，会与崇尚柔弱、自然无为的老子挂起钩来。思想的辩证法有时候就是如此奇特。就如"水往低处流"这样的自然现象，老子看到了"上善若水，处众人之所恶"的天道，孟子则看到"人之善，犹水之就下"的性善，《管子》却看到"民之从利，如水之从下"的好利之心。从自然天道中，韩非发掘出尚力、有为的思想，实际上是把墨子的尚力、孔子的有为与自然天道观进行嫁接的一次成功尝试，把老子的道、德与儒家的仁、义挂起钩来，削减了老子"弃绝仁义"的诉求。从这个意义上说，韩非开辟了一条将道家和儒家相结合的新路子，形成既非道家、也非儒家的全新思想——法家。这条兼蓄并包的路子是秦汉以后中国学术思想发展的基本路子。

韩非认为"道"是万物得以形成的本原，也是万理得以成立的根本。① 如果再追问"道"到底是什么，他只能告诉你，道是让万物各得其所、有序运行的根本，它"弘大而无形者"，或者说"万物异理"，而"道"包摄万物之理。生活在公元前3世纪的韩非把从万事万物中抽象出"道"，而"道"又存在于万事万物的观点，作为其思想大厦的基石。有了这块基石，法的统一性、君权的统一性、思想的统一性就有了保证。

---

① 《韩非子·解老》："道者，万物之所然也，万理之所稽也。"

从这个基石出发,韩非对老子的思想加以改造。这个弘大而无形的"道"没有是非善恶,尧舜掌握它表现为睿智,体现在桀纣那里就是毁灭。道犹如水,溺水者喝了会死亡,口渴者喝了神清气爽;道就像剑,圣人用来除暴安良,坏人用来行凶泄愤。① 通过这些诠释,让我们看到韩非之道,还是具有工具性质的道,可以通过好坏两个方向表现出来,关键是谁掌握道。"道"本身无法感知,但可以通过道的外显而被人所认识。当"道"体现在万事万物中,表现为"理","理"是事物运行的具体规则,可以为人所把握和理解。韩非阐述了很重要的"道一理殊"的思想,宋明道学的核心思想——"理一分殊",可以从中找到思想源头。② 当"道"体现在人之中,表现为"德"。"德"与"得"通用,所谓"德者,内也;得者,外也"(《韩非子·解老》),属于里和表的关系。韩非说:"道有积而德有功,德者,道之功。"③ 道的蓄积,在人身上体现为德性。韩非用"理"专指自然天道,用"德"专指伦理色彩的天道。于是,出现了两个重要的思想创新:将道与理合称为"道理",专门指不具有伦理色彩的事物的规则;而将道与德合称为"道德",专门指具有伦理色彩的人的行为④。因此,韩非的天道观是道家的自然天道与儒家的道德天道的综合,而以前者为主。他在讲述"德者,道之功"的基础上,认为:"仁者,德之光""义者,人之事""礼者,

---

① 《韩非子·解老》:"道,与尧舜俱智;与桀纣俱灭。""道譬诸若水,溺者多饮之即死,渴者适饮之即生;譬之若剑戟,愚人以行忿则祸生,圣人以诛暴则福成。"
② 韩非深得老子思想之精髓,在中国学术思想史上第一次阐明宇宙由一个根本的原理(道)所支配,而具体事物表现出来的规则(理)都服从这一原理。宋儒张载、朱熹等人的"理一分殊",其主要思想与之相同。
③ 《韩非子·解老》。在道与德的关系上,朱熹说:"道之得于身者谓之德。"与韩非的看法完全一致。(叶采:《近思录集解》,中华书局2019年版,第7页。)
④ 韩非《解老篇》尽管没有使用现代意义上的道德这一概念,但是从他专门提出理和道理这两个概念,并赋予与德不同的含义,可以得出这样的结论。

义之文"。韩非一方面对老子的"失道而后失德,失德而后失仁,失仁而后失义、失义而后失礼"做了相反的解释;另一方面试图把他从荀子老师处学习到的儒家思想,用道—德—仁—义—礼统一起来。这样,既使道、德的伦理色彩更为浓厚,也赋予了仁、义、礼新的含义。

所谓仁是发自内心的对他人的喜悦,为别人有福高兴,为别人有祸难过,不求回报。① 这是他对老子"上仁为之而无以为"的儒家理解。所谓义是指适宜,比如处理君臣、父子、朋友、亲疏关系恰当,并努力践行。这就是"上义为之而有以为"。所谓礼是指人内心感情表露出的态度、举止,也是"义"的外在表现。比如,你心里怀有感情,又不能用语言表达出来,只好通过恭敬的态度,小跑跟随的举止,甚至用跪拜的方式来表现。② 接着,韩非说,既然"礼"是内心情感的流露,那就舍弃过多的修饰。礼节烦琐象征着内心真实感情的衰竭。韩非对老子"夫礼者,忠信之薄也,而乱之首"做出新的解释,消解了老子拒绝仁义礼的思想,又对儒家的仁义礼赋予新义,使仁义礼与天道接上关系。当把烦琐的礼节去掉,简洁而实用,这样的礼就等同于法了。

韩非还从他的天道观中推导出人要虚静的原因,以及保全自身、保全国家的办法。人的聪明睿智是天赋予的,当人过度运用它,视力会下降、听力会衰减、思虑会紊乱,不免会受到损害。因此,"治人事天"就应该如老子说的"莫若啬(吝啬)",节约自己的精气神、合理使用。懂得这种道理的圣人和君主,就会让自己处于虚静的状态,以静制动,而让臣下和民众多操劳。韩非从这样的天道观中引出

---

① 《韩非子·解老》:"仁者,谓其中心欣然爱人也;其喜人之有福,而恶人之有祸也;生心之所不能已也,非求其报也。"

② 《韩非子·解老》:"中心怀而不谕,故疾趋卑拜以明之;实心爱而不知,故好言繁辞以信之。"

君主控制臣民的法术,引出君无为、臣无不为的观点。① 韩非所说的"使鸡司夜,令狐执鼠,皆用其能,上乃无事。上有所长,事乃不方""虚以静后,未尝用己"(《韩非子·扬权》)等,在当代仍很有市场。就是说:上级可以不懂专业,只要下属懂就可以;上级不能做具体的事务,而应该指挥下属团团转;上级考虑宏观、指明方向,群众奋勇跟进;上级要不动声色,不轻易表态,最好是模棱两可,让人摸不到心思;上级不要显得过分能干,否则下属会产生怨恨,就你忙,累死你! 这些都是君人南面之术,驭人之术在现代的体现。韩非还把这套思想用于治理国家。治理国家也要强调"虚静"。你看,工匠老变换职业,技艺就会荒废;做大事而摇摆不定,很少有成功;贵重器具老搬来搬去,就会损伤;煎炸小鱼而不断翻动,表面就易破碎;法令老变动,民众深受其苦。韩非说,有道之君要贵静,法令确定后就不轻易变更。法律的稳定性就是从这推导出来的。但是,人总有各种欲望,总是企图谋划,当欲望占了上风,邪恶和灾难就会降临。圣人能够认识到这一点,所以穿衣能御寒,吃饭能充饥就可以了。但是,现在的普通人就不是这样,大到诸侯,小到积蓄千金者,依然不满足。应了老子的"祸莫大于不知足"。

当然,韩非看出老子"无为"思想存在矛盾——当刻意追求无为时等于被无为控制,违背原本的初衷。因此,人不能经常挂念"无为",这样才能实现老子的"上德无为而无不为"。韩非的结论是:不符合道的不为,不符合道的不欲,不符合道的不想,不符合道的不用(无为、无欲、不思、不用),但是又不能受制于无为、无欲、不思、不用,这才是最高的境界。② 可见韩非将辩证思维的精妙

---

① 《韩非子·扬权》:"事在四方,要在中央。圣人执要,四方来效。虚以待之,彼自以为之。"

② 《韩非子·解老》:"凡德者,以无为集,以无欲成,以不思安,以不用固。""所以贵无为无思为虚者,谓其意无所制也。"

处悟透了。通过解释老子，韩非建立起自己的理论基础。韩非深得老子思想的精微。老子说"罪莫大于可欲"，韩非认为无论国家或个人，如果老显摆就会勾起他人欲望，离祸端就不远；老子说"图难于其易也，为大于其细也"，韩非觉得什么事情要及早处理；老子说"见小曰明"，韩非理解为从小处看大，见微知著；老子说"其安易持也，其未兆易谋也"，韩非提出要把问题消灭在萌芽状态。这种思维已经实实在在地渗透入中国人的骨髓，成为中国人的智慧。过去论者，往往重视韩非论法的一面，而对韩非从老子思想中体悟到的谋略、权谋讨论不多。法律讲公开，谋略讲隐秘，前者是阳谋，后者是阴谋，当把两者结合起来，韩非之法就属于阴阳之法。

二 韩非的理想国

韩非是现实主义者，其对人性功利的解释，透着理性主义的冷酷。但是，正因为韩非是一个彻底的现实主义者，也决定了他是一位理想主义者，因为他设想的人类完全按照功利目的做事、受功利算计支配，排除了情感、偏私等非理性因素。这种完全受理性支配的人，本身就是想象的、非现实的，或者说理想的。韩非认为他的理论是给中主——中等水平的君主准备的，但真要实施起来岂是中主水平所能完成的？"然而韩子所谓中主，就其论法术诸端察之，殆亦为具有非常才智之人。身居至高之位，手握无上之权，而能明烛群奸，操纵百吏，不耽嗜好，不阿亲幸，不动声色，不挠议论，不出好恶，不昧利害。如此之君主，二千余年之中，求其近似者寥寥无多,屈指可数。"① 学者的眼光总是敏锐的,一眼就看出韩非其实是在讲述一个理想的、冷酷无情的、至高无上的、智慧超群的君主的故事。这样的人寥若晨星,不亚于尧舜。

从自然状态下推导出自己的主张,是古今中外思想家们的共同爱好,近代欧洲的霍布斯、洛克、卢梭都从中推导出自己心仪的政治思想,生活在公元前3世纪的韩非也是这么做的。他说,远古时期,男人不耕种,野生果实足够吃,妇女不用纺织,禽兽的皮毛就够穿。这种自然状态富足安详,当然不用争夺。这一点就比霍布斯所说的自然状态要美好。随着人口的不断繁衍,自然财富缺乏的问题就暴露出来,争夺和混乱就开始了。儒家说用尧舜的仁德来教化人民,采取禅让给大家做榜样,天下就能重回太平。可韩非并不糊涂。古时候生产力低下,尧贵为天子也只能住茅草房,吃的是粗粮,冬天一件鹿皮,夏天一件麻布衣,生活比现在看大门的都不如。大禹还亲自拿起锄头和大家一起干活,连小腿上的毛都掉了,就是现在的苦役和奴隶也不过如此。他们要让出天下,只不过是把看大门的工作、奴隶般的苦役让出去罢了。谁会稀罕?可现在不同了,一个县令,其子孙都能骑大马、坐好车。过去能辞掉天子的位置,而现在连一个县令还想把权力牢牢把控在手里,就是因为利益太大的缘故。② 这里,我们不得不叹服韩非的非凡洞察力。因此,韩非认为尧舜禅让不是风格高尚,并不值得赞美。从古至今,不同的时代有不同的法度,上古人们苦于禽兽侵害,有巢氏在树上搭窝棚而受到百姓拥戴;燧人氏发明燧木取火而获得百姓的赞誉;大禹治水造福百姓,从而取得了天下;汤、武征讨桀、纣,统治天下。因此,韩非断定,要按照当今的实际情况来制定新的治国措施,不能信奉儒家那套上古盛世的说法,而是要让国家强

---

① 萧公权:《中国政治思想史》上卷,商务印书馆2016年版,第250页。
② 根据《韩非子·五蠹》相关内容转译。

力介入因财物不足带来的争夺。不同的历史观就有不同的理想国，不同的历史观就有不同的思想体系。韩非规划出的理想国主要是为了解决因利益太大而带来的权力贪婪问题。

在这个理想国（明主之国）里，人完全受趋利避害所控制。没有繁杂的书简，只用法令来教育百姓；没有先王的语录，只向官吏学习法令。没有游侠四处逞能，只有杀敌立功的勇士。这叫"以吏为师，以斩首为勇"（《韩非子·五蠹》）。法令是这个国家唯一的准绳，要做到"法不阿贵，绳不挠曲"（《韩非子·有度》）。刑罚不会回避大臣，奖赏也不会漏掉匹夫。擅长言谈的说客必定依从法令，劳动者以生产有用物品为评价，勇士们都到军队服役。[①] 官吏的升迁，完全靠自己的真才实学和工作业绩，一步步选拔上来，这叫"宰相必起于州部，猛将必发于卒伍"（《韩非子·显学》）。有功者必然得到奖赏，丰厚爵禄必然激发更大的积极性；官员多岗位历练，官职越大必然能力越强。不从事耕种的就没有饭吃，没有战功的就不授予爵位。出力多贡献大，就能得到大家的崇拜，出力少贡献小，会受到大家的鄙视。[②] 高官厚禄、杀戮刑罚是国家的两柄治国利器，国君的权力牢牢控制着这个理想国。"事在四方，要在中央。圣人执要，四方来效。"（《韩非子·扬权》）韩非尽管在《解老》篇里对仁、义做过精当的解释，但自己并不完全相信。他觉得，世界上最亲的莫过于父子了，可父子之间依然还相互猜忌，甚至反目为仇，君臣之间怎么可能存在仁义。因此，在这个理想国里，君臣之间是猫鼠关系，不是你压倒我，就是我吃了你。最好的状态就是君主牢牢掌握国家的两柄利器，用术控制好臣民。有功劳都是君主领导有方，有错误都是臣子犯下罪过。能做到臣劳、君功，就是君主的

[①] 《韩非子·五蠹》："其言谈者必轨于法，动作者归之于功，为勇者尽之于军。"
[②] 《韩非子·显学》："力多则人朝，力寡则朝于人，故明君务力。"

"葵花宝典"。① 韩非坚信，这样社会必定国家富足、军力强盛，会远远超出三皇五帝的盛世。

这个理想国，是什么样的人在统治？韩非曾对"抱法处势"带来的好处有过一番美妙的设想。你看，尧舜、桀纣都是千年才会出现一次的人物，绝大部分君主都属于中等才智。中等才智的君主，据有权势、手握法度就能治理国家，如碰上千年一遇的桀纣大家只好自认倒霉。但毕竟有千年太平，一世混乱，总比千年混乱，等出现尧舜这样的圣君再治理要好得多（《韩非子·难势》）。韩非的这番分析，确实理性、平和、务实，逻辑上有说服力，甚至成为现代中国人讨论法治价值的标准依据。但是，在谈到能把法、术、势集于一身，有君人南面之术的"明君"时，简直就是一位超人中的超人。

这是一条见首不见尾的神龙。安静得没有人知道他在君位上，泥牛入海不知道他在什么地方，却又能做到"明君无为于上，群臣竦惧乎下"（《韩非子·主道》）。在这样的明君面前，臣民战栗得像筛糠一样。奇怪的是，明君不发表或很少发表意见，只是在旁边以虚静的态度观察群臣，探测其中的阴谋，暗中剪除不良党羽，明君的威力会像雷电那样深不可测、那样孔武有力。② 更不可思议的是，明君有了这样的权威，竟然从不会做坏事，绝对权力不会导致绝对腐败。因为他其实是一位圣君，甚至远远超过尧舜。韩非对老子的"方而不割，廉而不刿，直而不肆，光而不耀"做了精辟的解释。他说，方而不割，就是表里如一，言行一致，但不非议别人；廉而不刿，就是舍生忘死，看轻资财，但不嘲弄贪腐；直而不肆，就是有公心而不偏私，又不畏惧邪恶；光而不耀，就是身份尊贵，衣裳华丽，但不欺侮

---

① 《韩非子·主道》："有功则君有其贤，有过则臣任其罪。""臣有其劳，君有其功，此之谓贤主之经。"
② 《韩非子·扬权》："虚以静后，未尝用己。填其汹渊，毋使水清。探其怀，夺之威。主上用之，若电若雷。"

贫困。① 能做到这样的，只能是圣君了。圣君城府很深，不会自己直接动手，以免把自己推出去成为焦点，而要依靠法令，由他人去代劳。功劳、荣誉是自己的功绩，罪恶、困难，由臣下担着。一切荣誉归于圣君，一切罪责归于臣下。这就是韩非给出的意见。真能做到这一点，不是中等才智所能胜任的，必须是千年才出的具有雄才大略的旷世奇才才能做得到。难怪韩非的理论在韩国无人问津，得不到韩王安的欣赏，因为韩王安认为那样的君主谁都做不到，那样的国家不可能成为现实。但是，有一位雄才大略、千古一帝的君王——秦始皇对此却极为欣赏。因为，也只有秦始皇稍微够格做韩非理想国中的"明君"了。但是，从绝对权力不会导致绝对腐败的思想看，韩非受儒家"圣君"思想的影响比任何一位儒者还要深。

三　充满矛盾的思想体

韩非思想在中国历史上的影响源远流长。韩非在世时就深受秦王嬴政的欣赏，嬴政偶读《孤愤》《五蠹》，恨不得马上与之相见；在近代则得到严复、章太炎等改良派和革命派的崇拜。20 世纪 70 年代，韩非更是家喻户晓，成为儒法斗争的一面旗帜。当代一些学者把《韩非子》与马基雅维利的《君主论》并列，对两者所倡导的为君原则、驭人术、治国手段开展比较研究。②

马基雅维利被称为现代西方政治学的开创者，其贡献在于第一次提出君主不依靠神权获得统治的合法性，只凭借自己的狡诈和机敏获

---

① 根据《韩非子·解老》对《道德经》第五十八章"方而不割，廉而不列，直而不肆，光而不耀"的释读。
② 参见肖俊旭《韩非与马基雅维利政治思想的比较》，《福建论坛》（人文科学版）2012 年第 S1 期。

取权力、赢得民众的信任。《君主论》1559年被罗马教会列为禁书，直到20世纪才从禁书目录中去除。英国学者阿兰·瑞安写道："时至今日，一些对马基雅维利的著作连一行也没有读过的奸诈政客动辄大唱高调。一次，艾森豪威尔总统对他认为是马基雅维利提出的'能达到目的就是好手段'的理念发出谴责，可他没有说明，如果不能看能否达到目的，凭什么判断手段是好是坏。"① 比较起来，《韩非子》这本书的命运倒是比《君主论》好很多，尽管也遭到道学家的批评，但是没有被列为禁书。以现代眼光看韩非的思想，是一个充满矛盾的思想体，韩非的困境也是现代的困境。

法治主义的困境就在于把"法"看作整个社会唯一的标准，迷信法的万能。韩非设计的理想国，倡导"一民之轨，莫如法"，完全靠法律规范民众的思想、行为。殊不知，这样的社会是一个静态的、僵死的、没有生机的社会。法律之所以是法律的特点就决定了它只能解决已知的事情，而对于未知的，没有遇到过的，需要权衡、判断的新事物，就显得力不从心，甚至成为发展的绊脚石。法治只有与创新相结合，只有与变法相结合，才能显现出活力。商君的成功就在于打破了固有的利益藩篱，用立法的方式确立了新的利益格局，提高了社会的流动性，让新生力量上升为社会主体。一旦商君之法固守不变，终究会成为秦国的流弊。韩非以赞赏的口吻讲了一个案例。秦国发生大饥荒，范雎请求秦王将打猎的五苑开放，里面的蔬菜、橡果、枣栗足以养活百姓。可秦昭襄王不同意，原因是秦国的法治原则是有功受赏，有罪受罚，这些灾民无功而受赏，岂不是乱法？与其开放五苑乱法，不如放弃这些枣蔬，哪怕饿死人也在所不惜。② 这种严酷的法治理性，使法律成为僵死的规则，丧失人道慈悲。秦灭六国后，极短时

---

① ［英］阿兰·瑞安：《论政治》，林华译，中信出版社2016年版，第472、474页。
② 《韩非子·外储说右下》："秦大饥……不如弃枣蔬而治。"

期内将秦国严密的法律推向东方六国，将农战合一的体制运用于和平时期，不乱才怪。纵观当今国际，几乎很少有通过形式主义的法治达到善治的国家，企图通过程序正义、形式主义的宪制、三权分立来实现社会稳定进步的国家，几乎没有。法律永远解决不了属于未来的问题，这是政治范畴的事务，法律不可染指。韩非设想的理想国是通过圣君般的人物推行法治，这个理想的圣君似乎永远不会做错事，永远那么理性明智、安静机敏。这个理想的人格只能是一个神话。现代学者的设想是将最高领导人纳入法律监督之下，以为可以避免韩非的误区。历史表明，对最高领导人最有效的监督手段不是法律，而是政治，是各种政治力量博弈的结果。单纯依靠法律实现不了对最高领导人的有效监督，还是毛泽东说得好，要让人民起来监督政府。这就是与法律监督不同性质的政治监督。守护好法律的边界，处理好法律与政治的关系，处理好法律的稳定与未来的发展的关系，应是法治主义成功的前提。若把法看作静态的、唯一的价值来源，这样的社会是极其僵死的。

法律讲赏罚、明是非，一切以理性的利益算计为基础。韩非所设想的君臣、君民、父子、夫妇关系都是以利益算计为前提。韩非提倡"君不仁，臣不忠"（《韩非子·六反》），本意可能是指君主不私行仁爱，臣下不向君主私人尽忠。但是，单纯以利益为纽带的君臣关系是不可靠的。人类还需要有一种情怀、一种信念、一种纯粹的精神追求，不只是利害关系，儒家倡导君臣以义合的"同志式"关系，恐怕更符合现代社会。任何一个执政团队、一个党派，都是由一群志同道合的人组成，有相同的价值观、有相同的政治目标。仅仅以利益联结起来的团体必定是利益消失就鸟兽散的乌合之众。人类通过几十万年的进化，发展出利他主义的精神，必定是这种精神符合人类的需要、种族的繁衍。现代社会的法治需要与崇高的信念结伴而行。①

韩非作为韩王的儿子,极度关心公室利益的心情可以理解。但是,他支的招数却又是幼稚的。君主怎么可能完全隐藏自己的喜好,不表态、不决策,只是暗中听臣下的观点,再考察他们是否言行一致,是否取得实际成效,然后做出赏罚决定。这纯属书生在书斋里臆想出的一套君人南面之术。连睿智贤明的子产都会受小吏的蒙蔽。据说有人送了条活鱼给子产,子产吩咐小吏将鱼养到水池。这小吏非但没有按照子产的要求做,而是把鱼给煮了、吃了,反过来对子产说那条被放生的鱼很愉快,感激地摆摆尾巴游走了。子产非但没意识到被骗,反而赞赏说做得好。小吏出来后很得意地说,谁说子产有智慧?我把鱼做熟吃了,子产还说到了该去的地方。于是就有了孟子的千古名言:"君子可欺以其方,难罔以非其道。"(《孟子·万章上》)即便秦始皇、李斯都会受赵高这个阉人的蒙骗和算计。韩非痛斥当途之人(当权大臣)欺下瞒上,法术之士无法施展才能,可又怎么能保证法术之士得势后不会重蹈覆辙?从现代的角度看,韩非的结论并不重要,但引发的问题和思考有恒久的价值。

---

① 韩非观察到:母亲爱孩子倍于父亲,但父亲的话更有权威;父母爱孩子,但官吏一句话比父母更能让人遵守。因此,他得出"威势之足以禁暴,德厚之不足以止乱"的结论。(见《韩非子·显学》)两千多年后日本福泽谕吉观察到同样的现象:当他以蛮横的武士态度问路时,农夫惶恐回答;当以和善态度问路时,却遭到冷遇。他由此得出结论:正是高压政治才导致这种分裂的人格。从而提出"天不生人上之人,也不生人下之人""个人可以独立,一家可以独立,国家也就可以独立"等主张。(参见马国川《国家的启蒙》,中信出版社2018年版,第137、138页。)类似的现象,有不同的归因,就有不同的政治主张。现象不重要,抱持什么样的信念才是关键。法律背后的信仰比法律本身更重要。

第十章
名辩思潮下的名家

战国中期逐渐形成一股名辩思潮，是在孔子"正名""循名责实"，墨子"取实予名"的思想基础上，吸收邓析等的观点，在百家争鸣的风气中逐渐形成的一个松散型的重要学派。惠施与公孙龙是其主要代表。① 惠施（约前370—前318），宋人，曾在魏国任相达15年之久，是政治家兼学者。公孙龙（约前320—前250），曾为平原君的门客，有稳定的经济来源做保障，又有闲暇从事研究，是标准的养士风气下培养出的学者。他们起初以辩者著称，汉初对诸子学术思想进行梳理总结后才被称之为名家。"名家苛察、缴绕，使人不得反其意，专决于名而失人情。故曰：使人俭而善失真。若夫控名责实，参伍不失，此不可不察也。"（司马谈《论六家要旨》）历史上名家的名声不太好，往往与狡辩相联系，即便是近代，像钱穆这类学者也对惠施、公孙龙表现出不屑。② 吕思勉说了句公道话："其实细绎其旨，皆哲学通常之理，初无谓诡辩也。然其受他家之诋斥则颇甚。"③ 笔

---

① 关于名家的学派渊源，侯外庐《中国思想通史》第1卷的一些考证可供参考，见该书的第十二章"惠施的相对主义唯心思想"。
② 钱穆《中国思想史》就惠施、公孙龙的名辩思想与庄子做对比，认为庄子更高一筹。（九州出版社2012年版，第49—55页。）
③ 吕思勉：《先秦学术概论》，中国人民大学出版社2011年版，第106页。

者仔细研究惠施和公孙龙等的思想,对照历来的议论,很有一种"塔斯马尼亚效应"的感慨。这样看来,中国道统传承中丢失了一些很有价值的东西。

一　塔斯马尼亚效应

在澳大利亚本土东南方向有一个叫塔斯马尼亚的小岛,面积是台湾岛的 1.87 倍。至少在四万两千年之前,现代智人就来到这里,一万年前,由于海平面快速上升,塔斯马尼亚与澳大利亚本土的联系就彻底中断。于是,这群智人开始生活在这片与世隔绝的世外桃源之中。岛上物质丰富,可以保证人人丰衣足食。可是,当 17 世纪西方殖民者第一次登上这个小岛,发现这里的人除了火以外,丢失了原始人曾经掌握的所有技能和文明。不会用石块制作工具,不会用骨针制作衣服,更不会捕鱼,他们最先进的武器和工具就是未经打磨的石块、木棍和木制长矛。其实早在一万年前,他们的祖先就掌握了狩猎与捕鱼技术,会使用弓箭,可"进化"的结果是,他们逐渐丢弃了曾经掌握的各项技能。连三万年前山顶洞人都会使用骨针缝制衣服,使用装饰品的这类技能,19 世纪的塔斯马尼亚人竟然完全丧失了。他们可是与我们完全一样的骄傲的智人的后代!他们几乎丧失穿衣服的能力,夏天完全裸露,冬天就用袋鼠皮裹住身体。通过考古发现,五千年前,塔斯马尼亚人还会捕鱼,过了一千多年居然停止了,因为他们制作渔网、鱼叉、鱼钩这类工具的技能都消失了。这确实是一个伤心的故事,一个有着高贵出身的智人后代居然沦落到如此地步。在英国殖民者的猎杀下,最后一名塔斯马尼亚人于 1876 年死去。

当我们这些骄傲的华夏后人重新发掘《墨经》和名家的思想时,

自然会想起"塔斯马尼亚效应"——先祖们曾经拥有的思想和技能，两千年后，我们居然全忘记了。幸运的是，《墨经》《公孙龙子》等往圣之绝学被收录到《道藏》里，才能为我们所看到。不仅如此，战国时期的《周髀算经》有"北极左右，夏有不释之冰""中衡左右，冬有不死之草，五谷一岁再熟"等记载，与地球寒暑五带的知识完全一致。但到了五百年后的汉末，大学者赵爽在给《周髀算经》作注时，居然怀疑北极夏天的冰不融化的说法，因为他已经搞不清楚战国时期的古人怎么会有这样的知识。如果用更宽的视野观察人类文明，"塔斯马尼亚效应"是普遍存在的。

二 惠施的"合同异"

庄子是惠施的好朋友，二人曾有一次有趣的对话。现在看来庄子其实不懂惠施，就是这位不懂装懂的庄子，让惠施背上很"无聊"这一两千多年来的嘲讽。

庄子是这么记载的。

一次，两人在濠水的桥上游玩。庄子说："鲦鱼在河里多么悠闲，这是鱼之乐啊！"惠子说："你不是鱼，怎么知道鱼的快乐？"庄子说："你也不是我，怎么知道我不知道鱼快乐呢？"惠子说："我不是你，确实不知道；你不是鱼，就肯定不知道鱼的快乐。"庄子说："请回到最初的话题，你刚才说'你怎么知道鱼的快乐'，说明你很清楚我知道而故意问我。现在我告诉你，我是在濠水的桥上知道鱼很快乐的。"①

看了这则故事，绝大部分人会觉得惠施属于插科打诨、卖弄小聪

---

① 参见《庄子·秋水》。

明的家伙,还好庄子聪明,来个脑筋急转弯,把惠施怼了回去。东晋郭象也参与进来,替庄子回答,说:你不是我,又如何知道我不是鱼(汝非我,又如何知我之非鱼)。结合惠施的思想,细细品味,其实是把一个严谨的问题当成一个智力游戏的小笑话。

人能够知道什么、不能够知道什么,一直是认识论上的大问题。这也是产生科学思想的基础。但是,在天人合一、主客观一致的思想氛围下,我知道什么,我知道的东西对还是不对,是一个不成问题的问题。就如庄子很确信他知道鱼快乐,他实际上是把自己比作鱼,在悠闲的自然环境下自己感到快乐,所以他很确定地推导出鱼也很快乐。但是,在主客观两分的古希腊人看来,这是有问题的,惠施作为研究名与实关系的名家,也认为这是有问题的。人作为认识的主体,面对客观认识对象,如何能够证明获取的对客观对象的认识是正确的?就如庄子作为认识主体,面对鱼这个外在的认识对象,你所获得的对鱼的表象认识,怎么确认是正确的?这绝不是靠耍小聪明、抖机灵所能解决。庄子必须搞清楚,鱼之乐的"乐"是什么含义,是属于个性的感受,还是具有共性的特征。如果是纯个性化的体验,外人是无法了解的,因此庄子的感叹"鱼之乐"就不正确。如果"乐"具有共性的特征,庄子就得说清楚这些特征是什么,然后根据这些特征做出逻辑判断。比如说摆尾巴、吐泡泡是"乐"的外在特征,然后根据这些特征做出判断。还有,庄子还必须说明白,"鱼之乐"是你主观的感受,还是鱼真有体验快乐的能力?如果鱼没有体验快乐的能力,仅仅是庄子的主观体验,那么庄子是把自己的体验强加在鱼身上,因此庄子的感叹就不是鱼的真实状态。如果鱼有体验快乐的能力,而庄子又能感知到鱼自身的体验,就要说清楚,庄子是如何感知到的,是通过观察、分析、归纳、推理?还是用其他手段?总之,必须要拿出证据来证明,或者通过实验来验证。惠施认为:庄子和鱼是彼此独立的,我和庄子也是彼此独立的，怎么能够确切地知道关于对方情形的判断是正确的？惠施的追问绝对是有意义、有价值的。如果按照这样的方法进行追问，许多所谓的学问是经不住深究的，一些模棱两可的观点就没有立足之地。但是，这种"困百家之知，穷众口之辨"①式的追问容易得罪各家各派，会让一些很有学问的人显得很无知，韩非就明确主张这类诘问破坏了法律，太可恨了。② 慢慢地，这类追问被当作荒诞不经的游戏而被放弃了。别说司马谈，就是朋友庄子也因一心逍遥于自然的怀抱，追求自然之道，而对惠施纯理性的追问茫然失措。最终的结果是，整个华夏族群几乎丧失了这种追问的能力。随着这种能力的丢失，科学的精神也就与之擦肩而过了。

从庄子对惠施的一些记载，反面印证了惠施对自然科学的兴趣。比如庄子《天下》篇评价惠施的时候反复强调"强于物""散于万物而不厌""逐万物而不反"，说明惠施喜欢研究自然现象，对于沉醉于天道、人事、政治的诸子来说确实有些另类。庄子讥讽说："由天地之道观惠施之能，其犹一蚊一虻之劳。"（《庄子·天下篇》）在现代人看来，"一蚊一虻之劳"恐怕要比大道理（天地之道）更有价值。

墨家弟子研究过"同"的种类，也研究过与此相对的"异"，在此基础上，惠施进一步研究后提出"合同异"。与大多数学者的观点不同，笔者认为惠施的思维水平要比《墨经》更高些。由于文献的缺失，只能依照《庄子》记载的"历物十事"以及散见于有关文献的可能是惠施的观点加以评论。现抄录于下并择其要点加以评说：

> 至大无外，谓之大一；至小无内，谓之小一。无厚不可积也，其大千里。天与地卑，山与泽平。日方中方睨，物方生方

---

① 《庄子·秋水》中公孙龙的自我介绍。
② 《韩非子·五蠹》："儒以文乱法，侠以武犯禁。"

死。大同与小同异，此之谓小同异；万物毕同毕异，此之谓大同异。南方无穷而有穷，今日适越而昔来。连环可解也。我知天下之中央，燕之北，越之南是也。泛爱万物，天地一体也。（《庄子·天下篇》）

由于仅有惠施观点的抄录而无具体内容支撑，故后来者只能猜测，这里也难免蹈过去之覆辙。但是，猜测也有两种方式，一是就字面含义谈字面含义，另一种是探究文字背后的内在逻辑及含义以求得理解。这里采取后一种方式。

万物的同异问题，既是一个哲学问题，更是一个科学问题。惠施划分出大同异和小同异两类。所谓大同异，是说万物之间存在两种极端的情形，一种是万物绝对相同，一种是万物绝对不同。所谓小同异，是说同和异是相对的，用某一标准衡量，可以说相同，用另一个标准衡量，可以说相异。到底想说明什么？自然界中，没有一片相同的雪花，没有一片相同的树叶，没有相同的指纹，所有动植物的个体其DNA都不一样，这已经为现代科学所发现。但是，万物又都是由原子，以及原子内部的电子、质子、中子等组成，没有任何差异。也已经为现代科学所认可。惠施的时代没有现代科学知识，但是沿着"大同异"的思路去探索，可以引领我们闯入一片思想的新天地。可惜，与惠施同时代以及之后的人，一开始就把这种观点视为"怪异"而停止思考。除了绝对的大同异，还有相对的小同异。我们可以根据动物的功能、外形、习性区分出牛、马、羊等，但是又同属于动物，这就是"同"和"异"的相对性。其中马又因颜色不同区分为白马、黑马、黄马，又因产地不同，可以分为蒙古马、哈萨克马、西南马、河曲马等，说明同中有异。现代生物学、植物学、化学等都有分类问题，由于找到正确区分动植物同异的方法，找到正确区分各元素的标准，这些学科的基础才得以奠定。可以说，没有对万物同异关系的正确分析，就没有现代科学。石墨和钻石都由碳原子组成，就因为两者之间内部结构不同，导致性状完全相异。我们还可以把"同异"相对的思想引申到国家治理，研究出现异同的原因。同一个国家前后发生翻天覆地的变化，我们可以从国家政策前后变化、领导人前后变化等因素，分析产生翻天覆地的变化的原因。也可以用于分析战争，同样的军队、同样的统帅，在前后两场战争中的表现有很大的差异性，原因在哪？或者后勤，或者士气，或者地理，或者战争性质不同等。也可以用于分析其他，同样一块土地，产量前后差异很大，其原因是地力衰减，还是劳动积极性不高，由此可以采取有针对性的措施。因此，同异相对的思想又可以作为分析问题、解决问题的可靠方法。惠施担任魏相十五年，是一位重量级的政治家，不能排除当政时期用这种方法处理政务。过去，我们更多地把惠施看作相对主义者、诡辩者，比如他说"天与地卑，山与泽平"，但准确地讲，惠施是相对与绝对统一论者，因为他讲"小同异"即同异相对时，还讲"大同异"，即绝对相同和绝对不同。

极限问题，过去是一个哲学问题，现在是一个数学问题和自然科学问题。惠施提出至大（无限大）和至小（无限小）问题，是从哲学角度对极限问题的思考。所谓无限大就是在这之外没有比这更大的东西，所谓无限小就是里面不可能还有比这更小的东西。结合惠施提出"南方无穷而有穷"这一命题，他是想说明，当你意识到无穷的时候，实际上是有穷的。因为真正无穷的事物，你无法认识，根本不可能意识到它的无穷性。康德在 18 世纪提出四个悖论，第一个就是时间和空间是有限的，同时时间和空间是无限的。不仅没有被人视为怪异，还为此赢得声誉。惠施关于有穷和无穷的相对性，对至大与至小的定义，以及至大和至小的统一性的观点，蕴含更深刻的思想。现代数学告诉我们，正整数是无穷的，但它又是无限集合里最小的，属于可数、可认识的无穷，其他无限集合的势都比它大，属于真正的不可数无穷。比如说所有无理数的集合，是无限集合，但是你根本不可能说出某个无理数到底是多少，它是不可数、不可认识的无穷。惠施提出，至大谓之大一，至小谓之小一，无限大与无限小都可以称为一，因此它们是等价的。这在过去确实是难以理解的。一般而言，一和多是绝对有区别的，大与小也是绝对有区别的，无限大与无限小也绝不可能等价。但现代宇宙学认为，无限浩瀚的宇宙，可以全部放入普朗克空间之内，这里的无限大和无限小完全等价。

事物的变化和稳定是哲学关注的问题，更是现代科学关心的问题。惠施提出了"日方中方睨，物方生方死"的命题，是说太阳刚到中午直射的时候就开始斜射，事物刚刚出生的时候死亡就开始如影相随。这个命题绝大部分学者都以"具有辩证法思想"给予赞赏，如果仅仅是思维层面的辩证法，并没有多少价值。正如"人不能两次踏进同一条河"这句话，给了更多有价值的信息。只有深入文字背后，分析惠施是如何提出这一命题，其价值才更大。比如，惠施是否用日晷对太阳每天的运行进行规律测量，发现日影从偏西方向逐渐向东移动，最后确认太阳照射角度时刻在发生变化。比如，惠施是否观察青铜剑，刚开始时锋利无比，在使用的那一刻，其利刃就开始退化。如果是这样，说明惠施的命题是从经验基础上归纳出来的。由于缺乏文献，并不清楚惠施究竟是如何得出这一命题的。不过，从具体经验中进行抽象、归纳，符合惠施的一贯思想。这是科学思想的萌芽。

从惠施的"合同异"，联系到芝诺的命运，其提出的阿喀琉斯追不上乌龟、飞矢不动等，一直作为诡辩派代表遭后人嘲讽，国内的标准哲学教程也认为芝诺不懂连续性和间断性的辩证统一。直到现代，芝诺悖论在数学、物理学上的价值才开始为人所肯定。罗素有过一段精彩评论："在这个变化无常的世界上，没有什么比死后的声誉更变化无常了。死后得不到应有评价的最典型例子莫过于埃利亚的芝诺了。他虽然发明了四个无限微妙无限深邃的悖论，后世的大哲学家们却宣称他只不过是个聪明的骗子，而他的悖论只不过是一些诡辩。遭到连续两千多年的连续驳斥之后，这些诡辩才得以正名。"芝诺悖论的正面价值也受到国内学者的关注和研究。[1]

下面介绍同样是名家，但被污名化的公孙龙，其被称为中国版的芝诺[2]，他的"白马非马"论引来很多嘲讽。

三 公孙龙的"离坚白"[3]

相比惠施，公孙龙在庄子的作品里更像个小丑，"井底之蛙""邯郸学步"就是用来讽刺公孙龙的（《庄子·秋水》）。公孙龙学术的思辨性之强、表述之晦涩在中国学术思想史上无出其右。公孙龙的思想没有孔、墨的宏大格局，但他的思想由实际问题触发，则确定无疑。弄清楚这一点，才能准确理解公孙龙的思想脉络。"离形而言名"的名家公孙龙不是沉浸于"绝对理念"的中国版柏拉图，也从

---

[1] 参见刘冲《芝诺悖论若干解释的辨析》，《自然辩证法研究》2008年第8期；吴国盛《芝诺悖论今昔谈》，《哲学研究》1992年第12期。

[2] 侯外庐：《中国思想通史》第1卷，人民出版社1956年版，第443页。

[3] 公孙龙的思想主要保存在现存的《公孙龙子》六篇中，对其真伪历来争论极大。陈来教授在他早年的一篇《〈公孙龙子〉与公孙龙的哲学》中认为，《通变论》《坚白论》《指物论》归为一类，应是公孙龙的作品，《白马论》《名实论》《府迹论》归为一类，是晋人鲁胜伪造。理由是前三篇太难了，思辨水平太高了，没有人能够伪造；后三篇工整而且有条理，伪造的可能性比较大。这样的理由有些牵强。后三篇内容先秦诸子都有所涉及，都指向公孙龙，完全是鲁胜伪造站不住脚。笔者倾向于认为，这六篇著作思想连贯一致，都代表了公孙龙的思想，后世文字错落、窜改甚至重新编排，是完全可能的。侯外庐在《中国思想通史》第1卷《公孙龙的绝对主义唯心思想》中对学术源流和著作所做的考证也有重要价值。

不认为"名"是绝对的、恒久不变的。① 先看《公孙龙子·迹府》记载的一个故事。

一天，孔子的后代有个叫孔穿的来拜见公孙龙，说："早就耳闻先生学问高深，想拜您为师，但是不敢苟同'白马非马'理论，如果您放弃这套理论，我就做您的弟子。"公孙龙说："先生这番话未免荒唐。我就是靠着这套理论见著于世，放弃这套理论我还怎么教学。给别人当学生却摆出教师爷的架势，岂不荒谬。何况'白马非马'论，还是您先祖仲尼最早提出来的。当年楚王打猎时把弓箭弄丢了，随从们要去找回来，楚王说：'楚国的国王把弓丢了，也是楚国人拾到，何必多此一举。'仲尼听说了，评论说：'应该说，人丢了弓，也是人拾到。何必限定是楚人呢？'仲尼既然主张把'楚人'与'人'区别开来，却反对我把'白马'与'马'区别开来，您不是自己打自己的嘴巴吗？"孔穿无言以对。接着公孙龙又讲了齐王与尹文的一段对话。齐王说："我很喜欢士人，可惜齐国没有啊。"尹文问："想听听齐王所谓士人的标准是什么。"齐王一时语塞。尹文说："有这样的人，对君主很忠诚，对父母很孝顺，对朋友讲诚信，对乡邻很和蔼，可以称为士人吗？"齐王拍手道："这正是我说的士人。"于是尹文说："如果这样的人在大庭广众下受到侮辱而不敢搏斗反抗，您还愿意用他吗？"齐王说："嘻！这算什么士人，受人侮辱而不知争斗、不知耻辱，我决不会任用他的。"尹文说："有一个人，虽然受到侮辱而不争斗，可是并没有失去前面说的那四种德行，也就没有失去作为士人的资格。但是，大王一会想用他，一会又不肯用。那么您刚才说的士人的标准还算数吗？"齐王哑口无言。尹文接着说："有位君主在治理国家时，百姓有过错便处罚，没过错也要处

---

① 早期冯友兰认为公孙龙有柏拉图一样的"理念"或"共相"观念。（见冯友兰《中国哲学简史》，赵复三译，北京联合出版公司 2017 年版，第 58 页。）实际上是犯了以西学解读中国道统的毛病。

罚；有功劳便奖赏，没功劳也要奖赏。这样管理国家能行吗？"齐王说："当然不行。"尹文说："以我之浅见，现在官吏治理齐国就是采取这样的办法。"齐王说："寡人治理的国家，还不至于这样吧。"尹文说："我可不敢随便瞎说。大王的法令规定'杀人处死，伤人判刑'。百姓慑于大王的法令，受到欺侮而不敢起来争斗，这是在维护和遵守大王的法令啊！可是大王却说'受人侮辱而不知争斗，太耻辱了'，说明'受侮辱而不争斗'是错误的。本来是遵守法令没有过错，却受到大王鄙视和惩罚，取消做官的资格。既然大王鄙视不敢争斗的人，就是喜欢敢于争斗的人。这种没有功劳，甚至触犯大王法令的人，却受到大王的赞扬。这说明，大王欣赏的，却是法令禁止的；遵守法令的，却是大王鄙视的。这种自相矛盾的做法，就是有十倍于黄帝的本事也治理不好国家啊。"齐王听了默不作声。公孙龙讲完这几个故事后对孔穿说："您只知道驳斥'白马非马'，却不懂得反驳究竟是怎么回事，您就像齐王一样，只知道士的名称，却不知道'一般的士'与'具体的士'之间的区别。"

从齐王的故事的寓意，可推测公孙龙对名实关系的理解：名实分离、名称与实际脱节会带来混乱，这种混乱又会给国家治理带来更大的混乱。公孙龙痛恨并想纠正这些混乱。① 其实，现代社会依然存在"名实分离"带来的问题。比如，中国共产党的干部政策一直是"德才兼备"，但是在不同历史时期，具体内涵却有很大区别。战争年代要会打仗、做群众工作，和平年代要会搞建设，改革开放初期提出"革命化、年轻化、知识化、专业化"，如果只知"德才兼备"这个名而不知其"实"，肯定会出问题。

公孙龙借着故事，说明了几个问题。一是任何"名称"都是从特定角度规定事物。公孙龙认为，"马"是从形体上规定马，"白马"是

---

① 《公孙龙子·府迹》："疾名实之散乱。"

从颜色上规定马。① 正如"人"是从生物种属上去规定,"楚人"是从国别上规定。二是从不同角度去定义事物,其含义或意义可能完全不同。正如楚王用"楚人"、孔子用"人",表现出完全不同的思想境界。绝不是从字面上把"楚人"与"人"区别开来那么简单。"马"和"白马"的区别也是这个道理。三是任何"名称"的含义须准确界定并前后保持一致,否则会带来混乱。缺乏"士人"的标准,齐王才会感叹齐国无士人,但对"士人"前后理解不同,同样带来矛盾和困惑。四是相同的"名称"有不同的理解,却以同样的"名称"开展讨论,只能自说自话,带来更大的混乱。比如,针对"士人",齐王有齐王的看法,尹文有尹文的看法,孔子有孔子的看法,然后大家一起讨论士人的命运和前途,不乱才怪呢。犹如当今国际社会,你讲人权,我也讲人权,含义不同肯定说不到一块,因为争论的前提丧失了。五是使用"名称"却没有准确界定,同样出现混乱。齐王之勇究竟是"勇于私斗之勇",还是"勇于公斗之勇",没有界定。如果是后者,那么受到侮辱却能坦然处之,仍不失为士人。如后世甘受"胯下之辱"的韩信。把不同的"勇"相互混淆,就会出现尹文所描述的情形。公孙龙实际是想解决思维的逻辑性和准确性,即名实混乱。

要准确释读公孙龙,不能用西方语境下的唯心、唯物及理念、共相等概念。②《指物论》是公孙龙思想的理论篇,讲的是如何认识事物,但由于其极为抽象而"人言人殊,称为中国哲学史上最难懂的一篇文字"③。结合《指物论》等篇,我们来看看公孙龙除了解决上

---

① 《公孙龙子·白马论》:"马者,所以命形也;白者,所以命色也。命色者非命形也。"

② 胡适最早运用西方哲学概念解读,之后冯友兰、王琯、金受申、侯外庐、陈钟凡、谭戒甫、庞朴等做了各种各样的解释,历经半个多世纪,皆莫衷一是。

③ 参见周山《解读指物论》,《哲学研究》2002年第6期;李巍《物的可指性——公孙龙子〈指物论〉新解》,也认为《指物论》"属于中国哲学史上最晦涩难懂的文本,没有两个注者已对其解释达成一致",《哲学研究》2016年第11期。

述名实混乱问题之外,还提出了哪些值得重视的观点。

1. 公孙龙认为,事物无一不是通过指认(认识)事物属性(现象)而认识,但通过事物属性指认的事物,并不等同于所指认的事物本身。公孙龙说"物莫非指"——事物无一不是通过指认(认识)事物属性(现象)而认识,说了一句极具认识论价值的"废话"。比如太阳有发光等属性(现象),马有善跑等属性(现象),苹果有酸甜味等属性(现象),正是有了这些属性(现象),我们才能指认(认识)事物。但是,我们指认的事物属性,不能等同于事物本身。你不能反过来说,发光的就是太阳,善跑的就是马,有酸甜味的就是苹果。所以公孙龙又接着说:"而指非指"——通过事物属性(现象)指认(认识)的事物,并不等同于所指认(认识)的事物本身。《指物论》首句"物莫非指,而指非指",基本含义就是这样。由于古代术语的复杂性,可以从几个角度去深化理解。

第一,人所指认出的事物属性(现象)并不等同于事物本身(本质)。犹如"盲人摸象",每个人摸到的可能都是真实的,但是把这些真实的属性加在一起,并不能构成大象本身。研究马,可以从毛色、牙齿、肌肉、骨骼等方面观察,但是,简单地叠加起来,不可能获得"马"这个"名"(名称或概念)。尹文与齐王讨论"士"的定义,有"对君主很忠诚,对父母很孝顺,对朋友讲诚信,对乡邻很和蔼",但又是"见侮不辱",还能称为士吗?这涉及对"士"的本质的认识。由于人们认识事物只能从特定角度观察、分析其属性,因此,需要对所指认的事物属性进行抽象思维,找出相同种类间的共性。《名实论》开头就说:"天地与其所产焉,物也。物以物其所物而不过焉,实也。实以其所实而不旷焉,位也。出其所位,非位,位其所位焉,正也。"所有现象的背后是因为有"物"(事物)的存在,正确界定某种"物"(事物),是因为抓住了"实"(内涵)。把握住了"物"(事物)的"实"而不发生偏差,还要把握其"位"(外延），这样才是正确的。用今天的话讲，公孙龙表达的思想是：任何事物只能通过现象才能被人们所认识，但现象不等于事物本身，还需要经过抽象思维，找到事物的共性，确定其内涵，分析其外延，人们才可以获得一个比较准确的概念，这个概念才能反映事物本身。

以上是第一层含义。

第二，人通过指认（认识）事物属性而获得的对事物整体的认识（共性），与某一具体事物（个性）有差异。《指物论》中的"指为非指"除了表达"事物属性即现象并不等同于物本身即本质"，还表达了对事物"共性"的指认并不等同于具体事物"个性"的指认这层含义。我们很容易理解用现代术语表述的"共性通过个性表达出来，但共性不等于个性"。《通变论》曰："羊有角，牛有角，牛之而羊，未可。""角"是羊和牛的"共性"，但具有"共性"的羊和牛并不相同，"共性"的存在不能抹杀"个性"之间的差异。"马"这个"共性"的名称，与"个性"的白马、黑马也是有差异的。这是符合现代人思维的。庄子之所以贬低公孙龙，是因为他排斥"个性"和"差异"，《齐物论》所表达的观点是"万物与我为一"，秋毫之末与泰山、长寿与夭折并没有差别。

以上是第二层含义。

第三，人通过指认（认识）事物属性（现象）并不能揭示事物本身（本质）。这涉及通过现象能不能认识本质的大问题。《庄子·天下》篇讲到公孙龙派有"指不至，至不绝"的观点，可以理解为：指认（认识）无法最终穷尽或达到事物的本质。但是，人真的能认识事物的本质吗？这在哲学史上一直争论不休。随着现代科学思想向哲学的全面渗透，现代哲学经历了"拒斥形而上学"，很少再谈"本质""本体"。当我们自认为认识事物本质而沾沾自喜的时候，殊不知"本质"这个东西是什么都变得模糊了。任何"本质"只有在一定前提下才有意义。比如"钢筋"这种建筑材料，它的本质是什么？

从功能这一前提说，它的"本质"是使混凝土更加坚固、结实；从材料学这一前提说，它的"本质"是由铁原子和碳原子等按一定排列规律组成；从区别物质与非物质来说，它的"本质"是由具有物质属性的电子、质子、中子构成，不同于人类的意识。当认识到事物并不存在一般意义上的"本质"之后，现代科学基本不谈"本质"，而只从观察事物呈现出的属性（现象）入手，分析其中的机理并精确表达。我们不知道公孙龙的思辨是否能达到这样的深度，但是"指不至，至不绝"的思想中，确实有向专门研究"现象"的思想路径发展的可能性。① 放弃对"本质""本体"的思考，专注于可观察、可验证的"现象"研究，这是现代科学思维。自此，科学与哲学分开，而现代的分析哲学也不再讨论事物的本质。

以上是第三层含义。

2. 公孙龙意识到日常语言存在的模糊性，存在难以克服的逻辑困难。日常语言具有模糊性、多义性和互渗性，已经是现代分析哲学反复讨论的问题。"白马非马论"则很好地诠释了这个问题。《白马论》曰："求马，黄、黑马皆可致；求白马，黄、黑马不可致。"当我们说马的时候，马的集合包括白马、黑马、黄马等；当说白马的时候，白马的集合只有白马。现代数学的集合论告诉我们，元素不同的两个集合肯定不同。因此，白马不等于马完全正确。但是，在日常生活中我们为什么又会觉得这句话很荒唐呢？就是因为日常语言的逻辑模糊性带来的。《白马论》曰："马者，所以命形也；白者，所以命色也。命色者非命形也。故曰'白马非马'。"平常，为了能把白马与其他马区分开来，我们从颜色上进行定义，从而有白马、黄马、黑马等，这时候马的集合和白马的集合不同，因此白马不等于马。当坚

---

① 本书第五卷讨论大乘佛学"缘起性空"，以及佛学带来的影响时，还将讨论这个问题。那是从万物缺乏"自性"这个角度来分析。近代以来，严复还从唯识宗的万法唯识来解释源自笛卡尔的西方现象学。

持认为白马就是马的时候，又抛弃从颜色上定义的办法，转而从外形方面，或者从使用功能、种属关系来考虑。这时候，马的集合包括"种属、奔跑能力、适合乘骑、吃草料"等元素，这些元素在白马的集合里也全部包括。数学上，两个元素相同的集合相等，因此，白马等于马。当我们认为公孙龙的"白马非马"命题有些"荒唐"，恰恰忘了其实是自己"荒唐"。根本原因是人们在使用日常语言时，经常把两种不同定义下所获得的概念同时混用而不自知，从逻辑上说，没有遵守概念的一致性。一致性在逻辑思维中非常重要。随着数学与逻辑的结合，精确性、一致性就显得更重要。当诸子讥笑公孙龙"白马非马"的时候，其实根本没搞清楚公孙龙说的话。战国时期的公孙龙有这样的思维水平是极为难得的。如果后世能够继续循着公孙龙的思想深入研究，是有可能发展出精确的、逻辑一致的"人工语言"。比如中国的数学，一直依靠粗糙的日常语言来表述，最终呈现出的是一个个实用化的解题技巧，而不是一个严密的数学体系。历史不能假设，但的确是一件很遗憾的事情，因为在一片"诡辩"的嘲笑声中，我们很早就丢失了一种能力，一种高度抽象的逻辑思维能力。

3. 公孙龙强调一种"非整体性""分析性"思维方式。总体上说，中国道统主流思维是整体性思维，缺乏分析性思维。公孙龙却是个例外。《列子·仲尼》中，乐正子舆批评公孙龙的观点，① 魏公子牟反驳说：只能怪你们不懂至理名言，公孙龙既然说"有指不至"（通过事物属性难以完全把握事物本身），那就意味着"无指则皆至"（不通过事物属性而直接把握事物本身）。公子牟从道家的角度做出与公孙龙的本意完全相反的解释。老子强调"静观""玄览"，绕开事物的表面属性，采用直观的、整体的方式对事物进行把握。而公孙龙强调"离"，把事物的各种具体属性分离出来，通

---

① 《列子·仲尼》：乐正子舆说："龙诳魏王曰：有意不心，有指不至，有物不尽。"

过认识具体属性去认识事物。《坚白论》曰："离也者，天下故独正。"但在这个过程中，认识到的事物属性不能穷尽事物的全部。可以从两个方面来理解。

第一，人类只能从某一现象、某一角度来认识事物，这时获得的认识，肯定是不全面、不完整的，甚至会显得"荒谬"。这是由物的多重属性决定的，对物进行指认（认识）时，只能从特定角度观察、分析其属性，然后使用名称指认。《庄子·天下》篇讲到公孙龙热衷于辩论"火不热""孤驹未尝有母""鸡三足"。这里试着作一解释。今天我们知道，"火"是含碳物质与氧气在高温下发生化学反应的现象，"热"则是分子运动的剧烈程度，通过人体能感知到。如果我们忽视"热"这一现象，而观察"燃烧"这一现象的机理不仅可行而且更有意义。从这个角度说，"火不热"有特定含义，完全可以把燃烧这种化学反应和热分开来研究。① 这就像传说中的"九方皋相马"，把"黑色的公马"说成"黄色的母马"，因为他忽视了马的颜色甚至公母，而直接关注马的品相。断定一匹马是"孤驹"就是从母马死的那一刻开始，而母马没死之前是不能叫"孤驹"的。从这个角度说，"孤驹未尝有母"在逻辑上是正确的。如果把鸡的足抽象为"一"，与具体的双足合在一起，就会有"鸡三足"。公孙龙试图从不同角度去分析事物，与儒、墨、道从整体上把握事物相比，的确是一种异类的思维方式。

第二，人类对事物进行全面了解，认识了共性并获得了某些概念，依然没有穷尽事物的全部。这说明，人类认识事物的过程中，在归纳抽象的过程中，必然会丢失一些信息。公孙龙的"有指不至，有物不尽"更多地表达了人们认识过程中存在的问题。比如，《通变论》中反复提及对牛、羊、马、鸡等的分类问题。牛、羊都是偶蹄

---

① 这只是笔者推测性的解释，是否真符合公孙龙的本意，有待进一步考察。

类动物，用"偶蹄类"这一名称可以把所有蹄为偶数的动物包括进去。但经过思维抽象而获得"偶蹄类"概念的过程，已经把大量的关于牛、羊的信息过滤掉了，无法单凭"偶蹄类"概念获得关于牛或羊的具体知识。这里尽管不能断定公孙龙的思维一定有这种现代的逻辑，但是他已经意识到名和实的脱节是必然的，一个抽象的"名"永远无法表达某一具体事物的全部。同样可以确定的是，公孙龙的思维方式的确很"孤独"，与中国道统主流思维格格不入。

4. 公孙龙强调"离"这种思维方式的价值。"离坚白"是公孙龙思想的核心，它从讨论一块石头开始。假如有一块又白又坚（硬）的石头，绝大多数人很自然地把"白、坚与石头"一起联系起来考虑，但是公孙龙偏偏多事。他说，你用眼睛看到了石头的"白"，肯定没有看到"坚"；你用手触摸感到石头的"坚"，肯定没有摸到"白"，因此白和坚可以分离。接着，《坚白论》用了许多篇幅讨论为什么白和坚可以分离，还感叹说："神乎，是之谓离。"近代以来，一些学者认为公孙龙"离坚白"割裂了白和坚统一于石头这一事实，或者说他不懂人的思维具有统合能力，或者说他想用"离"说明世界上独立存在某种白或坚的"绝对理念"，等等。然而，他们都没有追问一句：公孙龙把白和坚分离开来想干什么？其实这才是问题的关键。今天我们知道，"白色"可以用三原色：蓝、红、绿按一定比例混合得到；白色物体是因为对光全反射，就如红色物体是因为吸收其他频率的光而反射红色波段的光谱。"坚"可以用硬度来描述，硬度又分为划痕硬度、压入硬度、回跳硬度，其中压入硬度又分为布氏硬度、洛氏硬度、维氏硬度等。这说明，将坚、白合起来说，既符合常识，也符合一般人的思维习惯，但科学思维与常识思维不同，把一些常识上合在一起的属性单独分离出来，独立地进行研究，才能有科学的发展。之所以说亚里士多德的物理学阻碍近代物理学的产生，就在于亚氏物理学充斥着常识和直观，现代物理学重视对运动的研究，而亚氏物理学更重视静止，因为他认为运动不值得研究，所有运动都可以用事物回归到本原的目的论来解释。从哲学上你可以嘲讽公孙龙"离坚白"所体现的割裂事物属性的思维，或者说白和坚这两种属性不能脱离具体的石头存在，但是，科学就是要把彼此关联的各种属性"分离"出来，独立研究。比如温度，单个原子没有温度，温度是从具体的物质（固态、气态、液态）中表现出来，但是我们就是要把温度从具体的物质形态的关联中"分离"出来研究，还产生了"绝对零度"的概念。"绝对零度"在现实世界并不存在，也永远无法从哲学上分析"绝对温度"的意义，但是它在热力学中绝对重要。

公孙龙重视"离"的价值。离的价值在哪里？就在于将一些与具体事物联系在一起的现象，比如将白、坚与石头分离开来独立研究。如果没有"离"这种思维，我们永远无法获得关于白或坚的精确而系统的知识。由于种种原因，我们丢失了"离"的思维，并嘲笑"离"，以为"统一""联系""整体""辩证"才是唯一正确的思维，殊不知这样一来，我们与产生科学所需要的思维再次擦肩而过。关于科学与经验的关系，爱因斯坦与罗素之间有过非常重要的争论。罗素强调经验对科学的意义，爱因斯坦强调经验中归纳不出科学理论，认为排斥不能从经验中获得的知识是危险的，但赞成科学理论最终要通过实验来检验。[①] 公孙龙从视觉中看到了白，但看不到坚，是由于"藏"，借助思维意识到"白"是一种普遍存在的现象；通过手的触觉感到了坚，但感觉不到白，也是由于"藏"，借助思维意识到"坚"也是普遍存在的现象。他特别强调思维以感觉（经验）为基础，但思维又超越感觉，能够设想"白"与"坚"独自存在、互不关联。假如有人接受这种思维方式，又很执着地分析万物普遍存在的

---

① 《论伯特兰·罗素的认识论》，《爱因斯坦文集》第 1 卷，许良英等译，商务印书馆 2017 年版，第 553 页。

"白"是怎么回事,"坚"又是怎么回事,这就离近代科学思维不远了。按照这样的思维方式,我们在观察某一事物时,首先看到事物的"外形",就会想:"外形"是可以从具体事物中"分离"出来的吗?分离的结果,可以获得纯粹的形状方面的知识吗?比如圆形、三角形、方形、菱形等。既然这些形状可以不依赖具体事物存在,对它们进行研究,不仅可行而且也是有价值的。同样,从事物的颜色中,分离出白色、橙色、绿色等,它们可以脱离某一具体事物而存在。于是,产生关于形状、关于颜色方面的知识就是一件很自然的结果。当然,历史不能假设。但是,至少现在有可能找回曾经丢失的能力。

惠施通过对同异问题的研究,解决事物的分类问题。公孙龙通过具有共同的某类属性,继续研究分类问题。事物因其属性被认识,也因事物的共同属性进行分类。儒家经典《尔雅》就把生物分为虫、鱼、鸟、兽四类。公孙龙在《通变论》里研究牛、羊、马、鸡,以及颜色的分类问题。这方面他没有多大的成就,但是对植物进行分类的思想,对于中医草药的发展意义很大。对比近代分类学的奠基人林奈,通过对植物、动物、矿物的准确分类,对近代生物学、矿物学等的发展产生重要影响。我们认识到同异的研究是多么重要。在名实问题的研究上,有学者认为,名家公孙龙主要侧重研究名、类似于形式逻辑,滑入概念的游戏,其实不然。公孙龙着眼于名与实的关系,其兴趣还是通过循名责实更好地治理国家。[①] 热衷于治国平天下,这是战国诸子治学的宗旨,从残留的著作看,公孙龙只是更侧重于逻辑、物的属性等问题的研究。真正企图远离政治的,庄子算一个。但庄子看上去还是如同在人来人往的河边洗耳朵的许由,因为他眼角的余晖仍然瞥向现实中的政治。

[①] 《公孙龙子·迹府》:"欲推是辩,以正名实,而化天下焉。"《庄子·天下》篇讲惠施"泛爱万物,天地一体"。这些观点以后都成为中国道统的正统思想。

第十一章
重建价值的庄子

庄子（约前369—前286），宋国蒙人，做过漆园吏小官，是一位贫寒的读书人。也有学者考证庄子乃宋庄公后裔。① 从庄子"等生死""齐万物"，鄙弃仁义、绝圣弃智等主张看，应是中国道统中的异端，可是从其对中国历史上士大夫和读书人的影响看，绝不是异端，而是正统。迄今，大多数中国人的思想意识里都有庄子的影子。比如看淡生死、名利，模糊是非、保全自身等，这些影响是好是坏众说纷纭。从儒、墨、道、法等各派思想融合吸收看，以儒为主，反对或吸收其他思想是一条主线，而以道为主反对其他各派主张的，两千多年中国道统历史上始终不绝。近代以来，主张中国哲学以道家为主干，用庄子来反儒的学者不在少数（如台湾学者陈鼓应）。20世纪70年代讨论热烈的儒法斗争史，又将法家作为正确的正统，颂扬法家而反对儒家。近代以来将墨学作为"失落"的思想，需要重新拾起来的思潮一直暗流涌动。近十多年来，国学等于儒学，儒学是中华民族复兴的传统资源的想法又占了上风。对庄子这位身兼异端和正统于一身的道家代表人物，梳理其思想，做出恰如其分的评价，意义重大。

---

① 王葆玹：《黄老与老庄》，中国人民大学出版社2012年版，第174页。

第十一章 重建价值的庄子

一 庄子思想的基本倾向

说清楚庄子的思想，还是要首先弄明白庄子对所处时代是怎么看的，比如存在什么问题，这些问题发生的原因，以及如何解决。从庄子的自画像看："独与天地精神往来而不敖倪于万物，不谴是非以与世俗处"（《庄子·天下》），他绝对是位依恋尘世的入世者而非出世者。庄子著作的最大特点是运用大量的寓言故事来说理、说事，破解日常语言表达的局限性。从这些寓言故事中，至少可以读到两层含义，一是寓言故事本身想表达的意思，二是这些寓言故事颠覆了对历史和历史人物已有的认知，建立起新的叙事方式，重新赋予历史以新的价值。庄子气魄很大，简直是要颠覆自古以来华夏族的历史，用一套新的话语体系重建华夏文明的价值体系。庄子的意义不可低估，其腐蚀性同样不可低估。先看看他在《在宥》篇讲了一些什么样的故事。

"治理天下"是当时几乎所有人念兹在兹的人生目标，庄子恰恰认为，所有问题的根源就出在这。他反对"治天下"一说，只有"在宥"一说，意思是你高抬贵手，放过天下、饶过天下，让天下循着自然自己去发展吧。庄子确信，天下越治越糟、越理越乱。为什么呢？庄子开始运用老子的自然天道观，用新的叙事方式来评说华夏古历史，说明天下越治越糟、越理越乱的原因。

庄子说，从前唐尧治理天下，使天下欣欣向荣，人们纵情于喜和乐，但并不恬静——"不恬"；夏桀治理天下，使天下病病歪歪，人们因束缚而怒和苦，且愁容满面——"不愉"。不恬不愉，就是非德，以非德而使天下长久，绝无可能。天下这东西不能治理，是唐尧还是夏桀都一样，只能自治自理。因此庄子说："与其誉尧而非桀，不如两忘而化其道。"(《庄子·大宗师》)庄子提出了一套万物与我为一，相互感应的理论。大自然创造了人，人体秉承阴阳二气并与大自然的阴阳二气相互感应。人的喜和乐属于阳，怒和苦属于阴，唐尧治理天下让百姓大喜但损耗阳气，夏桀治理天下让百姓大怒又损耗阴气。天下人的阴阳二气损耗过度就干扰了大自然阴阳二气的平衡，平衡被破坏了，四时不对、寒暑失调、气候反常，由此庄稼遭灾、瘟疫流行，最终使人自身受害。岂止这些，人因喜怒不当，造成心态失衡、行为浮躁、思想游移，各种所谓正的、邪的，正派的、反派的都冒出来了。以善著称的曾参、史鱼之辈，如过江之鲫，哪怕倾尽天下的财富也奖赏不过来；以恶著称的盗跖之流，如割不完的韭菜，就是用尽天下的监狱也关不下。国家虽强，做到赏善罚恶犹感力所不能及。夏商周三代直到现在，整天忙着赏善罚恶，搞得轰轰烈烈，哪有闲暇去关心人的"性命"这类事情？百姓贪图奖赏而失去恬淡，害怕惩罚而失却愉悦，人就被这么给搞坏了。唐尧放纵百姓与夏桀束缚百姓没有什么区别，都属于"非德"，这样治理天下能不糟吗？历代君王高举八条准则治理天下，即明、聪、仁、义、礼、乐、圣、智，以为百姓做到这八点，天下就可以大治了。庄子认为，实际情况并不是这样。"明"意味着迷失于万物的现象之中；"聪"意味着困惑于各种观点的嘈杂声中；"仁"意味着搞乱了真正的德；"义"意味着违背了常理；"礼"成了纯粹的形式；"乐"成了淫逸享乐；"圣"变成精通"六艺"这类的技艺而已；"智"则助长信口雌黄的风气。如果社会安定、百姓安分，讲讲这八条规则倒也无妨，但是在社会失序、百姓困苦的情况下，还要用这八条规则治理天下，只会造成更大的伤害，使天下更乱。庄子认为，这些规则，本来以为没有多少人相信，装装样子而已，没想到竟然还有这么多人去相信，还顶礼膜拜、敬若神明。由此，庄子深切感到悲哀，感到无奈，感到哭笑不得。历史上最深切领悟庄子这一思想要义，并且有条件、有能力在生活中实

第十一章 重建价值的庄子

践的,当数魏晋时期以嵇康、阮籍为代表的"竹林七贤",他们苛责孔子、诋毁仁义、袒胸露肚、服食散石。

庄子的结论是:不要去谈什么治理天下了。如果实在迫不得已坐上王位君临天下,莫不若无为。无为不是撒手不管,而是安顿好"性命"。正如古人说的"故贵以身于为天下,可以托天下;爱以身于为天下,可以寄天下"①,庄子用一支生花妙笔,奇思妙想出这样一幅美丽画卷。天下归这样的君子坐上君位,既不辛苦自己用仁义礼智信教化天下;也不劳烦自己的耳目用聪慧去监督天下。他悠闲不动却如亢龙高飞,沉默不语而雷声远播;冥冥中自然孕育,无为中而有大功。何劳我等去费力治理天下啊!

庄子讲了一个有趣的故事。崔瞿问老聃说:"不治理天下,又如何安顿人心呢?"老聃说:"我劝你谨慎点,别去扰乱人心。世上最敏感的就是人心。碰个软钉子,半句批评,就可能沉沦,变得奄奄一息;遇上好脸色,半句好话,又骤然勃发,开始蠢蠢欲动。沉沦便折,勃发便腾,一生要经历多少这样的折腾,不得安宁。人心已经是伤痕累累了。给它热,会燃成一团火;给它冷,又凝成一块冰。俯仰间能飞遍四海之外,动则可达九天之上,静则可入五洋之中。这世界上,自由而不受控制,逞能而不听命令的,就是心了。过去黄帝开始用仁义收拢人心,尧舜躬行仁义、谨守法度,弄得大腿无肉、小腿脱毛,还是做得不到位。比如说尧,把驩兜赶到南方,把饕餮驱逐到西方,把共工流放到北方,可是尧最终还是输了。舜更不用说了。事实证明,他们拗不过天下人,普及仁义失败了。到了夏商周三代,情况更糟!仁义的结果,就是上有丧尽天良的夏桀、盗跖为代表,下有不近人情的曾参、史鱼为代表。儒家与墨家相互对骂,搞得水火不容。大家相互猜疑、相互欺骗、相互诽谤,使社会分裂、人心涣散。追求

---

① 《庄子·在宥》,《道德经》第十三章也有相同表述。

知识、敢于拼搏,最终是社会动荡,仁义尽失。于是只好祈求于刑法,用刑罚来严密管制百姓,好比木匠用墨线矫直弯曲的木头。发明新刑具,残酷拷打不肯招供的犯人,发明新刑罚,对付稍有过失的百姓。天下大乱,罪责就是从黄帝用仁义收拢人心开始的!天下人受苦,为政的也不舒坦,贤士们退隐山林,君王高居庙堂却时刻担心江山不稳。这是什么世道啊!刑场上,砍头的、斩腰的,尸首堆积如山;广场上,枷脖的、锁脚的、示众的,排成队;城里城外,断腕的、截腿的、割鼻的、黥面的,随处可见。在这血迹泪痕之间,走来了儒墨两家,大摇大摆地出尽了风头。脸无愧色而不知羞耻到了这种地步!谁能证明圣智不是砍刀上的锋刃,谁能证明仁义不是刑具上的铆钉。忠孝如此悦耳,换来的却是杀戮。所以说'绝圣弃智,天下大治'。"①

这里我们看到庄子对仁义、儒墨的控诉甚至比20世纪新文化运动的干将还要激烈。这种发生在战国中期的激烈的反传统思想,着实让人震撼!从这也可以看到由庄子撕开的温情脉脉的面纱背后的另一面。他对黄帝的嘲讽也达到了空前绝后的地步。说是黄帝在位十九年后,政令遍及天下,很是满意,听说广成子在崆峒山上,便去看看。黄帝说:"听说你修道多年,完全掌握了大道,所以专程来请教。想请你谈谈大道的精髓,要简明扼要点。我最近在考虑两件大事情,一件是抓一抓农业,用天地之精气促使五谷丰收,让百姓富足;另一件是抓一抓生态,调理阴阳平衡使万物生机盎然。怎么抓、怎么管,还望出出主意、想想办法。"广成子说:"你问的第一个问题是纯思辨性的,你考虑的事情又都是纯技术性的。也就是说,要么太玄妙,要么太琐碎。自你即位后的十九年,云气不能聚集而雨水稀少,寒气过早侵蚀而草木凋零,大气瘴浊而使日月逐渐暗淡。你这个人蛊惑人

---

① 以上内容根据《庄子·在宥》整理。

心，见识浅陋，还在胡扯什么大道啊！"黄帝只好悄悄退下，宣布逊位，又在山脚下修了一间小屋，在里面静心居住了三个月，不吃肉、不近女色，每天睡茅草铺的床炕。从庄子的这段记载来看，恐怕是能获得人类历史上两个第一：第一个第一是倡导不干涉的"自由放任"，激烈反对人为的"治国"，因为治国最终是越治越乱。任何措施都有正反两方面的效果，需要有更多的措施补救，因此政令越来越多、越来越密，离开实际的需要就越来越远。起初都有美好的愿景、高尚的情怀，结果都以暴虐收场。庄子的"自由放任"不独于农业、生态等经济领域，还要在政治领域实施。第二个第一是号令天下的君王被一个隐士羞辱后却能反躬自省，这是其他文明中做梦都不敢想象的场景。柏拉图最多能够想象"哲学家"成为理想国的"国王"，但是不会想到哲学家可以羞辱、训斥国王，让国王乖乖地遵照哲学家的意见行事。庄子的思想实质揭示了中国道统中的一种共同观点，即"道统"大于"治统"，皇帝可以更换，但道不可改变。现代学者研究中国的自由传统有两条线路。一条是由庄子而来的精神自由。① 一条是由孟子开始到宋明儒的自由传统。② 中国传统知识分子之所以敢于蔑视权贵、轻视皇帝，就是自认为掌握了天下之大道。近代有学者疑惑于庄子"诚古今中外最彻底之个人主义，亦古今中外最极端之自由思想"，为何没有在中国引发"革命民主之义"。结论是庄子有反一切社会组织的倾向，"对个人之态度，似又较欧洲自由主义者为消极"③。姑且作一种解释吧。

---

① 可参阅陈鼓应《庄子的开放心灵与价值重估——庄子新论》，中华书局2015年版。

② 美国哥伦比亚大学教授狄百瑞对从王安石、二程、朱熹到王阳明、黄宗羲的自由传统做了精彩的诠释。笔者认为这种自由的传统应上溯至孟子。参见［美］狄百瑞《中国的自由传统》，李弘祺译，中华书局2016年版。

③ 萧公权：《中国政治思想史》上卷，商务印书馆2016年版，第188页。

斋期结束后黄帝再去见广成子。黄帝从南入室，看见广成子头朝南、脚向北躺着，凝视北窗的风景。黄帝恭敬地跪在地上，连连磕头说："知悉您掌握大道，特来请教，敢问如何修养身心、延年益寿。"广成子翻身起来，说："这回算是问对了，不再装腔作势。本来你只是关心延年益寿，何必扯什么大道的精髓。那东西说不清、道不明，问也白问。要像个聋子、瞎子，别搞明察，也别搞聪明，精神内聚求清净，勿劳体、勿劳神，就可能延年益寿。"广成子还告诫黄帝，五谷丰收、阴阳调和这些事不是你能管得了的，还是先管好自己，不要让贪欲泛滥。广成子还称自己修身养性一千二百年了，但形体依然未衰老。黄帝听说又连叩两头，说广成子成仙了。广成子于是又大段大段地给黄帝讲了仙道的故事，听得黄帝像个无知的小儿一样瞠目结舌。①

从这里可以窥测到庄子思想的归宿，当对过去、现在的一切失望之后，庄子延续列子的思想，开始构造一个超脱于尘世，但又和尘世藕断丝连的理想国度，一个比列子更加古老的神仙国度。列子只敢讲周穆王倾慕神仙，而庄子却对从黄帝、尧舜直至三代的历史给予全盘否定，因为先王治理下的天下都不如没有人间烟火、没有生老病死，天地万物融为一体，绝对自由洒脱的神仙国度。这一脉思想直接成为后世道教的理论依据。从广成子与黄帝最后一段对话看，道教的发展最初是从如何养生、如何延年益寿这一非常具体又能吸引人的目标开始。作为儒、道的末流，或者说"败类"，既从叔孙通制作朝仪让刘邦感到做皇帝的乐趣开始，也从神仙道用"长生不老"诱骗秦始皇开始。但是，庄子又不同于列子，如果说列子是一个纯粹出世的神仙家，而庄子依然留恋着滚滚红尘。从庄子大篇幅地描写当世的黑暗和君主的残暴来看，他依然有一颗滚烫的世俗之心。他要为尘世树立一

---

① 上述内容根据《庄子·在宥》篇整理。

第十一章 重建价值的庄子

个标杆,做一个蔑视权贵、不贪恋名声、无我无物、特立独行的名士。犹如孟子树立仁义爱民、天降大任、君轻民贵、万物皆备于我的大丈夫。庄子讲过一个故事,说是尧想把天下传给许由,但被许由断然拒绝,逃走后继续当他的隐士(《庄子·大宗师》)。而庄子本人也有类似的故事。楚威王听说庄子是名贤士,便派使者去请他,许诺为宰相,不料被庄子断然拒绝。庄子说,请别用高官厚禄来侮辱我的人格,表示自己终身不做官,不受俗事羁绊,宁愿做条泥鳅或乌龟在泥水里扑腾。[①] 庄子去魏国看望惠施,就有人传言庄子要替代惠施做魏国宰相,吓得惠施在全国搜寻了庄子三天三夜。[②] 这类故事对后世士大夫阶层和读书人产生过重要影响,文人们皆以名节重于泰山而自傲,标榜人格高洁、爱惜羽毛,视富贵为粪土。但是,许多人并不知道许由故事的后半段,后来由蔡邕等人续上了。许由拒绝了尧的提议后意犹未尽,认为尧让他做天子的话玷污了他的清名,于是来河边洗耳朵。樊坚牵牛过来喝水,看到许由洗耳,就问是否有耳屎。许由回答没有,是因为听到不好的话。樊坚问什么话。许由说尧想把天子大位传给他。樊坚说这种事有什么不好的。许由说我志在青云,何至于当个九州的伍长。樊坚一听这话立马把牛牵走,嫌牛喝了被许由弄脏的河水。[③] 后世的名士们大多生怕别人不知道自己志向高洁。庄子是否这样?不得而知。

但是能肯定的是,庄子的志向并不是真正成为摆脱尘世一切事务的神仙,他还是希望给当世或后世多少留一点自己的意见。但是,庄子的野心太大了,他要的是重估价值,重新叙述华夏历史。尼采用非

[①] 《史记·老庄申韩列传》:"楚威王闻庄周贤,使使厚币迎之,许以为相……终身不仕,以快吾志焉!"《庄子·秋水》:"庄子钓于濮水……往矣!吾将曳尾于涂中。"
[②] 见《庄子·秋水》:"惠子相梁,庄子往见之……搜于国中三日三夜。"
[③] 见东汉蔡邕《琴操·河间杂歌·箕山》。后来皇甫谧又在《高士传·许由》里把许由狠狠调侃了一把,清代任伯年还画了一幅《洗耳图》进行揶揄。

理性解构西方传统价值，维特根斯坦用科学和理性解构西方学术传统；列子用神仙世界解构现实世界，庄子则用更加精致独特的观念体系解构古代华夏传统价值，达到解决现实问题的初衷。庄子写孔子和弟子的故事，说明孔子从心底佩服庄生的观点，孔子只是迫不得已才讲了些仁义；庄子写伏羲的故事，说明最古老的祖宗都是赞成庄生的，可惜被黄帝搞坏了。庄子相信，用他这套办法才能让所有问题迎刃而解。一般认为庄子泯灭是非，否定知识，否定万物的差异性，其实庄子并不否定一切，并不对所有事物都采取相对主义的立场。至少，庄子认为自己的观点最好、最准确。庄子的没有是非就是一种是非，没有态度本身就是一种态度，生死等同就是一种生死观。由此，庄子建立起一套属于自己的价值体系，它是如此特立独行，就如天地立在那里，永远不能无视。

庄子曾梦见自己变成一只蝴蝶，醒来后发现自己又成了庄周，惊惶不定之间，搞不清是庄周梦中变成了蝴蝶，还是蝴蝶梦中变成了庄周。① 这是一种相对主义的价值观。庄子告诉我们，何必在意自己在世上的感受，是庄周梦里的蝴蝶认为自己做梦变成庄周，还是蝴蝶梦里的庄周认为自己做梦变成蝴蝶，没什么区别。庄周与蝴蝶外形虽然不同，可本质是一样的，就如孙悟空变成老鹰、变成小鸡，还不都是孙悟空。如果把人的命运看作一株草、一棵树、一只大雁，就可以把目标定得现实一点，比如追求长寿、追求自保，最好处于材与不材之间，有用与无用之间，可与不可之间。行尸走肉，在庄子看来并不是什么坏事，因为桀纣与汤武之间也没有本质的区别，西施与厉鬼，草秆与梁柱在"道"面前都是一样的。② 这就是庄子试图重建的新价值。

庄子通过孔子与颜回的故事，描述了坐忘和心斋的人生境界。一

---

① 见《庄子·齐物论》。
② 根据《庄子·齐物论》有关内容整理。

次，颜回忽然跑来向孔子报告说："我进步了。"孔子问："哪方面？"颜回说："我忘记礼乐了。"孔子说："身外之事，该忘就忘，还不够呢。"过几天，颜回又来报告："我又进步了。"孔子问："哪方面？"颜回说："我忘记仁义了。"孔子说："身外之名，该忘。还不够。"又过几天，颜回再来说："我又进步了。"孔子问："哪方面？"颜回说："我坐忘了。"孔子惊问："坐忘是什么？"颜回说："不仅忘了外物的存在，连自身的存在都忘却。停用肢体，关闭耳目，灵魂离开身躯，扫除一切思维，同大道保持一致。这就是我说的坐忘。"孔子说："同大道保持一致，就不会有偏爱，不会死守规矩。过去我称赞你居陋巷，一箪食、一瓢饮，别人难以忍受的艰苦，你却活得快乐。现在，你是真正的贤士，你教会我什么是坐忘。你是我的老师了。"①

又是颜回，这次要去卫国做官，到孔子处辞行。孔子问他去卫国干什么。颜回说卫国君主残暴，百姓已经走投无路，他要遵从师训"离开治理好的国家，把混乱之国治理好"。孔子回复说，治国之道不能杂，杂乱就无法进行。古代的"至人"，先立己而后立人，自己未立，怎么去立人。你知道"德"是怎么回事？"智"是怎么回事？一个人贪图"名声"，其"德行"才为世人知道；一个人喜欢争斗，其"智慧"才显现出来。德、智已经成为两柄凶器，怎么可能用来治国。你颜回人气不高、名望不够，如果强行用仁义去说教，反而衬托出卫君的残暴。用这种"灾人"的方式，最后会祸及自身。夏桀杀了大臣关龙逄，商纣杀了叔父比干，就是因为两人的德行映衬出桀纣的可恶，结果身首异处，因为暴君桀纣也贪图好名声。过去尧进攻枝、胥、敖三个国家，禹进攻有扈国，国君被斩首、国都夷为废墟还不肯罢休，就是想捞取更多的名和利。名利面前圣人都不能自持，何况你颜回呢。颜回说："我为人正直又谦虚，做事勤勉而忠实，这样

---

① 根据《庄子·大宗师》有关内容整理。

总可以吧。"孔子还是摇头不认可。颜回和盘托出自己的想法，大意是这样。我可以改变策略：内心耿直、固守原则；表面屈从、顺应现实；用历史教训来警示规范行为。所谓内心耿直是认同自然规则，既不要求他人必须认同自己，也不介意他人否定自己；表面屈从是认同社会规则，别人都行君臣之大礼，我怎敢不这样做呢，做大家都做的事情，别人也挑不出大的纰漏；接受历史教训是认同古代社会，认同古代社会，向君王进言就会有的放矢，更何况这一切都是古人说的，又不是我自己编造的，能奈何我什么？用这三条去侍候卫君，该不会有大错了。孔子对此还是不以为然。最后孔子教给颜回一个办法，其实是庄子的办法——心斋。对心灵来一次大扫除，彻底清除内心想当然的一切成见，彻底去除过去留下的一切观点。其方法是：意念专一停止游思浮想；然后塞住耳朵用心去感知；最后停止用心感知用气去接纳。因为耳朵只停留在听觉，心只停留在思维，而气则是一片静虚，所有成见被彻底消除后，就可容纳万物。这就是庄子借孔子之口说出的"心斋"。颜回恭敬受命，几天之后果然进入心斋状态。这时孔子才缓缓说出对待卫君这个暴君的办法——庄子留给后世的"道家为臣之道"。孔子说："作为客卿，如果能进入卫君的核心圈子，不要去争取名望，他若听得入耳，你就鸣放，听不进去，赶紧闭嘴。不要自立门户，不要筑小圈子，目的专一，不要三心二意，所说的话、办的事，要让人知道你是迫不得已才这样。为人所驱使的时候，会态度虚伪；为天所驱使的时候，会显出原形。只听说有翅膀会飞，没听说没翅膀能飞；只听说有知识的智者，没听说无知识的智者。当满屋的东西清理干净，吉祥如阳光照射进来。如果心灵塞得满满的，照不进一丝阳光，愚蠢、黑暗、不祥就会滋生。古禹、舜、伏羲通过心斋，亲身实践，既能安邦定国，也能安身处事。"① 其实庄子让孔

---

① 以上参照《庄子·人间世》整理。

子教给颜回的心斋和为臣之道,并不比颜回自己考虑的更加高明,只不过更加圆滑、世故而已。毕竟这样的官油子心肠不坏,是一只无害的"小白鼠",但也难成大器——中国历朝历代都充斥这样的庸才、庸官。

不过,当以为庄子在否定一切价值的时候,庄子通过孔子之口,说出天下两个"大戒"(戒律)。说是楚国有位叶公子将出使齐国办理外交,生怕不成功,既坏了国君的大事,自己也因此受罚,于是向孔子请教怎么办。孔子告诉他,天地间有两个"大戒",人人都要遵守。第一是命,为人子孝敬父母是一种命,谁也逃脱不了。第二是义,为人臣侍候君主是一种义,天地间难以逃脱。对父母、对君主无条件地服从,就是"至孝""至忠",虽无可奈何但依然安之若命,就是"至德"。为人臣固然迫不得已,但要忘记自己的安危,怎么能瞻前顾后、患得患失!①

借孔子说出忠孝这两个"大戒",庄子是出于本心,还是迫不得已?不知道。也许,对这种难逃于天地之间的忠孝,庄子只能一声悲鸣:"知其不可奈何而安之若命。"(《庄子·人间世》)由此可以想见,庄子在妻子死后鼓盆而歌,并不是真的认为生和死是一样,只是想显得特立独行的一种无奈之举。老婆死了,知道人死不能复生,不如唱支歌,显得与众不同。

二 庄子的天道观

庄子之所以能对后世产生重要的影响,除了他的一些与众不同的观点,最主要的还在于有一套精致的理论做依据。他继承了古代遗产

---

① 故事出自《庄子·人间世》。

并经老子阐发的自然之天，经过进一步的加工、创新，将老子的思想推向另一个极端。如果说，宋尹学派、黄老学派、法家和法术家从"无为"中看到了"无不为"，那么列子、庄子一系则把关注点放在"无为"，唯因无为，循着自然随遇而安就是最好的办法。如果说老子在有和无、实和虚、刚和柔、贵和贱上还有所偏好，有所执着，强调"贵以贱为本""有以无为本"，那么从列子到庄子，就采取了更加超然的相对主义态度。有人问列子，你为什么以虚无为贵呢？列子说，我从来不以虚无为贵，虚无只是一个名称而已，关键是洞察万事万物的本性。老子说"有生于无"，王弼注《老子》突出"无"的妙用，形成魏晋玄学的"贵无派"。庄子认为，如果"有生于无"，那么"无"是从哪产生的，产生"无"的那个"有"又是怎么产生的，如此循环推理将无穷无尽，永远说不清楚。如庄子所云："有始也者，有未始有始也者，有未始有夫未始有始也者。有有也者，有无也者，有未始有无也者，有未始有夫未始有无也者。俄而有无矣，而未知有无之果孰有孰无也。"（《庄子·齐物论》）他要泯灭有、无的界限。郭象注《庄子》突出"化"的妙用，形成魏晋玄学的另一派。从这可以看到，人们统称的老庄思想其实还是有明显的区别。这种区别还体现在庄子对"道"的独特理解，对列子"神仙思想"的继承，对杨朱"贵己""重生"理论的改造，以及对宋钘、尹文"气论"思想的吸纳，还有孔子"用之则行，舍之则藏"的影响。概括地说，庄子在天道观的理论层面主要讨论了以下几个问题。

道是万物的本原，无始无终，无处不在，没有形状、不可描述，又"自本自根""生天生地"。道是无形的"气"，自己以自己为依据、自己以自己为条件，化生万物。道可居于任何地方，可以在瓦片草木中，也可"在屎溺"。① 说了几层意思。与"道"在老子那里有多重含义不同，庄子与宋钘、尹文子一样将"道"确定为"气"。这种"气"既是物质的，也是精神的，它们聚集起来变成大海，聚集起来又变成植物、动物、人，而当大海、植物、动物、人的外形消失后又重新化作气。如果不好理解的话，就拿孙悟空、二郎神类比，他们变来变去只是外形发生变化，实质并没有变。中国神话故事中妖精、人会变化的观念，与庄子的这种"物化"或"气化"思想有莫大的关系。这种"气"或"道"无处不在，不需要理由，不需要原因，没有生也没有死，不需要出席，也从未缺席。比如物质，它充斥整个宇宙，毫无理由地存在，不要问为什么宇宙会有物质，不要问物质从哪来；物质不停地变来变去，一会变成恒星、黑洞，一会又进化出人类，也不要问它为什么要变化，变化的理由是如何。只有现代科学才去研究物质存在和变化的机理，但庄子不是科学家，也没有科学精神，更不喜欢别人追问"气化"到底是怎么化的。他能告诉你的就这些了，其他的就靠个人悟性。

既然万物都是由"气"聚集而成，又因"气"消散而亡，犹如由孙悟空变成的西施，与孙悟空变成的厉鬼，两者之间会有什么区别？没有什么区别！这就是庄子"齐物论"的理论基础。如果非要说有区别，那是因为你没有悟"道"，被"色"——外形给迷惑了。这样就好理解庄子把人等同于动物、植物，甚至土丘的初衷。庄子拒斥一切文明成果，追求"上与造物者游，下与外死生无始终者为友"的理想生活，也就不足为奇了。从道的角度看，万物没有区别；从道的角度看，万物又有区别。这种区别反映了物的自然本性。比如，马

---

① 《庄子·大宗师》："夫道，有情有信，无为无形；可传而不可受……先天地生而不为久，长于上古而不为老。"《庄子·知北游》："东郭子问于庄子曰：'所谓道，恶乎在？'……曰：'在屎溺。'""人之生，气之聚也，聚则为生，散则为死……故曰通天下一气耳。"

有四只蹄子，善于奔跑；鱼有鳃，可以在水里游动；西施虽很美，但小鸟见了害怕就飞走、麋鹿见了就跑开。这都是自然生化出来的本性，也可以按照庄子的观点称为"德"①。遵循这些本性就是尊重"道"，就是依"德"行事。"气"化成什么样子，就按照什么样子去生活；"气"化成什么，就必然有特殊的用途。人要做的就是顺应这种自然"物化"的结果，不要高兴，不要悲伤，更不要去试图改变什么。人给马套上马嚼子，就是违背自然，给牛鼻穿孔也是一样；觉得鸭子的腿短要给接长点，觉得仙鹤的腿太长又想锯短一点，纯属多事。理解了"化"字，理解了万物无非气聚集而"化"、气消散而"化"，并顺应这种"化"，就抓住了庄子思想的核心。这种气化论成为以后中国学术思想的重要组成部分。

当明白了庄子的本意后，就可以讨论生死、是非、贵贱、知识、苦乐等问题。

人的身体由气造化而来，切不可把现在的形体看成属于你自己的；等到形体消失重新化作气，很快又造化成其他东西，可能是美女、俊男，也可能是老鼠的肝脏、虫子的臂膀。② 这种变化人力没办法把控，也没必要把控。因此，古代的真人不会听说生就高兴，听说死就悲伤。生死问题历来是人类的大问题，也是学术思想上的大问题。理性地解决生死问题，既是思想成熟的表现，也是文明成熟的表现。我们以后还会看到，中国道统中还有从另一个角度解决人的生死问题。

庄子又是如何看待是非问题的呢？他认为，各家各派都在辩论是非，辩来辩去其实都一样。是与不是都有它存在的理由，没有高下之分。儒墨之间，谁又能绝对对、绝对错，是非成败、恩怨情仇，终将

---

① 《庄子·天地》："物得以生，谓之德。"
② 《庄子·大宗师》："伟哉造化！又将奚以汝为？将奚以汝适？以汝为鼠肝乎？以汝为虫臂乎？"

归零。①《三国演义》开篇词"是非成败转空头,青山依旧在,几度夕阳红",深得庄子思想的精髓。甚至为仁义殉葬的君子与为财货殉葬的小人一样,"其殉一也"。②用善良的愿望出发,还是从卑劣的念头出发,在庄子看来都差不多。从前有只海鸟栖息在鲁国的郊外,鲁国国君以为是神鸟,捕获后把它放到太庙。天天给鸟演奏《九韶》,给鸟摆设"太牢"。可怜的海鸟不敢吃一口肉,也不敢喝一口水,三天后死了。③既然社会没有绝对的是非,那就安其俗、顺其自然,凡是存在的就是合理的。细心的读者可能会感觉到庄子思想的矛盾处。既然万物皆造化而来,遵循自然本性,凡是符合的就是对的,凡是不符合的就是错的,怎么会没有是非呢?社会中不符合自然本性的事情有很多,不是要坚决反对吗?可惜究竟是"自然"还是"不自然",究竟什么合乎"大道",这要看庄生怎么说。儒家的观点对还是墨家的观点对,重仁义好还是重财货好,在庄子看来(或者在道看来)是没有区别的,但臣事君、子事父却符合道,体现自然本性,没有办法逃脱,只能无可奈何地接受。"弃世的脱俗"与"处世的顺俗"就这样奇妙地在庄子身上混为一体。甚至后来庄子一派又抬出天尊地卑、君先臣从、父先子从、男先女从那一套,作为"大道之序"而不可更改。④后来朱熹的理学体系大多受此启发。在道面前贵贱没什么区别,理论上虽这么说,庄子在现实生活中可真不敢这么做。他的那套顺生理论,就是要告诉大家,别给自己惹麻烦,活着就好,活着比什么都好。哪怕像只在烂泥里挣扎的乌龟,也比作为祭品轰轰烈烈地死去好。

---

① 《庄子·齐物论》:"既使我与若辩矣,若胜我,我不若胜,若果是也,我果非也耶?……然则我与若与人,俱不能相知也,而待彼也耶?"

② 《庄子·骈拇》:"天下尽殉也。彼其所殉仁义也,则俗谓之君子;其所殉货财也,则俗谓之小人。其殉一也。"

③ 《庄子·至乐》:"昔者海鸟止于鲁郊……不敢食一脔,不敢饮一杯,三日而死。"

④ 《庄子·天道》:"末学者,古人有之,而非所以先也。君先而臣从,父先而子从,兄先而弟从……大道之序也。"

当然，并不是所有人都这么想，下一章要讨论的孟子就绝不这么看。

庄子认为人生有限，去追逐无限的道，不能用传统的办法学习。因为万物都是不确定的，幻化出来的，需要摒弃过去学到的知识，用静虚的方式去领悟，达到所谓更高层次的"无知之知"。我们可以从两个角度理解。从积极的角度，过去学习到的知识不是没有用处，而是不要被过去知识的成见所束缚，涤除教条、保持谦虚。从消极的角度，清除一切知识，真的做到无知、愚钝。庄子到底赞成哪一种看法？不知道。或许两者都有。庄子要追求至乐的人生，为快乐而快乐。什么是快乐，就是扫除一切羁绊束缚而达到绝对自由。庄子讲了一个与骷髅对话的故事。有次庄子去楚国在路上迷路了，草丛中发现一具骷髅，就问他到底是怎么死的。到了晚上庄子枕着骷髅就睡着了。半夜里庄子梦见了骷髅。只见骷髅衣冠整齐，笑嘻嘻地说："过去的事都忘了，想听听人死后的乐趣吗？"庄子说："想！"骷髅说："死后无君无臣，没有四时交替的烦恼，虽南面称王也不过如此。"庄子不相信，试探说可以让他复活。骷髅皱着眉头说："我怎能放弃南面称王的快乐而去人间受苦！"① 庄子说列子御风而行，还没有达到至乐（极乐），只有超越是非、超越物我、超越自身，与天地合为一体，才是理想中达到至乐的真人。我们当然很难体会到庄子所说的至乐到底是什么样的境界，但是考察庄子的一生，却只看到了中国读书人的悲哀。

三 读书人的悲哀

庄子是一个标准的读书人、写书人，唯其一生苦楚而期望至乐，

---

① 《庄子·至乐》："庄子之楚，见空骷髅……吾安能弃南面王乐而复为人间之劳乎！"

第十一章 重建价值的庄子

自认看穿生死却期望养生,痛斥窃国者侯却甘于从俗,幻想逍遥自在又自陷罗网,这种矛盾和摇摆凸显了读书人的悲哀。这种悲哀有庄子能感觉到的悲哀,也有庄子至死也领悟不到的悲哀。近代以来,中国科技发展水平明显落后于西方,现代学科体系的建立也源自西方,这让今天的读书人深感悲哀。先说庄子能感受到的悲哀。借接舆之口,道出庄子内心的独白。

> 凤兮凤兮,何如德之衰也!
> 来世不可待,往世不可道也。
> 天下有道,圣人成焉;
> 天下无道,圣人生焉。
> 方今之时,仅免刑焉。
> 福轻乎羽,莫之知载;
> 祸重乎地,莫之知避。
> 已乎已乎,临人以德;
> 殆乎殆乎,画地而趋。
> 迷阳迷阳,无伤吾行;
> 吾行郤曲,无伤吾足。(《庄子·人间世》)

有人把庄子定义为"平民知识分子的代表",具有忧患意识和开放的心灵。[1] 真不知这种论断从何而来。庄子代表了中国士大夫和读书人阶层中,既想免俗、显示清高,又期望获得认可、富贵不请自来的矛盾心态。庄子的忧虑来自君主的私欲给人带来的伤害,而非顺境中对自我的时刻警醒——忧患。庄子深知伴君如伴虎的道理,前有关

---

[1] 陈鼓应:《庄子的开放心灵与价值重估:庄子新论》,中华书局2015年版,第5、254页。

龙逢砍头、比干剖心、伍子胥煮成肉汤，中有商君车裂、吴起射杀，后有"一怒而诸侯惧"的张仪最终也只是"免刑"而已。仕途既诱人也害人，这种又爱又怕的心态折射出读书人的无奈。如果说战国群雄逐鹿还这样，在大一统的环境下，君臣尊卑关系更是若天罗地网，逃无可逃、避无可避。庄子在《胠箧》里用尽嬉笑怒骂之能事，呼号"圣人不死，大盗不止"，感叹"窃钩者诛，窃国者侯"，要求绝圣弃智、掷玉毁珠、焚符破玺、掊斗折衡，看上去像个猛士锐气十足、一往无前，实则并不然。庄子没有这样的胆魄，如墨子那样为非攻、兼爱奔走呼号；也不如孔子那样知其不可而为之；更没有孟子般大丈夫的气魄，最后换来的是庄子的一声叹息。庄子告诉我们，只可"入其俗、从其俗""生于陵而安于陵""恶成不及改"，结果是安步当车、随波逐流、趋利避害、安享天命。在否定一切，重建价值中，庄子还是难以摆脱两条"大戒"——臣事君、子事父。庄子从顺应自然到顺应天命，最后顺应社会中一切困境，自由散漫和逆来顺受似乎矛盾又相互统一，成了中国人性格中的致命毒素。心灵的禁锢有两种方式：一种是压制，压制的结果会爆发出更加强大的冲击力；一种是毒害，毒害的结果让人的灵魂软绵无力。庄子就属于后一种。

庄子用天才般的直觉意识到整个宇宙、整个世界本来没有什么意义，都是人类赋予的。人类用意识创造了一个现象世界，这个现象世界便有了价值。但人创造出现象世界的价值后，同时把这种价值视作一种"真实的存在"而努力追求。这既是人类有文明的标志，也是人类变得残酷的标志。中国古代思想遗产已经形成了一套对历史、对社会的叙事方式，体现价值追求。但庄子不喜欢已有的对现象世界的叙事方式，不喜欢儒墨对尧舜以来古代历史的叙述，采取了否定式的叙事方式。但是，庄子隐约中感觉到叙事容易、行事难，最终还要在行事层面向现实低头。因为庄子不是"殉道者"，不具有为自己的叙事方式、为自己的所认可的道献身的胆魄。他给出的最终答案就是顺俗从俗、逆来顺受。从某种意义上说，他塑造出中国人性格中柔顺的"妾妇之道"。同时，庄子没有意识到任何叙事方式都不是任意的，人类不可能随意去创造一个现象世界并赋予其意义。庄子不喜欢辩者，因为辩者喜欢揭人老底、让人理屈词穷，让庄子的叙事方式出现破绽，所以在书中把惠施、公孙龙写成浅薄的小丑。

庄子感到痛彻肺腑的悲哀，转换成20世纪中国读书人的另一种悲哀，因为不管是孔子的叙事方式，还是庄子的叙事方式，都遭到了彻底的否定，当我们开始用西式的叙事方式讲述中国历史时，总感觉有什么不对劲，叙事的和行事的，依然发生冲突。这种20世纪读书人的悲哀是庄子体会不到的，细究起来又和庄子等拒斥辩者的态度有莫大关系。"道在屎溺"（《庄子·知北游》）是庄子高深莫测又流传千古的名句。然而如果把高深当学问，把莫测当智慧，以至谬误流传！结果近代以来我华夏大地从小学到大学传授的绝大部分知识只能从西方移植过来，因为我们曾经丢弃了本来可以荣耀我华夏门庭的东西，这是20世纪中国读书人最感到悲伤的事——在大学各学科中最重要的贡献者很少有华夏族人的名字。人民领袖毛泽东在《纪念孙中山先生》一文中说："中国应当对于人类有较大贡献。而这种贡献，在过去一个长时期内，则是太少了。这使我们感到惭愧。"[①] 这种悲伤和惭愧，庄子自然体会不到了。如果能够不那么高深莫测，而是傻傻地追问，在屎溺中的道到底是什么？屎溺中的道与蝼蚁中的道、瓦片中的道果然是一样吗？不同与同之间到底会有什么区别？而且也傻傻地研究，从它们的形状、功能、成分进行分类比较，最后还傻傻地写出书来，还有许多人一本正经地阅读、讨论。又将会怎样？笔者不能对此作假设，也非苛责庄子，但想表达的观点是：人类需要拈花微笑而产生的只可意会不可言传的心灵相通，也需要"道在屎

[①] 《毛泽东文集》第7卷，人民出版社1999年版，第157页。

溺中"的直觉领悟，但是更需要追问貌似高深的背后到底是什么！中国道统中的先贤曾经有过的驳难、辩的精神，切不可再丢弃了！

　　庄子告诉我们"顺逆相异而同道"，可与不可都一样，可有可的道理，不可有不可的理由，看上去高深莫测，其实给我们提供的信息很有限。能否继续追问，顺和逆是指什么意思？可与不可的道理是什么？你说的准确吗？依据在哪？今天可能是对的，明天对不对？庄子喜欢不可言说、不言之教，既然不可言说，你还说它干吗？说了以后到底想表达什么意思，这个意思能以更加简洁方式准确表达吗？对于这一连串的问题，会把庄子搞得很不耐烦。就如惠施、公孙龙之流让他忌恨不已。正是这些不停的追问，才会让所有高深莫测的学问变得不那么高深，让不可言说的事情用最清晰的语言表达出来，在胜人之口中让对方反躬自问，自己的思维是不是有些问题。很多时候，一些有限的知识，比如对物的具体特性的认识，知道树木年轮的含义，要比获得高深莫测的感觉更重要。《秋水》里的公孙龙就像个浅薄的小儿，背上"井底之蛙""邯郸学步"的恶名，如果真能把井底的事情搞明白，绝对比站在天地之间发一通感慨要强百倍、千倍，真是为了学习更优美的步伐而不惜牺牲已有的，其实是位勇者。

　　庄子用"物化"出的自然作为理想状态，荀子认为他"蔽于天而不知人"，其实庄子并不清楚天是什么。他用一套自认为是的观念去给自然梳妆打扮，结果把自然搞得不伦不类。我们需要名家不停追问、不断驳难的精神，你怎么知道万物都是由气聚集起来的？你观察了聚集的过程？为什么观察不到？如果可以观察，气化到底怎么化的？我们能不能模拟？直问得晕头转向。问这些问题可能没有用，就当它没有用，保持好奇心可以吧，就是要不断满足提问的好奇心。可惜这类好奇心，华夏族曾有的好奇心被从多个角度给扼杀了。庄子喜欢逍遥自在、天马行空般的快乐，但不喜欢逍遥自在、天马行空般地提问题。

第十一章 重建价值的庄子

但毕竟庄子启迪了中国人的自由，那种散漫无端、放浪形骸的精神自由，赋予了万物平等、物无贵贱的精神信念。严复《救亡决论》中写道："以道眼观一切物，物物平等，本无大小坚久贵贱善恶之殊。庄生知之，故曰道在屎溺，每下愈况。"当我们身心疲惫之时想一想两千多年前有位叫庄周的人，哭着喊着要坐忘、心斋，这时候再沏杯好茶，看着袅袅的水雾，暂时忘却身在何处，让虚寂生出智慧、空旷生出明朗，是不是也很有趣？但是这种乐趣只能是短暂的，似乎与庄子一样要重估价值的尼采有段话可以做一对比。

> 什么是善？凡是增强我们人类权力感，增强我们人类的权力意志以及权力本身的东西，都是善。
> 什么是恶？凡是源于虚弱的东西都是恶。①

尼采代表了西方民族，对来自东方的基督教的道德束缚那种刻骨仇恨。庄子反仁义使人钦慕静虚，尼采反基督使人崇拜力量。真正的悲剧精神就是认识到人生本就是一场苦难，但依然不改初衷的理想主义者，其必定是先苦其心志、劳其筋骨、饿其体肤、空乏其身，以苦为乐、苦中作乐，用人的精神和信念发出最大的呐喊！

接下去要讲的就是一位真的理想主义者——孟子。在孟子身上能体会到闪耀着人性光辉的崇高力量感。

---

① ［德］尼采：《反基督》，陈君华译，河北人民出版社 2003 年版，第 68 页。

第十二章
理想主义者孟子

孟子（约前372—前289），邹国人（今山东邹城市），为鲁国孟孙氏后裔，与庄子生活在同一时期。如果说庄子把老子从古代思想遗产中继承的自然之天推到一个极端，孟子则是把孔子从古代思想遗产中继承的道德之天推到一个极致。庄子的思想从魏晋以后大显于世，孟子则从中唐以后持续影响了古代中国一千多年。孟子提出的性善论，被程朱认为是有功于圣门的一桩大事情。细读、细品《孟子》一书，会感到一股浩然之气扑面而来，其深切而浓郁的为民情怀，尽道而死为正命的豁达生死观，穷不失义达不离道的精神风骨，生于忧患死于安乐的为国之道，富贵不淫威武不屈的大丈夫气节，依然栩栩如生，佑护着华夏一族。孟子性情刚烈，并不是一位谦谦君子，朱熹就赞扬孟子有"英气"，不同于颜回的"敦厚"（朱熹《四书章句集注·孟子序说》）。孟子敢于争、敢于辩、敢于顶，不给君主留情面，使梁惠王落得个"王顾左右而言他"的窘境。孟子之辩，塑造了我中华不屈不挠之性格；孟子之争，塑造了我中华刚毅勇猛之品行；孟子之道，塑造了我中华大无畏牺牲之精神；孟子之义，塑造了我中华不以邻为壑的国家关系；孟子之仁，塑造了我中华视民如伤的治国之道。这绝非虚言。唯其理想之高远，才能引领中国道统飞得更高、飞得更远；唯其理想高远，才使21世纪同道中人倍感亲切、引以为傲。

第十二章　理想主义者孟子

一　孟子思想的基本脉络

　　孟子比庄子早出生三四年，庄子目睹的社会凋敝、百姓痛苦，孟子同样能感同身受。他认为，当今之世，统治之暴虐超过任何一个时期；人民之憔悴也超过任何一个时期。① 针对同样的现实环境，庄子以保全生命为上，采取的策略是避世、从俗，幻想与天地同生死；孟子则完全相反，生命固然可贵、死亡固然可恶，但是面对比生命更重要的道义、比死亡更可恶的暴行，则义无反顾地采取舍生取义的态度。② 针对现实生活中出现的问题，孟子做出了不同的解释。他认为，上不实行仁政，下不遵守法令，官吏不相信道义，工匠不信任衡度，君子犯义、小人犯刑，而国家还能幸存倒是很奇怪的事情。城池不坚固、军队武器不多，不是国家有兵祸的原因；田野没有开辟，财货没有聚敛，也不是国家受伤害的原因。而上无礼、下无学、贼民兴，离丧乱就不远了。③ 孟子高举孔子的仁学，提出实施仁政的主张，将孔子亲亲仁爱的人伦之道推广到由君主施行的为政之道。怎么施行仁政？孟子从问题入手，从三个逻辑前提出发，提出一套比较系统的仁政学说。

　　孟子思想的第一个逻辑前提是：无恒产而有恒心者，唯有士能做得到；对于绝大多数民众，则无恒产无恒心，若民众无恒心则一切罪恶就随之来临。④ 孟子这一观点是符合实际的。在任何一个时代，真

---

① 《孟子·公孙丑上》："王者之不作，未有疏于此时者也，民之憔悴于虐政，未有甚于此时者也。"
② 《孟子·告子上》："鱼，我所欲也，熊掌亦我所欲也，二者不可得兼，舍鱼而取熊掌者也。生亦我所欲也，义亦我所欲也，二者不可得兼，舍生而取义者也。"
③ 参见《孟子·离娄上》："上无道揆也……丧无日矣！"
④ 《孟子·梁惠王上》："无恒产而有恒心者，惟士为能。若民，则无恒产，因无恒心。"

正能够为信念而牺牲的先进分子毕竟是绝对少数,他们是一个民族的脊梁,绝大多数老百姓必须有恒产,才能安居乐业、社会稳定。从这个前提出发,孟子提出实施仁政要从"经界"开始。① 按照朱熹的解释,经界就是"治地分田",划出沟洫、植上树,以分定各家各户的土地。朱熹认为,如果不实施经界,会出现"田无定分",豪强就能兼并;也会导致"赋无定法",官府可随意征税。还进一步解释说,之所以实行仁政必须从这开始,因为暴君污吏总想废除经界,而"分田制禄"就可以安定天下(朱熹《四书章句集注·滕文公章句上》)。历代中原王朝初创之时,往往从分田分地开始,最终又因土地兼并、贫富悬殊而崩溃。孟子的这一主张不可谓不明。一个没有财产做保证的社会,百姓没有足够维持生活的财产,绝对不是仁政。至于孟子根据当时的情况提出每夫授田一百亩,以及八百亩私田、一百亩公田,私人同耕公田的建议,以及五十岁可以穿丝帛、七十岁可以吃肉,黎民不饥不寒,就不能太过于一本正经地评论其好坏。这只是一个当时的说法而已。犹如楼上楼下电灯电话在四十年之前还是遥不可及的梦想,现在再作为理想社会的象征就显得不合时宜。孟子希望鳏寡孤独皆有所养,做到幼有所学、学有所教,白发老者不用背着沉重的包袱走在路上,不对耕田者征税。孟子说得非常清楚,实施仁政的前提就是老百姓要有恒产,没有恒产就没有恒心,就没有仁政可言;实施仁政首先从经界开始,把每家每户的田产划分得清清楚楚,你的是你的,我的是我的,权利义务也清清楚楚。

从这个逻辑前提出发,孟子将天下之人分成两类,一类是普通百姓,一类是士人,对他们的要求也不一样。孟子有君子与小人的表述,但远远少于孔子。他对士提出极高的道德要求,塑造出士君子理想人格。要求"穷不失义、达不离道""得志,泽加于民,不得志,

---

① 《孟子·滕文公上》:"夫仁政,必自经界始。"

修身于世""穷则独善其身，达则兼善天下"（《孟子·尽心上》）。正因为士人肩负上天赋予的使命，因此有资格傲视权贵、睥睨富贵，做到"不枉道而求利""乐其道而忘人之势"。有一次，孟子见到齐王的儿子，气度不凡，就非常感慨。王子的宫室、车马、衣服与常人没有什么区别，但举手投足却与常人不同。由此，孟子发出"大哉居乎"的感叹，想到士人如能"居天下之广居"又将如何？孟子的意思是，齐国王子居于一邦国之中，考虑的问题、学习的知识是将来如何能治理好这个邦国，所以其气度不同于凡人；如果士人能够胸怀天下，以拯救天下苍生为己任，其气度更将不可同日而语。孟子说"五百年必有王者兴，其间必有名世者""如欲平治天下，当今之世，舍我其谁"（《孟子·公孙丑下》），这治国平天下的王者、命世之才，除了我们士人还会有谁呢？这种"理想的士人人格"孟子用"大丈夫"来表述，"居天下之广居，立天下之正位，行天下之大道。得志与民由之，不得志独行其道。富贵不能淫，贫贱不能移，威武不能屈"。所谓广居，是心怀天下苍生；所谓正位，是用正当的方式实现目标；所谓大道，是在天下施行仁政。孟子的这些思想对后世的读书人产生了极大的影响，正是这种舍生取义的精神，使中华民族始终不倒，在绝地中始终能够浴火重生。

孟子将来自古代思想遗产中的民本思想发挥到前无古人的地步。在与各国君主讨论王道、仁政的时候，念兹在兹于黎民不饥不寒，吃得饱、穿得暖；百姓须有恒产，使凶岁不能有饥荒，乐岁能有小康，既能够侍奉父母，又能养活妻儿（《孟子·梁惠王上》）；对耕田的不征税，可以通过"助"的方式在公田耕种，收获作为国家的赋税，使天下百姓乐于耕种（《孟子·公孙丑上》）。这是孟子与其他诸子的重要区别之处。

孟子思想的第二个逻辑前提是人性善。仁政是建立在仁爱思想的基础之上，孔子虽提出仁爱，但没有说清楚人为什么会有仁爱。孟子第一次明确提出人性善的命题，解决了仁学的理论基础。人性天然包含"不虑而知"的良知、"不学而能"的良能，人自孩童开始就有爱父母、敬兄长的仁义之性（《孟子·尽心上》）。因此施行仁政是最合乎人性的政治制度。自从周公提出"以德配天"才能"承受天命"以来，到孔子以至孟子，发展出人性善的思想是水到渠成的。比较世界各文明，唯独中华文明以人性善为主流。而在一个视"力量为善、柔弱为恶"的社会，仁爱意味着软弱可欺。耶稣基督给西方异教徒和蛮族带去了"人人相爱"的福音，但骨子里人类仍有不可洗脱的原罪。尽管近代以来西方在全世界大搞殖民扩张，做海盗、贩黑奴、无恶不作，但尼采依然嫌弃基督教病态的"爱的伦理"，不喜欢上帝让"人人相爱、人人平等"的道德约束超人的力量。人性恶是西方社会从古至今的主流价值，其代价便是人必须牢牢受到钳制。孟子继承了西周以来"天民"的思想，"有天民者，达可行于天下而后行之者也"①。人可以上达天德，下行于天下。何等威猛气派！一个充满仁爱精神的人同样可以有巨大的力量。

孟子的人性善，既来自经验观察，也有抽象归纳。其思想是如何展开的？

有一次，齐宣王问："像寡人这样的，也可以保民？"孟子说当然可以，齐宣王说何以见得。孟子说："有一头牛从堂前经过，大王看见后就问：'干什么用。'牵牛的说：'杀了祭钟。'大王说：'放了它吧，不忍心看着它因害怕而发抖的样子，就如无罪而被处死。'牵牛的问：'不祭钟了吗？'大王说：'不能不祭祀，用羊来替换！'不知道有没有这样的事？"齐宣王说有。孟子说："有这样的仁心就可以行王道。有百姓认为您吝啬，我认为您是不忍心。"齐宣王说：

---

① 《孟子·尽心上》，朱熹《四书集注》注云："民者，无位之称，以其全尽天理，乃天之民，故谓之天民。"

"是，确实有百姓这么认为。齐国虽然不大，也不至于吝啬一头牛。我实在不忍心看着它害怕的样子，就如无罪而被处死，所以用羊来替代。"孟子说："不要责怪百姓的看法，他们只看到您用小换大，怎么知道您的想法呢。如果真可怜无罪被杀，选择羊和选择牛又有什么分别！"齐宣王笑着说："真不知道自己是出于什么样的心理。也难怪百姓这么看我。"孟子说："大王的不忍心正是仁啊，因为当时您只见到牛而没有见到羊。君子对于飞禽走兽，见到它们活着，就不忍心杀死；听到它们哀叫，就不忍心吃肉。所以'君子远庖厨'。"接着，孟子与齐宣王就仁政问题进行深入讨论，从中可以梳理出孟子的基本思路。任何人都有不忍心，所谓恻隐之心，只是藏在心里未发。当遇到某些事情的时候，就会有感而发，产生不忍心，这就是仁爱的开端。孟子举了一个例子。当一个人看见小孩即将落井的一刹那，都会产生"怵惕恻隐之心"，希望挽救孩子的性命。产生这种念头，既不是因为与孩子的父母有交情，也不是为了个人名利，而是出于一种天然的、纯粹的"不忍人之心"——对他人苦难的同情心。这种超功利的瞬间反应，说明人性有一种"先天"的善端。孟子就此做了归纳，提出"恻隐之心，人皆有之；羞恶之心，人皆有之；恭敬之心，人皆有之；是非之心，人皆有之"（《孟子·告子上》）。这四种善端，就是仁、义、礼、智得以形成的基础。需要注意的是，孟子并不是说因为人有善端或善根，人性表现出来的就一定善；也不认为人先天具有完美的道德，将来一定会去做善事。比如一颗受精的鸡蛋，只有适宜的温度才能孵化出小鸡，否则就会变质；其他鸡蛋或者石头，再有合适的条件也不可能孵化成小鸡。人虽具备了为善的潜质，但能不能把潜质发挥出来需要后天的努力。如何发挥？答案是不断实践和体验。齐宣王因牛的痛苦而产生不忍人之心，也体验到了仁爱；小孩掉井里，看到了，触发出不忍人之心，也体验到了。如果人能够时时刻刻保持这样的心理状态，自觉体会他人的痛苦，产生同情心，继而产生帮助他人的愿望并付诸实施，人性之善就会得到显现。如果能够不断实践、不断体验，人性之善就会完整呈现出来，这也是孟子强调修身的根本原因。细心的读者会发现孟子讲人性善，强调了两个因素：环境影响和自身努力。比如"富岁，子弟多赖；凶岁，子弟多暴"（《孟子·告子上》）。富裕的时候人们很少看到苦难的事情，不忍人之心很难有机会发动，不容易体验仁爱之心，人性善根也没机会表达出来，人就容易不求上进；相反，贫困的时候满眼都是哀伤，产生"审美疲劳"，不忍人之心也难以发动，体会不到仁爱，人也会变得暴虐。当今一些富裕家庭带孩子体验贫穷生活，应该更多地激发孩子的不忍人之心，体验仁爱、培养善心；如果说只是进行一番贫穷对比，激起孩子贫穷会挨饿、富贵能享福的想法，继而好好读书，多半是要失败的。孟子在强调环境的同时，更重视自身的努力，尤其重视先知先觉的圣人和士人的带头作用。稍后再做讨论。

　　孟子在讲清楚人性善后，运用孔子提出"推己及人"的方式，把仁爱推广到仁政——从不忍人之心，扩展到不忍人之政。齐宣王对牛都可以产生不忍之心，怎么就不能用于百姓呢？用仁爱之心去治理国家，推而广之，就能做到"老吾老，以及人之老；幼吾幼，以及人之幼"。

　　这里似乎有个伦理难题。有些人可以对动物产生怜爱，但不会对遭受困苦的同类产生仁爱；有些人可以对自己的家人关爱备至，但对他人极端冷漠无情；有些人更是从未体验到不忍人之心，把自己的快乐建立在别人的痛苦之上。怎么办？按照孔子提出的君子之德如风、小人之德如草的思路，当风吹过，小草无不低头。孟子的办法就是首先由圣人带头，使"先知觉后知，先觉觉后觉"（《孟子·万章上》）；接着，君主和有地位的君子带头，当一国之君、一国君子都能仁爱待人，百姓自然会效仿。孟子提出"圣人百世之师"（《孟子·尽心下》），两千多年后圣人依然是百姓学习的楷模。比如，居住于深山中的舜，枕靠木头和石板睡觉，与野兽为伍，似乎与深山中的野人差不多，但听到善言、见到善举，就"见善如不及"，一发而不可阻挡。① 舜用自身的仁爱不仅感化了凶残的父亲、恶毒的后妈、顽劣的异母弟，也感化了周围的百姓，更感化了天下百姓，同时还对后世产生影响。按照孟子的思想，圣人和士人除了吃苦受累，个人没有任何好处，而且也不屑于追求个人好处。要求别人做的，自己首先做；要求别人不做的，自己首先不做。孟子的理想如同现代社会对政治领袖人物的要求，不仅能力要强，还要在品行上优于一般人。把孟子的理想用今天的话来说：要有一群心念天下苍生，信念坚定、公正无私、率先垂范的先进分子，不谋求个人和小团体的私利，时刻把百姓和国家的利益放在最重要的位置，当遇到危难的时候能够说大家跟我上，而不是弟兄们给我上。

如果说仁政来自不忍人之心，那么它与天道是什么关系，也就是说仁政符合天道吗？于是，就有了孟子思想的第三个逻辑前提——天人合一。孟子的天道观完全继承了古代思想遗产中道德之天的观点，人道与天道合为一体。所谓"尽其心者，知其性。知其性，则知天"（《孟子·尽心上》），人性与天道是相通的，不仅是相通，还是完全一致。"万物皆备于我"，天地万物之理全在我身上，人努力践行天赋本性，就是按照天道行事。冯友兰写道："孟子和儒家之中他的这一流派认为，宇宙从根本来说，是一个道德的宇宙。人间的道德原则也是流行于宇宙之中的形而上学原理，人性便是这些原理的实证。孟子和他的学派说到'天'时，就是指这个由道德主宰的宇宙，懂得了这个由道德主宰的宇宙，就是孟子所说的'知天'。一个人如果知道了天道，他便不仅是一个国民，还是一个'天民'。"② 孟子把西周以来"以德配天"之德，解释为仁政，只有实施仁政的圣人才能受

---

① 《孟子·尽心上》："舜之居深山之中……沛然莫能御也。"
② 冯友兰：《中国哲学简史》，赵复三译，北京联合出版公司2017年版，第51、52页。

命于天，才能让王道惠泽天下，仁政体现了天道。

由于有了"知其性，则知天"的信念，孟子对自己表现出高度的自信。他提出了"天爵"和"人爵"的区别。有"仁义忠信"，能够乐善不倦，昂然立于天地之间的人，得到的是天爵；而那些公卿大夫，得到的只不过是人间的爵位，今天得到了，明天又会失去，没什么了不起的。获得天爵才是士人能够获得的最高荣誉，是一生最值得追求的事情。之前我们提到，庄子的思想实质揭示了中国道统中的一种观点，即"道统"大于"治统"，皇帝可以更换，但道不可改变。孟子区别天爵和人爵，也为宋明儒把道统置于治统之上，用天理"格正君心"提供了理论依据。朱熹在《孟子序说》中提出：《孟子》一书"只是要正人心""格君心之非""一正君而国定"。意味着士人的使命是要矫正皇帝之心性，矫正皇帝之过失，这是上天赋予的使命。孟子有着传道者的使命感和优越感。他对自己的自画像就是善养"浩然之气"，他拥有这种充斥于天地之间，至大至刚至强的浩然之气。弟子问他什么是浩然之气。孟子回答"难言也"（《孟子·公孙丑上》）。这种难以表述的浩然之气实际上是一种正义之气，来自使命意识，来自对自身行为正确性的信心，来自站在人类道德制高点上的道义力量。它塑造出独立、自由的人格，开创了不同于庄子的中国道统另一派自由主义传统。人有了浩然正气，信仰会更加坚定，也不再惧怕困难，甚至甘愿为之献身。孟子的浩然之气对后世的影响不可谓不大，已经演变成中华民族的正气，它充斥天地、横贯千古。孟子自信但不自负，因为不仅仅是他，所有人都可以养成浩然之气。有人问他，齐王派人观察夫子，夫子果然不同于常人吗？孟子说："有什么不同于常人，就是尧舜也与平常人一样。"[①] 孟子主张"人皆

[①] 《孟子·离娄下》：储子曰："王使人瞯夫子，果有以异于人乎？"孟子曰："何以异于人哉？尧舜与人同耳。"

可以为尧舜"，因为尧舜之道并不高深，就在每个人的身边，关键是自己做还是不做，全凭个人的一念之间。后儒继承了这个思想，人民领袖毛泽东也吸收了这个思想。"春风杨柳万千条，六亿神州尽舜尧。"当人民群众都成为尧舜，还有什么人间奇迹不能创造？

二 仁政思想

将"仁"向政治领域拓展，倡导"仁政"，是孟子的一大贡献。时人皆以为孟子"迂远而阔于事情"，乍一看，仁政是一件大而无功，几近于空想的事情，但孟子并不这么认为。这里首先要搞明白，孟子所说的"仁政"到底指什么？

孔子在不同的场合谈"仁"，所指含义不完全相同，比较集中的是倾向于"仁者爱人"，但这里的"爱"与现代汉语"爱"的含义是否相同颇费斟酌。孟子继承了孔子的仁学思想，但是他对"仁"的理解显然与孔子的有所区别。孟子说："君子之于物也，爱之而弗仁，于民也，仁之而弗亲。亲亲而仁民，仁民而爱物。"① 在孟子那里，"爱"的含义是爱惜，即取之有度；"仁"的含义是有同情心、能推己及人。比如麻木不仁，一个人如果对他人的苦难没有任何感觉，就是"不仁"，反之就是"仁"。孟子就是从这个角度去理解"仁"，继而向政治领域推广，提出"仁政"。孟子并不要求你把"民众"当"亲人"，因为这违背伦常，所以他反对墨子的"兼爱"，认为君子对民有"仁"就很好了。因此，统治者要实施仁政，首要的就是能够推己及人、将心比心，把别人的痛苦当作自己的痛苦、把别

---

① 《孟子·尽心上》，朱熹《四书集注》注解说："物：禽兽草木；爱：取之有时，用之有节；仁：推己及人。"结合孟子的思想，朱熹的解释是正确的。

人的快乐当作自己的快乐，自己有欲望也要想着别人也有同样的欲望。这就是仁政最基本的含义，所以孟子认为实施仁政并不难，关键是做还是不做。

一次，梁惠王站在水边，看着鸿雁和麋鹿说："贤者也有此乐吗？"孟子说："天下都快乐了，贤者才快乐。"接着他举例说，当年文王用民力建成了台、沼这样的园林，百姓称之为灵台、灵沼，所有人都可以随意进出，百姓先快乐，贤者尔后乐，其乐无穷，才是真正的快乐。反之，君主只在私家园林独享其乐，又岂能乐在其中？① 孟子对一个人享乐的独乐、少数人享乐的少乐、百姓享乐的众乐做了区分，认为独乐不如少乐，少乐不如众乐，天下百姓高兴才是真正的快乐。② 即便是现代，最高领导人如果能够与普通百姓同游公园、同吃小店，大家笑在一起、乐在一起，也不失为德政？齐宣王说，文王的林苑方七十里，百姓还觉得小，寡人的才四十里，百姓就觉得大，为什么？孟子说，就在于文王的林苑百姓可以进出，而大王的是禁苑。因此，"乐民之乐者，民亦乐其乐；忧民之忧者，民亦忧其忧"（《孟子·梁惠王下》）。范仲淹的"先天下之忧而忧，后天下之乐而乐"应出于此。"与民同乐"很简单，却是孟子心中的第一大仁政。

齐宣王称自己有好勇、好色、贪财的毛病，又怎么能实行仁政。孟子回答说，好勇不是坏事，但匹夫之勇只能敌一人，而文王、武王之勇则为天下苍生，一怒而安天下之民。同样是勇，为天下苍生的利益而勇，就是仁政；为个人私利而勇，就是暴虐。说到贪财，周人的先祖公刘也贪财，但他是取于百姓用于百姓；说到好色，文王祖父周

---

① 根据《孟子·梁惠王上》第二章整理。
② 《孟子·梁惠王下》："曰：独乐乐，与人乐乐，孰乐乎？曰：不若与人。与少乐乐，与众乐乐，孰乐？曰：不若与众。"

太王也好色，很喜欢自己的妃子，但国境内做到内无怨女、外无旷夫。① 朱熹对此注解说，君主自己贪财、好色的同时，要推己及人，想到百姓也有同样的欲望。② 你看，推行仁政就这么简单，用不忍人之心将心比心，当统治者自己贪财的时候想到百姓也贪财，当统治者自己好色的时候想到百姓也好色，千万不要以为自己特殊或高人一等。上面的人带好头了就会影响下面的人，从而带动全社会的人都这样。人同此心、心同此理，将心比心，把别人的痛苦当作自己的痛苦，自己有需要的时候想着别人也有同样的需求，我怎么对待别人的，别人也会用同样的方式对待我。这就是孟子所说的仁政。有次邹穆公愤愤不平地对孟子说："与鲁国交战时官吏战死三十三，而百姓却袖手旁观。我真想杀了他们，可人数实在太多，不杀他们又难解心头之恨。怎么办啊？"孟子说："灾荒年景，百姓饿死的、逃荒的，达几千人啊！可是您的府库堆满粮食和财宝，官吏却从不报告百姓的情况。百姓怎么可能真心待你。曾子说'戒乎戒乎，出乎尔者，反乎尔者也'。您实行仁政，百姓就会甘愿为您效劳。"用希望百姓对待我的方法去对待百姓，就是孟子的仁政。"君仁莫不仁，君义莫不义。"（《孟子·离娄上》）

　　正确的义利观，是检验是否实行仁政的标准。孟子继承了孔子关于"义"的思想，并融入仁政的理想之中。孟子言义不言利，是针对国君和统治者，而不是针对普通百姓。百姓有恒产才有恒心，这是孟子思想坚守的前提。但是，对于国家，对于王公大夫、士人君子，就不能言利，一切要以仁义为本。儒家一直有根深蒂固的传统，反对国家、官府与民争利，就是源出于此。所以孟子从来就拒绝以利益去游说诸侯，即便许以高官厚禄，让他放弃这种主张，也不会心动。孟

---

① 根据《孟子·梁惠王下》有关内容整理。
② 朱熹:《孟子·梁惠王章句下》。

子是一个理想主义者，并不是因为他有理想，而是他要把这种理想贯彻到底，不顺俗、不从俗、不媚俗，不为妾妇之道。近代以来，一些人将中国的贫弱归结为孟子的言义不言利，以为言义不言利的思想阻碍了中国的发展。人穷不怪自己无能，却怪先祖没给自己留下遗产。从普通老百姓喜欢用"恭喜发财"打招呼，从传统华人在世界上皆以致富为目的而无意于政治看，求利之心从没有泯灭，华人求富、求财的欲望甚至是世界各族群中最强的。纵观人类历史，能取得霸权的国家无一不是站在人类道德制高点上，以"道义"之名推行霸权。孟子认为国家言义不言利，只有这样才能让天下归心，实现王天下的目的。孟子把正确的义利观作为实施仁政的开端，而正确的义利观依然是考验现代国家治理和国家关系的重要标杆。

仁政不是对百姓实施小恩小惠。子产是春秋时期的贤相，为政期间经常用自己的大马车载行人渡过溱水和洧水。孟子评论说："这是小恩小惠而不懂得为政之道。如果十一月搭座供行人通过的独木桥，十二月再搭可通行马车的桥梁，百姓就不会苦于涉水过河了。君子履行公务的时候，即便要求行人避让也是可以的。怎么可能让每个人都能坐马车过河？因此为政者要讨每个人的欢心，这是做不到的。"① 看来，仁政绝对不是行妇人之仁，甚至讨好百姓。以讨好百姓、小恩小惠赢得"官声"，终究不能长久，不仅不是仁政，反而是恶政。② 从孟子对君臣关系的界定，也可以看出他是怎样理解官民关系的。孟子告诉齐宣王："君之视臣如手足，则臣视君如腹心；君之视臣如犬马，则臣视君如国人；君之视臣如土芥，则臣视君为寇仇。"（《孟子·离娄下》）君臣之间以义合，有情便有义、无情便无义；君臣是一种合作关

---

① 《孟子·离娄下》："子产听郑国之政……日亦不足矣。"朱熹作注时，特意引用了诸葛亮的一句话，"治世以大德，不以小惠"，并认为最得孟子之意。

② 孟子这些观点，与商君的"弃易行难"表明上看似乎不同，其精神却是相同的。治国要有更加长远的大利益，而非小恩惠。

系，志趣相同则共事，志趣不同则分开。孟子和孔子一样，不提倡单向的所谓忠诚，更反对愚忠。同样的道理，官民之间也是一种合作关系，以仁义将二者联系在一起；你有仁我有义，你无仁别怪我无义；为政须以仁义为大道、大德，对不仁不义之人就是一种威慑，为政不可能取悦所有人；官和民是一种对等关系，彼此为对方考虑、推己及人，百姓不以坐马车过河为目的，而是有座桥能让所有人方便出行。如果以小恩小惠为手段，忘却以大德治理天下，在孟子看来并不可取。

仁政的理想固然好，但也有不想做的。切不可忘记，孔子倡导、孟子附和的推己及人的恕道，是建立在人格对等基础上的道德要求。要让自视高贵的君主们推己及人，认为我有奢华的生活，百姓也会有这样的愿望；我在谈古论今、风花雪月，百姓也会有读书的想法，是一件很困难的事情。同时期的亚里士多德对此就嗤之以鼻，正如物质中有高贵和低贱之分，他认为人分为主人和奴隶最符合自然；在柏拉图的理想国里，上、中、下三类人由不同的材料做成，怎么可能推己及人？在古希腊、古罗马的世界里，贵族与平民、雅典人与非雅典人、罗马人与非罗马人、征服者与被征服者更是泾渭分明。你要让奴隶主认为我有欲望，奴隶也有同样的欲望；让征服者认为我想生存，被征服者也想生存，这实在太困难了。即便在现代，推己及人也是一件近乎空中楼阁的事情，西方人可以与你谈人权、谈平等，但是，如果说西方人要过好日子，东方人也要过好日子，可能就不容易达成共识。2012年4月奥巴马在白宫接受澳大利亚电视台专访时，通过电视向全世界宣布：如果十多亿中国人也过上与美国和澳大利亚同样的生活，那将是人类的悲剧和灾难，地球根本承受不了，全世界将陷入非常悲惨的境地。① 当奥巴马的言论公布以后，据说世界各地的华

---

① 引自澳大利亚电视台官网，其原文是："…if over a billion Chinese citizens have the same living patterns as Australians and Americans do right now then all of us are in for a very miserable time, the planet just can't sustain it…"

人比较气愤。其实有什么可气愤的？西方传统价值观里就没有你好我好大家好的"推己及人"精神。但是有一点与孟子相似，喜欢站在人类道德制高点上。因为奥巴马说这句话的时候，是认为中国的发展已经危及地球和全天下人的利益了，可不单单是美国人的利益。立人才能立己，独乐乐不如少乐乐、少乐乐不如众乐乐，孟子认为，一旦民众起来反抗，独乐就乐不成了。孟子从"民为贵，社稷次之，君为轻"出发，提出诸侯危及社稷则把诸侯换掉，为了百姓的利益则社稷（国家）也可以变更。对于天子，是因为民众拥护才成为天子，一旦如桀纣这样残害天下，人民就有革命的权利，犹如诛杀一"独夫"。① 囿于时代的局限，孟子也只能想到这了。这一思想倒是可以解释中国历史上农民起义、王朝更迭为什么出奇地频繁，在世界文明史上无出其右者。中国的皇权有神圣性，但皇帝没有神圣性——这一点以后还要多次提及。至于更迭以后的结局为什么仍是一个大循环，则只能由我们这些后代子孙来思考、来回答了，而不能责怪到孔孟头上。

三 孟子与庄子思想之比较

　　孟子被后世称为最得孔子真传的儒家正统，庄子也被认为是最得老子精髓的道家正统，将两者的思想进行比较分析，会发现一件有趣的事情。尽管孟子与庄子生活在同一时期，但彼此之间似乎从未相闻。《孟子》一书怒斥杨、墨，对许行、告子、宋钘等学者多有批评，但从未提及庄子。《庄子》一书编造了大量先王和孔子、

---

① 《孟子·尽心下》："是故得乎丘民而为天子……诸侯危社稷，则变置社稷。"《孟子·梁惠王下》："曰：臣弑其君可乎？曰：贼仁者谓之贼，贼义者谓之残，残贼之人谓之一夫。闻诛一夫纣矣，未闻弑君也。"

颜回的故事,《天下》篇也对各学派的渊源和主要思想进行了系统总结,唯独漏掉了孟轲。但是有一点是共同的,两人都大量引用孔子的话,只不过一个有出处,一个是编造。孟子尊崇孔子,认为"有生民以来,未有孔子也",有人类以来就没出现孔子这样的圣人。《庄子》一书大量编造孔子的故事,说明庄子有借孔子替自己背书的目的,既反映出孔子在庄子心目中的地位,也反映出孔子在那个时代读书人中的影响力。孟子以继承孔子为毕生的追求,庄子则以孔子的话来给自己的思想作注脚。

1. 人生之乐

人生有什么意义?人生有何快乐?如何获得快乐?这是庄子思考最多的问题。孟子也思考这个问题,《孟子》全书至少提到三种人生之乐。追求什么样的快乐,反映着追求什么样的价值。

先说庄子之乐。

《至乐》篇对世人所尊崇的富、贵、寿、善,世人所以为乐的身安、厚味、美服、好色、音声,以及所厌恶的贫、贱、夭、恶,表现出极大的不以为然。庄子认为,为富的人辛苦操劳,积攒很多财富又不能尽用,不如说是残害自己;为贵的人夜以继日地工作,思虑为政得失,实在对不住自己;为长寿的人一生与忧虑相伴随,思虑如何能不死,何苦呢;为善的人成为烈士得到世人的称赞,但不能保全自己的性命,真不知道是善还是不善,说善,自己命都不保,说不善,却舍己救他人。因此,庄子提倡"忠谏不听,遵循勿争",你看伍子胥争来争去的,最后身首异处。庄子的结论是"无为诚乐",无为是真的快乐啊,只有俗人才大喊其苦。"天无为以之清,地无为以之宁",人也能得天地之无为,就是最快乐的事情。人生不过是个泡泡,因气聚集而生,因消散而亡,真正的快乐就是与天地游。

再说孟子之乐。

孟子从三个角度谈人生之快乐。第一个是从政治的角度,真正的快乐是与民同乐。当百姓能够丰衣足食、颐养天年，发自内心地感到幸福的时候，作为为政的统治者能不感到快乐吗？也就是范仲淹所说的"后天下之乐而乐"。第二个是从个人的角度。孟子除了讲天下之乐，也讲个人之乐。"父母俱在、兄弟无故，一乐；仰不愧于天、俯不怍于人，二乐；得天下英才而教育之，三乐。"（《孟子·尽心上》）人生之乐莫过于家人安康，人生之乐莫过于无愧于天地、无愧于他人，当死亡降临的时候想到自己一生没亏欠过任何人，难道不感到欣慰吗？人生之乐莫过于天下聪明才俊聚于门下，当清风拂面、杨柳依依，漫步于蓝天碧草之中，发思古之幽思、论前程之朗朗，岂不是人生之大乐！第三个是从为人能达到修身目标看人生之乐的角度。孟子说，开拓疆土、广聚民众是君子所愿意做的事情，但快乐并不在此；立于天地之间，四海安定、百姓富庶，固然是君子之乐，但论其本性也不在此；君子的本性，虽然有大的功业但不自矜，虽陷于穷困也不自弃，而是仁义礼智扎根于心、润泽其身，充溢于脸、及于四肢，举手投足洋溢着仁义的光辉。① 孟子进一步说："万物皆备于我矣。反身而诚，乐莫大焉。"（《孟子·尽心上》）孟子认为，即便功成名就，创造出如武王、周公这样的伟业还不是最快乐的事情，只有一个具有完美人格的人、一个品行高洁的人、一个以诚立于天地的人才是最快乐的！笔者读孟子这一段的时候总会想起人民领袖毛泽东在《纪念白求恩》中的一段话："一个人能力有大小，但只要有这点精神，就是一个高尚的人，一个纯粹的人，一个有道德的人，一个脱离了低级趣味的人，一个有益于人民的人。"② 治国平天下这种辉煌业绩不是谁都能做得出来的，但做一个人格健全、品行无瑕的人却是所有人只要努力就可以实现的，从中可以看出孟子的精神境界。

---

① 《孟子·尽心上》："广土众民，君子欲之，所乐不存焉。中天下而立，定四海之民，君子乐之，所性不存焉。君子所性，虽大行不加焉，虽穷居不损焉，分定固也。"

② 《毛泽东选集》第 2 卷，人民出版社 1991 年版，第 660 页。

第十二章 理想主义者孟子

从孟子之乐中，我们体会人性的温暖和做人的幸福，踏踏实实的快乐；从孟子之乐中，我们能享受富贵带给人的乐趣，但又能超越而实现更大的快乐；从孟子之乐中，我们更感受到人性的光辉，能在巨大的荣誉面前保持自谦，在艰难困厄中保持尊严。当我们把庄子的至乐与孟子之乐相比较，确实很难体会到庄子之乐是什么，只看到一堆无厘头的莫名其妙的快乐；可能是一种小确幸之乐，庆幸自己比别人早一步逃避厄运；也可能是一种无中生有的快乐，一种无奈中自寻的自得其乐，就如那只在烂泥里摇着尾巴的乌龟，庆幸自己活着。如果说庄子之乐还有价值的话，可能对于醉心于富贵、梦寐于功名之徒不啻是一帖很好的清醒剂。

寻找快乐是进入孔孟之门的一门必修课。孔子夸赞颜渊："贤哉，回也！一箪食，一瓢饮，在陋巷。人不堪其忧，回也不改其乐。贤哉，回也！"（《论语·雍也》）颜回面对清贫却乐在其中。而孔子给自己的自画像是："其为人也，发愤忘食，乐以忘忧，不知老之将至云尔。"（《论语·述而》）北宋程颢、程颐两兄弟学于周敦颐门下，周氏安排给他们的首要任务就是寻找快乐。二程回忆说："昔受学于周茂叔，每令寻颜子、仲尼乐处，所乐何事。"① 儒学为什么那么强调人生的快乐？是因为快乐代表着一种价值观、一种人生观，代表着对人、对事的态度。没有快乐何言学问？何言人生？

2. 人生之死

如何看待死亡，是每个人都会遇到的。庄子以齐"生死"告诫世人，生和死是一样的。活着的人，怎么知道死亡就一定不好；就如死亡的人，也不一定知道活着的好处。看破红尘、看淡生死，就是庄子教给我们的道理。这种思想不绝于耳，绵延于中国道统。但是，奇怪的是，庄子尽管认为生和死没什么区别，可是在论证某一观点的时

---

① 《二程遗书》卷2，上海古籍出版社2000年版，第66页。

候，往往以能够"保命"作为有力的证据。比如，看到大雁（鹅）因不能鸣而被杀，树木因有用而被砍伐，得出人要处于"材"与"不材"之间的结论。① 既然生死没什么区别，大雁被杀和没被杀、树木被砍伐和没被砍伐又有什么区别？人又何苦刻意去处于"材"与"不材"之间？如果死和生只是各尽其自然天性而已，何必还要多费笔墨去讨论养生呢？

与此对应，孟子则有一种更加积极的生死观。司马迁说："人固有一死，或重于泰山，或轻于鸿毛。"（《汉书·司马迁传》）文天祥说"人生自古谁无死，留取丹心照汗青"，两千多年后的人民领袖毛泽东在《为人民服务》一文中也提出了类似的生死观："为人民利益而死，就比泰山还重。""我们为人民而死，就是死得其所。"② 既然人死不可避免，与其苟且偷生，不如死得其所。这种生死观的确与孟子的思想一脉相承。

杀身成仁、舍生取义，是孟子从孔子那儿传承的生死观。孟子珍惜生命，与君王谈实行仁政，说得最多的还是如何让百姓不冻不馁，五十岁可以穿帛、七十岁可以吃肉。谁不希望生？但是当天下昏暗无道，让人无法苟活的时候，也唯有舍生取义了。"天下有道，以道殉身；天下无道，以身殉道。未闻有道殉乎人者也。"（《孟子·尽心下》）孟子说，不要去担忧长寿与夭折，修身以等待死亡，才是安身立命；既然人的命运不是自己能控制的，那么就欣然接受，这才是正道。平常的时候，别没事找事站立于危墙旁边，但在危急关头，如能尽道而死就属于"正命"，否则就是"非命"。③ 我们从中看到一种豁达的

---

① 《庄子·山木》："周将处乎材与不材之间。材与不材之间，似之而非也，故未免乎累。"

② 《毛泽东选集》第3卷，人民出版社1991年版，第1004、1005页。

③ 《孟子·尽心上》："夭寿不贰，修身以俟之，所以立命也……桎梏死者，非正命。"

生死观：不纠结于长寿与夭折，因为自己无法左右；正确的态度是致力于修身，从容面对死亡；人若能死于"正命"，就是死得其所了。

一个人真要修炼成庄子那样，把生与死看作一样，恐怕难以做到。但是，人能正命而死，就死得其所。在历代先贤身上，我们可以看到。

3. 人生之忧

《庄子》一书怎一个"忧"字了得，许多篇目读来非但没有遨游于天地的洒脱，更多的是一种朝不保夕的"忧惧"。有人生之忧，人生确实不值得留恋，摆脱人生之忧的办法就是离开这个世界。老子说，你看，我之所以有这么多忧患，就是因为有这身臭皮囊，如果没有这具皮囊，何患之有？① 后人王夫之从儒家的角度做了另一番解释，认为真正的忧患是总想着把天下据为己有。② 孔子也讲忧，却是"知者不惑，仁者无忧，勇者不惧"（《论语·子罕》）。孔子在回答司马牛的疑问时说，自己问心无愧，还有何忧愁。孟子讲人生之忧，却对孔子"仁者无忧"做了新的诠释。孟子系统阐发了孔子的"人无远虑，必有近忧"，认为真正做到仁者无忧、勇者不惧，前提是始终保持忧患意识，所谓"生于忧患，死于安乐"。人生充满苦难、充满忧惧，哪怕不做亏心事，也难逃不利的厄运，哪怕做了亏心事，有的却一路顺风顺水。人生大抵如此，能做的就是勇敢面对、未雨绸缪，在安乐的时候还依然想到可能遇到的困难。

孟子引用古称周公送给成王的一首诗："迨天之未阴雨，彻彼桑土，绸缪牖户。今女下民，或敢侮予！"（《诗经·豳风·鸱鸮》）这只有骨气的母鸟说：可恶的猫头鹰啊，你抓走我的孩子，不要毁灭我的家，趁着天没有下雨，剥些桑树根的皮，修葺窗子和门户，下面的

---

① 《道德经》第十三章："吾所以有大患者，为吾有身，及吾无身，吾有何患？"
② 王夫之《老子衍》："大患在天下，纳而贵之与身等。"

这些人啊，怎敢再来欺负我！孔子的评价是：写这首诗的人已经懂得"道"了，以此治理国家，谁敢欺负！孟子做了进一步的发挥，一个邦国、一个家庭得有闲暇却纵情偷安，岂不是自求祸害？与其念叨着命运，不如自求多福，自己去努力。他引用了《尚书·太甲》的一句话："天作孽，犹可违（逭），自作孽，不可活。"① 孟子所言人生之忧，是指平时耽于安乐，不思进取，这才是人生最大的忧患。倘若能未雨绸缪、先天下之忧而忧，却最终因时运不济，归于失败，也无须害怕。既能成功也能失败，是真豪杰。孟子对豪杰的定义是"若夫豪杰之士，虽无文王犹兴"（《孟子·尽心上》），这种从不畏惧的豪杰精神深得孟子之心。

　　人有没有终身忧虑的事情？在孟子看来还是有的，比如，舜是人，我也是人，可是舜已经做出如此大的成就，我怎么还是乡下的一个平常之人？舜为天下立下标杆，传于后世，可我还是默默无闻。如果真为此而忧虑，则人生祸患就会消失，即便有一时的祸患，也不值得忧愁。② 人的一生免不了受人嫉恨，遭人白眼，有人会为此忧心忡忡，怕遭不测。孟子认为解决这个问题的办法是，首先反躬自问，自己有没有做得不对的，有没有失礼，有没有为人不忠，倘若经过认真反省，自己没有过错，就不必再做谦谦君子，对待狂妄之徒或卑鄙小人，把他看作禽兽就是了。对付禽兽又有何难？③ 这时候的孟子一反温良恭俭让的孔子之道，成为一名勇士和斗士。其实，对人、对国家，何尝不是如此。君子之怒，有理有礼有节，君子不随意发怒，一

---

　　① 参阅《孟子·公孙丑上》，《礼记·缁衣》也引用《太甲》的这段话说人要谨慎行事，相对而言孟子更加积极。
　　② 《孟子·离娄下》："是故君子有终身之忧，无一朝之患也。"
　　③ 《孟子·离娄下》："有人于此，其待我以横逆，则君子必自反也：我必不仁也，必无礼也，此物奚宜至哉？其自反而仁矣，自反而有礼矣，其横逆由是也，君子必自反也：我必不忠。自反而忠矣，其横逆由是也，君子曰：此亦妄人也已矣。如此则禽兽奚择哉？于禽兽又何难焉？"

旦发怒则必将如泰山压顶。"人不犯我，我不犯人，人若犯我，我必犯人"，此言深得孟子思想之精髓。人生患得患失之忧，实在不值一提。

4. 人生之从俗与化俗

"俗"是社会已经形成的价值评判标准和生活习惯，既是社会的稳定剂，也是束缚人的桎梏。人的一生难以免俗，是从俗还是化俗，是两种截然不同的人生态度。庄子一生与"仁义"作斗争，批评仁义毒害人心，但始终摇摆于"脱俗"和"从俗"之间。"死生，命也"，命运摆布着人生，顺从就是最好的选择。庄子强调顺从自然天性，可是什么叫自然天性，还是各有各的一套说法，既可以把臣事君、妇从男看作自然，也可以把套上马嚼子、给牛鼻穿孔当作违背自然，结果还是"知其不可奈何而安之若命，德之至也"（《庄子·人间世》）。与此相对，孟子秉持孔子的"有为"思想，不仅要成为帝王的老师，"格正君心"，还要为万民作表率，为百世立标杆。孟子提倡化俗，改变社会习俗，荀子提倡移风易俗，朱熹又大力倡导。中国共产党人提出"移风易俗，改造国家"的主张。① 同样的"移风易俗"，各时代的内涵和目标相去甚远，但是，改变社会不合理习俗、习惯以符合理想社会需要的观念则是一脉相承的。

孟子说："以力服人，非心服；以德服人，心悦诚服。"（《孟子·公孙丑上》）后人谈以德服人，有两种意见，一种是凭德可以感化他人，另一种是恩威并重、德法并用。这两种观点都未得孟子真意，甚至扭曲其本意。孟子说"徒善不足以为政，徒法不足以自行"（《孟子·离娄上》），一般认为：单凭善心而没有相应措施不足以治理国家，单凭法律而没有德治或其他措施也不能有效贯彻。这些看法有一些道理，但也没有领悟到位。贯穿孟子思想的主轴是：一枝独秀

---

① 中国共产党八届三中全会提出。

不是春，百花齐放才是春，单有圣人之善、圣人之德还不够，当全天下的人都能积德、行善，仁义才能真正泽被天下。孟子提出："以善服人者，未有能服人者也；以善养人，然后能服天下。"（《孟子·离娄下》）生活中我们常常看到，一个人的善行不可能打动他人，有时候反而会激发更大的仇视，你做得越好越遭人忌恨，原因就在于双方的立场、价值观有很大的差异。在恶人环伺的环境里，善人就会遭殃。相反，如果从转变对方的立场、价值观入手，让仁爱沁人肺腑，使对方也能成为与你一样的人，你的行为才会让人信服。真正的"以德服人"，不是你有"德"然后以此要求别人服从，也不是恩威并用，而是要让对方也成为一个有德之人。一个有仁爱精神的人，若处于虎狼之中而不自知，将会活得很凄惨。这也是人们常说好人不长寿的原因。圣人并非是以一己之力对抗社会的"莽夫"，而是要以如风之德，让所有小草都低头。所以孟子在讲到舜的时候说，舜"非行仁义"，而是"由仁义行"。舜通过教化的作用，让百姓都能践行仁义，这才是最终的目的，也是最佳的途径。圣人之所以成为圣人、伟人之所以成为伟人的根本点就在于此！

孟子的化俗，荀子的移风易俗，形成了两千多年来中国道统的"教化"传统。历史的经验表明，只重视经济利益，而不知惩戒恶人、改变风气民俗，无异于徒善为政，那将是非常危险的。人性之善，只是说人有善端，如没有不断的仁爱实践和体验，没有日常积善、积德和集仁、集义之举，人性终将会被恶欲所吞没。这也可以说是孟子留给我们的教益。人性之善是一个不断实践并不断升华的过程，如逆水行舟、不进则退。对此不可不察。

5. 历史观和先王观

庄子抱着"价值重估"的态度看待古代中国历史，其重要工作是评价历代先王。孟子也有一套先王观，揭示了与庄子完全不同的历史观。同样的人、同样的历史事件，在庄子笔下和在孟子笔下是如此

第十二章 理想主义者孟子

不同。甚至一些学者把庄子认作颜回的继承者。① 让后人值得称道的是，庄子给后世留下《天下》篇，比较公允地记载了春秋以来华夏学术史，使后人可一窥先贤们的思想。

孟子的历史观和庄子的历史观是同一个问题的两个方面，孟子从道德的角度叙述历史，整部人类历史就是仁义不断被发扬又不断被淹没的过程，每隔五百年必定王者兴的循环过程；庄子则相反，整部人类历史就是不断被仁义残害、被文明荼毒的过程，抛弃人类创造的一切文明成果，与自然融为一体才是人类的最后归宿。先王在孟子那里是被崇敬、被效仿的对象，而在庄子那里则是被嘲讽、被痛斥的对象。如果把中国道统比喻成一条奔流不息的大河，孟子犹如浪花汹涌，庄子则是深潜的暗流。因为我们一直在崇拜先人、质疑先人中推动着思想史的发展。

孟子言必称尧舜，认为真正的中国古代史从尧舜开始，从尧舜禅让开始，从仁义颁行天下开始。万章问："听说尧把天下给舜，有这回事吗？"孟子说："没有，天子无权把天下让予人。"万章说："可毕竟舜拥有天下，谁给他的？"孟子说："天给的。"万章问："这就是说，天颁布了命令？"孟子说："不，天不会说话，而是用行为和事迹昭示天下。"万章听得有些糊涂了。孟子解释说："天子可以向天推荐他人，但不能叫天把天下交给他人；就如诸侯能向天子推荐人才，但不能叫天子给这个人做诸侯；大夫向诸侯推荐人才，但不能叫诸侯让这个人做大夫。尧把舜推荐给天而天接受，向百姓公告而百姓接受。"孟子又说了一段大意如下的话，尧派舜主持祭祀，神灵都来享用，结果风调雨顺，意味着上天接受了；派舜主持政务，治理得井井有条，百姓安居乐业，百姓也接受舜的领导。这说明上天、民众接

---

① 参看郭沫若《十批判书·庄子的批判》，李泽厚从其说，见《论语今读·孔子再评价》。

受舜。所以天子无权把天下让予人。孟子引用《泰誓》里的一句话"天视自我民视,天听自我民听",说明民意即天意,天通过民来表达意志。① 这意味着中国古代史的开端,其最高统治者就是因符合民意、得到民众认可而登上大位。按照孟子的说法,最高领导人无权安排自己的接班人,更不可指定接班人。这一思想今天看来仍然是有道理的。是否有资格当最高领导人,其合法性就藏于百姓安居乐业,天下太平、民心所向之中。

与此相对应,庄子也有尧想把天下传给他人的故事,结果很不幸,被许由拒绝了。有位叫意而的官员来投奔许由,许由问:"尧给了你什么?"意而说:"让我躬行仁义、明辨是非。"许由说:"还来干什么?尧用仁义给你黥刑,用是非给你劓刑,瞧你这副惨兮兮的模样。"尽管如此,意而仍要求留下来跟随许由学道。在庄子看来,中国古代史就是一部因仁义而堕落的历史,解构仁义,重估价值就是庄子的使命。为此,他把古代史又往前推溯到炎帝、黄帝乃至伏羲。黄帝是在他人的帮助下摆脱世俗才悟道成仙,只有伏羲的生活符合庄子的理想,"一以己为马,一以己为牛"(《庄子·应帝王》),伏羲自己都搞不清楚自己究竟是马还是牛,或者狗和鸭。人与物混同,浑浑噩噩真是快活似神仙。

孟子强调道德的力量,历史上的先王都是以占领"道德制高点"而无往不胜。孟子曾经与万章讨论商汤为何成功。历史上葛是夏的盟国,欲灭夏必先剪除葛。为此,商汤派人问葛伯,为什么不祭祀神灵,葛伯说没有牛羊作牺牲,于是商汤无偿提供牛羊,结果被葛伯自己吃了。商汤又问为什么不祭祀,葛伯说没粮食。于是商汤让民众自带干粮去帮助葛伯耕种,结果毫无人性的葛伯居然派人去抢夺百姓的酒食,最让人气愤的是,抢夺了一个孩子的酒食并杀了这个孩子。结

---

① 以上根据《孟子·万章上》有关内容整理。

果商汤怒而发兵剿灭了葛伯。天下百姓都说:"非富天下,为匹夫匹妇复仇。"(《孟子·滕文公下》)孟子讲的这个故事现代人是不是很熟悉?美国人的"拯救大兵瑞恩",曾让无数人感动得流泪,不承想三千多年前的商汤是为了拯救小孩的食物不被抢夺、性命不受到威胁而毅然起兵的。如果拍成电影,是不是会更加感人?原来孟子早就在两千多年前就告诫,只有站在人类道德制高点才能无往而不胜,仁者无敌的奥妙就在于此。而不是如庸人们批评的,怎么可能单凭仁义而无敌于天下?孟子叙述的中国古代史,是以仁义规制天下的历史,以道统规制天下的历史。过去我们曾经对孟子的道德观嗤之以鼻,没承想,这一观点却具有穿透历史的伟力。那位 21 世纪美国民主党的南希·佩洛西就特别执着于站在人类道德制高点颐指气使。①

孟子有句名言"以德行仁者王,以力假仁者霸",对人类历史做了很好的总结。有实力同时又能很好地假借"仁"的名声,站在人类道德制高点,则肯定能称霸,无论是春秋五霸和汉帝国,还是古罗马、现代美国,都可以予以印证;有实力又有仁德,真心实意以仁义恩泽天下,则能王天下,孟子心目中只有尧舜和三代符合这一理想。至于没有实力,又真心实意希望以仁义恩泽天下,那只能是幼稚和天真。后来宋明道学家的末流就是如此。有人会说,有实力又能"以德行仁者王",在世界历史上还不曾有过。中华文明在最强盛的时候也不搞殖民掠夺。过去是,将来也必定这样。当代中国共产党人的"人类命运共同体"正是基于这样的一以贯之的文化基因,这样一种理想、这样一种信念。

---

① 2008 年 3 月美国众议院议长南希·佩洛西在会见达赖时,呼吁国际社会就西藏问题对中国施压,以免丧失"道德制高点"。2019 年 6 月,这位议长宣称发生在香港的示威游行是"一道美丽的风景线"。2020 年 5 月 26 日美国明尼苏达州因弗洛伊德之死而引发大骚乱,继而波及美国全境时,这位女士却失声了。

四　孟子思想的再回顾

孟子被宋明儒称为亚圣，随着近代"打倒孔家店"，也跟着一同倒霉，甚至更惨。① 一个时代有一个时代的孔子，一个时代也有一个时代的孟子，但是始终不变的是，他们代表着鲁迅先生所说的"中国的脊梁"——埋头苦干、拼命硬干、为民请民、舍身求法。② 宋明儒抬高孟子的做法有其合理性，但孟子的思想需要再回顾、再研究。

孟子论孝道，为孔子后学之最。这可能与其从小由寡母培养成人有关系。孔子以"父慈、子孝为对等关系"来解决孝道，但到了孟子那里，就变成单向的子孝。这种思想对后世的影响很大，最终反噬其身。儒家正义观的核心是对等，不搞强迫。舜的父亲瞽叟多次谋害舜未成，同父异母的弟弟象图谋霸占舜的妻子和房产，但是，舜依然善待他们。作为天子是有胸怀的表现，作为普通人就不足为道。当人伦与国法发生冲突时，作为天子的舜该怎么办？弟子桃应问："舜作为天子，皋陶负责执法，瞽叟杀人，怎么办？"孟子回答："皋陶该怎么办就怎么办。"朱熹对此注解说："皋陶只知有法，不知有天子之父。"桃应问："舜不管吗？"孟子回答："舜应该放弃天下如丢弃草鞋一样。我以为会背着父亲偷偷逃跑，在海边住下，快乐终生，忘掉天下。"（朱熹《四书章句集注·尽心章句上》）孟子选择让舜窃父而逃，从此不再过问天下。孟子解决伦理与法律冲突的办法，包含几层意思。第一，国法为尊。天子以及天子的父亲也不能枉法行事，这似乎与儒家留给世人的刻板印象完全不符，比韩非的法家更尊崇法

---

① 参见侯外庐《中国思想通史》第1卷，侯氏认为"孟子把孔子的性相近曲解为性善学，肿胀了唯心主义思想"，似乎有孟子把孔子思想带歪的感觉。

② 鲁迅：《且介亭杂文·中国人失掉自信力了吗？》，人民文学出版社2010年版。

律。第二，人伦为上。不能要求儿子搞大义灭亲，不顾人伦去维护法律。第三，百姓为大。舜的父亲杀人，意味着舜已经丧失治理国政的资格，如果靦着脸赖在天子的位置上，是对天下百姓不负责任。第四，仁义为本。舜最后做出的选择符合角色定位，为人君对得起百姓，为人子对得起父亲，为自己对得起良心，便可以快乐终生。这四点实现了孟子所说的"以仁为心、以义为路"，不失本性之仁，又不失对百姓之义。"故观于海者难为水，游于圣人之门者难为言。"孟子之道可谓至善、至美，还未曾有如此。朱熹注解说："为士者但知有法，而不知天子之父为尊；为子者但知有父，不知天下之为大。"（朱熹《四书集注·尽心章句上》）从理学家朱熹的注解看，仅"为士者但知有法，而不知天子之父为尊"这一句，似乎比韩非的"法不阿贵"更具有现代法治色彩，也破解了后人对"刑不上大夫"的曲解。韩非的"法不阿贵"之"贵"并不包括天子本人。

天理、人欲之辨，是宋儒从思孟学派的心性论中阐发出来的。这里暂不讨论理学之得失，我们可以从孟子与告子的讨论中，得出不一样的心性之论。告子认为："人性无善无不善，好比是柳树；让人为义，犹如把柳树做成杯子，是外力压迫的结果。"孟子反问："你是顺着柳树的特性做成杯子，还是戕害柳树之后做成杯子？如果是后者，就是戕害人性而为仁义之事。那么祸害仁义的就是你了。"孟子认为，人性是自然赋予的本性，有为善的潜质，顺着人的本性，尽心而为，同时加以引导，仁义就是发自内心的自然而然的行为。反之，如果以仁义的名义强迫他人，就是在戕害人性。比如说恕道很好，"己所不欲，勿施于人"，但是你不能强迫他人实行恕道，这叫作"强恕而行，求仁莫近"（《孟子·尽心上》）。你有很崇高的理想，但是你强迫他人也拥有理想，而且还强制他人接受你认为正确的东西，正是孟子极力反对的。孟子所希望的理想状态是：人在实践中感悟到仁爱之心，由内而外发，则行义；人以是否安心为价值评判的标准，安心则为，不安心则改，以求内心的自得。① 这种自得，实际上是个人的认知与行为相平衡后的自我满足的状态。仁义最终是让人自己对自己感到满意。外在的道德命令，如不能转化为内心的真诚信仰，依然达不到孟子所期许的目标。人不能强迫他人变成你所希望的模样，更不用说让他人践行自己都不相信的东西。但是，孟子思想确实有滑向他所反对的另一面的逻辑——以仁义的名义戕害生灵。从庄子借许由之口，说尧用仁义给人施以黥刑和劓刑，到两千多年后的鲁迅借狂人之口，说出仁义就是吃人，绝非文人信口之言，而是有无数人的血泪。当仁义承载了太多不应该承担的内容，尤其是成为当权者的遮羞布的时候，就会露出狰狞的面孔，此非仁义本身之错。另外，韩非曾言："慈母虽爱，无益于振刑救死，则存子者非爱也。母不能以爱存家，君安能以爱持国？"（《韩非子·八说》）韩非说明用慈母之爱治国的不可取，与此相对，梁启超称孟子一派为"保姆政策"。②此言非虚！如果完全按照孟子的理想实现了，为政者确实如同"保姆"一样，而民众如同"婴儿"，③ 社会可能会很安宁，但到处充塞着"巨婴"——丧失自主奋斗、自主担当的能力。

孟子之言为善言，孟子之道为达道，但是我们依然需要庄子之道，看上去不美，就像得病的子舆，弯腰驼背、肩膀高过头顶，既然自然把他给创造出来，就一定有他的用途。同时，我们还需要墨学和杨朱等。孟子骂杨朱、墨翟无君、无父，为禽兽，似乎赢得了历代儒者的一致称赞。但是，《孟子》书中基本没有讨论过杨、墨之学的具体内容，没有客观的学理分析，而是采用先扣帽子、后打棍子的方

---

① 《孟子·离娄下》："自得之，则居之安；居之安，则资之深；资之深，则取之左右逢其原，故君子欲其自得之也。"
② 梁启超：《先秦政治思想史》，东方出版社2012年版，第200页。
③ 本书第一卷第二章曾就此作过讨论，孟子称赞"文王视民如伤"。

式，给后世留下很坏的样子。荀子就以其人之道还治其人之身，说孟子"幽隐而无说、闭约而无解"。如以观点不同，而对墨子的兼爱、杨子的为我泼妇骂街，则非君子之争。这似乎是个悖论。孟子也强调舜"非行仁义"，而是"由仁义行"。这两者之间有本质区别，"行仁义"是把仁义从外强加于他人，"仁义行"是让仁义从人的内心自主发生。孟子讲仁政，要从有恒产开始，从吃饱、穿暖开始，从建立庠序（学校）开始。但运用于现实政治，就容易走样。仁者犹如射箭，射不中绝对不会去责怪那个射中的人，而是"反求诸己"，问问自己为什么没射中。从自身而不是从他人处寻找原因，正是孔学一贯倡导的。当他人的观点为更多的人接受，而自己的无人问津，是否应反求诸己，而不是讨伐？

但孟子之瑕，如玉石之瑕，瑕不掩瑜。

下面，接着讨论同是儒道中人，但最基本的观点与孟子相左的荀子又说了些什么。

第十三章
现实主义者荀子

荀子（约前313—前238），赵国人，博学善辩，是儒家学派的重要继承人，其学术思想后世称荀学。由于荀子的许多观点与同为儒家重要继承人的孟子相异，随着孟子地位的不断提高，荀学遭到冷遇。汉代扬雄、唐代韩愈、宋代朱熹、明代王阳明对荀子都颇有指责，近代的谭嗣同批评最为激烈："二千年来之政，秦政也，皆大盗也；二千年来之学，荀学也，皆乡愿也。惟大盗利用乡愿，惟乡愿工媚大盗。二者交相资，而罔不托之于孔。被托者之大盗乡愿，而责所托之孔，又乌能知孔哉？"① 到了现代，荀学的地位有所提高，一些学者开始扬荀、抑孟。仔细研究荀子思想，并与孔学和孟子做比较，可以看出，荀子继承自然天道观，以天人相分、人性恶为孔学找到理论根基，通过兼收并蓄，构建起王霸杂用、隆礼重法、外儒内法的思想体系。从某种意义上说，谭嗣同"二千年来之学，荀学也"的判断并无大错。中华学术思想从春秋末期以来的"分"，到战国末期逐渐走向"合"，即以某一家观点为主，吸收其他各家的思想，进行创造性地综合，是一个总的趋势，荀子是做了先锋。以后的董仲舒、朱熹无不仿效此法。荀子以继承孔子衣钵自居，在整理、传播儒家经典

---

① 谭嗣同：《仁学·二十九》，华夏出版社2002年版，第96页。

方面做出了突出贡献,为两汉经学奠定了基础。这些都是荀子在中国道统源流中占据的地位、发挥的作用。根据司马迁的记载,荀子曾经去齐国游学,在稷下学宫"三为祭酒"。荀子曾去秦国游历,与秦相范雎谈话,对秦国社会风貌赞叹不已,连用"四个古",即古之民、古之吏、古之士大夫、古之朝,又用"佚而治,约而详,不烦而功,治之至"(《荀子·强国》),对秦国治理给予了极高评价,但指出秦国的不足是缺乏儒者。后来,荀子应楚国春申君的邀请,担任过兰陵令,最终因春申君被杀而断绝了仕途梦。这些经历,必定给荀子思想产生了重要影响。稷下学宫的黄老之学,秦国的商学派,当世的两大显学——儒学和墨学,都在其思想体系中有所体现,显得比较驳杂。但荀子以追寻孔子为归依,司马迁把孟、荀并列为一传,后世大多将荀子归为儒家一脉。

一 荀子思想的基本脉络

任何思想活动都不能脱离当时的现实生活,荀子同样如此。如何寻找战国中后期社会的出路,是荀子思想发轫的着力点。《尧问》篇道出荀子的志向和落魄,"迫于乱世、遒于严刑、上无贤主、下遇暴秦、礼义不行、教化不成",最后明哲保身、聚徒著书,以为天下"法式仪表"。如果说孔子以"缺少仁爱"作为春秋乱象的原因,荀子则以"缺少礼法"作为战国后期"为恶得福,善者有殃"(《荀子·尧问》)等乱象的根源。因此,荀子开出的救治社会混乱的药方是"隆礼重法",既要讲礼,也要讲法。在礼、法关系上,强调礼是纲、法是目,纲举则目张。① 怎么理解呢?

---

① 《荀子·劝学》:"礼者,法之大分,类之纲纪也。"

在解决社会纷争方面，法家认为："一兔走，百人追之。积兔于市，过而不顾。非不欲兔，分定不可争也"（《吕氏春秋·慎势》），一只在野外跑的兔子，谁都想占为己有，而在市场上出售的那么多兔子似乎没有人敢抢夺，就是因为兔子的所有权归属很清晰，法律就起着定纷止争的作用。因此，无论乱世还是治世，法律作为全社会的准则、赏罚的标准，绝对不能缺少。"法者，治之端"（《荀子·君道》），法是治国的入口。可见荀子对法的意义看得很清楚。不过，法律有个毛病，就是六亲不认，荀子的学生韩非就强调"法不阿贵"，一千多年后的朱熹同样认可"士人只知有法，不知有天子之父"。但这一点却不能为荀子所接受。荀子认为，有治理国家的君子，没有自行实施的法律；君子是法的本原，法律要依靠君子得以实施。① 君子是国家治理的源头活水，对于君子还用法，不等于自己把自己从地球上抱起来。于是荀子对古代思想中"刑不上大夫、礼不下庶人"加以改造，把"上""下"一概解释为"及"，即刑不及于大夫，礼不及于庶人，丢弃了刑法不尊大夫，礼制不卑庶人的精神。② 荀子提出："由士以上则必以礼乐节之，众庶百姓则必以法数制之"（《荀子·富国》），对士君子以"礼乐"来节制，对百姓则用"法律"来制裁。如果说绝对尊君、等级思想是从荀子开始的，也不为过。当然，荀子的庶民用法、士大夫用礼并不是绝对的。《王制》云："听政之大分：以善至者待之于礼，以不善至者待之以刑。"对于心怀险恶的王公士大夫还需用刑伺候。

法律与礼乐是两种不同的制度。礼在敬、乐在和，而法在威慑；礼强调自谦尊人，而法强调理性无情；礼乐属于双方互动关系，法律则是单向的服从关系；礼乐强调亲亲有差等，法律则一视同仁讲平

---

① 《荀子·君道》："有乱君，无乱国；有治人，无治法。君子者，法之原。故有君子，则法虽省，足以遍矣；无君子，则法虽具，失先后之施，不能应事之变，足以乱矣。"

② 本书第一卷第二章就此进行了讨论。

等；法律在一定范围内发挥作用；礼乐可以全面渗透到社会生活中。它们的共同之处都有定纷止争功能。当然，荀子讲"隆礼重法"，主要是看重礼乐区分尊卑贵贱的功能，法律惩治违法犯罪的功能。社会之所以不能讲平等，要讲差等，要严格尊卑贵贱，是与荀子的社会学说密切关联的。

荀子说：人的力气不如牛，跑的速度不如马，但牛和马为人所用。为何？人能组成社会。为何能组成社会？人有分工。有分工为何又能彼此合作？是因为有义。① 社会建立在分工基础之上，有了分工必然有不同的阶层和等级划分。在这点上古今中外的思想家没有大的区别，柏拉图的理想国就是以分工为起点展开讨论。那么，分工后谁能居高位、谁处底层？柏拉图的方案是让具有金子般灵魂的人当哲学王，由灵魂是黄铜做的人干活，生产面包和布匹；霍布斯和卢梭的方案是彼此签订合同，让渡部分权力给别人，但究竟谁有资格获得别人让渡的权力并没有说得很清楚。荀子的方案比较简单，由一位圣人来制定礼法，大家都别争，都听圣人的。荀子讨论过"礼"的起源，也就是社会秩序的起源。他说，人生而有各种欲望，不能满足就会想方设法去求得，求而没有界限就会引起纷争，以至于混乱、贫穷。怎么办？先王制定礼制来定纷止争，节制欲望、满足需求，使欲望不能穷尽物资，物资不必盲从欲望。让两者保持平衡、协调，这就是礼制的起源。荀子所说的礼，基本上抛弃了古代思想遗产中"对己自谦，对人尊重"的礼制精神，只保留了与法相同的定分功能，区分"尊卑贵贱"的功能。按照荀子的设想，有了礼便可以养体，养君子之体，满足君子从物质到精神的需求。"故礼者养也。""君子既得其养，又好其别。"意思是君子有了存养保障后，就开始考虑"别"，

---

① 《荀子·王制》："'力不若牛，走不若马，而牛马为用，何也？'曰：'人能群，彼不能群也。''人何以能群？'曰：'分。''分何以能群？'曰：'义。'"

也就是区分长幼贵贱。他说:"'曷谓别?'曰:'贵贱有等、长幼有差,富贵轻重皆有称者也。'"天子、诸侯、大夫、士人各得其位,祭祀好天地、先祖,侍奉好君师,则社会就会有序,不会因纷争而出现危亡。他总结说:"故礼,上事天、下事地,尊先祖,而隆君师。是礼之三本也。"(以上皆引自《荀子·礼论》)有了礼制约束,上下左右、尊卑贵贱、君臣父子就能各得其位。除了定纷止争,礼还有法所没有的功能,荀子认为"礼义顺人心为本"(《荀子·大略》)。法律惩戒可能会有不服气,用礼来节制则无话可说。可见以礼杀人的可怕之处。不过,荀子毕竟还是中国道统下的思想家,他强调圣人制定礼制,并不是贵者恒贵、贱者恒贱,上下是可以流动的。只要"学习好",荀子认为庶人子孙也能变成卿相士大夫,反之,虽是王公士大夫的子孙,也会变成庶人。① 学习优秀就能摆脱庶民阶层,上升到士大夫阶层;相反,学习不好,顽劣成性,也可以从王公士大夫阶层跌入庶民阶层。荀子的这一设想竟成了中国两汉以来,尤其是隋唐之后的社会现实,而愈到了现代社会,这一趋势愈发明显。将个人学习成绩好坏作为日后社会分层的主要依据,成为现代各文明国家的普遍法则。可见荀子思想的普世价值,因为他否定个人凭出身和血缘就可以世代荣华富贵的封建贵族体制。荀子强调"少事长,贱事贵,不肖事贤"(《荀子·仲尼》)为天下之通义,但又强调社会阶层是流动的。在荀子看来,你这一生究竟受礼乐调节,还是受法律制约,关键还是看你后天的学习、积累、修身。荀子继承了孔子的好学精神,将"学不可以已"贯穿一生,形成不断学习、终身学习的思想。中国古代社会之所以生机勃勃,与鼓励学习,允许社会阶层流动密不可分。荀子的《劝学》篇成为中华文明勤奋好学、终身学习的精神象征。

---

① 《荀子·王制》:"虽王公士大夫之子孙也,不能属于礼义,则归之庶人。虽庶人之子孙也,积文学,正身行,能属于礼义,则归之卿相士大夫。"

荀子花费大量时间研究社会关系如何"明于分",以及分以后的合作问题。他说:"辨莫大于分,分莫大于礼。"(《荀子·非相》)《荀子》三十二篇,很大部分讲的是君子、小人之分,俗人、俗儒、雅儒、大儒之分,君、臣之分,以及区分君主和宰相职责,分别礼、乐教化功能等。由于内容庞杂,这里略举几例。荀子延续君子、小人之辨,强化君子、小人之分。比如,只要是君子,能力强或能力弱都好;只要是小人,能力强或能力弱都不好。因为君子能力强可以宽厚并引导他人,能力不足则恭敬谦虚待人;小人能力强就会倨傲骄横,能力不足则嫉妒诽谤害人。① 君子努力使自己成为值得尊重的人,但不强迫别人尊重自己;君子努力使自己成为可信赖的人,但不强迫别人信任自己;君子努力使自己成为有用的人,但不强迫别人任用自己。② 荀子深化了君子反求诸己、自己成就自己的独立品格。在学者与官员的关系上,荀子提出"学者非必为仕,而仕者必如学"(《荀子·大略》),这种看法很具现代性。荀子系统阐述了为君之道。比如为君者要协调好关系,"万物皆得其宜,六畜皆得其长,群生皆得其命"(《荀子·王制》)。为君者既是法的源头,也是社会的标杆、道德上的楷模,君如盂、民如水,盂方则水方、盂圆则水圆。③ 荀子继承了孔学关于"君臣义合"的思想,提出"人主不公,人臣不忠"(《荀子·王霸》)。在为臣之道上,荀子区分态臣、篡臣、功臣、圣臣四种。所谓态臣,是没有真才实学但能取媚于上;所谓篡臣,是骗取声誉而拉帮结派图谋不轨;所谓功臣,是内可以治国、外可以御敌,下爱护百姓、上忠心耿耿;所谓圣臣,是万民学习的标杆,能教

---

① 《荀子·不苟》:"君子能亦好,不能亦好;小人能亦丑,不能亦丑。"
② 《荀子·大略》:"君子能为可贵,不能使人必贵己;能为可信,不能使人必信己;能为可用,不能使人必用己。"
③ 见《荀子·君道》:"君子者,法之原也。""君者,仪也,仪正而景正。""君者盂也,盂方而水方。"

化万民（《荀子·臣道》）。荀子还提出侍奉圣君、中君和暴君的不同方法。"事圣君者，有听从，无谏争；事中君者，有谏争，无谄媚；事暴君者，有补削，无挢拂。"（《荀子·臣道》）在君臣职责分工上，荀子提出"主道知人，臣道知事"（《荀子·大略》）。为君者职责是选择一个好宰相，制定一部好法律，提出一个好方向；为相者职责是识别百官的长短，处理各种政务，考核政绩、分别奖赏。君主的本事是用人；匹夫的本事是技能。君主治理天下，如果事必躬亲，会累得连仆役都不愿意与天子交换位置。这些都是荀子所认为的君臣之道（《荀子·王霸》）。在君、民关系上，荀子提出"君者舟也，庶人者水也；水则载舟，水则覆舟"（《荀子·哀公》），尽管比周公的"人无于水监，当于民监"淡化了民本色彩，但的确是唐初贞观之治的重要理论基础。先秦诸子中，能够像荀子这样理性、客观、细密地研究各种社会关系，并不多见。他将义、利并用，不是纯粹用道德的眼光看待社会关系，与孟子的风格有很大不同。荀子的礼制思想传承两千多年，在现代社会的各个方面依然能看到其中的踪影。[①] 例如，家族聚会，一般要讲究辈分，但对于身份地位较高的成员可以突破这个规矩。[②]

下面我们需要弄清楚荀子的这些思想是基于什么样的天道观。

二 荀子的天道观、人性论

荀子理解的天就是自然界——日月星辰、山川草木、阴阳风雨、

[①] 荀子礼制精神的核心之一就是区分等级，通过使用的物品、位置、人的姿态以表现有序和等级。

[②] 《荀子·大略》："一命齿于乡，再命齿于族，三命，族人虽七十不敢先。"《礼记·王制》也有类似文字，应为后出。

第十三章 现实主义者荀子

四时变化，按照各自的规律运转，与人类生活相互分离。天人相分是荀子思想的重要特色，所谓"天行有常，不为尧存，不为桀亡"（《荀子·天论》），天不会因为人间统治者的好坏而发生变化。"天不以人之恶寒也辍冬，地不为人之恶辽远也辍远"（《荀子·礼论》），天不会因为人怕冷而没有冬天，地更不会因为人担心路途遥远而变小。因此，从天道思想来看，荀子属于道家，或者是一位受道家思想影响的儒者。他的这一倾向肯定对李斯、韩非这两位学生产生了影响。他认为"天地合而万物生，阴阳接而变化起"（《荀子·天论》），外界的自然现象都是因"天地之变、阴阳之变"而发生。同样的自然环境，同样的一年四季，有些邦国治理得好，有些治理得不好；在不同历史时期，有的兵荒马乱，有的安居乐业，这些都只能从社会本身去寻找原因。这就是荀子的"天人相分"。这种自然天道观接近现代人对天的看法，现代人不会相信人事与天地之间有神秘的感应关系，不会相信天地运行与社会运行之间存在神秘的对应关系。"天有其时，地有其财，人有其治"（《荀子·天论》），荀子坚持天道、地道、人道，三者之间互不干涉，既然三者之间各自独立，就没必要如孟子那样"尽性知天"，荀子认为圣人"不求知天"。可以看出，荀子在天人关系上独树一帜。即便继承自然天道观的老子也坚持人法地、地法天、天法道、道法自然，人间的事物必须学习天地自然法则，加以模仿和复制。当然，荀子提出"天人相分"，其兴趣不在自然哲学，目的还在于"制天命而用之"。这是一个深得现代学者喜欢的命题。它与逢山开路、遇水搭桥，改造大自然、建设新中国的豪迈精神相通。荀子在这个问题上说得极有气魄，意思是：与其尊崇天而思慕，不如控制它来蓄积财富；与其顺从天而颂扬，不如控制天命而运用它；与其等待时令到来，不如因时制宜而使用它；与其等待自然繁殖，不如施展才能而养育它；与其求得身外之物，不如管理万物不失其理；与其冥想万物之因，不如促使万物不断生长。人放弃努力而寄托于天，则背离万物运行规律。① 在荀子那里，天命是可以控制的，天命并不可畏，一切全依靠人自己的努力。

荀子的天道观开启了一个非主流的传统。古代思想遗产中包括道德之天、自然之天和神灵之天的内容，而贯穿其中的是天人合一。孔子、墨子、老子分别继承道德之天、神灵之天和自然之天思想，但在天人关系上又比较接近，都认为天与人不能分开。孔子只是不喜欢说"怪力乱神"，而专注于人事，有子产"天道远、人道迩，非所及"的意思；老子讲顺应自然，人要从自然中感悟道；墨子讲天志，人要尚同于天的意志。随着学术思想的变迁，天人关系上出现两个极端，一个极端是日后董仲舒提出的"天人感应"，成为两汉的官方思想；另一个极端是荀子提出的"天人相分"，天地人各走各的道、各做各的事。荀子把"天"看作纯粹的自然物，但是，也仅仅到此为止，其兴趣并不在天，其兴趣依然在人。

荀子通过观察，得出人性恶的结论。这是惹得很多人不高兴的根源。程颐说："荀子极偏驳，只一句性恶，大本已失。"② 朱熹也说："不须理会荀卿，且理会孟子性善。"（《朱子语类》卷一三七）不过，性恶论果真如此可怕，如同洪水猛兽一般？

考察人类各文明，可以发现这样的规律：在泛神论和一神教支配的有神论文化传统中，基本倾向于人性恶。基督教原罪说，以及奥古斯丁的神学理论皆认为人性恶。伊斯兰教的人性也是恶的。《古兰经》说："人性是贪婪所支配的"③（4：128）；"人确是很不义的，确是忘恩负义的"④（14：34）；"人确是背逆的"⑤（96：6）；"人性

---

① 《荀子·天论》："大天而思之，孰与物畜而制之！从天而颂之，孰与制天命而用之……故错人而思天，则失万物之情。"
② 《二程遗书·伊川先生语五》，上海古籍出版社2000年版，第316页。
③ 《古兰经》，马坚译，中国社会科学出版社2013年版，第47页。
④ 《古兰经》，马坚译，中国社会科学出版社2013年版，第128页。
⑤ 《古兰经》，马坚译，中国社会科学出版社2013年版，第318页。

的确是怂恿人作恶的，除非我的主所怜悯的人。我的主确是至赦的，确是至慈的"①（12：53）。但是信徒们坚信：上帝、真主是善的，而且至善。有了神这一"绝对善"做依靠，人世间的一切道德就有了可靠保障，人类的所有恶行就会被彻底涤除，只要相信神，一切都好办了。神性和人性的区别是如此重大又如此重要，基督教发展史上最重大的争论是：耶稣到底是人还是神。最后由罗马皇帝召集大家投票表决，确认耶稣是神，具有完美的善，凡是认为耶稣具有人性的则一律视为异端，坚决镇压。只有确认耶稣是神，是至善的，人类的光明前途才能有保障。它解决了两个问题：一是人类道德有了可靠来源，人类秩序有了可靠保证；二是人类普遍存在的恶行有了合理解释，恶行终将遭报应也有了可能。但是，在一个没有神的无神论世界里，主张人性恶，会给人类道德的起源和可能性带来疑虑——并非来自本性的人为（伪）之善能有多少价值？因此，中国道统的主流是主张人性善，这是在无神论世界里的最好选择了。孟子讲性善，人有可以为善的先天根据，那么人类道德、社会秩序就有了先天的保障。但是，人性善有致命的缺陷，就是难以解释社会中如此多的恶行。二程和朱熹后来的主要工作就是解决这一理论难题。他们的思路是：人先天的善（天地之性、天理）只是潜在的，人的私欲（气质之性、人欲）是在"气化"过程中带来的，是实实在在的，人生最重要的使命是克服私欲、实现天赋之善，恢复先天的本性。"存天理、灭人欲"作为理学最响亮的口号，实质是使人重新回到天然本性。从性善论看来，这是顺从人性；而从性恶论看来，这是违背人性。前提不同，结论不同。当然，朱熹尽管赞赏孟子的性善、反对荀子的性恶，但只是抽象肯定孟子、具体承认荀子，因为理学的道德修身模式是偏向于荀子，即利用外部的力量压制内心的私欲，用天理扼杀人欲。王守仁心

---

① 《古兰经》，马坚译，中国社会科学出版社2013年版，第119页。

学则更偏向于孟子，因为他的道德修身模式是由内而外，将内在的良知发扬光大。朱熹理论的精致就在于：既用性善保证人类道德的可能，又用人欲解释恶行的原因，再通过修身的途径完成人的道德实践。但是，把一种主观创造出来的东西如同标签一样加之于人，最终会反噬人自身——理可以杀人。下面回到荀子，看他如何解决这些问题。

荀子首先论证人性为什么是恶的。《性恶》篇认为：人之性，生而有好利，顺其发展，会发生争夺而失去辞让；生而有疾恶，如不控制，会残害忠良而丧失诚信；生而有耳目之欲，喜好声色，顺其本性，会发生淫乱而失去礼义道德。因此，放纵人的本性，顺从人的欲望，必然发生争夺，违反等级名分、扰乱礼仪制度，引发暴乱。荀子的结论是："人之性恶明矣，其善者伪也。"（《荀子·性恶》）人性之恶是如此明确，所有善行都是后天人为的结果。这里必然产生一个疑虑，既然人性恶，那么人的礼仪如何产生？① 荀子的回答是："凡礼义者，是生于圣人之伪，非故生于人之性也。"（《荀子·性恶》）这里的"伪"应作圣人"所为"来理解。荀子解决人性恶所带来的伦理困境，是以圣人的人格为人类道德的可能作最后的保障。"故圣人化性而起伪，伪起而生礼义，礼义生而制法度；然则礼义法度者，是圣人之所生也。故圣人之所以同于众，其不异于众者，性也；所以异而过众者，伪也。"（《荀子·性恶》）这段话的意思很明确。圣人之性与众人一样，但圣人之所以是圣人是能够改变恶，制定出礼义制度，并以此来约束人、规制人、教化人，最终可以达到去恶从善的目的。"伪"可以理解为后天修身而产生的行为。荀子说"礼莫大于圣王"（《荀子·非相》）圣人（王）具有先天的道德能力，可以做到"化性起伪"，圣人（王）是天下人的老师，教育百姓弃恶从善。在荀子的理论体系中，圣人发挥着有神论社会中上帝一样的保证作用。

---

① 《荀子·性恶》："问者曰：人之性恶，则礼仪恶生？"

他说："礼者，所以正身也；师者，所以正礼也。"(《荀子·修身》)这里的"师"当然指具有先天道德能力的人。在人性恶这一本性上，圣人与普通人没有区别，其区别在于道德能力，君子与小人的本性一样，其区别也在道德能力。从理论上讲，任何人积累善行都可以成为像大禹那样的圣人。这只是可能性，并不是现实性，正如人可以用脚走遍全球，但真正走遍全球的又极少，能不能成为大禹那样的圣人，还有个人能力、意愿等因素。圣人稀少，但君子并不是。在道德实践上，荀子对君子寄予了很高的期望。他说："故天地生君子，君子理天地；君子者，天地之参也，万物之总也，民之父母也。无君子，则天地不理，礼义无统，上无君师、下无父子。"(《荀子·王制》)最终人性趋善，道德礼义还需要君子发挥作用。以上是荀子性恶论的核心要义。

从表面上看，荀子与孟子在人性善、恶上各执一端，但实际上最后走上了同样一条修身的路子。孟子人性善，但不认为有善端就一定做善人，而荀子人性恶，同样不认为有恶端就一定会做恶人，都要经过后天的努力，才能造就出他们认为的圣贤品格。其区别在于，孟子讲的是由内而外，非外铄；荀子讲的是由外而内，非本性。孟子认为，因人的本性是善的，人一生的道德实践只不过是让善的一面不断展现出来而已；荀子认为，因人的本性是恶，人一生的道德实践需要用礼义法度不断克服恶的一面。从理论的逻辑性、周延性看，荀子要比孟子略胜一等，因为孟子无法解释既然人性本善，为什么还需要圣人、礼义的教育。荀子正是抓住这一点攻击孟子的性善论。正因为如此，很长一个历史时期孟子的性善论不能成为主流思想。汉儒董仲舒提出性三品说，扬雄主张性善恶混说，直到宋儒借用佛学的熏染说，区分本性和习性，才解决了这个理论难题，使性善说大行其道而成为正统。另外，荀子强调圣人与普通人一样，其本性皆恶，对于神化上古史，坚持周公以来道德天道观很不利。这也是性恶论最终被抛弃的原因。近代以来，性恶论随着西方文化漂洋过海来到中土，荀子的性恶论又开始为人所尊崇。但是荀子性恶与西方性恶基于两种不同文化背景，搞清楚这一点非常重要。

孟子的修身路线，是从内而外依靠自我的努力；荀子的修身路线，是由外到内依靠礼法的规制。孟子强调个人的道德自觉，荀子强调社会对人的道德教化。从现代人的角度看，两者之间并没有本质区别，是人的道德实践必不可少的鸟之双翼、车之双轮。在人性方面，对古代中国影响较大的还有庄子的自然人性论。由于庄子对"自然"含义有特殊理解，这种自然人性属于无善无恶的混沌状态。他设想了一个"至德"时代："故至德之世，其行填填，其视颠颠。庞夫至德之世，同与禽兽居，族与万物并。恶乎知君子小人哉。同乎无知，其德不离；同乎无欲，是谓素朴。素朴而民性得矣。"（《庄子·马蹄》）这是一个人兽不分、物我不离，无知无欲的世界，处在这个世界中物性就是人性，人性就是物性。随着人类社会的产生、文明的形成便有了一套脱离自然的价值追求，这是人为设定的生活目标。比如，想听自然界没有的曲调，想闻自然界没有的香味，想尝自然界产生不了的味道，或者说见到地位高的要跪拜，看到地位低的可以趾高气扬等，这不都是人想出来的"伤身残性"的东西吗？庄子认为人类文明、仁义毒害了人的自然本性。但荀子不这么看，尽管他也是信奉自然天道，但不认为自然状态就那么好，因为人兽混杂是一件非常糟糕的事情。他认为正是文化的教养、礼义的熏陶，让一个有恶性的人摆脱自然状态变得文明高贵。在荀子那里，人是天地间最宝贵的，其论证"人最为天下贵"的理由比《礼记》更翔实。[1] 他认为水火有气但没有生命，草木有生命但没有感知，禽兽能感知但没有义，人则有气、

---

[1] 本书第一卷第二章有论述。

有生命、有感知、有礼义，怎么不是天下最宝贵？① 这里荀子对人类文明给予了高度的肯定、高度的赞扬。庄子的自然之性，看上去很美，实质是丧失人的主体性，丧失人作为人的尊严，混同于屎尿、老鼠、瓦片的自然之性。庄子的复杂性还在于，在强调自然之性的同时，也是性恶论者。但庄子的性恶是由于人性走向堕落而带来的，而且这种堕落是一种无可救药的宿命，没有办法解决。"一受其形，不亡以待尽。与物相刃相靡，其行尽如驰，而莫之能止，不亦悲乎！"（《庄子·齐物论》）在人成为人形的那一刻，这种悲惨命运就已经注定了，多么悲哀啊！这种自然人性论推导出的结论是人性只有真伪之分，而无善恶之分。如果一定要把庄子的率性而为视为真，那就当真吧——做一个与兽物同一的真人。可笔者还是认为荀子之"伪"——文明之为——恐怕更好些。因为荀子之"伪"将产生一个高大威猛的、贵于天地的人，敢于制天地而用的、大写的人。壮哉！古代思想遗产就有人为天地贵的观点，但荀子表达得最清楚。在这样的文化传统之下，要产生有神论的思想，让人们普遍拜倒在神灵面前，几乎是不可能的。

三　荀子与儒、法、墨、道的关系

在很长一个时期，荀子儒家身份存疑，历来注家很少，主要是思想比较驳杂，儒、法、墨、道在其中都有体现。通篇看来，仁的思想在荀子那里并不突出，有时候，仁也成了一种工具。"农以力尽田，贾以察尽财，百工以巧尽器械，士大夫以上至于公侯，莫不以仁厚知能尽官职。"（《荀子·荣辱》）在荀子看来，士大夫乃至公侯以仁厚

---

① 《荀子·王制》："人有气有生有知，亦且有义，故最为天下贵也。"

尽职责，就如同农夫以力气来耕作，商人以明察来理财，工匠以技能制作器械而已。这里的仁厚与力、察、巧同样具有工具价值，而且仁厚成了士大夫们的专利。把仁看作具有功利性质的东西，在历史上肯定会引来不快。在义与利的问题上，提出："义与利者，人之所两有也，虽尧舜不能去民之欲利。"(《荀子·大略》)强调两者并用，不能去除。但从其思想归宿、政治理想看，荀子仍属于儒家谱系。首先，在义、利关系上强调义要重于利。"故义胜利者为治世，利克义者为乱世。上重义则义克利，上重利则利克义。"(《荀子·成相》)其次，对普通民众可以讲利，但天子、诸侯、士大夫就不得言利。"不富无以养民情，不教无以理民性。"(《荀子·大略》)对待百姓应当以利为先，然后再施以教化。而天子不谈自己有多少财产，诸侯不讲个人利益，大夫不谈个人得失，士人不准经商。"从士以上皆羞利而不与民争业，乐分施而耻积藏。"(《荀子·大略》)士人以上皆不得与民争利，成了中国道统的正统思想。如果现代中国有人要求政府不得与民争利，那是标准的传统中国的主流思想。过去学者批判传统中国普遍言义不言利，不利于发展经济，而孟、荀的共同想法是：民可言利而官吏不得言利。过去，因为孟子强调"法先王"，而荀子强调"法后王"，以为有多大的区别，其实质是一回事。荀子的后王是指文王和武王，而"文武之道同伏羲"(《荀子·大略》)。因此，在历史观上荀子和孟子基本一致。

在君、民关系上，荀子是矛盾的。从礼制来看，尊贵卑贱分得清清楚楚，民只是承载君之舟的水；但从儒家大义看，荀子还是强调："天之生民，非为君也；天之立君，以为民也。"(《荀子·大略》)荀子把孟子曾经讲过的关于商汤征伐葛伯的故事，安在周公身上又复述了一遍。荀子说："周公南征而北国怨，曰：'何独不来也！'东征而西国怨，曰：'何独后我也！'"(《荀子·王制》)瞧，周公向南征讨的时候，北方国家的民众就抱怨"怎么偏偏不来我们这？"周公东征的时候，西方国家的民众就抱怨"怎么单单把我们给落下啦?"20世纪初中国北伐战争气势如虹，国民党一位饱读诗书的元老曾感叹商汤、周公的故事重演，各地民众翘首企盼北伐军，唯恐被遗落。荀子还讲了另一个版本的汤武革命。有人说桀纣拥有天下，被汤武篡夺了。回答说，不对。桀纣是坐在了天子的位置，但自己并不拥有天下，天下也不在桀纣手里。古时候的天子能够令行天下，才配称王，诸侯能够令行邦国境内，才配称君。圣王的子孙只是拥有天下者的后代，权势的占有者，但是没有才能又不公正，内则百姓怨恨，外则诸侯背叛，实际已经不拥有天下，等于没有天下没有君主。这时候，诸侯中德性贤明的得到百姓拥戴，杀掉虚有其位的"君主"，就如同诛杀一"独夫"。因此，汤武只是"兴天下之同利，除天下之同害，而天下归之也"(《荀子·正论》)。桀纣并非丢掉天下，而是天下早离他而去。人心的归属才是决定谁能称王、谁被灭亡的根本。天下从来就没有归附过桀纣，说汤武弑君就站不住脚了。从这个故事中我们可以看出孟、荀之间的差异。孟子认为，桀纣作为天子但残害天下，民众就有革命的权利，杀了桀纣就等于杀一"独夫"。荀子则认为，桀纣只是虚有天子的位置，由于其行为导致民心丧失，已经失去君主的资格，诛杀他犹如杀一"独夫"。按照孟子的逻辑，很容易推导出"王侯将相宁有种乎"的结论，推翻残暴的君主天经地义。按照荀子的逻辑，很容易给觊觎王位的篡权者提供依据，当君主徒有虚位时，取而代之是理所当然。日后我们看到，陈胜首义的队伍有大量儒生加入，连孔子的后裔孔甲都携带孔门礼器参与造反；王莽篡汉同样有一帮大儒摇旗呐喊，其中就有刘邦的后裔刘歆参与其中。不同的故事版本，体现着不同的思想逻辑；不同的故事版本，演绎着不同的历史现实。

很多人惊讶于荀子会培养出两个大名鼎鼎的"法家"人物——李斯和韩非，如认真研究荀学其实不难理解。

荀子讲过一个楚国令尹子发的故事。故事的前半段由公孙子讲述。一次,子发带兵攻克了蔡国的国都,俘获了蔡圣侯。回国后子发向楚王汇报说,蔡侯已经把蔡国献给楚国了,我嘱咐几个人去治理。不久,楚王要奖赏子发,但被子发推辞了。子发认为这都是楚王的威严,一进军,敌人就退却了;同时也是将帅们的勇敢,奋勇交战,敌人投降;我怎么能凭借将帅的勇敢而获得奖赏。故事讲完了,荀子开始评论。荀子认为,子发汇报情况谦恭有礼,但推辞奖赏却不对。使用有才干的人,奖赏有功的人,惩罚有罪的人,这是古代圣王的法则,古今同一。可如今,子发偏偏不是这样,就违反了古代圣王的治国法则,扰乱了楚国的法律。子发使有功的人得不到奖赏,使获得奖赏的人自惭形秽,却自认为是个人的最大廉洁,不是大错特错吗?① 这个故事与法家的"赏必功、罚必罪"的理念完全一致。荀子还进一步提出,如果"德不称位,能不称官,赏不当功,法不当罪"(《荀子·正论》),这才是国家最大的不幸。在刑与罪的关系上,强调两者必须相称,否则会导致国家混乱。荀子引用《尚书·吕刑》"刑罚世轻世重",说明刑罚的轻重要依据实际情况确定。对于古代没有"肉刑"的说法,荀子也进行了反驳。理由是,古代假如没有犯罪,就谈不上刑罚,更谈不上肉刑;如果有犯罪,不处罚,或罪重而轻罚,就起不到震慑的作用;刑罚与罪责相当,社会才能治理,刑罚与罪责不相当,社会就会混乱;善治的社会,刑罚都重,社会混乱,刑罚才轻。由于主张性恶,就更需要从外部加以矫正。在法律与君主的关系上,荀子重视君主用"埶"(势)来推行礼、法。荀子提出,由于人性偏险不正,需要"立君上之埶以临之",实行礼义教化,同时明法令、重刑罚,"使天下皆出于治而合于善"(《荀子·性

---

① 引自《荀子·强国》篇:"公孙子曰:子发将西征蔡,克蔡,获蔡侯……讥之曰:子发之致命也恭……故曰:子发之致命也恭,其辞赏也固。"

恶》)。当然，荀子对"势"的理解又是矛盾的，认为"明主急得其人，暗主急得其势"(《荀子·君道》)。在推行"术"治方面，荀子也有自己的理解。君主不仅需要"卿相辅佐"，还需要"便嬖左右"来探听消息，"去窥察臣下"。① 这种正规朝廷之外又设立皇帝的"内廷"，帮助皇帝监控百官，协助皇帝决策的"术"，几乎成了后世帝王的标配。与其说韩非把商君、申不害、慎到的法、术、势整合为一，不如说是荀子形成雏形的法、术、势理论被韩非继承并发扬光大。还需要指出的是，在最核心的天道观上，韩非与荀子基本一致。

荀子虽然批评墨子的"非乐"等主张，但是继承了墨子重视功利的思想，并作为分析问题的基本出发点。道家在荀子思想中也有突出的体现，表现在用"虚一而静"的方式"解蔽"，即解决人们认识的片面性问题。由于古代用语与现代用语存在差异，会带来理解上的问题。用现代术语来说，荀子发现了一个现象，万事万物都存在多面性，执着于某一端都会带来不够全面的问题，这就产生了"蔽"。比如，看到"利"，会忘了"害"；看到"天"，忘了"人"；看到"法"，忘了"礼"，要解决这一问题就需要采取荀子提出的一套办法。这个办法就是：虚、一、静，也就是虚心、专心、静心。"心"可以认识万事万物，但任何人在认识某一事物之前，心里肯定已有一定的观念，这叫作"藏"；为了避免已有的成见妨碍对新事物的理解，就需要"虚心"，即清除不当的成见，当然，不可能彻底做到"虚"，只要能防止先入为主、排除主观成见就行；接着就要"专心"，所谓"一"，人不能一心二用，但要处理好过于专一可能忽略其他的问题，思想分散得不到知识，偏于一面又得不到完整知识；最后要达到"静心"，思绪不为外界所惑，感情不为外界所扰，用纯理

---

① 《荀子·君道》："墙之外，目不见也；里之前，耳不闻也……国虽若存，古之人曰：亡矣。"

性的方式进行思考，达到"大清明"的境界。尽管荀子从老子那里借用了一些概念和方法，但又有较大的区别。道家讲"虚"，从虚无角度去理解，摒弃固有的人类文明，摆脱原有的"价值观"，以为这样就可以摆脱"成见"。但荀子讲"虚"是要摆脱先入为主的成见，保持更加客观、全面的态度。道家讲"一"，是从万物归道、万物归一的角度，比如阴和阳、正和反是相对的，但从道来看都是同一的。但荀子讲"一"更多是从"专一"的角度理解，且不能因"专一"产生新的局限性。道家讲"静"，是让人用直观、玄览、静观等方法观察事物，以为足不出户可观天下。荀子的"静"，更多是从冷静、理性的角度来讲，不要被情感和情绪所左右。荀子对老子有取有舍的为学态度，对韩非产生了很大影响。韩非通过《解老》《喻老》阐发出新的含义，成为自身思想的理论基础。比如韩非将老子的"不敢为天下先"，理解为：讨论政务的时候，先让大家发表意见，最后由人主作总结。①

但是，儒家是正人君子，从来就反对用"权谋"、用"阴谋"处理问题，荀子自然也不屑。但在战国末年，有一批以"谋略"著称的读书人，凭着"三寸不烂之舌"取得惊人的功业。他们出身低微却位极人臣，虽为布衣却权势熏人，绝不是庄子、孟子、荀子所能比拟。这些人被后世称为纵横家，西汉刘向专门将他们的故事辑录成《战国策》。受正统思想熏陶的刘向对纵横家的谋略手段还是有所保留，认为是"不可以临教化"的"救急之势"。

下面专门介绍战国纵横家一派的观点。

---

① 《韩非子·解老》："议于大庭而后言则立，权议之士知之矣。"

第十四章
天下一统和纵横家

战国群雄逐鹿，走向天下一统，已经是必然的发展趋势。在这个烽火连天的战国乱世，是庄子的悲惨世界，却是策士、纵横家的冒险乐园。他们翻手为云、覆手为雨，合纵连横，以攻伐为能；他们出身低微，却能授土封侯，显于诸侯。这似乎是一个"知识就是力量""知识改变命运"的好时代。庄子就想做一条在烂泥里摇尾的乌龟，但纵横家们却活得风生水起、前呼后拥，因为他们搞的是邦国外交，用的是撒谎、欺骗、偷窃等手段，研究的是怎样为雇主寻求最大利益，满脑子想的是怎样显贵于世。《汉书·艺文志·诸子略》云："纵横家者流，盖出于行人之官。"西周时称外交官为"行人之官"。因此纵横家渊源于外交官，他们有一套属于自己的历史观、利益观和是非观，似乎与同时代的庄子、孟子、荀子生活在两个完全不同的世界。毫无疑问，他们可能更务实、更风光，但风险也更大。理解纵横家的思想以及后世对他们的评价，需要从理解古代中国的天下观和邦国外交入手。

一 天下观

古代中国很早就有天下一家的天下观，它与华夏先民的天道观和西周以来实施的宗法制度密切相关。这种天下观在西周时期基本形成。它既是地理概念，是从天子的王畿开始向四方延伸的广大空间，随着地理拓展和活动空间的扩大而不断扩张；同时又是政治概念，天子是各邦国的宗主，是礼乐征伐所以出的政治中心；还是人文活动圈，随着华夏文化的传播而不断扩大。凡是接受华夏礼乐文化、有共同价值观的，都属于诸夏，否则就是蛮夷，无关乎民族、种族差异。"是以声名洋溢乎中国，施及蛮貊。舟车所至，人力所通，天之所覆，地之所载，日月所照，霜露所坠，凡有血气者，莫不尊亲，故曰配天。"（《中庸·三十七章》）《中庸》这段话很贴切地描述了天下观中的地理、政治、人文含义。《诗·大雅·文王》"文王在上，于昭于天"，说的是文王德行在天上，光芒照耀于天下；《诗·大雅·民劳》"惠此中国，以绥四方"，惠泽中央王畿，安定四方诸侯；《诗·大雅·烝民》"天监有周，昭假天下"，上天监察我周王，诏令于天下。古代思想遗产中的天下观，使战国诸子皆以天下为视角，皆以天下为己任，而不局限于某一地域、某一邦国。梁启超曾言："我国先哲言政治，皆以天下为对象。此百家所同业。"① 而古希腊、古罗马文明，一直以城邦为界，直到来自东方的基督教思想全面渗透，才逐渐形成以全体人类为对象的思维方式。但欧洲的传统始终抗拒这种思维方式，直到抱持此信念的清教徒来到北美新大陆，将"代表全人类行事"作为"山巅之国"的建国原则和世界秩序基础。② 以全人类为思考对象的观念也逐渐成为西方传统的一部分。尽管两者之间的文化背景有很大差异性，但以天下全人类为思考对象的精神是一致的。

与士人胸怀天下的"天下观"相对应的是浓厚的故土情结。特

---

① 梁启超：《先秦政治思想史》，东方出版社2012年版，第212页。
② 参见 [美] 基辛格《世界秩序》，胡利平等译，中信出版社2015年版，第305页。

定地域和特定地域所形成的地域文化，宗族与土地相互结合而形成故土难离，落叶归根的观念，这种乡土观与天下观形影相随、互为表里。"胸怀祖国，放眼世界"是中国人自古至今天下观的现代诠释。孟子有一段评论孔子的话："孔子之去齐，接淅而行，去鲁，曰：'迟迟吾行也。'去父母国之道也。"（《孟子·万章下》）当孔子离开齐国，手捧没煮熟的生米就走；而离开鲁国，则说"我们走慢点吧"，这是离开父母国的道理啊。乡土情怀和以天下为己任的天下观如两条交织在一起的丝带，紧紧束缚着中国人。天下大同的理想与各地风俗杂异构成一对矛盾。秦灭六国后，李斯奏请秦始皇做出的重大决策就是"书同文""车同轨"，同时"匡饬异俗"，强制推行"移风易俗"。中央帝国的政治架构，进一步强化了天下一统的思想。但孔子的那种"父母国"的乡土情结却是无法根除。当年项羽抱着"楚虽三户亡秦必楚"的信念开展伐秦事业，进入关中腹地后，有人劝他在关中王霸天下，项羽却说"富贵不归故乡，如衣绣夜行"，从而产生一幅流传千古的讽刺画——楚人"沐猴而冠"，劝说者反被项羽给烹杀了（《史记·项羽本纪》）。这既说明乡土情怀与风土人情勾连在一起，难以释怀，是中国人家国情怀的基础，同时，也说明缺乏天下观而只有乡土观的，徒留下"霸王别姬"的悲剧。项羽的悲剧说明，偏安一隅、做个安乐公的思想在中国绝无可能。如同罗马帝国一旦崩溃就再也无法复合，邦国林立的局面自秦以后再也不可能是中国的常态。这是传统决定历史，过去决定未来的最好例证。

以天下的视角看问题，战国诸子是共同的，但天下观的具体内容，依据不同的天道观有较大的差异性。在秉承自然天道观的庄子眼里，天下应是一片原始洪荒的自然乐园，人与草木、禽兽杂居一处，只有"在宥天下"，而没有"治天下"一说。秉承鬼神天道观的墨子，天下是由知善恶、能赏罚的鬼神控制，人人抱着超国家的思维，视别人的国家为自己的国家，视别人的家室为自己的家室，天下邦国、百姓皆尚同于天的意志——"天志"。墨学子弟以"事天下"为一生的追求。周公还政于成王时,作《立政》篇,告诫成王使用有贤德之人,实现"方行天下,至于海表,罔有不服"。继承这样的思想,孔、孟所秉承的道德天道观,天下是由道德支配的,要共同实现天下一家、天下为公、天下大同、天下一统的理想。

何谓天下一家?历来有不同理解。从大禹儿子启夺得天下,便开始"家天下"的历史。所谓家天下,就是把天下看作一家一姓的天下、一家一姓的私产。这是天下一家的第一种理解。但这种思想一直遭到孟子这一派的抵制。后人往往以《诗·小雅·北山》"溥天之下,莫非王土;率土之滨,莫非王臣"为依据,说明天下都是周天子一家的。孟子做出了完全不同的解释:不过一首诗而已,并不是大家所理解的那样;是说王事勤劳,不能奉养父母。他还进一步解释说:诗是想表达这些都是王事,只有我很辛苦的意思。① 因此,孟子拒绝把这首诗按常规理解成天下为天子所独有,宁愿理解为忠孝不能两全。这种思想概括为一句话:"天下非一人之天下,天下人之天下。"(《吕氏春秋·孟春纪·贵公》)这是在当时被普遍接受的观点。如《六韬·武韬·顺启第十六》:"同天下之利者,则得天下;擅天下之利者,则失天下。"法国路易十四的"朕即国家"的绝对君主思想是被中国道统所拒绝的。天下一家不是指天下是君主一家一姓之私产,君主利益不代表国家利益。在这样的天下观下,治理天下须以天下百姓福祉为本位。不过,"天下为天下人之天下"思想也会朝另一个方向,即为历史上的权臣篡位提供理论基础;为农民起义、朝代更迭提供法理依据。历史上谋权篡位的,用的就是这个口号。他们所理解的天下也只是一头鹿而已,谁捉住归谁。这样的天下观是孟子所反

---

① 《孟子·万章上》:"是诗也,非是之谓也;劳于王事,而不得养父母也。曰:'此莫非王事,我独贤劳也。'"

对的，当然也是现代人所反对的。① 孔学所理解的天下一家，人与人之间应该是一种什么样的关系？司马牛曾忧虑地说："人皆有兄弟，我独无。"子夏安慰说："死生有命，富贵在天。君子敬而无失，与人恭而有礼，四海之内皆兄弟也，君子何患乎无兄弟也？"（《论语·颜渊》）这里的"兄弟"可以作亲情来解，更可以理解为志同道合者。《论语》开篇就讲："有朋自远方来，不亦乐乎？""朋"既可以作同门、同师解，也可以作"从二、从肉"解，喻为"同类相好""二人相友"。因此，孔学的"天下一家"理想应该是：人与人之间充满仁爱，既有亲人间的亲亲相爱，也有朋友间的志同道合。联结人与人之间的纽带，一是血亲，二是志同，三是道合。只有依靠这三者才是最稳定的。

何谓天下为公？须从政治和社会关系中把握。《吕氏春秋·贵公》说："治天下也，必先公，公则天下平矣。"② 第一，从政府与管理对象的关系来看，应该是不偏不倚，不以为政者感情好恶为依据。如同天、地、日月那样，一视同仁地对待天下苍生，既不会优待某个人或忽视某个人，也不会有情绪化的波动。民众似乎感觉不到政府的存在。如孔子说："天何言哉？四时行焉，百物生焉。"（《论语·阳货》）这是公的首要含义。第二，当为政者个人利益与公共利益发生冲突的时候，应以公共利益为先。如孟子说的，当舜知道自己的父亲杀人，正确的选择是辞去天子之位。因为舜处于利益冲突之中，已经失去履行天子职责的资格。③ 防止"利益冲突"，已然成为现代政治

---

① 有学者认为，到了清末这个问题更严重，"李鸿章办洋务外交只知有朝廷利益而无全民利益，只有皇帝利益而无国家利益。将一家一姓利益凌驾于天下利益之上。这才是洋务外交失败的根源"。（袁南生：《中国古代外交史》，湖南人民出版社2017年版，第7页。）

② 中共中央总书记习近平在党的十八届五中全会第二次全体会议上的讲话中，专门引用此话说明让广大人民群众共享改革发展成果的重要性。

③ 见本书第十二章之"孟子思想的再回顾"。

的基本规则。第三,当个人利益与他人利益发生冲突的时候,以互相谦让为上。比如,饿死在首阳山的伯夷、叔齐,还有下一节介绍的吴国公子季札,是孔子多次称赞的贤人典范,他们的共同特点是谦让,把王位继承权让给兄弟,宁愿自己种地当农民。当然,谦让的结果,可能是放弃为政的职责,会造成更大的不仁、不义。这种道德困境却是儒家两千年来所没有深入探讨的。因此,在个人利益与他人利益发生冲突的时候,正确的选择是:小事讲风格、大事讲原则。对于无关宏旨的,能谦让就谦让;当个人的谦让可能导致不仁不义,甚至纵容恶势力的时候,就坚决不能谦让。如孟子所说的"未闻以道殉乎人者也"。怎么能牺牲原则做交易呢?能做到上述三点,天下岂能有不公之理!

何谓天下大同?大同社会是孔学构筑的理想国。《礼记·大同》篇一跃成为近代中国知名度最高的经典之一,足见天下大同思想有着穿越历史的影响力。本书第七卷将详细讨论这个问题。这里主要分析孔学的天下大同本义。如果说天下一家体现着孔学的仁爱,天下为公体现出孔学的公平,大同社会除了这些特质,还体现在孔学的正义观——各得其所、各得其宜。如果人人能够各尽所能、各得其所、各得其宜,便是大同社会。《大同》篇云:"大道之行,天下为公,选贤与能,讲信修睦。""公"是大同社会的前提,紧接着是把有贤德、有才能的人推举出来,讲求信用、睦邻友好。在这样的社会里,人们不会只亲近自己的亲人、自己的孩子,要实现老有所终、壮有所用、幼有所长,没有阴谋算计、没有盗贼骗子。这样的大同社会既不是"山巅之城"那么高不可攀,也不是"乌托邦"那样渺茫不及,而是实实在在贴近每个人的生活。

何谓天下一统?《春秋公羊传》曰:"何言乎王正月,大一统也。"《中庸》云:"今天下车同轨,书同文,行同伦。"表达出大一统的文化理想。那么,这个大一统的世界是依靠哪些原则构建起来,

第十四章 天下一统和纵横家

以确保秩序呢？这个问题相对复杂一些。西周初年青铜器何尊有铭文曰："余其宅兹中国，自之辟民。"这是"中国"一词最早的文字记载。当时"中国"的范围仅指周王直属的地区，然后以此为中心向四方扩张，形成天下一统的格局。《国语·周语上》云："夫先王之制，邦内甸服，邦外侯服，侯卫宾服，蛮夷要服，戎狄荒服。甸服者祭，侯服者祀，宾服者享，要服者贡，荒服者王。日祭、月祀、时享、岁贡、终王，先王之训也。"西周通过"五服制"把天下统一起来。甸服即王畿，由周王直接管理，负责供给周王日常生活用品。侯服是武装殖民并由周王册封的区域，经常向周王提供物品。宾服是接受册封并臣服于周王的区域，不时地给周王提供物资。要服是周边蛮夷少数民族，接受周王册封的区域，每年须向周王进贡。荒服是偏远地区受周王朝影响但政权独立的区域，其部族首领更替时要带贡品朝见周王，获得周王对新首领地位的认可。秦汉以后，这种"五服制"的具体内容有变化，但按照与中原王朝亲疏关系维持天下一统秩序的精神却从来没有改变。"居天地之中者曰中国，居天地之偏者曰四夷。"（石介《中国论》）由此形成的"天下一统"的国际秩序，被近代以来的学界称为"朝贡体系"。通过朝贡而建立的天下一统，在明朝永乐年间达到一个高峰。比如日本征夷大将军足利义满被明成祖朱棣册封为"日本国王"，自此日本正式纳入"华夷一家"的天下一统国际秩序之中。到鸦片战争前后，"这一体系与条约体系、殖民体系并存，是当时世界上主要国际关系模式之一"[①]。基辛格也说："自从中国在公元前211年统一为单一的政治实体一直到二十世纪初，中国居于世界秩序中心的理念对于精英思想的影响可谓沦肌浃髓。这一理念被认为理所当然、不言自明，汉语中竟然没有一个描述这一状况的词。到了后来，学者们回过头才把它定义为'以中国为中心'的

---

① 袁南生：《中国古代外交史》，湖南人民出版社2017年版，第21页。

朝贡制度。"① 这种天下一统的世界秩序，是建立在夷夏观和王霸观基础之上的。夷夏观是处理天下各族群关系的理论，王霸观则是如何治理天下、如何建立天下秩序的理论。这两种理论从春秋战国形成以后，一直是中国人天下观的核心内容，虽不同时期有些变化，但基本保持稳定，直到辛亥革命以后才彻底崩塌。中国人开始接受源自西方的民族理论、国际秩序理论，而对曾经拥有的国际秩序理论反而陌生了。一位当代学者写道："近代以来我们考虑的主要是中西问题，而不是古今问题。到了当下，学者们深入思考对几千年的文化资源重组、激活、创新，在古代的天下观和今天的世界观之间如何打通。用新的天下观去面对世界性的社会失范、政治失序、安全失控、制度失灵和精英失职。"② 不过实际情况远没有如此简单。单纯的古代天下观难以推导出现代国际观，难以正确处理好"人类命运共同体"的命题。③

夷和夏是一个相对的概念，以文明高低、文化正统这两个维度来衡量。文明程度高、文化正统就是夏，反之就是夷，不是现代意义上所指的种族，而是文化和价值抽象体。所谓"服章之美谓之华，礼仪之大谓之夏"（《左传》定公十年），华代表物质文明，夏代表精神文明，华夏的本义是物质文明、精神文明的统一体。夷夏的关系实质是野蛮与文明的关系。所谓"诸侯用夷礼，则夷之；进于中国，则中国之"，凡接受诸夏文化就是夏，反之就是夷。秦国地处偏僻，历来受东方诸侯歧视，但从睡虎地秦简看，秦国已经自称"夏"，在争文明和正统方面当仁不让。夷夏观除了体现着对自身文化的自信，还

---

① ［美］基辛格：《世界秩序》，胡利平等译，中信出版社2015年版，第277页。
② 黄平：《中国、世界与新天下观》，《中央社会主义学院学报》2018年第1期。
③ 本书第八卷讨论毛泽东基于马列主义国际观和源于威斯特伐利亚体系的现代国际关系准则提出"三个世界理论"。笔者认为，"人类命运共同体"是古代天下观与这些思想综合后的创新，而非原有观念的简单延续。

第十四章 天下一统和纵横家

包括夷夏之辨、夷夏之防。孔子说："夷狄之有君，不如诸夏之亡也。"（《论语·八佾》）这句话历史上有歧义。当蒙古族、满族作为少数民族入主中原，文人便有诡媚之说——夷狄尚有君主，反而我中国没有呢。倘若"夷狄"并非实指，而是文化意义上的"野蛮"一说，又何必费心曲解？一群有首领率领的野蛮人，不如一个文明人。野蛮人可以毁灭文明人，但怎能毁灭文明？孟子说："吾闻用夏变夷者，未闻变于夷者也。"（《孟子·滕文公上》）孟子是针对陈良之徒背周公、仲尼之道而学许行之道，之所以用"未闻"二字，是表达一种愤慨。夷夏观是中国道统的核心观念之一，实质是华夏族如何守护好自身文化。

夷夏观解决文明的高低和正统问题，王霸观则解决如何治理天下。"王天下"和"霸天下"的分歧是：让人心悦诚服地跟随，还是武力逼迫下的服从。王霸观体现了是用理想主义，还是现实主义的办法来处理国际关系、治理国家。老子有一段话发人深思：大国如同居江河下游，使百川汇集于此；大国对小国保持谦让，就可以取得小国的信赖；小国对大国表示尊敬，可以为大国所接纳；大国不要老想着统治小国，小国也不要过分依赖大国；大、小国家能各得其所，大国更要保持谦让。① 老子讲的是天下相安无事，大国、小国和平相处的办法，却不是天下一统的办法。但老子"正题反作"的思想却给纵横家的诡道打开一条通道：一条既非霸更非王，仅凭三寸不烂之舌，长袖善舞于天下。孟子的办法是"夫国君好仁，天下无敌。"（《孟子·离娄上》）孟子以仁爱为王道，其羞言称霸的思想不仅影响中后期古代中国历史，甚至影响到两千多年后的现代中国。中国政府在实力弱小的时候宣称"永不称霸"，西方社会暗自发笑；有了一定实力中

---

① 《道德经》第六十一章："大邦者下流，天下之牝，天下之交也。牝常以静胜牡，以静为下。故大邦以下小邦，则取小邦；小邦以下大邦，则取大邦。故或下以取，或下而取。大邦不过欲兼畜人，小邦不过欲入事人。夫两者各得其所，大者宜为下。"

国再次宣称"不称霸",西方社会疑虑重重。他们难以理解国强还能不霸,殊不知不称霸思维是由中国传统决定的。荀子是一位现实主义者,提出隆礼尊贤而王,重法爱民而霸,王霸并行不悖,既称王又称霸。

春秋战国时期究竟是一个什么样的天下?有学者将整个古代中国的外交称为"夷务外交"时代。① 但在春秋战国550年间却是非常特殊的时期,因为近代以来各种类型的国际关系在这个时期都存在过。有基于规则——周礼的国际体系;有类似威斯特伐利亚体系——各诸侯国力量均势而形成国际和平局面;有类似"七国集团"和"北大西洋公约组织"维护西方霸权——齐桓公"九合诸侯、一匡天下"维护华夏霸权;有类似美、苏两强争霸——秦、齐互相称帝而成为东西两大霸主;有类似美国一超独霸——秦国睥睨东方六国诸侯形成的国际格局;既有墨子非攻的国际和平主义,也有孟子的仁政旗帜下的国际干涉主义;既有孙子伐谋伐交的不战而屈人之兵,也有张仪、苏秦的合纵连横结盟,当然,更有美国国务卿迈克·蓬佩奥所心仪的欺骗、撒谎外交——纵横家的诡计和谎言。如此,林林总总不可一一枚举。春秋战国时期之所以是近代国际关系的微缩版,它们都符合两个条件:一是邦国林立,一时间谁也吃不了谁,形成均势;二是有共同认可的规则,这套规则束缚着邦国的行为。只有同时符合这两个条件才有外交可言,而世界历史上能够同时符合这两个条件的历史阶段还真不多。

二 邦国外交

严格讲,自西周开始,对外交往是用"外事"一词②,而"外

---

① 参见袁南生《中国古代外交史》,湖南人民出版社2017年版,第3页。
② 《尚书·康诰》:"外事,汝陈时臬。"

交"意指私下勾结,属于贬义词。① 但笔者遵循近代以来词义变化而用"外交"一词描述各邦国之间的交往。春秋与战国是有区别的两个时期,春秋时期的外交尚属于温情脉脉的理想主义的君子外交,战国时期则是赤裸裸的现实主义的实力外交。

春秋时期,有一次堪称极为成功的外交活动是由吴国公子季札完成的对鲁、齐、卫、晋的出访,季札与徐国国君的交往更成为千古绝唱,对华夏中原文化与偏居一隅的东南吴国文化的交流产生了重要影响。

根据《史记·吴太伯世家》记载,吴国开国首领太伯为周太王的长子,也就是周文王父亲季历的大哥。由于周太王准备把大位传给季历,太伯就跑到吴地,得到当地人拥戴而号称吴太伯。到了春秋后期的公元前586年寿梦即位,吴国强盛并开始称王。寿梦有四个儿子,其中小儿子季札最为贤良,被后世称为与孔子齐名的南方圣人,寿梦本来希望季札继位但被拒绝。一次,季札访问鲁国,提出观看周乐。鲁君让乐工演奏《周南》《召南》,季札说,多么美好啊,王业开始,但是还没有完成。当演唱《邶》《鄘》《卫》,季札说,有忧思但不困惑,康叔、武公的德行就是这样。当演奏《王风》时说,有忧伤但不恐惧,恐怕是平王东迁后的乐曲。当演奏《郑风》时评价说,过于细密了,百姓不堪忍受,怕是其国先亡。当演奏《齐风》时说,泱泱大国风范,是姜太公之国吧。当演奏《豳风》时说,欢乐而不放纵,是周公东征时的乐曲。当演奏《秦风》时说,这就是夏声,气势如此宏大,大概是周朝故地的音乐。当演奏《唐风》时说,听到了陶唐氏尧故地的遗风。接着,季札从《大韶》舞曲中看到有虞氏舜地载天覆、无以复加的盛德;从《大夏》舞乐中看到勤政为民的大禹;从《韶护》舞蹈中看到商汤创造的伟业;从《大雅》

---

① 《礼记·郊特牲》:"为人臣者无外交,不敢贰君也。"

中听到广大和熙的文王之德；从《大武》舞曲中看到盛况空前的武王、周公。面对蔚为大观的周乐，季札都一一做了准确、深刻的评论，令鲁人大为叹服。而专属周天子的礼乐《咸池》《云门》演奏时，碍于礼制，季札就不敢观看了。

鲁国之后，季札出使齐国，见到晏婴说："你赶快交出自己的封邑和官职，这样你才能免遭祸患。"晏婴听从建议，通过陈桓子交出封邑和官职，在以后的内乱中得以幸免。季札离开齐国出使郑国，见到子产，如见故人。季札说："郑国掌权者骄奢，大难将至，政权会落到你的身上。你执政时，要慎重，否则郑国将会衰败。"离开郑国，季札来到卫国，很欣赏蘧瑗、史狗、史鰌等人，说："卫国多君子，国家没有灾患。"季札从卫国到晋国的路上，要住在戚邑，听到钟乐之声，说："奇怪！我听说有才无德之人，祸必及身。孙文子已经获罪于国君，担心还来不及，还有心思听乐？他就像燕子把窝筑在帷幕上那么危险。卫献公尚在棺中未安葬，怎可听乐？"于是离开了。孙文子听说这事，便终生不听琴瑟。到了晋国，季札很是欣赏赵文子、韩宣子、魏献子，说："晋国的政权迟早要落到这三家。"离开晋国时，对叔向说："你自勉吧！国君骄奢而良臣多，政权将来会落到赵、韩、魏三家，你为人刚直，定要慎重思虑如何免祸。"季札北行出使时，曾经造访过徐国国君。徐君很喜欢季札的剑，但又不便开口。季札心里明白，因要出使各国，没把剑送给徐君。可当季札出使回来，再次途经徐国时，才知徐君已死。季札把剑挂在徐君墓前的树上才离开。随从说："徐君已死，剑给谁呢？"季札说："不对，当初我内心已答应把剑给他，怎能因徐君之死而违背自己的心愿呢。"

这是一段感人至深的邦国外交史话，吴国因季札而声名远播。徐人为季札挂剑作歌："延陵季子兮不忘故，脱千金之剑兮挂丘墓。"从季札出使，我们可以看到春秋时期的邦国外交呈现出几个特点。

1. 尊王攘夷旗帜下的价值观外交

管仲协助齐桓公成就霸业。子贡问孔子如何评价管仲，孔子说"如其仁，如其仁"，还说"微管仲，吾其被以左衽矣"（《论语·宪问》）。如果没有管仲，我们都变成披头散发、穿左衽衣服的夷狄了。孔子高度肯定齐桓公、管仲维护华夏文明的行为。尽管是在尊王攘夷旗帜下进行的，实质体现出的是价值观外交。楚国一直以蛮夷自诩，不肯以华夏为正统。公元前656年，齐桓公率领诸侯联军进入楚国，质问楚国为何不按时向周王进贡祭祀用的茅草，楚国屈服并承认错误。公元前664年，北戎伐燕，公元前661年北狄伐邢国，次年又大举攻卫杀死卫懿公，齐桓公都派兵救助，讨伐北戎、北狄，行使"集体自卫权"，建立起华夏诸侯国的"集体安全机制"。齐国以鲁国、卫国、宋国等华夏文明核心国为价值观外交的基础，显示出齐桓公夷夏之大防的外交特色。齐桓公以"兴灭国、继绝世、举逸民"这一华夏正统，不以获取土地为目的，从而赢得各国尤其是弱小邦国的拥戴。

2. 结盟而行的盟约外交

一个独善其身的邦国注定是被"国际社会"遗弃的孤子，春秋五霸深谙此理。齐桓公盟约外交的顶峰是"葵丘盟会"。齐桓公三十五年（前651）九月齐国召集鲁、宋、卫、郑、许、曹等国国君及周王代表宰孔，在葵丘开会，签订盟约。孟子记载了盟约的具体内容。"五霸，桓公为盛。葵丘之会诸侯，束牲、载书而不歃血。初命曰：诛不孝，无易树子，无以妾为妻。再命曰：尊贤育才，以彰有德。三命曰：敬老慈幼，无忘宾旅。四命曰：士无世官，官事无摄，取士必得，无专杀大夫。五命曰：无曲防，无遏籴，无有封而不告。曰：凡我同盟之人，既盟之后，言归于好。"（《孟子·告子下》）从这些记载看，当时应该有正式的书面协议并由各方签字。盟约内容很广泛，如诛杀不孝的子孙，不得以妾为妻（防止尊卑僭越）；尊崇贤德，抓好教育；敬老慈幼，照顾好远方来的宾客；士人官职不得世袭，官员不得兼职，不得擅杀大夫；不能拦蓄水源，以邻为壑，不得禁止粮食出口，分封等大事要相互通报。同时，特别强调，签署盟约以后要言归于好，和平共处。盟主对于参加盟会的成员，如有不服从的，不履行义务的，给予严厉惩治。比如，齐国曾派兵占领不参加盟会的随国，之后干脆灭掉随国。宋襄公更加极端，派人将不参加盟会的小邾国国君抓来杀了祭天，使宋国霸业沦为笑料。晋文公重耳的霸业也建立在盟约基础之上，在世时多次召集盟会，如公元前632年晋国击败楚国后的践土之盟，以及之后的温邑之盟等。

看来，结盟是春秋乃至战国时期树立霸权，开展邦国外交的主轴。

3. 利益关联的质子、联姻外交

国家信用是有效开展外交的基础，古今中外概莫能外。但古代中国没有现代社会那么多的办法，只能通过质子、联姻等手段提高信用，使有关邦国成为利益关联方。《左传》隐公三年记载的"周郑交质"，开启了中国历史上首次质子外交。由于周平王和郑庄公之间互不信任，王子狐作为人质抵押给郑国，公子忽抵押给东周。《左传》对此评论说："信不由中，质无益也。明恕而行，要之以礼，虽无有质，谁能间之？"正是因为相互没有信任，才用这种办法，可是有了质子又能如何？质子外交是春秋战国时期普遍实行的邦国外交策略，即便如秦始皇以及他的父亲嬴异人，也曾在赵国当人质，过着寄人篱下的生活，受尽世态炎凉。联姻作为外交手段，始于周公的"同姓不婚"政策。最初是作为融合各部族，形成华夏文明共同体的手段。齐鲁之间的特殊关系，以及秦晋之好，很大程度上是由联姻带来的。如齐桓公之女声姜嫁鲁桓公，齐昭公之女出姜嫁鲁文公；晋献公之女嫁秦穆公，而秦穆公之女又嫁晋文公。这种联姻外交在19世纪之前的欧洲也非常盛行，结果是欧洲所有的皇室都是亲戚。但是，亲戚也无法阻止战争，以联姻为基础的外交终究是不可靠的，更何况为了利益，子弑父、父戮子在君主制社会里乃是稀松平常的事情。

4. 抢占道德制高点的道义外交

在一个有着共同国际规则的社会里，实力固然重要，但道义是始终不能忽视的力量。从这个意义上讲，孟子的"仁者无敌"是有道理的。自从法国在欧洲的"三十年战争"（1618—1648年的宗教战争）中拒绝支援同属于天主教阵营的哈布斯堡帝国，转而支持瑞典、普鲁士等新教联盟，以只讲利益不讲道义的均势战略——支配现代国际关系的威斯特伐利亚体系开始形成。但是，按照美国人的说法，美国怀着矛盾的心理看待该体系，既赞成均势，又对其不讲道义表示不满。美国在北美能够攫取大片土地而心安理得，把势力从西海岸一直扩张到太平洋上的夏威夷、关岛一线，正是源于这样的思想。"美国国旗插到外国土地上，不是为了攫取更多的领土，而是为了保护人类的利益。"① 美国反对国际关系均势，高呼人类道义，却又利用均势，获得比任何国家更多的利益。这是一个声称站在人类道德制高点上，却能肆无忌惮获取全球利益的绝佳案例。其实，这样的案例在春秋时期不是没有，秦国就是其中的一个。鲁僖公十三年（前647），晋国发生饥荒向秦国请求购买粮食。百里奚说："天灾流行，国家代有，救灾恤邻，道也。行道有福。"当有人提议乘饥荒伐晋时，秦穆公断然拒绝："其君是恶，其民何罪？"（《左传》鲁僖公十三年）不知晋国百姓听了秦穆公如此大仁大义的话，会作何感想？秦国为了援助晋国，组织了规模浩大的"泛舟之役"，其船队从雍（今陕西省凤翔县南）出发，沿渭水东去，到达黄河后又逆水北上，接着进入汾水东行，终于将大批粮食运抵晋都。此救助于危难的道义之举，给秦国赢得了广泛的赞誉。有意思的是，次年秦国也发生饥荒，晋国竟然袖手旁观，不肯援助。晋国大夫庆郑说："背施无亲，幸灾不仁，贪爱不

---

① ［美］基辛格：《世界秩序》，胡利平等译，中信出版社2015年版，第321页。

详，怒邻不义。四德皆失，何以守国？"（《左传》鲁僖公十四年）九十年后强大的晋国果真分裂为仨。即便到了战国时期，秦国雄踞各国之上，依然保持这种义举。秦昭襄王十二年（前295），楚国发生饥荒，秦国"予楚粟五万石"（《史记·秦本纪》）。而此时被秦国扣押的楚怀王刚死不久。秦国注意将各国百姓与国君分开来对待，确实是高明的招数。秦国作为"虎狼之国"可能是各国君主的梦魇，却能注意争取各国民心。看看剪灭六国后，秦始皇二十九年（前218）登之罘（芝罘）刻石。其辞曰：

> 大圣作治，建定法度，显著纲纪。外教诸侯，光施文惠，明以义理。六国回辟，贪戾无厌，虐杀不已。皇帝哀众，遂发讨师，奋扬武德。义诛信行，威燀旁达，莫不宾服。烹灭强暴，振救黔首，周定四极。（《史记·秦始皇本纪》）

你看，始皇帝的目的只是打倒强权统治，解救黔首（百姓）于水火，那些可怜百姓生活在六国残暴统治之下，怎忍心不兴义师、奋扬武德而讨伐呢？看来只有愚蠢的人才会明火执仗而毫无顾忌。

以上是春秋时期邦国外交的一些特点，到了战国时期，这些外交手法虽然还在使用，但是，外交的主角已经由谦谦君子改成算计实力的纵横家。

三 纵横家的乐园

据说，战国纵横家和兵家的许多著名人物都是鬼谷子的学生，[①]

[①] 《资治通鉴·周显王三十六年》："张仪者，魏人，与苏秦俱事鬼谷先生。"

而鬼谷子又师承道家学说,将老子的诡道发挥到极致。"邦无定交、士无定主"的战国时代,各诸侯国的内政和外交都发生了深刻的变化,这种变化表现为一种新历史观的出现,体现在理性客观地分析国内、国际形势,从势力均衡、利益捆绑、自身利益最大化为出发点处理对外关系,采用欺骗、间谍、出卖等方式获取本国利益上。老子"大邦者下流"的理想,变成了鬼谷子的权谋和策略。纵横家虽是对古代天下观,尤其是对理想主义天下观的一种颠覆,但是其对内外形势的客观、理性、精准的分析,抛开理想而专注于利益的权衡,已经与现代国际关系研究几乎没有多大差别。与后世儒家不同,孟子对蔑视仁义的纵横家张仪赞赏有加:"张仪岂不诚大丈夫哉!一怒而诸侯惧,安居而天下熄。"(《孟子·滕文公下》)

《战国策》卷三《苏秦始将连横》记载苏秦(疑为公孙衍)与秦惠王的一段谈话。苏秦首先分析了秦国的形势,认为秦国西有巴蜀之物产,北有胡人、代郡之良马,南有巫山、黔中为屏障,东有崤山、函谷关这样的要塞。土地肥沃,百姓富裕;战车万辆、精兵百万;沃野千里,积蓄充足;地势险要,能攻易守。正所谓天下雄霸之国。正是吞并诸侯、一统天下,实现称帝目标的好时机。接着,苏秦采用新的叙事方式,一套完全不同于儒家的历史观,讲述了历史上取得天下的历代圣王事迹。首先,从神农攻打补遂、黄帝擒获蚩尤开始,到武王灭商,无一不是用战争解决问题。期望不通过战争而实现天下一统,纯属幻想。其次,实行道义讲究信用的结果,天下人将背你而去,唯有增强自身的军事力量才会凝聚人心。当军队得胜于外,战争获取了利益,国内的仁义才会高涨,百姓才会臣服。最后,要想吞并天下,号令诸侯,百姓归顺,只能采用武力,武力才是解决问题的最好手段,除此别无他途。苏秦的这番言论,充满霸权主义和军国主义色彩,基本代表了战国纵横家的思想。与儒家宣扬仁义相比较,纵横家专注于实力对比的研究,显得更加务实,也更受到当世君主的欢迎。若将苏秦的言论与当今美国最顶尖的智库相比，也毫不逊色。

但是，秦惠王认真分析秦国的实力后，认为一统天下的时机尚不成熟，从而拒绝了苏秦的建议，于是苏秦转投东方六国，专注于合纵事业，对抗秦国。由此可见苏秦翻手为云、覆手为雨的本事。苏秦第一个游说的对象是燕文侯。他首先分析燕国的地理形势，东有朝鲜、辽东，北有林胡、楼烦，西有云中、九原，南有呼沱和易水，地方两千里，战士数十万，战车七百辆，粮食够吃十年，百姓即使不耕种，枣、栗也够吃饱。国家安乐，没有军队被打败、将帅被杀戮的事情发生。为什么会有这么好的局面？就是赵国做了燕国的西南部屏障，秦国与赵国连年战争，却不能侵夺燕国的土地；反之，如果赵国入侵，不出十天，几十万大军就可以渡过呼沱和易水河，不到四五天就能兵临燕都。因此，燕国与赵国结成合纵联盟是最好的结果，燕国可以享受安宁。这种基于地缘政治而得出的外交策略，燕王自然赞成，便赠送苏秦车马、金帛，出使赵国（见《战国策》卷29《苏秦将为从北说燕文侯》）。

赵国是一个强国，有称霸的野心，但实力不足以吞并其他诸侯国，时常受到秦国和魏国、韩国的侵夺。苏秦到了赵国后，根据赵国的心理和国家定位，又发表了另一番对时局的分析。苏秦首先恭维赵肃侯施行仁义的行为，引来普天之下各诸侯国和百姓的赞扬。因此，苏秦给赵国的国家定位是"莫若安民无事，请无庸有为"，就是让百姓安定，不要多事烦扰。而安定民众之本，在于选择合适的邦国结盟。有好的邦交才能安民，没有好的邦交则百姓终身不得安宁。秦国和齐国是敌国，依靠秦国攻打齐国，或者依靠齐国攻打秦国，都将会带来极大的困扰。那么出路在哪呢？苏秦提出了北连燕国，南结楚国，拉住魏国、韩国，对抗秦国，维护国家安全的合纵战略。这一合纵战略将给赵国带来诸多利益。比如，商汤放逐夏桀、武王讨伐商纣才能得到的好处，赵国只要坐等结盟就可以获得。赵国是东方六国中的强国，如果坐视不管，实力受到削弱的韩、魏、楚就会倒向秦国，齐国也会臣服于秦国，到时秦国进攻赵国就会毫无顾忌，渡过黄河，越过漳水，兵临邯郸。秦国现在之所以不敢伐赵，就是担心韩、魏两国在背后算计它，韩魏成了赵国的一道屏障。接着，苏秦分析了各种力量组合的结果。他拿出地图分析，东方六国的土地相当于秦国的五倍，兵力也十倍于秦，如果合力攻秦，秦国必破。而现在各国却被秦国各个击破，共同侍奉秦国，向秦国称臣。可谁愿意向别国称臣，被别国征服呢？主张连横的人，不外乎割让土地与秦国结盟，一旦与秦国和好，就可以狐假虎威，恐吓别国，或者高筑台榭、香车美女、醉生梦死。苏秦进一步提出具体建议，通令天下，一起到洹水之畔集会，交换质子，杀白马、结盟誓。盟约规定：如果秦国攻打楚国，齐、魏出兵帮助，韩国切断秦国粮道，赵国出兵渡过漳水、黄河，燕国扼守常山以北；如果秦国进攻韩、魏，楚国切断秦国的后路，齐国派兵援助，赵国出兵越漳水、黄河，燕国派兵守云中；秦国如果攻打齐国，楚国负责断其后路，韩国派兵守住成皋，魏国封锁午道，赵国军队进驻博关一线，燕国派兵援齐；如果秦国攻打燕国，赵国守住常山，楚国进兵武关，齐国沿渤海湾派兵，韩、魏出兵援助；如果秦国攻打赵国，韩国进兵宜阳，楚军进兵武关，魏国屯兵河东，齐国、燕国发兵。六国有背弃盟约的，其他五国共同讨伐。只要六国合纵来抵抗秦国，秦国必定不敢出函谷关侵略山东六国。这样赵国的霸业就能成功。可以想见，在苏秦这种严肃而又合理的分析面前，谁都会动心。赵肃侯同意苏秦的建议，并封其为武安侯，拨给战车一百辆，黄金千镒，白璧百双，锦绣千匹，与其他诸侯缔结合纵之约（《战国策》卷19《苏秦从燕之赵始合从》）。苏秦如法炮制，终于取得东方六国的同意，结成战国史上著名的合纵联盟。由于合纵联盟的成功，致使秦国有将近十五年的时间不敢东出崤山、函谷关。公元前318年第一次发生由楚、赵、魏、韩、燕五国联军攻打秦国，但最终被秦国击破。对此，秦国不会坐以待毙，必然采取相应的对策，这就是张仪为秦惠王提出的连横政策。事实上，正如秦惠王对寒泉子说的，诸侯不可能如此齐心，犹如把很多鸡绑在一起，鸡们也不能栖息在一起。

张仪是用什么来说动秦惠王采取连横政策呢？首先对比山东六国和秦国国内的形势。张仪将山东六国概括为乱、邪、逆，而秦国是治、正、顺。各诸侯国武器物资不足，粮库空虚，由于赏罚不明，尽管有百万计的军队，士兵却不肯拼死作战。相比较，秦国号令果断、赏罚分明，百姓一听说打仗都会跺着脚、伸出手、露着胸，迎着敌人的刀枪，赴汤蹈火拼死向前。双方的战争意志差距是如此悬殊。秦国人愿意死战，并以奋战至死为荣，一人可以胜十人，十人可以胜百人，万人可以战胜全天下。接着，张仪又用历史上武王战胜商纣，赵襄子破坏韩、魏与智伯的联盟，继而消灭智伯等事例鼓励秦惠王采取连横政策。张仪首先从拆散齐、楚结盟开始，继而拆散魏、韩、赵，使这些国家分别与秦国缔结连横盟约，逐渐臣服于秦国。张仪取得了巨大的成功，这种成功建立在合纵联盟是完全基于利益算计基础之上，而这种不可靠的利益联盟同样会因利益而解散。近代欧洲有很多类似的例子。1812年年底俄国在莫斯科击败拿破仑并最终兵临巴黎城时，俄国与普鲁士也就是后来的德国是盟友，待到第一次世界大战时，法国与俄国又成为盟友共同对付德国。1904—1905年日俄战争时期，美国明里暗里支持日本，当俄国太平洋舰队在对马海峡全军覆灭时，西奥多·罗斯福高兴地认为日本做了我们想做的事。可待到日本取得压倒性胜利时，美国又开始改变主意，试图打压和威慑日本。[①] 正是基于地缘利益，东方六国相互之间同样各怀鬼胎，在结盟的同时又忘不了相互算计。这种基于利益的合纵终究不可能成功！战国时期的合纵连横策略一直持续到秦王政时期，公元前241年，赵、

---

① ［美］基辛格：《世界秩序》，胡利平等译，中信出版社2015年版，第329页。

第十四章 天下一统和纵横家

楚、魏、韩、燕东方五国发动第五次，也是战国史上最后一次合纵攻秦，但最终失败了。十一年后的公元前230年，秦王政发动灭韩战争，到公元前221年灭齐结束，用了十年时间终结了春秋以来长达550年的割据局面，建立起中国历史上第一个君主制中央集权国家。

在整个战国史上，纵横家们为达到目的，无所不用其极，除了用国家定位、客观形势分析、实力对比、利弊分析等进行游说，还采取其他手段，概括起来，大致有以下几种。

用利益做诱饵，采取欺诈、分化、瓦解等手段达到目的。其中比较经典的就是张仪诱骗楚怀王。公元前313年齐楚联军攻取秦国的曲沃，斩断了秦国东出的触角。为了拆散齐、楚联盟，张仪面见楚怀王说，秦国要攻打齐国，如果楚国与齐国断交，就会得到双倍的好处。一是秦国可将商於六百里土地献给楚国做礼物；二是借机削弱齐国力量，齐国更依赖他国，这样对楚国有利；三是楚国对秦国就有了恩惠，秦国没齿不忘。楚怀王非常高兴，痛快答应。等到确认齐、楚断交后，张仪对来接收土地的楚国使者说，可以把秦王封给他的六里土地献给楚王（《战国策》卷4《齐助楚攻秦》）。楚怀王为此大怒，发兵攻打秦国，一败丹阳、二败蓝田、三败召陵，韩、魏乘机收复被楚国占领的土地。

齐国因楚国与其断交，发兵攻打楚国。楚怀王谋臣陈轸主动请缨，游说秦王。他用"坐山观虎斗"说服秦国不要与齐国协同攻楚，让楚国与齐国两虎相争遭受重创后再决定介入。这种完全站在秦国立场的话，自然打动了秦王（《战国策》卷4《楚绝齐齐举兵伐楚》）。事实上，这是陈轸的欺诈策略。当秦国决定不发兵与齐国协同，意味着双方联盟结束，齐国以一国之力攻楚必然困难重重，这时候楚国给齐国施以恩惠，必然使齐国罢兵。看来"坐山观虎斗"并不是一件好事情。

秦楚和解后，张仪再次出使楚国。楚怀王恼怒张仪的欺骗，拘留张仪，准备杀了他。张仪的朋友楚怀王的宠臣靳尚说动楚怀王的宠妃郑袖："你很快要在楚王面前失宠了。""为什么？""张仪是秦王的有功之臣，今天被楚国拘押，秦国为了救他，准备选择一位漂亮的公主，外加美貌又懂音乐的宫女作陪嫁，让张仪献给楚王。楚王必定高兴，秦国公主也会仰仗秦国抬高自己的身价，试图成为王后。到时你就会被轻视而遭疏远。"郑袖自然害怕，于是按照靳尚的吩咐，说服楚怀王放了张仪（《战国策》卷15《楚怀王拘张仪》）。公元前299年，张仪去世十年后，秦昭襄王约怀王在武关会面，结果又一次被骗，遭秦国扣押。这次楚怀王大义凛然，表现出王者的风骨，拒绝了秦国割地保命的要求，就这样被拘押三年后郁郁而亡。

用远交近攻的策略，采取拉拢、威逼方式，迫使部分诸侯国中立。秦昭襄王初期，由于魏冉等人的一己私利，采取连横韩、魏进攻齐国的策略，国势一直难有大的起色。魏人范雎入秦，给秦昭襄王制定了远交近攻的策略：与齐国建立盟国关系，稳定与赵国、楚国的关系，就近压制和消灭韩、魏的势力。这时候的齐国国势正处于江河日下，公元前284年济西之战，燕国将军乐毅率联军攻占了齐国七十余座城池，差点使齐国灭国。后来齐国在田单的努力下逐渐将燕国势力逐出齐国，但此时元气已经大伤。面对秦国的橄榄枝，齐国乐观其成，从而享受了将近半个世纪的和平。"远交近攻"策略制定者范雎快意恩仇、行事高调，但深得秦昭襄王的信任。当白起准备利用"长平之战"一鼓作气消灭赵国的时候，范雎竟然接受贿赂、主张撤兵，给了赵国缓冲时间，使秦国陷入与东方诸侯的拉锯战和消耗战之中，导致秦昭襄王后期国力受损、民生凋敝。看来，谋臣和雇主之间的利益常常存在博弈。

用以邻为壑、祸水他移的方式，企图由他人为自己火中取栗，坐收渔翁之利。公元前279年，白起率军穿插到楚军的背后，大破楚军，攻占了楚国国都郢。楚军溃败到陈城作为新的国都。黄歇（春

第十四章 天下一统和纵横家

申君）临危受命，游说秦王。他把秦楚两国比作两虎相争，结果让猎犬占便宜。黄歇是位儒家，就是他邀请荀子去担任兰陵令。在游说秦王时，黄歇大量引用《诗》《书》《易》的词句作旁证，可知是一位饱学之士。但是，就是这位饱读诗书的人物，其用心却是非常阴险，希望将秦国这股"祸水"引向韩、魏、赵，类似于2200多年后的英国首相张伯伦实施"绥靖政策"，试图把希特勒这股祸水引向苏联。黄歇的理由是，秦国与楚国相距遥远，《诗经》云"大武远宅不涉"，相反韩、魏比较近，进攻比较方便；秦国与楚国交战，谁又能保证韩、魏不乘机捞一把，《诗经》又云"他人有心，予忖度之；跃跃毚兔，遇犬获之"，别人害我之心，要时刻提防；反之，如果秦楚结好，兵临韩国，韩必然俯首称臣，接着进逼魏境，降服魏国，再威逼燕、赵，胁迫齐、楚。这就是楚国谋臣黄歇给秦国出的主意。（《战国策》卷6《顷襄王二十年》）史实证明，秦昭襄王听从了黄歇的建议，接着就发生了秦与韩、赵的上党之战，与赵的长平之战。紧接着发生的邯郸之战，赵国在黄歇（春申君）和魏国公子魏无忌（信陵君）的协助下反败为胜，秦军伤亡惨重。经过这一系列的战争，赵国元气大伤，韩、魏两国受损，秦国实力受到削弱，一代战神白起被秦昭襄王赐死。楚国真正实现了"坐山观虎斗"，可见黄歇谋略之老到。

用间谍和反间计，采取贿赂、欺骗、隐瞒等手段，迫使敌对一方进入预先设计的圈套。战国时期的间谍战就如家常便饭，有成功的，也有失败的，更有事与愿违的。秦王政时期，韩国派水工郑国入秦，献策修建水渠，以此消耗秦国国力。这条水渠西引泾水东注洛水，长达三百余里，经十年完工。修建这条水渠的本意是想消耗秦国实力，结果反而使秦国更加强大。这恐怕是世界间谍史上最为搞笑的经典案例。但是，也有极为成功的间谍案例。燕王哙期间，子之任相国，苏代为齐国出使燕国。燕王问苏代，齐宣王这个人怎么样，回答说成不了霸业，问为什么，苏代说齐宣王不信任自己的大臣。由于子之专断，早就有人在燕王面前表达不满，听苏代这么一说，燕王哙真有"见不贤而内自省"的功夫，反而对子之更加信任。接着，苏代的使者毛寿继续忽悠燕王说："不如把燕国让给子之。尧之所以是圣王，就是因为想把天下让给许由，许由当然不会接受，尧就有了禅让天下的美名，却没有失去天下。大王不如模仿尧，把国家让给子之，而子之一定不敢接受。大王就有了尧的名声了。"燕王觉得这个主意不错，便把国政全部委托给子之，子之的势力更大了。接着又继续用大禹、伯益、大禹儿子启的故事忽悠燕王。大禹名义上把国政交给伯益，但实际上让儿子启夺了伯益的权，大禹却落下千古圣王的美名，大王何不这样做呢？于是就上演了一出战国史上的禅让"闹剧"，燕王哙禅让子之。可惜燕王哙不是尧，子之也不是许由，倒是与大禹、伯益和启的故事有些类似。子之执政三年后，太子平不甘心大权旁落，燕国发生内乱，齐国乘机派兵攻入燕国，燕王哙被杀死，子之逃走。对于这次"禅让"，孟子持批评态度，批评的理由是天下有"禅让"一说，但诸侯国君无权把邦国"禅让"出去。在孟子的眼里，天下才是一个完整的主权单位。看来，在正统的儒家那里，天下与邦国的界限是很清楚的。正如后来石敬瑭把燕云十六州割让给契丹，从而背负千古骂名。

  战国"反间计"的使用，更加残酷，也更加血腥。战国名将白起、李牧、廉颇、王翦、乐毅，除了王翦能急流勇退、再遇上秦王政一代雄主，而得以善终，其余都因反间计被杀或郁郁而终。白起虽被秦惠王所杀，但与范雎从中离间有莫大关系。白起所开创的忽视一城一池之得失而以歼灭有生力量为主、远距离大胆穿插、将敌人引入预设战场歼灭，以及穷追猛打的追击战等战略战术，对后世影响深远。论打歼灭战，千载之下，无人出其右。李牧是赵国最后的柱石，秦国收买了赵王迁的宠臣郭开，散布李牧勾结秦军的假消息，赵王信以为真，设圈套捕杀了李牧。在与匈奴的作战中，李牧开创了战争史上少有的以步兵全歼大兵团骑兵的范例，一代将星陨落，令人扼腕叹息。长平之战初期，廉颇为主帅，赵军壁垒森严，使秦军锐气顿失，后秦国采用反间计，赵王让只能"纸上谈兵"的赵括接替廉颇，终于酿成四十万士卒被坑杀的惨剧。赵悼襄王即位后，廉颇出奔魏国，最后老死楚地。乐毅为燕国历史上唯一的名将，济西之战之后，占领了除莒城、即墨之外的齐国全境，长达五年之久，实行减赋税、废苛政等措施。燕昭王去世，太子即位。齐国田单利用反间计，让燕王用骑劫代替乐毅，导致乐毅因恐惧而投奔赵国。燕国伐齐功亏一篑。后人读到这些故事会感到哀怨，可是后人的后人又会被后人同样的故事感到哀怨。中国历史上不断演绎的类似故事，究竟是为什么？杜牧写得好："秦人不暇自哀，而后人哀之；后人哀之而不鉴之，亦使后人而复哀后人也。"倘若一切以私利为先，这样的故事就永远没有尽头。

用"仁义"做交换，谋取自身利益的最大化。因《冯谖客孟尝君》列入高中课文，使冯谖深谋远虑的战略思维广为人所知。冯谖主要事迹有二，一是在薛地收债的时候，烧毁了百姓拖欠孟尝君钱粮的字据，帮孟尝君买回了"仁义"，使百姓山呼孟尝君"万岁"；二是开凿了"狡兔三窟"，确保孟尝君高枕无忧，为相数十年而无"纤介之祸"。但是，从儒家"理想人格"看，冯谖的行为极为可疑。他从《老子》"圣人执左契而不以责于人"获得启发，即圣人左手拿着债权但不向别人索取的权谋，因为靴子落地前的恐吓往往比落地后的危险更有威慑力。冯谖把"仁义"作为交换的商品，达到了为小集团谋利的最高境界。计利当计天下利，此为大仁大义，而小恩小惠式的仁义，商品式的仁义，即是乡愿之仁义，貌似忠厚，实际为德之贼。正是冯谖的"商人情结"，在孟尝君因自己失势、门客纷纷离去而恼怒的时候，能用"富贵多士，贫贱寡友"来劝导。策士与雇主就是一种商业买卖关系，有时候看透世态炎凉反而是一件好事。

其实，更善于用"仁义"取信于上的，要算楚共王时的安陵君。江乙对安陵君说，你一没战功，二与楚王没有骨肉之亲，却享受高官厚禄，前景堪忧啊！安陵君说怎么办呢，江乙就建议他向楚王表达将来愿意为楚王殉葬的愿望。安陵君同意，但长达三年没有动静，有一次，终于等到了表白的绝佳机会。那次，楚王去云梦地区狩猎，一箭射中了一头犀牛。楚王拔起一杆旗帜，按住犀牛的头，仰天大笑道："今天太兴奋了。百年之后，又能和谁享受这种快乐？"这时，安陵君才泪流满面地上前对楚王说："我在宫里与大王挨席而坐，外出与大王同车而乘。大王百年后，我愿意随从而死，黄泉之下做大王的席垫，以免蝼蚁来侵扰大王。又有什么比这更高兴的呢！"楚王听后大为高兴。看来，安陵君比冯谖更高明，只用寥寥几句话，就把臣子的"忠义"卖给楚王，博得一个好价钱。

纵横家是战国时期特有的产物，在人类文明史上也极为罕见。他们一切为利益而战，一位策士可以在多个邦国，甚至在敌对的邦国担任高官，就像职业经理人，哪位雇主出的价钱高，就为这位雇主卖命。他们有天下思想，但很少有乡土情结，纵横家为雇主谋划攻打自己的父母国，没有一丝良心上的不安。由于纵横家的思想有违儒家正义，两汉之后，特别是宋明以后在"学理"上被彻底"搞臭"。但是毋庸讳言，纵横家思想也是中国道统血脉的一部分。现在需要把纵横家思想重新请回到桌面上来，而不是在桌子底下任其发酵，成为上不了台面的"厚黑学"。因为桌面上的纵横家思想可以让"庙算"更精准、战略更深远、谋略更得当、战术更贴切。纵横家在战术上从不讲仁义，要讲也是一种手段，其关注点在力量均衡，时机把握，计划谋略。他们有对祸福转换、安危相易、存亡之道的理性、客观分析，有为达目的不惜采取任何手段的坚定意志，还有扰乱人心、给敌设套的逻辑推理。他们把战争和武力作为解决问题的终极手段，每每有天才般的构想。"好战必亡，忘战必危"，是对其生动的诠释。纵横家不是君子，也不是小人，而是在夹缝中求生存的普通人，是有着健全理性的聪明人。他们追求实力的思想令人敬佩，但过于崇尚计谋也会被计谋所害。历史经验已经表明，计谋绝不可成为治国之本，欺骗更不能长久。纵横家的史实已经证明，蓬佩奥之流所扬扬自得的"美国的荣耀"，也最终将成为"美国的耻辱"。一种没有原则，只有利益，没有天下为公，只图一己私利的计谋终究是靠不住的。秦灭六国非计谋之功；六国被灭亦非计谋之失。追求"谋闭而不兴"的天下大同才是正道。

怵于人世间的钩心斗角，人们得出一个结论：君子斗不过小人，因为君子可欺。古代一个例子是子产被小吏欺骗，小吏把子产要求放生的鱼吃了，还被不明就里的子产夸赞；另一个例子是有安邦定国之才的李斯，竟然斗不过一个被阉割的赵高，反被赵高所杀。其实，子产是被"自己的逻辑"给蒙骗，小吏只是顺着子产的心思把故事说圆了；李斯是被"自己的私利"给杀害，赵高也是顺着李斯的思维逻辑编了个故事而已。如果子产不以放生这种小恩小惠为自满，李斯不以个人得失（能不能继续为宰相）为荣辱，那么，子产不会被小吏所骗，李斯也不会被赵高所杀。一个如孟子般的"大丈夫"是不能被赵高般的小人所害；一个如庄子般的"至人"也不会为私利所左右。君子不可害人，但不可不防人；君子当计较大利，而不可贪图私利；君子为人要坦荡，而不可固执己见；君子将以两手对两手，而不是空流幽思怅千古。这样，"君子可欺"便是一个千古奇谈。

第十五章
阴阳家与医家、星占家

战国时期原创性学术思想发展呈现宽领域、多方位的特点，阴阳五行作为一种思维框架或思维范式开始向社会各个领域扩展。人们在天象观察和平土治水中获得的关于阴阳五行思想，与天人合一相互交织，逐渐成为解释天、地、人等万事万物的思维框架。这种思维框架在战国末年基本成熟。阴阳五行的观点是：宇宙万物划分为阴阳，阴中有阳、阳中有阴，互根、互生、互促、互克；宇宙万物可以而且必须与五行配属，人体、社会、自然都逃不脱五行的归属；宇宙万物借助阴阳五行而发生关联。比如代表季节的春、代表味道的酸、代表方位的东、代表人体脏器的肝，看起来没有任何关系，可是在五行家看来，它们都归于五行的"木"，所以肯定有关系。这种关系依据阴阳、五行相生相克的原理进行，由此宇宙成为生生不息、自我循环、自我发展的体系。这一幅宇宙图景和现代科学认识宇宙的方法有很大不同，但是从根本上又是一致的，它体现在：排除了神的创世和控制，从宇宙本身寻找变化的原因。古代中国天文学与这种宇宙观相互影响，使天象观察与社会政治紧紧绑在一起。历史上的王朝更迭与五行有关；所有事物的变化皆可用阴阳解释；人的身体和天地一样，都受阴阳五行支配。阴阳五行对中国道统影响之大,在汉代达到一个高峰。①

一 阴阳家邹衍

邹衍(约前324—前250),战国末年齐国人,是阴阳家的代表。但邹衍"必止乎仁义节俭,君臣上下六亲之疏"(《史记·孟子荀卿列传》),其最终目的还在仁义、君臣。因此,邹衍是一个用"阴阳五行"来解释儒家思想的阴阳家。这套路子后来被董仲舒完全继承下来。邹衍地位显赫,去赵国,平原君侧身陪同,亲自为他拂拭席位;去燕国,燕昭王亲自抱着扫帚为他扫地,怕灰尘落到他身上,还拜邹衍为师。继任的燕惠王听信谗言把邹衍下狱,后来得以昭雪而返回齐国故里。邹衍与公孙龙属同一时期,双方见过面并进行过辩论,但思维方式大相径庭。邹衍"迂大而宏辩"(《史记·孟子荀卿列传》),"养政于天文"(《文心雕龙·诸子》),被称作"谈天衍"(《史记·孟子荀卿列传》)。邹衍虽被汉人称为阴阳家,但没有资料能够显示他是如何发展阴阳五行的。他的主要贡献在于用阴阳五行为理论指导,创造性地提出了一套为各方所接受的新历史观,以及"由近及远""由小推大,以今推古"的天下观。班固认为阴阳家与古天文学密切相关,② 而从天道观来判断,阴阳家应属于道家谱系。

自周公提出以德配天、受命于天的思想后,一些基本问题始终没

---

① 《史记·天官书》云:"天则有日月,地则有阴阳;天有五星,地有五行,天则有列宿,地则有州域。三光者阴阳之精,气本在地,而圣人统理之。"司马迁的概括代表了当时普遍的观点。
② 《汉书·艺文志》云:"阴阳家者流,盖出于羲和之官,敬顺昊天,历象日月星辰,敬授民时。"

有获得有力解释。从黄帝到禹、汤、文武，是以一种什么样的方式获得天命？风雨飘摇中的周王室随时会倾覆，今后将由谁继承天命？所谓以德配天，那么各个时期的德是相同的，还是不同的？孟子的先王观、荀子的后王观、庄子的自然观都没有系统说清楚古代历史是怎样演变，今后如何发展等问题。还有，人类社会的演化与天地、万物、四时又有什么关系？邹衍将古代思想中的阴阳五行进行改造，用于解释这些问题，形成了一个将历史、人类、天地万物、四时节气全部编织在内的庞大思想体系。这在当时，是一个很了不起的思想成就。

古代思想遗产的五行包括木、火、土、金、水，分别被赋予各种含义，广泛用于解释各种现象。比如，一年四季须服从五行，对应关系为：春—木，夏—火，季夏—土，秋—金，冬—水。颜色服从五行：青—木，赤—火，黄—土，白—金，黑—水。五音服从五行：角—木，徵—火，宫—土，商—金，羽—水。五神服从五行：句芒—木，祝融—火，后土—土，蓐收—金，玄冥—水。五味服从五行：酸—木，苦—火，咸—土，辛—金，甘—水等。这个过程几乎无法穷尽。一句话，宇宙万物全部服从并归结为五行！在这个基础上，邹衍提出"五行相生相胜"的观点。比如"木生火，火生土，土生金，金生水，水生木"体现了"五行相生"的转化形式；"水胜火，火胜金，金胜木，木胜土，土胜水"体现了"五行相胜"的转化形式。邹衍进一步认为，连人类历史也是沿着五行"相生相胜"演变过来的，于是提出了一个著名的历史发展公式。黄帝的时候，上天显现出大蚯蚓、大蝼蛄，黄帝就说"土"气胜，所以这时候讲究以土德配天，崇尚黄色；到了禹帝的时候，看到草木到了秋冬季节还不干枯，禹帝就说"木"气胜，所以这时候讲究以木德配天，崇尚青色；到商汤的时候，看到水里产出金属刀剑，商汤说"金"气胜，所以殷人以金德配天，崇尚白色；到文王的时候，看到红色的大鸟嘴衔丹书出现在天空，文王说"火"气胜，所以周人以火德配天，崇尚红色。周朝被灭后，取代火的必然是水，将以水德配天，崇尚黑色。以后，又重新回到土，以土德配天，崇尚黄色。邹衍认为"凡帝王之将兴也，天必先见祥乎下民"，发生朝代更替的时候，有新的开国帝王出生的时候，上天必然会降下祥瑞，以昭告天下。① 邹衍的"五德终始"说，把天地自然界与人类历史发展相互联系起来，对当时和后世都产生了重大影响。秦始皇灭六国后，以水德自居，崇尚黑色。汉代秦后在这个问题上有两种观点，一种认为秦朝短命，不能作为一个朝代，汉朝应直接替代周朝，属于水德，崇尚黑色，另一种观点认为，汉朝替代秦朝，属于土德，崇尚黄色。争论了七十多年，最终由汉武帝拍板，采取后一种观点，即汉朝属于土德。这套思想框架之所以产生这么大的影响，就是因为它系统解释了人类历史的变迁，不仅是过去，还可预知未来，使纷乱的历史进程终于有了一个清晰的脉络。

相对于"五德终始说"，邹衍另一个重要的思想贡献是提出了"扩大版"的天下观。他在大禹划天下九州的思想基础上，提出了"大九州"的地理空间观点。邹衍认为，春秋战国时期所说的中国，其实只占天下的八十分之一。中国所处的地理位置叫作"赤县神州"，赤县神州周围被海水环绕，大禹把这片区域划分为九州。在这之外还有和这类似的地方，总共有九个，彼此有海水阻隔，形成所谓的大九州。邹衍的天下观，对战国时期乃至秦汉时期的人们思想观念的影响，有正面的，也有负面的。正面的，激发人们向外探险的愿望，华夏版图不断扩张时期在秦汉，基本奠定汉族生存空间。负面的，蓬莱仙境、求仙问道的思想也随之产生。齐地多方士、术士，与毗邻大海的环境，接受邹衍大九州思想的影响有很大关系。

---

① 以上见《吕氏春秋·有始览》。

二 医家《黄帝内经》

中国医学是受"阴阳五行"思维影响最深的领域之一,两千多年几乎没有什么大变化。近代以来,各学科领域纷纷抛弃传统学术思想作支撑,唯独中医学依然以"气论""阴阳""五行"和"天人合一"作为描述人体生理功能、病理变化和疾病诊断、治疗的基本理论。尤其值得称奇的是,目前中医学教科书还将诞生于战国时期的《黄帝内经》作为理论基础。这在世界文明史上是绝无仅有的。总结提炼战国时期医家的思维方式,对于理解中国学术思想非常重要。

关于"气论",《黄帝内经》以为,在太虚即宇宙中充满着无穷无尽、具有生化能力的气,布满天空、统摄大地,一切有形之体皆依赖于气生化而成。气原本为一,分为阴阳,是阴阳二气的矛盾统一体。这就是说宇宙中的一切都是阴阳之气生化的结果。① 那么,天地是如何产生的?《素问·阴阳应象大论》云:"清阳为天,浊阴为地;地气上为云,天气下为雨;雨出地气,云出天气。"按照"天人合一"的思想,既然宇宙、天地都是气聚集的结果,人同样也是这样。因此《素问·宝命全形论》曰:"人生于地,悬命于天,天地合气,命之曰人。"因此,气就是人的根本,气聚则形存,气散则形亡。由于阴阳二气的相互感应,既产生了万物和人,也使万物和人彼此关联。医家运用"气论"不仅解释了身体的生理功能,说明了人体得病的病理变化,还用于指导疾病的诊断和治疗。比如,人体不断从周围环境吸取必需的物质,才能维持生命,从形转化为气,又从气转化

---

① 《黄帝内经·素问·天元纪大论》云:"太虚寥廓,肇基化元,万物资始,五运终天,布气真灵,生生化化,品物咸章。"

为形,实现人体的新陈代谢。① 人致病的重要原因是邪气侵入,正气不足。气有不调和之处,便是发病的本原处。② 按照这样的观点,所有自然灾害、社会灾难皆可用阴阳之气不调和来解释。

关于"阴阳",医家认为宇宙间一切都是内部阴阳相互作用的结果,由于人体小宇宙和外在的大宇宙之间存在对应的关系,用阴阳学说就可以解释人体的结构、生理、病理。③ 比如,人体的部位分阴阳:人体上半身为阳,下半身为阴;体表属于阳,体内属于阴;体表的背部属于阳,腹部属于阴;四肢外侧为阳,内侧为阴。脏腑分阴阳:心、肺、脾、肝、肾这五脏为阴;胆、胃、大肠、小肠、膀胱、三焦六腑为阳。其中属阴的五脏又分阴阳:心肺为阳,脾肝肾为阴;心肺之中,心为阳,肺为阴;脾肝肾之间,肝为阳,脾肾为阴。经络分阴阳:络属阳,经属阴;络中还分阳络、阴络,经中分阳经、阴经。人体的生命活动、各脏器的机理就是根据阴阳变化而发生。阴阳失衡是致病的主要原因,例如:阴盛则阳病,阳盛则阴病;阳盛则热,阴盛则寒;重寒则热,重热则寒。治疗的原则:损有余、补不足。比如,阳盛则阴病,阳盛则热,这时候就必须用寒凉药制其热。而在阴盛时,宜用温热药制其寒。在阴阳互损的情况下,比如同时过盛或过衰,根据阴阳互根的原理,又要采取阴阳兼补的办法。

关于"五行","木、火、土、金、水"是五行的基本元素。这五种元素功能各不相同。比如,木曰曲直,凡具有生长、升发、舒畅等作用的事物,归属于木;火曰炎上,凡具有温热、升腾作用的事物,归属于火;土爰稼穑,具有承载、生化、受纳作用的事物,均归属于土;金曰从革,具有清洁、肃降、收敛等作用的事物,归属于

---

① 《黄帝内经·素问·六节脏象论》曰:"天食人以五气,地食人以五味。"
② 《黄帝内经·素问·举痛论》曰:"百病生于气。"
③ 《黄帝内经·素问·阴阳应象大论》云:"阴阳者,天地之道也,万物之纲纪,变化之父母,生杀之本始,神明之府也。"

金。"五行"也受阴阳的制约，一般认为：木火属阳，金水土属阴；五行的每一个元素中又分为阴阳，如木阴、木阳、水阴、水阳等。将五行运用于医学，关键是要找出与五行配对的各部位。人体五脏与五行的关系：肝—木，心—火，脾—土，肺—金，肾—水。人体六腑与五行的关系：胆—木，小肠—火，胃—土，大肠—金，膀胱—水。人体五官与五行的关系：目—木，舌—火，口—土，鼻—金，耳—水。人的形体与五行的关系：筋—木，脉—火，肉—土，皮毛—金，骨—水；人体体表与五行的关系：爪—木，面—火，唇—土，毛—金，发—水。人体情绪与五行的关系：喜—木，怒—火，思—土，忧—金，恐—水。人体外观与五行的关系：青—木，赤—火，黄—土，白—金，黑—水。五气与五行的关系：风—木，暑—火，湿—土，燥—金，寒—水。五味与五行的关系：酸—木，苦—火，甘—土，辛—金，咸—水。还有，人所处环境与五行的关系。比如，方位与五行的关系：东—木，南—火，中—土，西—金，北—水。季节与五行的关系：春—木，夏—火，季夏—土，秋—金，冬—水。找到这些对应关系以后，医家就认为，凡是与五行中的某一行相对应的事物就具有这一行的特性。比如，肝、胆、筋、目都属于木，意味着肝合于胆，主筋，开窍于目，说明这四者密切关联。肺、鼻、秋归属于金，都具有清洁、肃杀等特性。根据五行归属理论，人体也可以划分为五类，比如，火型人—太阳，木型人—少阳，土型人—阴阳平和，金型人—少阴，水型人—太阴，不同类型的人体，也有不同的表现。

　　在弄清楚五行属性的归类后，"五行"之间存在相生、相克、制化规律。所谓相生规律，就是木生火，火生土，土生金，金生水，水生木。所谓相克规律，木克土，土克水，水克火，火克金，金克木。所谓制化规律，是将相生、相克结合，比如金克木，可是木还能生火，火能克金，这说明金克木不是单向的，木可以通过间接的方式反克金，这就形成了一种更加复杂的相生、相克关系。但是，当五行之间的相克超过一定程度，就出现相乘现象，比如被克那一行过于虚弱，克它的那一行乘虚侵袭，或者克的那一行过于亢盛，也会出现失衡的问题。除了相乘现象，还有相侮现象，指五行中的任何一行过分亢盛，使原来克它的那一行反而被它克制，也叫反克。比如以木为例，金可以克木，但木过分亢盛，金反而被木克制；或者木过分衰弱，不仅金乘虚侵袭木，连被木克制的土也反侮木。由于相乘和相侮使原有的平衡被破坏，出现了"胜气"，这种胜气在五行系统里必然招致相反的力量——报复之气，就出现了胜复现象。这一现象的实质，是使五行系统原有平衡破坏后又在另一水平上实现平衡。《素问·至真要大论》曰"有重则复，无胜则否"，《素问·五常政大论》曰"微者复微，甚者复甚"，就是对胜复规律的诠释，说明作用力与反作用相等，反制扰乱力量会随着扰乱平衡力量的增强而不断增强。《黄帝内经》用五行相生相克理论说明：自然界和人体内部有自动实现平衡的力量，有自我修复、自我矫正的能力，正是这种能力使大自然保持良好生态、使人体保持健康。现代医学、生物学和生态学已经证明这一结论的正确。正是有了中医学的经验和成效，使有机宇宙观在中国历史上始终保持着正统地位，使辩证思维牢牢把持着主导地位。

　　利用五行归属，五行相生、相克和天人相应思想，中医学用半经验、半比附、半推衍、半臆测的方式，建立起解释人体生理机能、五脏病变机理的学说，建立起人体各脏器之间的生化关系，建立起人体与自然，人体各个部位与自然的关系。这种思维认为万事万物都有相互对应关系。比如，土爱稼穑，具有承载、生化、受纳作用，脾属于土，因此被认为有主运化的作用；木生火，肝属于木，心属于火，因此肝木济心火，认为肝脏功能正常有助于心血管功能的正常；水克火，心属于火，肾属于水，肾水可防治心火亢盛；肝属于木，春属于木，意味着人的肝气在春天比较旺盛；肾、冬同属于水，冬天时，肾容易受到邪气侵蚀。根据这样一套理论，很自然地认为，不同自然环境下的人体，肯定有与该区域关联的特征，其疾病和治理也不同。《素问·异法方宜论》中，岐伯在回答黄帝关于同样的病为什么治理方法各不相同的询问时，回答说"地势使然也"。比如，在东方区域，属于"鱼盐之地"，人们"食鱼而嗜盐"，因此可采用砭石刺法；西方区域，那里"水土刚强"，百姓的饮食"华食而脂肥"，可以采用药物；北方区域，环境"地高陵居"，"风寒冰冽"，适合艾火灸灼；南方区域，"水土弱"，雾露聚集，可以使用"九针"。无论是经验观察，还是理性思考，不同环境下人体的疾病有不同的原因和诊疗方法，这种观点无疑是合理的。中医治病就有因地制宜、同病异治、异病同治的说法，这与西医割裂人体与环境的关系，单纯就人体谈人体、就某一脏器谈脏器，呈现出完全不同的思维模式。

通过医家《黄帝内经》可以清楚地看到，对同样的事物，由于思维方式不同，会有完全不同的解释，也会产生完全不同的思想体系。但是，任何经验科学，最终要依靠实践中的验证来证实，医学需要依靠临床来验证。医家的天道观主要继承了道家的自然天道思想，并在长期实践中获得经验支持。《黄帝内经》折射出一个强烈的信念：支配自然运行的普遍规律，同样也支配着人体的生理运动过程，人体内部的活动与宇宙的活动互为对应、息息相关，它们之间有着共同的底层逻辑。我们看到道家自然天道观在各领域的广泛应用，对中国古代科学贡献最大的是道家，倘若没有道家，很难设想中国学术思想会是什么样。但是收之桑榆、失之东隅，我们又怎能不知其害呢？历史上，道家反对名家最为激烈，现在看来，这种反对毫无道理。道家体系中的概念模糊、主观比附、思维玄同的特点成为今后发展的阻碍。这种模糊性和主观比附同样反映在医家的学术思想中，有些人会从中大受其益，但整体上弊大于利。

这些特点在星占家、堪舆家身上表现得更加明显。

三　星占家、堪舆家

古代天文学的发展对天道观和天人思想的形成产生了重要影响，反过来，天道观和天人思想又对古代天文学的发展同样产生影响，这两者之间是一个相互的过程，彼此影响、彼此强化。很难简单地说天文学在前，星占在后，或先有星占，后有天文学。[①] 星占是天象观察与天人思想相结合的产物，从远古时期一直到清末，古代中国天文学始终没有摆脱星占术的束缚，中国道统世界观、思维方式也一直受到星占术的影响。星占术的基本信念是：整个宇宙存在着统一法则，宇宙各处又存在着神秘的关联关系。阴阳五行支配着星占术，星占术的发展又强化了阴阳五行。因此了解星占家的思想，有助于理解中华学术思想特点。

星占家的理论基础是自然天道观、天人感应、分野思想等，贯穿其中的是阴阳五行干支。这一理论的主要观点是：天通过"象"表达意蕴，所谓"天垂象，见吉凶"，而这种"象"就是天空中日月星辰排列出的图案；天人关系中，天起主导作用，天象决定着人间事务，通过观察天象可以预知人事，特殊情况下也不排除人的行为可以干预天象。在星占家的世界里，天与地之间的对应关系是通过"分野"来完成的，这种对应关系，既可以对代表空间的"天区"进行划分以便与地上的九州相对应，也可以通过代表时间的干支与地上区域相对应。基于星占术对现实政治是如此重要，以至于汉代以来星占术和天文学成为一门国家垄断的学问，不准民间私自学习。星占作为一门官方学问，一直秘不示人，犹如当今的国家机密一样不为普通人

[①] 参见陈美东《中国古代天文学思想》第七章"星占思想、天人感应说及其影响"。

所知。这与西方传统中，星占术一直是民间的，可以公开讨论，有很大不同。古代中国，"有史以来。星占术一直是天文学发展的主要动力"①。直到明朝中后期，天文学和星占术才不再为朝廷垄断，也在这样的时间节点上，万历四十五年（1617）有位叫程明善的读书人，在一尊古佛腹中发现失传近九百年的《开元占经》一百二十卷，② 这是一部从战国到唐代包括星占术在内的占术大全，从而揭开了古代中国星占术的全貌。

星占家的第一个理论基础是分野学说。这套理论战国时期就已经比较成熟，大致有两种说法。第一种分野学说是用"干支"配属地域。据《开元占经》卷六十四引战国《石氏星经》的说法：

> 十天干与地域配属关系是：甲为齐，乙为东海，丙为楚，丁为南蛮，戊为魏，己为韩，庚为秦，辛为西夷，壬为燕，癸为北夷。十二地支与地域配属关系是：子为周，丑为翟，寅为赵，卯为郑，辰为晋，巳为卫，午为秦，未为中山，申为齐，酉为鲁，戌为赵，亥为燕。

这种配属关系是考虑了地域方位的五行后确定的，历代会有一些变化，比如《汉书·天文志》十天干的分野略有不同，东汉《荆州占》出现用12个月分野的方法。

第二种分野学说是用"星土"配属。所谓"星土"是指天上的每颗星辰都对应地上的一片土地，这是古代中国分野理论的核心。其中十二次分野、二十八宿分野是主要的分野方式，其他的还有北斗诸星配地域和单星配地域的方式。以十二次分野、二十八宿分野为例，

---

① 陈美东：《中国古代天文学思想》，中国科学技术出版社2008年版，第455页。
② 以下引文皆出自唐代瞿昙悉达《开元占经》，九州出版社2012年版，下文不再一一标注。

第十五章　阴阳家与医家、星占家

这里摘录《开元占经》卷六十四《宿次分野》，反映春秋战国时期分野。

> 角、亢，郑之分野，曰寿星。氐、房、心，宋之分野，曰大火。尾、箕，燕之分野，曰析木。斗、牛，吴越之分野，曰星纪。女、虚，齐之分野，曰玄枵。危、室、壁，卫之分野，曰娵訾。奎、娄，鲁之分野，曰降娄。胃、昴，赵之分野，曰大梁。毕、觜、参，魏之分野，曰实沉。井、鬼，秦之分野，曰鹑首。柳、星、张，周之分野，曰鹑火。翼、轸，楚之分野，曰鹑尾。

确定了分野的对应关系后，就可以通过某一星区的变化找到对应的地域，或者某年、某月、某日、某时发生天象变化，推算干支，找到对应的地域，然后预测该地域可能发生变化。这就是星占术的主要思路。这里涉及如何理解天象，并且从天象中读出吉凶并做出预测。这就是所谓"观乎天文，以察时变"（《周易·贲·彖》）。

星占家的第二个理论基础是对所观察到的各类天象的描述和分类。与古希腊天文学家关注天体之间的几何关系与神的属性不同，华夏先民观察天象除了了解气候、物候等实用目的，还有揭示天道的目的。在长期观察中，人们逐渐掌握了日月五星的活动规律，这些"规律"借助"政必本于天"（《礼记·礼运》）的思维，成为建立地上的社会组织、制定社会规则的依据。但是，总会有一些异常天象让人困惑，对这些异常天象进行解释，就成了星占家的主要工作。即便是现代人，对于异常的现象如果没有合理的解释，或者说用自然科学的"因果律"无法解释时也会产生恐慌一样，古代先民对于异常天象的恐惧就容易理解了。《荀子·天论》就说："星坠、木鸣，国人皆恐。"这类异常天象主要包括：天变、日变、月变、五星变、经星变、非常星出现、云气七大类。① 天变是指天开（天裂）、天鸣、天忽变色等，比如天空中有不明巨响，天空忽阴忽明甚至出现少见的颜色等。对于原因，有"天裂阳不足，地动阴有余"的说法（刘基《郁离子》卷九）。日变主要包括：日食、黑子、白虹贯日等，其中日食最受关注。月变主要有：月食、月晕等，随着星占学的不断完善，月犯五纬、月犯列舍成为月变占的主要内容。五星变主要是五大行星失行，与二十八宿的方位关系等。比如，作为凶星的荧惑侵入了二十八宿的某个区域等。经星变是针对恒星亮度变化和摇晃。非常星包括：彗星、新星、超新星、流星，在星占上格外受到重视。云气作为异常天象，是指天空中出现的特殊形态。针对这些异常天象的理解，包括两类：祥瑞和灾异。除了个别天象，如五星连珠、景星出现被认定为祥瑞，其他天象，如彗星、五星失行等都被认定为灾异。但是，祥瑞和灾异只是一个简单的说法，祥瑞和灾异到底代表了什么，是改朝换代、天子失德还是发生各种灾害，由于观点不同，就会有不同的解释。这里就涉及星占家们的第三个理论基础。

星占家的第三个理论基础是阴阳五行以及干支符号体系。干支最初作为符号体系，最初用于标记日期，以后年、月、日、时都可以用干支标记。随着干支用于分野，以及与阴阳五行的结合，干支作为时间维度全面渗透到各个领域，成为星占家的重要工具。这里简要叙述一个阴阳五行与干支、天象的归属关系。关于阴阳归属，就十天干与十二地支划分，天干为阳，地支为阴；从十天干来说，甲、丙、戊、庚、壬为阳，乙、丁、己、辛、癸为阴；从十二地支来说，子、寅、辰、午、申、戌为阳，丑、卯、巳、未、酉、亥为阴。关于五行归属，天干中的甲、乙，地支中的寅、卯，属于木；天干中的丙、丁，地支中的巳、午，属于火；天干中的戊、己，地支中的辰、戌、丑、

---

① 引自陈美东《中国古代天文学思想》，中国科学技术出版社 2008 年版，第 425 页。

未，属于土；天干中的庚、辛，地支中的申、酉，属于金；天干中的壬、癸，地支中的亥、子，属于水。眼尖的读者会发现，五行中的"土"归属最多，有四地支属土，其他只有两地支，这与当时的"五行莫贵于土"思想有关。随着干支与五行结合，再加上与方位有关的八卦结合，可以形成二十四方位图，与二十四节气关联，成为星占家的工具。① 天上的星辰也有五行归属，比如岁星（木星），属木；荧惑（火星），属火；填星（土星），属土；太白（金星），属金；辰星（水星），属水。此外，北斗七星，二十八星宿都有五行属性。由于比较复杂，这里不作介绍。试摘录《开元占经》卷二十三《岁星占一》所引战国文献，看如何从岁星（土星）的色泽判断凶吉的。

石氏曰："岁星之相也，从立冬至冬尽，其色精明，无芒角。"从五行看，冬天属水，岁星（木星）属木，而水生木，所以岁星在冬天的颜色是"精明、无芒角"。甘氏曰："岁星之王也，立春至春之尽，其色比左角大而苍，有精光而内实，仲春时有芒角。"春天属木，岁星也属木，因此岁星居于王时，其颜色"精光内实"，呈现"芒角"不为灾异，如有变色则是灾异象征。秋季属金，而金克木，岁星被克，其颜色应呈现黑色。《黄帝占》曰："岁星在东方之宿，色当青。岁星在北方之宿，色当黑。岁星在西方之宿，色当白。岁星在南方之宿，色当赤。"之所以如此，是从方位与五行的关系看，东方属木，色青；北方属水，色黑；西方属金，色白；南方属火，色赤。如果岁星与这个方位应有的本色不符，则意味着将有各种灾异出现。譬如岁星在东方之宿，如色白而角，有怒；色赤，有兵；色黑，有丧；色黄白，岁大熟。《左传》襄公二十八年记载梓慎占宋郑两国会出现饥荒，其理由是岁星当年应该在星纪之次，却超前到玄枵之次

---

① 以上参考卢央《中国古代星占学》。

（岁在星纪，而淫于玄枵）。根据十二次与二十八宿的关系，星纪和玄枵均为"北方玄武"，从天象看，岁星超前到玄枵之次称为"蛇乘龙"，意味着作为"苍龙"的岁星被作为"龟蛇"的玄武所乘，苍龙失败。从分野来看，正好对着地上的宋、郑这两个国家。所以，梓慎通过星占得出"土虚而民耗"必有饥荒的预测。

星占术对中国道统影响是深刻的，天象与人事有紧密关系的信念是如此强烈，即便到了清末依然认为："西方天文学只知推算，不知天人之理是一个大缺陷。"① 星占术与儒、墨、道的影响是相互的，由此形成比较复杂的天人关系。根据天与人关系的强弱，星占学的天人思想可以分为几类。第一，天垂象见吉凶，人只能被动接受天象呈现的祸福；第二，对天象显示的吉凶，人可以通过各种方式躲避或消除；第三，天象只是一个参考，重要的还是人自身，所谓"知天命、尽人事"；第四，天人相分，人与天各行各的道，人从天道中可以获得启示，甚至让天道为我所用。这种思想与各种不同的天道观相互混杂，呈现更加复杂的关系。比如，在"神灵之天"天道观下，人可以通过祭祀、"求雨"等仪式，免去灾害、求得福禄和雨水；在"道德之天"天道观下，人可以通过德行、善行去除灾害，尤其是君主的仁德更是免去灾异的主要原因；在"自然之天"天道观下，人遵循自然天道的规律，不妄动、不妄思就可以了，或者反对天象与人事有对应的思想。

星占家主要是为君主和官方服务。当把阴阳五行与干支、八卦、天象相互结合，用于预测百姓日常生活吉凶的时候，就形成了所谓的"堪舆家"（风水家）。堪舆家有一套理论作支撑，与一般意义上的"迷信"有很大不同。迷信是一种非理性的、神秘的崇拜，而堪舆家试图用人类理性可以理解的方式解释人们的日常生活。目前出土的睡

---

① 陈美东：《中国古代天文学思想》，中国科学技术出版社2008年版，第444页。

虎地秦简《日书》、九店楚简《日书》以及放马滩秦简《日书》等，共同揭示了战国时期民间百姓如何利用星占、五行、干支来安排民居环境、婚丧嫁娶，以及出行、生子、工作等日常事务。比如，睡虎地秦简《日书·生子》说，庚寅这一天出生的"女为贵，男好衣佩而贵"。看来任何一种学术思想都不能脱离特定的社会环境，而社会习俗也反映着一定时期人们的思想意识、价值观。① 此外，利用阴阳五行理论解释方术的神仙家（方仙道）也在战国中后期出现，北方的燕齐和南方的荆楚为盛。他们以长生成仙为目标，用炼丹和服食丹药为手法，迷惑帝王公侯。其著名人物，以秦始皇时期的徐福、卢生等为代表，汉武帝时期的李少君、江充等为代表。他们对帝王政治的影响力甚至超过一代名臣，令人唏嘘！

笔者在研究由阴阳五行、天干地支、日月五星、八卦方位、二十八宿以及人体、宇宙等组成的极为复杂体系——数术时，常常发出感慨，它带有排列、组合、变幻等组合数学的萌芽，通过这套复杂的符号体系来预测社会、人类和自然界，有时候像纯粹从若干公理推导出的数学体系，以及针对某一现象的数学模型，可是现代数学却能无理由地与自然界高度一致。看来，我们的这套体系的问题还是出在逻辑推理上。今天看来作为太阳行星的木星，作为季节的春天，作为地理方位的东方，作为标志时间的辰，作为序列使用的戊，作为味觉感知的酸，以及作为人体脏器的肝，作为视觉器官的眼睛，似乎没有必然的关系，因为你看不出它们之间有什么因果关系或逻辑关系。但是，在阴阳五行家的眼里看来，它们之间是有关系的，原因就在于它们都属于"土"，一个"土"字就能把它们紧紧连在一起，相互之间仿佛有神秘通道相连。这确实是一种独特的思维。笔者不敢完全排除作为

---

① 相关方面的研究可以参见［日］工藤元男《睡虎地秦简所见秦代国家与社会》，上海古籍出版社 2010 年版；罗见今《睡虎地秦简〈日书〉玄戈篇构成解析》，《自然辩证法通讯》2015 年第 1 期；等等。

行星的木星和作为脏器的肝有关联。这好比，遥远的河外星系有一颗光子产生了，理论上讲它必定会影响银河系、太阳系，影响地球，影响我们的生活，影响我们的身体，只是这种影响实在太微小了，完全没有必要去关注。过度关注宇宙各部分之间的关联性、过度强调联系，就会陷入荒谬。

第十六章
黄老之学与《吕氏春秋》

战国时期的东西方向分别有齐、秦两个大国、强国，给后世留下珍贵的学术思想遗产，分别是稷下学宫的黄老之学和秦相吕不韦组织撰写的《吕氏春秋》。它们之间有一个共同之处，都以道家思想作为理论基础，以阴阳五行为思维框架，以解决治国平天下问题为归依，将法家、儒家、墨家的观点编织在一起，形成一套独特的解决各类问题的方案。黄老之学即黄帝与老子之学，不同于老庄即老子与庄子之学，其思想渊源与宋尹派比较接近，不仅在稷下学宫时期受田齐政权的支持，以后还成为汉帝国初期的官方思想。而老庄是在魏晋时期才开始发达而到鼎盛。"黄老与老庄两派未发生明显的思想联系，两派在秦代以前尚未统一而成为道家，这两个学派的共同点是称述老子。"①《吕氏春秋》的思想倾向与道家谱系的杨朱派比较接近，《汉书·艺文志》将其列为杂家，但绝非各种思想观点的大杂烩。②《吕氏春秋》不仅保存了战国时期各流派的重要观点，具有珍贵的史料

---

① 王葆玹：《黄老与老庄》，中国人民大学出版社2012年版，第15页。
② 《吕氏春秋》思想归属问题学术界有较多争论。金春峰《论〈吕氏春秋〉的儒家思想倾向》（《哲学研究》1982年第12期）认为《吕氏春秋》讲仁政、王道和宗法道德，故思想体系属于儒家。但是，从该书自然天道占据主导来看，属于道家谱系无疑。不能认为秉持自然天道的就不会讲仁义道德。

价值，还开创了以某一思想为主兼容并蓄的范例。韩非把儒、墨视为当时的两大显学，其实战国末年起主宰作用的还是道家思潮，只是道家这个名称直至司马谈才正式出现，但自然天道观几乎成为包括韩非在内的各家各派共同的理论基础，鬼神天道观则暗流涌动，① 而高举仁义的道德天道观则随周道衰微居于从属地位。这也是由"大争"的时代特征所决定的。

一 黄老之学

作为汉初治国思想的黄老之学并非产生于汉代，一般认为黄老之学的兴起与田齐政权设立"稷下学宫"，并大力扶持有很大关系。老子说："天道无亲，常与善人。"这就为反对国君只能世袭提供理论依据。来自陈国的田氏作为客卿，在取代姜氏成为齐国国君的过程中，选择了同样出身于陈国的老子学说，为自己的篡权服务，同时将自己的家族上溯至黄帝，托名黄帝提出治国思想而与儒学言必称尧舜相抗衡。② 1973年12月马王堆汉墓出土的黄老《帛书》③（《黄帝四经》），是反映黄老之学思想的经典著作。《帛书》的成书年代当在战国中期，④ 大致是公元前386年周安王册封田和为齐侯之前。黄老之学固然与田齐的兴起密切相关，但也与学术思想自身发展逻辑、战国政治发展密切相关。

---

① 无论从《史记·封禅书》所述的"齐地八神"，还是睡虎秦简《日书》和九店楚简《日书》中作为行神、保护神的禹，都可以看出鬼神思想在民间势力强大。
② 王葆玹：《黄老与老庄》，中国人民大学出版社2012年版，第59页。
③ 见《马王堆汉墓帛书》，文物出版社1980年版。本章所引《黄帝四经》皆来自此书，下文仅列出篇名，不再列出版本信息。
④ 金春峰：《汉代思想史》，中国社会科学出版社1987年版，第45页。

第十六章 黄老之学与《吕氏春秋》

从学术思想发展逻辑看，自然天道观作为一种有着悠久历史传统的古代思想遗产，通过《老子》一书形成了比较完备的思想体系，同时也向多个方向发展。除了向避世主义的庄、列发展，也会向入世主义发展，形成更加积极有为的学术态度。比如，怀疑仁义礼的价值，专注研究刑德、赏罚、强弱、攻伐、兼并等问题，以解决实际问题。黄老之学就是这条思想路径的产物。它与道家谱系中的宋尹派思想关系密切，大量吸收早期政治家——管仲、子产、李悝、商鞅的政治思想遗产，继承古代思想遗产中的刑德思想，融合阴阳家、名家思想，提出了一套以治国和一统天下为目的的刑名法术思想。从现实政治需要看，战国以来形成七雄并立格局，在这个"大争"的时代，富国强兵是主题。孟子的"仁政"理想难容于列国政治，更不可能转化为一国的内外政策。孟子虽声名远播，与稷下学宫的学者有深入交流，但并不是稷下学宫的主流。孟子虽得到诸侯尊重，但其主张注定不被采纳。而黄老之学，有学者确认为是田齐政权的官方学说。[①] 虽然这个观点是否正确还需要有更充分的证据，但从《帛书》的内容看，确实提出了一套有别于儒家的治国思想。这里仅就《帛书》四篇——《经法》《经》《称》《道原》中反映的黄老思想做一概要梳理。它提出并回答了以下七个方面的问题。

第一个问题，宇宙世界如何发生、演变。这是任何一套治国理论都必须回答的。它与宋尹学派相近，认为万物之本的"道"是一种无形无名、"湿湿梦梦，未有明晦"的气（《道原》），气"分为阴阳，离为四时"（《经·观》），万物也因阴阳之气的聚合形成。道体虚空无形，寂静深远，万物因此而生。天地之间呈现的各种神妙原理都本原于道。[②] 事物动、静各异但其中的"道"不变，本原就是

---

① 王葆玹：《黄老与老庄》，中国人民大学出版社2012年版，第62页。
② 《经法·名理》："道者，神明之原也。神明者，处于度之内而见于度之外也。"

虚无。

第二个问题，天道与现实政治的关系。黄老之学无为而治的政治理念来自对天道的观察。其基本思路是：既然天道的本质是"气"、是"太虚"，无为而又能无不为便是天道的本质；君主作为国家的中心应以静虚为本。秉持天道为行为准则，就应做到无执、无处、无为、无私。[①] 君道虚静在战国时应该是普遍流行的观念，商君、韩非以及《吕氏春秋》都是这个意见。《吕氏春秋·审分览·君守》云："善为君者无识，其次无事。有识则有不备焉。"黄老之学"无为"之落脚点是在"无不为"，从"道"产生宇宙世界来看，似乎"无为"但却是比任何东西更伟大、更富创造力。从政治策略看，君主无为才能使臣民无不为，君主无为的手段是借助法令使社会有序运转。这种狡黠的辩证法运用于政治便是一门艺术。按照司马谈理解的道家（黄老之学），既"使人精神专一，动合无形，赡足万物"，又能"因阴阳之大顺，采儒墨之善，撮名家之要，与时迁移，应物变化，立俗施事，无所不宜，指约而易操，事少而功多"（司马谈《论六家要旨》）。黄老之学吸取各派长处，认为事物没有既成不变之势，没有常存不变之形，顺势而变、顺时而动，既不超前，也不落后，具体情况具体分析，牢牢把控事物发展的主动权。司马谈确实掌握了黄老之学的精髓。

第三个问题，对人性采取自然人性的看法。任何治国思想都建立在对"人"的认识上，古今中外概莫能外。黄老之学没有像荀子那样提出人性恶，但基本否定人性善的思想。人既然是自然产生，必然具有一切的自然属性，其人性犹如自然之水，方的、圆的、扁的，基本由自然来塑造。与孟子所反对的告子人性思想类似——无善无不善。任何人都有交配的需要，如渴了饮水、饿了觅食，是一条自然法

---

① 《经法·道法》："故执道者之观于天下，无执、无处、无为、无私。"

第十六章 黄老之学与《吕氏春秋》

则。谁能简单断定这种行为的善恶？人要生存，就必须获取物质利益，因此就会发生争斗。这是黄老之学的基本观点。① 有这样的人性，刑德的恩威并施、法律的赏罚二柄才能起作用。人一降生便伴随有各种祸害，根源在于各种欲望的无止境。从这出发，黄老之学发展出有别于老庄的消极思想，强调可以利用"道"来趋利避害。所谓"天制寒暑，地制高下，人制取予"（《称》），人和万物一样都是由气聚合而成，但当体内积聚了"精气"，就能够"知人之所不能知，服人之所不能得"。黄老之学洋溢着对人的主观能力的高度自信，"人"能够与天地并立，甚至人能够胜天。

第四个问题，法的来源和价值。关于法的来源，法来源于道，由道生成，其价值是衡量社会政治生活是非、曲直、得失的准绳。② 生活离不开度量衡，不管是称量粟米还是工匠制器都需要斗石、绳墨等，治国也需要有办事的标准，用法律矫正行为，否则就会紊乱。所谓"是非有分，以法断之；虚静谨听，以法为符"（《经法·名理》）。在如何实施法令上，借黄帝问阉冉如何开始施政，阉冉回答说，始于自身修养，然后有公正的法度，然后以法衡量他人，做到内外协调，然后才能事成。③ 阉冉提出，如果能做到"左执规，右执柜（矩）"，还担心天下得不到治理？为政者以修身为先，以规矩为要。这一思想中开始有了儒法兼用这一横贯古代中国的施政气象。

第五个问题，处理好刑、德关系。法作为一种规则，必然包括赏、罚两方面，赏者为德、罚者为刑，缺一不可。黄老之学继承了古代思想遗产中的刑、德观，并予以创新。对"德"的理解与宋尹派和韩非的看法类似，"无形无见"的"道"化生万物，就是"德"。

---

① 《经·观》："夫民之生也，规规生食与继。不会不继，无与守地；不食不人，无以守天。"
② 《法经·道法》："道生法。法者，引得失以绳，而明曲直者也。"
③ 《经·五正》："始在于身，中有正度，后及外人，外内交接，乃正于事之所成。"

"德"的本义是"得",含有恩惠、德泽的意思。君主治国给万民以恩惠、奖赏,就是"德"的体现。"刑"包括对内、对外两方面,对外意味着征伐、杀戮,对内意味着惩治、斩杀。《经·观》云:"刑德皇皇,日月相望,以明其当,而盈无匡。"刑与德如同日月一样不可动摇。黄老之学把刑、德视为天刑、天德,符合一阴一阳的天道法则。所谓月为阴、日为阳;刑为阴、德为阳;罚为阴、赏为阳;武为阴、文为阳。刑、德是缺一不可的整体,"天德皇皇,非刑不行;穆穆天刑,非德必顷(倾),刑德相养,逆顺乃成"。光有德没有刑,办不成事,光有刑没有德,会导致失败,最好的办法就是刑德相辅、相成。《尉缭子》有一句话:"黄帝有刑德,刑以伐之,德以守之。"比较好地概括了黄老之学在刑德上的看法。黄老之学接受阴阳家的思想,把刑德与一年四季的运行结合起来,春生、夏长,体现了德,秋杀、冬藏,体现了刑。因此在使用刑德上,要先德后刑。黄老之学把刑德及双方的关系讲透彻了。刑、德体现了天道,刑与德既相互独立,又相互联系,还相互转化。天德须通过天刑来维护,执行天刑就是成就天德;天刑也须有天德作基础,这时候天德保证了天刑更有力量。老子的辩证法使黄老之学的刑德思想更适应了现实政治需要。

第六个问题,建立刑名法术体系。史称汉文帝、韩非都属于喜好刑名法术。[①] 通过黄老《帛书》可以对"刑名法术"有一个比较完整的理解。这里的"刑"既有与刑德并称时刑的含义,也与"形"通假,有"型"的含义,即模型。治国方面,"刑名"思想具有方法论的意义。基本思路是:对各种事物有序分类、准确界定、确立名称、清晰内涵,然后依据"事物的刑(形)"和"事物的名"进行核验,不符合刑(形)、名要求的,进行矫正,则国家能得到有效治

[①] 《史记·儒林列传》:"孝文帝本好刑名之言,及至孝景,不任儒者,而窦太后又好黄老之术。"《史记·老子韩非列传》:"韩非者,喜刑名法术之学,而其归本于黄老。"

理。故《经法·道法》云:"是故天下有事,无不自为刑(形)名声号矣。刑(形)名已立,声号已建,则无所逃迹匿正矣。""名刑(形)已定,物自为正。"与韩非的"循名责实"相比,"刑名思想"对名实关系的理解是双向的。《尹文子·大道》:"名以检形,形以定名,名以定事,事以检名,察其所以然,则形名之与事物,无所隐其理矣。"对刑名关系和作用做了准确概括。黄老之学所谈的"法"是一种宽泛意义的法,除了成文法,也包括风俗、习惯和通行的行为准则,与韩非专指由国家颁布的成文法有所不同。关于"术",在申不害和韩非那里,专指君主藏在心里以驾驭大臣的手段,类似于"阴谋权术"。① 而黄老《帛书》将"术"称为"王术",可看作"阳谋策略",认为"不知王术,不王天下"。什么是"王术"?概括起来有:能参合天时、地利、人事三方面因素;田猎有度,饮宴有节,不惑于珍奇玩物,具有玄德;看轻一城一池而重视士人归附;看轻财物而重视贤才等(《经法·六分》)。可以看出,黄老《帛书》是一套有别于儒家的解决国家治理问题的思想体系,继承了《老子》中重自然反人文的思想路径,"既不能乞求宗法仁恩来解决社会'大争之世'的矛盾,也不能相信人类理性的自觉和善意,能消除这种矛盾。唯一能够依靠的只能是力量和智慧的较量与斗争"②。与韩非的阴谋——术不同,黄老之学是光明正大的阳谋——王术。这套刑名法术还包括德,如"主惠臣忠"(《法经·六分》),"慈惠以爱人"(《经·顺道》),"兼爱无私,节赋敛、夺民时"(《经法·君正》)。体现了黄老之学"两手抓"的思想。

第七个问题,战争的正义与非正义。战国中后期的黄老之学,不泛泛反对兼并战争,也抛弃了"存亡继绝"的传统理想。《经·本

---

① 《韩非子·难三》:"术者,藏之于胸中以偶众端而潜驭群臣者也,故法莫如显而术不欲见。"

② 金春峰:《汉代思想史》,中国社会科学出版社1987年版,第42页。

伐》把战争分为三类，"为利者，为义者，行忿者"。反对为利和行忿的战争，而主张义战。义战的标志是："伐乱禁暴，起贤废不肖。"反对盲目地相信暴力，对外战争必须体现正义性，体现在刑德结合。但是，我们切不可以现代意义上的正义，或者孔学所讲的义去理解。两者相去甚远。《经法·国次》举出了义与不义的两种情形。所谓不义的，就是兼并他国后，修理其城郭，占据其宫室，享用其钟鼓，贪图其钱财，占有其子女；所谓义的，就是兼并他国后，拆毁其城郭，焚毁其钟鼓，均分其财产，散居其子女，将土地分割赏赐贤能之人。也就是兼并其他国家后，好处不能由国君个人独占。这是分封制在思想领域中的反映。这里的"义"只是考虑征服者上层如何有"义"地瓜分战利品、如何毁灭被征服者的城池，当然不会考虑被征服者的愿望。

黄老之学还用黄帝与大臣对话的方式，分析国家治乱兴亡的规律，探讨治国方略，树立起有别于儒家尧舜的先王形象。黄帝即位是"受命于天，定位于地，成名于人"，做到"畏天爱地亲民"，"能亲亲而兴贤"（《经·立命》）。大臣力黑对黄帝说，天地已经形成，人类诞生，但现在却"逆顺无纪，德虐无刑，静作无对，先后无名"，要想让社会有序运行，怎么办？黄帝从阴阳之"气"形成宇宙说起，认为赏罚、刑德如阴阳一样必须并举，还要符合天道规律先德后刑，凡是符合天时的，必须决断，否则"当断不断，反受其乱"[①]。《经·姓争》中黄帝用同样的问题问力黑，如果百姓不遵守天道，阴谋颠覆怎么办？这次轮到力黑回答。他说，天道自有规律，"顺天者昌、逆天者亡"，该用刑的时候用刑，该用德的时候用德；该安静的时候安静，该行动的时候行动，动静合时，就能得到天地的庇佑，动静失

---

① 《经·观》。比较一下范蠡对勾践说的"得时无怠，时不再来，天予不取，反为之灾"（《国语·越语下》），两者有极相似的思维方式。

第十六章　黄老之学与《吕氏春秋》

时，会受到天地惩罚。讲的还是两手抓、两手都要硬的道理。当蚩尤恶贯满盈，黄帝看准时机用刑杀对付蚩尤，并盟誓天下：再有违反信义、悖逆天时的，将受到蚩尤同样的惩罚。① 蚩尤受到什么样的惩罚，其他古文献没有具体描述，《经·正乱》则做了详尽描述。黄帝剥下蚩尤的皮做成箭靶供人射箭，射中的给予奖励；剪下蚩尤的头发装饰旗杆悬挂起来，称为"蚩尤旗"；在蚩尤的胃中塞满毛发制成皮球，用作足球踢；把蚩尤的骨肉剁碎掺入苦菜制成肉酱，分给天下人。同时让人仿制蚩尤的模样，弯曲脊背、披枷戴锁、面容呆滞、俯卧在地上。这种公开化的既血腥又残暴的报复行为，得到黄老之学的充分肯定。接着黄帝以上帝名义给天下设立禁令：不要破坏我的法令，不要扰乱民心，不要背弃天道。黄老之学认为，社会要遵守三种规则，分别来自天、地、君。行事不按照一定的规矩，为天道所禁止，比如冬季行夏令，春季行秋令，肯定忤逆天道；违背农事规律，为地道所禁止，春播、夏长、秋收、冬藏不能颠倒；背离法令，为君主所禁止，杀人越货、坑蒙拐骗会受到法令的惩治。② 依道行事的圣人，是"合于天地，顺于民"，"上知天时，下知地利，中知人事"（《经·前道》），也就是遵守天道、地道、人道治国则国家必定强盛。

黄老之学下的黄帝还是一位善于守"雌节"的先王。凡自我炫耀、自以为是、桀骜不逊的，称为"雄节"；温和、谦让、恭敬的，称为"雌节"。立足"雄节"是积累祸端的原因，守住"雌节"即便有所失，也是积累福德的过程。"雄节"看上去盛气凌人，实则是"凶节"，而"雌节"看上去温顺，实则是"吉节"。黄帝与力黑讨论大庭氏（神农炎帝部落的首领）如何管理天下时，力黑认为，关键是采取"安徐正静、柔节先定、良温恭俭"的态度，守住"雌节"

---

① 以上内容根据《经·五正》整理。
② 以上内容根据《经·三禁》整理。

而不敢居先自傲，善战却表现出怯弱，强大却执守卑弱。对于守雌节有利，倡导黄老之学最力的汉文帝应该深有体会，当年他母亲薄氏本着守雌节的信念，带着年幼的刘恒顺从地来到荒僻的代国，从而躲过了吕后的追杀，最终登上了皇帝大位，实现了无为而无不为，开创"文景之治"，成就了一代仁慈有为之君的美德。汉文帝深得黄老之学精髓，以谦卑、宽厚、有为著称于世，作为汉文帝正妻的窦氏又怎能不坚守黄老之学？

黄老之学作为能与儒家相抗衡的思想体系，与商学派一样，是经过实践证明为可行的学术思想。它经济上采取自由放任的政策，与民休息，不禁止百姓开矿、制盐；政治上持静虚无为态度，采取"戒急用忍"的策略，皇权与相权，中央与地方，各自遵守权力边界；社会治理上采取严刑峻法，刑德相互配合，动辄得咎；在文化上采取容忍和逐步同化的政策，如《经法·君正》云："一年从其俗，二年用其德，三年而民有得，四年而发号令，五年而用法令，六年而民敬畏，七年而可以正（征）"，就是针对战国时期各国风俗习惯差异很大这一现实。事实上，秦朝短命的主要原因是推行秦法过急，百姓并没有得到好处，民心自然不会凝聚。黄老之学与墨子强调功利很相近，利用了人的好利之心。在利用人的趋利性来实现政治目的上，田氏代齐过程体现得淋漓尽致，反映黄老之学对人性认识之精准。田氏一方面用大斗借出粮食、小斗收进的方式笼络民心。另一方面牢牢把握住齐国惩戒大权。《史记·陈丞相世家》对比刘邦、项羽为人，可作一例证。陈平对刘邦说，项羽为人"恭敬爱人"，有很多"廉节好礼"之士归附，但是一说到论功封爵的时候，就很计较，舍不得给，使很多有才干的人都走了。项羽爷爷辈还是鲁人，深受儒家文化影响，表面上"仁慈好礼"，但是他并没有领悟孔孟的精髓——推己及人——自己喜欢女人和土地就应该想到别人也喜欢女人和土地。项羽在利益上太抠门，太计较一时之得失，而刘邦正好相反——不拘礼节，但算计长远利益。因此，陈平建议刘邦用钱财去离间项羽君臣，结果大获成功。史载陈平临死时说："我多阴谋，是道家之所禁……以吾多阴祸也。"（《史记》卷五六）受黄老之学影响的陈平，临终前"良心"发现，感到利用人性的弱点去谋取政治利益有点卑鄙。事实上，高扬无为和功利的黄老之学在汉初七十多年的政治实践带来较多弊端。有学者认为，汉初清净无为的口号下，实质是"空前残酷"的法治；在休养生息下，实施"放开一切致富门路"的政策；"萧规曹随"的无为而治，实质是听任豪强武断乡曲。① 汉景帝时期的"七国之乱"，经济自由造成的贫富悬殊，不断膨胀的匈奴势力，都预示着思想界将有一场新的变革。黄老之学作为一种治国工具，具有纯工具的优点和缺点，但其反人文的色彩无法为政权的正当性提供支撑，也无法为社会秩序提供更加稳固的价值基础。

二 《吕氏春秋》

《吕氏春秋》的价值在历史上毁誉两极。② 若消除"因人废言"对吕不韦的偏见，当是一部很了不起的著作。胡适把一直归于杂家的《吕氏春秋》列为道家思想，把杨朱的"为我主义"思想视为贯穿其中的中心思想。③ 这是值得注意的，也是笔者所赞同的观点。吕不韦和他的门客高举天道自然的大旗，运用阴阳五行思维框架，以杨朱的"贵生""重己"为出发点，吸收儒、墨、法的观点，构建起庞杂的

---

① 参见金春峰《汉初黄老思想的政治实质及其在学术领域的影响》，《汉代思想史》，中国社会科学出版社1987年版。
② 东汉高诱注："此书所尚，以道德为标的，以无为为纪纲""大出诸子之右"，见《诸子集成》六《吕氏春秋》。但后人把它视为杂家，缺乏定见。
③ 参见胡适《中国中古思想史长编·杂家》，漓江出版社2013年版，第44页。

思想体系。他们把宇宙看作一个生机勃勃、各部分相互关联的有机体,①天地人浑然为一体,有着统一法则,日月星辰、季节变换、农事、政事、民事,甚至吃穿住行、婚丧嫁娶都受其控制。他们认为"天下莫贵于生"(《吕氏春秋·仲春纪·贵生》),个人生命要贵于天子这个爵位,个人利益要重于天下的财富,②如果天下人人的生命得到保全,人人的利益得以尊重,则意味着天下就得到了很好的治理。通常认为,秦国是法家思想占统治地位,更因为秦王嬴政欣赏韩非的著作,而认为秦国实行的是韩非的君主专制主义思想,但吕不韦作为秦国丞相、秦王政的仲父,其主持编纂的《吕氏春秋》,法家思想所占比例反而很少,这与黄老《帛书》形成强烈对照。这从另一个侧面说明,司马迁认为韩非、慎到等源出于稷下学宫的黄老之学的判断是有依据的。有学者把韩非归为秦法家,以证明秦法家比以黄老之学为核心的齐法家更严酷,缺乏可靠史实依据。

《吕氏春秋》洋洋洒洒二十余万字。吕不韦言:"爰有大圆在上,大矩在下,汝能法之,为民父母。"(《吕氏春秋·序意》)有规矩在手便可治理天下,成为民众的父母。古代的盛世无一不遵循天地的法则。③他提出:"私视使目盲,私听使耳聋,私虑使心狂。三者皆私没精,则智无由公。智不公,则福日衰,灾日隆。"(《吕氏春秋·序意》)显示出吕不韦要以"公"来治理天下的理想。吕不韦在《序意》中勾勒出编纂该书的用心。他是否想以此来教育、规制年轻的秦王政?不得而知。概括起来,《吕氏春秋》提出并回答了以下几个

---

① 徐复观在《两汉思想史》第2卷中写道:"这确要算吕氏门客的一大杰构,而为前所没有的具体、完整而统一的宇宙观、世界观。"(徐复观:《两汉思想史》,华东师范大学出版社2001年版,第14页。)准确地讲,应该是道家和阴阳家的宇宙观,不能算作吕不韦及门客首创。

② 《吕氏春秋·孟春·重己》:"今吾生之为我有而利我亦大矣!论其贵贱,爵为天子不足以比焉;论其轻重,富有天下不可以易之。"

③ 《吕氏春秋·序意》:"古之清世,是法天地。"

主要问题。

（一）关于政府、君主的起源和目的

《吕氏春秋》认为，相较于动物，人没有用于自卫的利爪，肌肤不足以抵御寒暑，筋骨不足以逃避祸害，勇敢不足以阻挡猛兽，却能利用万物，制服猛兽，寒暑燥湿不能侵害，就是因人能群居。这个观点取自荀子。人们相互聚在一起，就能相互得利，使天下人聚集在一起，天下就能得利，这是设立政府、确立君主的初衷。按照杨朱的观点，既然个人生命和利益是如此重要，政府和君主必然要以民众利益为出发点，所以"置君非以阿君也，置天子非以阿天子也，置官长非以阿官长也"（《吕氏春秋·恃君览·恃君》）。设立君主、天子、长官的根本目的，在于有利于天下人。如果设立政府、君主的目的不能实现，就必须废弃，改立符合"君道"的人。君道是什么？君道就是要为百姓谋利益而自己不谋私。"故废其非君，而立其行君道者。君道如何？利而勿利章。"（《吕氏春秋·孟春纪·贵公》）君可废可立，关键在于是否符合天下百姓的利益。这一观点与孟子相同。《吕氏春秋》反复强调，古代圣王治理天下，首要的就是讲"公"，"公则天下平"，设立君主必须出于公心，所谓"天下，非一人之天下也，天下人之天下也"（《吕氏春秋·离俗览·离俗》）。还以舜、汤作为例子说明"以爱利为本，以万民为义"，这是墨子观点的重现。

政府有效运行建立在人各有欲望的基础上。一个最基本的道理，即人都喜欢荣誉和利益、讨厌侮辱和损害；如果没有欲望，人就不好管理。这一思想与商君、荀子、墨子的观点一致，与老子倡导"无知无欲"拉开了距离。因此《吕氏春秋》强调"人之欲多者，其可得用亦多。人之欲少者，其得用亦少。无欲者，不可得用也。""善为上者能令人得欲无穷，故人之为得欲无穷也。"（《吕氏春秋·离俗览·为欲》）好的统治者就是要不断满足人的各种欲望。人的欲望不仅不是邪恶的，反而是符合天性的，是人之所以为人的原因。"天使人有欲，人弗得不求。天使人有恶，人弗得不辟。欲与恶，所受于天也，人不得兴焉，不可变，不可易。"（《吕氏春秋·仲夏纪·大乐》）这种把欲望看作人的天性，不可变、不可易，把爱利视为天下之大道的思想，还是自然人性论即告子的观点。看来，孟子严厉驳斥的告子，其实在战国时期有很大市场。

（二）关于贤人政治

《吕氏春秋》认为：治乱存亡之道并不是如高山与溪谷、白垩与黑漆那样一目了然，因此，必须起用贤人来治理国家。反复强调得一贤人则国治，失一贤人则国乱。一国国君可能不是贤人，但任用的人必须是贤人。那么这种贤人政治或者叫"精英政治"有什么特点呢？与秦国法治主义的传统又有哪些相悖或相补的地方？

第一个特点是虚君加有为宰相（责任内阁）。《吕氏春秋》宣扬的君道思想内涵比较丰富，除了"能不能为百姓谋利益而自己不谋私"［利而物（勿）利章］，还提倡无知无识的君道论和能使众智的君道论。关于无知无识的君道论方面议论很多，比如："得道者必静，静者无知。知乃无知，可以言君道也。""君也者，以无当为当，以无得为得者也。""故善为君者无识，其次无事。有识则有不备矣，有事则不恢矣。"（《吕氏春秋·审分览·君守》）"君道无知无为，而贤于有知有为，则得之矣。"（《吕氏春秋·审分览·任数》）"无智、无能、无为，此君之所执也。"（《吕氏春秋·似顺论·分职》）当然，虚君并不是君主什么都不做，而是有所为，有所不为。《审分览·知度》云："明君者，非遍见万物也，明于人主之所执。"那么人主之所执是什么？核心还是任用贤人。君主以静虚为本，一般不过问政事，其主要的责任就落到宰相等众官员头上。由于君主不直接躬亲政事，所以不会做错事，责任就全在政府各级官员身上，因此《君守》篇特别强调"当与得不在于君而在于臣"。虚君的同时任用贤能的官员，这就是能使众智的君道论。这方面的议论也很多，如"先王用非其有，如己有之，通乎君道也。夫君也者，处虚素服而无智。故能使众智""为宫室必任巧匠，匠不巧则宫室不善"（《吕氏春秋·似顺论·分职》）说的都是君主如何驾驭群臣，分配好各自的职责，发挥各方面的专业能力和积极性。为此还专门举出齐桓公与管仲的例子，各种大小政事都由管仲办理，这样就可以做到"大圣无事而千官尽能"（《吕氏春秋·审分览·君守》）。

那么这种虚君加有为宰相的政体有没有史实依据呢？据司马迁记载，汉武帝与大臣讨论问题时，提了一些自己的想法，竟然遭到丞相汲黯的反驳，讥讽武帝"内多欲而外施仁义"，怎么可能实行尧舜的垂拱而治。对此，汉武帝也只是变色退朝，事后也并未追究汲黯。①这件事竟然发生在一代雄主身上，确实令人不可思议。

第二个特点是强调治国是专业性很强的工作，只能由贤人决策，不能听众人的议论。商君早就提出"民不可与虑始，而可与乐成"（《商君书·更法第一》），不能与民众商量如何治国，而只能与民众共享治国成功后的成果。这一点可能不为现代人所喜欢，但是，它确实道出了现实政治的实情。《吕氏春秋》继承了这一思想，认为治乱存亡刚开始的时候如同秋毫，能做到明察秋毫很困难。② 治国需要丰富的学识和高超的手段，不是一般人能胜任，因此"听群众人议以治国，国危无日矣"。为此，《乐成》篇举了很多事例来证明。当初大禹用疏浚的方式治理洪水，可百姓并不领情，反而把瓦砾聚集到行洪区，

---

① 《史记·汲黯传》："天子方招文学儒者，上曰吾欲云云，黯对曰：'陛下内多欲而外施仁义，奈何欲效唐虞之治乎？'上默然，变色而罢朝。"

② 《吕氏春秋·先识览·察微》："故治乱存亡，其始若秋毫，察其秋毫则大物不过矣。"

以堵塞洪水，等到大禹治水成功，人们才发现他的远见卓识。魏襄王任用史起引漳水灌溉邺田，一开始遭到百姓的强烈反对，还准备抄没史起的家产，史起只好躲藏起来。魏襄王又派其他人代替史起继续这项工程。等到这项水利工程完成，百姓受益以后才开始作歌传颂史起。另外又举了孔子治鲁和子产治郑的故事，一开始都是受到百姓的阻挠和责难，说明民众往往缺乏远见，需要有深谋远虑的贤人，但贤人并不是完人，还需听取各方面意见、博采众长后再做出正确决策。故《孟夏纪·用众》云："善学者，假人之长，以补其短。天下无粹白之狐，而有粹白之裘，取之众白也。凡君之所以立，出乎众也。"

需要说明的是，治国不能根据众人的议论来进行，其理由主要还是从纯技术角度出发，商君的落脚点在"可与乐成"。贤人治国的出发点是顺民心，最终目的还是百姓受益。《季秋·顺民》云："先王先顺民心，故功名成。故凡举事，必先审民心，然后可举。"最终实现"重民之生、达民之欲"的政治理想。《吕氏春秋》有极为强烈的重民思想，但有学者认为："尊君思想自申商见诸实行，至秦更变本加厉，风靡天下，而贵民思想几成绝学。"① 此言极谬。

第三个特点是合理划分职守、建立分工负责的"官僚制度"。《似顺论·分职》云："先王用非其有如己有之，通乎君道者也。"讲到武王由五人辅佐，这五个人的本领武王都不具备，但分工负责、配合默契，最终取得天下。这里的职责分工，既包括君权与相权的划分，也包括相权与军权、监察权的划分，还包括政府内部的职能划分。因此，贤人政治绝不是招募几个贤人，指点一下江山、发一通议论、讲一些大道理那么简单，而是形成一个既有分工又有合作，既要相互制约又有相互协调的官僚体制。《季春纪·圆道》云："天道圆，地道方……主执圆，臣处方，方圆不易，其国乃昌。"而职责一旦划

---

① 萧公权：《中国思想史》上卷，商务印书馆2016年版，第285—286页。

定，就必须严格遵守，《不苟》篇讲了公孙枝越权向秦穆公提出建议，百里奚越权为公孙枝求情，都属于禁止之列。这些属于法家的思想了。

第四个特点是谏官制度。《吕氏春秋》反复强调直言劝谏的重要性。《恃君览·达郁》篇提出，人体有三百六十节、九窍、五脏、六腑，如果血气淤积就会生病，这就是所谓的"郁"。一个国家也有"郁"，比如德性不得伸张，百姓欲望不得满足，长此以往，国家"则百恶并起，而万灾丛至"，这就需要有忠臣敢于直言来疏通"郁塞"。召公谏周厉王曰："防民之口，甚于防川。"如不能达民欲、决郁塞、闻过失，国家就会失去活力。这就为谏官制度提供了理论依据。《自知》篇说："尧有欲谏之鼓，舜有诽谤之木，汤有司过之士，武王有戒慎之铭。"接着讲了一个偷钟人的故事，因钟太重，就想把钟砸碎后带走，可是砸钟总会有声音，于是把耳朵闭上，因此，如果君主有过失而不愿意听，不就像这个偷钟人吗？①

《直谏》篇记载了葆申鞭笞楚文王的故事。楚文王沉迷于云梦的狩猎而三月不返，被女色吸引而长期不上朝。葆申根据楚文王的过失，决定使用鞭笞，尽管楚文王多次申辩依然免不了受刑。于是，葆申跪着鞭笞楚文王的背部。鞭笞结束后，楚文王说，既然打了，索性用力打吧！葆申说"君子耻之，小人痛之"，一个人没有羞耻感，打痛了又有何用？葆申自请死罪。楚文王说，葆申何罪之有？于是杀掉猎狗、折断弓箭、赶走美女，悔过自新。

第五个特点是依法办事。《吕氏春秋》讲法与黄老《帛书》讲法有区别，这种区别体现在对法的认识上。黄老之学把"法"看作自然不变的规则，所谓"道生法"，有亘古不变的味道。而《吕氏春秋》强调的是一种不断与时俱进的法令。《慎大览·察今》云"故治国无法则乱，守法而弗变则悖"，特别提出三种人与法令的关系。一

---

① 《吕氏春秋·不苟论·自知》："为人主而恶闻其过，非犹此耶？"

是百姓，不得随便议论法令；二是有司（官吏），必须死守法令、忠于法令；三是贤主，必须因时事的变化不断调整和完善法令。这实际上是对商君开创的秦国法治现状的描绘。静态的法治只能使一个国家趋于保守、封闭，而动态的法治才是国家充满生机、不断发展的可靠保障。

《吕氏春秋》强调德、法并用，以德为先的观点。《离俗览·上德》云："以德义，不费而民劝，不罚而邪止""严刑厚赏，不足以致此"。《离俗览·用民》提出："凡用民，太上以义，其次以赏罚。"说明《吕氏春秋》的作者对人性有更深刻的理解，百姓尽管有趋利避害的一面，但人绝不是利益的奴隶，单纯依靠严厉的刑罚和丰厚的奖赏依然造就不出讲信义的人。

（三）关于战争和天下一统

《吕氏春秋》不赞同墨子的非攻思想，强调战争从人类的天性看不可避免，战争所展现的威力，恰恰反映了民众的威力。[①] 一定程度上解答了墨子的"认知悖论"——能被世人称为英雄的，其发动的战争必然具有正义性。《吕氏春秋》认为战争具有破坏性，会死人，但不能因此而停止战争。正如有吃饭噎死的，但不能因此禁食；有坐船淹死的，不能因此禁止舟船。战争就如水火，善于利用是福，不善于利用是祸。就如同用药，用良药就可以救人，用药不慎则会死人。实际上进一步肯定了古代思想遗产中"吊民伐罪"的正当性，仁义之师，拯救万民于水火，犹如孝子见到父母，饥饿之人见到美食。[②]

---

① 《吕氏春秋·孟秋季·荡兵》："古圣王有义兵而无有偃兵，兵之所自来者久矣。与始有民俱。凡兵也者，威也。威也者，力也。民之有威力，性也。性也者，所受于天也，非人之所能为也。"

② 《吕氏春秋·孟秋季·荡兵》："兵诚义，以诛暴君而振苦民，民之说也，若孝子之见慈亲也，若饥者之见美食也。"

《振乱》篇特别提出，"攻无道而伐不义"是造福百姓的好事，如果禁止正义的战争，就是"息有道而伐有义"，使汤武穷困而让桀纣罪恶得逞。《有始览·谨听》强调："今周室既灭，天子既废，乱莫大于无天子，无天子则强者胜弱，众者暴寡，以兵相划，不得休息。今之世当之矣。"在周天子被废的情况下，必须要有政治势力解决恃强凌弱的问题。其实是为秦国一统天下提供理论依据。

（四）关于法后王和变法问题

在法先王和法后王问题上，《吕氏春秋》强调不法先王，但是它所称的不法先王与荀子的法后王有较大区别。荀子的法后王还是指禹汤文武，《吕氏春秋》是以一种"变法"的思维来讨论不法先王问题。《慎大览·察今》篇提出不法先王的几点理由：一是先王之法由上世传来，经过"益损"已经面目全非；二是即便没有"益损"，由于"言异典殊"，已经难以准确理解；三是就算能够理解，由于时事已经变化，过去的法令已经不合时宜了。因此，特别提出"法其所以为法"的原则，先王制定法令目的是为人，只要本着这一目的去制定当今的法令就是"法其所以为法"。这是一种极其可贵的变法加守法的法治精神，与商君法治精神相吻合。法律如同治病，要根据病的变化有针对性地用药，岂能一药包治百病。① 该篇还举了楚国袭击宋国的故事，事先楚国测量了澭水的水位，但楚国人并不知道澭水暴涨的情况，依然按照事先的计划深夜过河，结果溺死一千多人。若因循守旧，固守过时的法律还以为是法治，岂不荒唐！

《吕氏春秋》的变法思想在李斯辅佐秦始皇统一中国后体现得非常明显，彻底废除分封制，统一法度、统一度量衡、统一文字，都是

---

① 《吕氏春秋·慎大览·察今》："世易时移，变法宜矣。譬之若良医，病万变，药亦万变。"

中国历史上空前绝后的大手笔。李斯说得非常清楚："五帝不相复，三代不相袭，各以治，非其相反，时变异也。"（《史记·秦始皇本纪》）这与《察今》篇讽刺的刻舟求剑、韩非嘲讽的守株待兔，其变法精神完全相通。

（五）关于士人的风骨

树立什么样的士人风骨，战国时期各家各派都有自己的标准。孔子用君子小人之辨，提出士人应该具备的品格；孟子提出善养浩然正气的大丈夫人格；庄子提出与天地同游的真人；纵横家提出士人比君主更高贵等。《吕氏春秋》有很多篇幅讨论士人应具备什么样的风骨。《季冬纪·士节》云："士之为人，当不避其难，临患忘利，遗生行义，视死如归。"其以义为先，视死如归的气节确实有孟子的风范。这样的士人国君不能把他当作普通朋友，天子也不能把他当作自己的臣属。确实有一种士人高于君王的意思。《季冬纪·诚廉》云："石可破也，而不可夺坚；丹可磨也，而不可夺朱"，坚和朱是本性，就如士人可以忍受侮辱却不可夺其性。饿死在首阳山上的伯夷、叔齐之所以为世人所称道，就是能够坚守自己的初衷，哪怕他反对的是周武王，也依然得到儒家和《诚廉》篇作者赞赏。《吕氏春秋》接受杨朱的贵生重己思想，接受人格尊严重于生命的观点。概括起来，所提倡的士人风骨体现在几个方面。在个人生命与他人利益上，甘愿为他人利益哪怕献出生命。士人把自己的性命看得比天下还贵重，但是当别人有难时可以舍己救人。① 在与他人关系上，强调严于律己、宽以待人。对自己要用"义"的标准衡量，对他人就用"人"的标准即可。② 在人与万物方面，强调士人的仁爱是针对人，就是"爱同类"。

---

① 《吕氏春秋·季冬纪·不侵》："天下轻于身，而士以身为人。"
② 《吕氏春秋·离俗览·举难》："故君子责人则以人，自责则以义。"

《开春论·爱类》云:"仁于他物,不仁于族人,不得为仁。不仁于他物,独仁于人,犹若为仁。仁也者,仁乎其类也。"真正的士人都是把同类的利益,把人的利益放在最高位置。在土地与百姓的关系上,宁可丢弃土地,也要保全百姓性命。《开春论·审为》说到当年周太王居住在豳地时,经常遭受狄人攻击,为免百姓受害,主动迁居到岐山之下。在士人为政方面倡导以清廉为宝。《异宝》篇说,宋国有人得到一块宝玉,想献给司城子罕,子罕说,你以玉为宝,我以不受为宝。《有度》篇里有客人问季子,怎么知道尧治理天下不谋取私利?季子回答说,能治理好天下的人一定通晓生命的本质,所以没有私心。他进一步解释说,夏天不穿皮裘,冬天不用扇子,就如圣人不谋取私利,道理是同样的。孔、墨的弟子们用仁义教导天下,却推广不开,关键是用外在的仁义去克服内心的私欲很难办得到。实际上还是讲的通过内省的方式,彻悟身物的关系,不以物喜,不以己悲,坚守自己的信念。在与人交往上应当如登山,登上高处依然可以看到巍巍群山在更高处。贤者必须与贤于自己的人相处才能有所教益。贤于自己的人,并不是地位比我高,财富比我多,而是学识和德性修养比我强。①

真正的士人是有血有肉有思想有感情的,不会超越世人的行为之外,如果一个人的行为超出常人就值得可疑了。《知接》篇讲到管仲病重时要求齐桓公远离易牙、竖刁、常之巫和卫公子启方这四个人,齐桓公感到奇怪,说,易牙不惜为我把儿子杀了,竖刁主动把自己阉割后服侍我,常之巫能驱鬼给我治病,卫公子启方为侍奉我连父亲死了都不敢回去,这样的人还不值得信任吗?管仲认为他们做出违反人情、常理的事,怎么可能真心对别人呢?事后证明管仲的判断是正确

---

① 《吕氏春秋·先识览·观世》篇借用周公旦的话说:"不如吾者,吾不与处,累我者也;与我齐者,吾不与处,无益我者也。"

的，可惜齐桓公悔之晚矣。《察微》篇讲到鲁国有条法律，凡是鲁国人在外沦落为奴而被解救回国的，费用由鲁国国库支付。子贡为人豪爽，解救许多在国外沦落为奴隶的鲁国人，但不求回报。孔子说："赐失之矣。自今以往，鲁人不赎人矣。"看来孔子都不认可不求回报的行为，因为这样会使更多人不愿解救他人。相反，子路救了一个溺水的人，那人用一头牛来酬谢，子路收下了。孔子说："鲁人必拯溺者矣。"

（六）关于教育

《吕氏春秋》提倡好学，提倡尊师重教，与孔子、荀子的思想一脉相承，但在如何更有效教学方面又有创新。《劝学》篇提出，尊师重教的实质就是"不论其贵贱贫富""不争轻重尊卑贫富"，不能以此对老师或学生划出三六九等，教学是一个传授知识、学习义理的过程，在这个过程中所有人都是平等的。尊重并信任老师，能够更快接受老师传授的知识；要让学生在愉快中接受教育，如果只是一味说教，就如同治病却给病人吃毒药，会适得其反。《尊师》篇中历数古代圣人，如神农、黄帝等，都有自己的老师，都极为尊重自己的老师；一些出身卑微的小人物，由于得到孔子的培养，成为天下的名士，显达于诸侯。其云："义之大者莫大于利人，利人莫大于教；知之盛者，莫大于成身，成身莫大于学。"天下最仁义的事情莫过于教学，莫过于教育！这句话放在现代依然闪闪发亮。

教育是有规律的，《诬徒》篇认为，真正好的教育要使学生做到：安心、快乐、安闲、从容、庄重、严肃，如实现这六者"则邪辟之道塞，理义之术胜"。为什么呢？作为人之常情，人不能从不安心的事物中感受快乐，也不能从不快乐的事物中有所得。一件事如果做起来很快乐，别说贤人，即便最差的人也会努力完成。一件事如果做起来很难受，别说很差的人，即便贤人也同样不可持续。学习就是

第十六章　黄老之学与《吕氏春秋》

这个道理。那些不善于教学的老师，心志不和谐、取舍无度、缺乏恒心，自以为是而不愿自省，亲近有权有势和富有的人，故意迎合；对于品德出众、善于学习、虚心请教的学生，却疏远、压制、嫉妒。人都会憎恨自己所厌恶的，更不会去颂扬自己憎恶的，这就是老师和学生结下怨恨的原因。因此，"学业之败，道术之废，从此生矣"。相反，那些善于教育的老师，看待学生如同自己，设身处地施行教育，凡要求学生做的自己首先做到，实现师生同体。人总是喜爱与自己志趣相投的人，这是人之常情。师生之间做到这一点，则"学业之彰明，道术之大行，从此生矣"。《吕氏春秋》的这段对教育的描述如同对现代教育的评论，很有穿越感。要讲师道尊严，更要讲师生同体、师生平等，教育不分贵贱贫富，以兴趣引导学生。这些教育理念岂不是现代教育依然要努力的方向？

　　除了上述内容，《吕氏春秋》对农事、音乐等也有大篇的论述，展示了兼收并蓄的特色。比如，在务农问题上，《上农》篇提出，古代圣王之所以提倡务农为本，不只是为了获取地利，而在于淳朴心志，民力专一，不轻易迁徙。《大乐》篇提出，音乐产生于远古时期，属于"天地之和，阴阳之调"。《制乐》篇认为"欲观至乐，必于至治"，完美和谐的音乐，必定与完美的政治相匹配，有善治才能有美好的音乐。《明理》提出："乱世之主，乌闻至乐。不闻至乐，其乐不乐。"在混乱的世道，怎么可能听到至美的音乐？将音乐与一个国家的政治、社会、生活联系起来，是古代中国礼乐文化的精髓。一个时代有一个时代的音乐。值得注意的是《制乐》《明理》《应同》等大量记述的天人感应和灾异思想为后来董仲舒所继承。如《有览始·应同》的"类固相召，气同则合，声比相应。平地注水，水流湿。均薪施火，火就燥"等内容被董仲舒《春秋繁露》几近原文抄录。一个国家长期积累正气，就会出现好的兆头，预示上天降福；长期积累邪气，则会有衰败的征兆，预示上天降灾。《制乐》篇讲了成汤、文王、宋景公的事例，说明只要君主修炼自己的德性，一心为民，则所有灾祸都可以免去。周公以德配天的思想，在《吕氏春秋》中又以新的面貌复活。道德天道观依然具有强大的道义力量，这在《吕氏春秋》里体现得很明显。

黄老《帛书》和《吕氏春秋》的共同特点是由一群名不见经传的作者撰写。世人皆知吕不韦主持编撰《吕氏春秋》，但具体每篇文章的作者与《帛书》四篇的作者一样已不可考。我们一般倾向用某一标志性人物代表一个学派，但一群无名人物撰写出的文章更能代表社会某一时期的思潮，说明一种思想观点已经被社会大多数人所接受，成为社会潮流。黄老之学成为主导汉初七十年的官方思想，《吕氏春秋》所构建的天地万物关联一体的宇宙图式，儒、墨、道、阴阳兼容并蓄的态度对董仲舒新儒学和《淮南子》新道家产生了直接影响。西周形成的古代思想遗产，经过孔、墨、老三位圣人的各自阐发，诸子百家的深化发展，秦汉之初呈现新的融合。古代思想遗产中的神灵之天、道德之天、自然之天的天道观；天地间人为贵的人本和民本思想；阴阳五行思维框架；礼法并用、德刑并用的治国思想等得以继续发展。秦汉以后历朝历代的官方思想很难逃脱这样一种模式：以某一天道观为主体，吸收其他各派思想，形成适应时代需要的学术思想。不管历史推进得多远，每当社会发生重大变革，需要提供思想滋润的时候，人们都会不由自主地回到周公，回到孔、墨、老，回到诸子百家寻找思想源头。因为这是中国道统之根。

第四卷

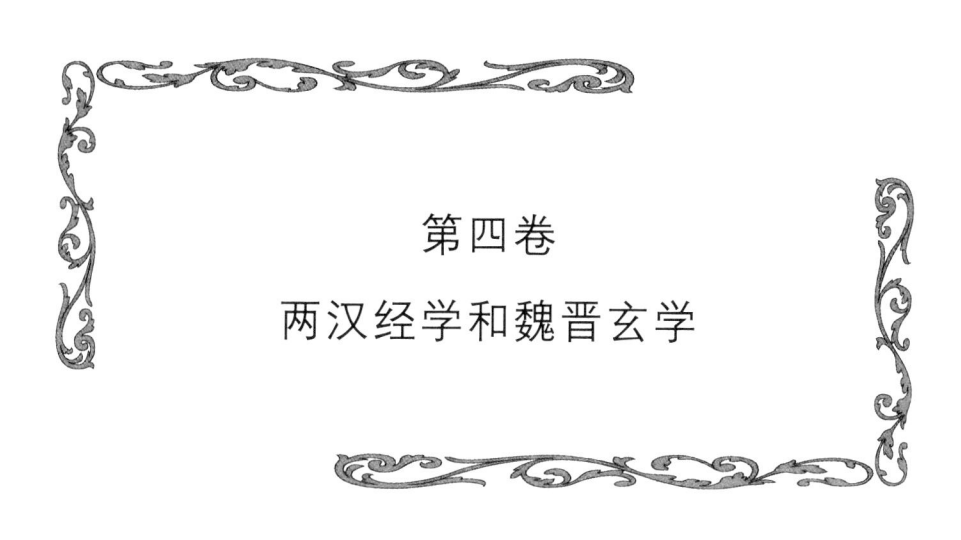

两汉经学和魏晋玄学

汉代是华夏族浴火重生再创辉煌的时代，是英雄辈出、气吞山河的时代，延续始皇帝开创的天下一统格局，开拓了未来中华民族生存、生活的基本空间。经过汉初近七十年的休养生息，社会欣欣向荣、充满生机。黄老之学带来巨大社会财富和社会安定的同时，也潜伏着巨大的危机。中央政府与地方分裂势力的矛盾、地方豪族与贫苦农民的矛盾，还有华夏族与匈奴的矛盾，侵蚀着汉政权的基础。中央政府的"无为"导致"网疏而民富，役财骄溢，或至并兼豪党之徒，以武断于乡曲。宗室有土，公卿大夫以下，争于奢侈，室庐舆服僭于上，无限度。物盛而衰，固其变也"（《汉书·食货志》）。实际上出现了商君两百多年前就提出的命题："国强而不战，毒输于内，礼乐虱官生，必削；国遂战，毒输于敌，国无礼乐虱官，必强。"（《商君书·去强第五》）时代需要有一位雄才大略的有为君主，需要一套能替代黄老之学的思想体系。司马相如《上林赋》描述了青年汉武帝唯恐自己沉湎于上林苑狩猎生活不能自拔，断然采取措施，向百姓开放皇家林苑，救贫问苦，与天下百姓同乐。

于是乎乃解酒罢猎，而命有司曰："地可垦辟，悉为农郊，以赡萌隶，隤墙填堑，使山泽之人得至焉。实陂池而勿禁，虚宫馆而勿仞，发仓廪以救贫穷，补不足，恤鳏寡，存孤独，易服色，革正朔，与天下为更始。"

太皇太后窦氏去世当年（前135），武安侯田蚡担任丞相，提出了"绌黄老、刑名百家之言，延文学儒者数百人"（《史记·儒林列传》），第二年的元光元年（前134），董仲舒贤良策提出："臣愚以为诸不在六艺之科孔子之术者，皆绝其道，勿使并进。"(《汉书·董仲舒传》)得到汉武帝首肯后，一项对中国历史影响深远的决定——"罢黜百家，独尊儒术"产生了。① 但仔细考察两汉四百年的学术思想，其所独尊的"儒术"与孔学已经有很大不同，是一种融合儒道墨和阴阳五行的新儒学。这种新儒学继承了墨子的鬼神之天天道观，以儒家的《诗》《书》《礼》《乐》《春秋》《易》等经典为载体，以灾异和谶纬为传达天意和神意的载体，从而形成的一套复杂的思想体系。在这套思想体系中，孔子不仅是圣人，还是改制的素王，是黑帝之子，是圣人、素王、神灵三位一体。经过两汉四百年的发展，这套烦琐的经学体系严重窒息着人们的思想，终于被玄学——华夏最后一个纯粹本土化的思想体系所代替。本卷讨论的正是这一历史时期的学术思想。

---

① 对于这一点也有学者表示怀疑，因为司马迁作为同一时期的史官，绝口不提此事，只说田蚡"绌黄老，刑名百家之言，延文学儒者数百人"，而"罢黜百家，独尊儒术"是东汉班固在《汉书·董仲舒传》结尾处提及。

第十七章
董仲舒新儒学

董仲舒（前179—前104），广川人（今河北景县西南），专治《春秋公羊》，汉景帝时为博士，汉武帝时因诏对"天人三策"而声名鹊起，曾任江都相、胶西相，辞官居家后仍受武帝器重，"朝廷每有大议，使使者及廷尉张汤，就其家而问之"（《汉书·董仲舒传》）。作为一代儒学大师生前就能享有如此礼遇，在中国历史上并不多见。即便后来学术地位崇高的朱熹，生前也是屡遭劫难。董仲舒思想是继黄老之学之后第二个为官方认可的用于治国的指导思想，也是主导两汉学术思想的"群儒之首"。东汉王充评价说："文王之文在孔子，孔子之文在仲舒。""孔子生周，始其本；仲舒在汉，终其末。"[①] 对董仲舒在两汉的学术地位给予了高度肯定。

一 汉初七十年面临的问题

出身草莽的刘邦于公元前202年创立汉帝国，至武帝元光元年（前134）已经有七十年。汉初，刘邦骂陆贾说："乃公居马上而得

[①] 分别见王充《论衡》卷13《超奇》、卷29《案书》。

之,安事《诗》《书》!"陆贾说:"居马上得之,宁可以马上治之?且汤武逆取而以顺守之,文武并用,长久之术也。"(《史记·郦生陆贾列传》)刘邦听后满脸惭愧,要求陆贾著古今存亡之道,于是有了《新语》十二篇。刘邦是一位知人善任、知错即改的君王,根据陆贾等人的建议,从秦朝灭亡吸取教训,采取施行仁义、与民休息的治国方略。陆贾在《无为》篇中说:"事逾繁天下逾乱,法逾滋而奸逾炽,兵马益设而敌人逾多。"强调采取无为而治的策略。公元前195年刘邦过鲁时以太牢祭祀孔子,开创了帝王祭孔的先例。汉初接受了黄老之学的"无为而治"和"刑名法术",但并不排斥儒家仁义。汉文帝刘恒深受黄老之学影响,喜好"刑名法术",认为"法者,治之正也,所以禁暴而率善人",对法的作用有深刻的理解。但汉文帝的无为绝不是无所作为。他既是历史上公认的"躬行节俭、励精图治"的有为之君,也是以"仁德"著称的仁君。司马迁在《孝文本纪》写道:"太史公曰:孔子言'必世然后仁。善人之治国百年,亦可以胜残去杀'。诚哉是言。汉兴至孝文四十有余载,德至盛也。"对汉文帝之仁推崇备至。当年赤眉军攻破长安,皇陵被挖,惟汉文帝霸陵未受侵扰,应了班固"我德如风,民应如草"的评价。后世王夫之也说:"汉文之仁,万世之仁也。"①

经过长期的休养生息,尤其是经过"文景之治",西汉王朝国力鼎盛,"京师之钱累巨万,贯朽而不可校,太仓之粟,陈陈相因,充溢露积于外,至腐败不可食"(《史记》卷30《平准书》)。但是,一派繁荣景象的背后藏着巨大隐忧,汉帝国对内对外的重大问题并没有得到解决。一是对匈奴是继续采取和亲政策,还是奋起反击。二是彻底解决诸侯坐大,从学理上解决汉政权的合法性问题。归结于一点:要不要调整汉初国策,放弃黄老之学。黄老之学作为治国术,曾取得

---

① 《尚书引义》卷1,《船山全书》第2册,岳麓书社2011年版,第257页。

第十七章 董仲舒新儒学

良好效果，但也带来严重问题，它无法为汉王朝政权合法性和社会发展目标等提供理论依据。根据《汉书·董仲舒传》记载，汉武帝前后三次向大臣们提出了一连串国家治理中的问题，说明他长期受困于这些问题。在第一次策贤良诏书中汉武帝说，我继承至尊的地位，想着长久传承以至于未来，所以从早到晚不得康宁而犹担心有不周全的地方。因此想广泛延揽各地豪杰俊才，要求各郡守、诸侯公正推举人才，是为"欲闻大道之要，至论之极"。接着武帝提出以下问题。

1. 春秋以来五百多年，有很多守成之君和辅佐大臣都想效仿先王之法，但都回天乏术，难以挽救衰败的命运，只能静等新王朝出现。是他们做错了吗？还是天命如此，只能彻底衰败后等待后王兴起？难道夙兴夜寐，效法上古者都无所补益吗？

2. 都说君王必受命，那么夏商周三代承受天命的依据在哪呢？国家灾异变故，是因何缘由发生的？人的性命，或短命或长寿，或仁爱或粗鄙，其中的缘由是什么？

3. 希望努力化流俗而推行法令，刑罚轻而奸邪改，百姓和乐而政治清明，那么如何整饬国务才能甘露普降、百谷丰收、德润四海、泽及草木呢？用什么办法才能日月星不亏蚀、四季和顺、上天佑福、鬼神得享、惠及天下生灵呢？

汉武帝希望各位"明先圣之业"的大夫们能够竭其所知，详细提出对策。

在这场策问中，董仲舒提出的对策引起汉武帝的极大兴趣，再次询问了以下几个问题。

1. 虞舜之时垂拱无为，而周文王每天忙得太阳偏西顾不上吃饭，安逸和劳累为何有如此大的区别？

2. 一些俭朴的帝王连黑、黄色的旗帜都不用，到了周朝，开始在宫门外筑起高高的观望台，乘坐用玉装饰的车，朝廷用64人组成的乐舞，帝王之道为何有如此大的差异？

3. 殷人用五种刑罚防止奸诈,而西周成康时期,四十多年不曾动用刑罚,监狱里空空荡荡,到底是什么原因?

更让汉武帝感到苦恼的是,自己努力做到晚睡早起,亲自耕种籍田,劝人以孝,任用贤人,派使者去访贫问苦,救济孤儿和孤寡老人,想尽了一切办法(尽思极神),但成效依然不大。结果还是"黎民未济,廉耻贸乱,贤不肖混淆"。希望大臣们给予解答。

董仲舒第二次上策后,汉武帝又第三次问询,提出下列问题。我听说"善言天者必有征于人,善言古者必有验于今",我问天人感应的事情,是希望从尧舜、桀纣中吸取经验教训,虚心改正错误。三王教化各有不同,而都有不足,又听说"道"是永恒不变的,两种说法有差异吗?希望能够再详细说明。汉武帝还引《诗》云:"嗟尔君子,毋常安息,神之听之,介尔景福。"

从汉武帝提出的问题看,他受儒学思想的影响较深,真诚信仰尧舜无为而治和文王勤勉为民,真诚信仰天命,但又困惑于天命的难以把握,他想效法先王之道,但又担忧人的努力不能得到上天的回报,他希望减轻刑罚,但在任德任刑的取舍上还存在疑虑。汉武帝的确是一位非常希望有所作为的君王,他的所有问题其实可以归结为:"何行而可以彰先帝之洪业,上参尧舜,下配三王。"(《汉书·武帝纪》)他想成为上达尧舜、下配禹汤文武的一代圣君。

汉武帝三次提出问题,董仲舒连上三次对策,合起来就是"天人三策"。对于董仲舒的复对,汉武帝非常满意,董仲舒学说作为两汉官方思想的历史地位就此确立。

二 天人关系和大一统

通观董仲舒的学术思想,我们看到,董仲舒不仅对汉武帝提出的问题有深入的研究，而且对宇宙和社会的发生发展有更为宏大的思考。董仲舒的学术思想以天人关系和大一统为两块重要基石，以其兼容并蓄的广度，天地人相应的深度，横贯古今历史的纵深，实现"道术为天下裂"之后对先秦诸子思想的首次全面综合。他彻底改变了原始儒家的面貌。

如前所述，墨子继承并改造了古代思想遗产中的"神灵之天"天道观，创新性地提出天神、天鬼和天志思想。这种创新体现在"鬼神"不仅具有人格特征，具有赏善罚恶功能，而且是非分明、公平公正。墨子的鬼神已经不是殷人眼里的专门庇佑殷王的"上帝"，而是伦理化的、尚贤爱民的天神。墨子提出百姓尚同于诸侯，诸侯尚同于天子，天子尚同于"天志"，而"天志"就是"民意"，是百姓的愿望，天神是根据君主是"爱民"还是"害民"来决定给予奖赏还是惩罚。现代学者已经注意到董仲舒对墨子鬼神思想的继承，实质是想"以天权限制君权，藉防君主专制之流弊"[①]。墨子的核心思想在两汉时期得以继承，并非一般认为的墨学到秦汉就式微。现代人往往诟病董仲舒的神学思想，以及由此引发的谶纬迷信，但从人类文明发展进程看，公元1世纪前后世界文明普遍经受着新的神学思想侵蚀。基督教在古罗马帝国强势崛起，神仙方术在秦汉时期极度活跃并向各领域渗透。延续过去的传统，秦始皇、汉高祖继续祭祀五帝及山川百神，但以齐地为骨干的方士儒生在五帝、诸神之上塑造了一个至上神——太一。经过他们的努力，汉武帝时正式确定以国家名义祭祀最高神"太一"，开始从形式上复活了殷商时期祭祀最高神"上帝"的做法。董仲舒必然受到了神学思潮的影响。他首先借用了墨学的鬼神和天志思想，又吸收墨学所反对的儒家"天命"思想，继而吸收道家的自然天道思想，再用阴阳五行的思维框架来解释自然和社会的

---

① 萧公权：《中国政治思想史》上卷，商务印书馆2016年版，第291页。

演化过程。董仲舒用这套新创造的新天道观来解释天人关系。他在回答汉武帝问询的首策中说:"臣谨案《春秋》之中,视前世已行之事,以观天人相与之际,甚可畏也。国家将有失道之政,而天乃先出灾异以谴告之,不知自省,又出怪异以警惧之,尚不知变,而伤败乃至。"(《汉书·董仲舒传》)董仲舒所称的天人关系,是上天无时无刻不在监督地上君主所作所为的关系。

后世学者用"天人感应""天人合一"来统称董仲舒的思想,尚不能完整反映其全貌。如同墨子的鬼神思想一样,董仲舒并没有创立"一神教"的宗教愿望,只是用了神学的外衣来实行心中的"王道"梦想而已。周公称以德可以配天,认为德性是承受天命的根据,但在一个普遍受鬼神思想支配的社会中,如果上天不是一位具有人格意志的神灵是难以理解的。道德天道观需要有一位至高神的存在,才能为各方面所理解。那么,天人关系的征兆、天命的意志,体现在哪里呢?董仲舒认为,主要体现在《春秋》经典之中,所有的治国之术都能从孔子编订的各类经典中获得答案。汉代经学的发展以及繁荣,本原就在于此。

董仲舒将"春秋公羊学"主旨概括为:"孔子知言之不用,道之不行也,是非二百四十二年之中,以为天下仪表。贬天子,退诸侯,讨大夫,以达王事而已。"他还认为:"夫《春秋》,上明三王之道,下辨人事之纪,别嫌疑、明是非、定犹豫,善善恶恶,贤贤贱不肖,存亡国、继绝世,补弊起废,王道之大者也。"(《史记·太史公自序》)董仲舒明确说:《春秋》体现孔子的微言大义,什么道理都有。他对孔子的理解是:三百年前的孔子看到周道衰疲,于是作为"素王"以《春秋》为载体,为即将兴起的王朝即汉王朝制定制度。汉代君臣如能以《春秋》的微言大义治理国家,必然出现泽普天下、阴阳和顺的局面。董仲舒认为《春秋》有十大要旨。即安百姓,使天下百姓安宁;审得失,使事物变化得当;正事

第十七章 董仲舒新儒学

本，寻找事物变化的根本原因并开始治理；强干弱枝，使君臣名分更加明确；著是非，辨别嫌疑、分别异同，使是非清晰；序百官，根据贤德和才能使用官员；立教化，用礼义来教化百姓；达仁恩，根据百姓的愿望和远近的区别，施行仁德；次阴阳，按照阴阳四时完成工作；顺天意，从灾异变化中发现天的旨意（《春秋繁露·十指第十二》）。由于古今话语体系的差异，笔者很难完全精准诠释这十大要旨，关键是明白董仲舒用《春秋》作为治国的指导思想，解决汉王朝面临的问题。

《春秋》的首义是什么？是大一统。

与天人感应一样，大一统是董仲舒全部学术思想的逻辑前提。离开了这一前提，其学术思想就失去独立存在的价值。董仲舒钟情于大一统，只有天下一统，华夏文化血脉才能得以延续和发展，百姓安定富足的生活才能得以保障和改善，尧舜禹汤文武周公的理想才能得以实现。董仲舒首先是从维护大一统、巩固大一统开始的，其对后世影响最大的也是大一统。

《春秋公羊传》开篇第一句"元年，春，王正月"，解释说："元年"什么意思？国君即位第一年，"春"什么意思？是一年开端，"王"指谁？是周文王，为什么先说"王"后说"正月"？是指周王所颁历法的正月。为什么要说"王正月"？为了阐明天下"大一统"于周王。对于《公羊传》的这段解释，董仲舒进行了改造，认为这里的"王"并不是周文王，因此天下不是统一于周王，而是统一于"新王"。这一说法的根据是什么？董仲舒认为孔子是有王者之名无王者之位的"素王"，鉴于周德已经衰败，于是作《春秋》，托鲁国事而"应天作新王之事"，即行使"王"的权力而托古改制。为此，董仲舒创立了"三统说"，认为夏为黑统、商为白统、周为赤统，那么孔子继周的赤统之后开创了黑统。《春秋》的微言大义代表了孔子所开创的黑统的制度规范，《春秋》的制度就是黑统的制度。比如，周朝以每年的十一月为正月，而《春秋》则与夏历相同，以每年的一月为正月。但孔子开创的黑统并没有真正实行过，需要由汉家来实施，因此，孔子作《春秋》其实是为三百年后的汉朝制定制度。如果说中国历史上哪一朝代孔子的地位最高，无疑是两汉时期。孔子在日后炮制的"纬书"中甚至成为"神"——是能预知后事的黑帝之子。董仲舒的"大一统"理论是在继承传统夷夏观、王霸观基础上的创新，包括几个方面的内容。第一，天下一统于新王，新王一统于天，天一统于元。前两者与墨子尚同的思维方式类似，都是指天下最后统一到"天"，董仲舒的创新在于提出"元"这个概念，认为"天"最后还要统一到"元"。《重政》篇说："元犹原也，其义以随天地始终也。"因此，"元"是天地开始之前的"东西"。这"东西"是什么？可以理解为万物本原的"一"，也可以是阴阳之"气"，也可以抽象理解为"道"。实际上给了后人以很大的思想空间。董仲舒的"大一统"理论，表面上看是由皇帝（天子）一统天下，实际上是统一于"天"，最终统一于"元"。董仲舒为什么要这样设计？他是想证明：道统要高于治统。当我们把"仁义"看作先天地而生时，可以认为天下一统于仁义；当我们把"天地间人最贵"进一步抽象，把"人"作为宇宙存在的目的时，可以认为天下一统于民心。董仲舒的"大一统"理论就包含了这些思想以及进一步拓展的空间。"元"除了有万物之始的含义，也代表一个国家的根本，如《立元神》篇说："君人者，国之元。"这就涉及"大一统"的第二个方面，政治上承认君王的一统地位。《为人者天》说："唯天子受命于天，天下受命于天子，一国则受命于君。"天子受命于天后，再授权给臣属，从而形成天下一统于君的局面。董仲舒用君阳、臣阴，阳尊、阴卑的阴阳理论说明尊王的重要性。这里须注意，董仲舒改变了先秦道家尊阴的传统，改为阳尊阴卑。董仲舒还用一个人"一手画方，一

第十七章 董仲舒新儒学

手画圆,莫能成"(《春秋繁露·天道无二第五十一》)为例子,说明"天道无二"的道理。这又涉及"大一统"的第三个方面,从思想文化上提出"罢黜百家,独尊儒术"的主张。董仲舒在"天人三策"中提出,"大一统"是《春秋》的主旨,由于没有统一思想作指导,结果导致法律制度经常变更,百姓无所遵循,因此凡是"不在六艺之科、孔子之术者,皆绝其道,勿使并进"。社会的大一统需要有政治上的大一统,而政治上的大一统必然要有官方思想的大一统。后人,尤其是近代以来,往往将此作为文化专制的开端,其实不完全符合史实。[①] 董仲舒的学术思想是兼容并蓄的典型,对孔、孟、荀多采取合则用、不合则弃的态度。基于汉代是一个多民族融合的统一大帝国这一现实,董仲舒"大一统"理论的第四个方面是"王者爱及四夷"的民族大一统。"夷夏之辨"和"夷夏一体"是始终伴随的一个问题的两个方面。孔子坚持用礼义文化的高低而不是种族、血统来区分"夷夏"的思想,在《春秋公羊传》得到继承,提出了"退于夷狄则夷狄之,进于中国则中国之"。曾听过董仲舒讲学的司马迁深受这种"大一统"思想影响,《史记》不仅宣扬"圣王同祖于黄帝"的思想,还认为夷夏各族都是同源共祖,甚至"匈奴,其先祖夏后氏之苗裔也,曰淳维"(《史记·匈奴列传》)。既讲同祖同源,也以文化作为分辨夷夏、区别文明和非文明的标准,只要接受华夏文化就一视同仁,甚至在蛮夷比华夏更能展现礼义精神时,能得到更多的尊重。这种思维在古代世界中几乎是唯一的。从这种意义上说,现代西方国家提出所谓的价值观外交,以文化和文明画线的观念并不新鲜,

---

① "从与百家争鸣的关系看,'罢黜百家,独尊儒术'不是百家争鸣结束的原因,而恰恰是它的结果。"参见金春峰《汉代思想史》,中国社会科学出版社1987年版,第203页。这一看法是正确的。作为佐证,自韩愈开始,以传承孔子圣学为己任的儒家学者,从来不认为董仲舒开启了独尊儒术。

只是西方更古老的种族主义思想一定会阻碍这一观念的真正落地。①

董仲舒除了从《春秋》大义中推导出"大一统"理论,同时用天人感应和阴阳五行进一步为"大一统"理论提供"形而上"的支持。董仲舒从"自然之天"天道观中借用了天地人都由气构成的思想,《天副人数》说:"天气上,地气下,人气在中间。"而且"天地之精(气),所以生物者,莫贵于人"。天下万物只有人能够与天地相配合。人有三百六十根骨节,相合于一年的天数;人有耳朵和眼睛,象征太阳和月亮;人体内有血脉,如同河流;人心有喜怒哀乐,就如有风雨寒暑。人类就是天地的"副本",属于同一类的,既然是同类,相互之间就会有某种呼应的关系。比如,阴雨天气,人的关节炎会发作;下雨天,人容易犯困想睡觉;病人到了夜晚,病情会加重等。董仲舒认为,这些都是天人感应的证据。由此,董仲舒推断,人世间的一切都可以从上天找到依据。所谓"王道之三纲,可求于天"。《基义》篇说:"阳兼于阴,阴兼于阳;夫兼于妻,妻兼于夫;父兼于子,子兼于父;君兼于臣,臣兼于君。君臣、父子、夫妇之道,皆取于阴阳之道。"按照阳尊阴卑的道理,地统一于天,臣统一于君,子统一于父,妻统一于夫,就是天经地义的事情。既然天地人都受同一套法则支配,建立由统一法则支配的社会共同体当然是符合天的意志的。董仲舒还对"王"作了别开生面的解释,《王道通三》中说:"三画者,天地与人也,而连其中者,通其道也。"一个能参通天地人,将三者统合在一起,效法天志归于仁德的"王",怎么能不一统天下?

---

① 2019年4月,美国国务院政策规划室主任斯金纳的一番言论震动各方,她说:"美国与苏联的竞争在某种程度上,是西方家庭内部的争斗。(而中美之间)这是我们第一次面临一个非白人的强大竞争对手。"看来这位非洲裔哈佛大学女博士已经接受了关于以种族或人种画线的西方传统,把自己看作"白人"了。因此,有理由高度怀疑,当一个非西方国家展现出更强科技实力,能更好解决人类发展问题时,就能得到更多的尊重。

第十七章　董仲舒新儒学

三　董仲舒思想的主要内容

董仲舒着重解决了以下八个问题。

第一个问题，宇宙是如何发生发展的，人与自然、人与社会、社会与自然的关系是什么，宇宙的意义和社会价值在哪里。这也是现代语境下的宇宙观、世界观问题。

之前我们讨论过孔学的局限性，董仲舒学术思想则以其周延性、严密性、完整性弥补了孔学的不足。他将《周易》中的五条思维法则——简就是易、易就是简；阴阳本是同根、一体；万物的产生、发展来自阴阳两种力量的演化；天人合一，三才印心；万物关联，生生不息，以及"阴阳五行"思维融入其学术思想之中，吸收战国时期各家各派的观点，提出了更为广博、更为综合、更为严密的理论体系。

董仲舒首先用"自然"的观点来解释天地的形成。《五行相生》说："天地之气，合而为一，分为阴阳，判为四时，列为五行。"世界的本原是"一"或者说"元气"。他说："臣谨案《春秋》谓一元之意，一者万物之所始也。"[①] 从"元气"分阴阳二气，两气相互作用而形成天地，然后产生万物。"天者，万物之祖，万物非天不生。独阴不生，独阳不生，阴阳与天地参然后生。"（《春秋繁露·顺命第七十》）天地的形成，人与万物的产生都遵守共同的规律。这些规律包括：阴阳无处不在，阴阳变化是事物发展的原因；天地万物和人都由气组成，都遵守"五行"的原理；天地与人属于同类，既然是同

---

① 《汉书·董仲舒传》。金春峰《汉代思想史》就元的含义作过深入分析（中国社会科学出版社1987年版，第150页）。

类，必定遵守同类相应的规则；宇宙的产生和运转是以人为目的等。因此董仲舒眼里的宇宙是由一系列规则组成，按照一定规律周而复始运行，可以被人的理性所认识、所理解的有机体。这个有机体内部相生相胜，生生不息，充满活力。董仲舒用了一段优美的文字描述："天地之行美也，是以天高其位而下其施，藏其形而见其光，序列星而近至精，考阴阳而降霜露。"（《春秋繁露·天地之行七十八》）但是人类理性的认识总有其局限性，用自然的观点解释宇宙必然遇到理性无法穿透的"黑体"。庄子就意识到以有限的人生去理解无限自然的困难。① 荀子用"不见其事而见其功"来论天，但没有继续追问"天"为什么能做到这一点。因此，面对这样一个不可抗拒、有规律的、完美的天地，需要有一个"神"才能合理解释。于是，董仲舒从"神灵之天"天道观中找到了理论武器。他说："天者，百神之君也，王者之所最尊也。"（《春秋繁露·郊义六十六》）而且天还是能够发出"灾异谴告"的具有人格特征的神灵。为了能够更好地理解董仲舒的"神学思想"，可以对比一下中世纪教父们是如何用人类的理性"证明"上帝存在的。奥古斯丁主要从知识论和本体论角度进行"证明"。他认为，人能够拥有比自身心灵更高的知识，能够认识真理，难以从人本身寻找原因，只能归因于存在着真理化身的上帝；人的心灵里有一个无限完美的上帝的"观念"，按照柏拉图的"理念回忆说"，必然存在一个无限完美的上帝才能解释人的心灵里存有上帝的观念。后来的托马斯·阿奎那继续沿着这一思路对上帝的存在进行"证明"。他认为万事万物既然都是由其他物来推动，那么肯定存在一个最终的"推动者"，这个"第一推动者"必然是上帝；世界的发生是有原因的，沿着因果链条追溯，那么肯定有一个最终的原因，这个"第一原因"必然是上帝；世界上万事万物都呈现出一种"有

---

① 《庄子·养生主》："吾生也有涯，而知也无涯。"

缺陷的善"，那么肯定有一个最完善的存在，这个至善的存在只能是上帝。从这可以看出，西方基督教理论家是用人类理性无法解释的"黑体"或者存在世界终极原因，以及人类自身无法实现的"绝对完美"作为上帝存在的证据。[1] 董仲舒的思路与此类似，认为一些无法用理性解释的事实背后肯定存在神灵。"天"是百神之君，是宇宙有规律变化的最终原因。董仲舒的"天"与天主教的"上帝"区别在于，董仲舒的"天"是内在于宇宙之中，与"自然之天"浑然一体，基督教的"上帝"则处于宇宙之外，是宇宙的创造者。之所以有这样的区别，根源在于两种不同思维模式，中国道统的思维认为事物内部的阴阳变易、五行相生相胜就可以推动事物的发展，而西方的传统思维认为事物必须有外力推动才能发生变化。还有一个不同，董仲舒的"天"是被伦理化的天，而且是可以受人意志影响的，也能为人的理性所认识，但基督教的上帝绝对不受人类意志控制，人类的理性无法"穿透"上帝的意志。董仲舒说："仁之美者在于天。""察于天之意，无穷极之仁也。"（《春秋繁露·郊语六十五》）表明"天"的仁德是最完美的。由此，这位保证天地万物周而复始、有规律变化的"天—神"，还是充满"仁义"的"道德之天"，它能够洞察人世间的一切，并根据德行的高低决定授命于谁，使他成为人间君主。人与人的关系，如君臣、父子、夫妇"三纲"，仁、义、礼、智、信"五常"都本原于"天"。董仲舒之所以能成为一代学术宗师，是将神灵之天、道德之天、自然之天的天道观很好糅合在一起，不仅完成了古代思想"系统化"的工作，而且完成了"理性化"的工作。除了具有人格特征的"天—神"带有"神学"特征——这是因人类理性的局限性带来的，其他内容董仲舒都试图用理性，用人类能够理解的方

---

[1] 有关内容参考袁野、孙晔《中世纪关于上帝存在的证明——信仰与理性》，《辽宁行政学院学报》2011年第7期。

式来分析和说明。

后人常诟病"天人感应"为迷信,其实不然。董仲舒不是诉诸非理性的神秘方式,而是力求用自然现象和当时能达到的科学成就来证明"天人感应"。这一学说是理性化的产物,是对大量事物观察后得出的。首先董仲舒提出"同类相感"论。假如在平地上倒水,水肯定流向潮湿的地方而不会停在干燥的地方;点燃木柴的时候,火先往干燥的地方而不会往潮湿的地方燃烧,这说明事物同类相聚、异类排斥的特点。[①] 他进一步解释说:"美事召美类,恶事召恶类。"(《春秋繁露·同类相动五十七》)比如,马叫的时候其他马会嘶鸣,牛叫的时候其他牛会答应。帝王将兴起的时候,会先见到"美祥",快灭亡的时候,也会先见到"妖孽"。这种"同类感应"的归纳思路,与现代人从正负电相吸引,得出"异性相吸、同性相斥"的思维如出一辙。其次,董仲舒提出"天人同类""天人相副"的观点。由"精气"凝聚而成的人最为高贵,与"天"属于同类。他说,人的一身"小节三百六十六,副日数也;大节十二,副月数也;内有五脏,副五行数也;外有四肢,副四时也。"(《春秋繁露·人副天数五十六》)接着董仲舒又用"天"有风云雷雨与"人"的喜怒哀乐相对比,证明人和天是如此类同。既然类同,相互之间怎么没有感应呢?但董仲舒的论证并未到此为止。熟悉经典物理学的读者都知道,物体与物体之间的相互作用必定通过某一媒介才能发生,经典物理学排斥超距作用。董仲舒也是这么想的。他认为人与天之间是通过无处不在、弥漫中间的阴阳二气作为"中介体"发生感应作用。《天地阴阳》说:"天地之间,有阴阳之气,常渐人者,若水常渐鱼也。"这说明阴阳之气充满天地之间,正如首先出现在亚里士多德著作中,后

[①] 《春秋繁露·同类相动五十七》:"今平地注水,去燥就湿;施薪于火,去湿就燥;百物去其所与异,而从其所与同,故气同则会,声比则应,其验然也。"

第十七章 董仲舒新儒学

来被牛顿引用的"以太"一样，充满整个宇宙，没有"以太"的存在，引力的作用就是不可思议的。董仲舒认为天与人是通过阴阳之气为媒介产生感应。他用土地、泥浆、水为例子，说人摔倒在地上不会使周围产生震动，掉到泥浆里会在周边产生振荡，而掉到水里会在更大范围产生振荡，说明越在稀薄的地方产生的振荡传播得越远，而气比水更稀薄，产生的振荡就会传到更远。他说："天有阴阳，人亦有阴阳。天地之阴气起，而人之阴气应之而起；人之阴气起，天地之阴气亦宜应之而起，其道一也。"（《春秋繁露·同类相动五十七》）董仲舒认为君主带领百姓活动，就会使"治乱之气"与天地之气混杂。社会太平民众和谐，就会使天地之气更加美好，出现祥瑞；世道混乱百姓痛苦，就会使天地之气产生损害，发生灾异。后来成为早期道教经典的《太平经》，就是以"太平气"来鼓动人心。董仲舒的"天人感应"不同于鬼神迷信，也超越同时代的星占家、堪舆家，达到了那个时代"理性化"的高度。正如我们在第三卷中介绍的，星占家们是不愿再深入思考同属"木"的岁星、春天、东方之间到底是如何发生联系的。

董仲舒的天道观，鬼神之天是表象，道德之天是内容，自然之天是纽结，这也是董仲舒学说归属于儒家的根本原因。董仲舒的"天"代表道德的至善，"仁义"来自天。"天志仁，其道也义。"（《春秋繁露·天地阴阳八十一》）那么天为什么具有这种伦理色彩，成为仁的化身？董仲舒引进神灵之天，将"仁义"视为"天志""天意"，这就用神的意志来解决逻辑上的困惑，借助于神灵来保证"天"的纯粹至善性。这样就把逻辑上的困难转变为"天"是"无穷极之仁"的信念，转化为对神灵的信念。天的"无穷极之仁"是董仲舒学术思想中无须证明的前提假设。就如现代思想建立在人是自由、平等这样的信念之上，是一个无须讨论的前提。不过，董仲舒还是希望将这种信念建立在可理解的基础之上。他在"天人三策"的首策说，"天人相与之际"很是让人可畏，当国家失道时，天会发出灾害来谴责和提醒；如果不能醒悟，天又会生产怪异的事情警告和恐吓；还不知道悔改，那么伤害和败亡就会降临。于是，他说："以此见天心之仁爱人君而欲止其乱也。"天的仁就体现在不搞不教而诛，而是一步一步提醒你，"勿谓言之不预"，可见其用心之良苦。董仲舒还用阴阳理论说明"天"具有"任德不任刑"的美德。阳为德，阴为刑，阳居于夏天，发挥着促使万物生长的作用，阴居于冬天，积聚在空虚处不起作用，可见"天"愿意让"阳"发挥作用，让"阴"潜伏在下面。于是，董仲舒得出"天之任德不任刑"的结论。

　　天的存在有没有目的？以谁为目的？那个时代最杰出的思想家都倾向于宇宙是有目的的存在。① 董仲舒认为整个宇宙是以"人"为目的。战国时期的思想家从古代思想遗产中的"民本思想"逐渐发展出"人最宝贵"的思想，孟子、荀子包括《吕氏春秋》等都从不同角度进行阐述。董仲舒继承了这一思想并进一步发展，认为人是宇宙的中心，是衡量宇宙的最终尺度。人发挥着同天地一样的作用，万物尽管有天生、地养，但没有人依然不会成就。②《人副天数》说："天地之精所以生物者，莫贵于人。"人是天地之间的精华汇聚而成。董仲舒还用人能够站立，头顶天、脚踏地说明人的高贵。接着又从人可以创造文化、建立文明说明人最贵。"天人三策"中说："人受命于天，故超然异于群生，入有父子兄弟之亲，出有君臣上下之谊，会聚相遇，则有耆老长幼之施，粲然有文以相接，欢然有恩以相爱，此人

---

① 亚里士多德在他的《物理学》中对自然目的论进行过证明。自然界秩序井然不会是由于巧合或自发，必然由目的所控制；将人工产品与自然产品进行类比推论，比如人工产品是有目的，那么自然产品肯定也有目的，等等。（徐开来译，中国人民大学出版社2000年版）

② 《春秋繁露·立元神十九》："何为本，曰：天地人，万物之本也。天生之，地养之，人成之。"

之所以贵也。"接着又引用孔子的一段话:"孔子曰:天地之性人为贵。明于天性,知自贵于物;知自贵于物,然后知仁谊;知仁谊,然后重礼节;重礼节然后安处善;安处善然后乐循理;乐循理,然后谓之君子。"(《汉书·董仲舒传》)意思是说,人有"人最宝贵"的自我意识,这样才能自重,才能知仁义、懂礼节、做善人、明道理,成为一名君子。这种自古就有的"人为贵"思想,经过一代代思想家的不断阐述,对中国历史影响深远,保证了中国社会不可能产生系统性、制度化的对人的奴役制度。这在同时代的文明中无出其右者。比如汉光武帝鉴于西汉末年战乱造成各地豪强大批蓄奴的现实,多次下诏释放"奴隶"。建武十一年(35)下诏说:"天地之性人为贵。其杀奴婢,不得减罪。"(《后汉书·光武帝纪》)对比同时期的罗马帝国,正是奴隶制度最为兴盛的时期,而西方直到林肯1862年9月颁布《解放黑人奴隶宣言》才从国家制度上根除奴隶制。对人主体性的肯定,对人类尊严的尊重,验证了古代中国之所以强大的原因。奴隶能够建造金字塔,能够在格斗场厮杀,也能够获得主人的垂青,却没有未来。《诸侯》说:"生育养长,成而更生,终而复始,其事所以利活民者无已。"天虽不说话,其本意是为"民",这在董仲舒看来是不言自明的常识。无论是自然之天,还是带有神意、具备道德意志的天,最终是为人服务。人是神的目的,神是人的工具。这是董仲舒神学的实质。

第二个问题,皇帝(天子)的权威来自哪里,汉代君主为什么有资格统御天下。这属于现代意义上的统治合法性和正当性问题。

董仲舒继承了周公首创、孔孟继承的天命思想,皇帝(天子)的权威来自上天的命令。有所不同的是,董仲舒的"天"是具有人格意志的"神",就像人一样,有知觉,有喜怒哀乐,能判断是非美善。"天命"是天子一统天下的合法性、正当性来源。世界文明史上曾出现过多种版本的"君权神授"思想,董仲舒的"君权神授"有什么特点？搞清楚这些，不仅有助于准确理解董仲舒抬出"天命"的本意，同时对领悟中国道统的独特性有重要意义。

中世纪欧洲出现的"君权神授"与奥古斯丁的神学理论有重要关系。奥古斯丁不仅从理论上"论证"了上帝的存在，还设计了"上帝之城"和"地上之城"两座城，"上帝之城"由上帝直接统治，有神圣性，只有上帝的选民有资格居住，"地上之城"则由上帝指派的君主统治，没有神圣性，上帝的弃民只能居住在这。现实生活中区分不出谁是上帝的选民，谁是上帝的弃民，只能到末日审判由上帝自己区分。奥古斯丁的本意是给苦难的民众"画个饼"，给垂死的人们一丝希望，终有那么一天"我"会因"信"而荣登主的国，那些恶人、富人只配在肮脏的"地上之城"居住。但是，奥古斯丁的"两座城"理论也给地上的君主制造"君权神授"提供了依据。这就意味着：君主的权力来自绝对不受人类意志影响的上帝，只有上帝才能决定君主的命运；君主是绝对的，不受人世间法律的制约，臣民不能违抗君主，君主便有了神圣性。当然，宣称上帝代言人的中世纪罗马教皇并不这么认为，觉得自己有权制衡世俗君主的权力，极力将教权向世俗社会渗透变成世俗的公权力，因此产生了具有西方特色的君权与教权之争，其实是两个上帝在打架。董仲舒的"君权神授"理论却大异其趣，能够授命天子统治权的"天"并不具有绝对独立的意志，天志、天意最终取决于民志、民意，取决于民心所向。因此，从理论上说，受命于天的皇帝（天子）并不是绝对的、不受制约的，最终是根据民众的意愿来统治，忤逆民意的皇帝将被天所抛弃，推翻这样的皇帝不仅是正当的，还符合天之道。这就是董仲舒说的"有道伐无道，此天理也"（《春秋繁露·尧舜不擅移汤武不专杀二十五》）。因此，中国道统中的皇权、帝制具有神圣性，而皇帝个人不具有神圣性。这与西方的君权不具有神圣性——相对于教权而言，但君主个人具有神圣性——代表上帝行使世俗的治权，形成鲜明的对

第十七章 董仲舒新儒学

比。这种区别带来不同的政治现实和不同的政治理论。"恺撒的归恺撒，上帝的归上帝。"作为拥有世俗权力的恺撒们，是上帝在世俗世界的代言人，从理论上说，他们是神圣而绝对的，除了上帝的旨意，不受民众意志的影响。只要不推翻上帝，民众推翻君主就不具有正当性。因此近代欧洲只有在宗教势力衰落，依据传统契约思想，发展出一套契约理论来宣传人民主权，以解决君主意志只受命于上帝、不受人民影响的政治学难题，"社会契约论"是西方思想内在逻辑发展的必然结果，即统治合法性的基础在人民而不在上帝。深植中国道统的董仲舒"君权神授"理论本身就内含着天意就是民意，民众高于君主，统治合法性的基础在民众的思想。《尧舜不擅移汤武不专杀》说："天之生民，非为王也；而天立王，以为民也。"皇权的神圣性——代表天命，与皇帝的非神圣性——为民的工具，从某种意义上可以解释中国历史上王朝更迭频繁，却始终保持稳定秩序的原因，因为中国社会秩序的根源不在于皇帝（天子），而是来自更高层次的天、元，或者说"道统"。而天、元身后站着的是千百万普通百姓。要从中国道统中推导出"人民主权"思想，根本不需要社会契约论，只要遵循"治权来自君权，君权来自上天受命，上天的意志就是民众的意志"这样一条逻辑链条就够了。

董仲舒"君权神授"思想与古埃及、古巴比伦和日本等神权国家也有重大区别。古埃及法老自称是太阳神阿蒙之子，古巴比伦的汉谟拉比也自称是月亮神的后裔，日本天皇则是天照大神的后代，这些君主的祖先与神是二合一，类似于殷商时期上帝与殷人祖先合二为一，因此，神灵只庇佑或授权在位的君主，不会授权来自别的家族的人。而华夏文明自从周代商以后，就走向另一条道路。"天道无亲，常与善人"，天命不可能永远归属于一家一姓，而是有德者居之。天命眷顾于有德之人，授命能仁爱天下的君主。董仲舒"君权神授"思想与其他万物有灵论古代社会的不同还在于：具有人格意志的天神已经被"道德化"和"理性化",其行为是可以预测和判断,君主凭仁德就能感动上天。但古希腊诸神却是喜怒无常,无法预测,作为主神的宙斯不仅私生活混乱,还偷鸡摸狗、无恶不作,对人类毫无同情心。董仲舒实质是把周公的三角政治关系用"天人感应"说做了包装和演绎。

皇帝(天子)统治的正当性固然来自天命,但是"天命靡常,惟德是辅",王朝统治的合法性最终取决于能给天下百姓带来多大的利益。"其德足以安乐民者,天予之;其恶足以贼害民者,天夺之。"(《春秋繁露·尧舜不擅移汤武不专杀二十五》)"天命"并不能保证某个家族的皇帝能永享国祚,唯有仁德、唯有百姓的福祉才能保证统治的合法性。董仲舒心目中的受命之君必须"仁而智",做到"君圣合一"。这里要注意董仲舒之天与周公之天的区别,周公只是讲天将降命于有德之人,解决一个让不让你当君主的问题,而董仲舒认为天还在时时刻刻监视着君主,稍不留神,天就会给你发出警告。有学者看出其中的深意,说:"天权对君权之限制有二:一曰予夺国祚,二曰监督政事。前者为革命受命之理论,后者为灾异谴告之理论。"[①]可见董仲舒政治思想之深谋,既解决革命及政权合法性问题,也解决君权日常监督问题,不仅已超越周公,也超越孟子的汤武革命。那么,日常监督如何进行呢?这就涉及第三个问题。

第三个问题,皇帝(天子)的权力是不是受到约束,如何受约束,皇帝施政失误会不会受到处罚、怎么处罚。这属于现代意义上的国家最高权力监督问题,是董仲舒试图破解的大问题。

董仲舒深知"尊王"是把双刃剑,既可以带来稳定的"大一统"社会秩序,也会对国家社稷和百姓利益造成伤害。对于韩非宣扬的"绝对君权"思想,董仲舒更是从秦亡的教训中看到了其中的弊端。

---

① 萧公权:《中国政治思想史》上卷,商务印书馆2016年版,第295页。

第十七章 董仲舒新儒学

综观世界文明发展史，曾经出现过多种理论方案，试图解决最高权力的监督问题。董仲舒设计的方案是希望通过天降灾异来警示皇帝，达到制约君权的目的。这就是从"天人感应"中推导出的"灾异谴告"理论。这一理论并不是董仲舒原创，而是有深厚的传统积淀。《汤诰》记载商汤因天降大旱而反省自责自己，《诗经·周颂·小毖》说周成王因"家国多难"而反思约束自己的行为，孔子也有类似的看法（《孔子家语·六本第十五》）。董仲舒将这些观点进行系统化，将自然界、社会出现的灾异作为监督君权的手段。如同儿子以孝道服从父亲，天子也要以孝道服从"天"，当风调雨顺没有灾害，说明对天子的政绩很满意；而当"天"降下灾异，说明对天子不满意了。① 董仲舒引用孔子的话"获罪于天，无所祷也"，如果天对皇帝不满意，再祷告也没有用。这些思想可以概括为"屈民而伸君，屈君而伸天"，但天意又体现了民意，因此董仲舒的权力监督关系可以用"天—君—民—天"所形成的闭环来表示。这种思想在西汉后期产生过很大影响，成了王莽篡汉的理论根据。西汉末年由于天灾人祸频繁，普遍认为天命已经不在汉室，需要有新王重新接受天命。可惜王莽只是一位有权力欲的"书生"，难堪大任。将最高权力从一位平庸之主顺利地转移给有为君主的政治梦想在古代中国历史彻底破灭。从这个意义上说，王莽之罪可谓极大。

董仲舒"以天制君"、以"灾异谴告"警示皇帝的思想还仅仅是表象，其实质乃是"以民制君"的民本思想。《王道》说："仇雠其民，鱼烂而亡，国中尽空"，《尧舜不擅移汤武不专杀》说："独身者，虽立天子诸侯之位，一夫之人耳"，一个残害民众的君主就是独夫民贼，就不得好死。他认为民属于"木"，君属于"土"，按照五

---

① 《春秋繁露·深察名号第三十五》："受命之君，天意之所予。故号为天子者，宜视天为父，事天以孝道也。"

行理论，木胜土，民是克制君的力量（《春秋繁露·五行相胜第五十九》）。实际上是把贾谊的"与民为仇者，民必胜之"进一步理论化。除了上述观点，对君权的制约还有三种途径。一是沿着"道统高于君统"的传统思路，强调"从道不从君"。《淮南子》就说："臣亦不能死无德之君"（《淮南子·主业训》）"杀无罪之民而养无义之君，害莫大焉"（《淮南子·兵略训》）。由于道统的相对独立性，政府不干涉私人讲学一直是中原王朝的传统，直到清朝屡兴"文字狱"才被彻底破坏。二是沿着"君无为而臣有为"的思路，使君权和相权各负其责形成制约。之前《吕氏春秋》就有诸多论述。董仲舒吸收这种虚君思想，提出："为人君者，居无为之位，行不言之教，寂而无声，静而无形，执一无端，为国源泉，因国以为身，因臣以为心，以臣言为声，以臣事为形。"（《春秋繁露·保位权第二十》）董仲舒的"君无为"固然含有驭人术，但是相权对君权的制约却是实实在在的。汉朝任用官员的很多权力为丞相所把持；唐代的门下省有对皇帝诏书的封驳权。直到明初朱元璋独断乾纲，才废除延续几千年的宰相制度。三是用阴阳五行相生相胜的原则确定官制，既相互配合，又相互制约。《五行相生》说"五行者，五官也"，五官分别为司农、司马、司营、司徒、司寇，"比相生而相胜也。故为治，逆之则乱，顺之则治"。其中属土的司营属于君位。《五行相胜》中提出，属金的司徒克制属木的司农，属水的司寇克制属火的司马，属木的司农克制属土的司营，属火的司马克制属金的司徒，属土的司营克制属水的司寇。撇开具体的官名，单就各项权力既相互协调同时又相互制衡的思想无疑是有价值的。

第四个问题，历史上为什么会发生政权更迭，是如何发生的。既是一个政权发生更迭后如何应对的问题，也是一个国家如何实现长治久安的问题。

这涉及古今之变即社会规律的探究。孔子、墨子和孟子、韩非子

第十七章 董仲舒新儒学

曾分别编制了一套先王故事,其中孟子"五百年必有王者兴"的历史循环论对后世影响很大。庄子这一派则采取历史虚无主义的态度,完全否定先王的意义。面对汉初的百废待兴,重建古代史,重建先王的叙事方式尤为迫切。历史观就是价值观。董仲舒继承邹衍的"五德终始说",独创了"三正三统""新王改制"等复杂理论,说明从伏羲开始一直到汉代的历史演化规律。① 董仲舒的古史系统包括几个方面的含义。

(1)天命转移、王朝更迭是历史发展的必然现象,但社会最根本的"王道"和"天理"不会改变。董仲舒认为,新王承受天命一统天下并实行"改制",但是并没有改变"王道、天理"。《楚庄王》说:"今所谓新王必改制者,非改其道,非改其理。""故王者有改制之名,无易道之实。"这说明,作为最高统治者的皇帝(天子)可以被替换,但是"王道""天理""道统"却没有改变。董仲舒的"王道""天理"主要包括民意即天意,以及天立王以为民、实行仁政、君臣父子等内容。皇帝(天子)只是实现儒家理想的工具而已。"道之大原出于天,天不变,道亦不变。"(《春秋繁露·天地阴阳第八十一》)一句话说破了中国历史上无数王朝更替,但道统传承依然不变的事实。②

(2)夏商周汉等朝代的更替是为了不断解决前朝留下的"弊政"。董仲舒的"道不变"并不是说换个皇帝一切照旧,而是要按照"天道"的要求改变"治道",一扫前朝的"弊政"。在董仲舒看来,除了夏朝以前的"三皇五帝"这样的理想社会不需要改变"治道",以后的朝代都需要改变。原因在于先王之道实行一段时间后总会出现

---

① 这套理论的详细介绍可参阅汪高鑫《董仲舒与汉代历史思想研究》,商务印书馆2012年版;吴龙灿《天命、正义与伦理》,人民出版社2013年版。

② 过去学者们对"天不变,道亦不变"有曲解,认为是保守甚至是反动的象征。

偏颇，后继新王的使命就是革除弊政。① 汉朝是继周、秦后开创的新朝代，但董仲舒认为汉初七十年国家没得到善治，一方面是周、秦两朝的弊政带来的不良影响，另一方面是汉初一直实行无为而治，没有采取有力措施实施"更化"。董仲舒罗列了一长串需要"更化"的清单，如设立《诗》《书》《礼》《易》《春秋》"五经博士"，开办大学、设立庠序，实施"任德不任刑"的仁政等。董仲舒说"继治世者其道同，继乱世者其道变"，三皇五帝时期属于治世，但三代及以后都属于乱世，既然是乱世就要不断改变"治道"。董仲舒事实上对孔子"克己复礼""郁郁乎文哉，吾从周"的思想作了较大修正。他认为，继夏朝建立的商朝、继商朝建立的周朝，就是因为商汤和文王、武王能够彻底革除前朝的弊政，大兴教化，使后代子孙有所遵循才有长达五六百年的国运。相反，秦朝却没有按照"天道"的要求革除周朝的弊政，因此短命而亡。这样，董仲舒就为一代雄主汉武帝推行变革提供了历史依据和理论依据。

（3）要建立一套新的礼义制度适应改朝换代的需要，实现"里外一新"。"治道"的改变属于里，"礼仪"等形式上的改变则属于外，须里外协调。董仲舒提出，为了表示新王受命于天，其权力来自天而不是前朝，必须改变居住地、年号、正朔、服饰等，以表达顺从"天命"；同时要安置好前面两个王朝的子嗣，以表达对先王的尊重，至于再前一个朝代的子嗣就可以不管了。② 改制成功与否最终体现在新的礼乐制度。"是故大改制于初，所以明天命也。更作乐于终，所以见天功也"（《春秋繁露·楚庄王第一》）汉武帝当时采取的一项措施就是使用"夏历"，改变周朝将十一月作为正月的办法，重新将每年的一月作为正月。事实上我们也可以从中国历史上各朝代服饰、礼

---

① 《汉书·董仲舒传》："先王之道必有偏而不起之处，故政有眊而不行，举其偏者以补其弊而已矣。"

② 具体内容在《汉书·董仲舒传》记载的"天人三策"。

仪的变迁看到董仲舒思想影响之深远。

董仲舒的古史观固然有历史循环论的影子，但不是"一切照旧"的历史循环论，更不是"倒退"的历史循环论，而是体现了一种不断更化、不断改进，朝着儒家设想的"理想国"迈进的历史进化观。董仲舒将邹衍"五德终始"说改造成"五德相胜"说，就有历史进化的倾向，比如周朝用"火德"战胜无道的商朝，待周朝无道后被秦朝"水德"战胜，而秦朝无道后又被汉朝"土德"战胜。历史上的王朝一代接一代地更替，但"天下大同"的王道梦想时刻没有断绝，而随着时代变迁"天下大同"的内涵也在不断充实、不断完善。这是董仲舒留下的重要思想遗产之一。春秋公羊学"据乱世、升平世、太平世"的"三世"说就成为康有为推动维新变法的理论依据。

第五个问题，君主和民众的关系，既包括类似于现代语境下的政府和人民的关系，也包括君臣关系。

董仲舒大体上继承了孟子的"民贵君轻"看法，也继承了古代思想遗产中"天视自我民视"观点，发展出"以民制君"的思想，但这是从天地人的总体框架下做出的政治构想。具体的"君民"关系上，董仲舒吸收了传统民本思想中"君民同体"的理论，表达了君民之间荣辱与共的关系。这种思想后来成为康有为推行"君主立宪"的传统资源。但在管理层面的"君民"关系，董仲舒强调"以民随君""屈民而伸君"。但这种君民关系不是君主只有权利没有义务，民众只有义务没有权利的"绝对君主制"，而是体现君民之间的对等关系。

作为国家元首的君主，董仲舒认为首先要做出表率，只有严于律己、宽以待人，才能容纳天下。[①] 在仁与义的作用和指向上，董仲舒认为"以仁安人，以义正我；故仁之为言人也，义之为言我也"

[①] 《春秋繁露·俞序第十七》："《春秋》详己而略人，因其国而容天下。"

（《春秋繁露·仁义法第二十九》）。就是说"仁"是用来安定民众，实质在于关爱他人，而不在爱护自己；"义"是用来端正自己的品行，而不是用来规范他人。如果君主不能约束自己，尽管能够规范他人，不能叫"义"；如果君主爱护自己的利益，却不管百姓的得失，更不能叫"仁"。董仲舒提倡的"仁政"，其本质是君主对百姓有仁爱，用"义"来约束自己的行为。他还认为，君主自己做不到的事情却要求别人做到，自己拥有的东西却不允许别人拥有，这是不能接受的！[1] 准确抓住孟子"仁政"思想的核心。董仲舒还吸收墨子"兼爱"思想，言道："质于爱民，以下至于鸟兽昆虫莫不爱。不爱，奚足谓仁？"（《春秋繁露·仁义法第二十九》）

遵循民众的好恶实行赏罚，君主掌握威、德二柄确保自己的地位和权力。董仲舒在吸收韩非赏罚思想的同时又掺入儒家精神。他首先承认"民无所好，君无以劝也；民无所恶，君无以畏也"（《春秋繁露·保位权第二十》）这一法家思想的前提，提出一定要让民众有所喜好，有所厌恶。所谓"设赏以劝之，设罚以畏之"。但是，又要管制好民众的喜好和厌恶，不能过头了，否则君主擅自赏赐就多，这叫"作福"，擅自处罚也多，这叫"作威"。"作威"可以让君主丢失权力，"作福"可以让君主丧失德行，"作威作福"会让天下大乱。君主要固守其德，才能让百姓归附；恰当用权，才能统御官吏。[2] 这样就可以做到"功出于臣，名归于君"。

君主不得与民争利，不能"赢者通吃"。董仲舒秉持"畜马乘，不察于鸡豚；伐冰之家，不畜牛羊；百乘之家，不畜聚敛之臣"的《大学》精神，坚持政府要让利于民。据《汉书·食货志》记载，董

---

[1] 《春秋繁露·仁义法第二十九》："夫我无之而求诸人，我有之而诽诸人，人之所不能受也。"

[2] 《春秋繁露·保位权第二十》："是故为人君者，固守其德，以附其民；固执其权，以正其臣。"

仲舒提出了限制豪强公族对土地的兼并和掠夺；"盐铁皆归于民"，不许官吏与民争利；"去奴婢，除专杀之威"，减轻对百姓的奴役；"薄赋敛，省徭役，以宽民力"等措施。他的理论依据就是孔子讲的"君子不尽利以遗民"（《春秋繁露·度制第二十七》），君子不能把所有好处都占尽了，还要给别人留一些。《诗》云："彼有遗秉，此有不敛穧，伊寡妇之利。"（《诗·小雅·大田》）那些遗落在田里的秸秆和谷穗，是专门留给孤苦的寡妇们的！董仲舒认为，上天是公平的，不会重复给人以好处，已经拥有了大的利益，就别再惦记小的利益，这可是天数啊！① 董仲舒在"天人三策"中说，有俸禄的官员就专门吃俸禄，千万别与百姓争利，再去置办产业。春秋时期鲁相公孙仪看到妻子还去织布、种菜就愤怒地说：我已经有俸禄了，为什么还要去和女工、菜农去争夺利益呢？② 即便以现代视角来看，董仲舒要求政府和公务人员不得经商、不与民争利，做到"正其道不谋其利，修其理不急其功"是绝对正确的。③

君主须对民众施行教化，是董仲舒君民关系的核心内容之一。"古之王者明于此，莫不以教化为大务。"（《汉书·董仲舒传》）董仲舒的"教化论"有三方面的依据。其一，周公平定"三监之乱"后对殷商遗民提出的"教化"要求，一个新的政权要有新的习俗、新的制度和新的价值观，民众必须接受"教化"以适应时代变迁的需要。其二，吸收孔子"正名"思想，并从"民"这个名号中提出政府对民众施行教化的必要性。这是董仲舒的创新。他说："民者，

---

① 《春秋繁露·度制第二十七》："故已有大者，不得有小者，天数也。"
② 《汉书·董仲舒传》："故公仪子相鲁，之其家见织帛，怒而出其妻……曰：吾已食禄，又夺园夫红女利乎！"
③ 董仲舒的这一观点被现代一些学者反复诟病，其实他们还是没注意到该要求是针对特定对象提出的。《对胶西王越大夫不得为仁》记载，董仲舒是与胶西王对话时说的这一观点。根据《汉书·董仲舒传》记载，是董仲舒对汉武帝之兄江都易王刘非谈话时说的，但这句话改为："正其谊不谋其利，明其道不计其功。"

瞑也。""民之号，取之瞑也，使性而已善，则何故以瞑为号？""今万民之性，有其质而未能觉，譬如瞑者待觉，教之然后善。当其未觉，可谓有善质，而未可谓善。"（《春秋繁露·深察名号第三十五》）民是"瞑"的意思，处于沉睡状态，其"善质"需要通过觉悟在先的"圣人"唤醒，使民性趋于淳朴。其三，从批评法家的角度提出教化的必要。董仲舒认为："夫万民之从利也，如水之走下，不以教化堤防之，不能止也。是故教化立而奸邪皆止者，其堤防完也；教化废而奸邪并出，刑罚不能胜者，其堤防坏也。"（《汉书·董仲舒传》）通过"教化"在人的内心筑起抵御奸邪的堤坝，才能实现刑罚轻、不想犯法这一"教化行而习俗美"的理想境界。《俞序》说："教化流行，德泽大洽，天下之人，人有士君子之行，而少过矣。"

董仲舒理想的王道政治是："天令之谓命，命非圣人不行；质朴之谓性，性非教化不成；人欲之谓情，情非度制不节。"（《汉书·董仲舒传》）即天命只能由圣人承担，做到"君圣合一"；民众虽质朴，须经过教化；人有欲望、情感，需要制度来节制。"故为人君者，正心以正朝廷，正朝廷以正百官，正百官以正万民，正万民以正四方。"（《汉书·董仲舒传》）董仲舒设计的民众教化"路线图"是：首先用圣人之心来格正君心，其次由君主格正朝廷以至百官，最后教化民众以至于化外的蛮夷。因此教化民众的前提是"正君心"。孟子说"惟大人为能格君心之非"，董仲舒教化论的实质是用圣人之教首先革除君主内心的污垢。这一思想为宋代理学所吸收。民众教化的思想从周公开始，一直持续影响到现代。①

君与民的关系，在古代中国的语境下包括君臣关系。两汉历史中

---

① 1949年6月人民领袖毛泽东在《论人民民主专政》中提出"严重的问题是教育农民"（《毛泽东选集》第4卷，人民出版社1991年版，第1477页），新中国成立后又提出知识分子改造等课题，其前提是共产党自身特别是高级干部首先思想纯正，其核心是做一个适应时代需要的新人。从某种意义上说，它与传统中国道统的精神是相通的。

皇帝与士族、皇帝与外戚，都被囊括在君民关系之中。董仲舒提出："是故春秋君不名恶，臣不名善，善皆归于君，恶皆归于臣。"(《春秋繁露·阳尊阴卑第四十三》) 与黄老之学、《吕氏春秋》的君逸臣劳、君无为臣有为的思想一脉相承。董仲舒更明确地提出一切功劳归君主、一切责任归大臣，与韩非绝对君权的观点完全一致。这是中国政治的幽灵。

第六个问题，人性是什么，是善还是恶，还是不善不恶，或者既善又恶。董仲舒综合性善、性恶说，根据阴阳思想提出了"性三品"理论。

之前我们就讨论过，"性善论"和"性恶论"在理论和现实中存在困境。因此董仲舒既不赞成孟子的性善，不同意荀子的性恶，也不同意无善无恶的自然人性论，而是走了一条综合的路径，他说："人受命于天，有善善恶恶之性。"(《春秋繁露·玉杯第二》) 本质上说，董仲舒与墨子相同，讲求功利，人有趋利之心是他思考问题的起点。但是，只讲"利"，不仅与他的儒家思想相冲突，也和阴阳学说相矛盾，所以他也讲"义"，认为"天之生人也，使人生义与利。利养其体，义以养其心"(《春秋繁露·身之养重于义第三十一》)。

董仲舒的理论基础是天人合一、天人相副、天人同类，并用类比的方式进行讨论。在《周易》和阴阳家那里，阴与阳并没有高低贵贱之分，但董仲舒将阴阳抹上伦理色彩，就有了阳尊、阴卑，阳好、阴坏的区别。按照这样的思维方式，仁德可以称为阳，刑法可以称为阴，任何事物都有阴阳，都存在好与坏、尊与卑。董仲舒认为，人性的根源在天道，"身之名取诸天。天两，有阴阳之施，身亦两，有贪仁之性；天有阴阳禁，身有情欲，与天道一也"(《春秋繁露·深察名号第三十五》)。因此，人性有贪仁之分，有情欲之别，是一件符合天道的很自然的事情。为此，董仲舒用了一个比喻，"性比于禾，善比于米。米出禾中，而禾未可全为米也。善出性中，而性未可全为善也"(《春秋繁露·深察名号第三十五》)。人性就如同稻谷,善就如同米,不能说稻谷就是米,人性也不能都是善。善和米秉承天创造出的材质,但不经加工就不能显现。董仲舒继承了荀子人性属于"自然之质"的观点,但是否定"自然之质"的人性为"恶"的观点。董仲舒明白,如果否定人的善性的内在根据和可能性,那么善的现实性就是纯粹外在强制的东西,不仅不可能实现,而且"善"成了违背人性的东西。"性者,天质之朴也。善者,王教之化也。无其质,则王教不能化。无其王教,则质朴不能善。"(《春秋繁露·实性第三十六》)如果人性中没有"善质",再怎么采取外在的措施也不可能成为善人,犹如石头永远不会孵化出鸡崽。人性有善有恶,这是董仲舒人性论的第一层含义。

董仲舒深知人性有善有恶论的困境,这和人性恶的困境是一样的。之前我们讨论过,有神论的社会倾向人性恶是因为有一个绝对完美的神保证或驱使人类向善。董仲舒解决的方案是:首先假定天是仁的。他说:"天,仁也。"(《春秋繁露·王道通三第四十四》)因此,不能怀疑具有人格意志的"天"是善的。接着,抛出"人性三品说",他说:"有斗筲之性,中民之性,圣人之性。"(《春秋繁露·实性第三十六》)"斗筲之民"因没有善质不能教化。只有"中民之性"有善有恶并能够教化。圣人感天而生、受命于天,能够"取仁于天而仁",有超越一切的"至善"。[①] 人性趋善还是以"圣人"的完美,并依靠圣人对万民进行教化为最终保证。这个思路与荀子一样。圣人感天而生、圣人完美无缺的说法,既解决了无神论社会使人性向善的理论困境,也解决了荀子认为圣人性恶所带来的信仰危机。这是中国道统需要圣人信仰的原因。但是,圣人极为罕见,千年甚至

---

① 《春秋繁露·深察名号第三十五》:"善过性,圣人过善。"董仲舒认为人性的所有善都不及圣人之善。

几千年才能出现一位，孟子说"五百年必有王者兴"，但王者毕竟不是圣人。董仲舒眼里的圣人只有一位，那就是孔子。董仲舒讲人性时，首先排除圣人，因为"圣人之性不可以名性"，圣人之善是绝对的；同时，也排除斗筲之民，因为"斗筲之性又不可以名性"，再怎么教育也不能转化为善。

董仲舒批评孟子的性善论。孟子性善论建立在"四端"说基础上，但董仲舒不同意有善端就可以推导出性善的结论。比如，蚕茧里有丝，不能认为蚕茧就是丝。董仲舒认为孟子所称的"善"标准太低。孟子说"孩提之童，无不知爱其亲者"，并作为人性本善的依据之一。董仲舒说，孟子所谓的善只是"善于禽兽"，略微强于禽兽而已，与"循三纲八纪，通八端之理，忠信而博爱，敦厚而好礼"的圣人之善相差太远了。由于善的标准不同，董仲舒认为孟子所说的善不能叫善，圣人所谓的善标准很高，不能比禽兽强一些就能称为善。他还引用孔子的一句话："善人，吾不得而见之，得见有恒者，斯可矣。"（《论语·述而》）善人，我还没见到过，能见到持之以恒的就不错了。因此，董仲舒说："吾质之命性者，异孟子。孟子下质于禽兽之所为，故曰性已善；吾上质于圣人之所善，故谓性未善。"（《春秋繁露·深察名号第三十五》）由于孟子之善是与禽兽比，所以说人性善，但是与圣人之善比，怎么能称得上善呢？

董仲舒的人性论在中国历史上产生了深远影响。尽管朱熹从理论上认可孟子性善说，甚至也放弃了"斗筲之民"的说法，但是，从天理人欲之辨，用天理来灭人欲看，背后隐藏着人性有恶质的前提。

第七个问题，采取什么样的社会政治治理模式。是按照孔子的"道之以德、齐之以礼"反对"道之以政、齐之以刑"，还是走折中路线；是实行孟子的"仁政"，还是荀子的"隆礼重法"。这涉及德治、法治、礼治三种治国模式的取舍，以及董仲舒倡导的"通权达变"和"《春秋》决狱"。

"德者得也"，德是道流行后的一种获得。德治本义是君主施政让百姓有所获得，孟子提出仁政说，是要求统治者施行仁义而让百姓蒙受恩泽，巩固政权的合法性。①《尚书·洪范》九畴之"皇极"篇讲的是君主的准则，其核心是让百姓得到寿、富、康等五福；实现王道荡荡、王道平平、王道正直等。董仲舒讲"任德不任刑"，其"任德"（德治）的含义有二：一是施行仁义而让百姓有所得，二是实行教化而不搞"不教而诛"。法的本义是"平之如水""触不直者去之"，因此"平等""不阿权贵"是法的本质。法也通刑，代表着杀戮。董仲舒吸收黄老之学关于"法从道出"的思想，强调统一法度。但董仲舒所理解的法是一种"《春秋》之法"，而非"黄老之法"，既是成文法，也是非成文法。董仲舒的法治是"以《春秋》治国""以《春秋》决狱"。礼来源于祭祀，其基本精神是"敬"和"对己自谦、对人尊重"。孔子曾说："人而不仁，如礼何？"（《论语·八佾》）没有仁的精神，礼有什么用？荀子提倡"隆礼重法"，对统治者用礼，对被统治者用法，礼主要用于区别贵贱、等级。董仲舒吸收荀子的思想，进一步阐释说："礼者，继天地、体阴阳，而慎主客，序尊卑、贵贱、大小之位，而差外内、远近、新故之级者也。"（《春秋繁露·奉本第三十四》）把礼的来源和作用说得很清楚。《五行相生》中认为司寇尚礼，做到"君臣有位、长幼有序、朝廷有爵、乡党以齿"。因此，董仲舒理解的礼治是一种维护长幼有序的措施。

董仲舒对德治、法治、礼治内涵进行修正，形成了德治为主，礼、法结合，礼治、法治辅佐的社会治理模式。这套治理模式是如何运转的？关键是理解其中的精神。孔子曾就文（外在形式）、质（内在精神）关系作过讨论，提出"文质彬彬，然后君子"。董仲舒继承

---

① 今天有人将"以德治国"理解为专门以道德规范约束百姓的一种治理模式，这是不正确、不完整的，恰恰丢弃了"德者得也"这一最初含义。让百姓有所得是德治的最终目标。

了孔子重视"内在精神"的思想，提出"先质而后文，右志而左物"（《春秋繁露·玉杯第二》）。他的质和文集中体现在"通权达变"和"《春秋》决狱"之中。

"权变"或"经权"是孔子、孟子和春秋公羊学中非常微妙的思想，可以用现代术语理解为"具体问题具体分析""既有原则性又有灵活性，原则性与灵活性相统一"等。孔子说："可与共学，未可与适道；可与适道，未可与立；可与立，未可与权。"（《论语·子罕》）把掌握好"权变"作为一个人立身处世的最高境界。孟子说："可以仕则仕，可以止则止，可以久则久，可以速则速，孔子也。"（《孟子·公孙丑上》）孟子认为孔子是权变思想的"集大成者"，非常清楚什么时候进、什么时候退。公羊学对权变做了极准确的界定："权者何？权者，反于经然后有善者也。"（《春秋公羊传·桓公十一年》）"权变"不是见风使舵、耍滑头、搞投机，尽管可能违反了"经"，但是为了达到真正的"善"，可以作适当变通。理解中国道统，最难的一个字就是"权"，最容易被利用的一个字也是"权"。公羊学大师董仲舒深谙其中的微妙，提出"反经行权"和"《春秋》决狱"两项主张。

前文已述，董仲舒认为《春秋》是孔子为汉代立法，但如果把其中每句话变成刻板的教条无异于是一场灾难，因此他反对把经典当作教条。他说："《春秋》有经礼，变礼。"经作为不变之道，首先是要遵守的，但如果拘泥形式会伤害核心的仁义原则，则可以"反经行权"，违背形式上的规定，追求实质性的道义。董仲舒在《竹林》中讨论了楚国司马子反违抗君令退兵的事。鲁宣公十五年（前594），楚庄王围攻宋国，军中只有七日粮草。宋将华元深夜潜入楚国司马子反的营帐，告知宋国已经断粮，民众开始易子而食、析骸而炊。子反不忍心，也以实情相告，双方订立盟约退兵。董仲舒说，司马子反，废弃国君命令、把实情告诉敌方，答应敌方请求，但《春秋》却赞扬他，就是因为有恻隐之心，不忍心发生人吃人惨剧的发生。董仲舒总结说："《春秋》之道，固有常有变，变用于变，常用于常，各止其科，非相妨也。""固说《春秋》者，无以平定之常义，疑变故之大，则义几可谕矣。"（《春秋繁露·竹林第三》）意思是常和变有不同的用法，能不以常规去怀疑变通的大法，差不多就明白春秋大义了。

从董仲舒开始，两汉司法实践中形成了"《春秋》决狱""原心定罪"的法治模式。这种模式的要点是：以春秋大义作为分析案件、处理案件的依据，法律有规定但与儒家经典不一致的，优先适用儒家经义，没有法律规定的，可以直接依据经义尤其是《春秋》的微言大义处理。《精华》说："《春秋》之听狱，必本其事原其志。志邪者，不待成；首恶者，罪特重；本直者，其论轻。"董仲舒提出司法审判原则，一是必须依据事实并弄清当事人的动机；二是动机邪恶的，即便未遂也可以审判；三是为首的从重量刑；四是动机善良的，可以减轻罪责。从这几条原则看，意义积极，补救了法律只关注客观结果不关注主观动机的弊病。从目前留存的案例中，有一个"子为救父而误伤其父的判例"。甲的父亲乙与丙相斗，丙拔出佩刀准备刺乙，甲用杖击打丙却误伤了乙，甲怎么处理？有人认为应当适用"殴打父亲枭首"这一条款。董仲舒认为甲并不是故意而是误伤了其父乙，同时引用《春秋》关于"许止父病进药于其父而卒"的例子，说明甲的"原心"是出于救父的孝心，因此不应定罪。董仲舒这套学说对于两汉以至整个古代中国的法学理论都产生了重大影响，既有积极的一面，也有消极的一面，是中国法治实践的重要转折点。一是把儒家的仁义精神融入立法、执法、司法活动，成为中华法系的"法的精神"。法律开始儒家化，法律成为对民众实施"教化"的工具，逐渐改变了用清晰的法律条款来统一思想、统一行动、维护秩序的"法家"精神。二是根据当事人动机的良善、邪恶来定罪，一方面使对犯罪的认识更加全面，另一方面纠正单纯以"结果"来定罪的机械做法。从目前留存的案例看，即便用现代的眼光看，其结果也比较符合公道人心，适应了人们内心对"正义"的追求。三是对执法者的素质和道德水准提出了更高的要求。执法者除了熟悉法律，还要掌握法律背后的"法的精神"——儒家经典，并且真诚信仰。除了个别案例，大部分案件中对于当事人的主观状态很难做出客观的判断，动机的良善与否，完全取决于执法官吏的个人主观判断。这种自由裁量的空间，给了廉直的官员正确发挥的余地，也给贪官污吏等心志邪恶的官员个人牟私以很大空间，开了"任意司法"的先河。四是"原心定罪"和"仁爱"思想使严酷的秦汉法律趋于"平恕"，起到补救时弊的作用。但是，一旦走向极端，尤其在礼法合流，法制"伦理化"的大环境下，很容易导致客观的是非界限变得模糊，也使法律面前不分贵贱一律平等的法治精神开始消失。

董仲舒强调德治为主，礼法辅佐的治国模式，基础在于选贤任能。他在"天人三策"中提出："夫长吏多出于郎中、中郎，吏二千石子弟选郎吏，又以富訾，未必贤也。"要改变选人方式，不能仅仅从富贵子弟中选拔。他提出"兴太学，置明师，以养天下之士"的主张。董仲舒的选贤任贤思想与墨子的尚贤、《吕氏春秋》的任贤一脉相承，所不同的是，董仲舒是在承认原始儒家亲亲、尊尊基础上的选贤任贤。因为在董仲舒的眼里，具有现实性的理想社会应该还是亲近柔远、长幼有序、贵贱有别的社会。

第八个问题，用什么样的规则建立"大一统"的国家秩序。这是一个集政治秩序、社会秩序、家庭秩序、个人生活秩序于一体的国家秩序。这是董仲舒关于国家秩序的理论。

董仲舒的国家秩序以"三纲五常"为核心。这套"纲常"理论统治了中国社会两千年之久，可见其影响之深远。董仲舒的贡献主要有三。第一，完成了系统化的梳理工作。纲常伦理的一些内容，先秦时期的孔子及诸子都已经有所论及。《论语·颜渊》说："齐景公问政于孔子，孔子对曰：'君君臣臣父父子子'。"《中庸》提出"三达德"，即"知、仁、勇"；"五达道"，即"君臣、父子、夫妇、昆弟、朋友"。孟子有"仁、义、礼、智"四端说（《孟子·告子上》）。韩非提出："臣事君，子事父，妻事夫，三者顺则天下治，三者逆则天下乱。"（《韩非子·忠孝》）董仲舒经过系统梳理，把"君臣、父子、夫妻"作为一切社会关系的基础，把"仁、义、礼、知（智）、信"作为一切社会秩序的基础，形成"三纲五常"固定说法。第二，董仲舒将"纲常"与天道秩序相连，使"纲常"更有权威。他说："君臣、父子、夫妇之义，皆取阴阳之道。""王道之三纲，可求于天。"（《春秋繁露·基义》）还进一步说："夫仁、谊（义）、礼、知（智）、信五常之道，王者所当修饬也；五者修饬，故受天之祐，而享鬼神之灵，德施于外方，延及群生也。"（《汉书·董仲舒传》）因此，作为国家秩序基础的"三纲五常"是上合天道、下合人伦，天经地义般牢不可摧。第三，董仲舒对"三纲五常"的具体内容进行了修正、充实，成为后世讨论"纲常"问题的蓝本。

君臣、父子、夫妇关系有两种观点。一是对等关系。孔子说："君使臣以礼，臣事君以忠。"（《论语·八佾》）强调君有义臣才忠，属于义合的对等关系。之前讨论过。二是绝对从属关系。韩非说"臣事君、子事父、妻事夫，三者顺则天下治，三者逆则天下乱"（《韩非子·忠孝》），这是一种绝对服从的单向关系。董仲舒对两种观点作了综合。他说："君为阳、臣为阴；父为阳，子为阴；夫为阳，妻为阴。"（《春秋繁露·基义第五十三》）按照阴阳理论的阳为尊、阴为卑，董仲舒从理论上"证明"三者的关系是从属关系。他进一步提出："天子受命于天，诸侯受命于天子，子受命于父，臣妾受命于君，妻受命于夫，诸所受命者，其尊皆天也，虽谓受命于天亦

第十七章 董仲舒新儒学

可。"(《春秋繁露·顺命第七十》)从受命的角度进一步论证了双方的尊卑关系。但是董仲舒在论证从属关系的同时，还是保留了"弱对等"关系。《玉杯》说："父不父则子不子，君不君则臣不臣。"理论上他还是同意孟子的你不仁也别怪我不义的"强对等"关系。经过两种观点的对冲，董仲舒最终维持着君臣、父子、夫妇"弱对等"关系。这三组关系分别对应着忠、孝、贞，即臣对君忠、子对父孝、妻对夫贞。这三组关系中最突出的是父子关系，是唯一因血缘而组成的人伦关系，也是所有关系中最为核心的，从孝入手，其他关系便可迎刃而解。天子对天，如子对父，君主应以孝事天。"夫孝，始于事亲，忠于事君，终于立身。"(《孝经·开宗明义》)所有政治关系都可以用"孝"来打通，"孝道之美，百行之本也"。汉初倡导"以孝治天下"，原因就在此。但忠、孝、贞并不是绝对的，而是有条件的。荀子说："从道不从君，从义不从父，人之大行也。"(《荀子·子道》)个体要超越对君主的忠诚，以社稷安危为先，追求历代先王的文化价值为己任；子女要超越对父母的唯命是从，阻止父母做蒙受耻辱的事和禽兽般的行为，让父母遵从更高的道义。这才是大忠、大孝。董仲舒对此极为赞成。他认为，能够完成扭转乾坤、理顺阴阳秩序的事，即便不忠于君主，不顺从父母，也是值得赞扬的至义之举。[①] 可以想象，有了这种思想武装，做出一番惊天地、泣鬼神的业绩就是一件自然的事。遥想当年冠军侯霍去病封狼居胥，苏武北海牧羊近二十年矢志不改，班超单枪匹马平定西域，其忠诚、其气度、其豪情，令人叹为观止，终使有汉一代英雄辈出！

仁、义、礼、知（智）、信五常的含义，董仲舒也做了新的概括。仁、义是五常的核心要素。他认为"仁之法在爱人，不在爱我；

[①] 《春秋繁露·精华第五》曰："故变天地之位，正阴阳之序，直行其道，而不忘其难，义之至也。是故胁严社而不为不敬灵，出天王而不为不尊上，辞父之命而不为不承亲，绝母之属而不为不孝慈，义矣夫。"

义之法在正我,不在正人",仁是对别人的施与,义是对自己的要求,"以仁治人,以义治我;躬自厚而薄责于外"(《春秋繁露·仁义法第二十九》),把仁、义的含义和作用说得清清楚楚。尽管董仲舒的本意主要是针对在上位的君主和官员提出的,但也适用于日常的人伦关系。在义利观上,董仲舒不仅综合了墨子讲利、孟子讲义,还对不同对象提出不同要求。他认为,人生下来就有对义和利的双重需要,"心不得义,不能乐;体不得利,不能安。义者心之养也,利者体之养也"(《春秋繁露·身之养重于义第三十一》)。义和利各有用途,一个用来养心、一个用来养体,怎么能偏废?但是,"心"毕竟比"体"重要,所以董仲舒认为"义"要先于"利"。有义之人,虽然贫困也能自得其乐;而无义之人,虽然富贵却活得不自在。这是董仲舒义利观的基本态度,既讲义,也讲利。不过,董仲舒义利观的重点还在于根据不同对象,有不同的要求。他引用孔子对冉子说的话"治民者,先富之而后加教",又引用《诗经》的"饮之食之,教之诲之"(《诗·小雅·绵蛮》),提出一条"金律":对待老百姓,应该是使他们富起来再去教育,先吃饱喝足了再听教诲。因此,对于民众是先利后义,而不能倒过来。接着董仲舒引用孔子对樊迟说的话"治身者,先难后获",又引用《诗经》的"坎坎伐辐,彼君子兮,不素餐兮"来说明"先其事,后其食,谓治身"(以上引文出自《春秋繁露·仁义法第二十九》)的道理。提出第二条"金律":统治者首先要约束自己,先做困难的事情然后再谈收获,先干活、再吃喝。因此,对于精英人物是先义后利,绝不能颠倒。董仲舒这两条"金律",道破了中国道统义利观的实质——精英人物必须先讲义后讲利,普通群众必须先得利然后再谈义。这与孔子、孟子的精神一脉相承,我们还将在朱熹、顾炎武等人的思想中再次看到这种精神。其实中国共产党对党员干部与非党员干部、高级干部与一般干部有不同要求,何尝不是这种精神的延续?

第十七章 董仲舒新儒学

孔子讲"克己复礼"为仁，强调礼背后的仁爱精神。荀子隆"礼"，对"礼"做了系统论述。礼的根本在于祭祀天地，追慕先祖、侍奉君师，礼是表达敬重、亲亲、尊尊精神的载体。① 董仲舒重视礼背后的精神。他说："礼之所重者在其志，志敬而节具，则君子予之知礼。"（《春秋繁露·玉杯第二》）抓住了礼的原始精神——敬。同时按照阴阳思想，强化了礼在贵贱有别、长幼有序方面的作用。董仲舒的这一思想与汉王朝内有分裂势力、外有强敌环视的客观形势有关。他倡导大一统、倡导尊王，唯有礼才是维护等级秩序的最好手段。

孟子说："是非之心，智也。"（《孟子·告子上》）因此"智"在孟子那里是一种辨别是非的能力。董仲舒所称的"智"，不是指智力、能力、知识，而是指理智、理性、智慧等。"不仁不智而有材能，将以其材能以辅其狂邪之心，而赞其僻违之行，适足以大其非，而甚其恶耳。"就是说一个人既没有仁也没有智但有才能，这种才能只会助长其"狂邪之心"，使错误更大、恶行更嚣张。因此才能要靠仁和智来制约。在仁和智的关系上，"仁而不智，则爱而不别；智而不仁，则知而不为"。只有仁而没有智，会不加区别地爱人，这就违反儒家的"亲亲、尊尊"原则；只有智而没有仁，尽管知道什么是善但不会去做。人有仁爱之心但缺乏理智，用善良对待任何人，其结局并不好；人有理智但缺乏仁爱，会变得理性和冷酷，成为精致的利己主义者。董仲舒确实深谙人事！他说："何谓智？先言而后当。凡人欲舍行为，皆以其智，先规而后为之。"（《春秋繁露·必仁且智第三十》）所谓智，就是能说出恰当的话；人们在行动之前，皆以"智"谋划，谋定而后动。有"智"的人能够很早预见祸福，也能提前知道利害。在董仲舒看来，一个有"智"的人，就是睿智而识时

---

① 《荀子·礼论》："礼有三本：天地者，生之本也；先祖者，类之本也；君师者，治之本也。"

务的人。

"信"是董仲舒在孟子"四端"说基础上的创新,与"诈"相对。"《春秋》之义,贵信而贱诈,诈人而胜之,虽有功,君子弗为也。"(《对胶西王越大夫不得为仁》)"信"与"诚信"一词的含义相近。"信"作为一种价值追求,由墨家首倡,体现了重承诺、讲义气、轻生死的"任侠"作风,"任,为身之所恶以成人之所急"(《墨子·经说上》)"相与信为任,同是非为侠"(《史记·季布栾布田叔传》)这种重承诺、不背信、同是非,救人于危难的任侠风气秦汉时期依然盛行。司马迁说:"今游侠,其行虽不轨于正义,然其言必信,其行必果,已诺必诚。"(《史记·游侠列传序》)但是,为任侠者所看重的"信",与大一统所倡的义礼,毕竟有所不合。任侠之风经过汉代执政者的打压,逐渐衰落,但"信"作为一种价值追求却保留下来。董仲舒除了把"信"与"诈"区别开来,还把"信"变成君德、臣道。他说:"明主贤君,必于其信"(《春秋繁露·立元神第十九》),"为人臣者,比地贵信"(《春秋繁露·离合根第十八》),因此,君主讲信义,大臣讲忠信,成为董仲舒的政治伦理。"信"也代表着专一,所谓"信者,诚也,专一不移也"(《白虎通义·实性第三十六》)。因此,董仲舒又把信与妇女的贞洁联系在一起,"观乎宋伯姬,知贞妇之信"(《春秋繁露·王道第六》)。在另一种语境下,还把"信"与"孝悌"相联系,说明有忠信之心与孝悌行为是互为表里的。因此,董仲舒把"信"列入五常,作为天地之道,与其他价值追求相互关联。

董仲舒作为新儒家思想体系的建构者、集大成者,在中国道统传承史上占有显赫的历史地位。虽然宋儒把董仲舒踢出儒家道统之列,其纲常理论和鬼神思想也为近代以来学者所厌恶,但董仲舒依然是值得尊崇的。正如近代中国的落后不能怪罪于孔子,汉代后期的谶纬迷信也不能怪罪于董仲舒。董仲舒学说作为两汉官方思想，不仅决定了两汉主流思想的基本框架，也影响了魏晋之后学术思想的走向。董仲舒的贡献就在于完成了对春秋战国学术思想的系统化、条理化的梳理工作，实现了"殊途而同归"，其兼容并蓄的治学态度为后世所效仿。

第十八章
两汉经学之流变

　　董仲舒之后的今文经师喜欢言天人灾异，有一个逐渐发展的过程。汉武帝虽赞赏董仲舒，但对于阴阳灾异并不认可，董仲舒还为此获罪，吓得再也不敢妄议灾异。霍光当政时，泰山有大石头上写着"公孙病已立"。董仲舒弟子眭孟继承阴阳灾异说，认为"木阴类，下民象，当有故废之家公孙氏，从民间受命为天子者"（《汉书·五行志》）。霍光认为这是妖言惑众，杀了眭孟。汉宣帝即位后立即给眭孟平反，认为自己正是之前预言的"公孙病已"。自此，汉宣帝开始鼓励"灾异祥瑞"。董仲舒思想在政治上的统治地位开始牢固确立，其灾异谴告的神学思想向经学全面渗透。甘露三年（前51）汉宣帝主持召开"石渠阁会议"，其任务就是"杂论五经同异"，解决经学中有关宗法礼制等方面的问题，有力推动了今文经学的发展。两汉经学开始沿着自身的发展逻辑，经历从繁荣到衰落的全过程。

一　探寻"天意"成为学术发展的内在动力

　　董仲舒说："王者承天意以从事，故任德教而不任刑。"（《汉书·董仲舒传》）探寻"天意"在董仲舒学术思想中占有突出位置。

第十八章 两汉经学之流变

由于汉宣帝的推动，言灾异成为时髦，自此大臣上书言事，动辄以灾异为依托。所谓"每有灾异，辄傅经术，言得失"（《汉书·平当传》），但凡国家出现灾异，大臣们必附会某部经书，说出一番大道理。因此，准确释读"天意"就成了推动经学发展的重要动力。这里有两条路径，一条是沿着神学的路子；另一条是淡化神学的路子。

关于神学的路子。这条路子的思路是，继续强化董仲舒鬼神天道观，将鬼神思想全面向儒家经典渗透的同时，还与阴阳五行和医家、星占家、堪舆家等相互结合。儒生方士化成为西汉后期的重要特色。《汉书·儒林传》说"孟喜字长卿……得《易》家侯阴阳灾变书"，孟喜成为汉代第一个用《周易》解说阴阳灾异的学者，其后，京房以孟喜后人自居，"其说长于灾变"（《汉书·京房传》），开创了不同于董仲舒的用《易》解说灾异的学说。刘向撰《洪范五行传论》，收集上古以来、春秋各国、秦汉符瑞灾异，以此警戒成帝，防止外戚专权。这套学说的特点是用五行变化来解释灾异，思维方式与本书第三卷讨论的星占学相同。到了汉哀帝、平帝时期，谶纬流行。所谓谶，是神预示人间吉凶祸福的启示或隐语。比较典型的谶语，如"亡秦者胡也"。秦始皇认为"胡"代表匈奴，于是派蒙恬北击匈奴。待秦二世而亡，世人才知道"谶语"的胡是胡亥。所谓纬，是与经相对的典籍。按照纬书的说法，孔子作六经后意犹未尽，又写了《易纬》《诗纬》等，记载了大量预言后世的话。因此，谶语中隐藏着"天意"，如"帝刘之秀，九名之世，帝行德封刻政"（殷元正《河图合古篇》），"赤汉德兴，九世会昌"（孙谷《河图会昌符》）。由于谶纬所代表的"天意"在匡复汉室中发挥的独特作用，[①] 东汉初年被光武帝刘秀宣布为"国宪"，宣布图谶于天下。但是，谶纬对天

---

① 《后汉书·光武帝纪》记载谶语："刘秀发兵捕不道，卯金修德为天子。"

意的解释方式与经学不同，基本采取神秘的附会方式，很容易成为各种势力达到自己目的的手段，毕竟在鱼肚子里塞一块白布写几行字就能代表"天意"的戏法谁都会。东汉光武帝周围的大儒们很多对"谶纬"表示反对或保持距离。如为光武校谶的尹敏就说："谶非圣人所作，其中多近鄙别字，颇类世俗之辞，恐疑误后生也。"（《后汉书·儒林列传》）纬书认定孔子为"神"——黑帝之子，并且"前知千岁，后知万世"。纬书的出现和泛滥，实质是鬼神天道观与儒家经典结合的产物。但是纬书并不是神学著作，而是借助这种形式阐发创作者的社会政治理想。如《乐纬·叶图徵》曰："为富者虑贫，强者不侵弱，智者诈愚，市无二价。"① 西汉成帝时，齐人甘忠造《包元太平经》十二卷，言："汉家逢天地之大终，当更受命于天，天地使真人赤精子，下教我此道。"（《汉书·李寻传》）天帝开始直接派遣真人向甘忠传达天意了，比董仲舒灾异学说更直接、更权威。很不幸，甘忠如此犯禁，被刘向揭发而下狱处死。但是，甘忠的影响依然不绝，他的弟子贺良是高官，认为汉成帝不应天命，所以生不出儿子，希望汉哀帝吸取教训。"哀帝久寝疾，几其有益，遂从贺良等议。"（《汉书·李寻传》）结果还是皇帝屈从"天命"。东汉顺帝时出现一本自称神书的《太平经》，其内容是儒学和阴阳五行、天干地支、神仙、谶纬、天文学的混杂体。该书以"天"为最高神，传授者自命天师，能够传达"天意"。"今天师既加恩爱，乃怜帝王在位，用心愁苦，不得天意，为其每具开说，可以致上皇太平之路。"还说："今天师为王者开辟太平之阶路，太平之真经出，为王者但当游而无事。"② 但当时并没有引起顺帝的注意。后来襄楷上书汉桓帝，指出汉顺帝当年没重视《太平经》，结果让儿子汉冲帝两岁夭折，而

---

① 转引自金春峰《汉代思想史》，中国社会科学出版社1987年版，第374页。
② 《太平经》卷35《分别贫富法》，中华书局2013年版，第130、133页。

第十八章　两汉经学之流变

继任的汉质帝八岁就死掉，想以此来规劝皇帝。不出所料，襄楷因此获罪，但"帝因楷言虽激切，然皆天文恒象之数，故不诛，犹司寇论刑"（《后汉书·郎𫖮襄楷传》）。因为有天象的依据，襄楷逃过一劫。创立"太平道"的张角"颇有其书"（《后汉书·郎𫖮襄楷传》），决心顺应天意、废掉汉家天下（苍天已死、黄天当立）。张角成了改朝换代的工具，但是用符水咒语治病的手段，却在中国民间存活了两千年，直到20世纪初，义和团还在用。

关于非神学的路子。这条路子的思路是弱化董仲舒的鬼神天道观，转向自然天道观，强化道德天道观。西汉后期的扬雄以自然天道反对神学迷信，作《太玄》《法言》两篇，力求用人类理性去理解宇宙之理——"天意"。"或问神。曰：'心'。请问之。曰：'潜天而天，潜地而地。天地，神明而不测者也，心之潜也，犹将测之，况于人乎！况于事伦乎！'"（《法言·问神》）人之"心"可以测天地，更何况人、事、人伦呢？在星占术上："或曰：'圣人占天乎？'曰：'占天地。若此则史也，何异？'曰：'史以天占人，圣人以人占天。'"（《法言·五百》）因此，扬雄排斥星占术，认为人事比天象更重要。但是，扬雄的观点在当世并不受重视，却被韩愈所推崇，继而在北宋达到高潮，原因在于恢复孔学精神，发扬孟子思想。另一个倾向于自然天道观，当世影响甚微、后世获得声誉的是东汉章帝时期的王充，所著《论衡》流传至今。当董仲舒用"神"来解释人类理性无法穿透的"黑体"，王充将之归因于"自然"。犹如第二卷曾讨论过的斯宾诺莎的上帝——自然。王充说："天地合气，人'偶'自生也。"人并没有董仲舒说的那么"伟大""了不起"，他说："人生于天地间也，犹鱼之于渊，虮虱之于人也。"（《论衡·物势》）如此高大的天地是不可能与如此卑微的人类发生感应。王充与扬雄正好相反，是把人看作仅仅是自然界偶然的产物来看待天人关系。他反对"自然之天"会通过灾异谴告表达意见，并提出了用"怀疑和批判"的方式认识自然之天的"天意","凡天下之事不可增益,考察前后,效验自列。自列,则是非之实,有所定矣"(《论衡·语增》)。事实上提出了一切以事实和理性审察检验,判断是否有道理的主张。王充从反对天人感应知悉天意开始,发展出一套客观认识事物的方法,但是,他依然无法摆脱阴阳五行思维框架。王充上承黄老之学,他说"黄老之家,论说天道,得其实矣"(《论衡·谴告》),同时又下启玄学,在百年之后深得蔡邕、王朗等人推崇,在汉末学术界产生了持续影响。扬雄和王充的学术思想说明,道家自然天道观与儒家的人文思想并不是相互抵触、相互矛盾的,这种儒道融合的趋势到魏晋玄学达到一个思想上的高峰。

二 烦琐化、形式化窒息经学的活力

董仲舒倡《春秋》微言大义,认为《春秋》是孔子为汉制法,其中每个字、每个名号都有深刻的含义。这种解经思路在汉代很有影响。其实质是用主观比附代替对事实的理解,用义利代替是非的辨别。结果可能把经义解释得越来越烦琐,带来学术思想的空洞化和形式化,失去内在的活力。这种思维方式可以追溯到很远。比如,"水往低处流"这样的自然现象,老子用来解释"道",得出"上善若水"的结论;孟子则用这个现象说明人性之善是人的本性;董仲舒又用这个现象说明"万民从利"是无法抗拒的。水既可以是近乎道,也能代表人性善,还代表民的从利特点,至于水往低处流的真实原因,没有人感兴趣。汉代经学研究的烦琐、支离,严重脱离实际就是一个必然趋势,是内在思想逻辑发展的结果。经过西汉以来二百多年的发展,经学内容动辄几十万,且大多千篇一律、主观臆测,日益沦为空洞化的说教。"一经说至百万余言,大师众至千余人。""因陋就

第十八章 两汉经学之流变

寡，分文析字，烦言碎辞，学者罢老且不能究其一艺。信口说而背传记，是末师而非往古。"皓首穷经一辈子，也不清楚到底学了些什么东西，至于国家真有大事，却是张口结舌、"莫知其原"，培养一大批只会夸夸其谈却毫无用处的儒生。这就如天主教的神学，如果说奥古斯丁、阿奎那用理性"证明"上帝存在还有一定价值，待到经院哲学"证明"一个针尖上可以站多少天使，就陷入烦琐和荒谬。汉代经学发展到后期也进入了死胡同。一些非常简单、易明的事实，非要用阴阳五行等大道理来套用。比如，解释司马这个官职："司马主兵，言马者，马阳物，乾之所为，行兵用焉，不以伤害为度，故言马也。"① 解释男婚女嫁时说："男娶女何？阴卑，不得自专，就阳而成之。故传曰：阳唱阴和，男行女随。"② 解释水、火为何能死人："水盛气也，故入而杀人。火阴在内，故杀人，壮于水也。"③ 人们认识事物的思维完全被固化，这里不一一列举。这种似是而非的解释，极大地禁锢着人的思想。

发生在西汉末年和东汉时期的今古文经争论，对祛除神学迷信、解放思想有积极意义。古文经认孔子为先师，"六经"是古史资料，重视《春秋左传》；而今文经尊孔子为受命的素王，重视春秋公羊学。④ 但双方的争论更多是利益之争，事关哪一派能显赫于朝廷的大事。为了解决谶纬与经学，今古文经学的矛盾，汉章帝建初四年（79）召开"白虎观会议"，由章帝做裁决。《白虎通》的经义与董仲舒的观点基本一致，只是个别的作了扩充。比如将各种人伦关系扩大为"三纲六纪"："三纲者，何谓也？谓君臣、父子、夫妇也。六

---

① 陈立：《白虎通疏证·封公侯》，中华书局1994年版，第132页。
② 陈立：《白虎通疏证·嫁娶》，第452页。
③ 陈立：《白虎通疏证·五行》，第192页。
④ 可参考《周予同经学史论著选集》之《经今古文学论》，上海人民出版社1983年版。

纪者，谓诸父、兄弟、族人、诸舅、师长、朋友也。"① 而五常依然不变。白虎观会议是经学研究的巅峰，也是衰落的开始，因为经义的所谓统一意味着继续发展的内在活力、动力已经丧失。

经学研究的烦琐和空洞化，与《易》学精神完全相悖。本书第二卷就讨论过，《易》的第一条思维法则就是"简易"，"大道至简"，简就是易、易就是简。对"简"的崇尚，其实一直存留在中国道统的基因之中。烦琐的术数《易》也需要重新向简洁、明了的义理回归。这一趋势在郑玄的注《易》有所体现，直至由王弼最终完成。中国道统内部自我矫正、自我革新的力量，促使烦琐的汉代经学转向魏晋玄学。

三 经学与庞大的士族利益集团

学者们普遍注意到一个现象，武帝"独尊儒术"、设立五经博士意料之外的结果是逐渐在汉代形成一支士族豪强队伍。经学讲究家法和传承，随着门生故吏遍地开花，经师地位越来越崇高，导致的结果是：学术与政治、经济结合，形成了强大的士族集团。士族的特点是把道义力量、政治力量、经济力量、文化力量集于一身，学术上是一代经师，门生故吏遍布天下，政治上是"四世五公""四世太尉"，垄断了做官的权利，经济上大量兼并土地，形成势力强大的庄园。学术不仅为皇权服务，也为地方豪强服务。"天下乃天下人之天下"思想、灾异谴告思想成为豪族对抗皇权的理论工具。西汉宣帝时，就有盖饶宽上书，以五帝时期是公天下为由，公开提出汉宣帝"让权于贤"的要求（《汉书·盖饶宽传》）。西汉元成时，谷永又上书提出：

---

① 陈立：《白虎通疏证·三纲六纪》，中华书局1994年版，第373页。

第十八章 两汉经学之流变

"不私一姓,明天下乃天下人之天下,非一人之天下。"(《汉书·谷永传》)就是说天下不是你刘姓天子一人的,要让位给有德之人。这在世界文明史上是绝无仅有的。汉家从上天受命获得政权,但是一旦做不好,就有再受命的危险。董仲舒用天权制衡君权的设想,终于在现实政治中成为外戚、权臣制约皇帝的工具。王莽篡汉靠的就是这套理论。如果皇帝平时做得不好,不符合士人的口味,也会招致批评。理由还是上天通过灾异发出警告。西汉末年,光武帝刘秀依靠士族的支持推翻王莽的新朝,形成了儒臣集团,士族的地位得到进一步巩固。比较东汉与西汉的开国功臣,最大区别是西汉的功臣大多为市井小民,而东汉的开国功臣大多是士族大家。① 光武帝吸取外戚干政的教训,在政治上更加依靠士族,压制外戚和宦官。但是,坚守儒家理念的士族集团与皇权始终是一个矛盾体,既有"尊王"的春秋大义,也有"从道不从君"的理想。"以民制君"的政治理想,在东汉的政治现实中主要依靠士族集团中的儒生来实现。士族中确实有一批志向甚高,有情怀、有理想、有追求的儒生。② 随着士族力量的不断膨胀,对皇权的制衡和批评就更多。这一现象就迫使东汉后期皇权更加依靠外戚和宦官集团,抗衡士族集团。外戚和宦官集团的内斗,以及与士族集团的斗争,构成了东汉后期最大的政治特色。

汉桓帝、汉灵帝时期发生的几起党锢之祸,实质是为了打击士族集团。列入"黑名单"的儒生将丧失做官的资格,经学的根基开始动摇。士族集团对皇权的制约,有其积极意义,但其自身又是一个"道貌岸然"的利益集团,成为陷百姓于水火的强大推手。两汉的历

---

① 参见《中国历史·秦汉魏晋南北朝卷》,高等教育出版社2001年版,第92—93页。
② 《世说新语·德行第一》说,曾任东汉桓帝时太尉的陈蕃"言为世则,行为世范,登车揽辔,有澄清天下之志",刚到豫章任太守时,就想模仿武王礼贤商容的做法,急着去看当地的名士徐稚(字孺子)。

史表明，当学术与政治结合，不仅有碍于学术自身的发展，还会成为政治上的异己力量；当学术集团与政治集团、经济集团结合，也会成为社会的异己力量。随着皇权与士族的离心离德，皇帝本人不再信仰官方思想——正统经学，占据统治地位的经学开始谢幕。比如桓帝崇奉老子、浮屠（《后汉书·桓帝纪》），灵帝则创立"鸿都门学"专门招收寒门子弟，学习辞赋、书画。鸿都门学创立时，遭到士族、太学儒生的激烈反对，但终究无可奈何，社会思潮的转向成为必然。以后，辞赋文学开始与政治结合，会吟诗、会写文章就能做官，这是创立鸿都门学之初没有预料的结果。由于大多数士族只是把经学作为晋身和获得声望的手段，当经学失去皇权的支持，必然分崩离析。一些士族尽管高唱春秋大义、仁义道德，但自己并不真的相信，只是用来做扩充势力、掌握私人武装的遮羞布。其实，转移天命的力量还是百姓，张角的黄巾军成了颠覆汉家天下的主力。不过，历史上"以民制君"的民众，只做了一次上天再受命的工具。当汉家天下最终转移给曹魏时，魏文帝曹丕把自己看作舜，而汉献帝为尧。他说："朕承符运，受终革命，其敬事山阳公（指汉献帝），如舜之宗尧，有始有卒，传之无穷。"①

四　清议思想的兴起

　　汉武帝采纳董仲舒的建议，于元朔五年（前124）设立太学。太学既是研究经学的重要基地，也是培养政治管理人才的教育机构。太学最初只有若干经学博士和五十名博士弟子，汉昭帝时增加到一百人，汉元帝时增至一千人，成帝末年达到三千人，到了东汉晚期多至

---

① 《太平御览》卷560载魏文帝诏书。

第十八章　两汉经学之流变

三万人。① 这三万多太学生，加上郡学的学生以及背后的诗礼世家，形成了一股不容小觑的势力。士族集团与皇权的矛盾集中体现在与代表皇权的宦官集团的斗争，而太学又成为重要的阵地。宦官的专权事实上堵塞了太学生的仕途。一些太学生中的领袖人物不苟权贵，站在道义的制高点，以圣贤道德为楷模，处士横议、臧否人物、激浊扬清，与在朝的名士、大儒相呼应，形成一股强大的社会舆论。卷入党锢之祸的所谓党人，大多是士族出身，以"天子不得臣，诸侯不得友"自居。这一时期的"清议"还是限于传统经学范围内，利用儒家思想资源开展的对时政和人物的批评。如桓帝时期的王符，隐居著书、不受征召，以批评时政为己任。他依然以"民本思想"作为批评的价值标杆，他说"帝以天为制，天以民为心，民之所欲，天必从之"（《潜夫论·遏利》）、"天道赏善而刑淫"（《潜夫论·述赦》）。因此，"为民请命"的"圣贤人格"赋予了儒生"清议"的道义力量。等到汉末群雄并起，清议的思想开始转向，开始利用道家的思想资源开展社会批评，有了魏晋士人的风度。比如仲长统著《昌言》一书，尚书令荀彧向曹操推荐其担任尚书郎，并参与军事。仲长统持极为悲观的历史观，说："不知来世圣人，救此之道，将何用也！"对于儒家的"仁义"也不再信任，认为都是虚伪的空谈，社会的法则是智诈者取胜。"奸人擅无穷之福利，而善士挂不赦之罪辜。"他把现象当现实，将现实当合理，认为社会就是人妖颠倒、是非混淆。因此，仲长统的志趣就是："安神闺房，思老氏之玄虚；呼吸精和，求至人之仿佛""弹南风之雅操，发清商之妙曲；逍遥一世之上，睥睨天地之间；不受当世之责，永葆性命之期"（以上引自《后汉书·王充王符仲长统列传》）。这些话活脱脱是庄子语言的翻版。这代表了一股新的社会思潮正在形成，这股社会思潮催生出一种

---

① 参见《中国历史·秦汉魏晋南北朝卷》，高等教育出版社2001年版，第63、106页。

新的思想体系——魏晋玄学。清议开始向清谈转向，陶醉于一些只可意会不可言传的所谓玄理之中。"从汉代博士笺注五经的烦琐世界，从贤良奔竞仕宦的利禄世界，脱化出来，来到什么世界呢？这就是魏晋玄学的世界了。"① 魏晋玄学是中国道统传承中的极重要一环。

---

① 侯外庐：《中国思想史》第2卷，人民出版社1956年版，第456页。

第十九章
魏晋玄学

司马迁曾言："世之学老子者则黜儒学，儒学亦黜老子。道不同，不相为谋，岂谓是邪！"（《史记·老庄申韩列传》）汉初依然存在的儒道相黜，到汉末基本消失，儒道互补成为趋势。魏晋玄学正是援道入儒、儒道结合的产物，其主流观点认为孔子要高于老子。这与魏文帝曹丕以孔子为圣、老子为贤，老子不如孔子的思想一致。如果把汉初官方学说——黄老之学作为秦汉思想资源的第一次综合，董仲舒公羊学作为第二次综合，魏晋玄学则是传统思想资源的第三次综合。玄学的"玄"字出自《道德经》"玄之又玄，众妙之门"，其实玄学一点也不玄，恰恰是理性思潮回归、易学简易法则回归的产物。本卷第十八章讨论过，董仲舒将宇宙的本原视为"元气"，并按照一定的规律"自然"形成。在董仲舒看来，按照阴阳五行的规则，宇宙的运转如此"有规律"，其中的机理超越人的理性所能理解，因此必然存在有目的的"天—神"在背后起作用，人世间的所有一切包括纲常名教都可以从"天—神"中找到依据。董仲舒学术思想的特点是在神灵天道观下，将儒家思想体系化。汉末的曹魏代汉、三国归晋，使原有的天人感应、灾异谴告、谶纬那一套东西统统失灵，天人感应关系崩塌、社会秩序趋于紊乱，儒家纲常名教也成了"无根"的浮萍。这一时代面临的重要课题是从理论上重建天人关系、社会秩序。玄学以自然天道观为旗帜，实现了天人关系重建，以天道自然与纲常名教的一致性完成社会秩序的重建。由于玄学秉持自然天道观，玄学又被后世学者称为"新道家"。[①] 政治上失势的黄老之学，与神仙思想（方仙道）相融合，成为早期道教——"黄老道"的一个思想源头。[②] 而玄学走的是老庄路线，用庄子来解老，使庄子思想开始大放异彩。玄学用有无、体用、本末等议题，代替了烦琐的经义研究，用颇具冲击力、吸引力的"辨名析理"的清谈代替皓首穷经。一种新的学术风气开始形成，人们的思想和行为从僵化的经义束缚中获得"彻底"解放。玄学的另一个重要价值是，在学术思想中驱逐鬼神思想、谶纬迷信、天人感应等，纠正虚妄、神秘的非理性倾向，代表着中国道统的理性力量再一次抬头。当然，玄学的产生似乎也为佛教进入并融入中国道统做了思想上的铺垫，同时在精神层面促进了本土化宗教——道教的发展。崇尚理性思辨的无神论玄学为两个有神论的宗教——佛教和道教做了铺垫。值得注意的是，玄学作为一种有势力的社会思潮，对文学艺术和人们的生活方式、思维方式的影响更大，它尽管为当时的豪门士族所醉心，但并没有正式成为官方认可的治国指导思想，这是其与黄老之学、董仲舒公羊学的不同之处。

一　正始玄学

"正始"是曹魏君主曹芳的年号，玄学始于这个时期。一般将夏

[①] 参见冯友兰《中国哲学简史》，赵复三译，北京联合出版公司2017年版，第142页。
[②] 卿希泰《道教史》认为"到东汉时，人们所讲的黄老，偏重的却是它的养生、修仙等方面的内容，并开始祠祭黄帝、老子，出现了以求长生福为中心的黄老道"。（江苏人民出版社2006年版，第17页。）

侯玄、何晏、王弼在这一时期提出的学术思想称为"正始玄学"。夏侯玄（209—254），沛国谯县人（今安徽亳州），征南大将军夏侯尚之子。何晏（？—249），南阳郡宛县人，东汉大将军何进之孙，为曹操养子。王弼（226—249），山东金乡人，曾任曹魏政权尚书郎。他们三人与曹魏政权关系密切，在政治上为司马家族所不容。

"儒道相黜"在汉末的主流社会中尽管消失，但是"任名教"和"任自然"之争依然存在，到底是按照正名分、定尊卑这套礼教规范，还是按照顺应自然、无为而治的模式。当灾异、谶纬、鬼神天道观被人厌弃，自然天道观抬头的思想背景下，理顺名教与自然之间的关系显得尤为迫切。从老子"道法自然"出发，夏侯玄提出了"天地以自然运，圣人以自然用。自然者，道也。道本无名，故老氏曰强为之名"①。成为正始玄学的思想基础。这表达了三层含义：第一，宇宙天地之所以能够形成，是因为"自然"在背后起作用；第二，"自然"就是"道"，"道"就是"自然"，两者是一回事；第三，圣人提出的"名教"也出自"自然"，是"自然"在社会领域的体现。这样，天人关系转化为"自然"关系，代替原来的"感应"关系；儒家的纲常名教"本于自然"，代替原来的"王道之三纲，可求于天"。将名教与自然统一起来，是玄学的主流。它弥合两者之间的关系，实质是消除儒、道之间的矛盾，对于中华主流学术的走向产生了重要影响。"自然"再也不是一种异己的力量，而是成为支持"三纲五常"的重要支柱。玄学在政治上倡导无为而治，似乎与汉初黄老之学的无为类似，如何晏所云："为民所誉，则有名者也；无誉，无名者也。若夫圣人，名无名，誉无誉，谓无名为道，无誉为大。"②其实双方有本质的区别。黄老之学的无为是建立在法制基础上，用刑

---

① 杨伯峻：《列子集释》，中华书局2013年版，第127页。
② 杨伯峻：《列子集释》，中华书局2013年版，第126页。

名法术来治理国家，实现无为而无不为；玄学倡导的无为是建立在源出于自然的名教基础上，一切依照尊卑等级的"自然—名教"来治理国家。这在政治上适应了士族豪门的要求。比如，王弼在注释老子的"始制有名"时说："始制，谓朴散始为长官时也。始制长官，不可不立名分以定尊卑，故始制有名也。"① 郭象说："君臣上下，手足外内，乃天理之自然，岂直人之所为哉？""夫时之所贤者为君，才不应世者为臣，若天之自高，地之自卑，首自在上，足自居下。"② 还说"故多贤不可以多君，无贤不可以无君。此天人之道，必至之宜"③。因此，玄学任自然的无为，实质是任名教的无为，其前提是不丢弃纲常名教。至于蔑视仁义，认为"名教不合自然"，主张"越名教而任自然"，则是以阮籍和嵇康为代表的另一派观点。他们组成了玄学中的异端，而非玄学主流。这是理解魏晋玄学的关键点。玄学作为道家谱系的最后一种思想形态出现在历史上，从此道家基本沦为儒家政治学说的附庸，有时作为异端在中国历史上若隐若现。作为道家与鬼神思想相结合的产物——道教，从玄学在内的道家中汲取思想营养，吸收佛学思想不断发展，直至唐代奉为国教而达到顶峰。

　　王弼犹如一颗耀眼流星，在魏晋时期横空出世又很快消逝，虽只活了二十四岁，却完成了常人一辈子都难以企及的工作，著《老子道德经注》二卷，《周易注》六卷，《周易略例》一卷，《论语释疑》三卷等。王弼的理论贡献在于，接受老子"有生于无"，把"自然—道"这一本体定义为"无"，使自然、道、无构成三位一体的"自然—道—无"，核心还是"无"，这是宇宙天地——"有"的本原，从而开启了"有无、体用、本末、一多、动静"等问题的思辨。

　　准确理解"无"的含义是领悟王弼玄学思想的前提。庄子说

---

① 《老子道德经注》，载楼宇烈校释《王弼集校释》，中华书局1980年版，第82页。
② 郭象注，成玄英疏：《庄子注疏》，中华书局2011年版，第30页。
③ 郭象注，成玄英疏：《庄子注疏》，中华书局2011年版，第85页。

第十九章 魏晋玄学

"物物者非物"(《庄子·知北游》),能够创造"万物"的肯定不是物自身,那是什么?大部分学者沿着宋钘、尹文开启的气论,将万物本原归于无形无体的"元气""精气"。黄老之学、董仲舒、王充以及后来的张载、王夫之皆沿此路径。但是,庄子又提出:"精神生于道,形本生于精","予能有无矣,而未能无无也"(《庄子·知北游》),意思是无影无踪的"气"确实是"虚空",但"虚空"还是存在着,还是"有",叫"有无",这就说明,作为"虚无的气"还不是万物的本原,背后肯定还有一个叫"无无"的"道"。因此,庄子把用逻辑建构出来的"道"作为万物的本原。这个逻辑建构出来的"道"就是王弼认为的"无"。王弼说:"道者,无之称也;无不通也,无不由也,况之曰道。"[①]。夏侯玄认为,这个道可以称为"自然"。在王弼的学术思想体系中,由"自然—道—无"构成三位一体是宇宙的本体,等同于董仲舒的"元气""天—神",是其他东西得以产生的根源。王弼拒绝将"自然—道—无"解释为上帝、神之类的东西,而是本着理性主义的精神,尽可能地用人们能够理解的方式对"无"做出定义。王弼深知其中的困难,在回答裴徽的问题"夫无者,诚万物之所资也。然圣人莫肯致言,而老子申之无已,何邪?"时,说:"圣人体无,无又不可训,故言必及有。老、庄未免于有,故恒训其所不足。"(《世说新语·文学第四》)意思是:"无"既然是万物形成的根据,但孔子却不肯说,老子倒是夸夸其谈,为什么?王弼回答说,孔子作为圣人能体悟到"无",但"无"没法解释,所以不说,而老子是主张有,所以说了许多有的不足。看来,王弼还是主张孔子比老子高明。老子夸夸其谈,而孔子从来不说"无",反而对"无"有更深刻的理解,因为"无"没法解释,只能体悟。但是,王弼还是试图从反面对"无"做出解释。王弼说:"无

[①] 《论语释疑》,载楼宇烈校释《王弼集校释》,中华书局1980年版,第624页。

形无名者,万物之宗也。不温不凉,不宫不商,听之不得而闻,视之不可得而彰,体之不可得而知,味之不可得而尝。"① 这个作为万物本原的"无",听不到、看不到、摸不到,闻不到。当用"是什么"难以定义"无"时,王弼就用了"不是什么"来解释,至于"无"到底是什么就让人去自由想象了。② 这就是中国道统中"负的"或"否定"的思维方式,用肯定的方式进行界定必然有"执"、有"滞",难免挂一漏万,而否定的方式则能圆通。第五卷在讨论"重玄"学时还要讨论这个问题。

老子的"有生于无"是"贵无派"玄学的共识,何晏说:"有之为有,恃无以生;事而为事,由无以成。"③ 王弼那里,"无"是"不是什么"以外的可以自由想象的任何东西。他从多个层面来分析、讨论无和有的关系。这些讨论,有战国名家重新复活的感觉,为宋儒理学的思辨性起中转、中继的作用。④

第一,从本体论的角度理解无和有的关系。"物无妄然,必由其理。"⑤ 天地万物不可能无缘无故产生,必然有其理由;万物之有来源于"无"这个本原。这是玄学的哲学意义。王弼认为:"凡有皆始于无,故未形而无名之时,则为万物之始;及其有形有名之时,则长之育之,亭之毒之,为其母也。"⑥ 天地万物统一于"无","无形无

---

① 《老子指略》,载楼宇烈校释《王弼集校释》,中华书局1980年版,第195页。
② 作为一种思维方式,中国改革开放总设计师邓小平在表述社会主义的时候,也是采用"不是什么"的方式,提出"贫穷不是社会主义"(《邓小平文选》第3卷,人民出版社1993年版,第116页)。这是具有最大包容性的思维。
③ 杨伯峻:《列子集释》,中华书局2013年版,第11页。
④ 王葆玹:"何晏自以为人性本善含仁,又自然不动、无喜怒哀乐,岂不是开启了理学之先河!"(《黄老与老庄》,中国人民大学出版社2012年版,第285页)更确切地说,应该是玄学讨论的命题,如体用、一多等,被理学接过来继续深入研讨。
⑤ 《周易略例》,载楼宇烈校释《王弼集校释》,中华书局1980年版,第591页。
⑥ 《老子道德经注》,载楼宇烈校释《王弼集校释》,中华书局1980年版,第1页。

名者，万物之宗也"。① 不过，这里的"无"不是什么也没有，也不是我们日常所看到的"有"，不是有人认为的虚空——存在着的"无"，而是一种"非有"，即庄子说的"无有""无无"。王弼说"天地任自然，无为无造"，"无为于万物而万物各适其所用"②。至于"无"到底是按照什么样的路径产生"有"，王弼没有论证，也不可能去展开论证。③

第二，从可认识和不可认识以及一与多角度理解无和有。能够生成万物的"无形无名"是难以被人所认识的。老子讲"大音希声；大象无形"，王弼解释说，大音是听不到的，当转化为具体的"声"，才能听到"宫"或"商"，或者别的声调；大象无边无际，只有呈现出某种性状时，人才会感知其温凉、炎寒。④ 所有具体声音和性状的抽象——大音、大象是无法被认识的，它成为具体声音和性状时才能被人所感知。王弼还说："夫无不可以无明，必因于有。故常于有物之极，而必明其所由之宗也。"⑤ 以马作例子，"马"作为概念是对所有具体马的抽象，但要认识"马"有关的所有属性——奔跑、嘶鸣，只能通过观察具体存在的马来实现。抽象的马——"无"，只能通过具体的马——"有"表现出来。"无"不能被人所认识，只能通过"有"呈现出来后才能被认识。他还提出："万物万形，其归一也。何由致一？由于无也。由无乃一，一可谓无。"⑥ 因此，无和有还可以从一多关系理解。

---

① 《老子指略》，载楼宇烈校释《王弼集校释》，中华书局1980年版，第195页。
② 《老子道德经注》，载楼宇烈校释《王弼集校释》，中华书局1980年版，第13页。
③ 第二卷第三章笔者所做的讨论，可以看作对此的一种现代诠释。
④ 《老子道德经注》第四十一章："不可闻之音也。有声则有分，有分则不宫而商。""有形则有分，有分者，不温则凉，不炎则寒。"载楼宇烈校释《王弼集校释》，中华书局1980年版，第113页。
⑤ 韩康伯《周易·系辞上》注引王弼《大衍义》。
⑥ 《老子道德经注》，载楼宇烈校释《王弼集校释》，中华书局1980年版，第117页。

第三，从本末、体用的角度理解无和有的关系。王弼作为崇无派的代表，认为只有"无"才没有偏执，一旦成为具体的"有"，就会有所属，有所遗漏。掌握道的人，总是把"无"放在最重要的位置，无是本、有是末。他强调"崇本以息末，守母以存子。"① 他说："老子之书，其几乎可一言以蔽之，噫！崇本息末而已矣。"② 这里的本，可以理解为机理或原理，比如有一辆车，其设计思想和运行机理是本、车辆外形是末，或者用普遍原理解决具体问题，普遍原理是本、解决问题是末。王弼也从体、用关系上理解无和有。"虽贵以无为用，不能舍无以为体。"③ 虽然"无"通过"有"展现出功效，但不能忘记无是体、有是用，体用本来是同一的。

第四，从虚和实的功用上理解无和有的关系。王弼在注解《老子》第十一章时说："毂所以能统三十辐者，无也。以其无，能受物之故，故能以寡统众也。"车毂由三十根车辐支撑，如果车毂中间没有孔（无），车辐就无处安装。这是从唯虚才能容物的角度理解无和有的关系。陶土做的器皿中间、房子的窗户和室内部分都是空的，都是因"无"才有了用处。王弼说："有之所以为利，皆赖无以为用也"，"有"之所以有用处，都是因为"无"在起作用。这时候王弼从功能的角度分析无的意义。这个时候的无，已经与他本体论意义上的无有很大的差异。这时候的玄学家还顾不上逻辑的严密、概念的准确性和一致性问题。直到佛学东来，学者们才开始意识到逻辑严格、思维缜密的好处。

第五，从静和动的意义上理解无和有的关系。王弼说："凡有起于虚，动起于静。故万物虽并动作，卒复归于虚静，是物之极笃

---

① 《老子指略》，载楼宇烈校释《王弼集校释》，中华书局1980年版，第196页。
② 《老子指略》，载楼宇烈校释《王弼集校释》，中华书局1980年版，第198页。
③ 《老子道德经注》，载楼宇烈校释《王弼集校释》，中华书局1980年版，第94页。

也。"① 静和动的关系，如无和有的关系，动产生于静，但万物变化之后最终还是要回归到虚静，说明静是本原，静更重要，所谓"静为躁君"。以静为主，以静制动，是王弼从中得出的结论。他说："离其清静，行其躁欲，弃其谦后，任其威权，则物扰而民僻，威不能复制民，民不能堪其威，则上下大溃矣。"② 将静和动的关系引申到社会政治领域，再一次提出"自然无为"的思想。王弼的无为类似于庄子的避世以自保，属于保全自身的策略，免于祸及自身。他在《老子》第四十九章的"圣人皆孩之"注了一大段话，"夫在智，则人与之讼；在力，则人与之争"。当你用"智"和"力"解决问题时，会有更多人用"智"和"力"对付你。"已以一敌人，而人以千万敌己。"在寡不敌众的情况下，一定会陷于危险境地。黄老之学的无为，作为社会措施更多表现在与民休息上。

第六，从"得象忘言"和"得意忘象"的角度理解无和有的关系。孔学将占卜、见吉凶的《易》转变为阐述儒家哲学思想的经典。汉初孟喜、京房改变了这一传统。而王弼注《易》又一改汉《易》的治学风格，恢复了原始儒家义理易学传统，世称"王弼扫象"。王弼开创性的治易方式，与他对"无有"关系的把握有关。他把卦辞（言）和卦象（象），卦象（象）和卦义（意），视同于"有"和"无"的关系。他认为卦意才是最重要的。王弼说："言生于象，故可寻言以观象；象生于意，故可寻象以观意。易以象尽，象以言著。故言者所以明象，得象而忘言；象者，所以存意，得意而忘象。犹蹄者所以在兔，得兔而忘蹄；筌者所以在鱼，得鱼而忘筌也。"③ 在王弼看来，语言、符号是形式，蕴含其中的意义才是最重要的。但是，语言和符号在表达意义的时候，存在局限性，"书不尽言、言不尽

---

① 《老子道德经注》，载楼宇烈校释《王弼集校释》，中华书局1980年版，第36页。
② 《老子道德经注》，载楼宇烈校释《王弼集校释》，中华书局1980年版，第179页。
③ 《周易略例》，载楼宇烈校释《王弼集校释》，中华书局1980年版，第609页。

意"是必然的。这说明要真正领悟"有"后面的"无"是一件极其困难的事情。在王弼看来,也只有圣人(孔子)能够真正领悟"无"的真谛。认识到语言的局限性,而只求意会,不求言传,乘兴而行、兴尽而返、不著一言,这几乎演变为魏晋名士的一种生活态度。《世说新语·桓子野吹笛》记载王子猷与桓子野的故事,桓子野按照王子猷的要求吹笛子,但吹完笛子便上车离去,双方"不交一言"。《简傲》篇讲钟会拜访嵇康,整个过程"不交一言",待走时,嵇康问:"何所闻而来,何所见而去?"钟会言:"闻所闻而来,见所见而去。"言语透着玄妙,而意又在言外。这就是魏晋名士风度。

"正始玄学"的三位重要人物,何晏于高平陵之变(249)时被司马懿杀害,王弼也在同年因病去世,夏侯玄郁郁不得志,但玄学的发展还在继续。这种辨名析理、深度思维的治学态度对于扫除烦琐化的治学模式,改变谶纬神学的粗鄙、浅显的思维方式,其意义不可低估。

二 玄学中的异端

能让玄学名声大噪,后世皆知的,"竹林七贤"是一个绕不开的群体,嵇康、阮籍是该小团体的精神领袖。在世人眼里,似乎行为不检、放浪形骸才是玄学的标准相,但他们的思想和行为却是玄学中的异端。这多少有些让人意外。艺术的形象比哲理的思辨往往更能赢得大众,看来古今中外概莫能外。嵇康、阮籍等人在学术思想上的成就不及王弼和郭象等人,却是用"行为艺术"的方式,影响着整个中国历史。嵇康(223—262),谯国铚县人,娶曹魏长乐公主,为中散大夫。阮籍(210—263),陈留尉氏(今河南开封)人,曾受曹爽征辟为参军,在司马政权下曾任步兵校尉。两人与曹魏政权关系密切,在司马氏独专朝政时，政治上采取不合作态度，阮籍以不臧否人物来避祸，而嵇康依然故我，最后被杀害。与夏侯玄、王弼等人试图论证名教出于自然，孔子贤于老子不同，嵇康主张"非汤武而薄周孔"，要"越名教而任自然"，阮籍认为名教不合自然，且鄙视礼法制度，有出世的神仙思想。他们甚至比庄子更极端，尤其是阮籍的无君、非君主张，与稍后的鲍敬言的无君思想，超越了庄子都不敢跨越的红线——否定君主，① 从而成为中国道统中的异端——无政府主义的先驱。② 这种思想被明末的李贽、黄宗羲等人所继承，对清末维新改良派、革命派和无政府主义者产生了影响。嵇康由于被司马昭杀害，在近代中国知识分子中成为反抗专制恶势力的精神图腾，享有很高声誉。鲁迅用二十多年时间校勘《嵇康集》，其跋言："中散遗文，世间已无更善于此者矣。"③ 可见对嵇康之用心。嵇康、阮籍、鲍敬言作为玄学异端，是无法越过不讲的。

如果把自由视为摆脱外在束缚的一种状态，庄子开启了中国自由主义——精神自由之先河——摆脱一切社会关系羁绊，不承担任何社会责任，自由自在、率性而为。这种自由是一种和光同尘、与世沉浮、随波逐流、物我同一的生活态度。庄子用广成子与黄帝的寓言故事，证明遵循自然的道统要高于用仁义治理人世间的治统。但是，庄子这种纯粹观念化的理想境界，在战国及以后的很长时间并没有引起太大的注意，更不会有较高社会地位的士人群体去信奉并践行这种人生理想。但是，魏晋时期的特殊环境，使有权、有钱、有地位、有闲且又有较大独立性的士族中，居然有一批人想在现实社会中实现庄子近乎梦呓的寓言。士族掌握着魏晋时期的社会舆论，特别是当世名

---

① 《庄子·人间世》云："臣之事君义也。无适而非君也。无所逃于天地之间。"

② 严格讲，中国无政府主义思想可上溯至道家杨朱的"无君"，农家许行的"贤者与民并耕而食"。

③ 戴明扬：《嵇康集校注》，中华书局2015年版，第535页。

士，其一言一行，一举手一投足，都足以左右社会风尚，连皇权都需要向豪门士族示好，因为将名士拉入做官的行列是证明政权合法性的重要依据。这就产生了一个很奇怪的逻辑，善于清谈、标新立异、不落俗套甚至鄙夷做官是获得名士资格的前提，可是名声越大的士人就越有可能做官，越有可能被朝廷或权臣征辟；名士洁身自好，明哲保身以避免杀身之祸，希望远离政治旋涡当一名隐士，可越是这样做名气反而越大，越有可能被卷入政治。孔子时代就有隐士，桀溺对子路说，天下皆滔滔洪水泛滥，谁能改变它呢？不如跟随避世之人吧。① 子路对隐士的评论是："不仕无义。长幼之节，不可废也；君臣之义，如之何其废之？欲洁其身，而乱大伦。"（《论语·微子》）孔学弟子甘愿做滔滔洪水中的中流砥柱，不以个人洁身自好而泯灭人间大义。不过孔子时代的隐者都是一些小人物，自生自灭，难以对时局产生影响。可魏晋及六朝就不同了，那是士人当政、名士左右风尚的时代。一句话，这是一个有资格、有能力把庄子的精神自由付诸现实的时代。"来去捐时俗，超然辞世伪，得意在丘中，安事愚和智。"西晋学者张载的《招隐诗》绝妙地勾勒出他们的生活志趣。嵇康、阮籍等人成为这个时代的先锋，他们把庄子理想的精神境界人间化了，把庄子虚拟的一个绝对自由的人生境界，变为一种实有的境界，把从自然山水幻化出的诗情画意的神仙境界，变成人生的追求。之后，历代不得志的读书人和失意官僚，把魏晋名士的生活进一步理想化，以为真能够随性自然，没有俗务的干扰，没有礼法的制约。凡读过《世说新语》的读书人，想必都会对那个洒脱的时代心向往之。东晋孝武帝皇后之兄、中书令王恭，想请士人江卢奴出来做官，一大早就跑到江家，可江卢奴还躺在帷帐里。王恭过了许久才敢挑明这件事。但江不回答，只是让人拿酒，自己独饮。王恭边笑边说：哪能一个人

---

① 《论语·微子》："滔滔者天下皆是也，而谁以易之？"

喝酒呢？江让仆人给王恭斟酒。王恭喝完酒便借机告辞。还没等王恭出门，江卢奴叹曰："人自量，固为难！"（《世说新语·方正第五》）说人有自知之明太难了！王恭本来是去请人做官的，结果如同做了错事的学生般被人奚落。读书人——士人是如何的狂傲不羁！因此，魏晋士人风度成为蔑视权贵、清高自傲的象征，成为中国式自由主义者所向往的生活——活出一个洒脱的"真"自己。

他们首先是政治上不合作的自由主义者。嵇康拒绝征辟，甚至在好友山涛推荐自己担任吏部侍郎时写了著名的《与山巨源绝交书》。嵇康指责说，是不是因为你不好意思独自做官，一定要拉上我做陪衬？他说自己懒散惯了，头发和脸一个多月不洗直到发臭，小便也是非要等到膀胱涨得难受才去，为人傲慢懒散，不懂人情世故，不会随机应变。他认为自己做官有七不堪。有晚起睡懒觉的毛病，做官就要按时办公；喜欢抱琴行吟、弋钓草野，做官后就不得妄动；身上有虱子需要挠痒痒，做官后就要正襟危坐、揖拜上官；不爱互相酬答，做官后就必须勉强应酬；不喜欢吊丧，但世人很看重这点，虽能降心顺俗，难免不被指责；不喜欢俗人，做官后就要被迫与之共事；不喜欢事务缠身，做官后各种公务差事会接踵而至。还有，自己平时总喜欢说点"非汤武而薄周孔"之类的犯禁话，难免不为世俗所容。再加上自己性格倔强、疾恶如仇，看不惯就要发作，会给自己招来灾祸。真不如"游山泽，观鱼鸟"来得惬意。嵇康说自己的人生理想是："今但愿守陋巷，教养子孙，时与亲旧叙阔，陈说平生，浊酒一杯，弹琴一曲，志愿毕矣。"他坚守的信条是"达能兼善而不渝，穷则自得而无闷"。其实是孟子"达、穷"观的翻版。嵇康的这些话如果安到中国近代以来一些知识分子头上，依然很合适，绝不会有时空上的违拗感。阮籍虽接受征辟做了官，但并不以做官为念，整日以醉酒为能事。这种与当朝政治不合作，蔑视官场的态度，依然潜藏在近代中国自由知识分子的集体意识之中。① 嵇康视"六经为芜秽，仁义为臭腐"，认为"六经以抑引为主，人性以从欲为欢。抑引则违其意，从欲则得自然；然自然之得，不由抑引之六经；全性之本，不须犯情之礼律"（嵇康《难自然好学论》）。他认为儒家的礼法名教违反自然，是对人性的束缚，是社会上一切伪善的根源。世人学六经、讲名教，趋之若鹜，全是为了利禄而已。只有抛弃世俗礼法才能获得生命之真，所谓的真就是纯任自然，不虚伪、不做作。"顺天和以自然，以道德为师友；玩阴阳之变化，得长生之永久；任自然以托身，并天地而不朽。"（嵇康《答难养生论》）这种反传统、反世俗、反权贵的自由主义，是顺应自然、任性而为的自由主义。《晋书·阮籍传》载阮籍不拘礼教，母亲去世后，对即便是名士裴楷前来吊唁也是爱搭不理，直到嵇康拿着酒、抱着琴前来，阮籍才大喜，正眼相看。以阮籍为代表，他们所崇尚的自由还是无拘无束的神仙自由主义。阮籍在《咏怀八十二首》之四十七首中，吟出自己的苦闷。

> 生命辰安在，忧戚涕沾襟。崇山有鸣鹤，高鸟翔山冈。燕雀栖下林，青云蔽前庭。素琴凄我心，岂可相追寻。

阮籍在《大人先生传》中虚构了一个"以万里为一步，以千岁为一朝"的大人先生。大人先生首先对为何不按君子方式立世的疑问，作了回答。所谓大人，"与造物同体，天地并生，逍遥浮世，与道俱成，变化聚散，不常其形。"世间的圣人、君子怎能与大人先生相比？"时不若岁，岁不若天，天不若道，道不若神。神者，自然之根。"这位大人先生就是神，宇宙一切都由他产生，能够"直驰骛乎

---

① 笔者以为，近代中国知识分子的个人主义远离政治、追求自由的倾向，除了受西方的影响，更应该从传统中寻找源头。

太初之中，而休息乎无为之宫"。奇怪的是，这个大人先生——神，创造了天地却从不曾想过控制它们。这与来自希伯来的西方文明有完全不同的思路：上帝创造一切就有权利力制一切、摧毁一切。而阮籍的神——大人先生却是"生而不有，为而不宰"。阮籍借大人先生之口说："与世争贵，贵不足尊；与世争富，富不足先。"应该"超世而绝群，遗俗而独往"。视世间的一切富贵如浮云。甚至庄子寓言中那个能让黄帝下跪的广成子，也不足与大人先生"并容"。阮籍再次重申了老子、庄子的理想，如"无是非之别，无善恶之异。故天下被其泽，而万物所以炽"，"无贵则贱者不怨，无富则贫者不争，各足于身而无所求"。无是无非、无善无恶、无富无贫、无贵无贱，那就是神仙国度了。"乘东云、驾西风，与阴守雌，据阳为雄，志得欲从，物莫之穷。"这种云游天下的神仙自由主义，其特点是：出世但不离世、享受人间乐趣又不为尘世所累。实质是有权利，但不能担负义务的那种无拘无束的仙道精神，它是中国式自由主义的最高梦想。写出《三都赋》而使"洛阳纸贵"的西晋士人左思，曾言："惠连非吾屈，首阳非吾仁。相与观所尚，逍遥撰良辰。"意思是屈己为官的柳下惠、鲁仲连，以及不食周禄、饿死首阳山的伯夷、叔齐与我何干？我有我所向往的，只是逍遥于良辰美景罢了。这种前辈圣贤于我何干，我只照顾好我自己的中国式个人主义，塑造出中国士人的另一种性格：他们可能没有远大的志向，只是想着过好自己的生活，但是在受辱还是死亡面前还是会从容选择死亡，他们实践着杨朱"迫生不若死"的重己贵生理想。其实生、死本是同道。据《晋书·嵇康传》，嵇康因政治原因终究不能为司马昭所容忍，"康将刑于市，太学生三千请以师，弗许。康顾视日影，索琴弹之"。一曲《广陵散》成为人间绝唱，但在中国士人心中树起了一座丰碑。

阮籍虽采取消极式的不合作态度，但还能受到司马政权的保护，从某一个角度来说这是对异端的宽容。对于阮籍的政治思想，曾有学者评论说:"魏晋以前未尝有无君之思想。至阮籍乃首发其端,鲍生复倡其说。秦汉数百年尊君之传统思想,遂遭遇空前之抨击。就此而论,则阮、鲍在中国政治思想史中,实占有不容蔑视之地位。"① 阮籍的无君思想来自对太初完美境界的憧憬:"昔者天地开辟,万物并生。大者恬其性,细者静其形。阴藏其气,阳发其精。害无所避,利无所争。放之不失,收之不盈。亡不为夭,存不为寿。福无所得,祸无所咎。各从其命,以度相守。明者不以智胜,暗者不以愚败。强者不以力尽,弱者不以迫畏。盖无君而庶物定,无臣而万事理。"(阮籍《大人先生传》)但是,这一切美好的境界被圣人君子给破坏了,尊贤、竞能、争势、宠贵,结果"竭天地万物之至,以奉声色无穷之欲。此非所以养百姓也"。他认为"君立而虐兴,臣设而贼生,坐制礼法束缚下民"(阮籍《大人先生传》)。人间所有的苦难差不多都是君、臣、礼法带来的。正因为阮籍有无君思想,所以他讥庄子"犹未闻夫太初之论、玄古之微言"(阮籍《达庄论》)。

相对于阮籍,东晋时的鲍敬言似乎更为激进一些,其理论主张比较系统。至今我们仍不清楚鲍敬言的身世等情况,幸好有葛洪把他的言论记录下来并给予严厉驳斥,否则这些思想将如浪花永远湮没于历史长河之中。鲍敬言的无君思想与老子的小国寡民密切相关,但又有系统阐发,而葛洪的诘难更能完整看出其中的思想理论价值。

鲍生好老庄书,认为古代无君,胜于今世。鲍生首先针对儒家"天生烝民而树之君"的理论进行反驳,认为纯属是为"君主制"制造借口。所谓君臣之道,不过是强者欺凌弱者,然后弱者服从的结果;所谓治理民众,不过是智者欺诈愚者,让愚者顺从的结果。"夫混茫以无名为贵,群生以得意为欢。"因此,把木材做成器皿涂上油

---

① 萧公权:《中国政治思想史》上卷,商务印书馆2016年版,第371页。

漆，不是木头的本意；拔掉漂亮的羽毛，不是鸟的愿望；钉上铁掌系上鞍辔，不是马的天性；拉车负重，不是牛的乐趣。豢养官员，奴役百姓，官员位高禄厚，百姓穷困潦倒，肯定不会是民众所愿意的。君主制的两根支柱——天命和民意——被鲍生根本否定了。对此，葛洪反驳说："乾坤定位，上下以形，远取诸物，则天尊地卑，以著人伦之体；近取诸身，则元首股肱，以表君臣之序。"其实双方都是从"自然"出发，各取自然中的某一义，证明君主制度的不合理或者合理。双方很难彼此说服。接着鲍生说："曩古之世，无君无臣，穿井而饮，耕田而食，日出而作，日落而息，山无蹊径，泽无舟梁。"实际上是复述了老子的小国寡民，认为上古时期民风纯朴、干戈不用、城池不设、万物玄同，就是因为后世用智生巧，尊卑有序，把一切美好的古朴境界给打碎了。特别是有了君主，使坏人更能肆意为恶，如果桀、纣只是一个匹夫，即便再凶残也不能"屠割天下"。君主制使人间的罪恶更为深重。葛洪反驳说，混沌未开的蛮荒时代根本不值得向往，"鸟聚兽散，巢栖穴窜，毛血是茹，结草斯服"的野蛮时代，怎能与身居广厦、设官分职的文明社会相比较。圣人受命于天，发明捕鱼的渔网和用于取火的钻燧，培育种子、建造房子等使物品完备，还去害兴利，百姓欣喜而拥戴，便有了君臣之道。怎么会有诈愚欺弱的道理？鲍生偏偏举衰世之君说明君主制不合理，是何道理？葛洪用文明对野蛮，圣王对暴君，来批评鲍生的观点，透露出两个信息：一是老庄所赞赏的万物玄同的蒙昧主义基本被主流观点所抛弃；二是圣王思想开始成为主流道家的理想。葛洪进一步反驳说，人世间的残酷争夺与是否设立君主没有多大关系。即便没有君主，老百姓还会因为一颗草籽、一个巴掌大的地方起争执，结果"私斗过于公战，木石锐于干戈，交尸布野，流血绛路"。如果没有君主，恐怕人都要灭绝。葛洪的这个观点与英国近代霍布斯的看法相同,① 皆认为君主（政府）改变了野蛮的丛林法则,保证了社会秩序和个人安全。但是,鲍生对君主的必要性提出质疑。他认为"天地之位,二气范物",本无尊卑。有了君臣,好比水獭多了鱼就遭殃,老鹰多了鸟会乱飞,政府衙门多了只会让百姓受困。他还从道义上对君主予以谴责,"人君后宫三千,岂皆天意？谷帛积则民饥寒矣"。君主一人霸占如此多美妾佳妇,难道是天意？那么多粮食、布帛堆积在仓库,却使天下百姓挨饿受冻。对此,葛洪反驳说:"王者妃妾之数,圣人之所制也。圣人,与天地合其德者也。"说明后宫三千是圣人定下的规矩,不是人君自己想这么干。从现代人的眼光看,葛洪的反驳毫无道理。接着,葛洪还说:"且案周典九土之记,及汉氏地理之书,天下女数,多于男焉。"根据调查,女人本来就比男人多,所以人君多占一些妃妾不会影响别的男人娶妻。葛洪认为,古时周公把这一切都安排好了,帝王统率百官在属于自己的籍田耕种,后妃带着女人养蚕织布,实行十一税制,很少征调民力,从而实现"民无饥寒、衣食既足、礼让以兴"。而当今之世出现的种种问题,是由于制度失序,抛弃务农这个根本,游食之徒滋生带来的,怎么可以归结为君主制的问题？看来葛洪是用儒家文武周公的理想来反驳鲍生对现实君主制的责难。鲍生认为,人生在世,获取衣服食物本来就是一件困难的事情,政府还要敛赋,还有各种徭役,结果百姓"饥寒并至,下不堪命,冒法犯非"。面对压迫,百姓只能揭竿而起了。葛洪反驳说,充分利用人的智巧,使万物为我所用,何愁衣食无着？只因富贵者没有知止

---

① 霍布斯认为:自然状态即"每个人对每个人的战争状态","人们不断处于暴力死亡的恐惧和危险中,人的生活孤独、贫困、卑污、残忍而短寿"。(《利维坦》,黎思复、黎廷弼译,商务印书馆1985年版,第94、95页。)但同样的开端,却衍生出不同的问题解决路径。

之心而产生如今这些问题罢了。葛洪认为如果对赋敛过重、民力没用于务农进行批评，是正确的，但是说因为有了徭役、赋税而使国乱，则是不对的（《抱朴子·外篇·诘鲍》）。看来，鲍生、葛洪站在不同角度看问题，结论自然就不同。葛洪的理想是"上无苛虐之政，下无失所之人"的仁政，而鲍生的理想是没有贵贱、没有尊卑，没有压迫、没有剥削的无君政治。看来，道不同，不相为谋。葛洪与鲍敬言关于君主制的争论，发生在公元4世纪，应在人类政治史上占有重要地位。

比较一下美国开国元勋之一的潘恩（Thomas Paine）是如何证明君主制不合理的。他说："在世间万物的秩序中，人类原本生而平等，这种平等只可能为后来的极端环境所打破。……但是，还有另一种更大的差别，甚至自然和宗教原因都无法解释，那就是把人们分成国王和臣民。"他继续说："根据《圣经》年表记载，在世界产生的初期并没有国王，因而也没有战争，事实上正是由于国王的傲慢才让人民陷入战争的混乱。"他还说："在英国，国王能做的不外乎经常发动战争并且割让土地，坦白地说，他们使得国家陷入贫瘠，屡造纷争。"[①] 同样的无君论，两相比较，潘恩的论证不见得更加高明，他们的思路都是从最初的自然状态、从现存的事实或者古老的经典出发加以证明。但潘恩在美国掀起惊涛骇浪，而鲍敬言却默默无闻，直到20世纪初期被中国无政府主义者引为同调。这说明只有当某种思想与某种运动相互结合，与某一社会趋势相协调，涉及大多数人的利益时，才能爆发出惊人力量。我们在20世纪的中国看到，当马列主义思想与中国社会实际相结合后产生了多么强大的磅礴伟力！第八卷将会重点讨论这个问题。

[①] ［美］托马斯·潘恩：《常识》，赵田园译，北京大学出版社2015年版，第25、26、46页。

三 玄学的发展

继承何晏、王弼所倡"贵无论"的是西晋时的王衍。王衍（256—311），琅琊郡临沂县（今山东临沂）人，曾任尚书仆射、尚书令，为西晋末年重臣。与之相对的，则是裴頠。裴頠（267—300），河东闻喜（今山西闻喜县）人，曾任光禄大夫、尚书左仆射，著有《崇有论》，于是就有了贵无和崇有两派的争论。《世说新语》载："裴成公作《崇有论》，时人攻难之，莫能折，唯王夷甫来，如小屈。"（《世说新语·文学第四》）就是说，只有王衍能够让裴頠的崇有论受那么点挫折。其实裴頠之所以反对崇无，是鉴于魏晋士族的子弟以"任自然"名义清谈成风，且放浪形骸乃至纵欲之风恶性膨胀，担心"礼制弗存，则无以为政"。他认为"众之从上，犹水之居器"，民众听从号令，犹如将水束缚在容器之中。裴頠反对"有生于无"，认为"夫至无者无以能生，故始生者自生也"。绝对空虚的"无"不可能产生万物，万物的自生自化只能从自身寻找原因。这个观点从逻辑上看还是成立的。他举例说："心非事也，而制事必由于心，然不可制事以非事，谓心为无也；匠非器也，而制器必须于匠，然不可以制器以非器，谓匠非有也。"（《晋书·裴頠传》）有想法是做事的前提，但不能因做事和想法不是一回事，就说想法是"无"；工匠是器物的前提，有工匠才能制作器物，但不能因工匠和器物不同，就说工匠是"无"。由于裴頠在士族中的地位，崇有论影响也很大。郭象则针对玄学两派的争论，继续倡导"名教即自然"，从而完成玄学理论的综合。

郭象（252—312），河南洛阳人，曾任黄门侍郎，东海王司马越引荐其担任太傅主簿。王衍评价说："听象语，如悬河泻水，注而不竭。"(《晋书》卷五十）王弼提出以"无"为核心的"自然—道—无"作为天地万物的本原，但"无"到底是如何产生"有"的，缺乏严密的论证。因此，"有生于无"更多的是一种信念而不是不证自明的常识。郭象既反对王弼的"有生于无"，也不赞成裴頠"有生于有"的主张，他说："无既无矣，则不能生有。有之未生，又不能为生。然则生生者谁哉？块然而自生耳。"① "无"固然不能生"有"，但在"有"还没有出现之前，也谈不上"生"，因此万物只能是"自生"了。郭象把"自生"也称为"自然""天然""独化"，说明万物产生的过程既没有外部的条件，也没有内部的原因，是一个偶然的、突发的过程。"凡得之者，外不资于道，内不由己，掘然自得而独化也。"② 这一看法与王充的"物偶自生"相似，都说明形成天地万物的偶发性，是一个没有理由，也不需要理由的过程。为了能够说明天地万物到底从哪来的，郭象虚构了一个"玄冥之境"，试图代替王弼的"无"，天地万物就是从这个玄冥之境中独化而来。《庄子·知北游》说："昭昭生于冥冥，有伦生于无形"，这种"玄冥之境"是一种晦暗不明、浑然无别的神秘境界。严格地说，"玄冥之境"与"自然—道—无"没有什么本质的区别，都是一种难以言说的状态，但郭象不把这种状态称作"无"，也不叫"有"，似乎解决了"贵无"和"崇有"之间的争论。他说："玄冥者，所以名无而非无也。"③ 看来，郭象深得庄子思想的精髓，居于可与不可，有才与无才之间，你说"玄冥之境"是"有"也可以，说"无"也可以，说既不是"有"，也不是"无"，也没问题。庄子的思想成就了郭象，而郭象也让庄子大放异彩；郭象注了庄子，但庄子也成为注解郭象思想的载体。

---

① 郭象注，成玄英疏：《庄子注疏》，中华书局2011年版，第26页。
② 郭象注，成玄英疏：《庄子注疏》，中华书局2011年版，第138页。
③ 郭象注，成玄英疏：《庄子注疏》，中华书局2011年版，第141页。

《庄子·逍遥游》云："藐姑射之山，有神人居焉。肌肤若冰雪，绰约如处子。"但庄子幻想中的神人，被郭象解释成圣人。"此皆寄言耳。夫神人即今所谓圣人也。夫圣人虽在庙堂之上，然其心无异于山林之中，世岂识之哉！"① 这就为身居庙堂之上，却寄情于山水之间的士大夫提供了理论依据。《庄子·齐物论》中有一段影子和虚影（罔两）的对话。虚影说："先前你行走，现在又停下；之前你坐着，如今又站着。怎么没有自己的独立操守呢？"影子回答："我是有所依凭才这样吗？我所依凭的东西又有所依凭才这样吗？我所依凭的东西到底是蛇皮还是蝉羽呢？我怎么知道是什么缘故成这样？又怎么知道什么缘故不会是这样？"郭象《庄子注疏》作了进一步的发挥，解释独化的准确含义。第一，影子坐还是站没有依凭、没有理由，影子自己也不清楚是怎么产生的，哪有独立的操守？这叫作"天机自尔，坐起无待"，万物是独化而成。第二，如果影子知道自己是依凭蛇皮或蝉羽产生的，可以说没有独立操守。但实际并不是这样的，影子并不一定依靠蛇皮或蝉羽产生，任何物件都会产生影子。第三，世人都认为虚影是由影子产生，影子由物体产生，物体由造物主产生，请问有造物主吗？如果没有，万物怎么产生？如果说有，那么不可能凭借具体的物产生形态各异的万物，正如一块木头、一张纸片这类具体的物不可能产生万物一样，因此只有搞清楚形态各异的万物如何产生才能说造物主的事。第四，万物包括虚影都不需要依凭，各自独化于玄冥之中，这才是天地之正道。"彼我相因，形景俱生"，物体和影子是同时产生，虚影和影子也是共生关系。虚影不是影子产生的，影子也不由物体指使，万物也不是从"无"所"化"。第五，天地万物不存在造物主，郭象提出："万物万情，趣舍不同，若有真宰使之然

---

① 郭象注，成玄英疏：《庄子注疏》，中华书局2011年版，第15页。

也。起索真宰之朕迹，而亦终不得，则明物皆自然，无使物然也。"① 万物看上去似乎由真宰——造物主创造，可谁也找不到这种证据，万物确实是自然而然的。郭象的"万物独化"论由庄子的思想发展而来，同时也为即将到来的佛教"万物缘起"说提供了对话的基础。

郭象提出万物独化论和玄冥之境，最终完成了天人关系和社会秩序的重建工作。

郭象抛弃了董仲舒以来的"人是天地万物的目的"，"天地间人为贵"的思想，把人降为与万物同样的位置。这是庄子思想的主旨，也是玄学家的共同观点。郭象说："人之所因者，天也。天之所生者，独化也。人皆以天为父，故昼夜之变，寒暑之节，犹不敢恶，随天安之；况乎卓尔独化，至于玄冥之境，又安得而不任之哉？既任之，则死生变化，惟命之从也。"② 人以天为父，人之所因者天，似乎在重复汉人的话，但郭象的本意在于：人既然能安于昼夜寒暑的变化，更应该安于独化的命运，人对于"死生之化"要做到"惟命之从"。他认为："人形乃是万化之一遇耳，未足独喜也。无极之中，所遇者皆若人耳，岂特人形可喜而余物无乐耶？"③ 人只是万物中的一种而已，没必要独化为人形就高兴，独化为树木甚至石头就痛苦。人生是死是活没有特别的意义，"夫死生犹觉梦耳"，人的生命并不可贵，活着或死去就如白天和黑夜交替那么平常。魏晋名士表面上的风流、飘逸，与对人类生命意义的轻视形成强烈的对比。孔子知天命，但仍然"知其不可为而为之"。但在郭象看来，人只能受一种不可知、不可违的神秘力量——命运的支配。郭象反复强调，"天性所受，各有本分，不可逃，亦不可加"④，"突然自生，制不由我，我不

---

① 郭象注，成玄英疏：《庄子注疏》，中华书局2011年版，第29页。
② 郭象注，成玄英疏：《庄子注疏》，中华书局2011年版，第133页。
③ 郭象注，成玄英疏：《庄子注疏》，中华书局2011年版，第135页。
④ 郭象注，成玄英疏：《庄子注疏》，中华书局2011年版，第69页。

能禁。忽然自死，吾不能违。"① 人到底是生还是死最终还是由"命"来决定，"我"无法左右。魏晋名士表面的任性、豁达，与其屈服于绝对的命运也形成鲜明的反差。他们是深得庄子的精髓。汉人的雄浑进取、开疆拓土，变成晋人、南人的醉生梦死、偏居江南一隅。这也算是不同天道观会有不同的众生百态罢了。

在人能否洞察万物变化机理上，郭象提出："夫死者已自死，生者已自生，圆者已自圆，方者已自方，未有为其根者，故莫知。"②天地万物都是从玄冥之境中莫名其妙地独化出来，没有原因地就这么发生了，因此"（天）不运而自行也，（地）不处而自止也，（日月）不争而自代谢也。"③ 由于任何事物都是按照自己的本性独化出来，郭象认为人不能从外去认识事物，这就好比"以圆学方，以鱼慕鸟"，永远不得要领，只能离本性越来越远。他从庄子虚构出的颜回"坐忘"的故事，提出忘掉现象世界，直接进入"忘己""自得""乐命自愉"的人生最高境界。《庄子·大宗师》里颜回对孔子说，我忘掉仁义了；孔子说，好啊，继续吧。郭象注说："仁者，兼爱之迹；义者，成物之功"④，仁义只是兼爱和成物的表象（迹和功），没有仁义但"爱利之心"还有，忘掉仁义有何不可？接着颜回对孔子说，我忘掉礼乐了；孔子说，好啊，继续吧。郭象注说："礼者形体之用，乐者乐生之具"，礼乐也是工具，忘掉有何不可？几天后颜回对孔子说，我坐忘了；孔子吓一跳说，何谓坐忘；颜回说："堕肢体，黜聪明，离形去知，同于大通，此谓坐忘。"郭象注说："既忘其迹，又忘其所以迹者，内不觉其一身，外不识有天地，然后旷然与

---

① 郭象注，成玄英疏：《庄子注疏》，中华书局2011年版，第479页。
② 郭象注，成玄英疏：《庄子注疏》，中华书局2011年版，第392页。
③ 郭象注，成玄英疏：《庄子注疏》，中华书局2011年版，第267页。
④ 郭象注，成玄英疏：《庄子注疏》，中华书局2011年版，第155页。

第十九章 魏晋玄学

变化为体而无不通也"①，不仅忘掉表象，也忘掉了表象得以产生的根据，也不知道自己和天地还有区别，进入浑然一体超越一切的境界。这是玄学家要追求的人生境界！当然，也会有"境界更高"的人反驳说，孔子连"坐忘"都忘记了，难道不比颜回的境界更高？这就是玄之又玄的微妙处。因为王弼在证明孔子贤于老子的理由就是：孔子不讲无，却比总讲无的老子更懂得无的道理。

郭象万物独化的本质是：所有事物按照自己的本性"自生自有"。你化你的，我化我的，他化他的，各不相干、各得其所、各得其乐。《庄子·大宗师》说："鱼相忘乎江湖，人相忘乎道术"，郭象注说："各自足而相忘者，天下莫不然也，至人常足，故常忘也"②，要忘掉大和小、长寿和短命、高贵与卑贱这种表面上的差别，万物"各足于其性"，其性质都是一样的。针对《逍遥游》里大鹏与小鸟的故事，郭象注说："苟足于其性，虽大鹏无以自贵于小鸟，小鸟无羡于天池，而荣愿有余矣。"③ 这确实是很豁达大度的人生观，但是，把这种观点引申到政治社会领域，就意味着现存的等级制度都是"各安其性"的好制度，纲常名教符合"天理自然"。名教就是自然，自然就是名教，玄学终于用"万物独化""各得其性"为重建社会秩序提供了理论基础，社会秩序的合理性在"自然"中找到了依据。郭象说："大小之辨，各有定分，非羡欲所及"④，"臣妾之才而不安臣妾之任，则失矣。故知君臣上下，手足内外，乃天理自然，岂真人之所为哉"，"贤愚袭情而贵贱履位，君臣上下，莫匪尔极，而天下无患矣"⑤。纵观周公、孔子、孟子、董仲舒思想的发展脉络，到了

---

① 郭象注，成玄英疏：《庄子注疏》，中华书局2011年版，第156页。
② 郭象注，成玄英疏：《庄子注疏》，中华书局2011年版，第149、150页。
③ 郭象注，成玄英疏：《庄子注疏》，中华书局2011年版，第5页。
④ 郭象注，成玄英疏：《庄子注疏》，中华书局2011年版，第8页。
⑤ 郭象注，成玄英疏：《庄子注疏》，中华书局2011年版，第30页。

以郭象为代表的玄学,开始偏离中国道统的主流路线,发展出适应贵族制——门阀士族需要的社会等级理论。从周公开始,一直强调"以德配天",君臣上下之分在于个人德性的修养,有德者居之是共同的信仰,鼓励个人后天的修为。圣人和普通人之间并没有实质性的区别,圣人之所以为圣人只是能够以仁德施及民众,以自己的德性教化万民。到魏晋之交的王弼还坚持:"圣人茂于人者神明也,同于人者五情也。神明茂故能体冲和以通无,五情同故不能无哀乐以应物。然而圣人之情,应物而无累于物者也"①,圣人五情同于人,只是更"神明"一些,能够不为外界所拖累。

综观人类文明社会,存在着两种类型的等级制度,一种是"人为等级制度",以古代中国社会强调尊卑贵贱的等级制社会为代表,另一种是"天然等级制度",以古希腊罗马的贵族制、奴隶制以及印度和美国所实行的种姓等级制社会②为代表。所谓"人为等级制度"是指社会分层坚持用人为的标准,即强调个人的德性和才能作为划分等级的依据。这种社会认为:个人身份地位的差异是源于自身修养的高低,是后天人为努力可以改变的。伯夷叔齐只是寄人篱下的食客,他反对武王伐纣、不食周粟饿死首阳山,其特立独行的人格被后世儒家列为与文武周公同一层级的圣贤。所谓"天然等级制度"是指这样的社会,将社会等级差异归因于有的人天生高贵,有的人天生卑贱,靠后天的人为努力永远无法改变。推行奴隶制、贵族制的社会认为,自由人和奴隶在人性上就存在本质差别,贵族与平民在血统上也根本不同。比如美国建国时一方面宣称自由、平等的天赋人权,另一方面又心安理得地实行奴隶制,就是因为在美国开国元勋的眼里,黑人、印第安人和其他有色人种都不能称作"人"。相较于传统中国社

---

① 《三国志·魏志·钟会传》裴注引何劭《王弼传》。
② [美]伊萨贝尔·威尔克森:《美国不平等的起源》,姚向辉,顾冰珂译,湖南文艺出版社2021年版。

会的"人为等级制度","天然等级制度"是一种更为残酷、可怕的等级社会,因为单凭个人努力是无法越过种族、血统等天然屏障。类似于"天然等级制度"的等级思想,在东汉开始出现,但不占主流。比如《太平经》宣扬人世间的奴婢、民、将相、帝王的等级制度是由不同性质的气直接决定的,"王气与帝王气相通,相气与宰辅相应,微气与小吏相应,休气与后宫相应,废气与民相应。"(《太平经·行道有优劣法》)成仙也是命定的,所谓"白日升天之人,求生有籍,著文北极天君内薄"(《太平经·大圣上章诀》)。这就像柏拉图理想国里的三类人是用不同材料做成的一样。这种等级社会里,下层人就永远别想翻身,实际上反映了东汉以后的门阀等级制。但《太平经》的这一思想遭到正统道教——黄老道教所否定,张道陵在《老子想尔注》就"绝圣弃知,民利百倍"注说:"不劝民真道可得仙寿,修善自勤,反言仙自有骨录,非行善所臻,云无生道,道书欺人,此乃罪盈三千,为大恶人。"[①] 但宣扬人与人有本质区别的大恶人,却在郭象的玄学中很体面、很学理化地出现了。郭象认为,人的尊卑贵贱是因"各据其性"而自然而然,"本性"各不相同,都能"自生自化",各有各的用处,它们在"各足于其性""大小俱足"上是一样的。就如之前讨论过的,《美丽新世界》里不同种姓都很自足于自己的处境一样,郭象构筑起新的天人关系和社会秩序——一个贵者自贵、贱者自贱,各守本分、各安现状的世界;一个缺乏灵魂,由一堆"从欲而欢"的行尸走肉组成的世界。对于郭象偏离中国道统主流的思想,钱穆评论说:"若一切委付于自然,只要存在的,都是合理的,而且不可逃。如是则有自然,无人生;有遭遇,无理想;有放任,无工夫。"还说:"郭象乃一热衷贪鄙之人,当时达官贵人,

---

① 刘昭瑞:《〈老子想尔注〉导读与译注》,江西人民出版社2012年版,第109页。

皆浮慕庄老，郭象慕贵达，故其注《庄》，腼颜昧心、曲说媚势。"①前一段评说比较中肯，后一段就有为庄子开脱的味道。钱穆是想说郭象把庄子的思想整反了，搞庸俗了。其实是郭象通过《庄子》注，把庄子从社会秩序的颠覆者变成为社会秩序的维护者，使庄子逐渐为上层统治者所接受，确立起庄子思想的正统地位。郭象淡化了庄子纯任自然、蔑视仁义、重估价值的倾向，这些或许正是庄子的精髓。庄子通过郭象而光大，郭象通过庄子巩固了地位。郭象表达出的"天然等级制度"思想虽不占中国道统的主流，但影响不容小觑。郭象是有功于还是有罪于庄子，很难回答。当庄子仅仅是穷困潦倒的书生、籍籍无名的小人物，其寄心灵于自然只是无伤大雅的个人私事，一旦这种思想与政治结合，权贵们都"身在廊庙，心在山林"，以躬亲俗事为耻，甚至"熏衣剃面、傅粉施朱"，视民众苦难、杀戮夺利为自然之理，山河破碎、生灵涂炭为各得其性，那么神州陆沉、华夏蒙垢也就很是自然了。

郭象去世后四年，西晋覆灭于匈奴人后裔刘渊，宁平一役十万晋人被石勒所杀，但这次的"流血漂杵"换来的只是更多汉家儿郎的血泪。司马家族在门阀士族支持下，在建康建立偏安一隅的东晋王朝，玄学开始与佛学合流。在以后的华夏五百年，一流思想家大多出于佛门，佛学思想成为中国道统的一部分。玄学中"自然主义"思想促进道教神仙思想的信仰，② 道教在与佛教的竞争中得到发展。儒道佛并立的局面开始形成。五百年的宗教发展史，最大成就之一是"鬼神之天"天道观退居次要，完成"虚灵之天"天道观的建构。

---

① 钱穆：《中国思想史》，九州出版社2012年版，第138页。
② 嵇康《养生论》说："夫神仙虽不目见，然记籍所载，前史所传，较而论之，其有必矣；似特受异气，禀之自然，非积学所能致也。"

中国道统论

下

蔡晓 著

中国社会科学出版社

目　　录

（下　册）

第五卷　佛陀和清虚的世界

第二十章　僧肇、慧远、竺道生 …………………………………（519）
　　一　僧肇的佛学思想 …………………………………………（521）
　　二　慧远的佛学思想 …………………………………………（527）
　　三　竺道生的佛学异端思想 …………………………………（535）

第二十一章　华严宗、禅宗 ………………………………………（540）
　　一　华严宗的佛学思想 ………………………………………（541）
　　二　禅宗的佛学思想 …………………………………………（546）
　　三　佛学的价值和局限 ………………………………………（555）

第二十二章　道教的发生发展 ……………………………………（561）
　　一　早期道教的发展 …………………………………………（561）
　　二　晋南北朝时期的道教 ……………………………………（570）
　　三　隋唐道教和道家 …………………………………………（584）

第六卷　宋明道学

第二十三章　道学产生的历史背景 …………………………（607）

第二十四章　王安石变法和新学 ……………………………（617）
　一　变法主张 ……………………………………………（618）
　二　变法实践 ……………………………………………（625）
　三　王安石新学主要内容 ………………………………（641）

第二十五章　道学的发端和初步形成 ………………………（648）
　一　周敦颐的《太极图说》 ……………………………（649）
　二　邵雍的"象数"学 …………………………………（656）
　三　张载的气化论 ………………………………………（660）
　四　程颢、程颐的理学思想 ……………………………（674）

第二十六章　朱熹的集大成 …………………………………（687）
　一　基本思维方式 ………………………………………（689）
　二　朱熹的天道观 ………………………………………（696）
　三　朱熹的心性学 ………………………………………（705）

第二十七章　王守仁心学 ……………………………………（715）
　一　王守仁学术思想的基本脉络 ………………………（717）
　二　知行合一和致良知及其他 …………………………（731）
　三　心学的发展 …………………………………………（743）

第七卷 晚明和晚清变局下的中国道统

第二十八章 晚明和晚清的中国社会 …… (755)

第二十九章 明末清初的思想遗产 …… (770)
  一 王夫之 …… (771)
  二 顾炎武 …… (781)
  三 黄宗羲 …… (799)

第三十章 晚清大变局中的两条主线 …… (817)

第三十一章 近代社会革命 …… (828)
  一 太平天国运动 …… (828)
  二 章太炎的民族革命 …… (835)
  三 邹容的《革命军》 …… (847)

第三十二章 近代社会改良 …… (851)
  一 冯桂芬 …… (852)
  二 张之洞 …… (857)
  三 郑观应 …… (859)
  四 谭嗣同 …… (861)
  五 严复 …… (871)

第三十三章 康有为 …… (896)
  一 新学伪经和托古改制 …… (898)

二　保皇保教和虚君立宪 …………………………………（903）
三　小康社会和大同之道 …………………………………（908）

第三十四章　孙中山 ………………………………………（919）
　　一　建国方略 ………………………………………………（922）
　　二　三民主义 ………………………………………………（932）
　　三　孙中山的政治遗产 ……………………………………（949）

结束语 ………………………………………………………（956）

参考文献 ……………………………………………………（960）

后　记 ………………………………………………………（972）

第五卷

佛陀和清虚的世界

佛教、道教之盛在东晋南北朝和隋唐。自此中华文化进入与第一个外来文化大融合的千年史。之后的中华文化已不再是纯粹本土化的，而是与印度文化中的一支——大乘佛教相互融合。本卷和第六卷介绍的就是这一千年间两个不同历史时期的学术思想，即东晋南北朝和隋唐时期的佛教、道教思想，以及融合儒释道的宋明道学。由佛入儒，开现代新儒学之先河的熊十力感叹说："佛法东来，适当秦汉后思想界锢蔽之际，余常以为不幸，佛法无论若何高远，而其出世之宗教精神，终无可振起衰疲之族类。"① 虽为不幸，虽无可振起华夏族的血性，但毕竟是一个既成的事实，而且佛陀给中国道统的影响是何等深远！在"白骨蔽野"的黄河流域建立起"五胡十六国"的时期，因佛是西来的"戎神"而得到后赵石勒、石虎等胡人政权的大肆礼敬，奉天竺僧佛图澄为国师。后秦姚兴出兵西域夺得鸠摩罗什，待以国师之礼。罗什在长安组成庞大的僧团，翻译了共35部、294卷佛教经典。西晋时全国仅有寺庙180所，僧尼3700人，到北朝的北魏末期，有寺庙3万多所、僧尼200万人；南朝佛教最盛的梁朝，所荫庇的人口竟占全国户籍人口之半。可见佛教势力膨胀之迅猛。其中固然有初期胡人政权的大力推动，但最主要的还是回应了那个时代的问题。一是佛教"众生皆苦"和"因果轮回"等思想给苦难中的百姓和劫难中的士族以精神慰藉。二是给统治者提供了柔化人心、驯服民众的工具。三是大乘佛教精致的佛学思辨理论，对包括玄学名士在内

---

① 熊十力：《新唯识论》，上海古籍出版社2019年版，第123页。

的读书人有极大的吸引力,其众生平等的思想与万物玄同的中国道统相互契合。

佛学的核心思想是所谓"三法印"。一是诸行无常。宇宙万象迁流变异、诸多变化,因无自性皆是无常,犹如幻化。二是诸法无我。人我相、法我相皆为不真的幻相,或者皆从意识中产生,若真有我,何以我的心绪、生死皆非我自己能掌控?三是涅槃寂静。这是一种不生不灭,摆脱轮回之苦的佛陀世界。"三法印"为我们描绘了一幅宇宙图景:一个变动不居的不真实的世界,存在绝对不变的虚灵不昧的宇宙本体。华严宗法藏(包括后来的朱熹、熊十力等),喜欢用大海的水与众沤(泡沫)比喻宇宙本体与宇宙万象之间的关系,水为本体(理)、众沤为现象(事),这叫"事事无碍、事理无碍"。天道是什么?既不是道德,不是鬼神,也不是自然,而是虚灵不昧的宇宙心(佛),只有它有俱足的自性。这种天道思想可以称为"虚灵之天"天道观。深受佛学影响的道教,也从最初的追求肉体不死、肉体成仙,变成人的精神成仙。神仙世界是一个绝对清虚的、无执无滞的世界。神仙的世界和佛的世界趋于混同。近代章太炎曾说:"自魏晋迄近世,悠悠千祀,凡聪明人无不染佛法者。"[①] 此言即便有过,也道出了大部分实情,若不了解佛法就难以准确理解东晋以后的中华学术思想。

东晋末年的陶渊明,与当时南方佛教界领袖慧远有方外交,却是一位不信佛法,但又受佛学思想影响的一代名士,代表了日后大部分文人的处世态度。且看他的《饮酒(其五)》:

结庐在人境,而无车马喧。
问君何能尔?心远地自偏。

---

① 转引自熊十力《新唯识论》,上海古籍出版社2019年版,第123页。

采菊东篱下，悠然见南山。
山气日夕佳，飞鸟相与还。
此中有真意，欲辩已忘言。

好一派超然尘世的空无境界。这几乎成了中国士大夫们追求的一种至高境界。但是，隐藏在这种俊逸、清新、飘洒的背后，却是因连年征战带给无数百姓的劫难。佛学风光的背后，却是道、佛两家的长期斗法，犹如汉初儒、道互黜。但是道教与佛教之间不仅是文攻，更有武斗。如北魏太武帝、北周武帝、唐武宗的三次灭佛，北齐文宣帝的禁绝道教，北周武帝灭佛又禁道，武则天崇佛、唐玄宗崇道，虽然经济政治因素是占主要的，但是道、佛两教的道不同、不相为谋却是不容忽视的事实。

第二十章
僧肇、慧远、竺道生

佛学最早传入中国，有记载的当是东汉明帝十年（67）。"汉明帝永平年中，遣使往西域求法，是为我国向所公认佛法入中国之始。"① 到东晋初年佛教开始大盛于南北两地。有佛图澄和弟子道安、再传弟子慧远一系，还有鸠摩罗什和弟子僧肇、竺道生一系，都继承大乘龙树空宗，分居南北传教（慧远在庐山、罗什在长安）。② 尤其是罗什的译经工作对大乘佛教传播厥功至伟，对后世影响较大的净土宗、天台宗、禅宗皆与这两系有很大关系。与罗什同时期的觉贤（佛陀跋陀罗）继承大乘无著和世亲有宗，从海路来到中国，辗转传教，觉贤一系对唐初华严宗的形成起了很重要的作用。罗什主持翻译的《般若》诸经、《法华经》，昙无谶翻译的《涅槃经》，觉贤翻译的《华严经》成了东晋南北朝大乘佛教的四部主要经典。严格说，隋唐之前，还没有形成所谓的宗派。③ 从佛学思想演变看，僧肇、慧远、道生为佛教的中国化，以及儒释道的融合发挥了奠基作用。在介绍他们的佛学思想之前，需要了解佛陀创教的诱因和基本教义。

---

① 汤用彤：《汉魏两晋南北朝佛教史》，商务印书馆2015年版，第15页。
② 佛图澄、道安、慧远一系最初受小乘佛教影响。与罗什一系略有区别。
③ 参见蒋维乔《中国佛教史》，商务印书馆2015年版，第52页。

公元前5世纪佛陀出生于古印度迦毗罗卫国释迦族,位于今天尼泊尔境内,属于比婆罗门低一等级的刹帝利。据说佛陀降生后说的第一句话就是:"天上天下,唯我独尊。"他十六岁娶妻生子,生活奢侈、极尽声色,不知人间疾苦。一日,他出门看到老人、病人、死人和出家人后,就深深困扰于生死问题。这就是佛教的"四门游观"故事。年轻的佛陀决意出家,寻求解救人类苦难的办法。佛陀最初使用婆罗门的瑜伽禅定、苦行等修炼办法,终因无法觉悟而放弃,最后采用自己的方法"证觉成道"。佛陀觉悟的标志就是开始形成一套完整的世界观、人生观、价值观用以解释宇宙万物、人类社会的变化,找到脱离苦海到达彼岸世界的办法。其中最主要的还是"四谛""十二因缘""生死轮回""善恶报应"等内容。所有佛经都是佛陀寂灭后产生的,而且"印度人是没有历史观念的民族,佛教是一个'无方分(空间)无时分(时间)'的宗教"①,再加上在佛陀降生和传教的过程中,梵文还没有形成,所有原始佛经只能是口口相传,因此已很难搞清楚哪些是佛陀说的,哪些是后人羼入。当初传入中国的佛经基本用悉昙文书写,这种文字在印度已经被天城体所替代。由于唐武宗和北周武帝的毁佛,悉昙文在汉地几乎失传,反而在日本因留学僧而保留了下来。今人一般以为现存佛典里的话都是佛陀的观点。佛陀认为:人生皆苦,尽管每个人对苦的感受有很大差异,但是生老病死都是人无法摆脱的痛苦,这叫"苦谛";痛苦的根源在于人的各种欲念,尤其是"贪、嗔、痴",再加上"十二因缘"和"生死轮回",使人永远无法摆脱苦海,这叫"集谛";摆脱生死轮回的苦海的最高境界,就是涅槃——寂灭,这种境界可能是死后,也可能是活着就可以实现,这叫"灭谛";达到涅槃境界的"三大法门"是修戒、修定、修慧,须采用佛法指引的正确方法,如正见、正志、正

---

① 胡适:《中国佛学史》,华东师范大学出版社2015年版,第3页。

语、正业、正命、正进、正念、正定等"八正道",这叫"道谛"。佛陀不主张走极端的修道路线,既不能用寻欢作乐,也不能用苦行折磨的方式修炼,而是走不苦不乐的中道,思想路线类似于儒家的"中庸"。上述佛教基本教义,对魏晋以后汉人性格产生了很大影响。两汉四百年,投降变节者极少,即便如李陵不得已投降匈奴也有诸多条件,比如,不与汉军作战。直到佛法兴起,投降变节者才日渐增多,唐、宋、明三朝,向异族投降变节者的数量很多。佛陀告诉你这世界的一切都是虚幻、不真实的,忠孝仁义更只是如幻泡影;人世间的一切不合理都是前世缘定,你今生受苦受难是因为前辈子作孽,今世享福是因为前世做善事;要修得正果,今世须积德行善,为来世找个好的出路,今世作恶,当心来世遭报应。很明显,这套说辞要比墨子的鬼神赏善罚恶来得高明和精致,也比董仲舒的灾异谴告更有说服力。因为无法证伪的事情,就永远具有真理般迷人的光彩。大乘佛学中最基本、最重要的理论是"缘起性空",世界万物皆因缘而起、因缘而灭,因没有自性而一切皆"空"。这一佛学理论试图解释宇宙人生、天地万物的本原,以及如何形成、变化和最终归宿等问题。《金刚经》云:"凡所有相,皆是虚妄。若见诸相非相,即见如来。"正确认识"空",既是佛教徒的基本功,也是最微妙难识的佛理。唯其奥妙无穷,才生出许多歧义。东晋时期进入佛门的学者往往从玄学的有、无入手,逐渐领悟"空观"佛法。

一 僧肇的佛学思想

僧肇(384—414),本姓张,京兆长安人,少年时代抄书为生,尤好老庄,后读《维摩诘经》而"欢喜顶受,披寻玩味,乃言'始知所归矣',因此出家"①。他师从鸠摩罗什,并以一篇《般若无知论》获得罗什称赞。《维摩诘经》云:"示有资生,而恒观无常,实无所贪;示有妻妾采女,而常远离五欲污泥。""如我意者,于一切法无言无说,无示无识,离诸问答,是为入不二法门。"提出即便在妻妾成群的世俗生活中也能修炼成佛的"不二法门"。这一思想一方面受到那些不愿放弃世俗享受又期望体会出世快乐的士大夫所欢迎,另一方面也为儒家入世精神与佛教出世精神融合在一起找到了依据。在哲学层面,即体即用,体用不二的所谓"不二法门"几乎成为现代新儒学的基础,熊十力在《新唯识论》(语体文删定版)称,体用不二、心物不二、能质不二、吾人生命与宇宙生命不二,卒归本《大易》,是自己"七十年来所悟、所见、所信、所守在兹"②。不过,僧肇可没有想得那么深、那么多,他当时面临的问题是如何解决"格义佛学"——从玄学来释解佛教所带来的歧义。收入通行版《肇论》的《不真空论》《物不迁论》《般若无知论》《涅槃无名论》四篇③,分别就佛学的核心问题——"空",以及动静关系、般若圣智、涅槃等问题提出自己的观点,标志着中国化佛教哲学思想的形成。

佛教传入汉地之初经历过格义阶段,形成了所谓"六家七宗",大致分心无、即色、本无三说。④ 佛图澄弟子道安已经意识到用玄学理解佛学带来的歧义,他说:"先旧格义,于理多违。"(《高僧传·僧光传》)僧肇写《不真空论》试图破斥这些观点,认为"不真"与"空"是名异实同的两个概念,世界现象虚假,所以说不真,虚假不真便是空。他把"万物至虚"作为大乘般若学的最高原则,"夫至虚无生者,盖是般若玄鉴之妙趣,有物之宗极者也"。但是,并不

---

① 释慧皎:《高僧传》卷6《僧肇传》,陕西人民出版社2010年版,第362页。
② 熊十力:《新唯识论》,上海古籍出版社2019年版,第118页。
③ 《宗本义》是否为僧肇所撰有歧义,故未列。
④ 胡适:《中国佛学史》,华东师范大学出版社2015年版,第54—55页。

是每个人都能认识到位，理解往往出现偏差。于是，僧肇对当时的三种说法进行批评。一是心无说，"无心于万物，万物未尝无"。心无说要求心（认识主体）保持空寂、不起执着，不受累于外物，但宇宙万物是真实，主张心空而非物空。首倡此说的是晋人支愍度，其实是道家的标准看法。僧肇认为其得在神静（心空），其失在没有认识到万物本身就是虚假。二是即色说，"色不自色，故虽色而非色也"。即色说认为宇宙万物并不能自己依靠自己形成，既不能依靠自己存在，其存在就是虚假的。此派的代表是支道林，接近佛学本义。僧肇肯定其"色不自色"，即万物都只是因缘而成，故万物虚假。但是，万物既然缘起而成，便是"有"，尽管这是"假有"。其错误是"未领色之非色"，意思是不懂得虚假的存在也是一种存在，而只有理解"假有"才能真正理解"空"的本义。三是本无说，"情尚于无多，触言以宾无"。本无说偏好于无，遇事说话总宾伏于无。此派代表是道安。① 僧肇认为其问题是过分抬高"无"的地位，错误地把佛经里的"非有"理解为"没有有"，"非无"理解为"没有无"。按僧肇的解释，"非有"指的是"非真有"，是不真实的有，即假有；"非无"指的是"非真无"，并不是什么也没有，绝对的无。在批评了这些说法后，深谙龙树"中道观"精髓的僧肇，对"空"又是怎么理解的？

般若空宗所讲的"空"，不是有还是无的问题，而是就"真"还是"假"来说。"不真空"可以理解为：物质现象不是真的空（顽空或没有），而是假有、幻有；也可以理解为所有物质现象都不具有自性，不能绝对依靠自己而存在，所以是"不真"，也就是"空"。他说："万象虽殊，而不能自异。不能自异，故知象非真象；象非真象故，则虽象非象。"就是说，万物看上去千差万别，其实本质没有什

---

① 也有认为是竺法汰，参见张春波校释《肇论校释》，中华书局 2010 年版，第 42 页。

么差别，因此，你所看到的现象并不是真象，由于不是真象，你看到的就是假象。但是，假象又确实存在着，所以不能说无，而是"非无"（非真无）；假象虽存在但毕竟是假的，不能说有，而是"非有"（非真有）。般若空宗的真意就是万物"非有、非真有、非无、非真无"。这里可以用现代社会的例子来说明，比如用电脑观看电影，里面的人物场景完全依靠电脑系统支持尤其是外部的电力供应来维持，不是由"自性决定"，当电力一断（因缘消失），一切变得虚无。因此，这些图像并不真实，从这个意义上说是"空"，是非有，非真有；但是，图像又确实存在着，不能说无，是非无、非真无。生活在5世纪的僧肇能想到的例子是："譬如幻化人，非无幻化人，幻化人非真人也。"就如孙悟空变成一只鸟，鸟确实存在，但不是真的鸟，所以鸟是假的、空的。他说："《中论》云：诸法不有不无者，第一真谛也。"万物非有（不有）、非无（不无）是佛法阐述的首要真理！

那么万物为什么会呈现非有、非无的状态呢？这就涉及大乘佛学"缘起性空"论所阐述的一条因果定律：诸法因缘生，诸法因缘灭。《中观论·四谛品》云："终因缘生法，我说即是空。何以故？众缘俱足，和合而物生。是物属众因缘，故无自性。无自性故空。"这就是说，万物都是因缘而起，因缘而散，因缘是万物存在的原因和条件。正是因为事物需要具备充足的外部条件才能存在，不能自己决定自己，即没有"自性"，所以说是"空"。只有那些能自己决定自己的绝对存在，不生不灭的存在才是真如实相。僧肇说："《中论》云：物从因缘故不有；缘起故不无。"进一步说明若真的有，就是恒久存在的有，还需要缘起才能有吗？若真的无，就是恒久存在的无，还需要缘起才能无吗？所谓缘起，是想说明事物甲依靠事物乙，事物乙又依靠事物丙，事物丙又依靠事物丁……至于无穷，缘散就归于寂灭，当然是"非有"，可毕竟缘起，当然是"非无"。因此，世界的实相（真相）就是非有非无（不有不无）。僧肇说："佛法不有亦不无，以因缘故，诸法生。"他引用《璎珞经》云："转法论者，亦非有转，亦非无转，是谓无所转。"《维摩经》云："色之性空，非色败空"，万物没有"自性"本就是空的，不是等万物消失才是空。《金刚经》也说："一切有为法，如梦幻泡影，如露亦如电，应作如是观。"对现象世界的这些看法，与龙树《中观论·观因缘品》的"不生亦不灭，不常亦不断，不一亦不异，不来亦不出"所阐述的思想完全一致。

万物世界呈现出来的既然是假象、幻象，是不是没有任何意义呢？僧肇认为不是。如果真的没有意义，那么拒绝一切世俗生活的苦行，甚至死亡等极端行为就会出现。佛陀已经用自己的经历证明此路不通。僧肇引用《放光般若经》云："第一真谛，无成无得；世俗谛故，便有成有得。"从真谛看，确实无成无得，什么也没有获得。但从俗谛看，又有成有得，尽管是假象也不能没有获得。僧肇引用佛经说："真谛以明非有，俗谛以明非无。真谛俗谛，谓有异耶？答曰：无异也。"[①] 真谛和俗谛是一个问题的两个方面，通过真谛领悟现世生活的非有，又通过俗谛明白现世生活的非无。因此，现世生活既无意义，也有意义，就看从哪个角度观察。但是，僧肇毕竟是位佛学家，他需要证明绝对真实、永恒存在、不生不灭的真如世界才是值得追求的。他认为有成有得，必然会失去其成其得；只有无成无得，才真的有成有得，才可以把握万物的实相。这里，我们可以继续试着用现代社会的例子来理解。比如说，对宇宙万物现象的研究，我们有物理学、化学、遗传学等，掌握某方面的知识可以说是有成有得，但也会迷失在具体学科而看不到全部。宇宙万物最终的实相（真相）是什么？按照我们现在所能掌握的知识，就是一堆基本粒子。从现代人的观点看，领悟到宇宙的本质是由一堆基本粒子组成——所谓的真谛，固然很重要，掌握具体领域的科技知识——所谓的俗谛，对我们

---

① 僧肇上述言论引自《不真空论》，僧肇《肇论》卷1，大正藏本。

的生活反而影响更大、更有意义。只不过僧肇等佛学家们、魏晋玄学家们、宋明儒家们并不这么看，认为"闻大道"才是人生的终极理想，至于具体技术问题都是属于细枝末节的俗事而已。但是，闻大道果真那么有意义吗？当我们只是陶醉于、明了于宇宙终究有一天会毁灭这类的终极大道，意义何在？

僧肇的《不真空论》阐述了如何看待宇宙万物的问题，《物不迁论》[1]则提出如何看待宇宙万物过去、现在、将来的变化问题。他说："夫人之所谓动者，以昔物不至今，故曰动而非静；我之所谓静者，亦以昔物不至今，故曰静而非动。"意思是说，人们之所以认为宇宙万物是真的在发生变动，总是以过去的事物没有延续到现在为理由，说明一切都在变化，而我认为，这个例子恰恰证明了宇宙万物处于静止状态。僧肇把时间分割为过去、现在、未来，过去的事物在过去就消失了，没有跑到现在，现在的事物也在现在消失，不会跑到未来，在三个时间节点上都没有事物的往来，没有产生迁移，怎么能说动呢？怎么能说宇宙万物在变化呢？就如小孩子玩的万花筒，纷繁复杂，真相只是那几块彩色玻璃。因此，万物缘生缘灭，何曾有什么变化？类似于董仲舒的"天不变，道亦不变"，只不过不变的理由不同。道、佛性、真如都是不变的。"般若"是一种能够洞察真理的特殊智慧，有别于常人所说的智慧。僧肇在《般若无知论》[2]里把前一种智慧称为"圣智"，而把常人说的智慧称为"惑智"。"惑智"用来认识现象世界，可以采用概念、语言、逻辑分析等方式，得到的是关于假象、幻象的知识。"圣智"可以认识到真谛，但"真谛自无相"——无法只通过自身展示现象，要认识"实而不有、虚而不无"的实相，必须使用一种非语言、非逻辑、非概念方法——"观照"。

---

[1] 僧肇：《物不迁论》，《肇论》卷1，大正藏本。
[2] 僧肇：《般若无知论》，《肇论》卷1，大正藏本。

般若之所照在于无相,而般若之能照,在于无知。"是以知即无知,无知即知。""不知之知,乃曰一切知。"这些观点与玄学思想有相通之处。《涅槃无名论》① 是僧肇试图对涅槃之境做出自己的解释。涅槃超越语言思想,既无生灭,亦无名相,故称为无名。僧肇以为众生之所以流转生死之间,是因为有欲,"若欲止于心,即无复于生死。既无生死,潜神玄默,与虚空合其德,是名涅槃矣"。涅槃分为有余涅槃、无余涅槃。有余涅槃仍"余缘不尽、余迹不泯、业报犹魂、圣智尚存",而无余涅槃则"教缘都讫、灵照永灭、廓尔无朕"。当然,涅槃也是一个假名,因为这种非有、非无的状态是难以用名来标记的。"佛如虚空、无去无来",这就是大乘教的涅槃。《大般若经》云:"有为界不见无为界,无为界不见有为界,何以故?非离有为施设无为,非离无为施设有为故。"真谛讲涅槃,俗谛讲非有、非无,两者还是一个问题的两个方面。若能领悟到万物皆非有、非无,也就身处涅槃之境了。当然,物质现象的多重性,也决定了涅槃的多重性,除了上述两种涅槃,还有自性清净而有污染涅槃,无住处涅槃和大涅槃。这说明佛教长于玄想。

僧肇初步完成了中国化佛教思想体系的构建工作,年仅三十岁就去世,留下许多待后人完成的工作,如佛性真如这一本体与现象界的关系,人性与佛性,人心与宇宙心,人如何实现自己的佛性等。僧肇对于中国人深刻理解佛学世界观起到了重要作用。

二 慧远的佛学思想

慧远(334—416),本姓贾氏,雁门郡楼烦人。幼而好学,年十

---

① 僧肇:《肇论》卷1。

三随舅令狐氏游学许、洛，博综六经，尤善庄老。后师从道安学习佛法，闻讲《般若经》而豁然开悟，叹道："九流异议，皆糠秕耳。"①慧远综合大、小乘又渗入儒、道思想，成为南方佛学界的一代领袖。慧远居庐山东林寺弘法三十年，成为净土宗始祖，与鸠摩罗什长安译场相呼应，是南、北两大佛教中心。与鸠摩罗什侍女环绕、生活形同世俗不同，慧远则"影不出山、迹不入俗"，即便是晋安帝相邀也是称病不出，更不屈从权臣恒玄。佛学在南方的影响力与慧远品行高洁，以及对僧团的组织管理能力有莫大关系。慧远与僧人、名士结成"白莲社"共研佛理。东晋末年有两位名士，一位是陶渊明，因不认同慧远"神识不灭、生死轮回"的佛理，尽管被极力相邀还是放弃加入白莲社；一位是谢灵运，拜慧远为师，终因未脱俗，而未能加入白莲社。② 由于道安对东汉时来汉地的第一位安息国僧人安世高极为推崇，而安世高首先翻译的是小乘佛教的经典，因此慧远师从道安学习佛理是从罽宾小乘佛教开始。鸠摩罗什来华后，慧远与鸠摩罗什和僧肇有经常性的书信往来，问询疑难问题，因此受般若学的影响较大。③ 觉贤因与鸠摩罗什风格不同而受排挤离开长安时，曾受慧远邀请到东林寺，翻译《达摩多罗禅经》《华严经》。因此，觉贤的禅法和有宗思想对慧远也有影响。从慧远的学说渊源看，佛学方面固守小乘的法性实有不变的观点，也接受大乘空宗和大乘有宗的影响，传统典籍方面既受儒学又受玄学影响。如果说僧肇是在力图摆脱玄学的影响，对大乘龙树空宗理论做出中国化的准确解读，偏重于学理，而慧远在理论和实践两方面都有相当建树。在理论方面，针对中国传统的

---

① 释慧皎：《高僧传》卷6，陕西人民出版社2010年版，第281页。
② 参看庐山东林寺方丈魏磊《慧远大师之净土思想》，白人岩网，http://www.bairenyan.com/page115？article_id=1014，2018年7月4日。
③ 慧远与罗什、僧肇的交往参看台北中坜圆光佛学院研究所赖鹏举《东晋慧远法师〈法性论〉义学的还原》，《东方宗教研究》1993年10月第3期。

神仙思想、鬼神思想、报应思想，用大、小乘理论进行置换，破除传统迷信思想，形成法性不变、神识不灭、三世因果报应等理论，对摧毁鬼神天道观出力甚大。因此，慧远的佛学理论更加中国化，对汉代谶纬、天人感应和传统鬼神思想的破斥力更大，其影响也更大。在实践方面，慧远与志同道合者组成莲社僧团，忠实践行佛陀的教诲，禅定修行，将纯粹的信仰转化为一生的弘法行动。他强调如来与周公、孔子出发点不同，但终究殊途同归。① 由于慧远的努力，佛教对东晋统治阶层和普通民众均产生了广泛影响。

慧远切入佛学是师从道安从"本无说"开始，南陈慧达《肇论疏》引慧远的话："因缘之所有者，本无之所无。本无之所无者，谓之本无。本无与法性，同实而异名也。"② 很显然，慧远借用了玄学"本无"，但已经不是玄学所说的"宇宙万物出现之前有一个虚无，万物产生于虚无"。万物因缘而起，本性即空，慧远就是从这意义上说"本无"，这个"本无"就是"法性"，已经接近大乘"缘起性空"的学说。从这点出发，慧远从问题入手，借鉴他人，逐渐建立起自己的佛学思想。

1. 法性不变。这是慧远佛学理论的核心。据《高僧传》记载，佛法初传的时候，中土不知道涅槃永恒不变的道理，以为只是寿命长一些而已，慧远感叹：佛是终极实相，永恒不变，怎么可能穷尽，便写了篇《法性论》③说："至极以不变为性，得性以体极为宗。"④ 由于佛学刚传入，概念没有统一，使同一事物有不同译名，也由于佛学

---

① 《高僧传》卷6："出处诚异，终期必同。"
② 《庐山慧远大师文集》，九州出版社2014年版，第19页。
③ 《法性论》目前已经佚失。
④ "先是中土未有泥洹（涅槃）常住之说，但言寿命长远而已。远乃叹曰：'佛是至极，至极则无变，无变之理，岂有穷耶？'因著《法性论》曰：'至极以不变为性，得性以体极为宗。'"《高僧传》卷6。

自身的玄妙，同一事物从不同角度又用不同的名称表示，给阅读者带来极大的困惑。这里有必要先作简要说明。慧远所说的"至极"就是真如、法性、佛性、实相，也可以从涅槃、般若妙心、圣智、神识来理解。慧远认为法性（至极）是常住不变的、永恒的。那么，这个常住不变的东西到底是什么？慧远总体上同意僧肇关于"非有非无"的说法，但是，在具体理解上有一些差异。① 他认为，讨论"非有非无"要先明白一个前提，即未有而有和既有而无。他说："生途兆于无始之境，变化构于倚伏之场，咸生于未有而有，灭于既有而无。推而尽之，则知有无回谢于一法，相待而非原。生灭两行于一化，映空而无主。"② 意思是万物之生始于无（未有而有），万物之有灭而归无（既有而无），有和无、生和灭，归于这一法性。这实际上是把玄学的有始于无和佛学的寂灭结合起来说。有了这个前提，慧远说："有而在有者，有于有者也；无而在无者，无于无者也。有有则非有，无无则非无。"③ 为什么这样得出"有有则非有，无无则非无"这个结论？慧远认为，"无性之性，谓之法性。法性无性，因缘以生。生缘无自相，虽有而常无；常无非绝有，犹火传而不息。夫然，则法无异趣，始末沦虚，毕竟同争，有无交归矣"④。慧远的法性不变就体现在"有无交归"之中，是实有的、真实的，尽管与大乘佛

---

① 《东晋慧远法师〈法性论〉义学的还原》详细分析了慧远"法性论"思想从初期到成熟的变化历程，分为早期观点、早期观点的修正、成熟期观点。成熟期观点体现在《大智论钞序》中。见净土祖庭白人岩网，http://www.bairenyan.com/page115?article_id=968，2018年7月4日。
② 慧远：《大智论钞序》，载《庐山慧远大师文集》，九州出版社2014年版，第25页。
③ 慧远：《大智论钞序》，载《庐山慧远大师文集》，九州出版社2014年版，第25页。
④ 慧远：《大智论钞序》，载《庐山慧远大师文集》，九州出版社2014年版，第25页。

学的"法无定性"相背，但依然不改初衷。①

2. 西方净土。这是慧远佛学信仰的核心。实有法性（佛性）的永恒不变，伴随着慧远的一个信念，认为确实存在一个超脱于尘世的"西方胜妙净土"。这与他接受小乘思想有关。小乘把法性理解为实有的、自性不变的真如本体。这是一个与现实世界完全不同的真如世界。包括人在内的物质世界都从这产生，人生的终极理想是摆脱生死轮回，通过涅槃重新回归到这片净土。他说："反本求宗者，不以生累其神；超落尘封者，不以情累其生。不以情累其生，则生可灭；不以生累其神，则神可冥。冥神绝境，故谓之泥洹（涅槃）。"② 人要通过禅定修炼摆脱世俗生活的牵挂，以不受爱憎之情的牵累；脱离生死问题的牵累，使精神得到超越，从而进入涅槃。慧远和莲社的一百二十三人在无量寿佛前建斋立誓，共期西方极乐世界（《高僧传》卷6）。据称他们还通过禅定看到了西方极乐世界，在信众中产生极大的震动。因此，慧远的佛学思想比僧肇的佛学思想更具有宗教意味，对普通民众的吸引力更大。

3. 神不灭。这是慧远佛学信仰的理论基石。鬼神信仰在整个社会有强大势力。除了墨子的鬼神思想以及董仲舒把天看作人格神以外，还有人死后可变为鬼神的思想，以及对鬼神思想的驳斥。如屈原《楚辞》："身既死兮神以灵，子魂魄兮为鬼雄。"王充《论衡》中用大量篇幅批评盛行的"人死为鬼"的看法，认为"天下无独燃之火，世间安得有无体独知之精"。意思是精神不能离开人的形体而存在。葛洪的神仙道教理论也是强调"形神不离"。慧远必须同时破斥这两

---

① 慧达《肇论疏》："法性者名涅槃，不可坏，不可戏论。"元康《肇论疏》："问云：性空是法性乎？答曰：非。性空者即所空而为名。法性是法真性，非空名也，今何得会为一耶？"

② 《沙门不敬王者论·求宗不顺化第三》，载《庐山慧远大师文集》，九州出版社2014年版，第6页。

种观点，才能确立佛教信仰。首先他排除了传统上对鬼神的理解，比如有声、有形、有影等，提出："神者何邪？精极而为灵者也。"①"神"是一种无形无状又有灵性的非物质性的精神。这就与传统的鬼神也是由气凝聚而成的理解有很大不同。如果鬼神也是与人体一样都是由气组成，必然得出神形俱化、形离神散、人死神灭的结论。慧远从形神相异出发，提出"形谢神存""形尽神不灭"的神不灭理论，神完全可以脱离形体而独立存在。他进一步论证说："请为论者验之以实：火之传于薪，犹神之传于形。火之传异薪，犹神之传异形。"②他把神灭论提出"薪尽火灭"的薪火之喻，反而用来证明神不灭的例子。慧远所说的"神"还具有冥移的能力，可以从这个有形的物体转移到另一个有形的物体中。他说："化以情感，神以化传。情为化之母，神为情之根。情有会物之道，神有冥移之功。"③慧远的"形尽神不灭"摧毁了中国传统的鬼神之天的迷信，使谶纬、鬼神问题不再成为今后主流儒家学者讨论的话题。那么，慧远这个万物本体的"神"到底指什么？在佛学里，所谓的"神"就是法性、佛性、般若妙心，或者僧肇说的圣智、惑智。慧远的佛学思想里包含了人皆有法性（佛性）的看法，但作为实相的法性是不可拟测的。人死了以后，"神"或"法性"会冥移到另一个人的身上。这也是"神不灭"在生死轮回中的具体应用。人在世间，由于"无明"使"神"或"法性"受到遮蔽，这就需要通过修炼使人的"法性"显现，脱离悲惨的生死轮回，进入涅槃。

---

① 《沙门不敬王者论·形尽神不灭第五》，载《庐山慧远大师文集》，九州出版社2014年版，第9页。
② 《沙门不敬王者论·形尽神不灭第五》，载《庐山慧远大师文集》，九州出版社2014年版，第9页。
③ 《沙门不敬王者论·形尽神不灭第五》，载《庐山慧远大师文集》，九州出版社2014年版，第9页。

4. 三世报应。这是慧远佛学信仰的另一块理论基石。报应思想古已有之，当年墨子就是用鬼神具有"赏善罚暴"来论证报应思想，但"跌鼻之问"已经暴露出这一理论的脆弱性。《周易·坤·文言》云："积善之家，必有余庆；积不善之家，必有余殃。"从善恶报应上提出向善的要求。王充则是对"世论行善者福至，为恶者祸来，祸福之应皆天也"（《论衡·福虚》）的说法表示怀疑，并用楚惠王吞食凉菜里的蚂蟥等故事说明报应观点是一派胡言。慧远要让人们树立佛教的信仰，就必须破斥这些思想。他首先发现传统"一世报应"说的弊端，很容易被揭穿，因为每个人都可以举出大量善人遭恶报、恶人得享福的例子。慧远提出："经说业有三报：一曰现报，二曰生报，三曰后报。现报者，善恶始于此身，即此身受。生报者，来生便受。后报者，或经二生、三生、百生、千生，然后乃受。"① 原来报应可以今生兑现，也可以来生，甚至可以在千生以后兑现。这就很难验证了，很难验证就很难揭穿，很难揭穿就会显得很有道理。"恶有恶报、善有善报，不是不报、时候未到"就成为中国人为善的重要理论基础。为使"三世报应"说更加完善，慧远把万物分为两类，有灵与无灵，有灵即众生之属，无灵即木石之属。"有灵则有情于化，无灵则无情于化。无情于化，化毕而生尽，生不由情，故形朽而化灭。有情于化，感物而动，动必以情，故其生不绝。"② 有灵的生物必有情（情是从"神"派生出来的），就会永堕轮回。为了说明轮回的可怕性，佛有"六道轮回"，即天人道、人道、阿修罗道、畜生道、饿鬼道、地狱道。怎么避免轮回呢？就需要修行，其中最重要的是驱除心中的无明和贪爱。一旦无明掩其照，贪爱流其性，"神"便

---

① 《三报论》，载《庐山慧远大师文集》，九州出版社 2014 年版，第 14 页。
② 《沙门不敬王者论·求宗不顺化第三》，载《庐山慧远大师文集》，九州出版社 2014 年版，第 6 页。

会失去灵性，对世界的看法就会以假为真、以幻为实，使人贪爱忘返，"于是甘寝大梦，昏于同迷，抱疑长夜，所存惟著"①。绝大部分人执着于现世看到的一切，贪爱假身，那么苦难和烦恼就会无穷无尽。从积极的角度说，慧远的善恶报应论对以王充为代表的宿命论、以董仲舒为代表的天命论是一个极大的冲击，它把人生建立在这样一个基础之上：人的命运最终是与人自己的善恶动机和行为有关，与天、神及外在的自然力量无关。

佛教是从反婆罗门教开始独立的，本质上不同于其他有神论的宗教，如基督教、伊斯兰教等，具有反对神创造世界、支配世界的倾向。章太炎曾评论说："我所靠的佛祖仍是靠的自心，比那基督教人依傍上帝，扶墙摸壁，靠山靠水的气象，岂不强得多吗？"② 人能否到达彼岸世界最终须依靠自身。人只有通过自己才能获得救赎，使人的法性（佛性、神）最终不为情识所惑，摆脱形体的枷锁达到涅槃境界。同时，佛教还存在一种自我否定的倾向，一种相对主义的理论最终经受不住相对主义的批判，要在一切"非有非无"中寻找绝对清净自性的东西，最后还是会发现不过是一场空。当以后禅宗盛行，这种自我否定、自我毁灭的因素就更加显现，盛极而衰、衰极而盛。普通信众搞不懂也不关心这些玄妙复杂的思辨，而是需要一看就懂、一听就明白，回去就知道怎么做的道理。慧远净土宗的佛学理论意义就在于此。他规划了一个西方净土，对远道而来者说："诸君之来，能无意于净土乎？"③ 那么大家一起努力修行去西天吧。这就是佛教徒的力量所在。

---

① 《答桓玄明报应论》，载《庐山慧远大师文集》，九州出版社2014年版，第17页。
② 《章太炎政论选集》，中华书局1977年版，第274页。
③ 《净土圣贤录》，载《庐山慧远大师文集》，九州出版社2014年版，第238页。

三 竺道生的佛学异端思想

竺道生（约355—434），本姓魏，出身士族，钜鹿人（今河北平乡），寓居彭城，随佛图澄的弟子竺法汰出家，后随慧远在庐山幽栖七年，之后去长安受业于鸠摩罗什，问学于觉贤（佛陀跋陀罗），以后又去建康（今南京）弘法。从道生的经历看，家学渊源比较复杂，对当时各主要的佛学思想都有深入研究，但是又有独创。之所以说道生是佛学异端，是因为他是中国佛学的自我否定力量或"革命者"。他所提出的"善不受报"、"一阐提人皆可成佛"（"一阐提"是指作恶多端、不信佛的顽冥之人）、"顿悟成佛"等思想具有石破天惊的意义，甚至被视为妖言惑众而被僧众驱逐。但后来这些思想大多成为隋唐佛学的正统。如果说僧肇论证了现实世界的虚幻性（非有非无），慧远论证了彼岸世界的真实性（法性不变），道生的工作则是指出了连接现实世界和彼岸世界的快速通道（顿悟成佛），共同完成新的世界观和方法论创建工作。

《高僧传》卷7云："（竺道）生既潜思日久，彻悟言外，乃喟然叹曰：夫象以尽意，得意则象忘；言以诠理，入理则言息。自经典东流，译人重阻，多守滞文，鲜见圆义。若忘筌取鱼，始可与言道矣。于是校阅真俗，研思因果，乃言'善不受报''顿悟成佛'；又著《二谛论》《佛性当有论》《法身无色论》《佛无净土论》《应有缘论》等，笼罩旧说，妙有渊旨，而守文之徒，多生嫌嫉，与夺之声，纷然竟起。"① 看来，道生借用庄子的"得鱼忘筌"、王弼的"得意忘象"说，要颠覆佛学的思想方法，为完成佛学中国化迈出至为关键的一

---

① 释慧皎：《高僧传》，陕西人民出版社2010年版，第379页。

步。结合上述这段简略的介绍，对道生的佛学思想作一梳理。

1. 从佛学研究的方法论看，道生不拘守佛经的表面文字，重点在领会思想实质。这一方法与庄子的"得鱼忘筌"、王弼的"得意忘象"有异曲同工之妙。语言的目的在于表达思想，理解了思想的精髓，就可以抛弃表面的语言文字。这一方法同样为以后的禅宗所继承和发扬。慧远把诸法背后的本体称为法性，道生则称为佛性。他说："性者，真极无变之义也。即真而无变，岂有灭邪？今言灭是法，性盖无所灭耳。"（竺道生《涅槃经集解》）针对慧远提出的西方净土思想，道生表示反对，因为区别净土和非净土本身就不合大乘佛理。他认为："无秽之净，乃是无土之义。寄土言无，故言净土。无土之净，岂非法身之所托？"（竺道生《妙法莲华经疏》）因此，没有一个实在的在彼岸的西方极乐世界。《维摩诘经》云："随其心净则净土"，其实这方"净土"就在每个人的"心"里面。这个"心"就是道生说的佛性。涅槃也不在超越生死流转的彼岸世界，就在开悟的心里。佛性就是众生本性。这就与慧远宣传的肯定佛国净土的净土宗教义有很大区别。他还从《泥洹经》中的"佛身是常，佛性是我，一切众生，皆有佛性"得到启发，倡导"人人皆可成佛"，甚至"一阐提人皆得成佛"的思想。在门阀士族势力强大的晋南北朝，显得很不合时宜。终于激怒了僧众，被逐出建康的僧团。

2. 在如何成佛的道路上，道生首倡顿悟说。佛徒成佛，犹如基督教徒得主蒙恩，成为上帝的选民，灵魂得到救赎，得住永恒的上帝之城。从基督教教义看，一切因信称义，只要信仰便可。但佛教并不这么认为，除了"信"，关键是"悟"。到了大乘佛教，"悟"就更重要了。道生说："大乘之悟，本不近舍生死，远更求之也。斯在生死事中，即用其实，为悟矣。""悟夫法者，封惑永尽，仿佛亦除，妙绝三界之表，理冥无形之境。"（竺道生《维摩诘经集解》）成佛的关键就在于"悟",要悟到真如佛性的真谛。"信"属于闻解,是听到的、学来的知识,毕竟还是别人说的;而"悟"属于见解,是通过观照自己直接获得的知识,来自自身体验。所谓"见解名悟,闻见名信"。双方的关系是:"信解非真,悟发信谢。""悟不自生,必藉信渐。用信伪惑,悟以断结。"① 悟要依靠信,但信并不真实,一旦开悟,信就失去意义。从这里可以看到以悟为主的佛教和以信为主的其他宗教的重大差异。只有信、没有悟的宗教,易陷入非理性的狂热;把信作为手段,悟作为目的的佛教,则能使人平和而睿智。在悟的过程中,有两种方式:渐修和顿悟。汤用彤说:"竺道生顿悟之说,为法身涅槃义应有之结论。"② 道生认为,那具有不可分之理的佛性、作为最圆满的真理是不能通过分割的方式一点一点来把握,只能一次完成。一次完成的方式就是顿悟。顿悟需要靠神秘的直觉智慧,如僧肇所说的"圣智",它内在于众生之中。道生讲的悟是"不偏见","不偏见乃佛性体"(竺道生《涅槃经集解》)。道生已经把佛看作不偏见的觉悟者。这种思维方式给后世带来两个显著影响:一是认为人与人的区别在于觉悟高低,而改变思想认识、思想态度是改变人的主要路子;二是觉悟者(佛)与具有无限神通的"上帝""真主"不同,有朝着无神的宗教方向发展的可能。

3. 在精研印度佛教的基础上,道生提出"善不受报"的因果报应理论。慧远根据佛教的生死轮回、因果报应,同时结合中国传统的善恶报应思想,提出"三世报应""善有善报、恶有恶报"的理论,产生广泛的影响。但道生提出"善不受报"的思想,似乎是对这一理论的一种反动。道生的观点确实可以理解为善不一定有善报,恶也不一定有恶报。如此一来,佛教号召积德行善似乎就没有任何意义,

---

① 慧达:《肇论疏》,转引自汤用彤《竺道生与涅槃学》,山西人民出版社2014年版,第53页。

② 汤用彤:《竺道生与涅槃学》,山西人民出版社2014年版,第52页。

劝人为善的功能就会丧失。道生被僧团驱逐就完全可以理解。但是，实际情况没有那么简单。我们在讨论"约伯之问"时就谈到，基督教徒不能因为自己是信仰上帝的义人，一辈子做善事就期望得到上帝的蒙恩。善人遭受磨难，甚至遭上帝离弃都是正常的。开始时，为了赢得信众，讲"行善是为了得福报，行善就必须得到回报"是正确的，可是一旦这种功利心蔓延，必然会危及宗教自身。只要积德行善，下辈子就可以投生到富贵人家，甚至到达西方极乐世界，这种口号初期对信众会有巨大的吸引力，但其副作用不可低估。由于道生的"善不受报"理论是如此别开生面，有必要作一简要分析。

佛教的因果观是建立在"缘起"的基础上，因缘和合万物才能发生。因此，佛教的因果观是一因一果、一因多果，多因一果、多因多果，绝对不是一因一果的线性因果关系。基督教认为凭上帝之力就创造了宇宙万物，其思维方式是寻找事物发生的某一终极原因，倾向于线性因果关系。中国传统的儒、道，都认为有一个终极的"道"，也习惯于线性因果关系。于是慧远提出了中国化的佛教善恶报应理论，实际上是有违佛学因果观的。① 因此，道生的观点更符合印度佛教本意。这是其一。其二，道生的"善不受报"也与"顿悟成佛"理论密切相关。佛教修行的过程是由戒入定，由定生慧，一般认为是一个渐悟的过程。从思维规律看，从渐悟到顿悟也是顺理成章的。道生把"顿悟"作为成佛的关键，祛除内心的"无明"，参透佛理才是"本善"。而世间的善行只是"世善"，可能会有报应，也只是人天果报，还不是佛果之报。佛教徒毕竟不是慈善家，是要以成佛为最终目的的，其行为最终以能否有利于成佛为判断标准。其三，大乘中观的核心思想是不能"著相"，也就是不能偏执或执着。行善就是行善，

---

① 据山东大学佛教研究中心陈坚考证，印度佛经并没有善有善报的思想，只是说"诸恶莫作，诸善奉行"，参见《善有善报与善不受报——佛教善恶因果观辨析》，《湖南大学学报》（社会科学版）2016 年第 5 期。

不能为了行善而行善，也不能为了报应而行善。按照天台宗"三谛圆融"的理论，你甚至不能想着这是一件善事，应该像吃饭睡觉一样做善事，做完就忘。因此，道生的"善不受报"论，事实上对佛教徒提出了更高的要求，要达到"毫不利己、专门利人"的忘我境界。其四，道生的"善不受报、立地成佛"的积极意义在于，给佛教注入了更加强劲的信仰力量。慧远的因果报应理论当时就受到质疑①，同时，也解决不了杀人如麻的权贵们的成佛问题。而道生的"善不受报"既解决了一心向善且"只问耕耘、不问收获"的高标准，也解决了作恶多端却能迷途知返之人的"放下屠刀、立地成佛"的低标准。这种高低搭配，使佛学理论更加圆融。道生的"善不受报"同孔子"为仁由己"的思想高度融通。因此道生的理论对隋唐时期中国化佛学——禅宗有重要影响，并不是没有道理的。

道生在中国佛学发展史上，承担了承前启后的作用。他提出在此岸世界证悟佛性，让众生开慧，使现世之土转秽为净的思想，对中国道统有积极意义。暗含有这样一种观念：思想主宰着人世间，是好是坏，与众生的认识有很大关系；一群人共同生活在一起，当彼此间态度改变时，可以让地狱变为天堂，也可以让天堂变为地狱；你怎么看待自己，看待他人，看待这个世界，决定了你生活在一个什么样的世界。

---

① 东晋名士戴逵著《释疑论》。权臣桓玄也对因果报应表示怀疑。

第二十一章
华严宗、禅宗

　　隋唐是道教、佛教、儒教三教并立的时期。李唐王朝为抬高自己在门阀士族中的身价，把自己的先祖追溯到李耳（老子），因此奉道教为国教。因佛教势力兴盛，李唐王朝的皇帝大多崇佛，一些上层僧侣直接参与政治活动。但佛、道两家毕竟是出世的宗教，因此国家政治活动又必须援引儒家经典，强调"水能载舟亦能覆舟"的道理。三教之间虽相互攻讦，但大体和平共处。唐初，佛教中影响较大的大致有净土宗、三论宗、律宗、密宗、天台宗和法相宗（唯识宗）、华严宗、禅宗等，其中与中华学术思想传承比较密切的是法相宗（唯识宗）、华严宗、天台宗、禅宗。华严宗与程朱理学、禅宗与陆王心学关系较大，法相宗（唯识宗）由于名相关系极为烦琐，唐初因玄奘之力而盛行，之后迅速衰落，直到清末因杨文会等人的大力倡导而复兴，熊十力则从唯识开始，由佛入儒写出《新唯识论》，为现代新儒家心性学独辟一条路子。这里主要介绍华严宗、禅宗的佛学思想，尤其是蕴含其中的世界观和方法论。天台宗更偏于宗教，这里略而不讲。

一 华严宗的佛学思想

华严宗依据《大方广佛华严经》立论开宗，该经由觉贤最早翻译（称旧译），武周时期于阗人实叉难陀作更完整翻译，属于世亲有宗系。法藏①（643—712）继承唐初杜顺、智俨之学而集大成，善于将艰深的佛理用最通俗的语言讲述，是华严宗的实际创始人。法藏因与玄奘法相唯识的观点不合，独树一帜、另一宗派，以"立破无碍""相破即相成""极相违则极相顺"的思想路线，将长期争论不休的大乘空、有两宗的思想综合起来，形成中国化佛学的思想成果。它建立在如下基础之上。一是中国佛教界基本完成对印度佛教各教派和宗派思想体系的梳理工作，从而按照从低到高、从始到终、从渐到顿，也就是从扁到圆，把全部佛教经典组成完整、有序的体系；二是佛教内部各宗都声称自己所宗的经典才是最圆融、最符合佛陀本意的"绝对真理"，其他的都只具有"相对真理"；三是中国佛教进一步摆脱印度佛教的束缚，用本土思想资源对佛教加以改造。法藏自称华严宗为"别教一乘"的"圆教"，别的都是"偏教"。他以义分佛教为五。一为小乘教；二为大乘始教，如唯识有宗、般若空宗；三为大乘终教，如大乘起信论；四为大乘顿教（顿悟），如维摩诘经；五为一乘圆教，就是指华严经教义。因为它能"明一位即一切位，一切位即一位"（法藏《华严经探玄记》卷1）。在这个判教体系中，大乘起信论无疑起着承上启下的核心作用，因此，对于隋唐及之后的佛教，乃至宋明道学（理学和心学），大乘起信论的影响无疑是极为重要的。

小乘教主张法有我无，强调法性实有，认为西方净土实有。大乘

---

① 《宋高僧传》卷5云："释法藏字贤首，姓康，康居人也。"

般若空宗强调"缘起性空",强调"假有性空",唯识有宗强调"万法唯识",强调妙有。法藏认为,这两派其实没有矛盾,反而相互论证对方正确,双方各执一词显然属于偏教。前两教或偏于空、或偏于有,后三教综合了空、有之说。大乘起信论提出整个宇宙唯有"一心"(真如),即"宇宙心""众生心",是人性里本来就有的如来藏自性清净心。它同时蕴含清净无漏的善性和污染有漏的恶性,是世间和出世间、物质和精神的一切现象的本原,具有"空"和"不空"的特性,是众生或生妄念或成佛的依据。同时一心开二门,为真如门,生灭门,所谓二门也代表了体用关系,即真如为体,生灭为用。法藏认为,前三教都属于"有言教"的渐修,第四教则是强调"不依言辞"的顿悟。作为第五教也就是最完善的华严宗,既兼有空、无,又兼有渐和顿,因此称为"圆教"。称为华严五祖的圭峰宗密①(780—841)七岁学儒学,历时十年后转学佛,为神会再传弟子,后来脱离禅学菏泽宗转向华严宗。他提出了一个更为宏大的判教理论②。宗密的贡献有二:一是和会禅、教,促使日后的华严宗与禅宗渐趋融合,形成华严禅,使佛教各宗派合流成为思想潮流③。二是在批判儒、道的基础上提出会通三教的思路,对宋明理学的兴起有直接推动,带有划时代的贡献。④撇开宗教术语,宗密实际上表达了这样一种思想:宇宙有一个心,人性中也有一个心,这两个心是统一的,

---

① 《宋高僧传》卷5云:"释宗密,姓何氏,果州西充人也。"

② 宗密在《华严原人论》中将儒道作为一教,之上又分为"人天教",即佛教以外的印度有关因果报应说教;"小乘教",讲色、心二法;"大乘法相教",把识看作实有;"大乘破相教",主张心境皆空;"一乘显性教",即和会各宗的华严宗,其中禅宗菏泽系的"直显心性"也属于此。

③ 袁大勇:《〈大乘起信论〉对华严宗判教理论的影响》,《湖北民族学院学报》(哲学社会科学版)2017年第5期。

④ 参见王开府《宗密〈原人论〉三教会通平议》,《佛学研究中心学报》2002年第7期。

这就是不生不灭的本觉真心（佛性或如来藏）；这个"心"有自性清净、本觉（指佛的大智慧）、知（指识知）这三个特点；这个摄入一切世间法和出世间法的心，本来是绝对不变的，但由于某种缘由，缘起（用佛教的话就是随顺无明熏习之染）而形成大千世界，开始生死轮回，人性本来是好端端的、绝对的善，却因染而有了恶性；面对因"无明熏习"缘起而堕入生死轮回的世界。怎么办呢？唯有用华严宗教给你的办法：明心见性，正觉开悟，把人性本有的真如本心显现出来。至此，华严宗的有神论宗教意识更加淡漠，有朝着讨论心性的思辨之学发展的趋势。佛学发展中大致分两个方向。一是去掉遮蔽在人的本心中的无明，趋同于宇宙心（真如）。如华严宗的成佛路子。二是不承认有一个孤悬于外的宇宙心，人的本心即宇宙心，成佛的关键是发现自己的本心。如禅宗的成佛路子。这与宋明道学中的理学和心学两派相互对应。但都认为：成佛的过程是一个自我修证的实践过程，其自我觉悟的实践性他人无法替代。

万物缘起是佛教的基本教义，至于如何缘起则各有各的说法。华严宗用"法界"这个概念代表宇宙万物，包括心（真如）、尘（一切现象），由于心、尘相互缘起（互为因果）而形成宇宙万物，这叫"法界缘起"。因此，整个世界就是一个无根无据、无穷无尽、相互连接的网络，一切现象都是"幻相"。宗密认为统摄这个"法界"唯有"一心"（可以理解为宇宙心、自性清净心或者理等）。他在《华严法界观门注》说："统唯一真法界，谓总该万有，即是一心。然心融万有，便成四种法界。一事法界。界是分义，一一差别，有分齐故。二理法界。界是性义，无尽事法，同一性故。三理事无碍法界。具性分义，性分无碍故。四事事无碍法界。一切分齐事法，一一如性融通，重重无尽故。"这四法界实际上是法界从四个不同角度呈现出的四种状态。

（一）事法界，是指整个世界呈现出的有差别的现象界，这些现象有区别、有特性。佛教认为孤立研究各类现象并无意义，它们属于幻有、不真，不属于佛智的范围。

（二）理法界，属于没有任何差异的本体界，可以称为法性、真如、佛性、本心等，体现世界的共性、同一性。理法界属于空性，但又不是断空（或顽空），只是需要与事法界结合、通过现象显现出来。如果对照一下物理定律，比如惯性定律，可以看作理法界，它确实真实存在，但又是空的（假如离开物质的话），必须与物质（事法界）联系起来才能存在并呈现出来。关于理和事的关系，华严宗说"二而不二，不二而二"。很玄妙，但很真实。

（三）理事无碍法界，是指现象界与本体界具有一体不二的关系，理与事是同一个问题的两个方面，因此说理与事互融无碍。具有三层含义：第一层含义，理遍于事、事遍于理。理存在于所有的事物中，由于理的不可分割性，所有的事物中存在的理就是全部的理，哪怕一颗纤尘中也包含全部的理。用现代物理的术语来比喻，就是量子理论完整存在于所有物体之中，所有物体哪怕是一颗尘土也包含全部的量子理论。第二层含义，依理成事、事能显理、以理夺事（使事虚幻）、事能隐理。比如，宇宙中的任何事物都按照同一个原理形成，同一原理完全可以通过不同的事物显现出来，待发现事物的普遍原理后便可忽视某一具体事物的形状。第三层含义，理即事、事即理，理非事、事非理。没有离开事物的理，也没有离开理的事物，但理与事物又毕竟不同，理可以恒无边际地抽象存在，而事只能以具体形态出现。

（四）事事无碍法界，是指现象界本身同摄一理，由于理作中介，万事之间就可以彼此迭合、相依相成、相即相入，一即一切，一切即一，所以说事事无碍。华严宗用"六相圆融"来说明万事是如何彼此依存，相互融通。按照法藏《华严一乘教义分齐章》卷四所述总相、别相、同相、异相、成相、坏相这六相，作一概述。

一为总相,譬如一栋住宅,由柱子、门、墙壁组成,统称为总相。二为别相,毕竟存在各不相同的柱子、门、墙壁等,相对于住宅这一总相,称为别相。三为同相。各个不同的柱子、门、墙壁等,又能相互调和,共同组成住宅,称为同相。四为异相。柱子、门、墙壁等虽然彼此协同,但相互间毕竟有区别,对应于同相,称为异相。五为成相。柱子、门、墙壁等全部齐备后,因缘和合,相互依存成就了住宅,称为成相。六为坏相。柱子、门、墙壁等调和而为成相,但毕竟各自有独立性,单独的柱子、门和总体的住宅其意义各不同,所以称为坏相。

通过对事物六相的分析,华严宗是希望表达多层含义。首先,宇宙万物由多种因缘和合而成,缺一不可。法藏说:"若无一,即一切缘全失自体。何以故?以无一时,多无所成,无所成,故不是缘也。是故:有一即有一切,却一即却一切。"(法藏《华严经探玄记》卷4)这就意味着现存一切都是合理的,否则就不会存在。如果某一事物是可有可无,就不会存在,更不会出现。这就是另一种意义上的"存在即合理"的证明。其次,这六相既表现在一切事物中,也同时表现在任何一个具体事物中。就是说,你可以用六相看整个宇宙,也可以在某一事物哪怕一颗纤尘中发现六相。这就是所谓"一和多"的关系。宇宙看作一,里面包罗万象;把一微尘看作一,里面也同样包罗万象。法藏说:"一微尘之中各皆并现无边刹海。刹海之中复有微尘。彼微尘内复有刹海,如是重复不可穷尽。"(法藏《华严经探玄记》卷1)大和小也是相对的,"大必收小,方得名大;小必容大,乃得小称。各无自性,大小所以相容。"(法藏《华严策林》)之前,郭象通过万物各得其性,给宇宙万物和社会秩序提供理论基础。华严宗从一和多、大和小等关系,说明貌似千差万别的事物之间没有绝对的差别,连相对的差别都是假的,从而间接地为新的社会秩序建立提供了理论基础。从华严宗的三世祖法藏、四世祖澄观、五世祖宗密深度介入唐王朝最高层政治事务就可以窥测一二。最后，同一事物分为六相，常人看来互不相融、各有隔别，但正因为有这六相，使任何事物相互依持、相互摄入，彼此融通、相反相成。若事物只有一种状态，只有一相，反而不能相互依持、相互摄入，彼此融通了。这就是华严宗所说的"异体相即""异门相入"。如柱子只有柱子的别相，没有属于住宅一部分的总相，世界上就永远没有住宅一说。这里的依、持、摄、入，都是有特定含义的华严宗概念。如甲依赖乙存在，甲对乙是"依"，反过来乙对甲就是"持"；甲纳于乙，甲对乙是"入"，反过来乙对甲就是"摄"。当然，甲和乙之间并不是单向的关系，而是双向的关系。为什么这样呢？法藏说："一实非一故能摄多，多非实多故能即一，又多非实多故能摄一。一非实一故能即多，又即多之一非一，即一之多非多。"（法藏《华严经探玄记》卷4）这是一个你中有我、我中有你，你不是你、我不是我，我还是我、你还是你，你我全归于一，你我全归于多的世界。这是把整个宇宙和社会关系理解成彼此关联、相互渗透的思维：整个系统没有中心，只有相互依持；任何一个部分又都可以成为中心，将其他部分摄入其中。佛教的"相对主义""平等主义"就体现在这种思维模式之中。

华严宗五世祖宗密去世的第二年，也就是公元842年，发生了历时四年的唐武宗灭佛（会昌法难），华严宗所受毁灭尤为惨烈。但是，华严宗观察宇宙、建构思想的思维模式却顽强地扎下根，深刻地影响着后人。宋代兴起的理学难懂，是因为佛理玄妙；而理学易懂，也是因为佛学思维是清晰的。

二 禅宗的佛学思想

禅宗是中国化佛学的重要形态，对中国道统的传承起着极为重要

第二十一章 华严宗、禅宗

的作用。如果说华严宗主要是在社会上层流行,禅宗则是走了一条中下层路线。① 禅宗假托达摩西来的故事,把达摩作为禅宗创教的一世祖,其实东晋以后禅学早就流入并广为流传,如竺道生于南朝初年就开始倡导人人皆有佛性、人人皆可成佛和顿悟说。因此,禅学有比较广泛的思想基础。唐朝皇帝崇佛,一些上层僧侣参与政治,奔竞利禄、骄奢淫逸、日趋腐化,影响佛教的清誉。佛学各宗派烦琐的学说、浩瀚的典籍,初期会带来新奇感,也解决了中国传统思辨粗糙带来的说理性不强等问题。但是,"大道至简"的思维模式在中国道统中是如此顽强,概念众多、论证繁杂的佛学逐渐失去吸引力。得鱼忘筌、得意忘象,理解佛学的真谛以后,你用土块、石头甚至狗屎这样的词语来称呼西方极乐净土,与用佛性、真如这样的词语,又有什么区别呢?这些都说明,佛学必须有一次思想和传教方式上的革命。而佛学内部就包括"自我革命"的因素。这场"革命"始于竺道生,到慧能、神会渐趋完成。慧能是中国佛学史上唯一一位出生在中国本土,其思想能够称为"经"的高僧。佛教传入中土,一代代佛教徒不断地诵念佛经,苦苦寻找真如法界,往生西方极乐净土。一个叫法达的僧人诵读法华经七年,因心迷而不知正法,不识字的慧能告诫他:"世人心邪,愚迷造恶,自开众生知见;世人心正,起智慧观照,自开佛知见。""心正转法华,心邪法华转。"② 佛就在心正开悟中,而不在于读多少佛教典籍。当打破一切的条条框框的约束,剩下的只有佛陀说的:"天上地下,惟我独尊。"慧能的佛学思想与道生一样,既注入了强劲的信仰力量,也埋下了自我否定的种子。唐武宗灭佛,将外在的佛典、佛像烧毁和破坏,却使不著文字、将佛留于心中的禅宗一支独大。但仅凭内心的觉悟,缺乏外在的权威,又使禅宗

---

① 参见肖萐父、李锦全主编《中国哲学史》上卷,人民出版社1983年版,第470页。

② 郭朋校释:《坛经校释》,中华书局1983年版,第82页。

只剩下机锋、棒喝、哑谜。从某种意义上说,唐武宗灭佛成就了禅宗,而禅宗兴盛注定了佛学走向衰落。

"禅"作为佛教徒的修行办法,最初是从婆罗门教的瑜伽等借用过来,从打坐、调息不受外界干扰开始,印度佛教拿过来作了改造,使禅包括定、慧两部分,以定生慧、以慧助定。佛教流入中国后,按照胡适的说法:"印度禅是要专心,不受外界任何影响;中国禅是要运用智慧,从无办法中想出办法,打破障碍,超脱一切。印度禅重在'定',中国禅重在'慧'。"① 禅学很早就流入中国,按照宗密的说法,"故三乘之人,欲求圣道,必须修禅,离此无门,离此无法"。意思是说学佛之人必须先学会禅法。宗密将这些禅法按照深浅分为:外道禅、凡夫禅、小乘禅、大乘禅、最上乘禅(亦称如来清净禅)五种,认为菩提达摩所传才是最上乘禅。② 其实,自鸠摩罗什之后,竺道生在建康传授禅法,首倡顿悟成佛,曾引起很大震动,这才是禅宗顿悟的先声。南朝宋文帝时期还请义学僧众与竺道生弟子道猷辩论顿悟和渐修。③ 但顿悟说落败,渐修之说、烦琐学风获胜。胡适认为是天台宗的崛起和陈隋诸帝的提倡,以及玄奘提倡更烦琐的唯识学起了重要作用。④ 除了这些外部因素,还是同佛学内部发展逻辑有很大关系。如同魏晋玄学,如果没有四百年汉学(经学)的发展,将儒家经学烦琐风气的弊病完全暴露,就不可能有老庄玄学清谈。确定无疑的是,禅宗的发展须建立在佛学经典系统研究基础之上,一个毫无佛学知识的人只靠棒喝、机锋就能悟得佛理,是断无可能的。倘若佛教一进入中土就告诉你众生皆有佛性,证悟便可成佛,世人必定一脸茫然。作为禅宗一世祖的菩提达摩,出生于南天竺婆罗门,代表印度

---

① 胡适:《中国佛学史》,华东师范大学出版社2015年版,第23页。
② 以上引自蒋维乔《中国佛教史》,商务印书馆2015年版,第166—167页。
③ 参见蒋维乔《中国佛教史》,商务印书馆2015年版,第78—79页。
④ 参见胡适《中国佛学史》,华东师范大学出版社2015年版,第114—115页。

第二十一章 华严宗、禅宗

的南宗,只承认《楞伽经》,注重苦行苦修,看轻一切文字魔障,属于印度佛教中最简易的一个宗派。从达摩、慧可到道信、弘忍应属于楞伽宗,因长期在中下层传教,积累起比较大的影响力。弘忍的弟子神秀固守《楞伽经》渐修主张,长期在荆州玉泉寺开讲禅法,在北方佛学界形成崇高地位。年过九十岁时,武则天下诏(701)请神秀到东京洛阳说法。武则天及她的两个儿子和整个宫廷聆听他的教旨。神秀被尊为"两京法主,三帝国师",使禅学北宗盛极一时。神秀这派也深受注疏之风影响,"简易的'壁观'成了烦琐哲学,苦行的教义成了讲说疏钞"①。神秀去世后三十年(735),来自南方自称慧能弟子的神会,在滑台寺的一次无遮大会上,指责神秀一派的传法系统是假的,禅宗的六祖应该是获得五祖弘忍真传的慧能。其时,慧能已经去世二十多年。经过神会等人长达二十五年的努力,"北伐"终于成功,南宗替代北宗成为禅学正宗,《金刚经》取代了《楞伽经》的地位,所有禅师也都以攀上慧能这根线为荣。神会的成功与公元前755年发生的"安史之乱"有很大关系。在洛阳、长安失陷,备受朝廷恩宠的北宗和尚们四散奔逃的时候,被驱逐出洛阳的神会却出面推销度牒,为政府筹集军费,取得很大的成功。这位屡次被逐的"异端"关键时刻挺身报效朝廷,终于成为唐肃宗的座上宾,去世时尽享哀荣。唐武宗灭佛后风行于世的禅宗临济、云门、曹洞诸宗皆出于怀让、行思(这两位与神会同为慧能的弟子)两支的门下②,神会在宋、明以后很长一段时间内居于次要的地位。胡适根据目前能找到的《坛经》最古本子——敦煌本等考证,神会及其弟子才是流传于今的《六祖坛经》的最初作者③,后由出于怀让、百丈门下的黄檗和曾任

---

① 胡适:《中国佛学史》,华东师范大学出版社2015年版,第115页。
② 参见蒋维乔《中国佛教史》,商务印书馆2015年版,第168—169页。
③ 对于胡适的观点,也有学者持不同意见,见郭朋校释《坛经校释》,中华书局1983年版,第4页。

唐朝吏部尚书的裴休增改①。宋明以后《六祖坛经》又增加了一万多的文字，但是核心思想没有变。因此，梳理禅宗的佛学思想，要重视神会的语录，同时参考黄檗及黄檗的弟子、临济宗之祖义玄的观点。

按照目前流行的《坛经》本子，慧能与他人的区别就在于"觉悟"。听闻五祖传金刚经，便彻悟："一切万法，不离自性。何期自性本自清净，何期自性本不生灭，何期自性本自俱足，何期自性本无动摇，何期自性能生万法。"② 自性是佛学的核心概念，而开悟其义就成为一代宗师的标志。由此可见，佛教与其他宗教的最大区别，是强调通过自我的力量由自己证悟成佛（或者如基督教说的，获得救赎），不假借外在的力量。中国化佛学的这一特点尤为明显。这一佛学思想契入中国道统后就转化为这样一种意识：高扬人的主观能动性，相信人能够依靠自身获得"解放"。近代中国，佛学之所以在维新派和革命派中再度复兴，而学者大多以懂得佛学为耀，主要原因就在于此。佛陀说唯我独尊，在中国化佛教里转化为人的主体性屹立于宇宙，人的本心就是宇宙心，宇宙是人、人是宇宙。当佛教徒迷信于彼岸的西方极乐世界之无尚佛国时，慧能却大喝一声，佛就在你心里！他说："故知不悟即佛是众生，一念若悟，即众生是佛。故知一切万法，尽在自身中，何不从于自心中顿现真如本性?"③《菩萨戒经》云："我本元自性清净，若识自心见性，皆成佛道。""若起正真般若观照，一刹那间，妄念俱灭，若识自性，一悟即至佛也。"慧能认为，每个人都有"本源清净心"，或者叫"心之体""心体"，这就是真如、佛性、佛。如果在中世纪欧洲，有人告诉基督徒，众生就

---

① 参见胡适《中国佛学史》，华东师范大学出版社2015年版。
② 敦煌本没有这段文字，是契嵩本、宗宝本后来添加上去的。见郭朋校释《坛经校释》，中华书局1983年版，第20页。
③ 郭朋校释：《坛经校释》，中华书局1983年版，第58页。

第二十一章 华严宗、禅宗

是上帝，上帝就是众生，非得被烧死不可！但在中国不仅没遭到非难，反而成为日后的正宗佛学。禅宗发展出不同的宗派，但万变不离其宗，核心是围绕如何悟得这一"本源清静心"。人人皆有真如佛性，但是"将心捉心"是捉不到的，"向心觅心，一觅便失"。在慧能看来，人的本心（本源清静心）可以从体、用两个角度看。从本体角度看，是心体或真如、佛；从功用角度看，具有"见闻觉知"的能力，而体用不二。用自我的"见闻觉知"是难以观照到本体的，就如人有抓举能力但绝不可能把自己抓举起来，因为这种抓举能力和你自身是一体的。怎么办呢？学佛之人都想证悟"本源清净心"，但又不能通过逻辑分析、抽象思维或者形象思维的方式获得，禅师们就发明各种"禅法"帮助你开悟。禅宗各宗派的区别就在于"禅法"的不同，其共同特点都是采取内省、直觉、省悟等似醒非醒、似梦非梦的神秘方式获取对本源清静心的认识，然后顿悟成佛。神会说："譬如一绺之丝，其数无量，若合为一绳，置于木上，利剑一斩，一时俱断。丝数虽多，不胜一剑。发菩提心人，亦复如是。若遇真正善知识，以巧方便，直示真如，用'金刚慧'断诸位烦恼，豁然晓悟，自见法性本来空寂。"[①] 这就是说，神会可以提供"善知识"使人直接看到"真如"，用"金刚慧"斩断烦恼而顿悟成佛。他说人世间有许多不可思议，出世间也有不可思议，并举例说，历史上姜太公是钓鱼的，傅说只是筑路的苦力，由于周文王和商王武丁的赏识而登上高位，这是人世间不可思议的事，而出世中的不可思议也是这样，当"遇真正善知识，一念相应，便成正觉"[②]。在几乎人人信奉成佛的唐代，神会的顿悟成佛有极大的号召力。他的"成佛路线图"就是"无念、无相、无住"，核心还是"无念"。

[①] 邢东风释译：《神会语录》，东方出版社2016年版，第126页。
[②] 邢东风释译：《神会语录》，东方出版社2016年版，第89页。

神秀北宗有十六字禅法，即"凝心入定、往心看净，起心外照，摄心内证"①。神会对此坚决反对，认为禅定没用。他提出"不作意即是无念"的主张，就是没有任何"起意"，纵然有白刃相向也能无念，纹丝不动；纵然见到恒沙佛来，没有一点欢喜；纵然看到恒沙众生俱灭，没有一念悲心。这种"无念"是建立在无相（万物没有固定的形象）和无住（万物没有固定的位置）基础之上的。神会说："一切众生，本来无相。今言相者，并是妄心。心若无相，即是佛心。"②"法性遍一切处故，法无来去。若有妄起即觉，觉灭即是本性无住心。"③ 是不是"无念"就是什么都不想，什么都看空呢？这恰恰又是禅宗反对的"死空"。这叫执着于"空"，被"空"给束缚了。说是无念，但须"于念而无念"；说是无相，但须"于相而离相"；说是无住，但须"不于境上生心"。如何达到这种境界？还是靠"知"。传说慧能不识字，神会传承慧能衣钵，却最讲究"知"字。宗密作为神会的第四代弟子，评论菏泽宗就说："知之一字，众妙之门。"④ 吃斋念佛、坐禅入定、写经度僧，都不如一个知字。神会的菏泽宗在戒、定、慧上，最重视慧。神会说："未得修行，但得知解。以知解久熏习故，一切攀缘妄想，所有重者，自渐轻微。"⑤但禅宗所讲的"知"不是现代意义上的知识，而是对真如、对本心的一种体悟、一种觉悟。它是无法言说的"第一义"，"如人饮水冷暖自知"，只能是只可意会不可言传的默契，可以借助象征寓言来说明。那么如何求这种"知"呢？后来的禅学大师，如禅风比较刚烈的临济宗，可能会采取棒喝的方式，使徒弟在棍棒中开悟；相对温柔

---

① 转引自胡适《中国佛学史》，华东师范大学出版社2015年版，第117页。
② 邢东风释译：《神会语录》，东方出版社2016年版，第187页。
③ 邢东风释译：《神会语录》，东方出版社2016年版，第191页。
④ 《中国佛教思想资料选编》第二册，中华书局2014年版，第466页。
⑤ 《神会和尚禅话录》，中华书局1996年版，第119页。

第二十一章 华严宗、禅宗

一些的曹洞宗则采取"敲唱为用",徒弟敲、师傅唱,在语言交流中使徒弟悟本性真面目等。① 如果还不能开悟,就会离开寺院到处"行脚",求得"善知识",一朝大彻大悟,再回来请求禅学大师印证,这就算证得佛果。神会再传的第四代弟子宗密并不完全认同这种顿悟的方法,后来改投华严宗成为华严五祖。他按照自己的理解把顿悟分为四类:顿悟顿修、顿悟渐修、渐修顿悟、渐修渐悟。② 因此,最早举起南宗顿悟旗帜的神会一派传到宗密后,就此消失。慧能南宗的传承就由马祖、石头这两个支系来担当,尤其是从六祖慧能到怀让—马祖—怀海—黄檗—义玄(临济宗的实际创始人)这一脉。

唐代后期的禅宗各派,大多比较激进,有的是公开的偶像破坏者,甚至是反佛主义者。比如马祖的一位弟子叫丹霞天然,某次与道友在一破庙过夜,由于天气实在寒冷便将佛像劈开烧火。同伴责备他亵渎神灵,他说我要烧取舍利。同伴说木佛怎能有舍利。丹霞就说,既然烧不出舍利,那么烧的只是木头而已。作为马祖再传第三代弟子的宣鉴,是后来兴起的云门和法眼两派的精神祖师,其说的话至今令人震惊。他说:"仁者,莫要求佛,佛是大杀人贼,赚多少人入淫魔坑。你且不闻道:老胡(指佛)经三大阿僧祇劫修行,即今何在?八十年后死去,与你何别?仁者,莫用身心,一时放却,顿脱羁锁!"③ 后来风行一时的禅宗主流临济派创始人义玄,更是进行着深刻的佛学革命。他说:

> 达摩大师从西土来,只是觅个不受人惑的人。山僧无一法与人,只是治病解缚。莫受人惑!向里向外,逢着便杀:逢佛杀佛,逢祖杀祖,逢罗汉杀罗汉,逢父母杀父母,逢亲眷杀亲眷,

---

① 参见蒋维乔《中国佛教史》,商务印书馆2015年版,第172—174页。
② 胡适:《中国佛学史》,华东师范大学出版社2015年版,第37页。
③ 引自胡适《中国佛学史》,华东师范大学出版社2015年版,第216页。

始得解脱；不与物拘，始得自在。夫真学道人，不取佛，不取菩萨罗汉，不取三界殊胜；迥然独脱，不与物拘。乾坤倒覆，我更不疑；十方诸佛现前，无一念心喜；三涂地狱顿现，无一念心怖。是你目前用处与佛祖不别，只么不信，便向外求。莫错！向外无法，求亦不得。你欲识得佛祖么？只你面前听法的是！①

对于这些话，有两种极端的理解：一种认为，这根本算不得是禅，属于反佛主义；一种认为，这些伟大的禅师是用看似粗鄙的语言，让人领悟佛法的精妙，而常人无法理解。借用佛学的"中观"思维，这两种观点都对又都不对。中国化禅宗只是要告诉世人：不存在一个与世界相对的彼岸的佛国，也没有离开人自身的真如本体，佛在你心中，成佛不成佛全靠自己。当用你"本源清净心"来判断，世间的权威说教都该打倒，而外在权威的推倒，却在心中树起信仰的权威。马祖的一位居家弟子庞蕴居士，留下两句著名的偈语：

但愿空诸所有，慎勿实诸所无。

把实际存在的东西看空倒是无妨的，若把虚无的东西当作真实存在的去追求，却是应该避免的。这可以看出禅宗的整个思维倾向，在有、无、虚、实的问题上，宁愿把一切看作虚无，也要比把一切看作实有去追求更好。中国佛学发展到极盛以后却产生一股怀疑的、批判的思潮，且还成为佛教的主流，这种精神对唐末现实社会政治批判思潮的形成是有推动作用的。这一点，我们在下一章要介绍的无能子身上看得很清楚。他属于道家一系，其思想受佛学影响。

---

① 引自胡适《中国佛学史》，华东师范大学出版社2015年版，第217页。

三　佛学的价值和局限

从东晋到唐末的六百多年里，佛学以近乎压倒性的态势，占据中国学术思想的主流，对后世影响深远。佛教以其纯粹精神性的"佛性真如"，摧毁了具有人格特征的鬼神信仰；后期禅宗对一切经典权威的否定，换来人的自主精神的解放。佛教塑造了中华民族的性格，儒释最终又在核心精神——性善方面取得最大公约数。唐柳宗元曾这样评价慧能："其道以无为为有，以空洞为实，以广大不荡为归。其教人始以性善，终以性善。"（柳宗元《曹溪第六祖赐谥大鉴禅师碑》）除了性善论，佛学还有其独特价值，也有其局限。

1. 你所看到的并不是真的如你看到的，眼见并不为实，有图并不代表真相。佛学认为事物因没有"自性"而"不真"，呈现的都是假象或幻象。那么事物的本质或本性是什么？佛学认为，事物的所谓本性也是空的。抛开这些宗教术语，它告诉我们关于事物的一些基本道理：任何事物都呈现多面性，不同的角度有不同的功能和现象，如果执着于某一方面（著相），其认识必然是不完整的、虚妄的。我们曾执着于事物的本质，可事物哪有什么本质？其本质也是相对而言，是建立在比较基础之上的本质。离开事物间的比较而奢谈"本质"，必然是虚妄的。比如，我们说"电视机"的本质是什么，如果从功能上比较，可以认为是"能够接收信号并转化为图像和声音的设备"；如果从物质材料来分析，不过是"由各种原子组成的一堆物质"，与家里的其他家具并无本质区别。因此事物的本质存在着多重性，不同层面的本质不能混淆，这样才能把事物分析得更深、更透，如果动辄就谈"本质"，其实是对"本质"的一无所知。所谓宇宙最终的本质（实相）很可能就是振动的弦，但又可能完全不是。不过

"眼见不为实"的思维一旦过了，又会带来更荒唐的结果。因此佛学又反对不执着（不著相）。比如，伽利略时代用望远镜观察到天空的真相，那些反对的人正是这样断言："通过望远镜所看到的肯定是一种光学假象或是望远镜的透镜所产生的一种畸变，而不是行星的真面目。"①

2. 理在事中，事外无理，循理成事，理事不二。佛学探讨宇宙本体，并不是告诉你有一个孤悬于外的本体，而是与宇宙合为一体。要探讨宇宙本身的"理"，就从宇宙自身去寻找。这既是一种方法，也是一种信念。事物本身就存在理，要理解事物的理只能从理解事物本身开始，舍此就别无他途。由外在的"上帝"或别的神灵赋予宇宙之理，安排宇宙秩序的观点是不被接受的。与之相对的欧洲中世纪，"那个时代的经院学者都是唯实论者（Realist），认为宇宙因上帝的智慧与爱而被赋予秩序"②。但佛学的失败在于，以为单凭玄想、禅定甚至抖机灵、脑筋急转弯就能悟到事物之理，显然走错了路子。

3. 任何事物都呈现出两种相互对立的现象，所谓一为二、二为二、二为一。龙树提出的中观思想和二谛义，阐述了一个道理，似乎两相对立的现象，实际上是同一事物的两个方面。真谛作为绝对真理，俗谛作为相对真理，实际是同一真理的两种不同说法而已；非有和非无说的是万物的两种不同状态，这两种状态，又是对同一事物的两种表述。但是，既不能因两者相同而忽视两者的区别，也不能因两者有区别而忽视两者的同一，这就是一为二、二为二、二为一。"一分为二"的观点绝对正确，而"合二为一"只说对了一半，因为还有"二为二"。它成为日后中国思想家的基本思维模式。龙树的中观与儒家的中庸有相似之处，中观是不偏执于某一方面实现"无执"，

---

① ［美］科恩：《科学中的革命》，鲁旭东等译，商务印书馆1998年版，第173页。
② ［美］拉塞尔·柯克：《美国秩序的根基》，张大军译，江苏凤凰文艺出版社2018年版，第213页。

第二十一章 华严宗、禅宗

而中庸强调不偏激、不极端,执两端而用中;但两者又有本质区别,中观强调一分为二、合二为一、二为二,与阴阳变异思想类似①,而中庸则强调"中和"②。

4. 宇宙万物因缘而起,任何事物都因他事物才能存在,各个部分都相互依赖,缺乏独立性。由于万事万物的相互依赖而缺乏绝对独立性——佛学认为没有自性,因此认为宇宙假有、不真。佛学的非线性思维方式,弥补了线性思维的不足。但是如果过分强调相互依赖性,不屑于研究本质上没有自性的物质世界的现象,其实与中观思想是背道而驰的。这就好比互联网的世界,本身是虚拟的,但研究虚拟世界的规律以及技术措施,要比只领悟网络的虚拟性这样的"真谛"更重要、更有意义。犹如互联网时代某位"大咖"天天在教导人们觉悟网络的虚拟性,而另一位"码农"利用虚拟性开发在线的应用程序,那么两者的价值高下立判。其实人类就是生活在自身并没有意义的宇宙之中,无须佛陀来点拨你说:所有现象和意义都是虚无的。因为我知道虚无,并愿意在这样的虚无中活出精彩、活出意义,岂不比那个只能告诉你虚无的佛陀更有趣、更为纯粹?但很长一个时期人们陷于此而不能自知、不能自拔。明知人生很苦,但能苦中作乐,肯定比只会喊苦、避苦、脱苦要更有价值。从佛学思维中可以引出有价值的观点:当人们的观念改变以后,人间就是天堂。

5. 佛学提供了认识天人合一的新的理论思维,宇宙与人的同一性似乎成为无须再去论证的公理。中国古代思想从"天生烝民"出发,论证天与人的同一性,发展到董仲舒的天人感应。佛学则从更为

---

① 之所以说类似,是中国传统只有一分为二、为四的单向思维,即一本万殊,但佛教还有万殊复归于一,即涅槃寂灭。当代中国曾发生过"一分为二"与"合二为一"的哲学争论,反映了两种不同的思维,可惜被政治化了。

② 朱熹:《中庸章句》注:"中庸之中,实兼中和之义。"《中庸》说:"中也者,天下之大本也;和也者,天下之达道也。"见第二卷第五章关于中庸第二个命题的讨论。

严密的缘起理论出发，说明"人同此心、心同此理"，"一切众生同有佛性"。华严宗从理论推导出，万物（包括人）都有真如本心，宇宙心与人心并不是两个不同的东西。到了禅宗，更是明确地告诉你，你的"清净本源心"就是真如本心，佛性就在人性中。因此，中国传统的天人关系转化为人与宇宙有一个共同的本心，天人合一的思想以更加牢不可破的方式扎根于人们的头脑之中。天人关系将以一种精微的思辨方式来展开，主宰天的"理"与人之"性"是同一种东西，作为人之"性"与人之"心"也是同一。研究性理问题、心性问题似乎成了一切学问中的首要学问，搞清楚人的心、性关系，人性与天理的关系，就可以穷尽一切学问的源头。与汉儒相比较，即将到来的宋明儒学，其研究对象、研究方法、理论体系与董仲舒新儒学呈现出完全不同的面貌。如果说朱熹还讲究格物穷理，从事事物物中发现"理"，那么王阳明就直截了当地指出，理在心中，心外无理，唯有一心。结果大家一窝蜂似的都去"心"里寻理，整个民族的智慧都用于发现一颗飘忽不定的"良知"，以为搞清楚心性就等于搞清楚所有学问。佛学给中国人留下了"宇宙心"的思想遗产，可惜我们把这种虚幻的"宇宙心"当作一种真实去追求。忘了庞蕴居士的两句著名偈语："但愿空诸所有，慎勿实诸所无。"要把整个民族从这种迷思中解放出来，还需要有一个很漫长、很痛苦的过程。

6. 别人告诉你的知识并不牢靠，只有自己证悟的才是真知识。佛学强调人作为主体在获取知识中的重要性。从积极的角度看，这种不直接告诉现成答案，而强调自己亲身求证、体悟，对于发掘个体的主观能动性无疑极为重要。作为一种教学方式，也为一代理学宗师朱熹所推崇。他说："吾儒与老庄之所以后继无人，而禅家却易得传承者，乃因彼等能冒不说破的危险，使学者疑惑不决而有所审发也。"他还说："今也须如僧家行脚，接天下之贤士，察四方之事情，览山州之形势，观古今兴亡、治乱、得失之迹，这道理方见得周遍。"① 这种强调自身觉悟才能懂得道理的思维方法，为一千年后的中国共产党所发扬光大——把个体觉悟的高低与其革命意志的强弱相关联，强调无产阶级意识不是仅靠外在的灌输而是要靠内心的觉悟。② 当然，佛教所强调的证悟，有很大的局限性。从证悟的方式来看，是书斋式的、禅坐式的，或者说纯主观的默思玄想，而非投身于社会实践。从知识形态来看，更多的是体验性、个体性，而非逻辑性、系统性的知识。从知识真伪性看，由于证悟所获得的知识属于纯个体的经验，无法验证，最终落入自说自话、自娱自乐的窠臼而不自知。比如，通过证悟而获得的经验，只能用诗一样的语言表达（佛教称"偈"），如"犹如莲华不着水，亦如日月不住空""鸳鸯绣出从君看，莫把金针度与人""有客独冥游，径然忘所适"，意境很深邃，很有审美价值，但永远无法解决认识的真伪问题。一个从根本上就不重视知识真伪的文化传统，很难有动力去追求纯粹客观的、与个人体验无关的科学知识。我们在以后的宋明儒学中依然会看到这种缺陷。

7. 一切社会问题、人类一切苦难皆因"一心"不正。中国化佛学把成佛的最后障碍归结为个人的心魔，儒家的"正心"思想得以复活，并抬高到无以复加的地步。这就造成这样的信念：只要正其心、诚其意，人心正了，则一切社会问题都迎刃而解。动机的作用被过分夸大，"正心"成了不需要任何前提、任何条件的修身、治国的大法宝，而积极向外求索的心灵反而被禁锢了。它既造就了善于内省、善于律己的民族品格，也产生把一切问题归结为自身的思想倾向。过度地责己和自律在与另一种完全不同的文明发生碰撞、发生冲突时，会显示出天然的卑微感。

佛学把求证"大道"，证悟"真如佛性"，作为成佛的必由之路。

---

① 引自胡适《中国佛学史》，华东师范大学出版社2015年版，第218—219页。
② 本书第八卷有述及此问题。

这种热衷大道理而鄙视研究事物现象的倾向，对后世的影响是负面的。孔子所开创、董仲舒继续发扬光大的关心社会现实、推进社会改革的儒家传统，遭到唐宋以后士大夫的厌弃，讨论性理、心性逐渐变得时髦起来。佛学反复论证"任何事物都没有自性"——这是佛陀最伟大的教诲，不过，明白了这一终极真理，与耐心观察事物现象（假象）而发现规律，后者的意义或许更大。佛的信徒们恰恰受益于利用了"假有"所呈现的规律，制造出让佛陀信徒出行更方便的马车、汽车、飞机甚至飞船。不过，即将展开的宋明儒学并没有从证悟大道的迷梦中醒来，追求最高的宇宙之道依然是新儒家的时髦学问，只不过这个道变成了儒家的义理之学。宇宙间是充斥"气"还是充斥"理"，是"理主气从"还是"气主理随"，这个理、气和人的心、性是什么关系，竟成了宋明间长达五百年的争论焦点。心性学与佛学在这一问题上是相通的：如何把天赋给人的本性觉悟到、展现出来。只不过，佛认为本性是佛性，而理学认为本性是纲常。第六卷将要展开讨论。

现在还是先看看，同时期的本土宗教——在清虚世界中追求成仙的道教说了些什么。

第二十二章
道教的发生发展

西周建立起对民众进行教化的礼乐制度，到春秋末年而礼崩乐坏。但加强对民众教化始终是儒家关注的重要课题。"观天之神道，而四时不忒。圣人以神道设教，而天下服矣。"（《周易·观·彖》）说明利用鬼神设教来化育万民，更能为天下所信服。道教这一中国本土宗教，由于贴近普通人，从诞生之日起，就有驯服民心、化育百姓的作用，在文盲是绝大多数的社会里，它的作用往往是庙堂之学所难以企及的。道教的发展经历了汉末三国的早期阶段，六朝的成熟阶段，隋唐的鼎盛阶段，以及宋元以后相对定形的平稳发展阶段。道教最初作为既有社会秩序的异己力量，逐渐演变为社会秩序的稳定器，对国家政治生活产生了重要影响。道教与佛教在中国差不多同时起步，相互攻讦又相互借鉴、相互促进、共同发展，构成人类历史上少有的奇观——两种主流宗教在同一片蓝天下和平发展。

一　早期道教的发展

早期道教有三部经典，一是《太平经》，二是《老子想尔注》，三是《周易参同契》。这三部经典产生于东汉中后期，基本完成了道教作为宗教的理论建构，形成道教教义的基本格局。

有确切文字记载《太平经》成书于汉顺帝时期，"琅琊宫崇诣阙，上其师于吉于曲阳泉水上所得神书百七十卷，皆缥白素朱介青首朱目，号《太平清领书》"（《后汉书·郎凯襄楷传》）。《太平清领书》即现在的《太平经》。它的神学理论建立在阴阳五行的基础上，包括这样几个方面。第一，提出天地人统一于"元气"的宇宙观。"夫天地人，本同一元气，分为三体，各有自祖始。"（《太平经·三五优劣诀》）因此，在天人关系上强调"天人一体""天人感应"。"王者行道，天地喜悦；失道，天地为灾异。"（《太平经·行道有优劣法》）实际上是董仲舒思想的翻版。《太平经》自始贯穿这样的思想：天、地、人都会得病，其病理形同且相互关联，需要以整个宇宙为对象来医治，做到身国并治、天地并治。有学者把它称为"普遍和谐观念"[①]。这种和谐建立在万物各得其所、各得其宜、各得生养的基础上。第二，建立以"天君"为最高神的神灵体系。"百神自言为天吏为天使，群精为地吏为地使，百鬼为中和使，此三者，阴阳中和之使也，助天地为理，共兴利帝王。"（《太平经·调神灵法》）在天君以下，有神人、真人、仙人、道人、圣人、善人、奴婢等。能够传达天君旨意的便是"天师"。天师便成了日后主流道教——天师道——位阶最高的首领。第三，天师传教的使命是解"承负"。"师既为皇天解承负之仇，为后土解承负之殃，为帝王解承负之厄，为百姓解承负之过，为万二千物解承负之责。"（《太平经·五事解承负法》）所谓"承负"是指先人犯有过失，积累日多，由后辈子孙负担其过，前人为"承"，后人为"负"。承负说是《太平经》之所以能成为道教经典的理由，也是道教之所以能成为宗教的原因。它比较好

[①] 干春松：《在全球意识观照下发展中国文化——访汤一介教授》，《开放时代》1996 年第 6 期。

地解决了跌鼻之问，即善人为什么没好报，有时还会遭恶报；恶人为什么没遭恶报，反而得好报。按照承负说，人的善恶会流及子孙，现实中人的善恶承负更多取决于先人；先人行善有功，子孙虽作恶，但蒙先人庇佑而得善报；先人为恶有罪，子孙虽积德行善，但终究难免被拖累而遭殃；虽然善恶流传，如果人能够努力改进依然可以解除承负。这样，既解释了现实中的道德困境，也给人以努力的希望和动力。它和佛学的因果报应类似，但出自两个不同的思想体系。承负说与中国的祖宗崇拜、祖宗庇佑和长辈对子孙义务之类的宗法思想密切关联。佛学的因果报应不牵涉到家族，你今世的命运只和自己前世有关，不关祖宗的事情。可见印度文化的家族、宗法色彩很淡。第四，描绘了太平世道的理想。遵从天师的教令，上天就会降福，就会迎来公平、大乐、无灾的太平世道。所谓"太者，大也"，"平者，乃其言治太平均"，也就是"大大的平均"。当然《太平经》所说的平均，切不可理解为平均分配，而是公正、执平，对任何事物均持同等对待态度的执平。作为"平"的一种，"比若人种善得善，种恶得恶。人与之善，用力多，其物子好善"（《太平经·三合相通诀》）。第五，把离开尘世成仙视作人生的终极目标。这是《太平经》从谶纬神学向宗教转变的重要标志。《太平经》虽强调仙人有仙录、求生有籍，不是随便就能成仙，只有极少数有"天命"的人才有资格，但人是否有天命本人并不清楚，如果努力行善积德也会有机会。因此，《太平经》并没有完全堵死通过个人努力成仙的可能性。从阴阳调和的角度，《太平经》谴责残杀女子的行为是"大逆甚无道"，认为"夫女，今得生，不见贼伤，故大乐到矣"（《太平经·分别贫富法》）。并且认为，从顺应天地之法看，一夫二妻最合理。①《太平经》的主要思想为早期道教两大派别——五斗米道和太平道所接受。

---

① 《太平经》："是则且应天地之法也，一男者得二女也。"

《老子想尔注》为天师道创始人张道陵始撰，成于其孙子张鲁，是五斗米道即天师道信徒们学习道教理论的教科书，是道教早期发展史上最为重要的著作。如此重要的经典，到宋元时期已经失传，幸赖敦煌藏经洞的庇护，其残缺本在20世纪初才得以重见天日。遗憾的是，该本子于1905年由英籍探险家斯坦因（Marc Aurel Stein）带往伦敦，现藏于大英博物馆，编号为S.6825。[①] 笔者在第二卷谈到一怪异现象：试图用自然解释宇宙发生、属于无神论者的老子最后却成了道教的教主。其中的缘由，在《老子想尔注》中可以找到线索。"道生一，一生二，二生三，三生万物。"（《道德经》第四十二章）这是老子宇宙生成论的基本过程。《淮南子·天文训》对此解释说："道始于一，一而不生，故分而为阴阳，阴阳合和万物生。故曰：一生二，二生三，三生万物。"即一为混沌，二为阴、阳，三为阴、阳和阴阳合。但"道"到底是什么，却一直众说纷纭。老子没明确说，以后不同学者有不同理解，最早的宋尹派认为是虚而无形的气，庄子认为是自然，王弼认为是无，郭象认为是玄冥之境等。这样就给道教的创立者留下很大的想象空间。只要把《道德经》稍加改造，便可变为道教经书，老子就成为教主。《道德经》第四章："吾不知谁之子，像帝之先。"《老子想尔注》注解说："吾，道也。帝先者，亦道也。与无名、万物始同一耳。"[②] 把吾、帝先、无名、万物始看作"道"的别称，与"一"等同，接着再把"道"进行人格化，成为具有人格的最高神，道生万物就变成了神生万物。这样，神创造宇宙万物的教义就形成了。《道德经》第十章："载营魄抱一，能无离。"《老子想尔注》说："一者，道也。""一散形为气，聚形为太上老君，常治昆仑，或言虚无，或言自然，或言无名，皆同一耳。"[③] 这个人

---

① 刘昭瑞：《〈老子想尔注〉导读与译注》，江西人民出版社2012年版，第15页。
② 刘昭瑞：《〈老子想尔注〉导读与译注》，江西人民出版社2012年版，第71页。
③ 刘昭瑞：《〈老子想尔注〉导读与译注》，江西人民出版社2012年版，第83页。

格化的至高神——太上老君既是一，也是气，还是虚无、自然、无名等，他具有人格化的意志，能派遣人员创造各种器皿。《道德经》第十一章："卅辐共一毂，当其无，有车之用。"和"凿户牖以为室，当无用，有室之用。"《老子想尔注》分别解释说："古未有车时，退然；道遣奚仲作之。""道使黄帝为之，亦与车同说。"① 原来，车是道派遣奚仲发明的，房屋还是道派遣黄帝发明的。事实上，《老子想尔注》完全按照道教的需要而对《道德经》进行曲解，使《道德经》成为早期天师道教义的一个注脚。道是宇宙万物的创造者，既然是无所不能又具有至善性，为什么会允许世间有那么多恶呢？这就如基督教中的上帝既然无所不能，为什么能放任人间有如此多恶，而无动于衷。②《老子想尔注》有合理解释。《道德经》第三十五章"执大象，天下往"，《老子想尔注》说："道尊且神，终不听人，故放精耶，变异纷纷，将以诫诲，道隐却观。乱极必理，道意必宜。"③ 你看，那个尊贵而神明的道，从来不会受人左右，会暂时放任各种邪说登台表演，并作为教诲人们的反面教材。道会隐藏起来冷眼旁观，当大乱而至大治时，道的意愿就会宣明于世间。原来，世间的所有恶行只是教育人类的一个反面典型，没有这个反面典型人就不会受教育，待大乱到一定程度，大治就会出现，而道的意志必定实现。《道德经》第五章"天地不仁，以万物为刍苟"（今本"刍苟"作"刍狗"），《老子想尔注》说："天地像道，仁于诸善，不仁于诸恶；故煞万物，恶者不爱也，视之为刍草、如苟畜耳。"④ 这就与我们把天地看作非人

---

① 刘昭瑞：《〈老子想尔注〉导读与译注》，江西人民出版社2012年版，第86页。
② 圣奥古斯丁从摩尼教最终皈依基督教，关键是解决了上帝至善且全能，却又容忍人世间有如此多的恶这一神学难题。（参见［美］沙伦·M. 凯、保罗·汤姆森《伟大的思想家——奥古斯丁》，周伟驰译，清华大学出版社2019年版，第16—44页。）
③ 刘昭瑞：《〈老子想尔注〉导读与译注》，江西人民出版社2012年版，第153页。
④ 刘昭瑞：《〈老子想尔注〉导读与译注》，江西人民出版社2012年版，第71页。

化的自然物的观点有很大不同，在《老子想尔注》看来，天地与道一样具有人格意志，有仁于善、不仁于恶的意识，只把恶人看作草芥、畜生。这个观点与河上公相近①，而不同于王弼②。类似的注解还有很多，比如《道德经》第十三章"及我无身，吾有何患"，《老子想尔注》的注解用白话文表达就是："吾，我，都是道。道的志向就是忘却自身的形体，只是保养精神，也想让人效法自己，所以老子这么说。"③ 讲的是如何忘却形体，修炼精神。这样整部《道德经》就被天师道的张道陵、张鲁转化为传达神的意志的经典，转化为创立早期道教的经典。为了能使《道德经》更符合天师道的需要，对于个别文字还进行了删改。如《道德经》帛书第七章"不以其无私与，故能成其私"，《老子想尔注》本就改为"以其无尸，故能成其尸"。把"私"改为"尸"，意思完全发生变化。其释文的意思就变成："不知道长生之道的人，不过是行尸走肉而已；不是道所提倡的行为，也不过都是行尸走肉的行为而已。"④ 正如儒家喜欢用君子与小人作对比，以突出君子的人格，使之成为人们效法的榜样，《老子想尔注》也大量地进行仙士、道人与俗人的对比，以突出仙人的品格，鼓励人们修炼成仙。《道德经》第三十六章"国有利器，不可以示人"，《老子想尔注》注解为："道人宁施于人，勿为人所施；宁避人，勿为人所避；宁教人为善，勿为人所教；宁为人所怒，勿怒人。"⑤ 第二十章的注解中有大量对比，"众俗之人不信道，乐为恶事"，"我，仙士也，但乐信道守诫，不乐恶事"，俗人"知俗事审明

---

① 河上公注："天地生万物，人最为贵。天地视之如刍草、狗畜，不责望其报也。"
② 王弼注："天地任自然，无为无造，万物自相治理，故不仁也。"
③ 刘昭瑞：《〈老子想尔注〉导读与译注》，江西人民出版社2012年版，第91页。
④ 刘昭瑞：《〈老子想尔注〉导读与译注》，江西人民出版社2012年版，第78页。
⑤ 刘昭瑞：《〈老子想尔注〉导读与译注》，江西人民出版社2012年版，第159页。

也",仙士"不知俗事也"①。《老子想尔注》作为五斗米道(天师道)的经典有着特殊的地位。

《周易参同契》是东汉魏伯阳所著,为道教丹术理论奠定了基础,历来注家众多,被尊为万古丹经王,是道教丹鼎派早期经典。魏伯阳,生卒年不详,自号云牙子,会稽上虞人。关于《周易参同契》的评价,有两种意见值得重视。一是东晋葛洪,他在《神仙传》中说:"伯阳作《参同契》、《五相类》凡二卷,其说如似解释《周易》,其实假借爻象,以论作丹之意,而儒者不知神仙之事,多作阴阳注之,殊失其奥旨矣。"道教之人多从其说,以表明神仙炼丹说的独立性。二是南宋朱熹,他说:"《参同契》本不为明《易》,姑借此纳甲之法,以寓其行持进退之候。……此虽非为明《易》而设,然《易》中无所不有,苟其言自成一家,可推而通,则亦无害于《易》。"② 道教之外的学者往往赞同朱熹的观点。有一点是共同的,他们都认为魏伯阳并非在注释《周易》,阐明易理,但葛洪认为魏伯阳是假借爻象论述炼丹之法,朱熹认为魏伯阳是在运用易理指导炼丹,属于自成一家言的对易理的新阐述。客观说,朱熹关于"《易》中无所不有"的看法显然高估了易的价值,周易并不是可以到处运用的"元科学"或者说"元经典"。撇开笼罩在各类典籍上的神秘主义面纱,《周易参同契》实质是将自秦汉以来方士的炼丹活动,运用周易的天道思想、阴阳思想进行理论阐释,以适应传教的需要。《河上姹女章》云:"河上姹女,灵而最神,得火则飞,不见埃尘。鬼隐龙匿,莫知所存,将欲制之,黄芽为根。"③ 实际是说河上姹女(指

---

① 刘昭瑞:《〈老子想尔注〉导读与译注》,江西人民出版社2012年版,第114、115页。
② 朱熹:《周易参同契考异》,《周易参同契集释》,中央编译出版社2015年版,第116页。
③ 《周易参同契集释》,中央编译出版社2015年版,第183页。

水银）加热后容易蒸发，需要用黄芽即氧化铅（也可以是硫黄）来固定。学过化学的都知道，氧化铅在加热后会变成四氧化三铅，再继续加热又会变成氧化铅，释放出的氧气与水银（汞）化学反应生成氧化汞。这个呈红色的剧毒的氧化汞便是古代炼丹师们梦寐以求的"还丹"。如水银与硫黄加热又会反应生成硫化汞即丹砂。但是，这个过程被魏伯阳赋予特殊的含义。他说："物无阴阳，违天背元，牝鸡自卵，其雏不全。"任何物质都有阴阳配对，正如阴性的河上姹女（水银），需要有阳性的黄芽（氧化铅），才能结合产生金丹（氧化汞）。接着，他进一步发挥说："施化之精，天地自然。火炎于上，水润于下。非有师导，使其然也。"[①] 原来炼丹的过程蕴含着与天地运转相同的机理。《周易参同契》按照周易的思想，把天地看作大宇宙，炼丹炉是一个小宇宙，人体也是一个小宇宙，它们自成一体，但遵循同一个规律且息息相通。炼丹的过程是天地造化的过程，也是人类身体变化的过程。丹道合于易道，也与人道相通。按照现代化学用语，汞和氧气结合生成氧化汞，而氧化汞也可以还原为汞和氧气，这种可逆性在古代炼丹师看来非常神奇，按照类比的法则，如果人体服用这种金丹，岂不是也可以返老还童，青春永驻？东汉注家阴长生说："尝闻无能生有，有能成无，既有既无，何不服金汞之药？"[②] 把道家的"有生于无，有归于无"转变成服食丹药的理论依据。东汉时期，宇宙论以"浑天说"为主流[③]，盖天说、宣夜说为末，《周易参同契》也主张浑天说，提出"乾刚坤柔，配合相包。阳禀阴受，雌雄相须。须以造化，精气乃舒"[④]。按照这样的宇宙生成模式，任何系统的发生发展主要依靠内在的阴阳变化，人体的生育、养生、长

[①] 《周易参同契集释》，中央编译出版社2015年版，第183页。
[②] 《周易参同契集释》，中央编译出版社2015年版，第2页。
[③] 《后汉书·天文志》："唯浑天者近得其情，今史官所用候台铜仪，则其法也。"
[④] 《周易参同契集释》，中央编译出版社2015年版，第166页。

第二十二章　道教的发生发展

生也主要依靠内部的调养。按照这样的思维，《周易参同契》在讲述炼丹、还丹、食丹这种外丹道法的同时，还重视清虚内守、养性延命、强骨益气等内丹道法，这叫作内外兼修。因此，之后道教内部主张外丹或内丹的两派都可以从中找到依据。这样，魏伯阳从"理论"上完成了对历代方士炼丹和养生经验教训的系统总结。不过从现代的眼光看，这套理论却窒息了炼丹师对纯自然规律的探索，将炼丹术与宗教紧密联结在一块，使中国的古代化学难以摆脱神秘主义束缚，始终停留于炼丹师水平。

诞生于东汉顺帝、桓帝时的早期道教，以五斗米道、太平道为两大主要派别。五斗米道的创立者张道陵是沛国丰（今江苏丰县）人，相传为汉留侯张良的后代，道内被称为天师，其子张衡被称为嗣师，其孙张鲁被称为系师。① 汉末，张鲁割据汉中，号称师君，下有抬头大祭酒、祭酒、鬼卒等，建立起对教民管理和行政管理相统一的政教合一政权。建安二十年（215），曹操统十万兵进攻汉中，张鲁投降并受到曹魏的优厚，被封为阆中侯，邑万户，他的五个儿子皆被封侯。大批道众北迁，居中原各处，天师道随之向全国各地传播。张道陵选择蜀地创教，很大程度上与当地深受黄老道影响有关，该教的一个特点是崇尚符箓、咒祝，笼络一般信众的主要工具是用符水给人治病。② 太平道的创始人为张角，创教时间在汉灵帝时期③。经过十余年的经营，信众达数十万，遍布青、徐、幽、冀、荆、扬、兖、豫八个州，形成一股非常强大的势力。他们四处传播"苍天已死，黄天当立，岁在甲子，天下大吉"的谶语，进行充分的舆论准备，预定

---

① 《三国志·张鲁传》载，张陵"客蜀，学道鹄鸣山中，造作道书以惑百姓，从受道者出五斗米，故世号米贼。陵死，子衡行其道。衡死，鲁复行其事"。
② 参见卿希泰、唐大潮《道教史》，江苏人民出版社2006年版，第35、37页。
③ 《后汉书·皇甫嵩传》载，"初，巨鹿张角，自称大贤良师，奉事黄老道，畜养弟子，跪拜首过，符水咒说以疗病，病者颇愈，百姓信向之"。

于甲子年即中平元年（184）起事。因济南人唐周向官府告密，整个计划被打乱，只得提前起事。按照《太平经》天地人三统的说法，张角自称天公将军，弟张宝称地公将军，弟张梁称人公将军，因人人头上皆着黄色头巾，史称黄巾起义。黄巾起义对东汉王朝的打击是沉重的，失败后太平道自身受到重创，之后转入地下，在正史上基本销声匿迹。太平道组织的瓦解和张鲁的去世，给天师道的传播和分化创造了条件。中国历史以此为开端，采用"神道设教"来组织民众开展武装斗争、反抗压迫，便成为一种常态。另外，道教从诞生伊始就与政治密切相关，以后道士卷入政治斗争成了古代中国历史的常态。西晋八王之乱的中心人物赵王司马伦的谋士孙秀便是五斗米道的信徒。①同时司马伦"拜道士胡沃为太平将军，以招福祐"。

二　晋南北朝时期的道教

东晋以后既是佛学的大发展时期，也是道教理论的大发展时期。道教如同基督教一样，其发展历程走过一个从民间到庙堂，从社会秩序瓦解者到社会秩序建设者，从政治异己力量到现实政治支持者的角色转换。这一时期的特点是，道教开始被最高统治者接受，并在政治上相互利用，为道教发展创造了良好社会条件；大批高级士族加入道教，改变了道教信徒的结构，道教理论得以丰富和完善，一大批后来被称为三洞经书的典籍陆续出现；民间道教依然蓬勃发展，作为现存秩序的反对力量不断发动起义，挑战官府。其间，不能忽视的是东晋葛洪、北魏道士寇谦之和刘宋道士陆修静，由于他们从不同角度的努力，基本奠定了隋唐之后道教的规模。

---

① 《晋书·赵王伦传》载，"伦之诏令，秀辄改革，有所与夺，自书青纸为诏"。

（一）葛洪

葛洪（约283—343），自号抱朴子，丹阳句容（今江苏句容县）人，出身士族，其父曾任邵陵太守，十三岁时父亲去世、家道中落。《晋书·葛洪传》载："为人木讷，不好荣利，闭门却扫，未尝交游。"葛洪"尤好神仙导养之法"，先拜伯祖父的弟子郑隐学习炼丹秘术，颇受器重，后来又师从南海太守鲍靓学习道术，并以鲍靓之女为妻。西晋太安二年（303），葛洪因参与破击石冰起义队伍有功，迁任伏波将军，东晋开国后念其旧功而被赐爵关内侯，食句容二百邑。后来，葛洪辞官位隐居于广东罗浮山炼丹，在山积年，优游闲养，著作不辍，最后在此辞世。道教从民间宗教向庙堂宗教转化的过程中，葛洪发挥着承上启下的作用。他不仅是道教理论家和医药学家、养生家、炼丹师，其在《抱朴子》外篇四十九卷中阐述的经国济世思想值得注意。出世而不忘入世是道教发展中的很大特点。

统治者雅好道教和大批士族的加入，形成了与民间道教相对的士族道教。作为道教理论家的葛洪"对战国以来的神仙方术思想作了系统总结，为道教构造了种种修炼成仙的方法，提出了以神仙养生为内、儒术应世为外的主张，将道教的神仙方术与儒家的纲常名教相结合，建立了一套长生成仙的理论体系，使道教的神仙信仰理论化，丰富了道教的思想内容，为上层士族道教奠定了理论基础，并对后世道教的发展产生了较大影响"[①]。这种影响是建立在葛洪对相关问题解决的基础上。

第一，解决儒道关系问题。

这里的"道"是指葛洪所称的神仙修炼之道，这里的"儒"是指现实政治中的纲常名教、礼法制度。所谓此道者非彼道，此儒者非

[①] 参见卿希泰、唐大潮《道教史》，江苏人民出版社2006年版，第49、50页。

彼儒。葛洪所称的"道""儒",与汉代经学和魏晋玄学对道、儒的理解有所区别。葛洪在《外篇·自叙》称:"其《内篇》言神仙方药、鬼怪变化、养生延年、禳邪祛祸之事,属道家。其《外篇》言人间得失、世事臧否,属儒家。"凡是与神仙有关的是道,与治世有关的是儒。这两者属于什么关系呢?他说:"道者,儒之本也;儒者,道之末也。"(《抱朴子·内篇·明本》)道儒是本末关系,即道为本儒为末。从内圣外王的角度看,道为内圣之学,即内学,儒为外王之学,即外学。他进一步说:"道者,万殊之源也;儒者,大淳之流也。三皇以往,道治也;帝王以来,儒教也。"(《抱朴子·内篇·塞难》)葛洪认为道为"百家之君长,仁义之祖宗"(《抱朴子·内篇·明本》),儒道关系是:道本儒末,道为内学、儒为外学。这一思想对后世影响很大。儒学的治世价值在汉武帝独尊儒术后,就没有被历代的统治者所怀疑,葛洪也不否认。但是他认为道教作为养生、修仙的内学,其地位要比治世的儒学即外学重要。从佛学的角度看,也认为自己是修心的内学,地位很崇高。中国道统之内圣外王,其内圣就不再是尧舜周孔,而是神仙或佛陀;中国道统之道,就不再是仁义而是佛老。这自然引起后来韩愈以及宋儒的强烈不满。程朱理学核心诉求便是认为儒学也可以成为修心、养生的内学,试图夺回被佛老霸占的内圣之学。这是一段极为"艰辛"的历程,直到南宋孝宗皇帝在其撰写的《原道辩》中依然认为:"以佛修心,以道养生,以儒治世,斯可也。"大臣史浩反驳说:"大学之道,自物格、知至而至于天下平,可以修心、可以养生,可以治世,无所处而不当矣。又何假释、老之说邪?"朱熹对宋孝宗的这篇文章自然更是激烈反对。理解了这一背景,对于理解宋明道学为何专注于心性的内圣之学,而忽视治世的外王之学有重要意义。

为了进一步提高道教的地位,葛洪认为"得道之圣人"要高于"治世之圣人",因为得道之圣人不仅能够治世,而且还能成仙,而治世之圣人仅仅能够治世而已。他说:"夫体道以匠物,实德以长生者,黄、老是也。黄帝能治世致太平,而又升仙,则未可谓之后于尧舜也。老子既兼综礼教,而又久视,则未可谓之减于周孔也。"(《抱朴子·内篇·明本》)实质是要将尧、舜、周公、孔子崇拜,改为道教的黄帝、老子崇拜。他提出:"圣人不必仙,仙人不必圣。"(《抱朴子·内篇·辨问》)圣人不如仙人,如果是得道圣人,比如黄、老,当然比一般仙人为高。葛洪借用庄子所说的盗贼也有圣人之道,试图消融人们对圣人的崇拜,确立得道成仙为最高的信念。在回答五经为何不载神仙之事的疑问时,葛洪说五经不记载的事情多了,周、孔有很多事情不知,比如孔子"及欲葬母,不知父墓所在","问老子以古礼,礼有所不知也"(《抱朴子·内篇·辨问》)。葛洪要解决发展道教的思想障碍,即圣人孔子无所不知,为什么从来不说神仙之事?神仙之事可信吗?他要告诉信徒:孔子并不是什么都懂,所以不懂仙法并不奇怪。当然,葛洪在强调道本儒末、道内儒外、道高儒低的同时,还强调两者之间的一致性。修道修仙最首要的一条还是"立德",如果"失德"则根本不可能延寿长生。他说:"览诸道戒,无不云欲求长生者,必欲积善立功,慈心于物,恕己及人,仁逮昆虫。"(《抱朴子·内篇·微旨》)葛洪还把民间道教斥责为妖道,必须严令禁绝。比如张角、柳根之徒,"或称千岁,假托小术","进不以延年益寿为务,退不以消灾治病为业","或至残灭良人,或欺诱百姓,以规财利"。甚至有利用道士的身份,"纵肆奢淫,侯服玉食,妓妾盈室,管弦成列"(《抱朴子·内篇·道意》)。因此,葛洪希望建立敬奉神明的纯粹的道教,能适应现存秩序需要的道教。

第二,解决道教内部理论整合问题。

葛洪首先把"玄""道"两个核心概念进行整合。在葛洪那里,玄与道的含义差不多,可以互注。"玄者,自然之始祖,而万殊之大宗也。"(《抱朴子·内篇·畅玄》)葛洪吸收扬雄将玄作为天、地、人之本原的思想。同时又说:"道者,万殊之源也。"(《抱朴子·内篇·塞难》)葛洪将玄与道并称,称自己的仙道为玄道,"夫玄道者,得之乎内,守之者外,用之者神,忘之者器,此玄道之要言也"(《抱朴子·内篇·畅玄》)。概括起来,玄道的作用主要还在于治身和治国。"夫道者,内以治身,外以为国。"(《抱朴子·内篇·明本》)这里可以看到,把治身和治国统一起来,先治其身后治其国,治国不忘治身,已经是各思想流派的共同思维模式。之所以把治身与治国统一起来,原因不外乎有二,一是治身为治国的必要前提,不治身、不修心、不养性,不能立以正,何言治国?二是治身和治国的机理相通。葛洪认为:"一人之身,一国之象也。"人的身体和国家是等同的,"神犹君也,血犹臣也,气犹民也。故知治身,则能治国"(《抱朴子·内篇·地真》)。这种思维方式与董仲舒的"人副天数"完全一致。不过相同的思维方式,导致的结果并不一样。葛洪所称的"治身"主要是养生、长生,而不是儒家的诚意、正心那一套。比如,养生方法有"唾不及远,行不疾步,耳不极听,目不久视,坐不至久,卧不及疲,先寒而衣,先热而解"(《抱朴子·内篇·极言》)等。至于长生之道,是葛洪神仙术的核心,本书略过。葛洪接受"气"充斥宇宙的观点,"夫人在气中,气在人中,自天地至于万物,无不须气以生者也"(《抱朴子·内篇·至治》)。但是,他把"气"神秘化、等级化,为他的神仙学说服务。气有仙凡之分,寿夭之别,文武之殊,贫富之异。得神仙之气可成神仙,得长寿之气则为长寿。而人能秉承什么样的气,还与受气结胎时遇到星宿不同有关。"命之修短,实由所依,受气结胎,各有星宿。"(《抱朴子·内篇·塞难》)同时,为了给后天修炼留下足够的空间,葛洪又强调"我命在我不在天"(《抱朴子·内篇·黄白》),因为"云雨霜雪,皆地之气也,而以药作之,与真无异也"。人可以通过药物、丹药来改变结胎时秉受的气。人的生命孕育之初其命运基本就被确定,但是,在生命孕育过程及生命展开过程中，人又能控制自身的命运。这看起来矛盾的观点，葛洪却坚信不疑。这种宿命论近代以来遭到指责，但随着人类基因的发现，现代人又能在更高的层次上理解葛洪这一观点。道教中还有一个基本概念是"一"。《道德经》言："道生一"，《黄老帛书·经·成法》说："一者，道其本也。"《淮南子·天文训》说："道始于一。"葛洪继承这一观点，"道起于一，其贵无偶，各居一处，以象天地人"（《抱朴子·内篇·地真》）。这说明"一"是本原，天、地、人只是"一"形成的具体现象。葛洪作为道教理论家，并没有停留在思辨的层面，而是继续把"一"神化。他说："吾闻之先师曰：'一'在北极大渊之中，前有明堂，后有绛宫，巍巍华盖，金楼穹隆。"（《抱朴子·内篇·地真》）他把"一"看作神仙世界了。同时按照"天人相副"的思维，认为"一"也在人的身体里。"一有姓字服色：男长九分，女长六分；或在脐下二寸四分下丹田中；或在心下绛宫金阙中丹田也；或在人两眉间。"（《抱朴子·内篇·地真》）因此，知一、思一、守一就成为修炼成仙的基本途径。按照"天、地、人相副"的思维，"一"的理论还可以推衍到炼丹、服丹、服气之中。比如，丹鼎派学说中，铅被认为是一，"一者，铅也。铅精生月。铅精名太阴石"①。那么用铅提炼出的"金丹"自然具有特殊的功效。"以规神仙，而不作金丹大药，此愚之甚也。"（《抱朴子·内篇·释滞》）

葛洪虽有"祖述黄老"的特点，但是他对老子和庄子多有批评。对于老子，他说："五千文虽出老子，然皆泛论较略耳，其中了不肯首尾全举其事，有可承案者耳。但暗诵此经而不得要道，直为徒劳耳，又况不及者乎！"（《抱朴子·内篇·释滞》）他认为老子一书泛泛而论，读起来不得要道、徒劳无益，庄子等人更不要说了。"至于

---

① 《九转流珠神仙九丹经》卷上，《道藏》洞神部众术类。

文子、庄子、关令尹喜之徒，其属文章，虽祖述黄老，宪章玄虚，但演其大旨，永无至言。""得以老庄为窟薮，不亦惜乎？"(《抱朴子·内篇·释滞》)葛洪说得很绝对：庄子等人根本没有至理名言。如以老庄为道法的荟萃之地，岂不可惜？尤其不能容忍的是庄子的齐生死，这与葛洪追求长生的成仙思想直接相抵触。他引用儒家的经典说："天地之大德曰生。生，好物者也。"(《抱朴子·内篇·勤求》)谁都乐生厌死。他还举例说，当年武王生病，周公祈祷上天能代替武王去死，孔子病死前倚靠在拐杖上遥望远处，责怪子贡不早点来看望，这说明连圣人也不希望早点死去。葛洪反对庄子的以活着为徭役，死去为休息的齐生死观点，"齐生死之论，盖诡道强达，阳作违抑之言"(《抱朴子·内篇·勤求》)。这种"齐生死"的谬论实在应置之死地而后快！当然，葛洪也举例说，其实庄子自己根本做不到齐生死，还是希望做一只在烂泥里摇尾的乌龟。葛洪反复申明活着的好处，"故有死王乐为生鼠之喻"，一个死去的国王也羡慕活着的老鼠。葛洪对老庄有取有舍，改变了早期道教中将老子作为唯一教主的地位，制造出"元君"这一至上神，为老子之师。以后道教神仙谱系中的至高神不断增加，显得非常杂乱，直到梁武帝时期的著名道士陶弘景著《真灵位业图》，用七个等级将道教的神灵系统排序，老子只位列第四等级，身份地位降到道教发展史上的谷底。直到李唐王朝开国时，将李氏家族上挂老子，老子才重新成为道教三大主神之一，还被册封为太上玄元皇帝。

除此之外，葛洪在道教理论上的贡献是对秦汉以来的养生、炼丹、修道等进行比较系统的梳理和总结。

第三，对人成为神仙的可能性进行探求。

人生苦难是宗教得以成立的缘由，而能否给苦难中的人们一丝慰藉则是宗教的使命。概括起来，葛洪从以下几个方面对人能否成仙予以证明。一是世上确有神仙，因为见诸历代古籍。求助于古籍作为权威证明，几乎是古代中国的共同思路。同于墨子"三表法"之第一表，本之于古者圣王之事。二是天地无穷，所以人就有"久视不死"的可能。对于"有始者必有卒，有存者必有亡"的质疑，回答道："谓始必终，而天地无穷焉。谓生必死，而龟鹤长存焉。"（《抱朴子·内篇·仙论》）既然这样，按照天人同一的理论，人岂不是也能长生？三是以陶土烧制陶瓷、木炭烧成灰来说明人体可以改变而长生。陶土容易消散，而烧成陶瓷则坚固耐磨；木头容易腐烂，烧成灰就可长久保存。人体怎么就不会改变而持久呢？四是医术药物可以养生延年。葛洪举了历史上好多起死回生的例子，说明人体可以延缓衰老乃至长生。五是服食金丹、黄金使人成仙。金丹（氧化汞）的可逆性，给了葛洪极大的信心。就如盐能够防止肉食腐烂，金丹奇妙的变化和黄金的不朽，也可以使人长生。葛洪信誓旦旦地说："仙之可学致，如黍稷之可播种得，甚炳然耳。"（《抱朴子·内篇·勤求》）

葛洪的证明即便从宗教理论看，也是极为粗陋的，其思维水平与佛学相比差距甚大，这也是魏晋隋唐时期佛学更盛于道教的重要原因。比如葛洪在养生、长仙的理论上有一个很重要的说法："有因无而生，形须神而立"。他说："有者，无之宫也；形者，神之宅也。"（《抱朴子·内篇·至治》）这就是说形神兼备，形神不离，可以通过修炼身体，提升体内之神。这就给范缜写作《神灭论》提供了依据。神灭论的前提就是形神相即，二者不能相离，是共生共灭的关系。如形体消失，神也就灭了，何来神不灭？这篇文章如果针对道教，恐怕有相当的批判力，可惜遇到的是佛学。范缜很难面对佛教徒形神可以分离的驳难。与葛洪同时期稍晚出生的奥古斯丁（354—430），是从知识论（认识论）和本体论两个角度来证明上帝的存在，达到了那个时代人们最高的神学思维水平。正如第二卷讨论"跌鼻之问"时明白墨学无法转变为宗教一样，葛洪作为道教史上顶尖级的理论家，也难以完成使道教理论更富有思辨性、说理性的重任。《周易·系辞上》云:"形而上者谓之道,形而下者谓之器。"道器不二、形神不二,这种思维已经深深植入中国道统之中。一个能够离开形体的自在的神,始终是中国人难以理解的,也不愿意接受的观念。一个完全自在的、纯粹精神的又有人格意志的神,在中国道统中没有地位。精神不能离开物质独立存在,灵魂不能离开肉体独立存在的信念是中国道统的主流。作为道教理论家的葛洪也这样认识。被西方天主教认定为历史上最伟大神学家的阿奎那,其一生的重要工作之一是试图将人的灵魂与人类肉体统一起来,但是他的前提依然是灵魂可以离开肉体单独存在,只不过离开肉体的灵魂是不完整的、功能是不完全的。① 西方哲学历史长期陷入精神与物质、灵与肉的争论之中,而在中国道统全部历史中,这种争论不是主流。道教作为中国本土宗教,在以后的发展中吸收佛教理论,使自己的神学思想更经得起辩驳。比如,与葛洪有密切关联的道教灵宝派,后来大量借鉴佛教,如因果报应、三世轮回说,对神仙学说进行改造,从追求肉体不死、即身成仙,变成死后升入仙堂或来世成仙等。从追求肉体不死,变成追求精神不死,向宗教原则——精神和肉体可以分离——妥协。这种分离在道教中是不彻底的,因为神仙终究还是由"气"凝结成的。让葛洪没想到的是,被他认为"永无至言"的庄子在道教中的地位也不断上升,后来竟然成为阐述道教玄理的最重要依据,也成为中国佛教的重要思想资源。

葛洪写作《抱朴子》时,有意识地分为内外篇。外篇是葛洪作为入世的士人分析人间得失、臧否世事的思想成果。葛洪曾说:"穷达任所值,出处无所系。其静也,则为逸民之宗,其动也,则为元凯之表。"(《抱朴子·外篇·任命》)实际上表达了自己的志向:在野

---

① 参见[美]约翰·英格利斯《阿奎那·人类的灵魂》,刘中民译,清华大学出版社2019年版。

要成为隐士的宗师，在朝要成为大臣的表率。第四卷曾讨论过葛洪在《诘鲍》篇中表达的忠君思想，以及对君臣尊卑的重视，是他不满汉末、魏晋权臣篡位，以及因朝野动荡、天下大乱，渴望社会稳定的思想流露。虽然葛洪自称外篇属于儒家，考虑到汉以后儒学与先秦有很大区别，其外篇实质是儒、道、法、墨及阴阳诸家的综合。他论述的君道、臣道明显继承了荀子、贾谊、刘向的思想，也结合进孟子的观点。在刑、德关系上继承韩非的思想，把仁视作"为政之脂粉"，而刑则为"御世之辔策"（《抱朴子·外篇·用刑》）。要敢于"诛贵"，"诛贵所以立威"，意思是敢于对高级士族用刑，以改变晋武帝以来对高级官员过于放纵的问题。葛洪批评老子"我清静而民自正，我无欲而民自朴"的无为观。他"常恨庄生言行自伐，桎梏世业"（《抱朴子·外篇·应嘲》），实际上是表达对魏晋以来颓废士风的不满。在涉及士人人格修养方面，则是遵循老庄道家的传统。他说："乐天知命，何忧何虑；安时处顺，何怨何尤？"（《抱朴子·外篇·名实》）正如庄子言，"知其不可奈何而安之若命，德之至也"（《庄子·人间世》）。同时，也以孔子称赞颜渊"安贫乐道"以自励。当然葛洪的安贫绝非是安于清贫，而是不以违道而富贵，不做"劝隋珠之弹雀，探虎口以夺食"（《抱朴子·外篇·安贫》）这种得不偿失的事情。历史上葛洪以道教理论家或房中术显名于世，对其苦心孤诣之外篇人们往往关注不够，其从道家角度对历代政治利弊得失的点评，显得更为辩证、客观、冷峻。

（二）寇谦之

寇谦之（365—448），字辅真，上谷昌平（今北京昌平）人，为世奉天师道的豪家士族。他早年爱好仙道，修张鲁术，后与成公兴一同入嵩山修道。成公兴死后，寇谦之一边继续修道，一边伺机实现改造天师道的宏愿。他制造出太上老君降临嵩山授予他天师之位的故事，获得《云中音诵新科之诫》二十卷，老君命他"宣吾《新科》，清整道教，除去三张伪法"（《魏书·释老志》）。接着，太上老君玄孙又降临嵩山，授他经书并命他辅佐北方泰平真君。寇谦之做好充分准备后，下山来到北魏都城平城（今大同），得到北魏太武帝重臣、儒学家崔浩的帮助，获得太武帝信任。他们三人的结合并不是偶然的。北魏势力强大，正在实现北方的统一，寇谦之深知，要达到改造天师道、发展天师道的目的必须借助政治势力。崔浩作为汉族士人、儒学大家，其梦想是驱逐佛教势力，实现以儒治国，恢复汉人政权。而雄才大略的太武帝拓跋焘希望借助汉族力量实现帝业。崔浩的上疏正合太武帝的心思。其上疏云："臣闻圣王受命，则有大应。"而寇谦之恰恰是上天派来传达天意，让拓跋焘成为一代圣王的符命。随后，寇谦之大刀阔斧地对天师道进行改革、整顿，新天师道得到太武帝尊崇并在北魏全境流行。北魏统一北方的第二年即太延六年（440），在寇谦之的建议下北魏改元太平真君，太平真君三年（442），听从寇谦之的建议，太武帝亲自到道坛接受符箓。从此以后，北魏历代皇帝即位时都要亲自去道坛接受符箓，以表明自己受命于天命，获得了对中原的合法统治权。以后北周也继承这一传统，皇帝即位时须接受符箓。道教终于登上了影响力的顶峰！北魏鲜卑族的汉化，历史上往往更多归因于孝文帝拓跋宏的大力推动，事实上道教在其中的作用不可小觑，这是道教在推动国家统一、民族融合方面做出的特殊贡献。后人应当谨记道教的这些贡献。

寇谦之对天师道的改革主要集中在以下几个方面。①

第一，"专以礼度为首"，将儒家礼教注入天师道。凡是不符合礼教的一律革除。《老君音诵诫经》说："我以今世人作恶者多，父不慈，子不孝，臣不忠。"反对惑乱愚民、诈伪背逆，认为早期天师

---

① 资料引自卿希泰等《道教史》，江苏人民出版社2006年版。

道大多是犯上作乱的恶人。

第二,"废除三张伪法",革除张鲁政教合一留下的制度。比如,道官祭酒有权向道民收取"租米钱税",实际上已经成为道士们榨取道民钱财、鱼肉乡里的工具。寇谦之假借老君口吻说:"吾初立天师,授署道教治箓符契,岂有取人一钱之法乎?"规定每年民户只需要提供"纸三十张,笔一管,墨一挺"即可。对以房中术名义,行淫秽之风给予禁止。"妄传陵身所授黄赤房中之术,授人夫妻,淫风大行,损辱道教。"禁止修行房中术,还精补脑,改修清异之法。除此之外,还改革道官祭酒职位可以父死子继的做法。这个制度从张道陵首创五斗米道时就开始实行。寇谦之说:"有祭酒之官,称父死子系,使道益加荒浊。《诫》曰:道尊德贵,惟贤是授,若子胤不肖,岂有继承先业?有祭酒之官,子之不肖,用行颠倒,逆节纵横,错乱道法,何有承系之理者乎!"改革后的天师道采取选贤任能的方式选拔道官,对于促进道教的良性发展意义积极。道教组织体系得到纯洁,组织能力得到加强。

第三,修订完善斋醮仪范和道教戒律。仪式和戒律始终是宗教活动中的大事。寇谦之认为成仙、长生并不能只依靠丹药,而在于日常的诵经礼拜。他说:"男女官努力修斋,寻诸诵诫香火建功,仙道不远。"寇谦之增加的斋仪有:道官受箓斋仪、道官道民求愿斋仪、道民犯律解度斋仪、为人治病斋仪、为亡人超度斋仪、为祖先亡灵解厄斋仪等,都是一些非常实用又非常重要的仪式,对扩大道教在日常生活中的应用起到了积极作用。道教戒律,对约束道徒行为、维护道教内部秩序、保证信仰统一发挥了重要作用。寇谦之强调用忠孝仁义作为戒律的核心,使经过改革的天师道能够适应北魏政权的需要。

在北魏太武帝时期,皇帝既是世俗君主,同时还是"太平真君",整个北魏政权几乎成为政教合一的体制。在这样的大背景下,太平真君七年(446)北魏太武帝做出废除佛教的决定。这项决定既有道教和佛教之间的矛盾，也有汉士族与鲜卑贵族的矛盾，还有政治经济上的原因，更有崔浩的从中推动。从太武帝废佛诏令中能看出其中的端倪。"昔后汉荒君，信惑邪伪，妄假睡梦，事胡妖鬼，以乱天常，自古九州之中无此也。"(《魏书·世祖拓跋焘传》) 从这段文字中透露几点信息：一是把佛视作胡神，而道教才是华夏正宗；二是北魏自认为继承华夏正统，表明亲汉不亲佛；三是佛教成为北魏实行儒家政治的障碍。佛、道两家在南北朝时期卷入夷夏之辨，的确是现实政治的反映。继东魏而起的北齐，突出鲜卑化，汉化程度较低，因此天宝六年（555），北齐君主高洋下令禁绝道教，使道教在北齐境内受到沉重打击。北周是依靠关西汉族立国，因此北周皇帝继续奉行优待道教的政策，即位皇帝须到道坛受箓。北周武帝时期又采取废佛措施，使佛教发展受到极大限制。

道教发展史上，寇谦之的改革成就无疑是很大的。在中华民族融合历史过程中，寇谦之的作用同样不能忽视。

（三）陆修静

陆修静（406—477），字元德，吴兴东迁（今浙江吴兴）人，出身于士族家庭，是一位从儒入道的著名道士。南朝宋文帝刘义隆钦慕陆修静道风，曾请其讲经说法。南宋孝武帝大明五年（461）入庐山修建道观（静寂观），隐居修道。陆修静对道教的贡献在于广集道经、校勘整理。

魏晋时期天师道的传播，出现了一批天师道世家。比如，东晋王羲之家族就是信奉天师道的世家。但是，王羲之次子王凝之，在担任会稽内史时，被同为天师道的孙恩所杀。根据《晋书·孙恩传》载，世奉天师道的孙恩与其叔父孙泰"扇动百姓，私集徒众"，被会稽王司马道子所诛。但孙恩等制造孙泰成仙的故事，聚集亡命之徒攻击会稽，杀王凝之，邻近的道徒纷纷响应。孙恩与其妹夫卢循（士族后裔）起事，对东晋王朝形成很大威胁。这一事例说明，天师道已经渗透到东晋各阶层，成为强大的势力，但阶层利益的分化使天师道的同道也是相互残杀。从天师道之中开始分化出代表上层士族利益的道派——上清派和灵宝派。上清派奉西晋的魏存华为第一代宗师，参与其中的大多是高级士族，主要信奉《大洞真经》《黄庭经》等。以后茅山宗成为这一派的代表。灵宝派差不多与上清派同时出现，由葛洪的伯祖父葛玄所创，传郑隐再传葛洪，到葛洪的族孙葛巢甫开始信徒越来越多，该派主要信奉《灵宝经》。陆修静最初属于灵宝派，但是他所学不囿于一家，既与天师道有关，又被上清派奉为第七代宗师，同时对灵宝派进行改革，使"灵宝之教大行于世"。陆修静不将自己归于哪一门派，而是自称"三洞弟子"。正是有这样的经历使陆修静能够涉猎道教全部经典，为其编制道教史上第一部完整的道经——三洞经书目录——打下良好基础。之后，历代《道藏》基本按照陆修静的结构编辑。

陆修静除了在道教经典的编纂方面做出重要贡献，同时对南方道教改革起到类似寇谦之在北方的作用。一是改革完善道教斋仪，形成"九斋十二法"，使道场仪式更适合中上层社会的需要。二是完善道徒组织制度，将道民全家人口情况及日后变动情况登记造册，要求在每年规定的时间参加宗教活动。三是建立健全道官祭酒选拔任用制度，解决内部组织混乱、科律废弛的问题。四是将等级制度引入道教，通过服饰的颜色、款式、装饰来区分道士的教阶、地位。陆修静的改革取得一定成效，但是相对于佛教的发展，南方地区道教发展望尘莫及。以上清派茅山宗创始人陶弘景为例，他与梁武帝萧衍关系非同一般，人称"山中宰相"。在萧衍准备篡夺南齐政权时，给予了强有力的支持。当萧衍夺位成功，议定国号时，陶弘景"援引图谶，数处皆成'梁'字，令弟子进之"（《梁书·武帝纪》）。结果萧衍根据这一建议定国号为梁。但是在举国崇信佛教的氛围下，陶弘景举步维艰，处境极为尴尬。他最后以上清派宗师的身份自誓受戒，佛道兼修。后人常以此作为佛道交融的范例，可谁又能知他心中的苦楚？不过是为了让茅山道众有个好的生存空间而已。他在悼念友人沈约的诗中道出内心的悲凉。

> 我有数行泪，不落十余年。
> 今日为君尽，并洒秋风前。

三 隋唐道教和道家

隋朝的统一给南北道教的融合发展带来契机。隋文帝杨坚开国年号"开皇"便来自道教，是一劫之始，寓意另一个新纪元的开始。上清派茅山宗融合灵宝派开始向北方发展并取得主导地位，其中茅山宗领袖人物、陶景弘弟子王远知发挥了重要作用。王远知在隋炀帝杨广当晋王时就与其有联系，杨广即位后曾执弟子礼向其请教神仙之事。当隋王朝风雨飘摇时，王远知又给尚处于"龙潜"的李渊"密传符命"而成为唐王朝功臣。在李世民为秦王时，王远知就称世民为圣人，并说："方作太平天子，愿自惜也。"（《旧唐书·王远知传》）这与当时佛教徒法琳支持李建成形成鲜明对比，足见王远知政治嗅觉之敏锐，每每获得成功。李渊称帝后，鉴于门阀政治的需要，宣称老子李耳是其远祖，说明李唐乃"神仙苗裔"，突出李家门第之久远和高贵。从此，道教迎来了北魏之后第二个发展高峰。在道佛两家地位上，李渊明确"道大佛小"。武德八年颁布诏令云："老教孔教，此土先宗，释教后兴。宜崇客礼。令老先、次孔、末后释宗。"从而对佛教采取限制措施。李世民即位后继续奉行尊崇道教的国策，于贞观十一年（637）再次下诏，规定道士、女冠在僧、尼之上。贞观十三年，道士秦世英控告法琳毁谤皇宗老君（老子），李世民即派人严刑拷问，判定法琳有罪，后死于流放益州途中。唐高宗执政初期沿袭贞观旧制，并于乾封元年（666）尊封老子为"太上玄元皇帝"。武则天利用佛教为自己篡权服务，佛教势力因此急剧膨胀，唐高宗上元元年（674）改变了道先释后的政策，佛、道两教从此平起平坐。到了唐玄宗时期，又一改武则天崇佛政策，不仅给老子重新恢复被武则天取消的"太上玄元皇帝"，而且还追尊"大圣祖玄元皇帝"，使老子的地位达到中国历史上的顶峰。这一大的政治历史背景，必然给道教的发展带来深刻影响，其中之一就是《道德经》以及庄子等人的著作再次引起广泛的关注。南北朝时期道教经书是以三洞经书为核心，而老庄等著作退居次要地位。到了唐朝，老庄和魏晋玄学思想进一步引进道教体系，既增强了与佛教进行辩论的能力，也淡化了道教的神学色彩。道教发展史几乎沿着这样一条规律进行：不断地从道家吸取思想养分，为自己的神学思想服务。隋唐道教的发展也不例外。"这一时期道教理论的一个显著特点是理论层次高，视野开阔"①，其中有三位道教或道家人物的思想是不容忽视的，分别是唐初的成玄英、盛唐时期的司马承祯和晚唐时期的无能子。

（一）成玄英

成玄英（生卒年不详），字子实，陕州（今陕西）人，是唐代道教重玄学派的代表人物。贞观五年（631），唐太宗召其进京师，加"西华法师"；高宗永徽年间因谶纬犯禁而流放郁州（今连云港），后在此地云台山隐居终老。成玄英最初作为灵宝派道士闻名于世，历经世事沧桑，到晚年时特别推崇庄子。他说："钳键九流，扩囊百氏，凉区中之至教。"（成玄英《庄子疏序》）成玄英最后将老庄作为自己

---

① 李大华等：《隋唐道家与道教》，人民出版社2011年版，第3页。

的精神归依，从而完成重玄学的建构工作。什么是重玄？"所谓重玄，语出老子《道德经》的玄之又玄，众妙之门。在道教理论的发展过程中，逐渐形成一个以重玄思想注解《道德经》而闻名于世的学派——重玄宗。"① 这是从道教的角度来解释重玄学。换一个角度看，正如玄学不玄一样，重玄同样不玄，它实质上是一种思维方法，是一种经常为人所用的思维方式。

我们知道《中庸》阐述的重要思想是"中不偏、庸不易"，不要执着于两端，要不偏不倚、不过不及，核心是不执。按照重玄学理论，这就是一玄。但是，这样做是不是就行了呢？如果再深入一步思考就会发现，强调不偏不倚本身就是一种"执"。孟子也曾说："执中无权犹执一"（《孟子·尽心上》），不知权变，只会流于偏执。现实生活中，如果一味地强调不偏不倚，同样会带来如同偏执于两端的问题。需要在一玄的基础上再玄，这叫作玄之又玄即重玄，也就是在不偏不倚上再加一个不中，变成不偏不倚不中。用肯定句表述就是：可偏可倚可中。粗看上去，又回到最初状态，等于什么都没说，但是仔细品味，意义却在其中。这便是"重玄"的基本思维。有了这样的认识后，再来讨论成玄英的重玄理论。它首先是用来讨论道家的有无、是非等问题。首先看一下他是怎么理解"玄"的。他说："玄者深远之义，亦是不滞之名。有无二心，徼妙两观，源乎一道，同出异名，异名一道，谓之深远。深远之玄，理归无滞有，亦不滞无，二俱不滞，故谓之玄。"② 魏晋玄学历史上围绕"有无"这个核心课题展开过大争论，裴頠执着（滞）于有，王弼执着（滞）于无，而郭象执着（滞）于非有非无。在成玄英看来，"玄"具有不滞的本质特征，郭象的不滞于有无的非有非无可称作"玄"。但是只有这一玄还

---

① 卿希泰：《道教史》，江苏人民出版社2006年版，第117页。
② 蒙文通：《道书辑校十种》，巴蜀书社2001年版，第377页。

不够，仍然有所执着（滞），这就需要又玄。所以成玄英说："有欲之人，唯滞于有，无欲之人，唯滞于无，故说一玄，以遣双执。又恐学者滞于此玄，今说又玄，更祛后病。既而非但不滞，亦乃不滞于不滞。此则遣之又遣，故曰：玄之又玄。"① 成玄英认为：不执着于有、无，这当然好，但执着于非有非无本身仍是一种滞，还需要不执着于执着于非有非无。它的思维公式是：从有、无开始，达到非有非无，这是一玄；然后是非非有非无，达到即有即无或亦有亦无，这就是重玄。实质是一种否定之否定的思维方式。受西方哲学的影响，现代学者一般把这种重玄思维（否定之否定）认定为导向更高层次的肯定。② 其实，成玄英的重玄学，既有更高层次的肯定，还有更高层次的否定。

成玄英的重玄思维与郭象密切相关。《庄子·齐物论》的"类与不类，相与为类，则与彼无以异也。"郭象注云："既遣是非，又遣其遣。遣之又遣，以至于无遣，然后无遣无不遣，而是非自去矣。"郭象通过遣之又遣的方式，从有是有非，到无是无非，然后忘掉无是无非，最后达到泯灭是非的境界，这是与庄子的思想深刻契合的。成玄英疏解说："群生愚迷，滞是滞非。今论乃欲反彼世情，破兹迷执，故假且说无是无非，则用为真道。是故复言相与为类，此则遣于无是无非也。既而遣之又遣，方至重玄也。"（《庄子注疏·齐物论》）因此，成玄英对是非问题的遣之又遣的重玄，并不是在更高层次上讲即是即非，而是把即是即非也忘掉、遣送走，实现没有是非归于混沌的状态。他说："夫成毁是非，生于偏滞者也。既成毁不定，是非无主，故无成毁，通而一之。"（《庄子注疏·齐物论》）毁灭和创造、正确与错误都是相对的，既然如此，最后都归于相通，归于一而已。

---

① 蒙文通：《道书辑校十种》，巴蜀书社2001年版，第360页。
② 参见王葆玹《黄老与老庄》，中国人民大学出版社2012年版。

当人的思想意识中不再有是非、成毁这样的概念时，以"玄道观之，本来无二"。当成玄英用这样的思维来分析本体论（道体）问题时，自然就可以为道教修仙提供理论依据。它体现了中国道统思维的独特性：通过否定之否定实现更高层次的否定的同时，更高层次的肯定便在其中了。因为肯定和否定本来是同一不二的。成玄英说："一者绝有，一者绝无，三者非有非无，故谓之三绝也。夫玄冥之境，虽妙未极，故至乎三绝，方造重玄也。""而三绝之外，道之根本，而谓重玄之域，众妙之门，意亦难得而差言之矣。是以不本而本，本无所本，疑名为本，亦无的可本。"（《庄子注疏·大宗师》）以魏晋玄学讨论宇宙本体之道时的三种观点为例，一是有、二是无、三是非有非无。但成玄英认为还没有触及根本，须通过重玄思维，把非非有无作为本体之道，实现即有即无，即体即用。他说："前从有无之迹，入非非有无之本；今从非非有无之体，出有无之用。而言俄者，明即体即用。"（《庄子注疏·齐物论》）这段疏解可以这样理解：道作为宇宙本原，说有、说无都有问题，如说"有"必然是某一有形的物，不可能产生万物，如说"无"也不对，绝对的空不可能产生万物，因此提出"非有非无"；但"非有非无"也不可能产生万物，进而提出"非非有无"，也就是即有即无，此时的"有""无"与最初意义上的绝对的有、无不同，而是相对意义上的有、无。在体用关系上：无为有之体，有也是无之体；无为有之用，有也为无之用。所以成玄英接着说："有无不定，体用无恒，谁能决定无耶？谁能决定有耶？"（《庄子注疏·齐物论》）一旦把庄子的相对主义引进来，就会造成另一个结果，实际上是把道体的绝对性给彻底消融了。世界上根本不存在一个绝对自在的本体，那么道也是这样，是有是无，根本无法确定。因此，成玄英告诉修道者，不要执着于追求外在的道，而应该努力修心。当然，一说修字就会有执，就会有滞，所以不修、不执、不滞才是修，而真正的修道则是连不修、不执、不滞的念头也不起。他说:"得者内不资于我,外不资于物,无思无为,绝学绝待。""夫达道之士,无作无心,故能因是非而无是非,循彼我而无彼我。"又说:"至人无心。"(《庄子注疏·齐物论》)无所偏执的随遇而安、循自然的任性而为便是修仙、修道的最高境界。成玄英毕竟是道教理论家,最后的落脚点还在自然。他说:"古之明大道之人,先明自然之理。为自然是道德之本,故道德次之。"(《庄子注疏·天道》)那么儒家的仁义更在道德之后了。当然,成玄英的自然已经同庄子和魏晋玄学的自然有很大不同,当把相对主义思维运用到极致的时候便是进入虚无的世界,他通过重玄之道是要进入至清至虚的境界。这个境界便是修道之人最终要达到的终极目标。道教神仙的境界便是清虚的世界。

成玄英的重玄学这一思维方式是一种双重否定或三重否定,包含有易学中"一阴一阳""道器不二""一分为二、合二为一"的思维,建立在相对主义和中道思想基础之上。一阴一阳之为道,阴阳理不同但道同,那么从事物的有无、是非、成败的表象看,理不同,但道同一。天地万物千差万别,但都可以归于一。从相对主义看,有无、是非都是相对的,所以不可执着于有无、是非、成败,也不可执着于非有无、非是非、非成败。相对主义的最高境界就是庄子的"坐忘",当然,最好连"坐忘"的念头也不要起。关于中道思想,现代统计学发现任何事物大多符合正态分布,两端少、中间多,那么执中、用中是合理的,因为按照中道思想做出取舍或决策获得成功的概率更大。但是,任何事物都不是绝对的,一味执中的思维在某些情况下会出大问题,这就是成玄英一再说的"滞中"。因此,他要玄之又玄,遣之又遣,既要遣有无,又要遣非有无,达到遣之又遣,无遣无不遣。重玄思想最早由刚入中土的佛学家所采用,般若学者支道林最早使用"重玄"这个概念。僧肇也用"重玄之域"来表述佛的境界。在受到般若空宗的影响后，道教内部开始重视重玄的研究。① 可以说成玄英阐述的重玄学既有佛学中论思想的影响，但两者之间又有不同。龙树《中论》的核心是八不，即："不生不灭，不常不断，不一不异，不来不出。"是为了解决一些佛教信徒执着于空、有，生、灭，常、断等而写的，是大乘佛学的核心理论。但是从重玄的思维看，《中论》还是有问题的。从摧破执空、执有角度看，中观论很有价值，但如执着于不生不灭，依然滞于此境，就着了执中之相，还须破执中之见。按照重玄理论，从生、灭，到不生不灭，再到不不生不灭——即生即灭。当然，由于大乘佛学的前提是缘起性空，万物皆无自性，其空空观自身也能破执中。但是，重玄思想引起佛学，尤其是中国本土化佛学如华严宗的关注却是一个事实。华严宗二祖智俨在"修行十法"中，把重玄排为第六层级。而华严宗四祖澄观更是用重玄阐发佛理，"言重玄者，亦即空空。"② 重玄学成了佛教和道教达到遣滞破碍这一精神境界的重要方法。对于重玄学的意义，汤一介曾说："通过重玄学，我们可以更加清楚地理解中国人的思维特征，也能够更好地阐明中国如何将外来文化实现本土化并丰富本国的思维方式的这一机制问题。当时作为外来文化的佛教，通过重玄学才得以实现其道教式的发展和运用，从而为中国思维的发展带来了新的转机。"③

（二）司马承祯

司马承祯（647—735），字子微，道号道隐，又号白云子，河内温（今河南温县）人，为司马懿弟弟司马馗的后裔，茅山宗第十二代宗师，又是天台南岳派的创始人。他长期在天台山修行，曾受武则

---

① 崔珍皙：《成玄英〈庄子疏〉研究》，巴蜀书社2010年版，第157、166页。
② 崔珍皙：《成玄英〈庄子疏〉研究》，巴蜀书社2010年版，第179页。
③ 汤一介：《序》，载崔珍皙《成玄英〈庄子疏〉研究》，巴蜀书社2010年版。

天、唐睿宗召见，唐玄宗对其更是礼遇有加。开元二十三年（735），司马承祯在王屋山仙逝，年八十九岁。他留下的一首《答宋之问》可一窥其古风神韵。

> 时既暮兮节欲春，山林寂兮怀幽人。
> 登奇峰兮望白云，怅缅邈兮象欲纷。
> 白云悠悠去不返，寒风飕飕吹日晚。
> 不见其人谁与言，归坐弹琴思逾远。

司马承祯的思想主要集中在他所著的《坐忘论》，所提出的道教修炼方法，对道教发展尤其是宋元内丹学产生了重要影响。如果说成玄英是重玄学的玄理派代表，司马承祯则是重玄学的证仙派代表。"坐忘"一词首出自《庄子·大宗师》孔子与颜回的对话。颜回对坐忘的解释是："堕肢体，黜聪明，离形去知，同于大通，此谓坐忘。"意思就是忘掉自己的身体、忘掉自己的知觉、忘掉自己的智慧，与无所不通的宇宙大道融为一体。庄子假借孔子和颜回的对话想表达一种超然于一切之上的精神境界。颜回的忘之又忘，成玄英则从重玄学作了解释，他说："既而枯木死灰，冥同大道，如此之益，谓之坐忘也。"（《庄子注疏·大宗师》）司马承祯继承并发展了这一思想，发挥了坐忘的静心作用，但作为宗教家，司马承祯把具有静心作用的坐忘同修道求仙结合起来，从而把世俗的养心方法发展为宗教的成仙途径。[1] 佛教徒的动力在于成佛，道教徒的动力在于成仙，但是魏晋南北朝时期宣扬的长生不老、肉身成仙的故事毕竟有些荒唐，隋唐之后的道教更多地强调身体和精神双修，尤其是强调精神层面，把追求身心逐渐达到的不同境界作为修道、修仙的必由阶梯。尽管符箓、丹

---

[1] 张松辉：《新译坐忘论》，台北三民书局2005年版，第7页。

药、役使鬼神等依然是道士的基本功,但是追求精神解脱、实现身心调和成为主要的趋势。司马承祯的坐忘论适应了这一需要,成为道教由外丹向内丹转变、由外向内寻求成仙之路转变的重要枢纽。

司马承祯特别推崇《天隐子》①,在《序》篇中说:"自伯阳以来,惟《天隐子》而已。"他把《天隐子》看作自老子《道德经》以来最重要的经典。该书主要内容有三。第一,吸收儒家"人皆可以为圣人"与佛教"众生皆有佛性"的思想,认为人皆有仙性,都有成仙的可能。从民间成长起来的五斗米道的早期经典《老子想尔注》就反对仙人有籍的思想,但是随着士族道教的兴起,"上品无寒门,下品无士族"的门阀制度渗透进神仙谱系之中,人能否成仙是在出生前就预定的。唐朝武则天之后门阀士族逐渐瓦解,寒门出身的士人跻身高层,这必然反映到道教的修道、修仙上。当年白居易感慨道:"但恐长生须有籍,仙台试为检名看。"(白居易《寻王道士药堂因有题赠》)第二,将易的"简易法则"贯穿于修仙之中。《天隐子·易简章》云:"易曰:天地之道易简者,何也?天隐子曰:天地在我首之上、足之下,开目尽见,无假繁巧而言,故曰易简。易简者,神仙之谓也。"本书第二卷曾讨论的易的第一条思维法则——简易,被《天隐子》看作成仙的根本法则。简易不仅是宇宙的最高法则,还是成仙的法则。第三,提出修仙是一个循序渐进的过程,反对一蹴而就式的顿悟。《天隐子》提出斋戒、安处、存想、坐忘、神解五个阶段的修道之路。这是借鉴佛教的结果。这样就把虚无缥缈的修道、成仙变成一个标准化、程序化、可以操作的逐级修炼的过程。如果撇去神学色彩,其实是一个关于养生、居住、身心调养的一套办

---

① 学界对《天隐子》是否为司马承祯的作品争论不休。参见李大华、李刚、何建明《隋唐道家与道教》之"《天隐子》与《坐忘论》关系考"。但这种争论意义不大。司马承祯既然如此推崇该书,双方的思想旨趣必然高度契合,《天隐子》所表达的意蕴便是司马承祯所认同的。

法。比如，饮食适当，不可受饥，也不可太饱，要吃洁净、成熟的食物；不可久坐、久立、久劳役；居住的房屋要坐北朝南，注意通风，不要豪华，只要安逸就行；多做闭目养神，调适身心；不为外界的利诱荣辱所动，不为外界的纷扰俗事伤神，达到坐忘的精神境界。从这可以看出，隋唐时期的道教已成为追求人生精神境界、实现更好人生的学问。与现代人对精致生活的追求，对身心调适的追求，对远离病痛折磨的追求，其精神是一脉相通的。

司马承祯的《坐忘论》，其主旨与《天隐子》相通。他进一步把修道成仙设计为七个阶段，这是一个逐级提高的修道阶梯。第一个阶段为：敬信。他说："信者道之根，敬者得之蒂。"（《坐忘论·敬信一》）虔诚的信仰是一切宗教的开端，没有信仰就难以体会宗教带来的心灵愉悦，也难以有动力继续修炼。第二个阶段为：断缘。他说："弃事则形不劳，无为则心自安。"（《坐忘论·断缘二》）确实有不得不做的事情，也不要带主观好恶，体现无为的态度。第三个阶段为：收心。他说："心者，一身之主，百神之师。静则生慧，动则成昏。"（《坐忘论·收心三》）但收心又不能执着于收心。收心不是一无所思，不是任凭胡思乱想，不是断绝善恶，不是什么事都操心，而是有所为有所不为，守静而不着空，做完事就不再去想，让心始终处于虚静状态。第四个阶段为：简事。他说："事物称万，不独委于一人。"（《坐忘论·简事四》）世界上的事情很多，不可能都由一人完成。人只做适合自己的事情。第五个阶段为：真观。做到了前两个阶段的收心、简事，便能进入真观的层级，个人能及时觉察祸福凶吉并有应对的措施。本旨还是不起贪恋之心，戒除女色，乐天知命，不恶生死。第六个阶段为：泰定。他说："形如槁木，心若死灰，无感无求，寂泊之至，无心于定，而无所不定，故曰泰定。"（《坐忘论·泰定六》）泰定并非一潭死水，而是从修道之人的本性中生出智慧，但人怀抱智慧而不外用，只以恬静养智慧、以智慧养恬静。类似于大智若愚、深藏若虚的境界。第七阶段为：得道。按照司马承祯的观点，得道成仙者分为两类，一类是肉体长生，与精神合为一体，这类是凤毛麟角。另一类是肉体与普通人一样朽败，精神成仙，也就是道教所称的尸解。

在司马承祯对修道、修仙之路的阐述中，有三点值得关注。一是通篇不讲阴阳五行、天干地支、星占谶纬和天人感应等内容，与早期道教有很大区别。流行于汉代的鬼神思想，经过魏晋玄学、佛教的洗涤，在隋唐道教理论中几乎不见踪影。二是成仙、成佛不是向外求，而是向内求。无论是佛教还是道教，彼岸世界并不在某一个遥远的地方，而是在人的心里，在人自身的思想觉悟之中。司马承祯说："源其心体，以道为本，但为心神被染，蒙蔽渐深，流浪日久，遂与道隔。"（《坐忘论·收心三》）心为百神之主，心与道本来就是合一的，但是心受蒙蔽越深，离开道就越远，因此修道就是修心。有一句话说得更清楚："心为道之器宇，虚静至极，则道居而慧生。"（《坐忘论·泰定六》）心犹如房子，只有打扫干净，有适当空间，道才能在其中居住。人一旦得到"灵而有性"的"神异之物"——道，便是得道成仙。事实上，止观、禅定成为道佛双方共同的修行要法，成仙之路和成佛之路渐渐趋同。三是通常认为宋代理学与佛道两家有密切关系，但是其中的思想传承一直讳莫如深。有学者认为理学思想与成玄英关系密切①，但是绝不可忽视司马承祯的影响。他对道、心关系的阐述为后来者所继承和发展。道教经典《三论元旨》"虚妄章"云："心等于道，道等于心。即道是心，即心是道。"道不再是外在于心，与心相隔开的超越本体。"真源章"提出："心之于道，一性而然。"性成为与道、心本旨相合的本体意义上的东西。"性之为体，

---

① ［韩］崔珍晳：《重玄学对宋明理学的影响》，《成玄英〈庄子疏〉研究》附录，巴蜀书社 2010 年版。

在空同空而非空，在色同色而非色，而能遍空色。常寂常通，所谓大无不包，细无不入。"其对性、道、心的论述，与宋明道学的"天地之性"（天理）、"道心"何其相似。如何让儒学占领被佛、道两家长期占据的"修心"这一道德制高点，遂成为后来儒学大家们的强大内驱力。

（三）无能子

《无能子》一书收录于正统道藏太玄部，该书作者不详。《无能子序》云："光启三年，天子在褒，四方犹兵，无能子寓于左辅景氏民居，自晦也"[1]，可知该书作者处于晚唐僖宗时期，正值黄巢起义烽火燃遍京辅。无能子不是道士，却是极具道教情怀、极端崇尚自然、深受庄子影响的道家学者。本书第二卷曾谈到：在中国道统中，老子的思想承担着这样一种功能：犹如一帖清凉剂，祛除虚火让头脑冷静；犹如一剂解毒药，抑制毒素让人体自愈。老子思想让沉湎于功名利禄的士人保持清醒，从过度追求外在的喧嚣转而寻求内心的宁静；老子可以被神化为道教的教主，但是老子思想内在的无神论倾向又在削弱道教的神学色彩；老子学说既有向韩非的极端尊君、极端有为的法家一方发展，也有向黄老之学的清静无为方向发展，还会与鬼神思想结合产生黄老道（太平道）成为推翻腐朽王朝的强大力量。以庄解老所形成的老庄自然主义，促使魏晋产生一大批敢于叛逆现实的士族，同时还成为产生反对君主制的无君思想的理论基础，前有阮籍、鲍敬言，无能子是接续这一思想传统的代表，他们共同形成具有道家特征的社会批判思想。而一个社会内部的批判思想、反思精神，正是中国道统得以健康发展的矫正力量。当然，不唯独道家，儒家内部也会形成社会批判思想，以后会讨论这个问题。道家的作用还在

---

[1] 王明校注：《无能子校注》，中华书局1981年版，第50页。

于，当儒家高唱"天地间人为贵"时，像无能子这样一批道家明确宣称人与自然界的一条虫子没有什么区别，人和一切生物同样都是自然之子，没有高低贵贱之分。中国道统讲平等自由，是从人与一切生物平等开始，各个历史时期几乎没有例外。

无能子讨论人类社会不平等产生的原因，是从自然状态开始。这种自然状态与霍布斯、卢梭等人设计的不一样，是一种人与万物玄同的状态。"天地未分，混沌一炁（元气）。一炁充溢，分为两仪。有清浊焉，有轻重焉。轻清者上，为阳为天；重浊者下，为阴为地矣。"① 宇宙最初是混沌一片的元气，元气有阴阳，产生了天地，继而产生了裸虫、鳞虫、毛虫、羽虫、甲虫等生物，人只是裸虫中的一类而已。这时候不单是人类之间，连人类与生物之间也是完全平等，皆好生避死，经营自己的巢穴，繁衍后代，活着就奔跑，死了就倒地，任其自然、率其天真，非常自由。可惜，这种美好的状态无法维持太久。有个"繁其智虑者"（聪明人），号称自己是"人"，而且想着控制周围的资源为我所用。他控制各种生物为人所用，教人耕种，构筑居所，建立起婚丧嫁娶等。天地之间的第一个不平等——人与生物的不平等产生了。但这时候人类内部之间还是平等的，没有强制和压迫。"犹自强自弱，无所制焉。"② 可是那个"繁其智虑者"（聪明人）还是不罢休，非要从人群中选择一个人来统治大家，这个人就是"君"，其他人都是"臣"。君可以役使臣，但臣不得违抗。"于是有君臣之分，尊卑之节，尊者隆，众者同。"③ 天地之间的第二个不平等——人类之间的不平等产生了。无能子认为，人的不平等随着各项制度的强化而不断加重。君主设立爵禄，使贵贱之分更加明显，于是人人产生争斗之心。这时候"繁其智虑者"（聪明人）——

---

① 王明校注：《无能子校注》，中华书局1981年版，第1页。
② 王明校注：《无能子校注》，中华书局1981年版，第2页。
③ 王明校注：《无能子校注》，中华书局1981年版，第2页。

现在叫圣人了，开始担忧这种争夺迟早会出乱子，于是又设计出"仁义忠信之教、礼乐之章"加以约束。称君主劳役臣民为苛政，臣民侵犯君主为叛乱，父母不爱子女为不慈，子女不尊重父母为不孝，兄弟不相顺为不友、不悌，夫妇不相一为不贞、不和，由此是非、荣辱出现，人们的争夺之心受到抑制但不平等却深化了。随着社会的发展，"嗜欲愈深，于是背仁义忠信、逾礼乐而争焉"。被称作圣人的开始后悔了，于是设立刑法、军队等国家机器进行镇压，结果"覆家亡国之祸，绵绵不绝，生民贫困夭折之苦，漫漫不止"①。社会的君臣、尊卑、贵贱、贫富等人类不平等就牢牢地建立起来。无能子认为："谓之圣人之过也。"这一切的罪恶都是圣人最初带来的。

比较西方启蒙学者关于人类不平等起源的学说，无能子的分析给我们传递了值得重视的几个信息。第一，人类的不平等起源于人类开始控制自然的那一刻，摆脱自然规则而创造出新的社会规则，既是人类文明的开端，也是人类不平等的开始。无能子感叹："自然而虫之，不自然而人之。"② 要自然就得做条虫子，要做人就得不自然。"无能子悖论"似乎是人类难以摆脱的宿命。追求人与万物玄同的终极理想，始终是传统中国道统的一部分。20世纪初康有为的《大同书》，依然将"物我一体"视作人类大同社会的终极目标。第二，不同于卢梭把土地圈占起来并宣称属于自己的行为——私有制作为人类不平等的起源，无能子把设立君臣作为人类不平等的起源，而礼教的产生既是不平等的结果也是不平等加深的原因，从中体现出东西方文化和东西方思维的差异。这样的看法与卢梭的结论——私有制导致人类不平等——有很大不同。③ 无能子把批判的矛头主要对准君主。他

---

① 王明校注：《无能子校注》，中华书局1981年版，第3页。
② 王明校注：《无能子校注》，中华书局1981年版，第3页。
③ 参见［法］让-雅克·卢梭《论人类不平等的起源和基础》"第二部分"，黄小彦译，译林出版社2019年版。

借严陵拒绝汉光武帝征聘之口说:"天子之贵何有哉!"① 按照无能子的思维推论,中国社会要消灭不平等,关键要消灭君臣关系和礼教束缚。从中可引申出一个观点:一个有财富但不能与政治力量结合的社会,一个不因财富普通人也能享有礼遇的社会,人的不平等会降到最低。在这样的社会,私有制不会是导致社会不平等的原因。第三,打破圣人崇拜,建立对自然、无为的崇尚。圣人、有为与自然、无为成为中国道统的两极。古代中国是宗教意识淡薄的社会,需要有承担上帝职能的圣人,作为维护社会秩序的基石,或者让自然承担起上帝的职能,成为社会秩序的来源。无能子攻击圣人,是为了确立起自然的权威和无为的权威,以此改变现存的社会政治秩序。他说:"夫所谓本者,无为之为心也。"② 无能子开篇就讨论宇宙产生到人类尊卑等级的建立,并不是真想回到人与虫子同一的自然状态,而是说明现存的社会秩序是违背自然本性、违背人的天性。人在社会中受到种种蒙蔽,心灵有污垢,无能子希望能去除这些蒙蔽和污垢。这是无能子思想的主题。略举几例。

《析惑第三》③ 将人的整体分为"形骸"与"性命"两部分,"形骸非性命不立,性命假形骸以显"。人的形骸(身体)会死,人的性命(精神)永生。但世人皆沉湎于形骸而不关注性命,他认为"何惑之甚?"一千多年后的今天,我们依然在讨论无能子的思想,是否是性命永生的注脚?《质妄第五》④ 说:"天下人所共趋之而不知止者,富贵与美名尔。"为了打破人们对富贵和美名永无止境的贪婪,他质疑道:"所谓富贵者,足于物尔。""所谓美名者,岂不以居

---

① 王明校注:《无能子校注》,中华书局1981年版,第28页。
② 王明校注:《无能子校注》,中华书局1981年版,第6页。
③ 王明校注:《无能子校注》,中华书局1981年版,第7页。
④ 王明校注:《无能子校注》,中华书局1981年版,第9页。

家孝、事上忠、朋友信、临财廉、充乎才、足乎艺之类耶?"意思是说,所谓富贵仅仅是物质多一点。所谓美名只不过是孝、忠、信之类由圣人倡导用于蒙蔽愚蠢之人的东西。从古至今,人受制于血缘关系而情有所专,"聚则相欢,离则相思,病则相忧,死则相哭"。人为亲情、孝慈所苦所累,父子兄弟不免有怨恨。"庄子曰:鱼相处于陆,相濡以沫,不如相忘于江湖。夫鱼相忘于江湖,人相忘于自然,各适矣。"为亲情所累之人能够相忘于自然之中,各按自己的本性生活,岂不更好?《宋玉说第七》[①]则记载了屈原与其弟子宋玉之间的一段对话。屈原为楚国三闾大夫,但楚襄王宠信佞臣靳尚,屈原虽多次劝谏仍不管用。宋玉就说:"夫君子之心也,修乎己不病乎人,晦其用而不曜于众。"君子管好自己而不去指责别人,有才能而不在众人中显摆,这样才能做到"惠无所归,怨无所集"。可单凭屈原你一个人鼓噪,彰显自己是对的、别人全是错的,难道不是在"贾仇而钓祸"? 屈原不听,说:"吾闻君子处必孝悌,仕必忠信,得其志,虽死犹生,不得志,虽生犹死。"依然不停地攻击靳尚,结果被放逐。屈原徘徊于湘江边,歌吟悲伤。宋玉说,之前我就说过会有危险。今日悲伤究竟为何?是爵禄丢了,还是国家衰败?屈原回答:不是,是悲伤于忠信不用,楚国不治。宋玉说,您一开始就准备死于孝悌忠信,又何必悲伤?比如说您的身体,其实并不是您自己能改变的。美的就是美的、丑的就是丑的,长的不能再短、短的不能再长,强壮的不能羸弱、羸弱的不能强壮,天生如此,非自己能变。人的身体尚且如此,楚国怎能靠您就治理好了,您是不是犯糊涂了?接着宋玉又说:"君子寄形以处世,虚心以应物,无邪无正,无是无非,无善无恶,无功无罪。""大夫之忠信,靳尚之邪佞,孰分其是非耶?无所分别,则忠信邪佞一也。"世上本来就没有绝对的是非、正邪。

[①] 王明校注:《无能子校注》,中华书局1981年版,第23、24页。

如果一定要做区分，也是虚妄的。因此"大夫离真以袭妄，恃己以黜人，不待王之弃逐，而大夫自弃矣"。宋玉的话句句戳心，是说屈原咎由自取。但是，更让屈原难堪的是，宋玉认为，屈原你既然一定要分出是非也就罢了，但"求乎忠信而得乎忠信，而又悲之而不能自止"就更没道理了。求忠信而得到忠信应该高兴才对，何必悲伤呢？宋玉把人分为上、中、下三类：虚其心而远于有为的，是谓达节；存其心而分是非的，是谓守节；得到自己应得的却又悲伤，是谓失节。言下之意，屈原属于失节的。无能子编造屈原与宋玉的故事，实际是表达自己对世事的看法——是非本来相对，不固执己见，要顺时而动，敢于承受自己选择而得到的后果。《纪见第八》① 则讲了枭和狂人的故事。无能子寓居在村民景氏家里，傍晚有只枭在鸣叫，景氏认为这只鸟在报凶信，想杀了它。无能子制止住，先从逻辑关系上做一番解释。如果枭鸣给人带来凶讯，杀了也没用；如果真是来报凶讯，凶不在它，杀了它反而是在害对人有忠的鸟。接着无能子说，所有的生物都是由天地之气自然形成，并不受制于爱憎之类的情感。究竟是谁让枭专司凶讯？"天地不言，枭自不言，何为必其凶耶？"说到底还是人自己愚昧。这则故事反映了无能子的确是个无神论者，以自然之理破鬼神迷信。在另一则狂人的故事中，与鲁迅《狂人日记》几多相似。樊氏家族有个三十岁的美男子，行为、语言总是和别人不一样。把羊叫作马，把山叫作水。家里、乡邻皆视其为狂人，没人搭理他。无能子一开始也认为其狂。有次在树荫下遇见不禁感叹：这么健硕的美男子居然是病人。狂人却说：我没病。无能子满脸惊愕。狂人说：头系冠带、起居有常、爱护家人、敬重乡里，就符合自然之理吗？过去有妄作之人把这作为礼，使人遵守至今。醇酒始自薄酒，知道礼的来历而有意反之，却被人认为不知，当作狂人。万物的名称难

---

① 王明校注：《无能子校注》，中华书局1981年版，第43、44、45页。

道是起于自然？天地日月、风云雨露、烟雾霜雪、山岳江海、草木鸟兽，以至于华夏夷狄、帝王公侯、士农工商，以及是非善恶、邪正荣辱，不过是妄作之人定的一个名称而已。人们习惯了这种叫法，反而受制于它。名称既由人确定，我也是人，为什么不能改变？最后狂人说："冠带起居，吾得以随意取舍，万状之物，吾得以随意自名。狂不狂吾且不自知，彼不知者狂之亦宜矣！"世界上多有几个这样的狂人，不也挺好吗？无能子要对一切现存的秩序、规则发起挑战，怀疑其存在的价值，怀疑其合理性。这种异端思想在中国道统中始终不绝。有意思的是，这种异端的书，却能作为经典，收录于正统道藏的太玄部。可以看出，中国道统对异端思想，对社会批判思想自古就具有极大的包容性。晚唐无能子的社会批判武器来自道家，而到了晚明清初，社会批判的武器却是来自融合儒释道的宋明道学——新儒家。他们达到了利用中国传统思想资源开展社会批判所能达到的高度。

　　佛教徒的使命是成佛，道教徒的使命是成仙，儒家信徒的使命是成圣。唐代三教逐渐合一的结果之一，就是使佛教成佛的路径、道教成仙的路径与儒学成圣的路径渐渐趋同。六百年佛学重塑了民族性格，汉代四百年淬炼出的血性消磨在魏晋风度和玄学的清谈之中，消融于佛陀的如幻泡影之中，禁锢在道教的清虚世界之中。韩愈反佛老，在中国中古历史上竖起一面旗帜。"自愈没，其言大行，学者仰之如泰山北斗云。"（《新唐书》卷176）这是宋代欧阳修的评价。经过晚唐以及随之而来的地方割据的五代，中国历史进入了人文空前繁荣的时代——宋代。这是一个舞文弄墨的时代，是商品经济发达的时代，也是一个尚武精神受到压制的时代。佛学的思辨风格为宋明儒所继承，把道理讲得更加精密、更为庞大。他们对周公创造的"道德之天"天道观进行改造，认为这是一个被"义理"支配的宇宙，人生的使命是呈现纯粹至善的天理，祛除内心的污垢，恢复本已有的道心。他们要完成的工作，用一句话来概括就是：试图证明儒学是修心的内学，无须借助释、老。

第六卷

宋明道学*

---

* 在对宋明主流学术思想称谓上，一直使用"道学"，以后学者多采用"宋学""理学""心学"这类名称。本书采用道学这一称谓，其中再分为理学和心学两大流派。陈钟凡在《两宋思想述评》中说："统观宋初诸家解释宇宙、言象、言数、言极、言虚、言气，无一非原本《易传》为其论证之根据。凡是皆蒙道教之影响，故《宋史》号之为'道学'，信非污词。"（东方出版社1996年版，第19页。）

如果说董仲舒的新儒学是借用墨子鬼神天道观，以公羊春秋等儒家经典为立论，建立起以阴阳五行为思维框架、融合先秦诸子学说的庞大思想体系，那么，宋明道学则是将道德天道观改造为"义理之天"的天道观，借用道教的宇宙图式和佛学的思维模式，以大学、中庸等经典为基础，形成了以儒为核心，融合佛、道的庞大思想体系。宋明道学是反佛、道同时又受佛道思想方法深刻影响的产物，是回应特定的社会政治问题的产物，也是儒学思想自身演变的产物。"道"作为实现最高价值的路径，韩愈定位为追求"仁义"之道，而与佛家追求清净寂灭、老庄追求绝圣弃智相区别。继承韩愈道统思想的宋明道学，高举"仁义"的大旗，吸收佛、道两家思想，对儒学经典进行创造性阐释、重组，完成儒学结构性转换和儒学功能性嬗变[①]。是向内还是向外寻求"真如佛性"，佛学存在两派，宋明道学也分理学和心学两大宗派，一派是通过"格物"而求理的程朱理学，一派是通过"本心"以求理的陆王心学。这两大宗派笼罩了宋明思想界五百年之久。这期间，中国历史上发生了两次远比西晋末年"中原陆沉"更为惨烈的事变，一次以宋末崖山之战十多万军民蹈海而亡为标志，一次以亿兆百姓后脑勺多了根辫子为标志，华夏大地"鱼烂河决、生民涂炭"。如果说西晋的覆灭客观上加速了中华文明

---

① 大陆新儒家蒋庆将建立在公羊学基础上的儒学称为政治儒学，如董仲舒新儒学；将建立在古文经学基础上的儒学，尤其是宋明道学称为心性儒学。儒学有外王之学和内圣之学，宋明道学偏于内圣之学。参见《公羊学引论》，福建教育出版社2014年版。

与外来文明（印度佛教文明）的第一次交融，而南宋覆亡则掐灭了发展中华商业文明、海洋文明的希望，明朝倾覆折断了中华文明与外来文明（西方基督教文明）第二次接触的萌芽，令人扼腕痛惜！宋明道学的功过是非，明清交替之际的一批思想家有极为沉痛的反思。顾炎武说："刘、石乱华，本于清谈之流祸，人人知之。孰知今日之清谈，有甚于前代者。昔之清谈谈老庄，今之清谈谈孔孟。……以明心见性之空言，代修己治人之实学。股肱惰而万事荒，爪牙亡而四国乱，神州荡覆，宗社丘墟。"① 明末的所谓清流、浊流，只不过是两帮八股先生打架，致使整个士大夫阶层陷入溃烂之中，"无事袖手谈心性，临危一死报君王"算是最高等的。② 当然，将明末或者南宋的失败归结为道学的失败，有失公允。从周公以来，历经战国诸子、汉代经学、魏晋玄学、南北朝和隋唐佛学到宋明道学，中国学术思想始终存在着自我变革、自我完善的力量，不断地超越自身、超越同时期其他地区文明。宋明道学作为一种具体的学术思想，肯定有其生命周期。王守仁心学作为与朱熹理学相对的另一高峰，它的出现就预示着宋明道学开始衰落。从明末李贽，到王夫之、黄宗羲、顾炎武等一批学者开始对道学展开全面的批判性反思，终因清廷野蛮的文化专制政策，长期湮没于故纸堆而不为人所知，直到二百多年后才见之于世，如一声霹雳惊雷"蓦地把二百年麻木过去的民族意识觉醒转来"③。其中，方以智（1611—1671），一位家学深厚又与西方传教士交往甚密，具有中西视野并写出《物理小识》的学者，就是杰出的代表。有学者评价说："他的学说也一脱明儒重伦理心性的老套，在精神和气质上十分接近于西方的所谓哲学家。"④ 1671年方以智被捕后，在

---

① 顾炎武《日知录》卷7"夫子之言性与天道"条。
② 梁启超：《中国近三百年学术史》，上海古籍出版社2013年版，第4页。
③ 梁启超：《中国近三百年学术史》，上海古籍出版社2013年版，第28页。
④ 陈来：《从思想世界到历史世界》，北京大学出版社2015年版，第369页。

江西万安惶恐滩自沉殉国。他代表着一种既勇于自由探索，又敢于自我牺牲的民族精神，这正是宋明道学着力塑造的圣贤品格。

> 花如雪，东风夜扫苏堤月。
> 苏堤月，香销南国，几回圆缺？
> 钱塘江上潮声歇，江边杨柳谁攀折？
> 谁攀折，西陵渡口，古今别离。

抚今追昔，那诞生于一千年前的宋明道学早已凋零，但钱塘江潮歇又起、江边杨柳月缺圆，历经血腥风雨的中国道统如今依然不死不绝。崖山之后有华夏，明亡之后有中华。

第二十三章
道学产生的历史背景

一种思想体系的产生既有传承关系，也与特定历史环境相关。张君劢认为"中国人由于误解梵文自性两字的意义，以为即是中国人所谓的人性"。意思是中国人把"自性"这种佛学中的绝对本体当作人性了，这一错不打紧，居然错出一篇大文章。他说："由于人类为宇宙的一部分，这种误解便产生了对整个问题有意义的讨论。"① 事实上，张君劢把问题搞反了。恰恰是天人合一、人为天地之心等思想向佛学的渗透，在佛学内部产生了宇宙心与人心同一的看法。当剥除佛学将世界看作幻有的外壳，而把世界看作实有；剔除佛学关于自性是不生不灭、无善无恶的说法，实之以仁义等内容，理学思想就呼之欲出了。从历史背景看，汉初社会变革产生以董仲舒为代表的经学，魏晋时期社会动荡产生玄学，东晋南北朝和隋唐社会则由佛教和道教主宰，那么中唐以后中国经济政治社会变革促使一种新思想的产生。② 现代中国人大多认为是董仲舒的"独尊儒术"开启了儒学独尊地位，但中古时期韩愈及其弟子张籍等认为，孔子、孟子殁后，充斥

---

① 张君劢：《新儒学思想史》，中国人民大学出版社2006年版，第87页。
② 宋代社会结构与汉唐的差异性成为学术界重要课题。汪晖把宋代理学作为中国现代思想兴起的开端。参见汪晖《现代思想的兴起》上卷，生活·读书·新知三联书店2015年版。

主流社会的不是黄老之术，就是西域来的浮屠之法，儒学正统却暗淡不彰。尤其引人注意的是柳宗元对五行学说的批判[1]，说明两汉经学的权威丧失。到了北宋初年，批判意识越发强烈。宋初三先生之一的石介（1005—1045），其《中国论》石破天惊，这是一篇华夏民族主义宣言书，其激烈反佛、老的态度奠定了北宋学术思想的总基调。宋代道学家普遍对汉唐历史持否定态度[2]，崇拜汉唐是近代中国遭受外辱后才有的现象。这种历史观决定了宋明道学的基本倾向，就是越过汉唐直接承接孔孟的道统。北宋庆历以来滋生的疑古学风促进了这种新思想的产生。"怀疑之风既著，治学之道日新"，一种有别于汉唐、舍弃训诂而言性与天道的"新儒学"——道学开始出现。"宋代代表了一个新的时代：士大夫阶层崛起并在政治上发挥其影响力。"这个时代，"对于人类可以创造地使用他们的理性来完成好的行为的能力充满了乐观的气氛。经济的成长和文化的交流也加强了这种乐观的心态"[3]。

公元960年赵匡胤夺取后周政权建立宋朝，结束了晚唐以来近百年的分裂割据局面，到宋仁宗明道二年（1033）有七十余年。史家的评价往往走两个极端。一派认为宋朝"积贫积弱"局面在宋仁宗时期开始形成，造就中国历史上最羸弱的中原王朝。另一派则认为，"华夏民族之文化，历数千载之演进，造极于赵宋之世"（陈寅恪《邓广铭〈宋史职官志考正〉序》）。宋朝是古代中国经济、科技发展的巅峰。事实上，这两派都可以找到史实依据。主张"积贫积弱"

---

[1] "观月令之说，苟以合五事，配五行，而施其政令，离圣人之道，不亦远乎。"《柳宗元集》，中华书局1979年版，第85页。

[2] 程颐云："唐太宗，后人只知是英主，元不曾有人识其恶，至加杀兄取位。若以功业者，不过只做得个功臣，岂可夺元良之位？至如肃宗即位灵武，分明是篡也。"（《二程遗书》卷第十七）朱熹云："唐有天下，虽号治平，然亦有夷狄之风。"（《近思录》卷8）

[3] ［美］狄百瑞：《中国的自由传统》，李弘祺译，中华书局2016年版，第70页。

的大多从"三冗"问题出发。由于宋廷对官员的待遇极为优厚①,官户又享受免徭役和大部分差役等特权,中高级官员的子弟、亲属可以不经考试即可入仕当官,造成臃肿而效率低下的官僚队伍(冗员)。军队(禁军、厢军)的问题尤为严重,人数从宋太祖初年的22万扩大到宋仁宗庆历年间的126万(冗兵),这支庞大但战斗力低下的常备军费用占了宋廷年财政支出的八成(现代国家的军费开支一般在2%左右)。其他支出如郊祀费、宗室开支等也急剧扩大,再加上花钱买平安的策略,使各种财政支出急剧扩大(冗费)。宋仁宗庆历年间,中央财政已经入不敷出,只能通过加大税收,把负担转嫁到普通民众身上,造成大批农民的破产,贫富悬殊严重。② 北宋的"积贫"集中体现在国家财政的困难(国穷)和普通民众的贫困(民贫)。朱熹曾评论说:"古者刻剥之法,本朝俱备,所以有靖康之乱。"(《朱子语类》卷110)北宋的"积弱"则体现在对内的控制力不足和对外战争的连连失利。百八十人的小股农民起义就能纵横于数十州郡。宋朝的对外战争,尤其是对北方少数民族的战争大多以失败告终。1004年"澶渊之盟",宋每年给辽赠银10万两,绢20万匹,1042年岁币改赠为纳,增加银10万两,绢10万匹;1044年"宋夏和议",每年给西夏银7.2万两,绢15.3万匹,茶3万斤,为岁赐;1141年"绍兴和议",宋廷向金主称臣,每年向金人贡银25万两,绢25万匹,为岁贡。但是,换一个视角观察宋史,又会有不同的结论。宋仁宗在位42年,是历史上有名的仁君。《宋史》称赞说:"《传》曰:

---

① 赵翼《二十二史札记》卷25"宋制禄之厚":"恩逮于百官者惟恐其不足,财取于万民者不留其有余。"

② 宋仁宗时期每年差额在三百万缗,宋英宗治平二年后达到一千五百七十万余缗。从宋真宗到宋仁宗,商税、酒税、盐税增加了3.6倍。社会财富大多集中于工商地主富豪和品官、形势户。有关数据来源见漆侠《王安石变法》,上海人民出版社1979年版,第24、37页。

'为人君，止于仁。'帝诚无愧焉。"（《宋史》卷9）当宋仁宗去世时，"京师罢市巷哭，数日不绝"。引以为傲的中国古代四大发明，其中三大发明（活字印刷、火药、指南针）出现在宋仁宗在位期间；唐宋八大家，有六家出现在北宋这一时期。1008年开始推行占城稻，江淮之地普遍种植双季稻，农业发展促使人口激增，唐朝鼎盛时期人口五千万左右，宋朝鼎盛时期有一亿人口，十万人口以上的城市，唐朝只有十多座，宋朝有五十座。在整个欧洲还处于黑暗的中世纪，绝大部分农民沦为农奴的时候，中国农民和工商业者却享受着同时代最高水平的自由。无论是人身自由、经济自由、文化自由，还是政治自由，同时期的人类文明无出其右。由于门阀士族被彻底肃清，宋廷实行"许民请佃为业"和"不抑兼并"的经济政策，废除了佃农与土地所有者的人身依附关系，农民可以自由迁徙，土地可以自由买卖，造成"贫富无定势，田宅无定主"，彻底改变了东汉以来的世袭门阀等级制度。北宋一代名臣范仲淹、欧阳修皆为孤儿，却依靠科举和自身努力跻身社会上层。由于社会的流动性提高、社会活力得到释放，使宋代的经济、文化、科技发展处于较高的发展阶段。

对北宋的评价之所以出现两种如此相反的观点，说明了一项政策所带来的双重效应在宋朝体现得如此明显。宋朝土地制度变革，既调动农民的生产积极性、促进农业发展，同时也带来了土地兼并和下等农户的破产。工商业管制的放松带来市场的极大繁荣，产生一大批富豪，但他们成为土地兼并的重要力量。宽松的政策吸引一批官员参与商业活动，改变了重农轻商的传统，但又造成官商勾结、贪赃受贿、与民争利。[①] 为改变中唐、五代以来藩镇割据、武力压迫皇权的局势，规定皇帝为最高军事统率，将军队调兵权、领兵权和指挥权分别交由枢密院、三个都指挥使和前线将帅负责，文官领导武官，造成兵

---

① 参见漆侠《王安石变法》，上海人民出版社1979年版，第35页。

无常帅、帅无常师，兵不识将、将不识兵的局面。这样做固然消除了藩镇割据势力，维护了皇权，但也带来国防力量削弱的后果。宋廷为了维护社会安定，吸收大量流民作为士卒的来源，但造成了兵员素质和军队质量的严重下降。宋廷通过重文抑武等政策建立起一支完全依附皇权的文官队伍，但也带来意料不到的后果——官僚集团逐渐产生了自我意识和自我利益，成为维护官僚政治的既得利益，阻碍社会变革的异己力量。从秦朝采取郡县制代替分封制，试图建立官僚队伍治理幅员辽阔的帝国，直到宋代才形成典型意义的官僚政治。从汉代直到唐末，藩王、门阀士族、藩镇是抗衡皇权的重要政治势力，一些出身豪门的士族可以完全不依靠皇权而获得社会声望和影响力。经过五代的战乱，到了宋初，原有的社会结构被摧毁，分化为以官户和形势户为一方，普通民户为另一方的社会结构，产生出以官为本位的社会结构并对后世带来深远影响，官品成了衡量社会地位的根本标志。直到一千年后的现代中国社会依然难以摆脱以官品来衡量社会地位的窠臼。"天子与士大夫共治天下"的使命意识激励着读书人和文官官僚集团的心志，使官僚集团既依附于皇权、服务于皇权，同时又成为制约皇权的新的力量。宋廷严令参加科举的举子不得"谢恩于私门"，消除了汉以来直至唐代的门生故吏结合成政治集团的隐患，但是，随着官僚集团自我意识、自我利益的强化，官僚机构的臃肿和自娱自乐，使官员贪渎、朋党之争成为中国政治生活的常态。如果说汉初七十年从弱到强，为汉武帝雄才大略提供了强大国力，宋初七十年的国势却有从强转弱的趋势，形成积贫积弱的局面；面对北方游牧民族，汉初七十年是从守势转为攻势，而宋初七十年却是从攻势转为守势。攻守相易，令人唏嘘！

为解决宋廷面临"夷狄骄盛、寇盗横炽"的严重局势，以范仲淹（989—1052）为代表的士大夫，提出了一套改革的方案，于宋仁宗庆历三年（1043）开始实施，这就是历史上的"庆历新政"。庆历新政以整顿吏治为核心，正本清源，所提十项措施中有五项涉及官员。比如，明黜陟，改变只讲资历年限不问政绩的弊政，加强官员考核；抑侥幸，限制中上层官员子弟滥用恩荫获取官位的现象；精贡举，改革科举考试内容，将进士科的诗赋改为策论等。其余措施是鼓励生产和减轻农民负担，如"厚农桑""减徭役"等。从新政试图抑制官僚阶层自身利益看，已经触及宋王朝问题的根本——官僚政治。在利益受损的官僚阶层的攻击、诋毁下，庆历新政仅仅维系了一年多就夭折。当宋代社会结构逐渐演化为官户（士大夫）与民户（百姓）两大阶层之时，为了国家的整体利益而限制官户（士大夫）的某些特权，就成为这个社会能否不断变革和发展的根本。但从庆历新政的短命可以得出一个基本结论：自我利益膨胀的官僚政治已经失去自我革新的勇气和能力。所谓的民心不过是士大夫的官心而已。① 作为士大夫偶像的韩愈，其品行多有瑕疵。他的学生张籍批评他酷爱赌博："君子固不为也。"还说："欲举圣人之道者，其身亦宜由之。"（《韩愈全集》卷14《张籍与韩愈书》）意思是君子不屑于赌博，既然主张圣人之道，自己必须首先践行，不可言行不一。宋代的症结在于官僚政治，在于士大夫儒家理想的丧失，在于说的和做的不一致。建立一种新的意识形态以重塑官僚政治的心性灵魂，让士大夫成为真正的儒者——有道德、有情怀、有理想，就成为一个时代性的课题。宋明道学首先是作为一种社会批判思想存在，当然是以复古主义的名义。

---

① 《续资治通鉴长编》卷221记载了宋神宗与文彦博的一次谈话。彦博言："祖宗法制俱在，不须更张，以失人心。"上（神宗）曰："更张法制，于士大夫诚多不悦，然于百姓何所不便？"彦博曰："为与士大夫治天下，非与百姓治天下也。"上曰："士大夫岂尽以更张为非，亦自有以为当更张者。"三朝元老、枢密使文彦博认为：国家好或者不好，不能以百姓而应以士大夫的利益为准。他所说的变法失人心，应当是失士大夫之心，而非百姓之心。

第二十三章 道学产生的历史背景

　　崇尚虚无的佛、老，一直被视为专门用于修心的内学，但从北宋初年的儒学大家看来，将会导致儒家情怀丧失。排斥佛老、推崇孟子，成为宋初学术思想界的主流。孟子思想在西汉《盐铁论》中有所体现，以后得到韩愈的推崇，而真正的崛起则在北宋。孟子道统高于治统的思想，养浩然正气的思想，反对妾妇之道的思想，民贵君轻的思想，言义不言利的思想，实行井田制和富民、养民、教民的思想，还有孟子的仁政思想、舍我其谁的气魄，让那个时代的读书人找到了知音。孟子堪称士人的良心，其书从子部上升为经部，其人成为仅次于孔子的亚圣就不奇怪了。庆历新政核心人物范仲淹，一生倡导儒学教育、培养儒学人才；他从孟子的忧乐观提炼出"先天下之忧而忧，后天下之乐而乐"，从孟子独善其身和兼善天下中引申出以天下为己任的情怀，成为理学的精神先导。吕思勉说："宋学先河，当推安定（胡瑗）、泰山（孙复）、徂徕（石介），皆客文正（范仲淹）门；横渠（张载）之学，实文正（范仲淹）启之。"① 朱熹曾说："本朝道学之盛，亦有其渐，自范文正以来已有好议论。"（《朱子语类》卷129）因此，南怀瑾称赞范仲淹为真正的"儒宗儒行"是非常准确的。② 庆历新政另一重要人物欧阳修（1007—1072）追慕韩愈，反对佛法，但与韩愈简单采取"人其人，火其书，庐其居"的做法不同，提出"莫若修其本以胜之"③，也就是通过修王政、隆礼义来遏制佛法的祸害。随后兴起的道学践行了欧阳修的这一主张。欧阳修认为《易》中的《文言》《系辞》并非孔子所作，在学术思想上开启疑古之风。这种学风的转变在庆历之后更加明显，宋儒摆脱了汉唐儒对儒家经典注疏的束缚，进入自由创作、自由发挥的新境界。

---

　① 吕思勉：《理学纲要》，中国人民大学出版社2011年版，第21页。
　② 南怀瑾：《原本大学微言》，世界知识出版社1998年版，第597页。
　③ 引自钱穆《宋明理学概述》，九州出版社2010年版，第9页。

宋代书院之盛在宋仁宗庆历之际，一大批私立书院和公立书院建立起来，分立经义、治事诸科。① 宋初七十年，学术思想上出现了两股大的思潮。一股是从北宋周敦颐、邵雍、张载开始，到程颢、程颐直至南宋朱熹、陆九渊等，糅合儒、佛、道思想素材，倡导性理之学，被后世称为道学的正统，近代所称的"新儒家"就专指这一脉学术思想。一股是北宋欧阳修、李觏、王安石直至南宋陈亮、叶适等，利用儒家、法家思想资源构筑学术体系，倡导经世致用，曾被认为是道学的支流或末流。前者专注于内圣之学，后者注重外王之学；前者注重个体成圣成德，后者关注国强民富。这两股思潮有共同特点：一是不满意于汉唐儒对儒家经典的注疏，寻求学术变革；二是反对佛老，复兴儒学。王安石将"疑经变古"风气推向新的高度，批评宋初以来的政治，期望改变宋廷"积贫积弱"的现状。程颢、程颐等同样不满意现实社会②，但思路、方法不同。如果说王安石等人把注意力放在经世致用和政治社会变革，程颢等人主要着眼于士大夫道德圆满。③ 理学家批评王安石的理由之一是不从格物正心等修身入手，却奢谈治国平天下。与司马光等保守派不同，张载、程颢等并不是一开始就反对变法，而是在变法中出现扰民、聚敛民财等问题时才表示质疑。司马光当政全部废除新法（元祐更化）时，程颐等人又表示反对。程颐曾说："今日之祸，亦是元祐做成。"（《黄氏日钞》卷33）朱熹也评论说，在废除免役法上，"司马光说的不是"（《朱子语类》卷130）。在土地制度方面，张载、程颢等坚持恢复井田制，而宋神

---

① 参见陈钟凡《两宋思想述评》，东方出版社1996年版，第8、158、159页。
② 程颐曾言："某见居位者，百事不理会，只凭个大肚皮。"（《二程遗书》卷10）
③ 现代新儒家，如牟宗三过分强调了理学的反政治和非政治倾向。具有康德思想背景的牟宗三，试图从理学中抽掉政治、时代等要素，将理学打造成具有"不随时代为沉浮，而只以个人之成德为人类开光明之门，以保持其永恒独立之意义"的思想体系。参见牟宗三《心体与性体》，上海古籍出版社1999年版，第4页。

宗和王安石认为是"致乱之道"①。在学术思想方面，欧阳修、王安石等人表现出更加强烈地排斥佛老回归孔孟儒学的倾向，而周敦颐、二程和朱熹等则表现出更多地吸收佛老思想为其所用。程颐曾评论说："释氏之说衍蔓迷溺至深……然在今日，释氏却未消理会，大患者却是介甫（王安石）之学。……如今日，却要先整顿，介甫之学坏了后生之学。"② 事实上，王安石新学与二程理学，在重大问题上，比如在尊崇孟子上一致，如果说王安石的作用是从政治上将孟子的地位抬高，那么二程以及后续的朱熹则从学术思想上巩固了孟子在以后一千年的地位。以《三经新义》为主要内容的王安石新学从宋神宗八年（1075）开始，到北宋末年（1127）一直是官学的标准教科书，直到南宋才逐渐为理学所替代。王安石新学摆脱注疏专求义理的学风，对宋代学术思想产生了较大的影响。朱熹承认"王氏新经尽有好处"（《朱子语类》卷130），并对王安石的《周官新义》多加采择。无论从哪个角度说，王安石新学是不能绕过去的一座山峰。萧公权说："宋太祖受周之禅，崇元即位，中原复归统一，宇内得以粗安。此三百余年中之政治思想可分为理学与功利之两派。"③ 分析王安石新学与理学之间的区别，还是源于天人关系的认识差异，王安石坚持天人为二，而理学坚持天人一体。④

我们看到，中国学术思想发展到宋明道学，传统中国道统对"天"多重含义的理解已经基本完备。第一重是鬼神之天，天是具有

---

① 张载说："治天下不由井地，终无得平。"见《张子全书》卷4。王安石与宋神宗一次讨论中，曰："臣见程颢云，须限民田，令如古井田。"上（神宗）曰："如此致乱之道。"见《续资治通鉴长编》卷213。
② 《二程遗书》，上海古籍出版社2000年版，第89页。
③ 萧公权：《中国政治思想史》上卷，商务印书馆2016年版，第436页。
④ 有人问二程："介甫有言，尽人道谓之仁，尽天道谓之圣，如何？"回答说："言乎一事，必分为二，介甫之学也。道一也，未有尽人而不尽天者也。以天人为二，非道也。"对王安石"道分为二"提出批评（《二程粹言》卷上）。

人格的鬼神；第二重是自然之天，天是自然化生的有机体，一切因循自然；第三重是道德之天，天是具有道德能力的天命；第四重是虚灵之天，天呈现缘起性空的虚幻性，一切宇宙现象皆无自性；第五重是义理之天，天是宇宙中的最高原理——天理，主宰着天地人。宋明道学完成了最后一重天的构建。理解了"天"，也就基本把握了中华学术思想的概貌。在评论宋明道学特点时，汪晖认为："道德不再以礼制规范为客观性基础，而是以天道或形而上学的天理预设为客观基础，这一转变构成天道和天理概念在儒家思想中的独特地位：道德论证不再在道德与制度之间进行，而在人与天道或天理的关系中进行。"[①] 他忽视了一个基本事实：从华夏文明形成之初，人世间的所有制度都与天或道紧紧联系在一起，只是不同时期对天或道有不同的理解罢了。

---

① 汪晖：《现代中国思想的兴起》上卷，生活·读书·新知三联书店2015年版，第269页。

第二十四章
王安石变法和新学

后世常把"醇儒"作为褒义词来评价学者是否坚持儒家正统,如果从这个角度看,王安石的学术思想要比周敦颐、二程、朱熹更"醇",因为后者杂糅了更多的佛老思想。实际上,孔子之后所称的"大儒"哪一位不吸收其他学派的思想为我所用?若一味固守前说,只能沦为俗儒和腐儒。王安石新学对于解放宋儒的思想,确实起到了先声的作用。但王安石变法失败,被南宋以后主流观点确认为"祸国殃民"导致北宋灭亡的元凶,其学术成就被后人所遗弃。钱穆曾说:"后人遂也只认他是一个文学家,与韩欧并列,至于他的政治措施,则永远成为后代争论毁誉之焦点,而他在学术思想史上的成绩,则大部给人遗忘了。"[1] 梁启超开启了近代以来的王安石热,"若乃于三代下求完人,惟公庶足以当之矣。悠悠千祀,间生伟人,此国史之光。""吾每读宋史,未尝不废书而恸也。"[2] 当笔者读到梁启超的"未尝不废书而恸"这一段时,也禁不住为之动容。王安石到底说了什么、做了什么,让后世的判断如此极端?

王安石(1021—1086),字介甫,抚州临川人,宋史称其"慨然

---

[1] 钱穆:《宋明理学概述》,九州出版社2010年版,第19页。
[2] 《梁启超评王安石》,长征出版社2008年版,第1页。

有矫世变俗之志"。那么，王安石的矫世变俗之志从何而来？一来自古代先贤尤其是孟子的理想，二来自对现实问题的反思。他早年曾著《淮南杂说》影响较大，见者以为孟子复生，可惜此书已经佚失。从程颐等人对该书的攻评中，保留了王安石早年的"异志"：赞扬周公的业绩，认为臣也可以用天子之礼；赞扬孟子汤武革命的思想，认为君可取而代之。[①] 王安石对于孟子的崇敬溢于言表，在答复欧阳修把他比作李白、韩愈时说："他日若能窥孟子，终身何敢望韩公。"[②] 王安石推崇杜甫"有补于世"的情怀，写道："宁令吾庐独破受冻死，不忍四海赤子寒飕飕。""推公之心古亦少，愿起公死从之游。"（《王临川集》卷9《杜甫画像》）毫无疑问，王安石喜欢杜甫更甚于李白，比同时代士大夫更加虔诚地信仰孟子的仁政学说。"均天下之财，使百姓无贫"（《续资治通鉴长编》卷223）是他的政治理想。王安石长期在地方任职，对于土地兼并等带来的贫富悬殊，以及宋廷对外关系的软弱有深刻体会。有一首诗表达他的悲愤和无奈。

> 河北民，生近两边长苦辛。
> 家家养子学耕织，输于官家事夷狄。
> 今年大寒千里赤，州县仍催给河役。
> 老小相携来就南，南人丰年自无食。（《王荆公诗笺》卷21《河北民》）

一 变法主张

宋仁宗嘉祐三年（1058），王安石利用进京述职的机会作长达万

[①] 金生杨：《论王安石〈淮南杂说〉中的"异志"思想》，《四川大学学报》（哲学社会科学版）2002年第6期。

[②] 引自漆侠《王安石变法》，上海人民出版社1979年版，第79页。

言的《上仁宗皇帝言事书》①，阐述他的政治思想，系统提出变法主张。该万言书首先提出了一个问题：仁宗皇帝有恭俭之德、聪明睿智之才，且夙兴夜寐、从未懈怠，更无声色狗马、观游玩好之事，但结果还是"财力日以困穷""风俗日以衰坏"，原因何在？他引用孟子"有仁心仁闻，而泽不加于百姓者，为政不法于先王之道故也"一语从而把对问题的分析转化为两项建议：一是以"法先王之意"推行政治改革，就不会出现"骇天下之耳目，嚣天下之口"等问题；二是培养人才，因为"能讲先王之意以合当时之变者"几乎绝迹，而贪鄙之人却是不可胜数。

王安石分析人才不足的危害。比如，朝廷下达政令的出发点都不错，但缺乏实施的人才，最终却是扰民、害民。孟子说"徒法不能自行"，没有人才，法律不会自行实施。先王之时，人才济济，为何今天独独不足呢？王安石认为原因在于当今的人才培育出了问题。他讲述周文王大规模培养士君子并因才录用的故事，周宣王任用仲山甫而聚集人才的故事，得出一个结论："人之才未尝不自人主陶冶而成之"。它体现在"教之、养之、取之、任之有其道"。

何谓教之之道？王安石说，古代从国都到乡野都兴办各类学校，学习礼乐刑政，凡不能对天下国家治理有用的，都不教，凡是对天下国家有用的，都在讲授。

何谓养之之道？王安石说："饶之以财、约之以礼、裁之以法。"什么是饶之以财呢？王安石认为，受困于财物不足，就容易贪赃枉法，这是人之常情，先王洞察了这一点，给做官的足够的俸禄以养家，并随着官位提升逐级提高俸禄，以养成廉耻远离贪鄙，同时还能泽及子孙，称为"世禄"。什么是约之以礼呢？王安石认为，如果只关注财物而不用"礼"约束，必然"放僻邪侈"，先王明白这个道

---

① 《王临川集》卷39，以下引文不再一一标注。

理，于是在婚丧、祭祀、服饰等方面规定制度，不得逾越规矩。什么是裁之以法呢？王安石认为，先王对于天下士人，教给他须遵循的道德规则，对不服从教导的就摒弃而不再使用，这就是法度。他引用《礼记·王制》："变衣服者，其君流"，《尚书·酒诰》："群饮，汝勿佚。尽执拘以归周，予其杀。"说明先王对改变服饰、聚众饮酒这类看似小罪的行为，依然给予流放和杀头的处罚。只有恩威并施、"财、礼、法"并重，才能培养出有廉耻有忠诚的官吏队伍。

何谓取之之道？王安石说，先王用人，必从乡党中选拔、必从学校中遴选，要有好的民意基础，确实贤能的才可按照德才的大小、高下授予官职。要定期考察，考察时不能仅凭听到的、看到的，更不能私听一人之口，而是从其行为中考察其德性，从言语中考察其学问能力，最终还要考察其办事的成效。

何谓任之之道？王安石说，人的才德高下厚薄不同，适合不同的岗位，先王深知这一点，农事用后稷、工程用共工。只要做到"德厚而才高者以为长，德薄而才下者以为佐属"，就可以让德才兼备之人得以施展才华，让懒惰苟且之人不得不勤勉用力。尧舜之时，还采取三年一考核，使能者上、庸者下。

王安石认为按照"教之、养之、取之、任之之道"，君臣上下同心，就没有办不成的事。他以这样的标准检视现实政治，提出存在的问题。

第一，在教之之道方面。学校虽然初步建立，但教学内容大多是经典章句，没有现实政治急需的礼乐刑政等课程，尽管在学校里熬白了头发，学了一大堆东西，一旦从事政务，依旧"茫然不知其方者"，根本不知道如何处理公务。王安石感叹，这样的人实在太多了。当今的教育不是培养人才，反而是毁坏人才。为什么会这样？王安石认为"人之才，成于专而毁于杂"。先王是让士、农、工、商各得其所、各得其专，而当今士人在学校不是学习如何治理国家，而是学习诗词歌赋、应试文章，当他们走入政界，又"责之以天下国家大事"，怎么能够适应？对此，王安石说，古代人整天关注天下国家之事，犹有才能不足的，现在沉湎于诗词歌赋这类"无补之学"，担任官职后又突然委之以天下大事，真正能胜任的必然少。先王之时，士人学习文武之道，能文能武，"居则为六官之卿、出则为六军之将"，而当今学者认为文武不同道，以治文事为荣，边疆宿卫之事属于低一级的行伍之人。王安石认为，边疆宿卫在古代一直是天下重任，士人以御马、射箭为学习要务，反而其他技能的学习视个人情况而定，男人都必须会射箭，除非先天有疾病。《易》曰："弧矢之利，以威天下。"古代的"射礼"难道仅仅是揖让之礼吗？那是"威天下、守国家"的工具。如果士人平时勤于学习御马、射箭，能胜任边疆宿卫的人才就会很多，何来边疆之忧？当今士人皆以"执兵为耻"，这都是源于教育的理念出了问题。

第二，在养之之道方面。王安石指出低级官吏俸禄太薄的问题。一般印象中，宋朝士大夫的待遇极优厚，那是对中高级官员，中下级官吏的待遇在王安石看来还是太低了。州县之吏每月实际收入最多四五千钱，有的连三四千钱还没有，家庭人口多的，无一不从事农商之利而补贴家用。这就带来很多问题。王安石说："出中人之上者，虽穷而不失为君子，出中人之下者，虽泰而不失为小人；唯中人不然，穷则为小人，泰则为君子。"有贫穷仍不失为君子的圣人，也有富贵但仍为小人的坏人，而大部分是贫穷为小人、富贵为君子。这是不可抗拒的规律，制定制度必须以大多数人为基准，凡是大多数人能做到的就可以顺利推行。而当今之世却不是这样，官员的俸禄很难"无毁于廉耻"。官大的贪污贿赂、私营资产，官小的吃拿卡要，无所不为。一旦士人没有廉耻，"其偷惰取容之意起，而矜奋自强之心息，则职业安得而不弛，治道从何而兴？"贪赃枉法、侵害百姓就自然容易发生。由于对官吏在婚丧、奉养、服饰、吃喝等方面没有制度约束，造成"天下以奢为荣、以俭为耻"。因此，提高俸禄的同时还要"约之以礼"。"方今陛下躬行俭约，以率天下"，但是其身边奢靡无度、犯上作恶的并不少，却没听说有所惩戒，以示天下。过去周人颁布"禁酒令"，拘杀聚众饮酒者，起到良好的效果。朝廷把重点放在惩治贪吏，却不重视惩治奢靡之风，实际是本末倒置，是"禁其末而弛其本"。① 因此，重点是对不遵守道德准则、不遵守法律制度，不履行职责要求的，要"裁之以法"。

对于有人说冗官太多，财政不足供养，王安石认为是被表面现象蒙蔽了。他提出："因天下之力以生天下之财，取天下之财以供天下之费。自古治世，未尝以财不足为公患，患在治财无其道耳。"朝廷之所以会入不敷出，还是理财之道不得法。他说："诚能理财以其道，而通其变，臣虽愚，固知增吏禄不足以伤经费也。"

第三，在取之之道方面。王安石认为存在较大缺陷。能够"强记博诵而略通文辞"的，就称为"茂才异等、贤良方正"；能够"略通文辞"又"学诗赋"的，就称为进士。实际上都不堪以大用。往往使雕虫篆刻之学进于公卿之列，有才学能够治理天下的却得不到任用，使整个官场从朝廷到地方充斥不肖之人。读书人不明大义，只知背诵经典，尽管有所矫正，但在考试时还是死记硬背的占便宜。通过"恩荫"进入官吏队伍的中高级官员子弟，不学"道艺"、不问"才能"、没有"仁义"，朝廷动辄授予官职。当年周武王列举商纣王的罪状之一就是"官人以世"——当官的后代永远为官。这可是纣王的"乱亡之道"，为治世所不容。另外，流外官制有很大弊病，朝廷既不对其有廉耻方面的要求，又堵塞其晋升通道。他们掌管州县具体事务，但缺乏晋升空间，且"自置于廉耻之外"。这些州县之吏一旦

---

① 王安石提出从惩治奢靡之风入手整顿官吏队伍的思路，比较当今反腐败斗争的思路，不会觉得陌生。

失去廉耻，那么"放僻邪奢"就毫不奇怪了。王安石说："孔子之圣而尝为季氏吏，盖虽为吏，而亦不害其为公卿。"因此他希望改变流外官与流内官分置的官制。

第四，在任之之道方面。王安石认为主要问题是：不论德是否配位，只看出身先后；不论才是否称职，只看任职资历。文学出身的，却让其理财；负责财政的，转而管理典狱；负责典狱的，再去负责典礼。一个人要精通百官所具备的能力，确实勉为其难。尤其是，掌管典狱的并不以不懂狱为耻，负责典礼的也不以不知礼为忧，都不愿意继续学习。整个官场形成不好的用人风气，朝廷任用官员，如果资历、排序有问题，则议论纷纷，但从来没有人关注岗位和才干是否匹配的问题。官吏调任过于频繁，有能力的来不及施展才干，混日子的也显现不出什么问题。突破论资排辈而提拔有才干的，士大夫不服，原因是能力高或低的官吏在同一岗位上并没有多大区别；明知官吏缺乏才干，除非犯罪或遭到弹劾，从来没有因能力弱而罢免的。

王安石的结论是"当今在位多非其人"，就是说宋廷大部分官职都不是由合适的人担任。"在位不才、苟简、贪鄙之人不可胜数，而草野闾巷之间，亦少可任之才，固不足怪。"

王安石希望宋仁宗吸取汉末张角、唐末黄巢致使天下倾覆的教训，晋武帝因循守旧（把痴呆的长子司马衷册为皇太子）而使"中国列于夷狄二百年"的教训，用先王的人才培育政策，成天下之才而用之。王安石说，开始读《孟子》时见孟子说王政易行，心以为然，后来又有怀疑，直到看到汉武帝用主父偃的"推恩令"使强大的诸侯国逐渐分割变弱，才明白"虑之以谋、计之以数、为之以渐，则其为甚易"的道理。"先王之为天下，不患人之不为，而患人之不能；不患人之不能，而患己之不勉。"为什么这么说？王安石认为，"善行、美名、尊爵、厚利"都是人所追求的，先王以此驾驭天下士人；为得其所愿，哪个士人不会竭尽全力去争取？王安石还认为，除非真正的"下愚",人人都有遵守先王之法的能力;只要陛下(宋仁宗)足够真诚、足够勤勉,定会有很多人响应。过去朝廷曾实施过变革,终因有人反对而终止。王安石提出对于阻挠而不肯服从新法的就必须采取"征诛"的措施。《诗》曰:"是伐是肆,是绝是忽,四方以无拂。"说的正是周文王通过"征诛"而将其意志贯彻于天下。

万言书的最后,王安石为时人称其"迂阔"进行辩解。[①] 他说当年唐太宗贞观之初,大部分人都认为必须杂用秦、汉之政方能安天下,唯独魏文正公(魏徵)用先王之政劝导太宗,使"中国安宁、蛮夷顺服,自三王以来,未有如此盛时"。而魏徵正是当时被认为"迂阔而熟烂者也"。

王安石这篇洋洋洒洒的万言书,当时并未引起宋仁宗的注意,却成为以后宋神宗熙宁变法的理论基础。如果撇开生拗的词句,就会发现王安石是在讨论一个非常现代性的话题——如何造就一支德才兼备的官僚队伍,服务于理想政治。他要用"先王之意"赋予官僚政治以灵魂,把"法先王之意"作为士大夫共同坚守的信念、共同奋斗的目标。万言书所讨论的全部问题,如改革教育内容、高薪养廉、反对奢靡之风、官员专业化、注重绩效考核、加强吏治等,依然是现代文官制度的研究课题。宋神宗熙宁元年(1068),王安石在《本朝百年无事札子》中指出,仁宗朝的主要问题还是"上下偷惰取容而已,虽有能者在职,亦无异于庸人"。"虽俭约而民不富,虽忧勤而国不强。"无论从理论还是从实践而言,王安石的分析大多是正确的,比

---

① 司马迁《史记》评价孟子"迂阔",时人也认为王安石"迂阔"。王安石曾为孟子赋诗一首:"沉魄浮魂不可招,遗编一读想风标。何妨举世嫌迂阔,故有斯人慰寂寥。"宋神宗与王安石有一段对话,"上(神宗)谓曰:人皆不能知卿,以为卿但知经术,不晓事务。安石对曰:经术正所以经世务,但后世所谓儒者,大抵皆庸人,故世俗皆以为经术不可施于世务尔。上问:然则卿所施设以何先?安石曰:变风俗,立法,最方今之所急之"。

如他反复强调的士大夫志大才疏，空有经术但不能治国等问题，直到明末顾炎武、黄宗羲还在反思——士无实学。王安石提出士人缺乏廉耻问题，顾炎武更是深有感触。但是从日后的变法实践看，王安石变法主要还是偏向于理财，偏向于扩大朝廷财政收入，而希望造就一支有理想、有情怀、有能力又敢于牺牲自我利益的儒家士大夫队伍的设想基本落空。支持新法的很多是在历史上留下恶名的如蔡京之流，这是王安石的悲哀，也是依靠儒家思想推进改革的改革者的悲哀。反对新法的程颢等人认为，王安石变法搞坏了人心，助长了功利之心。王安石变法间接促进了理学思维——专注于个体道德圆满——的形成。

二 变法实践

熙宁二年（1069）二月，王安石担任参知政事（副宰相），设"制置三司条例司"为主导变法的机构，翌年又任宰相，在宋神宗（1067—1085）的支持下拉开变法帷幕。历经十六年的变法，时间顺序为：熙宁二年（1069）七月推出均输法，九月立青苗法，十一月颁农田水利法，十二月颁免役法（雇役法、募役法）；熙宁三年（1070）七月开始试行将兵法，十二月颁保甲法；熙宁四年（1071）二月，确定科举改革内容；熙宁五年（1072）三月颁市易法，五月颁方田均税法；熙宁六年（1073）四月设立机构商议免行法，六月颁保马法，八月设置军器监总内外军器之政。① 熙宁七年（1074）四月王安石第一次遭罢免，变法派韩绛和吕惠卿出任宰相和参知政事，继续推行变法措施。熙宁八年（1075）二月王安石恢复宰相位，变法派发生分裂，熙宁九年（1076）十月王安石第二次辞去相位。之

---

① 参见漆侠《王安石变法》，上海人民出版社1979年版，第269—283页。

后变法运动在宋神宗的指导下一直延续,到元丰五年(1082)永乐城被西夏攻陷,军民被俘二十多万,消息传来宋神宗彻夜不眠、痛哭不已,于1085年黯然离世。年仅九岁的宋哲宗即位,高太后垂帘听政起用司马光为宰相,新法旋即全部被废。

王安石的变法主要由三部分组成。

(一)科举考试和学校改革

王安石吸取范仲淹的教训,不是做"减法"——从裁汰"冗官"开始整顿官僚队伍,而是采取做"加法"——选拔"新人"的办法。除了对部分反对变法的官员采取降职、调动、赋闲等办法,其他官员则普遍提高待遇,还设立诸如"照管宫观"之类的闲差安置年老或能力弱的官员。[①] 同时,一批中下级官员得到提拔,甚至一些"民间人士"也参与到政治改革之中。[②] 按照万言书的设想,王安石执政开始就对科举考试、太学和州县学进行改革。如科举考试中"专取策论而罢诗赋",选拔"通经术明世务"的人才,诗赋不再是科举的敲门砖;扩大学校规模,用经术作为"一道德"(统一思想)的工具,1075年后王安石的"三经新义"成为学生必读教材;太学外还建立武学、律学、医学等学校,专门研习军事、律法和医术等,改变士大夫不屑于这类学问的风气。

王安石在科举、教育方面的改革,采取"老人老办法、新人新办法"的思路,无疑是务实的,即便如此所遇到的阻力仍是空前。从变法立场上看,苏洵、苏轼父子属于中间派,但从苏洵《辨奸论》一文中可以看出士大夫阶层对王安石的仇恨,从苏轼《上神宗皇帝书》中可以看出士大夫憎恨王安石的原因。苏洵说,过去山巨源

[①] 王安石曾说:"自增置宫观,昏病阘茸之人就者已多,少清州郡之选,不为无补也。"(《续资治通鉴长编》卷211)

[②] 漆侠:《王安石变法》,上海人民出版社1979年版,第104页。

（竹林七贤之山涛）见王衍曰："误天下苍生者必此人"，郭汾阳见卢杞曰："此人得志吾子孙无遗类也。"即便是导致西晋覆灭、神州陆沉的王衍，唐德宗时期做尽坏事的奸相卢杞两个人加起来都没有王安石坏。为什么呢？苏洵形容王安石是"衣臣虏之衣，食犬彘之食，囚首丧面而谈诗书"。意思是王安石穿着苦役般衣服，吃着猪狗般食物，像囚徒般哭丧脸，却谈论诗书，如此这般模样，不是大奸又是什么！此文写于王安石执政之前，后人赞扬苏洵老先生"见微知著"有预见之明。不过，孔子赞扬颜回时曾说："一箪食，一瓢饮，在陋巷，人不堪其忧，回也不改其乐。贤哉回也。"孔子当年推崇的"安贫乐道"精神，在苏洵眼里竟然成了表露大奸的端倪。个中原因，可以从其子苏轼那里找到答案。苏轼在《上神宗皇帝书》中说："士大夫捐亲戚，弃坟墓，以从宦于四方者，宣力之余，亦欲取乐，此人之至情也。"（《东坡七集》续集卷11）士大夫离别亲人，丢弃祖宗坟墓到各地做官，工作之余找点乐子，也是人之常情。言下之意，是说王安石搞变法搞得"官不聊生"，官品之家也要纳税，还要禁绝奢靡之风，谁还愿意跟着干？我们可以从苏轼给张先的一首诗中看到士大夫之乐为何乐。"十八新娘八十郎，苍苍白发对红妆。鸳鸯被里成双夜，一树梨花压海棠。"他们追求的是"梨花压海棠"般的意境。狎妓饮酒、赋诗填词，登山交游、吟唱往还，本是文人士大夫的乐趣，而王安石要"变风俗、立法度"，整顿官吏、整顿军队、推行新法，以至于妨碍了士大夫的雅致，自然引起士大夫阶层的普遍敌视。对此，王安石心里很清楚，他在《答司马谏议书》中说："士大夫多以不恤国事，同俗自媚于众为善，上（宋神宗）乃欲变此，而某不量敌之众寡，欲出力助上以抗之。"（《王临川集》卷73）意思是说我王安石自不量力想与众士大夫抗衡。对于王安石的个人品行，连反对他的黄庭坚也认为无可挑剔，"真视富贵如浮云，不溺于财利酒色，一世之伟人也！"（《豫章黄先生文集》卷30《跋王荆公禅简》）

孟子曾言"仁义行"而非"行仁义",单纯个人品行怎能改变整个士大夫群体的嗜好?况且王安石因变法而提拔的一大批官员,如居宰执高位的吕惠卿、蔡京之流却是贪利忘义之小人,更加增添了变法运动的悲剧色彩。无怪乎梁启超每读宋史,"未尝不废书而长恸"。不过,换个角度看,王安石在教育领域的改革,其"三经新义"的颁布,对促进宋儒解放思想及学术文化繁荣无疑有积极意义。

(二)军政改革

宋朝拥有百余万之兵,却不能一战,足见军事制度百弊丛生。军事支出占宋廷财政收入的八成,"冗兵"不仅是压垮财政的主要原因,也是军队战斗力低下的重要原因。宋神宗感叹"穷吾国者,兵也",军政改革成为上下共同的呼声。

第一,裁汰老弱士兵,解决冗兵。从熙宁二年(1073)开始到熙宁八年(1079),全国军队(禁军、厢军)数为796315人,与宋仁宗庆历年间比,裁减了45万人①,从而节省了大量无效军费支出。冗兵的弊端其实谁都明白,但议论者多,却不敢实行。司马光一语道破,"沙汰既多,人情皇惑,大致愁怨"②。就是担心裁军会引起兵变,引火烧身。直到王安石力陈不会发生此类事变的理由才最终使宋神宗下定决心,可见当时身居高位的士大夫宁愿坐视国家陷入困境而不愿意担责。

第二,实行将兵法,解决兵将分离、士兵缺乏训练等问题。熙宁三年七月开始部分停止更戍法、试行将兵法,到熙宁七年九月在河北四路、开封府、京东路、京西路共设置三十七将,之后又于熙宁八年、元丰四年在西北边防、东南方向共设置五十五将。③ 这套军队体

---

① 参见漆侠《王安石变法》,上海人民出版社1979年版,第114页。
② 参见《梁启超评王安石》,长征出版社2008年版,第136页。
③ 参见漆侠《王安石变法》,上海人民出版社1979年版,第117页。

制类似于现代的以师或团为独立单位，分别驻扎在各自的防区。梁启超为此感叹说："求诸今世，惟德国日本之陆军编制法最近之。"可惜的是，"自元祐推翻新政，将兵之法，虽未尽废，然兼令州县官得统辖兵队，与将官分权，军令不出于一，而兵之偷惰乃日甚，驯至女真长驱，莫能御，而宋遂以此南渡矣，悲夫！"① 一支军令不一、分属各州县的军队，在快速机动、长驱直入、作战目标单一的游牧民族骑兵面前，遭受靖康之耻是必然的。这是北宋倾覆的主要原因。

第三，推行保甲法，实行藏兵于民、兵民合一的制度。宋廷实行募兵制，兼有雇佣兵和职业军人的特点，但其弊端很多，比如招募的兵士很多属"无赖奸猾之人"，缺乏保家卫国的战斗意志等。王安石主张恢复"兵民合一"，使乡里的豪杰之人有机会进入行伍，逐渐将募兵制改为征兵制。熙宁三年十二月颁保甲法，规定十家为一小保，十小保为一大保，十大保为一都保（以后调整五家一小保，五小保为一大保），选择有才干的担任保长，每户有两个以上男丁，一人编入保丁，由保长带领保丁开展军事训练和维持当地治安。保甲法作为实行"兵民合一"的基础性制度，推行之初，阻力尤为巨大。据《宋史·兵志》记载："时有造作谣言，谓朝廷教练保甲将徙之戍边者，乡民惊扰，或父子聚首号泣，或自残以避团。"一些士大夫纷纷要求暂停以安定百姓。梁启超对此有一段精彩的评论，他说："呜呼！吾读此而叹荆公（王安石）识见之远，忧国之诚、任事之勇，诚旷古而无其匹也。夫服兵役者，国民对于国家至大之义务，无所逃于天地之间者也。"梁启超还认为，真有一些乡民通过自残而逃避服役是正常的，也正是国家必须给予惩戒的行为。其实，从古罗马共和时期采用"兵民合一"与迦太基采用"雇佣兵"体制的较量中，从现代军事强国都采用征兵制、强调军人道德操守看，王安石的军事改

---

① 《梁启超评王安石》，长征出版社 2008 年版，第 140 页。

革方向无疑是正确的。宋神宗去世、宋哲宗即位，司马光上疏停止保甲法，其理由无非两点。一是国家百年太平，老百姓对"兵"颇为生疏，让保丁们拿着武器、穿上戎装，会让乡绅们感到"不祥"；二是中国老百姓专心务农，不善于骑马射箭，而北边之民"以骑射为业"，擅长攻战，因此我们再怎么训练也打不过他们，肯定溃败无疑。[①] 此种言论，引起梁启超很大义愤，他说"如彼言，则外国之民，在理宜为征服者，而中国之民，在理宜永为被征服者也"[②]。保甲法废止后，虽然宋徽宗时期蔡京试图恢复，但终究与原初有较大差异。

第四，设置军器监，改进军器制造。宋初以来贮藏的武器大多败坏不堪，质量低劣。熙宁六年（1073）二月成立军器监，至熙宁八年，武器制造能力至少提高一倍，如新造衣甲7805副，箭1384000多支，质量得到提高。[③] 需要说明的是，就是这样的一项措施，也在司马光执政后废除。

第五，推行保马法。保马法是针对传统牧场被辽、夏占据，宋朝严重缺乏马匹而提出的，用养马于民代替国家设立专门机构养马。熙宁六年颁养马法，由官府将马或钱交给保甲，按照每户一匹，由百姓散养，如马匹死亡则由养马户赔偿。无论在当时还是以后，这都是一条失败的措施。每家每户一两匹散养的马匹，根本达不到战马的要求[④]。

（三）财政、民政改革

面对国家财政极度困难的窘境，"理财"以增加收入事实上成为

[①] 司马光乞罢保甲上疏的内容，参见《梁启超评王安石》，长征出版社2008年版，第150—151页。
[②] 《梁启超评王安石》，长征出版社2008年版，第152页。
[③] 引自漆侠《王安石变法》，上海人民出版社1979年版，第121页。
[④] 一千多年后，中国的奶业采取公司加农户的方式，每家每户饲养若干头奶牛，由公司收购原奶。事实再次证明，这种模式的奶源质量无法有效控制。

变法的首选，王安石搜刮民财的"聚敛之臣"名号也因此产生。设置"制置三司条例司"的诏令说："朕以为欲致天下于治者，必先富之而后可为也。"① 看来，"先富"是这次变法的最大动力，问题在于怎么富，谁先富，先富以后干什么。在这个问题上，宋神宗确实值得赞誉，面对财政入不敷出，即位后首先裁减的是宫廷费用，同时又用来增加吏员的俸禄。梁启超评论说："非神宗之贤，荆公亦不得行其志也。"② 足见宋神宗有"刀刃向内"的勇气，但也埋下宋神宗生母高太后等后宫反对变法的种子。客观地说，王安石提出的多项财政、民政改革举措大多有在某些地区先行先试的实践基础，总结提炼再向全国推广，可最终全部失败被废。

第一，青苗法。

青苗法的原意是农民每年青黄不接或遇到临时困难时，由官府贷给钱粮，待收获季节再按一定利息还贷。有两个好处：纾解百姓一时之困；官府获得利息收益。之前，陕西转运使（陕西路最高行政长官）李参实行过，数年后官府粮食储备大增；王安石担任鄞县令时也推行过这一做法，直到明清两代当地人仍感念王安石善政而为其立祠。③ 既有实践基础，又是长久之策（与现代社会的农村小额信贷相似），那么当年为何引起如此大的争议？高利贷是一直困扰古代社会（尤其是私有财产、商品经济发达的社会）的毒瘤，古希腊梭伦变法的重点之一就是解决因高利贷而使雅典公民沦落为奴隶的问题，直到近代通过国家立法限制高利贷，建立完善的银行制度，才比较好地解决了该问题。宋代高利贷同样严重，百分之一百到三百的高利贷是大批农民破产、大量土地被兼并的重要原因。因此，遏制豪强的高利

---

① 参见《梁启超评王安石》，长征出版社2008年版，第96页。
② 《梁启超评王安石》，长征出版社2008年版，第98页。
③ 参见漆侠《王安石变法》，上海人民出版社1979年版，第82页。

贷、官府获取收益、纾解民众困苦就成了青苗法的三大目标①。宋代民户按照自己是否拥有土地所有权,分为主户和客户,客户以租佃他人土地为生,主户又根据土地、财产多寡分为第一等户到第五等户。青苗法规定第一等户借贷数额为十五贯,第二等户十贯、第三等户六贯、第四等户三贯、第五等户和客户一贯。在实际执行中,官府将获取收益作为主要目标,这是权力介入商业活动的必然结果。以实行青苗法第三年即熙宁四年(1073)为例,青苗利息达到二百九十二万贯②。一桩以纾解民困为目标的政策,最终成为官府有利可图的大买卖。首先,青苗法采取"抑配"的方式,强制要求所有农户接受贷款,那些不需要贷款的第一等户,每年两次参与十五贯的"抑配"并向官府支付六贯利息。豪强们不仅失去高利贷的机会,还要付出利息,自然激起强烈的反对。其次,青苗费的名义利息为二分(半年),年利率百分之四十,但在实际执行中层层加码,往往达到百分之一百。一般农户依然不堪重负。王安石在解释为什么是二分利息时说,因有官员俸禄、运输费用、鼠雀损耗等,如果没有这些利息则此事不可继。(王安石《答曾公立书》)资金成本高确实是原始借贷模式的软肋,直到近代银行制度创造货币信用才使资金成本大幅度下降。再次,由于采取连保,还不了贷款的第四、五等户和客户,往往由第二、三等户代偿,引起利益受损方更大不满。这种带有剥夺富户救济穷户的均贫富政策,最受攻击。概括司马光、苏轼等人的主要观点有:贫富有差别从古有之,造成贫富不同的是才性愚智不同,所谓"物之不齐,物之情也";王安石是个小丈夫,不忍心贫民受苦,却痛恨富民,劫富济贫,如果长期采取这项政策,富人也会变成穷人。后来根据各方面的反映,对青苗法作了调整,如利息下调一半,同时

---

① 王安石说:"是亦先王散惠兴利,以为耕敛补助、哀多补寡而抑民豪夺之意也。"转引自漆侠《王安石变法》,上海人民出版社1979年版,第130页。
② 转引自漆侠《王安石变法》,上海人民出版社1979年版,第132页。

禁止"抑配",以自愿为原则。总体看,青苗法并非恶法,问题主要还是执行层面的。南方一些商品经济较为发达的地区就普遍受到农民欢迎,这点已经为时人所记载。后来朱熹论及此事也说:"青苗者,其立法之本意,固未为不善也。"(朱熹《金华社仓记》)

第二,免役法。

北宋初年,百姓对国家的负担有两部分,一为赋税,二为差役(徭役),除了缴纳赋税,还要无偿承担各种官差,如长途运输官物,担任里正、户长催逼赋税,担任弓手、壮丁捉捕盗贼,承担各级官府的杂务等,类似于徭役。尤其是衙前役为害甚烈,以家庭所有财产作抵押,辗转几千里输送官物,外出时间长,不仅耽误农事,一旦丢失还要赔偿,为此破产的很多。最关键的是,官户有免除差役的特权,因此差役的负担都压在普通中等户和富户身上。现代人很难体会其中的艰难,可以从当年司马光等人的上疏中感受一二。宋仁宗时的大臣韩琦说:"州县生民之苦,无重于里正衙前。兵兴以来,残剥尤甚,至有孀母改嫁,亲族分居,或弃田与人以免上等,或非分求死以就单丁。"意思是说想尽一切办法避免划入上等户而被负担衙前役。宋英宗时,作为谏官的司马光说:"置乡户衙前以来,民益困乏,不敢营生,富者反不如贫,贫者不敢求富。"意思是老百姓都不敢致富,担心被拉去充当衙前役。宋神宗时主张改革的韩绛也说:"害农之弊,无过差役。重者衙前,多致破产。"为避免服役,有一位父亲对儿子说,我死后,家里就剩一个男丁,你就免于冻馁。结果真的自尽而亡。① 这就说明差役法的残酷和害民,各方面都看得非常清楚,问题在于有没有勇气和办法去改革。从熙宁二年开始,历经三年的酝酿、讨论、试点,于熙宁五年正式推行,有的地区如京东路到熙宁七年才开始推行,足见宋廷对役法改革的慎重。比如,熙宁三年

---

① 参见《梁启超评王安石》,长征出版社2008年版,第116—117页。

在开封府诸县搞试点；根据中央政府提出的大原则，各地还可以根据本地情况参酌修改；草案先公布一个月，如"民无异辞"官府才"著为令"，如有异议还可以再做改正。在一千年前的宋朝，一部法令的出台历经这样的过程，且"博尽众议"，世所罕见；一项改革措施推出之前，还先行试点，世所罕见。

综合各方面的资料，免役法有以下诸要点。

一是将差役大致分为两类，扰民、害民甚重的差役改为官府出钱雇佣，一些轻役，如负责地方治安的耆长、壮丁等依然向民户派差，但免交役钱。

二是裁撤一部分杂役，比如取消为官员个人服务的厨师等杂役（这是苏轼反对变法的原因之一），仓驿场库水陆运漕等事务交由军校负责。官府招募的差役，由民众自愿应征并获得报酬。

三是凡乡村第四等户、城市工商第六等户以下（所谓的贫困户）不用出钱，其余根据财产多寡、富裕程度出钱；原来承担差役、现在改为出钱的农户，名叫"免役钱"；原来不承担差役的品官之家、寺观、城市工商户、没有男丁的女户，分别减半出钱，名叫"助役钱"；根据实际情况以及为防备水灾、旱灾而多收的钱，名叫"免役宽剩钱"，但不得超过二分（即总数的20%）。

四是乡村每五年，城市每三年一次，根据每户的财富多寡重新确定各户的等级，调整应缴纳的役钱。

对于免役法的立法本意，主管部门司农寺就说："今立役条，所宽优者皆村乡朴愿不能自达之穷氓，所裁者乃仕宦兼并能致人言之豪右。"① 可见，免役法的本意是让原来不承担差役的品官之家、僧侣道士等一并承担费用，区别贫富分别承担费用，贫困户免去。根据《文献通考》记载，实行免役法后汴京附近上等户减轻负担四五成，

---

① 转引自《梁启超评王安石》，长征出版社2008年版，第119页。

中等户减轻六七成，下等户不出一分钱，总的负担减少八九成，因此"言者谓优上户而虐下户，得聚敛之谤，臣所未谕也"①。事实是否完全如此，可以存疑，但免役法减轻农户负担，增加了士大夫阶层、佛寺道观和工商户的负担却是实情。孟子说："为政不难，不得罪于巨室。"但是当"巨室"的利益与国家、民众利益对立之后，不得罪又将如何？北宋朝士大夫逐渐演变为社会发展的异己力量，是有史实依据的。苏辙就说："役人之不可不用乡户，犹官吏之不可不用士人。"（苏辙《栾城集》卷35《制置三司条例司论事状》）苏轼也说："自古役人之必用乡户，犹食之必用五谷，衣之必用桑麻"，甚至认为如果充当官府杂役的厨师减少"则似危邦之陋风，恐非太平之盛也"（《东坡七集》续集卷11《上神宗皇帝书》）。文彦博更说："为与士大夫治天下，不与百姓治天下。"一句话，徭役自古就是老百姓的事情，与士大夫无关，让品官之家出钱助役是不合理的。对此，梁启超曾愤怒地说："是豺狼之言也，稍有人心者何忍出诸口？"而说这些话的却都是历史上留下清誉的士大夫，"吾有以见中国之无公论也久矣！"他还说："公之此举，取尧舜三代以来之弊政而一扫之，实国史上、世界史上最有名誉之社会革命也。"②

梁启超的"社会革命"一说是否为过，尚可存疑，但好的法令还需要有好的官僚机构推行，才能有好的结果。毫无疑问，在均平徭役的名义下，颁行免役法后最大的获利者是官府。由于财政匮乏，改革以理财为导向，使官府有强烈的使用权力牟利的动机。以熙宁九年为例，役钱总收入10414553贯，支出6487688贯，剩余3926865贯。（《宋会要辑稿·食货六六》之四〇）各地征收役钱过多是一个普遍现象，如成都府路从熙宁六年到九年的四年间，宽剩钱可达六七百万

---

① 转引自《梁启超评王安石》，长征出版社2008年版，第123页。
② 《梁启超评王安石》，长征出版社2008年版，第121、123页。

贯（《净德集》卷1《奏乞放免宽剩役钱状》）。按照家产和贫富确定不同的役钱，富户多出钱、穷户不出钱，也只是理论上的。由于弄虚作假和徇私舞弊，许多地区第一、第二等户出的钱反而少于第四、五等户，个别农民甚至被逼拆屋伐木以交纳役钱。役钱征收能否公正成为考验变法成败的关键，王安石对此很清楚，说："得其人而行之，则为大利；非其人而行之，则为大害。……苟不得其人而行，则五等必不平，而募役必不均矣。"（《王临川集》卷41《上五事札子》）孟子说"徒法不足以自行"，好法律需要有对的人来贯彻。这就是那个时代框架下能想到的最好思路了。从天道的探究中寻找遏制人欲的办法，以回归天理，之所以能成为程朱理学思辨的核心，似乎可以从中看到端倪。因为，任何思想都只能是时代的产物。

第三，市易法等。

商品经济在古代中国发展的鼎盛时期当属宋朝无疑，一大批从事国内、国际贸易的大商人，通过行业组织（行）垄断某一地区的商业活动。他们与皇亲贵戚、达官权宦勾结，形成一股比较强大的社会势力，因此宋代是中国历史上最为"亲商"的一个朝代，事实上也是官商勾结比较严重的朝代。宋太祖采取"强干弱枝"政策，汴京附近集结了数十万军队和大量官营机构，形成了巨大的消费市场。为保证皇室、军队、官府的供应，宋太祖建隆年间就设立发运司负责物资供应，同时也依靠民间商业发挥调剂作用。由于发运司权限不够等问题，常常造成物资供求脱节，之后问题更加严重，王安石熙宁变法的第一项措施就是均输法，由发运使总握东南六路财赋，主管茶、盐、酒税收，统筹物资收储和供应，限制了大商人对市场的操纵，保证京师供应。尽管有"渔夺商人毫末之利""不免夺商人之利"的反对声，但均输法仅限于汴京的物资供应，且只要针对官家所需，阻力并不大。到了实施市易法，情况就完全不同了。

熙宁三年（1070），秦凤路经略司官员王韶，看到秦州一带边贸

第二十四章 王安石变法和新学

兴旺，利润丰厚，就想着"借官钱为本，稍笼商贾之利"（《宋会要辑稿·食货三七》之一四）。这就是市易法的开端。熙宁五年（1072）三月，"草泽人"（民间人士）魏继宗上书说，汴京物价波动剧烈，富人大姓"牟利数倍"，建议设立"常平市易司"实现两个目的：平抑市场物价；由官府获取商业利润。宋廷很快采纳该建议，先是在汴京试点，之后在全国推行，京师设立市易司、各地设市易务。市易法的颁行以及引起的巨大争议，再加上熙宁六年开始河北等地连续大旱导致大批流民，成为变法派分裂和王安石熙宁七年（1074）四月第一次罢相的主因。市易法侵夺的是大商人以及与大商人有利益关联的权贵势力的利益，但并不能因此而给予道义上的赞誉。相对于其他变法措施，市易法无疑是不恰当的。商人垄断市场引起物价大幅波动，不能成为官府介入商业的理由。历史反复证明，在某一特定时期由官府垄断商业活动有其合理性，但不具有可持续性，反而会产生更坏的行政垄断和权钱交易。不过，毕竟宋朝是中国历史上第一次出现商业资本大繁荣的时期，缺少对民间商业活动的其他管制手段是必然的，无法苛责古人。从变法中放松对矿业、冶金的管制，促成金属采冶业繁荣来看，王安石确实接受了汉朝榷铁（专营）失败的教训。他在回答宋神宗榷铁问题时说："若鼓铸铁器，即必与汉同弊。"（《四明尊尧集》卷5《王安石熙宁奏对日录》）由于采冶业的繁荣，促进铜币制造，扩大货币供应，解决了宋仁宗以来屡屡出现的钱荒（通货紧缩）对经济发展的负面影响，推动了宋朝经济的繁荣。王安石在变法当年十一月颁行农田水利法，开展了较大规模的农田水利建设工作，其功德无量。疏浚河道，增加了大量灌溉农田，其中民田36117888亩，官田191530亩（《宋会要辑稿·食货六一》之六八）。在农、工、商三者，王安石更重视农、工，与传统思维密切相关。

王安石主持下的变法实践，在熙宁九年（1076）十月第二次罢相后黯然结束，以后近十年变法由宋神宗直接操控。朱熹曾评论说："神宗尽得荆公伎俩，又何用他？到元丰年间，事皆自做，只是用一等庸人备左右趋承耳！"（《朱子语类》卷130）对于这场在近现代依然引起高度关注的"半截子"改革，至今依然聚讼纷纭。

一是曾为挚友的王安石和司马光为何如此对立。大致有几种观点，保守派和改革派之别，无为而治和有为治国之争，义理派和功利派之分，还有双方代表了不同的利益集团等。但依然难以解释一个核心问题，著作《资治通鉴》的司马光是熟悉历史上兴衰成败的史家，也是位享有清誉的士大夫，明知新法不全无用处，但执政当年依然不顾后果全部废除新法，听不进任何不同意见。如曾经反对新法的苏轼，这时转而支持新法，担心如此折腾会"忧患愈深"，却遭到司马光排挤，已无力回天。① 这涉及古代中国官僚政治下的规则——"朋党斗争"——为一己私利而不顾国家利益、为反对而反对。待到八年后的元祐八年（1093）宋哲宗亲政，章惇等变法派上台后又全部恢复新法，驱逐司马光的追随者；宋徽宗即位后，蔡京高举变法改革的大旗而横征暴敛，同时追封王安石为舒王、配享孔庙，将司马光等列为奸人，凡是拥护变法的一律重用，凡是反对变法的一律贬斥，将"朋党斗争"推向新的高度。这种以君子、小人道德化的"朋党斗争"在南宋、明后期以及清末士大夫官僚政治占主导地位的时期一再上演，不问是非曲直、不究实际成效，以人画线、以派画线，摇唇鼓舌以相互攻讦为能事，以闲谈清流自居、以不干事为自豪，直

---

① 苏轼说："吾侪新法之初，辄守偏见，至有异同之论。虽此心耿耿，归于忧国，而所言差谬，少有中理者。今圣德日新，众化大成，回视向之所执，益觉疏矣。若变志易守，以求进取，固所不敢；若譊譊不已，则忧患愈深。"（《东坡七集》续集卷4《与滕达道书》）

第二十四章 王安石变法和新学

至将国家、民族逼入绝境。这种为反对而反对的政治把戏,使整个政治相互掣肘,办不成任何一件有益的事。这是官僚政治下的必然产物。

二是王安石变法为何不成功。这一判断是近现代人基于商鞅变法成功而论的,其实古代中国两千多年来,主流史家从来没有认为商鞅是一个成功的改革家,反而是导致秦朝二世而亡的罪魁祸首。这涉及判断标准。从商鞅与秦孝公确定"富国强兵"这一改革目标看,完全成功,在实现富国强兵目标后再设定新的改革目标,实现长治久安,那是后来者应该做的事。从王安石与宋神宗确定"理财""整军"两大变法目标看,则是一半成功一半失败。从理财看,确实解决了宋仁宗以来宋廷入不敷出的问题,使国库钱粮充裕,但加重了中下层民众的负担,造成更加严重的贫富分化则与王安石"均天下之财,使百姓无贫"(《续资治通鉴长编》卷223)的初衷相悖。从整军看,实现了减少冗员、提高战斗力的目的,熙宁年间经略熙河压缩了西夏的生存空间,1098年10月平夏之役,击败西夏三十万大军。但最终又败于新崛起的金人铁骑之下,不能说"整军"取得成功。不过,靖康之耻不是北宋武力完全不敌金朝,而是战略战术上的一系列失误造成的。比较两次变法的社会环境有极大差别,秦国社会结构单一,社会群体利益分化不明显,商鞅先通过垦草令做加法,使秦国上下都感受到变法的好处,然后再逐渐推出系列改革措施使绝大部分人受益,实现新的利益重组。而北宋社会结构复杂,社会群体利益分化严重,任何一项变法措施都是以牺牲某阶层利益为代价的利益重组,其难度可想而知。苏轼在这个问题上看得很清楚,在《再论时政书》中说,青苗役法使民怨愁,均输法使商贾不行,裁并军营使军始怨,整顿官僚机构使士又莫不怅恨。① 也就是说变法把民、军、吏、士这四种人全得罪了,因此王安石的改革一开始就进入"深水区",岂能毕其功于一役?商鞅变法前后经历了二十多年时间,才将新法彻底稳定下来,而王安石从熙宁二年担任副宰相到熙宁九年第二次罢相总共才七年时间,要在远比商鞅复杂的社会环境下实现改革,确实是一件难以实现的任务。王安石对此头脑是清醒的,在给神宗的《上五事札子》中说:"速求成效于年岁之间,则吾法隳矣。……得其人缓而谋之则为大利,非其人急而成之则为大害。"(《王临川集》卷41)从变法的思想来源看,王安石虽有"天变不足畏,祖宗不足法,人言不足恤"的豪言(《宋史·王安石传》),但毕竟是在"法先王之意"的旗帜下开展变法,因此,必然要从古代先王的经典中找到变法的依据。他自己就说,免役法出于周官,保甲之法起于三代丘甲,市易法起于周之司市(王安石《上五事札子》),假如事事处处都要从经典找依据,确有泥古不化之害。但商鞅没有这方面的思想负担,可以放开手脚、大胆创新。陆象山的一番评论最为贴切,他说:"商鞅是脚踏实地,他亦不问王霸,只要事成。介甫慕唐虞三代之名,不曾踏得实处,所以弄得王不成、霸不成。"② 王安石既想国富民强,又要想着心中的三代王道,最后是里外皆输。王安石的一些改革内容具有现代性(与现代官僚体制面临的困境相仿),却没有现代性的思想作理论支撑;王安石试图建立一支忠于儒家理想的人才队伍,但纯粹的儒家精神和传统思想资源并不足以支撑这样一支队伍。

---

① 参见漆侠《王安石变法》,上海人民出版社1979年版,第220—221页。
② 《抚州拟岘台会语(五)》,引自嵇文甫《晚明思想史论》,东方出版社2013年版,第77页。

三　王安石新学主要内容

王安石新学和其变法实践紧密相连，互为表里，了解其变法理论和变法实践之后，有助于对其学术思想的认识。熙宁八年（1075），由王安石撰《周官新义》，王雱、吕惠卿撰《毛诗义》《尚书义》刊行，合称"三经新义"。王安石新学的特点是与政治关系比较密切，体现"经世致用"、学术为变法服务的倾向。①

1. 在天人关系上，王安石偏于自然天道观。天道运行"任理而无情"，都是自然的结果，不因人君作为的好坏而受影响。但是，北方大旱、华山发生剧烈山崩，成为王安石第一次罢相的原因之一。可见天人感应在中国思想中的残留依然很深。② 王安石在《老子》（《王临川集》卷68）一文中提出道有本末，所谓本，是说万物之所以生而出于自然，所谓末，是说万物之所以成而出于人力。生于自然的，当然可以无言也无为，成于人力的，就不能无言无为，比如"礼乐刑政"。他认为老子的失误就在于一切皆不足言、不足为。如果废弃"礼乐刑政"却"坐求其无之为用"，简直太愚蠢了。他的变法就是"成万物""以万物为己任"的有为之举。

2. 在人性问题上，王安石提出独树一帜的性情论。"性善情恶"是中国化佛学的基本观点。《性情》（《王临川集》卷65）一文中提出，性与情是同一问题的两个方面，当一个人"喜怒哀乐好恶欲"藏在心里未发时，就叫"性"，当发于外而现于行时，就是"情"。

---

① 王安石在《进洪范传表》说："考箕子之所述，以深发独智，趣时应变者也。"表达了给变法提供理论依据的想法。
② 文彦博曰："市易司不当差官自卖果实，致华山山崩。"（《续资治通鉴长编》卷239）

他认为"性者情之本，情者性之用"，说性善、情恶的只是读了《孟子》一书，却没有领悟孟子的真意。人生来就有七种情绪，当喜则喜当怒则怒，如果所发之情皆符合理，就是圣贤，如不符合理，就是小人。所谓的善恶就是因此而确定。他拿弓和箭来比喻性和情，如果射中了就说是好、善，射不中就是不好、恶。他不同意废情和无情之说，否则人性就无从表达，如同木石一般。《原性》（《王临川集》卷68）一文中继续考察孟子、荀子、扬雄、韩愈的观点，他不同意孟子人性善的说法（与司马光相同），如果因"恻隐之心人皆有之"就说人性善，意味着"怨毒忿戾之心人皆无之"，而实际情况并不是这样的。因此，恻隐之心和怨毒忿戾之心都是人性内发于外的表现。他也不同意荀子人性恶的说法，如果人性恶就不会有恻隐之心，而实际情况却不是这样。他不同意韩愈将"仁义礼智信"作为人性的观点，认为两者有区别，"仁义礼智信"是人性表现出来的产物。他论证说，太极产生五行，五行之间存在利害关系，但不能说太极有利害；人性外发而有情，因在理不在理而区别善恶，也不能用善恶讨论人性。因此，王安石事实上也不赞成扬雄关于人性善恶混同的观点，他是赞成孔子"性相近，习相远"的看法。人同此心、心同此理，所有人的人性都是相近的，但是"君子养性之善，故情亦善；小人养性之恶，故情亦恶"（王安石《性情》）。孔子曾说"惟上智与下愚不移"，又当如何解释？王安石在《性说》（《王临川集》卷68）做了进一步说明，所谓智、愚就是善、恶，那些一辈子为善而"不移"的是上智，一辈子为恶而"不移"的是下愚，始为恶后为善、始为善后为恶的是"中人"。王安石名义上赞成孔子的"性相近，习相远"，事实上作了改造。他不赞成韩愈"性三品"，认为上、中、下之间没有固定的界限，都是后天学习和努力的结果，对舜、禹天生是善人，对丹朱（尧之子）、瞽叟（舜之父）天生是恶人表示怀疑。这些观点对朱熹产生了重要影响。但是，王安石将在理不在理、是否实现目的（箭能否射中）作为判断善恶的标准，能被现代人接受，而程氏兄弟和朱熹不认同，认为是以功利来判断善恶。王安石提出以"中人"为立法依据、给中下层官吏增加俸禄等，就是基于"穷则为小人，泰则为君子"的人性洞察。

3. 对"礼"源于人性做出功利主义解释。孟子说："仁义礼智，非由外铄我，我固有之。"（《孟子·告子上》）王安石赞成"礼"起源于人性，与性情相合的主张，反对荀子"礼"是由外强加于人的观点。《礼论》（《王临川集》卷66）提出，因担心受到惩罚而遵守礼法，学会礼让长者、服务尊者，倘若民众都是这样，还有什么快乐可言？（夫民之于此，岂皆有乐之之心？）他举例说，木材做成器皿、训练马拉车，确实需要刀斧、绳墨和皮鞭，看上去似乎由外而内，但谁也不会舍弃木材做器皿、舍弃马拉车，说明最终还是顺性而为。如果礼法不顺人情，终究还是徒劳。这里引出人类思想史上很有意义的问题——同样称作功利主义者，由于对人性的不同看法，存在本质上的区别。王安石认为"礼"内在于人性，所以人们遵守礼法是一件快乐的事情。相反，如果"礼"外在于人性，遵守礼法就是对人性的束缚，摆脱礼的束缚就是一件快乐的事情。同样都讲快乐，由于对人性看法不同，快乐的内容完全不同。

4. 在王霸问题上，将"心术"作为判断标准。在《王霸》（《王临川集》卷67）一文中提出，王、霸的作用相同但名称不同，为什么？关键是"心术"不同。王者之心，其初衷并不是有求于天下，认为"仁义礼信"是自己本该如此，以此修身而化育天下；霸者之心却不是，老担心别人说自己不仁不义，故意显示自己仁义来实现目的。心术正与不正是区别王、霸的根本标准。真正的王者就像天地，万物在其中生长，各得其性、各得其治，却不知是天地之功、天地之德。而霸者就不同，寒冷给予衣服、饥饿给予食物，民众能得恩惠，但不可持续。王安石的王霸之辨，是基于自然天道观而描绘的一幅理想世界画卷。用今天的话说：百姓岁月静好却不知有人负重前行，负重前行者只为默默奉献；所有人都能各展所长、各得其所、各负其责。霸者却不同，虽能让百姓衣食无忧，但要让人感恩戴德，分清主从关系。从学术思想的传承看，王安石吸收了宋尹派心术（正心）思想，继承了《大学》将正心修身与治国平天下贯通的思想，将心术与政术结合，将心术好坏作为评价为政者的标准，与二程观点并没有差别。

5. 在士人的使命上，倡导"救时弊"意识。孟子在讨论乐正子为人的时候，有一段著名的话："可欲之谓善，有诸己之谓信，充实之谓美，充实而有光辉之谓大，大而化之之谓圣，圣而不可知之之谓神。"（《孟子·尽心下》）其本意是：值得追求的才叫善，自己有善才是信，浑身充满善和信才为美，能够放出光辉照耀他人的是大，泽被他人而使天下人感化的是圣，让人在不知不觉中潜移默化的是神。孟子指出了士人修为的基本路径是：第一先实现个人的圆满（善、信、美）；第二成就事业（大）、平治天下（圣）；第三最终归于默默无闻、不求回报（神）。这是前后相随的人生三重境界。王安石借助孟子的这段话分别在《三圣人》（《王临川集》卷64）和《大人论》（《王临川集》卷66）里阐述了不同的思想。《三圣人》用伊尹、伯夷、柳下惠的故事，说明任何事情长久了总会有弊病（久必弊），他们三位的使命就是不断纠正前人之弊。孔子出世时，前人的弊端已暴露无遗，于是孔子提出："可以速则速，可以久则久，可以仕则仕，可以处则处。"以此作为天下行事的法则，纠正流弊。在王安石那里，孔子成了赞助变法的至圣。《大人论》中，王安石提出，最高境界"神"只存于虚无而不可见，只有通过"圣"（平治天下）才能显现，而"圣"（平治天下）又须通过"大"（成就事业）来实现（神虽至矣，不圣则不显，圣虽显矣，不大则不形）。因此王安石的关注点在第二重境界——成就事业。而道学恰好相反，把人生的目的首先落脚在第一重境界——感悟天道、修养心性。其实他们都割裂孟子所揭示的人生三重境界，把最终归于默默无闻的崇高境界（神）给曲解了。

6. 在为人和为己上，强调因时而变。为己和为人两者的关系，涉及个人与群体、家族与天下的关系。王安石直接把为己解释成为自己，为人理解成为他人。① 在《杨墨》②一文中说，墨子摩顶放踵以利天下，如当年大禹任凭儿子哭泣，为天下百姓治水三过家门而不入，可以称作"为人"；杨子（杨朱）拔一毛利天下而不为，就像颜回箪食瓢饮而独乐于陋巷，无视天下之乱，可以称作"为己"。墨子的"为人"和杨朱的"为己"，为什么都遭到孟子的贬斥？就在于各偏执于一方。"杨子之道则不义，墨子之道则不仁。"只考虑自己叫不义，只考虑别人叫不仁。于是，王安石提出："杨子之所执者为己，为己，学者之所本也；墨子之所执者为人，为人，学者之末也。是以学者之事，必先为己，其为己有余，而天下之势可以为人矣，则不可以不为人。故学者之学也，始不在于为人，而卒所以能为人也。"说明为己是本，为人是末；为己在先，为人在后。王安石解释说，不能为己却立志为人，是为荒谬，怎么能做得到？（其能乎哉？）从明白"为己"的道理上说，杨子更接近于儒学，而墨子离开儒学之道更远。王安石的这些议论代表了正统儒学的观点，相比于墨子，他们更愿意接受杨朱。正统儒学是以个人、家族为本位，不以群体、国家为本位；当国家沦丧、生灵涂炭时，士大夫是可以心安理得地修己之身，静候新君。墨子倡导"为人"先于"为己"，其摩顶放踵以利天下，必然为士大夫所厌恶。在《荀卿》（《王临川集》卷68）一

---

① 程颐的理解与王安石有区别。他把"为己"理解为"使人求于内、使人求于本"，"为人"理解为"求于外、求于末"。遂成为道学的一种标准理解。见《宋元学案》卷15。

② 《王临川集》卷64，下引不再标注。

文中，我们又看到王安石异于正统儒学的观点。孔子曾与学生讨论何为仁者、智者。子路说："智者使人知己，仁者使人爱己。"孔子说："可谓士。"子贡说："智者知人，仁者爱人。"孔子说："可谓士君子。"颜回说："智者知己，仁者爱己。"孔子说："可谓明君子。"这段对话记载于《孔子家语》，有很高的可靠性。但是，王安石认为是荀卿编造出来的，孔子不可能把"知己、爱己"看得最高，并且做了一番论证，说明做到"使人知己、爱己的"，就能做到"知人、爱人"，能做到"知人、爱人"，也能做到"知己、爱己"。在王安石心目中，"使人知己、爱己"高于"知人、爱人"；"知人、爱人"高于"知己、爱己"。扬雄说："自爱，仁之至也。"意思是：仁的极致就是自爱。王安石为此辩解说："言能自爱之道则足以爱人耳，非谓不能爱人而能爱己者也。"意思是：能爱自己的就足以爱别人，不是说只爱自己不爱别人。客观地说，王安石为扬雄辩解似乎缺乏逻辑上的严密性，但是却为以后的学术思辨确定了方式。

7. 在为政上，提出顺势而为，适时而动。《夫子贤于尧舜论》（《王临川集》卷67）提出："圣人（孔子）之心，不求有为于天下，待天下之变至焉，然后吾因其变而制之法耳。"孔子不刻意去做事，只是依据天下的变化再提出相应的解决办法；孔子不是单靠个人的力量，而是一位集大成者。正因为孔子集中了先圣的智慧，而能提出"万世之法"，这就是孔子比尧舜更加贤明的原因。王安石这番言论，实际是对这场变法运动的自画像。难怪朱熹后来略带讽刺地说："挟以为高，足已自圣。"[①]《周公》（《王临川集》卷64）一文中，王安石借批评荀子而提出周公建立完整国家教育体系的做法，引用孟子批评子产用车载人过溱水、洧水是不知为政，提出："立善法于天下，则天下治；立善法于一国，则一国治。"这些思想都在之后的变法实

---

① 《晦庵集》，上海古籍出版社1987年版，第70页。

践中一一找到对应。

由于王安石从宋高宗赵构开始逐渐被妖魔化，其新学不再为人所重，但对后学的影响又是显而易见的，只是后来的学者不愿承认罢了。[①] 南宋学者中对王安石最有好感的当属陆九渊，他说："荆公之学，未得其正；惜哉，公之学不足以遂斯志，而卒以负斯志。"[②] 是说王安石的新学拖累他的变法大业。从道学的角度看，所谓"未得其正"主要是指没有从诚意正心等修己入手，也就是没有从内圣之学开始，只是专注于平治天下，过度迷恋于外王之学。朱熹引二程的话说："为己，欲得之于己也。为人，欲见之于人也。""古之学者为己，其终至于成物。今之学者为人，其终至于丧己。"（朱熹《论语集注·宪问》）意思是如果从修己开始，最终能实现成就自己和他人，如果从平治开始，最后连自己是什么都不知道了，以此说明内圣之学高于外王之学。可以说，理学思想是对王安石新学反思的结果。当然，这是道学家们的观点，其实王安石并不是不重视为己之学。当一千年后，我们能用更宏大的视野分析宋代学术思想的走向，不得不承认：王安石的新学依然没有摆脱旧儒学的特色——零散、逻辑性不够严密。一个能够把天、地、人，宇宙和人生相互连接在一起的更加系统的思想体系，还需要由另一批人，如同接力赛跑一样，通过几代人的努力逐渐建构起来。这就是从周敦颐、张载到程颢、程颐，再到朱熹、陆九渊，最后到王守仁的正统道学——新儒学思想链条。

---

① 钱穆就认为："朱熹对于诸《经》与《四书》的新注释，也可谓由安石启其端。"《宋明理学概论》，九州出版社2010年版，第19页。

② 《象山集》，迪志文化出版有限公司2003年版，第13、19页。

第二十五章
道学的发端和初步形成

宋明道学的发端当从周敦颐开始,包括邵雍、张载,再到程颢、程颐粗具规模。他们在北宋学术思想纷呈各异的百花园里,也只是一朵并不特别的鲜花。与当时的大学者,又是杰出的政治家,如范仲淹、欧阳修、王安石、司马光、苏轼等人相比,他们只担任过几任小官,与政治若即若离,虽醉心于学术,但存世的文章很少。但正是他们,努力建立起影响后世甚远的道学体系。周敦颐的《爱莲说》广为人知,抄录于下,对于理解道学思想似不无裨益,因为莲花与佛教关联极大。

水陆草木之花,可爱者甚蕃。晋陶渊明独爱菊。自李唐来,世人甚爱牡丹。予独爱莲之出淤泥而不染,濯清涟而不妖,中通外直,不蔓不枝,香远溢清,亭亭净植,可远观而不可亵玩焉。予谓菊,花之隐逸者也;牡丹,花之富贵者也;莲,花之君子者也。噫!菊之爱,陶后鲜有闻。莲之爱,同予者何人?牡丹之爱,宜乎众矣!

第二十五章 道学的发端和初步形成

一 周敦颐的《太极图说》

周敦颐（1017—1073），字茂叔，道州营道（今湖南道县）人，朱熹称赞他"风月无边，庭草交翠"。要理解周敦颐的学术贡献，须从儒学以至孔学的局限性来认识。这种局限性或脆弱前文已经反复提及，如缺乏理论上的周延、逻辑上的严密、思想体系的完整等，不解决这些问题，宋代儒学的复兴就是一句空话。周敦颐站在新的历史时期，提出解决这些问题的理论框架，确立新的宇宙观和人生观。他一生著书极少，只有寥寥二百多字的《太极图说》和不足三千字的《通书》，与北宋时期动辄几十上百卷的大儒相比，简直寒酸，却是后儒反复争辩、讨论最多的著作。按照朱熹的观点，《太极图说》与《通书》互为表里，相互发明。现将文字极短的《太极图说》原文辑录于下，看看其到底揭示了什么样的宇宙和人生图景。

> 无极而太极。太极动而生阳，动极而静，静而生阴，静极复动。一动一静，互为其根。分阴分阳，两仪立焉。阳变阴合，而生水火木金土。五气顺布，四时行焉。五行—阴阳也，阴阳—太极也，太极本无极也。
>
> 五行之生也，各一其性。无极之真，二五之精，妙合而凝。乾道成男，坤道成女。二气交感，化生万物。万物生生而变化无穷焉。
>
> 惟人也得其秀而最灵。形既生矣，神发知矣。五性感动而善恶分，万事出矣。圣人定之以中正仁义而主静，立人极焉。
>
> 故圣人"与天地合其德，日月合其明，四时合其序，鬼神合其吉凶"，君子修之吉，小人悖之凶。故曰："立天之道，曰

阴与阳；立地之道，曰柔与刚；立人之道，曰仁与义。"又曰："原始反终，故知死生之说。"大哉易也，斯其至矣。①

这篇词约义丰的小文章，结合《通书》回答了以下几个颇受关注的核心问题。

第一，宇宙的本原。

在这个问题上，古代中国思想资源库里，不外乎几种观点。一是老子讲的"天下万物生于有，有生于无"，"无"是什么？魏晋玄学各派曾做过大量讨论。二是从道家派生出来的宋尹首创，又为儒家所采用的气化论，天地本原在于"气"。"气"是什么？也是长期争论不休。三是中庸提出"诚者天之道"，宇宙万物、圣人之德都是真实无妄。② 四是佛教的"真如佛性"，宇宙万物因缺乏"自性"而"不真"，呈现出"假有性空"。周敦颐提出"无极而太极"并认为"太极本无极"，无极和太极是同一本原的两个方面、两种表述，就有了将上述四种观点综合到一个理论框架加以发挥的可能性。可以从几个角度去理解。第一，宇宙的本原是无限与有限的统一。"无极"一词出自《道德经》的"复归于无极"，是指无边无际无始无终的状态，代表着无限；"太极"一词出自《周易》的"是故易有太极"，是指最原初的某一状态，代表着有限。宇宙的本原是无限与有限的统一体。第二，宇宙的本原是虚无和实有的统一。无极可以理解为虚无，但从"无极而太极"来说，又不是绝对的无，而是内含太极这个实有；太极虽然是实有，但从"太极本无极"来说，又蕴含着虚无。宇宙的本原与我们日常所看到的大千世界不同，是虚无和实有的统一体。吸收佛学中观思想，但剔除其空观。第三，宇宙的本原是理与气

---

① 引自《宋元学案》，中华书局1986年版，第497、498页。
② "诚"作为中庸的第三命题在本书第二卷第五章曾进行过讨论。

的统一,或者说精神与物质的统一。宇宙万物由"气"演化而来,几乎为董仲舒以来历代大儒所采信,与周敦颐同时代的王安石、张载等人也赞同这一观点,但是,依然存在一个难以解决的理论困惑。"气"的聚合、离散是按照一定的"理"(或叫规律、原理)进行的,这种"理"与"气"是什么关系?是相互分离还是相互统一,还是别的什么状态,没有说清楚。将无极看作理,太极看作气,且无极=太极,那么理与气就是统一的。道学二元论与西方哲学二元论的区别在于:道学的理、气既不是独立存在,也不是实体,两者是一分为二、合二为一;而西方二元论的物质和精神是彼此独立存在的两个实体,尽管两者之间有一定关联。在注意与西方哲学术语相区别的基础上,可以把理看作精神(规律),把气看作物质,"无极而太极"是指精神与物质的统一。在周敦颐的理论框架内,宇宙的本原是理与气的统一体。第四,宇宙的本原是动与静、阳与阴的统一。周敦颐认为"一动一静,互为其根"。《周易》谓:"一阴一阳之谓道",阴阳互为其根。将"无极"视为"静","太极"可视为"动",太极与无极本为一体,动与静也是一体中的两种状态。因此,宇宙本原是动与静、阳与阴的统一体。从这可以看到,周敦颐提出的是对立统一的宇宙本体论,其思维水平已经达到较高的水平。从古希腊罗马的传统看,宇宙本原的理解上分为两派,或者是"绝对理念",或者是"原子",就有了西方学术传统下的唯心、唯物之争。但这种争论无法用于中国道统,这是两种有明显区别的思维模式。不过周敦颐之所以被划入儒家道学,还是因为坚持把"诚"作为宇宙本原的根本特性——世界是真实存在的。[①]

[①] 周敦颐认为:"诚者,圣人之本。""诚,五常之本,百行之原也。"《宋元学案》,中华书局1986年版,第482、483页。

第二，宇宙的演化。

宇宙演化不是纯思辨就能解决的问题，但对千年之前的人类而言，对宇宙的好奇心只能通过纯粹的想象来展开，18世纪的康德还利用当时的资料构思"星云起源说"。老子说："道生一，一生二，二生三，三生万物。"《易纬·乾凿度》则把宇宙演化早期分为"太易、太初、太始、太素"，代表气没有形成、气形成之初、气有了形状、气形成质地等四个阶段。郭象认为万物独化于玄冥之境。佛教把宇宙演化归为"缘起性空"，整个宇宙由非线性的因果链串联起来。周敦颐在总结前人思想资料的基础上，进行了大胆想象，提出了独特的宇宙演化图。太极（无极）内含阴阳—阳变阴合而产生五行（水火木金土）—天地运转配五行而产生四季—阴阳二气交感化生万物—万物生生而变化无穷。这一现代人看来极为粗糙的宇宙演化过程却蕴含着极为重要的观点，支撑着整个道学的思想体系。第一，宇宙演化的整个过程都遵循着同样的规律。周敦颐说："二气五行化生万物。五殊二实，二本为一。是万为一，一实万分。万一各正，小大有定。"[①] 五行也好，阴阳二气也好，还是"万"所指代的大千世界，实际上都统一于这个"一"。把这个"一"称为"理"（如程氏兄弟和朱熹）还是"心"（如邵雍和陆九渊），并没有本质性的区别。在现代语境下，这个"一"可以理解为统一的规律。周敦颐继承《中庸》的传统，用"诚"来称呼"一"。他说："寂然不动者诚也，感而遂通者神也"，"诚"和"神"（同一体的两个方面）就是主宰宇宙演化过程的那个"一"。第二，宇宙演化所遵循之理并不在事物之外，而是事物之内。周敦颐提出"无极而太极"和"太极本无极"，就意味着确立了把事物与理分开，同时又是合一的思维路线。他说：

[①] 《宋元学案》，中华书局1986年版，第490页。

"动而无静,静而无动,物也。动而无动,静而无静,神也。"①"物"(事物)的特点是动与静分明,动就是动、静就是静,这与我们日常观察到的事物是一致的;"神"(理)的特点则是动与静的统一,动中有静、静中有动、动静相依、动静互变。他进一步提出"物则不通,神妙万物"②,事物不会自我演化,只有理在背后主宰万物的变化。他在《太极图说》提出"无极之真,二五之精,妙合而凝",无极的真(诚),阴阳二气和五行的精(神),都凝合到化生出的万物之中。事物与理合二为一,彼此相依、不可分割,成为宋明道学的主流,也成为后来熊十力等现代儒家思想的基础。

第三,人类的产生。

人如何产生的?这是自古盘桓在人类脑袋里的大事,古代世界大部分文明以神创论为主。中国有女娲造人的传说,但也仅仅是民间传说而已,不会为主流思想所认可。周敦颐坚持自然演化产生人类的观点,运用阴阳、八卦等思想材料,构想"乾道成男,坤道成女"。具有以下几个鲜明的特色。第一,人类是宇宙万物的宠儿。他说:"惟人也得其秀而最灵",天地间的灵、秀集人于一身,人是最可宝贵的。这种人本主义(相对于神本主义)思想在周敦颐那里用极为凝练的语言概括出来。第二,人类形神俱备。关于形和神的关系,佛教传入中国之初就有过很大的争论。从周敦颐一贯的思路看,他反对慧远的"神不灭"思想,而认同形、神互为表里。只有人类之形才有人类之神、人类之知。反对把人类与草木、禽兽等量齐观的佛、老思想。第三,人具有仁义礼智信这五性。人性是什么?王安石不赞成将"仁义礼智信"作为人性,否则人性之恶就难以解释。周敦颐则坚持将"仁义礼智信"作为人性的观点,但王安石的疑问没有解决,直

---

① 《宋元学案》,中华书局 1986 年版,第 488 页。
② 《宋元学案》,中华书局 1986 年版,第 488 页。

到张载区分出"天地之性""气质之性"才弥补了逻辑上的漏洞。第四，圣人制定人伦规范（礼乐刑政）。周敦颐在解释刑政产生的原因时说："民之盛也，欲动情胜，利害相功，不止则贼灭无伦焉，故得刑以治。"① 人与万物毕竟不同，治理天下需要由圣人来制定人伦规范（立人极），这种人伦规范体现了"中正仁义"而归于"静"。"中正仁义"代表着儒家思想，而归于"静"，又代表着道家的传统。不过，周敦颐对"静"还是作了符合儒家思想的解释："非不动为静，不妄动为静。"

周敦颐在解决人类的产生和人性问题之后，还要解决人类之性与天地之性、宇宙之性的关系，也就是古老的"天人关系"。"天人合一"是中国道统一以贯之的信条，董仲舒通过"天人感应"来解释，中国化佛教以"人心"与"宇宙心"同一来解释，周敦颐则是用理想化的人——圣人作中介，解决天人之间的关系。

第四，圣人的意义。

周敦颐提出了宇宙万物"是万为一，一实万分"的观点，就人类而言，也有一和万的关系。他说："天下之众，本在一人。"② 人类看上去各种各样，其实都可以抽象为"一人"，这个"一人"就是"圣人"。圣人的意义在于"以仁育万物，以义正万民。"③ 如果说基督教世界的"上帝"是理想人格在彼岸世界的投射，中国道统的"圣人"则是理想人格在现实世界的反映。朱熹说："盖人禀阴阳五行之秀气以生，而圣人之生，又得其秀之秀者。"④ 如果说人得天地秀气而生，那么圣人所得禀赋只是更纯粹、完整。圣人"与天地合其德，日月合其明，四时合其序，鬼神合其吉凶"，说明天地之德、

---

① 《宋元学案》，中华书局 1986 年版，第 493 页。
② 《宋元学案》，中华书局 1986 年版，第 487 页。
③ 《宋元学案》，中华书局 1986 年版，第 487 页。
④ 叶采：《近思录集解》，中华书局 2019 年版，第 5 页。

日月之明、四季之序、鬼神之凶吉内在于圣人之中，可以实现"先天而天弗违，后天而奉天时"的境界。周敦颐的弟子二程后来说："圣人即天地也。天地中何物不有？""一人之心即天地之心。"① 真正能与天地完全合一的是圣人，其他人则以圣人为标杆。在周敦颐的"天人合一"框架内，天的阴阳之道、地的柔刚之道与人的仁义之道本来就是一致的，其中最完美体现这种一致性的就是圣人。相较前人，周敦颐对天人关系的论证更有逻辑性，也更有理性，为以后程朱理学的天地之性就是人性、天理就是人性开辟了理论通道。从新的天人合一理论框架出发，周敦颐把宇宙本原的特点，如无极的"真（诚）"，主宰事物变化的"神"，动静变化之间的"几"（机理），看作"圣人"所具备的特性②。说明从自然中演化出的人类必然与天地、日月、四季、鬼神相互契合。

周敦颐所描绘的宇宙、人生图景，叙事方式看上去是从宇宙到人生，实际上是以人生看宇宙，将整个世界抹上一层"伦理"色彩，消弭了将宇宙与人类分离、单独研究宇宙之理的可能性，与老子以天道讲人道一脉相承。老子认为：水是柔的，柔弱胜刚强，所以人也应该是柔的。周敦颐认为：无极以静虚为本，圣人是以无欲为要。③ 有学者称周敦颐开创了道家化之儒学，似乎不为过。④

与周敦颐同时的还有一位道学先驱邵雍，则是用"象数"来解释宇宙和人生。

---

① 《二程遗书》卷2上，上海古籍出版社2000年版，第63、67页。
② 《通书·圣》："诚神几曰圣人。"《宋元学案》，中华书局1986年版，第484页。
③ 《通书·圣学》："圣可学乎？曰：可。有要乎？曰：有。请问焉。曰：一为要。一者无欲也。无欲则静虚动直。静虚则明，明则通。动直则公，公则溥。"《宋元学案》，中华书局1986年版，第489页。
④ 参见陈钟凡《两宋思想述评》，"敦颐之学，由道教而返于道家，终形成道家化之儒学也"（东方出版社1996年版）。

二　邵雍的"象数"学

邵雍（1011—1077），字尧夫，共城（今河南宓县）人，日常待人平和，"贤者悦其德，不贤者喜其真"①。邵雍和周敦颐的学术渊源都可以追溯到宋初道士陈抟，获得其真传的"先天卦图"。邵雍与二程是好友，相对来说，程颢受邵雍影响大些。朱熹理学主要传承于程颐，已是共识，陆九渊的心学则可以上溯程颢、邵雍。② 邵雍的学术思想与周敦颐并无本质上的区别，但在学术方法上有较大的差异，唯其方法上的差异而导致学术观点的差异。从思维前后一贯性和严密性来看，在学术逻辑性上，邵雍略逊一筹，因此周敦颐对后世的影响更大一些。邵雍喜欢神秘的象数，曾预言南方人当宰相必然祸害天下，后来果然在王安石身上应验。③ 邵雍还用象数易学来推衍天道、预测人事，用阴阳、刚柔等来解释各种现象，用的还是汉代《白虎通义》的思路，难免牵强附会、遗患后世。④

宇宙本原、宇宙演化、天人关系是邵雍感兴趣的课题。

在宇宙的本原上，邵雍用"太极"的变动来解释世界的起源。

---

① 《宋元学案》，中华书局1986年版，第366页。
② 吕思勉也说："然则象山（陆九渊）之学，实远承明道（程颢）。"《理学纲要》，中国人民大学出版社2011年版，第99页。
③ 邵雍说："不二年，南士当入相，天下自此多事矣！""天下将治，地气自北而南，将乱，自南而北。"《宋元学案》，中华书局1986年版，第366页。
④ 为解释日落月出，说："阳消则生阴，故日下而月西出也；阴盛则敌阳，故日望而月东出也。"为解释鱼为何在水里生活而不适合陆上生活，说："水之族以阴为主，阳次之；陆之类以阳为主，阴次之。故水类出水则死，陆类入水则死。"《皇极经世书》，九州出版社2012年版，第506、508页。

他说："太极，一也，不动。生二，二则神也。"① 太极变化中有阴阳，与周敦颐的看法相同。邵雍把太极看作"一"、看作"心"、看作"道"，也看作"神"，这四者名称不同又是同一回事（都是指太极）。② 我们可以从四层含义来理解：所谓"道"是说太极寂然不动，代表着宇宙的终极真理；所谓"一"是说太极"万殊归一"，宇宙万物都由同一原理支配；所谓"心"是说太极是由人心感悟到的；所谓"神"是指太极外发的效用，宇宙万物遵循一定规律而演化③。邵雍对"神"作了进一步的解释："神无所在，无所不在"，"气一而已，主之者神也；神亦一而已，乘气而变化"，"气者，神之宅也；体者，气之宅也"。④ 说明邵雍的"太极"除了上述四层含义之外，还是气（物质）和神（精神）的合一。按照"人之神则天地之神"⑤的看法，一、道、神最终归于人心。

在宇宙的演化上，邵雍还是"太极—阴阳"的思路。在阴阳关系上，与周敦颐"阴阳互根"相似。⑥ 但在具体表述上，沿着《周易》"易有太极，是生两仪。两仪生四象，四象生八卦"的思路，提出："是故一分为二，二分为四，四分为八，八分为十六，十六分为三十二，三十二分为六十四。""合之斯为一，衍之斯为万。"⑦ 开辟了用"象数"表征宇宙变化的路子。宇宙从最初的"一"开始，沿

---

① 邵雍：《皇极经世书》，九州出版社2012年版，第503页。
② "心为太极，又曰道为太极。""道与一，神之强名也。"《皇极经世书》，九州出版社2012年版，第503、510页。
③ "太极不动，性也；发则神，神则数，数则象，象则器，器之变复归于神也。"《皇极经世书》，九州出版社2012年版，第503页。
④ 《皇极经世书》，九州出版社2012年版，第510页。
⑤ 《皇极经世书》，九州出版社2012年版，第510页。
⑥ "阳不能独立，必得阴而独立，故阳以阴为基；阴不能自见，必得阳而后见，故阴以阳为倡。"《宋元学案》，中华书局1986年版，第376页。
⑦ 《皇极经世书》，九州出版社2012年版，第494、495页。

着倍数的规律无限发展。这个规律用现代数学可以表述为比例为2的"等比数列"（1、2、4、8、16……）。"等比数列"的威力在国际象棋的故事中为人们所熟知。如果在国际象棋的第1格放一粒大米，第2格放两粒大米，第3格放四粒大米，按照此规律放满六十四格，其数量大致是惊人的三千七百亿吨大米（按每千克5万粒计算），是2018年全球大米产量的七百多倍。如果无限地按等比数列发展下去，宇宙万物的数量将极为可观。现代人肯定不会认为宇宙演化是遵循几何级数的规律，但是邵雍当年提出这样的设想，却是大胆而有创意。他的象数有具体内容作说明：阴阳出于太极，一动一静，"天生于动，地生于静"；有了天地，接着天生四象（日月星辰），地生四体（水火土石），再出现"暑寒昼夜""雨风露雷"……诠释了一、二、四、八、十六……这一规律。

在天人关系上，邵雍同样把"天人合一"作为全部理论的基础，是董仲舒"天人相副"思想的发展。他说："学不际天人，不足以谓之学。"[①] 强调考察天人关系的重要性。概括起来，有几层含义。第一，互为表里。他说："天与人相为表里，天有阴阳、人有邪正。"[②] 说明人的外在表现，比如邪正、善恶，天的外在表现，如阴阳、寒暑，有着相互呼应的关系。第二，天、地、人遵循同样的"道"。他说："天由道而生，地由道而成，人物由道而行。天地人物则异也，其于由道一也。"[③] 支配天地的规律同样支配着人，天地人相互贯通，从观察天地而体悟出的道理同样适合人、适合社会。第三，在道与天地万物人的关系中，最后还是归结于人。他说："道之道尽于天矣，天之道尽于地矣，天地之道尽于物矣，天地万物之道尽于人矣。"[④]

---

① 《宋元学案》，中华书局1986年版，第381页。
② 《宋元学案》，中华书局1986年版，第371页。
③ 《宋元学案》，中华书局1986年版，第372页。
④ 《宋元学案》，中华书局1986年版，第370页。

最终还是人能掌握和利用天地万物之道。第四，人集天地精华于一身，最为宝贵。邵雍反复说明"人为万物之灵"，"人之类备乎万物之性。人之贵兼乎万类，自重而得其贵，所以能用万类"①。孟子曾说"万物皆备于我"，邵雍把孟子的"万物"进一步明确为：天地之阴阳、刚柔的特性，天地变化的规律，人身上都有，人都能感知和把握。他继续复述古代思想遗产中"人为最贵"的道理。你看动物是横向生长，植物是纵向生长，而"人宜横而反纵，此所以异于万物，为最贵也"②。这种论证还停留在秦汉时期，缺乏新意，但体现了中国道统自古至今的人本精神。邵雍认为，上天赋予人类以高贵，如果不自重、不自贵，那是在悖逆天地之理，世上没有比这更为不祥的事情了！③

邵雍的学术思想为后学所重视的，一是观物的方法，二是心的意义。

所谓观物的方法，就是观察天地万物的方法。眼睛所看到的，可能并不是事物的本来面貌；用心思考的，也不一定能把握事物的实质；只有发现主宰事物背后的"理"，才算掌握真知。④ 这一观点具有方法论上的意义。但是，我们切莫以为邵雍有科学意义上的方法，其实他最终要表达的还是"以己之心""以己之理"去度测天地万物。⑤ 这是理学思想所决定的。

所谓心的意义，是要说明"心"在宇宙人生中的地位和作用。

---

① 《皇极经世书》，九州出版社2012年版，第510页。

② 《皇极经世书》，九州出版社2012年版，第509页。

③ "天地与其贵而不自贵，是悖天地之理，不祥莫大焉。"《皇极经世书》，九州出版社2012年版，第509页。

④ "夫所以谓之观物者，非以目观之也。非观之以目，而观之以心也；非观之以心，而观之以理也。"《皇极经世书》，九州出版社2012年版，第484页。

⑤ "先天学，心法也。故图皆自中起，万事万化生于心。""先天之学，心也；后天之学，迹也。"《皇极经世书》，九州出版社2012年版，第497页。

邵雍在解释太极的时候，也说："心为太极。"① 他对中国道统古已有之的"人为天地之心"做出新的论证。他说："天地之本，其起于中乎！人居天地之中，心居人之中，日中则盛，月中则盈，故君子贵中也。"② "心"居于天地万物的最中央，而中央绝对是最重要的。关于"心"的作用，可以有两种理解。一种是从"天地万物之道尽之于人"的角度，认为"心"能把握和运用天地之道。这比较符合邵雍的本意③，这与后来陆九渊的看法相近。另一种理解是把"心"看作具有控制、指挥能力的一种机理，朱熹就是这样理解，同时又根据"心"对善恶的不同作用，区分出"道心"和"人心"，引发"人心惟危，道心惟微；惟精惟一，允执厥中"的十六字心法大讨论。

邵雍学术思想中还有引人注目之处就是用"元会运世"的循环来描述自然历史，用"皇帝王霸"来划分人类历史。这是在邹衍"五德终始"和董仲舒"三统说"的基础上的创新。但其中的历史循环论思想依然没有变。

三　张载的气化论

张载（1020—1077），陕西郿县横渠人，是北宋五子中最为排斥佛老、坚守儒家价值的学者。"其精思力践，毅然以圣人之诣为必可至，三代之治为必可复。"④ 张载作为学者不仅思考，还力行，曾出

---

① 《皇极经世书》，九州出版社2012年版，第503页。
② 《皇极经世书》，九州出版社2012年版，第504页。
③ 邵雍说：圣人"谓其能以一心观万心，一身观万身，一物观万物，一世观万世者焉。又谓其能以心代天意，口代天言，手代天工，身代天事者焉。"《皇极经世书》，九州出版社2012年版，第469页。
④ 《宋元学案》，中华书局1986年版，第664页。

钱购买土地试验"井田制",真诚地认为圣人所描绘的理想世界必定会实现,华夏必将重返"三代"盛世。与周敦颐提出宇宙人生的理论框架、邵雍用"象数"来解释宇宙演化不同,张载在北宋道学中独树一帜,就在于为读书人凝练了高远的"士人精神",为后人绘就了充满家国情怀的华夏"精神家园",也用"气化论"解决了人性善恶的逻辑困境。他一生以反对佛老、祖述孔孟为宗旨,后世称其为"醇儒",其实道家的自然主义思想、韩非的"道一理殊"、佛家的"一理万殊"共同成就了他的理论,墨子"兼爱"思想在他的天人理论的支撑下得以复活。张载一生践行孔孟的"安贫乐道"思想,《宋史·张载传》载在其去世时:"贫无以敛,门人共买棺奉其丧还。"笔者读到这一段,不禁为之感叹!后世王夫之批评程颐、朱熹,却以"希张横渠之正学"自居,可见张载影响之深远。

(一) 士人理想

春秋时鲁国大夫叔孙豹提出了"立德""立功""立言"为"三不朽",确立了君子的人生价值,树立了孜孜以求的人生标杆。① 一个人能以光辉的德性泽被后世,以伟大的事业成就梦想,以隽永的思想留下精神财富,还有什么比这更加完满的人生? 而张载的"为天地立心,为生民立命,为往圣继绝学,为万世开太平",则更是确立了一种崇高的"士人理想"。

天地有心吗?没有。张载说:"天无心,心都在人之心。"② 既然这样,为什么又要给天地立心?实际上并不是给天地立心,而是要"士人"树立为民之心。为什么这样说呢?这里须注意其中的逻辑关

---

① 《左传》襄公二十四年:"太上有立德,其次有立功,其次有立言,虽久不废,此之谓不朽。"孔颖达疏:"立德,谓创制垂法,博施济众";"立功,谓拯厄除难,功济于时";"立言,谓言得其要,理足可传"。

② 《张载集》,中华书局 1978 年版,第 256 页。

系。《尚书·泰誓》云："天视自我民视，天听自我民听"，张载说："大抵言天地之心者，天地之大德曰生，则以生物为本者，乃天地之心也。"① 通常所说的天地之心是从天地创生万物意义上说的，以天下苍生为念，便是天地之心。《道德经》云："圣人无常心，以百姓心为心"，老百姓的意愿就是圣人（执政者）的意愿。因此，圣人之心与天地之心是等同的，都统一于百姓之心，统一于为民之心。张载肯定这一观点。他说："天之知物不以耳目心思，然知之之理过于耳目心思。天视听以民，明威以民，故诗书所谓帝天之命，主于民心而已焉。"（《正蒙·天道》）"天"具有超越人类耳目心思的能力，一切以民心为向背。他总结说："学必如圣人而后已。知人而不知天，求为贤人而不求为圣人，此秦汉以来学者之大蔽。"（《宋史·张载传》）秦汉以来学者最大的弊端是仅满足于做个贤人，缺乏向圣人看齐的高标准。他要给"士人"立心，如同圣人之心一样，不以己心为心而以百姓之心为心。给天地立心，就是给"士人"立为民之心，树为天下苍生的仁爱之心，做到我将无我、不负苍生。②

何谓命？何谓立命？《中庸》云："命，犹令也"，"命"一般指命令、指令，"天命"可以理解为天的命令，即"必然性"。周公提出"天命靡常，惟德是辅"（《尚书·多士》），突出了"以德配天"才能获得天命垂青的思想，认为周人事业的成败关键在人而不在天。因此，天命与人的德性修养具有统一性，人领悟到这一点就可以安身立命。孔子很少谈性、命，但不是不谈，而是不愿意空谈，认为做好自己的事情——"践仁"——才能体认天命、敬畏天命、持守天命。《中庸》提出"天命之谓性；率性之谓道；修道之谓教"，这就是说天命不在人性之外，而是内在于人性之中，顺性而为就是"道"，按

---

① 《张载集》，中华书局1978年版，第113页。
② 从中国共产党人身上我们会更深切地感受到如何将这一优秀思想发扬光大，变成一种体制性、制度性安排。第八卷将展开一些讨论。

"道"的原则修身就是"教"。天命既然可以从内化于我们身体里的自然秉性中感悟，所谓立命就转化为立教、修道、养性。孟子认为的安身立命者，能够尽心知性，从容面对生死、从容面对长寿夭折，修身养性而持守天命；他们不怨天、不尤人，尽自己的能力完成生命赋予自己的使命，做到正命而死。对天命的体悟和现世的实践构成人立命的双翼。张载接受这从古贯今的思想，说："性通乎气之外，命形乎气之内，气无内外，假有形而言尔。故思知人不可不知天，尽其性然后能至命。"（《正蒙·诚明》）从人性、天命、元气的一致性，说明立命与尽性的关系。张载的贡献在于，由于坚持人性、天命、元气的一致性，坚持天地万物都是气化而成的一元论，天命就带有普遍性、必然性。天命不是君子才有，天下苍生都有，张载提出为生民立命，就是为天下百姓立命，使"立教、修道、养性"具有惠及天下苍生的普世价值。从孔子"君子之德风，小人之德草"的视角，张载重视对百姓实施教化，其"为生民立命"的路径应该是：先有更高觉悟的"士人"做出榜样，向圣人看齐，继而带动天下百姓，使"立教、修道、养性"能普及于全社会。

为往圣继绝学，在张载眼里，能称为"往圣"的只有周公、孔子、孟子三位，而绝学则是秦汉以来被佛老掩盖的"仁义"之道。这体现了北宋五子共同的文化担当和使命意识——以弘扬孔孟之道作为人生的追求。这种使命担当来源于一个共同看法：汉唐以来一切问题的根源在于佛老思想的荼毒；学者须越过这一千年混乱的历史，直接上溯孔、孟的道统。张载说："此道自孟子后，千有余岁。若天不欲此道复明，则不使今日有知者。既使人有知者，则必有复明之理。"[①] 张载的这种文化自觉和文化自信与他奉孔孟之道为真理、以佛老为歪理邪说有关，也与他轻视汉唐学术思想有关。他认为宇宙本

---

① 转引自吕思勉《理学纲要》，中国人民大学出版社2011年版，第56页。

源于太虚（太极），充斥着无形无状的气，"气块然太虚，升降飞扬，未尝止息"，这种永不停息的"气"聚散变化而形成万物。① 他进一步认为，太虚不能没有气，有气就会聚集形成万物，万物既然是气的聚集，总归会消散而复归太虚。② 在张载看来，气与万物之间是双向变化，所以他批评佛教是只讲万物的寂灭，道教只讲万物不化的长生，两者看上去有区别但都是违背规律的。③ 他认为太虚和气是有与无、体与用的统一，反对玄学的"有生于无"，佛学的"万物幻有"。对于民间流行甚广的鬼神，他也反对将鬼神人格化，认为鬼神不过是阴阳二气变化的机能，不会超越阴阳两端。④ 近代有学者认为张载辟佛老，其实并没有理解佛老的真意。⑤ 这里无须去辩驳张载是否真懂佛学和老庄，他以继承孔孟道学为己任的精神和文化自觉，让后来的"士人"们高山仰止、心向往之。

为万世开太平，体现了张载远眺并立志开创理想社会的志向。"太"有最高、原初的含义。"平"有安定、平直、公平的含义，是自古以来向往的理想境界，与王道、仁政相关联。所谓"无党无偏，王道平平"（《尚书·洪范》）。孟子云："尧舜之道，不以仁政不能平治天下。"（《孟子·离娄上》）"平"还涉及百姓侍奉父母、敬重长辈这类具体的伦常。所谓"人人亲其亲，长其长，而天下平"（《孟子·离娄上》）。"太平"一词首见《吕氏春秋·大乐》："天下太平，万物安宁"，是万物各得其所的盛世景象。道教经典《太平

---

① 《正蒙·太和》："太虚无形，气之本体，其聚其散，变化之客形尔；至静无感，性之渊源，有识有知，物交之客感尔。客感客形与无感无形，惟尽性者一之。"
② 《正蒙·太和》："太虚不能无气，气不能不聚而为万物，万物不能不散而为太虚。循是出入，是皆不得已而然也。"
③ 《正蒙·太和》："彼语寂灭者往而不反，徇生执有者物而不化，两者虽有间矣，以言乎失道则均焉。"
④ 《正蒙·太和》："鬼神者，二气之良能也。鬼神之实，不越二端而已矣。"
⑤ 参见吕思勉《理学纲要》，中国人民大学出版社2011年版，第57页。

经》,早期道教"太平道",皆以"太平"为名憧憬理想的清虚世界。宋太宗太平年间编纂《太平御览》,"太平"成为年号和官方文献之名。宋儒给"太平"一词注入了仁义、王道、慈孝等元素,将天下太平作为毕生追求的政治抱负。在实现王者之治的太平世界上,宋儒各派并无不同,其分歧在于实现的方式,症结在于如何"开"。张载固守儒家"三代"说,当宋神宗询问治国之道时,张载说:"为政不法三代者,终苟道也。"(《宋史》卷427《张载传》)张载坚持"三代"才是真正的王道,王安石曾询问新政,张载说:"公与人为善,孰敢不尽!若教玉人琢玉,则固有不能者矣。"① 此话意味深长!但为政者只是与人为善,无疑是书生意气。"太平"凝结着中国人的全部理想,成了历代"士人"魂牵梦萦的精神支柱。尽管"太平"一词不同时代有不同理解,不同时代有不同路径,为"万世开太平"始终是中国士人不断前行的不竭动力。

(二) 精神家园

家国情怀是中国道统的精神家园,能用最简洁的语言又表达得如此酣畅淋漓的则是张载的《西铭》。它本是《正蒙》中的一篇,名"订顽",因张载将其抄录悬挂于书房西侧作为座右铭,后人称为"西铭"。二程甚至将《西铭》与《大学》并列给弟子讲解,其大弟子杨时说:"《西铭》扩前圣所未发,与孟子同功。"② 与"孟子同功"的评价,道出了西铭的价值。如果说《大学》从方法论的角度提出实现平治天下的路径,《西铭》从本体论的角度阐释了梦想中的中华精神家园。由于其文字短小而意境深远,兹录于下。

> 乾称父,坤称母,予兹藐焉,乃混然中处。故天地之塞吾其

---

① 《宋元学案》,中华书局1986年版,第663页。
② 引自钱穆《中国思想史》,九州出版社2012年版,第13页。

体，天地之帅吾其性，民吾同胞，物吾与也。

大君者，吾父母宗子；其大臣，宗子之家相也。尊高年所以长其长，慈孤弱所以幼其幼，圣其合德，贤其秀也。凡天下疲癃残疾、茕独鳏寡，皆吾兄弟之颠连而无告者也。于时保之，子之翼也。乐且不忧，纯乎孝者也。违曰悖德，害仁曰贼，济恶者不才，其践形惟肖者也。

知化则善述其事，穷神则善继其志，不愧屋漏为无忝，存心养性为匪懈。恶旨酒，崇伯子之顾养；育英才，颍封人之锡类。不弛劳而底豫，舜其功也；无所逃而待烹，申生其恭也。体其受而归全者，参乎；勇于从而顺令者，伯奇也。富贵福泽，将厚吾之生也；贫贱忧戚，庸玉汝于成也。存，吾顺事；殁，吾宁也。①

张载的这篇短文有深厚的底蕴，几乎每句话、每个词都有出处，组合起来却创造了前人所没有表述的新境界。这是他的高明之处，也是宋明道学的高明之处。"万物一体"是道学的共同思想基础，也是"西铭"一文的理论基础②。从内容上看，张载的"万物一体"包括"万物皆气化"和"万物皆有理"两方面③，犹如现代语境下的万物"皆由物质组成"和"皆有内在规律"。从方法论说，张载从整体的、联系的角度看待"万物一体"，万物皆源于太虚又归于太虚，万物没有孤立之理，皆因对立统一而得以呈现。④ 这种"万物一体"的思想

---

① 《宋元学案》，中华书局1986年版，第665、666页。
② 《横渠易说·说卦》："易一物而合三才：阴阳气也，而谓之天；刚柔质也，而谓之地；仁义德也，而谓之人。三才两之，莫不有乾坤之道。"
③ 《横渠易说·上经》："天惟运动一气，鼓万物而生，无心以恤物。"《横渠语录》："理不在人，皆在物。"
④ 这些思想在张载那里体现得很明显，如《正蒙·动物》："物无孤立之理，非同异、屈伸、终始以发明之，则虽物非物也；事又始卒乃成，非同异、有无相感，则不见其成。"《正蒙·太和》："两不立则一不可见，一不可见则两之用息。两体者，虚实也，动静也，聚散也，清浊也，其究一而已。"

也直接引申出张载看淡生死的生死观。他说:"聚亦吾体,散亦吾体,知死之不亡者,可与言性矣"(《正蒙·太和篇》),又说"尽性然后知生无所得,则死无所丧"(《正蒙·诚明篇》)。有了"生无所得,死无所丧"的豁达生死观,才不会蝇营狗苟于一己私利,才能使个体生命在人类种族和宇宙性命中得以永恒,展示了无神论世界里超越生死的高远意蕴。在这样的精神意境下,《西铭》表达了四层含义。

第一层,"我"作为个体与天地、万物、百姓的关系。《周易·说卦传》:"乾,天也,故称父;坤,地也,故称母。"乾、坤是指天、地,是阴阳二气的聚集,天下苍生和天下万物皆由天地演化而来。"我"的身体由天地之气组成,也具有天地之性,天地就是"我"的父母。张载说:"天地生万物,所受虽不同,皆无须臾之不感,所谓性即天道也。"(《正蒙·乾坤篇》)"我"的身体、性情与天地一致。既然这样,天下百姓都是我的同胞兄弟,天下万物都是我的同类。在这里,不以种族、宗教、文化等来画线,体现了中国道统远比人类其他文明更为博大的胸怀,更为超越的精神。

第二层,天地精神和天地秩序。《周易·乾卦》说:"天行健,君子以自强不息",《坤卦》说:"地势坤,君子以厚德载物","乾—天"代表永不衰竭、奋斗不止的"乾道精神","坤—地"代表厚实和顺、修德为善的"坤道精神"。这两种既相互对立又相互依存的天地精神,贯穿于人类社会,内化于人性之中,统一于"生生不息"的易道。① 由"乾道精神"和"坤道精神"统一而成的天地精神是性和情的统一,② 也包括进和守、健和顺、猛和宽、动和静。张载所传达的天地精神体现了独特的宇宙秩序。孔子说:"和而不

---

① 乾、坤两卦是易的核心,《系辞上》说:"生生之谓易。"
② 王安石把性与情看作体与用的关系,张载讲人性出于太虚的同时,还认为"爱恶之情同出于太虚"。见《正蒙·太和》。

同",世界的和谐建立在"不同"的基础上。之前西周的太史伯就说"和实生物,同则不继"(《国语·郑语》),孟子进一步表述为"夫物之不齐,物之情也"(《孟子·滕文公上》)。正因为万物不齐,才有和谐的天地秩序;有了天地秩序,社会秩序就有了依据。张载说:"生有先后,所以为天序;小大高下相并而相形焉,是谓天秩。"(《正蒙·动物篇》)按照这种"天秩""天序"观,后生尊重先生,年幼尊重年长,下级尊重上级就是一种自然秩序或天地秩序。按照孔子、孟子的"对等"思想,这种尊重不应是单向的,而是父慈子孝、君仁臣义,以实现扶贫济困,鳏寡孤独皆有所养。这种由自然秩序衍化出的社会秩序,与西方社会秩序来源完全不同。基督教的中世纪存在两种社会秩序:一种是世俗之城,一种是上帝之城。由于人的堕落和骄傲——人类企图让自己成为宇宙的中心[1],只能生活在罪恶的世俗之城。只有蒙上帝之召的人才可以生活在有序的上帝之城。当天国的幻影破灭,一种根源于柏拉图《理想国》和德谟克利特原子论的社会契约思想在近代占据主导。一群最初彼此间毫无关系的个体(犹如单个的原子)聚集到一起,为了避免血腥的丛林法则,共同订立契约,建立起有秩序的社会。而张载提出了对秩序来源的不同说明。一群本是同根生的同胞聚集在天地父母的家里,他们出生时间和能力各不相同,嫡长子(宗子)成为大君,大臣帮助料理家务事,其中能与天地合德(具有天地精神)的为圣人,出类拔萃的为贤人,尽管有贫富贵贱,但孤独困苦之人都是我们的兄弟,恤老慈幼是每个人的本分。从最初的"物之不齐"这一自然前提出发,实现各得其所、天下大同。以"自然"为基础的社会秩序,和以"上帝""契约"为基础的社会秩序,体现了两种不同的人类观、

---

[1] 参见[美]拉塞尔·柯克《美国秩序的根基》,张大军译,江苏凤凰文艺出版社2018年版,第166页。

社会观。

第三层，仁孝原则的扩张。《西铭》将"仁孝"扩展为天地间无所逃的原则。仁与孝本为一体。孔子说："予之不仁也！子生三年，然后免于父母之怀。"（《论语·阳货》）当宰我抱怨给父母守丧三年太长了，孔子就批评他不仁，因为你三岁之前都不能脱离父母的怀抱。仁爱之心是孝顺之心的基础。何为孝？《中庸》说："夫孝者，善继人之志，善述人之事者也。"继承先人的遗志，传颂先人的事迹，可谓真正的孝。张载在《西铭》中改写为："知化则善述其事，穷神则善继其志。"了解天地精神、天地秩序如何成就人文精神和社会秩序，洞察天地、万物、百姓和"我"之间存在的神通，这种"知化""穷神"就是真正的对天地父母的孝。① 因此，张载在《西铭》中表达的仁孝是对传统儒家亲亲、尊尊仁爱思想的发展，这是大仁、大孝。只有当"仁孝"摆脱血缘、宗法束缚，转化为一体适用于天下苍生的准则，才能获得永恒的社会价值。程颐弟子杨时、朱熹弟子刘刚中都曾就《西铭》遗留墨子"兼爱"思想提出异议，但程、朱皆以"理一分殊"的理由否定与墨子有关②。其实，这是基于时代的偏见而做出的否定性结论。张载说："性者万物之一源，非有我之得私也。惟大人为能尽其道，是故立必俱立，知必周知，爱必兼爱，成不独成。"（《正蒙·诚明》）

第四层，"我"的人生使命、人生态度。孟子说："人有恒言，皆曰天下国家，天下之本在国，国之本在家，家之本在身。"（《孟子·离娄上》）确立"我"的人生使命，"我"应秉持的人生态度，是天下国家之根本，也是《西铭》的归旨。张载借用历史典故，又对其中的义理进行转换，表述了几层含义。第一，于时保之，乐且

---

① 《正蒙·神化篇》云："穷神知化，与天为一，此所以事天。"
② 吕思勉：《理学纲要》，中国人民大学出版社2011年版，第65页。

不忧。① 张载引用此两句，既表达安邦定国的人生志向，还有不怨天不尤人的乐观态度。第二，穷神知化，无愧天地。② 穷尽宇宙社会变化的机理、了解贯穿其中的精神，同时一生无愧于天地神明，正是"我"所追求的人生目标。第三，践行仁孝的六种方式。张载用六个典故讲述六种方法。大禹用禁酒令保证天下父母皆有所养，控制欲望实现孝心；郑国颍封人以自己的言行帮助郑庄公母子团圆，以己孝惠及他人；虞舜以对父亲的孝行感化天下百姓，以大孝实现天下大治；晋国太子申生进退维谷中以死明志，表达对父君的忠孝；《大学》作者曾参毫发无损、终老而死，体现对双亲的孝思；周宣王重臣尹吉甫的长子伯奇顺从父亲的命令直至其父悔悟，以勇和谋诠释孝的意义。这些都是"我"践行仁孝的办法，若固守一途终将是"愚孝"。第四，超越个人的境遇，存心养性等待死亡的到来。坚信天理与人心相通、相悦，贯通于人世间。能相悦、相通的天理必定会让天下人归心。若一时做不到，那也只是境遇未到，正如当年的孔子似乎还不如那些庸碌的继世之君。③ 富贵是上天对我的恩泽，贫穷也是上天对我的考验。活着，遵从天地之道；死了，就安静地离开。人就是天地之神，不可自欺、不可欺天。④

（三）对道学理论的贡献

朱熹作为集大成者，吸收了北宋各家的思想，其中张载的贡献无疑是巨大的。除了"横渠四句"体现的士人理想和《西铭》所描绘

---

① "于时保之"出自《诗经·周颂·我将》："我其夙夜，畏天之威，于时保之"；"乐且不忧"出自《周易·系辞上》："乐天知命，故不忧。"

② 分别出自《周易·系辞下》："穷神知化，德之盛也"；《诗经·大雅·抑》："相在尔室，尚不愧于屋漏。"

③ 《正蒙·诚明篇》："所谓天理也者，能悦诸心，能通天下之志之理也。能使天下悦且通，则天下必归焉；不归焉者，所乘所遇之不同，如仲尼与继世之君。"

④ 《正蒙·动物篇》："人之神，则天地之神。人之自欺，所以欺天地，可不慎乎。"

的精神家园，他的理论贡献还集中表现在以下两点。

1. 提出"天地之性"和"气质之性"，解决了人性善恶的逻辑困境

如前所述，中国思想史上关于人性的争论大致有几派：告子的性无善无不善说；孟子的性善说；荀子的性恶说；董仲舒的性三品说；扬雄的性善恶混说；韩愈的性三品说等。要坚持孟子的性善说，但人性恶又是无法抹杀的客观现实；同意扬雄的观点，"仁义"出自天道的思想基础就不稳固；继承韩愈的说法，可以解释有人为恶、有人为善、有人既为善也为恶的现象，但从人性上把人分为不同等级的思想与人人皆可成圣的"道学"主旨严重冲突。主流中国道统从来就不可能接受类似亚里士多德的有人天生就是奴隶的观点。王安石回避了人性善恶问题，只是用发而中节与不中节来判断已发之性的善恶。如扩大一下视野会发现，中世纪基督教欧洲也深深为人性善恶问题所困扰。12世纪末形成的基督教卡特里派（Cathars）认为，既然世界存在着一个善的本源，必定存在一个独立的恶的本源。如果上帝的一切都是善的，必定存在一个恶的本源的邪恶之神。这种观点极大地动摇了基督教正统信仰。阿奎那解决了这一难题，提出了"没有必要存在作为邪恶原因的、最高的邪恶存在这一命题。"[①] 他的论证方式很简洁，也富有逻辑思辨性。他认为邪恶不是事物的本质，邪恶依赖于善而存在，邪恶是一种善被剥夺的状态，因此需要一种善的主体供其剥夺。比如，人失明是一种恶，只能建立在视力完好这样一种善的基础上；树木被砍伐是一种恶，但建造成房子给人们遮风避雨又是一种善；吃掉人对狮子可能是善的，但对于人类却是恶的。一句话，邪恶是从善派生的，但不能怀疑最高存在的上帝是善的，也不能承认有一

---

① ［美］英格利斯：《阿奎那——伟大的思想家》，刘中民译，清华大学出版社2019年版，第99页。

个独立的邪恶之神。阿奎那对善恶关系的认识与中国古圣先贤关于善恶相对、善恶统一的思想具有一致性。张载则从人性的形成过程,解决这一善恶逻辑困境。他认为太虚元气纯粹至清,所代表的天地之性也是善的,但在气化的过程中,"气"有了清浊精粗之分,由此产生的万物和人类各不相同,产生的气质之性是恶的。人性中就有了本源于太虚的天地之性——纯粹至善,也有产生人过程中形成的气质之性——有欲望、有恶念。他说:"游气纷扰,合而成质者,生人物之万殊"(《正蒙·太和篇》),又说:"人之刚柔、缓急、有才与不才,气之偏也。""形而后有气质之性,善反之,则天地之性存焉。""天良能本吾良能,顾为有我所丧尔。""湛一,气之本;攻取,气之欲。口腹于饮食,鼻舌于臭味,皆攻取之性也。"(《正蒙·诚明篇》)在张载那里,"气"既是造物的质料,又是"天理"和"天性"的承载者,同时,"气"在不同条件下发生变化,使产生的"人"也有了区别。

一是人性本源于一,人类全体莫不如此。所有人的本性皆来自天地赋予,没有高低贵贱之分,也没有上智下愚之分,人人都可以成为圣贤。他解释"上智下愚不移"时说:"充其德性则为上智,安于见闻则为下愚。不移者,安于所执而不移。"[1]

二是具体到每个人,表现出不同的善恶。由于环境、机遇、修为的不同,有的成为高山抑止的圣人,有的成为十恶不赦的坏人,有的平平常常一辈子,有的曲折坎坷一辈子,皆源于个人修身和外界机遇。

三是乐天知命,修身以俟。这实际上通过理论推理又回到孔、孟的人生态度上。"我"的天地之性是自然赋予我的,谁也夺不走,谁也无法泯灭,气质之性是后来混入其中的欲念。"我"一生的使命就

---

[1] 《宋元学案》,中华书局1986年版,第763页。

是绽放光辉灿烂的天性，报答天地对我的造化，直到乾坤父母召唤我，重新回复于太虚元气。

关于天地之性和气质之性的关系，在某一个体上谁占优势的问题，可以从以下这段话找到答案。"德不胜气，性命于气；德胜其气，性命于德。穷理尽性，则性天德，命天理，气之不可变者，独死生修夭而已。"（《正蒙·诚明篇》）最后落实到个体的修身上。

2. 用"见闻之知"和"德性之知"，解决认知中的难题

人的认识如何发生，是古代世界各文明的共同课题。现代认知心理学学派纷呈，可以看到这一问题的复杂性。大乘佛学提出人有"八识"，其理论的精致性曾产生很大的震撼。但张载批评佛学"以六根之微，因缘天地，明不能尽，则诬天地日月为幻妄"（叶采《近思录集解》卷13），① 提出了"见闻之知"和"德性之知"。简单说，"见闻之知"是你所看到、听到、想到的，"德性之知"是从心、性入手直觉到的天道。他说："合性与知觉，有心之名"（《正蒙·太和篇》），又说："心统性情者也。"在中国道统语境下，"天"和"心"是最复杂的两个概念。张载这里所说的"心"至少三重含义："心"有知觉的功能；"心"与性（天地之性和气质之性）相通（同）；"心"还有统领性和情的作用。这些观点都为程颐和朱熹所吸收、发挥。他认为："世人之心，止于见闻之狭。圣人尽性，不以见闻梏其心，以视天下无一物非我……见闻之知，乃物交而知，非德性所知。德性所知，不萌于见闻。"（《正蒙·大心篇》）不通过见闻何以能知？他还是回到孟子提出的"尽心则知性，知天"的路子上，通过尽心发现我的天性，继而达到知天。他说："所谓圣者，不勉不思而至焉者也。"（《正蒙·中正篇》）这种建立在"万物一体""人物相感"思想基础上的认知论，具有极度的自信，认为人通过内省、

---

① 张载的批评是否正确可另当别论。

体悟、直觉就可以达到认知天下万物的目的。对《中庸》"故君子尊德性而道问学，致广大而尽精微，极高明而道中庸"，张载解释说："不尊德性，则学问从而不道；不致广大，则精微无所立其诚；不极高明，则择乎中庸失时措之宜矣。"（《正蒙·诚明篇》）开启了宋明道学关于"尊德性"（存心养心）重要，还是"道问学"（格物穷理）重要的大争论。陆九渊、王守仁主张"尊德性"，朱熹更强调"道问学"。其实，德性和学问应是一体两翼。

四　程颢、程颐的理学思想

程颢（1032—1085），字伯淳，程颐（1033—1107），字正叔，为兄弟俩，河南洛阳人，其学术思想因朱熹的发扬光大而流传后世。从师承关系看，二程无疑受到周敦颐的影响，但深入分析其思想，他们受张载的影响更大。他们"自家体贴出来"的天理二字[①]，在张载《正蒙》里有深入阐述，他们"终身不甚推濂溪（周敦颐）"[②] 却是事实。他们与张载的主要不同：在天人关系的认识上，张载更强调"天人一体"，程颐更强调"天人理一"基础上的"分殊"；张载区别天地之性和气质之性，程颢则对性有内外之分表示怀疑；张载强调"气"在创造万物中的意义，同时也讲主宰气化背后的神，二程不满意这种说法，程颢认为气与神为一体（气外无神，神外无气），程颐认为唯有主宰气化的理才是真实的（无非理也，唯理为实）。程颢、程颐兄弟后人统称二程，但其为人做事、学术风格有较大差异。程颢出仕较早，曾参与王安石变法，有政治上的抱负，五十四岁就离世；

[①] "天理"一词并非程颢独创，郭象《庄子注》就用了"天理自然"。
[②] 《宋元学案》，中华书局1986年版，第480页。

程颐主要从事教职，屡次卷入党籍纠纷，被指责为"邪说诐行，惑乱众听"，却高寿，七十五岁去世。后世皆认为理学奢谈心性，但二程反对的恰恰是清谈之风，对玄学、佛老多有批评。[①] 北宋道学，到二程开始结出果实。

（一）程颢

孟子说："惟大人为能格君心之非。君仁，莫不仁；君义，莫不义；君正，莫不正。一正君而国定矣。"（《孟子·离娄上》）"格君心之非"界定了士人与君主是师友关系，体现了士人的大气派、大担当，被宋明道学奉为圭臬。程颢只是个中级官员（监察御史），《宋史·程颢传》记载他与宋神宗的交往，现在读来依然感触良多。宋神宗很早就知道程颢的名声，屡次召见，结束后必定说："寻求治国良策，就想常常见到你。"（频求对，欲常常见卿）程颢每次与神宗说的大多是"正心窒欲""求贤育材"之类，希望用诚意让神宗感悟。他曾劝诫神宗要提防那些尚未萌发的私欲，不可轻视天下士人（尝劝帝防未萌之欲，及勿轻天下士）。神宗俯身拱手说（帝俯躬曰）："一定按您的要求常常告诫自己（当为卿戒之）。"一位被后儒视为直接继承孔孟道统的大儒，用一种老师对学生的口吻与皇帝说话，皇帝不仅不生气，而且非常恭谦。《宋史》评价神宗"小心谦抑，敬畏辅相"。这里可以看出道学究竟推崇什么样的君臣之道。臣对于君，可以是师，可以是友，可以是同事，也可以是上下级关系，但绝不是主子与奴才的关系。孟子的"格君心之非"思想在程朱理学得到发扬光大。可惜这样的君臣观被后世所误解或忽略。

周敦颐、邵雍讲宇宙人生演化，认为万物同理、同道，但对于贯

---

① 《二程遗书》卷2上："清谈盛而晋室衰，然清谈为害，却只是闲言谈，又岂若今日之害道？"

穿其中的道或理，并没有表述得很清晰。张载在《西铭》里阐发出的乾坤之道（天地精神），令二程佩服。程颢把"生生之谓易"作为全部立论的基础，将贯穿天地万物和人类的道或理简化为"生生"二字。这里摘录一些他的主要观点，他说："'生生之谓易'，是天地之所以为道也。天只是以生生为道。继此生理者即是善也，善便有一元的意思。"（《二程遗书》卷2上《二先生语二》上）又说："天地之大德曰生，天地絪缊，万物化醇。"（《二程遗书》卷11《明道先生语一》）又认为："万物之生意最可观，斯所谓仁也。仁者以天地万物为一体，莫非己也。认得为己，何所不至？如手足不仁，气已不贯，皆不属己。"（《二程遗书》卷2上）概括梳理，程颢主要表达以下观点。

第一，生命的繁衍是贯穿于天地万物和人类之间的共同精神。简而言之，宇宙的精神就是生生不息。所谓的天地之道、天地之善、天地之德，都体现在生生二字。离开了生命的孕育和创造，离开对生命的保育，离开对生命的珍惜，离开对生命的尊重，哪有什么善和德可言？生生是宇宙、天地之道。这是二程理学的核心要义。[①]

第二，人是生命、人性、物质三者相统一的整体。人有生命的机理，有渴望生的欲望，还有物质组成的身体（用程颢的说法是形气组成）。人性本来没有善恶之分，如果考虑自己的生还能考虑别人的生就是善，如果只考虑自己的生就是恶，善恶是人性表现出中节或不中节。[②] 人生要超越个体的生命，能体会他人的生命，去体会天地的生生大德，就必须要做到"无我""无心"。"圣人之心，以百姓心为

[①] 2020年，在全球抗击新冠肺炎疫情的过程中，"生命至上"这一中国道统的核心理念，在中华大地得到生动诠释，与西方文明标榜的人权形成鲜明对比。

[②] 蔡元培说："其言善恶也，取中节不中节之义，与王荆公同。"认为程颢同于王安石的人性论。（参见蔡元培《中国伦理学史》，东方出版社2012年版，第111页。）

心；圣人之喜，以事之当喜而喜；圣人之怒，以事之当怒而怒。"① 这是二程的心性修养应达到的境界。

第三，从"生生"的角度对"仁"重新进行界定。孔子之"仁"本义为"爱人"，孟子作了扩充，把仁与政治结合提出仁政的思想。程颢则对"仁"的含义又作了扩展，成为贯穿天地之理。一是生生为仁，二是能感悟他人之生为仁，三是义礼智信也是仁。"生生"乃天地万物共同的本性，就像我们把桃子、杏子的核称为桃仁、杏仁；中医学把不能感受痛楚的手足称为"麻木不仁"。生生是宇宙的本原，仁也是宇宙的本原，那么仁就是客观的、绝对的"天理"。那些残害天下以自肥，不顾百姓死活的，岂不是"不知死过几万遍"的不仁之徒。程颢要求"识仁"，并"存仁"，以达到孟子所说的"万物皆备于我，反身而诚，乐莫大焉"的境界。我的仁心竟然与万物之仁相同，我以仁爱之心至诚对待他人、接应事物，合于天道自然，还有什么比这更令我快乐的呢？因为它实现了"赞天地之化育，与天地参"的圣人境界。从"仁者爱人"到"仁者，浑然与物同体，义礼智信皆仁"（程颢《识仁篇》），程颢实现了对孔子仁学思想的重要创新。

第四，仁与圣是体用关系。子贡曾问孔子，博施济众能称为仁吗？孔子说，不只是仁，而是圣了。但程颢显然不同意把仁与圣分开看。所谓博施济众的圣人之功，只是仁的功用而已。② 这就进一步抬高了仁的地位，把仁作为天地间最高的本体。同时，也打通了儒家相关重要概念之间的联系。

周敦颐提出以"静"立人极，以静作为人的根本准则。这是道

---

① 叶采：《近思录集解》，中华书局2019年版，第35页。
② 程颢："博施济众，云必也圣乎者，非谓仁不足以及此，言博施济众者乃功用也。"《二程遗书》卷2上《二先生语二》上。

家的思路，程颢不赞成，而提出一个"敬"字①，这就使人生有了动感，有了严肃之下的活泼。到了程颐更进了一步，完全抛开"静"字，在"敬"的基础上提出穷理致知，体现了理学不断求索的精神。"涵养须用敬，进学在致知"遂成为程门修身问学的不二法门。下面通过程颐的学术思想作深入分析。

（二）程颐

据《宋史·程颐传》记载，程颐一生教书育人，十八岁游太学，以一篇《颜子所好何学》的命题作文震惊了主持教务的宋初三先生之一的胡瑗，文中反对"圣人生而知之"，认为任何人经过学习都可成圣。当然，程颐学习的可不是知识，而是圣人之道。这一见解决定了程颐学术思想的整个取向。程颐从问题入手，构建理学思想体系。

程颐的问题是什么？求道。或者说求得世界的真理。当年二程的父亲将他们送到周敦颐处学习，兄弟俩就"慨然有求道之志"，厌恶科举功名。有一种"朝闻道，夕死可矣"的气派。这是北宋道学家与北宋初年那些既是大学问家又是大政治家的不同之处。与求道相关的问题，是肃清佛老思想的影响，回归孔孟正统。

去世较早的程颢把"生生"作为贯穿天地万物的理，把这认定为仁，同时把义礼知信看作仁，实际上打开了一条构筑理学思想体系的通道：万物莫不有理，万物分殊但其理一。这是一个建立在天人合一基础上的命题。程颢的可贵之处在于：用"生生"这个词既符合《易》的思想，还能让人一听就懂，一说就明白，具备作为公理的资格。由于"生生"这个词过于具象，程颐以后就用"理"或"天理"来表达贯穿天地、万物皆有的那个"东西"（或称神或称道）。

---

① 程颢："诚者天之道，敬者人事之本。敬则诚。"《二程遗书》卷11《明道先生语一》。

他说:"天下之物皆能穷,只是一理。""万物皆是一理,至如一物一事虽小,皆是有理。"(《二程遗书》卷15《伊川先生语一》)又说:"凡眼前无非是物,物皆有理:如火之所以热,水之所以寒,至于君臣父子间,皆是理。"(《二程遗书》卷19《伊川先生语五》)"天下岂有二理?"(《二程遗书》卷22上《伊川先生语八上》)"动物有知,植物无知,其性自异;但赋形于天地,其理则一。"(《二程遗书》卷24《伊川先生语十》)"理"存在于所有事物中,充塞天地,它是如此真实、如此活泼,研究"理"的机理以及与其他方面的关系,就成了程颐学术思想逻辑展开的起点。

1. 关于"理"和"气"的理解

"理"是程颐学术思想的逻辑起点,不是宇宙万物的起点或本原,这是理解理学思想的关键。他不赞成张载只说"气",认为还有"理"在起作用。"理"是"气"变化的内在原因,离开"理","气"的聚散变化就不可思议;没有"气","理"就失去存在的依据。转换成现代术语是说:任何物质形态都服从同一条规律,不存在没有规律的物质;没有了物质,规律也无从依据。"理"是支配一切事物的唯一法则,恒久不变,统摄一切;"气"有清浊之分,便形成了各色各样的事物。需要注意的是,"气"不是被动的、纯物质的材料,还具有能动性,是造成大千世界差异性(万殊)的原因。

就如同一个人有多种称呼一样,"理"也有不同的名称。程颐说:"在天为命,在物为理,在人为性,主于身为心,其实一也。"(《二程遗书》卷18《伊川先生语四》)又说:"理也,性也,命也,三者未尝有异。穷理则尽性,尽性则知天命矣。""天命犹天道也,以其用言之,则谓命,命者造化之谓也。"(《二程遗书》卷21下《伊川先生语七下》)这说明,在理学思想体系中,理、命、性、心源于一,只是表现形式不同;天道、天理和天命的关系也是如此。弄清楚这些概念之间的关系,可以看到理学中真正有实质性区别的是

"理"和"气"。"理"是至善的、不变的、唯一的,但是隐藏在万物之中,需要去求索、去发现;而"气"有善有恶,是不断变化的、纷繁多样的,但是可以通过涵养而改变,获得正气或浩然之气。程颐说:"气有善有不善,性则无不善也。人之所以不知善者,气昏,而塞之耳。孟子所以养气者,养之至斯清明纯全,则昏塞之患去矣。"①

既然世界由"理""气"组成,"理"需要去探究,"气"可以去涵养,那么人生两件最要紧的事情就是"穷理"和"养气",理学主要围绕这两个重大课题展开。"穷理"也可以称为"道问学","养气"也可以称为"尊德性",在理学思想体系中同属工夫论的。今天我们可以将之转化为探求知识、培养品行两大问题。

2. 关于养气和穷理

如何养气?孟子"善养吾浩然之气"对宋儒的人格以及日后的志士仁人产生了极大影响,代表着刚正和道义的力量。孟子特别告诫"养气"不可揠苗助长,提出"直养"(用正直坦荡之心培养)和"集义"(不断用行为蓄积仁义)——才能养成浩然之气。程颐批评道家"绝圣弃智"和佛家"坐定入禅"的修炼办法,依据《周易·系辞》的"君子敬以直内,义以方外",提出用"敬"的态度、"集义"的方法来涵养自己。② 程颐概括为"涵养须用敬"。什么是"敬"?"主一之谓敬"(《二程遗书》卷15《伊川先生语一》),就是要一心一意、心无旁骛,至于不欺骗、不怠慢、无愧于屋漏等,都是敬的应有之义。那么"敬"和"义"有什么区别?程颐说:"敬只是持己之道,义便知有是非,顺理而行,是为义也。若只守一个敬,不

---

① 《宋元学案》,中华书局1986年版,第597页。
② 《二程遗书》卷15曰:"学者先务固其志心。有谓欲屏去闻见知思,则是绝圣弃智。有欲屏去思虑,患其纷乱,则须坐定入禅。……若欲免此,惟是心有主。如何为主?敬而已矣。"《宋元学案》卷15曰:"敬只是涵养一事。必有事焉,须当集义。只知用敬,不知集义,却是都无事也。"

知集义，却是都无事也。"（《二程遗书》卷18《伊川先生语四》）"敬"是由内而外、发自内心的真诚态度，"义"既是存于内心、发自内心的是非观念，也是合乎事物之理的行为。一个人做到"敬以直内、义以外方"，以敬为立身之道、以义为处事之道，就能养出孟子所言的浩然之气。

如何穷理？要通过格物和致知。《大学》云："欲修其身者，先正其心。欲正其心者，先诚其意。欲诚其意者，先致其知。致知在格物。"格物和致知是人生的基本功夫，诚意、正心、修身乃至于齐家、治国、平天下，关键在格物和致知。程颐赞成这样的定位，认为"致知在格物"是本，是开端，"治天下国家"是末，是结果。

什么叫"格物"？程颐说："格犹穷也，物犹理也，犹曰穷其理而已矣。"（《二程遗书》卷25《伊川先生语十一》）"格"是探究、穷尽，办法有多种。比如，在问到能否格一物而万理皆知时，他说："须是今日格一件，明日格一件，积习既多，然后脱然有贯通处。"（《二程遗书》卷18《伊川先生语四》）通过对各类事物的观察、对比、思考，最终达到豁然贯通。还有，在问到是否要穷尽万物才能知理，他说："格物穷理，非是要尽穷天下之物；但于一事上穷尽，其他可以类推。"这种类推与《墨经·小取》的"以类取，以类予"相似，你说对，同样的事我为什么不可以说对？① "物"的含义，程颐说得很宽泛。从形态上说，既包括山川等自然物，也包括桌椅等人造物，还包括遇到的事情、问题等；从与人的关系上说，既指自身之外的所有事物，也指自身的身体、欲望、意志、情感等。程颐对"物"的大小、高低、轻重等纯物理现象并不感兴趣，而是探求贯穿其中的"理"。他说："天下物皆可以理照。有物必有则，一物须有一理"（《二程遗书》卷18《伊川先生语四》），"天地之化，虽廓然无穷，

---

① 《墨子·小取》："子曰然，我奚独不可以然也？"

而阴阳之度,日月寒暑昼夜之变,莫不有常,此道之所以为中庸"。

什么是"致知"?程颐继承张载的观点,区分为"见闻之知"和"德性之知"。他说:"见闻之知,非德性之知。物交物则知之,非内也,今之所谓博物多能者是也。德性之知,不假闻见。"(《二程遗书》卷25《伊川先生语十一》)做了这样的区分后,程颐特别强调"致"的意义。他说:"知者吾之所固有,然不致则不能得之。而致知必有道,故曰:致知在格物。"意思是说,我与万物虽然同理且"万物皆备于我",但如果不通过艰苦的"格物"过程,不可能自动获得"知"。他说:"不深思则不能造于道,不深思而得者,其得易失。……以无思无虑为不思而自以为得者,未之有也。"程颐严守"物格而后知至"的《大学》路线,这就同程颢以及陆九渊、王守仁强调主要通过内省获取"知"的路线不同。朱熹继承程颐的方法,更加强调通过"格物",用观察、分析、比较等获得见闻之知;抛却具体事物,用抽象、想象、体悟等获得德性之知。

将养气与穷理合起来,形成了程门洛学的口诀:"涵养须用敬,进学在致知",从而产生了求学、修身的一套办法。

3. 关于人的修行问题

程颐设定的人生目标是:求学是为了求道,修身是为了成圣。[①]他用理、气、心、性、情、才等概念来讨论该问题,这些概念在现代语境下不太容易理解。简而言之,理、气是从天地万物角度说,心、性、才、情是从人的视角来说。第一,人之性来自天理,是人之所以为人的理,人与人之间没有差别,属于至善,但看不见、摸不着。第二,心是人所具有的控制、感知等功能,心和性是形式与内容的关系,人能体会到心的作用。第三,才是人的能力,由气的禀赋决定,气有善有不善,使人的个体间产生较大差异。第四,情是性的外显,

---

① 《二程遗书》卷18:"言学便以道为志,言人便以圣为志。"

是人对外界事物的一种反应，表现为态度、欲望、倾向（喜怒哀惧爱恶欲）①。程颐想说明：人性出自天理，这叫义理之性，理论上说所有人都一样，但现实中人为什么有很大差异性，是由"气"的禀赋差异所决定的。"性出于天，才出于气，气清则才清，气浊则才浊。"（《二程遗书》卷18《伊川先生语四》）同样的人性因气的禀赋不同而造成较大的个体差异，其贤愚、善恶不同。这是对"性相近、习相远"的新的解释，即便今天看来，其逻辑严密性也不容忽视。人的本性相同这一判断，对于理学有重大意义。孔子说"唯上智与下愚不移"，程颐认为是自暴自弃的结果，"不肯去学，故移不得。使肯学时，亦有可移之理"（《二程遗书》卷18《伊川先生语四》）。对孔子所言"唯上智与下愚不移"做出重大修正，反映出贵族社会向平民社会的转变。程颐用"才"来解释个体差异性，用"才"来区别善恶，有用才能高低来判断行为美恶的倾向。现实中，学问好未必人品好，文盲未必人品差。当时就有弟子提出疑问，"才"只是为善的资质，现在说"才"有善有不善，与孟子"不善非才之罪"的观点相反，当作何解？程颐只是泛泛说"孟子不暇一一辨之"（《二程遗书》卷19），并未正面回答。这给后世留下了讨论的空间。

"才"作为人的禀赋有智愚、善恶之别，"情"作为"性"的外显也有善恶。程颐用水和波作比喻。他说："湛然平静如镜者，水之性也；及遇砂石，或地势不平，便如湍激；或风行其上，便为波涛汹涌。此岂水之性也哉？"② 犹如人在情动处便如波涛汹涌，而才越大能量越大，破坏力也越大。"性"产生"情"，但"心"有感知、控

---

① 《二程遗书》卷25："性之本谓之命，性之自然者谓之天，自性之有形者谓之心，自性之有动者谓之情，凡此数者皆一也。"《二程遗书》卷18："性即是理，理则自尧舜至于途人，一也。"《二程遗书》卷22上："性即理也，所谓理性是也。"《二程遗书》卷18："才禀于气，气有清浊，禀其清者为贤，禀其浊者为愚。"

② 《宋元学案》，中华书局1986年版，第611页。

制的能力，因此"心"对于人来说最重要。程颐说："心至重，鸡犬至轻。鸡犬放则知求之，心放则不知求，岂爱其至轻而忘其至重哉？"（《二程遗书》卷25《伊川先生语十一》）从这我们可以梳理出程颐的基本思路。性来自天，但只是一个理；才来自气的禀赋，有大小愚钝之分；情来自性的发动，如火、如水、如微风；心是性的表现，可以用来控制人的才、情，因此"修心"是修养的根本。程颐说："学莫大于平心，平莫大于正，正莫大于诚。"（《二程遗书》卷25《伊川先生语十一》）诚心、正心、平心是修心的基本功夫，也是养气的基本功夫。修心在于控制情、控制欲，其办法就是经常反省、反思，把控自己的情和欲。① 控情、控欲到什么程度呢？可以用一个"止"字概括。佛家讲"定"，儒家讲"止"，要人"知止"。"定"消极不作为，而"止"体现积极作为，程颐说："故圣人只言止，如人君止于仁，人臣止于敬之类是也。"（《二程遗书》卷18《伊川先生语四》）"缗蛮黄鸟，止于丘隅"，连黄鸟都知道待在山丘的角落比较安全，难道人不知道"止"于何处？深悟"止"的含义，也就掌握了修心的要领。

修心还须建立在求知的基础上，这一点尤其为程颐所注重，避免了空言心性的虚妄。在知与行的关系上，程颐认为行难知亦难，先知而后行，他说："故人力行，先须要知，非特行难，知亦难也。"（《二程遗书》卷25《伊川先生语十一》）"知之深，则行之必至；无有知之而不能行者……人为不善，只是不知。"（《二程遗书》卷15《伊川先生语一》）在如何"求知"上，程颐更加强调亲身经验的重要性。他说："向亲见一人，曾为虎所伤，因言及虎，神色必变。旁有数人，见他说虎，非不知虎之猛可畏，然不如他说了有畏惧之色，盖真知虎者也。"（《二程遗书》卷18《伊川先生语四》）这种真知必

---

① 《二程遗书》卷15："何以窒其欲？曰：思而已。学莫贵于思，惟思能窒欲。"

从经验来的问学态度不仅直接影响了朱熹,也可转化为"实践出真知"这一现代命题。

4. 对佛老的批评

宋儒秉持对佛老的批评态度,但大多未从根本上进行较系统的理论分析,到了程颐才从社会功能和学理上进行深入剖析,使佛学和老庄思想逐渐趋于边缘化。

程颐指出佛教的几大弊病。一是丧绝人伦。他说:"佛逃父出家,便绝人伦,只为自家独处山林,人乡里岂容有此物?"(《二程遗书》卷15《伊川先生语一》)二是自私自利。他说:"天地之间,有生便有死,有乐便有哀。"(《二程遗书》卷15《伊川先生语一》)但佛教偏偏骗人避免轮回,以免去生死和烦恼,看上去高深莫测,其动机归于自私自利的目的。"佛者一點胡尔,佗本是个自私独善,枯槁山林,自适而已。"(《二程遗书》卷2上《二先生语二上》)后来王守仁也批评说:"都只是成就他一个利己的心。"(《传习录》卷94)这种批评意见与通常以为宗教具有超越精神的观点相反,说出了宗教信徒的功利性。正如本书第二卷曾讨论的,"无神论者的信仰更加纯粹、更加无私、更加高贵"。三是幻想出世。他说:"既道出世,除是不戴皇天,不履后土始得;然又渴饮饥食,戴天而履地。"(《二程遗书》卷18《伊川先生语四》)既然说此生此世诸多烦恼,想着出世,干脆不吃不喝,离开皇天后土。此言虽偏激,倒也是实情。四是忘却是非。他说:"学佛者多要忘是非,是非安可忘得?"(《二程遗书》卷19《伊川先生语五》)若世人沉湎于是非不明之中,万物皆空,则反受其乱。

对于老庄,程颐也指出其中的弊端。一是搞权诈阴谋。他说:"老氏之学,更挟些权诈。"(《二程遗书》卷15《伊川先生语一》)如"欲将取之,必固与之","柔弱胜刚强","君人南面之术",程颐认为都不是君子所为。二是愚弄百姓。程颐认为,秦朝的愚民政策是出自老子①，因而明确主张："民可明也，不可愚也；民可教也，不可威也；民可顺也，不可强也；民可使也，不可欺也。"（《二程遗书》卷25《伊川先生语十一》）以民为本的态度极为鲜明。三是对庄子齐物论不以为然。"庄子齐物。夫物本齐，安俟汝齐？"（《二程遗书》卷19《伊川先生语五》）

程颢、程颐在北宋道学中独树一帜，其洛学门下弟子颇众。其中有弟子杨时，其再传罗从彦，三传李侗，四传于朱熹，将道学的其他各派融会贯通，终集理学之大成。

---

① 《二程遗书》卷15："然则秦之愚黔首，其术盖出于此。"即《道德经》第65章："古之善为道者，非以明民，将以愚之。"

第二十六章
朱熹的集大成

朱熹（1130—1200），字元晦，徽州婺源人，十九岁中进士，做过几任地方官，但一生大部分时间在教学和著述中度过。朱熹的历史地位很特殊，其学术成为元明清三朝的官方学说，《四书集注》是科举考试的标准教科书。《宋史·朱熹列传》记载朱熹刚能说话时，父亲手指天说这就是天，朱熹问："天之上何物？"可见朱熹自幼颖悟。朱熹涉猎很广，几乎无书不读，他继续着北宋道学诸家的工作，把周敦颐、邵雍、张载、二程的学术思想以及王安石的新学融会贯通，对儒家经典做出了创造性阐述和综合。① 他与二程类似，青少年时期被佛学吸引、沉浸在禅学之中，直到绍兴三十年（1160），三十岁的朱熹正式拜二程的三传弟子李侗为师，其学术思想才发生根本性变化。他曾这样刻画出自己由佛入儒的心路历程，他说："李先生为人简重，却是不甚会说，只教看圣贤言语，某遂将那禅来权倚阁起，意中道，禅亦自在。且将圣人书来读。读来读去，一日复一日，觉得圣贤言语渐渐有味。却回头看释氏书，渐渐破绽，罅漏百出。"到了最后

---

① 全祖望说："善读朱子之书者，正当徧求诸家，以收去短集长之益。若墨守而摒弃一切焉，则非朱子之学也。"说明朱熹学说的兼收并蓄、博大精微。《宋元学案》，中华书局1986年版，第1495页。

认定"毕竟佛学无是处"(《朱子语类》卷104)。朱熹学问志趣的转向,除了问学李侗带来的影响,也与其意识到"妄佛求仙之世风,凋敝民气、耗散国力,有碍国家中兴"有关,还与其为官经历中时常伴随饿殍遍野、饥民暴动有关,更与其洞察南宋社会百弊丛生有关。他主张抗金,认为"金人于我有不共戴天之仇"。① 他在给宋孝宗上书中说:"今天下大势,如人有重病,内自心腹,外达四肢,无一毛一发不受病者。"(《宋史·朱熹列传》)被后世称赞为经济繁荣、文化昌盛、科技发达的赵宋王朝,在朱熹眼里如患有重病之人,足见其忧患意识之深、思虑民生之切。如何解决这些问题?他认为唯有力求圣贤之道以济世,而最根本的是端正人主的心术,以仁义为先而不以功利为急。朱熹坚持言义不言利的思想路线,体现在其标志性的"存天理、灭人欲"主张,后世的非议也大多集中在这一点。但是,在古代商品经济发展巅峰时期的宋朝,这一主张确有挽救时弊的现实意义。其实,痛感商品文化对人性的腐蚀作用,在古今中外不同历史时期的思想家中都可以找到强烈的回音。

朱熹之学"致广大,尽精微,综罗百代",其价值在于:构建了一个足以与佛学相抗衡的思想体系。朱熹的思想创新属于"集成式创新",其格局比二程更大、条理更清晰。他利用二程所轻视的周敦颐太极图说,构建起从宇宙本体到日常人伦在内的完整的学术体系。考朱熹一生,其核心问题是:儒学既是修身的内圣之学,又是平治天下的外王之学。朱熹坚信道德完满的人对社会有用,那是水到渠成的事情。至于什么是道德完满,什么是对社会有用,时代不同认识也不同,朱熹的看法与现代中国人肯定不同。这里重点讨论贯穿朱熹学术思想的思维方式,以及天道观和心性论。

---

① 《宋元学案》,中华书局1986年版,第1496页。

第二十六章 朱熹的集大成

一 基本思维方式

朱熹曾回忆自己五六岁时的一件烦恼事,"天地四边之外,是什么物事?见人说四方无边,某思量也须有个尽处。如这壁相似,壁后也须有什么物事。其思量得几乎成病。到而今也未知那壁后是何物"(《朱子语类》卷94)。一个五六岁的幼童因思考天地问题几乎得病,这与孔子幼年时期专注演习周礼形成对照,说明朱熹更喜欢宏大、抽象的问题。其实宇宙尽头是什么,现代人也无法回答,朱熹则按照当时的认识水平潜心思考。我们从比较的角度考察其中的思维方式,看看哪些依然深刻影响着现代中国人的思维。

1. 世界由什么组成。"气"组成了天地万物,这是贯穿整个中国古代史的一个基本认识。周敦颐提出无极而太极到化生万物的宇宙图式。张载认为宇宙间一切现象皆是气的聚散。但朱熹和程颐都不满意张载就气论气,坚持认为"气"的变化遵循一定的理,由"气"凝聚成的万物莫不有"理"。朱熹说:"天下未有无理之气,亦未有无气之理。""理气没有先后,形而上为理、形而下为气。""理非别为一物,即存乎是气之中;无是气则是理亦无挂搭处。"(《朱子语类》卷1)"理"与"气"不是分别存在,而是相互依存、共寓一体。当然朱熹从先天和后天的角度,也说理先于气,但这只是从逻辑的起点来谈先后。"理气"关系等价于"道器"关系。所谓"形而上者谓之道,形而下者谓之器"(《易·系辞上》),朱熹认为:"天地中间,上是天,下是地,中间有许多日月星辰、山川草木、人物禽兽,此皆形而下之器也。然这形而下之器之中,便各自有个道理,此便是形而上之道。"(《朱子语类》卷62)说明"道在器中,道器不离"。朱熹还以人作例子,说:"人身是器,语言动作便是人之理。理只在器上，理与器未尝相离。"(《朱子语类》卷77)由于朱熹把更多的精力用于对理的阐释，后人一般把朱熹理学视为"理本论"，而将张载视为"气本论"。①

这种思维方式不同于柏拉图以来的将"现象世界"与"理念世界"相分离的西方传统。有学者将朱熹的"理"解释为天地万物的"本原"和"主宰者"。②但需要仔细辨析与西方语境下的差异。"本原"（arche）一般理解为世界的根源或始基，如现象世界是理念世界的复制品，理念世界是现象世界的本原；上帝创造了物质世界，上帝是物质世界的本原。但"理"既不产生"气"，也不产生天地万物，只是普遍存在着，"有此理，便有此天地；若无此理，便亦无天地"（《朱子语类》卷1）。朱熹是从"万物皆有理"这一命题出发，只是说没有理就没有万物，而不是从理产生万物来理解。朱熹在辨析"道"和"理"的区别时说："道是统名，理是细目。道训路，大概说人所共由之路。理各有条理界瓣。……道便是路，理是那文（纹）理。"（《朱子语类》卷6）"道"是天地万物变化的必由之路，"理"是天地万物变化的机理，两者有相似处，也有差异。"主宰者"（dominator）一般理解为起支配作用。在西方文化中，"上帝"作为世界主宰者并不依赖该世界而独立存在③，黑格尔的"绝对精神"也独立存在于自然界和人类社会之外，在这里，主宰者与被主宰者只是一种主人与仆人、命令者与服从者的关系，而朱熹的"理"却无法独立，只能存在于气之中，只能附丽于天地万物之中。他反复强调

---

① 钱穆说："他讲理先于气的本体论上，我们通其全体而观，也可说他讲的是'理气混合'的一元论。"认为后人批评朱熹的理先于气，是不懂朱熹。见钱穆《中国思想史》，九州出版社2012年版，第215页。
② 参见张立文《朱熹评传》，南京大学出版社2011年版。
③ 即便是具有自然神论思想的阿奎那，否定上帝作为实体存在，但作为精神性存在的上帝，依然外在于创造物。第一因（上帝），从来不是内在于物质世界。这是西方中世纪以来的共识。

"理无事，则无所依附"，"理"就是事物自身的组成部分。如果说理是主宰者，也是从每个人自己是自己的主宰者这一角度理解，与西方文化中有一个独立于我的外在的主宰者的含义有较大区别。①

2. 世界的统一性和真实性。佛学解决了世界的统一性（一切源于真如法性），但怀疑现象世界的真实性。西方文化一般不怀疑世界的真实性，在统一性上存在一元论和二元论，或统一于物质或统一于精神，或者既是物质又是精神。朱熹走的是另一条路子。他说："论万物之一原，则理同而气异；观万物之异体，则气犹相近，而理绝不同。"（《朱子语类》卷4）朱熹是同时从"理相同、气相异"和"气相近、理不同"这两个角度来说明世界的统一性问题。从世界万物形成之初看，都秉承相同之理，但气有阴阳、五行、清浊、纯驳之分，所以叫"理相同、气相异"；从大千世界形成之后看，比如扇子、车船、人类等虽形态各异、种类纷繁，都是气凝聚而成，不过扇子有扇子之理，车船有车船之理，君臣之间、父子之间、夫妇之间也是各有各的理，所以叫"气相近、理不同"。可以用现代物理学作一诠释。不管是金属、非金属还是别的材料，都服从基本的物理定律，这叫"理相同、气相异"；所有材料都是由原子组成，但不同材料的物理性能有很大差异，这叫"气相近、理不同"。朱熹还说："物物各有理，总只是一个理。"（《朱子语类》卷94）从终极意义上说，理只有一个，气只是一种。"太极只是天地万物之理。在天地言，则天地中有太极；在万物言，则万物中各有太极。未有天地之先，毕竟

---

① 哲学上的两种不同思维方式，体现出两种不同的社会组织结构。主宰者是独立于被主宰者还是依靠被主宰者才能存在，在政治学意义上是不同的。早期罗马贵族和平民是一种共生关系，历史上平民曾用"逃离"作为武器与贵族斗争，当贵族意识到离开平民就无法独自生存，平民的一些权利才能得到保障。周公以来形成的"君民皆为天之子""君为民父母""君民同体"的思想，皆反映出君民相互依赖，谁也离不开谁的观点。因此，在古代中国很长一个时期，民众能获得的自由度和权利在世界各文明体是最高的。

是先有此理。动而生阳，亦只是理，静而生阴，亦只是理。"（《朱子语类》卷1）太极作为极致之理，并不孤悬于天地万物之外，而是存在于天地、万物之中。天地万物之中有太极、有天理，每个人也有天理，人同此心、心同此理。理的同一性保证世界的统一性。朱熹还将"理"与"诚"联系起来，理为诚，是实实在在、不虚妄之理，强调世界的真实性。

3. 世界的多样性——理一分殊。一个由理统一的世界为何形态上有如此大的差别？当年李侗曾对朱熹说："吾儒之学，所以异于异端者，理一分殊也。理不患其不一，所难者分殊耳，此其要也。"（朱熹《延平答问》）朱熹引用华严宗的"月印万川"来说明"理一分殊"：月亮只有一个，但可以映在千江万水之中，水中月亮与天上的月亮同一。不过，华严宗是想以此说明世界的虚妄，而朱熹坚持世界差异性是真实的。朱熹把理一而导致分殊的原因归结为"气"的凝聚、造作。气作为理的载体无始无终，有阴阳两端；相对于理的静，气是活泼的，万物皆是由于气的凝聚造作而形成；理始终一贯、从来不变，但气杂糅不齐、有偏有正。气的不同，造成世间万物的千差万别，使具体事物表现出的理也有不同。比如同一种量子理论支配下的物理世界，由于物质的排列组合不同会产生很不相同的物理特性。当然，朱熹可不具有这种现代性思维。他对"理一分殊"是从以下几个角度来理解的。一是事物之理。他说："且如这个扇子，此物也，便有个扇子底道理"，"这个椅子有四只脚，可以坐，此椅之理也。若除去一只脚，坐不得，便失其椅之理矣"（《朱子语类》卷62）。朱熹讲扇子之理、椅子之理，是从具体的事物中概括、抽象出一般之理。但朱熹对于研究这类道理的兴趣并不大。因为理学的初衷并不是对自然之理（物之理）真感兴趣。二是终极意义上的天理。比如，二程从天地万物中抽象出"生生"作为终极之理，而且这一终极之理完整地存在于所有事物、所有人之中。这是朱熹所感兴趣，也是全力去体悟的。三是这种终极意义上的天理并不是从经验归纳中产生，而是如程颐所说是"自家体贴出来的"。这种超越时空的先天之理，其实是理学家们主观强加给宇宙万物的。朱熹继承程颐的观点，把生生之仁作为天理，这种天理流行到具体的事物之中，便有了分殊。他说："仁者，仁之本体；礼者，仁之节文；义者，仁之断制；知者，仁之分别。"（《朱子语类》卷6）君对臣的仁，臣对君的敬，子对父的孝，父对子的慈，以及虎狼之亲、舐犊之情等都体现了仁，都是仁的分殊。在朱熹眼里，宇宙充满伦理色彩，其存在的意义就是为了实现伦理目的。理学家们所构思出的"天理"以及在具体人际关系中的分殊，最终成了笼罩在中国人身上的"网罗"。事实上，随着"仁"被拔高为天地万物之理，既确立了至高无上的权威，也失去了孔学"仁者爱人"的质朴和人类彼此相爱的感情，成为冰冷的、无情的、绝对的天理。理一分殊带来的对世界多样性的认可，最终被主观之理给扼杀了。

4. 事物变化的原因——因果问题。朱熹不仅用"气"的变化来说明事物的多样性，同时从"气"的自身运动中寻找变化的原因。他说："太极只是一个气，迸迤分做两个；气里面动底是阳，静底是阴。又分做五气，又散为万物。"（《朱子语类》卷1）事物内部的阴阳对立，促使事物不断分化。"阳中有阴，阴中有阳，便是阳往交易阴，阴来交易阳，两边各各相对……自一为二，二为四，四为八，八为十六，十六为三十二……"（《朱子语类》卷65）"此只是一分为二，节节如此，以至于无穷，皆是一生两尔。"（《朱子语类》卷67）朱熹"一分为二"的思维，有几层含义。一是任何事物都分为相互对立的两端（一分为二）。气包括阴阳两端，而阴和阳自身中又包括阴阳两端。① 这两端相互冲突又相互依存。比如，善与恶、仁与不

---

① 《朱子语类》卷98："'一'是一个道理，却有两端，用处不同，譬如阴阳，阴中有阳，阳中有阴，阳极生阴，阴极生阳，所以深化无穷。"

仁、天理和人欲形成对立关系而共存一体，寒与暑、昼与夜也是相互依存，它们构成"一"，同时又分为"二"。朱熹对掌握这个规律很自豪，他说："凡事无不相反而相成，东便与西对、南便与北对，无一事一物不然。明道所以云：'天下之物，无独必有对。终夜思之，不知手之舞之足之蹈之。'真是可观，事事如此。"(《朱子语类》卷62）二是任何事物都由相互对立的两部分组成（合二为一）。既有"一分为二"，就有"合二为一"。有正命题就有反命题，符合万物莫不有对的思维方式。朱熹说："太极有无极对。"(《朱子语类》卷95）"无极而太极"就组成一个统一整体。他认为"土与金木水火相对"(《朱子语类》卷95）。构成了"五行"这个整体。同样，理与气、道与器、太极与阴阳既是相互对立的两端，又都是合二为一。①三是事物内部阴阳对立又统一，构成事物变化的动因。"和实生物，同则不继"这一古老命题中就包含事物内部没有差异就不会变化的思想。朱熹的思维模式中同样排除了事物的变化必须依赖外部力量推动的观点。这种"无独必有对"的矛盾思维，把对立统一视作事物变化的根据的观点，通过马列主义辩证法为现代普通中国人所熟知。

5. 体用一源和体用不二。之前讨论过佛学"即体即用，体用不二"的思维方式。道学既用"体用一源"，也用"体用不二"，含义相近。程颐在《易传序》中说："至微者，理也；至著者，象也。体用一源，显微无间。"所谓体，指本原、本体；所谓用，指显现、作用；所谓无间，指体用不相互独立。朱熹进一步解释说："盖自理而言，则即体而用在其中，所谓一源也；自象而言，则即显而微不能外，所谓无间也。"（朱熹《答汪尚书》）从实际运用看，"体用一

---

① 朱熹说："然至论太极自是太极，阴阳自是阴阳，惟性与心亦然。所谓一而二、二而一也。"《宋元学案》，中华书局1986年版，第1523、1524页。

源"可以从本质与现象、可能与现实、未然与已然、认识与实践相统一等多个角度去理解。近代严复将"天演"与"物竞天择"看作体用关系,张之洞提出"中体西用"说则是对体用关系的另一种应用(目的和手段)。熊十力把自己的全部学问建立在"体用不二"上,更可见体用问题在儒学中的地位。体用问题反映了现象世界的深层逻辑:任何现象和功效的背后都有某种规律在起作用。

6. 运动和静止、渐变和突变。关于运动和静止,朱熹进行过深入的讨论。第一,动、静有无先后,宇宙(时间和空间)有无开端。朱熹提出:"动静无端,阴阳无始,不可分先后。"(《朱子语类》卷1)他进一步解释说:"动静无端,阴阳无始。今以太极观之,虽曰动而生阳,毕竟未动之前须静,静之前又须是动。推而上之,何自见其端与始?""四方上下曰宇,古往今来曰宙。无一个物似宇样长远:四方去无极、上下去无极。无一个物似宙样长远:亘古亘今,往来不穷!"(《朱子语类》卷94)他认为动和静是一个无始无终的无限过程,宇和宙(空间和时间)也是一个无始无终的无限过程。根据这样的思路,朱熹自然不赞成周敦颐"主静立人极",以静为开端的思想。第二,动和静能不能分割,空间和时间能不能分割。动和静不仅不能相互割裂,而且相互依存、相互融合。朱熹提出:"动即太极之动,静即太极之静。""一动一静,互为其根"(《朱子语类》卷94),动和静皆源于同一事物,动和静不是绝然分开的两截,没有离开静的动,也没有离开动的静,动中自有动和静,静中也有动和静。从这个观点出发,空间和时间也是紧密相连,没有离开时间的空间,也没有离开空间的时间,时间和空间互为其根。第三,动、静能否相互转化,空间和时间能否相互转化。动极而静,静极而动,静转化为动,动转化为静。朱熹说:"一动一静,循环无端。"(《朱子语类》卷94)尽管朱熹没有讨论宇(空间)和宙(时间)的相互转化问题,但依据上述思维逻辑,必然推导出时间可以引起空间的变化和空间可以引起时间的变化这样的结论。为了说明动静的变化，朱熹举例说："今高山上多有石上蛎壳之类，是低处成高。又蛎须生于泥沙中，今乃在石上，则是柔化为刚。天地变迁，何常之有？"（《朱子语类》卷94）朱熹观察沧海桑田来进一步证明动静、阴阳相互转化的观点。朱熹接受周敦颐的观点，对形下之器（具体事物）来说，动就是动，静就是静，而形上之理（一般原理），则是静中有动，动中有静，静而能动，动而能静，动静无端。

宇宙无始无终，但具体事物有始有终。朱熹解释"一阴一阳之谓道，继之者善"时说，"这继字便是动之端"（《朱子语类》卷1）。从原有状态产生新事物便是"动"的开始和"静"的结束。朱熹说："变、化二者不同，化是渐化，如自子至亥，渐渐消化，以至于无。如自今日至来日，则谓之变，变是顿断有可见处。"（《朱子语类》卷75）"化"是渐变，不知不觉；"变"是突变，前后有明显差异；"变"寓于"化"之中，"变"是"化"的结果，"变"与"化"相互依存、相互渗透。从阴、阳的关系看，从阳到阴是渐变，而从阴到阳则是突变；从动、静的关系看，静是一种渐变，动是一种突变；从未发、已发的关系看，未发是渐变，已发是突变。朱熹对动、静，变、化的思辨，对于构筑他的理学体系意义很大。不过，对时间和空间、运动和静止、连续和突变等问题的研究，在现代社会已经成为数学、物理学的研究对象，可以从定性和定量的角度精确描述。

二　朱熹的天道观

朱熹理学建立在天人合一、万物一体的基础上，但具体内容有所不同。他说："天下无无性之物。盖有此物，则有此性，无此物，则无此性。"(《朱子语类》卷4）人与物①都分别有规定其本质特征的性，这就是人性和物性，它们既相同也相异。朱熹称赞二程最大的贡献就是提出"性即理也"这一命题，"孔孟后无人见得到此"（《朱子语类》卷59）。由于有了这样的创见，人性、物性都源于天理，就可以采取比董仲舒"天人相副"的类比法更精致的方式说明天人合一——人性和物性皆为天赋，人性与天理相同。天理代表至善，人若能复现天理，就可以实现与天地参。人性、物性虽同源于天理，但有很大差异，原因还是造人的气与造物的气有差异，所谓气的偏正、清浊、昏明使人性与物性在禀赋上有差别。② 人能得到纯粹的天地之性，而物只得到其中某一部分。当然，人性与物性的差别并不具有根本性，因为同出于天理。

朱熹继承二程"生生为仁"的观点，以"仁"为天理。天地孕育人与万物，体现了"生生"，这便是天地之心，其本质就是仁、就是天理。他说："某谓天地别无勾当，只是以生物为心。一元之气，运转流通，略无停间，只是生出许多万物而已。"正因为人与万物由天地孕育，这种公正无私、普泽万物的天地之心已经融入人类和万物之中。其中，作为人类的标杆——圣人能做到以百姓之心为心，以万物之情为情。所以朱熹说："明道（程颢）云：'天地之常，以其心普万物而无心；圣人之常，以其情顺万物而无情。'说得最好。"当弟子问："普万物，莫是以心周遍而无私否？"他回答说："天地以此心普及万物，人得之遂为人之心；物得之遂为物之心，草木禽兽接着遂为草木禽兽之心；只是一个天地之心尔。"（《朱子语类》卷1）因此，仁义植根于人心之中，体现天理之公；而利心滋生于物我比较

---

① 这里的"物"指人以外所有生物、植物及无生命物体。
② 他说："人物之生，其赋形偏正，固自合下不同。然随其偏正之中，又自有清浊昏明之异。""物物运动蠢然，若与人无异。而人之仁义礼智之粹然者，物则无也。""人之性论明暗，物之性只是偏塞。"见《朱子语类》卷4。

中，体现人欲之私。① 对于义的含义，朱熹解释说："义为天理之所宜"（朱熹《论语集注·里仁第四》），"义者，心之制，事之宜也"（《朱子语类》卷27）。所谓事之宜，就是做一件事情的时候，不是首先考虑利益得失，而是看是否适宜、恰当，按照事情的本来面貌该怎么处理就怎么处理。朱熹用义理之天天道观完成对周公道德之天天道观的转换和扩充，替代了董仲舒鬼神之天天道观和佛学的虚灵之天天道观。这一新的天道观主宰了古代中国的后半期，对中国社会各个方面都产生了重要影响。第一，确立了"义理"的形而上最高权威。如果说过去儒家谈仁义还只是从应然意义上说，现在则成为天之理、天之道。义利之辨是一人、一家、一国和天下的大事，违逆义理则是违背天理的大事。第二，判断行为主体的价值以恰当和适宜为优先。行为人要以事物本身的是非曲直，而不是有利或无利作为行为的依据。"或问：义利之别。曰：只是为己、为人之分。""人只有一个公私，天下只有一个邪正。"（《朱子语类》卷13）立足于大多数人的利益，出于公心，根据事情本身的是非曲直行事，才称为义。第三，义与利相互依存，相辅相成。这是从朱熹的一分为二、合二为一的思想中自然引申出来的。他说："君子之于事，见得是合如此处，处得其宜，则自无不利矣。"（《朱子语类》卷27）"义未尝不利，但不可先说道利，不可先有求利之心。"（《朱子语类》卷51）真正的义都具有利的一面，凡是大义，必然是大利，真正的大利，都体现义的原则。因此，义利之辨的实质不在于义好、利坏，而是追求大仁大义，不能一事当头，先考虑具体利害得失，应该从长远的视角、从是否公平合理来考虑问题，这样才有大利大德。所谓德者得也，人有所得才可称德。所谓君子爱财，取之有道。讲的都是同一回事。因此，合乎

---

① 朱熹《四书集注·梁惠王章句上》："仁义根于人心之固有，天理之公也；利心生于物我之相形，人欲之私也。"

当然、本于道义、方法恰当的利，就是义；欺世盗名、假仁假义，表面是义，实质是私利。把朱熹理学当成言义不言利，显然是完全错误的。这种计利当计天下利的义利观，已经转化为中国共产党人的基本信念。

义理之天天道观要成为社会主流意识，必须建立起对现实政治社会秩序有解释力的新理论。比如，随着"天人感应""灾异谴告"思想失去主流地位，建立于其上的"屈君以伸天、屈民以伸天"就不再适用，需要用一套新的理论来解决君权的合法性和制约问题。另外，维护社会道德秩序的纲常理论也需要有新的理论阐释。这种学术思想上的变化与宋代社会结构的变化密切相关。

朱熹依据二程的路径，从"生生"到"仁"，再到"理"，确立了"天理"在宇宙中的绝对地位。接着，对"仁"的内涵进行阐发，再把"三纲五常"纳入天理的范畴，实现了天理概念的扩展，从而论证了一套合理的社会秩序。他说："宇宙之间，一理而已，天得之而为天，地得之而为地，而凡生于天地之间者，又各得之以为性。其张之为三纲，其纪之为五常，盖皆此理之流行，无所适而不在。"（朱熹《读大纪》）朱熹把"三纲五常"看作天理在世界流行的产物，哪怕草木禽兽都有"三纲五常"之理。按照《中庸》的"天命之谓性"，他注释说："性，即理也。天以阴阳五行化生万物，气以成形，而理亦赋焉，犹命令也。于是人物之生，因各得其所赋之理，以为健顺五常之德，所谓性也。"（朱熹《中庸章句》）从理、气形成天地万物看，人性、物性中都天然包含仁、义、礼、智、信这五常之德，其中仁是核心。由于气的"偏塞"，使物性只有仁或其他某一两种德性，只有得天地之精华的人类才完整具备五常之德。因气有"偏暗"，使人有了形气之私，人性在大部分人身上被遮盖了。因此朱熹告诉大家，真正有意义的人生是把天赋人性展现出来，按照天理来处理一切事务，比如按照"父子有亲、君臣有义、夫妇有别、长幼有序、朋友有信"去行事。其思路同于近代西方启蒙学者——先设定天赋人权，说自然赋予人不可剥夺的权利，然后号召人们去争取。不同的是朱熹设定的天赋人性是三纲五常，启蒙学者设定的天赋人权是自由平等。思路相同，结果不同。朱熹说："舜之命契，不过欲使'父子有亲，君臣有义，夫妇有别，长幼有序，朋友有信'，只是此五者。至于后来圣贤千言万语，只是欲明此而已。这个道理，本是天之所以与我者，不为圣贤而有余，不为愚不肖而不足。"（《朱子语类》卷14）五伦和五常一样，都是天地赋予我的，这是人之所以为人的根据，也是无所逃脱的必然之理。朱熹的"三纲五常"有一个完整的逻辑体系。简而言之，君为臣纲、父为子纲、夫为妻纲的三纲建立在仁、义、礼、智、信这五常的基础上，离开五常就没有三纲；五常又以仁为核心，仁包五常，离开仁就没有义、礼、智、信；所谓"纲"是起主要作用，三纲在"父子有亲，君臣有义，夫妇有别，长幼有序，朋友有信"这五伦中起关键作用。显然，仁在纲常中居于核心地位。那么，五伦究竟是单向的还是双向的？按照贯穿朱熹一分为二、合二为一的思维方法，父子、君臣、夫妇、长幼、朋友之间都是对等的、互为依存，绝不是一方支配另一方，一方绝对服从另一方，否则双方的关系就不存在了。这在孔、孟那里已经阐述得非常清楚。至于现实政治中演变为单向的绝对性，形成君要臣死臣不得不死，以及绝对的孝和绝对的节等观念，完全是政治逻辑、现实逻辑的结果，不是朱熹理学思想的必然结果。一旦君主专制体制和宗法社会结构被打破，中国社会人伦关系的绝对性就会分崩离析。从以下考察三纲之首的君为臣纲中，可以进一步证实朱熹的对等性思想，了解在义理天道观下，朱熹是如何解决"既尊崇君主又制约君主"这一历史性课题的。

有弟子问到"上帝降衷于民。天将降大任于人。天佑民作之君"是因为苍天之上真有一个主宰在发号施令，还是从理性推演出来时，

第二十六章 朱熹的集大成

朱熹回答："此三段只一意。这个也只是理如此。"(《朱子语类》卷1)他认为天降福于百姓，天把大任赋予人，天为百姓立君主，这三件事都是天理所然。从董仲舒讲"君权神授"，朱熹讲"君权天授"，目的都是证明君权既合乎天，又要遵循天意（天理）。君权来自天，维护君权就是维护天理。朱熹在《天子之礼》中提出天子应"八柄驭群臣，八统驭万民，而赏无不庆，刑无不威，远无不至，迩无不服"（《朱熹集》卷100）。在谈到君臣关系时说："君臣之际，权不可略重，才重则无君。"一旦臣权重于君权，君主就危险了。在给宋孝宗的上疏中指出为一二近臣所把控，所窃取都是"陛下之柄"，长此以往必然是"势成威立，中外靡然向之，使陛下号令黜陟不复出于朝廷，而出于一二人之门，名为陛下独断，而实此一二者阴执其柄"（《宋史·朱熹传》）。这些议论颇有一些如韩非担心权臣危及君主的意思。但是，朱熹毕竟又自称继承孔孟道统，在"道统"高于"治统"的大原则下，也提出了一套制约君权的理论。从历史来看，自周公确立"三角政治关系"，到西汉董仲舒确立鬼神之天天道观，以天人感应，"灾异谴告"形成新的"三角政治关系"，宋儒批判汉儒的迷信色彩，抛弃天人感应说，至朱熹终于完成义理天道观的构建，又形成新的"三角政治关系"。这是新的君权合法性和君权受制约的理论。君权受制约的理论主要由三部分组成，一是辨别天理人欲，使君主的言行符合天理、克服人欲；二是格正君心，以端正君主的心术；三是君臣共治，天子与士大夫共治天下。

在朱熹看来，天理、人欲同体，有天理就有人欲，你中有我、我中有你，相互斗争、此消彼长，不是天理战胜人欲，就是人欲压制住天理。① 不过，天理人欲没有绝对的评判标准，其判断的标准其实也

---

① "同是事，是者便是天理，非者便是人欲"，见《朱子语类》卷40；"人只有个天理人欲，此胜则彼退，彼胜则此退，无中立不进退之理""人之一心，天理存则人欲亡，人欲胜则天理灭""有个天理，便有个人欲""人欲中自有天理"，见《朱子语类》卷13。

很简单，就是以是否适宜、恰当为限。比如，饮食，饿了吃饭、渴了喝水，便是天理，如果过度追求饮食的奢华，便是人欲（饮食者，天理也，要求美味，人欲也）；恻隐是善，但如果对不应当动恻隐之心的人和事动了恻隐，便是恶（恻隐之心，仁之端，本是善，才过便至于姑息）；人有羞恶之心是义的开端，如果过头了，羞恶之心便可能导致残忍（羞恶之心，义之端，本是善，才过至于残忍）；君臣、父子之间均以礼为标准，如果过或不及，比如对君父不忠不孝，或者愚忠、愚孝，都是人欲的表现。① 朱熹的天理、人欲之辨是在深刻洞察人性复杂的基础上提出的，其过与不及的判断标准，体现了具体问题具体分析的思想。就以吃饭为例，在百姓普遍饥饿的环境下，喝酒吃肉便是人欲；当百姓普遍小康后，即便天天喝酒吃肉也不会受人指责。天理、人欲之辨在朱熹看来极其重要，他说："孔子所谓克己复礼；中庸所谓致中和、尊德性、道问学；大学所谓明明德；书曰：人心惟危、道心惟微，惟精惟一，允执厥中；圣贤千言万语，只是教人明天理、灭人欲。"（《朱子语类》卷 12）朱熹的天理人欲之辨，以理制欲的思想，首先用于对君权的制约，其次是对士人的，最后是对百姓的。其思路还是周公以来的天子带头、官员跟上、百姓随后的办法。淳熙十五年，朱熹在给宋孝宗的进言中说："愿陛下自今以往，一念之顷必谨而察之：此为天理耶，人欲耶？果天理也，则敬以充之，而不使其少有壅阏；果人欲也，则敬以克之，而不使其少有凝滞。"（《宋史·朱熹传》）在《辛丑延和奏札》中，又说："臣闻人主所以制天下之事者，本乎一心，而心之所主又有天理人欲之异，二者一分而公私邪正之途判矣。盖天理者，此心之本然，循之则其心公而且正；人欲者，此心之疾，循之则其心私而且邪。公而正者，逸而日休；私而邪者，劳而日绌。"（朱熹《晦庵集》卷 13）朱熹生前

---

① 朱熹的这些观点可以参看《朱子语类》卷 13、卷 97、卷 41。

第二十六章 朱熹的集大成

不受皇帝、权臣待见，甚至被定为"伪学"，与规劝皇帝、权臣存天理、灭人欲有很大关系。

孟子曾说："惟大人能为格君心之非。"（《孟子·离娄上》）朱熹沿着孟子的思路，认为君主之心为天下根本，天下治理好坏首先取决于君心正否。他在《己酉拟上封事》中说："臣闻天下之事其本在于一人，而一人之身其主在于一心。故人主之心一正，则天下之事无有不正；人主之心一邪，则天下之事无有不邪。"（《朱熹集》卷12）《戊申封事》中说："臣之辄以陛下之心为天下大本者，何也？天下之事千变万化，其端无穷，而无一不本于人主之心者，此自然之理也。"（《朱熹集》卷11）他还提出："天下之务莫大于恤民，而恤民之本，在人君正心术以立纪纲。盖天下之纪纲不能以自立，必人主之心术公平正大，无偏党反侧之私，然后有所系而立。君心不能以自正，必亲贤臣，远小人，讲明义理之归，闭塞私邪之路，然后乃可得而正。"（《宋史·朱熹传》）帝王心术不正，天下纲纪不立。正君心，自然要求君主自身加强修养，涵养出符合天理祛除人欲的心性。国家治理得好，自然是君主的功劳；倘若天下大乱，必定是君主的过错。因此，君主不会犯错、君主不应当受惩罚的思想在朱熹理学和中国道统中并不存在，或者至少不是主流意识。对比近代日本明治宪法沿用西方君主立宪体制，确立了天皇不会犯错、天皇不承担责任的原则，可见中国与西方、日本君主制的区别。宋朝的皇帝天天被一帮信奉道学的大臣围着，要求格正君心，要求祛除人欲，要求清除私心，确实够难受的。到了明代中后期，这种情况愈加偏激，士大夫们以敢于批评皇帝、触怒皇帝，甚至以被皇帝砍头为荣。为民请命、批评皇帝而受到处罚的士大夫往往能赢得很高的清誉。在道学家们看来，由于君主必然会犯错，而单靠自身力量无法改正，这就需要贤臣师友的帮助。这就涉及制约君权的另一手段——君臣共治。

朱熹反对乾纲独断，即便是皇帝圣明事事都能做出正确的决策，倘若没有与大臣商议而独自做出，也不符合治国之道，会带来无穷弊端。皇帝虽高居臣民之上，但国家大事的决策必须经过君臣合议、一起讨论这一过程，这才合乎祖宗家法。《经筵留身面陈四事札子》说："盖君虽以制命为职，然必谋之大臣，参之给舍，使之熟议，以求公议之所在，然后扬于王廷，明出命令而公行之。……臣下欲议之者，亦得以极意尽言而无所惮。此古今之常理，亦祖宗之家法也。""今者陛下即位未能旬月，而进退宰执，移易台谏，甚者方骤进而忽退之，皆出于陛下之独断，而大臣不与谋，给舍不及议。正使实出于陛下之独断而其事悉当于理，亦非为治之体，以启将来之弊。"（《朱熹集》卷14）朱熹认为，宰相、副宰相、台谏官员的任免不能由皇帝一人说了算，即便这种决定是合理的也不行。对皇帝的这种公开批评，在近代之前的其他文明中极为罕见，在近代君主立宪体制下也不可能发生，即便在现代美国如有高级官员敢公开批评总统，其出路只有一条——卷铺盖走人。为从制度上防止君主的心术昏蔽于人欲而不正，朱熹认为："古先圣王所以立师傅之官，设宾友之位，置谏诤之职，凡以先后纵臾，左右维持，惟恐此心顷刻之间或失其正而已。"（朱熹《庚子应诏封事》）他把为皇帝设立师傅、宾友、谏诤的职位，作为格正皇帝心术的一项制度。

仔细分析朱熹天道观的理论结构，我们看到，由于天理的绝对性，几乎吞噬了自西周以来从民意观察天意，从民心把握天心的思想，以百姓之心为心逐渐有向以士大夫之心为心转变的趋势。周公的三角政治关系发生畸变，君主的治权源自天理，但天理并不是民意，而是万古不变的"三纲五常"，士大夫自命为道统的传承者，道统高于治统，只能由士大夫作为皇帝的师友去格正君心，行使对皇帝的监督权。周公的三角政治关系暗含君主对百姓的治权来自百姓的意愿这样一个前提，但这个前提在朱熹理学中被抽取了。文彦博的"为与士大夫治天下，非与百姓治天下也"，真实反映了宋代社会结构日益转化为官、民为两极的现象。宋代社会与古代社会相比，有一次大的改变，官民对立、皇帝集权更为明显。官僚集团与皇帝的矛盾、官僚集团与普通百姓的矛盾更为突出，皇帝有时候反而扮演着普通百姓保护者的角色，并以此对抗官僚集团的利益，形成了皇帝—官僚—百姓的新三角政治关系。官僚以百姓的名义批评皇帝，皇帝也以百姓的名义压制冒犯皇权的官僚，百姓只有在走投无路的情况下揭竿而起。历史上的反贪官、不反皇帝，反地方、不反中央的意识，正是基于这样的社会现实。理学的义理天道观强化了君权、强化了士大夫的治权，进一步削弱了百姓在政治中的地位确实是事实。①

三　朱熹的心性学

为切割儒学与政治过于密切的关系，张君劢等现代新儒家将心性之学认定为儒学的核心。何谓心性之学？如果一定要找出与朱熹心性论相类似的理论，恐怕非弗洛伊德的人格心理学莫属。弗氏将人格结构分为自我、本我、超我，自我是个体意识到的现实中的我，本我是本能的原始欲望，超我是后天形成的道德良知。朱熹心性结构也可以分为三个层次：现实中的我，有情有欲、有善有恶；被先天赋予本性的我，是绝对至善；后天沾染气质之私的我，是恶的根源。所不同的是，朱熹认为人的本性至善，而弗氏认为人的本性（本能）很坏；朱熹认为经过社会习染的人性很恶，而弗氏认为经过社会化的人性是超我，很有良知；但他们都认为现实中的人有好有坏。这种区别完全

---

①　理学的尊君思想是极为明显的。以程颐为例，多次谈及与王安石之间的思想差异就在于是否尊君。在谈到武王观兵于盟津时说："为人臣子，岂可以兵胁其君？安有此义！"谈到鲁用天子礼乐时说："介甫谓周公有人臣不能为之功，故得用人臣所不得用之礼。非也！"（《二程遗书·伊川先生语五》）。

是基于不同人性论的假设而产生。弗氏从心理动力的过程分析自我、本我、超我相互缠斗，朱熹则从静（未发）、动（已发）的过程中研究心性修养。弗氏的人格心理学有临床基础，而朱熹的心性学更多停留在思辨层面。这种类比是为了增强对朱熹心性论的直观印象，其实双方理论的出发点、思维方式、落脚点都有本质上的区别。

1. 心性论的基本要义

朱熹学术思想的转折点发生在四十岁那年，在与门人蔡元定问辩之际，忽然意识到具有知觉和控制能力的"心"存在于人的喜怒哀乐未发之时和已发之后，人的心理活动贯穿于人活动（动和静）的全过程，心统领着性、情。至此，朱熹思想开始脱离当时的湖湘学派，终成一代学术宗师。他在《与湖南诸公论中和第一书》中说：

> 《中庸》未发已发之义，前此认得此心流行之体，又因程子凡言心者皆指已发而言，遂自心为已发，性为未发。然观程子之书，多所不合，因复思之，乃知前日之说，非惟心性之名，命之不当，而日用功夫，全无本领。盖所失者，不但文义之间而已。①

由于认识上的转变，朱熹开始将心性论置于人活动的全过程，在动与静中实现格物穷理、庄敬涵养，使尊德性、道问学双管齐下。

心性学首先讲"性"，是人之所以为人的根本，是天所赋予的，源出于天理。因此，性又叫天地之性。由于人是由气凝聚而成，又会沾染形气之私，从而形成气质之性。朱熹说："论天地之性，则专指理言；论气质之性，则以理与气杂而言之。"（《朱子语类》卷4）但

---

① 朱熹：《与湖南诸公论中和第一书》，《朱子全书》第23册，上海古籍出版社2002年版。

天地之性和气质之性并不是独立存在的两种不同的人性，而是同寓一体。比如水受到污染，清水变污水，过滤后污水变清水。清水是天地之性，污水是气质之性，正如清水、污水是同一种水，天地之性、气质之性也是同一种性。朱熹说："气质之性，便只是天地之性。只是这个天地之性，却从那里过。""性如水，流于清渠则清，流入污渠则浊。"（《朱子语类》卷4）这种说法是受了佛学"习染"思想的影响。

所谓"心"是人具有控制和知觉、思虑能力的机能，具有虚灵不昧的特点。程颐说："人心，私欲也；道心，正心也。"（《二程遗书》卷19《伊川先生语五》）将"心"分为道心、人心，用道心控制人心。朱熹则按照一分为二、合二为一的观点来解释。他说："此心之灵，其觉于理者道心也，其觉于欲者人心也。"（《朱子语类》卷62）能够觉悟到天理的是道心，能够知觉到人欲的是人心；但道心、人心都源于一个心，其区别在于觉悟的不同。朱熹有时强调道心对人心的克制作用，"必使道心常为一身之主，而人心每听命焉，则危者安，微者著，而动静云为，自无过不及之差矣"（朱熹《中庸章句序》）。后来王守仁以此误认为朱熹讲的是两颗心（《传习录》卷10）。其实朱熹本意是要时时觉悟天理，并非消灭人心。"人心出于形气，如何去得？"（《朱子语类》卷62）意思是说，消灭了人心，人也就不存在了。尽管道学家们强调"存天理、灭人欲"，但在朱熹的理学体系里，人欲、人心是一个客观存在、不可能完全消灭的存在。这种内在的矛盾性给了后来的顾炎武学宗朱熹但朝着承认人欲有合理性的方向发展。

"心"是虚灵不昧的虚体，"性"是无形的实理，并形成"心性"这样的统一体。朱熹说："心以性为体，心将性做馅子模样；盖心之所以具是理者，以有性故也。"（《朱子语类》卷5）心是性的载体，性是心的负载；心统领着性，性决定着心。

以上是在静止状态下讨论心性问题，即人没有接触外界的事物，属于未发状态。在未发状态，心依然发挥着思虑、矫正自我的功能。因此，人要经常性地静坐修养，以庄敬涵养为下学之本。这就是朱熹四十岁悟道的关键点。实际上说明这样一个问题：只有平时注意学习提高，遇到事情才能从容应对。但是，朱熹的"平时注意学习提高"是专指静坐、默想、沉思，如同他的老师李侗倡导的半日读书半日静坐。

朱熹也讨论接触事物后的动态的心性，即已发状态。这时候"性"的发动表现为"情"。朱熹说："情是性之用""性动处是情"（《朱子语类》卷5）。不过，静态的性、动态的情，都由心来统领。所谓"心者性情之主"，"性是未动，情是已动，心包得已动、未动"（《朱子语类》卷5）。由于"情"属于人性正常的表现，朱熹反对李翱的"灭情复性"。"情本不是不好底，李翱灭情之论，乃释氏之言。""云灭情以复性则非。情如何可灭？"（《朱子语类》卷59）"情"是人性的发动，怎能灭绝！当"情"表现得比较激烈的时候，就表现为"欲"。情和欲有好有坏、有善有恶，判断的标准是中节或不中节，适当还是不适当。

"心"也有静、动两种状态。在静的状态表现为内省、体悟、直觉，可以实现对内心自我的调节、控制；在动的状态表现为"意"和"志"，表现为对人的行为和情绪的调节、控制。"意"是指人行为的心理动机和意向，"志"则是体现了人更高层次的动机和志向。朱熹引用张载的话"以意志两字言，则志公而意私，志刚而意柔，志阳而意阴"，还说："志是公然主张要做底事，意是私地潜行间发处。"（《朱子语类》卷5）意和志都是指人行为的动机，不同的是，意表现为算计和权衡，而志表现为长远的志向。在现代汉语中意和志不分，组成"意志"一词，把两方面含义都包括了。

弄清楚上述概念后，就可以讨论"心统性情"这一理学的核心命题。其基本含义是：静态（未发）时，用反思、反省的方式觉悟到天理，以涵养天地之性；动态（已发）时，用从心产生的意、志，节制好从性产生的情、欲，使之适当、适宜。这里还涉及一个"才"的问题，代表着才能。才没有好坏、善恶之分①，代表着力量。才能强，心之力也强，也就是你的意志力也强；同时，由性产生的情欲也愈强。这就是说，人的才能是中性的，既可以提高人做好事的能力，也可以增强为恶的能力。关键就在于人如何把控自己的能力。从这里我们可以抽取几点看法。一是"心"最为关键。当觉悟到天理（道心），再加上人的才能很大，心之力也强，就能够很好地控制情欲而不至于泛滥。当体会到人欲（人心），才能越大干坏事的本事也越大。二是既然"心"那么重要，就需要养心、修心、正心、格心。当王阳明体悟到心中自有"良知"时，心学就呼之欲出。但朱熹坚持心感悟天理便是道心的路线，把认识事物之理的格物致知摆在主要位置。三是既然人的才能是中性的，德性修养决定着才能的使用方向，使"道问学"和"尊德性"哪个为优先的争论在朱熹之后更加激烈。

2. 格物致知

朱熹心性学，"心"的位置很重要。钱穆认为"先说心后说性"，"这全是他思想系统中显大力量有大贡献所在"。② 之所以如此，是因为相较于"正心诚意"，朱熹更重视"格物致知"。他给《大学》补充的一段文字就是专门讲格物穷理而实现致知。朱熹讲心性学首先讲格物致知（认识论），确实是值得赞扬。他说："盖人心之灵，莫不有知，而天下之物，莫不有理。惟于理有未穷，故其知有不尽也。是以大学始教，必使学者即凡天下之物，莫不因其已知之理而益穷之，

---

① 这一点朱熹与程颐看法不同。
② 钱穆：《宋明理学概论》，九州出版社2010年版，第126页。

以求至乎其极。"（朱熹《大学章句》）在朱熹看来，穷尽天下万物之理、体认宇宙极至之理，是格物致知的本义，这是大学教育的切入点，也是学者的首要功课。他说："上而无极、太极，下至于一草、一木、一昆虫之微，亦各有理。一书不读，则阙了一书道理；一事不穷，则阙了一事道理；一物不格，则阙了一物道理。须著逐一件与他理会过。"（《朱子语类》卷15）正是抱着这样的态度，朱熹几乎无书不读，无事不研究，从纯粹研究性理中摆脱出来，从佛老的虚无中摆脱出来，用更加宏大、宽阔的视野研究问题。

在认识事物的过程中，必然会遇到心物关系，即认识主体和认识客体的关系，用朱熹话就是"知在我，理在物"（《朱子语类》卷15）。由此带来两个问题，我为什么具有认识客观事物的能力？我对客观事物的认识真实吗？这两个在西方文化中属于真问题的问题，在朱熹那里似乎都不是问题。人有认知能力是天赋所然，人得天地之灵秀，是天地万物的宠儿，能知能觉是必然的；人性中本来就具有理，与寓于万物之中的理是一回事，只要能与我本心相合的就是真理。有弟子问朱熹，"心虽主乎一身，而其体之虚灵，足以管乎天下之理；理虽散在万物，而其用之微妙，实不外乎一人之心。不知用是心之用乎？"朱熹问答说："盖理虽在物，而用实在心也。"（《朱子语类》卷18）在"万物皆备于我"、性即天理的思维模式下，对人类认知的真实性、客观性的追问就没有西方传统下那么迫切、那么焦虑。实际上，朱熹穷究万物之理的志向，并不是真关心一草、一木等自然之理，而是"穷天理、明人伦、讲圣言、通世故"。格物致知的目的只在于此，至于认知的客观性、真理性问题，在他那里被忽略过去。他把"格物"的过程简单理解成"合内外"，只要对客观事物的认知与主体人心相合，合乎常理，就可以了。事实上，朱熹认识所谓万物之理更多带有独断性、主观性和先验性。这一思想传统对后世产生了很深远的负面影响。

第二十六章 朱熹的集大成

朱熹忽视主客观二分对认识的影响，但是其提出的由近而远、由浅入深、由表及里、去粗取精，从渐悟到顿悟，从逐渐积累到豁然贯通的认识路线，至今具有方法论的意义。

认识事物需要由近到远的思想传统上溯至伏羲，他的办法就是"近取诸身，远取诸物"（《易经·系辞下》）。朱熹提出"就切近处，且逐旋理会"（《朱子语类》卷18）的办法，从身边的事情切入进去，不断地琢磨、思考。当然，朱熹讲由近而远，是同由浅入深、由表及里联系在一起，因此，这里的远近并不只是距离的远近，而是对事物之理认识的深入程度。他说："因那理会得底，推之于理会不得底，自浅以至深，自近而至远。又曰：因其已知之理，而益穷之，以求至乎极致。"（《朱子语类》卷14）从已经明白的一些道理开始，不断深入下去、穷致其极，一重又一重地挖掘，直到明白全部的道理。这个由表及里的过程，还伴随着去粗取精，去掉一些浅显表层的含义或者假象，触及更深层次的、本质性的、真实的道理。有弟子问："格物章《或问》中如何说表里精粗？"回答说："穷理须穷究得尽。得其皮肤，是表也；见得深奥，是里也。知其粗不晓其精，皆不可谓之格。故云：表里精粗，无所不尽。"（《朱子语类》卷18）事物层次结构的多重性，决定了事物意义的多重性，同样的一段文字，理解文字本身含义之外，还须了解文字背后蕴藏的意义，同时可以从文字的音节和错落有致中体会到美感。朱熹讲认识过程，也是知识不断积累的过程，由渐悟而实现顿悟。他特别坚持逐渐积累到豁然贯通的认识路线，以一举十、触类旁通是有条件的，是建立在长期积累、反复比较验证的基础之上。他说："一物格而万理通，虽颜子亦未至此。但当今日格一件，明日又格一件，积习既多，然后脱然有个贯通处，此一项尤有意味。"（《朱子语类》卷18）连颜渊也做不到一通百通，平常人更应该老老实实读书、做学问，从一事一理中逐渐积累，最后才能实现贯通。在认识的阶段上，朱熹大致分为"知觉"

和"思虑"两个部分,有学者将这视作"感性认识""理性认识"两个递进的阶段①,可为一家之言。朱熹对知觉的解释是:"知是知此一事,觉是忽然自理会得""知者因事、因物皆可以知,觉则是自心中有所觉悟"(《朱子语类》卷58);对思虑的解释是:"心则能思,而以思为职,凡事物之来,心得其职,则得其理,而物不能蔽"(朱熹《孟子集注·告子章句上》)、"虑,是思之重复详审者"(《朱子语类》卷14)。知觉偏重于现代心理学的感觉、知觉和直觉,思虑偏重于思考、思维、想象。从中可以看出朱熹学术思想的细密和精致。

3. 知先行后、知轻行重

知、行关系是一个横贯中国道统的问题,《尚书·说命中》云:"知之非艰,行之惟艰。"一直以来的观点是知易行难,说容易做起来难。近代孙中山将这改为"知之惟艰,行之非艰",提倡"知难行易",认为中国人几千年来的路子走错了,就是受了"知易行难"的误导。② 朱熹修改程颐的观点后概括出"知先行后、知轻行重"八个字。他说:"论先后,当以致知为先;论轻重,当以力行为重。"(《朱子语类》卷9)从两者的关系看,朱熹首先强调"明理",不明白道理怎么去行,"须先知得方行得,所以《大学》先说致知"(《朱子语类》卷14)。他给白鹿洞书院的"博学之、审问之、谨思之、明辨之、笃行之"训词,也是首先强调学、问、思、辨,然后再行。由此看来,孙中山说中国人受了几千年关于"知易行难"的误导,不完全准确。至少朱熹始终把格物穷理,学习知识摆在首要位置,认为离开了知就根本谈不上行。知是行的根据,就像人走路,不知道路还怎么走;知可以让行更加坚定,掌握全面情况、了解前因后

---

① 参见张立文《朱熹评传》第七章。
② 孙中山:《建国方略》,中国长安出版社2011年版,第5页。

果，可以使行更加坚定、更有底气。知可以促行，但知也可能导致不行，就有知行如何合一的问题。在朱熹看来，"知而不行"的根本原因还是知不够，真正明白道理就一定会去做。他说："论知之与行。方其知之而行未及之，则知尚浅。"（《朱子语类》卷9）

从顺序上朱熹强调"知先行后"的主张，但从最终的落脚点上，又强调"知轻行重"。认识事物的最终目的还在于力行，离开了行，知没有任何意义。所谓知行合一，重点在行。朱熹扫除了佛老崇尚虚言、清谈的风气，开创了一个良好的传统。他说："学之之博，未若知之之要，知之之要，未若行之之实。"（《朱子语类》卷13）学习广博固然重要，还要把握其中的要义，把握其中的要义很重要，更要在实践中推行。这一见解，至今依然闪耀着思想的光芒。

把知与行看作两件不同的事情，自然有"知先行后、知轻行重"的认识，但用"一分为二、合二为一"的观点看，知与行又是一个相互依存、相互矛盾、不断发展的统一体。这在朱熹的思想中同样体现得很充分。他说："知行常相须，如目无足不行，足无目不见。"（《朱子语类》卷9）"知之愈明，则行之愈笃；行之愈笃，则知之益明。"（《朱子语类》卷14）知行相互支撑，不可偏废、缺一不可；知行还是相互促进、不断实现的过程，知促进行、行又促进知，循环往复；行还具有验证知的作用，知与不知的检验标准还在于行。在知与行的统一运动过程中，"知"实现由浅入深，"行"也由小到大，在不断往复过程中得到升华。但朱熹的知行观是针对人的道德实践，更带有书斋式的主观的色彩。这也是本书序言中所称"唐文"的知行观。当用马列主义实践的唯物论对朱熹的知行观进行改造，就成为中国现代思想的重要组成部分。

建立在"理一分殊"基础上的朱熹心性学，规定了人的首要任务是格物穷理以致知，然后付之于行，在知与行的过程中，做到博观众理、涵养心性，实现内圣外王的人生目标。但朱熹的这一思想路线，存在着内在的矛盾困境，既然性即理，心包万理，万物皆备于我，欲穷此理，尽此心即可，何苦到外在的事物中求得道理？"宇宙便是吾心；吾心即是宇宙"（《陆九渊集》卷36），反求诸身，从内心去感悟天理、良知不是更好吗？陆九渊、王守仁这一派就是这么想的，由此产生了与程朱理学相对的宋明道学的另一宗派——陆王心学。

第二十七章
王守仁心学

王守仁（1472—1529），字伯安，别号阳明，浙江余姚县人，官至南京兵部尚书、左都御史，因平定宁王叛乱等军功而封爵新建伯。宋明道学发展到了王守仁的心学，巍巍然又是一座高峰，明中叶以后其势力几乎笼罩整个学术界，其影响辐射东北亚诸国。王守仁年少时就立志读书做圣人，十五岁出居庸关、山海关，纵观山川形胜，有经略四方之志。《明史·王守仁传》评价说："终明之世，文臣用兵制胜，未有如守仁者也。"一介书生能有军事上的如此成就，又给后世留下极富穿透力的思想体系，其一生完美诠释了"立德、立功、立言"之三不朽。但王守仁似乎不符合儒家关于圣人的标准。他欣赏纵横家苏秦、张仪①，据明史记载，他几次用兵都运用正统儒家所鄙视的计谋，比如为了阻止宁王率叛军顺长江东下攻取南京，采取反间计，使宁王对其谋臣产生怀疑；当战事顺利，宁王很快被擒获，让准备御驾亲征的明武宗和一班佞臣大失所望之后，为避免惹祸上身，暗中将宁王交给太监张永便置身事外；后来上奏折说是奉威武大将军

---

① 《传习录》下卷记载："先生曰：苏秦、张仪之智，也是圣人之资。后世事业文章，许多豪杰名家，只是学得仪、秦故智……仪、秦亦是窥见得良知妙用处，但用之于不善尔。"

（明武宗自封的官职）之方略才讨平叛乱，再加上太监张永的暗中保护才得以彻底摆脱嫉恨。当年司马迁批评商君的污点，一是依靠太监景监的引荐得以重用，二是用计谋而非厮杀抓获魏将公子昂，而王守仁居然都做了，可后世并没有因此非议他。① 孟子曾对伯夷、伊尹、柳下惠、孔子四位古圣人逐一作过评价，认为伯夷是圣之清、伊尹是圣之任、柳下惠是圣之和，但都偏执于某一方面，只有孔子是圣人中的集大成者，"可以速而速，可以久而久，可以处而处，可以仕而仕"（《孟子·万章下》）。按照孟子的说法，能够根据实际情况作决策，是属于孔子级别的圣之时者——识时务。而王守仁就是这样一位善于通达权变，能识时务的人。他提出致良知以克除人欲，恢复天理，破心中贼，实现廓然大公而无私，但绝非商君的"于国则功无量，于己则害无穷"的大公无私，而是内心自认为的不偏不倚。理解这一点对于理解王守仁的心学有重要意义，对于理解晚明心学末流，理解梁启超评价晚明几十年纷争的那段话——"其实不过王阳明这面大旗底下一群八股先生和魏忠贤那面大旗底下一群八股先生打架"② ——同样有重要意义。"良知"可以将一些士人引向反清复明，终身保持气节；"良知"同样可以使更多的士大夫和读书人转投清廷，丝毫不觉愧疚。因为，心即理，心外无理，当外在的、客观的标准一旦被冲破，内心主观的自我感受就可以为自己的任何一种行为寻找堂皇的理由。20世纪初年的那场科玄之争，丁文江就是看到这层利害才极力反对"玄学鬼"张君劢。

---

① 作为对比，历史上被贴上功利派标签的南宋陈亮却如此孤守清高。宋孝宗读了陈亮的上书颇为欣赏，孝宗亲信曾觌派人看望陈亮。但陈亮拒绝与曾觌的特使见面，并出言不逊，坚持要直接晋见皇帝。参见［美］田浩《朱熹的思维世界》，江苏人民出版社2011年版，第157、158页。

② 梁启超：《中国近三百年学术史》，上海古籍出版社2013年版，第4页。

一 王守仁学术思想的基本脉络

王守仁心学是在对朱熹理学怀疑甚至批判的基础上发展起来的，但两者之间的区别既没有后人想象中的那么大，也不是后人评论的"始终未能脱尽朱熹的牢笼"①。王阳明在看待自己与朱熹的异同时说："吾说与晦庵时有不同者，为入门下手处有毫厘千里之分，不得不辨。然吾之心与晦庵之心未尝异也。若其余文义解得明当处，如何动得一字？"（《传习录》上卷98）心学与理学从最终实现的人生目标——成圣来说，没有区别，其区别在于学术思想的入口处不同。心学强调从人的本心（良知）出发，由内而外阐发天理；理学则强调首先从认识一草一木之理开始，从格物穷理和内外相合中体悟天理。朱熹认为，你不懂得行孝的道理，怎么行孝，所以先学习行孝的理；王阳明则认为，孝的道理不是从外界求得的，而是发自内心，没有心何来的孝。就如弹琴和游泳，学了一大堆理论，使知与行脱节，而不是从知行合一处入手，终究是空的。更何况，王阳明从自身的体验——曾面对竹子"格"了七天七夜，也没发现竹子之理——认为向外求理不如从内心开始。王阳明的心学似乎是为了挽救朱熹理学的时弊而生。这个由内而外和由外而内的方法论上的区别，源于心学、理学两种思想体系立论基础的不同，也源于王守仁受佛、道两家思想的影响更深一些，同时，二程的思想中，王守仁更多认可程颢的观点，这与朱熹更多接受程颐的观点形成对应。

（一）王守仁心学的立论基础

但凡一种思想体系，总有一个立论基础。分析贯穿王守仁心学始

---

① 钱穆：《宋明理学概论》，九州出版社2010年版，第221页。

终的特有的思维方式、基本观点,是理解全部心学思想体系的关键。

宋明道学发展出的一分为二、合二为一的思维路线,在朱熹那里达到一个高峰。朱熹重视分与合的关系,相对来说更侧重在分,始终强调理与气、天地与人、内与外、知与行、善与恶、未发与已发、天理与人欲之间的区别,而王守仁更侧重在合,强调对立双方的一致性。这种差别带来学术取向上的不同。由于朱熹强调分,必然面临主体与客体、心与物之间的对立,人作为主体首先需要通过认识一草一木开始,最终达到对天理的感悟。而王守仁强调合,则从逻辑上取消了主体与客体、心与物的对立,通过体认内心就可以实现对天理的感悟。他们都认可孟子的"万物皆备于我",但朱熹讲"具众理而应万事"(朱熹《大学章句》),是说人具有认识万物之理和应对万事的能力,而王守仁讲"众理具而万事出"(《传习录》上卷32),是说人心能映照万物之理并随时应对万事。这种差别导致朱熹在逻辑上做出的先后区别,在王守仁那里都消弭了。如朱熹提出知先行后、知轻行重,王守仁不赞成将知、行分为两件事,主张知行合一;困扰道学家的未发、已发问题,王守仁认为是后儒将两者分开说的缘故(《传习录》下卷307);在尊德性和道问学上,王守仁认为是一回事,因此批评朱熹把两者分开说(《传习录》下卷324)。正如黄宗羲在《明儒学案》中说的"即知即行,即心即物,即动即静,即体即用,即工夫即本体,即上即下,无之不一,以救学者之支离眩骛"[1]。这一评价是到位的。

王守仁这一思维方式还与他的"万物一体"或"万物同体"相关联。程颢曾说:"仁者,以天地万物为一体,莫非己也。认得为己,何所不至?""一人之心即天地之心。一物之理即万物之理。"(《二程遗书》卷2上《二先生语二上》)人与天地万物浑然一体的思

---

[1] 《明儒学案》,中华书局2008年版,第7页。

第二十七章 王守仁心学

想并非程颢独创，但是，在他的"万物一体"所体现的天人关系中，有两个特点，一是更加突出"一体"，二是更加突出人的"主导"。他认为天地万物就是人的一部分，人心就是天地之心；所谓仁民爱物，就是爱自己，爱自己还有什么做不到的？王守仁接受"万物一体"这一信念，成为其全部学术思想的基础。他的弟子王畿（龙溪）曾说："孔门专务求仁，仁者与物同体。小人儒即非同体之学，所以传之后世有害。"（王畿《龙溪王先生全集》卷1《抚州拟岘台会语（三）》）将万物一体说成是孔学的正统。王守仁自己在《答顾东桥书》中说："夫圣人之心，以天地万物为一体，观视天下之人，无外内远近，凡有血气，皆其昆弟赤子之亲，莫不欲安全而教养之，以遂其万物一体之念。"（《传习录》卷142）圣人所作所为，其实皆为了践行万物一体的念头。有人曾对人与物同体的说法产生疑问，比如自己的身体气血相通所以称为同体，与其他人就是异体，与禽兽草木就差得更远，怎么可以说同体呢？王守仁作了解释：要从人与万物的微妙感应上去理解，不能只因人有独立形体，看不到与万物一体；人是天地之心，因为人有感知一切的"灵明"，这个"灵明"是天地鬼神的主宰；如果没有这个"灵明"，谁去仰视天的高大？谁去俯视地的深厚？谁去辨别鬼神的吉凶祸福？离开了这个灵明，便感知不到天地鬼神，离开了天地鬼神，灵明也不存在。那人再次问道，天地鬼神万物亘古都有，怎么离开这个"灵明"就不存在了？王守仁说："今看死的人，他这些精灵游散了，他的天地万物尚在何处？"（《传习录》下卷336）王守仁表达了三层含义：一是存在是因为被感知，被感知着的存在对人才有意义。二是失去了感知，世界如同不存在，就如死去的人，他的天地万物何在？而失去了感知对象，感知就无从安放，如同天地万物真不存在，怎么还能有感知？三是眼前的世界与你的感知密切相关，有什么样的感知就会有什么样的世界，世界是由你的感知绘就的，从这个意义上讲，人与天地紧密关联为一体。同样探讨人与世界的关系，英国主教贝克莱（George Berkeley，1685—1753）是想以此证明精神实体——上帝的独立和永恒，证明感觉经验才是真实可靠，而王守仁是想说明"万物一体"的道理，人的知觉（灵明）与万物互不可分。但是，如果抽取他们想要证明的内容，这样的思维方式却是有价值的——世界是什么样，是因为你感觉到什么样。

在与弟子朱本思讨论草木瓦石是否也有"良知"时，王守仁进一步发挥"万物一体"的思想，坚信自然界与人本来就是一体。他说："人的良知，就是草木瓦石的良知。若草木瓦石无人的良知，不可以为草木瓦石矣。岂惟草木瓦石为然？天地无人的良知，亦不可以为天地矣。盖天地万物与人原是一体。其发窍之最精处，是人心一点灵明。风雨露雷日月星辰禽兽草木山川土石，与人原只一体。故五谷禽兽之类，皆可以养人；药石之类，皆可以疗疾，只为同此一气，故能相通耳。"（《传习录》下卷274）草木瓦石之所以成为草木瓦石，天地万物之所以成为天地万物，都是因为有良知。这一点与庄子的"道在屎溺"有共同的思想基础——万物同道、万物皆气化。不同的是，王守仁认为人的良知是天地万物的良知，体现人是宇宙万物的价值尺度和最终目的，与庄子以自然为价值尺度相反。

基于这样的思想基础，王守仁提出"心即理""心外无物"的命题。他说："诸君要识得我立言宗旨。我如今说个心即理如何？只为世人分心与理为二故，便有许多病痛。"（《传习录》下卷321）如何理解"心即理"？第一种理解，人心就是天理，天理就是人心；第二种理解，人心作为虚灵，已经装有万物之理，天理可以从人心里逐一探寻。这两种理解均不符合王守仁的本意。作为浸润于中国道统的"理性主义"传统的王守仁，不会真的以为人心里有全部的天地之理。他批评弟子九川说："尔却去心上寻个天理，此正所谓理障。"（《传习录》下卷206）心里并没有天理，去心里寻找天理正是佛家所说的"理障"①。那么如何理解"心即理"的本意？王守仁曾说："目无体，以万物之色为体；耳无体，以万物之声为体；鼻无体，以万物之臭为体；口无体，以万物之味为体；心无体，以天地万物感应之是非为体。"（《传习录》下卷277）人心犹如一面光洁的镜子，天地万物均通过人心这面镜子才感知出是非、善恶。天地万物本来没有是非、善恶之理，正如孝之理不在父母身上，当人心意念指向天地万物和父母时，是非、善恶之理，孝顺之理就会在心里出现。正是在这个意义上，王守仁提出"心即理"和"心外无理"，而且特别强调，正是在人与外物的互动中，理才会从心里呈现出来。针对"心外无物"，有人提出质疑。在游览南镇（绍兴会稽山）时，有朋友指着一棵花树说："天下无心外之物，如此花树，在深山中自开自落，于我心亦何相干？"王守仁说："你未看花时，此花与汝心同归于寂，你来看此花时，则此花颜色一时明白起来，便知此花不在你的心外。"（《传习录》下卷275）"寂"意味着不显现、不活动，但并不是不存在，犹如佛家讲涅槃（圆寂）。王守仁提出"心外无物"，只是强调只有在心与物的接触中，物的形象和意义才能在心中呈现。一个从来没有进入人类意识的事物，只能处在"寂"的状态，无法感知、无法理解；一旦人类的意识触及过去不曾感知的事物，这个事物就会鲜活地出现在人的心里。如此说来，心外岂不是无物？

需要特别注意的是王守仁心学中的"天道自然"思想，凡是符合天道自然的就是正当的，属于至善，凡是人为刻意安排的就是非正当的，就是私心。因此，无论"万物一体""心即理"还是良知、性善，王守仁认为这些都是天地万物所固有的属性，并不是自己刻意思索出来的。他所做的一切只不过是回复到本来面目，如人性至善的本来面目，让良知摆脱遮蔽恢复纯净的本来面目。当然，王守仁的

---

① 语自《圆觉经·弥勒菩萨章》。

"自然"也是被伦理化的自然。

"立志成圣"是王守仁的人生目标,也是为学、讲学的目标。心学是为了解决成圣,或者至少为了解决人之所以为人的问题,否则毫无用处。王守仁对弟子说:"诸公在此,务要立个必为圣人之心,时时刻刻,须是一棒一条痕,一掴一掌血,方能听吾说话。"(《传习录》卷331)如果没有这样的想法,就如一块死肉,再怎么打也不知痛痒。因此,心学首先是一种信仰,就是相信孟子的"人皆可以为尧舜"(《孟子·告子下》)。这种信仰并不盲目。道学有一个共同的思维逻辑:人性皆善,人的本心是纯粹的,只是后天受到昏蔽,致使不能将天赋之性全部得以展现,因此,成圣就是剔除那些遮蔽本心的私利,以恢复心体的纯粹、展现人性的光辉。王守仁认为,《中庸》所说的"惟天下至圣,为能聪明睿智",过去觉得很玄妙,其实"原是人人自有的"(《传习录》下卷283),"满大街的人都是圣人"(《传习录》下卷313)。从这个角度说,王守仁的心学是人性解放的号角,是要把原本至善的人性从世俗的束缚中解放出来。他说:"仁义礼智皆是人先天德性的表现。从外表形态而言可以称为天,从主宰万物而言称为帝,从流行命令而言称为命,赋予人时称之为性,主宰人时就称之为心。"(《传习录》上卷38)原来他是要把"仁义礼智"这种本原之心性从习染的束缚中解放出来。比较中西方在人性解放上的异同,是有意义的。信奉人性恶的基督教文明,也讲人性解放,其释放出来的必然是人性的最原始的邪恶。法国19世纪著名诗人夏尔·波特莱尔在其《恶之花》中极力赞美杀人犯该隐[①]和大魔鬼撒旦,因为他们是受害者和叛逆者,诗人希望自己的灵魂能傍着撒旦休息。恶的审美价值,是近现代西方哲学、文学的一个永恒课题。由于

[①] 按照《圣经》记载,该隐是亚当与夏娃的第一个孩子,因嫉妒弟弟亚伯而杀死弟弟,为人类逐出伊甸园后的第一起谋杀案,由上帝亲自审理。

两种不同文明在人性的观点上是如此泾渭分明,从西方文明的角度看,将宋明道学视为压抑人性就不觉得奇怪了。当一些中国人接受西方文化的立场,将绽放人性光辉的人性解放视作对人性的扭曲,就是件很自然的事。关键是相信人性本善还是相信人性本恶。

如何克服束缚至善人性的私欲呢?孟子曾说:"人之所不学而能者,其良能也;所不虑而知者,其良知也。"(《孟子·尽心上》)说明人天生具有"良能""良知"。良知是什么?王守仁认为,良知犹如一面光洁的镜子,能照天地万物的善恶;良知是个是非之心,能感知善恶;从良知能照善恶的角度说,良知就是天理,天理就是良知。这种良知散落在每个人的心里,无论贵贱、无论智愚,人人都有,只是绝大多数人不明白而已。因此,需要时时刻刻感悟良知、践行良知,人就能守住本心,恢复本心。这就是王守仁心学的全部宗旨。他说:"人若知这良知诀窍,随他多少邪思枉念,这里一觉,都自消融,真个灵丹一粒,点铁成金。"(《传习录》下卷209)

你看,良知简直是灵丹妙药、点铁成金,只要明白诀窍,什么问题都解决了。王守仁对自己的"良知学"高度自信。

(二)王守仁的历史观

不同的历史观体现不同的价值观,也决定着某一学术思想的基本内容。王守仁继承了孔孟以来的王道观,并且涂染了一层更浓厚的童话色彩。之前讨论过,《论语·子路》有一段子路与孔子的对话。子路说,卫君如果请夫子当政,会怎么做?孔子回答,必定从正名开始。子路说,夫子太迂腐了!正什么?孔子说,说话太放肆!别不懂装懂。接着孔子说了一段很有名的话:"名不正则言不顺;言不顺则事不成;事不成则礼乐不兴;礼乐不兴则刑罚不中;刑罚不中则民无所措手足。"围绕这段话,朱熹和王守仁分别讲了两个不同版本的故事。

朱熹引用胡瑗注来讲这个故事。说是卫国世子蒯瞆痛恨其母南子淫乱，想杀了她，因失败而逃走。卫灵公想立另一个儿子郢为世子，被拒绝。卫灵公去世后，郢还是拒绝当卫君，只好立蒯瞆的儿子辄为卫君，以防止蒯瞆回国。朱熹认为，蒯瞆因杀母而得罪父亲，而辄拒绝父亲回国，都属于大逆不道，都失去当国君的资格。孔子若在卫国当政，必定以正名为先，把辄赶下台，再辅佐郢为国君。这样才能做到人伦正、天理得，名正言顺事成。①

在朱熹的这个正义之士赶跑坏人、辅佐好人的童话故事基础上，王守仁则讲了一个痛改前非、皆大欢喜的童话故事。他认为，孔子废掉一个以礼相待、委我以国政的国君，人情天理何在？以孔子之贤，绝对不会这么做。他会以盛大的德行感化卫辄，让他认识到无父不可以为人。于是，卫辄必定痛哭奔走，去迎接父亲蒯瞆的归来。面对儿子卫辄的悔恨，做父亲的岂能不被感动？卫辄想把国家重新交给父亲管理，并请求父亲杀了他以弥补自己的罪过。蒯瞆被儿子的孝心感动，又有孔子的居中调解，也坚决不肯接受国君这副担子。双方一再推让，群臣百姓称赞卫辄的仁德孝道，坚持让卫辄担任国君。无奈之下，卫辄只好率领群臣百姓尊父亲蒯瞆为太上王，使他过上养尊处优的生活。如此一来，君是君，臣是臣，父是父，子是子，名正言顺，一举而可为政于天下。王守仁认为，孔子正名，或就是如此（《传习录》上卷43）。

我们丝毫不怀疑王守仁在给弟子陆澄讲这个故事时的真诚，也不怀疑陆澄在真诚地倾听，但是有文字记载的人类信史上还从未发生过父子间彬彬有礼、相互让国的事情。一群民族的精英人物却坚守一个虚构的童话故事，对于华夏族来说，究竟意味着什么？② 恐怕只有当

---

① 以上内容见朱熹《论语集注》卷7《子路第十三》。
② 秉持"人性善"的华夏族精英，总是用"童话"般的眼光看待世界，在近代的谭嗣同等人，甚至当代的中国知识分子身上依然能看到这一点。

游牧民族的钢刀架在你的脖子上,西方列强的枪炮将很快对准你的时候,才能体会得到。王守仁因平定宁王叛乱而获得的世袭新建伯爵位,传到第三世,他的子孙竟然发生了争夺,"屡争于朝,数十年不决"(《明史·王守仁传》),还闹到自杀、下狱。如王守仁地下有知,不知当做何感想?

王守仁叙述的人类历史是从一颗美好的心灵开始。圣人之心当以天地万物为一体,而"天下人之心,其始亦非有异于圣人也"。意思是人类开始的时候都有一颗如圣人般的心灵,大家彼此相爱,如同一家人。只是后来夹杂了私心,被物欲所蒙蔽,天下为公的"大心"变成为了个人的"小心",心灵受到阻塞,人各有异心,甚至视父子兄弟为仇人。圣人为此非常忧虑,就用万物一体的仁爱来教化天下,使人克制私欲、清除蒙蔽,恢复与圣人相同的心体。其教化的基本精神就是尧舜禹一脉传承的"道心惟微,惟精惟一,允执厥中"。眼尖的读者会发现,怎么少了"人心惟危"四个字?这反映了王守仁和朱熹在这个问题上的区别。朱熹继承程颐人心—私欲、道心—正心的说法①,提出要让道心成为一身之主人,让人心听命于道心(朱熹《中庸章句序》)。而王守仁反对将人心和道心分开的说法,认为心只有一个,"人心之得其正者即道心,道心之失其正者即人心,初非有二心也"②。这种区别体现了王守仁在成圣的道路上,对百姓的教化上,更加重视如何去除蒙蔽,让幽暗不明的道心呈现出来。一个是让道心控制并打败人心(人欲),犹如弗洛伊德的超我控制本我,但人欲(本我)还在;一个是将缠绕道心的污垢涤除,犹如吹糠见米,剩下的全都是精米。总之,宋儒的十六字心诀,在王守仁那里缩减为十二字心诀。他说,唐尧、虞舜以及夏商周三代,老师、学生皆围绕

---

① 《二程遗书》卷19:"人心,私欲也;道心,正心也。"
② 见《传习录》上卷10,其实王守仁对朱熹的观点有误解。朱熹分道心和人心,是一种逻辑上的划分,并不是真认为存在两个独立的心。

"父子有亲、君臣有义、夫妇有别、长幼有序、朋友有信"来开展教学。那时，人人意见统一，家家习惯一致，能自然而然践行的就是圣人，能勉力为之的就是贤人，违背这些的，即便聪明如丹朱（尧的儿子）也属于不肖之徒。即便从事农工商的普通人，也以此为学，把成就德性作为自己的第一要务。为何能做到这一切？因为当时没有杂乱的见闻，没有烦琐的记诵，没有糜烂的文章歌赋，有的只是对父母的孝顺、对兄长尊敬、对朋友的诚信。这些本来就是人性所固有的，不需假借外力，还有谁做不到呢？

那时候，学校的主要作用是培养德性。人的才能各有侧重，有的擅长礼乐，有的擅长政治，有的擅长水利农事，在成德的前提下，不断提高才能。大家只知道同心同德，让百姓安居乐业。用人只看能力是否相称，不问身份高低；能力与岗位适合，哪怕一生从事繁重的工作也不觉得辛苦，一生都从事琐碎的工作也不认为低下。那时候，天下人都高高兴兴，如同相亲相爱的一家人。才能一般的，安于农工商，才能卓越的，则入仕为官，只有分工不同，没有贵贱之分。如同一个家庭一样，或做饭缝衣服，或经商做买卖，或制作器具，大家群策群力，赡养父母、教育子女。整个社会洋溢着万物一体的仁爱精神。如同一个人的身体，眼睛不会因为听不到而感到羞耻，耳朵听到声音，眼睛会立刻跟上；双脚不会因为不能提东西而感到羞耻，手伸出去拿便是，双脚会自动跟进；元气充满全身，血脉通畅，全身反应灵敏而有不言自喻的妙处。"圣人之学所以至易至简"，容易学会、容易践行，其关键就在于恢复人心所共有的天理。读者可能会想，这怎么有点像墨子的思想。对，确实是墨子各尽所能、只有分工没有贵贱之分的翻版。[1]

---

[1] 《墨子·耕柱》云："譬若筑墙然，能筑者筑，能实壤者实壤，能欣者欣（掀），然后墙成。"

但是，夏商周三代以后，"王道熄而霸术昌"。尤其是孔子、孟子去世后，圣学晦暗而邪说横行。没有人教授圣学，也没有人学习圣学。霸道之徒，窃取先王的皮毛招摇撞骗，以满足其内心的私欲，世人纷纷以他们为楷模，而圣人之道荒芜阻塞。世人以富强之说，用诡诈之谋、攻伐之计，来猎取功名利禄，如管仲、商鞅、苏秦、张仪之流，不可胜数。人们甚至沦落为夷狄禽兽，连霸术都难以推行了。

世上的儒者，为此感慨悲伤！他们从秦始皇焚书的灰烬中搜寻先圣王的典章制度，试图恢复先王之道。但圣学既已远去，霸术又积习太深，虽有贤知之人，但不免于习染，所有的讲学只是徒增霸术的影响力，连圣学之门的围墙都没看到。如训诂之学、记诵之学、词章之学泛滥，不知道有多少家流派，好像进入民间的百戏园，你方唱罢我登场，令人眼花缭乱、精神恍惚。正如丧心病狂之人，连自己的家在哪都搞不清楚。君主们亦受其迷惑，终身沉湎于无用的虚文，丧失自己。即便有那么几位卓然自奋的，也不过是些国富民强、功名利禄、春秋五霸的事业。

圣人之学既远又晦，功利之风愈加盛行，其间曾迷惑于佛、老，但佛、老之说依然未能战胜人的功利心。时至今日，功利之毒渗透到人的心体、骨髓，积习成性也有几千年。人们炫耀知识、相互倾轧、争名夺利、攀比技能、博取声名。做官以后，管理钱粮后还想兼管军事、司法，主管礼乐的又想参与人事选拔，在郡县做官的则想到省里当大官，身居监察要职的又窥视宰相高位。过去是没有某方面才能就不能授其官职；不懂某学问就不能获得声誉。现在的情况是，博闻强记，正好助长其傲慢；知识丰富，正好促使其作恶；见多识广，正好变得肆意诡辩；文采飞扬，正好掩饰其虚伪。他们打出各种幌子，其实都是为了成就其私欲。

王守仁叙述完他主观中的中国历史故事后，感叹当今世风的败坏。认为以这样的积习、这样的心志、这样的学风，当听到我所阐述的圣学，必然视为累赘、迂腐。他们以良知为缺陷，说圣人之学为无用，就是必然的。但是，他相信终究会有豪杰之士，当听到自己阐述的良知高论，定然会"愤然而起，沛然若决江河而有所不可御"。①

王守仁就是用"心"的变迁来看待从尧舜到当时的历史。这是一段人性光辉充分绽放又逐渐受到私欲污染的历史，是人开始堕落而又奋起自救的历史。人类有希望吗？有！王守仁坚信人必定依靠自己拯救自己，因为人有永不泯灭的良知，如日月之明，万古不变。

（三）心学与理学、佛学、墨学

分析学术思想的区别有两个维度，一是当事人本人怎么看，二是后来的研究者怎么看。这里主要讲前一个维度，有助于弄清楚这一学术思想的本义。王守仁心学是作为朱熹理学的对立面发展起来的。王守仁一方面为自己的学术与朱熹相牴牾而不安，但又认为不得不这样。他给出的理由是："夫道，天下之公道也；学，天下之公学也，非朱子可得而私也，非孔子可得而私也。天下之公，公言之而已矣。"（《传习录》中卷176）他认为，天下为公，岂是朱熹、孔子个人私有的？现代人看来很普通的一句话，在当时可是大逆不道！在日后心学的发展中，提出不以孔子的是非为是非这类振聋发聩的观点，是很自然的事情。王守仁还不敢完全打破朱熹的权威，为了解决这一冲突，他认为朱熹晚年已经对自己过去所著的书表示悔恨，悔恨自己的罪恶无法弥补，因此晚年朱熹才是正确的，而心学正好与晚年朱熹相同，是真正的圣学。他搜集朱熹的观点编成《朱子晚年定论》，作序称："既自幸其说不谬于朱子，又喜朱子之先得我心之同然，且慨夫世之学者徒守朱子中年未定之说，而不复

---

① 以上内容见《传习录》中卷《答顾东桥书》最后两部分。

知求其晚岁既悟之论，竟相呶呶，以乱正学，不自知已入于异端。"（《传习录》附录）他相信，只要诸位同志看了朱熹晚年的议论，就会对心学更加坚信不疑。至于事实是否这样，后来的学者大多是否定的。实际上，王守仁还是采取"六经注我"的方法，用朱熹为自己的学术作背书。这一方法已经根深蒂固地深入中国学者的心髓之中，传承至今而不衰。

与佛学之间的区别是王守仁所关注的。弟子陆澄询问"当理（合情理）"与"无私心"的关系，他说："心即理也，无私心即是当理，未当理便是私心。若释心与理言之，恐亦未善。"（《传习录》上卷94）凡无私心的就是合情理，不合情理的就是私心，佛教不合情理所以有私心。陆澄又问：佛学要求去除一切情欲之私，似乎无私心；但弃绝人伦，又不合情理。言下之意，佛教可以使无私心和不合情理同时存在。王守仁的回答很干脆，两者不能分开，终究是成就一个利己的心。这里引申出他的一个基本观点：凡是不合情理的事情，绝对是可疑的、利己的。反过来说，凡是合情理的事情，就一定是无私心的。可见王守仁所谈的"私心"和现代人所理解的"私心"，含义略有区别。一次，陆澄接到家信，说他的儿子病危，因此极度忧伤。王守仁就劝解说："父之爱子，自是至情。然天理亦自有个中和处，过即是私意。"（《传习录》上卷44）意思是任何超出常理的事情，都属于私心。父母死亡，做子女的哪有不悲伤的，但也要有度，正如《孝经》云："三日而食，教民无以死伤生，毁不灭性，此圣人之政。"（《孝经·丧亲章第十八》）由此看来，任何超越常理的反常举动，皆可谓私心作怪。在有人问佛家养心与儒家养心的区别时，王守仁认为，根本的区别在于是否离开事物去空洞地谈养心。佛家"要尽绝一切事，把心看做幻相"，儒家却"未尝离却事物"（《传习录》下卷270）。当有人抱怨自己整天忙于事务没办法学习时，他明确告诉他："若离了事物为学，却是著空。"（《传习录》下卷218）

联系实际、联系工作学习才是正途。

　　与墨学之间的区别，也是王守仁与弟子讨论的重要话题。一次，陆澄问，程颢讲"仁者以天地万物为一体"，为什么墨学的"兼爱"反而不叫"仁"呢？王守仁承认这个问题不好回答，但又试着解释。"仁是造化生生不息之理"，它弥漫周界、无处不在，但有一个逐渐发生的过程；正因为是逐渐发生，总要有一个发端处，有发端处才能生，唯有生生才谈得上不息。他举例说，树木生长从抽芽开始，然后有了主干，然后生出枝叶，然后生生不息。如果没有芽苗，哪来的主干、枝叶？能抽芽，说明下面有根在，没有根树木就死了。因此"父子兄弟之爱。便是人心生意发端处"。基于血缘的父子之爱是人类最基本的感情，先有父子之爱，才能有仁民爱物之说。而墨子一开始就讲没有差别的"兼爱"，将自己的父母兄弟看作与路人一样，爱就缺乏一个发端处。就如无根无芽，谈何生生不息，还谈什么仁？孝悌为仁之本，一切的仁爱就是从这发生、发展的（《传习录》上卷93）。由此看来，王守仁并不是抽象地否定或肯定墨子的"兼爱"，而是认为"爱"需要有一个发端处，有一个落脚点，否则就难以形成并生生不息。在王守仁看来，儒学的仁爱与墨学的兼爱并不对立，最终的目的都是天下为公的大爱。但是，人须学会爱父母、爱家人，然后才能爱他人、爱社会、爱国家；只有从小爱开始，才能超越它，产生对天地国家的大爱。孟子曾说："尧舜之道，孝弟而已"（《孟子·告子下》），"亲亲而仁民，仁民而爱物"（《孟子·尽心上》），孝悌、亲亲是全部仁爱的基础和前提。倘若有人在泛泛地谈论"平等、博爱、自由、人权"，那就一定要小心，这种抽象的不合情理的观点往往包藏祸心，往往是诱人的陷阱。这正是王守仁的思维逻辑，也是中国道统的思维逻辑。

二 知行合一和致良知及其他

我们要从总体上把握王守仁心学体系的基本框架,需要深入分析其两个核心命题——知行合一和致良知,以及与此相关的关于人的价值问题。

(一)关于知行合一

理解王守仁知行合一的本义,并不是一件轻松的事情。在什么是知、什么是行的理解上,现代人一般的理解是:知就是指技能、知识、理论,行就是指动作、行为、行动。但这并不完全符合王守仁的本意。他说:"圣人无所不知,只是知个天理;无所不能,只是能个天理。……圣人须是本体明了,亦何缘能尽知得?但不必知的,圣人自不消求知;其所当知的,圣人自能问之。"(《传习录》中卷227)因此,王守仁讲的知更多是指天理,也就是良知,如张载的德性之知,而不是学习得来的见闻之知。他在《答欧阳崇一》中说:"良知不由见闻而有,而见闻莫非良知之用。……良知之外,别无知矣。"(《传习录》上卷168)实际上,王守仁是否认见闻之知,否认知识有其独立意义的,有了良知自然有见闻。关于行,王守仁说:"我今说个知行合一,正要人晓得一念发动处,即便是行了。发动处有不善,就将这不善的念克倒了。"(《传习录》下卷226)他把产生有指向的意念、思想斗争也认为是行。在《答顾东桥书》中说:"盖学之不能无疑,则有问,问即学也,即行也;又不能无疑,则有思,思即学也,即行也;又不能无疑,则有辨,辨学也,即行也。"(《传习录》上卷136)很明显,他把学、问、思、辨都看作行。这就与朱熹所讲的知、行有较大的区别。朱熹讲知,其对象不仅是天理,还有万事万物之理，而王守仁认为知主要是义理；朱熹讲行，主要还是外在的行为，而王守仁认为行还包括意念和学、问、思、辨。在这样的知行观下，王守仁提出知行合一的命题。

关于对知行合一命题的理解，至少有以下四种。一是说的和做的要一致，知和行要统一。这是从应当如此的角度说，要求言行一致，带有道德命令的意思。二是学习知识的目的在于运用，做到学以致用、知行合一。这是从知识的价值和功能上说，不能指导实践的知识，就没有价值。三是人的行动要有一定的理论指导，没有好的理论、没有相应的知识，就不会有正确的行动。同样，好的理论也需要在实践中得以检验、得以完善。从这个意义上说知行要合一，知与行相辅相成、相互促进。四是知与行本来就不是两件不同的事情，知就是行、行就是知，知了就是行了，行了就是知了，否则就不是真正意义上的知与行。对知行合一的上述四种理解，更符合王守仁本意的是第四种，这与他强调"合二为一"和"不二"的思维路线密切相关。事实上是以消弭知行之间的差异来讲知行合一。我们知道毛泽东《实践论》的副标题是"论认识和实践的关系——知和行的关系"，那是在接受马列主义后把知看作认识，把行看作实践，然后研究知行关系。

王守仁从体用不二角度看待知行关系。他认为，知即行、行即知，知行本来就是一件事，只是为了便于理解，才分为知与行。在回答弟子徐爱认为知与行是否两件事的疑虑时，王守仁认为"知而不行，只是未知"，真的知行从来就是一件事，他说："又如知痛，必已自痛了方知痛；知寒，必已自寒了；知饥，必已自饥了。知行如何分得开？此便是知行的本体。"（《传习录》上卷5）这里的"本体"应理解为本来状态、本来面貌、本来属性。"知行合一"这一本来状态之所以被割裂，王守仁认为是由于被私欲隔断了。他还认为，若不理解知行的本义，只是说知行是一件事或者两件事，都不得要领、都没有意义。徐爱说，古人把知、行当作两个，是要让人理解，一方面做足知的功夫，另一方面做足行的功夫，这样工夫就有了着落。王守仁否定这一看法。他说："知是行的主意，行是知的功夫；知是行之始，行是知之成"，单讲一个知，其中就有行，单讲一个行，知就在其中。但有些人任意地做，有些人空对空地思考，所以古人既讲知又讲行。这只是古人不得已补偏救弊的说法。但是，由此产生了将知、行割裂的流弊，提出先知了然后再行，先在知上做功夫，而终身不去行，结果终身不知。这可不是小毛病。王守仁认为自己提出"知行合一"，就是针对这一顽症而下的药。[①] 从这可以看出，王守仁认为知就是行、行就是知，以此来解决知行统一问题，这是他所认为的"知行合一"的含义。后来王夫之就是在这方面提出批评，认为是"知者非知，行者非行"，主张在实践中统一知与行。[②] 已经类似于现代意义的知行观了。

那么，王守仁从这一意义上提出知行合一，试图解决什么问题呢？除了解决知、行割裂的问题，还要解决对儒家经典的重新阐释和个人的心性修养等问题，核心还是如何成就"内圣外王"，做一个圣人。

王守仁认为，学总是要针对某具体的事物，并且与行相互伴随。比如："学射则必张弓挟矢，引满中的；学书则必伸纸执笔，操觚染翰。"（《传习录》中卷136）如果不是亲身去练习，又谈何学射箭、学书法呢。说明学习中必须包括行动，没有行动的学习就不可以称为学习。有弟子问到《中庸》将博学之和笃行之并列，说明知行是两件事。王守仁说，"博学只是事事学存此天理，笃行只是学之不已之意"（《传习录》下卷321），这样就把儒家经典中的"博学之"狭义地理解为"存天理"，"笃行之"狭义地理解为不断领悟"天理"，将礼乐刑狱、钱粮民政等全部排除在外，更不用说农工商等琐碎事

[①] 以上是王守仁与徐爱的讨论，见《传习录》上卷5。
[②] 王夫之《张子正蒙注》卷5："知之尽，则实践之而已。实践之，乃心所素知，行焉皆顺，故乐莫大焉。"

务。有弟子问《中庸》尊德性、道问学，致广大、尽精微之间的关系，王守仁说："道问学即所以尊德性也。""尽精微即所以致广大也，道中庸即所以极高明也。"继续坚持尊德性和道问学是一件事，致广大和尽精微是一件事，道中庸和极高明是一件事，这一"合二为一"的思维路线，用体用不二的知行合一来阐述儒家经典中的命题。这三个命题，类似于今日所言道德修养和专业知识的关系、通才与专才的关系、恪守中道与追求极致的关系。王守仁更强调双方的一致性，而朱熹强调双方的区别，强调有先后的顺序。朱熹对大学章句重新整理，其核心是对"格物致知"命题的阐释，先通过格天下万物之理，继而达到致知，然后才能诚意、正心。在"内圣外王"的内圣路子上，或者说心性修养的路子上，朱熹强调从学习入手。王守仁则拿出古本《大学》来反对经过朱熹修改过的《大学》，认为要从正心入手。他训"格"为"正"，训"物"为"事"，结果把格物穷理的意思全取消了。他认为修身在于正心，心主宰眼睛、耳朵、嘴巴、鼻子和四肢，心正了，修身自在其中。正心的话，何处入手？就在人的意念发动处，这就是诚意。按照王守仁的说法，"工夫到诚意，始有着落处"。那么如何做到心意诚呢？王守仁提出致知，也就是致良知。通过人们内心固有的良知，知道什么是善、恶，是、非。但人的良知又绝非"悬空"，都是针对某一具体的事物来说，离开具体的事物就谈不上致良知，这就是知行合一。良知往往受到遮蔽，这就需要格物，格物便是致知。按照王守仁的观点，诚意本体在致知，诚意的功夫在格物。格之中就包含了知与行，比如，人面对某一件事，既能分辨是非善恶，就能格正自己的内心、清除意念中的私欲、端正当前的事务，这就是格物的工夫。王守仁认为用这样的办法去格物，则"人人便做得，人皆可以为尧舜，正在此也。"[①] 这里可以看出朱熹和王守仁在成圣路径上的区别。

---

① 以上内容见《传习录》下卷 317。

知行问题,从《尚书》记载武丁、傅说的"知之非艰,行之惟艰",经过朱熹的知先行后,到王守仁的"知行合一",达到一个认识的高度。但由于知行合一命题的开放性,后来就有了多种理解,有的甚至与王守仁的本意是背道而驰的。但是,这恰恰表现了该命题的巨大意义。所谓经典就在于有后人不断重新阐释。知行命题的探讨横贯中国道统的全部历史,体现了中华文明强调实践性、实用性和求实的特点。但是,对知本身的认识,尤其是知作为人类头脑中的产物,如何与客观事物达到一致,也就是知识如何为真这一横穿西方文明全部历史的课题,王守仁同样忽视了。中国人有重视务实的传统,却还要补上求真这一课。实与真毕竟还是两码事。就此而言,我们对中国共产党人"求真务实"的思想路线的理解可能会更深切一些。[1]

(二) 关于致良知

与知行合一一样,致良知是王守仁心学的核心命题,也是极易引起歧义的命题。对致良知理解的分歧是王守仁去世后,心学迅速分化的重要原因。我们可以把良知理解为人的道德能力,从来源看,这种道德能力可能是先天就具有,也可能是后天在特定文化环境中形成,但最大可能是先天具有可能性并在后天特定文化环境中内外互动而逐渐成为现实。这样理解没有大的问题。但是王守仁是在儒、佛、道三教融合的语境下谈良知学,尤其晚年居越与禅宗思想结合更加密切,因此,需要从这一话语体系下先求得理解。

王守仁的弟子王畿(龙溪)曾说:"秦汉以来,学绝道丧,世不复有师,至宋始复有师。"自秦汉到宋这段中国历史,是圣学沦丧、几乎灭绝的历史。这一评价代表了宋明道学家的共同历史观。他说:"先师首揭良知之教以觉天下,学者靡然宗之,此道始大明于世。"他认为王守仁的良知学拨千年之乱让天下人觉悟,从而反正到尧舜禹

---

[1] 本书第三十六章的"深刻改变中国社会的思维方式"中还将展开讨论。

孔孟圣学正统。良知是王守仁及其后学弟子的精神图腾，是世间唯一最高的真实存在。他们有着宗教信徒般的热忱。但是，人们对良知的理解分歧很大，王畿就列了六种。他说："有谓良知非觉照，须本于归寂而始得。如镜之照物，明体寂然，而妍媸自辨。滞于照则明反眩矣。有谓良知无现成，由于修正而始全。如金之在矿，非火符锻炼，则金不可得而成也。有谓良知是从已发立教，非未发无知之本旨。有谓良知本来无欲，直心以动，无不是道，不待复加销欲之功。有谓学有主宰，有流行，主宰所以立性，流行所以立命，而以良知分体用。有谓学贵循序，求之有本末，得之无内外，而以致知别始终。"［王畿《龙溪王先生全集》卷1《抚州拟岘台会语（七）》］不同的看法差之毫厘，却失之千里，而这些对良知的不同理解，还仅仅发生在王守仁去世不久，反映出王守仁自身对良知理解的多重性。在《传习录》里，王守仁就从多个角度解释何谓致良知①。从中国道统和王守

---

① "这良知人人皆有，圣人只是保全，无些障蔽，兢兢业业，亹亹翼翼，自然不息……众人自孩提之童，莫不完具此知，只是障蔽多，然本体之知自难泯息。"（《传习录》下卷221）"圣人只是还他良知的本色，更不着些子意在。"（《传习录》下卷269）"性无不善，故知无不良，良知即是未发之中，即是廓然大公，寂然不动之本体，人人之所同具者也"；"能戒慎恐惧者，是良知也"；"圣人致知之功至诚无息，其良知之体如明镜，略无纤翳。妍媸之来，随物见形，而明镜曾无留染"（《传习录》上卷155、159、167《答陆静原书二》）"学者用功，虽千思万虑，只是要复他本体，不是以私意去安排思索出来"；"君子之学，终身只是集义一事。义者宜也。心得其宜之谓义。能致良知，则心得其宜矣，故集义亦只是致良知。""是故良知常觉常照，常觉常照，则如明镜之悬。"（《传习录》中卷170、171《答欧阳崇一书》）"尧舜三王之圣，言而民莫不信者，致其良知而言之也；行而民莫不说者，致其良知而行之也……呜呼！圣人之治天下，何其简且易哉！"（《传习录》中卷179《答聂文蔚书一》）"随时就事上致其良知，便是格物"；"亿逆先觉之说，文蔚谓'诚则旁行曲防，皆良知之用'，甚善甚善！"（《传习录》中卷187、191《答聂文蔚书二》）"盖良知只是一个天理自然明觉发见处，只是一个真诚恻怛，便是他本体。故致此良知之真诚恻怛以事亲，便是孝……"（《传习录》中卷189）"格物是致知功夫，知得致知，便已知得格物。"（《传习录》上卷148《启问通道书》）"无善无恶心之体，有善有恶意之动。知善知恶是良知，为善去恶是格物"（《传习录》下卷315）"仆诚赖天之灵，偶有见于良知之学，以为必由此而后天下可得而治。"（《传习录》中卷181）"今诚得豪杰同志之士扶持匡翼，共明良知之学于天下，使天下之人皆知自致其良知，以相安相养，去其自私自利之蔽，一洗谗妒胜忿之习，以济于大同。"（《传习录》中卷183）

仁思想演变脉络，以及一以贯之的思维路线入手，结合这些看似支离琐碎的言论，可以揣摩、梳理出他的良知学本意。

良知是人先天具有的能力。从对德性之知和见闻之知的区别看，良知是德性之知，是人的道德觉悟。从良知的特性看，不能通过一般的学习而获得，但所有人，不分男女、不分智愚、不分贵贱，都先天地具有良知，所有人都是生而知之；良知具有先天的完整性、自足性、至善性，不需要添加也无法添加，不能剥夺也无法剥夺，十恶不赦之人有良知，圣人的良知不比常人的良知更优秀；良知会受到遮蔽，有的遮蔽得少，有的遮蔽得多，圣人的良知只是不受遮蔽，普通人的良知因受遮蔽而无法体悟到。从良知的功用看，良知是心之本体，其用在于觉和照，良知犹如明镜，镜子无善恶可言，却能感知美丑，因此良知无善无恶，但又能判断善恶；人与物没有接应时，良知处于寂的状态，在遇到事情之时开始发动，察觉到是非、善恶；良知既存在于未发之中，也存在于已发之和，统一于未发、已发之中和，时时起着主宰作用。良知是天理，是从良知能分辨善恶的角度说的，但良知又不是天理，因为理并不在心里，离开事务去心里去找理，找不到；只有人在接触事务并产生意念时良知开始发动，便察觉出善、恶，如果良知被遮蔽，犹如镜子锈迹斑斑，就觉察不到善恶；人们唯一担心的应该是此心明还是不明，而不担心事情来了能不能应对的问题。

理解良知后，什么是致呢？王守仁经常用"省察克治"或者"格物"等来表述。从知行合一的角度理解，致包括知、行；从良知先天固有来看，致有恢复、回复的含义；从格训正来看，致还有格正、克治的含义，在良知察觉处格正、克治私欲；从动静统一、未发已发统一的时间维度看，致是一个过程，一个无始无终、永远在路上的过程。由于"致"的多重含义，也有理解为依据、根据，即依据良知做事；也有理解为祛除遮盖良知的纤尘；也有理解为锻造、冶炼去除杂质，锻造出纯粹的良知。当然，也有学者把致良知的本质理解为宋儒的"存天理去人欲"。①

致良知包括致与良知两件事，其实又是一件事。王守仁说："至于说知行本体，其实就是良知良能。"（《传习录》上卷165）良知良能是知行的本体，格物是良知的工夫。人之所以能格物致知是因为有良知，良知之所以能呈现出来，是因为时时格物、时时致知。致良知可以有多种理解、多重含义，从工夫和本体一源看，其含义又是一致的——致良知就是最终让天下人展现其固有的本心。

王守仁对良知学有着宗教般的虔诚，三代以后的社会之所以得不到善治，原因就在于没有实现致良知。孟子说："学问之道无他，求其放心而已矣。"（《孟子·告子上》）王守仁则把孟子这句话诠释为学问的根本就在于把丢失的良知找回来。他说："学者，学此心也；求者，求此心也。"（《传习录》上卷140）如何找回良知？唐代黄檗禅师曾说："使佛觅佛，将心捉心，穷劫尽形终不能得。"② 骑驴找驴，拿着钥匙找钥匙，这都是人易犯的错误。良知固有，何须外求？良知本身已经是至善，只是把心里萌发的私念克除就行了。弟子黄勉叔说，心里没有恶的念头，空空荡荡的，这时候是否要存个善念？王守仁的回答是："若恶念既去，又要存个善念，即是日光之中添燃一灯。"（《传习录》下卷237）人千万不要没事找事，说要存个善念，想做点善事，或者发宏愿一辈子做好事、做好人。这些都如太阳底下再点个灯一样荒唐可笑。人只要把遇事后产生的恶念、私心克除了，就可以了。因此，王守仁提出时时、处处、事事致良知的工夫。

所谓的时时，体现在每时每刻致良知。孟子在谈到养浩然正气时说："是集义所生者，非义袭而取之也。"（《孟子·公孙丑上》）《中

---

① 参见钱穆《宋明理学概述》，九州出版社2010年版，第208页。
② 《黄檗传心法要》，《大正藏》第48册。

庸》说"义者宜也",就是做适宜的事情。集义的本意是不断做适宜的事情,而义袭则是临时起意、为功利目的而做适宜的事情。朱熹将集义解释为积善,王守仁认为:"集义只是致良知","若时时刻刻就自心上集义,则良知之体洞然明白,自然是是非非纤毫莫遁"(《传习录》中卷187)。他还认为,说集义让人摸不着头脑,说致良知就知道怎么做,那就是格物、致知、诚意、正心。朱熹把格物致知与诚意正心相对,王守仁则将它们看成一回事,致良知而已。

所谓的处处,体现在任何地方都要致良知。既表现在空间方位上,也表现在事物变化万端的节点上。他说:"天地间活泼泼地,无非此理,便是吾良知的流行不息。致良知便是必有事的工夫。此理非惟不可离,实亦不得而离也。"(《传习录》下卷330)良知既然充塞天地各处,流行不息,就必须处处致良知。他把良知看作《易》,说:"良知即是《易》,其为道也屡迁,变动不居,周流六虚,上下无常,刚柔相易,不可为典要,惟变所适。此知如何捉摸透?见的透时便是圣人。"(《传习录》下卷340)在各种变化的微妙处,能够致良知便是圣人的工夫。

所谓事事致良知,体现在具体的事务中致良知。致良知不能离开具体的事务,否则就是悬空。王守仁有位下属感叹良知学很好,就是整天忙于事务无暇顾及。王守仁认为从具体事务入手,才是真正的格物。比如审理案件,如何做到不怒、不喜、不偏颇、不屈从和不随意断案、不罗织罪名,做到不偏不倚,就是格物致知。他说:"簿书讼狱之间,无非实学,若离了事物为学,却是著空。"(《传习录》下卷218)离开具体的事务就没有致良知。

致良知是发自本心然后付之于行,而不是从外寻找依据然后付之于行。王守仁以虞舜不经父母同意娶妻,武王不安葬文王就兴师伐纣为例,虞舜、武王都不是考证经典、按照过去的规则这么做,而是根据内心的良知权衡轻重才这么做的。如果虞舜不是担心没有后代,武王不是要救民于水火，而做这样的事情就是不孝不忠。由此看来，王守仁的致良知更重视人行为的动机，即便行为不合常理，只要出于本心，抱着诚意，都是可以接受的。据此王守仁提出"虽终日作买卖，不害其为圣为贤"（《传习录拾遗》）、"四民异业而同道"（王守仁《节庵方公墓表》）等观点就是自然而然的结果。经商而不丧失良知，并不妨碍其成为圣贤，从事士农工商等四业都是尽其心而已，相互间也没有本质的区别。这些观点既与先秦的"百工之事皆圣人之作"（《周礼·考工记》）的思想有传承关系，也与王守仁身处商品经济发达的东部地区有关。

（三）关于人的价值

自从孔子提出"古之学者为己，今之学者为人"（《论语·宪问》）的命题后，历代学者不断给予阐释。宋明儒把自己的学问称为"为己之学"而非"为人之学"，将个体修身视为本，将平治天下视为末。王守仁更是坚守这一信念。他的知行合一、致良知，涉及对人生意义、人的价值的思考。

实现道德上的完满，成为圣贤，是人生的根本追求。这与佛教成佛、道教成仙有着同样的思维逻辑，不同之处，在于王守仁更重视过程而不是结果，否则就陷入佛、道两家的私欲之中。他在评论"养生以清心寡欲为要"时说，"只'养生'二字，便是自私自利"（《传习录》中卷161）。人生意义就在不断清除私欲、纯乎天理的过程之中，是一个不断致良知的过程。人生的意义便在这个过程当中。他说："圣贤只是为己之学，重功夫不重效验"（《传习录》下卷285），只看重日常的工夫，而不在结果的效验。心性修养，立志成圣是一辈子的事情，是一件永远在路上的事情，只有进行时，没有完成时。

他比较了伯夷、伊尹和孔子，他们才能各不相同，之所以都被称

第二十七章 王守仁心学

作圣人是因为"只是其心纯乎天理"。这就涉及人的价值高低的评判标准问题。人的价值不能从才能上判断,王守仁否定知识越多、才能越大,人的价值就越大的观点。圣人并不是无所不知、无所不能,圣人之所以为圣人,在于道德的完满,否则"知识愈广而人欲愈滋,才力愈多而天理愈蔽"。王守仁说,有个农夫请教孔子,其实孔子并没有现成知识来回答,心中空空如也。但是,孔子经过叩问农夫心里本有的是是非非,给他一分析,结果农夫就明白了。说明农夫心里本来就有是非,经过孔子的点拨才觉察。如果孔子只是讲一通大道理,不能让农夫自己开悟良知,依然没用。① 由此可见,在王守仁看来,圣人与农夫的区别就在于能否察觉自身的良知,并实现致良知。人的价值不由才能大小、地位高低、身份贵贱来决定,而是此心能否纯乎天理,人德性的高低才是决定其价值的标杆。从人人拥有不可剥夺的天赋的良知来说,人与人之间是平等的;从能否觉悟或完全觉悟到自身的良知来说,人与人之间又存在很大的差异。

后人往往以此诟病王守仁空谈心性,空谈德性。事实上,王守仁是以"万物一体"的思想及良知为引导,以内圣之学开出外王之道,成就人的价值。王守仁在给弟子聂豹的信中可以看出他自己做事的动机和最终的人生志向。他说:"天地万物,本吾一体者也,生民之困苦荼毒,孰非疾痛之切于吾身者乎?"(《传习录》中卷179)百姓的痛苦就是自己的痛苦,这是任何人都不用想就明白、不用学就知道的良知。"世之君子惟务致其良知,则自能公是非,同好恶,视人犹己,视国犹家。而以天地万物为一体,求天下无治,不可得矣。"(《传习录》中卷179)如果世上的君子都抱着万物一体的信念,把天下看作自己家一样,天下得不到治理都难。他坚持这一内心的信

---

① 见《传习录》下卷295,语自《论语·子罕》:"子曰:吾有知乎哉?无知也。有鄙夫问于我,空空如也,我叩其两端而竭焉。"

念，即便全天下的人都认为他丧心病狂，嘲笑诋毁也不在乎。他以当年孔子在世时的遭遇勉励自己。孔子面对各种诽谤甚至杀身之祸而从不畏惧，但是依然抱着万物一体的信念，就如去寻找丢失的孩子一样在道路上奔波，汲汲遑遑而来不及休息。王守仁在信中还说，虽然不敢以孔子之道为己任，但如果经过努力让良知之学大明于天下，使天下人都能致自己的良知，互相帮助，祛除自私自利的弊病，洗脱嫉妒易怒的恶习，实现世界大同，则自己的狂病就马上痊愈（《传习录·答聂文蔚》）。

王守仁良知之学对于个人来说，其积极的意义在于为渺小的个体塑造了一颗足以与世俗社会对抗的强大内心。对此，王守仁体会深刻。一次，与众弟子聊天，弟子们感叹先生平定宁王叛乱后天下非议诋毁的人越来越多。其原因，有的说是因为嫉妒先生的功业权势，有的说是为宋儒朱熹争地位，有的说是信奉先生学问的人越多，各方阻挠也越大。王守仁评价弟子们说的有些在理，但都未抓住问题的要害。他说："我今信得这良知真是真非。信手行去，更不着些覆藏。我今才做得个狂者的胸次，使天下之人都说我行不掩言也罢。"（《传习录》下卷312）即便全天下人都认为我言行不符，也没关系！这需要多大的气魄和强大的内心。孔子说："不得中行而与之，必也狂狷乎！狂者进取，狷者有所不为也。"（《论语·子路》）王守仁以狂者自居，显出其特立独行、直言进取的精神。他曾告诫弟子，"依此良知，忍耐去做，不管人非笑，不管人毁谤，不管人荣辱"（《传习录》下卷243），只要坚守内心的良知，任凭他人嘲笑、毁谤、侮辱，都不可摧毁。王守仁心学的确为当世及后世造就了敢于与世俗搏斗的士人，他们坚守良知，为民请命、坚贞不屈，成为毫无疑义的民族脊梁，但是也易滑向或保守或偏激的方向。

三　心学的发展

王守仁生于 1472 年，卒于 1529 年，在这前后整个人类文明史发生了一系列重大事件。1405—1433 年，早王守仁一百年出生的郑和，作为远洋航海的先驱完成了七下西洋的壮举。但是，这是一场仅凭政治支持，没有经济利益做基础，又缺乏思想观念做支撑的活动，终究不可持续。由于蒙古帝国的衰落致使中亚重新掌控在穆斯林手里，欧洲各国迫切需要寻找新的航路打通与东方的贸易线路，从 15 世纪初期开始持续地海外探索。葡萄牙人 1499 年开辟了绕行非洲好望角到达印度洋、马六甲海峡的新航路；意大利人哥伦布在西班牙王室的支持下于 1492 年首次抵达美洲；葡萄牙人麦哲伦及他的团队于 1522 年首次完成环球航行。伴随地理大发现所带来的殖民活动和财富掠夺，给欧洲带来多重的影响，同时以葡萄牙为先锋的西方势力第一次主动地开始叩击中华帝国的大门。比王守仁晚一年出生的哥白尼，通过向外而不是向内探索，在 1543 年 5 月 24 日去世那一天收到出版商寄来的匿名出版物《天体运行论》，开启了颠覆西方世界宇宙观的大门——但在当时并未引起多大影响。① 与王守仁坚守"万物一体"相反，哥白尼告诉人们一个与人类存在无关的宇宙。晚于王守仁六年，在伦敦出生了同样著名的人物——托马斯·莫尔，他担任过地位显赫的下议院议长和大法官。这位反对宗教改革、试图改良天主教会的天主教徒，从柏拉图的《理想国》吸取思想营养，写出了人类历史上第一部空想社会主义著作《乌托邦》。这位欧洲社会主义思想的鼻

---

① "它只是对实验天文学家的实践活动有些轻微的影响。"［美］科恩：《科学中的革命》，鲁旭东等译，商务印书馆 1998 年版，第 133 页。

祖，去世三百多年后的1886年也被教皇庇护十一世册封为圣徒。王守仁作为中国道统的忠实传承者，从孔孟对理想社会的憧憬中，描绘了从一颗美好心灵开始的尧舜及三代盛世，并提出重回圣王时代的办法——致良知。与王守仁同时代的还有一位著名人物，那就是晚他十一年出生的马丁·路德，他于1517年散发了《九十五条论纲》，开启了宗教改革的时代。一年后的1518年，王守仁的《传习录》初刻版出版。马丁·路德似乎和王守仁一样，要求人们摆脱外界的权威，只听从内心的召唤。他希望用圣经的权威打倒教皇及教会的权威，赋予人们与上帝直接沟通的权利，宣称只要信仰即可得救，用金钱赎罪不能升入天堂；王守仁则希望用内在的良知代替孔子、朱熹的权威，依据自身确认的良知这一最高权威来行事，宣称致良知就是成圣之路。这是两套不同思想体系下——有神论和无神论——的思想解放运动。蔑视世俗权威，仅仅依据内心的信仰行事，这种思想一旦与普通群众相结合，就足以产生无与伦比的创造力和破坏力。从路德事业的后继者托马斯·闵采尔、约翰·加尔文，以及良知学后继者的王畿和泰州学派，都可以得到验证。

在那个时代，无论是哥白尼、莫尔、路德，还是王守仁，都被当时的最高权威视为异端。既然是异端，就必然不容于当权者，既然坚守自己的信仰，就必然要付出代价。比较起来，基督教欧洲采取更为残酷和野蛮的斗争方式。哥白尼的信奉者布鲁诺被活活烧死在罗马鲜花广场，其后继者伽利略也以宣传"邪学"的罪名被判处终身监禁，直到三百多年后才被罗马教廷平反。托马斯·莫尔被判处死刑，由于亨利八世的"恩宠"，将肢解刑从轻改为斩首。马丁·路德虽因德意志选侯的保护免于受难，但其思想先驱约翰·胡斯百年前被判处火刑烧死，后继者闵采尔也被秘密处死。与此相对照，王守仁去世后，其学术被嘉靖皇帝宣布为邪说、伪学，但仅仅褫夺其新建伯爵位的继承权了事。十二年后，他的弟子王畿被朝廷定为"伪学小人"，但王畿

第二十七章　王守仁心学

讲学并未受任何影响,活到八十五岁还在到处宣传自己的观点。三十八年后,隆庆皇帝即位当年(1567)便恢复王守仁伯爵爵位的继承权,还追封他为新建侯,宣布"王守仁学术纯正",为"两间正气,一代伟人"。至万历十二年张居正去世两年后,王守仁得以从祀孔庙,成为学术正统。有明一代,真正因思想异端被杀害的是何心隐和李贽。但奇怪的是,因为被杀他们反而成为人们心目中的英雄,为其上诉申冤的士大夫也不在少数,万历皇帝多次下诏焚毁李贽的著作却始终得不到执行,因为"士大夫多喜其书,往往收藏,至今未灭"(顾炎武《日知录》卷18)。三百年后,"只手打倒孔家店"的吴虞说:"卓吾(李贽)产于专制之国,而弗生于立宪之邦,言论思想不获自由,横死囹圄,见排俗学,不免长夜漫漫之感,然亦止能悲其身世之不幸而已矣,复何言哉!复何言哉!"(《吴虞文录》卷下《明李卓吾别传》)殊不知,从世界范围看,明朝特殊的政治文化,以及王守仁心学所带来的思想解放运动,使明中晚期处于"天崩地解"的大时代,其言论思想之自由实处于世界各文明之上。《万历邸钞》反映了官办报纸——邸报是如何痛骂万历皇帝的。嘉靖皇帝被海瑞上书辱骂,却始终不敢处死他,这在同时代欧洲君主制国家是不可思议的。要知道托马斯·莫尔被处死的罪名——还是利用了伪证——只是说亨利八世不能担任英国教会的首领。真正万马齐喑的思想专制发生在"康乾盛世"的千奇百怪的文字狱中,其杀人之多、手段之毒、持续时间之长实为世界历史罕见,而中国历史绝无仅有。仅仅在乾隆三十九年至四十七年的八年间,就烧了二十四回书,焚毁的书籍达一万三千八百六十二部!①

在这样一个广阔的时空看待王守仁心学的意义,并不是将两个毫不相干的事情拼凑在一起。伴随地理大发现,中华帝国第一次听到葡

---

① 梁启超:《中国近三百年学术史》,上海古籍出版社2013年版,第21页。

萄牙人、西班牙人、荷兰人的脚步声。这是个日新月异的时代，是不允许思想僵化的时代。王守仁心学为把人作为宇宙的中心、价值的中心这一中国道统中古老的信念，提供了扎实的理论基础。这一点，看上去与文艺复兴的人文主义思想类似，但又是两种截然不同的思想体系，前者建立在无神论基础上，而后者建立在上帝慈父般的目光之下。王守仁在听说门人编录自己的言论时，曾说："圣人教人，如医用药，皆因病立方，酌其虚实温凉阴阳内外而时时加减之，要在去病，初无定说，若拘执一方，鲜不杀人矣。今某与诸君不过各就偏蔽箴切砥砺，但能改化，即吾言已为赘疣。若遂守为成训，他日误己误人，某之罪过，可复追赎乎！"（徐爱《传习录序》）他不希望自己的言论成为后世的教条，成为放之四海皆准的真理，希望留下活学活用、掌握精髓要义、领会精神实质的思想传统。王守仁的学术思想的影响，对知行合一、致良知本身的研究倒在其次，其最大的意义在于刮起了怀疑和摆脱思想禁锢之风。他在给南京礼部侍郎罗钦顺的信中说："学贵得之心，求之于心而非也，虽其言之出于孔子，不敢以为是也，而况其未及孔子者乎。求之于心而是也，虽其言之出于庸常，不敢以为非也，而况其出于孔子者乎。"（《传习录》中卷176）王守仁直接表明了一个观点：学术是非皆以内心（良知）判断为准，只要是自己认为错误的，哪怕是孔子说过的也不认为正确；只要是自己认为正确的，哪怕只是无名小辈说的话也必须坚持。这种观点可以导致一个更加极端的结果：一切是非皆由我主观判断，最终就是取消是非，无善无恶。比较而言，欧洲宗教改革以及后来的启蒙运动，最终有一个外在的权威——圣经、上帝、自然秩序、法律——提供思想秩序、社会秩序。

王守仁去世后其学术思想分化为若干派，其中代表人物有钱德洪（1496—1574）、王畿（1498—1583）、王艮（1483—1541）、聂豹（1487—1563）等。可以肯定的是，尽管各派之间势若水火，在基本思想观点方面还是共同的。比如，将成圣作为人生的终极目标，"万物一体"的思想方法，人人皆有良知的信念，通过一定的路径才能致良知的思路等。但是，理解良知含义上的差异，导致完全不同的主张。类似于大乘佛教在中国的分化。在主张人皆有佛性上，大乘佛教各派没有分歧，但是在如何修证佛性中出现分化。王守仁心学基本上也是沿着这样的路子发展。钱德洪、聂豹等，沿着比较稳健的路子，逐渐求得良知本体。或者如钱德洪强调在日用事务上识取本心，"只于事物上实心磨练"[①]，强调无欲、慎独的修养工夫。或者如聂豹强调"归寂以通感，执体以应用"[②]，在未发和虚静中致良知。王畿、王艮则走上了一条比较激进的路子，与禅学思想合流，而被后学称为"狂禅派"。在一些称为异端的思想中，良知已经与情欲混同，要冲破名教网罗，冲决已有的道德规范，倡导"酒色财气不碍菩提路"。他们的学术思想与社会运动结合起来，席卷天下、风靡一时。黄宗羲说："阳明先生之学，有泰州（王艮）、龙溪（王畿）而风行天下，亦因泰州龙溪而渐失其传。泰州、龙溪时时不满其师说，益启瞿昙之秘而归之师，盖跻阳明而为禅矣。……诸公掀翻天地，前不见有古人，后不见有来者。"[③] 在黄宗羲看来，这群王门弟子前不见古人、后不见来者，做的是空前绝后、掀翻天地的事业。他痛恨王畿"直把良知作佛性看，悬空期个悟，终成玩弄光景，虽谓之操戈入室可也"[④]。

王守仁于明嘉靖六年（1527）五十六岁，赴广西思恩（今武鸣县北）、田州（今田阳县北）平定叛乱和匪患前，与钱德洪、王畿讨论"无善无恶者心之体，有善有恶者意之动，知善知恶是良知，为

---

① 《明儒学案》，中华书局2008年版，第225页。
② 《明儒学案》，中华书局2008年版，第370页。
③ 《明儒学案》，中华书局2008年版，第703页。
④ 《明儒学案》，中华书局2008年版，第9页。

善去恶是格物"①的含义。王畿认为:"若悟得心是无善无恶之心,则意知即俱是无善无恶。"②时人就反驳说,如果善、恶皆妄,还谈什么复还本体?实际上取消了良知。王畿说:"致良知原为未悟者设,信得良知过时,独往独来,如珠之走盘,不待拘管而自不过其则也。"③致良知不过是体悟良知这一不昧虚灵。如何悟?他提出"有从言而入者,有从静坐而入者,有从人情事变炼习而入者",即通过读书、通过静座、通过磨炼三种方法。他认为事上磨炼最好,静坐其次,读书最下。王畿注意从事上磨炼讲致良知,也讲以天下为己任、为天地立心、为生民立命,但终究是流于空疏。王守仁以纯粹的德性而不是以才能、事功来判定人的价值,王畿则将这一思想进一步发挥,认为人的价值和意义在于认识自我的本性,独往独来。王畿的价值不在于是否真的继承了王守仁心学的主要观点,而是领悟了王守仁"学贵得之心"和活学活用的思想精髓,提出"学须自证自悟,不从人脚跟转"。其倡导不读书,颇似六祖慧能。

王艮出身于盐丁,因家贫而没有接受过系统的教育,但悟性极高,也很自负。王守仁去世后,王艮回泰州开门授徒,认为"百姓日用即道"④,其弟子三教九流,从其游学者千余人,从而形成势力最大的泰州学派。由这一派发展出"非名教之所能羁络"(黄宗羲语)的颜山农、何心隐一系,以及以异端自居的李贽。王守仁的良知学本是一种大众化儒学,从理论上讲,一个哪怕目不识丁的农民只要有纯粹的德性就可以称为圣人、成为尧舜,而王艮真正践行了将儒学通俗化、将儒学与中下层普通百姓结合在一起的宗旨,对整个社会形成强烈冲击。王艮说:"圣人之道无异于百姓日用,凡有异者,皆

---

① 《明儒学案》,中华书局2008年版,第178页。
② 《明儒学案》,中华书局2008年版,第238页。
③ 《明儒学案》,中华书局2008年版,第238页。
④ 《明儒学案》,中华书局2008年版,第710页。

谓之异端。"所有高深的道理，终究还是归结为百姓的吃喝拉撒睡。他从"万物一体"中推导出自我是最为尊贵的思想，"格知身之为本，而家国天下之为末"，"以天地万物依于身，不以身依于天地万物，舍此皆妾妇之道"①。王艮把个体抬到至高、至尊的地位，认为个体"身安"，天下国家才安，这是从"身与天下国家一物"中推导出的个人主义思想，带有庄子的烙印。到了颜山农、何心隐一派则发展出极端个人主义思想，"赤手搏龙蛇"，冲破一切道德的藩篱，将人的情识、情欲都视为良知。李贽以反道学的异端自居，编有王守仁语录《阳明先生道学钞》，其中有段话："夫君子之论学，要在于得之于心，众皆以为是，苟求之心而未会焉，未敢以为是也；众皆以为非，苟求之心而有契也，未敢以为非也。"（《阳明先生道学钞》卷1《论学书》）只要是我内心认为对的，所有人反对也不行；只要是我内心认为错的，所有人赞成也不行，这就是李贽的"以吾心之是非为是非"。这种完全特立独行的个人主义，很难在世界其他文化中看到，找到对应的人物。李贽称赞一切被正统儒家所反对的人，他同情被杀害的何心隐，但同样称赞被认为是杀害何心隐主谋的张居正；他痛骂士大夫只会作揖打躬，却不能担当，却称赞英雄豪杰甚至是嘉靖时期的大海盗林道乾；他称赞秦始皇为千古一帝，商鞅为大英雄，贬斥董仲舒为腐儒。王守仁从陆九渊的"吾心"中抽象出天下人共有的人之本心——良知，心学才由此发扬光大，终成一代显学。心即理，此理此心应是从天下人共有的良知。但到了泰州学派及其后裔，又悄悄变成个体的纯主观的"吾心"。原本用天下人的共同"良知"判断是非，变成了用纯主观的个人"良知"判断是非。这一概念的转换在王畿那里得以完成，"作为宇宙本体的良知在龙溪（王畿）处

---

① 《明儒学案》，中华书局2008年版，第710、711页。

便更多地显示出主观性的意味"①。这种转换具有双重含义,既成就了个体意识的扩张和思想的解放,也导致了自说自话、背离社会现实,继而走向衰落。

王守仁心学的复杂性、多面性,对后世的影响也是多面的。它是一门学问、是知识,更是信仰、信条;它冲破外在权威的束缚,也易于受内心的自我闭塞,变得自以为是;它既可以让一颗卑微的心灵变得强大,也可以剑走偏锋让人失却探求天地万物的欲望,只是在人世间纵情任性;它冲破人的高低贵贱限制,使人人皆可以为尧舜,但圣人名号便可以廉价出售,弄得满大街都是圣人,正如禅宗顿悟便可成佛、罗马教皇钱柜里铜板一响就可得救;它高扬人作为道德主体的自觉性,也遏制了人作为认识主体、创造主体的无限可能性。王门后学"不从人脚跟转",能独立思考、有独立见解,但也不能免俗地流入党同伐异,以主观代替客观,以偏激为真理的泥淖。一种激进的思想解放运动,最终导致思想之舵的丧失而流于悲愤和空寂。对王学的流弊,明末东林党人有过一些修正,明清交际的大变局中王夫之等人有更深一层的反思。但王学漂洋过海,甚至对日本的维新派人士产生重大影响。它揭示一个现象:有一群秉持内心信念、不畏惧外在权威的人,就可以成就一番伟业。直至三百年后的中国共产党人,自觉从王守仁心学中汲取力量,提出共产党人的"心学"这一命题,足见其思想生命之顽强。

王守仁心学所掀起的思想解放运动,既为紧接而来的中国历史上第一次中西交流确立开放的心态,也为明清交际大放异彩的社会批判思想提供了资源,继而为三百年后晚清时期风起云涌的变法和革命思想提供原初动力,更为后来的人们留下如何修心、修己、成就自我的永恒课题。

---

① 彭国翔:《良知学的展开》,生活·读书·新知三联书店2015年版,第40页。

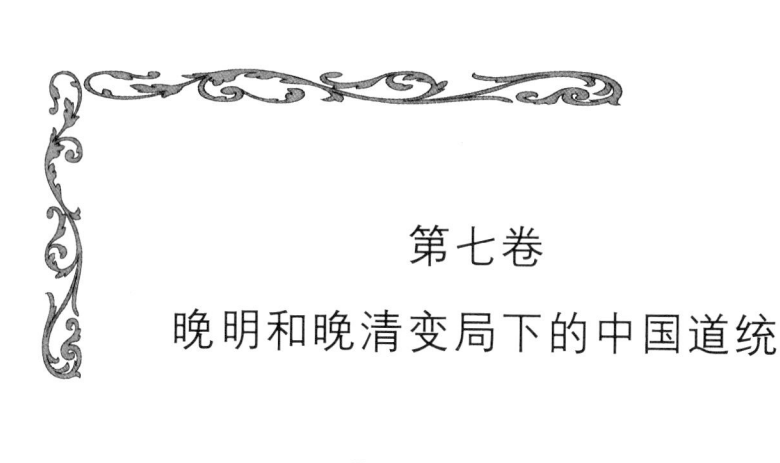

第七卷
晚明和晚清变局下的中国道统

1567年是中国历史上极具标志性的一年。那一年隆庆皇帝除了做出恢复王守仁名誉的决定，还做出更加重要的决策：同意福建巡抚涂泽民解除海禁的提议，史称"隆庆开关"。有学者称其为中国近代史的开端。① 凑巧的是，同在这一年的1月23日，罗马教廷颁布谕旨，设立澳门教区，任命耶稣会会士加内罗（D. Melchior Carneiro）为第一任主教，负责远东地区的天主教传教事务。②"隆庆开关"所产生的直接结果，使中国东南沿海地区进入了地理大发现后的世界贸易体系，给中国带来了巨额的贸易顺差，全世界白银产量四分之一至三分之一流入中国。③ 大量白银的流入，为张居正万历年间全面推行"一条鞭"法，改实物赋税、劳役赋税为货币赋税创造了条件。更为重要的是，"隆庆开关"揭开了中华文化与第二个外来文化——以基督教为代表的西方文化大规模交流的序幕。明末西方天文学、地理学、几何学等开始传入，产生了一批如徐光启、方以智等具有中西方眼光的学者。从外来文化进入中国的视角看，有两次大的文化大融合。第一次发生在公元317年东晋之后印度佛教的大规模传入，最终以佛教融入中国道统产生宋明道学而告终。其间还穿插以伊斯兰教为代表的中亚文化和以东正教为代表的近东文化的进入，但没有产生大的影响。前后经历了一千多年。这一千多年又分为两个历史时期，第

---

① 晁中辰：《明代隆庆开放应为中国近代史的开端》，《河北学刊》2010年第6期。
② 许友年：《澳门与中外文化交流》，《东南亚研究》1998年第4期。
③ 参见［美］弗兰克《白银资本——重视经济全球化中的东方》，刘北成译，中央编译局出版社2008年版。

第七卷　晚明和晚清变局下的中国道统

一个历史时期是以佛教思想为主结合中国思想资源而产生中国化宗教，第二个历史时期以本土思想资源为主融合佛教、道教产生宋明道学这样的新儒学。第二次则是从1567年"隆庆开关"开始，其特点是基督教西方文化开始直接进入中国。它分为两个不同历史时期，第一个历史时期是从隆庆开关到20世纪初期清王朝覆灭，前后三百多年时间；第二个历史时期是从清王朝覆灭后的1911年辛亥革命开始，至今有一百多年且仍在继续。当今中国仍处于第二次中外文化大融合的第二个历史时期。第二次中外文化大融合的第一历史时期，可分为晚明和晚清两个阶段。第一个阶段是1567年隆庆开关到明朝覆灭，前后八十年左右，以流入天主教文化为主。随着清初实行海禁，中外交流戛然而止，接着是长达二百年的闭关锁国和专制奴化统治。第二个阶段是1840年第一次鸦片战争到辛亥革命、五四运动，前后八十年左右，以流入新教文化为主。本卷主要讨论第一个历史时期前后两个八十年的中国学术思想。前一个八十年，中华文化第一次与葡萄牙、西班牙、荷兰等正面接触；后一个八十年，中华文化与更为强大的以英法为代表的欧洲文化再次接触。如果说前一个八十年的对外交流还是主动为之，后一个八十年则是被迫为之；如果说前一个八十年双方的冲突互有胜负，属于文化的双向交流，后一个八十年则是西方具有压倒性优势，属于文化的单向输入。这两个八十年，有共同点也有不同点，都对中华民族的历史进程产生了影响。前一个八十年有以王夫之、顾炎武、黄宗羲、方以智等为代表的社会批判思想；后一个八十年产生了洪秀全的拜上帝会，以康有为、谭嗣同、严复等为代表的变法派，以孙中山、章太炎、邹容等为代表的革命派。两个八十年虽隔着清代文化专制的两百年，但它们之间的精神、理想却又是息息相通。

我们可能永远体会不了晚明到晚清期间两百年奴化专制统治对中国民族性格和学术思想的血腥摧残。兹录顾炎武惊闻"湖州庄氏明史狱"后写的一首诗，以寄哀思。

> 永嘉一蒙尘，中原遂翻覆。
> 名胡石勒诛，触眇苻生戮。
> 哀哉周汉人，离此干戈毒。
> 去去王子年，独向深岩宿。①

发生在顺治期间的这起文字狱起因是湖州庄氏组织编辑明史，最后竟有七十多人被杀，其中大部分被处以凌迟，几百人遭流放。不仅编纂者、参阅者，连刻工、书贩、购书者都牵连其中，不仅当事人，连凑巧在现场的围观者也一并搜捕，更有全家老小受到株连。清政府通过一系列残酷"文字狱"，将中华族群最后的轩昂意气消耗殆尽，只落得个满地奴才在人间。

---

① 顾炎武：《闻湖州》，《顾亭林诗文集》卷4，中华书局1983年版。

第二十八章
晚明和晚清的中国社会

同治十一年（1872）五月李鸿章在《复议制造轮船未可裁撤折》中说："臣窃闻惟欧洲诸国，百十年来，由印度而南洋，由南洋而中国，闯入边界腹地，凡前史未所载，亘古所未通，无不款关而求互市。我皇上如天之度，概与立约通商，以牢笼之，合地球东西南朔九万里之遥，胥聚于中国，此三千余年一大变局也。"从更长的历史眼光看，造成此千年变局的绝不是百十年来，而是从三百多年前的明隆庆年间就开始，或者说八百多年前的宋代就已经有了端倪。通过海上贸易线路实现华夏文明与西方文明的接触交流大致分三个阶段。第一阶段是宋元时期。中西方没有文化上的直接接触，中华文明以伊斯兰世界为中介，与基督教欧洲有间接的交流。这一时期的特点是东方具有压倒性的优势，除了佛教以外，其他外来思想对中华文明的影响几乎可以忽略不计。这一时期是中西交流的序曲。第二阶段是晚明时期。这一时期的特点是东西方力量开始趋于平衡，中国与西方文明有了第一次正面接触，此时的欧洲经历了文艺复兴，正处于地理大发现、宗教战争和第一次科学革命前夜。外来思想，尤其是几何、天文学、地理学、火炮技术等对目光敏锐的中国人产生了重要影响。这一时期是中西交流的"1.0版"。第三阶段是晚清时期。经过科学革命、工业革命和资产阶级革命多重洗礼的西方文明，呈现出碾压性优势，给中国经济、政治、社会各方面带来了颠覆性的影响。这一时期是中西交流的"2.0版"。

宋元时期以泉州这一东方第一大港为起点,贸易线路辐射到南中国海、印度洋和波斯湾、红海一带,其贸易对象主要是阿拉伯人、波斯人、印度人。此时整个欧洲和地中海东部地区尚处于十字军东征的狂热和血腥之中。相对于繁华的东方,整个欧洲犹如穷乡僻壤。一位英国当代历史学家写道:"这几乎和我们今天看到的情况完全相反:当时的激进主义者并非穆斯林,而是基督徒;当时那些思想开放、求知欲强、慷慨大度的智者都在东方,而不是欧洲。"① 伊斯兰世界的崛起阻隔了中国与欧洲的直接交流,只有在统一的横跨欧亚的蒙古帝国短暂存在期间才创造了直接交流的可能性。13世纪成吉思汗的铁蹄不仅给伊斯兰帝国带来厄运,给欧洲君主带来噩梦,也给中亚带来短暂的和平。② 马可·波罗正是沿着蒙古军队杀出的通途,穿越中亚腹地来到元大都,在中国内地游历了十七年后于1292年从泉州港返回威尼斯。他所写出的《马可·波罗游记》无疑给闭塞的欧洲人以振聋发聩的启蒙作用,也勾引起贫穷的欧洲人攫取东方财富的贪念。当然,"马可·波罗"在欧洲成了骗子的代名词,因为封闭的欧洲人绝对不相信世界上有如此富庶的国度,更不相信一个没有上帝的社会能维持良好的秩序。这一阶段的中国在输出商品的同时,还输出文化、科技、造纸术、指南针、印刷术、火药等,通过伊斯兰世界而进入欧洲。这一段中西交流的序曲,在明洪武四年(1371)以后颁布的一系列禁令中落下帷幕。如洪武四年"禁濒海民不得私自出海",洪武十四年重申"禁濒海民私通海外诸国",洪武二十三年要求"沿

---

① [英]弗兰科潘:《丝绸之路》,邵旭东、孙芳译,浙江大学出版社2016年版,第85页。
② 《丝绸之路》一书转引当时的作家说:"从黑海到中国的通道无论日夜,绝对安全""一个人带着钱财单独旅行九个月都不用担惊受怕"(第155页)。

海军民官司纵令私相交易者，悉治以罪"，洪武三十年再次"禁人民无得擅出海与外国互市"。①

朱元璋实施海禁的原因今人有各种分析，这里仅就泉州阿拉伯人后裔蒲寿庚家族的兴衰史一见端倪。蒲寿庚属于阿拉伯后裔的穆斯林，其家族从占城（现越南中南部）移民广州后，又于宋宁宗嘉定十年（1217）迁往泉州定居。蒲寿庚和父亲都担任过南宋地方官，宋度宗咸淳十年（1274）以后蒲寿庚还担任福建广东安抚使，执掌一路的兵事民政大权。正是靠着亦官亦商的身份，蒲寿庚垄断海外香料贸易积累了巨额财富，拥有庞大的船队，建立起一支强悍的穆斯林武装。宋元交替之际，蒲寿庚屠杀了居留泉州近一百五十年的赵宋宗室后裔三千多人，投靠元廷后任镇国上将军，福建行省参知政事、中书左丞等，镇抚濒海诸郡，其家族显赫一时。元明交替之际，蒲寿庚家族故伎重演，依靠穆斯林武装欲脱离元廷自立，再搞一次政治投机，结果被忠于元廷的地方军阀陈友定击败。其后，陈友定针对穆斯林及"色目人"进行大肆屠杀和抢劫，一些全无外族血统但相貌酷似色目人的汉人也遇难。没有料到的是，朱元璋消灭元廷残余势力建立明朝后，蒲寿庚家族后裔更是陷入万劫不复的深渊。随着泉州一带的伊斯兰教、印度教、犹太教等外来文明痕迹的彻底清除，明朝改变了自唐、宋、元以来一直实行的允许外国人居住、内部自治的政策，改变了可以自由通商和对外交流的政策，改变了外国人可以担任朝廷命官的政策。有海外关系，就意味着对本土政权的不忠，对外交流，就意味着里通外国有异心。华夷之辨，加上历史上发生的类似蒲寿庚家族的事例，使这种意识逐渐根深蒂固为族群意识。这种意识实质上来源于一种防御外来侵害的心理。

明朝初年实施的海禁政策，是与朝贡贸易体制的建立相匹配的。

---

① 转引自樊树志《晚明大变局》，中华书局2015年版，第10、11页。

这种体制与明成祖朱棣提出的"华夷一家"说相匹配，是"天下一家"理念向外拓展的自然结果。其实质是把国内的君臣关系扩展到国家之间，明朝皇帝为天下共主，通过朝贡、册封、赏赐等方式羁縻和笼络附近国家，同时，继续在宁波、泉州、广州三地设立市舶司，用国家间贸易代替私人贸易，在南京、北京设置接待各国使节的会同馆。但这种体制随着经济社会的发展，其弊端越发明显。嘉靖二年（1523）发生的"宁波争贡事件"导致浙江市舶司被关闭，正常贸易被切断，成为之后发生的愈演愈烈的武装走私、海盗和倭患问题的助推器。嘉靖二十七年（1548）浙江巡抚、提督浙闽海防军务的朱纨，严厉执行海禁政策，彻底捣毁走私贸易中转站双屿港，次年诛杀福建籍海盗头子李光头等九十六人。由于海禁政策严重损害部分官僚士大夫、地方势家以至地方民众的利益，为官清正的朱纨引起各方强烈不满，御史陈九德弹劾他"专擅杀戮"，要求对其治罪。在押至京讯问的旨意下达前李纨畏罪自杀，指挥佥事卢镗、海道副使柯乔下狱论死。从严格执法的李纨等人的悲剧命运中，可以看到海禁政策已难以为继。从明朝中叶以来沿海的走私贸易看，中国人冒险精神、开拓意识非常强烈，毫无后来的懦弱、胆怯、猥琐的形象。嘉靖时期所谓的大倭患，尽管背后有日本地方大名的支持，但其实际首领是徽州人王直（汪直）、徐海等，控制着东南海面的贸易线路。时任直浙总督胡宗宪的幕僚唐枢对倭患与海禁之间的关系看得很清楚，他说："惟其商道不通，而利之所在，人必趋之，不免巧生计较，商转而为寇。商道既通，则寇复转而为商。"王直在狱中写的《自明疏》说："以夷攻夷，此臣之素志，事犹反掌也。如皇上仁慈恩宥，赦臣之罪，得效犬马微劳，驰驱浙江定海外长涂等港，仍如广中事例，通关纳税，又使不失贡期。宣谕诸岛，其主各为禁制，倭奴不得复为跋扈，所谓不战而屈人之兵也。"① 因此，无论从平定倭患、盗患来看，还是从解决沿海百姓生计、增加朝廷税收等来看，海禁的解除都势在必行。在王直被杀的八年后，随着嘉靖皇帝去世，明廷终于同意将漳州下属的月港镇升格为海澄县，设立海关开放海禁，将各类走私贸易合法化，中国民间商船终于赶上地理大发现后的大航海时代并进入全球贸易体系。令人惊奇的是，这两百年中，欧洲人通过如饥似渴地学习从阿拉伯人那里倒手过来的希腊文化，吸收伊斯兰文明、印度文明和中华文明的智慧成果，如同从一个一文不名的乡下少年成长为目光如炬的青年。晚明时期的中国人接触的正是这样一位勤奋好学又嗜血成性的年轻人。

海外贸易的开拓进一步刺激东南地区纺织业的繁荣，促进市镇和工场工业的发展。以江南地区为例，在隆庆开关前就形成了以太湖东南方向为中心的丝绸业和以乌泥泾镇为中心的棉纺织业，这两大产业由于其巨大的生产规模和较高的技术水平，成为晚明时期对外贸易的绝对主力。这一现象与英国工业革命初期以纺织业产品为主要出口商品有相似之处。所不同的是，江南地区丝绸和棉纺织业经历了长期发展过程，即便从黄道婆在乌泥泾镇引进并改良海南黎族棉纺织技术开始，到隆庆时期也有近三百年历史。与托马斯·莫尔时期为发展纺织业而实行的"圈地运动"不同，江南一带从粮食主产区改种桑树和棉花来发展纺织业却是一个缓慢的自然过程。最终由唐宋时期的"苏湖熟，天下足"变成明中叶时期的"湖广熟，天下足"。随着东部地区发展经济作物和乡村工业，粮食主产区开始向中部地区推移，说明东中西产业梯队发展的模式在明代就自然形成。由于中国东西、南北腹地辽阔，国内市场广阔、回旋余地大，从而形成内部循环的经济发展模式，通过海外贸易实现经济外部循环的紧迫性远没有欧洲小

---

① 唐枢：《复林石海大巡公帖（壬子七日）》，《木钟台杂集》利卷《海议》。王直：《自明疏》，《倭变事略》卷4《附录》。转引自樊树志《晚明大变局》，中华书局2015年版，第70、71页。

国那么强烈。最早绕过好望角到达东方的葡萄牙人，通过贿赂地方官的方法最晚于嘉靖三十六年（1557）取得在澳门的居留权，之后澳门既是对外贸易的中转站，也成为耶稣会士进入中国的前哨，成为中西方文化交流的主要窗口。之后，西班牙人于1570年前后占据菲律宾马尼拉、荷兰人于1624年开始占据中国台湾淡水、鸡笼（基隆）等。两种文明的首次直接接触，意味着两种不同价值观、两种不同文化之间的撞击。在欧洲势力进入东方的过程中，不可避免地与原有的利益相关方产生冲突。这种文化撞击和利益冲突，给了我们观察中华文化的全新视角，更好地理解中华文明与西方文明的差异。

与西班牙、荷兰相比，葡萄牙最弱小，尽管它最初进入印度洋、马六甲时对更弱小的土著如马六甲王国有过残忍的屠杀，但进入中国沿海时，面对更为强大的明王朝，却不敢轻举妄动。葡萄牙人不仅获得了澳门的居留权，而且也把澳门作为传教的基地，中葡之间几百年来总体和平。终明一朝，士大夫们以开放的心态接纳天主教以及与之伴随的各种学术思想，体现了"怀柔远人"的传统思维。但以后的事实证明，这种怀柔远人的一厢情愿只是建立在自身具有压倒性优势的情况下。当时的耶稣会士面对"中国这个秩序井然的高贵而伟大的王国"，只能祈求"聪明而勤劳的民族绝不会将有教养的耶稣会士拒之于门外"。被誉为中国传教事业之父的范礼安神父写道，"欧洲长期认为自己就是全世界，而中国是一个文明昌盛之邦，有着与西方文明完全不同的文化"，"中国与东方其他王国都不一样，但它还要超过它们。它在若干方面，例如富饶、美丽，都非常与欧洲相似，在许多方面犹有过之"，"在已发现的国家中，中国是最和平、治理得最好的国家"。[①] 天主教耶稣会士要在文明程度超过自己的国度传教，

[①] 范礼安：《圣方济各·沙勿略传》，转引自樊树志《晚明大变局》，中华书局2015年版，第358页。

第二十八章　晚明和晚清的中国社会

采取的基本策略只能从学习中国文化，精通儒家经典入手。这是基督教传教史上从来没有采用过的策略。这种策略终于获得成功，万历二十八年利玛窦获准进入北京，并允许设立教堂传教。利玛窦传教事业的成功，很大程度上应归因于明朝士大夫对欧洲科学的兴趣。耶稣会士主要依靠科技来发展其传教事业。但是，利玛窦等耶稣会士并不是当时欧洲一流的学者，甚至连二流也算不上，一些学者认为徐光启、李之藻等人掌握的数学知识比利玛窦更加丰富。① 但不管如何，利玛窦等人毕竟给当时的中国人开启了观察西方的大门。利用澳门这个通道进入中国内地的耶稣会士，以其新奇的地理、数学和天文学知识吸引了一批士大夫，皈依了一批天主教徒。这里略举重要的事例。

（1）将地理大发现后的地理知识介绍给中国，打破中国人固有的天圆地方的观念。集中体现在由李之藻为之刊印的世界地图——《坤舆万国全图》。这幅地图迎合了士大夫中央王国的心理，把中国移到地图的中央，和目前中国大陆出版的世界地图相仿。从某种意义上说，强化了中央王国的意识。但是，极为可悲的是，《坤舆万国全图》后来被乾隆皇帝下令焚毁，使鸦片战争期间的清朝官员不知道世界上有个英吉利，处在什么位置。"塔斯马尼亚岛效应"再次发挥作用。（2）徐光启与利玛窦合作，翻译了欧几里得《几何原本》（*Elements*）前卷。这是一部对西方世界产生巨大影响的书，除了几何学的重大贡献，更重要的是"为人类知识的建构找到了一个有效的方法"②，而且是正确有效的方法。以后又在欧氏几何的基础上演绎出黎曼几何等曲面几何。包括牛顿、爱因斯坦的物理学无一不是公理演绎体系的产物——把经验观察中形成的公理作为基本前提，依靠

---

① ［澳］瑞尔：《寻找文化的契合点——论早期天主教耶稣会士在中国的传教方式》，《文化杂志》（中文版）1994 年第 21 期。
② ［古希腊］欧几里得：《几何原本》，燕晓东译，江苏人民出版社 2011 年版，第 3 页。

演绎推理得出全新的结论。这种公理或假设应该尽可能少,能概括的事实要尽可能多。这里比较一下欧几里得的自我评价和徐光启对该书的评价还是很有意思的。欧几里得说:"在这里,国王没有特权",当有人问几何学有什么用时,他对旁边的人说,"给这位年轻人三个硬币,因为他想从几何学里得到实际利益"①。看来,欧几里得是希望用几何演绎来体现神创造世界的规则。徐光启则说:"盖不用为用,众用所基"②,是以"无用为用"的思维来理解该书的价值,落脚点还是在于实际之用;但"众用所基"的评价,说明徐光启还是清楚意识到几何学的基础地位。由于利玛窦认为《几何原本》前六卷已经足够用,拒绝就后九卷翻译继续合作,留下的并不是完整版的《几何原本》,而处于同时代的笛卡尔已经创立了解析几何,这在中国则是完全空白的。当然,我们无法对一位主业是传教的神父提过高的要求,他的使命是传教而不是传播科技知识。(3)编译《崇祯历书》,这部全面介绍欧洲天文学知识的著作,由徐光启、李之藻、李天经和汤若望等人历时五年完成。该书采用折中托勒密和哥白尼两大体系的第谷天文学体系,与欧洲人的认知处于同一层次。但是,当两百年后的晚清,西方天文学再次西来时,带来的是一套我们完全不认识的、全新的天文学体系。天文学已经从单纯描述天体几何关系和运动状况,进入研究天体相互作用和造成天体运动的原因的新阶段。

与借助澳门这个窗口开展中西方第一次有实质意义的文化交流不同,明朝与西班牙人的第一次接触却伴随着大规模的屠杀。西班牙人作为16世纪的海上霸主,于1570年前后占据菲律宾马尼拉时,那里已经有中国人从事海上贸易,整个南海地区尚笼罩在明王朝朝贡贸易

---

① 《几何原本·译者序》。
② 《徐光启集·刻几何原本序》,中华书局1963年版。

体系之下。有记载的明朝官方与西班牙首次接触竟是为了合力围剿一个叫林凤的海商集团首领。《明实录》载:"福建巡抚刘尧诲奏报,把总王望高等以吕宋夷兵败贼林凤于海,焚舟斩级,凤溃围遁,复斩多级,并吕宋所赍贡文、方物以进。"(《明实录·明神宗实录》卷54"万历四年九月丙申")动用国家力量与西班牙殖民者联手剿灭本国的海上贸易集团,确实显示了"怀柔远人""天下至公"的天朝上国的礼仪。西班牙殖民者从此在南海坐大,完全控制了菲律宾诸岛的政治、经济、外交。由于利益上的冲突,西班牙殖民当局于万历三十一年(1603)、崇祯十二年(1639)、顺治十八年(1661)对华人展开三次大屠杀,死亡总数近八万人。这三起事件掀开了海外华人被大规模杀戮的黑暗历史。第一起屠杀事件之后,西班牙人曾长时间陷于恐慌,担心明朝报复,当年林凤集团的实力依然令他们记忆犹新,一个被官府缉拿的逃犯尚有如此实力,何况明朝政府?但是,随着以巡按福建监察御史汤兆京、福建巡抚徐学聚、福建税监高案的名义发出的《谕吕宋檄》① 于万历三十三年六月(1605)到达马尼拉后,西班牙人一颗悬着的心终于落地,以后才有了胆量一而再、再而三地对华人抡起砍刀。该檄文大义凛然,先是谴责"尔吕宋部落无故贼杀我漳、泉商贾至万余人",反问"此辈何负于尔?有何深仇遂至戕杀万人?"接着话锋一转,说皇恩如何浩荡,对参与屠杀的西班牙人"不忍加诛",况且"中国四民,商贾最贱,岂以贱民兴动兵革","商贾中弃家游海,压冬不归,父兄亲戚共所不齿,弃之无所可惜,兵之反以劳师"等。等于明白地告诉西班牙人:被你们杀的那些商人是中国的贱民,不值得兴师动众。檄文最后提出把掠去的财物归还,"自此商舶交易仍听往来如故"。当然,檄文中也忘不了说几句"断绝海舶"之类假意威胁的话。这样的结果既让西班牙人大感意

---

① 徐学聚:《报取回吕宋囚商疏》,《明经世文编》卷433,中华书局1962年版。

外，也滋长了这些人该杀的心理，毫无愧意。因为檄文中明明白白写着"共所不齿""弃之无所可惜"！今人当然可以批评明朝政府、神宗皇帝的无所作为、愚蠢无知、色厉内荏，不懂得维护本国国民利益等。其实恰恰是传统中国道统的思想作怪，是两种价值观在全球化时代发生碰撞导致的结果。一方信守人性本善，有事好商量；另一方认为人性本恶，不是我吞并你就是你吃了我。一方认为所有人都是上天的子民，万物一体、天下一家；另一方认为人类分割为不同利益共同体，实力是生存的规则，和平共处的真谛在于实力均衡。一方的天下观是以京畿为中心，九服之外为化外之地，是死是生并不重要；另一方的天下观是殖民思想，凡是本国国民占领的就属于本国的主权领土。一方的族群是以"亲亲""尊尊""仁爱"为原则建立，很难有跨越血缘、地缘的团结协作；另一方则以共同的宗教信仰和共同利益为纽带，能够发出共同的一致的声音。传统中国道统笼罩下的这种根深蒂固的社会意识很难消弭，即便在当今的国际交流中依然留有这些痕迹。比如，当海外华人受到不公正对待时，国内一些人首先想到的是为什么不回国，出了国就不是中国人等。凡是中国人所在的区域就是国家利益所在的意识至今依然非常淡漠。权利意识淡漠不仅表现在国内政治，也延伸到国际政治。

晚明时期，与荷兰人的交流却又是另一番景象。17世纪的全球海洋简直就是荷兰人的天下。这个有着海上马车夫称号的国家，在南海地区和西太平洋地区，通过抢劫葡萄牙人、西班牙人和中国人的商船获取巨额利益，在攻击澳门失利后于1624年开始占据台湾作为中转站，以荷兰东印度公司的名义开展海上贸易。但荷兰人在中国的运气似乎没有西班牙人那么好。在明清交替之际，荷兰人竟然被海商集团首领郑芝龙的儿子、大名鼎鼎的郑成功所击败，被赶出台湾。林凤当年在菲律宾没有完成的事业却在郑成功那里实现了，仅仅是凭借私人性质的武装打败了当时的全球海上霸主。从郑芝龙、郑成功父子那里可以看到，一旦放松外在的管制，中国人能勃发出多么巨大的能量！正是这种力量使西方殖民者在之后长达二百年间不敢贸然入侵。

不可否认的是，海外贸易带来的巨额白银盈余，使白银成为明帝国的流通货币，由此也带来出乎意料的灾难性后果。由于西班牙担忧白银外流等，使后期流入中国的白银减少，引起通货紧缩，富贵之家又大量储存白银，使通货紧缩问题在晚明后期日趋严重，一成不变的货币赋税加重了农户和一般工商户的负担，造成极为严重的经济、社会灾难。张居正推行的"一条鞭"法在白银大量流入，货币供应充足时，因简化税制，促进了明朝经济的繁荣，而一旦白银流入减少，产生货币紧缩时，"一条鞭"法又带来小农大量破产的灾难性后果。晚明的历史是一个观察中央政府不掌握货币发行权，会导致什么后果的经典案例。这个过程中明朝政府可能是无辜的，或者说任何一方都是无辜的，因为当时没有任何人能够洞察把白银作为主要流通货币，而白银的流通量不由政府控制所带来的后果。① 晚明对外开放的另一个预料不到的后果是，不断扩大了东南沿海地区与中西部地区的贫富差距。晚明中西部地区农民大量破产、灾民遍地，与东南富庶地区富户的穷奢极欲形成极为鲜明的对照，终于给明王朝以致命伤害。明王朝内部利益分化和中西部地区流民暴动，削弱了对北方的防御能力，伴随着清军的多次入关烧杀抢掠，最终以顺治元年（1644）清军进入北京城而完成中国历史上最后一次王朝更替。这也是人类历史上最后一次渔猎和游牧部族击败更先进文明的事例。同时代的欧洲，经历了同样惨烈而持续的战争，以欧洲核心区伤亡近40%人口为代价的"三十年战争"（1618—1648），换来了威斯特法利亚体系的建立，

---

① 即便现代学者依然还是没有洞察这一问题的实质，简单把张居正的改革视为明亡的前兆。当海外白银流入减少，富贵之家大量私蓄白银，谷贱银贵、通货不断紧缩的恶性循环下，哪怕官吏征税时再奉公守法，也无济于事。

确立了现代意义的信仰自由、异端权利和主权平等等原则。欧洲迎来了思想解放和科学革命、工业革命、社会革命的新时期，中国却进入一个更为专制的时代。当我们依然沉浸在天朝上国迷梦时，威斯特法利亚体系确立了以实力为基础的"均势"原则。19世纪英国首相巴麦尊阐述的"均势"要义是："我们没有永恒的盟友，也没有永恒的敌人，只有永恒的利益。我们的义务就是维护这些利益。"① 这是自秦汉以后中国人就不再熟悉的话语体系，善于结盟、讲究实力、工于算计的苏秦、张仪之辈早已作古两千年，两种世界观的碰撞将以更猛烈的方式展开在19世纪中后期。

  不过，晚明时期的中西交流和比较中，中国还是处于略占优势的一方。耶稣会教士们曾记录下有趣的对比。"他们惊异地发现中国普遍容许各种宗教信仰的存在，眼见喇嘛和道士、犹太人、波斯人和穆斯林和平共处，各信各的教不受干扰。……在中国，允许每个人有自己的信仰，选择他信仰的宗教。巴黎新教徒恐怖的屠杀震撼了全欧洲，中国却不知道有内部的动乱，有时只出现粮食缺乏引起的骚乱。欧洲刚开始采用特殊栽培法改进蔬菜种植技术，而当时的中国，比较说，已是一个大花园。当法国国王穿上贵重的丝袜，约18年后英国的伊丽莎白也穿用时，中国中部省份的农民已从头到脚穿丝着绸。""十位制算术是欧洲17世纪使用的新发现，在中国也是唯一使用的算术体系。总之，当欧洲的贵人睡在稻草上时，中国的农民已有自己的垫席和枕头，官员更享用丝绒床垫。因此，不足怪的是，那些传教士对中国印象深刻，他们的描写近于赞美。他们的记录公平地拿1560年到同一世纪末中国和欧洲总的水平相比较，也许谈不上是美化。"② 当时耶稣会传教士一篇篇发往欧洲的报告，既有对中国的赞

---

  ① 转引自［美］基辛格《世界秩序》，胡利平等译，中信出版社2015年版，第24页。
  ② ［英］马戛尔尼、巴罗：《马戛尔尼使团使华观感》，何高济、何毓宁译，商务印书馆2019年版，第135、136页。

美和吹捧，也有批评和指责，比如遗弃婴儿，文人的无知和谬误，以及因饥荒而大量死人等。毫无疑问，除了不信仰上帝，在教士们的眼里，中国各方面都比欧洲优秀和出类拔萃。受这些报告的影响，以至于生活在18世纪的伏尔泰、莱布尼茨等人把中国想象成理想的国度，以此反衬欧洲君主制度的落后。真正使中国落后于欧洲的是清朝统治时期。相对于明朝士大夫思想的开放和对西洋科技的热衷，清朝官员对远比欧洲16、17世纪时期更加先进的近代科技满不在乎，显示出极端保守和愚昧。1793年英国派遣以马戛尔尼为首的庞大使团出访处于"康乾盛世"的中国，为后人真实记录了他们眼里的大清国，与马可·波罗的记叙如云泥之别，与晚明耶稣会教士的观察也有很大不同。作为有悠久历史的文明古国，英国人发现："在这个大国旅行，好奇心虽可满足，却找不到科学家、技术人才，或博物学家。"[1] 英国人还发现：作为火药的发明国，"国内任何地方都没有制造火药的专门工厂。他们只有一点火器，而且相信他们的刀剑弓矢胜于他们的滑膛枪，看来他们并不了解滑膛枪的优点或操作"[2]。这个最早发明罗盘的国家，英国人看到"中国使用的罗盘，形状完全是原始的。当地人并不知道它最初使用发明的历史或传说，但根据他们的记录，地球两极磁针的使用，可以追溯到遥远年代，那时欧洲大部分还处在野蛮状态"[3]。几百年来，中国的航海罗盘从未进行过有效改进。这群英国人准确地看到满人（他们称"鞑靼人"）与汉人之间统治与被统治关系，"现在各部首脑都是鞑靼人。大臣也都是鞑靼人，有权有

---

[1] ［英］马戛尔尼、巴罗：《马戛尔尼使团使华观感》，何高济、何毓宁译，商务印书馆2019年版，第120页。

[2] ［英］马戛尔尼、巴罗：《马戛尔尼使团使华观感》，何高济、何毓宁译，商务印书馆2019年版，第109页。

[3] ［英］马戛尔尼、巴罗：《马戛尔尼使团使华观感》，何高济、何毓宁译，商务印书馆2019年版，第141页。

势的官位都由鞑靼人充任"。"一个半世纪以来也没有把乾隆变成汉人。眼下，他仍然像他祖辈一样作为真正的鞑靼人恪守他的政治原则。"① 入主中原的康雍乾三朝皇帝表现出渔猎民族的精明——平衡满汉关系、精心维持统治秩序。也许满族本身是明王朝边界内一个反叛的部落，在成为中华帝国新的统治者后，其处理边疆少数族裔事务的能力——既拉又打——是过去以汉族为主体的中原王朝所望尘莫及的。面对凶悍、原始的游牧部落——准噶尔部，最终用"红夷大炮"取得了胜利，使技术代差带来的优势历史性地终结了游牧民族的威胁，作为区分游牧民族和定居民族分界线的长城终于成为历史陈迹——一堵用砖砌的墙而已。这在三千年中国历史上还是首次，同时预示着先进文明凭着技术优势不断扩大终将碾压一切落后的文明。但清政府并没有意识到这一点，更不会去思考中西之间技术代差所带来的问题。最终，这一幕在咸丰十年（1860）八里桥之战中悲剧性地上演。曾经如上帝之鞭抽打过欧洲人的蒙古铁骑，在蒙古勇士僧格林沁的率领下本土对阵八千英法联军，结果以三万清军伤亡过半，英法联军仅死亡十二人的惊人比例完败。曾经独霸欧亚大草原的蒙古骑兵彻底退出历史舞台。曾经威风凛凛但两百多年未曾改进的红夷大炮，面对英国人更为先进的坚船利炮，不堪一击。中华民族进入了晚清大变局，中西力量的对比一边倒地偏向西方。以英国、法国为代表的欧洲列强早已不是两百多年前的西班牙、荷兰，当年的火绳枪变成连发的枪炮，风力大帆船换成了铁壳蒸汽船，即便是当年给王直、徐海打工的倭奴也经过明治维新，摇身一变成为大日本帝国，一种亡国灭种的危机感在甲午战败和八国联军入侵北京中达到高潮。晚清大变局既是晚明大变局的继续，又是升级版，这两大变局是以南宋海外贸易为

---

① ［英］马戛尔尼、巴罗：《马戛尔尼使团使华观感》，何高济、何毓宁译，商务印书馆2019年版，第381、382页。

序曲。

马戛尔尼使团的成员巴罗引用一位英国爵士的话说:"这里出现一个罕见的宏伟景观:在人类的这个泱泱大国,人们都愿意结合在一个伟大的政治实体中,全国都安静地服从一个大帝王,而他们的法律、风俗,乃至他们的语言始终没有变化。在这些方面他们和其他的人类没有丝毫相同之处。他们既不想跟世上其他地方交往,也不企图去占领。"[①] 颇有一点"天不变、道亦不变"的味道,可现在的天变了。中华民族将被迫卷入西方势力主导的全球化大潮中。中国道统面临空前危机,走到了历史重大关口。

我们先来回顾一下明末清初留下的思想遗产。

[①] [英]马戛尔尼、巴罗:《马戛尔尼使团使华观感》,何高济、何毓宁译,商务印书馆2019年版,第487页。

第二十九章
明末清初的思想遗产

晚清维新派重要人物梁启超曾这样评价晚明学术思想的意义,他说:"黄梨洲、顾亭林、朱舜水、王船山……之流,他们许多话,在过去二百多年间,大家熟视无睹,到这时忽然像电气一般把许多青年的心弦震得直跳。……他们反抗满洲的壮烈行动和言论,到这时因为在满洲朝廷手上丢尽中国人的脸,国人正要推戴他的责任,读了先辈的书,蓦地把二百年麻木过去的民族意识觉醒转来。他们有些人曾对于君主专制暴威作大胆的批评,到这时拿外国政体来比较一番,觉得句句都餍心切理,因此从事于推翻几千年旧政体的猛烈运动。总而言之,最近三十年思想界之变迁,虽波澜一日比一日壮阔,内容一日比一日复杂,而最初的原动力,我敢用一句话来包举他,是残明遗献思想之复活。"① 梁启超作为局中人,一语点破王夫之等人对晚清变法和革命思潮的影响力。这是一种原生的社会批判思想,唯其原生,才更有力、更持久、更有价值。光绪三十四年(1908),迫于各方面的压力和笼络人心的需要,清廷覆灭前夕终于下诏将王夫之、顾炎武、黄宗羲三人从祀孔庙。

---

① 梁启超:《中国近三百年学术史》,上海古籍出版社2013年版,第28页。

第二十九章　明末清初的思想遗产

一　王夫之

王夫之（1619—1692），字而农，出生于湖南衡阳，崇祯十五年（1642）考中举人，终因时局变乱而终结了读书人的进士梦。清军南下后，曾在衡山举兵，失败后参加南明永历政权抗清，不久返乡，为逃避清军追捕在湘南一带流亡三年，暮年隐居于湘西草堂（现衡阳县曲兰镇湘西村）。从王夫之那里我们开始嗅到一股近代思想的气息。兹录草堂的一副对联如下：

> 清风有意难留我，
> 明月无心自照人。

王夫之全部学术思想归因于北方落后的满人入主中原所带来的巨大刺激，是这一代学者的共同之处，正如两百多年后甲午战败带来的巨大刺激，催生了变法和革命思潮。"船山之学，以史为归。"寻找明王朝覆灭的历史原因，以为后世提供借鉴，是王夫之学术研究的动力。由此，他提出了有别于传统的进步历史观，展开对君主专制的批判，提出了政权合法性、民族大义、权力监督和虚君思想等，这正是能够对梁启超那一代青年人进行启蒙的关键点。

（一）历史观和天道观

王夫之注定是孤独的思想巨人，其超前的思想必然难以为时人所理解。在叫嚷返璞归真，视上古为理想社会的环境里，他提出了今胜于古的进步历史观。他说："故吾所知者，中国之天下，轩辕以前，其犹夷狄乎！太昊以上，其犹禽兽乎！禽兽不能全其质，夷狄不能备其文。……"① 中国远古社会经历了从类似禽兽的生活,到类似夷狄的生活,最后因农业的发展、文化的发展而达到华夏这样的文明社会,而儒家心驰神往的三代盛世,王夫之则认为:"三代沿上古之封建,国小而君多……而暴君横取,无异于今川、广之土司,吸龁其部民,使鹄面鸠衣,衣百结而食草木。"② 所谓的三代不过如残暴的土司统治下的云贵川地区。这就与孔孟以来的历史观有根本性区别,不同于朱熹、王守仁近乎童话般的历史观,而更接近现代人的看法。与更多从主观动机的正还是不正来判断是非的王霸论不同,王夫之看到历史过程中主观动机和客观效果之间的复杂性。比如,秦始皇废封建、立郡县,主观上是为了"私天下",但确立了更有利于后世的制度。他说:"秦以私天下之心而罢侯置守,而天假其私以行其大公,存乎神者之不测,有如是夫!"③ 秦始皇只是按照社会发展的必然趋势做了他应该做的事情,至于动机并不重要。用这样的观点来评判汉武帝的开疆拓土,就会有完全不同于传统儒家的"穷兵黩武""人欲流行"的评价,那是"天"假手汉武帝来实现华夏文明远播蛮荒之地的伟业,一时的牺牲换来了更长远的利益。如此看来,恶的动机可以成就善的目的。王夫之的这些观点绝不是一时兴起的议论,而是有一个理论框架作支撑,这就是"理势合一观"。"理势"问题由来已久,说的是历史事件中的价值判断和事实判断关系。柳宗元用历史趋势来分析分封制确立的原因,朱熹用"理势"为孟子不尊周天子辩护。孟子当年游说诸侯,建议他们行仁政而王天下,李觏从维护君臣大义的角度而批评孟子。而朱熹为孟子辩护,认为"李氏罪孟子劝诸侯为天子,正为不知时措之宜"。"行仁义而天下归之,乃理势之必然,虽欲辞之而不可得也。"(《晦庵集》卷13《读虞隐之尊孟

---

① 《思问录·外篇》,《船山全书》第12册,岳麓书社2011年版,第467页。
② 《读通鉴论》卷20,《船山全书》第10册,岳麓书社2011年版,第746页。
③ 《读通鉴论》卷1,《船山全书》第10册,岳麓书社2011年版,第68页。

第二十九章 明末清初的思想遗产

辩》）身处战国这样的大环境，为了生民的利益而劝诸侯行仁政、王天下（一统天下），似乎违背了君臣之道，但从民贵君轻的价值观出发又有何不可？同样的事实有不同的价值判断，说明价值判断和事实判断，也就是理和势之间的复杂性。王夫之从"生民之生死"高于"一姓之兴亡"的价值出发，提出理和势统一。一方面，以理成势，凡是合理的自然成势。王夫之认为，周文王"以百里而兴王"、宋太祖能"一统天下，底于大定"，都可以从他们顺理而为中找到依据。另一方面，以势成理，势既然而不得不然，则此为理。这就是说，能成为一种趋势的事物，理必然在其中。历史上的分封制尽管有其合理性，但其带来的弊端不得不改，当成为一种趋势时，郡县制就是合理的制度。王夫之看到了其中的规律，即"时异而势异，势异而理亦异"[①]。理和势（价值与事实）并不是互不相干的两件事，理不能脱离势而独自存在、恒久不变，势也不能离开理而独立存在、恣意妄为，两者是紧密相连、合二为一的。用"理势合一"来分析中国历史，就会有一种不同于过去的历史观。在正统儒家看来，曹操一直是一个篡汉的反面典型，但王夫之对曹操用武力权术统一北方给予肯定。王夫之开始摆脱用道德评判人物的伦理史观这一传统窠臼。

正如程颐、朱熹把理与天相连，最终完成了义理之天天道观的构筑，王夫之也将理势与天相连，提出了理势之天天道观。他说："顺必然之势者，理也；理之自然者，天也。""势之精微，理之广大，合而名之曰天。"[②] 王夫之的天道观尽管没有成为主流的官方意识形态，却是连接传统天道观与现代天道观的重要桥梁。现代中国人喜欢讲的世界潮流、历史大势，可以从"理势合一"观引申出来。

王夫之从"民胞物与""万物一体"出发，提出"天者器，人者

[①] 《宋论》卷15，《船山全书》第11册，岳麓书社2011年版，第335页。
[②] 《宋论》卷7，《船山全书》第11册，岳麓书社2011年版，第179页。

道"①,"自然者天地,主持者人,人者天地之心。"② 王夫之从"天为器,人为道","人为天地之心"的角度阐述的天人关系,既有"天人一体"的含义,也包含了天人相分、人为主导的思想,是孟子和荀子两种天道思想的综合。在王夫之那里,人来源于自然又高于自然,人之道源于天之道又高于天之道。他说:"知、仁、勇,人得之厚而用之也至,然禽兽亦与有之矣。禽兽之与有之者,天之道也。好学近乎知,力行近乎仁,知耻近乎勇,人之独而禽兽不得与,人之道也。"③ 程朱理学往往从"羊乌之孝""蜂蚁之忠"来论证仁义的普遍性,论证天地之性的至善性,论证天理克治人欲的真理性。但王夫之试图说明禽兽的所谓"知、仁、勇"完全出自天性本能,而人的道德行为除了有天赋的因素,更多具有主观能动性,是自主的选择。"天道不遗于禽兽,而人道则为人之独"④,天道只是体现了自然的本性,而人道是人的能动选择,因此,王夫之提出要"以人道率天道",而不是如程朱的用天道(天理)制约人道(人欲)。王夫之从三个层面来讨论"天"。

第一,能够化生万物的自然之天,称为"天之天",体现了支配宇宙的力量和规则。

第二,从禽兽所能感知、理解的生物之天,称为"物之天",体现着支配生物界的力量和规则。

第三,从人所认识、活动的人类之天,是"人之天",体现了支配人类历史的力量和规则。"人之天"包括体现个别圣贤意志的"己之天",体现多数民众意愿的"民之天"。

王夫之从人类脱离自然界、脱离禽兽、不断创造社会文化的角

---

① 《思问录·内篇》,《船山全书》第12册,岳麓书社2011年版,第405页。
② 《周易外传》卷2,《船山全书》第1册,岳麓书社2011年版,第885页。
③ 《思问录·内篇》,《船山全书》第12册,岳麓书社2011年版,第402页。
④ 《思问录·内篇》,《船山全书》第12册,岳麓书社2011年版,第407页。

度，将天分为几个层面理解，抛弃了将人与物混同的天道观，已经非常接近现代思想。他对创造万物的自然之天的"天之天"抱有一份敬意，在讲"理势合一而为天"的天，更多指"人之天"的天，决定着人类社会的发展。而"人之天"中，体现民众意志的"民之天"要比体现圣贤意志的"己之天"更重要。他说："圣人所用之天，民之天也；不专于己之天，以统同也；不滥于物之天，以别嫌也；不僭于天之天，以安土也。"[①] 王夫之从"天视听自我民视听，天聪明自我民聪明，天明威自我民明威"出发，从两个方面做了进一步发挥。一方面认为天心就是民心、天意就是民意，民心所向就是天之所向，理势所向；另一方面认为不能完全凭借民心、民意，因为民意也来自天意，民意的短视、民之天的弱点，还需要有圣贤独自判断——"己之天"来弥补。他说："举天而属之民，其重民也至矣。虽然，言民而系于天，其用民也尤慎矣。故可推广而言之曰：'天视听自民视听'，以极乎道之所察。故可推本而言之曰：'民视听自天视听'，以定乎理之所存。之二说者，而归一也，而用之者不一。"[②] 王夫之将重民与慎民统一起来，当统治者轻视民众时，强调"即民见天"，当民情鼎沸时，又要"援天以观民"。比较朱熹义理天道观，王夫之的理势天道观恢复了民意即天意的思想。

（二）对君主专制的批判

明王朝灭亡的原因，至今仍然聚讼不已。王夫之根据自己的观察、参与南明永历小朝廷的经历，以及对历史经验的总结，得出家天下的君主专制是华夏历史上屡遭蛮夷侵凌的根本原因，也是明王朝灭亡的根本原因这一结论。明太祖朱元璋废除宰相，建立起由皇帝一人

[①] 《尚书引义》卷1，《船山全书》第2册，岳麓书社2011年版，第271页。
[②] 《尚书引义》卷4，《船山全书》第2册，岳麓书社2011年版，第327页。

乾纲独断的集权体制，王夫之认为，这一切其实肇始于历代儒家一直称颂的圣君周文王。当年周文王以私天下之心而废除宰相，虽设"三公论道"，但"贤以其人而不贤于其事，则虚有论道之名而政非其任矣，虽有极尊之位，与其尤贤之才，而上不敢逼天子之威，下不能侵六官之掌，随乎时而素其位"①。周文王所设的三公其实没有任何实权。虽实现了削弱大臣权力、巩固王权的目的，但后患无穷，也造成以后五百余年的春秋战乱（杀掠相仍者五百余年）。由于后来儒家的追捧，周文王的流毒被历代君主所仿照，"师《周官》而一天下之权归于人主"，"秦汉以降，封建易而郡县壹，万方统于一人，利病定于一言，臣民之上达难矣"②。这种"恃一人之耳目以弱天下"的高度集权体制必然使上下猜忌、相互防范，最后搞得"天子无亲臣，大臣无固位，国蹙民贫，虽有贤者，亦坐叹而无能为矣"③。这种情况与晚明何其相似，崇祯帝尽管励精图治，但处处事与愿违，最后在煤山歪脖子树上吊死；南京的南明弘光政权，面临清军压境的情况下内部仍然倾轧不已，不到一年就失败，之后建立的隆武、永历政权依然如此。高度集权的体制看上去一呼百应，但实际上皇帝成为孤家寡人，大臣之间钩心斗角、相互拆台，民众也是离心离德，稍有风吹草动就占山为王、各自为政、分崩离析。王夫之在《读通鉴论》《宋论》中，借历史典故说明专制君主必然造成小人当道、嫉贤妒能。从理论上说，天下都是皇帝一家的，为了维护好自己的利益必然会选用德才兼备的人为政。这和从学理上证明私有制有优越性的思路如出一辙。但所有历史事实都证明这是错的，君主总是倾向于任用两面派的小人。他总结隋唐时期的历史时说："呜呼！为人君者，唯恐人之修洁自好，竭才以用，择其不肖而后任之，则生民之荼毒，尚忍

---

① 《尚书引义》卷5，《船山全书》第2册，岳麓书社2011年版，第397页。
② 《尚书引义》卷5，《船山全书》第2册，岳麓书社2011年版，第399、401页。
③ 《尚书引义》卷5，《船山全书》第2册，岳麓书社2011年版。

言乎?"① 这就触及一个本质的问题：君主集权体制的非道德性。一个有家天下、私天下之心的皇帝，也是一位疑心重重的人，生怕朝不保夕，其必然是疑天下，以为同姓子孙可靠，结果出现西周的管蔡之乱、西汉的七国之乱、西晋的八王之乱，以为同姓不可靠，历史上出现了秦二世大肆诛杀宗室，以为大臣不可靠，历史上屡屡发生皇帝诛杀功臣其中尤以朱元璋为烈，以为只有身边的宦官可靠，结果汉、唐、明都有宦官专权甚至操纵皇帝的废立。仇视大多数人的利益是君主专制的必然结果，解决这一问题的出路就是确立新的价值观，即"生民之生死高于一姓之兴亡"，君权可继、可禅、可革。以维护民众利益为最高原则，就必须抛弃私天下、家天下，实现公天下。

倡导民族大义，夷夏之辨，也是贯穿王夫之全部思想的核心内容，这与清入主中原给汉人带来的深重灾难有很大关系。他借东晋时桓温北伐、南宋时岳飞北伐来表达"不以一时之君臣，废古今夷夏之通义"的观点。针对桓温有篡夺东晋帝位的说法，他认为："即令桓温功成而篡，犹贤于戴异类以为中国主"②，就是说桓温即便篡夺帝位也比异族入主中原要强。对于岳飞来说，真能灭了金国转过头灭了宋朝，难道不比宋徽宗、宋钦宗被金人掳掠的靖康之耻，南宋几十万军民蹈海自尽要强吗？王夫之的民族大义对晚清时期的青年人绝对有冲击力，所以梁启超说："读了先辈的书，蓦地把二百年麻木过去的民族意识觉醒转来。"当然，王夫之不是狭隘的民族主义者，政权的合法性在于华夏主体民族当政，华夏文化为主流文化，在于能否"保其类""卫其群"，还在于能否做到"公天下"。以帝王家天下的一姓兴亡来评论一个朝代的兴亡，这种陈旧的儒家道统论被王夫之所抛弃。

---

① 《读通鉴论》卷19，《船山全书》第10册，岳麓书社2011年版，第725页。
② 《读通鉴论》卷13，《船山全书》第10册，岳麓书社2011年版，第486页。

王夫之从他能接触到的历史事实，提出权力监督的方案，即君权、相权、谏议权相互监督。他说："宰相之用舍听之天子，谏官之予夺听之宰相，天子之得失则举而听之谏官，环相为治。"① 这种思想来源于唐代设置门下省有权对皇帝的诏令、敕令予以封驳，到了宋代开始实施台谏合一，其职责主要纠察百官，明代则设立六科给事中这一品级很低的职位，履行监督六部的职责，而对君权的监督长期缺位。他从"无为而治"的思想资源中，提出"置天子于有无之外"的虚君思想，这一思想对近代学者产生了较大影响。② 王夫之说："古之天子，未尝任独断也，虚静以慎守前王之法，虽聪明神武，若无有焉，此之谓无为而治。……诚无为矣，则有天子而若无，有天子而若无，则无天子而若有。"③ 这种源于道家的虚君思想对近代改良主义的君主立宪提供了本土思想依据。

（三）发展的人性论

任何一种有价值的学术思想都建立在对人性的各自认识基础之上。在王夫之之前，不管是倡导人性恶、人性善，还是人性善恶混同、不善不恶等，基本都假定人性具有先天性、不变性。以继承孟子思想为己任的宋明道学，更是强调人性先天的至善性，后天要做的只不过是把这种至善之性展现出来。王夫之尽管也认可人性善，但是他更主张从人类历史发展过程中，从具体的人伦（社会）关系中，从天理和人欲的互为体用中，从个体的成长过程中分析考察人性，这是他的独树一帜之处。

与王夫之的进步史观相关联，他认为人性、人的道德水平是不断发展、进步的。尽管程朱理学与陆王心学在一些问题上有重大分歧，

---

① 《宋论》卷4，《船山全书》第11册，岳麓书社2011年版，第122页。
② 见许苏民《王夫之评传》下册，南京大学出版社2011年版，第411页。
③ 《读通鉴论》卷13，《船山全书》第10册，岳麓书社2011年版，第474页。

第二十九章 明末清初的思想遗产

但在道德退化、人心不古、三代盛世的观点上却是完全一致的。王夫之认为古人的生活并不美妙，比如尧舜之前"人之异于禽兽者无几"，尧舜和三代也充斥各种罪恶，并不是天理流行。人们通过历代的不断教化，其性情才更有仁义、更符合人道。由此，他得出"治唐、虞、三代之民难，而治后世之民易"① 的结论。王夫之通过对中国历史的分析，得出民众的道德水准还与当时的社会环境、治理情况密切相关的看法。他说："战国之末，诸侯狂逞，辩士邪诬，民不知有天性之安，而趋于浇，非民之固然也。秦政不知而疾之如寇，乃益以增民之离叛。五胡之后，元、高、宇文驵狯相踵，以导民以浇，非民之固然也。"② 从某一具体的历史环境、社会现实出发，观察人们的表现和道德水准，而不是抽象地议论；从历史变迁中观察人性的变化，而不是抱持先验的、不变的人性观。这应是王夫之从读史中悟出的最有价值的方法论。

王守仁认为"心外无理"，比如人的孝悌之理心中本有，并不依现实中是否有父子、兄弟关系。而王夫之的观点恰恰相反，人伦之理来自人伦关系，人道寓于现实的社会关系之中。他说："人伦之事，以人相与为伦而道立焉。"③ "人之为伦，固有父子，而非缘人心之孝慈乃始有父有子。"④ 王夫之是想说明，人性体现在社会关系之中，不能离开社会去谈人的孝慈、人伦之道。⑤

在人性的具体内容上，朱熹将天地之性、天理规定为人性，王夫之认为天理和人欲都是人性的组成部分，理欲合性、理欲互为体用。

---

① 《读通鉴论》卷20，《船山全书》第10册，岳麓书社2011年版，第763页。
② 《读通鉴论》卷20，《船山全书》第10册，岳麓书社2011年版，第764页。
③ 《读四书大全》卷3，《船山全书》第6册，岳麓书社2011年版，第572页。
④ 《读四书大全》卷6，《船山全书》第6册，岳麓书社2011年版，第832页。
⑤ 有了这样的思想基础，中国人就很容易理解马克思所说的，"人的本质不是单个人所固有的抽象物，在其现实性上，它是一切社会关系的总和。"（《马克思恩格斯选集》第一卷，人民出版社2012年版，第139页。）

他说:"故仁义礼智之理,下愚所不能灭,而声色臭味之欲,上智所不能废,俱可谓之为性。"① 对于一个人来说,理与欲都是不可或缺的,没有物质生活欲望的满足就没有生命展开,没有义理的规制人就堕落为禽兽,理与欲是互为体用、不可分离,遂构成完整的人性。一般的观点是认为程朱理学倡导天理、人欲之辨最力,但王夫之认为,离开人欲谈天理,追根溯源还是佛家、道家思想与儒家思想合流的结果。

孟子讲"万物皆备于我",成为后儒讲人的先天之性俱足的依据。程颐、朱熹都认为人先天就具有完备而不变的天地之性(天理);得王守仁衣钵的王畿、王艮倡导"现成良知";中国化的禅宗认为每个人都有"现成佛性"。王夫之从个体成长过程中看到人性并不是一成不变的,提出"性日生日成"的观点。人生之初,只是具备了后天发展出仁义礼智的禀赋,但不能说已经有了完整意义的人性,人现实意义上的善恶都是在后天成长中"习得"的。他说:"生以后,人既有权也,能自取而自用也。自取自用,则因乎习之所贯,为其情所歆,于是而纯疵莫择矣。……取之多、用之宏而壮;取之纯、用之粹而善;取之驳、用之杂而恶。"② 人的权衡、斟酌、取舍的能力,决定了为善或为恶。人性并不是一个固定的、不变的常量,而是随着时势的变动,随着个体意识的变化而不断变动。人性可变、可革——这是王夫之留下的一条重要信念。他说:"性命之不穷也而靡常,故性屡移而异。抑惟理之本正也而无固有之疵,故善来复而无难。未成可成,已成可革。"③ 人性的可变性不仅表现在由恶为善,也表现在由善为恶,这在现实生活中屡见不鲜。在不同的环境、不同的社会制度下,人可以展现出截然不同的精神气质。合适的制度再加

---

① 《张子正蒙注》卷3,《船山全书》第12册,岳麓书社2011年版,第128页。
② 《尚书引义》卷3,《船山全书》第2册,岳麓书社2011年版,第300页。
③ 《尚书引义》卷3,《船山全书》第2册,岳麓书社2011年版,第301页。

上严密的监督，官员整体变得廉洁；而不好的制度加上缺位的监督，则会让最优秀的人成为贪官。观察现实中人的表现，要比抽象地讨论人性更有意义。王夫之思想的启蒙意义和王守仁心学对晚明的思想解放意义，是从两个不同的角度展开的。王畿和泰州学派从人有"现成良知"出发，将理欲情都视为良知，有将个人一切主观意愿都视为良知的倾向，以此来冲决名教网罗。王夫之也认为理欲都是人性，但坚持人性是发展的观点，在理和欲的辩证发展过程中，人性最终得以完成。以现代人的观点看，王夫之的看法更值得认可。

二 顾炎武

顾炎武（1613—1682），昆山县（今江苏昆山）人，清军南下后曾组织义军抵抗。他初名顾绛，因敬慕南宋抗元英雄文天祥的学生王炎午而改名炎武。顾炎武出身世家，年少时富庶无忧，很早就加入复社，过着赋诗饮酒、香草美人的生活，而明清之际的剧变毁灭了这一切。在不断兴起的文字狱压迫下，晚明读书人那种上议执政、下讥卿士，放言无忌、竞为高论的自由风气在有清一代荡然无存。顾炎武的嗣母王氏在清军攻陷昆山后绝食而亡，临终前对嗣子说："我虽妇人，身受国恩，与国俱亡，义也。汝无为异国臣子，无负世世国恩，无忘先祖遗训，则吾可以瞑于地下。"[①] 从此，顾炎武终身采取与清廷不合作态度，可以说，他全部学术思想的立足点就建立在对明朝覆灭原因的孜孜探究上。他痛感读书人没有真本事，终日沉湎于道德内省的成圣而"置四海之穷困不言"，只专注于"德性之知"而拒斥

---

① 《先妣王硕人行状》，《顾亭林诗文集》，中华书局1959年版，第165页。

"见闻之知"，因此，需要有一种新的学风、学术。顾炎武在开创这一新学风、新学术方面发挥了关键作用。

与王夫之死后二百余年默默无闻不同，顾炎武有众多弟子，无论是生前，还是死后，他一直得到学者的推崇，其著作《日知录》《天下郡国利病书》成为有清一代的经典之作。在治学方法上，他在《抄书自序》中说："先祖曰：著书不如抄书，凡今人之学，必不如古人也，今人所见之书之博，必不及古人也。"其《日知录》即是抄书的结果。但顾炎武在抄的过程中，赋予新的意义。这是他的成功之处。顾炎武既是清代经学的始祖，也是晚清经世致用思想的启蒙者，开创了客观、务实风气。梁启超在谈到清代经学时说："所以论清学开山之祖，舍亭林（顾炎武）没有第二人。"① 对于顾炎武学术的思想启蒙和思想解放意义，梁启超更是给予高度评价。他说："所谓理学家者，盖俨然成一最尊贵之学阀而奴视群学。自炎武此说出（指'经学即理学'），而此学阀之神圣，忽为革命家所粉碎，此实四五百年来思想界之一大解放也。"② 在不同的历史阶段，顾炎武的影响力有不同的侧重。如果说清朝中期之前只是把顾炎武视作"开国儒宗"和清代汉学之祖，其影响主要限于学术领域，到了晚清则在推动社会变革方面产生了持续影响，比如早期改良派冯桂芬、郭嵩焘等，变法派梁启超、严复等，以及投身辛亥革命的章太炎、熊十力等都从不同角度受到了影响。从顾炎武思想中提炼出的"天下兴亡、匹夫有责"，更是在变法维新、推翻君主建立共和以及中华民族独立、解放乃至改革开放事业中发挥着永恒的激励作用，成为中国人精神世界不可或缺的组成部分。

关于顾炎武的学术渊源，与他同时代及以后的学者大多认为是出

---

① 梁启超：《中国近三百年学术史》，上海古籍出版社2013年版，第57页。
② 梁启超：《清代学术概论》，上海古籍出版社1998年版，第10页。

自朱熹理学。① 当代也有学者不同意这一看法，认为是"对程朱陆王的双向扬弃和在更高基础上向先秦儒学的复归"②。综观顾炎武的著作和行为，在宋明道学两大流派中，尊崇朱熹而非议陆九渊、王守仁，却是不争的事实。他认为王守仁及王门后学"以明心见性之空言，代修己治人之实学"，是出现"神州荡覆，宗社丘墟"，导致明朝灭亡的祸根。③ 从顾炎武近乎偏激的论断中，可以看出他的治学倾向是：崇实不崇虚、向外不向内，摆脱主观的冥想趋向客观的求实。与王守仁相比，朱熹倡导客观中寻求事物之理，其治学风格更实。这就带来一个问题，学宗朱熹的顾炎武又怎么能别开生面地提出带有近代色彩的思想？由此可看到，宋明道学并不是僵死的教条，而是具有蓬勃生机的鲜活的思想，其内部存在对立的两个方面，有着向不同方向不断演化的可能性。西周末年史伯的"和实生物、同则不继"，不仅可用于描述宇宙万物，同样也可以用于描述宋明道学。顾炎武正是运用其中相互矛盾的思想资源，淡化理学的道德色彩，清除佛、老思想的影响，矫正道学的流弊，回归"六经"，回归"三代"，从而开出有启蒙意义的思想。认识到这一点，就理解了中国道统传承的连续性和生命力。

（一）顾炎武的自然人性论

道和器之论贯穿于中国道统始终，其实质是如何理解一般和具体、抽象规律和具体事物的关系。朱熹把道和器的关系转化为理和气的关系，他说："天地之间，有气有理。理也者，形而上之道也，生物之本也；气也者，形而下之器也，生物之具也。"（朱熹《答黄道

---

① 如江藩在《国朝汉学师承记》卷8写道："亭林乃文清之裔，辨陆王之非，以朱子为宗"；章学诚在《文史通义·朱陆》中更是将顾炎武视为朱熹五传弟子。
② 许苏民：《顾炎武评传》，南京大学出版社2011年版，第756页。
③ 顾炎武著，陈垣校注：《日知录校注》，安徽大学出版社2007年版，第384页。

夫》）朱熹同程颐一样，有理、气二元论倾向，其思想体系自身存在着矛盾。比如，有学者认为朱熹主张有一个先于气的理，犹如佛家之涅槃佛性。① 这一看法不是没有道理，朱熹确实说过："是有理后生是气。""未有天地之先，毕竟是先有此理。""万一山河大地都陷了，毕竟理却只在这里。"（《朱子语类》卷1）朱熹高举道德理想主义旗帜，试图通过确立绝对的、先验的"天理"，用来克治"人欲"，以造就出理想的圣人人格。也有人反对这种观点，认为朱熹坚持具体的一元论。② 朱熹曾说："天下未有无理之气，亦未有无气之理。""理非别为一物，即存乎是气之中；无是气则是理亦无挂搭处。"（《朱子语类》卷1）理、气相互依存，并不是谁决定谁。

上述两种对朱熹理、气思想的认识，孰是孰非难以定论。但是，由此所导致的思想结果有很大不同。按照前一种理解，因理流行而形成的人的天地之性（天理），是人之所以为人的内在的天性，因气禀而产生的人的气质之性（人欲），是人受到习染而形成的外在的人欲。"存天理、灭人欲"是重新恢复人类天性的必然选择。按照后一种理解，因理流行而形成的天地之性（天理）与气禀而形成的气质之性（人欲），都可以视作自然人性的组成部分，而"甘其食、美其服""求名利之心"等"私欲"自然是人性的一部分。顾炎武正是沿着后一条路线发展自己的思想体系。在道和器的关系上，顾炎武强调"非器则道无所寓"③，不认为有一个孤悬于外的先验的道，反对道可以先于器而存在，应该从具体事物中认识道。理、气关系也作如此理

---

① 对于朱熹的理，钱穆反问："这不是涅槃佛性是什么呢？"还说："朱子的宇宙论，像是理气二元。"参见钱穆《中国思想史》，九州出版社2012年版，第205、206页。
② 民国学者陈钟凡："理气孰为先后，无可推究。常言理先气后，此特假设之词耳。就理论之，实同时并著，断难截然分立，强判主从也。"参见陈钟凡《两宋思想述评》，东方出版社1996年版，第202、203页。
③ 顾炎武著，陈垣校注：《日知录校注》卷1，安徽大学出版社2007年版，第42页。

解。在理、气问题上，朱熹偏重于理本论，顾炎武偏重于气本论。他说："理之所至，气亦至焉。"① "盈天地之间者，气也。"② 顾炎武说："降衷于下民，若有恒性，此性善之说所自出也"③，认为上天赋予了人不断向善的天性，同时，"民之所欲、人之有私"也是人之所以为人的依据，需要"养人之欲""给人以求"。

顾炎武的自然人性论呈现新的特点：注重对现实人性的分析而不再沉湎于对先天的抽象的人性的遐想。宋明道学高唱道德理想主义，无视现实中人性的丑陋和堕落，为顾炎武所深恶痛绝。他在《日知录》卷3"夸毗"条中分析春秋战国以来就有的"夸毗之性"，即没有骨气、不敢直言，以柔眉顺眼为能事，犹如孟子所说的妾妇之道。卷12"河渠"条则揭露因制度而造成的贪婪之性，比如黄河年年维修又年年决堤，就是有一个利益群体能从黄河决堤中捞到好处；皇城里，为人办一件事，都要索取报酬，官员受职任事，无一不计较利益得失。顾炎武讽刺说："自府吏胥上而至于公卿大夫，真可谓之同心同德者矣。"《史记·梁孝王世家》引窦太后话："吾闻殷道亲亲，周道尊尊。"顾炎武意识到，正是儒家一直坚持的亲亲、尊尊、爱有差等的尊卑贵贱思想，导致了人的势利之性。在亲亲、尊尊观念下的教育中，每个人从小就被灌输，对亲者、尊者要亲近、重视，对疏者、卑者要疏远、无视。顾炎武引汉代荀悦的话说，"言论者计薄厚而吐辞，选举者度亲疏而举笔，苞苴（贿赂）盈于门庭，聘问交于道路，书记繁于公文，私务众于官事"，认为"世之弊也，古今同之，可为太

---

① 顾炎武著，陈垣校注：《日知录校注》卷6，安徽大学出版社2007年版，第358页。
② 顾炎武著，陈垣校注：《日知录校注》卷1，安徽大学出版社2007年版，第40页。
③ 顾炎武著，陈垣校注：《日知录校注》卷2，安徽大学出版社2007年版，第90页。

息者此也"①。这种只认关系、不讲道义，攀龙附凤谋取富贵，依靠裙带获取利益，以及有明一代士大夫竞相结交宦官、认宦官为干爹等，都是这种势利之性的鲜活体现。顾炎武分析横行中国社会几千年而不衰的"关系学"的由来、表现，的确鞭辟入里。同时，他看到道学家高唱道德理想背后的虚情假意，反衬出人的虚伪之性。这种虚伪之性，与只注重繁文缛节而失却道德伦理的本意，脱离现实而高谈心性有很大关系。顾炎武考察了南北各地的风俗，看到普遍的社会氛围是：拉帮结派、唯利是图，没有天下国家的感情和责任。比如，"江南之士，轻薄奢淫""河北之人，斗很（狠）劫杀"②；"无官不贿遗""无守不盗窃"；"君臣上下怀利以相接，遂成风流"③。读书是为了"千钟粟""黄金屋"，一旦做了官首先想到的是如何满足自己的欲望。宋明道学高唱天理、良知，却造就如此卑劣的人性、风俗，不能不对其德道教化作用产生高度怀疑。顾炎武分析，这种低劣的士风、民风，正是历史上华夏民族屡次被游牧民族征服的原因。他深为赞同苏轼当年上书宋真宗的一段话，"国家之所以存亡者，在道德之深浅，不在乎强与弱，历数之所以长短者，在风俗之厚薄，不在乎富与贫"④。

顾炎武努力从古代传统中寻找解决问题的思路，提出自己的道德伦理学说。在坚持人具有向善天性的基础上，承认人的"私欲"，可以"先私而后公"或者"先公而后私"，最后是"合天下之私以成天

---

① 顾炎武著，陈垣校注：《日知录校注》卷5，安徽大学出版社2007年版，第277页。
② 顾炎武著，陈垣校注：《日知录校注》卷13，安徽大学出版社2007年版，第772页。
③ 顾炎武著，陈垣校注：《日知录校注》卷13，安徽大学出版社2007年版，第733页。
④ 顾炎武著，陈垣校注：《日知录校注》卷13，安徽大学出版社2007年版，第725、726页。

下之公"。天下之公就是由单独的个人之私融合而成!离开民众个人之私,又何来天下国家之公?但是,对于官员和士大夫,顾炎武认为需要有更高的道德标准:以公灭私。他说:"至于当官之训,则曰以公灭私。然而禄足以代其耕,田足以供其祭,使之无将母之嗟、室人之谪,又所以恤其私也。"正因为官员的利益已经有了保障,做到"以公灭私"就是理所当然。他进一步说:"此义不明久矣,世之君子必曰:有公而无私,此后世之美言,非先王之至训也。"① 顾炎武还进一步考证,古代圣王不仅没有什么特权,在位时还要对百姓保持谦卑的态度。他以虞舜"饭糗茹草"、大禹"手足胼胝",与百姓一起劳动为例子,说明"享天下之大福者,必先天下之劳;宅天下之至贵,必执天下之至贱"②。

顾炎武坚守人性向善,又从剖析现实人性入手,提出"先公后私、先私后公、合众私成大公"这一实现道德理想的路径,对近代中国政治制度设计具有启迪作用。严复曾说:"顾处士曰:'民不能无私也,圣人之制治也,在合天下之私以为公。'然则各私中国奈何?曰:设议院于京师,而令天下郡县各公举其守宰。是道也,欲民之忠爱必由此,欲教化之兴必由此,欲地利之尽必由此,欲道路之辟、商务之兴必由此,欲民各束身自好而争濯磨于善必由此。"③ 严复把顾炎武的人性论作为设议会、兴实业、尽地利、振民风的理论基础。顾炎武的另一思想,即始于周公、扩充于孟子的对百姓(民)和官员(士)提出不同道德标准的观念,的的确确体现在三百多年后的中国共产党人的制度设计之中:要求党员干部尤其是高级干部必

---

① 顾炎武著,陈垣校注:《日知录校注》卷3,安徽大学出版社2007年版,第130页。
② 顾炎武著,陈垣校注:《日知录校注》卷7,安徽大学出版社2007年版,第424页。
③ 《严复集》,中华书局1986年版,第31页。

须做到先公后私、大公无私,对普通群众首先关注其切身利益、解决其生产生活中的困难,即先私而后公。中央苏区期间毛泽东就提出"关心群众生活,注意工作方法"的问题,他说:"我郑重地向大会提出,我们应该深刻地注意群众生活的问题,从土地、劳动问题,到柴米油盐问题。妇女群众要学习犁耙,找什么人去教她们呢?小孩子要求读书,小学办起了没有呢?对面的木桥太小会跌倒行人,要不要修理一下呢?"① 如果反过来,要求普通百姓先公后私,大公无私,而官员却养尊处优、以私利为先,那就是最大的冷笑话。按照中国道统设计的政治体制,官员和士君子就应是吃苦受累、只求奉献不求回报的社会精英。

(二) 尊德性与道问学的相统一

《中庸》曰:"故君子尊德性而道问学,致广大而尽精微,极高明而道中庸,温故而知新,敦厚以崇礼。"提出"尊德性"和"道问学"这一对概念。是道问学为主还是尊德性为主,是朱熹和陆九渊争论的焦点之一。朱熹把"道问学"(格物穷理)从依附于"尊德性"(存心养性)中相对独立出来,从专注于内的"德性之知",转而重视"见闻之知",使格物穷理、研究典章制度有了独立的价值。顾炎武正是沿着这一思想路线继续发展下去,提出"博学于文、行己有耻"的治学路线。有研究者认为:"顾炎武借程朱的道问学来大做文章,对陆王心学专用心向内的流弊批判不遗余力,把程朱旨在体认天理的道问学改造成为一种尊重认知的相对独立性的学说,从而开辟了中国哲学知识论的前进方向。"② 这一看法是中肯的,顾炎武实际上形成了将知识从伦理学中独立出来的一种治学思路。顾炎武的

---

① 《毛泽东选集》第1卷,人民出版社1991年版,第138页。
② 许苏民:《顾炎武评传》,南京大学出版社2011年版,第206页。

"博学于文"主要解决宋明道学忽视经典、忽视历史、忽视社会、更忽视自然知识研究的倾向。由于受禅宗的影响，使宋明道学家有禅学的风格，将道德与学问、修行与知识对立起来，甚至认为理性思考有碍道德修行，只注重向内修行，不读书、不研究经典、不关注社会事务。程颢对孟子的"学问之道无他，求其放心而已"加以发挥，说："圣贤千言万语，只是欲人将已放之心，约之使反，复入身来，自能寻向上去，下学而上达也。"① 这种不读书、不研究实际事务的倾向在明代更盛。顾炎武力图矫正这种学风，在《日知录》卷7 "求其放心"条说："孟子言：学问之道无他，求其放心而已矣。然则但求放心，遂可不必学问乎？……孟子之意，盖欲能求放心，然后可以学问。"他对孟子的话做出完全不同的解释。在《日知录》卷7 "博学于文"条中提出，"自身而至于家国天下，制之为度数，发之为音容，莫非文也"，全部的历史文化、天文地理，以及音乐艺术都应作为学习的对象。顾炎武还身体力行，其《天下郡国利病书》几乎囊括了当时各门类的知识，与那些死守"万物皆备于我""求其放心"，整日正襟危坐关注于自身性命的道学家而言，其胸襟和视野不可同日而语。

顾炎武提出行己有耻，则是为士大夫划出了一条道德底线，开辟一条实现道德理想的道路。明朝覆灭过程中，大批士大夫的倒戈，已经表明宋明道学的先验道德理想主义的破产。一些平日里满口仁义道德、忠君爱民的士大夫，其实是一帮无耻之徒，其良知、德性一钱不值。一个人可能是孝子也可能是忠臣，但仅仅是对父母的孝和对一家一姓的忠而已，却没有对天下国家、黎民百姓的情怀和责任，也丧失了对社会公平、正义的追求。当个人、家族利益和民族大义发生冲突时，士大夫们往往会选择前者。这正是宋明道学的道德伦理思想的缺

---

① 《二程集》，中华书局1981年版，第5页。

陷。顾炎武提到晚明时期的官场风气，如士大夫盛行赌博，不以为耻，反以不善赌博为耻；竞相结交歌伎，以教戏唱曲为事，沉湎于醇酒美人；南方士大夫，晚年多好学佛，北方士大夫，晚年多好学仙，实质上都出于一利己之心等①。如此卑劣的官场风气，明朝怎能不亡？他在《日知录》卷13"廉耻"条中说："《五代史·冯道传》论曰：'礼义廉耻，国之四维；四维不张，国乃灭亡。善乎！管生之能言也。礼义，治人之大法；廉耻，立人之大节。盖不廉则无所不取，不耻则无所不为。人而如此，则祸败乱亡亦无所不至。况为大臣，而无所不取，无所不为，则天下其有不乱，国家其有不亡者乎？'然而四者之中，耻为尤要。故夫子之论士，曰行己有耻；《孟子》曰：人不可以无耻，无耻之耻，无耻矣！"顾炎武还特别强调："故士大夫之无耻，是谓国耻！"何为士大夫之耻？他说："耻之于人大矣！不耻恶衣恶食，而耻匹夫匹妇之不被其泽。"②锦衣玉食却碌碌无为，天下百姓没有受其任何恩泽，是士大夫最大的耻辱。

从某种意义上说，顾炎武提出的"博学于文，行己有耻"是对"道问学，尊德性"的诠释。博学于文的意义在于把士大夫从冥想中拉回现实，将知识、学问从道德、伦理的狭小空间中拉出，置于更加宏大的社会、自然背景之中；行己有耻的意义在于敲碎了士大夫自以为站立于道德制高点的迷梦，从古代传统中挖掘出新的价值规范。这里略举一二。顾炎武从讨论魏晋时期的社会状况中，提出了亡国和亡天下的区别。"易姓改号，谓之亡国；仁义充塞，而至于率兽食人，人将相食，谓之亡天下。"③表达了三层含义，一是改朝换代，一家一姓下台，可谓亡国，而华夏道统沦丧，民众遭殃，可谓亡天下；二

---

① 以上引自《日知录校注》卷28"赌博"、卷13"家事"、卷13"士大夫晚年之学"条。顾炎武著，陈垣校注：《日知录校注》，安徽大学出版社2007年版。
② 《顾亭林诗文集》，中华书局1959年版，第155页。
③ 《日知录校注》卷13《正始》，安徽大学出版社2007年版，第722页。

是亡国只涉及"食肉者"的利益,亡天下则涉及全体民众的利益,由此产生"天下兴亡、匹夫有责"的价值取向;三是亡国不等于亡天下,统治者的利益不代表百姓的利益,但亡天下必然会亡国,当整个民族处于沉沦之际,要保证不亡国也难。顾炎武在《日知录》卷13"宋世风俗"条,有很长一段对王安石变法的评价。他认为世人更多关注青苗、保甲诸法对百姓的损害,却不怎么关注搞坏士风对朝廷带来的损害。他引用李侗的话说:"自王安石用事,陷溺人心,至今不知觉,人趋利而不知义,则主势日孤。"顾炎武认为,王安石最大的危害是借变法之名起用了一批奸邪小人、趋媚之徒,他们唯利是图、欺世盗名,搞坏了士大夫的风气,从朝廷以至地方官府皆以利益作为施政的目的。一旦政治与经济利益结合,必然导致腐败。顾炎武以人有向善的天性为出发点,坚持伦理道德的超功利性;义、利之辨的大问题上,坚持以义为先。顾炎武继承周、孔的观点:士君子必须率先垂范。孔子曾对季康子说:"苟子之不欲,虽赏之不窃。"朱熹注释说:"言之不贪欲,则虽赏民使之为盗,民亦知耻而不窃。"(朱熹《四书章句集注·颜渊第十二》)顾炎武继承孟子关于"民之为道,有恒产者有恒心,无恒产者无恒心"的富民思想,认为让民众富裕是产生道德行为的前提。他说:"欲使民兴孝、兴弟,莫急于生财。以好仁之君,用不畜聚敛之臣,则财足而化行。"①"今将静百姓之心,而改其行,必在制民之产,使之甘其食,美其服,而后教化可行,风俗可善乎!"② 通观顾炎武的义、利观,有以下四点值得注意:第一,以义为先,要有超越世俗功利的价值追求。正如孟子说:"行一不义、杀一不辜而得天下,有不为也。"(《孟子·公孙丑上》)第

---

① 顾炎武著,陈垣校注:《日知录校注》卷6,安徽大学出版社2007年版,第360页。
② 顾炎武著,陈垣校注:《日知录校注》卷12,安徽大学出版社2007年版,第695页。

二,士大夫要率先担负起道德使命,而不是倒过来,要求百姓先义后利。孟子说:"无恒产而有恒心者,惟士为能,若民,则无恒产,因无恒心。"(《孟子·梁惠王上》)士的价值在于超越功利,在于率先垂范。第三,当士大夫做到率先垂范,百姓自然会效仿,才能化风成俗。义、利之辨首先是针对皇帝、朝廷以及各级官府,而不是百姓。孔子说:"己不正焉能正人?"要求别人做到的,自己首先要做到。第四,在关注百姓的物质生活、切身利益的前提下,再推行教化,才能提高社会的整体道德水平。孟子的仁政自"经界"开始,从百姓的吃穿日用开始。中国道统的政治伦理,并不泛泛地反对利,而是反对朝廷和各级政府的施政以利为先,尤其是用政府利益来压制民众利益,这点往往为后人所忽视。中国道统始终强调:统治阶层必须有更高的道德标准。比较近代西方以边沁、穆勒为代表的自由主义思想,其政治伦理的核心是:当每个人都关注自身的利益,就会促进公共利益。但是,他们回避了另一个问题:在平等、自由地追求利益的时候,统治者和精英阶层无疑具有更大的优势。谁都明白一个道理:自由竞争一块面包的时候,有权有钱的人肯定会优先得到。正如疫病流行的时候,权贵们会优先得到照顾。这种自由竞争的公正性很难有保障。

(三)"修己治人"和"内圣外王"

《大学》在宋明道学中有特别重要的地位。朱熹将《大学》的核心思想阐释为"三纲领、八条目"(三纲领:明德、新民、至善;八条目:格物、致知、诚意、正心、修身、齐家、治国、平天下),使之成为宋明道学实现"修己治人""内圣外王"的基本途径。但是,道学家们认为修己是本,治人是末;内圣是本,外王是末。因此,普遍存在着一个倾向:重视道德修养,忽视知识技能;重视向内修行,忽视向外探求。程颐就说:"学也者,使人求于内也。不求于内而求于外，非圣人之学也。"① 这一倾向到了王守仁心学，更是走到一个极端。这就使得修己与治人、内圣与外王之间存在着断层。这一断层体现在："修己不足以治人""内圣不足以外王"，即有自身修养与善于管理他人、有高尚品德与善于治国理政之间，存在着断层。其结果，只能造就一批空喊天理心性，既没有文，也不能武，更不能救世济民的道学家。

顾炎武反思明朝覆灭中读书人的表现，深切感受到"士无实学"的痛楚，平时高谈阔论、满腹经纶，危难关头却张口结舌、毫无本事。顾炎武明显表现出抑王尊朱的倾向。他把明亡归罪于王守仁心学之弊，认为不研究外在的客观事物，而专从主观方面致良知，导致不读书、只热衷于清谈的风气②。对朱熹则给予赞扬，他借用明末清初学者孙承泽的话说："朱子一生效法孔子，进学必在致知，涵养必在主敬，德性在是，问学在是。"③ 朱熹给《大学》增补了"格物""致知"一章，将"格物"解释为穷尽事物之理，将"致知"解释为获取知识。尽管朱熹的本意还在于格伦理之物、致道德之知，以认识天理（纲常）为最终目的，但是他格物穷理、格尽天下之物的观点还是鼓励学者广泛涉猎各方面的知识。顾炎武正是沿着这一路子发展下去，倡导经世致用、明体适用，把朱熹伦理学意义上的"格物、致知"转换为知识论意义上的"穷理、求知"，将伦理之"理"向自然之"理"扩充，打通修己与治人、内圣与外王之间的断层。顾炎武恢复了修己为了治人、内圣为了外王的治学目标，反对士人"置四海穷困"于不顾，只关心修己、成圣的倾向。他将虽能独善其身、洁身自好但不能救世为民，看作士人的最大耻辱。确立以"用"为

---

① 《二程遗书》，上海古籍出版社2000年版，第377页。
② 见《日知录校注》卷18"朱子晚年定论"条。
③ 顾炎武著，陈垣校注：《日知录校注》卷18，安徽大学出版社2007年版，第1029页。

导向,以解决问题为导向的治学目标,反对"道本艺末""重道轻艺"的倾向。这一倾向在不同历史时期有不同的表现,比如,在宋明道学家眼里,格物致知、正心诚意的性命之学才是圣人之学,包括经学、史学在内的都是末学;晚清的道学家,则将来自西方的船坚炮利、科学技术视为"奇技淫巧",是不能登堂入室的末学。因此,顾炎武那种经世致用思想,一切以是否有利于救世,是否有利于天下国家为标准来看待学问的态度,其积极的思想解放意义确实不可低估。尤其在依然将朱熹理学奉为官学的清代,从古代文献中,从朱熹学术思想中做出适应社会发展大势的新的诠释,以此来佐证自己的观点,有耳目为之一新的感觉。

顾炎武从修己治人和内圣外王中引申出的问题,依然是今天绕不开的课题。

第一,人生的目标到底是修己、成圣,还是治人、外王;或曰人到底是有道德、有尊严、有快乐地生活,还是以天下为己任,济世为民,做出一番事业。也可以通俗化地理解为:是过好自己的小日子,还是积极为社会做贡献。毫无疑问,宋明道学,无论是程朱理学还是陆王心学,都倾向以第一种人生目标为主,而顾炎武认为应该以后者为人生根本目标。孟子曾说:"古之人,得志,泽加于民;不得志,修身见于世。穷则独善其身,达则兼济天下。"(《孟子·尽心上》)这恐怕是把两种人生目标统一起来,实现修己与治人、成圣与外王相统一的最好方案,因此成为历代有抱负的士大夫的处世哲学。但很多时候,这两种目标是相互冲突的。顾炎武在明朝覆灭中看到太多的士大夫以"穷""达"为借口,装聋作哑、明哲保身,甚至与清政府勾结。顾炎武对此并不满意,"达则兼济天下"没错,但"穷则独善其身"却有问题,士人不能以个人的穷与达作为是否坚守社会责任的依据。他说:"张子有云,民吾同胞。今日之民,吾与达而在上位者之所共也。救民以事,此达而在上位者之责也。救民以言,此亦穷而在下位者之责也。"① 顾炎武倡导"以天下为己任",读书人在任何时候,哪怕穷困潦倒也不应忘却家国情怀!这种精神与陆游的"位卑未敢忘忧国"相通,也与"天下兴亡、匹夫有责"的思想一致,成为近代以来中国有志青年的精神图腾。《渔夫》中有一段屈原与渔夫的对话,针对屈原"举世皆浊我独清,众人皆醉我独醒"的叹息,渔夫唱道:"沧浪之水清兮,可以濯吾缨;沧浪之水浊兮,可以濯吾足。"不管是水清、水浊,都有用处,又何必执着?顾炎武极为鄙视这种"和其光、同其尘,此所谓似是而非"的乡愿哲学。他要倡导的是一种"有志于天下"的豪杰精神。何谓豪杰精神?孟子曾说:"若夫豪杰之士,虽无文王犹兴。"(《孟子·尽心上》)实际上是一种不为世俗所羁绊,敢为天下先,为国为民建功立业的精神。与王夫之说的"有豪杰而不圣贤者,未有圣贤而不豪杰者"相通。② 在社会大动荡、大变革、大革命时期,这种豪杰精神无疑是激励民族精神的主流,但在和平日久、生活富庶的当今时代,容易使不问家国天下、只追求内心宁静、"人畜无害"小确幸的人生态度成为主流。只追求修己、只追求成圣的人生目标,恰恰是精致利己主义的根源。这恐怕是宋明道学家们所不曾想到的,当年他们反佛的主要理由之一就是佛教的自私、利己。一个只追求修己、成己的人生岂不是自私自利的人生?

第二,修己何以治人,内圣何以外王?与此相关的问题是,读书人是以道德修养为目标,还是以获取知识学问为目标,或者是品学兼优、德才兼备为目标。在朱熹看来,格物致知、正心诚意的内圣之学,与实现平治天下国家的外王之功是完全一致的。但是,顾炎武却看到"士无实学"这一残酷的现实,因此传统的以道德修养为目标

---

① 顾炎武著,陈垣校注:《日知录校注》卷19,安徽大学出版社2007年版,第1047页。

② 王夫之:《思问录·俟解·黄书·噩梦》,中华书局2009年版,第81页。

的治学路径必须抛弃。长期浸润于理学思想的腐儒，必然将经略边疆视为多事，土地赋税视为聚敛，留心政事民情视为俗吏，仅满足于为生民立极、为天地立心、为开万世太平的高谈阔论之中。顾炎武力图扭转迂阔、空谈的学风，要求读书人"博学于文"，学习各方面的学问知识，要具有经天纬地之才。比较而言，近代西方努力将知识从神学的束缚中摆脱出来，而近代中国则需要将知识从伦理的桎梏中挣脱出来，使知识获得独立的尊严和价值。顾炎武尽管没有清晰地意识到这一问题，却引领了这一历史趋势。不过，在知识尤其是科技知识越来越显现其独立价值和尊严的现代，获取知识与道德修养存在矛盾这一宋明道学的问题，又以另一种方式显现出来。以知识代替德性，以能力代替品行，以学问高低为衡量人品高低的倾向，日益成为现代中国一个突出的问题。是以德帅才还是以才替德，如何来评价德、才，正是传统中国道统的问题在当今的延续。而顾炎武的"博学于文，行己有耻"，《中庸》的"道问学，尊德性"，两者不予偏废，才是正确的选择。

（四）经学和史学思想

梁启超评价清代的学术时说："清儒的学问，若在学术史上还有相当价值，那么，经学就是他们唯一的生命。"① 而赋予这一生命的，当属顾炎武。因为顾炎武既是一个破坏者，更是一个建设者。他专门从传统学术的矛盾处做文章，从中国道统自身中开辟一条新的路子。顾炎武正是对朱熹经学和史学思想的扬弃，推动了清代经学和史学的发展。

朱熹将"四书"置于"五经"之前，而"四书"中尤推崇《大学》，对史学则不屑一顾，其原因就在于他认为经学和史学中缺乏义

---

① 梁启超：《中国近三百年学术史》，上海古籍出版社2013年版，第57页。

理。他在谈到以吕祖谦为代表的江浙史学时说:"史什么学?只是见得浅。"(《朱子语类》卷122)他认为,如果事先不读《大学》等经典,不懂"义理",只是看史,最多看到的是打打杀杀、权谋算计,就把人看坏了。他提出从天理的角度认识历史,评判历史,其组织编纂的《资治通鉴纲目》就是这种天理史观的产物。简而言之,就是首先以纲常伦理为标准取材历史史料,最后用编纂出的历史来显现或证明纲常伦理,实现"遏人欲之横流,存天理于既泯"的目的。朱熹以理统史、以经统史的天理史观,其价值在于,它揭示了任何人类历史的编纂都是在特定价值观支配下的有目的的活动,具有为现实服务的功能;其弊端在于,史料的客观性、真实性受到侵蚀,在遭到肢解和曲解的史实基础上,很难发挥以古论今、以古鉴今的功能。同时,朱熹经本史末、经体史用的倾向,表面上重视儒家经典的地位,实质上也窒息了经学研究。

顾炎武首先提出"经学即理学"的命题,认为经学中自然蕴含义理,而宋明儒所称的理学实质是禅学,从而矫正宋明理学眼界过窄、轻视汉学的流弊,确立了经学研究的价值。接着,他从考据的角度论证"六经皆史",考辨儒家经典的史实真伪,从而确立了经学研究和史学研究的方法论。他说:"孟子曰:'其文则史。'不独《春秋》也,虽《六经》皆然。今人以为圣人作书,必有惊世绝俗之见,此是以私心待圣人。"[①] 他用以史解经、以经证史、经史合一的方法,对《易》《诗》《书》《礼》《春秋》等经典作详细的考证。顾炎武开启的清代经学是对汉代经学的创新和发展,他注重从历史源流对古代经典加以考证,实质是思想史的研究,对于祛除后人加予经典之上的"魅影",准确理解经典,有重大意义。古代文献之所以能成为经典,

---

[①] 顾炎武著,陈垣校注:《日知录校注》卷3,安徽大学出版社2007年版,第156页。

就是不断有人进行诠释,并在不断诠释中完成经典化,如果对经典流变的历史不清楚,那就研究不了经典。顾炎武按照"经学即理学"的观点,在客观研究经典的基础上,提炼蕴含其中的"义理",实现经世致用的目的。但顾炎武从六经中发掘出的"义理",已经同朱熹所讲的"义理"有很大不同。比如,经过严密的考证,他认为严格意义上的《易》只有《周易》,至于传说中的《连山》《归藏》并不是真的《易》;孔子学《易》并不是为了占筮;王弼注《易》虽有玄虚的问题,但以义理来解《易》,却是开辟了《易》学研究的新路。① "经今古文之争"从西汉开始一直延续到近代,集中体现在《尚书》的真伪。顾炎武为此作了详细的考据,认为从汉代开始,就有人出于某种政治目的伪造《尚书》(《日知录校注》卷2 "古文尚书"条)。他的这些研究,为近代以来廓清《尚书》成文的历史,以及由此对华夏思想的发轫和演变史的理解,发挥了奠基性的作用。

在史学研究中,顾炎武坚持据实考据,力图恢复历史原貌。比如,顾炎武史实考证中发现借"夷狄"军队争夺天下,实现一己之私的恰恰是从周武王开始。他说:"盖自古用蛮夷攻中国者,始自周武王牧野之师,有庸、蜀、羌、髳、微、卢、彭、濮。"② 此恶劣先例一开,后世踵相效法,致使华夏夷狄之祸不断。顾炎武认为,后世赞扬周平王东迁实现周室中兴,实质是勾结犬戎杀害父亲、兄弟,致使宗庙社稷、典章文物荡然无存,这种引狼入室、丢弃故地、残杀骨肉的行为,怎么能称得上"继文武之绪"?③ 他考证后认为,陈寿作

---

① 以上引自《日知录校注》卷1 "三易" "孔子论易" "卦爻外无别象"条。
② 顾炎武著,陈垣校注:《日知录校注》卷29,安徽大学出版社2007年版,第1683页。
③ 顾炎武著,陈垣校注:《日知录校注》卷2,安徽大学出版社2007年版,第101页。

《三国志》时，为了迎合司马氏集团，故意把刘备的国号由"汉"改为"蜀"，称刘备为先主、刘禅为后主，以说明"晋承魏统"的合法性。[①] 顾炎武的史学考据工作，对史学研究意义在于，历史研究一要建立在严格考证（或实证）基础之上，即事实判断；二要体现人类活动的意义，即价值判断。可惜的是，由顾炎武倡导的考据学，在清朝文字狱和文化高压下，最终遁入故纸堆中，就只言片语地开展琐碎的考据，失去鲜活的学术生命和价值。直到清末的龚自珍、魏源等才接续上经世致用之学。

三 黄宗羲

黄宗羲（1610—1695年），浙江绍兴府余姚县人，其父黄尊素为"东林七君子"之一，因弹劾魏忠贤而被削职归籍，不久下狱受酷刑而死。黄宗羲从学于晚明大儒刘宗周（1578—1645年），其学术渊源来自王守仁心学，但又独树一帜，属于王学修正派。刘宗周对于心学经历了开始怀疑，继而笃信，最后矫正的过程，并以"慎独"作为治学宗旨，其实"慎独"只是"致良知"的另一种说法而已。时人评价刘宗周"才不足而道学有余"，确是一语中的。比如，他参与崇祯朝的政务，面对内忧外患，当崇祯想重用汤若望制造火器对付清兵，他极力反对，认为用兵之道在"汤武之仁义"而不在于器；崇祯急得求治的良策，他说先从治心开始，从格正君心开始；崇祯需要有才干的能人，他认为道德操守在首要；崇祯要励精图治，他认为太急于功利，无法实现唐虞之治。崇祯十六年（1643），刘宗周六十五

[①] 顾炎武著，陈垣校注：《日知录校注》卷24，安徽大学出版社2007年版，第1341页。

岁时再次被崇祯革职。但是在清兵南下于弘光元年（1645）攻陷杭州后，刘宗周效法伯夷叔齐饿死首阳山的故事，绝食二十日而亡，完成了最后的成圣之路。当大批江南士大夫纷纷降清的情况下，刘宗周以死成就自己的人格，殊为可敬。这算是"无事袖手谈心性，临危一死报君王"的传统士大夫中的上品了。黄宗羲面对国变，则选择聚兵反抗，他变卖家产组织"世忠营"。经过十年斗争无望，最终选择著书讲学、拒不仕清的人生之路，著就《明儒学案》《明夷待访录》等。

明末清初三大思想家，王夫之以"横渠正学"自居，学宗张载，顾炎武排斥陆王而学宗朱熹，黄宗羲则是学宗王守仁，他们都从传统文化资源中开辟出一番新天地，最后又殊途同归，在一些重大问题上达成一致。比如，赞成气本论，将气质之性视作人性，反对理欲之辨，也反对君主专制，反对空疏的学风，主张经世致用等。但是，又各有特色。王夫之以超越历史的眼光，提出华夏历史是不断发展的过程，人性是动态地发展的；顾炎武学宗朱熹，却完成了对理学的解构和新的学术形态的重建，他的一些观点激励着不同时代的仁人志士；黄宗羲则从践行良知出发，凭借内心良知赋予的勇气冲决封建纲常伦理，建立起近代色彩的政治伦理。黄宗羲从刘宗周强调"工夫"入手、不去悬想"本体"开始，提出"心无本体，工夫所致，即其本体"的思想，接着又把致良知的"致"诠释为"行"。他说："先生致之于事物，致字即是行字，以救空空穷理，只在'知'上讨个分晓之非。"（《明儒学案》卷10《姚江学案》）他的这一诠释，否认了静坐参悟一类工夫，引向从读书中、从实践中完成良知的呈现。黄宗羲的贡献，一是史学尤其是学术史的研究，二是政治学等的研究。史学方面，体现在所著的《明儒学案》，由他发起最后由其子及其后学全望山完成的《宋元学案》。这两部学术史著作，不仅保存了各家各派的思想，更有价值的在于贯穿其中的方法和精神。不以个人爱憎为取舍，忠实梳理各家真相，不定一尊、不轻易作主观判断，注意介绍思想渊源，叙述个人所处的时代和一生的经历等。① 在黄宗羲嘱托下，其弟子万斯同（1638—1702年）以布衣身份参与明史稿的撰写，是实际主持者和统稿人，前后二十三年，写成明史稿五百卷，可惜其死后，稿子全部落入一个叫王鸿绪的人手上，不仅明史稿成了"王鸿绪著"，而且稿子的内容也改头换面，颠倒是非。历经雍正、乾隆文字狱的地狱之火，《明史》才于乾隆四年（1739）正式刊行，署名却是张廷玉——清朝唯一一位配享太庙的汉臣。除了史学，黄宗羲影响最大的是《明夷待访录》中体现出的政治思想。梁启超说："我自己的政治运动，可以说是受这部书的影响最早而最深。"② 作为那个时代的亲历者、见证者，说出这番话，可见黄宗羲对近代中国影响之大。

（一）中外比较中看黄宗羲政治思想

如何看待《明夷待访录》中的政治思想？首先，它是未经西方近代民主主义思想影响的，完全从中国道统中开辟出的具有近代意义的政治思想，是对古代理想社会的新表述。其次，它开辟了一条不同于西方社会的实现理想社会的路径。为政府合法性、政府与民众地位、法律制度等提供了另一种视角。最后，只有将黄宗羲的政治主张和王夫之、顾炎武综合起来，与西方大致同时代的霍布斯的《利维坦》、洛克的《政府论》、卢梭的《社会契约论》做比较，同时，又不是用西方的政治术语比附黄宗羲的一些主张，才能把握其中的独特

---

① 这里综合了梁启超的评价，见《中国近三百年学术史》，上海古籍出版社2013年版，第52、53、98页。

② 梁启超：《中国近三百年学术史》，上海古籍出版社2013年版，第51页；后来张君劢也说："这书在中国的地位，相当于卢骚的《民约论》或洛克的《政府论》。"《新儒家思想史》，中国人民大学出版社2006年版，第411页。

性。对于理解当今中国最终走向一条有别于西方的治理路径，具有特殊的意义。

托马斯·霍布斯（Thomas Hobbes）于1588年出生于英国威尔特郡，死于1679年，比黄宗羲年长二十二岁，以九十一岁高龄辞世。霍布斯被称为西方近代政治学的开山鼻祖，但他与母校牛津大学的关系并不好，在他死后，母校牛津大学对他的著作发起声讨，将他的著作堆在博得利图书馆的长方形院子里付之一炬。① 联想黄宗羲《明夷待访录》和之后卢梭著作的命运，可知古今中外的反动分子都会以禁止和烧毁别人的书籍为能事。约翰·洛克（John Lock）于1632年出生于英国萨默塞特郡，死于1704年，比黄宗羲年轻二十二岁，七十二岁高寿离世。在他死后的两个多世纪，"一直被视为英国自由主义者引以为傲的美德的化身"，对美国独立战争和美国宪政制度产生重大影响。洛克一生跌宕起伏，出于谨慎的目的，在他生前，始终否认自己是《政府论》的作者，担心引火烧身。临终前一年，他在给人的信中赞扬《政府论·下篇》中对财产的论述，好像他不知道那是谁的大作。② 让·雅克·卢梭（Jean Jacques Rousseau）于1712年出生于日内瓦，死于1778年，比黄宗羲晚出生102年。卢梭的名字与1789年法国大革命紧紧联系在一起，当时的革命领袖都自称是卢梭的信徒，卢梭俨然成为法国大革命的精神导师。卢梭一生颠沛流离，晚年精神失常，法国当局看到他再也不能给任何人找麻烦了，才于1770年默许他在巴黎郊外定居。1778年卢梭与世长辞，从此也永远改变了欧洲人的思想。一位英国作家写道："无法想象，若是没有他的思想，今天的我们会是什么样子。"③ 在"君权神授"理论逐渐被抛弃的近代欧洲，这三位思想家共同思考的一个核心问题就是：别

---

① ［英］阿兰·瑞安：《论政治》下册，林华译，中信出版社2016年版，第17页。
② ［英］阿兰·瑞安：《论政治》下册，林华译，中信出版社2016年版，第69页。
③ ［英］阿兰·瑞安：《论政治》下册，林华译，中信出版社2016年版，第156页。

人凭什么统治我？霍布斯认为，上帝可以统治人，因为他创造了人，不需要人的同意即能使之按照他的意志行动；而尘世间的权威是一定要经过被统治者的同意建立的。"我的同意才是别人统治我的理由"。这条核心思想或者常识性公理为洛克、卢梭所赞同，也成为西方现代政治学中关于统治合法性的基石。我为什么要同意别人统治我？自己照顾自己不更好吗？为解开这个疑问，他们的论证都是从自然状态开始。人们在自然状态下难以为继之后共同订立契约，让渡自己的权利给主权者（统治者）。但是，在具体的某些关键点上，他们又各自不同。霍布斯的自然状态是所有人反对所有人的状态，为了避免这种悲惨的命运，人们只能把除了生命权以外的所有权利移交给主权者。洛克的自然状态则是由自然法统治的状态，每个人都拥有生命、自由和财产等权利，但为了避免出现人人都是执法者、司法者的局面，人们同意把一部分权利移交给有限政府，但依然保留生命、自由、财产权，政府的目的是保护这些权利。卢梭的自然状态却是一幅充满田园风光的油画，人们天性善良、和平相处，直到有一天，有个人在一块土地上打下篱笆并宣称自己拥有所有权为止，这个人既是文明世界的创造者，也是让人类陷入悲惨命运的始作俑者。人类的所有罪恶都是社会腐蚀的结果，卢梭所设想的契约社会（理想社会）是人毫无保留地把自己的全部权利移交给主权者，这个主权者代表着"公意"，所有人都置身于绝对权威的"公意"之下。事实上，这是一种危险的契约游戏，"人一旦接受了这种社会契约，生命即不再属于自己，而是变成了主权者给予的有条件的礼物"①。霍布斯、洛克、卢梭学说的区别来自大家所签订的合同内容有差别。

与此相同的是，从周公、孟子开始，直到黄宗羲，也都在思考同

---

① ［英］阿兰·瑞安：《论政治》下册，林华译，中信出版社2016年版，第192页。

一个问题：别人凭什么统治我？这就是统治的合法性问题。只不过，周公的问题是反过来说的：我周人凭什么拥有天命、治理天下？他的结论是以德配天，要给天下百姓以恩泽才能拥有天命。孟子的观点是：施行"仁政"是取得统治合法性的依据。归结为一句话：统治合法性在于我比任何人都做得出色。那么，黄宗羲是怎么看的？他的思想逻辑起点也是从人类最初的阶段开始。他在《原君》篇中提出："有生之初，人各自私也，人各自利也，天下有公而莫或兴之，有公害而莫或除之。"人类的最初状态就是各私其私、各利其利，自己照顾自己。这种状态没有压迫，也没有剥削，但有一个问题，有利于大家的事情没人干、有害于大家的问题也没人解决。有共同的开端、共同的自然状态、共同的问题，但是中西思想家解决问题的思路完全不同。霍布斯、洛克、卢梭的想法是彼此订立契约，其思想源头都指向希伯来文明中上帝与人订立契约和柏拉图的《理想国》。而黄宗羲说："有人者出，不以一己之利为利，而使天下受其利；不以一己之害为害，而使天下释其害。此其人之勤劳必千万于天下之人。"他的解决办法是，出现这样一个人：以天下之利为利，以天下之害为害，我将无我。这个人不以自己的利益为利益，不以自己的损害为损害，兴天下之大利、除天下之大害，此人的辛劳和付出必然千万倍于常人。黄宗羲的思路完全是中国式的：要有一位以天下为己任、公而忘私的圣人出世，这样的人才能具有管理天下的资格。如果说霍布斯等人是依据基督教和希腊罗马的历史传统和当时的社会现实提出的解决方案，黄宗羲则是依据华夏传统提出的办法。他希望正本溯源，搞清楚"君"的原始含义——吃苦在先、享受在后，而"君"的统治合法性就在其中。"凭什么统治我"的答案是：这个人愿意牺牲自己、成就天下利益。谁能做到这一点，谁就获得统治别人的权力。试想，天下百姓谁不愿意一位事事为他人着想、大公无私的人来管理自己呢？老子说："生而弗有也，为而弗恃也，长而弗宰也，此之谓玄德。"(《道德经》第五十一章)这种体现自然之道的政治伦理是:创造它但不拥有,养育它但不主宰它。这与西方基督教政治伦理属于完全不同的两种路子。无论是"君权神授"还是霍布斯的社会契约思想,都认为只有上帝对人类具有绝对的权威,因为上帝创造了你,所以就有权控制你、统治你。他们为奴隶制辩护的理由是:我没有杀死你,所以你有义务给我当奴隶。但从老子引申出来的政治伦理却是:我给了你一切,但我并不想借机主宰你。这是一种最彻底的全心全意为天下苍生服务的圣人至善品格,与基督教世界念兹在兹的上帝至善品格——创造你也有权毁灭你——是完全不同的路子。中国共产党人在革命建设时期倡导的"吃亏才能当干部",就是这种传统理念下的现代诠释。因此,中国道统所称的统治合法性,既不来自造物主——上帝,也不来自社会契约——等价交换,而是来自统治者无私品格、辛劳付出(圣人品格)和天下百姓对其行为的认可。① 得到百姓的认可,其统治行为的合法性才最后具备。黄宗羲的统治合法性有两点:圣人品格(无私奉献)和百姓认可。两者缺一不可。现实中的统治者应该是"圣人至善品格"在政治活动中的具体化。黄宗羲说:"古者天下之人爱戴其君,比之如父,拟之如天,诚不为过也。"古人把这样的君主比作父、比作天,还有什么过分的?西方政治伦理的同意,与中国道统政治伦理的认可,有相同之处,也有不同之处。本质上讲,任何合法性的政治行为都要获得百姓的拥护,这一点双方没有区别。不同之处在于,"同意"是事前的、一次性的,而"认可"则是事后的、持续性的。它们将产生两种完全不同的政治运作

---

① 许慎《说文解字》曰:"王,天下所归往也。"王者须得到天下认可。董仲舒曰:"古之造文者三画而连其中谓王。三者,天地人也,而参通之者,王也。"王者须具有圣人品质。将两者合一,统治合法性(王者)须有圣人品质并得到天下认可。

模式。① 这两种模式各自都有一个令人困惑的问题，第一种模式的问题是：如果制定契约之初有强人拔出刀剑威逼弱者，怎么会有公正的契约？第二种模式的问题是：上哪里去寻找具有圣人品格的领袖人物获得天下百姓的认可？

黄宗羲秉承中国道统的理想，但并不理想化。他认为：只讲付出而不求回报并不是一般人能做得到的，有违人情。所以他说："夫以千万倍之勤劳而己又不享其利，必非天下之人情所欲居也。"他认为，做天子是件辛苦的事情，古代的许由、务光不愿意接受帝尧、商汤禅让的天下，就是不愿意受这份苦。而尧、舜之所以能禅让天下，就是希望老了以后不再受这份苦。这里，黄宗羲在提出理想的政治伦理的同时，又提出了基于现实的政治伦理——当官是份苦差事。当大家都认为当官是份苦差事，权责对等，甚至付出要远远大于回报，就不会再有人贪恋权力，就连尧舜这样的圣人也不例外。换言之，政治只能让最具有服务意识、奉献意识的人参与。在黄宗羲眼里，为后人称颂的许由等人，只是一个独善其身、不愿意付出的自私自利者而已。当然，黄宗羲并不认为自私自利有什么不妥，因为人都有好逸恶劳之情，他说："岂古之人有所异哉？好逸恶劳，亦犹夫人之情也。"（《明夷待访录·原君》）但是，为君者就必须克服这种自私自利的"人之情"，这是政治伦理的又一条重要原则。从这一逻辑起点出发，黄宗羲展开对现实君主制度的批判。

黄宗羲在《原君》中写道："后之为人君者不然，以为天下利害之权皆出于我，我以天下之利尽归于己，以天下之害尽归于人，亦无不可；使天下之人不敢自私，不敢自利，以我之大私为天下之大公。

---

① 作为现代社会的一个注脚，对比中外政治运作模式，可以发现这样一个现象：西方政治家们只有在选举之前才会深入选民、体察民情，一旦当选就再也没有这种热情；中国领导人当选之后，会更加持续地深入群众，不断听取各地意见，修正自己的施政纲领。这是两种不同的政治运转模式。

始而惭焉，久而安焉，视天下为莫大之产业，传之子孙，受享无穷。"在黄宗羲看来，现实中君主制度的问题有三：一是君主认为自己是一切权力的源头，只有权力没有责任，只有权利没有义务；二是把君主的个人私利包装成天下大公，百姓没有私利也不应该有私利。三是君主将天下看作自己的私有财产，可以由子孙继承。假如没有君主，人类尚能各得其利、各得其私，而现在有了君主，连最初的状态都不如，何必要设立只有负面、没有正面意义的君主呢？黄宗羲得出一个结论："为天下之大害者，君而已矣。"按照黄宗羲的看法，三代以后，天下最大的祸害是君主的家天下，天下最大的斗争是全体百姓与皇帝的斗争。有人认为，黄宗羲并没有彻底否定君主，是期望有明君出世[①]。那么，黄宗羲理想中的"君主"——不以一己之利为利、不以一己之私为私，做到大公无私的"原君"，还是古今中外所定义的"君主"吗？这要比柏拉图《理想国》之中的哲学王，卢梭的"公意"还要纯粹。黄宗羲认为，如果现实中的君主违背了设立君主的初衷，就应该抛弃"君臣之义"，实行孟子所称赞的汤武革命，诛杀独夫民贼。作为一个有近代意识的革命者，从黄宗羲的观点中很自然地引出一个结论：推翻君主制、打倒皇帝是完成政治革命的首要任务。在这个问题上，霍布斯不赞成公民有反抗政府的权利，而洛克和卢梭都在一定程度上认可了人民起来革命的权利。如果说美国独立是对洛克思想的注解，法国大革命是对卢梭思想的注解，辛亥革命则是对黄宗羲思想的注解——打倒皇帝，而且也仅仅打倒了皇帝、推翻了帝制而已。晚清的顽固派叶德辉曾言："若夫黄梨洲《明夷待访录》一书，其《原君篇》隐诋君权太重，实开今日邪说之先声。"（载苏舆《翼教丛编》卷4）从另一个侧面印证黄宗羲对清末变法派、革命派的影响。

---

① 黄宗羲著，李伟译注：《明夷待访录译注》，岳麓书社2008年版，第5页。

（二）民本思想：共有、共治、共享

我们知道，出生于黄宗羲之后的洛克和卢梭在否定君主专制后，基于各自历史传统和特定政治现实，分别设计出不同的政府类型和法律制度。那么，在打倒皇帝之后，黄宗羲设计了未来的政治模式了吗？没有！因为黄宗羲的理想是美好的三代。但又不能说完全没有，黄宗羲是用"托古改制"的方式勾勒他的政治理想。即天下应由天下人共有、共治、共享。

近代以来中国理论家们极为纠结的一个问题是：黄宗羲有民本思想，但不同于卢梭提出人民主权的民主思想，顶多算初步具有民主意识。似乎总有矮人一截、不够先进的感觉，因为民主要比民本更进步、更具有现代性。这是一种基于西方本位而引申出的看法，但事实要远比这种看法更为复杂。源于希腊罗马的民主、共和观念，在洛克、卢梭以来的西方历史中发展出各种不同的民主理论，但它们都建立在同一个基础之上：社会契约和公民同意是统治合法性的来源。他们的逻辑是：你凭什么统治我？只有用经过我同意的规则来惩罚我才是合法的，否则我有权反抗。卢梭要求所有人平等地把自己所有的权利都移交给一个主权者，这个主权者体现了全体人民的公意，它对全体公民拥有绝对的权威。罗马共和国是卢梭心目中人民主权得以体现的典范，因此，人民主权并不意味着如雅典一样，公民直接参与政务，而是采取代议制的方式。关于中国古代民本思想的内涵，本书第一卷已经有过分析，是在否定"神本""君本"基础上形成的国家以民为根本的思想，民在利益上具有自主性、独立性，单个民的私人利益集合起来就是天下最大的利益，所谓"合众私成大公"。黄宗羲传承中国道统并作了进一步发展，其表述的观点是：统治的合法性来自统治者具有圣人品格和百姓的认可。（在特定条件下，其合法性也可以转换为是否维护华夏文化的正统地位）其逻辑是：天下乃天下人之天下，非一人之天下，有德者居之。这种民本思想首先考虑的不是由谁合法地统治我，而是任何人都有权管理天下，民众并不是被动地接受他人管理或施恩的对象。在这样的逻辑下，统治者始终处于惶恐不安之中，天天防贼似地提防任何人，生怕哪一天干不好就会人头落地，被他人给取代。黄宗羲就说："一人之智力不能胜天下欲得之者之众，远者数世，近者及身，其血肉崩溃在其子孙矣。"① 皇帝一个人的智力又怎么能够敌得了天下那么多人，最后的结果不是自己本人，就是自己子孙陷于血光之灾。因此，君主专制不仅是天下的祸端，还给君主自身引来祸端。王夫之也表达过类似的看法，他说："以一人之疑敌天下，而谓智计之可恃可防，其愚不可瘳，其祸不可救矣。"② 要避免这一结局，自然是庄子提出的"藏天下于天下"。黄宗羲在《原法》中写道："三代之法，藏天下于天下者也，山泽之利不必其尽取，刑赏之权不疑其旁落。"在黄宗羲看来，合法之法（三代之法）的原则有三：一是"藏天下于天下者"，天下之物由天下人共有；二是"刑赏之权不疑其旁落"，天下之事由天下人共治；三是"山泽之利不必其尽取"，天下之利由天下人共享。我们无须借助来自西方的"民主"，黄宗羲讲的"民本"除了"以民为天下根本"，还包括"共有""共治""共享"三原则，"民"并不是被动的、等待别人来管理的力量。民本的确是个好东西。

"共有""共治""共享"三原则是"天下为公"理念在社会治理中的具体化，也与君、臣、民三者对等的政治思想有关。黄宗羲在《原臣》中写道："故我之出而仕也，为天下，非为君也；为万民，非为一姓也。""夫治天下犹曳大木然，前者唱邪，后者唱许。君与臣，共曳木之人也。""吾无天下之责，则吾在君为路人。出而仕于

---

① 黄宗羲著，李伟译注：《明夷待访录译注》，岳麓书社2008年版，第7页。
② 《读通鉴论》卷11，《船山全书》第10册，岳麓书社2011年版，第425页。

君也,不以天下为事,则君之仆妾也;以天下为事,则君之师友也。""或曰:臣不与子并称乎?曰:非也。"黄宗羲认为,君与臣只是名称不同,实质是一样的,都是为了天下之责、万民之利;君与臣为了承担天下的责任而走到一起,否则就是路人一般;君、臣之间既是同事关系,也是师友关系。黄宗羲坚决反对以父子关系来类推君臣关系,认为父子是基于血缘,而君臣是基于共同的为天下的志向。黄宗羲的这些观点已经远远超出那个时代的局限。与此对应,顾炎武还就"君"这一称号的来源进行考证,说明古代并不是皇帝的专称,而是人人都可以使用的尊称而已。① 他借解释《尚书》有关记载和"周室班爵禄"的含义,讨论孟子的"暴君放、伐论"等,证明古代君、臣、民在政治上对等,周王连出征、祭祀都"不敢乘车而步出国门",从而论证对暴君夏桀和商纣进行放逐、讨伐的合法性。② 联系顾炎武的议论,黄宗羲所称的民本思想,还包括君、民地位对等,庶民有反抗暴君的权利。

(三) 统治合法性的另一种表述:道统和治统

在中国历史上,道统作为一种价值体系、治国理念,与治统——治理天下国家的权力和方法,始终存在内在的紧张关系。不同历史时期的读书人、对当政者持批评态度的人,往往用传自尧舜的道统为武器,针砭时弊;当政者自身也会以道统为标准衡量施政之得失。孟子的天爵与人爵之分,荀子的"从道不从君",是这种思维的反映。因此道统与治统分立而产生的内在紧张关系,用道统衡量治统的正当性,用道统来制约治统,成为中国传统政治伦理的特色。按照这样的政治伦理,皇帝所认为的是非并不是判断是非的最高标准。即便现实

---

① 见《日知录校注》卷24《君》《人臣称人君》。
② 见《日知录校注》卷1《改命吉》、卷2《王朝步自周》、卷7《周室班爵禄》等。

第二十九章　明末清初的思想遗产

政治按照皇帝的意志做决断，但并不能平息因此而来的争议，官员和士人依然保留着从道统制高点批评皇帝的权力。君主的"治统"之外，存在一个高于"治统"的"道统"，作为判断统治合法性的依据。这在宋、明两朝尤为突出。王夫之就说："天下所极重而不可窃者二：天子之法也，是谓治统；圣人之教也，是谓道统。"①"儒者之统，与帝王之统并行于天下而互为兴替。其合也，天下以道而治，道以天子而明；及其衰，而帝王之统绝，儒者犹保其道以孤行而无所待，以人存道，而道不可亡。"② 王夫之坚持儒者之统（道统）高于帝王之统（治统），提出"道统"通过"治统"得以体现，"治统"可绝但"道统"不亡这一光芒四射的思想。康熙皇帝深谙其中的玄理，他通过文字狱和羞辱等方式打压以"道统"自任的士人，继而宣称："治统在是，道统亦在是。"③ 康熙把道统依附于治统上，表明用先圣之道来治天下，使清朝的统治具有正当合法性。另外，皇帝既代表治统，也掌握道统，可以质疑统治合法性的"道统"丧失了独立性，从而将专制君主体制推向中国历史的极致。一旦道统与君主专制合二为一、同流合污，随着辛亥革命推翻君主专制，传统儒家道统作为现实政治的价值来源，其正当性也将受到质疑。新文化运动发端的逻辑起点就在于此。重建现代性的道统，作为现实政治（治统）的价值来源，就成为现代中国必须完成的任务。

按照儒家正统，尧舜禹三代是道统的源头。黄宗羲以此作为标准，将中国几千年历史分两截，"三代以上有法，三代以下无法"④。他表述了两个核心思想。一是中国历史中，三代以上才有"合法之

---

① 《读通鉴论》卷13，《船山全书》第10册，岳麓书社2011年版，第479页。
② 《读通鉴论》卷15，《船山全书》第10册，岳麓书社2011年版，第568页。
③ 《清圣祖仁皇帝圣训》，近代中国史料丛刊三编第九十四辑第一册，台北：文海出版社2004年版。
④ 黄宗羲著，李伟译注：《明夷待访录译注》，岳麓书社2008年版，第20页。

法"，当以"合法之法"统治天下时才具有正当合法性；三代以下只有"非法之法"，用"非法之法"统治天下则不具正当合法性。二是判断"合法之法"或"非法之法"的根本标准，在于所立之法是为天下百姓的大公还是为家天下的私利。从中可以引申出关于法律正当性的判断标准，黄宗羲强调法律必须为公众利益（天下）服务，这才具有正当性，否则就是非法之法。这一观点，与近代西方社会以立法的程序和主体为判断法律合法性的标准，有明显的不同。顺便说一句，当今中国的法治之路开始把中西这两种不同的思维方式融合在一起。既强调法律须由特定主体按照一定的程序制定，又强调法律的为民性，要合乎百姓心中的正义。

如果说"治统"是以历朝历代的政府治理为载体，那么学校就是"道统"的载体，"清议"是"道统"发挥评议、制约作用的形式。黄宗羲心目中的学校，既是培养人才（养士）的地方，还是产生治国思想、提出治国措施的地方，更是制约皇帝治统的地方。《学校》篇开篇就说，"学校，所以养士也。然古之圣王，其意不仅此也，必使治天下之具皆出于学校，而后设学校之意始备"。"天子之所是未必是，天子之所非未必非，天子遂不敢自为非是，而公其非是于学校。"近代以来，一些立宪派、革命派认为黄宗羲已经有了类似近代议会的设想，则纯属比附。自古以来，学校就有评议时政的作用，从子产不毁乡校的记载就可以略窥一二。黄宗羲认为，三代以后，天下的是非一概出自朝廷，荣辱皆出于天子，学校成为科举的"名利场"，最后连养士的功能都丧失。他希望学校成为"道统"的承载体，发挥指导政治、评议得失的作用。他设计的太学祭酒，俨然是道统的代表和精神领袖，不仅要由当世大儒担任，其地位还与宰相相等，或者超过宰相。在每月初一，"天子临幸太学，宰相、六卿、谏议皆从之。祭酒南面讲学，天子亦就弟子之列。政有缺失，祭酒直言无讳"。连天子都是祭酒的弟子，要听从其教诲。黄宗羲认为东汉太学的清议，北宋太学生在宫门外锤鼓要求启用李纲，最接近三代遗风。顾炎武也持有相同看法，认为"天下风俗最坏之地，清议尚存，犹足以维持一二。至于清议亡，而干戈至焉"。因此设立学校，"存清议于州里"，是"王治之不可阙也"①。所谓"王治"就是具有正当合法性的统治。

（四）权力制衡：君权、相权和谏议封驳权，中央与地方的集权和分权

孟德斯鸠曾把有没有分权作为判断民主或专制的重要指标，黄宗羲则把有没有分权作为判断治理是否具有"善治"的标准。他在《置相》开篇就说："有明之无善治，自高皇帝罢丞相始也"，认为明朝没有"善治"，就从朱元璋不设丞相，将所有权力集中于皇帝一人开始。接着他说："原夫作君之意，所以治天下也。天下不能一人而治，则设官以治之。是官者，分身之君也。"结合黄宗羲在《原臣》中阐述的思想，表达了两个重要观点。一是从权力来源上，君、臣之间是同事、师友的关系，君、臣之间没有权力授受关系，其治权的合法性皆来自百姓的认可。二是从权力性质看，君、臣的职责在于服务天下万民，君臣只有等级区别而无贵贱之分，是运用各自权力以共治天下。在分权和制衡上，王夫之设计了更为具体的方案，"宰相之用舍听之天子，谏官之予夺听之宰相，天子之得失则举而听之谏官，环相为治"②。宰相由天子任免，独立主持政务；宰相任免谏官，而谏官的职责在于纠举天子的过失。形成权力监督的三角关系。王夫之从唐代门下省就有封驳皇帝诏令的史实得到启发，提出将封驳之权授予谏官；从"有天子而若无"等无为而治的传统，提出虚君思想。顾

---

① 顾炎武著，陈垣校注：《日知录校注》卷13，安徽大学出版社2007年版，第732页。

② 《宋论》卷4，《船山全书》第11册，岳麓书社2011年版，第122页。

炎武则考察了历史上大臣封驳君主诏令，不执行天子命令的史实，分析了明代六科给事中对六部甚至皇帝诏令的封驳，以说明分权和制约的意义（《日知录校注》卷9《封驳》条）。

作为分权的另一种表现，则是中央与地方的集权和分权问题。自秦朝废分封而置郡县，之后各种形式的分封与郡县的争论不绝于耳。中央权力过于集中，地方权力过于弱小，自宋以来为历代士人所诟病。顾炎武力主扩大地方政府权力，甚至提出"寓封建于郡县之中"的主张，让郡县长官掌握地方军政民大权。顾炎武虽有中央和地方分权的思想，但他的设想更多着眼于边防，吸取宋、明亡于边疆游牧部落的教训。黄宗羲也有同样的看法，认为唐朝不是亡于方镇节度使权力过大，恰恰在于后期方镇"势弱兵单"。因此，他提出分封与郡县并重的办法，沿着边境地区设立可以自固、自守，权力集中的方镇，内地则采取郡县制。他认为有五个好处。如果说前四个好处是从当时特定的边防需要总结出来，第五个好处则有普遍意义。他说："外有强兵，中朝自然顾忌；山有虎豹，藜藿不采。"强有力的地方权力，使朝廷有所顾忌而不敢滥施权力；山中有老虎豹子，牛羊便不敢啃食藜、藿。权力制衡的本意就在于此。中央权大、地方权小，扩大地方权力甚至允许采取割据的方镇，是王、顾、黄等人鉴于宋、明亡于元、清的历史教训。但中国传统中央和地方分权问题远比表面的复杂，明清高度集权是以地方的各自为政为前提，放权的结果只会加剧地方的分离倾向，无助于民富国强。清末革命党人未有深察，继承王、顾、黄的思想，鼓励各省独立、自治。章太炎说："犹赖有数镇稍自奋起，足以扶危而定倾，不能削弱藩镇，而甘于白种之陵籍。""瓜分而授之外人，孰与瓜分而授之方镇"①。但是，从民国初年的政

---

① 章太炎：《藩镇论》，《章太炎政论选集》，中华书局1977年版。

治实践看，地方势力坐大导致更为严重的社会后果。①

（五）法治与人治：有治法而后有治人

法治与人治是传统中国政治下的一对概念，在洛克、卢梭那里则转化为民主与专制这一对概念。民主必然与法治相连，专制一般与人治相连，在特定情况下，也可能与法治相连。现代人对这个问题有更为透彻的理解。纯粹的法治，一般符合三要素，即统治权具有合法性；所制定的法律具有正当性；整个国家由法律来统治（rule of law 而不是 rule by law）。纯粹的人治也须符合三要素，即统治权不具有合法性；法律只是个人意志的产物；由一个人凭主观意志统治国家。按照这样的标准，一些学者所宣称的法治就是由法律来统治（rule of law）的定义显然还不是真正意义上的法治，因为它并没有解决统治的合法性和法律的正当性。

根据前面的讨论，黄宗羲已经解决了法治三要素的前两个：圣人品格和百姓认可决定着统治的合法性，为天下万民还是为一己之私决定着法律的正当性。那么在后一因素上，黄宗羲是怎么看的？他说："论者谓有治人而无治法，吾以谓有治法而后有治人。"② 意思是，有人认为有贤德的人才能治理好天下，而不是有良好的法律就能治理天下，而我的看法正好相反，有了良好之法才能出现贤德之人。黄宗羲实质是反对孟子的"徒法不足以自行"的观点，因为良好的法律还具有造就好人的功能。"有治法而后有治人"的论断，一定程度上解决了"法是死的、人是活的"，"法要靠人才能实施"等法治建设中的困惑。

如果法律本身就是"非法"的，不能贴合百姓内心的良知，就

---

① 曾亦《君主与共和》的"民初废省之议与联省自治运动"一节中也论及此事。
② 黄宗羲著，李伟译注：《明夷待访录译注》，岳麓书社2008年版，第22页。

不会有自觉执行法律的人，更不会有法治。这是黄宗羲从本土思想资源中发展出的法治思想。顾炎武也有类似的表述，"法行则人从法，法败则法从人"[①]。只要是符合百姓内心期盼的法律不仅能够顺利实施，也会造就出优秀的善于治理国家的人；反之，法律难以实施，滋生更多的奸佞小人和贪官污吏，是因为法律不具有正当性。真正的法治不只是看法律的权威够不够，是不是能够一视同仁，还要看法律本身是否具有正当性，是否适应百姓内心的价值判断和对正义的追求。这也是从黄宗羲思想中引申出的观点。与黄宗羲同时代的王夫之、顾炎武从防范官员贪赃枉法为重点推进法治的观点，很值得注意。王夫之反对儒家一贯的"宽猛相济"的治民政策，提出"严以治吏，宽以养民"，对官吏特别是高级官吏应以更加严格的法律要求。[②] 治吏要严，养民要宽。这是中国本土法治思想留给我们的教益。

---

① 顾炎武著，陈垣校注：《日知录校注》卷8，安徽大学出版社2007年版，第473页。

② 《读通鉴论》卷8，《船山全书》第10册，岳麓书社2011年版，第309页。

第三十章
晚清大变局中的两条主线

康熙三十四年七月三日（1695年8月12日），黄宗羲带着遗民的怅恨与世长辞。这一代人所怀抱的经世思想终于湮没于清朝自诩的盛世之中，他们所开启的些微晨光完全被黑暗所吞没。清朝统治下整个社会的"风气闭塞，几达不可思议之程度"①。在这个万马齐喑的时期，有建言立说的士人动辄遭受奇祸，其余的或逃避于故纸堆里、或醉心于功名富贵，传统中国道统彻底沦为清廷治统的奴仆。道统不在，治统何在？华夏族精神遭到阉割，连乾嘉著名学者凌廷堪之流也成为摇尾乞怜、一心取媚清廷的奴才。② 始于宋元的东西方文明交流，从最初向西方的单向输出，到晚明的互有借鉴，直至晚清时期演变成西方列强的碾压之势。但是率先完成科学革命、工业革命的英国，一开始并不能将科技和工业的两大优势转化为贸易上的优势，转化为思想意识优势和生活方式优势。因为当审美观没有改变的时候，东方人永远不会以黄毛、大鼻、蓝眼为美；当生活习俗没有改变的时候，东方人难以接受牛奶面包的生活；当文化品位没有改变的时候，东方人永远不会觉得男人戴礼帽有多么时尚。因此，19世纪初期英

---

① 萧公权：《中国政治思想史》下卷，商务印书馆2011年版，第663—668页。
② 参见萧公权《中国政治思想史》下卷，商务印书馆2011年版，第644—645页。

国人一厢情愿地倾销廉价工业品并没有赢得中国市场。这说明世界市场的开拓需要以枪炮和文化的入侵为先导，经济发展须由政治、军事、文化提供保障。但这条近代以来资本主义、帝国主义发展的铁律，因西方文化的光环被我们忽视了。为改变贸易逆差，英方采用输入毒品（鸦片）这种最卑劣的手段攫取利润。大规模毒品走私给中国人民带来巨大灾难，不仅精神颓废、斗志全无，也使白银大量外流，造成通货紧缩，使东南地区经济陷入萧条和衰败。在屡次禁烟无效的情况下，道光十八年十一月（1838年12月）林则徐受命为钦差大臣入广州禁烟。1839年6月，林则徐下令在虎门海滩销毁近240万斤鸦片。之后的1840年4月，英国政府正式挑起第一次鸦片战争，不仅保护鸦片走私贩们的利益，也以武力叩开了中国近代历史。晚清大变局由此拉开帷幕，以新教为主的西方文化进入中国。

与一般的认知相反，西方思想进入中国，首先引发社会变革的并不是"体制内"的士大夫，而是"体制外"一位屡试不第的穷教书匠——洪秀全。他带着他的穷苦教友，借用基督教义与中国传统结合产生的"拜上帝会"，带来了海啸般的社会动荡、结构裂变。纵观晚清七十年之大变局，实有两条主线横贯其中。一条是"体制外"的知识分子、普通百姓，利用西方某些思想，结合中国古老传统而创立新的学说，继而用这一学说来指导社会革命。这条主线以太平天国运动，兴中会、同盟会等领导的革命派为代表。另一条是"体制内"的士大夫或徘徊于体制边缘的高级士绅，利用西方某些知识，结合中国古老传统而提出改良（维新）学说，凭借体制内资源来推行社会变革。这条主线以魏源、冯桂芬等的改良思想，李鸿章、张之洞等领导的洋务运动，康有为、梁启超等推行的戊戌维新为代表。这两条主线开始时泾渭分明，到了中后期则相互交织、相互影响。由于中西文化之间的巨大差异性，最初的沟通理解必然有很大的障碍。从吸收、借鉴西学的过程看，两条主线都走了一条类似当年佛学进入中国的路线，即从比附、格义入手，用已有的知识结构来臆测西学，对西学有深入理解之后，开始剔除明显的知识性错误，逐渐建立一套新的话语体系（概念体系）来消化吸收西学。这是一个极为艰辛的过程。

在这个过程中有一个非常奇特的文化现象。宋儒们几乎同时从《礼记》中挑出《大学》《中庸》两篇，抬高到经学的地位，而晚清无论是革命派还是改良派，差不多都注意到《礼记》的"大同篇"，如洪秀全、康有为、孙中山相继选中大同篇来宣传自己的思想。"天下为公"的思想，在晚清各种思潮中变得热络起来。

从已有知识出发去理解新的事物，是人类认知的一条规律。晚清学人用传统知识、现实经验解释西方事物，用主观的态度、个人偏好曲解西方社会，是最初接触西学时难以避免的问题。

清初在天文领域发生一场轰动全国也震惊西方世界的生死斗争，史称"康熙历狱"，是一场啼笑皆非的闹剧。曾任清朝钦天监监正的杨光先，是此事件的始作俑者。[①] 杨光先（1597—1669 年），为江南歙县（今属安徽黄山市辖县）人，信奉伊斯兰教。他嘲讽汤若望地圆说，特撰《孽镜》予以反驳。他认为，如果大地是圆的，岂不是"球上国土人之脚心，与球下国土人之脚心相对"吗？"夫人顶天立地，未闻有横立倒立之人"。他说，"果大地如圆球，则四旁与在下国土洼处之海水，不知何故得以不倾？试问若望，彼教好奇，曾见有圆水、壁立之水，浮于上而不下滴之水否？""真如西人所言，四旁与在下之国就会居于水中，则西洋皆为鱼鳖，而若望不得为人矣。"[②] 他还自信满满地要求用实验来验证。如果他顺立于楼板上，汤若望能倒立于楼板下，或者能让盂盆倒扣后里面的水不流出，他就相信大地

[①] 由于杨光先的发难，控告汤若望图谋不轨，再加上鳌拜等政治势力的需要，始判汤若望等 8 人凌迟处死，其余或判处斩或流放。后因京城附近发生地震，天空出现彗星等因素，汤若望等改判免死，但仍有李祖白等五人被斩首。

[②] 杨光先：《不得已·孽镜》，陈占山校注，黄山书社 2000 年版，第 57 页。

是圆的。毫无疑问，从经验和常识的角度来说，杨先光似乎很正确，但是用日常经验和常识去看待西方科学，恰恰作茧自缚而不知。不过，杨先光的另一番话也道出事情绝不是那么简单。他说："宁可使中夏无好历法，不可使中夏有西洋人。"①

对于杨光先我们固然可以斥为愚昧，但被誉为中国近代史能睁眼看世界的林则徐、魏源、徐继畬等人，或者被视为顽固派的叶德辉等人，其思维方式往往都惊人的相似。林则徐报告英国人的情况时说："至岸上该夷人无他技能，且其浑身裹缠，一扑不能复起。"② 魏源（1794—1857年）因提出"师夷长技以制夷"而誉满天下，在其《海国图志》"天主教"条中说，受教者事先要吞服一颗药丸，回来后"毁祖先神主，一心奉教，至死不移"。尤其是描述临死的教友被神父挖眼睛一幕，更让人毛骨悚然。"凡入教人病将死，必报其师。师至则妻子皆跽室外，不许入。良久气绝，则教师以白布囊死人之首，不许解视。盖目睛已被取去矣。有伪入教者，欲试其术。乃伴病数日不食，报其师至，果持小刀进前，将取睛。其人奋起击之，乃踉跄遁。闻夷市中国铅百斤，可煎文银八斤。其余九十二斤仍可卖归原价。惟其银必以华人睛点之乃可用，而西洋人之睛不济事也。"魏源是想告诉人们，挖中国人眼睛的目的是提炼文银，而西洋人的眼睛不管用。这就是当时中国最"先进"之人的认识水平。晚清教案屡屡发生，应与这种主观想象有莫大关系。曾任闽浙总督、总理衙门大臣、同文馆事务大臣的徐继畬（1795—1873年）在其所著的《瀛寰志略》这样介绍欧洲："欧罗巴一土，以罗经视之，在乾戌方，独得金气。其地形则平土之中。容蓄沧海，数千里回环吞吐，亦与他壤迥别。其土膏腴，物产丰阜。其人性情缜密，善于运思，长于制器，金

---

① 杨光先：《不得已》之"日食天象验"，黄山书社2000年版，第79页。
② 《道光朝夷务始末》卷14，转引自《晚清政治思想史论》，广西师范大学出版社2005年版，第145页。

第三十章 晚清大变局中的两条主线

木之工,精巧不可思议。运用水火,尤为奇妙。"为理解一个全新的欧洲,这位朝廷大员须用八卦五行的知识。欧洲位于西方而独得金气,得金气必然独擅长制器之技。徐继畲盛赞华盛顿的言论历来被西方视为民主思想胜利的象征,其文镌刻于华盛顿纪念馆的石碑上。"华盛顿,异人也。起事勇于胜广,割据雄于曹刘,既已提三尺之剑,开疆万里,乃不僭位号,不传子孙,而创为推举之法,几于天下为公。其治国崇让善俗,不尚武功,亦迥与诸国异。余见其画像,气貌雄毅绝伦,呜呼,可不谓人杰矣哉!米利坚合众国之为国,幅员万里,不设王侯之号,不循世袭之规,公器付之公论,创古今未有之局,一何奇也!泰西古今人物,能不以华盛顿为称首哉!"从这篇文字看,徐继畲主要从"天下为公"的角度理解华盛顿的行为,完全符合儒家三代的理想。在中国近代史开端那一年去世的俞正燮(1775—1840年),是位一辈子抱恨未能考取功名的大学问家。他说:"洋人巧器,亦呼为鬼工,而罗刹安之。其自言知识在脑不在心。盖为人穷工极巧,而心窍不开。在彼国为常,在中国则为怪也。"(《癸巳类稿》卷一五"天主教论")曾国藩次子曾纪泽(1839—1890年)多年从事外交,足迹遍及欧洲,任驻俄大使期间为收回伊犁特克斯河流域土地做出重要贡献。他是这样解释阿拉伯数字6和9的:"西人纪数码号,九(9)与六(6)颠倒相背。当时制字,必有意义。《易》则九为老阳,六为老阴,凡爻之阴阳,皆以九六之别。"[①] 印度人发明的计数字符,在曾纪泽看来竟然也颇有深意,还用"老阳"对"老阴"来解释9与6倒置的原因。如此以中释西正是当时中国人面对西方文化时的认识方式。基督教十字架的含义,在欧洲哪怕蒙童都知晓,但当时中国的学人偏偏就不信。光绪十八年(1892)的

---

① 《曾惠敏公手写日记》第4册,转引自王尔敏《晚清政治思想史论》,广西师范大学出版社2005年版,第7页。

进士叶德辉（1864—1927年），著名的守旧派，1927年大革命时期被农民协会当作土豪劣绅处决。叶德辉为了考据十字的含义，从《说文解字》《大戴礼记》《牟子理惑论》《华严经》等引经据典，无非是想证明"西教窃释氏之单文，释氏又窃中土之单文"①。基督教的十字架居然来自中土。有改良思想的张自牧认为，所谓十字，"《汉书方术传》谓之禁架，古之巫医，皆有是器。耶稣殆得其遗法，尝操十字以行其术耳。而汤若望、龙华民辈乃讹为受刑之具，或疑为窥天之器，则西人之陋已"②。他认为汤若望等人把十字架当作耶稣受难的刑具，无疑是在骗人。不过，林则徐等与守旧派最大的区别在于，虽然自身没有多少西方知识，却肯努力学习。

士大夫们用固有的传统知识费力地试图理解西学，其方法显得极为笨拙。可是，即便21世纪的当今，中西之间的相互理解又何尝不是如此？当现代中国人以传统的天下一家、美美与共的思维理解世界时，发现西方依然秉持"零和游戏"的规则。因此，那个时代作为底层读书人的洪秀全自然更难以摆脱此窠臼。他于1845年之后陆续撰写《原道救世歌》《原道醒世训》《原道觉世训》③，奠定了"拜上帝教"的基本教义，其思路是利用传统思想资源结合基督教的若干观点，塑造出中国式的"上帝"。这正是洪秀全的高明之处、过人之处，恰恰是中国化的上帝，才在信众中产生如此大的影响力。《原道救世歌》开头就说，"道之大原出于天，谨将天道觉群贤"，从中国的天道去理解上帝之道，则上帝与天混同，而不是外在于宇宙的整个

---

① 叶德辉：《园书札》，转引自王尔敏《晚清政治思想史论》，广西师范大学出版社2005年版，第5页。
② 张自牧：《瀛海论》，转引自王尔敏《晚清政治思想史论》，广西师范大学出版社2005年版，第7页。
③ 《太平天国印书》（上），"太平诏书"，江苏人民出版社1979年版，以下引文不再一一标注。

宇宙的创造者。"盘古以下至三代,君民一体敬皇天。其时狂(王)者崇上帝,诸侯士庶亦皆然。"说明崇拜上帝是古代早有的事,只是后来受阎罗妖的蛊惑而不信奉。洪秀全提出的一些教义,如"自古杀人杀自己,自古救人救自己,自古利人利自己,自古害人害自己",实质是儒家的立人立己说、佛家的因果报应说的翻版。所提出的"小富由勤大富命,自古为人当自强,不义之财鸩止渴,士农工商耐长久"等警句,反映的是中国社会民众的普遍价值观。宣扬"周文孔丘身能正,陟降灵魂在帝旁",说明中国古代的两位大圣人周文王和孔丘因持身正,其灵魂也与上帝同在。针对信徒的行为,洪秀全提出六不正,即淫为首;忤父母;行杀害;为盗贼;为巫觋;为赌博。与《摩西十诫》相比,"六不正"的前四项"十诫"中均涉及,而为巫觋、为赌博则是新增的内容,十诫中的"不得作伪证",因离中国传统司法制度太远无法理解而被舍弃。《原道救世歌》用"积善之家有余庆,积恶之家有余殃;顺天者存逆天亡,尊崇上帝得荣光"来结尾,其中"积善之家有余庆,积恶之家有余殃"引自《易·坤卦》,"顺天者存逆天亡"摘自《孟子·离娄上》。《原道醒世训》开头便说:"从来福大则量大,量大则为大人;福小则量小,量小则为小人。是以泰山不辞土壤,故能成其高;河海不择细流,故能就其深;王者不却众庶,故能成其德。凡此皆量为之。"这是引用李斯《谏逐客书》中的一段话作为理论根据,说明国与国之间,同一国家的省与省之间,府与府、县与县之间,乡与乡、邻与邻之间彼此憎恨相斗相杀,都是因为器量太小的缘故。洪秀全力图把"拜上帝会"与传统连接起来。《原道觉世训》提出:"论道有真谛,大凡可通于今不可通于古,可通于近不可通于远者,伪道也,邪道也,小道也。"洪秀全以儒家三代为标杆,"遐想唐虞三代之世,天下有无相恤,患难相救,门不闭户,道不拾遗,男女别途,举贤尚德"。洪秀全还大段抄录《礼记·礼运》关于大同社会的描述。因此,他所描绘的天国正是孔子的"大同之世",张载的"民胞物与"。"天下多男人,尽是兄弟之辈;天下多女子,尽是姊妹之群","天下一家,共享太平","强不犯弱,众不暴寡,智不诈愚,勇不苦怯"。相对于前两篇,《原道觉世训》糅合佛、道、儒和基督教,其思想性、理论性、战斗性更强。其开篇就说:"天下总一家,凡间皆兄弟。何也?"因为所有人都同出一祖。从人的灵魂看,"皆禀皇上帝一元之气以生以出,所谓一本散为万殊,万殊总归一本"。而《中庸》"天命之谓性",《诗》"天生烝民",《书》"天降下民",也说明圣人所以天下一家的道理。既然中国古代君民一体,早就信奉皇上帝,后代为什么信奉阎罗妖呢?是因为受到了蛊惑。洪秀全历数秦始皇、汉武帝求仙,汉明帝求佛,汉恒帝祀道教、唐宪宗迎佛骨等历代帝王崇奉神仙佛道及带来的危害,尤其是宋徽宗擅改皇上帝名称为"昊天金阙玉皇大帝",亵渎上帝名号,招致被金人俘虏,与儿子一起死于漠北。因此,对于佛老之徒、妄称帝号的君主等"阎罗妖",洪秀全号召"天下凡间我们兄弟姐妹所当共击灭之"。

晚清时期,西方列强早已不是传统意义上的"蕞尔小夷",西学的长处也为人所认知。作为"体制内"的士大夫顾虑较多,必须找到学习西学的依据才能心安理得,于是,孔子的"礼失求诸野"成为士大夫坦然接受西学的理论根据。梁启超曾说:"孔子曰:天子失官,学在四夷。春秋之例,夷狄进至中国则中国之。古之圣人,未尝以学于人为惭德也。"① 这种观点对当时的士大夫很有说服力。但是,这个观点隐含一个基本前提:西学与中国古代传统并不矛盾,西夷掌握的技能正是抄袭中国古代的。由此产生的"西学中源"说开始甚嚣尘上,成为晚清某个时期的主流意识。郑观应说:"夫星气之占,始于臾区;勾股之学,始于隶首;地图之学,始于髀盖;九章之术,

---

① 《饮冰室文集》第1册,《论不变法之害》,云南教育出版社2001年版。

始于周礼；地圆之说，始于管子。""公输子削木人为御，墨翟刻木鸢而飞，武侯做木牛流马，则机器有自来矣。"他甚至认为化学、光学、电学等都是"出于我也"①。皮嘉祐说："夫平等之说，导源于墨子，阐义于佛氏，立法于泰西。墨子之兼爱尚同也，佛法之平等也，泰西之人人有自主权利，爱汝邻如己，而倡君民一体也。"② 陈炽说："泰西议院之法，本古人悬鼓建铎闾师党正之遗意，合君民为一体，通上下为一心，即孟子所称庶人在官者。英美各邦所以强兵富国，纵横四海之根源也。"③ 由此导引出两个基本观点，一是西学源出于中国，学习西学就是学习古代之法；二是西洋得中国古意而日渐富强，相反中国失却古意而日渐式微。向西方学习不仅不丢脸，反而是重现三代盛世的好办法。在这种思想左右下，"托古改制"成为向西方学习、改变中国制度，实现中国富强的方法。但是"托古改制"也可能给整个体制带来破坏，需要在既坚持"老祖宗"不能丢，又要走出新路子上搞平衡。冯桂芬在写于咸丰十年（1860）的《校邠庐抗议》一书中提出："如以中国之伦常名教为原本，辅以诸国富强之术，不更善之善者哉。"这一看法到了张之洞那里被概括为"中学为体、西学为用"。前后表述的意思相近，但态度主张迥异。因此，建立在"西学中源"基础之上的改良维新思潮，一方面对推动古老社会的转变，引进西方工商业、科学技术乃至政治制度起到了促进作用；另一方面开始表现出守旧、卫道的一面。尤其是随着中西交流的日益密切，其破绽明显，从而为全面否定中国传统文化的思潮埋下伏笔。这一幕与佛学进入中国后近五百年时间，大部分知识阶层和帝王

---

① 王尔敏：《晚清政治思想史论》，郑观应《盛世危言正续编》卷1，广西师范大学出版社2005年版，第27—28页。

② 转引自王尔敏《晚清政治思想史论》，广西师范大学出版社2005年版，第29—30页。

③ 转引自王尔敏《晚清政治思想史论》，广西师范大学出版社2005年版，第36页。

们醉心于佛陀何其相似！光绪六年（1880）进士，曾任礼部侍郎，1907年曾任出使考察宪政大臣的于式枚的一段话深刻反映了这种变化。"当光绪初年，故侍郎郭嵩焘尝言西法，人所骇怪，知为中国所固有，则无可惊疑。今则不然，告以尧舜禹汤文武周孔之道，汉唐宋明贤君哲相之治，则皆以为不足法，或竟不知有其人。近日南中刊布立宪颂词，至有四千年史扫空之语，惟告以英、德、法、美之制度，拿破仑、华盛顿所创造，卢梭、边沁、孟德斯鸠之论说，而日本所模仿，伊藤、青木诸人访求而得者也，则心悦诚服，以为当行。前后二十余年，风气之殊如此。"① 在20世纪初，尧舜禹汤文武周孔之道就已经遭到弃置，而一听说是来自西洋的东西则马上心悦诚服。极端保守和全盘西化本来就是同一思维下的产物。

生活于社会底层、属于"体制外"的洪秀全们，丝毫没有"体制内"士大夫们的顾虑，对西学完全采取实用主义的态度——合则用、不合则弃。他们属于体制外的一群人，未曾享有任何好处，自然不会为即将倾覆的道统和治统哭泣，甚至殉葬。他们没有任何可以失去的东西，所以不担心会失去什么，只要得到便是收益。当士大夫们还在苦心孤诣论证西学与中学的优劣，洪秀全们却开始将外来思想与本土思想和穷苦百姓的诉求相结合，形成了非中、非洋，非古、非今的一套"四不像"思想体系。如果从希伯来的犹太教到基督教、伊斯兰教的发展历史看，洪秀全的"拜上帝教"是合乎该一神教发展的必然逻辑的。用希伯来文写的《旧约》从来没听说上帝耶和华还有个儿子，只是在创世纪第6章含混地说："神的儿子们看见人的女子美貌，就随意挑选，娶来为妻。"到希腊语写的《新约》才冒出耶稣这个上帝独子，难道就不允许上帝再有个儿子？上帝的意志岂是人

---

① 《出使德国考察宪政大臣于式枚奏立宪不可躁进不必预定年限折》，《清末筹备立宪档案史料》上册，台北：文海出版社1981年版，第306页。

能窥测的？既然上帝派遣大儿子拯救西方人，就不会再派小儿子来拯救中国人？洪秀全应该是这么想的，而且在逻辑上完全站得住脚。洪秀全还紧紧抓住了下层百姓的两大诉求——反对清朝统治和过上好日子，从而掀起惊涛骇浪。对太平天国运动无论持颂扬或鄙视，支持或反对均无实质意义，因为它就在那里，它是近代中国历史的一个客观存在，其中流淌着千百万穷苦百姓的希望和血泪。考察西学东渐带来的影响，太平天国运动无疑是极好的案例。太平天国运动及之后的一系列社会革命与体制内士大夫发起的一系列社会改良构成晚清社会的两条主线，而且这两条主线的余波一直影响至今。随着这两条主线提出的一系列近现代中国需要解决的问题，如民族革命、社会革命等，产生一系列新的概念构成近现代话语体系，如民权、富强、天演（进化）、自由、独立等。在社会改良和社会革命的实践中，传统中国道统下的天道观开始瓦解，一种新的宇宙观、历史观开始逐渐形成。

第三十一章
近代社会革命

纵观中国近代以来的革命历程，太平天国运动无疑是一曲伟大的序幕，它的意义在于首先举起了"反清复汉"这面民族革命的旗帜。从最初单纯"排满"到反对西方列强直至反对帝国主义，使中华民族获得彻底的独立和解放，是这一历史逻辑的必然结果。孙中山曾说："五十年前太平天国即纯为民族革命的代表，但只是民族革命，革命后仍不免专制，此等革命不算成功。"（孙中山《民主主义与社会革命》）这一评论是中肯的。还说："洪氏之覆亡，知有民族而不知有民权，知有君主而不知有民主。"（孙中山《太平天国战史序》）说明之后的革命党人正是要力求吸取此教训。孙中山在民族主义之后再加上民权主义，就是吸取此教训的产物。由于太平天国与后期辛亥革命、国民革命的历史渊源关系，1929年南京国民政府颁布《禁止污蔑太平天国案》，"嗣后如有记述太平史实者，禁止沿用'粤贼'诸称"。自此以后，"太平天国"称谓遂成为正史。

一　太平天国运动

从全球视野看，民族革命、民族独立、民族自决始终是近代以来

第三十一章 近代社会革命

世界革命的主题，从这个角度看，太平天国革命也是近代非西方国家民族解放事业的序幕。太平天国运动的革命意义，已经成为中国国民党和中国共产党两党的共识。太平天国运动亲历者、英国人呤唎（A. F. Lindley）在《太平天国革命亲历记》序中写道："我写这本书是由于我对这个令人敬仰的、被压迫的、被残酷伤害的民族深深怀有激动的同情心，也由于我要抗议英国近年来对于弱小国家，尤其是对于亚洲弱小国家所施行的邪恶的外交政策。"①

太平天国思想背景和人员构成，有四点值得注意。一是基督教教义。吸取《新约》中的《马太福音》《马可福音》关于人类同宗相爱和爱人如己的博爱思想，倡导"上帝天下凡间大共之父"，提出凡遵循天父旨意者均为兄弟姊妹。甚至于杨秀清假托天父，为天父代言，也可以从《旧约·出埃及记》中找到依据。二是中国传统思想。洪秀全摘出长期被儒家所忽视的《礼记》大同篇，契合墨子兼爱，以及天地间人为贵的思想，构造出"天下一家，共享太平"的理想天国世界。大同思想后来被康有为、孙中山等多次提及，成为晚清后期和民国初年最时髦的理论。三是"三合会"等民间会党。这类会党由清初遗民所组成，一直以"反清复明"为宗旨。洪秀全起兵金田后，这些秘密组织加入进来，在"复明"无望的形势下，双方在"反清"上取得最大公约数。四是中下层贫苦百姓。如东王杨秀清以烧炭为业，西王萧朝贵是种田的农民，南王冯云山为乡村私塾老师，北王韦昌辉是基层小吏，翼王石达开年少时父亲去世，很早就学会种田做买卖。社会中下层的农民构成了太平天国运动的主体。解决土地问题成了太平天国纲领的重要部分。由于太平天国激烈的反孔、反儒学的倾向，使汉人知识阶层鲜有加入，成为

---

① ［英］呤唎：《太平天国革命亲历记》上册，王维周译，中华书局1961年版，第1页。

太平天国失败的重要原因之一。

  1852年太平天国发布《奉天讨胡檄》①，其语气之铿锵、文字之激扬、思想之震撼、气势之磅礴，毫不逊色于朱元璋讨元檄文，文理上更优于曾国藩的"讨粤匪檄"。其开篇就说："予惟天下者中国之天下，非胡虏之天下也；衣食者中国之衣食，非胡虏之衣食；子女民人者中国之子女民人也。"但是，"自满洲流毒中国，虐焰燔苍穹，淫毒秽宸极，腥风播于四海，妖气惨于五胡，而中国之人，反低首下心，甘为臣仆。甚矣哉，中国之无人也！"接着，历数满洲罪恶："夫中国有中国之形象，今满洲悉令削发，拖一长辫于后，是使中国之人变为禽兽也。中国有中国之衣冠，今满洲另置顶戴，胡衣猴冠，坏先代之服冕，是使中国之人忘其根本也。中国有中国之人伦，前伪妖康熙暗令满洲脏狗一人管十家，淫乱中国之女子，是欲中国之人尽胡种也。中国有中国之配偶，今满洲妖魔悉收中国之美姬，为奴为妾，三千粉黛皆为羯狗所污，百万红颜竟与骚狐同寝，言又恸心，谈之污舌，是尽中国之女子而玷辱之也。中国有中国之制度，今满洲造为妖魔条律，使我中国之人，无能脱其纲罗，无所措其手足，是尽中国之男儿而胁制之也。中国有中国之言语，今满洲造为京腔，更中国音，是欲以胡言胡语惑中国也。"檄文还赞扬"文天祥、谢枋誓死不事元，史可法、瞿式耜誓死不事清"。然后又指出："今幸天道好还，中国有复兴之理，人心思治，胡虏有必灭之徵。三七之妖运告终，而九五真人已出。胡罪贯盈，皇天震怒，命我天王肃将天威，创建义旗，扫除妖孽，廓清华夏，恭行天罚。"檄文的最后写道："予兴义兵，上为上帝报瞒天之仇，下为中国解下首之苦，务期肃清胡氛，同享太平之乐。顺天有厚赏，逆天有显戮。布告天下，咸使闻知。"这

---

  ① 《太平天国印书》上（江苏人民出版社1979年版），"颁行诏书"。以下所引不再一一标注。

篇檄文所激发出的反满民族情绪，在太平天国运动最初岁月中爆发出惊人的力量，在之后的一年时间里攻陷武昌、九江、安庆、芜湖，直至江宁（南京）。

太平天国的民族思想与朱元璋有共同之处，也有很大不同。朱元璋反元在于恢复唐宋旧体制，不破坏社会组织架构，而太平天国反清之后还要按照"四不像"思想体系重构中国社会，其社会改造的阻力和难度可想而知，所引起的破坏性和反抗力尤为巨大。曾国藩后来就利用了这一点，其"讨粤匪檄"说："自唐虞三代以来，历世圣人扶持名教，敦叙人伦。君臣父子，上下尊卑，秩然如冠履之不可倒置。粤匪窃外夷之绪，崇天主之教。自其伪君伪相，下逮兵卒贱役，皆以兄弟称之，谓惟天可称父。此外凡民之父皆兄弟也，凡民之母皆姊妹也。"可见太平天国宣称人人皆兄弟皆姊妹，打破人伦尊卑引起士大夫多大的愤恨。"举中国礼义人伦，诗书典则，一旦扫地荡尽。岂独我大清之变，乃开辟以来名教之奇变，我孔子、孟子之所痛哭于九泉。凡读书识字者又焉能袖手坐观，不思一为之所也。"当太平天国诉诸民族感情时，曾国藩有意回避而专门诉诸孔孟以来的道统。由此建立起来的湘军在中国历史上具有标杆意义。各级军官主要由读书人担任，而非大字不识的武人，史无前例；军队作战的目的诉诸信仰而非纯粹个人利益，史无前例。太平天国民族思想与王夫之民族思想有共同之处，皆唤醒了汉人麻木的族群意识，但又有不同。王夫之诉诸学理的分析，把"民族大义""保类卫群"作为一切政治的前提。[①] 而太平天国更多诉诸情感，情感易发而易消，定都天京后就偏安一隅、贪图享乐，却丧失了一鼓作气荡平清廷的时机。

考察某一历史事件的意义，最重要的还在于给后人留下什么样的

[①] 参见萧公权《中国政治思想史》（商务印书馆2011年版）下册关于王夫之的"民族思想"一节。

思想遗产，留下哪些未竟事业值得后人前赴后继。除了太平天国的民族革命大旗为后来人所高举，其1853年定都天京时颁布的《天朝田亩制度》①，1859年刊行的《资政新篇》②无疑是那个时代无能出其右的历史文献。《天朝田亩制度》以"天下一家，共享太平"为理想，提出天下之人"有田同耕，有衣同穿，有钱同使，无处不均匀，无人不饱暖"的具体目标，首开"社会革命之先声"③。一是触及中国社会的根本问题——土地问题。《田亩制度》将土地分为九等，提出不论男女，按口均分，只是这一计划并未全面实行。伴随中国革命始终的土地问题，直到新中国成立之后才得到实质性解决。二是打破秦汉以来皇权不及乡村的传统，着手在县以下建立政权体系。太平天国这一举措的意义同样巨大。改造传统社会基层组织体系，改变组织力、动员力低下所带来的一盘散沙之困境，是中国传统社会实现现代化转型的大课题。④ 这一课题同样在新中国成立后才得以彻底破解。三是提出男女权利平等，规定"天下婚姻不论财"，废除买卖婚姻。太平天国妇女和男子具有同等分配土地、生活资料的权利，还可以参与军政事务。太平天国为结婚男女颁发结婚证——"合挥"，上面记载双方的姓名、年龄、籍贯等，更是史无前例。⑤ 新中国成立后先于《土地改革法》颁布的首部法律便是《婚姻法》，可见妇女婚姻问题

---

① 见《太平天国印书》（上）。
② 见《太平天国印书》（下）。
③ 萧公权：《中国政治思想史》下卷，商务印书馆2011年版，第657页。
④ 按照黄仁宇的观点，国民党完成了上层社会结构的重建，但忽视了基层，而中国共产党的成功就在于重建中国基层社会秩序。见《资本主义与二十一世纪》，生活·读书·新知三联书店1997年版。
⑤ 1793年英国访华"马戛尔尼使团"成员巴罗曾说："一个国家妇女的社会地位可作为判断该国达到文明程度的标准。"他以此观察清朝社会妇女生活。见《马戛尔尼使团使华观感》，第204页。相比而言，西方社会承认妇女有同等政治权利也是很晚以后的事情，美国在1920年8月，法国在1944年4月，成年女子才获得选举权。

在中国革命中地位之突出。孙中山青少年时期曾以洪秀全第二自称，继承太平天国革命衣钵，但是对《天朝田亩制度》中的上述三个核心问题并没有给予过多的关注，更谈不上花大气力解决。而被史家称为更有"先进性"的《资政新篇》，由于实行起来阻力较小，孙中山以及国民政府倾注更大热情，一一加以实践。这里略举其中几项。在社会政治方面：革除旧俗，反对女子缠足；加强中央领导权，自大至小，由上而下，权归于一；罪人不孥，刑止于一身；开设报馆，开办医院；禁止溺婴、买卖人口等。经济方面：发展交通，修筑铁路、公路，疏浚河道等；设立邮政；发展矿业、冶金业；兴修水利；保护私有财产，鼓励私人投资，奖励技术发明；开办银行、保险业等。对比《天朝田亩制度》和《资政新篇》有关内容在中国近现代历史上的实施情况，可以发现一些有趣的现象。《资政新篇》的作者洪仁玕为拜上帝会最早成员，因传教没有赶上起义队伍，1852年避居香港，直到1858年辗转来到天京，在接受西方文化、基督教教义方面，太平天国无人能与其相比。洪仁玕提出的这一改革内政和建设国家的新方案，其水平远超出当时"体制内"的士大夫，其中的内容被以后的洋务运动、晚清新政和民国时期所落实。但是，完全有理由怀疑，单纯实施《资政新篇》中的内容就能建立起现代化的中国。太平天国提出的民族革命，与《天朝田亩制度》提出的土地分配、基层政权建设、婚姻和妇女权利三大问题，才是实现中国社会现代转型的关键，尤其后三个问题长期被后来的改良派和革命派所忽视。提出这些根本性课题的恰恰是对西学和基督教一知半解，但深深扎根中国社会的太平天国初期领袖。对此，笔者由衷感到敬佩！当然，这些问题当时无人有暇深思。随着1864年太平天国运动的失败和被妖魔化，体制内的改良派开始登上舞台。在镇压太平天国运动中，以曾国藩、李鸿章、左宗棠为代表的汉族士大夫掌握了清朝军权，汉人在"体制内"终于赢得了话语权，满汉共治局面开始形成，形成了所谓同治中兴。

时隔半个多世纪以后，梁启超有一段评论："洪秀全之乱虽终归平定，但他们所打的是'驱逐胡人'这个旗号，与一部分人民心理相应，所以有许多跅弛不羁的人服从他。这种力量，在当时还没有什么，到后来光绪末年盛倡革命时，太平天国之小说的故事，实为宣传资料之一种，鼓舞人心的地方很多，所以论史者也不能把这回乱事与一般流寇同视，应该认识他在历史上一种特殊价值了。"① 历史的逻辑在于，当产生革命的因素和条件没有被消除之前，它或迟或早终究还是会来临。戊戌维新失败、八国联军进驻北京，使清政府颜面扫地、统治权威受质疑，认为"满洲丢了中国人的脸"，清政府成为洋人欺压汉人的工具，要富强须先反满革命逐渐成为主流意识。当"体制内"汉族士大夫和既得利益者陶醉于满汉平等，想通过改良实现民富国强之时，一批"体制外"知识分子联合洪门致公堂再次高擎起民族革命的旗帜。与太平天国运动相同之处，都有"反清复明"秘密会党的加入，不同之处在于，这是一批出身富裕家庭、对西学有更多理解、思想更加纯粹的热血青年，抱定废灭清朝、光复汉族的信念投入革命，其中海外华侨致公堂的作用更是无可替代。孙中山的同乡挚友陆皓东（1869—1895年）参加广州起义被捕，其供词曰："要知今日非废灭满清绝不足以光复汉族，非诛除汉奸又不足以废灭满清。故吾等尤欲诛一二狗官，以为我汉人当头一棒。今事虽不成，此心甚慰。但我可杀而继我而起者不可尽杀。"② 颇有"杀了我一人还有后来人"的壮烈！当中原沉沦、满目荆棘之际，豪杰之气始于南国，足见我华夏衣冠未绝！宣传革命最力、影响最大的当属1903年发表的邹容的《革命军》和章太炎的《驳康有为论革命书》，吹响了革命力量的集结号。之后，孙中山等人于1905年组建同盟会，提出

---

① 梁启超：《中国近三百年学术史》，上海古籍出版社2013年版，第27页。
② 转引自萧公权《中国政治思想史》下卷，商务印书馆2011年版，第823页。

"驱除鞑虏,恢复中华,建立民国,平均地权"十六字纲领,即"民族、民权、民生"之"三民主义",而"民族革命"为20世纪初最大公约数。这一"民族革命"与太平天国运动在精神上是相通的。章太炎为禺山世次郎(黄世忠)的《洪秀全演义》作序,"自兹以往,余知尊念洪王者,当与尊念葛、岳二公相等"①。他把洪秀全看作与力图恢复汉室的诸葛亮,饥餐胡虏肉的岳飞相等了。

二 章太炎的民族革命

章太炎(1869—1936年),名炳麟,浙江余杭人,敬慕顾炎武为人,改名为绛,号太炎。真正以一代学问家投身革命,应首推章太炎。章太炎年少时曾读《东华录》吕留良、曾静文字狱,与外祖父讨论,痛感清朝统治残暴,又读王夫之、顾炎武等人著作,有了"明亡于清,反不如亡于李闯"看法,自称"余之革命思想伏根于此"②。章太炎一生学术思想复杂、多变,曾师从朴学大师俞樾治经术小学,又刻苦学习西学,后潜心佛学唯识宗,宣传无神论的"新宗教",把革命和宗教相结合。在复杂多变的表象下,甚至于悲观主义的外表下,仍有贯穿其一生的不变宗旨:为汉民族争独立争解放;为个体求独立求解放。

章太炎激愤于康有为"中国只可行立宪不可行革命"的保皇思想,写出《驳康有为论革命书》③ 这篇为民族革命奠定学理基础的奇文。他说:"民族主义,自太古原人之世,其根性固已潜在,远至今日,乃始发达,此生民之良知本能也。"接着,他以历史民族为界,

---

① 《章太炎政论选集》上册,中华书局1977年版,第308页。
② 《章太炎政论选集》下册,第875页。
③ 《章太炎政论选集》上册卷1,以下所引不再一一标注。

考证汉族与满族并非如康有为同种族的说法，反对把男人蓄辫子"已化而同之"作辩解。他以康有为极力推崇的《春秋公羊》为依据，公羊倡复九世仇，而"扬州十日"之仇能报为何不报？章太炎讽刺康有为受清廷豢养，供其驱使，"宁使汉族无自立之日，而必为满洲谋其帝王万世、祈天永命之计，何长素之无人心一至于是也！"对于康有为的满汉平等，康熙立一条鞭法、永不加赋，四万万人必有政权自由等说法，给予揭露。像曾国藩这样为清廷立下大功的人，"犹必诣事官文，始得保全首领"，军机首领必定是满族宗室。有清一代名义上永不加赋，实质各种聚敛，"其酷有甚于加税开矿"，比万历时期的搜刮更厉害。至于康有为一直寄予绝大希望的光绪皇帝，章太炎则斥为"载湉小丑，未辨菽麦"。这八个字评价，一时震动全国，也引来朝廷震怒，欲置章太炎于死地。对于康有为提出的立宪不流血，革命会导致干戈，只可立宪不可革命，以及光绪有天命等，章太炎作了反驳。比如，日本明治维新的初期似乎兵不血刃，但后期依然不免于内战，"故知流血成河，死人如麻，为立宪所无可幸免者"。革命也好、立宪也罢，欧美各国没有不流血的。从戊戌维新失败可知，清廷既然无变法能力，则除了革命外别无救亡途径。至于光绪本人，章太炎嘲讽"其孱弱少用如此，是则仁柔寡断之主"，犹如汉献帝，哪来的"圣仁英武"？他认为"建夷之运，终于光绪"，清朝国祚已经终止了。针对康有为认为人民程度不足，中国公理未明、旧俗俱在，革命之后干戈四起的担忧，章太炎说："人心之智慧，自竞争而后发生，今日之民智，不恃他事以开之，而但恃革命以开之。"他热情讴歌革命，"公理之未明，即以革命明之；旧俗之俱在，即以革命去之。革命非天雄、大黄之猛剂，而实补泻兼备之良药矣。"

　　章太炎的民族观沿袭王夫之，以血统而不是纯粹以文化作为区分的根据。为了反满复汉的需要，他必须反对传统的华夷之辨——"夷狄入中国，则中国之；中国入夷狄，则夷狄之"。萧公权阐释章氏的观点说,"中国所以为中国,非由其有周孔之文化,乃由其为炎黄之类族。必有炎黄之类族,始能创周孔之文化"①。章太炎的民族革命是以汉民族为主体的种族自立、自尊、自主,"吾所谓革命者,非革命也,曰光复也,光复中国之种族也,光复中国之州郡也,光复中国之政权。以此光复之实,而被以革命之名"②。他批评维新派人士单从文化上而不是从地域、血统解释"中华"的含义,足以"惑俗欺世"。中华民族身份认同是以血缘为主要,再加文化和地域两因素,单纯讲某一点都不完整。有外来血统种族进入中国,必须由原来的主体民族——汉族为主人实行同化,而不是反客为主。章太炎提出:"满洲弗逐,欲士之爱国,民之敌忾,不可得也。浸微浸削,亦终为欧美之陪隶已矣。"③ 可见,章太炎所理解的革命主要还是民族革命或"种族革命",至于民主、民生方面,与孙中山等大多数革命党人存在意见分歧。萧公权评论说:"就其思想全部观之,此(指民族革命)殆为章氏最大贡献。"④ 此言诚然,但章太炎的其他贡献同样值得重视。

(一) 建立革命道德

章太炎1906年写《革命之道德》⑤,认为民族之兴衰、革命之成败,与道德高下有莫大关系。王夫之曾论宋、明亡于异族是由于藩镇削弱、州郡无兵,后人以为宋明儒妄论《春秋》、严于三纲、忽视对异族防范,章太炎对此并不认可。考察历史"吾于是知道德衰亡,诚亡国灭种之根极也",还认为,方今处于革命之世的所谓革命者在

---

① 萧公权:《中国政治思想史》下卷,商务印书馆2011年版,第839页。
② 《章太炎政论选集》,中华书局1977年版,第309页。
③ 《章太炎政论选集》,中华书局1977年版,第90页。
④ 萧公权:《中国政治思想史》下卷,商务印书馆2011年版,第845页。
⑤ 《章太炎政论选集》上册卷2,以下所引不再一一标注。

道德上甚至不如陈胜、吴广，却天天以革命号令天下，结果又当如何？因此"方今中国之所短者，不在智谋而在贞信，不在权术而在公廉"；假如道德沦丧，"同在一族，而彼此互相猜防，则团体可以立散。是故人人皆不道德，则惟有道德者可以获胜"。当时革命党人有一种观点，认为英雄在于"指麾而定尔"，世上自然有敢死之士来效劳，只要加以任用、使为己死，则大业可成。章太炎不以为然，如果不能以身作则、共赴危难，又怎能让人尽力？更何况，"今之革命，非为一己而为中国，中国为人人所共有，则战死亦为人人所当有"。如果革命领袖有他人生死轻于鸿毛，自己生死重于泰山的观点，怎么可能使革命成功。因此章太炎说："道德堕废者，革命不成之原。"那么，章太炎要建立什么样的道德？首先，绝对不是儒家的仁义道德。他在早年的《訄书·订孔》篇中，赞同日本学者远藤隆吉的评论："孔子之出于支那，实支那之祸本也"，甚至认为："孔教最大的污点，是使人不脱富贵利禄的思想。"① 其次，他反对宋明理学家空谈"天理"，尤其深恶假仁义之名拘束他人的所谓德治。章太炎不屑于一些维新党人、保皇党人和革命党人高唱大德、大公，却放纵小德、私德的极端利己行为，认为"优于私德者亦必优于公德，薄于私德者亦必薄于公德。而无道德者之不能革命，较然明矣"。一个没有私德的人，绝不可能有革命道德，更不可能是合格的革命者。章太炎的这一观点极富历史穿透力，道出下一个历史阶段共产党人和国民党人在人格上的区别，共产党人讲信仰坚定，更讲个人私德，甚至于国民党清党时期将品行私德皆完美的国民党人怀疑为共产党人。章太炎要建立什么样的革命道德？他说："不必甚深言之，但使确固坚厉，重然诺、轻生死，则可矣。"只要坚忍不拔、信守诺言、看淡生死，就可以了。章太炎极为看重顾炎武"行己有耻"的道德观，

---

① 《章太炎政论选集》上册，中华书局1977年版，第272页。

提出四条具体的道德要求。一是知耻，人要有廉耻，而耻尤为重要。二是重厚，人要稳重、厚道，不可轻浮、风流。三是耿介，人要耿直，不可与浊世同流合污。四是必信，人要有信用、重诺言，做到言必信、行必果。

章太炎还就不同职业人员的道德操守一一作了评价。如"农人、工人、裨贩、坐贾、学究、艺士、通人、行伍、青徒、幕客、职商、京朝官、方面官、军官、差除官、雇译人"十六种职业，章太炎认为道德水准最高的是农人，其次是工人，而"朴学之士多贪，理学之士多诈，文学之士多淫"。特别是那些"鸿文大儒"，更不敢恭维，"卑诌污漫之事，躬自履之，然犹饰伪自尊"，简直是一帮道貌岸然、嫉贤妒能的家伙！至于当时的军人，"与盗贼最相似，而盗贼犹非最无道德者也"。章太炎的这番言论委实让人吃惊。与传统中国道统把理想人格寄托于"士人"不同，而是认为农民、工人最具有道德水准，开启了近代中国的民粹主义思想。如何打倒"旧道德"建立"新道德"？章太炎找来了佛教唯识宗，试图建立起"无神论的新宗教"来促成新道德。① 将大乘佛教与革命道德联系在一起，章太炎是这么考虑的，"非说无生，则不能去畏死之心；非不我所，则不能去拜金心；非谈平等，则不能去奴隶心；非示众生皆佛，则不能去屈退心"②。这一看法有些史实依据，宋元以来一直到晚清的反抗暴政的秘密组织"白莲教"，甚至可追溯到当年慧远在庐山创设的"白莲社"。章太炎之所以选择唯识宗，与唯识宗近乎无神论有关。章太炎专门写《无神论》一文，驳斥基督教、婆罗门教及各种有神论宗教，

---

① 章太炎说："若没有宗教，这道德必不得增进。""欲兴民德，舍佛法其谁归？"《章太炎政论选集》上册，中华书局1977年版，第272、394页。
② 章太炎：《建立宗教论》，《章太炎全集》第4册，上海人民出版社1985年版，第418页。

"欲使众生平等,不得不先破神教"①。一切有神论宗教都建立在现实世界的不平等基础之上,而且给社会不平等披上神圣外衣。唯识宗"宇宙虚幻""万法唯识"以及由此推导出的众生绝对平等的思想,符合章太炎"自贵其心,不以鬼神为奥主"和伸张民权的主张。我们可以断言章太炎以佛教催生革命道德的想法并不可行,纯属观念上的觉悟而不与现实利益结合,是不会有普遍的革命行动。只重视观念上的觉悟,或者只关心现实利益,都会带来危害。但章太炎提出成功的革命运动必须要有与之匹配的革命道德,这一见解是深刻的。

(二) 反对代议制政体

与康有为等改良派和孙中山等革命派醉心代议制不同,章太炎反对代议制,为此留下后期思想保守、向往专制、不懂宪政之恶名。萧公权梳理了章太炎反对代议制的三条理由。"一曰代议为封建遗制,不适于平等之社会。二曰中国地广人众,势不能行代议。三曰议员不能代表民意。"② 其实,这一归纳反而挫灭了章太炎思想的锐利和锋芒。综观当今代议制民主在各国带来的困境,再看章太炎发表于1908年《民报》第24号的《代议然否论》③,可窥视其价值一二④。近代西方代议制究竟是西方历史的特殊产物还是具有普世价值,中国政治制度应该是基于自身历史还是完全效仿西方,在这个问题上,章太炎显然赞成前者而否定后者。尤其在1906年再次东渡日本后,他

---

① 章太炎:《无神论》,《章太炎全集》第4册,上海人民出版社1985年版,第396页。
② 萧公权:《中国政治思想史》下卷,商务印书馆2011年版,第845—847页。
③ 《章太炎政论选集》上册卷3(中华书局1977年版),以下所引不再一一标注。
④ 发表于2018年5月11日观察者网站的王锐《历史国情与制度设计——章太炎〈代议然否论〉再解读》一文肯定章太炎否定代议制的思想价值,则代表中国与世界格局发生深刻变化后的新视角。

不再将来自西方的各种制度视作天经地义，这就与当时的立宪派和革命党人的观点格格不入。章太炎说："代议政体者，封建之变相，其上置贵族院，非承封建者弗为也。"① 事实上，离开欧洲世袭制封建贵族的历史就很难理解近代欧洲的代议制政体。章太炎认为，欧洲各国实行代议宪政时离封建不远，而日本还不及一世，人民习惯于以贫富确定社会等级，习惯于贵族与平民等级差别，习惯于由贵族和豪族代行政治权力。而中国情况完全不同，此时离封建制结束已有两千年，"秩级已弛，人民等夷，名曰专制，其实放任也。故西方有明哲者率以中国人民为最自由"，如果让"废官豪民"成为议员，梗塞在政府与人民之间，产生新的世袭家族，结果是挫抑民权，而不是伸张民权。章太炎说："选举法行，则上品无寒门，而下品无膏粱。名曰国会，实为奸府。"那些当选议员往往不能真正代表民意，"坐而论道，惟以发抒党见为期，不以发抒民意为期"，制定的法律都是有利于富人而不利于穷人。章太炎说："今使议院尸其法律，求垄断者，唯恐不周，况肯以土地平均相配？"既得利益代言人绝不肯颁布平均地权之类的法律，反而会强化自身利益造成更大的不平等。很不幸，辛亥革命后民国政府议员的种种表现被章太炎言中。任何政治体制的设计都是为实现特定目标服务，离开了特定社会的价值追求，再美好的制度和设想都是空的，甚至有危害性。章太炎批评代议制，称"代议政体必不如专制为善，满洲行之非，汉人行之亦非，君主行之非，民主行之亦非"，核心还在于代议制无益于伸民权，无益于民生，也无益于民族自立和统一。章太炎认为现在所谓的新党依然难以摆脱"旧染旧俗"，依靠师生、年谊、姻戚、同乡拉帮结派。他尤其对中国浓厚的地方主义保持清醒认识，认为是造成大小利益群体的根

---

① 章太炎所称"封建"是贵族分封制，不是现代术语中的封建。

源之一。①

既然代议制不行，章太炎提出分权、宣民意、法治等主张。章太炎的分权思想是对"三权分立"的变通。总统行使行政、国防外交等事务；司法长官受理诉讼包括对总统的诉讼；教育长官独立，负责学校事务②；制定法律既不由政府，也不由豪右，由"明习法律者与通达历史周知民间利病之士参伍定之"。除了分权，还要保障集会言论出版权以宣民意。当然，最引起注意的当是章太炎的法治思想。他毕生努力的学术目标是"融会华梵、贯通东西"，建立与时代适应的思想体系，这就与康有为"托古"以改制有所区别。如果说以康有为为代表的改良派试图通过曲解历史，用《春秋公羊》微言大义阐述西方思想和变法主张，章太炎则以新的价值观整理国故，以中西互促的方式阐述自己对中国问题的见解。其成功与否，另当别论，但其影响同样深远。章太炎认为，为了倡言法治，须对中国历史人物和学术思想以新的尺度重新评价。章太炎赞誉被儒家詈骂两千多年的秦始皇，他说："世以秦皇为严，而不妄诛一吏也。由是言之，秦皇之于孝武（汉武帝）则犹高山之与大湫；其视孝文（汉文帝），秦皇犹贤也。"③ 始皇帝之功唯其能推行法治。他采取抑儒、墨而扬商、韩的态度，认为商、韩任法看似苛刻其实宽大，明太祖用理学治国看似仁义其实残刻。在共和还是专制上，章太炎不为名称所惑，提出"共和之名不足多，专制之名不足讳，任他人与之称号"，如果名义上共和而不依法而治，其弊不下于专制。晚清后期，黄宗羲《明夷待访录》地位如日中天，广受革命派和改良派赞誉，章太炎早年也对黄

---

① 《箴新党论》曰："今人至爱其乡邻，较诸爱国为甚。夷貉在前，视之自若，而鄙夷他省，辄以为鱼蛇虎狼之不如。一人秉权，则乡人倚之而起，一人失职，则乡人从之而衰。"《章太炎政论选集》，中华书局1977年版，第341页。

② 章太炎明显有以"道统"（学校教育为载体）指导"治统"（政府）的思想。

③ 《章太炎政论选集》，中华书局1977年版，第500页。

氏仰慕不已。但是，当立宪派借助黄宗羲宣传代议制，尤其有人借黄宗羲否定秦政专制，章太炎开始转而批评黄宗羲，维护法家地位。《非黄》篇认为黄宗羲学术不如顾炎武，名节不如王夫之。对于这桩公案，大部分学者认为章太炎借否定黄宗羲学术地位来否定代议制，批评康、梁和孙中山，并不是对黄宗羲真有意见。但不管如何，可以看出章太炎法治思想的缺陷——只注重法治的实用价值，而忽视法治的内在精神。

（三）俱分进化观

章太炎从倡民族革命欲使汉族摆脱清朝统治开始，继而倡民权、实现平等，最后归于人类个体实现解放。但是，在最后一个问题上，他遇到很大的困惑，终于蹈入佛学苦海，追求至高的"无政府""无聚落""无人类""无众生""无世界"的"五无境界"。晚清后期风靡整个社会、影响力最大的莫过于进化思想，自严复翻译的《天演论》一出，遂成为各家各派论述政治主张、学术观点的依据。章太炎初期也接受自然、人类社会不断趋于高级的进化观，随着对欧美社会了解的不断深入，看到欧美社会"以病贫笺挞死者，视以罢工横行死者，一岁之中，数常十倍"[①]，尤其受唯识宗的影响，开始否定原来的看法，提出"俱分进化"思想。《俱分进化论》[②] 认为进化思想在欧美学者有两种观点，一种是"达尔文、斯宾塞辈应用其说，一举生物现象为征，一举社会现象为征。如彼所执，终局目的，必达于尽美醇善之区，而进化论始成"。属于进化论中的乐观派。一种是"赫衰黎氏（赫胥黎）与之反对"，"徒以世运日进，生齿日繁，一切有情，皆依食进，所以给其欲求者，既有不足，则相争相杀，必不可

---

① 《章太炎政论选集》，中华书局1977年版，第378页。
② 《俱分进化论》原载《民报》1906年9月第7号。

已"。因"物竞天择、适者生存",人类的罪恶和进步同时并起。属于进化论中的悲观派。严复就说:"以天演言之,则善固演也,恶也未尝非演。"① 章太炎不否认进化一说,但是倘若"云进化终极,必能达于尽美醇善之区,则随举一事,无不可以反唇相稽"。章太炎不是进化论中的乐观派,进化论不支撑人类社会将至善至美的愿望。他认为:"彼不悟进化之所为进化者,非由一方直进,而必由双方并进。专举一方,惟言智识进化可尔。若以道德言,则善亦进化,恶亦进化;若以生计言,则乐亦进化,苦亦进化,双方并进,如影之随形,如罔两之逐景。"② 人类社会中,随着善的扩大,恶也在扩大;乐的增加,苦也在增加。这就是章太炎的"俱分进化"观。表面上,人类似乎在进化,物质生活不断进步,博爱平等不断倡导,但就人类残暴而言,连虎豹都不如。"虎豹虽食人,犹不自残其同类,而人有自残其类者。"太古时代,人类为争夺水草、巢穴,相杀相残不计其数,也只是依靠体力,直到发明了火器,有了国家,则"一战而伏尸百万,喋血千里,杀伤已甚于太古"③。所谓追求幸福只是扩张兽性而已,文明之愈进,斯蹂践人道亦愈甚。善无穷则恶无穷,乐无穷则苦无穷,欲望越多,失望就越大。这似乎是人类悲惨命运的真实写照。章太炎抱着悲悯之心,钻入佛教寻求人类个体的"解放"之路。

唯识宗认为"万法唯识",其"识"有八种,即:眼、耳、鼻、舌、身、意、末那、阿赖耶。前五识属于感官与外界接触产生的感觉,第六识"意"相当于知觉,第七识"末那"是沟通前六识与第八识的桥梁,相当于思维,第八识"阿赖耶"是"种子识",包括原

---

① 严复:《天演论卷下·演恶第十五》,科学出版社1971年版。
② 章太炎:《俱分进化论》,《章太炎全集》第4卷,上海人民出版社1985年版,第386页。
③ 章太炎:《俱分进化论》,《章太炎全集》第4卷,上海人民出版社1985年版,第387页。

型世界的一切。章太炎以"熏习"说解释为何善恶、苦乐同时进化。"本有种子"本无记,无善无恶,但因"熏习"而掺杂善恶,成为"始起种子"。既然种子不能有善无恶,世界也不能有善无恶。再加上"末那识"执着于"阿赖耶识",以为有自我而恋恋不舍,产生好真、好善、好美、好胜之心,一切罪恶和痛苦也就如影相随。萧公权认为:"章氏之政治哲学以个人为其中心点。彼认定个人之本身,即其生活之目的。一切社会关系皆缘个人之自择以产生,一切之社会制度皆为个人之自利而敷设。"① 这是一种源于大乘佛学的个人主义,同庄子一脉的个人主义有相同之处,但与西方源于原子论的个人主义有本质的区别。②(1)前者的理论基础是"众生平等""万物玄同",人对于社会和他人本无责任③;后者的理论基础是"天赋人权",根据契约履行对社会和他人的义务。(2)前者以"无害于人"为原则,以"不害于人"为边界④;后者以"个人拥有权利"为原则,并以"权利不受侵犯"为边界。(3)前者以人类个体不受任何束缚为目的,为恶不可,为善也不必(无善无恶);后者以个人权利得以保障为目标,权利受到损害为恶、反之为善(善恶分明)。(4)前者的个人最终趋向自我否定——无我,我仅仅是一个幻觉而已;后者的个人是真实的存在,满足个人欲望才是实在的。按照前一种个人主义,以社会存在为不必要,势必造成"个人自足"的分散状态(一盘散

---

① 萧公权:《中国政治思想史》下卷,商务印书馆2011年版,第854页。
② 汪晖试图将章太炎的个人观念与西方的原子论、否定性自由联系起来,暗示章太炎思想的现代性。《现代中国思想的兴起》下卷第二部,生活·读书·新知三联书店2015年版,第1028、1033页。汪晖显然是不了解中国道统的传承关系,不了解中国式个人主义思想的渊源。
③ 《四惑论》:人"非为世界而生,非为社会而生,非为国家而生,非互为他人而生"。《康有为全集》第4卷,中国人民大学出版社2007年版,第444页。
④ 《四惑论》:"然则人伦相处,以无害为其界限。"犹如一只人畜无害的小白兔。《康有为全集》第4卷,第445页。

沙），后一种个人主义，虽以个体为前提，但强调合作对个体的保障意义，最终造成个体密切合作的社会组织。这恐怕是东西方两种个人主义在近代遭受不同境遇的主要原因。很显然，无论从社会集中能力、社会动员能力、社会团结能力以及集体荣誉感、牺牲精神，近代中国远不如西方。除了专制统治这一因素，与中国传统的个人主义、自由主义泛滥有莫大关系。章太炎在《五无论》①提出人类个体获得"解放"，实现最彻底的个人主义的理想图景。一为无政府，政府本身就是罪恶；二为无聚落，人类大多纷争皆因地理物产富饶不同，如果"农为游农，工为游工，女为游女"就会避免争夺；三为无人类，人有执着"我见"，须断绝此心方可；四为无众生，因无人类还不足以证"无上之果"，须断绝众生之念；五为无世界，世界本无，并非实有。如此，人类进入涅槃境界方得解脱。章太炎从一个不畏清廷暴政，决意掀起民族革命以保全汉族之激情四射，到世界虚幻，破一切种族、物我界限，以"五无"使人类脱尽苦海之冰心一片。章太炎对人类最终归宿的深思并非独一无二，而是与谭嗣同、康有为等人有共同之处，与中国近代刘师培等的无政府主义思想有共同的文化背景。

　　章太炎作为排满革命的倡导者，最终在五四运动后走向赞成军阀割据和背孙反共的路子。作为特立独行的一代学问家，却对当时新发现的甲骨文极度反感，《理惑论》还对此进行批驳，既否认甲骨文，也对研究者罗振玉进行谩骂和嘲讽。②看来当一个人被固有观念束缚的时候，最终限制了自己的思想范围，人要免入此藩篱确实有点难。正如《思维简史——从丛林到宇宙》的作者惊讶于爱因斯坦如此固执地反对量子理论，就是因为量子的不确定性与其固有观念不符。他

---

① 原载于《民报》1907年第16号。
② 根据章太炎传记作者许寿裳的说法，章太炎在晚年改变了看法。参见《章炳麟传》，中国言实出版社2015年版，第144页。

写道:"爱因斯坦一直到死都相信他的说法将在某天被证明是有道理的。"① 可惜这一天永远不会到来了。

三　邹容的《革命军》②

与章太炎作为一代学术宗师投身民族革命不同,《革命军》作者邹容是热血青年,是另一种类型的革命者。邹容(1885—1905年),四川巴县人(今重庆市),出生于富裕家庭。邹容于1902年秋东渡东京,1903年年初返回上海,与章太炎结为莫逆之交,《苏报》案发后主动到巡捕房投案,1905年4月3日在狱中被折磨至死,年仅二十岁。1912年3月29日,南京临时政府追授其大将军称号③。孙中山说:"邹容著《革命军》一书,为排满最激烈之言论,华侨极为欢迎;其开导华侨风气,为力甚大。"④《革命军》前后翻印二十多次,上百万册,影响空前,激发出清末的革命浪漫主义情绪——只要有了革命,一切都会好起来,而这正是掀起一场革命所需要的。《革命军》的价值在此。年仅十八岁的邹容在写作此文时极尽渲染革命之激情、革命之功效。"巍巍哉,革命也！皇皇哉,革命也！""呜呼！我中国今日不可不革命；我中国今日欲摆脱满洲人之羁缚,不可不革命；我中国欲独立,不可不革命；我中国欲与世界列强并雄,不可不革命；我中国欲长存于20世纪新世界上,不可不革命；我中国欲为

---

① 引自[美]伦纳德·蒙洛迪诺《思维简史——从丛林到宇宙》,龚瑞译,中信出版社2018年版,第350页。

② 邹容所著《革命军》发表于1903年,本书引文采用中华书局1971年版。

③ 章太炎在《赠大将军邹君墓表》云:"民国元年,临时政府赠大将军,四川军府以礼招其魂归,大总统孙公亲拜遣焉。"见《革命军》,第41页。

④ 孙中山:《建国方略》,中国长安出版社2011年版,第70页。

地球上名国、地球上主人翁，不可不革命。"读了这段文字，如果不是既得利益者，想必人人都会心潮澎湃。他继续写道："革命者，天演之公例也；革命者，世界之公理也；革命者，争存争亡过渡时代之要义也；革命者，顺乎天而应乎人者也；革命者，去腐败而存良善者也；革命者，由野蛮而进文明者也；革命者，除奴隶而为主人者也。"清晰地表达了革命的性质，革命的意义。邹容的《革命军》思想由三部分组成，一是发端于王夫之、顾炎武、黄宗羲等的民族主义，二是改良派和革命派的爱国救亡思想，三是西方近代以来卢梭、穆勒等人著作以及欧美资产阶级革命思想。他把当时各方面的共识，所认可的观点融会一起，用浅显的文字表达出来，起到了革命教科书的作用，哺育了一代人投身民族革命。《革命军》历数清朝专制政府的罪恶，其词、其句读后使人哀恸而涕流不止，其情、其理闻后令人切齿而拍案奋起。仅慈禧的"量中华之物力，结友邦之欢心"，荣禄的"与其授家奴，不如赠友邦"，可知清廷无耻、下作到何等地步！《革命军》历数汉人卑微奴性，其摇尾乞怜、三跪九叩，不知自耻、不知自悟，直让人羞愧而无地自容，哪有我皇汉民族曾有的威仪三千、气冲云霄。刚毅曾言："汉人强，满人亡"，清廷谕告必有"受朝廷数百年豢养深恩"，可知汉人只是数百年来被"豢养"的牛马。稍有血性的人，读了《革命军》，岂能不为"驱除鞑虏、恢复中华"而誓死效力？

有革命行动，须有革命教育。这是《革命军》表达的重要思想。邹容引用意大利革命领袖马志尼的话——"革命与教育并行"，提出"革命之前，须有教育；革命之后，须有教育"。邹容认为：革命有两种，"有野蛮之革命，有文明之革命。野蛮之革命，有破坏，无建设，横暴恣狙，适足以造成恐怖之时代，……文明之革命，有破坏，有建设，为建设而破坏，为国民购自由平等独立自主之一切权利，为国民增幸福"。教育内容由三加四构成。所谓三，一当知中国者，中国人之中国,即反对清廷以及一切侵占我权利的异族,推行民族革命;二当知平等自由大义,即反对君主制及一切民贼、独夫,推行民主革命;三当知政治法律之观念,即政治统一、实行法治,人民无政治观念,灭亡随之,人之所以无自由,乃是无法律。所谓四,一养成上天下地惟我自尊、独立不羁之精神;二养成冒险进取、赴汤蹈火、乐死不疲之气概;三养成相亲相爱、爱群敬己、尽瘁义务之公德;四养成个人自治、团体自治、以进人格之人群。邹容提出,"革命必剖清人种""革命必先去奴隶之根性"。所谓"剖清人种"是以种族独立自主为根本,他悲恸于中国民族意识的缺乏,"满清入关,称大清朝顺民;联军破北京,称某某国顺民;香港人立维多利亚纪念碑,曰'德配天地';台湾人颂明治天皇功德,曰'德广皇仁'"。他要同胞跳入大海去洗尽这种大耻辱!所谓去"奴隶根性"是以国民自尊自爱为根本,而奴隶"呼之不敢不来,麾之不敢不去,命之生不敢不生,命之死不敢不死","得主人之一盼,博主人之一笑,如获异宝、登天堂";"婴主人之怒,则俯首屈膝,气下股栗"。他要同胞们万众一心拔去千年奴隶根性!

正如邹容所说的,革命是为了建设。他仿照卢梭"天赋人权"和"人民主权"思想,提出"生命、自由及一切利益之事,皆属天赋之权利","男女一律平等,全体国民无上下贵贱之分","须经人民公许,建设政府","无论何时,政府所为,有干犯人民权利之事,人民即可革命"等。邹容最后提出六条建国大纲,"一、定名中华共和国;一、中华共和国为自由独立之国;一、自由独立国中,所有宣战、议和、订盟、通商及独立国一切应为之事,俱有十分权利与各大国平等;一、立宪法,悉照美国宪法,参照中国性质而定;一、自治之法律,悉照美国自治法律;一、凡关全体个人之事,及交涉之事,及设官分职,国家上之事,悉准美国办理"。这六条建国纲领,其国名与后来"中华人民共和国"国名仅有两字之差,后三条是完全依据美国体制，足见美国政体在当时中国知识阶层影响力之巨大。美国的今天就是我们的明天，只要我们奋起革命，就可以实现该梦想。可见革命的芳香是多么诱人而浪漫。《革命军》结尾处更是豪情万丈，"嗟夫！天清地白，霹雳一声，惊数千年之睡狮而起舞，是在革命，是在独立。皇汉人种革命独立万岁！中华共和国万岁！中华共和国四万万同胞的自由万岁！"

革命潮流浩浩荡荡，顺我者昌、逆我者亡！中国革命在邹容的《革命军》出版后就成为不可逆转之势，不得不发，无人能阻挡。此为邹容这一热血青年之大功。而与革命思潮对应的是体制内士大夫和上层实业家的社会改良思想。

第三十二章
近代社会改良

几乎与太平天国揭开革命序幕同时萌发的是社会改良思潮，这是由一批"体制内"士大夫和上层工商阶层主导的运动。正如革命运动源于早期的"反满复明"、现实矛盾和外来思想刺激等几重因素的综合，改良思潮也是内外部因素交汇而形成。士大夫中更法、求变意识可以追溯到庄存与（1719—1788年）和刘逢禄（1776—1829年）、宋翔风（1779—1860）的春秋公羊学，他们上承董仲舒、何休，形成了很有影响的常州学派（今文学）。刘逢禄、宋翔风为庄存与外孙，他们自认独得先圣微言大义于语言文字之外，牵合比附汉儒异议可怪之论，其实最初目的是以经学邀清廷恩宠，助其乾纲独断。刘逢禄所著《春秋公羊何氏释例》是该学派的代表作。龚自珍、魏源皆为刘逢禄的学生，以公羊三世说等为理论基础，揭开了晚清改良思潮的序幕。后来的维新派包括康有为在内，大多是今文学家，治公羊学。从这一意义上说，源于汉初的春秋公羊学既给董仲舒改制提供了理论依据，也在形成近代改良思潮上作用甚巨。

龚自珍（1792—1841年）在鸦片战争期间去世，其变法思想有更多的"原生态"特点。他认为导致"万马齐喑"局面的原因就在于"去人之耻，以崇高其身，一人为刚，万夫为柔"的君主专制。任何朝代都会经历"治世、衰世、乱世"，而清朝已到了衰世，"奈之何不思更法？"魏源不同于龚自珍之处，在于目睹鸦片战争而深受刺激，提出"变古愈尽，便民愈甚""师夷长技以制夷"等观点。他们有共同的思维方式，比如：天下之物无独必有对，"顺逆""治乱"相辅相成，天地间人为贵，以及托古议论、针砭时弊等，成为产生变法思想的本土资源。当现实中找不到变法的出路，龚、魏二人都不约而同地踏入佛学，期盼扩张"心力"实现救世图强的目的。特殊的社会背景，使晚清乃至民国初年，大乘佛学尤其唯识宗几乎成为知识阶层的显学、读书人的标配。接续龚、魏形成比较完整改良思想的当属冯桂芬。

一　冯桂芬

冯桂芬（1809—1874年），江苏吴县人，曾为林则徐学生，道光二十年（1840）进士，敬仰顾炎武（字亭林）的道德学问，其字"林一"、号"景亭"与之有关。太平天国运动期间，曾在苏州附近组织团练对抗，失败后转投李鸿章成为其幕僚。1860年冯桂芬避居上海期间著《校邠庐抗议》，系统阐述变法主张，那一年英法联军攻破北京城，焚烧圆明园。冯桂芬所著书的名称很有深意。"校"为校正之意，"邠"通豳，为商、周时古邑，大王亶父（文王祖父）居此地时因爱民而对入侵之夷行恕道，"邠"遂成为对外行恕道、羁縻夷狄的象征，"抗议"为"位卑言高之意"①。看来冯桂芬取此书名实有一番讲究。冯桂芬曾与太平军作战，见识了西方船坚炮利，深知没有外籍雇佣军（洋枪队）和英美协助，单凭清政府的力量很难剿灭

---

①　见《校邠庐抗议·自序》。《后汉书》卷80《赵壹传》："高可敷玩坟典，起发圣意，下则抗论当世，消弭时灾。"抗论即抗议。

太平军。内外刺激，促使冯桂芬改良思想的形成。《校邠庐抗议》初期影响不大，随着同治光绪年间洋务运动的发展，加之李鸿章的批注而影响日增。光绪皇帝亲政前经翁同龢推荐阅读此书，戊戌维新期间孙家鼐上疏光绪发中央政府官员签注意见，要求从中择出哪些可行哪些不可行，"由军机大臣进呈御览，请旨施行"①，使该书的影响到达高峰。

《校邠庐抗议》的价值在于最早提出系统改革建议，而每项改革措施必有传统思想资源作依据，"以不畔于三代圣人之法为宗旨"（《校邠庐抗议·自序》），显示出近代改良主义的特点。

1. 清醒认识中国所处的时代。"今之天下，非三代之天下比矣"，"三代"时大禹划分的九州可谓神州，因其周围全是蛮荒之地，"今则地球九万里莫非舟车所通，人力所到"，而"神州退为东南之一州"。（《校邠庐抗议·采西学议》）中国再也不是中央之国，人文荟萃之地。与陶醉于天朝上国迷梦的士大夫不同，冯桂芬对"彼何以小而强，我何以大而弱"有过比较，不是中国人天赋不如人，而是后天努力不如人，其具体表现在"人无弃才不如夷，地无遗利不如夷，君民不隔不如夷，名实必符不如夷"。（《校邠庐抗议·制洋器议》）冯桂芬所述的"四不如"，道出了中外之间的真实差距，不仅仅是军事武器落后。群狼环伺的险恶国际环境，中国之所以没有马上被列强瓜分，主要是列强相互钳制、国际力量均势造成。"中华为地球第一大国，原隰衍沃，民物蕃阜，固宜为百国所垂涎。年来遍绘地图，辙迹及乎滇黔川陕。其意何居？然而目前必无为者，则以俄、英、法、米四国地丑德齐，外睦内猜，互相钳制，而莫敢先发也。"（《校邠庐抗议·善驭夷议》）但单纯依赖均势并不可靠，只有自身富强才是治本之策，须改变闭关自守、故步自封的态度，取

---

① 翦伯赞等编：《戊戌变法》第 2 册，神州国光社 1953 年版，第 430 页。

他人之长、补自身之短。"法苟不善，虽古先吾斥之；法苟善，虽蛮貊吾师之。"（《校邠庐抗议·收贫民篇》）只要是好的，不管是谁的都可以学习。

2. 实施变法的基本策略。冯桂芬作为体制内的士大夫，受困于体制，面对极端保守的环境，唯有选择阻力最小的路径。① 先易后难，这几乎是大部分改良者的路径。冯桂芬提出："太史公论治曰：法后王，为其近己而俗变相类，议卑而易行也。愚以为在今日又宜曰：鉴诸国。诸国同时并域，独能自致富强，岂非相类而易行之尤大彰明较著者。如以中国之伦常名教为原本，辅以诸国富强之术，不更善之善者哉。"（《校邠庐抗议·采西学议》）表达两层意思。一是向西方学习易行。之所以"法后王"，是因为"后王"离今日近而风俗相同，所以易行。而今欧美诸国与我同处一时代，境遇类似，他能富强我又为何不能？二是要以中国的伦常名教为根本，吸取西洋强国之术为辅助。后一层意思，通常被认为是张之洞"中体西用"说的来源。② 针对"攘夷"论，冯桂芬认为，绝不能意气用事，要有能力才能攘夷。比如不用汤若望修订的历书，不用西洋钟表而用刻漏，不用枪炮而用弩弓，肯定不行。但是，冯桂芬坚持用夷器不代表用夷礼。

3. 梳理变法的具体内容。冯桂芬的改革涉及内政和洋务。内政有吏治、科举、税务、民生、军队等。洋务有设立船炮局，制造、维修枪炮舰船；设立翻译机构，大量翻译西方科技学术著作；分别在广

---

① 举一例可知当时整个社会的保守。曾国藩去世时，其灵柩由威靖轮船运抵故郡，抵达长沙后，湘绅哗然，数年不息。以为用洋轮运送灵柩辱没祖宗。转引自王尔敏《晚清政治思想史论》，广西师范大学出版社2005年版，第82页，注1。这还是在洋务运动已经开展的1872年，可见当时民风守旧程度。

② 中西关系是横穿中国近现代的大问题，关于其道与器、体与用、内与外、主与辅、本与末等关系，激烈的争论不仅伴随晚清社会改良、社会革命的全过程，还延续于新文化运动期间的思想交锋，也一直影响至今。

东、上海设立同文馆，招收本国十五岁以下儿童学习外语和西学等。这些举措大致分为"加法"和"减法"两大类。后来洋务运动的实践表明，"加法"容易，"减法"难，"加法"是因为能做到皆大欢喜，"减法"则很容易损害既得利益。比如，冯桂芬引孟子"国人皆曰贤，然后察之，见贤焉然后用之"，试图改变官员的任用和考察办法，"暗采西洋选举之法"①，这就损害现行体制下的士大夫利益，难以贯彻。相反，新设船炮局、同文馆，给西学优异者授举人，甚至开设特科取进士，容易实行。② 一个只有"加法"而缺乏"减法"的改革（如晚清改革），和一个很少"加法"却大量"减法"的改革（如王安石改革），似乎注定了最后的失败结局。改革之难，难就难在利益格局的重新调整。晚清改革看上去是顽固保守与改良维新之争，归根结底还是利益之争、权力之争，是守住一家一姓一族利益还是为全体百姓利益之争。历史上的改革莫不如此。

4. 提出有近代色彩的外交思想——驭夷术。王尔敏在《晚清政治思想史论》中专门对晚清外交思想作过梳理，认为："中国自古以来对于国际关系的维持，很受传统的理想所支配。"③ 换一种说法，外交是内政的延伸，反映着治国理念。中国传统对外关系，由两条主线构成，一条从"兴灭国、继绝世"形成"存祀"思想，不轻易进行殖民和屠杀；一条从天下国家形成"宗藩"思想，所谓贵夏贱夷，与周边国家建立朝贡体系。当西方殖民者用枪炮击碎了东亚国际秩序，如何定位中国与西方的关系就成了一个难题。冯桂芬敏锐地意识到该问题的困难。近代中国有两种极端，或者鄙视夷狄为禽兽，采取

---

① 萧公权语，见《中国政治思想史》下册，商务印书馆2011年版，第771页。
② 中国第一历史档案馆所藏的《〈校邠庐抗议〉签注本》中有523名清朝高级官员的签注意见，统计分析这些意见可以发现一个现象，对《公黜陟》（改革官员升降制度）认为不可行的比较多，而对《采西学》《制洋器》除个别守旧官僚，大多认为可行。
③ 王尔敏：《晚清政治思想史论》，广西师范大学出版社2005年版，第188页。

不接触、拒之门外的态度；或者畏惧夷狄如虎狼，采取息事宁人的态度，惧怕而不敢抗争。冯桂芬认为："夷人动辄称理，吾即以其人之法，还治其人之身。理可从，从之。理不可从，据理以折之。"冯桂芬注意到力量均势在对外交往中的作用。萧公权评论说："吾人当注意，冯氏所谓驭夷，实与传统思想中之'天朝'观念无涉，而与近代之国际交往观念相似。"① 冯桂芬开始朝平等国际关系思想转变。但是，冯桂芬"以理服人""以诚信结之"的"驭夷术"，还是传统思维在对外交往中的反映，依然对以攫取利益为最高原则的近代欧美外交缺乏清醒的认识。当然，由于中西方对"利益"为何物的不同理解，也带来很大困扰。曾国藩的观点很有代表性。他认为外夷侵我关税、辱我官民、烧我园林、夺我财物都是小事，惟有不毁我宗庙、助我剿匪才是大事。为了大事，小事又何必计较？② 曾国藩的利益观在士大夫中很有代表性，既没有天下百姓的利益，也没有国家民族利益，只有朝廷的利益、皇帝一家一姓的利益。连最开明的封疆大吏都固守这样的利益观，那么近代二三流国家也能轻易从清政府获得治外法权就不难理解了③，而对于李鸿章之流的表现就更不奇怪了。④

---

① 萧公权：《中国政治思想史》下卷，商务印书馆2011年版，第770页。
② 《曾文正公手书日记》，同治元年五月初七日记载："余以欲制夷人，不宜在关税之多寡，礼节之恭倨上着眼……吾辈着眼之地，前乎此者，洋人十年八月入京，不伤毁我宗庙社稷，目下在上海、宁波等处助我攻剿发匪，二者皆有德于我，我中国不宜忘其大者而怨其小者。"
③ 在与英国签订《南京条约》后，为了表示清皇帝公正无偏以及所谓的以夷制夷，所有西方国家都能在中国轻易取得各种单方面的最惠国待遇。
④ 梁启超评价李鸿章："只知有洋务，而不知有国务"，"不知国家之为何物，不知国家与政府有若何关系，不知政府与人民有若何之权限，不知大臣当尽之责任"。（梁启超：《中国四十年来大事记》，中华书局1989年版，第33页。）

二 张之洞

戊戌维新时期同时得到光绪、慈禧赏识的一部书是张之洞的《劝学篇》。张之洞（1837—1909年），祖籍直隶南皮，同治二年（1863）进士、探花，既是晚清清流派首领，又是洋务派中的实干家，曾任湖广总督、署理两江总督、军机大臣等。历史上有三部"劝学篇"，荀子的《劝学篇》名扬千古，福泽谕吉的《劝学篇》晓谕日本，张之洞的《劝学篇》毁誉参半，毁在不识时务，誉在实干精神。张之洞此书写于甲午战败、民心思变的大背景之下，康有为一派开始在清廷占据势力。他自序："于是图救时者言新学，虑害道者守旧学，莫衷于一。旧者因噎废食，新者歧多而亡羊。旧者不知通，新者不知本。"（《劝学篇·序》）因此，他要在"知本""知通"两方面用力。

在"知本"方面。张之洞把当前的要务归为三，"一曰保国家，一曰保圣教，一曰保华种"。其逻辑关系是"保种必先保教，保教必先保国"。（《劝学篇·内篇·同心第一》）一般来说，有国才有家的"家国情怀"是每一个中国人的血脉所系，但张之洞把国等同于大清国，落脚在"尊朝廷、卫社稷为第一要义"，既不合时代之趋势，也不合民贵君轻之道统。他宣称："自汉唐以来，国家爱民之厚，未有过于我圣清者也"，甚至认为"本朝立法平允，其仁如天"，古今中外从没有本朝"宽仁忠厚"。（《劝学篇·内篇·教忠第二》）如此厚颜无耻地自吹自擂，更激起反满复汉革命者的仇恨。① 张之洞的保教

---

① 章太炎批评说"多效忠清室语"；梁启超在《饮冰室文集·自由书》中诅咒说："不三十年将化为灰烬，为尘埃，其灰其尘，偶风扬起，闻者犹得掩鼻而过之。"

说不过是维护"君为臣纲，父为子纲，夫为妻纲"，他继续将"三纲"视为是圣教的精髓，不仅辱没了时代，也辱没了孔孟。孔子的君臣对等，孟子的民贵君轻，张之洞全给过滤掉了。当听说有人要公然废除"三纲"，他用了"怵心骇耳"（《劝学篇·内篇·明纲第三》）表达自己的震惊，用词很是精准。张之洞所说的"华种"其实是指"黄种人"，包括日本人①。在甲午战败以后，这种种族观自然很不合时宜。尤其不合时宜是反对"民权"，认为"民权之说无一益而有百害"，"民权之说一倡，愚民必喜，乱民必作，纪纲不行，大乱四起"，"盖惟国权能御敌国，民权断不能御敌国，势固然也"。（《劝学篇·内篇·正权第六》）将国权与民权相互割裂、对立，与"民可近、民惟邦本，本固邦宁"的传统思想背道而驰。在变革的时代，洋务派官员张之洞依然继承了传统中国道统中最为顽固保守的那一支，确实令人惊讶。

在"知通"方面，张之洞显示出务实作风。提出"西艺非要，西政为要"的观点，确实比之前只关注物质层面的要高出一筹。《劝学篇·外篇》十五篇提出"开士智""赴外游学""办学校""译书""办报纸"以及发展农工商、矿业、铁路等，其措施大致可行。张之洞被后人称誉之处，在于实干。他准确观察到中国长期偏居东亚带来的惰性，他说："历朝一统，外无强邻，积文成虚，积虚成弱。"（《劝学篇·内篇·知类第四》）当整个社会都沉迷于空虚之文辞，岂有不弱之理？在他倡议主持下，修筑卢沟桥至汉口的京汉铁路，兴办

---

① 张之洞的种族观是西方种族思想和中国传统族类的混合，他说："东及环海之朝鲜，海中之日本，其地同为亚洲，其人同为黄种，皆三皇五帝声教之所及，神明胄裔种族之所分。"（《劝学篇·内篇·知类第四》）后来的康有为也将日本视为同文同种，称日本为诸夏，兄弟之邦。参见《康有为全集》第五集，中国人民大学出版社2007年版，第141页。早年孙中山也有同样的看法："日本不然，与我国利害相关，绝无侵略东亚之野心。"参见《孙中山全集》第3册，中华书局1981年版，第26页。这说明中国形成现代民族意识之曲折艰难。

自强学堂（武汉大学前身）、农务学堂（华中农业大学前身）、三江师范学堂（南京大学前身），筹办汉阳铁厂（中国近代第一座大型钢铁厂），开办湖北织布局等，为古老中国奠定了最早的近代工业基础。另外，还赞助康有为成立强学会，支持梁启超创办《时务报》，支持湖南巡抚陈宝箴成立南学会等。但在听闻慈禧转变态度后，立即改变自己，显示出沉浮官宦之人的练达和油滑。尤其在捕杀唐才常、剿灭自立军后，张之洞与康梁立宪派彻底决裂。立场决定态度，"屁股指挥着脑袋"，作为官员的张之洞很难摆脱。若与福泽谕吉的《劝学篇》对比，更可看到两者的差距。他们都从劝学入手，强调教育的重要，一个是培养具有独立、平等精神的人，另一个是培养恪守旧纲常的奴才。"张之洞的《劝学篇》虽然晚出二十多年，书中也不乏新思想新观念，但保守的思想陈腐的观念比比皆是。"①

三　郑观应

相对于士大夫出身的改良派，出身上层工商界的官员，形成了改良派中的另一支，或称立宪派。立宪派在甲午战后开始崛起，成为晚清最后十年的主流。郑观应著于1894年的《盛世危言》是其最初代表。郑观应（1842—1922年），广州香山县（今中山市）人，与唐廷枢等称为晚清四大买办。戊戌维新时期，光绪下旨将《盛世危言》印刷两千册分送各大臣阅读，产生很大社会影响。② 郑观应在《初刻自序》中说："德相俾士麦谓我国只知选购船炮，不重艺学，不兴商

---

① 张之洞：《劝学篇》，陈山榜评注，吉林出版集团2011年版，第266页。
② 这种影响也波及身处韶山冲这个偏僻小山村的少年毛泽东，他回忆说："我常常在深夜里把我屋子的窗户遮起，好使父亲看不见灯光。就这样我读了一本叫作《盛世危言》的书，这本书我非常喜欢。"[美]埃德加·斯诺：《西行漫记》，董乐山译，生活·读书·新知三联书店1979年版，第108页。

务，尚未知富强之本，非虚言也。"因此，他首次提出"立宪法""开议会"，在中国实行君主立宪思想。他认为，"西人立国具有本末"，而"中国遗其体而求其用"，永远不可能富强。按郑观应的理解，议会的目的主要是解决"君民之间势多隔阂，志必乖违"（《盛世危言·议院上》），也就是冯桂芬提出的"君民不隔不如夷"的问题。通过议会使君相、臣民上下气通，心志如一，就可以做到"如身使臂，如臂使指，合四万万之众如一人，虽以并吞四海无难也"。如果"上下一心，君民一体，尚何敌国外患之敢相陵侮哉？"他把君主立宪看作比船坚炮利更重要的制度设计。郑观应长期在英国的洋行工作，对西方列强有更清醒的认识。"盖国之强弱相等，则籍公法相维持；若太强太弱，公法未必能行也。"（《盛世危言·公法》）所谓国际公法，实质是国际力量均势的结果，如果力量失衡就不会有公法。他说："公法仍凭虚理，强者可执其法以绳人，弱者必不免隐忍受屈也。是故有国者，惟有发愤自强，方可得公法之益。倘积弱不振，虽有百公法何补哉？"（《盛世危言·公法》）时至今日，所谓国际法依然如此。

郑观应和张之洞一样，是实干家，其一生都在兴办实业中度过。深痛西方商业势力侵夺中国的经济权益，故而提出"习兵战不如习商战"（《盛世危言·商战上》）的主张，"国既富矣，兵奚不强？"商业利益是国家核心利益，经济实力决定着军事实力，其言论、其思想诚为可贵。在富和强的关系上，郑观应说："能富而后可以致强，能强而后可以保富。"（《盛世危言·商战下》）一语就可看出郑观应思想的深邃——国富是国强的基础，国强是国富的保障。

挖掘传统思想资源并与西学结合提出改良思想是维新派人士的一个共同现象，郑观应自然难免此路数。在发展过程中，又逐渐分出两条线。一条线是向内寻求价值支撑，用创新的传统思想资源来阐述变法思想，下文所述谭嗣同是一个代表，康有为也属于这条路子。另一条线是向外寻找真理，用西学方法论来审视传统思想资源提出变法要求，严复是其代表。这是中国近代仁人志士的两条路径。历史证明，唯有将两者结合起来才是正途。

四　谭嗣同

谭嗣同（1865—1898年），字复生，号壮飞，湖南浏阳人，戊戌维新时曾任军机章京，失败后慷慨就义，其"流血变法"思想激励了一代革命党人开展"流血革命"。谭嗣同对近代中国有重大影响，"我自横刀向天笑，去留肝胆两昆仑"的大无畏精神，成为中国人的一座永恒丰碑。唐才常1900年发动自立军武装起义，邹容发表《革命军》，章太炎用无神论新宗教推行革命道德，革命党人牺牲精神，甚至于新文化运动等，都有谭嗣同的影子。在知与行上，强调"吾贵知，不贵行也"①。与孙中山的"知难行易"有同样的思想逻辑。有学者把谭嗣同看作"中国近现代政治激进派和文化激进派的源头和先行者，是全盘西化的思想家"②。这样的评论并不准确，有用谭嗣同为自身背书的味道，因为实际情况正好相反。"晚清政治思想的形式，不是单纯的西化问题，而是传统文化新生延续的问题，不光是求新而且也有复古。它以传统学识为基础，并吸收西方新知，融会贯通，而产生属于这个时代的新观念。"③ 这一现象，在谭嗣同以及康有为、孙中山身上都有明显体现。西化、复古、融合、创新，构成近代中国思想史的主线。谭嗣同思想比较复杂，其民族思想和对君主制度的批判来源于王夫之、黄宗羲等，其世界观源于大乘佛学尤其是唯识宗以及墨、庄，社会变革思想源于春秋公羊学、龚自珍的"心力"

---

① 谭嗣同：《仁学二·四十八》，华夏出版社2002年版。
② 参见李泽厚《说西体中用·再说西体中用》，上海译文出版社2012年版。
③ 王尔敏：《晚清政治思想史论》，广西师范大学出版社2005年版，第19页。

论，同时，还大量掺杂他所能理解的西方自然科学、社会科学以及基督教思想。谭嗣同用西学（尤其是自然科学知识）解释中国传统概念，拓展了传统思想的内涵，赋予其新意；又用传统思想比附西学，使西学一些重要概念发生变异、曲解。下面分别述之。

《仁学》是谭嗣同最重要的著作，其目的如《自叙》云："冲决网罗"。谭嗣同的使命是要冲决束缚人类的一切网罗，如利禄之网罗、君主之网罗、伦常之网罗、全球群教之网罗，以及佛法之网罗等。从万法唯识的观点看，所有束缚人类的可见的、不可见的，有形的、无形的，物质的、精神的网罗，甚至于佛法，因没有自性、没有永恒性，都不是真网罗，都是可以冲决的。"然真能冲决，亦自无网罗；真无网罗，乃可言冲决。"（《仁学·自叙》）从视宇宙为虚空的佛学引出冲决网罗的变革思想，是谭嗣同思想的独特之处。

谭嗣同将源自希腊，为当时一些西方物理学家执着追寻的"以太"作为世界的本原。佛说的大千世界、世界海、法藏世界，就充斥着不生不灭的"以太"。他用道听途说的一些自然科学知识，说明宇宙万物、人类身体无不弥漫"以太"，无不由"以太"组成，因此"以太"有贯通宇宙、联通万物之性。他把"以太"与"仁"看作体用关系，那么以"以太"为体的"仁"，必然有"通"这一最本质的特点。"是故仁与不仁之辨，于其通与塞。通塞之本，惟其仁不仁。"他用《易》作旁证，"故《易》首言元，即继言亨。元，仁也；亨，通也。苟仁，自无不通"。（《仁学一·四》）他用佛经为依据，"佛说：'百千万亿恒河沙数世界，有小众生起一念，我则知之。虽微至雨一滴，能知其数。'岂有他神奇哉？仁之至，自无不知也。"（《仁学一·五》）"通则仁，塞则不仁"——成为谭嗣同仁学思想的基础。"仁"有了与前儒完全不同的含义（孔子认为是"爱"、二程认为是"生"）。当然，谭嗣同将"仁"等同于"通"不是没有任何传统依据，汉儒训仁为相人偶，就包含人与人相通之义。他进一步扩展说："通有四义：中外通，多取其义于《春秋》,以太平世远近大小若一故也;上下通,男女内外通,多取其义于《易》,以阳下阴吉、阴下阳吝、泰否之类故也;人我通,多取其义于佛经,以'无人相,无我相'故也。"(《仁学·界说》)这"四义"是谭嗣同赋予"仁"的基本含义。他要以此为思想武器去评判、批评当下的现实,提出变法的主张。

"中外通"是"仁"的首义。数十年来,学士大夫们皆自称求仁,但是,"及语以中外之故,辄曰'闭关绝市',曰'重申海禁',抑何不仁之多乎!"天地万物都要以"仁"相通,"况同生此地球而同为人,岂一二人之私意所能塞之?"(《仁学一·四》)因此,中国与欧美通学、通政、通教、通商、通邮是体现"仁"的必然结果,否则就是"不仁"。接着他进一步阐述"仁—通"的意义,"通之象为平等","不生不灭,仁之体","不生与不灭平等,则生与灭平等,生灭与不生不灭亦平等"。(《仁学·界说》)既然"平等"是公理,君臣、父子、夫妇之间岂有不平等之理?"五伦中于人生最无弊而有益,无纤毫之苦,有淡水之乐,其惟朋友乎顾择交何如耳,所以者何?一曰平等;二曰自由,三曰节宣惟意。"所以"以朋友之伦独尊"。(《仁学二·三十八》)谭嗣同有一条思路清晰的逻辑链条:宇宙由"以太"组成,它无处不在、无处不通;"仁"是"以太"之用,具有"通"这一本质属性;再从"通"的四义,推导出加强中外交流、倡导社会平等。

但是,这一思想基础之上建立的"通商""平等"观,与西方的"通商""平等"有着本质区别。这一点必须给予足够的注意。同样一个概念,由于支撑着它的文化传统有很大不同,其含义就有本质性差异。谭嗣同眼里,西方诸国与我通商,是"相仁之道也,两利之道也,客固利,主尤利也","西人商于中国,以其货物仁我,亦欲购我之货物以仁彼也"。(《仁学二·二十三》)谭嗣同以为西方的通商缘起于"财均","不互相均,不足言均也",与我通商那是在仁我。对方以通商仁我，而我岂能"以不仁绝人之仁"，因此"庶彼仁我，而我亦有以仁彼"。(《仁学二·二十三》)谭嗣同用"相通为仁、天下大同"的思维看待中外商业贸易，构建出又一个田园牧歌式的童话世界。如果说丹麦安徒生善于讲童话故事，那只是送给孩子们的礼物。中国士大夫也有善于构思童话故事的传统，但这样的童话故事是讲给精英人物听的。这些童话故事牢牢占据近代中国政界、学界乃至一部分现代中国成年人的头脑。但西方文化思维下的通商，完全不是那么回事！无论是重商主义还是亚当·斯密倡导的自由贸易，均建立在对本国利益理性而精密算计基础之上，与军事一样是实现本国利益最大化的、必不可少的两柄利器。晚明时期，西班牙面临对华贸易巨额逆差，晚清早期，英国同样有巨额贸易逆差，可惜西班牙国力不逮，只能采取减少对中国商品需求或寻找替代品等办法，而英国自恃国力强大，则采用鸦片走私和武力威逼双管齐下。买办出身的郑观应头脑反而更为清醒，他看到"英迭为通商而灭人国，初与中国开战，亦为通商之故"。(《盛世危言·商战下》)相比之下，谭嗣同作为"体制内"的士大夫，思想何其单纯而天真！在"平等"观上，谭嗣同本着"佛即众生、众生皆佛""宇宙万物都由以太组成"这一终极意义上看待平等，"生固非生，灭亦非灭"，则"生"与"灭"也平等。这种抽象意义上的"平等"，在现实生活中，表现为人人自主、不受拘束这种模糊的绝对平等和平均。传统中国社会是一个绝对不平等与绝对平均交织在一起的矛盾体；是一个绝对控制与绝对散漫的奇怪混合体。谭嗣同的平等观出自佛学，又与庄子的"齐物"，孔子的"患不均"思想一脉相承。西方所述的平等，侧重在权利平等、法律平等，而对基于规则基础上产生的不平等，不认为是不平等。[①]

[①] 孙中山倡导的平等观摆脱传统的束缚，比较接近西方的平等观，参见本书第三十四章。

第三十二章　近代社会改良

比如，须拥有一定财产，属于白人，是成年男性才能拥有投票权，在同时代的19世纪西方看来绝对是公正、平等的，那是基于"同一规则"。中国道统的平等观，更注重结果的平等——患不均。① 不仅是"通商""平等"，谭嗣同还用庄子的"在宥"来比附"自由"，使"自由"含义产生变异。"人我通"是"仁—通"的本义，既然人与他人不分彼此，也就没有国家。"地球之治也，以有天下而无国也。庄曰：'闻在宥天下，不闻治天下。'治者，有国之义也；在宥者，无国之义也。□□□曰'在宥'，盖'自由'之转音。人人能自由，是必为无国之民。"（《仁学二·四十七》）摆脱国家的束缚是自由，摆脱伦常关系束缚是自由，彻底遵循自然才是真自由。谭嗣同对自由的理解，源于庄子的摆脱一切人为的、社会的束缚的自由观。既与英美的公民自由不同，也与德国古典哲学把自由理解为对必然性的认识有区别。同样说"自由"，却是两种完全不同的自由观，两种不同的自由传统。中国道统下的自由是彻底和绝对的自由，是摆脱社会羁绊的、独往于天地之间的个人自由，每个个体彼此缺乏社会关联，形同散沙。而这样的自由通常为近代以来的中国革命领袖所批评。②

谭嗣同的历史使命是"冲决网罗"，其中"名教网罗"和"君主

---

① 马克思作为西方资本主义社会的批判者，同样反对权利平等、法律平等甚至按劳分配原则，写于1875年的《哥达纲领批判》中说，按劳分配原则"这种平等的权利，对不同等的劳动来说是不同等的权利"，因为"它默认不同等的个人天赋，因而也就默认不同等的工作能力是天然特权。所以就它的内容来说，它像一切权利一样是一种不平等的权利"。马克思要消除因个人能力不同而产生的不平等，追求结果平等，这与中国道统的平等观有相似性。由此会产生出一个奇怪的逻辑，为使低素质劳动获取同样的报酬，须减少高素质劳动的权利，即用不平等的权利矫正能力差异带来的不平等。

② 孙中山曾说："因为中国没有这个名词（指自由），所以大家都是莫名其妙。但是我们有一种固有名词，是和自由相仿的，就是放荡不羁这句话。"见《三民主义》，第86页；毛泽东在《反对自由主义》一文中列举了自由主义各种表现，如：不作原则上的争论、一团和气；不是积极向组织提建议，只有自放自流；事不关己高高挂起，明哲保身；办事不认真，敷衍了事等。实质是庄子、"竹林七贤"这一派的自由传统在现实中的表现。《毛泽东选集》第2卷，人民出版社1991年版，第359—361页。

专制网罗"是主要的。与一般的认识不同,谭嗣同更多地利用传统思想资源作为批判的武器。庄子曾借许由的口说:"名者,实之宾也。吾将为宾乎?"(《庄子·逍遥游》)谭嗣同套用此话说:"以名为教,则其教已为实之宾,而决非实也。"(《仁学一·八》)危害中国数千年的三纲五伦,所谓的忠孝节义,不都是人创造出来的"名"吗?哪有"实"可言!"名"成了正名分、定尊卑、钳制天下的工具,这就是"名教"的实质。"君以名桎臣,官以名扼民,父以名压子,夫以名困妻,兄弟朋友各挟一名以相抗拒"(《仁学一·八》),虽然有反抗的,但在忠孝名节下,连反抗的意志都会丧失。猪狗被杀,犹能奋力呼号,没人因此责备猪狗;而人因名教被诛,甚至于不敢申辩,旁人以为应该如此。历史上,关龙逢、比干、屈原、伯奇、申生之流,不都是因此而饮恨于漫漫之长夜。一些更不幸的,长期背负着恶名而无从洗刷。"仁"之乱,就始于以"名"为实,其中的黑暗全以"名教"之名掩盖。但是,"仁"作为"以太"之用,并不因乱而亡,"无能亡之者也,亦无能亡也"。(《仁学一·九》)谭嗣同把"以太"看作大乘佛学的万有本体——"实相""真如""佛性",它"不生不灭、可生可灭"。世界上动植物形态各异,不过是各类化学元素的组合。万物因不同的元素结构、不同的数量,呈现出不同的特性。比如香、臭,似乎差异很大,其实只是内部元素结构不同,"苟以法改其质点之聚,香臭可互易也"①。佛说万物皆无"自性",因其表现出的特性不过是64种化学元素的不同组合而已,而化学元素皆由"以太"构成。只有"以太"是恒定的,所以说"以太"不生不灭;"以太"又能产生万物,所以说"以太"可生可灭。作为"以太"之用的"仁",也是不生不灭、永恒存在。谭嗣同还用

---

① 《仁学一·十一》中谭嗣同用所能知道的一些化学元素知识为自己的观点作论证。

当时能了解的一些自然科学知识说明不生不灭的道理，比如，水与蒸汽，土与陶器，沧海与桑田等，形态变了但元素都没有改变。① 谭嗣同从中引申出"生死观"。他批评"好生而恶死者"，是不知"不生不灭"的道理，明知是义，因恐惧死亡而不敢为，当祸不及于身时，又纵肆于恶。人体不过是各种元素的组合，"皆用天地固有之质点粘合而成人，及其既敝而散，仍各还其质点之故，复他有所粘合而成新人新物。生固非生，灭亦非灭"。(《仁学一·十三》) 人的生死，仅仅是元素的聚散，因此谭嗣同说："是故学者当知身为不死之物，然后好生恶死之惑可袪也。"(《仁学一·十三》) 从中我们可知谭嗣同视死如归的精神来自何处。大乘佛学塑造了谭嗣同的世界观，但他并非是佛教徒，而是章太炎所说的无神论宗教的信奉者。一个有神论者，慑于地狱之火、末日审判、因果报应而选择有道德的生活，不过是出于惧怕和功利；而一个彻底的无神论者，深知生死不过是物质形态的聚散，由此所迸发的献身精神和道德自律，完全是自觉和超越功利的。谭嗣同说："若夫不生不灭之以太，通天地万物人我为一身，复何亲疏之有？亲疏且无，何况乎乱？"(《仁学一·十四》) 既然天地万物人我均由"以太"构成，本来就是一体，哪有你我、亲疏之分。他赞赏墨子"兼爱"，反对儒家亲疏、贵贱的礼制，冲决名教网罗。

谭嗣同反对君主专制思想和民族主义思想，在维新派中独树一帜。萧公权曾说："康氏变法，重在保清。谭氏维新，则纯出爱国。"他甚至遗憾谭嗣同误于康有为而"无缘参预兴中会"②。谭嗣同对秦

---

① 为叙述的简洁，以上根据谭嗣同《仁学》的"十一""十二"诸篇中的观点概括。"元素"一词，谭嗣同用"原质"，基于当时科学认识，认为基本元素有六十四种。如果不用已被现代物理学证伪的"以太"概念，转用构成宇宙的"基本粒子"概念，谭嗣同的论证逻辑依然合理。

② 萧公权：《中国政治思想史》下卷，商务印书馆2011年版，第713页。

汉以来中国政治和学术的批判，有一句话常为人所引用。"故常以为二千年来之政，秦政也，皆大盗也；二千年来之学，荀学也，皆乡愿也。惟大盗利用乡愿；惟乡愿工媚大盗。二者交相资，而罔不托之于孔。"（《仁学一·二十九》）如何理解这段话？谭嗣同认为孔学衍生两大支，"一为曾子传子思而至孟子，孟故畅宣民主之理，以竟孔之志；一由子夏传田子方而至庄子，庄故痛诋君主"。（《仁学一·二十九》）可惜这两支都没有传人。以后荀况冒孔子之名，为君权张目，李斯、叔孙通之流为个人的富贵，取媚于始皇帝和汉高帝，使学术与政治相互利用、同流合污，汉唐宋明以来莫不如此。谭嗣同眼光深邃，看到历史上的君主专制，与封建纲常、学术思想合流，两者相互利用、相互支撑。欲打倒君主专制，就必须打倒封建纲常以及秦汉以来的学术传统。这一思想被后来的新文化运动所继承。谭嗣同认为："君统盛而唐、虞后无可观之政矣，孔教亡而三代下无可读之书矣！"（《仁学二·三十一》）若有价值的，只是"黄梨洲《明夷待访录》"和"王船山之遗书"，而顾炎武继承程、朱，君统而已，不值一提！谭嗣同从王夫之、黄宗羲思想中，提炼出民权思想。"生民之初，本无所谓君臣，则皆民也。民不能相治，亦不暇治，于是共举一民为君。"（《仁学二·三十一》）从这个前提出发，得出若干结论：民择君而非君择民；民本君末；君可举可废；君只是为民办事等。"止有死事的道理，决无死君的道理。"（《仁学二·三十一》）人可以为理想而死，不可以为君主而亡。对于异族入主中原，野蛮征服文明所造成的恶果，谭嗣同尤为痛恨。江淮以北，为华夏族发源地，曾经是天府膏腴之地，人文荟萃，而今日北方五省凋敝不堪，与游牧民族入主中原后被辟为大牧场，生产力遭破坏有很大关系。成吉思汗之乱、忽必烈之虐还有《心史》记述，而清朝入关后的暴行数百年间无人敢记述，只《明季稗史》记有《扬州十日记》《嘉定屠城纪略》，其屠杀掳掠，莫不如是。在清朝统治下，如今"尚有十八省之华人，宛转于刀砧之下，瑟缩于贩贾之手"。（《仁学二·三十三》）谭嗣同的民族主义思想与反对君主专制思想互为表里、相互强化。"誓杀尽天下君主，使流血满地球，以泄万民之恨。"（《仁学二·三十四》）这种激越的思想对后来革命思想的高涨起到推波助澜的作用。作为湖南人，他激烈抨击曾国藩湘军对太平天国运动的镇压，对平民百姓的屠杀。"虽洪、杨所至，颇纵杀，然于既据之城邑，亦未尝尽戮之也。乃一经湘军之所谓克复，借搜缉遗匪为名，无良莠皆膏之于锋刃，乘势淫掳焚掠，无所不至。"（《仁学二·三十五》）他认为湘军残暴尤为酷烈，致使东南诸省三四十年不能恢复元气，所谓的中兴功臣，恰恰是孟子的"服上刑者"。这一思想影响到后来革命党人对太平天国运动的评价。清朝统治的非法性，还在于人心丧失。"当日本去辽东时，民皆号泣从之。"（《仁学二·三十五》）因"三国干涉还辽"迫使日本将辽东还给清政府时，当地百姓竟然哭泣而不愿日本人离去。如果不是清廷害民残民，何故如此？读了谭嗣同这段话，可以让每个华夏族人痛若心绞、悲恸流泪！一个如此害民、残民之政府，继续存在实在是天理难容啊！

谭嗣同综合运用中外思想资源，批判"好古""好静""好柔""好俭"等传统价值观，建立与变法维新相适应的新价值观。他用孔子"革去故，鼎取新""日新之谓盛德"，提出"天不新，何以生？地不新，何以运行？……以太不新，三界万法皆灭"，"孔曰：改过，佛曰：忏悔，耶曰：认罪，新之谓也"，因此必须抛弃"好古"，倡导"变法""求新"。（《仁学一·十八》）他批评老子"言静而戒动，言柔而毁刚"，成就了"无是无非之乡愿天下"。这个社会没有是非、没有活力、用人不问贤否，最终"不过力制四万万人之动，挚其手足、涂塞其耳目"。他认为"西人之喜动，其坚忍不挠，以救世为心之耶教使然"，孔教、佛教更是强调"威力""勇猛""大无畏"等品格。他还反驳把佛、老混同，皆为求静的观点，认为"故夫善学佛者，未有不震动奋厉而雄强刚猛者也"。(《仁学一·十九》) 除了柔静，谭嗣同认为对中国祸害最大的莫过于"俭"字，"若夫力足以杀尽地球含生之类，胥天地鬼神以沦陷于不仁，而卒无一人能少知其非者，则曰俭"。(《仁学一·二十》) 他从若干方面来论证。首先，俭与奢是相对的。要说奢之极，莫过于佛，以金刚为地、珠宝为座，装饰各种香花衣云。要说俭之极，莫过于禽兽，既无居室也无衣裳，饥不得食。离开某一客观标准，俭与奢无从判断。其次，俭和奢与发展水平相关。如果以日用千金为奢，但每天收入有万金，岂不是俭；如果以日用百钱为俭，但每天收入低于百钱，岂不是奢。最后，一味崇俭会阻碍农、工、商发展。传统的"俭"往往以节衣缩食为能事，缺乏增值财富的愿望，"今日节一食，天下必有受其饥者；明日缩一衣，天下必有受其寒者"。(《仁学一·二十》) 谭嗣同通过观察认为，最可怕的是，富贵之家以"俭"为名，却"阴行豪强兼并之术，以之欺世盗名焉"。一些富贵之家"自苦其身，以剥削贫民为务"，最后导致贫富严重对立，致使贫民沦为盗贼，富户也难逃厄运，结果是"人人俭而人人贫"(《仁学一·二十》)。谭嗣同反对"俭"，提出"倡导开源、慎言节流"，用机器去开矿、耕田、做工。他看到机器在提高劳动生产率、使百姓富裕的作用，"一人百日为之不足，用机器则一人一日为之有余"。(《仁学一·二十一》) 谭嗣同反对"俭"，最终目的是"人人皆可奢，则人之性尽；物物皆可贵，则物之性亦尽。"他说："私天下者尚俭，其财偏以壅，壅故乱；公天下者尚奢，其财均以流，流故平。"(《仁学一·二十二》) 用现代经济学的观点来看，不无道理。财富是在流动中不断增值，并在流动中实现再分配；财富不是蓄积的金银或货币，而是服务于天下苍生的能力。

部分是出于主观愿望，部分出于主观臆测，谭嗣同将佛教、孔教、耶教等同，而以佛教为最高、为最终皈依。他说："三教不同，同于变；变不同，同于平等。"(《仁学一·二十七》) 谭嗣同认为，由于佛的国土无所谓"神圣之主",能独伸其大同之说,不受独夫民贼的钳制,所以"佛遂以独高于群教之上"。但是,"三教教主一也,吾拜其一,则皆拜之矣"。对比谭嗣同与宋明道学,前者崇佛,但用佛学的表包裹着近代思想,后者黜佛,却是儒表佛里,其思想内核有很多佛老观点。考察晚清和民国时期学术思潮的代表人物,很多属于这一类型。对此,梁漱溟评论说:"印度人的出世人生态度甚为显明实在不容否认的。而中国康长素、谭嗣同、梁任公一班人都只发挥佛教慈悲勇猛的精神而不谈出世,这实在不对。"① 从现实观察,从出世的佛教中不可能推导出革命精神、牺牲精神、忘我精神。

讨论近代改良思想,研究中国现代思想起源,还有一个不能绕过的人物,那就是严复。他的《天演论》永久性地改变了近现代中国人的思维方式,准确地讲,他给中国人的天道观注入新鲜内容,震撼并瓦解传统天道观。这是严复的成功之处,也是严复成功的原因。

五 严复

严复(1854—1921年),出生于中医世家,福建侯官县人,十四岁时入福州船政学堂,二十三岁入英国皇家海军学院学习,后长期在北洋水师学堂任教。由于严复非科举出身,为提高社会地位,曾发愤治学博取功名,1885—1893年间四应乡试但均名落孙山。1892年,经李鸿章保奏,严复获得道员身份(正四品)。② 严复在官场和科举上不得意,却是一位成功的西学研究者。严复留学期间接触过同时期

---

① 梁漱溟:《东西文化及其哲学》,商务印书馆2010年版,第81页。
② 《侯官严先生年谱》,《严复集》,中华书局1986年版,第1548页。

西方学术著作，但"对西洋社会形成精深系统的认识，还在于回国后持续不断的努力钻研"①。梁启超对晚清的东学西渐有一评论："晚清西洋思想之运动，最大不幸者一事焉，盖西洋留学生殆全体未尝参加于此运动。运动之原动力及其中坚，乃在不通西洋语言文字之人。……故运动垂二十年，卒不能得一健实之基础，旋起旋落，为社会所轻。就此点论，则畴昔之西洋留学生，深有负于国家也。"② 真正对本国体制不满、立志变法的，基本不是正规的国外留学生，这在近代中国历史上是很耐人寻味的现象，但梁氏深以为"最大不幸"。严复之所以是留学生中的例外，关键是回国之后依然坚持不懈研读中华元典，有扎实的中学根基。由此看到，推动晚清变革的力量正是浸润于中华传统的学人而非正儿八经的留学生，凭着对西方的一知半解和主观想象③，以满腔的救亡热忱构思出独特的中国近现代思想。严复有研究、成系统的翻译工作，将西方思想的引入达到一个新高度。他先后翻译赫胥黎《天演论》、斯宾塞《群学肄言》、斯密《原富》、穆勒《群己权界论》、孟德斯鸠《法意》等，尤其是《天演论》产生了空前的影响。令人困惑的是，一种在西方尚有很大争议的"进化"思想，为何一夜间在全中国流行，上至士大夫下至学童无不为之慑服？相反，对西方社会产生重大影响的《国富论》（《原富》）、《论自由》（《群己权界论》）、《法的精神》（《法意》）并未在中国产生预期的反响。一种通行的解释是《天演论》所传递的"适者生存""物竞天择"思想刺激了因甲午战后中国人亡国灭种的危机感，适应了救亡图存的需要。但实际情况要复杂一些，其中《天演论》能与

---

① 皮后锋：《严复评传》上册，南京大学出版社2011年版，第20页。
② 梁启超：《清代学术概论》，东方出版社2012年版，第85页。
③ 这种误解正如16—17世纪甚至18世纪初欧洲对中国的误解，当时一些西方学者美化中国，借以批评当局。

中国道统契合有极大关系。① 严复采用意译方式，几乎是随心所欲地对原著进行删削增添，表达出与原著有所不同的意义，这在《天演论》翻译中尤其明显。《天演论》用语艰深考究，文字古朴典雅，是一本"与晚周诸子相上下之书"②。严复事前并不期望有多少人能看懂《天演论》，但正是这本"待而得其人"的书，在近代中国掀起滔天骇浪。③

（一）天演与天道

19世纪欧洲持进化观点的代表人物，如法国博物学家拉马克（Jean-Baptiste Lamarck），英国博物学家达尔文（Charles Robert Darwin），英国哲学家、社会学家斯宾塞（Herbert Spencer），英国博物学家赫胥黎（Thomas Henry Huxley），他们在关于进化的论述方面存在明显的差异。拉马克发表于1809年的《动物哲学》首次提出生物从低级向高级发展进化的观点，生物在一定环境中生存，随着环境的改变，生物的习性、器官发生改变，因"用进废退"和"获得性遗传"，生物的变异和进化就此发生。其核心思想是生物具有主动适应环境的能力。可惜的是，这位进化论的先驱却在贫穷和寂寞中度过一生。1859年，达尔文发表《物种起源》，通过大量翔实的材料证明了生物物种的进化过程。由于生存空间和食物的有限性，过剩繁殖的生物必然引发生存竞争；生存竞争迫使生物发生随机变异，只有最有利的变异个体存活下来，其余被自然淘汰；当环境的变化具有方向性，

---

① 近年来，阐述此类观点的著作、论文增多。如皮后锋：《严复评传》，南京大学出版社2011年版；张洪彬：《天演论与传统有机宇宙论》，《周易研究》2015年第1期等。

② 严复：《天演论·吴汝纶序》，科学出版社1971年版。

③ 欧阳哲生认为："译著实际上对原著作了根本性的颠覆"，"与其说是严复翻译的西方学术著作，不如说是他为维新运动锻造的思想利器"。评价很客观！《进化论与伦理学·导读一》，北京大学出版社2010年版。

有利的变异个体所获得性状经过长期遗传积累而发生显著变化，从而产生新的物种。其核心思想是生存竞争和自然选择，也就是我们熟知的"物竞天择""适者生存"。达尔文的生物进化论将基督教支持的"神创论"逐出了生物领域，因此获得巨大声誉。与生物学家拉马克、达尔文不同，作为哲学家、社会学家的斯宾塞，几乎在同时构思一种涵盖自然界和人类社会的普遍进化论。《物种起源》从生物学角度为进化论奠定坚实基础，给了斯宾塞以极大的鼓舞。斯宾塞在其《第一原理》中提出，除了宗教这一不可知领域以外，所有的现象世界，包括自然界、人类社会都呈现普遍进化。现象世界背后蕴藏着我们永远不可知的实在，这个实在可以用物质、运动和力来表达，它推动着普遍进化，但深层的含义我们无法理解。斯宾塞将进化的思想引入社会领域，倡导自由放任的竞争，以社会达尔文主义著称于世。作为生物学家的赫胥黎是进化论的坚定支持者，但是，他认为人类社会与动物有区别，不能简单套用生物界的生存竞争法则。人类的进步有赖于在"为己"（self-assertion）和"克己"（self-restrain）中寻求平衡。他在《进化与伦理》（严复翻译《天演论》的底本）中表达了这一核心思想。他区分宇宙进程（cosmic process）和道德进程（ethical process），前者是体现"为己"的生存竞争，最适者生存，后者体现"克己"的同情心，使道德上最优秀的人得以生存，从而使整个族群适于生存，道德进程抵抗着宇宙进程。面对上述不同的进化观点，严复作何种取舍并向处于"学问饥荒"[①]的晚清各界介绍"天演"思想呢？

严复将进化（evolution）翻译为天演，更能体现本义。中文语境下，"进化"体现出进步、发展，而"天演"一词更为中性，既有发展也有倒退，符合达尔文、赫胥黎的本意。但斯宾塞的"进化"观

---

① 梁启超语，见《清代学术概论》，东方出版社2012年版，第85页。

更为乐观和积极，体现着发展进步的历史观。严复的"天演"介于两者之间，同时，又体现出一种西方学者有所不曾有的思想——明显带有"万物一体""天人合一""天道主宰人事"的思维模式。严复深受"天人合一"宇宙观的浸润，适用于自然界、生物界的进化论，同时适用于人类社会，不仅不存在思维上的障碍，反而认为是必然的。因此，严复赞成斯宾塞的普遍进化论——天地人同受"天演"这一天道支配。他认为，斯宾塞"举天地人形心性动植之事一贯之，其说尤为精辟宏富"。(《天演论·导言一》)若再深入分析，严复的天演论与斯宾塞的普遍进化论并不完全相同，因为斯宾塞没有将现象世界之外的宗教和独立于宇宙之外的上帝囊括于进化之中，而严复将天演视为天道——宇宙本体，所有一切无不在演化之中。"天演为体，而其用有二，曰物竞，曰天择。此万物莫不然"(《天演论·导言一》)，"明天道之常变，其用在物竞与天择"，天演为"万化之宗"。(《天演论·导言十五》)在中国人的天道观中，天代表一切，即便有鬼神或上帝也只是与"天"同体。在严复看来，所有一切都受制于天演。如果说斯宾塞和赫胥黎的进化论依然为宗教和上帝保留一席之地，在严复那里就完全没有。斯宾塞社会有机体的思想很容易被严复所接受，因为古代中国宇宙观本身就是有机宇宙论。这种宇宙观把宇宙看作自我创生、自我展开、自我更新、自我演变、自我发展的过程，并不需要有一个空间外于宇宙、时间上先于宇宙的实体——造物主来创造宇宙。在很长一个时期，中国人的这种宇宙观阻挡住基督教在中国的传播①，但这种非神创的宇宙观却很容易接受普遍进化论。董仲舒说："道之大原出于天，天不变，道亦不变。"(《汉书·

---

① 晚清时期传教士韦廉臣(1829—1890年)在其《格物探源》中反复说明上帝不是天、不是太极，上帝和宇宙并不同一。他还举例说，当我们看到一艘精巧的轮船，肯定会想到有一位智慧的造船者，而面对如此精巧有秩序的宇宙，怎么可能没有一位绝顶聪慧的造物主存在。转引自《周易研究》2015年第1期。

董仲舒传》）他并不是否认宇宙的变易，只是说宇宙的本体——天道永恒，这个永恒的天道主宰着生生不息的宇宙万物，如同今天我们认为物质运动是永恒不变的，严复认天演为天道，天演是不变之道，一切都在变，唯一不变的就是变。"故知不变一言，决非天运"，"虽然天运变矣，而有不变者行乎其中。不变惟何？是名天演"（《天演论·导言一》）。严复为了能够让自己所表述的天道观为中国人所接受，将一切都在变化的思想用孔子的"逝者如斯夫"来比对，用理学的"静者，未觉之动"（《天演论·论一》）来释读。严复用天演诠释的天道，对中国人既熟悉又陌生，当被各阶层读书人接受的同时，传统天道观悄悄地倾覆了。按照这样的天道观，万物无时无刻争存亡——失败的灭亡、成功的存活，上天只选择最合适的存在，无论是自然界还是人类社会都无法逃脱天演的命运（天命）。这样的天道观，既没有鬼神的一席之地——没有奖善罚恶一说，也没有天理人欲一说，更没有因果轮回一说①。严复向晚清中国人介绍的"物竞天择"天道观，为使近现代中国人接受现代意义上的宇宙观、价值观打开一条通道。

斯宾塞深受牛顿力学体系的影响，用物质、运动和力来解释进化的机理，严复套用《易·系辞上》"夫乾，其静也专，其动也直，是以大生焉；夫坤，其静也翕，其动也辟，是以广生"，认为牛顿的"静者不自动，动者不自止，动路必直"（惯性定律）与易的"静专""动直"意思相通，还认为天演是"翕以合质（物质），辟以出力，始简易而终杂糅"，与"静翕"，"动辟"的意义相同（《译天演论自序》）。他说："所谓质力相推者，相剂（济）为变者，亦天演最要义。"（《天演论·导言二》）严复试图用"一阴一阳"和"一翕一辟"来解释天演的内在原因，即万物进化的机理（斯宾塞的解释

---

① 见《天演论》之《论五天刑》《论六佛释》《论七》等篇。

未必更"科学"),便于中国读者理解。为使人对生存竞争和自然选择的恐怖性留下更深刻印象,严复在案语中介绍马尔达(马尔萨斯)人口理论,以及北美、澳大利亚土著几近灭绝的事实,说明生存竞争之残酷,"有术者既多取之而丰,无具者自少取焉而啬。丰者近昌,啬者邻灭",从而激发"保群进化之图"。(《天演论·导言三》)严复在《译天演论自序》中表达了翻译此书的用意,一是"以其所得于彼者,反以证诸吾古人之所传"。二是"与吾古人有甚合者,且于自强保种之事,反复三致意焉"。他尽管反对"西学中源"说,但坚持认为通过学习西学可以阐释古人之意,而"自强保种"则最合古人之意。这一点严复确实做得很好,他把西方思想编织进中国古语之中,赋予传统话语体系以崭新的现代内容,同时也给译自西方的概念增添不同于西方话语体系下的意义,最终用于实现严复心中的愿望——激起国人"自强保种"的热忱。在即将兴起的新文化运动中,严复的努力似乎遭受挫折。新一代青年人不仅认为"西学中源"纯属臆测,而且认为中国古代思想与现代西方思想根本不存在相通之处,中国古语体系无法表达新思想,他们希望斩断与传统的联系,要建立新的白话文来诠释现代意义。但是他们依然用承载中国道统的思维方式理解译自西方的概念,增添西方语境下所没有的意义,形成中国化的西方思想。就此来说,严复的努力又是成功的。

严复另一个"成功"之处是,开始用"科学之律令"(天演公理)替代中国人意识中的支配人类社会的"天命",通过这种嫁接使近代以来的中国人强化了一种观点:社会和自然界一样,都受同样的科学规律支配;这个科学规律揭示了人类社会由低级到高级,不断发展进步的过程。严复对斯宾塞用进化论思想写就的《社会学原理》五体投地。在《群学肄言》序中写道:"群学何?用科学之律令,察民群之变端，以明既往、测方来也。"① 严复深信西方社会学（群学）已发现了社会进化的普遍规律，赞成斯宾塞的社会不断进步而日趋完善的思想。这种思想极其深刻地影响着同时代的知识分子群体，并通过他们的宣传影响到普通人。几十年后，借助马克思主义在中国的广泛传播，这种理念进一步刻印在中国人的心里。人类社会经历原始社会—奴隶社会—封建社会—资本主义社会，这一对欧洲历史现象的抽象成为对所有社会都适用的模式。中国社会历史的独特性开始湮没于西方中心论之中，只是作为"亚细亚生产方式"的非主流、非典型社会发展路径才会被偶尔提及。

（二）天行、人治与天演

吴汝纶（1840—1903 年）作为桐城派的代表人物，与严复亦师亦友，深为《天演论》所折服，其所作序言中，将该书主要内容概括为"天行人治、同归天演"，其宗旨在"以人持天，以人治之日新，卫其种族之说"，使读者"怵焉知变"。吴汝纶的看法不仅代表了当时大多数人读了该书后的看法，也代表了严复本人的意见。所谓天行，是指"任天为治"，很容易使深谙传统的中国人想到黄老的"无为而治"，任由自然法则起作用。所谓人治，是指"以人持天""与天争胜"，自然会联想到荀子的"大天而思之"不如"物畜而制之"，"从天而颂之"不如"制天命而用之"，以及刘禹锡的"天人交相胜"。但不管天行还是人治，都笼罩在天演——适者生存的天道之下，它是宇宙万物难以逃脱的天命。它给人这样的印象：中国历史上的两种治国术统一于天演；在这样的天道下，唯有维新求变，适应变化的环境，才能保国、保教、保种；天行人治的内容必须变革、完善。现代中国人接触进化论可能不会产生这种印象，但 19 世纪末，

---

① 《群学肄言》，严复译，朝华出版社 2017 年版，第 5 页。

中国人接触进化论一定会产生这种印象。不同的知识结构、不同的社会背景决定了不同的意义诠释，正是"出乎意料"的诠释，使进化论转化为近代中国人发愤图强，投身改良或革命的强大动力。至于严复的《天演论》是否准确释译赫胥黎在《进化与伦理》中所表达的意义反而不重要了。我们主要关注严复对天行、人治的诠释及其表达的意义。

《天演论·导言四》用一块人迹罕至的蛮荒之地和一座人工栽植的花园解释天行、人治，前者任植物自然生长，最宜者存活，后者依人的想法删剪，也是合适者生存。前者依靠"天择"，后者依靠"人择"，但都无法摆脱生存竞争，都是最合适者生存。天行使"物各争存，宜者自立"；人治则"立其所祈向之物，尽吾力为致所宜"。（《天演论·导言六》）天行、人治都是对物种进行选择，都是物竞的一种方式。"特前之竞者，竞宜于天；后之竞也，竞宜于人。"（《天演论·导言六》）严复首先把天行、人治看作两种不同的治国方略。"斯宾塞之言治也，大旨存于任天，而人事为之辅，犹黄老之明自然"，而赫胥黎"亦什九主任天之说者，独于此书，非之如此，盖为持前说过者设也"。（《天演论·导言五》）赫胥黎是为了矫正独崇"天行"的弊端而提出"人治"。其次，表面上对立的天行、人治，又是同原，同归天演。他说："不出同原，人治天行，不得同为天演"，"同原而相反，是所以成其变化者耶。"（《天演论·导言五》）"夫园林台榭，谓之人力之成可也；谓之天机之动，而诱衷假手于斯人之功力以成之，亦无不可"。（《天演论·导言五》）严复用"天工人代之"来解释天行、人治的同原关系，都受制于适者生存的法则。最后，万物都有求生的本能，"由是而推之，凡人生保身保种，合群进化之事，凡所当为"。（《天演论·导言五》）不同族群彼此竞争，只有适应的才能存活下来。严复列举了全球各地外来物种入侵本地，致使本地物种灭绝，以及"美洲之红人""澳洲之黑种"每年都在不断减少等事例，说明"物竞"之残酷。"谁谓必本土固有者，而后称最宜哉？"（《天演论·导言五》）严复没意识到美洲印第安人、澳洲原住民被大批灭绝有什么伦理上的困惑，而认为是天演的必然结果。这种思想影响着几代中国人，从而形成这样的观念：不认为西方列强侵略中国有什么道德上的困难，关键还是自己不争气，弱者就该挨打。

为增强天演的权威性，严复认定天演之说由来已久。"考天演之学，发于商周之间，欧亚之际，而大盛于今日之泰西。"（《天演论·论三》）天演下的生存竞争（物竞）有三个层面：一是人与自然的斗争，二是人与人之间的斗争，三是族群（国）与族群（国）之间的斗争。关于人与自然的斗争。达尔文和斯宾塞、赫胥黎都认为自然选择对早期人类产生过重大影响，当人类组成社会后，自然选择受到遏制，道德与理智占据主导。人类社会本身就是抗拒自然选择的产物。赫胥黎把这一过程描述为"道德进程"对抗"宇宙进程"。而严复将这一问题理解为天行与人治——天人关系，"天人之际，其常为相胜也若此"。（《天演论·导言六》）即天人交相胜。想赢得与自然斗争的胜利，人类必须形成群体并避免因内部的生存斗争而导致群体涣散。以英国人殖民澳洲为例，要征服自然环境和当地土著，内部必须团结合作，发挥出群体的力量。① 严复得出结论："知合群之道胜耳。故霸者之民，知受治而不知自治，则虽与之地，不能久居。"（《天演论·导言七·案语》）他举例说，中国二十多处租界里，英国人最多不过千余人，但秩序井然，如同一个国家；而闽粤之民远赴南洋的有近亿人，终究不免如奴隶般被驱使。这就是"能群"和"不能群"的差别。能群（能够组织起来）就能保身保种，不能群（不能组织

---

① 《天演论·导言七》："使其通力合作，而常以公利为期。养生送死之事备，而有以安其身；推选赏罚之约明，而有以平其气。"

第三十二章 近代社会改良

起来）则会被淘汰。①

对于群体内部的竞争，严复对斯宾塞自由放任的主张持反对态度，单纯用自由竞争方式淘汰弱者，不过是"以邻为壑，会有穷时，穷则大争乃起"。他在导言九的案语中说："瑞典旧行之民欲婚嫁者，须报官验明家产及格者，始为拌合。然此令虽行，而俗转淫佚。天生之子满街，育婴堂充塞不复收。"意思是说瑞典旧版民法规定结婚必须要有一定的财产，结果私生子满大街、充斥育婴堂。人与人之间既不能采取自然选择（天择）的方式，也不能采取人为选择（人择）的方式。人类经营园艺和畜牧可以采取人工选择优良品种的方式，那是因为人的智力远超动植物。但是，人类并不存在"独知前识"的超人，"以人择人"的"择种留良之术"必不可行。即便如欧洲由"公举公治之议院"来决定，也不行。因为"久矣合群愚不能成一智，聚群不肖不能成一贤"。（《天演论·导言十》）在群体内部关系上，严复赞成赫胥黎的观点，要遏制基于"为己"（严复翻译为自营）而发生的斗争，主张在为己和克己之间取得一种平衡。"自营（为己）甚者必佚于自由，自由佚则侵，侵则争，争则群涣，群涣则人道所恃以为存者去。故曰自营大行，群道息而人种灭也。"（《天演论·导言十三》）群体内部的争夺将导致内乱和凝聚力下降，致使群体涣散、人种灭绝。他引用班固的话，"不能爱则不能群，不能群则不胜物，不胜物则养不足。群而不足，争心将作"。（《天演论·导言十三》）严复在案语中强调："能群者存，不群者灭；善群者存，不善群者灭。"

通过人治保证中国能在族群之间的生存竞争中胜出，是严复关注的重点。相比一百多年前的严复，现代中国人能够对西方学者的观点

---

① 在以后中国革命实践中，"组织起来"成为工农群众无坚不摧之力量的源头，生动诠释"能群"与"不能群"之间的差别。

进行准确释读。斯宾塞主张自由放任和精英统治,却是国际主义者;赫胥黎反对自由放任,却是支持殖民政策。但是,他们都抱有西方中心主义或种族主义观点,希望用西方文化或者由西方精英来统治世界。但是,未受西方思想"污染"之前,那个时代的中国人,包括严复本人在内,并没有西方式的种族观(人种有高贵和低贱之分),只有宗法意义上的族群概念和文化意义上的夷夏观。近代西方列强的殖民主义,以及《天演论》等的传播,逐渐使近代中国人形成包括人种、文化、国家和领土等内容在内的种族观,为日后彻底冲破基于血缘、地缘的封建宗法关系,产生现代国家意识、民族意识打下基础。严复利用适者生存的社会达尔文主义,重点表达族群之间的生存斗争,而非族群内部之间的生存斗争,要在族群的生存斗争中胜出,就必须增强族群的竞争力,而提高族群竞争力的关键在于提高民众的整体素质。有什么样的民众就有什么样的族群、就能采取什么样的政体、就会造就什么样的国家。《天演论》中表述得很清楚,"凶狡之民,不得廉公之吏;偷懦之众,不兴神武之君。故欲郅至之隆,必于民力、民智、民德三者之中"。(《天演论·导言八》)这与严复在戊戌维新时期大力鼓吹"鼓民力、开民智、新民德"一致。严复大段介绍斯宾塞的"体合"(生物主动适应环境)思想。"物自变其形能,以合所遇之境,天演家谓之体合。体合者,进化之秘机也。"(《天演论·导言十五案语》)生物是通过改变形体和习性来适应环境,但人可以提高智力、道德和体力适应环境。"人欲图存,必用其才力心思,以与是妨生者为斗。负者日退,而胜者日昌。胜者非他,德智力三者皆大是耳。"(《天演论·导言十五案语》)这里,严复除了有提高"德智体"水平的思想,还隐含改进人种的意思。[①] 严复接受斯宾

[①] 严复显然受了西方种族主义思想的影响。导言十五案语中说:"其以物竞天择之用而脑大者存乎。抑体合之为,必得脑之益繁而灵者","夫种下者多子而子夭,种贵者少子而子寿。此天演公例自草木鱼虫以至人类,所随地可察者。斯宾氏之说,岂不然哉"。

第三十二章　近代社会改良

塞的观点，人在生存竞争的压力下，应主动适应环境而不是被动接受自然选择，促使人类智力水平、生产水平的不断提高，如果做不到这一点，只能在竞争中被淘汰。所谓"进者存而传，不进者病而亡"，这就是"天演之秘"。尤其令人焦虑的是，当今之世，变化尤为剧烈、竞争更加尖锐，对此，严复特意使用令人印象深刻的语言来渲染。"欧墨物竞炎炎，天演为炉、天择为冶。所骎骎日进者，乃在政治学术工商兵战之间。"（《天演论·导言十六》）他在案语中说："以欧洲政教学术农工商战数者而论，合前数千年之变，殆不如挽（晚）近之数百年，至最后数十年，其变弥厉。"（《天演论·导言十六案语》）身处这样一个日新月异的世界，再看看不思进取、顽固守旧的清朝，怎能不让人忧愤以至于奋起？用天演叙述的物竞天择之天道观，就这样产生了任何一个宣传册子都无法比拟的轰动效果。"是故忧患者，天行之用。"（《天演论·论二》）严复用天演论重新诠释古已有之的忧患意识，拨动了所有中国人的心弦。

（三）人性、道德和集体主义

严复《天演论》以及译自斯宾塞的《群学肄言》所体现的价值观，同样值得重视，它对中国现代思想形成的作用不可忽视。首先，在人性以及人类道德起源上，严复表达出一种与传统思想不同的观点，为中国近代传统学术转型提供一坚实基础。人性无善无恶——这是物竞天择天道观下的基本观点，但与传统的思路不同。有文字记载的人类历史表明，"为善者之不必福，为恶者之不必祸"。（《天演论·论五天刑》）比如，"青吉斯（成吉思汗）凶贼不仁，杀人如薙，而得国幅员之广，两海一经"。（《天演论·论五天刑》）比如狼和羊，前者凶残后者驯良，似乎狼恶、羊善，但"二者皆造化之所为"（《天演论·论五天刑》）。人类并不存在一个先天不变的善或恶的本性。针对赫胥黎提出的"天然人格"即同情心（sympathy），以及

"人为人格"即良心（conscience），他在案语中表达不同意见。"其谓群道由人心善相感而立，则有倒果为因之病。盖人之由散入群，原为安利。"（《天演论·导言十三案语》）认为人类并不是出于善心而相互聚集在一起，而是为了"安利"。人是为了避免在物竞天择中失败被淘汰，不得不相互团结、相互关照，人类道德起源于生存压力。"慈幼者仁之本也。而慈幼之事，又若从自营（为己）之私而起。由私生慈，由慈生仁，由仁胜私。"（《天演论·导言十三制私》）人因为己之私利而产生对幼童的慈爱，这种慈爱扩充为仁爱，继而用仁爱克制私利。针对荀子性恶一说，他评论道："荀子性恶而善伪之语，诚为过当。不知其善，安知其恶耶。"（《天演论·论十六案语》）荀子在不清楚何为善的情况下，又如何能界定何为恶？

人性和人类道德并不是一成不变的，而是处于不断进化过程之中。赫胥黎认为善、恶同时进化，"进化论并不鼓励对于千年盛世的预测"[①]。对人类发展前景表现出一定的悲观。"以天演言之，则善固演也，恶亦未尝非演。"（《天演论·论十五演恶》）但严复不以为然。他评论说："通观前后论十七篇，此为最下。盖意求胜斯宾塞，遂未尝深考斯宾氏之所据耳。夫斯宾塞所谓民群任天演之自然，则必日进善不日趋恶，而郅治必有时而臻者。"（《天演论·论十五案语》）严复属于进化论中的乐观派，认为只要任天演自然，必然实现至治。因为天演带来的压力，迫使人们形成一套有效的社会规则。比如，强调"各得自由，而以他人之自由为域"。确立"保种三大例"，一是未成年时，允许不劳而获，二是成年后，必须按劳取酬，三是个体与群体并重，能"舍己为群"。他说："用三例者群昌，反三例者群灭"，"行其三例，则恶将无从演；恶无从演，善自日臻"。（《天演论·论

---

① ［英］赫胥黎：《进化论与伦理学》，宋启林等译，科学出版社1971年版，第59页。

十五案语》）严复认为在物竞天择的历史进程中，圣人也不过是自然界中一生物，被历史创造而非创造历史①，君主专制不具有永恒性②，表达出君主立宪的主张。严复接受西方功利主义，按照进化论的观点，生物如果没有为己的本能，就没有存在的理由，但人的为己之心又受道德控制，功利与道义自然不相背。严复将董仲舒的话改为："非明道，则无以计功；非正谊，则无以谋利。功利何足病，问所以致之之道何如耳。"（《天演论·论十六案语》）类似君子爱财取之有道的意思。

严复从物竞天择推导出"能群保种"，而要"能群保种"就必须建立一套新的道德规范，即："屈私为群""屈己为群"（《天演论·导言十八》），这开启了有近代意义的群体利益高于个体利益的集体思想。尽管传统宗法制度下强调个体服从家族、牺牲个体保全群体，那是忠孝思想，而非集体意识。中国人自古有家族主义、地域主义和天下主义，但缺乏集体主义思想和社会公德，更缺乏现代国家意识、民族意识。这是传统中国向近现代中国转型必须补上的一课。严复大力鼓吹能群、善群，因为只有中国的族群在生存竞争中胜出，才会有个体生存的空间，相对于国家民族的利益，个体利益处于从属地位。不过严复的集体思想，与现代中国的集体主义还是有区别的。他在《群学肄言》的"译余赘言"中说："荀卿曰：民生有群。群也者，人道所不能外也。群有数等，社会者，有法之群也。社会，商工政学莫不有之，而最重之义，极于成国。"③ 严复将 society（社会）翻译为"群"，是有意为之。"群"的范围要"比有法之群"的社会更

---

① 《天演论·论二》："圣人亦世运中之一物也，世运至而后圣人生。世运铸圣人，非圣人铸世运也。使圣人而能为世运，则无所谓天演者矣。"
② 《天演论·论四》说到"民既合群，必有群约"，但是，"后有霸者，乘便篡之，易一己奉群之义，为一国奉己之名，久假而不归，又乌知其非有乎？"
③ 《群学肄言译余赘言》，《严复集》，中华书局1986年版，第127页。

广。宗法制的传统中国社会中，个体通过血缘、地缘以及君臣、尊卑关系组成"群"，忠孝为其核心价值。所有人都编织进这张纲常网罗之中，个体有无条件服从和牺牲的义务。但是，宗法关系之外的公共利益、国家利益，人们既不会给予特别关注，也没有为此牺牲的责任。传统中国人能为家族利益、君主利益牺牲一切，却很难为国家利益、公共利益担负责任。所谓勇于私斗，怯于公斗。严复对"群"作了宽泛的理解，其"舍己为群"既包括"有法之群"——社会，也包括家族、同乡、同谊等群体。毫无疑问，从传统中国道统中推导不出有现代意义的集体主义，只有冲破血缘、地缘的宗法关系，形成更大范围的公共利益，打破地域、家族、君主等概念，树立对社会、民族、国家利益的忠诚，才能完成现代集体主义思想的建构。这需要有个人的独立和自由，以个人能对自己的行为负责任为前提。一些人对现代中国集体主义思想的攻击，恰恰反映了其对中国集体主义思想来源的无知。

（四）群己权界和自由主义

严复是传播西方自由主义思想的重要人物。他把穆勒的 *On Liberty*（《论自由》）译为《群己权限论》，将划定群与己之间的权利边界看作自由的精髓。史华兹认为严复没有把握自由主义的精髓——人的价值本身就是目的，他说："假如说穆勒常以个人自由为目的本身，那么，严复则把个人自由变成一个促进民智民德以及达到国家目的的手段。"① 暗示自由主义在中国的失败源于对自由主义的误读和歪曲。这一观点在现代中国有较大影响，一些学者深以为然。其实，穆勒作为功利主义者，从来就把个人自由（公民自由）看作既以公民个体

---

① ［美］史华兹：《寻求富强：严复与西方》，叶凤美译，江苏人民出版社2010年版，第96页。

为目的，也以社会整体为目的。① 在把"以人的价值作为目的"方面，中国道统从来不缺乏。从孔子开端，大盛于宋明道学的"为己之学""为人之学"之间的争论，实质是以个体的自得圆满为目的，还是以治国平天下为目的。这种思维结构如同史华兹的"自由"到底是以个人自由为目的还是以国家富强为目的之间的二选一。理学就指责从治国平天下处下手属于有功利思想的异端，就如史华兹指责把自由作为国家富强的工具是曲解了自由精神。明清交替之际，王夫之、顾炎武等对宋明道学家们专注于个体圆满进行批评，认为是"置四海穷困于不顾"而只关注为己之学。身处晚清的严复同样遇到外敌入侵下的中国如何富强的问题，自由不可能只专注个体利益而不重视整体利益。如果把"为个人自由而自由"看作自由主义精髓的话，中国从来不缺乏这种思想。天地间人最贵，人是衡量宇宙万物尺度等思想在中国历史上源远流长，从身体到思想摆脱一切羁绊的庄子式自由精神一直为后人所追随、膜拜。反之，自由主义在西方历史并不长，近代以来"自由主义最初是作为一种批判出现的，有时甚至作为一种破坏的、革命性的批判。在长时期内，它的消极作用是主要的。它的任务似乎是破坏而不是建设，是去除阻碍人类前进的障碍而不是指出积极的努力方向或制造文明的框架"②。当自由主义作为西方社会的异己力量完成破坏任务后，才成为西方社会主流价值，成为

---

① 穆勒在《论自由》一书中，反复论证个人自由的意义以及遭侵害后带来的后果，总是从个人和社会两个角度展开。比如，他认为压制人类个性发展的制度就是专制，不仅对个性自由造成损害，同时对他人和社会也是损失。因为"没有人会否认，人类的发展需要首创性这个极有价值的因素。无论什么时代的人类社会，总是需要有人来发现新的真理，需要有些人指出旧的真理在什么时间、什么地方不合时宜"。参见《论自由》，马文艳译，华中科技大学出版社2016年版，第93页。史华兹也认为穆勒是从个人与社会双重意义上讨论自由问题，但认为穆勒偏重于个人。参见《寻求富强：严复与西方》，第89、92页。

② [英]霍布豪斯：《自由主义》，朱曾汶译，商务印书馆1996年版，第7页。

维护现存社会秩序的有效力量。英美式自由主义前后有两个理论源头：一个是社会契约理论，认为天赋人权，人生而自由平等，以洛克、卢梭、潘恩为代表；一个是最大快乐原则，用功利主义解释人为何要自由，以边沁、穆勒为代表。① 前者代表欧洲启蒙思想，后者代表对启蒙思想的反思；前者侧重于破坏，后者侧重于建设；前者侧重强调个人权益，后者突出社会和个人权益的平衡。英美社会这两种理论在时间上前后有交替，但是在晚清的最后十年，这两种理论同时进入中国。严复主要介绍功利派自由主义，这是维护社会秩序的改良派的自由主义，而革命派侧重介绍社会契约的自由主义，尤其是卢梭的人民主权，这是颠覆社会秩序的革命派的自由主义。两种理论竞争的结果，卢梭人民主权的民约论成为近现代中国的主流，而穆勒的自由理论成为从属。为何近代中国的自由主义会以这样一种逻辑在现实中展开？

如果把自由定义为个人摆脱社会的羁绊、权威的束缚，在传统中国源远流长。之前讨论过，中国自由传统的思想上有两个源头。一个是庄子开启的自然主义传统。它假定自然是美好的，而人类社会充满压迫，这与卢梭的自然是好的、社会是不好的观点相同。摆脱一切束缚始终是这一派心中的理想。这种自由观与政治思想结合，在近代集中体现在谭嗣同、章太炎、康有为等人的终极追求——无国家、无社会、无家庭的世界。这种原生态的自由落实到现实社会，必然是一盘散沙式的个人主义和摆脱一切羁绊的自由主义。在积贫积弱又四分五裂的近代中国，这种自由主义有极大的消极性、危害性。无怪乎孙中山、毛泽东在其革命生涯中，始终对这种个人主义和自由主义保持高度的警惕。另一个发端于孔孟，继之由宋明道学开启的道统独立于治统的自由传统。孔子回答鲁哀公何谓"儒行"时有很好的诠释，"其

---

① 见［英］霍布豪斯《自由主义》第三章："理论的发展"。

特立独行有如此者。儒有上不臣天子,下不事诸侯"。(《礼记·儒行》)儒者之所以敢如此,就在于自信承担着更宏大的天命——弘道、成圣。这种自由传统根源于个体崇高使命意识,敢于睥睨世间一切权威。他们以"明道"为己任,自觉承担起传承道统的责任,以批判现实政治,成就个体(成圣)为目的。这种自由传统体现在"学以为己"和恢复上天赋予人的本性、成就完美人格之中,体现在王阳明式的个体解放之中,其结果便是"不以孔子是非为是非""不以朱子是非为是非"①。这种自由是士人、士大夫式的自由,而不是普通人的自由。这种自由传统随着清廷宣称皇帝的治统与儒家的道统合二为一,受到摧残。② 近代以来这种以倡导人格独立、精神独立为标志,以道统超越治统、圣人精神超越现实政治为归依的自由传统,在近代中国知识分子身上开始复活并占据很大势力。陈寅恪为王国维撰写的纪念碑文中说:"士之读书治学,盖将以脱心志于俗谛之桎梏,真理因得以发扬。思想而不自由,毋宁死耳。"思想自由依然为当今一些知识分子所津津乐道,只是他们并不清楚这种精神与中国这一派自由传统还有关联。不过,倘若人的思想只是一大堆主观性的冥想,再有多大的思想自由也没有任何意义。百姓起初会觉得新奇,但很快会厌倦。这是这一派自由传统留给我们的教益。这两派自由传统都有一个共同的立论基础:原本于上天或自然的天性都是好的,但免不了受形气之私的拘束而变坏。因此,人生的使命就是摆脱这种拘束,实现人的"至善"的天理本性。这种思维方式与卢梭的自然是美好的观点如此相近。卢梭提出普遍的、公正的、不可破坏的、强制的"公

---

① 这种思想自由之精神,犹如西方不以上帝是非为是非,现代中国不以马列是非为是非般惊骇世人。

② 严复也表达过类似看法,《社会通诠》三案语:"西国之王者,其事专于作君而已。而中国帝王作君而外,兼以作师。且其社会,固宗法之社会也……中国帝王,下至守宰,皆以其身兼天地君亲师之众责。"

意"说，人人服从"公意"的统治就是服从自己的意志，就是自由。这种由绝对权威的单一意志统治社会的思维模式，与传统中国思维又高度契合。卢梭同时蕴含的集权主义与极端自由主义、暴力革命的倾向，既适应了现实政治的需要，也适应中国人的心理。但是，严复所介绍的穆勒自由主义的核心——公民自由，却存在诸多困难。一是它以维护现存政治秩序为前提并赋予公民权利的路子，根本不适合晚清民族革命的形势。二是它的公民自由—公民权利，在宗法制社会结构被摧毁之前，很难为人所理解和接受。比如，当父子关系受制于孝道的时候，子女相对于父母有独立人格、独立权利的观点，难以被接受。

严复深受进化论的影响，这种物竞天择天道观宣告自然状态绝对不是人类的乐园。他说："民生而自繇，此语大为后贤所呵。初生小儿，法同禽兽，生死饥饱，权非己操，断断乎不得以自繇论。"① 他从经验的角度批驳"人生而自由"。另外，严复的世界观和官员身份，决定了他不能接受卢梭的自由主义思想，因此对卢梭的批判贯穿其一生。② 但是，他对穆勒的自由思想并不完全认同。穆勒作为大英帝国的臣民，既无须为国家和民族的独立、自由担心，也感觉不到洛克、卢梭时代的专制君主压迫，他的任务只是在现有秩序中分配好权利义务，既不能颠覆现有体制，也不能让社会僵化。由此产生的自由主义的核心是："个人行为只要不涉及他人，就不必向社会负责交待；如涉及他人利益，则应当负责交待，并承受可能由此带来的社会或法律的惩罚。"③ 这类观点，严复理解起来没有太大的困难，但是

---

① 严复：《群己权界论·译凡例》，商务印书馆 1930 年版，第 2 页。
② 借鉴赫胥黎发表于 1890 年的《论人类自然不平等》，严复于 1914 年发表《民约评议》，对卢梭的天赋权利思想进行系统批判。他认同赫胥黎的观点："他们（指卢梭等）轻蔑于停留在安全、谦卑的经验基础上，青睐于崇高虚幻中演绎出的预言。"
③ ［英］约翰·穆勒：《论自由》，马文艳译，华中科技大学出版社 2016 年版，第 138 页。

穆勒还有一些观点,如"多数的暴虐"和"社会的暴虐"远比政治压迫更可怕①,"专制政府正是对付野蛮人的合法方式"②,中国欲求进步"只有依靠已经前进到他们前面的外国人"③,"禁止向中国出售鸦片"是"对购买者自由的侵犯"④ 等,这在严复及同时代的中国人看来既难以理解,也不好接受。由于每个人只能依据所处的境地以及已有的知识结构对某一事物做出释读,严复对自由的理解同样如此。因此《群己权界论》不是《论自由》的忠实译作,而是严复根据自己的理解加以改造。严复深知穆勒自由观与中国传统的差异⑤,也深知理解上的困难。他说:"海内读吾译者,往往不可猝解,訾其艰深,不知原书之难,且实过之。理本奥衍,与不佞文字固无涉也。"⑥

严复借着译著,把中国传统与西方思想相结合,提出了一种新的自由主义理论,一些内容已经成为现代中国思想的组成部分。

严复将 liberty(自由)对译为"自繇"。他说:"中文自繇,常含放诞、恣睢、无忌惮诸劣义。然此自是后起附属之诂,与初义无涉。初义但云不为外物拘牵而已,无胜义亦无劣义也。"⑦ 严复看来,自由在中文含有贬义,但原本只是一个中性词,无所谓好,也无所谓

---

① [英]约翰·穆勒:《论自由》,马文艳译,华中科技大学出版社 2016 年版,第 9—10 页。
② [英]约翰·穆勒:《论自由》,马文艳译,华中科技大学出版社 2016 年版,第 18 页。
③ [英]约翰·穆勒:《论自由》,马文艳译,华中科技大学出版社 2016 年版,第 103 页。
④ [英]约翰·穆勒:《论自由》,马文艳译,华中科技大学出版社 2016 年版,第 140 页。
⑤ 中国历史博物馆藏的《群己权界论译凡例》未刊稿云:"中西之道未尝同也,必以为同,则如其面目而已,实异也,不可谓同也。今夫自繇之说,非亚产也。"
⑥ 严复:《群己权界论·译凡例》,商务印书馆 1930 年版,第 3 页。
⑦ 严复:《群己权界论·译凡例》,商务印书馆 1930 年版,第 1 页。

坏。首先，严复以"絜矩之道"来理解自由。朱熹对"絜矩"解释说："君子必当因其所同，推以度物，使彼我之间各得分愿，则上下四旁均齐方正，而天下平矣。"（朱熹《四书章句集注》）实质就是推己及人。按照《大学》本意，包含两层含义：一是统治者带头示范而不是采取强迫的方式让百姓跟随行动，所谓"上老老而民兴孝，上长长而民兴悌，上恤孤而民不倍"；二是不能用自己不喜欢的方式去对待他人，所谓"所恶于上，毋以使下；所恶于下，毋以事上；所恶于前，毋以先后；所恶于后，毋以从前；所恶于右，毋以交于左；所恶于左，毋以交于右"。（《礼记·大学》）可以概括为两条原则：君子示范①，不搞强迫；己所不欲，勿施于人。从理论上讲，当统治者意识到百姓和自己一样都不喜欢被人强制、束缚，当百姓认为统治者能做自己也能做的时候，自由精神岂不是深植于这个世界？这是一种与西方定义的自由有很大不同的自由精神。严复将"絜矩之道"注入自由主义思想之中，为自由主义构筑了有别于天赋人权、功利主义的新的理论基础，即万物一体、推己及人。在自由问题上，没有人能有特权、搞特殊，穆勒认为天才应比一般人享有更多自由的观点就不容易被接受。其次，严复从佛学的"转于物"和"转物"来理解自由②。他说："佛言一切众生，皆转于物，若能转物，即同如来。能转物者，真自由也。"③ 能完全摆脱"形气"束缚的上帝真神具有绝对自由，完全被"形气"左右的禽兽"驱于形气，一切不由自主，则无自繇"，"独人道介于天物之间，有自由亦有束缚。治

---

① 严复把 individuality（个性）译为"特操"，具有这种特性的称为"特操异撰之士"，具有示范意义的正面形象，在实现自由中有对他人教化之价值。实际上与中国传统的"君子"含义相同。

② "转于物"可以理解为人受必然性支配，而"转物"可以理解为人认识并掌握必然性，前者属于真自由，后者属于不自由。它与德国古典哲学的自由观在思维上有相通之处。

③ 严复：《群己权界论·译凡例》，商务印书馆1930年版，第2页。

化天演,程度愈高,其所得以自繇自主之事愈众"。可以看出,严复是用人受"形气"束缚来解释人之所以不能完全自由的原因,认为自由是有意识的自主行为,而禽兽的行为都不是出于自主意识,所以是绝对的不自由。他坚信,伴随天演,人的自主性越大,自由程度将越高。最后,严复认为最有碍言论自由的,在西方是基督教,中国则是纲常名教。严复将人类争自由分为三个阶段,一是贵族统治下民众向贵族争自由,二是专制统治下民众向君主争自由,三是立宪时期向社会习俗争自由。① 中国正处于第二阶段,而英国处于第三阶段。严复认为中国历史上不乏自由的传统,比如韩愈在《伯夷颂》里赞颂伯夷"奇立独行,虽天下非之不顾",王安石说"圣贤必不循流俗",朱熹说"虽孔子所言,亦须磨白讨个是非"。严复得出结论:"谁谓吾学界中无言论自繇乎?"他看到从古至今中国道统这一派的自由传统。他赞成斯宾塞的说法:"盖不自繇则善恶功罪,皆非己出","民德亦无由演进"。自由的真谛在于能让所有人对自己的善、恶承担责任,自由的人类才能创造出最美好的社会(郅治)。

严复按主体将自由分为六类,即族类自由、国群自由、政治自由、地方自由、小己自由、心志自由。② 在各类自由的优先发展方向上,他秉持《天演论》善群、能群才能保种的思想,首先强调国群自由。他说:"夫吾所谓自由者,非独其名已也,乃民生所享真实之利益。国必有此,而后民得各奋其所能,以自求多福于物竞之难谌,以庶几可幸于天择。苟于群无所侵损,则无人所得沮遏者也。"③ 严

---

① 《群己权界论译凡例》:"贵族之治,则民对贵族而争自繇;专制之治,民对君上而争自繇。乃至立宪民主,其所对而争自繇者,非贵族非君上。"《群己权界论》,第3页。

② 参见皮后锋《严复评传》,南京大学出版社2011年版,第503—506页。

③ 《群学肄言》。据皮后锋考证,中间一段为严复所发挥。见《严复评传》,第510页。

复既强调国家自由是维护个体自由的根本,① 同时也强调个体自由是国家自由的基础②。他提出:"立宪者,立法也。非立所以治民之刑法也。何者?如是之法,即未立宪,固已有之。立宪者,即立此吾侪小人所一日可据以与君上为争之法典尔。"③ 与君主分权是君主立宪目的所在。严复将区分群、己权利边界作为自由的核心,确实煞费苦心。既要与中国传统的极端个人主义和自由主义作斗争,又要同宗法制社会中个人权利淡漠作斗争。在一个彼此关联又自由散漫,既不重视自身权利,也不尊重他人权利的宗法制社会中,要引入穆勒式自由的努力注定是要失败的。近代中国的国家独立自由和人的自由解放事业,是以另一种逻辑展开——以卢梭人民主权为武器推翻清朝统治,继之以马列主义推进社会革命。但是,严复自由思想依然是珍贵的思想遗产。

在中国近现代思想史上,严复是不能忽视的人物,其思想的多面性、丰富性值得深入挖掘。严复是"西洋留学生与本国思想界发生关系第一人"④,"五十年来,介绍西洋哲学的,要推侯官严复为第一"⑤。但严复的翻译是用中国传统思想诠释西方学术思想,既使中国传统思想有了新意,又赋予西方思想新意境。⑥ 比如,他试图用唯

---

① 作为现代的注解,2019 年 10 月 2 日美国驻华大使馆发了段微博,阐述个人自由与国家的关系。"如果你希望自由,请以你的国家为荣。如果你希望民主,请维护自己的主权。如果你希望和平,请热爱你的国家。——美国总统唐纳德·特朗普。"

② "善为国者,不惟不忌其民之自由也,乃辅翼劝相,求其民之克其自由,己乃积其民小己之自由,以为其国全体之自由,此其国权之尊,所以无上也"。这是严复自己增添的观点,与穆勒无关。《群己权界论》,严复译,商务印书馆 1930 年版,第 134 页。

③ 严复:《政治讲义》,《严复集》,中华书局 1986 年版,第 1284 页。

④ 梁启超:《清代学术概论》,东方出版社 2012 年版,第 85 页。

⑤ 蔡元培:《中国伦理学史》,东方出版社 2012 年版,第 142 页。

⑥ 汪晖评论说:"如同托克维尔之于美国人,在西方学者的眼中,严复是一位来自东方的西方评论家,他们吃惊地照见了自己已经淡忘了的形象。"《现代中国思想的兴起》下卷第二部,生活·读书·新知三联书店 2015 年版,第 835 页。

识宗的"万法唯识"、庄子的"心止于符"来诠释笛卡尔的"我思故我在"及一般现象学。笛卡尔为了寻找知识（真理）的确定性，将"我思"作为绝对的无可怀疑的。这个世界上，只有普遍的怀疑——我思——是无法怀疑的。严复说："果何事焉，必无可疑，而可据为实乎？原始要终，是实非幻者，惟意而已。何言乎惟意为实乎？盖意有是非而无真妄。"（《天演论·论九案语》）严复用一枚圆赤石头来举例说明（不禁让人想到"离坚白"），它有"红、圆、坚、一"四种属性。他用近代科学知识说明，这四种属性并不是石头的固有属性，只不过是人的意识反映。比如红色，只是特定频率光波在人眼中的反映，如果有色盲的人，可能看成碧色，颜色随感知主体的变化而变化，不能认为红色是石头的属性。由此推论，"石子本体，必不可知"。（《天演论·论九案语》）人能确信的只有对现象世界的意识，只有意识是真实。① 人的知识范围只能停留在意识与经验（实验）相符②。严复认为这就是庄子所说的"心止于符"③。严复的研究方法和观点，值得注意。他试图论证万法唯识与源于笛卡尔的欧洲近代现象学的共通性，揭示唯识论与西方科学思想的相通性。唯识宗成为近代中国的显学并不是偶然的，后来熊十力完成了唯识论与儒家思想的融合，开创现代新儒家思想路径。严复寻找能与科学思想对接的传统资源以及用科学主义解释中国传统思想的努力，至今仍值得重视和弘扬。

---

① 《天演论·论九案语》："吾所知者，不逾意识，断断然矣。惟意可知，故惟意非幻。"
② 《天演论·论九案语》："是以人之知识，止于意、验相符。"
③ 对于严复的观点，民国时期宗教界人士太虚大师（1890—1947 年）曾专门撰文反驳，认为"心止于符，犹云勿思于符"，认为严复误解了庄子的本意。参见《地藏孝亲网》，https：//www.dizang.org/tx/wz2/p34.htm。唐代成玄英《庄子注疏》云："符，合也。心起缘虑，必于境合……此释'无听之以心'者也。"看来严复的理解与成玄英的理解相同。

第三十三章
康有为

康有为（1858—1927）原名祖诒，字广厦，号长素，广州府南海县丹灶苏村人，学者称其康南海，光绪二十一年（1895）进士。幼年时承蒙家学，宗程朱，有志成为圣人。但他很快对理学失去兴趣，因为理学只讲"修己之学"而不明"救世之道"。多年之后，康有为依然对朱熹"多言义而寡言仁，知省身救过而少救民患"① 而耿耿于怀。康有为十一岁时父亲去世，此时太平天国运动失败不久。他关注时局，"频阅邸报，览知朝事"，"慷慨有远志"。十七岁时，读徐继畬的《瀛寰志略》等，"始知万国之故，地球之理"。十九岁学于同县朱次琦，扫除汉学、宋学门户，"归宗于孔子"。二十一岁曾"闭户谢友朋，静坐养心"，"静坐时，忽见天地万物皆我一体，大放光明。自以为圣人，则欣喜而笑。忽思苍生困苦，则闷然而哭"②。康有为读了不少经世致用的书，如顾炎武的《天下郡国利病书》《日知录》、魏源的《海国图志》等，也攻读《周礼》《礼仪》等。二十五岁因乡试经过上海，"知西人治术有本"，开始攻读西学。二十七岁接触显微镜，"因显微镜之万数千倍者，视虱如轮，见蚁为象，而悟

---

① 康有为：《孔子改制考》，中华书局2012年版。
② 康有为：《康南海自编年谱》（外二种），中华书局2012年版，第8页。

大小齐同之理"。接触"电机光线，而悟久远齐同之理"①。康有为用中西学相互印证的方式形成自己的世界观。1885年在其二十八岁时，根据几何学的公理思想开始写作《人类公理》②。1888年借参加顺天乡试，康有为第一次上书光绪要求"下诏罪己"，提出"变成法、通下情、慎左右"，受阻未果。1891年，在广州长兴里万木草堂开馆讲学，并开始写作《新学伪经考》《孔子改制考》。1895年《马关条约》签署，5月2日康有为乘在京应试机会，联合各省应试举人一千三百余人，第二次上书（公车上书），提出："下诏鼓天下之气，迁都定天下之本，练兵强天下之势，变法成天下之治"等，重点在富国、养民、教民。康有为得中进士后，授工部主事，同年第三次上书，提出自强雪耻之策："富民、养民、教士、治兵、求人才、慎左右、通下情。"由都察院代呈后，光绪帝第一次读到。接着上第四书，提出"设议院而通下情"，但无法呈送光绪。康有为先后开办《万国公报》（后改为《中外纪闻》），成立"强学会"，在"强学会"被禁后成立《时务报》，由梁启超任主笔，鼓吹变法。1897年德国强占胶州湾后，康有为又上书请求变法，是为第五书。1898年1月，康有为应光绪要求，上第六书——《应诏统筹全局折》，其中云：当前局势"固中国四千年来之变局，亦祖宗二百年来所未遇也"，"故当今日而思图存，舍变法外更无他巧"，"自古开国之法，无不新，故新为生机；亡国之法，无不旧，故旧为死机"，"夫守祖宗之成法，而不能守祖宗之土地，与稍易其法，而能保其地，孰为得失？"同月又上第七书，呈彼得变政记。③ 1898年6月11日光绪颁《明定国是诏》，16日，又在颐和园勤政殿召见康有为，委任康有为总理衙门章

---

① 康有为：《康南海自编年谱》（外二种），中华书局2012年版，第12页。

② 即后来的《大同书》，康有为《康南海自编年谱》（外二种），中华书局2012年版，第13页。

③ 七次上书内容转引自翦伯赞等主编《戊戌变法》第二册，神州国光社1953年版。

京，准其专折奏事，筹备变法事宜，由此开启"百日维新"，因慈禧于9月21日凌晨发动"戊戌政变"而旋即失败。康有为等人逃亡海外，谭嗣同等六人被杀。

任何一场政治变革都需要一种理论作指导。康有为实施社会改良的主要理论依据便是以春秋公羊学为核心的今文学。清代今文学上接两汉董仲舒、何休，发于庄存与、刘逢禄、宋翔凤，发展于龚自珍、魏源等，经过崔适、廖平，到康有为达到一个高峰。①

一　新学伪经和托古改制

康有为戊戌变法之前完成的《新学伪经考》和《孔子改制考》，是疑古思潮和春秋公羊学相结合的产物，成为特定历史条件下（绝大部分读书人受传统经学束缚）面临亡国灭种危险而寻求变法的内在动力。疑古与崇古作为对立的两个方面，在中国学术史上始终如影随形。从唐代刘知幾著《疑古》《惑经》两篇开始，到北宋年间形成一股强大的疑古思潮，清初考据学兴，辨别古书真伪之风尤盛，但南宋以来所确立的儒家《十三经》权威地位从来不曾动摇。清代嘉庆年间兴起的常州学派，与疑古思想结合，情况就发生了变化，开始以春秋公羊学为核心的今文学反对古文学。公羊学中的"张三世""通三统""绌周王鲁""受命改制"等思想次第展开，儒家正统经典的真伪开始受怀疑。梁启超曾说："盖自刘（逢禄）书出而《左传》真伪成问题，自魏（源）书出而《毛诗》真伪成问题，自邵（懿辰）书出而《逸礼》真伪成问题。若《周礼》真伪，则自宋以来成问题

---

① 汪晖认为："康有为受到廖平的影响和启发可以认为是定论。"参见《现代中国思想的兴起》上卷第二部，生活·读书·新知三联书店2015年版，第794页。

久矣。"① 在举国沉酣于同治中兴的迷梦之时，一股否定传统的暗流在涌动，逐渐发展成强劲的疑古浪潮。初刊于1891年的《新学伪经考》宣称《毛诗》《古文尚书》《周礼》《春秋左传》等都是西汉末年的刘歆伪造，属于"伪经"。刘歆制造"伪经"的目的在于为王莽篡汉的"新朝"服务，因此古文学可称为"新学"。这意味着东汉以来一千八百多年是"伪经"横行的历史，也是孔子微言大义被湮没的历史。"夫推经学所以迷乱乖迕之由，盖出于刘歆伪为古学以乱真经之故。以刘歆伪经写以古文，遂目真经为今文。"后来的学者，比如东汉末年经学大师郑玄又起了很不好的作用。"郑康成（玄）不辨今、古之真伪，和合古今，杂糅真伪，号为经学之集成，实则伪古行而今文废。于是孔子之微言绝，大义乖，大同太平之道闇塞不明，孔经虽未全亡，然变乱丧失亦已甚矣。"② 如果认为一般的先秦子书，如《管子》《尹文子》《列子》之类属于伪书，学者顶多觉得可惜，可康有为认定历代所尊奉的儒家经典大多是假的，这在当时确实产生犹如飓风般的摧毁作用。《新学伪经考》刊行三年后于1894年遭清廷禁毁，戊戌维新失败后又两度遭禁毁。康有为将刘歆视为惑乱真经的始作俑者，倘若果真如此，刘歆的水平的确不一般，其一手炮制的古文经居然骗了后人近两千年，直到被康有为识破。《周礼》是历代官制甚至皇城布局的依据，《大禹谟》中"人心惟危，道心惟微，惟精惟一，允执厥中"是宋明道学"十六字心法"的依据，现在都认为是刘歆制造出来的，岂不令人骇然！曾参与此书写作的梁启超在肯定该书价值的同时，也对康有为提出批评："有为之为人也，万事纯任主观，自信力极强，而持之极毅。其对于客观的事实，或竟蔑视，

---

① 梁启超：《清代学术概论》，东方出版社2012年版，第66页。
② 康有为：《重刻伪经考后序》，《新学伪经考》，中华书局2012年版，第378—379页。

或必欲强之以从我。"① 康有为《新学伪经考》对于旧思想的冲击，最终是想建立一种"新思想"——以孔子为圣王、以孔教为圣学。当康有为认为自己掌握了道统的解释权，就有了对现实政治进行改革的最高依据。

既然说刘歆制造"伪经"歪曲了"真经"，康有为自以为有责任还原历史"真相"。康有为在1897年付梓的《孔子改制考》中提出孔子有"三世之法"，目标是太平之治。康有为写道："孔子卒后二千三百七十六年，康有为读其遗言，渊渊然思，凄凄然悲，曰：嗟夫！使我不得见太平之治，被大同之乐者，何哉？使我中国两千年，方万里之地，四万万神明之裔，不得见太平之治，被大同之乐者，何哉？使大地不早见太平之治，逢大同之乐者，何哉？"（《孔子改制考·叙》）于是，康有为考察了西周末年诸子并起创教到汉武帝罢黜百家专崇儒教的六百年学术思想史，认为这是诸子争相创教改制又相互攻讦的历史，是孔子创立儒教并以王者身份托古改制的历史，是儒教在各派攻讦中最终胜出的历史。康有为考证后提出如下观点。（1）儒教为孔子所创，孔子是耶稣一样的教主，"儒教礼制义理，皆孔子所制"，"孔子为万世教主"②。（2）孔子为制法之王，"自战国至后汉八百年间，天下学者，无不以孔子为王者，靡有异论"③。但刘歆以《左传》破《公羊传》，以古文攻今文，以周公易孔子，把这一切搞乱。康有为要恢复公羊家说，孔子是"不救一世而救万世"的王者，是历史上的新王、素王、文王、先王、后王。（3）孔子创教是为了改制，

---

① 梁启超：《清代学术概论》，东方出版社2012年版，第67页。
② 《孔子改制考·儒教为孔子所创考》，中华书局2012年版，第164—165页。梁启超评论说：康有为"误认欧洲之尊景教（基督教）为治强之本，故恒欲侪孔子于基督，乃杂引谶纬之言以实之"。《清代学术概论》，第69页。正如受佛教"法统"启发，宋儒发明"道统"说，康有为受基督教影响，而以孔子为儒教教主。
③ 《孔子改制考·孔子为制法之王考》，中华书局2012年版，第195页。

第三十三章 康有为

是一个改变旧制的革新者。康有为承袭董仲舒"三代改制质文",发明孔子改制说。"三代之礼不同,何古之从?""以春秋为变周,可为孔子改制之证。"① 比如,康有为认为《春秋》反对大夫世袭(讥世卿),倡导选举,就是孔子的意思。② 与孔子守旧、欲复周礼的旧说相反,孔子是改革家③,其改制思想集中体现在《春秋公羊》的"通三统""张三世"之中。康有为认为西方社会处于"升平世"或"太平世",而中国仍处在"据乱世",唯有采用升平之法维新。公羊改制变成康有为的"政治革命、社会改造"④。(4)六经皆孔子为改制而作,康有为认定《诗》《书》《礼》《乐》《易》《春秋》皆为孔子所创作,这也印证了梁启超称康有为"武断",一切皆以我为是的自负。康有为不惜引《春秋纬演孔图》为佐证,"圣人不空生,必有所制以显天心。丘为木铎,制天下法"⑤。(5)孔子托古以改制,且专托尧舜文武。孔子改制本来光明正大,为何假托先王?康有为的解释是:"布衣改制,事大骇人,故不如与之先王,既不惊人,自可避祸。"但是,非要把无凭无据的事迹安在尧舜文武头上,总有说假话、不诚信的嫌疑。但康有为引孟子"大人者,言不必信,惟义所在",反问:"慈母之养子也,托之鬼神古昔以从善戒恶;圣人爱民如子,其智岂不若慈母乎?子思曰:'无征不信,不信民弗从。'欲征信莫如先王。"⑥ 办大事不拘小节,即便说点善意的假话又何妨?

---

① 《孔子改制考·孔子创教改制考》,中华书局2012年版,第238页。
② 《孔子改制考·孔子创教改制考》:"世卿之制为孔子所削,而选举之制为孔子所创,昭昭然矣。"(中华书局2012年版,第238页)
③ 郭沫若写作《十批判书》时,还继续认为孔子是乱党、革命党,墨子是保皇党。甚至毛泽东在1954年9月的一次讲话中还引用郭沫若的观点,说孔子"哪里造反他就到哪里去"。《毛泽东文集》第6卷,人民出版社1999年版,第345页。
④ 梁启超:《清代学术概论》,东方出版社2012年版,第69页。
⑤ 《孔子改制考·六经皆孔子改制所作》,中华书局2012年版,第265页。
⑥ 《孔子改制考·孔子改制托古考》,中华书局2012年版,第267页。

以上是《孔子改制考》的内容梗概。

通过这些令人将信将疑的观点，可以发现康有为的《新学伪经考》《孔子改制考》和《大同书》，构成了一个相互关联的完整思想体系，不仅重新建构了中国历史，也构思了当下和未来社会的图景（从据乱世达到升平世，最后实现太平世）。首先道统高于治统，以道统变革治统的思维同样贯穿于康有为学术思想的全部。① 董仲舒把孔子看成为汉代立法的素王，程朱理学将汉唐历史一笔勾销，自以为直接得孔孟真传，康有为则将西汉末年到唐宋元明直至至其时的历史一笔勾销，直接得孔教真经和董生余绪，都有将传之孔子的道统高于君主治统的思想，以获得批评现实政治的资格。孔子在历史上的命运就是这样，总是不停地被变装、打扮。其次，这种否定历史的"历史虚无主义"治学态度，带来意想不到的后果。康有为用今文学打倒古文学，却不曾想到，古文经确定为"伪经"的同时，今文经的"真经"地位也就摇摇欲坠。钱玄同说："今文经对于古文经，当然可以傲然的说自己是真书；而站在今文家的立场上来斥古文经为伪书，是可信的，是公允的。至于把古文经打倒以后，再来审查今文经，则其篇章之来源殊甚复杂，它的真伪又是极应考辨的。"② 北宋开启的疑古思潮，中间经过晚清时期的疑古浪潮，其最终的结局是在新文化运动中形成更为猛烈的疑古狂潮，催生出以白话文为载体的现代思想。值得注意的是，从宋明道学到康有为，直至五四运动及以后，都受制于一种固定的思维模式——历史虚无主义。这种思维模式

---

① 汪晖言：康有为"所推尊的绝对王权不是历史中的帝王，而是孔子；他所倡导的王位的神圣性，源自孔子制作的礼仪和制度的神圣性"。"因此，制度的神圣性高于任何现实权力的神圣性。"《现代中国思想的兴起》上卷第二部，生活·读书·新知三联书店2015年版，第791页。

② 钱玄同：《重论经今古文学问题》，见《新学伪经考》，中华书局2012年版，第390页。

在近现代学者中依然有顽强生命力①。最后，康有为将孔子打扮成为万世制法的教主、圣王，要建立"孔教会"，似乎在抬高孔子，其实恰得其反。② 随之而来的年轻一代学人最终举起"打倒孔家店"的旗帜。传统中国道统到了康有为已经走到尽头。

比较《新学伪经考》《孔子改制考》（康有为在世时《大同书》并没有正式刊行）与《天演论》，很值得玩味。两者刊行后都引起社会的强烈反响，前者可说震动，后者则是轰动；前者毁誉参半，后者几乎一边倒叫好；前者热闹一阵子，后者的影响持续不断。一个根本原因，在于《天演论》带来全新的宇宙观、世界观，足以颠覆旧有的天道观；而《新学伪经考》《孔子改制考》实质上是各种思想大杂烩③，依然囿于旧有思维。从公允的角度看，儒家经书不管真、伪，都真实地影响中国两千年历史，渗入中国人的血脉，即便是伪书也成了真书。当"尊孔读经"作为保守逆流而被抛弃的时候，曾经卷起大波澜的今古文之争淡出人们的视野，古史、古书辨伪开始超越古今文之争。当革命和改良成为现代中国主流意识，社会变革的合法性已不再依赖孔子的"托古改制"。看来，传统中国道统需要在浴火中才能重生。

二　保皇保教和虚君立宪

一般认为，康有为在戊戌维新前后判若两人，从力倡维新的变革

---

① 无论是主张全盘西化的学者，还是毛泽东所批评的一些"马列主义者"，都喜欢将中国历史看作一团漆黑。

② 张君劢也说："当这些人（指康有为等）知道自己的学说竟然动摇了儒家的基础时，很可能会大吃一惊。"张君劢：《新儒家思想史》，中国人民大学出版社2006年版，第520页。

③ 梁启超曾评论说：这种"不中不西即中即西之新学派，而已为时代所不容。"参见《清代学术概论》，东方出版社2012年版，第85页。

者蜕变成力主保皇的保守派，坚持君主立宪而反对革命共和。萧公权就说："康氏拥护君宪之宗旨虽始终如一，其议论则随时世而先后三变。"第一变是戊戌变法时"本君宪宗旨以攻专制"，第二变是革命军兴而"拥护立宪"反对革命，第三变是清帝逊位民国成立后"极力诋毁民主政治"。"以视戊戌，不仅判若两人，且有每下愈况之叹。"① 此看法纯属表象，这恰恰说明了康有为基本思想前后的一贯性。康有为游历欧洲后确实对早年的一些看法表示悔恨，更多还是因为对欧美社会的理想化，通过实地考察后逐渐意识到中国文教制度有优越性。② 康有为笃信今文学，曾说："吾学三十岁已成，此后不复有进，亦不必求进。"③ 同时，康有为推崇《天演论》而接受进化论，其哲学是"进化派哲学"。④ 康有为引公羊三世说与进化论结合，成为贯穿其一生的总基调，其学术思想皆以此为基础。

1. 抛弃旧有的一治一乱的循环史观，形成社会是依序不断进步的观点。他说："《春秋》要旨分三科：据乱世、升平世、太平世，以为进化，《公羊》最明。"⑤ 同时，他把据乱世等同于君主制，升平世等同于君民共主的君主立宪制，太平世等同于民主共和制，三者是一个递进关系，不可僭越。他说："据乱世、升平世、太平世，皆有时命运遇，不能强致，大义则专为国民。若其因时选革，或民主，或君主，或君民共主，迭为变迁，皆必有之义，而不能少者也。即如今大地中，三法并存，大约据乱世尚君主，升平世尚君民共主，太平世尚民主矣。"⑥ 中国尚处于据乱世的君主制时代，不可骤然到达民主

---

① 萧公权：《中国政治思想史》下卷，商务印书馆2011年版，第695—702页。
② 曾亦《共和与君主》有若干考证。上海人民出版社2010年版，第55—56页。
③ 转引自梁启超《清代学术概论》，东方出版社2012年版，第78页。
④ 梁启超：《南海康先生传》，《康有为全集》第十二附录一，中国人民大学出版社2007年版，第430页。
⑤ 康有为：《孟子微》，《康有为全集》第五，第421页。
⑥ 康有为：《孟子微》，《康有为全集》第五，第464页。

的太平世，只可先到达君民共主的升平世。按照这样的观点，任何超越社会发展阶段的主张不仅不合时宜，而且会造成严重的危害。康有为接受"不变惟变"的天道观，强调"盖变者，天道也"①。"能变则全，不变则亡；全变则强，小变乃亡。"②但所讲的变是渐变（改良）而非骤变（革命）。康有为反复论及革命之祸，讥讽民国之后的乱象，皆由此出。

2. 抛弃一家一姓之天下可禅、可革、可继的中国道统，转而倾慕万世一系君主制。之前就讨论过，中国皇权有神圣性，但皇帝没有神圣性。与之对应，西方的王权没有神圣性（与神权相比），但国王有神圣性（国王是神或来自神授）。"天下者非一人之天下，惟有道者处之"，这一思想自古深入中国人骨髓，孟子更是力主"汤武革命"。相对于日本天皇万世一系，英国千年王室和莫斯科大公国历经七百年不衰反强，中国历代王朝长的不过三百年，短的几十年，兴亡之快为世所罕见，而每次王朝更迭杀人盈城、万千枯骨。康有为欣赏英国王室能自变而持久，惋惜法王不能自变而亡。③康有为深感中国历史上一家一姓王朝之短命，在进呈光绪《彼得变政纪》序里说："览四千年青史之载，历朝兴亡之迹，岂不哀哉！"相比较，"泰西之国一姓累败而累兴，盖善变以应天也。中国一姓不再兴者，不变而逆天也"。倘若能够顺天、应时而变，"则一姓虽万世存可也"④。萧公

---

① 康有为：《进呈俄罗斯大彼得变政记序》，载《日本变政考》，中国人民大学出版社2011年版，第329页。

② 《上清帝第六书》，《戊戌变法》第2册，神州国光社1953年版。

③ 《进呈法国革命记序》说："且夫寡不敌众，私不敌公，理之公则也。安有以一人而能敌亿万兆国民者哉！则莫若立行干断，不待民之请求迫胁，而与民公之。如英之威廉第三诸主然。明定宪法，君民各得其分，则路易十六必有泰山磐石之安。惜路易十六不能审时刚断也。徘徊迟疑，欲与不与。缓以岁月，靳其事权。遂至身死国亡，为天下戮笑。"

④ 康有为：《日本变政考》，中国人民大学出版社2011年版，第329页。

权对此评论说:"前人论朝代兴亡,有系诸德之有无者,有归诸民之向背者,有原诸命之顺逆者。今康氏直以能变与否断国运之短长,则其重视维新,诚以儒家中所罕有。"① 之所以罕有,实则是康有为抛弃了天子可禅、可革、可继的中国道统,将西方富强与王室稳定相关联,将王室主动变革与王室万世永存相关联。这是西方思想渗入康有为思想中的一个实证。总之,戊戌变法之前康有为就不认为君主制是社会落后的根源,反而是稳定和发展的保障②,他所设计的升平世中还是君民共主,待到太平世才能推行民主。他说:"吾国必行民主乎,国必分裂。夫虚君之国,犹有君臣之名,则有义以定之,君臣有天泽之分,故以齐桓之强霸,对于东周虚王,犹凛天威之咫尺。"③ 康有为始终反对推翻帝制的政治革命,是希望有一个绝对权威(或虚君)来保障社会秩序。皇权神圣性正是由康有为所理解的教主——孔子制定的礼仪制度决定的。④

甲午之役以后,求"变"已成大多数人的共识,但在如何"变"上意见纷呈。康有为提出"尽革旧习、变法维新"的主张。⑤ 表面上看,似乎是"非以摹仿西技,采用西器为满足,而实欲推行西洋之学术典章法度"⑥。即完全按照西方制度维新变法。其实并不然。康

---

① 萧公权:《中国政治思想史》下卷,商务印书馆2011年版,第689页。
② 《日耳曼沿革考》:"奥本有君权而不敢、少用,此其与德大异,故收效迥殊。未知其时而遽夺君权,致国治不振。"《示留东诸子》:"德之治强,甲绝大地,实由君颇有权之故。"《康有为全集》第八,中国人民大学出版社2007年版,第257、273页。
③ 《共和平议》,《康有为全集》第十一,第16页。
④ 汪晖表达过类似的观点,他说:"在礼制层面,皇权中心主义无非是施行孔子所订立的王制的历史条件。"《现代中国思想的兴起》上卷第二部,生活·读书·新知三联书店2015年版,第793页。
⑤ 《应诏统筹全局折》:"臣民怨望,有不可不变之心;外国逼迫,有不能不变之势。然则今日之国是,莫有出于尽革旧习,变法维新者矣。"参见翦伯赞等主编《戊戌变法》第2册,神州国光社1953年版。
⑥ 萧公权:《中国政治思想史》下卷,商务印书馆2011年版,第701页。

有为变法的参照对象为君主权力较大的俄、日两国。①

3. 革命党人继承王夫之、顾炎武的民族思想，吸收近代西方种族观念，高举民族革命的旗帜，而康有为依然用文化而非种族来界定夷夏，反对排满革命。1903 年，孙中山发《敬告同乡书》："革命者，志在倒满兴汉；保皇者，志在扶满臣清。事理相反，背道而驰。"② 康有为的保皇思想实与清代今文学一脉相承。汪晖认为："清代今文学在很大程度上可以视为一种王朝的政治合法性理论"，既有"清朝合法性的论证"，也有"内在矛盾的批评"③。《春秋公羊》夷夏之辨有两义，一是以礼义进退夷夏，有礼义夷狄为诸夏，无礼义诸夏为夷狄；二是严夷夏之防，尊王攘夷。清朝统治下的常州学派自然倡导满汉大同，"无视满汉种族之差异，宜乎革命党人讥以谄谀满洲也"④。不仅如此，康有为秉持传统天下观，视日本为同文同种，为诸夏之国。⑤ 这种思想在戊戌变法期间甚至作为变法的一项措施。康有为自称"与日本使矢野文雄约两国合邦大会议，定稿极详，请矢野君行知总署答允，然后可以大会于各省"⑥。在慈禧政变前夕（9 月 20 日），杨深秀上书："臣尤伏愿我皇上早定大计，固结英、美、日本三国，勿嫌合邦之名不美。"⑦ 另一位变法干将宋伯鲁上书（9 月 21 日）："英国教士李提摩太来京，往见工部主事康有为，道其来意，

---

① 《应诏统筹全局折》："以俄国大彼得之心为心法，以日本明治之政为政法也。"参见翦伯赞等主编《戊戌变法》第 2 册，神州国光社 1953 年版。
② 《孙中山全集》第 1 册，中华书局 1981 年版，第 230 页。
③ 汪晖：《现代中国思想的兴起》上卷第二部，生活·读书·新知三联书店 2015 年版，第 551 页。
④ 曾亦：《共和与君主》，上海人民出版社 2016 年版，第 33 页。
⑤ 《唇齿忧》："日本与支那，对宅于大地渤海之中，同种族，同文字，同风俗，同政教，所谓诸夏之国，兄弟之邦，鲁卫之亲，韩魏之势，而虞虢之依唇齿也。"《康有为全集》第五，中国人民大学出版社 2007 年版，第 141 页。
⑥ 康有为：《康南海自编年谱》，中华书局 2012 年版。
⑦ "山东道监察御史杨深秀折"，载《戊戌变法档案史料》，中华书局 1959 年版。

拟联合中国、日本、美国及英国为合邦，共选通达时务、晓畅各国掌故者百人，专理四国兵政税及一切外交等事，别练兵若干营，以资御侮。今拟请皇上速简通达外务、名震地球之重臣，如大学士李鸿章者，往见该教士李提摩太及日相伊藤博文，与之商酌办法，以工部主事为参赞，必能转祸为福，以保乂我宗社。"① 此种合邦思想不独是康有为，几乎是维新人士的共同主张，足见当时中国之精英仍秉持儒家天下观，而对西方强权主宰下的国际关系懵懂无知。当时中国最具有变革精神的士大夫依然沉浸在童话故事编织的世界里。这场轰轰烈烈的戊戌变法，以孔子改制为依据，被虚无的历史观所支配，用杂糅的变法内容，以及不合时宜的天下观为思想武器，不仅不具有现代性，还富有童话般的幻想，其短命性不难想象。

三 小康社会和大同之道

康有为虽因戊戌维新而扬名，究其一生思想之价值，在于对小康社会和大同之道的创新性阐发。梁启超曾言："右两书（指《新学伪经考》和《孔子改制考》）皆有为整理旧学之作，其自身所创作，则《大同书》也。"② 梁启超认为属于康有为原创性的思想在《大同书》，这个评价是恰当的。康有为以《公羊》"三世"和进化思想解《礼运》，视"升平世"为小康，"太平世"为大同。孔子曾感叹三代"大道之行、天下为公"，可惜我孔丘没能赶上，但我的志向在此。但康有为认为大同之世不在古代，而是有待未来实现的理想。该书自1885年开始，直到1902年初步完成，之后又不断修改，1913

---

① "掌山东道监察御史宋伯鲁折"，载《戊戌变法档案史料》，中华书局1959年版。
② 梁启超：《清代学术概论》，东方出版社2012年版，第69页。

年在《不忍杂志》刊载甲、乙两部，直到康有为去世八年后的1935年才由其弟子钱安定整理后交中华书局全文出版。《大同书》从开始写作到全文面世，历经三十余年，倾注康有为毕生心血。其间，"有为虽著此书，然秘不示人，亦从不以此义教学者，谓今方为'据乱世'，只能言小康，不能言大同，言则陷天下于洪水猛兽"①。康有为终其一生的政治实践，公开发表的言论主张，皆为了实现小康社会，而视大同之道为洪水猛兽，但这恰恰又是康有为埋藏在心底的终极理想。如此奇诡，确实非同寻常。之前所有的维新保皇、虚君共和等言论，只是过眼烟云的权宜之计而已。

《大同书》有两个逻辑起点：一为不忍人之心，这是人之所以为人的根本；二为求乐免苦，这是人之所以存在的意义。前者基于儒家仁爱（与谭嗣同仁学同义，非儒学旧义），"人绝其不忍人之爱质乎，人道将灭绝矣。灭绝者，断其文明而还于野蛮，断其野蛮而还于禽兽之本质也！"② 人能担负对他人、对家庭、对国家的责任，都因有不忍人之心。后者基于大乘佛学的求极乐（非佛教出世之净土极乐），"夫人道者依人以为道。依人之道。苦乐而已，为人谋者，去苦以求乐而已，无他道矣"③。何谓"乐"？适宜于人的可谓"乐"。康有为将人生的终极意义确定为"免苦求乐"，将大同之道确定为"欲救生人之苦，求其大乐"。所谓的自由、平等、博爱、公正等，如果离开"宜人"——让人适宜、让人快乐，都会失去价值。正如佛学将人生苦海——苦谛作为全部理论的基石，康有为也从"入世界观众苦"切入而展开大同之道的论述，但两者对"苦"的认识不同、归因也不同，免苦的方法不同、结果也不同。佛陀将"苦"分为身苦（外苦）、心苦（内苦），共有八苦，即：生、老、病、死为身苦，爱别

---

① 梁启超：《清代学术概论》，东方出版社2012年版，第71页。
② 康有为：《大同书》，上海古籍出版社2014年版，第2页。
③ 康有为：《大同书》，上海古籍出版社2014年版，第4页。

离、怨憎会、求不得、五蕴炽盛为心苦;"苦"是贪嗔痴等众因所"集"之果,因此产生"苦"的原因很多;免除人生之"苦"需要通过特定的方法——修"道","苦"便成了修"道"之因;通过修道实现烦恼寂"灭"之果,修道是去往西方极乐世界的唯一船票。这是佛教最基础的"四圣谛":"集、苦、道、灭"的基本逻辑。康有为打乱了其中的逻辑关系,形成新的因果链。他将人生众苦的类别和原因分为六类。

第一类,天然不平等、不公正造成的苦。有的人投胎帝王之家,生来便是作威作福,有的人投胎奴隶之家,生来受人鞭挞。有的人投胎巨富之家,挥金如土、纵情声色,有的人投胎乞丐,则腥气臭恶、号泣叩首。有的人生于苦寒之地,卧草而栖、形同野兽,有的人生为奴婢之身,饥不得食、夜不得息。第二类,自然灾害对人造成的苦。如水旱饥荒、瘟疫流行、火山爆发等,都会给人造成无穷苦楚。第三类,社会贫富等级分化给人造成的苦。鳏夫寡妇之苦难以启齿,道有阴阳、兽有牡牝、鸟有雌雄,无妻无夫者,人生之乐泯灭。孤儿寡母之苦尤为甚,既要糊口又要育儿,其怨毒之气可上通于天。还有孤独之苦、疾病无医之苦、贫穷之苦不可胜数,或衣食无着,或无立锥之地,或债主逼债,或终身寄人篱下、供人驱使。第四类,国家强制力造成的苦。如酷刑酷吏、苛捐杂税、兵役给人带来的痛苦。这种痛苦古今中外概不可免。"尝闻之美国之人闻选兵者,家人畏苦,相抱而哭,爷娘妻子走送,哭声直上云霄。"第五类,人伦纲常压制造成的苦。有人因愚蠢闭塞,无法感受文明之美、先哲之妙,其愚根不绝、如堕黑暗地狱;仇怨、爱恋环绕人身,彼此冤冤相报、如履薄冰,爱恋越深则悲痛越大。纲常名教、君主专制、文字狱"托于义理以为桎梏,比因于囹圄尚有甚"。"人皆天所生,同为天之子",但自太古以来就划分不同的阶级,有贵族、平民、奴隶之分,有神族、贱族之分,有高门、寒族之分。"阶级之制,与平世之义至相碍者也。万义之戾，无有阶级为害之甚者，阶级之制不尽涤荡而泛除之，是下级人之苦恼无穷而人道终无由至极乐也。"第六类，欲望无穷造成的苦。人人皆以富贵、长寿为乐，成为帝王、修成仙佛为乐，果真如此？并不然。人有财富之乐，也为财富所累，"文物愈多，礼俗愈设，则忧患愈随之而生"。位极人臣固然威风，仍不免"忧谗畏讥，忧心殷殷，魂魄若失"。帝王之家，操生杀予夺之权，但成天担忧臣民造反，"革命军朝起而帝王震慑恐惧"。乱世之中，"凡人有神圣仙佛之名者，其亦不幸也哉！"

康有为分析了人类的六种苦难，其根源并不是单一的，而是多种因素造成，需要有一个系统的解决办法。人类苦难的根源在于"九界"，即：国界、级界、种界、形界、家界、业界、乱界、类界、苦界。解决办法是"破除九界"。即：去国界，合大地；去级界、平民族；去种界、同人类；去形界，保独立；去家界，为天民；去产界，公生业；去乱界，治太平；去类界，爱众生；去苦界，至极乐。从全部人类历史的视角看，康有为对大同社会的描绘究竟是一种什么样的学说？梁启超以为此书所表达的理想，"与今世所谓世界主义、社会主义者多合符契"①。后世学者往往延续梁启超的这一看法，将《大同书》比附苏俄制度，或类似于空想社会主义或共产主义。这种看法存在以西方术语套用的问题。梁启超把康有为定义为"社会主义派哲学"，是"以国家、家族尽融于社会而已"②。他进一步说："社会主义者，其外形若纯主放任，其内质实主干涉者也。将合人群便如一机器然，有总机以纽结而旋掣之，而于不平等中求平等。"③ 梁启超以无国家、无家族，主干涉、将社会组织成一架机器等视为社会主

---

① 梁启超：《清代学术概论》，东方出版社2012年版，第71页。
② 《南海康先生传》，《康有为全集》第十二集，中国人民大学出版社2007年版，第433页。
③ 《新民丛报》1902年第17号。

义。萧公权以康有为主张"去私产""农工商之业必归之公",认为"似今日苏俄之所行"①。汪晖因《大同书》"详细阐述了生产和分配制度的社会化"等,认为是一种"社会主义构想"②。从严格意义上(西方话语体系下)的空想社会主义或社会主义是作为资本主义的对立物、批判者出现的,而《大同书》就是"大同书",它从更为广泛的视角探究人类苦难和原因,并不针对特定的资本主义私有制或生产方式,因而无法用西方现有的某种主义、某种理论给予界定。正如康有为自述的,此种思想"盖积中国羲农黄帝、尧舜禹汤、文王周公、孔子及汉唐宋明五千年之文明而尽吸饮之;又当大地之交通,万国之并会,荟东西诸哲之心肝精英而酣饫之;神游于诸天之外,想入于血轮之中,于是登白云山摩星岭之巅,荡荡乎其骛于八极也"③。这是以中华五千年文明为主干,融会中西文化,神游于天地之外和人的生命体内而形成的,带有近代中国风格的对人类未来命运的远眺。若将《大同书》与欧洲19世纪各社会主义流派做比较,自有其首创性。

19世纪的欧洲是各种社会主义思想精彩纷呈的时代。有证据表明康有为注意到这类思想。1887年美国人爱德华·贝拉米(Edward Bellamy,1850—1898年)写出销量"仅次于《汤姆叔叔的小屋》"④的乌托邦式政治幻想小说《回顾》(Looking Backward),该书以《回头看纪略》为名首次翻译刊登在《万国公报》⑤。三年后英国传教士李提摩太再译此书,改为《百年一觉》,1894年由上海广学会出版。大意是美国人韦斯特于1887年被施用催眠术昏睡,醒来时已经2000

---

① 萧公权:《中国政治思想史》下卷,商务印书馆2011年版,第687页。
② 汪晖:《现代中国思想的兴起》上卷第二部,生活·读书·新知三联书店2015年版,第780页。
③ 康有为:《大同书》,上海古籍出版社2014年版,第1页。
④ [英]阿兰·瑞安:《论政治》下册,林华译,中信出版社2016年版,第573页。
⑤ 连载于《万国公报》第35—39册,1891年12月—1892年4月。

年，此时美国发生巨变：工厂林立、交通发达、人人平等、各尽所能，物质丰富、道德高尚，无罪犯、无监狱，人间宛如天堂。该书引起康有为的重视，认为"美国人所著《百年一觉》书，是大同影子"①。但是，这个乌托邦依然是等级制组织。英国人威廉·莫里斯（William Morris，1834—1896年）厌恶贝拉米的乌托邦，写出同样有名的政治幻想小说《乌有乡消息》（*News from Nowhere*）予以回击。在这部小说里，2051年的英国经过无产阶级革命和五十年的转型，成为社会主义乐园，这里没有犯罪，无需刑法和民法，人们因共同利益走到一起、自愿在一起工作，劳动成为人们的主要快乐。其实，这个理想社会带有英国工业革命前的影子。这些社会主义乌托邦都和欧洲三位空想社会主义家有关，他们是法国人克劳德·昂列·圣西门、夏尔·傅里叶和英国人罗伯特·欧文。如此众多的社会主义思想，都有一些基本特征。②其中，反对私有制几乎是所有社会主义思想共有特征，认为私有制是造成人类苦难的根源，"是人们所犯的无数罪行和所遭的无数灾祸的原因"③，"是各国一切阶级之间的纷争的永久根源"④，而避免人类苦难的基本路径则是实行公有制并将每个人的生活福利保障全部交给社会。此外，反对国家强制暴力，主张互助合作，甚至主张无政府主义；鼓吹妇女解放，主张男女平等、婚姻自

---

① 《康南海先生口说》，中山大学出版社1985年版，第31页。
② 中共中央宣传部理论局编辑的《世界社会主义五百年》将这些特征归结为六点：废除私有制和雇佣劳动，消灭阶级和阶级差别；改变资本主义分配制度，实行共同劳动，合理分配；消灭商品交换，有计划地组织生产；消灭城乡差别、脑力劳动和体力劳动差别、阶级差别；主张把国家变成纯粹的生产管理机构，直至最后消亡；妇女解放和婚姻自由问题（学习出版社2014年版，第18—23页）。英国政治学者瑞安说："社会主义几乎毫不含糊的要素就是强调生产是为了社会目的，所以，对社会主义来说，除了反对唯利是图的私有财产制肆意横行，别的都不是实质性的特征。"（《论政治》下册，中信出版社2016年版，第555页）
③ 《欧文选集》下卷，商务印书馆1965年版，第13页。
④ ［英］托马斯莫尔：《乌托邦》，戴镏龄译，商务印书馆1959年版，第44页。

由；所有人必须参加劳动，按贡献获取报酬；取消货币等，都是社会主义者的一致观点。如果按此标准来衡量，《大同书》无疑表达了社会主义思想。

在所有制上，"今欲致大同，必去人之私产而后可；凡农工商之业，必归之公。举天下之田地皆为公有，人无得私有而私买卖之"①。"大同世之工业，使天下之工必尽归于公，凡百工大小之制造厂、铁道、轮船皆归焉，不许有独人之私业矣。"②"大同世之商业，不得有私产之商，举全地之商业皆归公政府商部统之。"在个人生活保障上采取公养、公教、公恤，不仅从出生到坟墓全有保障，还从怀孕胎教开始。(1) 设立"人本院"，妇女怀孕就入住该院，一切费用由政府负责，实施科学的"胎教"，"生人之本，皆在胚胎；人道之始，万化之原"，要养成"和平中正"须从胚胎开始③；(2) 设立"育婴院"，婴儿断乳后，则移送该院集体抚养，选择"德性慈祥、身体健壮、资禀敏慧、有恒性而无倦心"之女子看护④；(3) 设立"小学院"，凡六岁到十岁进入学习，"学贵以养身健乐为主"，做到"养体为主、开智次之，功课稍少、游嬉较多"⑤；(4) 设立"中学院"，十一岁至十五岁在此学习，这是极为关键的年龄段，"人生学问之通否，德性之成否，皆视此学龄"⑥；(5) 设立"大学院"，十六岁至二十岁分科学习，每人都各有所成，实现"大同之时，无一业不设专门，无一人不有专学，世愈文明，分业愈众，研求愈细，究辨愈精"⑦。此外，(6) 设立"恤贫院"，"凡无业、无所衣食者，许入此

---

① 康有为：《大同书》，上海古籍出版社2014年版，第190页。
② 康有为：《大同书》，上海古籍出版社2014年版，第195页。
③ 康有为：《大同书》，上海古籍出版社2014年版，第153页。
④ 康有为：《大同书》，上海古籍出版社2014年版，第166页。
⑤ 康有为：《大同书》，上海古籍出版社2014年版，第169页。
⑥ 康有为：《大同书》，上海古籍出版社2014年版，第170页。
⑦ 康有为：《大同书》，上海古籍出版社2014年版，第172页。

院，公家衣食之"①。为了根除懒惰习气，对不愿劳动而进"恤贫院"的，要有严厉处罚措施，因为劳动既是权利也是义务。（7）设立"医疾院"，"所有药费医费皆公家所出"②。（8）设立养老院，"凡年六十岁以上者，许入此院养之"③。（9）设立"考终院"，人死由其善后，"盖大同之世，人者皆天生公众之身，无复有私属之人"，不必为之哭泣④。为人类做出特殊贡献的人，分别情况由议院核定后告之"考终院"，立金石之像。除了废除私有制，个人从结胎到死亡全部由社会负责，康有为提出"去国""弭兵"，打破国家界限，在全世界建立"公议政府""公政府"，人类共同生活于大同世界。所谓公议政府，不设总统，类似于邦联，主权依旧在各国，但公议政府有权对各国事务做出评价，或移书责之，或借用他国军事力量压制。所谓"公政府"，类似于联邦，有行政官行政、议员议政。世界大同并非一朝一夕能够完成，为此康有为列"大同合国三世表"，说明大同世界的建立要经过据乱世、升平世、太平世三阶段，并详细列出104个方面的进化路径，比如大同据乱世有死刑，升平世则取消死刑改永久监禁，太平世没有刑罚但用耻辱来惩戒。⑤ 此外，康有为还提出消灭阶级和阶级压迫，人人皆平等，提出"女子最有功于人道"，实行男女平等、婚姻自由。

上述观点，可以在19世纪西方任何一本社会主义理论著作或政治幻想小说中寻找到，但是，并不能因此用西方社会主义来理解《大同书》，否则会陷入固定的、模式化的思维之中，看不清《大同书》的独特性。由于历史文化等原因，西方社会主义者往往把人类

---

① 康有为：《大同书》，上海古籍出版社2014年版，第174页。
② 康有为：《大同书》，上海古籍出版社2014年版，第175页。
③ 康有为：《大同书》，上海古籍出版社2014年版，第178页。
④ 康有为：《大同书》，上海古籍出版社2014年版，第182页。
⑤ 康有为：《大同书》，上海古籍出版社2014年版，第74—83页。

的苦难归罪于私有制，其他一切罪恶也都与私有制有关——国家是为了保护所有权、法律是为了保障财产权，国家和法律是为有产者服务。从这一前提出发，消灭私有制就成了解决贫富悬殊、实现理想社会的根本（或唯一）途径。20世纪的历史已经证明19世纪西方空想社会主义者盛行的这一看法存在偏颇——人类社会不会因实行公有制就立刻摆脱苦难。20世纪见证了人类所有权观念的变迁——从绝对所有权到有限制的所有权，而建立在有限制所有权基础上的私有制，对社会的伤害大大减轻。与西方空想社会主义不同，康有为对"众苦"——人类苦难的理解更为复杂，其原因更为多元，解决的措施更为系统。还有，西方空想社会主义者要建立的依然是纯西方社会的社会主义，那里没有文化冲突，没有不同文明和种族之间的冲突，因此不会提供如何消弭文化差异、人种差异的建议。康有为在《大同书》中所勾勒的"大同世界"远比同时代的空想社会主义者更为宏大和深远，他要解决国与国之间的差别，解决白人、黄人、黑人等人种间的差别，解决人类与生物界之间的差别，解决人类实现大同之后的归宿，如果不解决这些问题，人类的苦难终究无法解脱。事实上，当今国际社会的南北问题、东西问题、文明冲突、种族差异甚至宗教冲突等，给人类带来的苦难比单一的私有制更为深重。这些都是19世纪西方社会主义者所没有思考的。康有为和19世纪西方社会主义者之间的差异，是由双方的思维模式、面临问题不同所带来。19世纪西方空想社会主义者大多是实业家或经济学家，更多从经济视角看问题，接受的是西方机械宇宙观，而康有为对近代政治经济学并不熟悉，他考虑问题的角度是"物我一体"。"物我一体，无彼此之界；天人同气，无内外之分。""物即己而己即物，天即人而人即天。"①"天者一物之魂质也，人者亦一物之魂质也；虽形有大小，而其分浩

---

① 康有为：《中庸注》，《康有为全集》第五集，中国人民大学出版社2007年版。

气于太元,挹涓滴于大海,无以异也。"① 人与人之间,人与物之间,人与天之间,没有本质区别,只要有不平等、不公正就会产生人类的苦难,财产私有仅仅是造成的人类不平等众多原因之一。大同世界,本质上还是要让人类世界回到"万物一体"的本来状态。康有为设想,到了大同世界,人类并没有停止进化,而是到了如何彻底解决与天地同生、同寿问题的阶段。到那时候,"耶稣之教,至大同则灭矣",回教也灭了,"孔子三世之说已尽行",剩下的只有神仙之学和佛学,实现"不生不灭、不增不减",乘光、骑电、御气而随意出入于星际之间。"故大同之世,惟神仙与佛学二者大行。"② 相比佛学,神仙学略显粗糙,"故大同之后,始为仙学,后为佛学;下智为仙学,上智为佛学"。到了仙学、佛学阶段是否停止了呢?康有为说:"仙、佛之后则为天游之学矣,吾别有书。"③ 天游学为何?我们并不清楚,大概是人可以尽情遨游太空、宇宙,真正与天地同寿、与宇宙共存。因此,康有为的《大同书》并不如西方社会主义者那样,将共产主义视为人类理想社会的极限,或者美国学者福山认为西方社会是人类社会终结者。康有为的这种不断发展观,既有进化论的影响,更有源于中国道统的阴阳变易。他在《论语注》中说:"物不可不定于一,有统一而后能成;物不可不对为二,有对争而后能进。"任何情况下事物都存在既统一又"对争"的状态,即便在大同世界依然存在对立和对争。"物以竞争而进上,不争则将苟且退化",任何产品"不改进而腐败随之",否则"人将复愚""大同不久而复归于乱"④。但是,康有为反对"以强凌弱"的达尔文主义式竞争,而是通过竞美、竞智、竞仁实现社会的不断改良。所谓竞美,是对园艺、

---

① 康有为:《大同书》,上海古籍出版社2014年版,第2页。
② 康有为:《大同书》,上海古籍出版社2014年版,第240页。
③ 康有为:《大同书》,上海古籍出版社2014年版,第175页。
④ 康有为:《大同书》,上海古籍出版社2014年版,第215页。

住宅及各种工业设计进行评比奖励；所谓竞智，是对创新、发明者给予"智人徽章"的荣誉，实现"智愈竞而愈出，新愈争而愈上"；所谓竞仁，凡是为他人做出贡献的，比如育婴院、养老院的看护人，都可以获得"仁人"荣誉，最高的可获"大仁人""至仁人"。康有为的大同世界并不是千篇一律、一潭死水的风景画，而是竞争有序、充满活力、永不停滞的社会。这同机械式宇宙观下的空想社会主义有较大差别。

正如"空想社会主义者的见解曾经长期支配着19世纪的社会主义观点"①，康有为设想了大同社会的具体场景，但没有提出实现的办法。这一点往往遭人诟病。梁启超说："有为悬此鹄为人类进化之极轨，至其当由何道乃能致此？则未尝言。"②康有为在书中并没有说明到达大同的道路。后来，毛泽东也说："康有为写了《大同书》，他没有也不可能找到一条到达大同的路。"③ 诚然，康有为大同之道并不是一条便捷的革命之路，而是一条不断进化、不断改良的漫长之路。大同世界固然美好，但不宜立刻实行，如贸然采用则"徒足以召乱"。康有为生前对革命、自由、民权始终持怀疑态度，但在死后留下力倡自由、平等、至乐的大同书。人类的未来，或者是自相残杀、走向毁灭，或者实现大同、物我一体，就靠人类自身的智慧。历史已经证明，一国之内由一人凌驾万人之上的体制行将消灭。历史还将证明，一国凌驾他国之上独霸全球的体制也将终结，白人、黄人、黑人、棕人休戚与共、命运相连，共聚一堂平等议事的日子终究不会很遥远。种族主义者的罪恶必将被彻底清算！这是从大同书，主要还是从"物我一体"的中国思想中推导出的美好愿景。

---

① 《马克思恩格斯选集》第3卷，人民出版社2012年版，第788页。
② 梁启超：《清代学术概论》，东方出版社2012年版，第71页。
③ 《论人民民主专政》，《毛泽东选集》第4卷，人民出版社1991年版，第1360页。

第三十四章
孙中山

孙中山（1866—1925年），名文，字载之，号逸仙，广东香山县（今中山市）人，因躲避清廷追捕化名中山樵，遂以中山之名著称于世。他起共和而终两千年帝制，为改造中国耗费毕生精力，鞠躬尽瘁、死而后已。孙中山出生时家境贫寒，其长兄孙眉赴茂宜岛（夏威夷第二大岛）垦荒，经营农牧业、商业，才有所好转。1878年，十二岁时孙中山随母赴檀香山（现夏威夷首府）并接受教育，"始见轮舟之奇、沧海之阔，自有慕西学之心、穷天地之想"①。十七岁时回国，之后转赴香港学习，于1892年在香港玛丽医院附设的西医书院毕业，同年9月到澳门镜湖医院出任医师。孙中山自述"予自乙酉中法战败之年（1885），始决倾覆清廷、创建民国之志。由是以学堂为鼓吹之地，借医术为入世之媒，十年如一日"②。另一位广东人康有为写作《大同书》的时候，十九岁同乡孙中山则开始立志推翻清朝，从"医人生涯"而入"医国事业"。1894年，孙中山偕陆皓东经王韬介绍赴天津，试图通过盛宣怀面见李鸿章，但被李拒绝。《上李鸿章书》由王韬修改后，以"上李傅相书"为题发表于《万国

---

① 孙中山：《自述》，《三民主义》，中国长安出版社2011年版，第247页。
② 孙中山：《建国方略》，中国长安出版社2011年版，第64页。

公报》。书言:"欧洲富强之本,不尽在于船坚炮利、垒固兵强,而在于人能尽其才、地能尽其利、物能尽其用、货能畅其流。此四事者,富强之大经、治国之大本。"所谓人能尽其才,即发展教育、鼓励创新、唯才任用(教养有道、鼓励以方、任使得法);所谓地能尽其利,即设立农业机构、开展农学研究、发展农业机械(农政有官、农务有学、耕耨有器);所谓物能尽其用,即发展科技、推广机器、废除拜神弄鬼的无用耗费(穷理日精、机器日巧、不作无益以害有益);所谓货能畅其流,即拆除国内关卡、政府保护商业、发展铁路船运(关卡无阻难、保商有善法、多轮船铁道)。孙中山在书中提道,"中国效法西法三十年","犹不能与欧洲相颉顽",关键还是"不能举此四大纲而举国并行之"。孙中山毛遂自荐,希望自己在农政方面能为国效力。二十八岁的孙中山已经有了比较系统的教育救国、科学救国、实业救国的思想,直到卸任中华民国临时大总统之后仍念兹在兹,最为关心的依然是教育、科学、实业、民生诸问题。这一年孙中山转赴檀香山,创立"兴中会",主张"驱除鞑虏,恢复中华,创立合众政府",在中国近代史上首次举起"振兴中华"的旗帜,首次提出"反满革命"的思想。1895 年 10 月,兴中会密谋在广州起义,事泄失败,陆皓东殉难。"此为中国有史以来为共和革命而牺牲者之第一人。"① 由陆皓东设计的"青天白日"旗成为国民党党旗,1925 年后为中华民国国旗。起义失败,孙中山远赴欧洲,伦敦蒙难脱险后专注于考察欧洲政治风俗。这段时间,孙中山的民生思想开始形成。他说:"两年之中,所见所闻,殊多心得。始知徒致国家富强、民权发达如欧洲列强者,犹未能登斯民于极乐之乡也;是以欧洲志士,犹有社会革命之运动也。予欲为一劳永逸之计,乃采取民生主义,以与民族、民权问题同时解决。此三民主义之主张所由完成也。"②

---

① 孙中山:《建国方略》,中国长安出版社 2011 年版,第 65 页。
② 孙中山:《建国方略》,中国长安出版社 2011 年版,第 67 页。

第三十四章 孙中山

1905年组织同盟会,"排满革命"是同盟会内各方势力的最大公约数,既有集中力量推翻清朝的作用,也为以后同盟会内部的分裂埋下种子。孙中山此后又组织九次起义,皆告失败,尤其是1911年4月广州黄花岗起义,七十二烈士殉国,震动全国。同年10月武昌起义成功,2012年1月1日孙中山就任中华民国临时大总统。2月12日清帝逊位,延续两千多年的帝制宣告终结。孙中山随即辞去临时大总统职务,让位于袁世凯并担任全国铁路督办,以图实业强国。随后发生的一系列事件,如国民党代理理事长宋教仁遭暗杀,袁世凯复辟帝制,《临时约法》被废弃,使辛亥革命后的中国社会更加混乱。"夫去一满洲之专制,转生出无数强盗之专制,其为毒之烈,较前尤甚。于是而民愈不聊生矣!"① 1918—1920年前后,孙中山专注于从理论上思考中国之出路,撰写《建国方略》《三民主义》。1924年1月,孙中山组织召开中国国民党第一次全国代表大会,通过大会宣言、建国大纲等,重新解释三民主义。1924年10月,孙中山接受冯玉祥、段祺瑞等邀请,北上共商国是,于12月扶病抵达北京,次年3月12日凌晨病逝。临终留下《国事遗嘱》《家事遗嘱》和《致苏俄遗书》。兹录《国事遗嘱》如下。

> 余致力国民革命凡三十年,其目的在求中国之自由平等。积四十年之经验,深知欲达此目的,必须唤起民众及联合世界上以平等待我之民族,共同奋斗。
>
> 现在革命尚未成功,凡我同志,务须依照余所著《建国方略》《建国大纲》《三民主义》及《第一次全国代表大会宣言》,继续努力,以求贯彻。最近主张开国民会议及废除不平等条约,

---

① 孙中山:《建国方略》,中国长安出版社2011年版,第3页。

尤须于最短期间，促其实现。是所至嘱！①

同邹容的《革命军》阐述的观点相同，孙中山讲革命有两层含义：破坏和建设。"是革命之破坏与革命之建设必相辅而行，犹人之两足、鸟之双翼也。"② 搞清楚破坏的是什么，建设的又是什么，是理解孙中山思想的切入口。现代中国主流思想的轮廓，在孙中山这里开始初步出现。

一　建国方略

孙中山的"建国方略"由心理建设、物质建设和社会建设三部分组成，从"一破一立"中可以窥见孙中山之苦心孤诣和远见卓识。其心理建设是破"知易行难"，立"知难行易"；物质建设是破"常规发展"，立"赶超式发展"；社会建设是破"专制制度"，立"民主规则"。体现了"建设是革命唯一目标"的理念。

孙中山反思辛亥革命后只有革命之破坏而无革命之建设，反陷国民于水深火热的深层原因，就在于中国人有一种普遍的"知之非艰，行之惟艰"，即"知易行难"的心理。有这种心理束缚，导致不敢想、不敢干，从而缺乏一往无前、永不停滞的奋斗精神。之所以不敢想，是怕被人讥讽为不切实际、过于理想、难以实行；之所以不敢干，也是担心"知易行难"，想着容易干起来难。他说："夫国者人之积也，人者心之器也，而国事者一人群心理之现象也。"③ 普遍的社会心理左右着国家事务，如果不破除旧有的社会心理，重建社会心理，则事业难以推进。"是故政治之隆污，系乎人心之振靡。吾心信

---

① 孙中山：《国事遗嘱》，《建国方略》，中国长安出版社2011年版，第326页。
② 孙中山：《建国方略》，中国长安出版社2011年版，第45页。
③ 孙中山：《建国方略》，中国长安出版社2011年版，第4页。

其可行,则移山填海之难,终有成功之日;吾心信其不可行,则反掌折枝之易,亦无收效之期也。"① 倘若认为可行,再困难的事情也能办成,倘若认为不可行,再容易的事情也会办砸。革命之初,绝大多数人持怀疑态度,现在看来是顺应了世界潮流。革命成功之后,孙中山提出大规模建设铁路的实业救国计划,仍然被视为过于宏大、过于理想,被称为"孙大炮"甚至被视为"狂人""疯子"②。有鉴于此,孙中山提出"知难行易",以此改造国民旧有心理,开展社会心理建设,将此作为开展物质建设和社会建设的前提。世界上难的是"知",而非"行",只要"知"便可以"行",不能"行"是因为不"知"。孙中山从多方面论证"知难行易"。比如中国人善于饮食,但并不知道营养学等方面的知识;中国人都会用钱,但并不知道钱与经济发展的关系,也不知道国家的贫富不在钱而在货物生产和流通能力等经济学知识;中国人历来重视道德文章,但是并没有语法、逻辑等知识。这正说明只能行之,而不能知之;只能知其然,而不知其所以然。孙中山还用"建屋、造船、筑城、开河、电学、化学、进化"七方面进一步加以论证。中国人很早就能建屋宇,造轮船,筑长城,开运河,烧陶瓷,制火药,造罗盘等,但没有出现系统的建筑学、工程学、化学、生物等科学技术知识。由此看来,真正的"知"并不容易,远远比"行"困难得多。从傅说对武丁说"知之非艰,行之惟艰"开始,"知易行难"谬种流传几千年。"其流毒之烈,有致亡国灭种者,可不惧哉!"美国学者杜威(John Dewey)路过上海时,孙中山曾询问此观点。杜威说:"吾欧美之人,只知'知之为难'

---

① 孙中山:《建国方略》,中国长安出版社2011年版,第4页。
② 澳大利亚记者、后成为蒋介石顾问的端纳写道:孙中山"带了一幅约六英尺见方的大地图,当他把它摊在地板上时,我看到一个令人信服的证据:他不仅是个狂人,而且简直是个疯子"。[美]史扶邻:《孙中山:勉为其难的革命者》,丘权政、符致兴译,中国华侨出版社1996年版,第140页。

耳，未闻'行之为难'也。"① 孙中山举例说明"知识"远比"苦力"更有价值。建筑设计师摇摇笔、画画图似乎很轻松，而施工者胼手胝足非常辛苦，但没有好的设计师，工人再累死累活也不能建造出崇楼高阁。当年秦始皇修万里长城，历经千辛万苦，但在第一次世界大战期间德、英、法、俄所修筑的防御工事长度远超万里长城，之所以能在很短时间内完成，就在于掌握了先进的工程技术知识。第一次开凿巴拿马运河失败，是不知道当地疫病由蚊子传染，待到美国1904年再次开凿运河时，先用三年时间灭蚊，改善当地卫生，1907年动工至1915年就完成开凿。这些都是"知之为艰"的实例。为反驳有人认为"行易知难之十证，于事功上诚无间言，而于心性上之知行，恐非尽然也"，孙中山引《孟子》尽心章："行之而不著焉，习矣而不察焉，终身由之而不知其道者，众也"，说明"行易知难""实为宇宙之真理，施之于事功，施之于心性，莫不皆然也"②。

　　孙中山用"行易知难"破"知易行难"，作为"救中国必由之道"，有深远的现实考虑而非哲学思辨。其一，倡导科学，而获取科学知识并非易事。"凡真知特识，必从科学而来也。舍科学而外之所谓知识者，多非真知识也。"③ 对于中国人来说，科学知识依然是最缺乏的，孙中山用"科学之知"替换传统的"德性之知""见闻之知"，固有"知之为难"一说。那些信奉"知之为易"的人，头脑中的所谓知识"大多类于天圆地方、天动地静、螟蛉为子之事耳"④。现代中国的"知"已经专指对某一事实的知识，至少不再包括德性之知。其二，相信科学，凡是科学的一定能行。"当今科学昌明之世，凡造作事物者，必先求知而后乃敢从事于行"，只要是科学的规

---

① 孙中山：《建国方略》，中国长安出版社2011年版，第36页。
② 孙中山：《建国方略》，中国长安出版社2011年版，第37页。
③ 孙中山：《建国方略》，中国长安出版社2011年版，第40页。
④ 孙中山：《建国方略》，中国长安出版社2011年版，第40页。

划,"则无论其事物如何精妙、工程如何浩大,无不指日可以乐成者也"①。孙中山之前提出的中国建十六万公里铁路、一百六十万公里公路,北、中、南各建世界级港口的计划绝非虚无缥缈、不切实际。从美国、日本发展历史看,美国建国不过一百多年而成世界第一强国,日本明治维新不过五十年而强盛,可谓"行之为易"。其三,要有理想,并勇于付诸实施。孙中山有过理想受嘲讽的痛苦经历。"乃于民国建元之初,予则极力主张施行革命方略,以达革命建设之目的,实行三民主义,而吾党之士多期期以为不可。经予晓谕再三,辩论再四,卒无成效,莫不以为予之理想太高。"② 事实上,相较于孙中山,其他革命党人更为幼稚和书生气十足,以为推翻帝制就能建立共和、就可以实现革命的初衷(如章太炎等就鼓吹"革命军起,革命党消")。孙中山则提出先施行军政三年,再训政六年,然后逐渐实现宪政的革命方略,既有理想又有方法,但终究被人视为难以实行而在同盟会内没有成为共识。因此他说:"当时众人之所期者实为妄想,顾反以予之方略计划为难行,抑何不思之甚也!"③ 孙中山设立过渡期的想法是经过深思熟虑的。比较美国和法国近代史,美国革命之后所确定的国体比较稳定,而法国革命之后却经历长期动荡,两次帝制三次共和,究其原因,世人皆以为是华盛顿品德高尚,带了好头,而拿破仑野心勃勃,开了坏头。这正如袁世凯复辟帝制,众口铄金指责袁世凯个人品行不好。孙中山对此有清醒的认识,"一国之趋势,为万众心理所造成,若其势已成,则断非一二因利乘便之人之智力可转移也","是故华、拿之异趣,不关乎个人之贤否,而在其全国之习尚也"④。中国有比法国更漫长的君主专制统治史,要在中国

---

① 孙中山:《建国方略》,中国长安出版社2011年版,第43页。
② 孙中山:《建国方略》,中国长安出版社2011年版,第44页。
③ 孙中山:《建国方略》,中国长安出版社2011年版,第46页。
④ 孙中山:《建国方略》,中国长安出版社2011年版,第46页。

实现共和、推行民主,其历程更为曲折,只有将共和思想、民主精神注入中国百姓心里、成为日常习俗,才能锻造名副其实的共和国。事实正是这样,华盛顿卸任总统后可以高枕无忧地回家乡过奴隶主的生活,而孙中山卸任大总统后却依然要同复辟帝制逆流作斗争,依然要为实业救国、教育救国而疾呼。其四,不知亦能行,要敢于试验、敢于探索。"行易知难"并不等于事事处处先求知而后从事于行,也不是要等到全国人民皆有科学知识不可,对此孙中山提出"不知亦能行"。目前"科学虽明,惟人类之事仍不能悉先知之而后行之也,其不知而行之事,仍较于知而后行者为尤多也"①,如果待到一切都探明了、一切都熟知了再采取行动,便不是科学精神。这实质是"摸着石头过河"的思维。孙中山提出"习练、试验、探索、冒险"这四件事,是文明得以昌盛的动因。所谓"习练"就是从不懂到熟练;所谓"试验"就是对不确定的知识进行验证;所谓"探索"就是从未知求得真知;所谓"冒险"就是在不熟悉领域建功立业。孙中山提出"行易知难"的落脚点还在于打破"知易行难"这一千年古训的精神束缚,要大胆闯、大胆试、大胆干。孙中山的这一品格在近代革命家中是罕见的,唯其罕见才显出珍贵。他提出当前迫切行动的几件事,一是清除贪官污吏和政治腐败;二是利用外资、国外人才发展中国;三是利用好西方列强陷于第一次世界大战的有利时机;四是发展实业、普及教育。从历史的视角看,孙中山这些主张何尝不是振兴中华之良策?

《建国方略》第二部分是"物质建设"。这是一份超常规的实业发展计划,而这种超常规的发展模式在当时还闻所未闻,大多数人持强烈怀疑态度。孙中山有着高度自信,美国用百年、日本用五十年达

---

① 孙中山:《建国方略》,中国长安出版社2011年版,第46页。

第三十四章 孙中山

于强盛,"准此以推,中国欲达于富强之地位,不过十年足矣"①。事实上,如果不打破常规发展思想的束缚,树立超常规发展意识,落后国家将永远没有赶超的可能性。孙中山的自信来自对"后发优势"的认识——吸取西方经验、避免西方弯路,"中国如一后至之人,可依西方已辟之路径而行之"。也来自对美国经验的总结,"当其发展实业之初,资本悉借之欧洲,人才亦多聘之欧洲,而工人且有招之中国"。与其他革命派和改良派不同,孙中山是一位真正站在世界潮流的潮头观天下的革命家、思想家、实干家和预言家。《物质建设》原稿为英文(*The International Development of China*),最早发表于1916年6月号《远东时报》,类似于面向国际资本的招商计划,之后由朱执信、廖仲恺等人翻译成中文。它由六个计划组成,分别就铁路、公路、港口、矿业、钢铁、农业建设以及疏浚大江大河、开发边疆等进行规划,是中国历史上第一份规模宏大的实业发展计划,其全面、系统、精确,在当时无出其右者。但是,孙中山依然把它看作一份指导性的、框架性的计划,并不是按图施工的蓝图。他说:"此书为实业计划之大方针,为国家经济之大政策而已。至其实施之细密计划,必当再经一专门家之调查,科学实验之审定,乃可从事。故所举之计划,当有种种之变更改良,读者幸毋以此书为一成不易之论,庶乎可。"② 因此,把握此"物质建设"总精神是关键,而不是先讨论某一具体计划错对得失。归纳起来,有几点值得关注。第一,独立自主。"惟发展之权,操之在我则存,操之在人则亡,此后中国存亡之关键,则在此实业发展之一事也。"把实业发展之权牢牢操控于自己的手里,是孙中山一以贯之的思想。他直至临终前一刻,仍念念不忘于最短时间内"废除不平等条约"。第二,确定国家优先发展方向。

---

① 孙中山:《建国方略》,中国长安出版社2011年版,第41页。
② 孙中山:《建国方略》,中国长安出版社2011年版,第83页。

孙中山所规划的实业计划将重点落在现代交通、钢铁水泥、衣食住行等领域，体现了优先发展基础设施、重工业和民生的思想，提出了落后的农业国如何实现现代化的路径问题。没有重工业这类"硬核"所展示出的强大力量，任何发展都是软绵无力的。第三，提出个人和国家两路共进。"中国实业之开发应分两路进行，（一）个人企业、（二）国家经营。"凡是可以个人经营，或比国家经营更适宜的，则"应任个人为之，由国家奖励，而以法律保护之"①。而孙中山规划的主要是由国家负担的部分——大规模的铁路建设和疏浚河流。第四，抓住第二次工业革命契机。孙中山痛感中国丧失第一次工业革命之契机，想抓住第二次工业革命之契机，将两种革命一并在中国完成。"中国今尚用手工为生产，未入工业革命之第一步，比之欧美已临第二革命者有殊。故于中国两种革命必须同时举行，既废手工采机器，又统一两国有之。"②以电力和内燃机车为标志的第二次工业革命不仅改变了工业组织形式，促进科学与技术的结合，也进一步改变了世界格局，使东西方的差距进一步拉大。孙中山意识到这是比以蒸汽机为代表的第一次工业革命影响更为深远的工业革命。但是，在军阀、政客、文人、豪绅们把持的民国初年，这种思想必定又是孤独的。第五，将外国资本、人才为我所用。伴随第二次工业革命和资本的集中，欧美自由资本主义进入垄断资本主义时代，国际经贸以商品输出为主转为资本、技术、货物输出。孙中山看到"资本输出"对发展中国实业的意义，提出在互助互利基础上利用外资发展中国实业的设想。制订实业计划之初，第一次世界大战尚未结束，孙中山认为大战结束时欧美用于生产战争物资的产能必然大量过剩，同时又有战后恢复重建的问题。他设想利用这一稍纵即逝的良机，吸收外国资本开发

---

① 孙中山：《建国方略》，中国长安出版社2011年版，第88页。
② 孙中山：《建国方略》，中国长安出版社2011年版，第85页。

中国，将资源转化为富源，既可以扩大中国消费能力消纳过剩物质和产能，同时实现中国工业化。他说："如使上述规划果能逐渐举行，则中国不特可为各国余货消纳之地，实可为吸收经济之大洋海。凡诸工业国其资本有余者，中国能尽数吸收之。"对此，孙中山充满信心，"自美国工商发达以来，世界已大受其益。此四万万人之中国一旦发达工商，以经济的眼光视之，何啻新辟一世界？"① 他还说："为和平而利用吾笔作此计划，其效力当比吾利用兵器以推倒清朝为更大也。"② 但是，孙中山提出的这一计划并没有引起西方列强和国际资本的丝毫兴趣，也被人视为放炮、空想。一个完全依靠国际资本、国际技术振兴中国实业的计划，的确高估了欧美列强的善意。直至晚年，孙中山开始醒悟，转而希望借助苏联的帮助。临终前签字的《致苏俄遗书》说："你们是自由的共和国大联合之首领。此自由的共和国大联合，是不朽的列宁遗与（予）被压迫民族的世界之真遗产。"③ 历史往往如此诡异，圆满实现孙中山实业计划的是继之而起的、脱离苏俄羁绊的中国共产党。这正是接续奋力、勇往直前、横穿几千年而不死的中华民族之精神。

《建国方略》第三部分是"社会建设"，孙中山也称之为"议学"（议事之学），其内容是教会国人如何行使"民权"。令人困惑的是，孙中山并没有更多分析公民有哪些权利、如何行使，而是通篇讲如何开会，是一份标准的"会议通则"。孙中山详尽地罗列会议的召集，主持人（主座）的确定，会议秩序，以及动议的提出、讨论、修改、表决、搁置、复议和发言顺序等，既没有高深的天地之道，也没有莫测的玄妙之思，都是些极为普通的议事规则，纯属技术性的"小道"。孙中山说："此书譬之兵家之操典，化学之公式，非浏览诵

---

① 孙中山：《建国方略》，中国长安出版社2011年版，第86页。
② 孙中山：《建国方略》，中国长安出版社2011年版，第220页。
③ 孙中山：《建国方略》，中国长安出版社2011年版，第328页。

读之书，乃习练演试之书也。"① 孙中山把民权、民主问题首先归于会议规则，认为如勤加练习而成为一种习惯，由此则"民权之发达必有登峰造极之一日"。但言者谆谆、听者藐藐，一个长期受专制统治的国家，并不会有多少人真信、真懂、真用这些规则。② 孙中山试图将民主、民权理念融入规则之中，并通过规则使国民担负责任、凝聚力量、实现团结，可谓比当时的革命同侪更深得民主政治之精髓。民主就是一种生活习惯。民主、民权最终要借助一个个具体而琐碎的规则得以实现，正如皇权通过一个个具体而烦琐的礼仪得以展现一样。孙中山流亡美国时就注意到美国退役将军罗伯特的《罗伯特议事规则》（*Robert Parliamentary Law*），之后一直念念不忘。③ 正是这套技术性很强的规则，保证美国上到国会下到社区的议事决断的民主、公平和高效、有序。有鉴于此，孙中山参考了《罗伯特议事规则》等"议学"，尤其是美国女作家沙德氏（Harriette Lucy Shattuck）于 1891 年出版的《妇女参政议事手册》（*The Women's Manual of Parliamentary Law*），设计了这套会议通则，训练国民如何平等参与公共事务。概括起来至少包括十二条规则。

第一条：凡召开会议须事先告知，确定会议主题或议题，参会人数须达到一定数额（一般为半数）才能开会议事。第二条：常设议事机构须制定章程或规则并公开，事先确定主持人（主座）。第三条：会议主持人与其他参会人员地位平等，其主要职责是维持秩序、执行程序、分配发言权、提请表决，一般不参与讨论。第四条：任何

---

① 孙中山：《建国方略》，中国长安出版社 2011 年版，第 239 页。
② "尽管国民政府宣称要以'国父遗教'来治国，但《民权初步》这个'遗教'，较之孙中山的其他理论，被忽视得太多"。参见李启成《议事之学与近代中国的民权演进》，《法学家》2013 年第 3 期。
③ "早年在美国流亡时，（孙中山）曾将《罗伯特议事规则》交给蒋梦麟翻译，可惜未成"。黄季陆：《蒋梦邻先生与国父的关系》，《传记文学》1964 年第 2 期。

事项须经动议、讨论、表决,否则无效,任何动议须正式提出并逐项讨论、表决,若一动议包含多项内容,须一一分别表决。第五条:任何参会人员发言须就事论事,不得借机人身攻击、发诛心之论,表决结束后不得就此事再作讨论。第六条:发言人发言前须经主持人同意方可,主持人不得指定某人发言,每人发言时间不超过限额,在其他人轮流发言完毕之前一人不得讲两回。第七条,倘有多人同时请求发言,由主持人裁决,若不服从裁决,则应提请会议表决,主持人应注意不同意见之间的平衡。第八条:有人欲插话打断他人发言,须经过主持人征求发言人意见,并由发言人自主做出允许还是不允许的决定。第九条:动议一旦正式提出就必须付诸讨论,只有全体一致同意方可停止讨论。第十条:表决可以采取口头、起立、举手、记名、投票等方式进行,并记录在案,一般半数以上为通过,个别的须2/3。第十一条:经表决后的动议若有不同意见可以提出复议,但限于动议获胜方提出,除非动议表决之日前,失败方才允许提出复议动议。第十二条:会议进行中可以提出附属性动议,比如会场有人吵闹(权宜问题),有人偏离议题攻击他人(秩序问题),有人认为讨论时间过长而请求散会等,主持人应按照一定的优先顺序进行处置。其优先顺序为:权宜问题、秩序问题、散会动议、搁置动议、停止讨论动议、延期动议、付委动议、修正动议、无期延期动议。

孙中山在"民权初步"中所确立的这些规则,在某些方面应该比《罗伯特议事规则》更为详尽。但是,这种技术性、实操性很强的议事规则既不被喜欢哲理思辨的学者所赏识,也很容易为一些独裁者所曲解。1930年蒋介石阐述《民权初步》之意义时说:"这本书,即在使得我们国民人人能守秩序,人人晓得组织的重要,一个人不守秩序,没有组织与团体,这个人就不给他民权,这种国民也不配有权。"① "民权初步"最后变成了有组织、守秩序的象征。孙中山的初衷则是:"一社会中,其会员人人有言论表决权于大小各事,则知识能力必日进,而结合日固,其发达进步自不可限量也。"② 孙中山着眼的是知识日进、发达进步。

二 三民主义

孙中山完成《建国方略》后,开始着手三民主义理论的诠释整理工作。这标志着中国历史上第一个比较系统的现代国家思想开始形成,其民族主义、民权主义和民生主义思想已经成为现代中国思想的重要组成部分。三民主义思想来自哪里?孙中山说:"兄弟的三民主义,是集合中外的学说,应世界潮流所得的。"他还用林肯的"民有、民治、民享"(The government of the people, by the people, for the people)比较三民主义,"他这民有、民治、民享主义,就是兄弟的民族、民权、民生主义"③。按照孙中山的设计,三民主义的实质,是要把全国的主权,都放在本民族人民手内;一国的政令,都是由人民所出;所得的国家利益,由人民共享。倘若仔细研究孙中山的三民主义,其蕴含的思想远比林肯的"民有、民治、民享"更为复杂,这一切源于中国社会进程的特殊性,与之前讨论的黄宗羲"共有、共治、共享"精神更相近。1906年12月2日,孙中山在东京民报创刊周年庆祝大会上的演讲说:"我们革命的目的是为众生谋幸福,因不愿少数满洲人专利,故要民族革命;不愿君主一人专利,故要政治

---

① 蒋介石:《民权初步意义》,《三民半月刊》1930年第12期。
② 孙中山:《建国方略》,中国长安出版社2011年版,第302页。
③ 孙中山:《三民主义精义》,《三民主义》,中国长安出版社2011年版,第261页。

革命；不愿少数富人专利，故要社会革命。这三样有一样做不到，也不是我们的本意。达了这三样目的之后，我们中国当成为至完美的国家。"①

孙中山的民族主义思想有一个发展的过程。诚如他所言："盖民族思想，实吾先民所遗留，初无待于外铄者也。余之民族主义，特就先民所遗留者，发扬而光大之。"② 但这种民族主义是以"华夏中心、华尊夷卑"为基础的华夷之辨。深受王夫之、顾炎武民族思想影响的一些晚清学人，坚持汉族为华夏、清人为夷狄的思想，掀起排满革命。孙中山将排满思想与反对君主专制相结合，以建立共和国家为目的，开始摆脱传统华夷观，产生近代意义的民族思想。孙中山于1894年创立"兴中会"时提出的"驱除鞑虏、恢复中华，创立合众政府"，是这一思想的集中体现。民族主义有了反对清人压迫汉人和反对君主专制的双重含义。随着清帝在辛亥革命后逊位，孙中山在《中华民国临时大总统宣言书》中宣布："合汉、满、蒙、回、藏诸地为一国，即合汉、满、蒙、回、藏诸族为一人。是曰民族统一。"③ 后来，他进一步解释说："仿美利坚民族的规模，将汉族改为中华民族，组成一个完全的民族国家，与美国同为东西半球二大民族主义的国家。"④ 孙中山第一次完整提出了"中华民族"的民族观，这是一个以汉族为主体，其他各族人民加入并同化于我的新的民族，正如美利坚民族是以"盎格鲁－撒克逊"为主体，融合多民族多种族而形成的新的民族一样。第一次世界大战结束前后，孙中山受到无产阶级革命导师列宁和美国总统威尔逊"民族自决"思想的影响，既强调中华民族的民族意识以及摆脱帝国主义列强对中华民族的压迫，同时

---

① 原载《民报》第十号，东京1906年12月20日出版。
② 孙中山：《中国革命史》，《三民主义》，中国长安出版社2011年版，第233页。
③ 孙中山：《三民主义》，中国长安出版社2011年版，第249页。
④ 孙中山：《三民主义精义》，《三民主义》，中国长安出版社2011年版，第261页。

也承认中国内部各民族之间的平等和自决权。列宁与威尔逊的"民族自决"思想都闪烁着理想主义的精神,但两者的出发点和结果却有很大不同。列宁希望通过殖民地的民族革命削弱资本主义势力,为彻底颠覆资本主义社会的无产阶级革命赢得同盟军。威尔逊的民族自决暗含美国人的狡黠,想以此瓦解欧洲列强的势力实现以美国这一"山巅之城"改造世界的目的。列宁的民族自决是在国内民族分裂势力依然强大、民族冲突比较严重的情况下提出的①,而威尔逊是在美国已经完成大规模屠杀印第安人,排斥华人定居②,吞并夏威夷成为横跨两洋的帝国,国内几乎不存在民族分裂威胁的情况下提出的。因此列宁的民族自决可能会反噬自身③,而威尔逊的民族自决对美国百利而无一害。基辛格写道:"伍德罗·威尔逊之所以伟大,归根结底是因为他提出了宏大的愿景,极大地激发了美国例外主义传统。他被尊崇为先知,美国矢志追求他的愿景,并以此评判自己的行为。"他继续写道:"这一愿景的天才之处是让美国人的理想主义为缔造和平、人权和合作解决问题等重大外交举措服务,在对更美好、更和平世界的希望中注入美国实力。"④ 确实,威尔逊的民族自决既给美国

---

① 1923年4月苏共十二大,格鲁吉亚民族主义者提出:"一切非格鲁吉亚人都迁出梯弗里斯,用法律规定格鲁吉亚女子嫁给非格鲁吉亚人要丧失格鲁吉亚籍。"《联共(布)党史简明教程》,人民出版社1975年版,第291页。

② 美国于1882年5月6日签署《排华法案》。

③ 列宁的民族自决思想是真诚的,是基于信仰而非国家利益考量。但是,其脱离国家主体民族利益的民族自决也埋下了极大隐患。2019年12月19日,俄罗斯总统普京在莫斯科世界贸易中心举行的年度大型记者招待会上的批评就代表这种看法,他说:"列宁瓦解了一个拥有千年历史的国家(沙皇俄国)。最大失误是把一个拥有千年历史的统一国家改造为国家联盟。而这一国家联盟的加盟者,被赋予了脱离联盟的权利。"

④ [美]基辛格:《世界秩序》,胡利平等译,中信出版社2015年版,第351页。历史已经表明,美国倡导的"民族自决"是一种基于现实利益考虑而精心设计、精心包装的策略,是一招既能打败德奥又能瓦解英法殖民体系,还能为美国赢得国际道义赞誉的高明招术。

带来政治利益,也获得软实力。

孙中山用血统、生活、语言、宗教、风俗作为组成一个民族的五要素,抛弃了单一的文化标准,从这些要素衡量,中国绝大多数人属于同一民族。"但是中国的人,只有家族和宗族的团体,没有民族精神,所以四万万人结合成一个中国,实在是一片散沙,弄到今日是世界上最贫弱的国家,处国际中最低下的地位。"① 孙中山采取中国历史上不曾有过的叙事方式,将民族主义的缺乏与国家落后、国际地位低下关联在一起。他引用欧美各国和日本的例子试图证明:国家强盛来自民族意识、民族精神和民族凝聚力,民族主义是国家发展的必要条件又是国家发展的原因。这种思想是对维新派和早期革命派的超越,前者认为通过变法改良,后者认为通过民主共和,就可以使国家富强。而孙中山提出:一个没有民族精神、不清楚民族危机、缺乏民族自信和凝聚力的民族,就难以在国际竞争中取得平等的地位和永续发展的机会。这一观点已经是现代中国思想的一部分。孙中山着重分析了几个问题。第一,中国民族危机的来源。(1)自然力的淘汰。孙中山比较主要国家近百年来人口繁衍情况,美国增加10倍、日本增加3倍,法国因中了马尔萨斯人口学说的毒实施节制生育政策,开始体会人口减少的痛苦,而中国人百年来并没有太多增加。他认为:"中国完全亡国已经有两次,一次是元朝,一次是清朝。但这两次亡国,都是亡于少数民族,不是亡于多数民族。那些少数民族,总被我们多数民族所同化。"② 如果西方列强人口增加,中国人反而成了少数民族,一旦被征服就是"连奴隶也做不成了"③。孙中山把人口作为种族之间竞争的关键变量,确实具有穿透历史的惊人预见力!孙中山把汉族能够同化外来民族主要归因于庞大的人口基数,打破了自认

---

① 孙中山:《三民主义》,中国长安出版社2011年版,第9页。
② 孙中山:《三民主义》,中国长安出版社2011年版,第17页。
③ 孙中山:《三民主义》,中国长安出版社2011年版,第15页。

为纯粹是因为华夏文化优越才有凝聚力的迷思。(2)政治力的压迫。这种政治力来自列强武力入侵和瓜分势力,但中国革命有力制止了列强瓜分中国的企图。孙中山说:"当列强想瓜分中国的时候,一般中国反革命的人,说革命足以召瓜分,却不知后来革命的结果不但不召列强瓜分,反打消列强瓜分中国的念头。"① (3)经济力的压迫。这是一种比武力更为严重的压迫。孙中山认为半殖民地人民的地位甚至比殖民地还要糟糕,因为你想做奴隶都找不到一个确定的主人,每个列强都可以欺凌你、压榨你,你却找不到主人来"保护"。"所以中国不只做一国的殖民地,是做各国的殖民地,我们不只做一国的奴隶,是做各国的奴隶。""中国人从前只知道是半殖民地,便以为很耻辱,殊不知实在的地位还要低过高丽、安南(即亡于日本的朝鲜、亡于法国的越南)。"②孙中山历数海关、金融、交通、特许经营等,这些都掌握在西方列强手中,中国已经完全陷入民穷财尽的地步。第二,中国民族精神丧失的原因。孙中山认为,清朝两百多年的专制奴化统治是民族精神消失的主因。"只看见对于满清的歌功颂德,什么深仁厚泽,什么食毛践土,从没有人敢说满洲人是什么东西的。"③其次是中国人自古就奉行的"世界主义"。世界上一些民族如犹太人、波兰人尽管亡国,但民族精神始终存在,但中国人的天下观造成帝国主义思想,"已渐由民族主义,而进于世界主义"。清朝入关时总数不过十万人,但"有了这种(世界)主义,满清入关便无人抵抗,以致亡国"。"中国大多数人很提倡世界主义,不讲民族主义,所以什么人来做中国皇帝都是欢迎的。"究竟是世界主义好还是民族主义好,不能简单看,孙中山提出:"大凡一种思想,不能说他是好不好,只看他是合我们用不合我们用。如果合我们用便是好,不合我

---

① 孙中山:《三民主义》,中国长安出版社2011年版,第18页。
② 孙中山:《三民主义》,中国长安出版社2011年版,第20—21页。
③ 孙中山:《三民主义》,中国长安出版社2011年版,第28页。

们用便是不好。"① 当时一些提倡新文化的新青年以为民族主义不合潮流，便提倡世界主义，孙中山说："这个论调，如果发自英国美国，或发自我们的祖宗，那是很适当的。但是发自现代的中国人，这就不适当了。"事实上，世界主义可以成为强国扩张、称霸的理论依据，而弱国要发愤图强，民族主义则为首要。第三，恢复中国民族主义的办法。恢复民族主义的前提是让国民意识到中华民族处于生死关头，到了最危险的时候，树立忧患意识。所谓"无敌国外患者，国恒亡"，"多难可以兴邦"。孙中山的解释是，如果心理上觉得没有外患，自以为很安全，外人不敢来侵略，所以不讲国防，一遇有外患便至亡国；知道自己国家多难，就可以发难为雄。② 恢复民族主义的具体路径，用宗族、家族、家乡观念扩充为民族思想；用积极的奋斗和消极的不合作对待帝国主义列强；同时，恢复固有的道德、固有的智识、固有的能力，认真学习外国的长处。孙中山解决传统与现代矛盾的办法，是采用"旧瓶装新酒"的方法，依然使用忠孝、仁爱、信义等固有概念，赋予其新的含义，如把忠于君变成忠于国、忠于民。他在《军人精神教育》演说辞中，将智、仁、勇作为军人的精神，要求他们成仁、成功。③ 与之对应的，中国共产党人则主要采取"新瓶装新酒"的方式，创造一套新的革命的话语体系来鼓舞民族精神。学习外国长处方面，孙中山主要是指科学技术和工业领域最新成果，如飞机、电力等。之所以如此，是和孙中山认为西方的宪政制度存在重大缺陷有关系。④

孙中山在阐述民族主义时表现出卓越的预见力和清醒的判断力。

---

① 孙中山：《三民主义》，中国长安出版社2011年版，第34页。
② 孙中山：《三民主义》，中国长安出版社2011年版，第48页。
③ 孙中山：《三民主义》，中国长安出版社2011年版，第267—291页。
④ 他在《五权宪法》中说："兄弟曾将美国宪法仔细研究，……研究的结果，觉得他那不完备的地方很多，而且流弊亦不少。"《三民主义》，第221页。

第一次世界大战是欧洲列强之间利益不均衡导致的战争,对于战后的形势,孙中山说:"经过这次大战之后,世界上先知先觉的人,逆料将来欧洲没有烧点可以引起别种国际战争,所不能免的或者是一场人种的战争,像黄人和白人战争之例。"① 当时很多"精英"判断人类今后的战争必将是黄、白人种之间的冲突。但孙中山认为俄国革命以后,国际形势发生变化,虽然国家间再次大战是免不了的,"但是那种战争,不是起于不同种之间,是起于同种之间,白种与白种分开来战,黄种同黄种分开来战。那种战争是阶级战争,是被压迫者和横暴者的战争,是公理和强权的战争"②。孙中山做出这一判断二十年后所发生的第二次世界大战,基本按照这一格局展开。俄国革命后,俄国已经成为维护世界和平、帮助世界弱小民族获得解放的国际进步力量。孙中山之所以这样看,"因为欧洲各国人是主张侵略,有强权,无公理;俄国的新主义,是主张以公理扑灭强权的。因为这种主张,和列强相反,所以至今列强还想消灭他"③。这种"新主义"包括列宁的"民族自决"思想。列宁说:"帝国主义的特点就是现在的全世界已经分化为两部分,一部分是人数众多的被压迫民族,另一部分是人数甚少的,拥有巨量财富和强大军事实力的压迫民族。"④ 列宁把被压迫民族反抗帝国主义的斗争作为全世界无产阶级革命不可分割的组成部分。孙中山自然欢迎一个西方强国能够关注落后民族的解放事业。对美国总统威尔逊的"民族自决",孙中山头脑是清醒的。"美国见得和自己相同民族的英国,将要被异族的德国所灭亡,就不免物伤其类,所以加入战争去帮助英国","有好多弱小民族,听见威尔

---

① 孙中山:《三民主义》,中国长安出版社 2011 年版,第 11 页。
② 孙中山:《三民主义》,中国长安出版社 2011 年版,第 12 页。
③ 孙中山:《三民主义》,中国长安出版社 2011 年版,第 12 页。
④ 列宁:《民族和殖民地问题提纲初稿》,《列宁全集》第 39 卷,人民出版社 1986 年版,第 829 页。

逊说这回战争是为弱小民族争自由的，他们便很喜欢去帮英国打仗"①。中国就有十四万劳工赴欧洲挖战壕、做苦力。但是，这些弱小民族待到巴黎和会开始才发现，"列强当日所主张的'民族自决'，完全是骗他们的，所以他们便不约而同，自己去实行民族自决"②。西方列强的"民族自决"只是合则用、不合则弃的擦桌布。③ 但是，帝国主义之间的第一次大战促使包括中国在内的各弱小民族的觉悟，却是难以改变的世界潮流。

孙中山用新的叙事方式描述人类历史，认为人类社会经过二十万年以来的逐渐进化才达到现在的民权世界。他认为人类经过若干时代，一是洪荒时代，是人与野兽相斗的时代；二是神权时代，是人与天相斗的时代；三是君权时代，是人与人相斗的时代；四是民权时代，是人民与皇帝相斗的时代，"可以说是善人同恶人争，公理同强权争的时代"④。孙中山用"斗争"来描述人类全部历史，在中国历史上是破了天荒，刷新了中国人固有的圣人史观。孙中山认为"中国自有历史以来，没有实行过民权"，但作为一种思想很早就存在，比如孔子的"大道之行，天下为公"，孟子的"民为贵，社稷次之，君为轻"等。⑤ 他重点阐明几个观点：在当今的民权时代，中国必须顺应世界潮流；西方人以中国人程度低不宜行民权，国内一些人争相附和，是完全错误的；卢梭的"天赋人权"虽学理上与进化论冲突，但不能因个别观点的不合理而否定民权；民权是奠定人类和平的基础，能避免彼此为了争做皇帝而斗得你死我活。

---

① 孙中山：《三民主义》，中国长安出版社2011年版，第40页。
② 孙中山：《三民主义》，中国长安出版社2011年版，第41页。
③ 第二次世界大战以后，欧洲殖民势力依然阴魂不散。冷战以后发生的诸如科索沃战争等，更证明欧美民族自决的虚伪性。
④ 孙中山：《三民主义》，中国长安出版社2011年版，第73—75页。
⑤ 孙中山：《三民主义》，中国长安出版社2011年版，第76—77页。

由于民权在西方往往与自由、平等、博爱密切关联，孙中山重点对这三个词的含义作分析。孙中山认为，近代中国经历了一个"由极端反对外国到极端崇拜外国"的过程，其转折点就在庚子年的义和团。之前中国人普遍不相信欧美文化比中国进步，甚至于洋枪大炮也比不上中国的大刀长矛。由于义和团的失败，人们的思想从一个极端到另一个极端，从极端排外到极端媚外，"事事便非效仿外国不可，不但是物质科学要学外国，就是一切政治社会上的事都要学外国。所以经过义和团之后，中国人的自信心便完全失去了，崇拜外国的心理，便一天高过一天"。"因为信仰外国，所以把中国的旧东西都不要，事事都是效仿外国，只要听到说外国有的东西，我们便要去学，便要拿来实行。对于民权思想，也有这种流弊，革命以后举国如狂，总是要拿外国人所讲的民权，到中国来实行。至于民权究竟是什么东西，也不去根本研究。"① 孙中山提出了结合中国国情认真研究西方学说为我所用的真问题。他认为"自由"这一观念在中外有很大差别，欧洲近二三百年的历史就是一部争取自由的历史。自由在西方是一个激动人心的词汇，一听说是为了自由，哪怕流多少血、牺牲多少人都在所不惜；但是，中国人就不是这样，最能打动人心的是发财，一听说为了发财，大家拼命都会跟着，但说是为了争自由，就会莫名其妙，不愿意跟随。孙中山由此做出一个合理的逻辑推理："中国人听到说发财就很欢迎的缘故，因为中国现在到了民穷财尽的时代，人民所受的痛苦是贫穷"，而欧洲人欢迎自由的原因就在于所受到的专制压迫非常严重。在中国，"人民纳了粮之外，几乎与官吏没有关系"，而欧洲长期的封建农奴制，人身完全依附于贵族，"欧洲的专制——直接专制到人民，……所以欧洲人在二百年以前受那种极

---

① 孙中山：《三民主义》，中国长安出版社2011年版，第124—125页。

残酷专制的痛苦,好像现在中国人受贫穷的痛苦是一样"①。孙中山还用华侨在南洋荷兰或法国的领地上遭受的人身束缚作旁证,入关时要脱光衣服查验,在哪居住需要报官备案,如果从居住地到另一个地方,需要申请路照,晚上九点后需要另外申请夜照才允许通行等,在这样的环境下生活,一听说要争自由,自然得到大家的欢迎。② 孙中山打开了一个新的视角比较中西方对自由持不同态度的原因,看到了中国人民内心最迫切的愿望是什么。

孙中山批评天赋平等观。通过对自然现象的观察,发现世界上不存在两片相同的树叶,他说:"由此可见天地间所生的东西总没有相同的。既然都是不相同,自然不能够说是平等。自然界既没有平等,人类又怎么有平等呢?"③ 孙中山区分天生不平等和人为不平等,"这种由帝王造成的不平等,是人为的不平等"。而"革命的始意,本是在打破人为的不平等"④。把人的不平等归咎于专制帝王,而不是别的原因,这同东晋鲍敬言的观点一脉相承。孙中山区分两种平等观,一种是初始点相同,但结果不同,认为这才是真平等,另一种是追求结果整齐划一,但初始点不同,认为这是假平等。真正值得追求的是这种真平等,如果人为追求结果平等,"世界便没有进步,人类便要退化"。"故革命以后,必要各人在政治上的立足点都是平等。那才是真平等,那才是自然之理。"⑤ 在中国人和外国人所经历的平等程

---

① 孙中山:《三民主义》,中国长安出版社2011年版,第87—88页。
② 作为现代的注解,21世纪的美国,许多地区的人民依然处于警察的控制之下。"德克萨斯州埃尔帕索市每年签发8.7万份逮捕令,而该市仅有68万居民。费格森附近圣路易斯县的派思朗德在2013年有23457个未决逮捕令,平均每位居民能摊到7个。"([美]亚历山德拉·纳塔波夫:《无罪之罚》,郭航译,上海人民出版社2020年版,第23页)如果不是这位哈佛大学法学教授的披露,笔者很难相信。
③ 孙中山:《三民主义》,中国长安出版社2011年版,第97页。
④ 孙中山:《三民主义》,中国长安出版社2011年版,第97页。
⑤ 孙中山:《三民主义》,中国长安出版社2011年版,第99页。

度上，孙中山提出，由于欧洲封建世袭制，职业世袭，其不平等要甚于中国。因此，"欧洲人民在两三百年以前的革命，都是集中到自由平等两件事"，中国革命当然也要争自由平等，"但是中国今日的弊病，不是在不自由不平等的这些地方，如果要拿自由平等去提倡民气，便是离事实太远，和人民没有切肤之痛，他们便没有感觉，没有感觉，一定不来附和"①。通过这些对比，孙中山重点阐述了几个观点。第一，中国革命必须依据自身的国情，从当下需要解决的问题入手，从人民切身体会的痛苦入手，而不是照抄照搬。他说："我们能够照自己的社会情形，迎合世界潮流做去，社会才可以改良，国家才可以进步。如果不照自己社会的情形，迎合世界潮流去做，国家便要退化，民族便受危险。"② 比如，争自由、平等，首先是要争取国家的自由、平等。这些看法不仅与严复的观点一致，也与后来共产党的观点一致。还比如，在国家体制方面，当时有人主张仿照美国的联邦制，其逻辑是：既然美国那么强大，肯定是与实行联邦制有关；既然联邦制那么好，中国也要学，学的办法就是搞"联省"制。孙中山批评这种观点是"倒果为因"，美国各邦过去是独立的，"所以美国之富强，是各邦统一的结果，不是各邦分裂的结果"，中国历来统一，"为什么要把向来统一的国家，再来分割呢？"③ 第二，个人自由是有害的，因为中国语境下的自由与散沙相对应。"中国人为什么是一片散沙呢？由于什么东西弄成一片散沙呢？就是因为各人的自由太多……因为是一片散沙，所以受外国帝国主义的侵略。"④ 要把国家和民族团结起来，必须减少自由散漫的自由主义，就如用水泥和钢筋使沙子固定而成为坚不可摧的混凝土。这种观点与中国共产党对自由

---

① 孙中山：《三民主义》，中国长安出版社2011年版，第100—101页。
② 孙中山：《三民主义》，中国长安出版社2011年版，第128页。
③ 孙中山：《三民主义》，中国长安出版社2011年版，第114页。
④ 孙中山：《三民主义》，中国长安出版社2011年版，第93页。

的理解和对自由的批评基本一致。① 第三，与西方革命不同，中国革命的主要目的不是个人自由平等而是争取民族独立、人民做主人和人民幸福，是中国式的自由、平等、博爱。孙中山说："法国的自由和我们的民族主义相同，因为民族主义是提倡国家自由的"，"平等和我们的民权主义相同，因为民权主义是提倡人民在政治地位上都是平等的"，"还有博爱的口号，……和我们的民生主义是相通的。因为我们的民生主义，是图四万万人幸福的，为四万万人谋幸福就是博爱"②。第四，民权是一个历史现象，有不断发展的过程。仔细研究欧美各国历史，孙中山得出一个结论：欧美人民争民权争了两三百年，拿到的民权还是很少，不外乎是选举权，但这种选举权非常有限。民权是不断发展的过程，各国情况大不同。孙中山把"选举权、罢官权、创制权、复决权"作为四项基本民权，提出民权革命绝非以"代议政体"为止。孙中山批评民国议员都变成了"猪仔议员"，"有钱就卖身，分赃贪利，为全国人民所不齿"③。

孙中山从学理和制度两方面提出了中国实现民权的方法。他引用美国学者的话，"现在讲民权的国家，最怕的是得到一个万能政府，人民没有方法去节制他；最好的是要得一个万能政府，完全归人民使用，为人民谋幸福"④。他认为这是最新发明的民权学理。这揭示了孙中山心中的理想：建立一个能替人民谋幸福的全能政府，同时这个政府又在人民的监督和控制之下。要实现这一理想，须具备两个条件：一是改变人民对政府的态度，拒斥西方政治学认为政府是一种

---

① 其实这种批评更多指向中国传统自由主义、个人主义，前面已经讨论过。这种批评有时也指向欧洲启蒙运动时期起着瓦解社会秩序的自由主义。由于自由在不同文化背景甚至在同一文化背景下有多种含义，增加了讨论的复杂性。
② 孙中山：《三民主义》，中国长安出版社2011年版，第95页。
③ 孙中山：《三民主义》，中国长安出版社2011年版，第121页。
④ 孙中山：《三民主义》，中国长安出版社2011年版，第128页。

"必要的恶"的观念，人民要充分信赖政府；二是权能分开，即人民有权力、政府有能力，人民掌握政权、政府掌握治权，人民通过"选举权、罢官权"监督官员，通过"创制权、复决权"监督法律。从中国几千年的历史看，中国人对政府的态度是什么？孙中山说："我们研究中国历史，总是看见人称赞尧舜禹汤文武，尧舜禹汤文武的政府是中国人常常羡慕的政府，中国人无论在哪个时代，总是希望有那样的政府，替人民来谋幸福。"[1] 孙中山提出了既传承中国道统又吸收民权思想，有别于西方政治学的政治原理——政府的根本职责是为人民谋幸福，人民既信赖政府又保留对政府的直接监督权。从这种全新的人民和政府关系中派生出的"人民主体"思想，发端于孙中山，又为中国共产党人所继承并发扬光大，成为现代中国的根本原则。政府能够为人民服务，就必须聚集一批优秀人才。孙中山认为，由于欧美国家人民对政府的消极态度，弄到政府之中的人物都是无能，"所以弄到民权政治的发达反是很迟，民主国家的进步还是很慢，反不及专制国家的进步，像日本和德国那一样的迅速"。"如果要解决这个问题，便要把国家的大事，托付到有本领的人。"[2] 欧美国家政府里的人物是否都无能，我们可以不赞成孙中山的判断，但是治理国家必须有杰出的人才，而不是一流人才去经商，却是不易的道理。孙中山强调权、能分开的要义就是让政权真正掌握在人民手上，让有本领的专门家在政府掌握治权。他把政府的治权分为：司法权、立法权、行政权、考试权、监察权。这五种权性质相同，都属于政府治权，只是由不同的部门行使，它们与人民所拥有的四权——选举权、罢官权、创制权、复决权，共同构成全部的国家公权力。理解了这一点，才是理解孙中山民权主义思想的精神。孙中山曾询问一位在

---

[1] 孙中山：《三民主义》，中国长安出版社2011年版，第129页。
[2] 孙中山：《三民主义》，中国长安出版社2011年版，第136页。

美国学政治法律后回国的国民党党员,"你对于我所主张的民权,有什么意见呢?"他说:"五权宪法是很好的东西呀,这是人人都欢迎的呀。"孙中山认为此人答非所问。因为五权只是政府治权并不是民权,民权只是四权。① 其实不仅是那位留学归国人员,后人大多把孙中山民权思想等同于五权宪法。近代以来深受西方政治学影响的中国学术界,更不可能把人民直接掌握的四权纳入国家公权力体系加以研究。殊为憾事!

孙中山把民生主义看作与共产主义殊途同归的一种理论。"民生主义就是社会主义,又名共产主义,即是大同主义。"② 之所以相同,他把社会主义、共产主义理解为人人有饭吃、人人有衣穿,解决了社会贫富悬殊、实现共同富裕的社会,而民生主义同样要解决这些社会问题,是实现天下为公的大同社会。但是,目标相同,并不意味着路径相同。由于历史观的不同,面临现实问题的不同,孙中山又着重阐述民生主义与社会主义和马克思学说的不同之处。正如用叙述历史的方式解释民权主义,孙中山同样用一种历史哲学来解释他的民生主义。他不同意马克思把物质作为历史重心的观点③,"马克思以物质为历史的重心是不对的,社会问题才是历史的重心,而社会问题中又以生存问题为重心,那才是合理。民生问题就是生存问题"④。同时,孙中山也不赞成阶级斗争是社会进化和发展动力。他说:"古今一切人类之所以要努力,就是因为要求生存,人类因为要有不间断的生存,所以社会才有不停止的进化。所以社会进化的定律,是人类求生

---

① 孙中山:《三民主义》,中国长安出版社 2011 年版,第 155 页。
② 孙中山:《三民主义》,中国长安出版社 2011 年版,第 159 页。
③ 实际上反映了 19 世纪末到 20 世纪初一些学者把历史唯物主义看作"经济决定论"的观点。
④ 孙中山:《三民主义》,中国长安出版社 2011 年版,第 167 页。

存。人类求生存，才是社会进化的原因。"① "民生就是社会一切活动中的原动力。"② 孙中山思想存在内在矛盾。他在讲述民权主义时，认为人类历史有一个很长的人与人相斗的时代。人类求生存的斗争既是与自然的斗争，也是人与人的斗争，民生问题最终不是人与人之间的斗争吗？当然，孙中山的真实想法是：人类求生存中可以做到双赢，"资本家和工人的利益可以相协调，不是相冲突"；而你死我活的阶级斗争，"是社会进化时候所发生的一种病症"③。他分析俾斯麦执政时德国政府采取的一系列有利于劳工的政策，如八小时工作制，工人养老保险等，以及美国福特公司推出的维护工人权益的举措，最终资本家和工人都从中获益。他说："当马克思的时代，英国工人要求八点钟的工作时间，用罢工的手段，向资本家要挟。马克思便批评以为这是一种梦想，资本家一定是不许可的，要得到八点钟的工作时间，必须用革命的手段。"④ 但实际情况是后来居然实现了。因此，孙中山把民生主义看作共产主义的同时，强调"今日师马克思之意则可，用马克思之法则不可"⑤。他希望用一条适合中国国情的道路来实现社会主义和共产主义。

中国的国情是什么？这是孙中山思考民生主义具体政策的逻辑起点。"我们要拿事实做材料，才能够定出方法；如果单拿学理来定方法，这个方法是靠不住的。""所以我们解决社会问题，一定是要根据事实，不能单凭学理。""在中国的这种事实是什么呢？就是大家所受贫穷的痛苦。"⑥ 与欧美工业革命后积蓄巨额社会财富相比，民

---

① 孙中山：《三民主义》，中国长安出版社2011年版，第170页。
② 孙中山：《三民主义》，中国长安出版社2011年版，第185页。
③ 孙中山：《三民主义》，中国长安出版社2011年版，第170页。
④ 孙中山：《三民主义》，中国长安出版社2011年版，第173页。
⑤ 孙中山：《三民主义》，中国长安出版社2011年版，第190页。
⑥ 孙中山：《三民主义》，中国长安出版社2011年版，第173页。

穷财尽式的普遍贫穷则是近现代中国社会最真实的写照。如果以西方的标准衡量，中国所谓的"贫富不均"只不过在普遍的贫穷中分出大贫和小贫而已。当欧美社会苦于资本集中导致贫富悬殊时，中国社会面临的困境是资本缺乏。《建国方略》首先将发展实业、发展国家资本作为解决民生问题的基础，体现孙中山的一贯思想。他反复强调，"中国今是患贫，不是患不均"[1]。这一告诫直到六十年后才在中国社会达成普遍的共识。那么，妨碍中国民生的主要因素是什么？孙中山认为：土地和资本。前者须优先解决，后者须未雨绸缪。具体办法是"平均地权""节制资本"。要理解"平均地权"，必须了解孙中山认为的土地问题究竟是什么。他举了澳洲发生的一个例子。有个醉汉误打误撞以三百元价格买了一块土地，因是醉后行事，醒来后很是悔恨。没想到，十多年后周围都盖起高楼大厦，这块土地升值到数百万元。他采取分租而不是出卖的方式，获得巨额地租收益。到后来这块土地升值到数千万元，这个醉汉成了澳洲有名的富翁。孙中山讲述这个故事的同时，也谈到中国当时的上海、广州土地飞涨，使一些地主不劳而获得巨额财富。孙中山认为，由此所造成的贫富差距才是最大的不公平。他说："土地价值之能够增加的理由，是由于众人的功劳，众人的力量。地主对于地价涨跌的功劳，是没有一点关系的。"如果放任这一现象，"众人在那块地方经营工商业所赚的钱，在间接无形之中都是被地主抢去了"[2]。孙中山解决的"土地问题"不是土地占有的不均衡，而是指那些因社会发展而取得土地溢价的不劳而获的地主。吊诡的是，孙中山认为极不合理的"地产资本主义"却在半个多世纪后的香港地区和中国大陆得到完美的演绎。炒卖土地成为致富的法宝。孙中山"平均地权"的理想终究成为空中楼阁。

---

[1] 孙中山：《三民主义》，中国长安出版社2011年版，第190页。
[2] 孙中山：《三民主义》，中国长安出版社2011年版，第183页。

他当时设计了三条解决问题的举措。第一条，照地价收税。由地主自己申报土地的价值，然后按照百分之一的税率收税。第二条，照地价收买。如果地主为了避税而故意压低土地申报价格，则面临政府依照此价格收回的风险。第三条，增值归公。以地价申报日为基准，以后土地价格水涨船高，其增值部分归公有。孙中山说："这种把以后涨高的地价收归众人公有的办法，才是国民党所主张的平均地权，才是民生主义。"同时，他又强调一句："这种民生主义就是共产主义。"①孙中山也谈另一种性质的"土地问题"——农民土地问题。九成农民没有自己的田，耕种地主的田，"十分之六是归地主，农民自己所得到的不过十分之四，这是很不公平"②。孙中山提出了"耕者有其田"的目标，但没有提出具体的解决办法。这个最关键的土地问题，只有留待中国共产党来解决。在解决"资本问题"上，孙中山认为"虽然崇拜马克思的学问，但是不能用马克思的办法到中国来实行"。中国的国情与欧美有很大不同。他的办法是：节制私人资本的同时，发展国家资本。在发展资本的同时，未雨绸缪防止发生西方社会出现的社会问题。孙中山发展"国家资本"的设想，在国民党执政的后期最终蜕变为"官僚资本"，"国有"变成了"官有"。这种官僚资本与帝国主义、封建主义一同成为共产党领导的新民主主义革命对象。

从中国道统古已有之的"天下为公"理想，到黄宗羲"共有、共治、共享"政治理想，再到孙中山所提出的"国家是人民所共有，政治是人民所共管，利益是人民所共享"的三民主义理想③，发展到中国共产党人的"人民主体"思想，一代一代的接续奋斗，目标只

---

① 孙中山：《三民主义》，中国长安出版社2011年版，第188页。
② 孙中山：《三民主义》，中国长安出版社2011年版，第197页。
③ 孙中山：《三民主义》，中国长安出版社2011年版，第191页。

是让每一个中国人都过上更好的日子。① 这是一个贯穿全部中国历史的既朴素又宏伟的梦想。

三 孙中山的政治遗产

孙中山是中国革命的先行者,国民党和共产党作为中国 20 世纪前半叶两股最重要的政治力量,都将其视为革命精神的源头。这一历史事实,无论是美国人史扶邻(Harold Zvi-Schifferin)称孙中山"勉为其难的革命家",还是政敌口中的"孙大炮",都是改变不了的。孙中山屹立于中华民族历史,如司马迁赞扬孔子:"高山仰止、景行行止。虽不能至,然心向往之。"列宁在 1912 年 7 月评论说:"孙中山的纲领的字里行间都充满了战斗的、真诚的民主主义。它充分认识到种族革命的不足,丝毫没有忽视政治问题,或者说,丝毫没有轻视政治自由或允许中国专制制度与中国社会改革、中国立宪改革等并存的思想。"② 孙中山的伟大在于,完成反满革命、推翻帝制以后,继续提出民族主义、民主主义、民生主义革命,高举振兴中华的旗帜。这种持续革命、不断革命的思想是可贵的。国民党领导的民国政府于 1940 年 4 月正式尊称孙中山为中华民国国父,但是"中国知识分子并没有诚心地尊崇过孙中山先生"。"即使在民国时代,中国的大学和学术界,都不曾热烈地学习《三民主义》和研究孙中山的思想发展。"③ 国民党人只是把孙中山当作一块招牌而非真心实意相信,反

---

① 习近平在会见"2017 从都国际论坛"的世界领袖联盟成员时说:"我们的目标很宏伟,但也很朴素,归根结底就是让全体中国人都过上更好的日子。"《习近平谈治国理政》第 3 卷,外文出版社 2020 年版,第 134 页。
② 《列宁选集》第 2 卷,人民出版社 2012 年版,第 291 页。
③ [美]史扶邻:《孙中山:勉为其难的革命者》,丘权政、符致兴译,中国华侨出版社 1996 年版,第 24—25 页。

而是共产党人真诚地实践着孙中山"振兴中华"的伟大梦想。共产党领袖毛泽东在第七次代表大会上说:"不但在过去和现在已经证明,而且在将来还要证明:中国共产党人是革命三民主义最忠诚最彻底的实现者。"① 孙中山一生历尽磨难,但愈挫愈勇,知其不可为而为之。孙中山政治遗产主要集中在逝世前一年主持召开的"中国国民党第一次全国代表大会"所形成的一系列文件,尤其是《中国国民党第一次全国代表大会宣言》。一个政党领袖的政治遗言却是由另一个政党来实现,确实是近现代国际政党史上的一件奇闻,充分反映了现代中国政治不以党争代替民族利益的崇高精神。

在中国现状和革命道路问题上,《中国国民党第一次全国代表大会宣言》提出:"海禁既开,列强之帝国主义如怒潮骤至,武力的掠夺与经济的压迫,使中国丧失独立,陷于半殖民地之地位。"中国处于半殖民地国家,且北洋军阀与帝国主义列强相勾结残害中国人民,"所谓民国政府,已为军阀所控制,军阀即利用之结欢于列强,以求自固"。中国人民正遭受来自军阀和帝国主义政治、经济的双重压迫,因此打倒军阀、打倒列强为革命的首要任务。辛亥革命后政权为袁世凯占据的原因之一是"尚未能获一有组织、有纪律、能了解本身之职任与目的之政党"。建设一个坚强的有统一意志的革命党就显得极为关键。《宣言》反驳了时下流行的中国向何处去的若干观点。比如立宪派,不知道"宪法之成立,唯在列强及军阀之势力颠覆之后";联省自治派,不懂得中国人民的自由"必待中国全体独立之后,始能有成","自由之中国以内,始能有自由之省";和平会议派,"惟冀各派之势力保持均衡,使不相冲突,以苟安于一时,则更为梦想";商人政府派,希望由资本家组成政府,但商人资本家怎能

---

① 毛泽东:《论联合政府》,《毛泽东选集》第3卷,人民出版社1991年版,第1061页。

代表全体民众利益。因此，唯有推行国民革命、实行三民主义才是"中国唯一生路"。

《宣言》对三民主义作了更为精练的概括。（一）关于民族主义。有两方面含义：中国民族自求解放；中国境内各民族一律平等。推行民族主义的目的"在使中国民族得自由独立于世界"。辛亥革命之前的民族主义是推翻清朝压迫，新的民族主义以求中国民族彻底解放，而民族求解放在于"免除帝国主义之侵略"、反对列强的经济压迫。民族主义在国内的目标是诸民族平等，承认民族的自决权。（二）关于民权主义。"近世各国所谓民权制度，往往为资产阶级所专有，适成为压迫平民之工具。若国民党之民权主义，则为一般平民所共有，非少数者所得而私也。"同时还明确宣布，国民党的民权与所谓"天赋人权"不同，要适合中国革命的需要。"盖民国之民权，唯民国之国民乃能享之，必不轻授此权于反对民国之人。"只有拥护民国、反对帝国主义的个人和团体才能享有自由及权利，"而凡卖国罔民以效忠于帝国主义及军阀者，无论其为团体或个人，皆不得享有此等自由及权利"。可见，此时孙中山脱离"天赋人权"的藩篱，开始用阶级分析的方法代替普遍的人权观。凡是拥护革命的享有自由及权利，凡是反对革命的不享有自由及权利。《宣言》对民权主义的重新诠释，划定了中国今后的民主革命已经同西方近代以来的资产阶级革命有区别。（三）关于民生主义。《宣言》提出的原则是：平均地权，节制资本。"私人所有土地，由地主估价呈报政府，国家就价征税，并于必要时依报价收买之，此则平均地价之要旨。"平均地权只包括"核定地价、照价纳税、照价收买"，不包括孙中山最初设计的增值归公。《宣言》提出"使私有资本制度不能操控国民之生计，此则节制资本之要旨"。这里的"私有资本"既包括国内私人资本也包括外国资本，节制的范围包括国内私人企业，也包括外资企业，其总的原则是不能操控国计民生。至于农民缺地问题，提出"国家当给以土地，资其耕作"等主张。同时还提出"为农夫、工人而奋斗，亦即农夫、工人为自身而奋斗"。

《宣言》提出实现三民主义必须推行国民革命，而推动国民革命必须依赖受压迫最深、生活最贫困的工人、农民，帮助他们获得解放。"故国民革命之运动，必恃全国农夫、工人之参加，然后可以决胜，盖无可疑者。"因此，国民革命须辅助农民、工人运动，既促进革命运动，又"以谋农夫、工人之解放"。鉴于历次革命失败的教训，《宣言》特别强调要建立起革命的军队。"国民党将于一般士兵及下级军官中极力宣传运动，使知真利所在，立成革命的军队，为人民利益而奋斗！"同时，对国民党党员开展教育和训练，"使成为能宣传主义、运动群众、组织政治之革命的人才"。在发动民众、组建革命军队、开展党员教育基础上，《宣言》提出国民党要牢牢掌握革命领导权和政府领导权，扫除一切障碍，"更应以党为掌握政权之中枢"。形成用"党治"来带动"宪政"的思想。

《宣言》阐述国民党对内、对外政策，（一）对外政策方面。取消一切不平等条约，重新订立双方平等、尊重主权的条约。庚子赔款全部划为教育经费。凡是用于贿选、维持军阀地位等一切外债，中国人民没有偿付的责任。废除和收回租界。（二）对内政策方面。划分中央和地方权限。县为自治单位，上缴国家的收入为本县收入的百分之十到百分之五十。实行普选制。改募兵制为征兵制，改善下级军官和士兵待遇。确认男女平等，发展女权。普及教育，发展儿童本位教育，等等。

毫无疑问，《中国国民党第一次全国代表大会宣言》的政治主张受到俄国革命和列宁思想的影响。其初稿为鲍罗廷根据《共产国际执行委员会主席团关于中国民族解放运动和国民党问题的决议》的基本精神起草，由瞿秋白翻译、汪精卫修改润色、孙中山同意，很难被其他国民党人真心实意地接受。除了国民革命须从军政、训政再到宪政的三步走被蒋介石从形式上遵从外，有实质内容的政治主张，在国民党主政的二十多年里基本流于一纸空文。以列宁建党学说建立起来的中国共产党，反而是这一《宣言》的忠实实践者。因为，"对于中国共产党人，为本党的最低纲领而奋斗和为孙先生的革命三民主义即新三民主义而奋斗，在基本上（不是在一切方面）是一件事情，并不是两件事情"①。如打倒军阀及一切反动分子、反对帝国主义压迫、唤起民众千百万、实现中华民族独立自由、建设有组织有纪律的政党、建设一支革命的军队、民主权利只能给予拥护革命的人民等，都是共产党推进新民主革命中毫不放松的重要原则。中国共产党成为孙中山开启的革命事业和政治遗产的忠实继承者，但不是亦步亦趋的继承者，是基于对中国历史、现状、趋势认识不同的创新式继承。其一，对中国历史现状的认识。《宣言》未提反封建的问题，而共产党认为中国不仅是半殖民地还是半封建的社会②，封建专制主义和帝国主义同样是导致近代中国苦难的根源。"认清中国社会的性质，认清中国的国情，乃是认清一切革命问题的基本的根据。"③ 当帝国主义与中国最反动的封建主义相互勾结时，唯有反对封建主义才能彻底反对帝国主义，只有彻底反对帝国主义才能彻底反对封建主义。放手发动工农群众，开展土地革命，废除一切封建关系，成为共产党鲜明的旗帜。孙中山的民族主义（民族革命）和民权主义（民主革命）就这样统一于共产党的"反帝反封建"之中。其二，中国革命性质的认识。国际国内形势的变化，使中国革命既不是历史上农民革命（起义）的延续，也不是欧美资产阶级革命在中国的翻版，而是由一

---

① 《毛泽东选集》第3卷，人民出版社1991年版，第1061页。
② 毛泽东：《中国革命和中国共产党》，《毛泽东选集》第2卷，人民出版社1991年版，第626页。
③ 《毛泽东选集》第2卷，人民出版社1991年版，第633页。

个体现先进生产力的工人阶级政党——中国共产党领导的革命。既要避免重蹈中国两千年农民运动之覆辙，因为农民造反的结果最终还是当皇帝，也要避免西方革命后产生工人和资本家的对立和贫富悬殊困境。其三，中国革命形式的认识。必然是残酷的阶级斗争和武装斗争，这是由中国社会缺乏合法斗争环境所造成的。"因为我们的敌人不给中国人民以和平活动的可能，中国人民没有任何的政治上的自由权利。"① 中国革命只能而且必须通过武装斗争来夺取政权，继而"改造中国"。孙中山所希望的"利益相协调、不是相冲突"② 的局面在半殖民地半封建社会的状况下难以实现。其四，中国革命动力的认识。必须唤起千百万的民众，结成最广泛的统一战线③。纵览孙中山革命生涯，起初依靠洪门等"会党"，后来依靠"新军"，接着又借助各派"军阀"，结果无一成功。中国社会已经翻过了依靠几个先知先觉者启蒙社会的那一页，受压迫最深重的工人、农民才是中国革命的生力军。孙中山"国事遗嘱"提出"必须唤起民众"，但他的同侪显然弃之如敝屣。共产党将工农联盟作为统一战线的核心，团结一切可以团结的力量来推进中国革命进程。共产党之所以成为"孙中山开创的革命事业最坚定的支持者、最亲密的合作者、最忠实的继承者"④，在于孙中山晚年已经"把适应于旧的国际国内环境的旧民主主义的三民主义，改造成了适应新的国际国内环境的新民主主义的三民主义"⑤。正是共产党的创新，才保证了孙中山政治遗产得以在中

---

① 《毛泽东选集》第 2 卷，人民出版社 1991 年版，第 635 页。
② 孙中山：《三民主义》，中国长安出版社 2011 年版，第 170 页。
③ 毛泽东在纪念孙中山逝世十三周年讲话时，将"统一战线"视作孙中山三大遗产之一。《毛泽东文集》第 2 卷，人民出版社 1991 年版，第 112 页。
④ 时任中国共产党总书记胡锦涛在纪念辛亥革命 100 周年大会上的讲话。
⑤ 《毛泽东选集》第 2 卷，人民出版社 1991 年版，第 648 页。

国推行。①

孙中山是连接近现代中国的伟人,其理想须纳入另一个更为宏大的思想体系中才能实现。中国共产党人继承了孙中山开创的"振兴中华"事业,并把这种事业发扬下去。我们缅怀和崇敬孙中山,因为他生活的时代"正是中国近代史上最黑暗的时期,假如没有对他的回忆,也许会更黑暗"②。孙中山使黑暗的近代中国出现晨曦。

---

① 其中不能忽视共产国际的作用,《共产国际执行委员会给中国共产党第三次全国代表大会的指示》提出:"领导权应当归工人阶级的政党";"全部政策的中心问题就是农民问题","在中国进行国民革命和建立反帝战线之际,必须同时进行反对封建残余的农民土地革命";"应当力求实现工农联盟"。《中国共产党历史》第1卷,中共党史出版社2011年版,第110页。

② [美]史扶邻:《孙中山:勉为其难的革命者》,丘权政、符致兴译,中国华侨出版社1996年版,第225页。

结 束 语

辛亥革命推翻了封建帝制，为中华民族立下不世功勋，但当初设想的革命成功后的美好愿景并未实现。军阀连年混战，西方列强圈占在华势力范围，使中国人民陷入更加深重的灾难之中。帝制的覆灭，使得被捆绑于旧政治、旧伦常的传统儒家道统成为人们敌视的对象。这个时代面临的问题是：中国出路何在？现实中的问题常常通过思想表达出来。辛亥革命前后，各种学术思想风起云涌，国粹派、玄学派、科学派、无政府派、孔教派等纷纷登台亮相。一位西方汉学家写道："在中国思想史上，1898年和1919年，通常被认为是与儒家文化价值观决裂的两个分水岭。"① 这个观察是符合实际的，如果说1898年维新运动是对传统思想产生质疑，那么1919年五四新文化运动高举民主、科学两杆大旗，则是对传统思想的彻底否认。这种彻底否定传统的精神可以和18世纪的欧洲相类比。恩格斯回顾欧洲这段历史时说："以往的一切社会形式和国家形式、一切传统观念，都被当做不合理的东西扔到垃圾堆里去了；到现在为止，世界所遵循的只是一些成见；过去的一切只值得怜悯和鄙视。"② 将这段话用于描绘新文化运动一点也不为过，他们几乎要打倒中国传统中的一切，甚至

---

① ［美］费正清编：《剑桥中华民国史》上卷，章建刚译，中国社会科学出版社1994年版，第315页。

② 《马克思恩格斯选集》第3卷，人民出版社2012年版，第776页。

连汉字也要丢弃。所不同的是，新文化运动的主将们没能产生如欧洲启蒙学者那样原创性的思想，只是用西方舶来品作为批判的武器。从大历史角度看，辛亥革命、新文化运动的发生标志着中国进入第二次中外文化大融合的第二个历史时期。这一时期分为两个阶段，第一个阶段是辛亥革命到中华人民共和国成立后，其显著特点是源于西方文化的马克思列宁主义进入中国，深刻地改变了中华民族和中国人民的历史命运。第二个阶段是中国改革开放以后，以更大的气魄接纳人类优秀文化，重新释读传统中华文化。

在俄国十月革命影响下，马克思主义首先进入了中国知识界，在与各种思潮的激烈竞争中脱颖而出，成为先进中国人解决时代问题——反对帝国主义、反对封建主义的理论武器。这种理论在与中国实际结合中锻造出一个全新政党——中国共产党，在与中国实际结合中形成一种原创性思想——毛泽东思想，通过新民主主义革命和社会主义革命完成中国社会秩序的重建。中国人民开始用全新的宇宙观看待世界，传统的自然天道观被辩证唯物的自然观替代，道德天道观被人民创造历史的唯物史观替代，鬼神天道观被彻底的无神论替代，义理天道观所渲染出的童话故事被理性而务实的作风所瓦解，中国人的精神从族权、神权、夫权和旧政权的纲常伦理束缚中彻底解放，中国人的思维从天人合一、主客观同一中解放出来。这套全新的宇宙观重新诠释了人与自然、人与人、人与社会的关系以及历史演变的规律。马克思主义的真理力量使古老的华夏文明焕发新生，激发出无穷生命力，释放出无穷创造力，凝聚起强大精神力量。中华民族伟大复兴的灿烂前景展现在世界舞台中央。

新的时代我们需要回答好一些最基本的问题。第一，在西方众多思想流派中，为何马克思列宁主义能在中国扎根并开花结果？习近平同志指出："马克思主义传入中国后，科学社会主义的主张受到中国人民热烈欢迎，并最终扎根中国大地、开花结果，决不是偶然的，而是同我国传承了几千年的优秀历史文化和广大人民日用而不觉的价值观念融通的。"① 一种外来思想能够被中国人所接受，必有其历史的、现实的必然性。马列主义进入中国后给中国社会带来的天翻地覆式大变革，在历史上唯有周代殷能够与之相比。周代殷不只是政权的更迭，而是华夏文明发展道路的重新抉择——从神权社会转向世俗社会，影响中国三千年的历史；中华人民共和国的成立同样不是一次简单的政权更替，而是思想制度翻天覆地大变革和中国道路的重新抉择。中国共产党立志于中华民族复兴的千秋伟业。第二，我们将怎样创造一种可持续发展的新文明形态？它既不同于传统的中华文明，也不同于西方文明，而是吸取全人类优秀文明成果的人类文明新形态。习近平同志指出："我们坚持和发展中国特色社会主义，推动物质文明、政治文明、精神文明、社会文明、生态文明协调发展，创造了中国式现代化新道路，创造了人类文明新形态。"② 事实上，一种新的更为强大的文明形态已经开始在华夏大地悄然绽放。我们曾经引领过东亚的文明，曾经冠绝同时代的文明，我们还将在未来引领人类文明。这样的人类文明新形态是包容的、创新的、可持续的。第三，全球化新时代需要一个怎样的公正国际秩序，构建人类命运共同体？习近平同志指出："和平、和睦、和谐是中华民族5000多年来一直追求和传承的理念，中华民族的血液中没有侵略他人、称王称霸的基因。"③ 从古希腊开始就信奉的"强者为所欲为、弱者俯首听命"④这一自然法则，一直是西方世界构筑国际关系的原则，近代以来随着

---

① 《习近平谈治国理政》第 3 卷，外文出版社 2020 年版，第 120 页。
② 习近平：《在庆祝中国共产党成立 100 周年大会上的讲话》（2021 年 7 月 1 日），人民出版社 2021 年版，第 13—14 页。
③ 习近平：《在庆祝中国共产党成立 100 周年大会上的讲话》（2021 年 7 月 1 日），人民出版社 2021 年版，第 13—14 页。
④ ［英］阿兰·瑞安：《论政治》上卷，林华译，中信出版社 2016 年版，第 48 页。

西方殖民势力扩张开始向全球推行。实力和霸权成了这一国际规则的主要语言。实践已经证明并必将最终证明,建立在这一"自然法则"基础上的国际规则,因其非正义、不可持续而彻底瓦解。

上述这些问题需要从各方面得到阐释,它将构成另一部书的主题。

为什么我的眼里常含泪水?
　　因为我对这片土地爱得深沉。

——艾青

参考文献

《马克思恩格斯文集》，中共中央马克思恩格斯列宁斯大林著作编译局编译，人民出版社2009年版。

《马克思恩格斯选集》，中共中央马克思恩格斯列宁斯大林著作编译局编译，人民出版社2012年版。

《列宁选集》，中共中央马克思恩格斯列宁斯大林著作编译局编译，人民出版社2012年版。

［德］马克思、恩格斯：《共产党宣言》，中共中央马克思恩格斯列宁斯大林著作编译局编译，人民出版社2018年版。

《毛泽东文集》，人民出版社1999年版。

《毛泽东选集》，人民出版社1991年版。

《邓小平文选》第1卷，人民出版社1994年版。

《邓小平文选》第2卷，人民出版社1994年版。

《邓小平文选》第3卷，人民出版社1993年版。

《习近平谈治国理政》第1卷，外文出版社2014年版。

《习近平谈治国理政》第2卷，外文出版社2017年版。

《习近平谈治国理政》第3卷，外文出版社2020年版。

《黄帝四经今译》，中国社会科学出版社1996年版。

《嵇康集校注》，戴明扬校注，中华书局2015年版。

《简体字本二十四史》,中华书局 2005 年版。
《柳宗元集》,中华书局 1979 年版。
《明经世文编》,中华书局 1962 年版。
《神会和尚禅话录》,杨曾文编校,中华书局 1996 年版。
《神会语录》,邢东风释译,东风出版社 2016 年版。
《十三经译注》,上海古籍出版社 2009 年版。
《司马法译注》,李零译注,河北人民出版社 1992 年版。
《太平经》,杨寄林译注,中华书局 2013 年版。
《太平天国印书》,江苏人民出版社 1979 年版。
《王阳明全集》,上海古籍出版社 1997 年版。
《徐光启集》,中华书局 1963 年版。
《张载集》,中华书局 1978 年版。
《周易》,司马哲编著,中国长安出版社 2007 年版。
《朱执信集》,中华书局 1979 年版。
程颢、程颐:《二程遗书》,上海古籍出版社 2000 年版。
道宣:《续高僧传》上、中、下,中华书局 2014 年版。
董仲舒:《春秋繁露》,周桂钿译注,中华书局 2011 年版。
冯桂芬:《校邠庐抗议》,戴扬本评注,中州古籍出版社 1998 年版。
葛洪著,金毅校注:《抱朴子内外篇校注》,上海古籍出版社 2018 年版。
顾炎武著,陈垣校注:《日知录校注》,安徽大学出版社 2007 年版。
郭象注,成玄英疏:《庄子注疏》,中华书局 2011 年版。
韩愈著,马其昶校注,马茂元整理:《韩昌黎文集校注》,上海古籍出版社 1998 年版。
黄怀信等撰:《逸周书汇校集注》,上海古籍出版社 2007 年版。
黄宗羲:《明儒学案》(修订本),沈芝盈点校,中华书局 2008 年版。
黄宗羲:《明夷待访录译注》,李伟译注,岳麓书社 2008 年版。

黄宗羲著，全祖望补修：《宋元学案》，陈金生、梁运华点校，中华书局1986年版。
慧能著，郭朋校释：《坛经校释》，中华书局1983年版。
慧远著，张景岗点校：《庐山慧远大师文集》，九州出版社2014年版。
黎靖德编：《朱子语类》，中华书局1986年版。
刘向集录：《战国策》，中州古籍出版社2007年版。
刘义庆：《世说新语》，万卷出版公司2014年版。
陆九渊：《象山集》，迪志文化出版有限公司2003年版。
蒙文通：《道书辑校十种》，巴蜀书社2001年版。
瞿昙悉达：《开元占经》，九州出版社2012年版。
僧肇著，张春波校释：《肇论校释》，中华书局2010年版。
邵雍：《皇极经世书》，九州出版社2012年版。
释慧皎：《高僧传》，朱恒夫等注译，陕西人民出版社2010年版。
睡虎地秦墓竹简整理小组：《睡虎地秦墓竹简》，文物出版社1978年版。
司马承祯著，张松辉注译：《新译坐忘论》，台北：三民书局2005年版。
宋衷、秦嘉谟等辑：《世本八种》，中华书局2008年版。
谭嗣同：《仁学》，吴海兰评注，华夏出版社2002年版。
王安石：《王临川集》，商务印书馆1921年版。
王弼著，楼宇烈校释：《王弼集校释》，中华书局1980年版。
王夫之：《船山全书》，岳麓书社2011年版。
王夫之：《读通鉴论》，中华书局2013年版。
王夫之：《问思录·俟解·黄书·噩梦》，中华书局2009年版。
王夫之：《张子正蒙注》，中华书局1975年版。
王明校注：《无能子校注》，中华书局1981年版。

王守仁撰，王晓昕译注：《传习录译注》，中华书局 2018 年版。
魏伯阳著，朱熹等注：《周易参同契集释》，中央编译出版社 2015 年版。
许慎撰，徐铉等校定：《说文解字》，中华书局 2013 年版。
杨光先：《不得已》，陈占山校注，黄山书社 2000 年版。
叶采集解，程水龙校注：《近思录集解》，中华书局 2019 年版。
赞宁：《宋高僧传》，中华书局 1987 年版。
张之洞：《劝学篇》，陈山榜评注，吉林出版集团 2011 年版。
章学诚撰，叶瑛校注：《文史通义校注》，中华书局 2004 年版。
朱熹：《晦庵集》，上海古籍出版社 1987 年版。
竺道生著，楼宇烈编译：《大般涅槃经集解》，中华书局 2016 年版。

《孙中山全集》，中华书局 1981 年版。
《戴季陶集》，华中师范大学出版社 1990 年版。
《康有为全集》，中国人民大学出版社 2007 年版。
《章太炎政论选集》，中华书局 1977 年版。
曾亦：《共和与君主》，上海人民出版社 2010 年版。
陈鼓应：《庄子的开放心灵与价值重估——庄子新论》，中华书局 2015 年版。
陈来：《从思想世界到历史世界》，北京大学出版社 2015 年版。
陈美东：《中国古代天文学思想》，中国科学技术出版社 2008 年版。
陈钟凡：《两宋思想述评》，东方出版社 1996 年版。
樊树志：《晚明大变局》，中华书局 2015 年版。
傅勤家：《中国道教史》，商务印书馆 2011 年版。
高军等编：《五四运动前马克思主义在中国的介绍与传播》，湖南人民出版社 1986 年版。
辜鸿铭：《中国人的精神》，北京出版社 2018 年版。

郭鼎堂:《先秦天道观之进展》,商务印书馆1936年版。
郭沫若:《十批判书》,东方出版社1996年版。
侯外庐等:《中国思想通史》,人民出版社1957年版。
侯旭编著:《云梦睡虎地秦简的发现》,吉林文史出版社2011年版。
胡适:《中国佛学史》,华东师范大学出版社2015年版。
胡适:《中国中古思想史长编》,漓江出版社2013年版。
胡为雄:《马克思主义哲学在中国传播与发展的百年历史》,百花洲文艺出版社2015年版。
黄朴民:《天人合一——董仲舒与两汉儒学思潮研究》,岳麓书社2013年版。
黄现璠:《中国历史没有奴隶社会》,广西师范大学教材科1981年油印。
嵇文甫:《晚明思想史论》,东方出版社2013年版。
蒋维乔:《中国佛教史》,商务印书馆2015年版。
金春峰:《汉代思想史》,中国社会科学出版社1987年版。
金春明等主编:《毛泽东思想基本问题》,人民出版社2002年版。
金兆梓:《尚书诠释》,中华书局2010年版。
康有为:《大同书》,上海古籍出版社2014年版。
康有为:《康有为自编年谱(外二种)》,楼宇烈整理,中华书局1992年版。
康有为:《孔子改制考》,中华书局2012年版。
康有为:《日本变政考(外二种)》,姜义华、张荣华编校,中国人民大学出版社2011年版。
康有为:《新学伪经考》,中华书局2012年版。
李大华、李刚、何建明:《隋唐道家与道教》,人民出版社2011年版。
李捷、于俊道主编:《实录毛泽东》,北京联合出版公司2018年版。
李山:《先秦文化史讲义》,中华书局2008年版。

李学勤：《简帛佚籍与学术史》，江西教育出版社2001年版。
李学勤：《夏商周文明研究》，商务印书馆2017年版。
李泽厚：《论语今读》，中华书局2015年版。
李泽厚：《中国古代思想史论》，人民出版社1986年版。
李泽厚：《中国近代思想史论》，人民出版社1979年版。
李泽厚：《中国现代思想史论》，东方出版社1987年版。
梁启超：《梁启超评王安石》，长征出版社2008年版。
梁启超：《欧游心影录》，商务印书馆2014年版。
梁启超：《清代学术概论》，东方出版社2012年版。
梁启超：《先秦政治思想史》，东方出版社2012年版。
梁启超：《饮冰室文集点校》，云南教育出版社2001年版。
梁启超：《中国近三百年学术史》，上海古籍出版社2013年版。
梁漱溟：《东西方文化及其哲学》，商务印书馆2010年版。
梁漱溟：《我是怎样一个人》，当代中国出版社2012年版。
梁涛、白立超：《出土文献与古书的反思》，漓江出版社2012年版。
刘昭瑞：《〈老子想尔注〉导读与译注》，江西人民出版社2012年版。
卢央：《中国古代星占学》，中国科学技术出版社2008年版。
吕庙军：《周公研究》，人民出版社2012年版。
吕思勉：《理学纲要》，中国人民大学出版社2011年版。
吕思勉：《先秦学术概论》，中国人民大学出版社2011年版。
马国川：《国家的启蒙》，中信出版社2018年版。
南怀瑾：《原本大学微言》，世界知识出版社1998年版。
逄先知、金冲及编：《毛泽东传》，中央文献出版社2003年版。
彭国翔：《良知学的展开》，生活·读书·新知三联书店2015年版。
皮后锋：《严复评传》，南京大学出版社2011年版。
戚学民：《严复〈政治讲义〉研究》，人民出版社2014年版。
漆侠：《王安石变法》，上海人民出版社1979年版。

钱穆：《宋明理学概论》，九州出版社2010年版。

钱穆：《中国思想史》，九州出版社2012年版。

卿希泰、唐大潮：《道教史》，江苏人民出版社2006年版。

孙中山：《建国方略》，中国长安出版社2011年版。

孙中山：《三民主义》，中国长安出版社2011年版。

汤用彤：《汉魏两晋南北朝佛教史》，商务印书馆2015年版。

汤用彤：《竺道生与涅槃学》，山西人民出版社2014年版。

汪高鑫：《董仲舒与汉代历史思想研究》，商务印书馆2012年版。

汪晖：《现代中国思想的兴起》，生活·读书·新知三联书店2015年版。

王葆玹：《黄老与老庄》，中国人民大学出版社2012年版。

王尔敏：《晚清政治思想史论》，广西师范大学出版社2005年版。

王国维：《观堂集林》，中华书局1959年版。

王平、[德]顾彬：《甲骨文与殷商人祭》，大象出版社2007年版。

魏冬：《成玄英》，陕西师范大学出版总社2017年版。

吴龙灿：《董仲舒政治哲学研究：天命、正义与伦理》，人民出版社2013年版。

吴守贤、全和钧编：《中国古代天体测量学及天文仪器》，中国科学技术出版社2013年版。

萧公权：《中国政治思想史》，商务印书馆2011年版。

熊十力：《新唯识论》，上海古籍出版社2019年版。

熊月之：《冯桂芬评传》，南京大学出版社2004年版。

许寿裳：《章炳麟传》，中国严实出版社2015年版。

许苏民：《顾炎武评传》，南京大学出版社2011年版。

许苏民：《王夫之评传》，南京大学出版社2011年版。

余英时：《中国知识阶层史论（古代篇）》，台湾联经出版事业公司1980年版。

袁南生:《中国古代外交史》,湖南人民出版社2017年版。
张君劢:《新儒家思想史》,中国人民大学出版社2006年版。
张立文:《朱熹评传》上、下,南京大学出版社2011年版。
郑大华:《民国思想史论》,社会科学文献出版社2010年版。
郑观应:《盛世危言》,辛俊玲评注,华夏出版社2002年版。
郑树良:《商鞅评传》,南京大学出版社2008年版。
中共中央党史研究室:《中国共产党历史》,中共党史出版社2011年版。
中共中央宣传部理论局编:《世界社会主义五百年》,学习出版社2014年版。
中国史学会主编:《中国近代史资料丛刊第八种·戊戌变法》,神州国光社1953年版。
周宁:《中西最初的遭遇与冲突》,学苑出版社2000年版。
邹容:《革命军》,中华书局1971年版。

《爱因斯坦文集》(三卷本),许良英、李宝恒、赵中立、范岱年编译,商务印书馆2010年版。
《古兰经》,马坚译,中国社会科学出版社2013年版。
冯友兰:《中国哲学简史》,赵复三译,北京联合出版公司2017年版。
[韩]崔珍晳:《成玄英的〈庄子疏〉研究》,巴蜀书社2010年版。
《联共(布)党史简明教程》,人民出版社1975年版。
[德]康德:《纯粹理性批判》,邓晓芒译,杨祖陶校,人民出版社2004年版。
[德]尼采:《反基督》,陈君华译,河北教育出版社2003年版。
[法]卢梭:《论人类不平等的起源和基础》,李常山译,商务印书馆1962年版。

［法］卢梭：《社会契约论》，何兆武译，商务印书馆2003年版。

［古罗马］卢克莱修：《物性论》，方书春译，译林出版社2014年版。

［古希腊］柏拉图：《理想国》，庞燨春译，张云江译校，九州出版社2007年版。

［古希腊］欧几里得：《几何原本》，燕晓东译，江苏人民出版社2011年版。

［美］Mario Livio：《数学沉思录——古今数学思想的发展与演变》，黄征译，人民邮电出版社2010年版。

［美］R. 柯朗、H. 罗宾：《什么是数学——对思想和方法的基本研究》，清华大学出版社2014年版。

［美］埃德加·斯诺：《西行漫记》，董乐山译，东方出版社2010年版。

［美］本杰明·史华兹：《古代中国的思想世界》，程钢译，江苏人民出版社2008年版。

［美］本杰明·史华兹：《寻求富强——严复与西方》，江苏人民出版社2010年版。

［美］狄百瑞：《中国的自由传统》，李弘祺译，中华书局2016年版。

［美］费正清编：《剑桥中华民国史》，章建刚等译，中国社会科学出版社1994年版。

［美］弗兰克：《白银资本——重视经济全球化中的东方》，刘北成译，中央编译局出版社2008年版。

［美］亨利·基辛格：《论中国》，胡利平等译，中信出版社2015年版。

［美］亨利·基辛格：《世界秩序》，胡利平、林华、曹爱菊译，中信出版社2015年版。

［美］黄仁宇：《放宽历史的视界》，中国社会科学出版社1998年版。

［美］黄仁宇：《资本主义与二十一世纪》，生活·读书·新知三联书

店 1997 年版。

［美］卡尔·B. 博耶著，尤塔·C. 梅兹巴赫修订：《数学史》，秦传安译，中央编译出版社 2013 年版。

［美］科恩：《科学中的革命》，鲁旭东、赵培杰、宋振山译，商务印书馆 1998 年版。

［美］拉塞尔·柯克：《美国秩序的根基》，张大军译，江苏凤凰文艺出版社 2018 年版。

［美］伦纳德·蒙洛迪诺：《思维简史》，龚瑞译，中信出版社 2018 年版。

［美］麦克莱伦第三、多恩：《世界史上的科学技术》，王鸣阳译，上海科技教育出版社 2003 年版。

［美］乔治·马瑟：《幽灵般的超距作用》，梁焰译，人民邮电出版社 2017 年版。

［美］沙伦·M. 凯、保罗·汤姆森：《奥古斯丁》，周伟驰译，清华大学出版社 2019 年版。

［美］史扶邻：《孙中山：勉为其难的革命家》，丘权政、符致兴译，中国华侨出版社 1996 年版。

［美］斯图尔特·夏皮罗：《数学哲学》，郝兆宽、杨睿之译，复旦大学出版社 2014 年版。

［美］田浩：《朱熹的思维世界》，江苏人民出版社 2011 年版。

［美］亚历山德拉·纳塔波夫：《无罪之罚——美国司法的不公正》，郭航译，上海人民出版社 2020 年版。

［美］伊恩·莫里斯：《西方将主宰多久》，钱峰译，中信出版社 2014 年版。

［美］约翰·罗尔斯：《政治自由主义》，万俊人译，译林出版社 2000 年版。

［美］约翰·英格利斯：《阿奎那》，刘中民译，清华大学出版社

2019年版。

［美］张光直：《商代文明》，毛小雨译，北京工艺美术出版社1999年版。

［日］福泽谕吉：《劝学篇》，群力译，东尔校，商务印书馆1984年版。

［日］工藤元男、广濑熏雄：《睡虎地秦简所见秦代国家与社会》，曹峰译，上海古籍出版社2018年版。

［瑞士］薄复礼：《一个西方传教士的长征亲历记》，严强、席伟译，田洁校，中国画报出版社2018年版。

［苏］列宁：《国家与革命》，中共中央马克思恩格斯列宁斯大林著作编译局编译，人民出版社2015年版。

［意］拉吉罗：《欧洲自由主义史》，杨军译，吉林人民出版社2011年版。

［意］萨尔沃·马斯泰罗内：《欧洲民主史》，黄华光译，社会科学文献出版社1990年版。

［意］朱塞佩·格罗索：《罗马法史》，黄风译，中国政法大学出版社1994年版。

［英］阿兰·瑞安：《论政治》，林华译，中信出版社2016年版。

［英］彼得·弗兰科潘：《丝绸之路：一部全新的世界史》，邵旭东、孙芳译，徐文堪审校，浙江大学出版社2016年版。

［英］蔡汀·沙达：《库恩与科学战》，金吾伦译，北京大学出版社2005年版。

［英］冯·哈耶克：《通往奴役之路》，王明毅等译，中国社会科学出版社1997年版。

［英］赫伯特·斯宾塞：《群学肄言》，严复译，朝华出版社2017年版。

［英］赫胥黎：《进化论与伦理学》，宋启林等译，黄芳一校，陈蓉霞

终校，北京大学出版社 2010 年版。

[英] 赫胥黎：《天演论》，严复译，科学出版社 1971 年版。

[英] 霍布豪斯：《自由主义》，朱曾汶译，商务印书馆 1996 年版。

[英] 霍布斯：《利维坦》，黎思复、黎廷弼译，商务印书馆 1985 年版。

[英] 杰弗里·韦斯特：《规模：复杂世界的简单规则》，张培译，中信出版集团 2018 年版。

[英] 李约瑟：《中国科学技术史》，《中国科学技术史》翻译小组译，科学出版社 1990 年版。

[英] 呤唎：《太平天国革命亲历记》，王维周译，中华书局 1961 年版。

[英] 罗素：《人类的知识》，张金言译，商务印书馆 1983 年版。

[英] 罗素：《西方哲学史》，《罗素文集》第 7、8 卷，商务印书馆 2012 年版。

[英] 洛克：《政府论》，叶启芳、瞿菊农译，商务印书馆 1964 年版。

[英] 穆勒：《群己权界论》，严复译，商务印书馆 1930 年版。

[英] 乔治·马戛尔尼、约翰·巴罗：《马戛尔尼使团使华观感》，何高济、何毓宁译，商务印书馆 2019 年版。

[英] 约翰·穆勒：《论自由》，马文艳译，华中科技大学出版社 2016 年版。

后　　记

　　这是一本用"中国道统"来讲述中国学术思想史的书。笔者在码字的两年多时间里，每每被一种难以言状的东西所激励着，以至于不敢辍笔。现在想来，那是我华夏历代先贤的思想、激情所汇成的绵延不绝的精神长河在不断激荡着我的心灵。2021年7月1日，习近平总书记站在天安门城楼庄严宣告："经过全党全国各族人民接续奋斗，我们实现了第一个百年奋斗目标，在中华大地上全面建成了小康社会，历史性地解决了绝对贫困问题。这是中华民族的伟大光荣，这是中国人民的伟大光荣，这是中国共产党的伟大光荣。"在雷鸣般的掌声和欢呼声中，我更加深切意识到自己是站在这个伟大的时代来回望历史，与先贤们促膝交谈，辨认他们的思想印迹，讲好他们的故事。这是一个寻根的过程，也是一个解析的过程，还是一个熔炼的过程，既要发掘出支撑现代中国的历史文化血脉，也要以史为鉴看清未来中国前进的方向。任何历史都是当代历史，任何思想都是当代思想。因为，我充溢着这个时代才能赋予的自信豪迈，运用着这个时代才能展示的宽阔视野，当回望历史时，我看到了只有站立于这个时代才能眺望到的东西。我沉浸在被这个时代解放出来的巨大空间里，平心静气地漫步、思考。这本书只是笔者把眺望到的、思索到的记叙下来而已。我接受这样一个基本事实：运用西方的思维框架已经难以有效释读中国社会。

后　记

相对于神权统治下的西方历史，中国社会从西周开始就走向一条世俗化的道路。"人为天地之心"，"天地间人为贵"，尊重人的生命、维护人的利益，成为贯穿全部中国学术思想史的主线。与世界只能依靠外力（神）才能运转的机械宇宙观相对，长期主宰中国社会的是那自我孕育、自我发展的有机宇宙观。近代以来，中国人接纳机械宇宙观，但并没有放弃有机宇宙观，而是把两种宇宙观很好结合起来，构成中国现代科学思想的基础。西方社会的历史，是一部神与人不断订立契约的历史，因此"契约"成为处理人与神、人与人、人与社会等一切关系基础。与此相反，中国社会秩序建立在人人心意相通的普遍仁爱基础之上，融合、包容成为华夏族不断扩大的主因。"天下"是中国人思考的对象，因此产生的"天下大同""人类命运共同体"思想，不仅成为一国，也必将成为人类社会秩序的基础。在统治合法性方面，周公创设的"三角政治关系"是古代中国社会的基础，即"民众由君主治理，但君主要敬天、保民，因为天体现着民意，民意又左右着天意；天意难以捉摸，但从民情（民心）中可以发现天意，而天意决定着君主能否获得天命。"由此构成"民意—天命—君主"三角关系，民意、民众成为政治活动的主体，是绝不能忽视的力量。明末黄宗羲等人对此进行过详细讨论，与卢梭等人通过契约论来阐述统治合法性、法律正当性的理论相对应，形成有华夏特色的政治理论。

对美好社会的追求，始终是中国社会不断前进的动力。当习近平总书记庄严宣告："中华大地上全面建成了小康社会"，我看到14亿中国人民洋溢的笑容，也从历史的波光中隐约看到华夏先贤的赞许。柏拉图的《理想国》深刻影响着西方历史，孔子及后学没有写过这类书，但给后人勾勒了一幅中国道统下的理想国画卷。两者对比，可以发现："孔学的'理想国'不是一个超越世俗、在绝对理念或彼岸世界或遥远的未来构筑的'乌托邦'，而是建立在你我他生活的现实世界里，是如此温馨、绚丽、丰满，看似遥不可及，却是那么贴近实际。这个理想国显现出人性的光辉、人类的温情使人感动而追思。与建立在历史传统和现实生活基础之上的孔学'理想国'相比较，柏拉图《理想国》是脱离于希腊历史传统的个人构想，而从柏拉图'理想国'开启的西方'乌托邦'传统，从来就游离于世俗社会之外，遭到当权者的镇压。"正如宋儒从《礼记》中单独抽出《中庸》《大学》篇，近代以来中国无论是改良派还是革命派都共同关注过《礼记》对"大同""小康"的阐述。这一文化现象本身就很值得关注。从"天下为公"这一贯通古今的命题出发，通过对现实君主制的批判，可以从黄宗羲等人的思想中推导出"共有、共治、共享"的社会政治主张。这依然是值得我们追求的目标之一。

与"东方专制主义"概念下产生的认知不同，中国历史文化传承中始终存在有两种不同路径的自由传统，"一条是由庄子而来的自由传统。一条是由孟子开始到宋明儒的自由传统"。从自然天道观引申出的自由放任，到魏晋士人达到一个高峰，其纯任自然而产生的蔑视权贵的生活态度，成为历代中国士人的精神归依，其末流则是放浪形骸和自由散漫。从道德天道观引申出的精神自由，从孟子开始、为宋明儒所坚守，开创了不同于庄子的另一派自由主义传统，同样为历代士人高山仰止。这种人格独立的精神自由，来自于使命意识，来自于对自身行为正确性的信心，来自于站在人类道德制高点所产生的道义力量。如孟子的浩然之气，阳明的"良知"，赋予了个体对抗世俗偏见的力量、塑造出特立独行的品格。这种自由传统成为了近代以来中华民族追求独立解放的重要文化源头。其流弊则是在打倒外在的客观权威的同时在内心树立起大大小小的主观权威，容易陷入以主观代替客观，以偏激为真理的泥淖。对此，近现代中国的两位革命领袖孙中山、毛泽东都对这种自由主义保持着高度警惕，认为是产生"一盘散沙""各行其是"的根源。事实上，中国社会自古以来并不缺乏自由传统，并不反对自由精神，缺少的是能够适应社会发展需要的自由范式的转换。我们看到，中国的马克思主义者依然把人的自由解放、人的全面发展作为不懈追求的宏伟愿景。这是一种更高水平的、惠及全人类的自由。

　　从周公到孔夫子、孙中山，再到毛泽东，讲好中国历代先贤的故事，讲好中国共产党人的故事，依然是一个永远在路上的工作，需要更多的同志参加进来。随着民族复兴大幕的拉开，这样的故事必将回响在世界舞台的中央。